# Enzyklopädie der Rechts- und Staatswissenschaft

Begründet von
F. von Liszt und W. Kaskel

Herausgegeben von
H. Albach · E. Helmstädter · H. Honsell
P. Lerche · D. Nörr

Abteilung Rechtswissenschaft

Springer
*Berlin*
*Heidelberg*
*New York*
*Barcelona*
*Hongkong*
*London*
*Mailand*
*Paris*
*Singapur*
*Tokio*

Dieter Lorenz

# Verwaltungsprozeßrecht

Springer

Prof. Dr. jur. Dieter Lorenz
Universität Konstanz
Juristische Fakultät
Universitätsstr. 10
78464 Konstanz
dieter.lorenz@uni-konstanz.de

ISBN 3-540-67071-8 Springer-Verlag Berlin Heidelberg New York

Die Deutsche Bibliothek – CIP-Einheitsaufnahme
Lorenz, Dieter: Verwaltungsprozeßrecht / Dieter Lorenz. – Berlin; Heidelberg; New York; Barcelona; Hongkong; London; Mailand; Paris; Singapur; Tokio: Springer, 2000
(Enzyklopädie der Rechts- und Staatswissenschaft: Abteilung Rechtswissenschaft)
ISBN 3-540-67071-8



Einbandgestaltung: Erich Kirchner, Heidelberg

SPIN 10034247 64/2202-5 4 3 2 1 0 – Gedruckt auf säurefreiem Papier

# Vorwort

Das Prozeßrecht wird wesentlich durch die Natur des jeweiligen materiellen Rechts geprägt, zu dessen Schutz und Verwirklichung es geschaffen wurde. Das gilt in einer spezifischen Weise auch für den Verwaltungsprozeß. Seine kennzeichnenden Merkmale resultieren aus der eigengearteten Struktur des ihm vorausliegenden, aktuellen oder latenten Subordinationsverhältnisses zwischen Staat und Bürger, sind aber darüber hinaus auch Ausdruck einer normativen Verbindung mit dem diese Beziehung regelnden materiellen Verwaltungsrecht. Dieses wird damit insoweit auch für die konkrete Handhabung prozessualer Vorschriften maßgeblich, während in formeller Hinsicht der Verwaltungsprozeß in seiner typischen Gestalt auf ein vorausliegendes Verwaltungsverfahren bezogen ist. Naturgemäß wird ein so vom Recht und von der Tätigkeit der Verwaltung her verstandener Verwaltungsprozeß Eigenständigkeit gegenüber dem Zivilprozeß beanspruchen und einen Rückgriff auf das für diesen geltende Recht nur hinsichtlich der dort positivierten Grundsätze des allgemeinen Prozeßrechts als legitim erscheinen lassen.

Das vorliegende Buch sucht diesen Zusammenhängen zwischen materiellem Verwaltungsrecht und Prozeßrecht, zwischen Verwaltungsverfahren und Verwaltungsprozeß, Rechnung zu tragen. Unter Einbeziehung der materiell-rechtlichen Determinanten des nationalen und des Gemeinschaftsrechts werden die grundlegenden Systemstrukturen des Verwaltungsprozesses sichtbar gemacht und wird dieser in seiner rechtlichen Ausgestaltung dargestellt. Hierzu sind, schon aus Gründen zuverlässiger Information, die aktuelle Rechtsprechung und Literatur zu erfassen und kritisch zu verarbeiten; Vollständigkeit in einem quantitativen Sinn wurde jedoch nicht angestrebt und kann auch nicht Ziel eines Lehrbuchs sein.

Die Mitarbeiter meines Lehrstuhls haben bei der Entstehung dieses Buches tatkräftig mitgeholfen. Ihnen allen danke ich sehr herzlich, an erster Stelle meinem früheren Assistenten Prof. Martin Burgi (Universität Bochum), der die Arbeit von Anfang an mit kritischer Aufmerksamkeit begleitet hat, meinen früheren und jetzigen Assistenten Rechtsanwältin Petra Maier, Katja Külper und Wolfgang Spliesgart sowie Axel Hollenbach und Regina Sauter, ferner meinen studentischen Mitarbeitern, in besonderer Weise cand. iur. Carsten Fiege und Thomas Klink, denen die zuverlässig ausgeführte Schlußredaktion oblag, und Rechtsreferendar Christoph Gadesmann, der das Sachverzeichnis erstellt hat. Ein besonderer Dank gilt schließlich meinen Sekretärinnen Helga Steffen, Margarete Muchsel und Brunhilde Meyer für die sorgfältige und einsatzfreudige Erledigung der nicht immer einfachen Schreibarbeiten.

Konstanz, 12.11.1999 Dieter Lorenz

Schmaltz, NVwZ 02, 313

# Inhaltsübersicht

## Teil 4. Die Klagearten



### 1. Abschnitt. Verwaltungsakt-bezogene Klagen



### 2. Abschnitt. Sonstige Klagen



### 3. Abschnitt: Normenkontrolle



## Teil 5. Der vorläufige Rechtsschutz



## Teil 6. Aufbau und Ablauf des Verfahrens



## Teil 7. Die Beendigung des Verfahrens

## Teil 8. Rechtsmittel und Wiederaufnahme des Verfahrens



## Teil 9. Kosten und Vollstreckung

Osärdik, DV 19, 259

# Inhaltsverzeichnis

# Teil 2. Die Subjekte des Verwaltungsprozesses

## 1. Abschnitt. Gerichtsverfassung

## Teil 3. Der Zugang zum Gericht

## § 18. Die Klagebefugnis ........ 295

## 2. Abschnitt. Sonstige Klagen

# Teil 5. Der vorläufige Rechtsschutz

## Teil 6. Aufbau und Ablauf des Verfahrens

## Teil 7. Die Beendigung des Verfahrens

## Teil 8. Rechtsmittel und Wiederaufnahme des Verfahrens

# Verzeichnis der abgekürzt zitierten Literatur

| | |
|---|---|
| *Achterberg* | Achterberg, Norbert, Allgemeines Verwaltungsrecht; 2. Aufl. Heidelberg 1986. |
| *Achterberg/Püttner* | Achterberg, Norbert/Püttner, Günter, Besonderes Verwaltungsrecht; Heidelberg, Bd. I, 1990; Bd. II, 1992. |
| *Bader u.a.* | Bader, Johann/Funke-Kaiser, Michael/Kuntze, Stefan/von Albedyll, Jörg, Verwaltungsgerichtsordnung. Kommentar anhand der höchstrichterlichen Rechtsprechung; Heidelberg 1999. |
| *Baumbach/Lauterbach* | Baumbach, Adolf/Lauterbach, Wolfgang/Albers, Jan/Hartmann, Peter, Zivilprozeßordnung; 57. Aufl. München 1999. |
| *BGG* | Dolzer, Rudolf (Hrsg.), Bonner Kommentar zum Grundgesetz; Loseblattsammlung, Heidelberg Stand: 91. Lfg. August 1999. |
| *Bosch/Schmidt* | Bosch, Edgar/Schmidt, Jörg, Praktische Einführung in das verwaltungsgerichtliche Verfahren; 6. Aufl. Stuttgart-Berlin-Köln 1996. |
| *Dreier* | Dreier, Horst (Hrsg.), Grundgesetz. Kommentar; Tübingen, Bd. I, 1996; Bd. II, 1998. |
| *Erichsen* | Erichsen, Hans-Uwe (Hrsg.), Allgemeines Verwaltungsrecht; 11. Aufl. Berlin-New York 1998. |
| *Eyermann* | Eyermann, Erich (Begr.), Verwaltungsgerichtsordnung. Kommentar; 10. Aufl. München 1998. |

| | |
|---|---|
| *HdBStR* | Isensee, Josef/Kirchhof, Paul, Handbuch des Staatsrechts der Bundesrepublik Deutschland; Heidelberg, Bd. I, 2. Aufl. 1995; Bd. II, 2. Aufl. 1998; Bd. III, 2. Aufl. 1996; Bd. IV, 1990; Bd. V, 1992; Bd. VI, 1989; Bd. VII, 1992; Bd. VIII, 1995; Bd. IX, 1997. |
| *Hufen* | Hufen, Friedhelm, Verwaltungsprozeßrecht; 3. Aufl. München 1998. |
| *Jarass/Pieroth* | Jarass, Hans D./Pieroth, Bodo, Grundgesetz für die Bundesrepublik Deutschland. Kommentar; 4. Aufl. München 1997. |
| *Kissel* | Kissel, Otto Rudolf, Gerichtsverfassungsgesetz. Kommentar; 2. Aufl. München 1994. |
| *Klinger* | Klinger, Hans, Verwaltungsgerichtsordnung. Kommentar; 2. Aufl. Göttingen 1964. |
| *Knack* | Knack, Hans Joachim, Verwaltungsverfahrensgesetz (VwVfG). Kommentar; 6. Aufl. Köln-Berlin-Bonn-München 1998. |
| *Kopp, VwVfG* | Kopp, Ferdinand O./Kopp, Ferdinand J., Verwaltungsverfahrensgesetz; 6. Aufl. München 1996. |
| *Kopp/Schenke* | Kopp, Ferdinand O./Schenke, Wolf-Rüdiger, Verwaltungsgerichtsordnung; 11. Aufl. München 1998. |
| *Kuhla/Hüttenbrink* | Kuhla, Wolfgang/Hüttenbrink, Jost, Der Verwaltungsprozeß; 2. Aufl. München 1998. |
| *Lorenz* | Lorenz, Dieter, Der Rechtsschutz des Bürgers und die Rechtsweggarantie; München 1973. |
| *von Mangoldt/Klein* | von Mangoldt, Hermann/Klein, Friedrich, Das Bonner Grundgesetz; 3. Aufl. München, Bd. I, 1985 (Starck); Bd. VI, 1991 (Achterberg/Schulte); Bd. VIII, 1996 (Pestalozza); Bd. XIV, 1991 (v. Campenhausen). |
| *von Mangoldt/Klein/Starck* | von Mangoldt, Hermann/Klein, Friedrich/Starck, Christian (Hrsg.), Das Bonner Grundgesetz; 4. Aufl. München, Bd. I, 1999. |

| | |
|---|---|
| *Maunz/Dürig* | Maunz, Theodor/Dürig, Günter, Grundgesetz. Kommentar in 5 Bänden; Loseblattsammlung, München Stand: 35. Lfg. Februar 1999. |
| *Maurer* | Maurer, Hartmut, Allgemeines Verwaltungsrecht; 12. Aufl. München 1999. |
| *Menger-FS* | Erichsen, Hans-Uwe (Hrsg.), System des verwaltungsgerichtlichen Rechtsschutzes. Festschrift für Christian-Friedrich Menger zum 70. Geburtstag; Köln-Berlin-Bonn-München 1985. |
| *von Münch/Kunig* | von Münch, Ingo/Kunig, Philip (Hrsg.), Grundgesetz-Kommentar; München, Bd. I, 4. Aufl. 1992; Bd. II, 3. Aufl. 1995; Bd. III, 3. Aufl. 1996. |
| *Obermayer* | Obermayer, Klaus (Begr.), Kommentar zum Verwaltungsverfahrensgesetz; 3. Aufl. Neuwied-Kriftel 1999. |
| *Pietzner/Ronellenfitsch* | Pietzner, Rainer/Ronellenfitsch, Michael, Das Assessorexamen im Öffentlichen Recht: Widerspruchsverfahren und Verwaltungsprozeß; 9. Aufl. Düsseldorf 1996. |
| *Redeker/von Oertzen* | Redeker, Konrad/von Oertzen, Hans-Joachim, Verwaltungsgerichtsordnung. Kommentar; 12. Aufl. Stuttgart-Berlin-Köln 1997. |
| *Rengeling/Middeke/Gellermann* | Rengeling, Hans-Werner/Middeke, Andreas/Gellermann, Martin, Rechtsschutz in der Europäischen Union; München 1994. |
| *Rosenberg/Schwab/Gottwald* | Rosenberg, Leo/Schwab, Karl Heinz/Gottwald, Peter, Zivilprozeßrecht; 15. Aufl. München 1993. |
| *Sachs* | Sachs, Michael (Hrsg.), Grundgesetz. Kommentar; 2. Aufl. München 1999. |
| *Schellhammer* | Schellhammer, Kurt, Zivilprozeß; 7. Aufl. Heidelberg 1996. |
| *Schenke* | Schenke, Wolf-Rüdiger, Verwaltungsprozeßrecht; 6. Aufl. Heidelberg 1998. |

| | |
|---|---|
| *Schmidt-Aßmann* | Schmidt-Aßmann, Eberhard (Hrsg.), Besonderes Verwaltungsrecht; 11. Aufl. Berlin-New York 1999. |
| *Schmidt-Bleibtreu/Klein* | Schmidt-Bleibtreu, Bruno/Klein, Franz, Kommentar zum Grundgesetz; 9. Aufl. Neuwied-Kriftel 1999. |
| *Schmitt Glaeser* | Schmitt Glaeser, Walter, Verwaltungsprozeßrecht: Kurzlehrbuch mit Systematik zur Fallbearbeitung; 14. Aufl. Stuttgart-München-Hannover-Berlin-Weimar-Dresden 1997. |
| *Schoch/Schmidt-Aßmann/Pietzner* | Schoch, Friedrich/Schmidt-Aßmann, Eberhard/Pietzner, Rainer (Hrsg.), Verwaltungsgerichtsordnung. Kommentar in 2 Bänden; Loseblattsammlung, München Stand: 4. Lfg. März 1999. |
| *Schunck/De Clerck* | Schunck, Egon/De Clerck, Hans, Verwaltungsgerichtsordnung mit ergänzenden Bundesgesetzen und den Ausführungsgesetzen der Länder. Kommentar; 3. Aufl. Siegburg 1977. |
| *Sodan/Ziekow* | Sodan, Helge/Ziekow, Jan (Hrsg.), Nomos-Kommentar zur Verwaltungsgerichtsordnung in 2 Bänden; Loseblattsammlung, Baden-Baden Stand: 1. Lfg. Juli 1998. |
| *Stein/Jonas* | Stein, Friedrich/Jonas, Martin, Zivilprozeßordnung; 21. Aufl. Tübingen, Bd. I, 1993; Bd. II, 1994; Bd. III, 1997; Bd. IV/1, 1998; Bd. V/1, 1994; Bd. V/2, 1993; Bd. VI, 1995; Bd. VII/1, 1994; Bd. VII/2, 1996. |
| *Steiner* | Steiner, Udo (Hrsg.), Besonderes Verwaltungsrecht; 6. Aufl. Heidelberg 1999. |
| *Stelkens/Bonk/Sachs* | Stelkens, Paul/Bonk, Joachim/Sachs, Michael, Verwaltungsverfahrensgesetz. Kommentar; 5. Aufl. München 1998. |
| *Stern* | Stern, Klaus, Verwaltungsprozessuale Probleme in der öffentlich-rechtlichen Arbeit; 7. Aufl. München 1995. |

*Thomas/Putzo* — Thomas, Heinz/Putzo, Hans/Reichold, Klaus/Hüßtege, Rainer, Zivilprozeßordnung; 22. Aufl. München 1999.

*Ule* — Ule, Carl Hermann, Verwaltungsprozeßrecht. Ein Studienbuch; 9. Aufl. München 1987.

*Ule/Laubinger* — Ule, Carl Hermann/Laubinger, Hans-Werner, Verwaltungsverfahrensrecht; 4. Aufl. Köln-Berlin-Bonn-München 1995.

*Wolff/Bachof III* — Wolff, Hans J./Bachof, Otto, Verwaltungsrecht III; 4. Aufl. München 1978.

*Wolff/Bachof/Stober I, II* — Wolff, Hans J./Bachof, Otto/Stober, Rolf, Verwaltungsrecht I; 10. Aufl. München 1994, Verwaltungsrecht II; 5. Aufl. München 1987.

*Würtenberger* — Würtenberger, Thomas, Verwaltungsprozeßrecht; München 1998.

*Zöller* — Zöller, Richard (Begr.), Zivilprozeßordnung; 20. Aufl. Köln 1997.

# Teil 1. Die Grundlagen des Verwaltungsrechtsschutzes

## § 1. Materielles Recht und Prozeßrecht

### I. "Formell" und "materiell" als Unterscheidungskriterien

Zu den grundlegenden Einteilungskriterien unserer Rechtsordnung gehört die 1
Unterscheidung zwischen materiellem Recht und formellem oder Verfahrensrecht. Sie bezeichnet die divergierenden Zielsetzungen von Normen, die entweder den Inhalt einer Entscheidung unmittelbar bestimmen oder aber äußere Anforderungen an Form oder Verfahren festlegen, die auf dem *Weg zur Entscheidung* und für deren *Erlaß* zu beachten sind. In diese Unterscheidung fügt sich auch die Trennung von materiellem Recht und Prozeßrecht ein. Dieses ist insofern "formeller" Natur, als es das Verfahren zur Realisierung der vom materiellen Recht begründeten, inhaltlichen Rechte und Pflichten bereitstellt. Diese werden freilich ihrerseits im Zusammenwirken substantiell-inhaltlicher (materieller) und verfahrensregelnder (formeller) Rechtsvorschriften konstituiert, so daß sich die rechtliche Beurteilung unter "formellem Aspekt" auf den verschiedenen Prüfungsebenen unterschiedlich darstellt.

Die *Zulässigkeit eines Rechtsbehelfs* ist von den Zulässigkeits- und sonstigen *Verfahrensanforderungen an die überprüfte Entscheidung* streng zu unterscheiden. Sie gehören, von der Ausgangsentscheidung aus gesehen, zur formellen Seite, während sie auf der *Ebene des Rechtsbehelfs* eine Frage der Begründetheit und damit der materiellen Prüfung betreffen (vgl. noch unten § 37 Rdnr. 15). Ein vergleichbares Verhältnis besteht zwischen der gerichtlichen Entscheidung und der kontrollierten Verwaltungsentscheidung.

Funke, DV 19, 239 (Anspruchsmodell, Aktionenmodell)

## II. Rechtsverwirklichung durch Verfahren

2 Infolge der unterschiedlichen Zielsetzung einerseits inhaltlicher Rechtsbegründung, andererseits verfahrensgebundener Rechtsverwirklichung, sind materielles Recht und Prozeßrecht systematisch und kodifikatorisch klar getrennt und durch je spezifische Strukturprinzipien gekennzeichnet. Gleichwohl sind beide Materien aufeinander bezogen und stehen deshalb in einer inneren Wechselbeziehung.[1]

3 Das Prozeßrecht stellt keinen Selbstzweck dar, sondern ist auf die Verwirklichung des materiellen Rechts ausgerichtet; es "dient der Herbeiführung gesetzmäßiger und unter diesem Blickwinkel richtiger, aber auch gerechter Entscheidungen",[2] hat also **dienende Funktion**. Ihrer muß sich nicht nur der Gesetzgeber bei der Ausgestaltung der Verfahrensordnungen, insbesondere im Fall der Verfolgung rechtsschutzhemmender Prozeßziele,[3] bewußt sein, sondern auch der Richter, wenn er das Verfahrensrecht auslegt und anwendet. So kann insbesondere zum Schutz von Grundrechten, die durch die Entscheidung materiell-rechtlich betroffen sind, eine bestimmte Verfahrensgestaltung geboten sein,[4] zum Beispiel bei der Zwangsversteigerung eines Wohngrundstücks (Art. 14 GG),[5] der Entscheidung im Vollstreckungsschutzverfahren gemäß § 765a ZPO (Art. 2 Abs. 2 GG)[6] oder der Prüfdichte bei der Gewährung vorläufigen Rechtsschutzes in Demonstrationsverfahren (Art. 8 GG).[7]

Dagegen gehört die (selbstverständliche) Steuerung der (inhaltlichen) richterlichen Entscheidungstätigkeit durch das materielle Recht, wie etwa die Handhabung der Beweislast (s. unten § 30 Rdnr. 23 ff.) oder die Kontrolldichte gegenüber der Verwaltung (vgl. unten § 5), nicht in diesen Zusammenhang.[8]

4 Andererseits soll die Rechtsverwirklichung im Rechtsstaat gerade mittels eines *geordneten*, an bestimmte und gleichmäßig zu handhabende Regeln gebundenen *Rechtsganges* erfolgen. Das verleiht dem Prozeßrecht gleichzeitig einen **funktionalen Eigenwert**, der einer variablen Gestaltung des Prozesses zur Erreichung eines im Einzelfall jeweils mit dem materiellen Recht oder der Billigkeit übereinstimmenden Ergebnisses entgegensteht.

---

[1] Vgl. dazu Arens, AcP 173 (1973), S. 250 f.; Zöllner, AcP 190 (1990), S. 474 ff.

[2] BVerfGE 42,64 (73); 49, 220 (226).

[3] Vgl. dazu Zöllner, AcP 190 (1990), S. 477 f.

[4] Vgl. allgemein dazu etwa BVerfGE 53,30 (75); 63,131 (143); Hesse, EuGRZ 1978,427; Bethge, NJW 1982,1; Stern, Das Staatsrecht der Bundesrepublik Deutschland, Bd. III/1, 1988, S. 965 ff. m. w. Nachw.; Stürner, in: FS für Baumgärtel, 1990, S. 545.

[5] BVerfGE 49,220 (225).

[6] BVerfGE 52,214 (219).

[7] BVerfGE 69,315 (363 f.). Vgl. auch BVerfGE 79,69. Näher zur Bedeutung der Grundrechte für das Verfahren s. unten § 3 Rdnr. 2 ff..

[8] Dazu Redeker, DÖV 1993,10.

Deshalb wurde zum Beispiel der allgemeine, verwaltungsprozessuale Grundsatz der Zurechnung von Vertreterverschulden an die Partei (§§ 173 VwGO, 85 Abs. 2 ZPO) auch durch das im Verfahren betroffene Asylgrundrecht (Art. 16a Abs. 1 GG) nicht als suspendiert angesehen.[9]

## III. Die Sondersituation des Verwaltungsprozesses

Über diese allgemein bestehende Interdependenz von Prozeßrecht und materiellem Recht hinaus ist dieses prägend für die jeweils zugehörige Prozeßordnung, die zu seinem Schutz geschaffen wurde.[10] Speziell das *Verwaltungs*prozeßrecht steht mit dem ihm voraus- und zugrunde liegenden Verwaltungsrecht in einer inneren, sachlichen Verbindung. Sie wird allein schon daran sichtbar, daß etwa bei verwaltungsakt-bezogenen Klagen das prozessuale Erfordernis einer *Klagebefugnis* (§ 42 Abs. 2; vgl. dazu unten § 18 Rdnr. 1 ff.) explizit vom Bestehen materiell-rechtlicher, subjektiver Rechtsstellungen und deren (behaupteter) Verletzung abhängt. Vergleichbar ist die *passive Prozeßführungsbefugnis* (§ 78 Abs. 1) mit Blick auf die im vorprozessualen Verwaltungsverfahren entscheidende Behörde besonders geregelt (vgl. unten § 21 Rdnr. 5 ff.). Weitere Schnittstellen zwischen materiellem und Prozeßrecht liegen im Institut des Verwaltungsakts (§§ 35 VwVfG/42 Abs. 1 VwGO) und der Figur des Ermessens (§§ 40 VwVfG/114 VwGO). 5

Anders als der Zivil-, aber auch der Strafprozeß knüpft der Verwaltungsprozeß organisch an die zwischen den nachmaligen Prozeßparteien bestehenden, materiell-rechtlichen Rechtsbeziehungen an. Insofern ist der Verwaltungsprozeß, auch wenn er nunmehr vor dem unabhängigen, ausschließlich rechtsgebundenen Richter (vgl. dazu noch unten § 5 Rdnr. 2 ff.) geführt wird, nach wie vor "die Fortsetzung der Verwaltung mit anderen Mitteln".[11] Dies hat nicht nur historische Gründe (s. dazu unten § 2 Rdnr. 3 ff.), sondern beruht auf der besonderen Struktur des der gerichtlichen Entscheidung zugrunde liegenden Rechtsverhältnisses.

### 1. Das materiell-rechtliche Subordinationsverhältnis

Diese Beziehung ist im öffentlichen Recht typischerweise durch die Über-/Unterordnung zwischen Hoheitsträger und betroffenem Privaten gekennzeichnet, kraft derer jener zu einseitigen Regelungen mit Verbindlichkeit auch für diesen in der Lage ist. Ihre rechtsgestaltende Wirkung steht – abgesehen vom Ausnahmefall nichtiger Bestimmung – nur unter dem Vorbehalt gerichtlicher Überprüfung im Verwaltungsprozeß. Dieser gewährt damit Rechtsschutz nicht durch Schaffung der Voraussetzungen für eine erforderlichenfalls zwangsweise Durchsetzung privater 6

[9] BVerfGE 60,253 (288 ff.).
[10] Vgl. Jauernig, JuS 1971,329 ff.; Mühl, in: GS für Bruns, 1980, S. 148.
[11] Vgl. auch O. Mayer, Deutsches Verwaltungsrecht, Bd. 1, 3. Aufl. 1924, S. 131 ff.

Rechte (Zivilprozeß),[12] noch durch präventive Verhinderung exekutivischer Rechtsverletzung (Strafprozeß),[13] sondern retrospektiv durch Schutz gegenüber vorausgegangenem Verwaltungshandeln, dessen rechtsverletzende Wirkung – eben wegen seiner potentiellen normativen Verbindlichkeit – ohne gerichtliche Korrektur bestehen bliebe. Demgemäß ist die verwaltungsgerichtliche Kontrolltätigkeit auf der Grundlage des Art. 19 Abs. 4 GG (s. dazu unten § 3 Rdnr. 8 ff.) primär nicht an der Durchsetzung (isolierter) Rechte, sondern am Schutz *gegen Rechtsverletzungen* orientiert[14] (vgl. noch unten § 18 Rdnr. 4 f., 16 ff.). Dieses grundsätzliche Verständnis wird nicht dadurch in Frage gestellt, daß daneben auch die unmittelbare Durchsetzung von subjektiven Rechten ohne vorherige Hoheitsentscheidung (Verwaltungsakt), insbesondere im Wege der (allgemeinen) Leistungsklage (s. unten § 23) möglich ist, wie auch umgekehrt im Zivilprozeß Rechtsschutz gegen tatsächliche Rechtsverletzung seitens Privater gesucht werden kann.

### 2. Die gerichtliche Korrektur staatlichen Handelns

7 Jener Schutz gegenüber potentiell verbindlichen hoheitlichen Maßnahmen kann konstruktiv überhaupt nur durch den Richter erfolgen. Die rechtsstaatlich gebundene Verwaltung wird *ihrer Intention nach* immer in Übereinstimmung mit dem Recht, das heißt rechtmäßig, handeln. Anders als im Verhältnis Privater untereinander ist damit der unter rechtlicher Bindung erlassene Staatsakt einer Korrektur durch dessen Urheber nicht mehr zugänglich. Hierfür bedarf es einer Entscheidung des Richters als einer aus dem übrigen Staatsbereich ausgegliederten, unabhängigen Instanz. Ihm ist die Korrektur des Verwaltungshandelns von einer höheren Ebene rechtsstaatlicher Autorität aus eröffnet, und er nimmt deshalb im Verwaltungsprozeß eine über die bloße Streitentscheidung als *unbeteiligter Dritter* hinausgehende Funktion zur staatlichen Rechtsverwirklichung "in eigener Sache" wahr.

## Literatur

*Arens*, Prozeßrecht und materielles Recht, AcP 173 (1973), S. 250.
*Henckel*, Prozeßrecht und materielles Recht, 1970.
*Grunsky*, Grundlagen des Verfahrensrechts, 2. Aufl. 1974.
*Jauernig*, Materielles Recht und Prozeßrecht, JuS 1971,329.

---

[12] Vgl. Grunsky, a.a.O., S. 6.
[13] Vgl. BVerfGE 22,49 (80); Lorenz, S. 141 f.
[14] Weitverbreitet ist demgegenüber die Auffassung, der Verwaltungsprozeß diene wie der Zivilprozeß der *Durchsetzung* subjektiver Rechte, vgl. nur Grunsky, a.a.O., S. 8; Ule, § 1 II 2; Schenke, Rdnr. 8.

*Kollmann*, Begriffs- und Problemgeschichte des Verhältnisses von formellem und materiellem Recht, 1996.
*Redeker*, Über die Einflußmöglichkeiten des Fachgesetzgebers auf das verwaltungsgerichtliche Verfahren, DÖV 1993, 10.
*Stürner*, Prozeßzweck und Verfassung, in: FS für Baumgärtel, 1990, S. 545.
*Vollkommer*, Formenstrenge und prozessuale Billigkeit, 1973.
*Zöllner*, Materielles Recht und Prozeßrecht, AcP 190 (1990), S. 471.

# § 2. Die Entwicklung des Verwaltungsrechtsschutzes

Der Verwaltungsprozeß in seiner heutigen Gestalt ist das Ergebnis einer 150jährigen Entwicklung, die im geltenden Recht deutliche Spuren hinterlassen hat. Die Wurzeln des Verwaltungsrechtsschutzes reichen allerdings weiter zurück.

## I. Die Zeit bis zur Paulskirchen-Verfassung

### 1. Rechtsschutz durch die Gerichte

Die Entwicklung des Verwaltungsrechtsschutzes hängt eng mit der neuzeitlichen 1
Ausbildung des Gesetzesstaats zusammen. In diesem wurden die dem einzelnen als Privatem gegenüber dem Landesherrn aufgrund besonderen Rechtstitels zukommenden Berechtigungen ("wohlerworbene" Privatrechte) durch die gesetzlich vermittelten Befugnisse gegenüber der ansonsten übergeordneten staatlichen Obrigkeit ersetzt.[1] Für diese gesetzlich begründeten Rechte, die ursprünglich nicht im heutigen Sinne nach ihrer privat- oder öffentlich-rechtlichen Natur unterschieden wurden, war Rechtsschutz durch die territorialen (Zivil)Gerichte gegeben. Ihrer Entscheidung war auch die Verwaltungstätigkeit nachgeordneter Landesbehörden unterworfen, nicht dagegen die Ausübung der eigentlichen Hoheits- und Majestätsrechte durch den Landesherrn, insbesondere auch in Gestalt von Gesetzen und Verordnungen. Insoweit bestand Rechtsschutz seitens der durch das Reichskammergericht (seit 1495) und den Reichshofrat (seit 1498) ausgeübten *Reichsgerichtsbarkeit*, die, anders als hinsichtlich der Überprüfung landesgerichtlicher Urteile, durch das *ius (privilegium) de non appellando* nicht ausgeschlossen wurde. Sie trat gleichwohl gegenüber landesfürstlichem Souveränitätsstreben bereits vor dem Ende des Reiches immer mehr zurück, insbesondere, nachdem sich die Fürsten ihren eigenen Gerichten unterworfen hatten.[2]

---

[1] Vgl. Sellmann, a.a.O., S. 28; Henke, a.a.O., S. 14 f., 26 f.; H. Bauer, a.a.O., S. 43 f.

[2] Vgl. Rüfner, Verwaltungsrechtsschutz a.a.O., S. 25 f., 45 f.; dens., in: Menger-FS, S. 5; Trostel, VBlBW 1988,363.

### 2. Die Administrativjustiz

2 Im weiteren Verlauf wurden jedoch mit dem fortschreitenden Ausbau des Behördensystems Administrativsachen zunehmend den Gerichten entzogen und innerhalb der Verwaltung gebildeten Spruchkörpern ("Kammerkollegien") zugewiesen, so etwa in Preußen durch die Kammergerichtsordnung vom 1.3.1709. Weiteren Ausbau und zugleich eine Umgestaltung zur *Verwaltungsrechtspflege* mit der restaurativen Tendenz einer Rechtsschutzverkürzung erfuhr die *Administrativjustiz* unter französischem Einfluß und im Zeichen strikter Verwirklichung der Gewaltenteilung zwischen Justiz und Verwaltung.[3] So wurde nach dem Vorbild des *Conseil d'Etat* vor allem in süddeutschen Staaten (Bayern 1808; Württemberg 1819) ein Geheimer Rat beziehungsweise Staatsrat eingerichtet, dem neben der Politikberatung eine *Rekursfunktion* in verwaltungsrechtlichen Streitigkeiten oblag.[4] Diese Einrichtungen waren von der allgemeinen Verwaltung getrennt, blieben aber gleichwohl reine Administrativorgane und vermittelten deshalb nur in bescheidenem Maße Rechtsschutz, zumal ihr Kompetenzbereich erheblich zurückgeschnitten wurde. Auch in Preußen, das zwischenzeitlich (1808) Verwaltungssachen den Gerichten zugewiesen, aber nur unter zunehmenden Einschränkungen belassen hatte, wurde seit 1842 über Beschwerden gegen hoheitliche, insbesondere polizeiliche Maßnahmen abschließend auf dem Beschwerdeweg durch vorgesetzte Dienststellen entschieden.[5]

Die Verwaltungskontrolle zum Schutz gegen Rechtsverletzungen ist damit Mitte des 19. Jahrhunderts – mit Ausnahme der justizstaatlichen Regelungen insbesondere in Kurhessen und den Hansestädten[6] – zwar einerseits schon durch eine Verlagerung von den ordentlichen Gerichten auf selbständige, verwaltungsrechtsnahe Entscheidungsträger gekennzeichnet, genügt aber andererseits eben hierdurch nicht den Anforderungen an einen rechtsstaatlichen Rechtsschutz.

## II. Von der Verwaltungsrechtspflege zum Verwaltungsrechtsschutz

3 In diesem Dilemma bestimmte § 182 Abs. 1 der Verfassung des Deutschen Reiches vom 28.3.1849 (Paulskirchen-Verfassung): "Die Verwaltungsrechtspflege hört auf; über alle Rechtsverletzungen entscheiden die Gerichte."

Ziel dieser Regelung war, Rechtsschutz durch gerichtliche Instanzen zu gewährleisten. Dagegen ging es nicht darum, die bereits erreichte Ausdifferenzierung der Verwaltungsstreitigkeiten in Frage zu stellen, sollte also insbesondere

---

[3] Vgl. dazu Scheuner, DÖV 1963,719 f.; Sellmann, a.a.O., S. 50 f.
[4] Vgl. Emmert, BayVBl 1997,9 f.; Sellmann, a.a.O., S. 62 f.
[5] Vgl. Henke, a.a.O., S. 25; Sellmann, a.a.O., S. 70.
[6] Vgl. Rüfner, DÖV 1963,723.

Stolleis, DVBl 13, 1274 (150 Jahre)

auch nicht etwa eine justizstaatliche Festlegung auf die Zuständigkeit der – damals als einzige verfügbaren – ordentlichen oder Zivilgerichte getroffen werden.[7] Die Bestimmung konnte so zum Programm für die in der Folgezeit entstehende Verwaltungsgerichtsbarkeit werden, die mit der Errichtung des Badischen Verwaltungsgerichtshofs am 5.10.1863 ihren Anfang nahm. Ziel und demgemäß auch Ausgestaltung der verwaltungsgerichtlichen Tätigkeit waren jedoch grundsätzlich umstritten.[8]

## 1. Das Problem des subjektiven öffentlichen Rechts

Zentral war dabei der bis in die neueste Zeit fortwirkende Streit um Begriff und Bedeutung des subjektiven öffentlichen Rechts (vgl. aktuell dazu unten § 18 Rdnr. 1 ff., 15 ff.).

### *a) Objektive Verwaltungskontrolle*

Leitend für die Ausgestaltung der Verwaltungsgerichtsbarkeit in den *norddeutschen Ländern*, insbesondere Preußen, waren im wesentlichen die Vorstellungen von *Rudolf v. Gneist*. Danach war Ziel der Verwaltungsgerichtsbarkeit eine *objektive Verwaltungskontrolle*, die für den subjektiven Schutz des Bürgers nutzbar gemacht werden und deshalb auf dessen Anstoß hin (Klage) einsetzen sollte.[9] Zur Vermeidung von *Popularklagen*, der auf Betreiben von jedermann (quivis ex populo) durchzuführenden, allgemeinen Verwaltungskontrolle, bedurfte es jedoch einer subjektiven Betroffenheit durch das Verwaltungshandeln, eines eigenen klägerischen Interesses, an dessen Korrektur. Dieses begründete die *Klagebefugnis*, der also, anders als nach heutiger Auffassung (vgl. unten § 18 Rdnr. 15 ff.), kein subjektives öffentliches Recht – nach jener Meinung eine bloße "civilistische petitio principii"[10] – zugrunde lag. Folgerichtig sollte diese Kontrolle auch nicht durch unabhängige Gerichte, sondern durch die Verwaltung selbst erfolgen, freilich zur Sicherung von deren Unparteilichkeit unter Mitwirkung ehrenamtlich tätiger Bürger. Es handelte sich damit um eine "*Fortsetzung der Verwaltung mit anderen Mitteln*",[11] die mangels Kompetenzschranken aus dem Gewaltenteilungsprinzip insbesondere auch eine *Ermessenskontrolle* umfaßte. 4

[7] Vgl. Menger, DÖV 1963,726.
[8] Vgl. dazu Menger, DÖV 1963,727; Kohl, a.a.O., S. 16 ff.
[9] Gneist, Der Rechtsstaat und die Verwaltungsgerichte in Deutschland, 3. Aufl. 1879, S. 270 f.; vgl. auch O. Mayer, Deutsches Verwaltungsrecht, Bd. 1, 3. Aufl. 1924, S. 132.
[10] Gneist, Rechtsstaat, S. 271.
[11] Vgl. Menger, System a.a.O., S. 17 f.

### *b) Subjektiver Rechtsschutz*

5 Demgegenüber hatte das sogenannte *süddeutsche System* den individuellen Rechtsschutz zum Ziel. Es folgte damit insbesondere der Auffassung von *Otto Bähr*,[12] der auch im öffentlichen Recht ("generisch nicht verschieden") subjektive Rechte im Sinn der allgemeinen Rechtslehre bejahte und ihren Schutz, wie allgemein, so auch hier, unabhängigen (aber nicht notwendig den bestehenden ordentlichen) *Gerichten* anvertrauen wollte. Da diese nur über *Rechts*verletzungen entscheiden konnten, war ihnen eine Ermessenskontrolle verwehrt.

## 2. Die Einführung der Verwaltungsgerichtsbarkeit

### *a) Die Errichtung von Verwaltungsgerichten*

6 Im praktischen Ergebnis hat der Streit allerdings geringere Auswirkungen gehabt, als nach dem schroffen theoretischen Gegensatz zu erwarten wäre,[13] und insbesondere nicht die Entstehung eines gemeindeutschen Standards des Verwaltungsrechtsschutzes verhindert. Immerhin ist er nicht ohne einen gewissen Einfluß auf die organisatorische Ausgestaltung der Verwaltungsgerichtsbarkeit geblieben, die bis zum Ende des Jahrhunderts in fast allen deutschen Ländern eingeführt wurde. Den Anfang machte Baden (1863), gefolgt von Preußen (1872/1883), Hessen (1874), Württemberg (1876) und Bayern (1878); den Abschluß bildete Sachsen, wo es ab 1.1.1901 besondere Verwaltungsgerichte gab.[14]

### *b) Organisation und Stellung*

7 Die Verwaltungsgerichtsbarkeit war in den einzelnen Ländern sehr unterschiedlich.[15] Der Instanzenzug war zwei- oder dreistufig ausgestaltet, bestand aber zum Teil auch nur in einem einzigen obersten Verwaltungsgericht (Bayern). Soweit auf den unteren Instanzen eigene Beschlußgremien bestanden (Baden, Preußen, Württemberg), waren diese personell wie organisatorisch völlig in die Verwaltung integriert. Ihre Entscheidungsfindung, an der verschiedentlich ehrenamtlich tätige Laienbeisitzer mitwirkten, unterschied sich häufig nur durch gewisse Förmlichkeiten vom Verwaltungsgeschäft. Sie konnten eine umfassende Sach- und Rechtsprüfung durchführen und demgemäß auch Ermessensentscheidungen treffen.

---

[12] Bähr, Der Rechtsstaat, 1864, S. 45 f.; vgl. ferner v. Sarwey, Das öffentliche Recht und die Verwaltungsrechtspflege, 1880; Gerber, Über öffentliche Rechte, 1852.

[13] Vgl. auch Rüfner, in: Deutsche Verwaltungsgeschichte, Bd. 3, 1984, S. 911.

[14] Vgl. im einzelnen Rüfner, in: Deutsche Verwaltungsgeschichte, Bd. 3, S. 913 f.; Trostel, VBlBW 1988,364 ff.; zur preußischen Entwicklung eingehend Ibler, a.a.O., S. 207 ff.

[15] Vgl. Rüfner, in: Deutsche Verwaltungsgeschichte, Bd. 3, S. 915 ff.

Dagegen bestanden in der obersten Instanz vollwertige Gerichte (Oberverwaltungsgerichte in Nord-, Verwaltungsgerichtshöfe in Süddeutschland), an denen (z. B. in Baden seit 1880) Berufsrichter in vollständiger sachlicher und persönlicher Unabhängigkeit wirkten. Sie waren – auch im norddeutschen System[16] – auf eine Rechtskontrolle beschränkt und bildeten die Träger des Verwaltungsrechtsschutzes. 8

Unterschiedlich und "system"unabhängig war auch der *Zugang* zur gerichtlichen Kontrolle ausgestaltet. Er war teils durch eine Generalklausel (Württemberg, Sachsen), teils nach dem Enumerationsprinzip (Bayern) eröffnet, folgte aber meist (Baden, Preußen, Hessen, Oldenburg) einem gemischten System, das eine Generalklausel insbesondere für die Anfechtung polizeilicher Verfügungen vorsah und im übrigen die zugelassenen Angelegenheiten einzeln aufzählte. 9

## III. Weimarer Republik und Nationalsozialismus

### 1. Art. 107 WeimRV

Gegen Ende der Monarchie hatte sich damit im größten Teil Deutschlands eine funktionierende Verwaltungsgerichtsbarkeit herausgebildet, die zumindest auf der Ebene der obersten Landesgerichte wirksamen Rechtsschutz gegen die Verwaltung gewährte. Dieser war jedoch völlig zersplittert und ließ, zumal im Geltungsbereich des Enumerationsprinzips, manche Lücken. 10

Hieran änderte sich auch nichts Wesentliches durch Art. 107 WeimRV, der vorschrieb, daß im Reiche und in den Ländern nach Maßgabe der Gesetze Verwaltungsgerichte zum Schutze des einzelnen gegen Anordnungen und Verfügungen der Verwaltungsbehörden bestehen müssen. Allerdings führten in der Folge auch die restlichen Länder (mit Ausnahme von Schaumburg-Lippe) eine Verwaltungsgerichtsbarkeit ein.[17] Dem drängenden Anliegen eines rechtsstaatlichen Ausbaus bei gleichzeitiger Neuorientierung des Verwaltungsrechtsschutzes entsprechend dem grundlegenden Strukturwandel zur Leistungsverwaltung konnte jedoch während der kurzen Übergangszeit von Weimar nicht Rechnung getragen werden.[18] So wurde der Gesetzgebungsauftrag insbesondere auch auf Reichsebene nicht erfüllt.[19] Mehrere gesetzgeberische Anläufe zur Schaffung eines *Reichsverwaltungsgerichts*[20] (insbesondere 1925/26; 1929), dessen Existenz in Art. 31 Abs. 2, 166 WeimRV ausdrücklich vorausgesetzt wurde, blieben erfolglos.

---

[16] Vgl. Rüfner, in: Deutsche Verwaltungsgeschichte, Bd. 3, S. 912.

[17] Vgl. Anschütz, Die Verfassung des Deutschen Reiches, 14. Aufl. 1933, Art. 107 Anm. 4.

[18] Vgl. Grawert, in: Menger-FS, S. 41; Ibler, a.a.O., S. 279 ff.

[19] Vgl. dazu Anschütz, Verfassung, Art. 107 Anm. 4, 5 c; Menger, DÖV 1963,727; Rüfner, in: Deutsche Verwaltungsgeschichte, Bd. 4, 1985, S. 643 f.

[20] Vgl. Kohl, a.a.O., S. 161 ff.

## 2. Die Zeit des Nationalsozialismus

11 Paradoxerweise blieb es dem nationalsozialistischen Regime vorbehalten, den (früheren) Verfassungsauftrag zur Errichtung eines *Reichsverwaltungsgerichts* zu erfüllen. Dieses wurde durch Führererlaß vom 3.4.1941 (RGBl I S. 201) im Wege organisatorischer Zusammenfassung des Preußischen Oberverwaltungsgerichts mit sieben obersten Spruchbehörden des Reiches (u. a. Reichsdienststrafhof, Reichswirtschaftsgericht, Verwaltungsgerichtshof Wien, Entschädigungsgericht, Reichskriegssachschädenamt) geschaffen, erlangte aber keinerlei praktische Bedeutung.[21]

12 Die Etablierung des Reichsverwaltungsgerichts ließ insbesondere den bis dahin erreichten Negativstand des Verwaltungsrechtsschutzes unberührt. Dieser war zunächst in seiner Daseinsberechtigung umstritten gewesen,[22] dann aber, trotz einer Reihe äußerlicher Kompetenzerweiterungen, in der Substanz zielstrebig schrittweise abgebaut worden. Begleitet von einer "inneren Verformung der Verwaltungsgerichtsbarkeit",[23] die, ungeachtet anfänglichen und differenzierten Widerstandes in der Spruchpraxis,[24] unter dem Zwang zum Arrangement immer mehr von ihrem Rechtsschutzauftrag abrückte, wurden gravierende gesetzliche Maßnahmen getroffen.[25] So gab es gegen die Entfernung mißliebiger Personen aus Beamtenstellen nach § 7 Abs. 1 Gesetz zur Wiederherstellung des Berufsbeamtentums vom 7.4.1933 (RGBl I S. 175) keine Rechtsmittel. Durch § 7 des Gesetzes vom 10.2.1936 (PreußGS S. 21, ber. S. 28) wurde der Rechtsschutz gegenüber allen Verfügungen der Geheimen Staatspolizei und mittelbar, darauf bezogen, der allgemeinen Polizeibehörden, ausgeschlossen. Der Führererlaß vom 28.8.1939 (RGBl I S. 1535) in Verbindung mit der Zweiten VO über die Vereinfachung der Verwaltung vom 6.11.1939 (RGBl I S. 2168) schließlich beseitigte überhaupt die Anfechtungsklage für den Regelfall.

13 Damit hatte die Verwaltungsgerichtsbarkeit ihre Bedeutung für den Individualrechtsschutz praktisch eingebüßt. Die – freilich durchaus auch praktizierte – Aufhebung materiell-rechtlicher subjektiver Rechte erledigte sich so "auf kaltem Wege" – eine eindrucksvolle Veranschaulichung der existentiellen Abhängigkeit des subjektiven (öffentlichen) Rechts von seinem gerichtlichen Schutz (s. unten § 3 Rdnr. 1 ff.).

[21] Vgl. dazu Stolleis, in: Menger-FS, S. 69; Kohl, a.a.O., S. 484 ff.

[22] Vgl. dazu Rüfner, in: Deutsche Verwaltungsgeschichte, Bd. 4, S. 1100 ff.; Stolleis, in: Menger-FS, S. 57 ff.; Kohl, a.a.O., S. 401 ff.

[23] Stolleis, in: Menger-FS, S. 64. Eingehend dazu am Beispiel des BadVGH Kirchberg, a.a.O., S. 66 ff.; für Preußen vgl. Ibler, a.a.O., S. 322 ff.

[24] Z. B. durch eine einengende Auslegung der nicht justitiablen "politischen" Polizeimaßnahmen, so zuletzt wohl im Urteil des BadVGH vom 11.1.1938, RVerwBl 1938,1047 (Verbot eines kirchlichen Frauenvereins); vgl. Stolleis, in: Menger-FS, S. 67; Kirchberg, a.a.O., S. 85 ff.

[25] Vgl. näher Rüfner, in: Deutsche Verwaltungsgeschichte, Bd. 4, S. 1109 ff.; Stolleis, in: Menger-FS, S. 65 ff.; Ibler, a.a.O., S. 308 ff.

# IV. Die Entwicklung seit 1945

Nach dem Ende des Zweiten Weltkrieges kam es – außer im Bereich der sowjetischen Besatzungszone – zu einer Renaissance der Verwaltungsgerichtsbarkeit in Deutschland.[26]

## 1. Die Neuerrichtung der Verwaltungsgerichtsbarkeit

Nachdem der Kontrollrat zunächst die noch bestehenden Verwaltungsgerichte 14
vorläufig geschlossen hatte, wurde deren Wiedererrichtung in den einzelnen Besatzungszonen und in Berlin durch Gesetz Nr. 36 der Alliierten Kontrollbehörde vom 10.10.1946 angeordnet. Die Umsetzung erfolgte uneinheitlich, doch können drei vorherrschende Entwicklungslinien hervorgehoben werden.[27]

### *a) Die süddeutschen Verwaltungsgerichtsgesetze*

In den Ländern der amerikanischen Besatzungszone (Bayern, Württemberg- 15
Baden, Hessen, später auch Bremen) wurden im September/Oktober 1946 inhaltlich übereinstimmende Verwaltungsgerichtsgesetze (VGG) erlassen. Sie sahen einen zweistufigen Gerichtsaufbau und die Beteiligung von Laienbeisitzern an erstinstanzlichen Entscheidungen vor. Für den Zugang zum Gericht galt die Generalklausel (§ 22 VGG). Außer der schon bisher bekannten Anfechtungsklage war die Untätigkeitsklage vorgesehen (§ 35 Abs. 2 VGG). Die damit erfaßten, sogenannten *Anfechtungssachen* standen den *Parteistreitigkeiten* gegenüber. Ebenfalls neu eingeführt wurde die *Normenkontrolle* zur Überprüfung untergesetzlicher Rechtsvorschriften (§ 25 VGG).

### *b) Die Militärregierungsverordnung Nr. 165*

In der britischen Zone (Nordrhein-Westfalen, Niedersachsen, Schleswig-Holstein) 16
wurden (erst) durch die Militärregierungsverordnung (MRVO) Nr. 165 vom 15.9.1948 die *Generalklausel* sowie Untätigkeits- und Vornahmeklage (§ 24 MRVO 165), der Sache nach also bereits die *Verpflichtungsklage* in ihren beiden Spielarten (vgl. unten § 16 Rdnr. 5 ff.), eingeführt. Im ebenfalls zweistufigen Gerichtsaufbau war die Beteiligung von ehrenamtlichen Richtern an Entscheidungen der Verwaltungsgerichte vorgesehen; für das Oberverwaltungsgericht konnten derartige Regelungen getroffen werden.

---

[26] Dazu sowie zu den bestimmenden Neuerungen Ibler, a.a.O., S. 350 ff.
[27] Vgl. dazu Menger, System a.a.O., S. 3 ff.

### c) Die sowjetische Besatzungszone

17 Einen gänzlich anderen Verlauf nahm die Entwicklung in der sowjetischen Besatzungszone und der nachmaligen DDR.[28] Zwar wurden in Thüringen bereits 1945 (mit der 1948 allerdings wieder abgeschafften Generalklausel) sowie auf der Grundlage des Befehls Nr. 173/47 der sowjetischen Militäradministration vom 8.7.1947 auch in Mecklenburg, Brandenburg und Sachsen (Enumerationsprinzip) wieder Verwaltungsgerichte errichtet. Eine Verwaltungsgerichtsbarkeit zum Schutz des Bürgers gegen rechtswidrige Maßnahmen der Verwaltung, wie sie Art. 138 DDR-Verfassung vom 7.10.1949 vorschrieb, wurde jedoch nicht geschaffen.[29] Im Gegenteil wurden im Jahre 1952 die vorhandenen Verwaltungsgerichte im Zuge der Beseitigung der Länder durch interne Anordnung des Innenministers abgeschafft.[30] Die Verfassung von 1968 sah eine Verwaltungsgerichtsbarkeit nicht mehr vor. Erst durch das Nachprüfungsgesetz vom 14.12.1988[31] wurde eine sehr beschränkte Verwaltungskontrolle wieder zugelassen.[32]

## 2. Die Lage unter dem Grundgesetz

18 Nach Art. 74 Nr. 1 des Grundgesetzes vom 23.5.1949 gehört die Regelung der Verfassung und des Verfahrens auch der Verwaltungsgerichtsbarkeit zur konkurrierenden Gesetzgebung des Bundes und stand deshalb bis zu dessen Tätigwerden den Ländern zu, Art. 72 Abs. 1 GG. In der Folgezeit sind eigenständige Regelungen in den Ländern Rheinland-Pfalz, Berlin, Saarland und Baden-Württemberg erlassen worden, während in den übrigen Ländern die bestehenden Vorschriften aufrechterhalten blieben.

19 Der Bund machte von seiner Legislativkompetenz erstmals durch das Gesetz über das Bundesverwaltungsgericht vom 23.9.1952 (BGBl I S. 625) Gebrauch, mit dem der in Art. 95 Abs. 1 GG vorgesehene oberste Gerichtshof für das Gebiet der Verwaltungsgerichtsbarkeit in Berlin (künftig in Leipzig) geschaffen und die Möglichkeit einer Revision zu diesem begründet wurde. Dagegen blieb das bestehende Landesrecht hiervon unberührt und wurde erst mit Inkrafttreten der Verwaltungsgerichtsordnung vom 21.1.1960 am 1.4.1960 ersetzt. Diese schuf erstmals eine bundeseinheitliche Regelung der allgemeinen Verwaltungsgerichtsbarkeit und kann insofern, ungeachtet einer Reihe von zum Teil nachhaltigen Reformen, als Abschluß der Entwicklung gelten.

---

[28] Vgl. dazu noch Ule, in: Menger-FS, S. 101 f.; dens., DVBl 1985,1035 f.; Bernet, DÖV 1990,409.

[29] Vgl. Stelkens, DtZ 1990,306.

[30] Vgl. Lammich, VerwArch 64 (1973), S. 249; Kuss, ROW 1989,210.

[31] GBl I Nr. 20, S. 327; veröffentlicht in: NVwZ 1989,441.

[32] Pohl, in: König, Verwaltungsstrukturen der DDR, 1991, S. 270; Stelkens, DtZ 1990,306.

# V. Reform

## 1. Allgemeine Ansätze

**20** Die Verwaltungsgerichtsordnung wies den Geburtsfehler auf, daß sie, ungeachtet bestehender Einheitsbestrebungen, als sektoral abgetrennte Regelung erlassen wurde, neben der die Finanzgerichtsbarkeit[33] und, nach der vorgezogenen Errichtung des Bundesverwaltungsgerichts im Jahre 1952, auch die Sozialgerichtsbarkeit seit 1953[34] eigene Verfahrensordnungen mit vielfach nicht sachbedingten Abweichungen besitzen. Der Erlaß der Verwaltungsgerichtsordnung bildet also nur ein – recht stabiles – Zwischenstadium im Zuge fortdauernder *Reformbestrebungen*. Diese waren vor allem auf eine Zusammenführung der für die einzelnen Zweige der Verwaltungsgerichtsbarkeit geltenden Verwaltungsgerichtsgesetze (VwGO, FGO, SGG) zu einer einheitlichen Verwaltungsprozeßordnung gerichtet. Nachdem von der Hochschule für Verwaltungswissenschaften Speyer bereits 1969 der Entwurf eines Verwaltungsgerichtsgesetzes erarbeitet worden war (Speyerer Entwurf),[35] legte der im Jahre 1968 von der Bundesregierung eingesetzte Koordinierungsausschuß im Februar 1978 einen Entwurf vor, auf dessen Grundlage die Bundesregierung im März 1982 den *Entwurf einer Verwaltungsprozeßordnung* (EVwPO) einbrachte.[36] Er beschränkte sich nicht auf eine Vereinheitlichung der Verwaltungsgerichtsgesetze, sondern enthielt zugleich Änderungsvorschläge im Sinne einer Verbesserung des Rechtsschutzes, einer Vereinfachung des Verfahrensrechts und einer Verkürzung der Verfahrensdauer.

Die Reformvorstellungen haben eine lebhafte Diskussion ausgelöst,[37] jedoch nur teilweise Erfolg gehabt. Insbesondere kam es nicht zu einer Vereinheitlichung, die, zumal unter dem Eindruck beständiger legislativer Reformtätigkeit, gegenwärtig als kaum noch realisierbar erscheint.[38]

## 2. Einzelne Reformschritte

**21** Zahlreiche Einzelpunkte wurden demgegenüber in bereichsspezifischen Sonderregelungen, insbesondere des Asylrechts (vgl. §§ 74 ff. AsylVfG)[39] und des Planungsrechts (vgl. § 17 Abs. 6a – 6c FStrG)[40] sowie den Gesetzesnovellierungen

---

[33] Vgl. Ziemer, BB 1965,957; Martens, Jura 1986,1.
[34] Vgl. Ule, in: Menger-FS, S. 92.
[35] Ule, Entwurf eines Verwaltungsgerichtsgesetzes, 1969.
[36] BR-Drucks. 100/82.
[37] Vgl. nur etwa Kopp, a.a.O.; Ule, DVBl 1981,363; W. Schenke, DÖV 1982,709; R. Scholz, DVBl 1982,605; Trzaskalik, NJW 1982,1553.
[38] Vgl. Ule, DVBl 1991,509.
[39] Vgl. dazu Heberlein, JuS 1998,1117.
[40] Vgl. dazu Steinberg/Berg, NJW 1994,488; Henke, UPR 1999,51.

der letzten Jahre berücksichtigt.[41] Diese haben, darüber noch hinausgehend, vor allem seit dem 4. Änderungsgesetz (1990) zu teilweise grundlegenden Neuregelungen geführt, deren zunehmende Orientierung an den vorrangigen Zielen der Verfahrensbeschleunigung und der Gerichtsentlastung vielfach Kritik gefunden hat.[42]

Nach einigen weniger spektakulären Korrekturen, wie der Erweiterung der Normenkontrolle (§ 47 Abs. 1) und dem Ausschluß einer isolierten Anfechtung von Verfahrensfehlern (§ 44a) im Jahre 1976 erfolgte die erste nachhaltige Änderung durch das *4. VwGO-Änderungsgesetz* vom 17.12.1990.[43] Im Zuge der Übernahme von Regelungen des Entlastungsgesetzes[44], das 1978 erlassen und bis 1990 mehrmals verlängert worden war, wurden die in diesem vorgesehenen Erleichterungen im Verfahren und bei der Entscheidungsbegründung sowie Zuständigkeitsverlagerungen bei Großvorhaben auf die Oberverwaltungsgerichte (Verwaltungsgerichtshöfe) als Dauerregelung in die Verwaltungsgerichtsordnung integriert. Ergänzend wurde ferner der vorläufige Rechtsschutz bei Verwaltungsakten mit Doppelwirkung geregelt (§ 80a), die Abwicklung von Massenverfahren erleichtert (§§ 56a; 65 Abs. 3; 67a; 93a) und die Rechtswegverweisung vereinheitlicht (§ 17a GVG).

**22** Mit Wirkung vom 1.3.1993 brachte das *Rechtspflege-Entlastungsgesetz* vom 11.1.1993[45] einen fühlbaren Einschnitt in die Entscheidungstätigkeit, die nun insbesondere nicht mehr ausschließlich dem Kollegialprinzip folgt, sondern auch durch den Einzelrichter ausgeübt werden kann (§ 6).

**23** Erneut tiefgreifende Veränderungen hat schließlich das am 1.1.1997 in Kraft getretene *6. Gesetz zur Änderung der Verwaltungsgerichtsordnung* vom 1.11.1996 mit sich gebracht.[46] Ganz im Dienst der Verfahrensvereinfachung und -beschleunigung stehend, hat es unter anderem die Berufung (§ 124 Abs. 1) und insbesondere bei Entscheidungen zum vorläufigen Rechtsschutz auch die Beschwerde (§ 146 Abs. 4) von einer Zulassung durch das Oberverwaltungsgericht (den Verwaltungsgerichtshof) abhängig gemacht, den Zugang zur Normenkontrolle eingeschränkt (§ 47 Abs. 2 Satz 1) und vor dem Oberverwaltungsgericht (Verwaltungsgerichts

---

[41] Überblick bei Meissner, VBlBW 1997,81.

[42] Vgl. etwa Stelkens, NVwZ 1995,325; Redeker, NVwZ 1996,521; Kuhla/Hüttenbrink, DVBl 1996,717; Meissner, VBlBW 1997,84.

[43] BGBl I S. 2809. Vgl. dazu B. Klein, BayVBl 1992,196; Pagenkopf, DVBl 1991,286; Kopp, NJW 1991,521.

[44] Gesetz zur Entlastung der Gerichte in der Verwaltungs- und Finanzgerichtsbarkeit vom 31.3.1978, BGBl I S. 446.

[45] BGBl I S. 50. Vgl. dazu Lotz/Dillmann, BayVBl 1992,737; Schnellenbach, DVBl 1993,230; Martens, NVwZ 1993,232.

[46] BGBl I S. 1626. Vgl. dazu Redeker, NVwZ 1996,521; Kuhla/Hüttenbrink, DVBl 1996,717; Schmieszek, NVwZ 1996,1151; Meissner, VBlBW 1997,81; W. Schenke, NJW 1997,81; Lotz, BayVBl 1997,257; Stüer, DVBl 1997,332 ff.; Berkemann, DVBl 1998,446 ff.

hof) den Anwaltszwang eingeführt (§ 67 Abs. 1). Ferner werden sehr weitgehende Möglichkeiten zur nachträglichen Heilung von Ermessensfehlern (§ 114 Satz 2) und, auf dem Hintergrund des parallel geänderten § 45 Abs. 2 VwVfG, von Mängeln des Verwaltungsverfahrens (§§ 87 Abs. 1 Satz 2 Nr. 7; 94 Satz 2) geschaffen.

Auch mit diesen Neuerungen dürfte nur ein vorläufiges zeitliches Ende, nicht aber ein sachlicher Abschluß der gesetzlichen Reformwelle erreicht sein. Es steht vielmehr zu befürchten, daß durch weitere Detailkorrekturen die Geschlossenheit und Effektivität eines auf optimalen Individualrechtsschutz ausgerichteten Kodifikationswerkes zugunsten kurzfristiger Beschleunigungsziele mit zweifelhaften Erfolgsaussichten aufs Spiel gesetzt werden.

## Literatur

*Bauer, Hartmut*, Geschichtliche Grundlagen der Lehre vom subjektiven öffentlichen Recht, 1986.

*Emmert*, Die Entwicklung der Verwaltungsgerichtsbarkeit in Bayern bis 1945, BayVBl 1997,8.

*Grawert*, Verwaltungsrechtsschutz in der Weimarer Republik, in: Menger-FS, S. 35.

*Henke, W.*, Das subjektive öffentliche Recht, 1968.

*Ibler*, Rechtspflegender Rechtsschutz im Verwaltungsrecht, 1999.

*Kimminich*, Die Verwaltungsgerichtsbarkeit in der Weimarer Republik, VBlBW 1988,371.

*Kirchberg*, Der Badische Verwaltungsgerichtshof im Dritten Reich, 1982.

*Ders.*, Die Selbstentmachtung der Verwaltungsgerichtsbarkeit im Dritten Reich, VBlBW 1988,379.

*Kohl*, Das Reichsverwaltungsgericht, 1991.

*Kopp*, Welchen Anforderungen soll eine einheitliche Verwaltungsprozeßordnung genügen, um im Rahmen einer funktionsfähigen Rechtspflege effektiven Rechtsschutz zu gewährleisten?, GA B für den 54. DJT, 1982.

*Menger*, System des verwaltungsgerichtlichen Rechtsschutzes, 1954.

*Ders.*, Zur Geschichte der Verwaltungsgerichtsbarkeit in Deutschland, DÖV 1963,726.

*Meyer-Ladewig*, Die Vereinheitlichung der öffentlichen Prozeßverordnungen, in: Menger-FS, S. 833.

*Montag*, Die Geschichte der Verwaltungsgerichtsbarkeit unter besonderer Berücksichtigung der Entwicklung in Baden, VBlBW 1992,194; 391.

*Rapp*, 100 Jahre Badischer Verwaltungsgerichtshof, in: Staatsbürger und Staatsgewalt, Jubiläumsschrift zum hundertjährigen Bestehen der deutschen Verwaltungsgerichtsbarkeit, Bd. I, 1963, S. 3.

*Rüfner*, Verwaltungsrechtsschutz in Preußen 1749 bis 1842, 1962.

*Ders.*, Verwaltungsrechtsschutz in Preußen im 18. und in der ersten Hälfte des 19. Jahrhunderts, in: Menger-FS, S. 3.

*Ders.*, Verwaltungsrechtsschutz im 19. Jahrhundert vor Einführung der Verwaltungsgerichtsbarkeit, DÖV 1963,719.

*Ders.*, Die Entwicklung der Verwaltungsgerichtsbarkeit, in: Deutsche Verwaltungsgeschichte, Bd. 3, 1984, S. 909; Bd. 4, 1985, S. 639; 1099.

*Scheerbarth*, Das Schicksal der Verwaltungsgerichtsbarkeit unter dem Nationalsozialismus, DÖV 1963,729.

*Schiedermair, R.*, Die Anfänge der Verwaltungsgerichtsbarkeit in Bayern, in: FS für Nottarp, 1961, S. 173.

*Sellmann*, Der Weg zur neuzeitlichen Verwaltungsgerichtsbarkeit und ihre Vorstufen und demokratischen Grundlagen, in: Staatsbürger und Staatsgewalt, Jubiläumsschrift zum hundertjährigen Bestehen der deutschen Verwaltungsgerichtsbarkeit, Bd. I, 1963, S. 25.

*Stelkens*, Verwaltungsgerichtsbarkeit im Umbruch – eine Reform ohne Ende?, NVwZ 1995,325.

*Stolleis*, Die Verwaltungsgerichtsbarkeit im Nationalsozialismus, in: Menger-FS, S. 57.

*Stumpp*, Preußische Verwaltungsgerichtsbarkeit 1875-1914, 1980.

*Trostel*, Die Verwaltungsgerichtsbarkeit von der Gründung bis zum Ausgang des Kaiserreichs, VBlBW 1988,363.

*Ule*, Die geschichtliche Entwicklung des verwaltungsgerichtlichen Rechtsschutzes in der Nachkriegszeit, in: Menger-FS, S. 81.

*Ders.*, Gesetzlichkeit in der Verwaltung durch Verwaltungsverfahren und gerichtliche Kontrolle in der DDR, DVBl 1985,1029.

*v. Unruh*, Verwaltungsgerichtsbarkeit, in: Deutsche Verwaltungsgeschichte, Bd. 5, 1987, S. 1178.

# § 3. Die grundrechtliche Determinierung des Verwaltungsprozesses

## I. Die Garantie des Rechtsschutzes

### 1. Gerichtsschutz als Verfassungsgarantie

Rechtsstaat ist der durch das Recht konstituierte, begrenzte und gebundene Staat.[1] 1
Er ist zugleich Herr und Garant der Rechtsordnung und trägt als Inhaber des Monopols legitimer Gewaltausübung die Sorge und Verantwortung für deren Realisierung. Dies kann wiederum nur im Wege des Rechts geschehen. Die Parteien werden auf den Weg vor die Gerichte verwiesen.[2] Der Staat stellt deshalb mit der Rechtsprechung (Art. 92 GG) eine ausschließlich rechtsgebundene Institution zur Bewahrung der objektiven Rechtsordnung und zur Durchsetzung subjektiver Berechtigungen bereit. Aus dieser staatlichen *Justizgewährungspflicht* folgt ein umfassender *Justizgewährungsanspruch*, der durch das Rechtsstaatsprinzip (Art. 20 Abs. 3 GG) verfassungsrechtlich garantiert ist[3] und in Verbindung mit Art. 2 Abs. 1 und Art. 92 GG für bürgerlich-rechtliche Streitigkeiten den Zugang zu den Gerichten, eine grundsätzlich umfassende tatsächliche und rechtliche Prüfung des Streitgegenstandes sowie eine verbindliche richterliche Entscheidung in angemessener Zeit[4] gewährleistet.[5] Nichts anderes gilt für das Verhältnis zwischen Individuum und Staat.[6] Die nicht zuletzt aus historischen Gründen (vgl. dazu oben § 2 Rdnr. 2) problematische Doppelrolle, in der sich der Staat bei der Gewährung des gegen ihn gerichteten Rechtsschutzes befindet, hat jedoch dazu

---

[1] Vgl. Stern, Das Staatsrecht der Bundesrepublik Deutschland, Bd. I, 2. Aufl. 1984, S. 781 ff.; Hesse, Grundzüge des Verfassungsrechts der Bundesrepublik Deutschland, 20. Aufl. 1995, Rdnr. 186 ff.

[2] BVerfGE 81,347 (356).

[3] Vgl. Stern, Staatsrecht, Bd. II, 1980, S. 920; Dütz, a.a.O., S. 99 ff.; Detterbeck, AcP 192 (1992), S. 327 ff.; Schmidt-Jortzig, NJW 1994,2571.

[4] Vgl. BVerfGE 85,337 (345); 88,118 (124); BVerfG, NJW 1999,2582.

[5] Vgl. BVerfGE 54,277 (291); 84,366 (369); 85,337 (345); BVerfG, NJW 1997,2167; Rosenberg/Schwab/Gottwald, § 3 I; Dütz, a.a.O., S. 99 ff., 133; Scholz, in: GS für Grabitz, S. 727 ff.

[6] Vgl. BVerfGE 8,274 (326); 80,103 (107); Lorenz, Rechtsschutz, a.a.O., S. 12 f.; Schmidt-Aßmann, in: Maunz/Dürig, Stand 1985, Art. 19 Abs. IV Rdnr. 16.

geführt, diesen durch die ausdrückliche Rechtsschutzgarantie des Art. 19 Abs. 4 GG auf eine eigenständige Grundlage zu stellen (vgl. näher unten Rdnr. 9).

## 2. Grundrechtliche Einwirkungen auf das Verfahren

2 Entsprechend der übergreifenden rechtsstaatlichen Bedeutung des gerichtlichen Rechtsschutzes steht dessen gesetzliche Ausgestaltung, unabhängig von der für den jeweiligen Rechtsprechungszweig (Art. 95 GG) bestehenden Verfahrensordnung, unter einheitlichen Vorgaben der Verfassung, insbesondere der Grundrechte. Diese können in dreifacher Weise auf das gerichtliche Verfahren und dessen Handhabung einwirken.[7]

### *a) Verfahrenseröffnung*

3 Bedeutsam ist zunächst die Eröffnung des Verfahrens, das heißt der Zugang zum Gericht. Er wird, soweit es um den Schutz vor Rechtsverletzungen durch die öffentliche Gewalt, also den Kernbereich des verwaltungsgerichtlichen Rechtsschutzes geht, durch Art. 19 Abs. 4 GG grundrechtlich garantiert (s. im folgenden Rdnr. 18 f.).

### *b) Unmittelbare Verfahrensdetermination*

4 Für die inhaltliche Ausgestaltung des – eröffneten – Verfahrens sind zunächst die unmittelbar auf dieses abzielenden Grundrechtswirkungen beachtlich.

*aa)* Sie ergeben sich in erster Linie aus den das Verfahren als solches regelnden *Verfahrensgarantien* (s. unten Rdnr. 28 ff.), nämlich dem Recht auf den gesetzlichen Richter (Art. 101 Abs. 1 Satz 2 GG) und dem Anspruch auf rechtliches Gehör (Art. 103 Abs. 1 GG).

5 *bb)* Daneben können jedoch auch *sonstige Grundrechte* erheblich sein. Wie jede staatliche Tätigkeit steht auch das gerichtliche Verfahren insgesamt unter der Herrschaft der Grundrechte (Art. 1 Abs. 3 GG). Diese sind deshalb, soweit ihr Schutzbereich durch das Verfahren tangiert wird, auch bei dessen Ausgestaltung und Handhabung zu beachten.

So kann von materiellen Grundrechten auch eine bestimmte Verfahrensgestaltung gefordert sein, zum Beispiel zum Schutz von Leben und Gesundheit (Art. 2 Abs. 2 Satz 1 GG)[8] oder der Religionsfreiheit.[9] Eine ähnliche Bedeutung kommt der Rundfunkfreiheit (Art. 5 Abs. 1 Satz 2 GG) für den Bereich der Gerichts-

[7] Vgl. dazu allgemein Lorenz, NJW 1977,865 ff., 869 ff.; Hesse, EuGRZ 1978,434 ff.
[8] BVerfGE 51,324 (343 ff.); 52,214 (219).
[9] BVerfGE 35,366.

verfassung (Öffentlichkeit, § 55 VwGO i. V. m. §§ 169, 176 GVG) zu.[10] Grundrechte können insbesondere einer gerichtlichen Tatsachenermittlung Schranken ziehen (Zeugnisverweigerungsrechte, Beschlagnahme-, Verwertungsverbote), so zum Beispiel die Grundrechte der Pressefreiheit (Art. 5 Abs. 1 Satz 2 GG),[11] der körperlichen Unversehrtheit (Art. 2 Abs. 2 GG)[12] oder des Persönlichkeitsschutzes (Art. 2 Abs. 1 i. V. m. Art. 1 Abs. 1 GG).[13]

### c) Mittelbare Verfahrensdetermination

Eine prinzipiell andere Bedeutung für das Verfahren haben die Grundrechte, wo sie kraft ihrer Maßgeblichkeit für die materiell-rechtliche Rechtsbeziehung, über die inhaltlich zu entscheiden ist, Wirksamkeit für das Verfahrensrecht entfalten. Diese Einwirkung[14] ist eine Folge der grundsätzlichen Ausrichtung des Verfahrensrechts am materiellen Recht, dessen Verwirklichung jenes *zu dienen hat* (vgl. oben § 1 Rdnr. 3) und das deshalb für die Art und Weise seiner verfahrensmäßigen Realisierung nicht völlig unbeachtlich bleibt. 6

Dies darf freilich andererseits auch nicht dazu führen, den *funktionalen Eigenwert* des Verfahrens für Rationalität und Berechenbarkeit der Rechtsverwirklichung zu vernachlässigen und das Verfahrensrecht unter Aufgabe seiner Eigenständigkeit *aktionenrechtlich* nur noch dem jeweils einschlägigen Grundrecht zuzuordnen.[15] Es kann vielmehr nur darum gehen, bei der Handhabung des Verfahrensrechts dessen Bedeutung für die Verwirklichung des betroffenen Grundrechts abwägend in Rechnung zu stellen. Dies ist je nach betroffenem Grundrecht (z. B. Art. 2 Abs. 2[16]; 8[17]; 12 Abs. 1;[18] 14 GG,[19]) und maßgeblicher Verfahrensregelung (z. B. Voraussetzungen des vorläufigen Rechtsschutzes; Zurechnung eines Vertreterverschuldens) sowie den Umständen des konkreten Einzelfalls unterschiedlich zu beurteilen und kann deshalb hier inhaltlich nicht weiter verfolgt werden (s. auch oben § 1 Rdnr. 2 ff.). 7

[10] BVerfGE 91,125 (136); BVerfG, NJW 1996,581.
[11] BVerfGE 36,193 (204).
[12] BVerfGE 17,108 (117).
[13] BVerfGE 32,373 (378 ff.); 44,353 (372 f.); 80,367 (373 ff.).
[14] Vgl. dazu BVerfGE 60,253 (297); Lorenz, NJW 1977,871 f.; Hesse, EuGRZ 1978,435 ff.; Bethge, NJW 1982,5 ff.; vgl. auch Goerlich, a.a.O.; Mauder, a.a.O., S. 38 f.; Schmidt-Aßmann, DVBl 1997,282.
[15] Vgl. BVerfGE 60,253 (296 f.); Schmidt-Aßmann, DVBl 1997,282.
[16] BVerfGE 53,30 (65 f.).
[17] BVerfGE 69,315 (368).
[18] BVerfGE 39,276 (294); 45,422 (430).
[19] BVerfGE 37,132 (141,148); 49,220 (225).

## II. Die Rechtsweggarantie

8 Art. 19 Abs. 4 GG ist die verfassungsrechtliche Basis des individuellen Rechtsschutzes gegen die öffentliche Gewalt und steht damit im Zentrum des Systems des Verwaltungsrechtsschutzes.

### 1. Zielsetzung

9 Durch diese Verfassungsgarantie sollte nach den bis zur Rechtlosigkeit gesteigerten Rechtsverkürzungen als Folge fehlenden Rechtsschutzes (s. oben § 2 Rdnr. 2, 11 ff.) vor allem die "Selbstherrlichkeit" der vollziehenden Gewalt im Verhältnis zum Bürger beseitigt werden.[20] Hierzu wurde der vielfach bloß mittelbare Rechtsschutz, der im Wege der Entschädigung für als solche hinzunehmende Rechtsverletzungen ("Dulde und liquidiere"; *Sekundärrechtsschutz*) gewährt wurde, durch den unmittelbar gegen diese selbst gerichteten *Primärrechtsschutz* ersetzt.[21] Zugleich entstand eine umfassende, wenngleich durch die subjektive Rechtsbetroffenheit bedingte Kontrollkompetenz der Rechtsprechung und bildete sich die spezifische Form einer "gerichtsgeprägten Gewaltenteilung" heraus.[22] Schon früh wurde denn auch der euphorischen Apostrophierung jenes verfassungsgeschichtlichen Novums als Krönung und Vollendung des Rechtsstaates die kritisch-bedenkliche Einschätzung einer "Entfesselung der Dritten Gewalt"[23] und eines Umschlags des Rechts- zum Richterstaat entgegengesetzt.

### 2. Regelungsgehalt

Inhaltlich garantiert Art. 19 Abs. 4 Satz 1 GG die Möglichkeit, bei Verletzung subjektiver Rechte (Rdnr. 10 ff.) durch die öffentliche Gewalt (Rdnr. 12 ff.) den Rechtsweg zu beschreiten (Rdnr. 18 f.).

#### *a) Schutzobjekt*

10 Schutzobjekt sind die *subjektiven Rechte* des Einzelnen, nicht des Staates (im funktionalen Sinn; vgl. auch unten § 18 Rdnr. 70 ff.) oder staatlicher Gliederungen (vgl. unten § 25 Rdnr. 4 ff.). Sie bestehen nach Maßgabe des dem Rechtsschutz vorausliegenden materiellen Rechts und damit grundsätzlich unabhängig von jenem.[24]

---

[20] BVerfGE 10,264 (267).

[21] Vgl. BVerfGE 35,263 (274 f.); 58,300 (322 ff.); Lorenz, in: Menger-FS, S. 155; Goerlich, a.a.O., S. 58 f.

[22] Schmidt-Aßmann, DVBl 1997,283.

[23] So etwa van Husen, AöR 78 (1952/53), S. 49 ff.

[24] Vgl. BVerfGE 61,82 (110); W. Schenke, in: BGG, Stand 1982, Art. 19 Abs. 4 Rdnr. 287. Neu-

Erforderlich ist also zunächst das Bestehen einer Regelung des *objektiven Rechts*, da nur dieses einerseits tauglicher Maßstab für eine richterliche Entscheidung, andererseits Grundlage eines subjektiven Rechts sein kann. Dieses muß als solches bestehen (s. näher unten § 18 Rdnr. 15 ff.) und dem Rechtsschutzsuchenden selbst zustehen;[25] Art. 19 Abs. 4 GG gewährt ausschließlich *Individualrechtsschutz* und eröffnet deshalb den Rechtsweg nicht, wenn eine Rechtsverletzung Dritter verfolgt oder überhaupt nur, wie im typischen Fall der *Verbandsklage*, eine Verletzung objektiven Rechts geltend gemacht wird. Freilich mag es im Zuge eines zunehmenden Einflusses europäischer Rechtsvorstellungen auf den deutschen Verwaltungsrechtsschutz zu einer Reduzierung der Anforderungen an das Vorliegen eines subjektiven öffentlichen Rechts kommen und in der Folge dessen Abgrenzung zum bloßen Interesse unsicher werden. Ein solcher Wandel ist jedoch noch nicht auf breiter Front vollzogen (vgl. noch unten § 18 Rdnr. 33 ff.). 11

Einfachgesetzlich ist diese Verfassungsentscheidung durch § 42 Abs. 2 – unter verfassungsrechtlich unbedenklicher Zulassung eng begrenzter Ausnahmen (vgl. unten § 18 Rdnr. 84 ff.) – umgesetzt worden. Erforderlich ist ferner einer Rechts*verletzung* (nicht nur eine bloße Belästigung), doch braucht diese zur Vermeidung eines Zirkels, was ebenfalls durch § 42 Abs. 2 klargestellt wird, nicht tatsächlich vorzuliegen, sondern muß lediglich als möglich erscheinen (vgl. unten § 18 Rdnr. 10 ff.). 12

### b) Schutzrichtung

Ungeachtet der historisch wie systematisch primären Einstellung auf die Verwaltung richtet sich der Schutz des Art. 19 Abs. 4 GG nach richtiger Auffassung gegen die *öffentliche Gewalt* im umfänglichen Sinn des Art. 1 Abs. 3 GG. 13

*aa)* Im Vordergrund steht gleichwohl die *Exekutive*. Sie wird unstreitig in allen ihren Erscheinungsformen, jedenfalls hoheitlichen Handelns,[26] erfaßt und unterliegt damit dem gerichtlichen Rechtsschutz zunächst hinsichtlich eingreifender Maßnahmen, unabhängig davon, ob diese rechtsformal als Verwaltungsakt eingekleidet sind oder als schlichtes tatsächliches Handeln in Erscheinung treten. Daneben ist der Rechtsweg aber auch gegen Rechtsverletzungen eröffnet, die aus der Vorenthaltung (Unterlassung) zustehender Leistungen resultieren. Demgemäß 14

erdings will Pestalozza, NVwZ 1999,140, die Garantie unter Berufung auf ihre Entstehungsgeschichte auf den Schutz von Grundrechten beschränken. Dem dürfte jedoch nach geltendem Recht jedenfalls die seither gefestigte und allgemein praktizierte Rechtsüberzeugung entgegenstehen.

[25] Vgl. BVerfGE 83,182 (194).

[26] Die Geltung des Art. 19 Abs. 4 GG für privatrechtliches Staatshandeln (vgl. dazu Krüger, in: Sachs, Art. 19 Rdnr. 121; Papier, in: HdBStR, Bd. VI, § 154 Rdnr. 22) ist angesichts des § 13 GVG und zumal im vorliegenden Zusammenhang des Verwaltungsprozesses kein praktisch interessierendes Problem; vgl. auch Schenke, in: BGG, Art. 19 Abs. 4 Rdnr. 190 ff.

stellt das Verwaltungsprozeßrecht nicht nur mit der *Anfechtungsklage* eine Klageform gegen eingreifende Verwaltungsakte (sogenannte Anfechtungssachen) bereit, sondern sieht Rechtsschutz im Wege der *Leistungs-* und der *Feststellungsklage* auch gegen sonstige Rechtsbeeinträchtigungen (Vornahmesachen)[27] vor (vgl. unten § 14 Rdnr. 5 ff.).

**15** *bb)* Umstritten ist dabei der Schutz gegen die *Legislative*. Rechtsetzende Funktionen werden in erster Linie vom Parlament in Form des Gesetzes, daneben aber auch von Exekutivstellen wahrgenommen. Vom Parlamentsgesetz ausgehend, hatte das Bundesverfassungsgericht ursprünglich die Rechtsetzung insgesamt aus dem Begriff der öffentlichen Gewalt im Sinn des Art. 19 Abs. 4 GG (anders bei § 90 Abs. 1 BVerfGG beziehungsweise Art. 93 Abs. 1 Nr. 4a GG) ausgenommen.[28] Es hat dann später allerdings für die exekutivische Rechtsetzung in Form eines Bebauungsplans anerkannt, daß die von diesem ausgehenden, unmittelbar verletzenden Rechtswirkungen eine gerichtliche Kontrolle auslösen können und diese sogar bei Erlaß in Gesetzesform bejaht.[29] Darin dürfte zumindest im Ergebnis ein Einschwenken auf das von der herrschenden Lehre vertretene, erweiterte Begriffsverständnis der öffentlichen Gewalt[30] zu sehen sein. Damit kann sich heute der vor allem im Wege der *verwaltungsgerichtlichen Normenkontrolle* gemäß § 47 gewährte Rechtsschutz gegen exekutivische Rechtsetzung (vgl. unten § 26 Rdnr. 7 ff.) auf die Verfassungsgarantie des Art. 19 Abs. 4 GG stützen. Mit der Gesetzgebung im formellen Sinn ist dagegen seit Aufnahme der Verfassungsbeschwerde in die Verfassung (Art. 93 Abs. 1 Nr. 4a GG) in dieser Hinsicht ohnehin keine praktische Problematik mehr verbunden (s. aber noch unten Rdnr. 26).

**16** *cc)* Weitgehende Einigkeit besteht demgegenüber darin, daß gegen Akte der *Judikative* nicht ihrerseits eine gerichtliche Überprüfung eröffnet wird: Art. 19 Abs. 4 GG garantiert keinen *Instanzenzug*.[31] Damit wird freilich die Besonderheit der Bindung des Richters an die seine Verfahrensweise bestimmenden *Handlungsnormen* verkannt. Sie regeln im Unterschied zu den den Inhalt der Entscheidung betreffenden *Entscheidungsnormen* nicht die Rechtsanwendung durch einen unbeteiligten Dritten, sondern verpflichten ihren Adressaten unmittelbar (s. auch oben Rdnr. 4 f.) zu einem bestimmten äußeren Verhalten, dessen Einhaltung folgerichtig gerichtlicher Kontrolle unterliegt.[32]

---

[27] Vgl. BVerfGE 46,166 (177 f.).
[28] BVerfGE 24,33; 24,367 (401 f.); 31,364 (369 f.).
[29] BVerfGE 70,35 (52 f., 57).
[30] Vgl. Schenke, a.a.O., S. 28 ff.; Schmidt-Aßmann, in: Maunz/Dürig, Art. 19 Abs. IV, Rdnr. 90 ff.; a. M. Jarass/Pieroth, Art. 19 Rdnr. 25.
[31] Vgl. BVerfGE 11,232 (233); 87,48 (61); 89,381 (390); Jarass/Pieroth, Art. 19 Rdnr. 26, 34, sowie noch unten § 37 Rdnr. 1 f.
[32] Vgl. Lorenz, S. 241 ff.; zuletzt eingehend Voßkuhle, a.a.O., S. 255 ff.; kritisch auch Ziekow,

Immerhin wird aus Art. 19 Abs. 4 GG über ein Verbot, den Zugang zur jeweiligen nächsten Instanz unzumutbar und sachwidrig zu erschweren,[33] hinaus ein Recht auf effektive Kontrolle in einer prozeßrechtlich vorgesehenen weiteren Instanz abgeleitet.[34] Auf die Eröffnung einer weiteren Instanz läuft es im praktischen Ergebnis auch hinaus, wenn sogar außerordentliche Rechtsbehelfe zugelassen werden, um offenkundige und schwere Verstöße gegen Verfahrensgrundrechte bereits im fachgerichtlichen Verfahren und nicht erst auf Verfassungsbeschwerde hin zu beheben (vgl. näher unten § 37 Rdnr. 10 ff.). **17**

### *c) Schutzgewährung*

Zum Schutz gegen Rechtsverletzungen seitens der öffentlichen Gewalt garantiert Art. 19 Abs. 4 GG die *Eröffnung des Rechtsweges*, das heißt die Möglichkeit zur Anrufung eines mit den verfassungsrechtlichen Garantien der Unabhängigkeit und Neutralität (Art. 92, 97 GG) ausgestatteten Richters.[35] Dieser Rechtsweg ist durch den *Gesetzgeber* bereitzustellen[36] und im Ausgleich gegenläufiger Interessen so auszugestalten, daß ein wirksamer (effektiver) Rechtsschutz sichergestellt wird (s. sogleich). Darüber hinaus haben jedoch auch Exekutive[37] und die Judikative selbst[38] die Verfassungsgarantie für den Rechtsschutz zu beachten. **18**

Der verfassungsrechtliche Rechtsschutzauftrag ist durch die *Generalklausel* in § 40 Abs. 1 zur *Eröffnung des Verwaltungsrechtswegs* und deren Ergänzung in den Spezialzuweisungen insbesondere der §§ 40 Abs. 2 Satz 1 VwGO; 33 Abs. 1 FGO; 51 Abs. 1 SGG (vgl. näher unten § 11 Rdnr. 55 ff.) grundsätzlich erfüllt. Etwa gleichwohl verbleibende Rechtsschutzlücken, zum Beispiel hinsichtlich erledigter Hoheitsmaßnahmen (Beschlagnahme, vorläufige Festnahme u. a.), sind durch ein verfassungskonform erweiterndes Verständnis der sachnächsten Verfahrensordnung zu schließen.[39] Für eine Aktivierung der Auffangzuständigkeit des ordentlichen Rechtswegs (Art. 19 Abs. 4 Satz 2 GG) ist damit praktisch kein Raum. Weitere verwaltungsprozessuale Konkretisierungen der Rechtsschutzgarantie finden sich etwa im *Untersuchungsgrundsatz* (§ 86 Abs. 1; s. unten § 30 Rdnr. 11 ff.), in der *Klagebefugnis* (§ 42 Abs. 2; vgl. unten § 18 Rdnr. 10 ff.), in der Kompetenz zu umfassender *Rechtsprüfung* (§§ 113 Abs. 1 Satz 1, 114), in der Gewährung *vorläufigen Rechtsschutzes* (§§ 80 f.; 123; vgl. unten § 27 Rdnr. 1 ff.) sowie den *Vollstreckungsregelungen* (§§ 167 f.; 172; vgl. unten § 43). **19**

---

DÖV 1998,943.

[33] BVerfGE 49,329 (341); 78,7 (18).

[34] BVerfGE 96,27 (39).

[35] Vgl. BVerfGE 49,329 (340).

[36] Vgl. Lorenz, in: Menger-FS, S. 145.

[37] Vgl. BVerwGE 17,83 (85); BVerfGE 65,1 (70).

[38] Vgl. BVerfGE 41,23 (26); 42,272 (275).

[39] BGHZ 34,244 (249 f.); BVerwG, DÖV 1983,893; vgl. auch BVerfGE 96,44 (49 f.); BGH, NJW 1998,3653.

### 3. Das Prinzip effektiven Rechtsschutzes

20 Entsprechend dem sozialen Geltungsanspruch jeder Rechtsnorm garantiert Art. 19 Abs. 4 GG nicht bloß theoretisch "einen papierenen, durch die Gerichtsorganisation praktisch wertlos gemachten", sondern "einen *effektiven* Rechtsschutz".[40] Der Bürger hat einen substantiellen Anspruch auf eine wirksame gerichtliche Kontrolle, die das Ziel der Gewährleistung, den Schutz des verletzten subjektiven Rechts, auch tatsächlich erreicht.[41]

#### *a) Inhalt*

21 Die Verwirklichung dieses Schutzes obliegt in erster Linie dem Gesetzgeber durch Schaffung der hierfür erforderlichen Voraussetzungen. Er muß den *tatsächlichen Zugang* zu einem (verfassungsgemäßen) Gericht sicherstellen, ferner diesem eine Kompetenz zur umfassenden Prüfung der *Sach- und Rechtslage* einräumen, in deren Folge die *Rechtsverletzung* oder (im Fall zwischenzeitlicher tatsächlicher Erledigung) zumindest eine aus dieser resultierende, fortwirkende Beschwer[42] in angemessener Frist[43] *beseitigt* wird.

22 Allerdings kann eine tatsächlich bereits erfolgte Rechtsverletzung nicht mehr beseitigt, sondern nur ausgeglichen werden. Art. 19 Abs. 4 GG garantiert jedoch primären Rechtsschutz schon zur Verhinderung einer realen Rechtsverletzung. Dem dient die grundsätzliche Trennung zwischen normativ wirkender, behördlicher Anordnung (Verwaltungsakt) und deren faktischer Verwirklichung, wobei die maßgebliche und deshalb zur gerichtlichen Kontrolle führende Rechtseinbuße in jene vorverlagert wird, es also zu einer realen, tatsächlich fühlbaren Rechtsverletzung gar nicht mehr kommt.[44] In der Regel genügt also *repressiver* (nachfolgender), gegen die in der bereits erlassenen Anordnung liegende (potentielle) Rechtsverletzung *gerichteter Rechtsschutz*. Folgerichtig bedarf es jedoch Vorkehrungen zum *präventiven* (vorausgehenden) Schutz vor tatsächlichen Rechtsverletzungen, die durch ein Vorgehen gegen eine diesbezügliche Anordnung nicht ausgeschlossen werden können, sei es, weil eine solche (noch) nicht erlassen wurde (*vorbeugende Klagen*, s. unten § 24), sei es, daß die (abschließende) gerichtliche Entscheidung gegen diese zu spät kommt. Art. 19 Abs. 4 GG garantiert deshalb auch *vorläufigen Rechtsschutz*[45] (vgl. unten §§ 27-29) gegen den Eintritt *vollendeter Tatsachen*, mit deren Schaffung oder Fortdauer eine tatsächliche Rechts-

[40] So schon Bachof, DRZ 1950,246 (Hervorhebung im Original).
[41] Vgl. BVerfGE 49,329 (341); 67,43 (58); 96,27 (39); Lorenz, AöR 105 (1980), S. 631 ff.; Finkelnburg, in: FG 25 Jahre BVerwG, S. 169 f.
[42] Vgl. BVerfGE 96,27 (39 f.).
[43] Vgl. dazu Wilfinger, a.a.O., S. 117 ff.
[44] Vgl. näher Lorenz, S. 133 ff.
[45] BVerfGE 35,382 (401 f.); 79,69 (74 ff.).

verletzung verbunden ist. Zur Vermeidung eines derartigen Rechtsverlusts darf die angegriffene Anordnung während der Zeit bis zur gerichtlichen Entscheidung grundsätzlich nicht vollzogen werden (*Suspensiveffekt*) beziehungsweise, im Falle nachhaltiger Beeinträchtigung, die beanspruchte Leistung nicht vorenthalten bleiben (*einstweilige Anordnung*).

Schließlich ist das Effektivitätsgebot leitend auch für die Art und Weise der Ausgestaltung und Handhabung des *gerichtlichen Verfahrens*. Ist dessen Existenz wesensbestimmendes Merkmal rechtsprechender Tätigkeit und damit unverzichtbare Voraussetzung für die Gewährung von Rechtsschutz, so bedeutet doch umgekehrt die hieraus folgende Bindung an die prozessualen Voraussetzungen und Anforderungen zwangsläufig zugleich eine Begrenzung des (gewährten) Rechtsschutzes. Die Statuierung prozessualer Form- und Fristerfordernisse (§§ 81 f.; 74; 124a; 133; 139 Abs. 1, 3; 147), Vertretungszwang (§ 67), Kostenbelastung (§§ 1 GKG; 162 Abs. 1 VwGO) und Kostenrisiko (§§ 154 f.) sowie anderer Hindernisse der individuellen Rechtsverfolgung muß der Verfassungsgarantie des Rechtsschutzes Rechnung tragen. Das erfordert eine Abwägung zwischen dieser und konkurrierenden Verfahrenszielen, bei der die gesetzgeberische Gestaltungsfreiheit erst an der Grenze unzumutbarer oder aus Sachgründen nicht mehr zu rechtfertigender Erschwerungen endet.[46] 23

### b) Verletzung

Das Grundrecht aus Art. 19 Abs. 4 GG wird seinerseits selbst verletzt, wenn der so konstituierte Rechtsschutz durch die Rechtsprechung nicht gewährt, aber auch durch Gesetzgeber oder Verwaltung unterlaufen oder auf sonstige Weise praktisch ausgeschlossen wird. 24

Insofern bestimmt das Prinzip effektiven Rechtsschutzes zugleich den Auslegungsspielraum für die *richterliche Anwendung* prozessualer Vorschriften, etwa bei der Handhabung der Zulassungsvoraussetzungen für Klage und Rechtsmittel,[47] hinsichtlich des Verschuldens an einer Fristversäumung (§ 60 Abs. 1)[48] oder der Anforderungen an die Erfolgsaussichten eines Klagebegehrens als Voraussetzung für die Gewährung von Prozeßkostenhilfe,[49] aber auch die Reichweite einer vorgegebenen Bindungswirkung.[50] 25

Der Grundsatz effektiven Rechtsschutzes setzt ferner der Verwendung der *Gesetzesform* bei Regelungen mit unmittelbarer und damit potentiell rechtsverletzender Wirkung für den Einzelnen Schranken. Grundsätzlich verlangt Art. 19 Abs. 4 GG freilich nicht die Wahl der Rechtsform, die den besten Rechtsschutz 26

[46] BVerfGE 40,272 (274 f.); 54,94 (97).
[47] Vgl. BVerfGE 77,275 (284 f.).
[48] Vgl. BVerfGE 40,42; 45,360.
[49] Vgl. BVerfGE 81,347 (356 ff.).
[50] Vgl. BVerfG, NJW 1988,249.

ermöglicht;[51] die Zulassung einer "isolierten Straßenplanung" durch Satzung (Bebauungsplan) oder gar durch Gesetz[52] statt durch Verwaltungsakt (Planfeststellung) wird deshalb weithin als zulässig angesehen.[53] Andererseits ist die bei einem gesetzlichen Eingriff (zum Beispiel einer Legalenteignung) entstehende Rechtsschutzverkürzung nicht irrelevant. Sie ist nur in engen Grenzen zulässig, hat aber jedenfalls Bestand, wenn den gerade mit einer behördlichen Entscheidung verbundenen, erheblichen Nachteilen für das Gemeinwohl nur durch eine gesetzliche Regelung begegnet werden kann.[54]

**27** Die Realisierbarkeit des verbürgten Rechtsschutzes gegen *behördliche Entscheidungen* muß auch bei der Gestaltung des Verwaltungsverfahrens beachtet werden. Der sachlich nicht gebotene, kurzfristige Vollzug einer Maßnahme unter faktischer Verhinderung gerichtlichen Rechtsschutzes ist deshalb unzulässig.[55] Darüber hinaus können sogar positive Handlungspflichten begründet sein, etwa die Notwendigkeit einer Begründung von Prüfungsentscheidungen.[56]

## III. Die Verfahrensgarantien

**28** Innerhalb des einmal eröffneten Verfahrens kommt den Verfahrensgrundrechten der Art. 101 Abs. 1 Satz 2 und 103 Abs. 1 GG eine entscheidende Rolle zu. Ihre Bedeutung für die Prozeßparteien läßt sich schon rein äußerlich daran ablesen, daß mehr als die Hälfte aller Verfassungsbeschwerden auf die Verletzung eines Verfahrensgrundrechts gestützt sind, wobei wiederum der Grundsatz des rechtlichen Gehörs im Vordergrund steht.[57]

### 1. Das Recht auf den gesetzlichen Richter

**29** Gemäß Art. 101 Abs. 1 Satz 2 GG darf niemand seinem gesetzlichen Richter entzogen werden.

#### *a) Grundsätzlicher Gehalt*

Die Gewährleistung des gesetzlichen Richters richtet sich, historisch bedingt,[58] in erster Linie gegen die Exekutive, erfaßt aber gleichermaßen auch die Legislative und die Judikative selbst.[59] Ziel dieser Vorschrift ist es, die Unabhängigkeit der

---

[51] BVerfGE 10,89 (105).
[52] BVerfGE 95,1.
[53] BVerwGE 38,156; BVerwG, DVBl 1983,898.
[54] Vgl. BVerfGE 95,1 (22); vgl. auch BVerfGE 45,297 (332 f.).
[55] BVerfGE 94,166 (206); BVerwGE 16,289.
[56] Vgl. BVerfGE 84,34 (46 f.); BVerwGE 91,262 (265); 99,185 (189 f.).
[57] Vgl. Bericht der Kommission Entlastung des Bundesverfassungsgerichts, 1997, S. 16, 63 f.
[58] Zur Entwicklung vgl. Reichl, a.a.O., S. 9 ff.
[59] Vgl. BVerfGE 82,286 (298 f.); Hill, in: HdBStR, Bd. VI, § 156 Rdnr. 50.

Rechtsprechung zu wahren und das Vertrauen in die Unparteilichkeit und Sachlichkeit der Gerichte zu sichern.[60] Die Rechtsprechung soll nicht durch Manipulierung der Spruchkörper sachfremden Einflüssen, gleich welchen Ursprungs, ausgesetzt sein. Insbesondere muß verhindert werden, daß im Einzelfall durch eine Auswahl der Richter ad hoc das Ergebnis der Entscheidung beeinflußt wird.[61] Hieraus ergeben sich eine Reihe von Anforderungen, die jeweils für die einzelnen Gerichtsbarkeiten umzusetzen sind.[62]

Erforderlich ist zunächst die gesetzliche Schaffung einer Gerichtsorganisation und grundsätzlicher Zuständigkeiten, durch die der *gesetzliche Richter* überhaupt erst bestimmt wird.[63] Gesetzlicher Richter ist jedoch nicht nur das Gericht als organisatorische Einheit (z. B. VGH Baden-Württemberg) oder der Spruchkörper, vor dem verhandelt wird (z. B. der 5. Senat), sondern auch der im Einzelfall zur Entscheidung beziehungsweise (zum Beispiel als Beisitzer, Berichterstatter) zur Mitwirkung an dieser berufene Richter.[64] Der in diesem Sinne zuständige Richter muß auf der jeweiligen Organisationsstufe aufgrund einer normativen, abstrakt-generellen ("gesetzlichen") Vorherbestimmung von vornherein möglichst eindeutig feststehen.[65] **30**

Das verlangt in Ergänzung der gesetzlichen Regelung eine normative Festlegung auch der *Geschäftsverteilung* innerhalb der Gerichte und – insbesondere im Fall einer Übersetzung – auch innerhalb der einzelnen Spruchkörper (vgl. §§ 21e-21g GVG und dazu unten § 6 Rdnr. 39 ff.). **31**

Der Richter muß darüber hinaus auch in seiner Rechtsstellung den von der Verfassung gestellten Anforderungen (Art. 92; 97 GG) entsprechen.[66] Gesetzlich zu sichern sind deshalb insbesondere die *richterliche Unabhängigkeit* in sachlicher und, flankierend, persönlicher Hinsicht (etwa in bezug auf richterliche Mitwirkungsbefugnisse gemäß §§ 4 Abs. 1; 28 f. DRiG; vgl. unten § 7 Rdnr. 2, 36) sowie die *prozessuale Neutralität* durch Vorkehrungen im Falle – möglicher – Befangenheit (s. unten § 7 Rdnr. 38 ff.). **32**

### *b) Einzelausformungen*

Bezogen auf die konkrete Entscheidungstätigkeit verlangt Art. 101 Abs. 1 Satz 2 GG die Einhaltung der normativen Festlegungen, so daß der nach diesem – legiti- **33**

[60] BVerfGE 4,412 (416); 95,322 (327).
[61] BVerfGE 17,294 (299); 82,286 (296); 95,322 (327).
[62] Für die Verwaltungsgerichtsbarkeit vgl. Reichl, a.a.O., S. 70 ff.
[63] BVerfGE 19,52 (60).
[64] BVerfGE 17,294 (298 f.).
[65] BVerfGE 21,139 (145); 95,322 (329).
[66] BVerfGE 21,139 (145 f.); BVerfG, NJW 1998,369; BVerwGE 102,7; Hill, in: HdBStR, Bd. VI, § 156 Rdnr. 55.

merweise – zur Entscheidung berufene Richter auch tatsächlich tätig, die Rechtssache ihm also nicht "entzogen" wird.[67]

**34** Hiergegen wird etwa verstoßen, wenn Vorschriften über Inkompatibilitäten (§ 4 DRiG) oder die Besetzung der Richterbank hinsichtlich Zahl (körperliche und geistige Anwesenheit), dienstrechtlicher Eignung (§§ 28 f. DRiG)[68] oder Unparteilichkeit mißachtet wurden oder die Zuständigkeit des entscheidenden Richters nicht normativ begründet war (z. B. Einteilung der Sitzgruppe ohne oder entgegen dem Geschäftsverteilungsplan;[69] sachwidrige Abweichung vom Turnus der ehrenamtlichen Richter[70]).

**35** Gesetzlicher Richter ist auch das Gericht beziehungsweise der Spruchkörper, die nach den Prozeßgesetzen zur Klärung von *Vorfragen* angerufen werden müssen. Dies trifft etwa zu für das Bundesverfassungsgericht bei Zweifeln über die Bedeutung völkerrechtlicher Regeln (Art. 100 Abs. 2 GG),[71] den Gemeinsamen Senat der obersten Gerichtshöfe des Bundes (Art. 95 Abs. 3 GG) oder, in Divergenzfällen, den Großen Senat[72] beim Bundesverwaltungsgericht und bei den Oberverwaltungsgerichten (§§ 11 Abs. 2; 12 Abs. 1) sowie nach früherem Recht das Bundesverwaltungsgericht in Normenkontrollverfahren (§ 47 Abs. 5 a. F.).[73]

**36** Auch der *Europäische Gerichtshof* ist im Hinblick auf das aufgabenteilige Zusammenwirken mit den nationalen Gerichten gesetzlicher Richter im Sinne des Grundgesetzes,[74] soweit gemäß Art. 234 Abs. 3 EGV seine Anrufung durch das letztinstanzlich entscheidende Hauptsachegericht vorgeschrieben ist.[75] Allerdings wird Art. 101 Abs. 1 Satz 2 GG hier – wie auch in sonstigen Fällen – nicht durch jede rechtsirrige gerichtliche Verfahrensweise (*error in procedendo*), sondern nur dann verletzt, wenn diese sich in einem objektiven Sinn als willkürlich darstellt, weil die ihr zugrunde liegende Rechtsauffassung nicht nachvollziehbar ist oder sich so weit von der auszulegenden Norm entfernt, daß sich der Schluß aufdrängt, sie beruhe auf sachfremden Erwägungen.[76] In diesem Sinn ist speziell das Unterbleiben einer nach Art. 234 Abs. 3 EGV angezeigten Vorlage unhaltbar, wenn diese trotz eigener Zweifel nicht in Erwägung gezogen wird (*grundsätzliche Verkennung der Vorlagepflicht*), das Gericht bewußt von einer Entscheidung des Europäischen Gerichtshofs abweicht (*fehlende Vorlagebereitschaft*) oder wenn es

[67] BVerfGE 21,139 (145); 95,322 (327).
[68] BVerwGE 102,7.
[69] Vgl. BVerfGE 17,294 (300 f.); 95,322 (328).
[70] Vgl. BVerwG, DÖV 1991,892.
[71] Vgl. BVerfGE 64,1 (12 f., 21 f.).
[72] Vgl. BVerfGE 19,38 (43); Leisner, NJW 1989,2446.
[73] BVerwGE 69,30 (36).
[74] BVerfGE 73,339 (366 ff.); 75,223 (233 f.); 82,159 (192).
[75] Vgl. BVerfGE 82,159 (196).
[76] BVerfGE 19,38 (43); 75,223 (245); Hill, in: HdBStR, Bd. VI, § 156 Rdnr. 54; Leisner, NJW 1989,2448 ff.; vgl. auch BGH (VGS), NJW 1994,1735.

bei *Unvollständigkeit der Rechtsprechung* eine eindeutig vorzugswürdige Auffassung zu der entscheidungserheblichen Frage verwirft.[77]

### *c) Entscheidungserheblichkeit*

37 Der in der Verletzung der Garantie des gesetzlichen Richters liegende Verfahrensfehler stellt den Bestand der auf ihm beruhenden Entscheidung nur in Frage, wenn er sich zugleich auf deren Inhalt auswirken konnte, also *entscheidungserheblich* war.[78] Desungeachtet stellt der Verstoß gegen Art. 101 Abs. 1 Satz 2 GG in Form einer nicht vorschriftsmäßigen Besetzung oder der Mitwirkung eines befangenen Richters einen absoluten Revisionsgrund dar (§ 138 Nr. 1, 2), auf dessen Kausalität für die Entscheidung es nicht ankommt (vgl. unten § 39 Rdnr. 60).

## 2. Der Anspruch auf rechtliches Gehör

### *a) Grundsätzliche Bedeutung*

38 Mit dem Recht auf Gehör garantiert Art. 103 Abs. 1 GG ein grundsätzlich unabdingbares *objektiv-rechtliches Prinzip* für jedes gerichtliche Verfahren und ein *prozessuales Urrecht* des Menschen.[79] Es gilt deshalb auch in Verfahren, die, wie der Verwaltungsprozeß, vom Untersuchungsgrundsatz (vgl. unten § 30 Rdnr. 14 ff.) beherrscht werden.[80] Soweit es gewährt wird, ist es zugleich Ausdruck der prozessualen Waffengleichheit ("audiatur et altera pars").[81]

39 Durch die Gewährung rechtlichen Gehörs soll sichergestellt werden, daß möglichst alle für die Entscheidung bedeutsamen Umstände aus der unterschiedlichen Sicht jedes Beteiligten in die *richterliche Entscheidungsgrundlage* einbezogen werden können. Hinzu tritt das Anliegen, die Verfahrensbetroffenen nicht bloß als Objekte der richterlichen Entscheidung anzusehen, sondern als *Subjekte des Verfahrens* an diesem zu beteiligen.[82] Das Recht auf Gehör kommt deshalb auch dritten, außerhalb des Verfahrens stehenden Personen zu, deren Rechte durch die Entscheidung betroffen werden (können).[83] Sie sind nach Maßgabe der gesetzlichen Gestaltung in das Verfahren einzubeziehen, im Verwaltungsprozeß auf dem Wege der (notwendigen) *Beiladung* (vgl. unten § 8 Rdnr. 27 ff.).

---

[77] BVerfGE 82,159 (195 f.).
[78] Vgl. BVerfGE 4,412 (417 f.).
[79] BVerfGE 55,1 (6); 70,180 (188).
[80] Vgl. BVerfGE 7,53 (57); 75,201 (215); 89,381 (390).
[81] Vgl. BVerfGE 9,124 (130); 52,131 (156 – M.V.); Rüping, in: BGG, Stand 1980, Art. 103 Abs. 1 Rdnr. 3.
[82] Vgl. BVerfGE 7,53 (57 f.); 53,219 (222); 84,188 (190); 86,133 (144).
[83] Vgl. BVerfGE 60,7 (13); 75,201 (215); 89,381 (390 f.).

### *b) Inhalt*

40 Auf dieser Grundlage entfaltet sich der Gehalt des Grundrechts auf drei Stufen.[84]

*(1)* Im Kern verbürgt ist ein *Äußerungsrecht* der Beteiligten hinsichtlich aller *entscheidungserheblicher Tatsachen.*[85] Dem dienen im Verwaltungsprozeß insbesondere die Durchführung einer – als solcher freilich nicht verfassungsrechtlich geforderten[86] (vgl. dazu unten § 30 Rdnr. 48) – mündlichen Verhandlung mit Vortragsrecht der Beteiligten (§§ 101 Abs. 1; 103 Abs. 3) sowie die Berechtigung und Obliegenheit, zu Klage (§ 85 Satz 1) und Äußerungen anderer Beteiligter sowie bei gerichtlichem Aufklärungsbedarf (§§ 86 Abs. 1 Satz 1; 85 Satz 2) Stellung zu nehmen. Damit korrespondierend unterliegt das Gericht einem *Verwertungsverbot* für Tatsachen und Beweisergebnisse, zu denen sich die Beteiligten nicht äußern konnten (§ 108 Abs. 2).[87]

41 Aus der Subjektstellung der Beteiligten wird ein Äußerungsrecht auch in bezug auf *Rechtsfragen* abgeleitet.[88] Doch ist die Nichtbeachtung dieses Rechts, der Aufgabenstellung des Richters entsprechend ("iura novit curia"), grundsätzlich nicht sanktioniert (s. aber noch sogleich).

42 *(2)* Notwendige Voraussetzung einer – sachdienlichen – Äußerung ist die Kenntnis vom Erfordernis einer solchen und dem gegebenen Bezugsrahmen. Flankierend begründet Art. 103 Abs. 1 GG deshalb eine gerichtliche *Informationspflicht*[89] hinsichtlich der Einleitung des Verfahrens und der für dessen Fortgang und Ergebnis wesentlichen Umstände, ergänzt durch ein diesbezügliches *Informationsrecht* der Beteiligten (Akteneinsicht, § 100).[90] So sind Klagen (§ 85 Satz 1) und andere verfahrenseinleitende sowie sämtliche sonstigen Schriftsätze an das Gericht den übrigen Beteiligten bekanntzugeben (vgl. § 81 Abs. 2) und sind diese von allen gerichtlichen Terminen zu verständigen (§§ 87 Abs. 1 Satz 2 Nr. 1; 97 Satz 1; 102).[91]

43 Im Hinblick auf die mit dem Kriterium der Entscheidungserheblichkeit umschriebene, untrennbare Verbindung zwischen Tatsachenvortrag und rechtlicher Beurteilung kommt der gerichtlichen *Hinweis- und Aufklärungspflicht* (§ 86 Abs. 3) sowie der tatsächlichen und rechtlichen *Erörterung der Streitsache* mit

[84] Vgl. auch Knemeyer, in: HdBStR, Bd. VI, § 155 Rdnr. 28; näher dazu unten § 30 Rdnr. 30 ff.
[85] Vgl. BVerfGE 1,418 (429); 81,123 (126); 83,24 (35).
[86] Vgl. BVerfGE 60,1 (5); 89,381 (391).
[87] Vgl. BVerfGE 6,12 (14); 70,180 (189); 89,381 (392); Schmidt-Aßmann, in: Maunz/Dürig, Stand 1988, Art. 103 Abs. 1 Rdnr. 139.
[88] Vgl. BVerfGE 86,133 (144).
[89] Vgl. BVerfGE 89,28 (35).
[90] Vgl. BVerfGE 18,399 (405); 63,45 (60).
[91] Vgl. BVerfGE 36,85 (88).

den Beteiligten (§ 104 Abs. 1) besondere Bedeutung zu. Über den Schutz vor *Überraschungsentscheidungen*[92] hinaus ist jedoch grundsätzlich eine Rechtsbelehrung[93] oder auch nur ein umfassendes "*Rechtsgespräch*", zumal über Fragen, auf die es vom Standpunkt des Gerichts aus nicht ankommt, nicht gefordert.[94]

*(3)* Seiner Funktion entsprechend verlangt die Gewährung von "*Gehör*" den *effektiven* Zugang (vgl. auch schon oben Rdnr. 20 ff.) zum "richterlichen Ohr" mit dem Ziel, auf das Verfahren und sein Ergebnis auch wirklich Einfluß nehmen zu können.[95] Das Gericht muß deshalb den im Prozeß ordnungsgemäß, insbesondere fristgerecht vorgebrachten und entscheidungserheblichen Parteivortrag nicht nur zur Kenntnis nehmen, sondern auch inhaltlich berücksichtigen.[96] Dies muß aus der Entscheidungsbegründung erkennbar sein (§ 108 Abs. 1 Satz 2),[97] deren Fehlen deshalb einen gravierenden Mangel im Sinne eines absoluten Revisionsgrundes darstellt (vgl. § 138 Nr. 6 und dazu unten § 34 Rdnr. 30 ff.). **44**

### *c) Reichweite*

Die Verfassungsgarantie des rechtlichen Gehörs setzt seine Ausgestaltung durch das Prozeßrecht gemäß dem "vorverfassungsrechtlichen Gesamtbild" voraus und beschränkt sich auf die Festlegung eines unverzichtbaren Minimums.[98] Demgemäß bleibt die nähere Ausformung den gesetzlichen Verfahrensvorschriften überlassen,[99] deren Mißachtung sich damit umgekehrt nicht stets als Verletzung des rechtlichen Gehörs darstellt.[100] Dieses steht auch besonderen Beschränkungen nicht grundsätzlich entgegen, die, etwa aus Gründen der Verfahrensbeschleunigung (Präklusion),[101] einer besonderen Eilbedürftigkeit[102] oder des Geheimnisschutzes[103] (vgl. z. B. §§ 99 Abs. 2 VwGO; 96 Abs. 2 StPO), nach Abwägung mit kollidierenden Allgemein- oder Individualinteressen als legitim erscheinen. **45**

Der Ausschluß jeglicher, auch nachträglichen Anhörung würde jedoch die Richtertätigkeit in Frage stellen ("Geheimjustiz") und wäre deshalb grundsätzlich **46**

---

[92] Vgl. BVerfGE 84,188 (190); 86,133 (144).
[93] Vgl. BVerfGE 75,183 (189).
[94] Vgl. BVerfGE 31,364 (370); 74,1 (5); Rüping, in: BGG, Art. 103 Abs. 1 Rdnr. 45 ff.
[95] BVerfGE 7,53 (57); 84,188 (190); 86,133 (144).
[96] BVerfGE 11,218 (220); 67,39 (41); 70,288 (293); 83,24 (35).
[97] Vgl. BVerfGE 47,182 (189); 86,133 (146); BVerwG, NJW 1989,730; Rüping, in: BGG, Art. 103 Abs. 1 Rdnr. 55.
[98] Vgl. BVerfGE 9,89 (96); Schmidt-Aßmann, DÖV 1987,1032.
[99] Vgl. BVerfGE 60,1 (5).
[100] Vgl. dazu Schmidt-Aßmann, DÖV 1987,1029.
[101] Vgl. BVerfGE 60,1 (6); 69,145 (149); 75,302 (313).
[102] Vgl. BVerfGE 49,329 (342); 83,24 (36).
[103] Vgl. BVerfGE 57,250 (273 f.), allerdings verkürzt auf den Aspekt des fehlenden Beweismittels; vgl. dazu auch Rüping, in: BGG, Art. 103 Abs. 1 Rdnr. 64 ff.

unzulässig.[104] Umgekehrt bleibt unter dem Aspekt der Gewährleistung einer sachlich richtigen Entscheidung eine Verletzung (auch) des rechtlichen Gehörs folgenlos (s. schon oben Rdnr. 37), wenn sie ohne Auswirkung auf jene geblieben ist[105] oder nachfolgend korrigiert wurde.[106]

## Literatur

### Zu I (Rechtsschutzgarantie)

*Detterbeck*, Streitgegenstand, Justizgewährungsanspruch und Rechtsschutzanspruch, AcP 192 (1992), S. 325.
*Dütz*, Rechtsstaatlicher Gerichtsschutz im Privatrecht, 1970.
*Goerlich*, Grundrechte als Verfahrensgarantien, 1981.
*Hesse*, Bestand und Bedeutung der Grundrechte in der Bundesrepublik Deutschland, EuGRZ 1978,427.
*Lorenz*, Der Rechtsschutz des Bürgers und die Rechtsweggarantie, 1973.
*Ders.*, Grundrechte und Verfahrensordnungen, NJW 1977,865.
*Schmidt-Aßmann*, Die Kontrolldichte der Verwaltungsgerichte: Verfassungsgerichtliche Vorgaben und Perspektiven, DVBl 1997,281.
*Schmidt-Jortzig*, Effektiver Rechtsschutz als Kernstück des Rechtsstaatsprinzips nach dem Grundgesetz, NJW 1994,2569.
*Scholz*, Justizgewährleistung und wirtschaftliche Leistungsfähigkeit, in: GS für Grabitz, 1995, S. 725.

### Zu II (Art. 19 Abs. 4 GG)

*Bauer, Horst*, Gerichtsschutz als Verfassungsgarantie, 1973.
*Buermeyer*, Rechtsschutzgarantie und Gerichtsverfahrensrecht, 1975.
*Finkelnburg*, Das Gebot der Effektivität des Rechtsschutzes in der Rechtsprechung des Bundesverwaltungsgerichts, in: FG zum 25jährigen Bestehen des Bundesverwaltungsgerichts, 1978, S. 169 ff.
*Haag*, "Effektiver Rechtsschutz" – grundrechtlicher Anspruch oder Leerformel?, jur. Diss. Konstanz, 1985.
*Ibler*, Rechtspflegender Rechtsschutz im Verwaltungsrecht, 1999.
*Lorenz*, Die verfassungsrechtlichen Vorgaben des Art. 19 Abs. 4 GG für das Verwaltungsprozeßrecht, in: Menger-FS, S. 143.
*Ders.*, Der grundrechtliche Anspruch auf effektiven Rechtsschutz, AöR 105 (1980), S. 623.
*Ders.*, Das Gebot effektiven Rechtsschutzes des Art. 19 Abs. 4 GG, Jura 1983,393.
*Papier*, Rechtsschutzgarantie gegen die öffentliche Gewalt, in: HdBStR, Bd. VI, § 154.
*Schenke, W.*, Rechtsschutz bei normativem Unrecht, 1979.
*Schmidt-Aßmann*, Art. 19 Abs. 4 GG als Teil des Rechtsstaatsprinzips, NVwZ 1983,1.
*Voßkuhle*, Rechtsschutz gegen den Richter, 1993.
*Wilfinger*, Das Gebot effektiven Rechtsschutzes in Grundgesetz und europäischer Menschenrechtskonvention, 1995.
*Ziekow*, Die Beschleunigungsbeschwerde im Verwaltungsprozeß, DÖV 1998,941.

---

[104] Vgl. auch BVerfGE 70,180 (188 f.).
[105] BVerfGE 7,95 (99); 62,392 (396).
[106] Vgl. BVerfGE 5,22 (24).

## Zu III 1 (Art. 101 Abs. 1 Satz 2 GG)

*Bettermann*, Der gesetzliche Richter in der Rechtsprechung des Bundesverfassungsgerichts, AöR 94 (1969), S. 263.
*Pechstein*, Der gesetzliche Richter, Jura 1998,197.
*Reichl*, Probleme des gesetzlichen Richters in der Verwaltungsgerichtsbarkeit, 1994.
*Träger*, Der gesetzliche Richter, in: FS für Wolfgang Zeidler, 1987, S. 123.

## Zu III 2 (Art. 103 Abs. 1 GG)

*Frohn*, Rechtliches Gehör und richterliche Entscheidung, 1989.
*Knemeyer*, Rechtliches Gehör im Gerichtsverfahren, in: HdBStR, Bd. VI, § 155.
*Mauder*, Der Anspruch auf rechtliches Gehör, seine Stellung im System der Grundrechte und seine Auswirkung auf die Abgrenzungsproblematik zwischen Verfassungs- und Fachgerichtsbarkeit, 1986.
*Schmidt-Aßmann*, Verfahrensfehler als Verletzungen des Art. 103 Abs. 1 GG, DÖV 1987,1029.

# § 4. Europarechtliche Determinanten des Verwaltungsprozesses

Der Umstand, daß ein Großteil der deutschen Gesetze durch das europäische 1
Gemeinschaftsrecht veranlaßt sind,[1] wirkt sich auch im Bereich des nationalen Verwaltungsrechtsschutzes aus. Neben dem Verfassungsrecht spielt in zunehmendem Maße das Europarecht in verwaltungsgerichtlichen Verfahren eine wichtige Rolle. Es wirkt nicht nur auf das die Begründetheitsprüfung steuernde materielle Recht ein, sondern erweitert auch den Rechtsschutzauftrag der Verwaltungsgerichte und modifiziert teilweise das von diesen anzuwendende Verwaltungsprozeßrecht.

## I. Rechtsgrundlagen

### 1. Die Europäische Menschenrechtskonvention

Die Konvention zum Schutze der Menschenrechte und Grundfreiheiten vom 2
4.11.1950 *(EMRK)* des Europarates[2] enthält neben den zentralen Verbürgungen materiell-rechtlicher Rechte und Freiheiten eine Reihe von Verfahrensgarantien, die zum Teil auch für den Gerichtsschutz in Verwaltungssachen beachtlich sind. Eine gewisse Bedeutung hat insbesondere Art. 6 Abs. 1 erlangt, in dem Gerichtsschutz für Streitigkeiten über zivilrechtliche Ansprüche und Verpflichtungen ("civil rights and obligations")[3] in angemessener Frist[4] verbürgt sowie das Öffentlichkeitsprinzip (vgl. unten § 30 Rdnr. 42 ff.) niedergelegt ist.

Formell-rechtlich ist für die Rechtsschutzsuchenden das Recht der EMRK inso- 3
fern von Bedeutung, als diese ein konventionseigenes Rechtsschutzsystem zur Verfügung stellt, in dessen Zentrum nunmehr ein mit hauptamtlichen Richtern besetzter einheitlicher Gerichtshof steht,[5] der unter bestimmten Voraussetzungen

---

[1] BVerfGE 89,155 (173) passim.
[2] BGBl 1952 II S. 685, 953.
[3] Vgl. dazu etwa EGMR, NJW 1992,1813. Ausführlich zur Bedeutung der EMRK für den Rechtsschutz gegen Verwaltungshandeln Tomuschat, in: FS für Redeker, 1993, S. 280; Schmidt-Aßmann, in: FS für Bernhardt, 1995, S. 1283; ders., in: Schoch/Schmidt-Aßmann/Pietzner, Einleitung, Rdnr. 132 ff.
[4] Vgl. dazu EGMR, NJW 1997,2809.
[5] Protokoll Nr. 11 zur EMRK vom 11.5.1994 (BGBl 1995 II S. 579).

Ehlers, DVBl 04, 1441, Gärditz, DV 13, 257

von jeder natürlichen Person sowie jeder nichtstaatlichen Organisation oder Personenvereinigung mit der sogenannten *Individualbeschwerde* angerufen werden kann.[6]

### 2. Das Recht der Europäischen Union

4 Die *Europäische Union (EU)* bildet seit dem Vertrag von Maastricht vom 7.2.1992[7] das Dach eines einheitlichen institutionellen Rahmens, mit dem die Kohärenz und Kontinuität der vielfältigen Maßnahmen zur Erreichung der Unionsziele sichergestellt werden sollen (vgl. Art. 3 Abs. 1 EUV). Sie wird durch den Vertrag von Amsterdam[8] weiter gefestigt und ruht auf den Säulen der drei europäischen Gemeinschaften (EG, EGKS, EAG) sowie der operativen Felder der "Gemeinsamen Außen- und Sicherheitspolitik" (GASP; Titel V EUV) und der "Zusammenarbeit in den Bereichen Justiz und Inneres" (ZBJI; Titel VI EUV); diese letztere soll durch Art. 46 EUV teilweise der Kontrolle durch den EuGH unterworfen werden.

5 Bis auf weiteres bilden jene Felder die Grundlage für intergouvernementales Handeln. Es hat sich aktuell unter anderem manifestiert in der Schaffung einer Europäischen Polizeibehörde (Europol), welcher durch das von der Bundesrepublik Deutschland ratifizierte Europol-Übereinkommen[9] die Aufgabe der Sammlung und Aufbereitung sicherheitsrelevanter Daten übertragen worden ist. Unter Rechtsschutzaspekten problematisch, wenngleich im gegenwärtigen Stadium der europäischen Integration in diesem Politikfeld noch akzeptabel, ist die durch Art. 41 Abs. 3 des Europol-Übereinkommens in Verbindung mit Art. 8 Immunitätenprotokoll vorgesehene beschränkte Immunität von Europol-Bediensteten.[10]

## II. Materiell-rechtliche Einwirkungen der EG

### 1. Die Rechtsquellen und ihre Bedeutung

6 Die unverändert größte Bedeutung für die materiell-rechtliche Beurteilung von verwaltungsgerichtlichen Klagen kommt dem *Recht der Europäischen Gemein-*

---

[6] Vgl. hierzu Meyer-Ladewig, NJW 1998,512. Ausführlich zum Rechtsschutzsystem der EMRK Dörr, in: Sodan/Ziekow, VwGO, EVR Rdnr. 530 ff.

[7] BGBl II S. 1251.

[8] Unterzeichnung am 2.10.1997, BGBl 1998 II S. 387. Vgl. hierzu Hilf/Pache, NJW 1998,705; Streinz, EuZW 1998,137.

[9] BGBl 1997 II S. 2150.

[10] Vgl. einerseits Hirsch, ZRP 1998,10 f., andererseits Hailbronner, JZ 1998,283, der verfassungsrechtliche Bedenken u. a. deswegen nicht als stichhaltig ansieht, weil ein im wesentlichen gleichartiger Rechtsschutz durch Auskunfts- und Schadensersatzansprüche gewährleistet sei.

Dörr, DVBl 08, 1401

*schaft (EG)* zu. Der Bestand dieses Europarechts im engeren Sinne wird zunächst gebildet durch das *Primärrecht*, das sind die Bestimmungen des EG-Vertrags und die durch die Rechtsprechung des EuGH im Wege wertender Rechtsvergleichung gewonnenen ungeschriebenen allgemeinen Rechtsgrundsätze des Gemeinschaftsrechts;[11] hierher gehören auch die Grundrechte des Gemeinschaftsrechts, welche unter bestimmten Umständen auch für die Mitgliedstaaten beim Vollzug von Gemeinchaftsrecht beachtlich sind.[12] Daneben steht das aus dem primären Gemeinchaftsrecht abgeleitete *Sekundärrecht*, in erster Linie Verordnungen und Richtlinien (vgl. Art. 249 Abs. 2,3 EGV).

### a) Innerstaatliche Wirksamkeit

Die Normen des primären und sekundären Gemeinschaftsrechts erlangen inner- 7
staatliche Beachtlichkeit für die Verwaltungen, Bürger und Gerichte in den Mitgliedtaaten entweder dann, wenn sie unmittelbar wirksam sind, oder dadurch, daß sie im Wege der gemeinschaftsrechtskonformen Auslegung bei der Anwendung nationalen Rechts relevant werden.[13] Unmittelbar wirksam sind das primäre Gemeinschaftsrecht sowie Verordnungen, allgemein: diejenigen Normen, die Rechte gewähren beziehungsweise Pflichten auferlegen, ohne daß es eines Umsetzungsaktes der Mitgliedstaaten bedarf;[14] unter der Voraussetzung eines unbedingten Regelungsgehalts und hinreichender Bestimmtheit können auch Richtlinien nach Ablauf der Umsetzungsfrist unmittelbar wirksam sein und dadurch den Bestand des in Prozessen vor den nationalen Gerichten anwendbaren Gemeinschaftsrechts noch einmal erweitern.[15]

Außer als Ausdruck seiner unmittelbaren Wirkung kann Gemeinschaftsrecht im 8
innerstaatlichen Rechtsraum auch aufgrund der aus Art. 10 EGV abgeleiteten Pflicht beachtlich sein, nationale Vorschriften gemeinschaftsrechtskonform auszulegen, und zwar gleichgültig, ob diese explizit in Umsetzung von Gemeinschaftsrecht ergangen sind oder lediglich einen thematischen Bezug zu der in Frage stehenden gemeinschaftsrechtlichen Bestimmung aufweisen. Grenze der

[11] Zur Methodik des Auffindens der allgemeinen Rechtsgrundsätze paradigmatisch EuGH, Slg. 1974, 491 (507); Slg. 1989, 2859 (2923) = NJW 1989,3080; Grabitz, NJW 1989,1776.

[12] Vgl. nur EuGH, Slg. 1989,2609 (Wachauf); Slg. 1994, I 955 (Bostock) sowie Jürgensen/Schlünder, AöR 121 (1996), S. 200; zu den allgemeinen Rechtsgrundsätzen für das Verwaltungsverfahren vgl. unten Rdnr. 16 ff.

[13] Vgl. Rengeling/Middeke/Gellermann, Rdnr. 913 ff.; Jarass, NJW 1990,2420; Burgi, a.a.O., S. 14 f.

[14] Vgl. EuGH, Slg. 1963,1 (24 – Van Gend & Loos); Slg. 1989,1839 (1870 f. – Fratelli Costanzo) = NVwZ 1990,649.

[15] Zur unmittelbaren Wirkung von Richtlinien und ihren Voraussetzungen vgl. EuGH, Slg. 1970,825 (838 f. – Grad); Slg. 1986,723 (749 – Marshall) = NJW 1986,2178; Slg. 1994, I 3325 (3357 – Faccini Dori); Slg. 1995, I 2189 = NVwZ 1996,369 (Groß-Krotzenburg) sowie aus der neueren Literatur Gellermann, Beeinflussung des bundesdeutschen Rechts durch Richtlinien der EG, 1994; Epiney, DVBl 1996,409; Calliess, NVwZ 1996,339.

gemeinschaftsrechtskonformen Auslegung ist allerdings der Bedeutungsgehalt der ihr unterliegenden nationalen Norm.[16]

### b) Normenkollisionen

9 Im Falle einer sogenannten direkten Kollision zwischen einer unmittelbar wirksamen Norm des Gemeinschaftsrechts und einer Norm des nationalen Rechts, gleich welcher Rangstufe, sind die nationalen Rechtsanwender einschließlich der Verwaltungsgerichte wegen des *Anwendungsvorrangs* des Gemeinschaftsrechts verpflichtet, die nationale Norm unangewendet zu lassen.[17] Die nationalen Instanzen besitzen also insoweit (vgl. demgegenüber unten § 11 Rdnr. 100) eine Verwerfungskompetenz, ohne gemäß Art. 100 GG an das Bundesverfassungsgericht vorlegen zu müssen oder zu können.[18]

10 Die verfassungsrechtlichen Grenzen der europäischen Integration, die mittlerweile in Art. 23 Abs. 1 GG genauer umrissen sind, können am Ende einer Reihe grundsätzlicher Entscheidungen des Bundesverfassungsgerichts als weitgehend geklärt gelten.[19] Als Fazit dieser Rechtsprechung, beginnend mit den Entscheidungen "Solange I" und "Solange II"[20] über die Entscheidung zum Maastricht-Vertrag[21] bis hin zur Entscheidung über die Einführung einer einheitlichen europäischen Währung[22], kann festgehalten werden, daß zur Erreichung des Ziels der Integration des Verfassungsstaats Bundesrepublik Deutschland in die Europäische Union Modifikationen, unter Umständen auch Abstriche am sonst geltenden Standard, namentlich in grundrechtlicher Hinsicht, hingenommen werden müssen. Die Grenzen des danach verfassungsrechtlich noch Tragbaren muß in letzter Konsequenz im Rahmen eines "Kooperationsverhältnisses" zwischen EuGH und Bundesverfassungsgericht entschieden werden. Hält ein Verwaltungsgericht in einem Einzelfall diesen Standard für unterschritten,[23] so steht ihm kein Verwerfungsrecht

---

[16] Vgl. EuGH, Slg. 1984,1891 (1909 – von Colson & Kamann) = NJW 1984,2021; Slg. 1990, I 4135 (4159 – Marleasing); BVerwGE 49,60; Brechmann, Die richtlinienkonforme Auslegung, 1994; Nettesheim, AöR 119 (1994), S. 261 ff.

[17] Vgl. EuGH, Slg. 1978,629 (Simmenthal); Slg. 1990, I 2433 (2473 – Factortame) = DVBl 1991,861; BVerfGE 31,145 (174 f.); 82,159 (191); 85,191 (205); BVerwGE 87,154 (158).

[18] BVerfGE 31,145 (174 f.); 82,159 (191).

[19] Vgl. zu den zentralen Grundsätzen, insbesondere zu der Unterscheidung zwischen der Grenze des Übertragbaren im Sinne der Gewährleistung des verfassungsrechtlichen Mindeststandards und der Grenze des Übertragenen (d. h. die Bindung der EG aufgrund des Prinzips der begrenzten Einzelermächtigung an den durch das Zustimmungsgesetz nach Art. 59 GG eröffneten Rahmen) Friauf/Scholz, Europarecht und Grundgesetz, 1990; Kirchhof, in: HdBStR, Bd. VII, § 183 Rdnr. 11 f., 58 ff.; Götz, JZ 1993,1081; Horn, DVBl 1995,89; Burgi, a.a.O., S. 24 ff.; Zuck/Lenz, NJW 1997,1193.

[20] BVerfGE 37,271 bzw. BVerfGE 73,339; vgl. hierzu nur Albrecht Weber, in: FS für Everling, 1995, S. 1625.

[21] BVerfGE 89,155; vgl. hierzu Hirsch, NJW 1996,2457.

[22] BVerfGE 97,350; vgl. hierzu Zuck/Lenz, NJW 1998,1119.

[23] So z. B. VG Frankfurt a. M. (EuZW 1997,182) zur Bananenmarkt-Ordnung der EG; vgl. hierzu

gegenüber Normen des Sekundärrechts zu, vielmehr ist es auf die Möglichkeit der Einholung einer Vorabentscheidung beim Bundesverfassungsgericht (Art. 100 GG) beziehungsweise beim EuGH (vgl. Art. 234 EGV) verwiesen (vgl. unten § 11 Rdnr. 102).[24] Innerstaatlich kann allenfalls das Bundesverfassungsgericht unter bestimmten, im einzelnen noch ungeklärten Voraussetzungen zu der Feststellung berechtigt sein, daß eine Norm des sekundären Gemeinschaftsrechts in Deutschland aus verfassungsrechtlichen Gründen nicht anwendbar ist.[25]

## 2. Einzelne Rechtsbereiche

Aufgrund der Einbeziehung immer weiterer Politikbereiche in die europäische Integration hat der in sämtlichen Rechtsgebieten zu beobachtende Prozeß der Europäisierung seit längerem auch das Verwaltungsrecht erfaßt. Neben dem Umweltrecht[26] und dem Wirtschaftsverwaltungsrecht[27] ist insbesondere das allgemeine Verwaltungsrecht betroffen,[28] und zwar in einem Maße, durch das zunehmend eine Herausforderung nicht nur für einzelne Bereiche, sondern für das System des deutschen allgemeinen Verwaltungsrechts gesehen wird.[29] Ein bekanntes Beispiel ist die europarechtliche Überformung des § 48 VwVfG, der zufolge eine Berücksichtigung des Zeitablaufs und des Vertrauensschutzes bei der Rücknahme von gemeinschaftsrechtswidrigen (Subventions-)Verwaltungsakten weithin ausgeschlossen ist.[30] Umgekehrt steht das Gemeinschaftsrecht aber nicht entgegen, wenn sich ein Mitgliedstaat über eine Klage auf Erstattung gemeinschaftsrechts- **11**

Albrecht Weber, EuZW 1997,165; Zuleeg, NJW 1997,1201.

[24] Etwas anderes kann in Verfahren des vorläufigen Rechtsschutzes gelten, vgl. dazu unten § 27 Rdnr. 20 ff. Zum Verwerfungsmonopol des EuGH gegenüber sekundärem Gemeinschaftsrecht vgl. EuGH, Slg. 1987,4199 (4231 – Foto-Frost) = NJW 1988,1451; Slg. 1991, I 415 (540 ff. – Zuckerfabrik Süderdithmarschen) = NVwZ 1991,460; Burgi, a.a.O., S. 30 ff.

[25] Vgl. BVerfGE 89,155 (174 f.); zu den diesbezüglichen Kompetenzen des BVerfG und den Verfahrensarten Dörr, in: Sodan/Ziekow, VwGO, EVR Rdnr. 505 ff.

[26] Vgl. dazu etwa Epiney, Umweltrecht in der Europäischen Union, 1997; Frenz, Europäisches Umweltrecht, 1997.

[27] Vgl. hierzu Hatje, Die gemeinschaftsrechtliche Steuerung der Wirtschaftsverwaltung in der Bundesrepublik Deutschland, 1998.

[28] Zur Europäisierung des Verwaltungsrechts vgl. nur etwa Schmidt-Aßmann, DVBl 1993,924; dens., Das allgemeine Verwaltungsrecht als Ordnungsidee, 1998, S. 36 f., 333 ff.; Zuleeg und Rengeling, VVDStRL 53 (1994), S. 154; S. 202; Scheuing, in: Hoffmann-Riem/Schmidt-Aßmann (Hrsg.), Innovation und Flexibilität des Verwaltungshandelns, 1994, S. 289; Schoch, JZ 1995,109; Schwarze, in: ders. (Hrsg.), Das Verwaltungsrecht unter europäischem Einfluß, 1996, S. 123 ff.; Kahl, DVerw 29 (1996), S. 341; Brenner, Der Gestaltungsauftrag der Verwaltung in der europäischen Union, 1996; v. Danwitz, Verwaltungsrechtliches System und europäische Integration, 1996; Classen, DVerw 31 (1998), S. 307.

[29] So namentlich v. Danwitz, Verwaltungsrechtliches System, S. 187 ff., 334 ff.; zurückhaltender Schmidt-Aßmann, Verwaltungsrecht, S. 36 f.; 333 ff.

[30] Vgl. EuGH, Slg. 1990, I 3437 (Deutsche Milchkontor) = NVwZ 1990,1161; Slg. 1997, I 1591 (Alcan); BVerwG, NJW 1998,3728.

widrig erhobener Abgaben auf eine nach nationalem Recht bestehende und allgemein angewandte Ausschlußfrist (im konkreten Fall von drei Jahren) beruft.[31]

## III. Der Rechtsschutz in Streitigkeiten mit europarechtlichem Bezug

### 1. Europäische Gerichte

12 Ausdruck des Charakters der EG als einer "Rechtsgemeinschaft"[32] ist das Bestehen eines eigenen Rechtsschutzsystems. Neben dem EuGH ist auf der Grundlage des Art. 225 EGV das Gericht erster Instanz[33] tätig. Außer dem aus einem nationalen Gerichtsverfahren heraus in Gang zu setzenden *Vorabentscheidungsverfahren* gemäß Art. 234 EGV (vgl. dazu unten § 11 Rdnr. 102) besteht für jede natürliche oder juristische Person unter den Voraussetzungen des Art. 230 Abs. 4 EGV die Möglichkeit der Erhebung einer *Nichtigkeitsklage* unmittelbar zu den europäischen Gerichten.[34] So ist die Gewährung von Individualrechtsschutz, ebenso wie in Deutschland, auch auf der Ebene des Gemeinschaftsrechts ein zentraler Verfahrenszweck. Hinzu tritt aber das objektiv-rechtliche Interesse an der Aufrechterhaltung des in den Verträgen angelegten institutionellen Gleichgewichts und an der effizienten Verwirklichung des Anliegens der europäischen Integration.[35]

### 2. Nationale Verwaltungsgerichte

13 Gegenstand einer Klage vor den Verwaltungsgerichten in Deutschland können ausschließlich Akte deutscher Behörden im *indirekten Vollzug* von Gemeinschaftsrecht sein. Demgegenüber ist für Akte, die von Behörden der EG im Wege des *direkten Vollzugs* von Gemeinschaftsrecht, das heißt im Wege der EG-Eigenverwaltung erlassen werden, die deutsche Gerichtsbarkeit nicht begründet (vgl. unten § 10 Rdnr. 15); denn diese ist auf Maßnahmen der deutschen öffentlichen

---

[31] EuGH, NJW 1999,129.

[32] EuGH, Slg. 1986,1339 (1365 f.); Schwarze, NJW 1992,1065; Zuleeg, NJW 1994,545.

[33] Vgl. zu diesem Kirschner/Klüpfel, Das Gericht erster Instanz der Europäischen Gemeinschaften, 2. Aufl. 1998.

[34] Zu den Verfahrensarten und den Zulässigkeitsvoraussetzungen vor den europäischen Gerichten vgl. Rengeling/Middeke/Gellermann, Rdnr. 60 ff.; Hakenberg/Stix-Hackl, Handbuch zum Verfahren vor dem europäischen Gerichtshof, 1996; Koenig/Sander, Einführung in das EG-Prozeßrecht, 1997; Schmidt-Aßmann, in: Schoch/Schmidt-Aßmann/Pietzner, VwGO, Einleitung, Rdnr. 114 ff.; Dörr, in: Sodan/Ziekow, VwGO, EVR Rdnr. 7 ff.

[35] Vgl. etwa EuGH, Slg. 1990, I 2041 (2073) = NJW 1990,1899; Slg. 1991, I 415 (540 f.) = NVwZ 1991,460, sowie Lipp, JZ 1997,326; Tonne, a.a.O., S. 191 ff.

Gewalt beschränkt.[36] Auf die Frage des Vorliegens einer öffentlich-rechtlichen Streitigkeit im Sinne des § 40 kommt es danach nicht mehr an.

Die Unterscheidung zwischen direktem und indirektem Vollzug knüpft daran 14
an, daß nach dem EG-Vertrag das materielle Gemeinschaftsrecht in weiten Teilen nicht von der Eigenverwaltung der EG (direkter Vollzug), sondern von den Verwaltungsbehörden der Mitgliedstaaten vollzogen wird (indirekter Vollzug).[37] Der den Mitgliedstaaten obliegende Bereich des indirekten Vollzugs läßt sich weiter untergliedern in den *unmittelbaren Vollzug*, bei dem die nationalen Behörden ohne Dazwischentreten einer nationalen Norm das unmittelbar wirksame Gemeinschaftsrecht anwenden, und den *mittelbaren Vollzug*, bei dem das Gemeinschaftsrecht im Wege der gemeinschaftsrechtskonformen Auslegung einer zu seiner Umsetzung ergangenen nationalen Norm innerstaatlich Beachtung erlangt. Verwaltungsmaßnahmen, die in dieser Weise den Vollzug von europäischem Gemeinschaftsrecht bewirken, können dem Verwaltungsgericht sowohl in den verwaltungsakt-bezogenen Verfahren der Anfechtungs- und Verpflichtungsklage als auch in den Verfahren der allgemeinen Leistungsklage, der Feststellungsklage oder der abstrakten Normenkontrolle (vgl. dazu unten § 14 Rdnr. 5 ff.) begegnen.

Zunehmend Bedeutung als potentieller Klagegegenstand erlangen daneben 15
*transnationale Verwaltungsmaßnahmen*, mit denen gleichsam stellvertretend für die anderen Mitgliedstaaten durch die Verwaltungsbehörden eines Mitgliedstaats Vollzugswirkungen erzeugt, insbesondere konkrete Einzelfallentscheidungen getroffen werden, wie beispielsweise im Bereich der Zulassung neuartiger Lebensmittel.[38] Bis zu der für notwendig erachteten Etablierung eines übergreifenden Systems des transnationalen Rechtsschutzes wird Rechtsschutz jedenfalls durch die Gerichte des Herkunftsstaates der jeweils handelnden mitgliedstaatlichen Behörde gewährt.[39]

## IV. Die Europäisierung des Verwaltungsprozeßrechts

### 1. Grundlagen der Einwirkung

Soweit das materielle Gemeinschaftsrecht durch mitgliedstaatliche Behörden voll- 16
zogen wird (indirekter Vollzug), die hierbei der gerichtlichen Kontrolle durch nationale Gerichte unterliegen, ist grundsätzlich das nationale Recht des Verwaltungsvollzugs beziehungsweise das nationale Verwaltungsprozeßrecht maßgeblich

[36] Vgl. Randelzhofer, in: FS für Schlochauer, 1981, S. 533 f.; Burgi, a.a.O., S. 32; Kopp/Schenke, § 40 Rdnr. 37.

[37] Vgl. ausführlich Kahl, DVerw 29 (1996), S. 343 ff.; Pühs, Der Vollzug von Gemeinschaftsrecht, 1997.

[38] Vgl. hierzu Wahl/Groß, DVBl 1998,2.

[39] Vgl. hierzu Groß, JZ 1994,596; Neßler, NVwZ 1995,863; Burgi, a.a.O., S. 55 f.; Schmidt-Aßmann, Verwaltungsrecht, S. 336 f.; Fastenrath, DVerw 31 (1998), S. 302.

Schwarze, DVBl 99,261 / Götz, DVBl 02,1 / Sommermann DÖV 02,133

(*Grundsatz der institutionellen und verfahrensmäßigen Autonomie der Mitgliedstaaten*).[40] Demgegenüber verfügt die EG in Ermangelung eines Kompetenztitels für die bereichsübergreifende Kodifizierung der vollzugsrelevanten Grundsätze[41] nur über einen vergleichsweise bescheidenen Bestand an verfahrens- beziehungsweise prozeßrelevanten Bestimmungen.[42] Im allgemeinen ist das nationale Verwaltungsprozeßrecht anwendbar, allerdings nach bisweilen nur schwer faßbarer und vorhersehbarer Modifikation aufgrund der Rechtsprechung des EuGH.

**17** Der Grund für die Schwierigkeiten bei der Bestimmung des in der konkreten Situation von Gemeinschaftsrechts wegen maßgeblichen Verwaltungsprozeßrechts liegt darin, daß die supranationale Organisation "Europäische Gemeinschaft" die Verwirklichung ihres materiellen Rechts weitgehend den Behörden beziehungsweise Gerichten der einzelnen Mitgliedstaaten anvertraut hat (sog. indirekte Kollision). Das führt dazu, daß materielles Recht und Prozeßrecht, obwohl sie verschiedenen Rechtsräumen entstammen, doch funktionell aufeinander bezogen sind. So wie das innerstaatlich beachtliche Gemeinschaftsrecht auf der Ebene der Verwaltung nicht lediglich zu beachten, sondern zu verwirklichen ist, kann man auch in Ansehung der Verwaltungsgerichte von einer Art Instrumentalisierung sprechen. Sie sind es, denen die judikative Entfaltung der materiellen Bestimmungen der Gemeinschaft obliegt, nachdem gemäß Art. 10 EGV die Mitgliedstaaten alle geeigneten Maßnahmen allgemeiner oder besonderer Art zur Erfüllung der Verpflichtungen, die sich aus dem Gemeinschaftsrecht ergeben, zu treffen haben. Die nationalen Verwaltungsgerichte sind insoweit als Gemeinschaftsgerichte im funktionellen Sinne, das heißt als *Gemeinschaftsrechtsgerichte*, anzusehen.[43] Der EuGH geht davon aus, daß den nationalen Gerichten die Aufgabe übertragen ist, einerseits für die Verwirklichung des objektiven Gemeinschaftsrechts und andererseits für den Schutz der Rechte, die durch dieses den einzelnen verliehen sind, zu sorgen.[44] Die hierdurch erfolgte Erweiterung der Rechtsschutzzwecke kann nicht ohne Auswirkungen auf das in diesen Fällen maßgebliche Verwaltungsprozeßrecht bleiben.

---

[40] EuGH, Slg. 1976,1989 (1998 – Rewe); Slg. 1980,617 (629 f. – Ferwerda); Rengeling, VVDStRL 53 (1994), S. 231; v. Danwitz, DVBl 1998,421 ff.

[41] Vgl. Tonne, a.a.O., S. 215 ff.; Kokott, DVerw 31 (1998), S. 338 f., sowie im Hinblick auf das Allgemeine Verwaltungsrecht Kahl, NVwZ 1996,865.

[42] Eine Zusammenstellung dieser Bestimmungen findet sich bei Tonne, a.a.O., S. 355 ff.

[43] Ausführlich hierzu Burgi, DVBl 1995,778 f.; ders., a.a.O., S. 57 ff.; Dörr, in: Sodan/Ziekow, VwGO, EVR Rdnr. 352 ff.

[44] EuGH, Slg. 1978,629 (644 – Simmenthal); Slg. 1991, I 5357 (5414) (Francovich) = NJW 1992,165. Vgl. ferner v. Bogdandy, in: Grabitz/Hilf, EUV/EGV, Stand Mai 1998, Art. 5 Rdnr. 53 f.

## 2. Einzelne Grundsätze

Die Autonomie der Mitgliedstaaten in verfahrensrechtlicher Hinsicht wird begrenzt durch die vom EuGH aus Art. 10 beziehungsweise 12 EGV abgeleiteten Gebote der Effizienz beziehungsweise der Gleichwertigkeit (Diskriminierungsverbot). Die aus dem *Gleichbehandlungsgebot* folgende Verpflichtung, bei der Anwendung nationalen Verfahrensrechts keine Unterschiede zwischen rein nationalen Verfahren und Verfahren mit gemeinschaftsrechtlichem Bezug zu machen, bereitet verhältnismäßig wenig Schwierigkeiten.[45] Im Unterschied dazu birgt das *Effizienzgebot* die Gefahr der übermäßigen Determinierung des nationalen Prozeßrechts im Interesse der Verwirklichung des materiellen Gemeinschaftsrechts. Während der EuGH ursprünglich gefordert hatte, daß die Verwirklichung des Gemeinschaftsrechts durch die Anwendung nationaler Verfahrensbestimmungen nicht unmöglich gemacht werden dürfe,[46] wird in neueren Entscheidungen darauf abgestellt, daß die Durchführung des Gemeinschaftsrechts nicht "übermäßig erschwert" werden dürfe.[47] 18

Weitere primärrechtliche Vorgaben für das nationale Verwaltungsprozeßrecht enthalten die vom EuGH anerkannten *allgemeinen Rechtsgrundsätze des Gemeinschaftsrechts* (vgl. schon oben Rdnr. 6 ff.) mit rechtsschutzrelevantem Inhalt. Am wichtigsten sind die prozeßgrundrechtlichen Verbürgungen des effektiven Rechtsschutzes[48] und des rechtlichen Gehörs.[49] Sie werden flankiert durch das "Recht auf einen fairen Prozeß",[50] das "Recht auf Vertraulichkeit zwischen Anwalt und Mandant"[51] sowie den objektiv-rechtlichen Grundsatz der Rechtssicherheit.[52] Bei der Ermittlung und Interpretation der verfahrens- und prozeßrelevanten allgemeinen Grundsätze des Gemeinschaftsrechts spielt die rechtsvergleichende Einbeziehung der mitgliedstaatlichen Rechtsordnungen und des Rechts der EMRK eine große Rolle.[53] 19

Die Wirkkraft der allgemeinen Rechtsgrundsätze wird erst bei der die Rechtsprechung des EuGH nachvollziehenden Analyse des Einzelfalls erkennbar, etwa 20

[45] Vgl. hierzu EuGH, Slg. 1982,1449 (1463 f.), Slg. 1997, I 4025 (4046) = ZIP 1997,1666; Burgi, a.a.O., S. 59.

[46] EuGH, Slg. 1976,1989 (1998 – Rewe); Slg. 1991, I 4269 (4298 – Emmott); Slg. 1994, I 5483 (5509 – Johnson) = EuZW 1995,92.

[47] EuGH, Slg. 1988,4517 (4544 – Jeunehomme); Slg. 1997, I 6783 (6838 – Fantask) = NJW 1998,2809; zur Entwicklung im näheren vgl. Tonne, a.a.O., S. 191 ff.

[48] EuGH, Slg. 1986,1651 (1682 – Johnston) = DVBl 1987,227; Slg. 1987,4097 (4117 – Heylens) = NJW 1989,657; Slg. 1992, I 6313 (6334 – Borelli).

[49] EuGH, Slg. 1961,109 (169); Slg. 1989,2859 (2923).

[50] EuGH, Slg. 1980,691 (710); Slg. 1987,1561 (1574).

[51] EuGH, Slg. 1982,1575 = NJW 1983,503.

[52] EuGH, Slg. 1975,421 (433); Slg. 1991, I 4269 (4298).

[53] Vgl. speziell mit Blick auf die prozeßrelevanten Rechtsgrundsätze Pernice, in: Grabitz/Hilf, EUV/EGV, Art. 164 Rdnr. 57 ff.; Brenner, DVerw 31 (1998), S. 1 ff. Zu den für das Verwaltungsverfahren relevanten Grundsätzen vgl. Haibach, NVwZ 1998,456 ff.

im Zusammenhang mit der Klagebefugnis (vgl. unten § 18 Rdnr. 33 ff.), der Klagefrist (vgl. unten § 20 Rdnr. 5) und dem vorläufigen Rechtsschutz (vgl. unten § 27 Rdnr. 17 ff.). Auf der Ebene des allgemeinen Teils kann festgestellt werden, daß sich die aus den allgemeinen Rechtsgrundsätzen des Gemeinschaftsrechts und insbesondere dem Effizienzgebot ergebenden Anforderungen am ehesten im Wege der gemeinschaftsrechtskonformen Auslegung der jeweils anwendbaren Norm der Verwaltungsgerichtsordnung erfüllen lassen.[54]

## Literatur

*Brenner*, Allgemeine Prinzipien des verwaltungsgerichtlichen Rechtsschutzes in Europa, DVerw 31 (1998), S. 1.
*Burgi*, Deutsche Verwaltungsgerichte als Gemeinschaftsrechtsgerichte, DVBl 1995,772.
*Ders.*, Verwaltungsprozeß und Europarecht, 1996.
*Classen*, Die Europäisierung der Verwaltungsgerichtsbarkeit,1996.
*Erichsen/Frenz*, Gemeinschaftsrecht vor deutschen Gerichten, Jura 1995,422.
*Frenz*, Grundgesetzliche Rechtsschutzgarantie gegen europäische Rechtsakte?, Der Staat 34 (1995), S. 586.
*Jannasch*, Wandel durch Annäherung? – Zum Einfluß der Europäischen Integration und des Gemeinschaftsrechts auf die Praxis der Verwaltungsgerichte, VBlBW 1996,163.
*Koenig/Sander*, Einführung in das EG-Prozeßrecht, 1997.
*Kokott*, Europäisierung des Verwaltungsprozeßrechts, DVerw 31 (1998), S. 335.
*Röben*, Die Einwirkung der Rechtsprechung des Europäischen Gerichtshofs auf das mitgliedstaatliche Verfahren in öffentlich-rechtlichen Streitigkeiten, 1998.
*Schoch*, Europäisierung der Verwaltungsrechtsordnung – einschließlich Verwaltungsverfahrensrecht und Rechtsschutz, VBlBW 1999,241.
*Stern*, Die Einwirkung des europäischen Gemeinschaftsrechts auf die Verwaltungsgerichtsbarkeit, JuS 1998,769.
*Tonne*, Effektiver Rechtsschutz durch staatliche Gerichte als Forderung des europäischen Gemeinschaftsrechts, 1997.
*Wilfinger*, Das Gebot effektiven Rechtsschutzes in Grundgesetz und Europäischer Menschenrechtskonvention, 1995.

[54] Näher zur Wirkkraft der einschlägigen Rechtsgrundsätze des Gemeinschaftsrechts vgl. Rengeling/Middeke/Gellermann, Rdnr. 978 f.; Burgi, a.a.O., S. 60 f.

# § 5. Stellung und Aufgabe der Verwaltungsgerichtsbarkeit

Die Verwaltungsgerichtsbarkeit ist in enger funktionaler und organisatorischer 1
Verbindung mit der vollziehenden Gewalt entstanden, von der sie sich im Lauf der Zeit mit einem spezifischen *Schutz- und Kontrollauftrag* emanzipiert hat (vgl. oben § 2 Rdnr. 1 f.). Dieser ist bis heute für die Verwaltungsgerichtsbarkeit und deren Verhältnis zur Verwaltung prägend und begründet ihre charakteristischen Besonderheiten im Vergleich mit der ordentlichen, insbesondere der Zivilgerichtsbarkeit. Über diesen speziellen Bezug zur Exekutive hinaus ist zunächst allgemein die Stellung der Verwaltungsgerichtsbarkeit im Gewaltenteilungssystem zu bestimmen.

## I. Die Verwaltungsgerichtsbarkeit im Gewaltenteilungssystem

### 1. Organisatorische Stellung

Nach ihrer Aufgabenstellung übt die Verwaltungsgerichtsbarkeit *Rechtsprechung* 2
*im materiellen Sinn* aus, verstanden als verselbständigte, letztverbindliche Entscheidung zum Schutz verletzten oder bedrohten Rechts in einem besonderen Verfahren durch einen unbeteiligten Dritten.[1] Formell-organisatorisch erscheint sie als Zweig der rechtsprechenden Gewalt (Art. 92; 95 Abs. 1 GG) und teilt damit uneingeschränkt auch deren Stellung im verfassungsrechtlich ausgeformten System der Gewaltenteilung (Art. 20 Abs. 3 GG). Danach ist die Rechtsprechung(sfunktion) den Richtern "anvertraut" (Art. 92 GG), das heißt *vorbehalten*. Die so konstituierte rechtsprechende Gewalt ist von der gesetzgebenden und der vollziehenden Gewalt grundsätzlich strikt getrennt,[2] wenngleich nicht isoliert.[3]

---

[1] Vgl. Stern, Das Staatsrecht der Bundesrepublik Deutschland, Bd. I, 1980, S. 893 ff.

[2] Vgl. dazu sowie zum Folgenden Schmidt-Aßmann, in: HdBStR, Bd. I, § 24 Rdnr. 51 ff.; Herzog, in: Maunz/Dürig, Stand 1980, Art. 20 Abs. IV Rdnr. 4 ff.

[3] Verbindungen ergeben sich aus der Bindung des Richters an das von der Legislative geschaffene Recht und der, gegebenenfalls gemeinsam mit dem Parlament wahrzunehmenden (Richterwahlausschüsse, vgl. nur Art. 95 Abs. 2 GG) Personalkompetenz der Exekutive, vgl.

3 Diese Trennung verwirklicht sich auf der strukturellen Ebene in der notwendigen organisatorischen Selbständigkeit der Rechtsprechungsorgane, insbesondere gegenüber Verwaltungsträgern, und der **Inkompatibilität** hinsichtlich der gleichzeitigen Wahrnehmung judikativer und legislativer oder exekutiver Funktionen durch denselben Amtsträger.[4] Ihr entspricht auf der Ebene richterlicher Entscheidungstätigkeit die Verfassungsgarantie **sachlicher und persönlicher Unabhängigkeit** (Art. 97 GG) zum Schutz vor unmittelbarer (Weisungsfreiheit)[5] oder mittelbarer (Sicherung der persönlichen Rechtsstellung) Einflußnahme auf die Rechtsprechungstätigkeit.[6] Ergänzend tritt das auf das konkrete Prozeßrechtsverhältnis bezogene Verfassungsgebot **richterlicher Unparteilichkeit** (vgl. noch unten § 7 Rdnr. 2 ff.) hinzu. Dieses wird zwar unmittelbar aus der wesensbestimmenden Neutralität des Richters abgeleitet;[7] jedoch verbindet sich im Verwaltungsprozeß, an dem typischerweise der Staat (im funktionellen Sinn) als Partei beteiligt ist, jener Aspekt der prozessualen Unparteilichkeit (Neutralität gegenüber den Parteien) mit der Garantie persönlicher Unabhängigkeit vom Staat als Organisationsträger.[8]

## 2. Funktionen der Verwaltungsgerichtsbarkeit

4 Ist die Tätigkeit der Verwaltungsgerichtsbarkeit zentral durch deren Rechtsschutzauftrag gekennzeichnet, so hat sie doch mit der Wahrnehmung der traditionellen Rechtsprechungsaufgaben zu Rechtskonkretisierung, -stabilisierung und -fortbildung (vgl. § 11 Abs. 2, 4) zugleich Anteil am demokratischen Prozeß der Rechtserzeugung im verfassungsrechtlichen Gesamtsystem.[9] Diese Aufgabe nimmt sie arbeitsteilig zusammen mit Legislative und Exekutive wahr, wobei ihr, wie dieser, auf der Grundlage der von jener geschaffenen Normen deren konkretisierende Anwendung und, unter Beachtung eines der Verwaltung zukommenden Entscheidungsspielraums (vgl. unten Rdnr. 20 ff.), maßgebliche Inhaltsbestimmung obliegt. Die Verwaltungsgerichtsbarkeit wird damit bestimmend für die aktuelle Gestalt des für die Verwaltung geltenden Rechts und gewinnt zugleich maßgeblichen Einfluß auf die exekutivische Staatstätigkeit. Dieser ist allerdings verfassungslegitim nur, soweit er zur Wahrnehmung des (objektiven) Rechtsschutzauftrags ausgeübt wird. Damit nicht vereinbar wäre ein Verständnis dieser

BVerfGE 93,37 (73); allgemein dazu Hesse, Grundzüge des Verfassungsrechts der Bundesrepublik Deutschland, 20. Aufl. 1999, Rdnr. 552.

[4] Vgl. BVerfGE 18,241 (254); 27,312 (321); 54,159 (199); Herzog, in: Maunz/Dürig, Art. 20 Abs. IV Rdnr. 16.

[5] Sie besteht auch gegenüber Ingerenzen seitens der richterlichen Gewalt selbst, vgl. BVerfG, NJW 1996,2149.

[6] Vgl. BVerfGE 12,81 (88); 14,56 (69 f.); 18,241 (255); 26,186 (198 f.).

[7] Vgl. BVerfGE 21,139 (146); 30,149 (153).

[8] Vgl. näher Lorenz, StuW 1980,326.

[9] Grundlegend dazu Brohm, DÖV 1987,265 ff.

Schenke, DVBl 95,1105

faktischen Regelungsmacht als Ausdruck einer den Rechtsschutzauftrag erweiternden, sich gar von diesem emanzipierenden selbständigen Aufgabe zu administrativ-politischer Gestaltung. Mediationsähnliche Vermittlung und kollektiver Minderheitenschutz durch die Verwaltungsgerichtsbarkeit[10] stellen sich als Folge von deren rechtsanwendender Tätigkeit ein, sind aber nicht eine eigenständige Aufgabe.

## II. Verwaltung und Verwaltungsgerichtsbarkeit

Ist die Verwaltungsgerichtsbarkeit kraft ihrer verfassungsrechtlichen Unabhängigkeit strikt von der Exekutive getrennt, so steht sie gleichwohl zu dieser in einer spezifischen Beziehung.[11] Denn nicht nur ist sie – in der Regel – an einem vorausgegangenen exekutivischen Verhalten ausgerichtet und durch die fachliche Nähe zu der als typische Partei des Verwaltungsprozesses permanent präsenten Verwaltung gekennzeichnet. Vielmehr ist mit der gerichtlichen Spruchtätigkeit generell auch eine Einwirkung auf den Bereich der Exekutive verbunden. Sie hat von Anfang an Befürchtungen, etwa der Entstehung einer beherrschenden Stellung der Justiz ("Richterstaat")[12] und einer Lähmung der Verwaltung[13] hervorgerufen und in neuerer Zeit in der Tat zu gewissen Verschiebungen der Gewaltenbalance geführt. 5

### 1. Der gerichtliche Kontrollauftrag

Anders als die ordentliche Gerichtsbarkeit gewährt die Verwaltungsgerichtsbarkeit herkömmlich und typischerweise *Rechtsschutz durch Kontrolle*. Diese stellt sich als nachvollziehende Prüfung eines vorgegebenen behördlichen Handelns (Tun, Unterlassen) dar, trifft also keine eigenständige, inhaltliche Sachentscheidung. Prozessual kommt diese Kontrollbeziehung etwa in dem Erfordernis der Geltendmachung einer Rechtsverletzung durch das Behördenverhalten (§ 42 Abs. 2; vgl. dazu unten § 18 Rdnr. 4 f.) oder darin zum Ausdruck, daß die Klage im Fall notwendiger Vorbefassung der Behörde grundsätzlich gegen diese (bzw. deren Rechtsträger) zu richten ist (§ 78 Abs. 1; vgl. dazu unten § 21 Rdnr. 6 f.). Grundlage und zugleich Begrenzung dieses verwaltungsgerichtlichen Kontrollauftrags ist **Art. 19 Abs. 4 GG** (vgl. oben § 3 Rdnr. 8 ff.); die gerichtliche Kontrolle setzt danach eine (geltend zu machende) *individuelle Rechtsverletzung* durch die 6

---

[10] Vgl. vor allem Brohm, NJW 1984,8 ff.; dens., DVerw 24 (1991), S. 140 ff.; vorsichtig Schmidt-Aßmann, DVBl 1997,289; vgl. auch dens., Das allgemeine Verwaltungsrecht als Ordnungsidee, 1998, S. 200.

[11] Vgl. Schmidt-Aßmann, VVDStRL 34 (1976), S. 237; Wittmann, BayVBl 1996,586.

[12] Vgl. Jahrreiß, in: Jahrreiß, Mensch und Staat, 1957, S. 113 (126); Forsthoff und Rupp, in: Lanzenstiel, Rechtsstaat oder Richterstaat, 1970, S. 7 ff. und 22 ff.; Merten, DVBl 1975,677.

[13] Vgl. das Zitat von Bachof, DÖV 1953,418; Menger, DÖV 1969,153 ff.; Hoppe, DVBl 1975,684 ff.; Meyer, DÖV 1969,162 ff.

Exekutive voraus und beschränkt sich demgemäß auf die Einhaltung bestehender *Rechtsbindungen.*

## 2. Judikative Beschränkungen der Verwaltungsfunktion

### a) Formale Beschränkungen

7 Vermöge ihrer formalen Kontrollkompetenz wirkt die Verwaltungsrechtsprechung zwangsläufig auf die *Wahrnehmung von Vollziehungsfunktionen* ein, sei es unmittelbar durch die Bindungswirkung gerichtlicher Entscheidungen (§ 121), sei es mittelbar infolge deren faktischer Bedeutung als Leitlinie künftigen Verwaltungshandelns.[14] Soweit Verwaltungsentscheidungen kraft Verfassungs- (vgl. Art. 13 Abs. 2-4; 104 Abs. 2 GG)[15] oder Gesetzesrechts (vgl. z. B. §§ 4 Abs. 2 VereinsG – Beschlagnahme – ; 40 Abs. 2, 3 AWG; 21 Abs. 3 nwPolG)[16] aus Gründen *vorbeugenden Rechtsschutzes* dem Richter übertragen sind, nimmt dieser sogar selbst exekutivische Funktionen wahr. Solche Kompetenzen, die allein der Rechtsverwirklichung dienen, sind schon in der rechtsschutzorientierten Ausprägung des Gewaltenteilungsprinzips nach dem Grundgesetz angelegt und damit verfassungsrechtlich unbedenklich. Sie stellen folgerichtig auch keine Verwaltungsgeschäfte im Sinn des § 39 dar, können also auch landesrechtlich begründet werden.[17]

### b) Faktische Verschiebungen der Gewaltenbalance

8 Auch bei Beschränkung auf die gebotene reine Rechtskontrolle kann der Verwaltungsrechtsschutz jedoch substantielle Beeinträchtigungen der exekutivischen Aufgabenerfüllung mit sich bringen, die über die Eliminierung rechtsverletzenden Verwaltungshandelns hinausgehen. Dies ist auch eine Konsequenz einer im Lauf der Zeit zunehmend ausgedehnten gerichtlichen Kontrolltätigkeit. So wurde einerseits die Eingriffskonstellation auf *Drittbetroffene* erstreckt, wurden andererseits auch *mittelbare und faktische Beeinträchtigungen* einbezogen (vgl. unten § 18 Rdnr. 40 ff.), dies unter gleichzeitiger Reduzierung der Anforderungen an deren *Intensität* und an das Vorliegen einer verteidigungsfähigen *Rechtsstellung.*[18] Vor allem in letzterer Hinsicht bestehen deutliche, von der Rechtsvergleichung gestützte europarechtliche Impulse,[19] die auf eine Erweiterung der Klagevoraussetzung des *subjektiven Rechts* auf bloße *Individualinteressen* drängen (s. noch

---

[14] Vgl. Meyer-Hentschel, DÖV 1978,596 ff.
[15] Vgl. BVerfGE 83,24 (33).
[16] Vgl. dazu Lisken/Mokros, NVwZ 1991,609.
[17] Vgl. Berlit, NdsVBl 1995,197; Lüdemann, DÖV 1996,870; grundsätzlich dazu auch Gusy, JZ 1998,167.
[18] Vgl. dazu etwa Brohm, DVerw 24 (1991), S. 140; Wittmann, BayVBl 1996,588.
[19] Vgl. dazu eingehend Wegener, Rechte des Einzelnen, 1997; Schmidt-Aßmann, DVBl 1997,283 ff.; Kokott, DVerw 31 (1998), S. 348 ff.

unten § 18 Rdnr. 33 ff.). Sie haben sich bislang nicht durchsetzen können, sind aber – begünstigt durch die begriffliche Fassung des subjektiven öffentlichen Rechts als rechtlich geschütztes Interesse (vgl. unten § 18 Rdnr. 16 ff.) – in der Rechtsprechung durchaus erkennbar. Damit geht schließlich eine zunehmende *Verrechtlichung* einher, genauer: eine tendenzielle Erweiterung des Bereichs, der von den Gerichten als rechtsbestimmt und deshalb gerichtlich überprüfbar angesehen wird.

In dieser Ausgestaltung hat die verwaltungsgerichtliche Kontrolltätigkeit nach **9**
pointiertem, aber weitgehend übereinstimmendem Urteil ein problematisches Übergewicht bekommen,[20] wenn die Realisierung praktisch jeder Verwaltungsentscheidung von einiger Bedeutung (straßen- oder luftverkehrsrechtliche Planfeststellungen; immissionsrechtliche Genehmigungen usw.) von gerichtlichem Placet abhängt. Sie wird damit aber auch im Fall ihrer Rechtmäßigkeit – letztlich also zu Unrecht – jedenfalls für die Dauer des Verfahrens (vgl. zu dieser Problematik des vorläufigen Rechtsschutzes unten § 27 Rdnr. 4 ff.) blockiert oder erledigt sich infolge der zwischenzeitlichen Entwicklung nicht selten sogar endgültig.

### c) Folgerungen

Diese mit der Durchführung eines verwaltungsgerichtlichen Verfahrens verbun- **10**
denen potentiellen Einwirkungen auf äußere Modalitäten und Inhalte des Verwaltungshandelns können die Ausgewogenheit der überkommenen Gewaltenbalance in der Tat in Gefahr bringen. Ihr kann durch Appelle zu zurückhaltender Ausübung der Kontrolle ("judicial self-restraint")[21] nicht sinnvoll und auch nicht wirksam begegnet werden; der zur Entscheidung berufene Richter hat sich an den ihm obliegenden Rechtsbindungen zu orientieren. Erforderlich ist vielmehr eine entsprechende normative Gestaltung des (allgemeinen) Verwaltungs- sowie des Verwaltungsprozeßrechts. Dabei sind Individualrechtsschutz und Verwaltungseffektivität unter Beachtung der wesensbestimmenden Merkmale rechtsprechender Tätigkeit zu einem angemessenen Ausgleich zu bringen. Ob dieser mittels der vielfachen Modifikationen der Voraussetzungen und Rahmenbedingungen des Verwaltungsrechtsschutzes immer gelungen ist, mag freilich durchaus unterschiedlich zu beurteilen sein.[22]

*Materiell-rechtlich* wird durch die Unbeachtlichkeit von Verfahrens- und **11**
Formfehlern, die auf die Sachentscheidung selbst ohne Einfluß geblieben sind (§ 46 VwVfG), und die Möglichkeit zur Heilung von Verfahrens- oder Form-

[20] Vgl. Zeidler, FS der Jur. Fakultät Heidelberg, 1986, S. 649; Brohm, DVerw 24 (1991), S. 141; Redeker, NVwZ 1996,127 ff.; Wittmann, BayVBl 1996,586 ff.; Kutscheidt, NwVBl 1995,121.

[21] Vgl. etwa Sendler, DVBl 1994,1089 f.; ders., in: Merten/Schreckenberger, Kodifikation gestern und heute, 1995, S. 147 ff.; König, VerwArch 83 (1992), S. 366 f.

[22] Vgl. dazu etwa Redeker, NVwZ 1996,130; Wittmann, BayVBl 1996,589; vgl. auch Schmidt-Aßmann, Das allgemeine Verwaltungsrecht, S. 294 f.

fehlern auch noch während des Prozesses (§ 94 Satz 2; vgl. noch unten § 32 Rdnr. 36) eine insgesamt sachgerechte und verfassungsgemäße Konzentration der Gerichtskontrolle erreicht; weitgehende Restriktionen bringen dagegen die im Lauf der Zeit erlassenen, zahlreichen *prozessualen* Vorschriften zur Verfahrenskonzentration und -beschleunigung mit sich, durch die zum Beispiel die Entscheidung durch den Einzelrichter (§§ 6; 87a; vgl. dazu unten § 7 Rdnr. 19 ff.) und die Durchführung von Musterverfahren bei Massenklagen (§ 93a; vgl. dazu unten § 32 Rdnr. 38 ff.) ermöglicht oder weitgehende Rechtsmittelbeschränkungen statuiert wurden (vgl. §§ 124 f.; 146 Abs. 4 VwGO i. d. F. des 6. VwGO-ÄndG vom 18.8.1997; vgl. dazu unten § 38 Rdnr. 6 f.).

### 3. Verwaltungsverfahren und Verwaltungsprozeß

#### *a) Formale Selbständigkeit*

12 Ungeachtet des notwendigen inneren Bezugs der gerichtlichen auf die kontrollierte Verwaltungs*entscheidung* sind verwaltungsgerichtliches und Verwaltungs*verfahren* formal völlig selbständig und voneinander unabhängig, wird also insbesondere dieses nicht bloß durch jenes fortgesetzt. Ebenso ist das dem Verwaltungsprozeß im Fall verwaltungsakt-bezogener Klagen (vgl. unten § 14 Rdnr. 10) grundsätzlich vorausgehende verwaltungsgerichtliche Vorverfahren (§§ 68 ff.; vgl. unten § 19), obwohl es weitgehend in der Verwaltungsgerichtsordnung geregelt ist, ein reines Verwaltungsverfahren. Vereinzelt stellt das Gesetz Verbindungen zwischen beiden Verfahren her, so, wenn der Behörde die Nachholung einer bisher unzureichenden Sachaufklärung (§ 113 Abs. 3) oder die Korrektur von Mängeln der Verwaltungsentscheidung noch im gerichtlichen Verfahren (§§ 45 Abs. 2 VwVfG; 114 Satz 2; 94 Satz 2 VwGO) ermöglicht wird.

#### *b) Funktionale Gleichrichtung*

13 Demgegenüber zeichnen sich Verwaltungsverfahren und Verwaltungsprozeß im Hinblick auf die Zielsetzung des individuellen Rechtsschutzes durch *funktionale Gleichrichtung* und gegenseitige *Ergänzung* aus.[23] Schon allgemein wird durch die Beachtung der (objektiven) rechtsstaatlichen Bindung der Verwaltung an Gesetz und Recht (Art. 20 Abs. 3 GG) der einzelne vor Rechtsverletzungen bewahrt. Die Regelung des Verwaltungsverfahrens muß deshalb außer an der Effektivität der Verwaltungstätigkeit auch am individuellen Rechtsschutz orientiert sein.[24] Dem entspricht die gesetzliche Ausgestaltung des Verwaltungsverfahrens mit Beteilig-

---

[23] Vgl. zu diesem Verhältnis Lorenz, S. 180; Schwarze, a.a.O.; Wahl, VVDStRL 41 (1983), S. 160 f.; Schmidt-Aßmann, DVBl 1997,287; ders., Das allgemeine Verwaltungsrecht, S. 305 f.

[24] Vgl. Kopp, Verfassungsrecht und Verwaltungsverfahrensrecht, 1971, S. 234 ff.

tenstellung, Sicherung unparteilicher Entscheidung, Amtsermittlung und Anhörungsrechten. Soweit auf diese Weise Rechtsverletzungen schon bei der Rechtsanwendung verhindert werden, bewirkt das Verwaltungsverfahren einen präventiven Schutz, der im Einzelfall dem repressiven gerichtlichen Normalrechtsschutz, ungeachtet der formellen Kontrollkompetenz, materiell keine Anwendungsmöglichkeit beläßt. Hieraus begründet sich auch die wichtige rechtsstaatliche Funktion des *verwaltungsgerichtlichen Vorverfahrens* (s. unten § 19 Rdnr. 3), durch das administrative Rechtsverletzungen bereits im Vorfeld der gerichtlichen Kontrolle und damit ohne (weitere) zeitliche Verzögerung behoben werden sollen.

Eine weitergehende Rechtsschutzfunktion hat das Verwaltungsverfahren, von **14**
Art. 19 Abs. 4 GG wenn nicht gefordert, so doch zumindest gestützt,[25] zu übernehmen, soweit gerichtlicher Rechtsschutz nur eingeschränkt gewährt wird. Ist die Verwaltungsentscheidung nicht (abschließend) rechtlich determiniert und deshalb (insoweit) auch nicht gerichtlich kontrollierbar (s. noch unten Rdnr. 21 ff.), so muß Sachrichtigkeit durch Verfahren sichergestellt werden. Die Einhaltung der Bindungen des Verwaltungsverfahrens ist deshalb in diesen Fällen unverzichtbare und uneingeschränkt justitiable Voraussetzung für die Rechtmäßigkeit der Verwaltungsentscheidung.

## 4. Die Kontrolldichte

### a) Die grundsätzliche Kontrollkompetenz

Infolge der strikten Festlegung auf den *Kontrollmaßstab der Rechtmäßigkeit* setzt **15**
die gerichtliche Kontrolle von Verwaltungsentscheidungen notwendig deren materiell-rechtliche Bindung voraus;[26] sie kann umgekehrt, wenn und soweit diese besteht, im Anwendungsbereich des Art. 19 Abs. 4 GG nicht ausgeschlossen werden (vgl. noch unten Rdnr. 19). Die gerichtliche *Kontrolldichte* entspricht der ihr vorausliegenden, normativen *Regelungsdichte*, die sich aus der das Verwaltungshandeln normierenden gesetzlichen Grundlage ergibt. Es hängt jedoch von deren Verständnis und damit wiederum – als Rechtsfrage – von gerichtlichem Erkenntnis ab, ob und inwieweit der Verwaltung ein mehr oder weniger weitgehender Entscheidungs- und Handlungsfreiraum zukommt. Folgerichtig befinden die Gerichte selbst – in den Grenzen zulässiger Gesetzesauslegung (Art. 20 Abs. 3 GG) – mit der positiven oder negativen Entscheidung über das Bestehen administrativer Rechtsbindung zugleich über ihre Kontrollbefugnis (*Kompetenz-Kompetenz*).[27] Für die Erfassung und Gewichtung der Determinanten jener Entscheidung kommt rechtsvergleichend der Rechtsprechung des EuGH zur

[25] Vgl. dazu Lorenz, S. 145 ff.; Wahl, VVDStRL 41 (1983), S. 169 f.
[26] BVerfGE 88,40 (56); BVerwGE 99,355 (358).
[27] Vgl. Ossenbühl, in: Erichsen, § 10 Rdnr. 33.

Kontrolldichte in bezug auf das Handeln von Gemeinschaftsbehörden Bedeutung zu.[28]

### *b) Kontrolle und Gesetzesvorbehalt*

**16** Materiell-rechtlich werden Freiheit und Bindung der Verwaltung durch deren verfassungsrechtliches Verhältnis zum Gesetz und die grundsätzliche Bindung an dieses bestimmt (**Gesetzesvorbehalt**, Art. 20 Abs. 3 GG). Dieses Verhältnis ist zugleich für Umfang und Intensität notwendiger gerichtlicher Kontrolle maßgeblich.[29]

Die Bindung der Exekutive an das Gesetz bedeutet keinen gesetzlichen Totalvorbehalt. So ist anerkannt, daß die Verwaltung zur Erfüllung des ihr obliegenden, sozialen Gestaltungsauftrags Handlungs- und Entscheidungsspielräume benötigt, die inhaltlich von normativer Determinierung und folgerichtig insoweit auch von gerichtlicher Kontrolle frei sind.[30] Ob und inwieweit im einzelnen eine administrative Rechtsbindung verfassungsrechtlich gefordert ist, beurteilt sich nach der *Wesentlichkeitstheorie*.[31] Danach bedarf die Verwaltung einer gesetzlichen Grundlage für Regelungen, die sich für Allgemeinheit oder Individuum als besonders bedeutsam und in diesem Sinn "*wesentlich*" darstellen. Dies ist je nach Sachmaterie, betroffenen Rechtsgütern und Intensität der Auswirkungen für diese unterschiedlich zu beurteilen. "Wesentlich" sind vor allem Entscheidungen, die für die Verwirklichung von Grundrechten relevant sind.[32] Eine Verwaltungsentscheidung muß um so stärker normativ determiniert sein und unterliegt einer um so dichteren Gerichtskontrolle, je bedeutsamer das betroffene Grundrecht und je nachhaltiger die Einwirkung auf dieses ist.[33]

**17** Damit ist zwar administrative Entscheidungsfreiheit im Grundrechtsbereich keineswegs gänzlich ausgeschlossen; zur Ermöglichung sach- und situationsangemessener Entscheidungen insbesondere unter Berücksichtigung des Verhältnismäßigkeitsprinzips ist sie auch hier unverzichtbar. Grundsätzlich ist aber davon auszugehen, daß als solche grundrechtlich geschützte Tätigkeiten beim *Gesetzesvollzug* nicht von behördlicher Entscheidungsfreiheit abhängig gemacht werden

---

[28] Vgl. dazu Schwarze/Schmidt-Aßmann (Hrsg.), Das Ausmaß der gerichtlichen Kontrolle im Wirtschaftsverwaltungs- und Umweltrecht, 1992; Herdegen/Richter, in: Frowein, Die Kontrolldichte bei der gerichtlichen Überprüfung von Handlungen der Verwaltung, 1993, S. 209 ff.; Adam, Die Kontrolldichte-Konzeption des EuGH und deutscher Gerichte, 1993; Classen, Die Europäisierung der Verwaltungsgerichtsbarkeit, 1996, S. 119 ff.; Röben, Die Einwirkung der Rechtsprechung des Europäischen Gerichtshofs auf das mitgliedstaatliche Verfahren in öffentlich-rechtlichen Streitigkeiten, 1998, S. 256 ff.

[29] Vgl. auch BVerfGE 88,40 (45).

[30] Vgl. BVerfGE 58,257 (271); 84,34 (50); Schmidt-Aßmann, in: Maunz/Dürig, Stand 1985, Art. 19 Abs. IV Rdnr. 184 ff.

[31] BVerfGE 47,46 (78); 49,89 (126); 83,130 (142, 152).

[32] Vgl. BVerfGE 47,46 (79); 58,257 (272 ff.); 83,130 (142); Hesse, Grundzüge, Rdnr. 509.

[33] BVerfGE 58,257 (277 f.); vgl. auch Brohm, JZ 1995,370.

dürfen.[34] Dies gilt nicht nur für das Ermessen im engeren Sinne (s. unten Rdnr. 21 ff.), sondern nach der, die bisherigen Kriterien deutlich verschärfenden neueren Rechtsprechung des Bundesverfassungsgerichts[35] auch für die Beurteilung der rechtlichen Voraussetzungen insbesondere grundrechtsrelevanten Behördenhandelns (s. unten Rdnr. 24 ff.). Sie müssen durch Gesetz oder aufgrund gesetzlicher Ermächtigung so deutlich bestimmt sein, daß die Entscheidung der Behörde normativ gebunden und demgemäß auch grundsätzlich einer abschließenden gerichtlichen Kontrolle zugänglich ist. Diese darf nur ausgeschlossen werden, soweit sie beziehungsweise die ihr vorausgehende Normierbarkeit an ihre *funktionalen Grenzen* stößt.[36]

Von anderer Qualität sind dagegen die nicht konditional, sondern final struktu- **18**
rierten Entscheidungen planungsrechtlicher Art. Sie sind (schon) materiell-rechtlich durch eine inhaltlich einheitlich auszuübende *Gestaltungsfreiheit* gekennzeichnet und demgemäß nur auf die Einhaltung von deren Grenzen hin überprüfbar (s. unten Rdnr. 38 ff.).

## 5. Der gerichtsfreie Hoheitsakt

In jedem Fall verlangen Rechtsstaats- wie Demokratieprinzip die Einhaltung und **19**
gerichtliche Kontrolle zumindest äußerster Rechtsgrenzen. Sie schließen damit *gerichtsfreie Hoheitsakte* aus, die durch eine materiell-rechtliche völlige Ungebundenheit begründet würden, wie sie zum Teil für **Gnadenentscheidungen** (vgl. Art. 60 Abs. 2 GG) behauptet wird.[37]

Ebensowenig läßt Art. 19 Abs. 4 GG Raum für eine Freistellung *rechtsgebundener* Exekutivakte von gerichtlicher *Kontrolle*. Diese Erkenntnis kann heute als unbestritten gelten insbesondere für staatsleitende Entscheidungen hochpolitischer Art (sog. **Regierungsakte**),[38] bei denen es freilich meist ohnehin an einer subjektiven Rechtsbetroffenheit fehlen wird.[39] Sie hat sich aber auch für den Bereich **administrativer Normsetzung** weitgehend durchgesetzt[40] (vgl. schon oben § 3 Rdnr. 14 sowie noch unten § 26 Rdnr. 8 f.).

---

[34] Vgl. BVerfGE 20,150 (157 f.); BVerwGE 18,247.

[35] Vgl. insbesondere BVerfGE 83,130 (142, 148); 84,34 (50); 88,40 (56 ff.); aus der kontroversen Diskussion hierzu etwa Geis, NVwZ 1992,25; Sendler, DVBl 1994,1089; Brohm, JZ 1995,369; Schmidt-Aßmann, DVBl 1997,281; Sieckmann, DVBl 1997,101.

[36] Vgl. BVerfGE 84,34 (50).

[37] So vor allem BVerfGE 25,352 (362); BVerwG, NJW 1983,187; vgl. auch BVerfGE 45,187 (245 f.); ablehnend die h. L., vgl. schon Lorenz, S. 44; W. Schenke, in: BGG, Art. 19 Abs. IV Rdnr. 232 ff.; Schmidt-Aßmann, in: Maunz/Dürig, Art. 19 Abs. IV Rdnr. 80.

[38] Vgl. Schenke, in: BGG, Art. 19 Abs. 4 Rdnr. 219 ff.; Di Fabio, Rechtsschutz im parlamentarischen Untersuchungsverfahren, 1988, S. 82 ff.; demgegenüber noch etwa OVG NW, DVBl 1967,51.

[39] Vgl. aber z. B. OVG NW, NVwZ 1986,575 (Parlamentarischer Untersuchungsausschuß).

[40] Vgl. nur etwa BVerfGE 70,35 (55 f.); BVerwGE 80,355 (361).

## III. Die Reichweite der gerichtlichen Kontrolle

### 1. Die Kontrolle administrativen Gesetzesvollzugs

20 Für die gerichtliche Kontrolle der Verwaltung im Bereich des Gesetzesvollzugs ist grundlegend die Unterscheidung zwischen **Verwaltungsermessen** und **Beurteilungsspielraum**. Demgegenüber hat sich die in einem Teil der Rechtslehre favorisierte Konstruktion eines einheitlichen (Tatbestands- oder Rechtsfolge-) Ermessens[41] – ungeachtet der sachlichen Annäherung beider Formen unter dem Aspekt einer beschränkten gerichtlichen Kontrolle – bisher zu Recht nicht durchsetzen können.[42]

#### *a) Das Verwaltungsermessen*

21 *aa) Erscheinung.* Ermessen bedeutet die gesetzlich begründete Befugnis der Verwaltung, bei Verwirklichung eines gesetzlichen Tatbestandes nach eigenem Dafürhalten zwischen verschiedenen Verhaltensweisen zu wählen.[43] Es wird durch Vorschriften eingeräumt, nach denen die Behörde bestimmte Maßnahmen treffen "kann", "darf", hierzu "ermächtigt ist" usw. *Sollvorschriften* bewirken eine rechtliche Bindung für den gesetzlich intendierten Normalfall, also vorbehaltlich besonderer, atypischer Umstände des Einzelfalls.[44]

22 *bb) Gerichtskontrolle.* Die Ermessensentscheidung ist rechtlich nicht abschließend determiniert und kann deshalb auch gerichtlich nicht auf ihre inhaltliche Richtigkeit, sondern nur auf die Beachtung der bestehenden rechtlichen Bindungen (*pflichtgemäße Ermessensausübung*) kontrolliert werden.[45] Dementsprechend prüft das Gericht gemäß der mit der *Handlungsnorm* des § 40 VwVfG übereinstimmenden *Kontrollnorm* des § 114 Satz 1 VwGO[46] Ermessensentscheidungen nur daraufhin, ob die gesetzlichen Grenzen des Ermessens eingehalten sind (sog. äußere Ermessensgrenzen; **Ermessensüberschreitung**) oder von dem Ermessen in einer dem Zweck der Ermächtigung (nicht) entsprechenden Weise Gebrauch

---

[41] Vgl. schon Ehmke, a.a.O., S. 23 ff.; Obermayer, VwVfG, 2. Aufl. 1990, § 40 Rdnr. 11 ff. (vgl. demgegenüber nunmehr § 40 Rdnr. 4, 19); Nagel, a.a.O., S. 75 ff., 108; Herdegen, JZ 1991,747; Schmidt-Aßmann, Das allgemeine Verwaltungsrecht, S. 180 ff.; aus entwicklungsgeschichtlicher Sicht Held-Daab, a.a.O.

[42] Vgl. BVerfGE 83,130 (145, 148); 84,34 (49 f.); 88,40 (56 ff.); BVerfG, NJW 1993,917; BVerwGE 81,12 (17); 94,307 (309); Maurer, § 7 Rdnr. 55.

[43] Vgl. Maurer, § 7 Rdnr. 7.

[44] Vgl. BVerwGE 49,16 (23); 56,220 (223); VGH BW, DÖV 1980,730; OVG Berlin, UPR 1986,35.

[45] Für umfassende Kontrolle demgegenüber Ibler, Rechtsschutz a.a.O., S. 178 f.

[46] Vgl. dazu Eyermann/Rennert, § 114 Rdnr. 3, 10.

gemacht ist (sog. innere Ermessensgrenzen; **Ermessensfehlgebrauch**).[47] Dies gilt über den Wortlaut der §§ 40 VwVfG; 114 Satz 1 VwGO hinaus allgemein, also auch, wenn es sich nicht um Verwaltungsakte beziehungsweise auf diese bezogene (Anfechtungs-, Verpflichtungs-)Klagen handelt.[48] Eine nach diesen Kriterien, das heißt aus Rechtsgründen nicht zu beanstandende Entscheidung muß das Gericht als rechtmäßig akzeptieren, selbst wenn nach seiner Überzeugung sachgerechtere oder zweckmäßigere Alternativen gegeben wären.[49]

Besteht danach mangels Rechtsbindung kein subjektives Recht auf eine 23
bestimmte Amtshandlung, so kann doch die Einhaltung jener Rechtsgrenzen verlangt werden (sog. **formelles subjektives öffentliches Recht** auf ermessensfehlerfreie Entscheidung), sofern die betreffende Ermessensnorm eine subjektive Rechtsstellung vermittelt (s. unten § 18 Rdnr. 30 f.). Andererseits kann eine strikte inhaltliche Bindung und dementsprechend volle richterliche Prüfungskompetenz bestehen, wenn die Anwendung der gesetzlichen Ermessensvorschrift aufgrund der konkreten Verhältnisse des Einzelfalls nur eine einzige Entscheidung als ermessensfehlerfrei erscheinen läßt (sog. **Ermessensreduktion**),[50] zum Beispiel, weil die nachhaltige Gefährdung der Nachbarschaft oder der Allgemeinheit (Verkehrssicherheit, Naturschutz o. ä.) ein Einschreiten gegen einen baurechtswidrigen Zustand gebietet.[51] In Wahrheit steht also in derartigen Fällen der Behörde ein Ermessensspielraum nicht zu.

### b) Der Beurteilungsspielraum

*aa) Erscheinung.* Demgegenüber erzeugt die tatbestandliche Festlegung der 24
gesetzlichen Handlungsvoraussetzungen, ungeachtet ihrer mehr oder weniger großen Unbestimmtheit, eine strikte Bindung der Verwaltung. Demgemäß nimmt die Rechtsprechung, deren eigentliche Domäne die Rechtserkenntnis durch Auslegung und Anwendung des Gesetzes ist, insoweit eine grundsätzlich uneingeschränkte Letztentscheidungskompetenz in Anspruch. Diese läßt für eine administrative Einschätzungsprärogative unter Reduzierung der gerichtlichen Prüfung auf eine bloße *Vertretbarkeitskontrolle*[52] keinen Raum, erstreckt sich also grundsätzlich auf sogenannte **unbestimmte Rechts**(genauer: Gesetzes-)**begriffe**.[53]

---

[47] Vgl. zur Ermessensfehlerlehre näher etwa Maurer, § 7 Rdnr. 19 ff.; Ossenbühl, in: Erichsen, § 10 Rdnr. 15 ff.; Kopp, VwVfG, § 40 Rdnr. 27.

[48] Vgl. BVerwGE 12,81 (84); 60,144 (151); Kopp/Schenke, § 114 Rdnr. 2; Eyermann/Rennert, § 114 Rdnr. 6.

[49] Vgl. Kopp/Schenke, § 114 Rdnr. 1.

[50] Vgl. dazu Maurer, § 7 Rdnr. 24 f.; Di Fabio, VerwArch 86 (1995), S. 214; Hain/Schlette/Schmitz, AöR 122 (1997), S. 32.

[51] Vgl. Brohm, Öffentliches Baurecht, 2. Aufl. 1999, § 28 Rdnr. 13; OVG NW, NJW 1984,883; NdsOVG, BauR 1994,86; Kopp/Schenke, § 114 Rdnr. 21 c.

[52] Vgl. Bachof, JZ 1972,641 ff.; Ule, VerwArch 76 (1985), S. 16 f.

[53] Vgl. BVerfGE 64,261 (279); BVerwGE 94,307 (309); BVerwG, DVBl 1991,46; Kopp/

Gärditz, DV 13, 257

Voll überprüfbar sind deshalb zum Beispiel die Anforderungen des Wohls der Allgemeinheit,[54] Vorliegen (Schädlichkeit) und Zumutbarkeit von Immissionen,[55] die Störung der öffentlichen Sicherheit oder Ordnung,[56] die Verunstaltung durch ein Bauwerk,[57] das dienstliche Bedürfnis für eine Versetzung[58] oder die Zuverlässigkeit eines Gewerbetreibenden.[59]

25 Die Verwendung unbestimmter Rechtsbegriffe kann allerdings ein gesetzliches Instrument für die Zuerkennung eines der Administrative vorbehaltenen *Beurteilungsspielraums* sein (sog. *normative Ermächtigungslehre*).[60] Dies festzustellen ist freilich mangels hinreichend deutlicher, gesetz*geberischer* Willensäußerung schwierig. Er kann im Wege der Normauslegung jedenfalls nur ausnahmsweise bei Akten der Rechtsanwendung (z. B. Prüfungsentscheidungen) angenommen werden, die nach ihrer Sachstruktur gegenständlich, personell und/oder zeitlich untrennbar mit der Entscheidungssituation verbunden sind (sog. *persönlichkeitsbedingte Werturteile*)[61] und deshalb durch den kontrollierenden Nachvollzug inhaltlich verändert würden.[62] Auch bei ihnen ist, im – jedenfalls konstruktiven – Unterschied zum Ermessen, nur *eine einzige richtige* Entscheidung möglich;[63] eine Prüfungsleistung an der Grenze zwischen ausreichend und mangelhaft kann nicht gleich richtig mit dieser oder jener Note bewertet werden. Jedoch ist die zutreffende Beurteilung nicht ausschließlich rechtlich bestimmt und liegt deshalb deren abschließende Erkenntnis in der Kompetenz der Verwaltung. Ihr gegenüber obliegt dem Gericht, ähnlich wie beim Ermessen und deshalb in entsprechender Anwendung der für dieses geltenden Kontrollnorm (§ 114 Satz 1),[64] lediglich eine auf die Einhaltung der rechtlichen Grenzen beschränkte Überprüfung (s. sogleich Rdnr. 32).

---

Schenke, § 114 Rdnr. 24b.

[54] Vgl. BVerwGE 81,347.

[55] Vgl. BVerwGE 85,368 (379); Jarass, Komm. zum BImSchG, 4. Aufl. 1999, § 5 Rdnr. 93 ff.

[56] Vgl. BGH, DVBl 1954,813; W. Schenke, Polizei- und Ordnungsrecht, in: Steiner, Rdnr. 28; Friauf, Polizei- und Ordnungsrecht, in: Schmidt-Aßmann, Rdnr. 32.

[57] Vgl. BVerwGE 2,172 (176).

[58] Vgl. BVerwGE 26,65; 43,215 f.

[59] Vgl. BVerwGE 28,202; HessVGH, NVwZ-RR 1991,146; VGH BW, GewArch 1973,62; Badura, Wirtschaftsverwaltungsrecht, in: Schmidt-Aßmann, Rdnr. 130.

[60] Vgl. BVerfGE 49,89 (133 ff.); 61,82 (111) und dazu Ossenbühl, in: Erichsen, § 10 Rdnr. 33; vgl. ferner Redeker, DÖV 1993,11 ff.; Schmidt-Aßmann, Das allgemeine Verwaltungsrecht, S. 190 ff.; skeptisch Sendler, DVBl 1994,1100.

[61] Vgl. BVerwGE 60,245 (246); BVerwG, DVBl 1998,956; NVwZ-RR 1993,636.

[62] Vgl. BVerfGE 84,34 (51 f.); grundsätzlich zu dieser Problematik König, VerwArch 83 (1992), S. 368 ff.

[63] Vgl. Maurer, § 7 Rdnr. 29.

[64] Vgl. BVerfGE 84,34 (54); Kopp/Schenke, § 114 Rdnr. 3. Grundsätzlich ablehnend Ibler, Rechtsschutz a.a.O., S. 429 ff., 441 ff.

*bb)* Angesichts des bloß impliziten Charakters gesetzlicher Beurteilungsermächtigungen sind diese im Wege einer *Typologie* zu erfassen. Dabei wird die Reichweite dieser Erscheinung unterschiedlich gefaßt, doch sind jedenfalls folgende vier Fallgruppen anerkannt:

*(1) Prüfungsentscheidungen* beruhen auf fachlich-wissenschaftlichen beziehungsweise pädagogischen Einschätzungen, die in hohem Maße vom persönlichen Wertungs- und Erfahrungshorizont des Prüfers abhängen; sie sind zum Teil durch die Unwiederholbarkeit der Prüfungssituation gekennzeichnet und können in Hinblick auf die Gleichbehandlung der Prüfungsteilnehmer nicht ohne Berücksichtigung des gesamten Prüfungszusammenhangs getroffen werden. Prüfungsentscheidungen entziehen sich infolgedessen einer abschließenden rechtlichen Festlegung, allerdings auch nicht jeder normativen Steuerung; deren Reichweite ist abhängig von der Art der Prüfung (mündlich/schriftlich; Einzelverfahren/Konkurs; Antwort-Wahlverfahren) und dem jeweiligen Teilaspekt (Aufgabenstellung, sachliche Beurteilung/Bewertung der Lösung). **26**

Entgegen der ursprünglich herrschenden Auffassung, die den Prüfungsbereich weitgehend von gerichtlicher Kontrolle freigestellt hatte,[65] wird deshalb vom Bundesverfassungsgericht jedenfalls für berufsbestimmende Prüfungen (Art. 12 Abs. 1 GG) zu Recht ein unüberprüfbarer Spielraum der Verwaltung nur hinsichtlich *prüfungsspezifischer Werturteile* anerkannt.[66] Einer vollen gerichtlichen Überprüfung unterliegen demgegenüber *Fachfragen*, das heißt alle – auch ungeklärten – Fragen, die einer fachwissenschaftlichen Erörterung zugänglich sind.[67] Sie erstreckt sich also auch etwa auf die logische Richtigkeit einer Fragestellung oder die Vertretbarkeit einer vom Prüfling angebotenen Lösung. **27**

*(2)* Strukturell vergleichbar wird ein Beurteilungsspielraum bei *prüfungsähnlichen Entscheidungen* anerkannt, etwa über die Versetzung in die nächsthöhere Klasse[68] oder die Zuerkennung eines Prädikats durch die Filmbewertungsstelle.[69] Das Vorliegen eines besonderen pädagogischen Interesses für die Zulassung einer privaten Volksschule (Art. 7 Abs. 5 GG) unterliegt jedoch hinsichtlich der rechtlichen Voraussetzungen für die schulbehördliche Anerkennung uneingeschränkter gerichtlicher Prüfung, von der damit lediglich die jener zugrunde liegenden Bewertungen und Abwägungen ausgenommen sind.[70] **28**

---

[65] Vgl. BVerwG, NJW 1981,2526; NVwZ 1988,433; Seebass, NVwZ 1985,527.
[66] BVerfGE 84,34 (54 f.); 84,59 (77). Grundlegend dazu nunmehr Ibler, Rechtsschutz a.a.O., S. 360 ff., 426 f.
[67] BVerwG, DVBl 1998,404.
[68] BVerwGE 8,272.
[69] Vgl. HessVGH, NJW 1998,1426.
[70] BVerfGE 88,40 (56 ff., 61); vgl. auch Geis, DÖV 1993,22; weiter demgegenüber noch BVerwGE 75,275.

29 *(3)* Persönlichkeitsbedingte und deshalb rechtlich nicht abschließend determinierte Werturteile sind auch bei *dienstlichen Beurteilungen* von Beamten zu treffen.[71] Sie unterliegen folglich nur einer eingeschränkten gerichtlichen Kontrolle, ebenso wie die auf wertender Erkenntnis beruhende Beurteilung von Eignung, Befähigung und fachlicher Leistung (Art. 33 Abs. 2 GG) als Voraussetzung für personal-, insbesondere beamtenrechtliche Entscheidungen, etwa über Einstellung oder Beförderung.[72]

30 *(4)* Einen Beurteilungsspielraum hat man ferner bei wertenden Entscheidungen *weisungsfreier Ausschüsse* angenommen, mit deren Zusammensetzung aus Sachverständigen und/oder Interessenvertretern der Gesetzgeber zu erkennen gibt, daß die zugrunde liegenden Wertungen und Beurteilungen letztverbindlich sein sollen. Dies darf allerdings nicht dahin verstanden werden, als begründe allein die Einsetzung eines in diesem Sinn unabhängigen Gremiums eine verminderte Kontrolldichte.[73] Diese beruht vielmehr nur auf der beschränkten inhaltlichen Bestimmbarkeit und Kontrollierbarkeit des entscheidungserheblichen, *unbestimmten Gesetzesbegriffs* (z. B. der Eignung), nicht dagegen auf der formalen Zuständigkeit des Gremiums als solcher; ihr kommt damit nur indizielle Bedeutung zu.[74] Ein Beurteilungsspielraum ist deshalb in diesen Fällen unabhängig davon möglich, ob die Zuständigkeit einer allgemeinen Behörde oder eines speziellen Ausschusses besteht, wie umgekehrt hier wie dort eine gegebene Rechtsbindung justitiabel ist, also nur persönlichkeitsgebundene Wertungen von gerichtlicher Kontrolle ausgenommen sind.

31 Demgemäß muß das Gericht die für die Vereinbarkeit der Indizierung einer, selbst schwer jugendgefährdenden Schrift (§ 6 Nr. 3 GjSM) mit der Kunstfreiheit (Art. 5 Abs. 3 Satz 1 GG; § 1 Abs. 2 Nr. 3 GjSM) maßgeblichen Wertungen und Abwägungen selbst inhaltlich nachvollziehen,[75] darf diese also nicht einer nur eingeschränkt kontrollierbaren Entscheidung der Bundesprüfstelle vorbehalten.[76] Umgekehrt hat man, wohl zu weitgehend und nur durch die spezifische Verfahrensgestaltung begründet, selbst die sensorische Beurteilung der Weinqualität durch eine unabhängige Kommission als voll justitiabel angesehen.[77]

---

[71] Vgl. BVerwGE 60,245; 106,318; BVerwG, DVBl 1993,956.

[72] Vgl. BVerwGE 61,176 (185 f.) mit BVerfG, DVBl 1981,1053; BVerwGE 80,224 (225 f.); BVerwG, DVBl 1984,432; vgl. auch BVerwGE 85,177; BVerwG, NVwZ 1999,75 zum Begriff der Bewährung.

[73] Unklar Maurer, § 7 Rdnr. 40.

[74] Deutlich etwa BVerwGE 72,195 (199 f.); 94,307 (309, 311); anders wohl Redeker, DÖV 1993,15 f.

[75] Vgl. BVerfGE 83,130 (148).

[76] Vgl. demgegenüber, für die weitere Entwicklung zunächst wegweisend, BVerwGE 39,197 (204); ferner BVerwGE 77,75; BVerwG, NJW 1987,1435.

[77] BVerwGE 94,307; vgl. auch, für eine abweichende Gestaltung, BVerwG, DVBl 1991,46.

*cc)* Soweit danach ein administrativer Beurteilungsspielraum anzuerkennen ist, beschränkt sich die *Gerichtskontrolle* auf die Einhaltung von dessen Rechtsgrenzen.[78] Diese ergeben sich (1) in erster Linie aus den *Verfahrensvorschriften* (z. B. äußere Störung des Prüfungsablaufs; Befangenheit des Prüfers),[79] auf deren Einhaltung sich mangels gerichtlicher Inhaltskontrolle die Richtigkeitsgewähr reduziert (s. oben Rdnr. 14). Prüfungskriterien sind ferner, ob die Behörde (2) von einem *unrichtigen Sachverhalt* ausgegangen ist (z. B. unvollständige Berücksichtigung der Prüfungsbearbeitung; unrichtige Zitate),[80] (3) das anzuwendende *Recht verkannt* hat (z. B. die Bedeutung des verfassungsrechtlichen Kunstbegriffs),[81] (4) *allgemeingültige Bewertungsmaßstäbe* mißachtet hat (Veränderung des rechnerischen Durchschnitts der Einzelprüfungen ohne normative Grundlage)[82] oder (5) sich von sachfremden Erwägungen hat leiten lassen (z. B. Zugrundelegung unhaltbarer und deshalb – objektiv – willkürlicher Bewertung).[83] Dabei sind auch und gerade die beiden letztgenannten Gesichtspunkte ihrerseits rechtsgeprägt, das heißt nicht ohne Rückgriff auf die durch das zugrunde liegende Gesetz vorgegebenen Maßstäbe zu bestimmen. So läßt es die Zielsetzung zum Beispiel einer juristischen Staatsprüfung in Verbindung mit dem Gebot effektiven Rechtsschutzes nicht zu, eine vertretbare und folgerichtig begründete Lösung als falsch zu werten;[84] die Sicherung der gerichtlichen Kontrolle kann auch Anforderungen an das vorausgehende Verfahren stellen.[85] Andererseits kann auch bei Vorliegen eines Prüfungsfehlers dessen mangelnde Kausalität für die Prüfungsentscheidung deren Aufhebung entgegenstehen.[86] 32

### c) Prognoseentscheidungen

Ein Beurteilungsspielraum kann auch mit Prognoseentscheidungen verbunden sein.[87] Sie treffen auf der Basis bestimmter Ausgangsdaten eine wertende Aussage über künftige Entwicklungen und knüpfen daran und in vorwegnehmender Reaktion hierauf bestimmte Verhaltensweisen.[88] Ein spezieller Anwendungsfall ist die *Risikobewertung*, insbesondere im Umweltrecht, etwa bei gefahrträchtigen 33

---

[78] Vgl. dazu BVerwGE 95,73 (83); 103,335 (339); Seebass, NVwZ 1985,527; Niehues, Schul- und Prüfungsrecht, 3. Aufl. 1994, Rdnr. 402.
[79] Vgl. BVerwGE 106,318; BVerwG, DVBl 1993,848; NVwZ 1998,1302.
[80] Vgl. BVerwG, NVwZ 1998,636.
[81] BVerfGE 83,130 (148).
[82] Vgl. VGH BW, DÖV 1979,755; anders aber DVBl 1997,1245 Nr. 10.
[83] Vgl. BVerwG, NJW 1987,1434.
[84] BVerfGE 84,34 (55).
[85] Vgl. BVerwG, NVwZ 1995,494 zur Protokollierung einer mündlichen Prüfung.
[86] Vgl. BVerwG, NVwZ 1998,636.
[87] Vgl. Maurer, § 7 Rdnr. 41.
[88] Vgl. dazu Ossenbühl, in: FG zum 25jährigen Bestehen des BVerfG, Bd. I, 1976, S. 501; Breuer, Staat 16 (1977), S. 21; Nierhaus, DVBl 1977,19; Tettinger, DVBl 1982,423; Lorenz, in: Starck/Stern, Landesverfassungsgerichtsbarkeit, Bd. III, 1983, S. 203.

Anlagen.[89] Genau besehen handelt es sich dabei um eine Erscheinung zwischen Beurteilungsspielraum und Ermessen, die zugleich planerische Elemente aufweist.[90]

34 Dabei ist allerdings zu differenzieren. Ihrer gestaltenden Aufgabe entsprechend, beruhen Verwaltungsentscheidungen sehr häufig auf der gedanklichen Antizipation und steuernden Beeinflussung künftiger Geschehensabläufe.[91] Auch Prognoseentscheidungen unterliegen deshalb grundsätzlich einer vollen gerichtlichen Kontrolle, so insbesondere bei der Abschätzung und gegebenenfalls Reaktion auf das Vorliegen einer *Gefahr*, etwa für polizeiliche Schutzgüter (öffentliche Sicherheit oder Ordnung; s. oben Rdnr. 24) oder für einen Asylbewerber im Hinblick auf eine politische Verfolgung (Art. 16a Abs. 1 GG),[92] aber auch hinsichtlich der Erheblichkeit beziehungsweise Schädlichkeit von Immissionen (§§ 3 Abs. 1; 5 Abs. 1 Nr. 1, 2 BImSchG; vgl. oben Rdnr. 24), ferner der Gewähr für künftiges, berufsrechtlich einwandfreies Verhalten (Zuverlässigkeit, z. B. § 35 GewO).[93] Prognostische Elemente in diesem Sinn enthält auch das Urteil über die (künftige) Verfassungstreue eines Beamtenbewerbers (§ 4 Abs. 1 Nr. 2 BRRG).[94] Es ist im Hinblick auf den wertenden Charakter der Eignungsbeurteilung (s. oben Rdnr. 29) gleichwohl nicht voll überprüfbar.

35 Demgegenüber besteht eine eingeschränkte gerichtliche Kontrollkompetenz nur, soweit dem Gesetz ausnahmsweise eine *Prognoseermächtigung* an die Verwaltung, gegebenenfalls verbunden mit einem hieran anknüpfenden Ermessensspielraum, zu entnehmen ist. Eine solche Gestaltung wurde etwa angenommen für die Bestimmung der erforderlichen Vorsorge gemäß § 7 Abs. 2 Nr. 3 AtG[95] sowie die Festlegung der Höchstzahl an Taxen, die ohne Gefahr für die Funktionsfähigkeit des örtlichen Taxengewerbes (§ 13 Abs. 4 PBefG) zugelassen werden können.[96]

36 Ist danach ein Prognosespielraum anzuerkennen, so ist das Gericht auf die Prüfung der methodischen Richtigkeit und Rationalität der Prognose beschränkt;[97] es hat lediglich zu prüfen, ob die Behörde (1) den maßgeblichen Sachverhalt zutreffend und vollständig ermittelt, (2) den gesetzlich gesteckten Rahmen beachtet, (3) die entscheidungserheblichen Gesichtspunkte erkannt und (4) den möglichen Verlauf der Entwicklung nicht offensichtlich fehlerhaft eingeschätzt

[89] Vgl. BVerwGE 72,300 (316); 78,177 (180); 81,185 (190 ff.).
[90] Vgl. auch Wahl, NVwZ 1991,410.
[91] Breuer, Staat 16 (1977), S. 48; Tettinger, DVBl 1982,424 f.
[92] Vgl. BVerwG, DVBl 1981,1096.
[93] Vgl. BVerwG, GewArch 1982,301.
[94] Vgl. BVerfGE 39,334 (353); BVerwGE 61,176 (185); 61,194 (199); das schließt einen Beurteilungsspielraum hinsichtlich der *Prognosebasis* nicht aus.
[95] BVerwGE 72,300 (316); ähnlich für §§ 6 Abs. 2 und 13 Abs. 1 Nr. 3, 4 GenTG BVerwG, DVBl 1999,1138.
[96] BVerwGE 79,208 (213); 82,295 (297).
[97] Vgl. Nierhaus, DVBl 1977,24; Tettinger, DVBl 1982,427.

hat.[98] Dagegen enthält die Überprüfung der Prognoseentscheidung keine *Richtigkeitskontrolle*. Ob eine Prognose inhaltlich zutrifft, läßt sich immer erst im nachhinein beurteilen und muß deshalb für den das Behördenverhalten notwendigerweise vom Standpunkt *ex ante* aus kontrollierenden Richter außer Betracht bleiben,[99] gleich, ob für jenes ein Einschätzungsspielraum besteht oder nicht.

#### d) Die Faktorenlehre

Eine besondere Konstellation beschränkter richterlicher Kontrollkompetenz 37
betrifft die sogenannte *Faktorenlehre*.[100] Danach sind auf behördlichen Vorgaben beruhende Umstände, die ihrerseits die gesetzlichen Tatbestandsvoraussetzungen mitprägen (Faktoren), ungeachtet deren vollen Justitiabilität gleichwohl nur einer beschränkten gerichtlichen Kontrolle zugänglich. Diese ist ausgeschlossen, sofern sich jene Vorgaben zu unverfügbaren Fakten verfestigt haben, zum Beispiel das dienstliche Bedürfnis für eine Versetzung, das durch die vorzeitige – unberechtigte? – Pensionierung des bisherigen Stelleninhabers entstanden ist. Im übrigen hat sie im Rahmen der bei der Rechtmäßigkeitsprüfung durchzuführenden Inzidentkontrolle einen insbesondere verwaltungspolitisch begründeten Gestaltungsspielraum der Behörde, zum Beispiel bei der Versetzung zur Behebung personalbedingter Spannungen,[101] zu beachten.

### 2. Die Kontrolle von Planungsentscheidungen

#### a) Struktur

Im Unterschied zum administrativen Gesetzesvollzug aufgrund *konditionaler* 38
*Steuerung* (bei Vorliegen des gesetzlichen Tatbestandes tritt eine bestimmte Rechtsfolge oder treten, wenn ein Ermessen eingeräumt ist, wahlweise deren mehrere ein) ist die *planende Verwaltungstätigkeit* lediglich *final*, das heißt durch eine bestimmte Zielsetzung, determiniert, zu deren Erreichung gewisse Handlungsinstrumente bereitgestellt werden.[102] Damit erfolgt Planung nicht, wie beim Ermessen, durch Betätigung einer gesetzlich vorgegebenen Wahlfreiheit, sondern durch gesetzlich nur begrenzte, eigenständige Gestaltung. Sie ist durch die **planerische Gestaltungsfreiheit** (sog. Planungsermessen) gekennzeichnet,[103] die von vornherein innerer Bindungen, wie sie für den Gesetzesvollzug kenn-

[98] Vgl. BVerwGE 79,208 (213); Nierhaus, DVBl 1977,24.
[99] Vgl. BVerwGE 56,110 (121 f.); Breuer, Staat 16 (1977), S. 53.
[100] Vgl. dazu BVerwGE 26,65 (77); 39,291 (299); Kellner, DÖV 1969,312; Schmidt-Aßmann, in: Maunz/Dürig, Art. 19 Abs. IV Rdnr. 202.
[101] Vgl. BVerwGE 26,65 (77).
[102] Vgl. allgemein dazu Brohm, Baurecht, § 11 Rdnr. 1 ff.; Maurer, § 7 Rdnr. 63 m. w. Nachw.
[103] Vgl. BVerwGE 48,56 (59); 72,282 (284); Ibler, Schranken a.a.O., S. 36 ff.

zeichnend sind, entbehrt. Gleichwohl unterliegt auch sie *rechtlichen Schranken*, die sich konstruktiv – ungeachtet der sachlichen und funktionalen Unterschiede zum Ermessen – entsprechend den für dieses geltenden Grenzen erfassen (§ 40 VwVfG) und kontrollieren (§ 114 Satz 1 VwGO) lassen.[104] Sie sind weithin in der Rechtsprechung entwickelt worden und werden im wesentlichen einheitlich, insbesondere auch ungeachtet der Planungsform (Rechtsnorm oder Verwaltungsakt, insbesondere Planfeststellung) angewandt.[105] Entsprechend der Aufgabenstellung der Gerichte wurden die materiell-rechtlichen Planungsbindungen unter dem Aspekt der gerichtlichen Kontrolle formuliert, in der jene sich widerspiegeln.[106] Sie sollen deshalb im folgenden übergreifend dargestellt werden.

### b) Planungsbindung und Planungskontrolle

39 *aa)* Angesichts der geringen rechtlichen Determinierung der Planungsentscheidung ist formell die Einhaltung des gesetzlichen *Planungsverfahrens* von herausragender Bedeutung. Es ergibt sich aus den jeweiligen Fachgesetzen (u. a. §§ 72 ff. VwVfG; 17 FStrG; 1 ff. BauGB), wobei materiell-rechtliche Heilungs- und prozessuale Unbeachtlichkeitsvorschriften zu berücksichtigen sind.

40 *bb)* Rechtliche Voraussetzung jeder Planung ist deren Erforderlichkeit (*Planrechtfertigung*). Hierfür genügt es jedoch unter Zubilligung eines weiten Einschätzungsspielraums, wenn die Planung objektiv vernünftigerweise geboten ist.[107]

41 *cc)* Äußere Grenzen des Planungsermessens werden sodann durch die gesetzlichen Vorgaben mit den strikt zu beachtenden *Planungsleitsätzen*[108] gebildet. Sie sind von den *Planungsgrundsätzen* zu unterscheiden, die gesetzlich besonders hervorgehoben sind (z. B. Belange gemäß § 1 Abs. 5 BauGB), jedoch erst in der Abwägung (s. sogleich Rdnr. 42 f.) zu berücksichtigen sind.

42 *dd) Abwägungsgebot.* Die zentrale Problematik der planerischen Gestaltungsfreiheit und ihrer gerichtlichen Kontrolle liegt beim Nachvollzug der Abwägung, die den Kern der inhaltlichen Planungsentscheidung bildet und deshalb nur auf die Einhaltung äußerster Grenzen überprüft werden kann. Das Abwägungsgebot wurzelt als Ausdruck des Verhältnismäßigkeitsgrundsatzes im Rechtsstaatsprinzip

---

[104] Allgemeine Meinung, vgl. Kopp, VwVfG, § 40 Rdnr. 72.
[105] Vgl. BVerwGE 48,56 (63 f.); 56,110 (122); 87,332.
[106] Vgl. dazu Kühling, Fachplanungsrecht, 1988, S. 171 ff.; Steinberg, Das Nachbarrecht der öffentlichen Anlagen, 1988, S. 134 ff.
[107] Vgl. BVerwGE 71,166; BVerwG, NVwZ 1989,149.
[108] BVerwGE 71,163.

(Art. 20 Abs. 3 GG) und ist damit bundesrechtlich vorgegeben.[109] Dementsprechend unterliegt es auch in landesrechtlicher Ausprägung der revisionsgerichtlichen Kontrolle.[110]

Inhaltlich bezieht sich das Abwägungsgebot sowohl auf den Weg zur Planentscheidung, den **Abwägungsvorgang** ("Planung"), als auch auf die Entscheidung selbst, das **Abwägungsergebnis** ("Plan"). Es fordert danach,[111] 43

- (Abwägungsvorgang), daß (1) eine Abwägung überhaupt stattfindet (kein *Abwägungsausfall*), (2) in diese alle im konkreten Fall beachtlichen Belange einbezogen werden (kein *Abwägungsdefizit*) und (3) die Bedeutung der betroffenen öffentlichen und privaten Belange nicht verkannt wird.
- (Abwägungsergebnis) Ferner muß (4) der Ausgleich zwischen den Belangen in einer Weise vorgenommen werden, die zur objektiven Gewichtigkeit einzelner Belange nicht außer Verhältnis steht (keine *Abwägungsdisproportionalität*). Die Planungsbehörde hält sich jedoch innerhalb des ihr gezogenen Rahmens, wenn sie sich im Widerstreit der Belange für die Bevorzugung des einen und damit notwendig für die Zurückstellung eines anderen entscheidet.

## Literatur

*Blümel*, Planung und Verwaltungsgerichtsbarkeit, Speyerer Vorträge 40,1997.
*Blümel/Pitschas (Hrsg.)*, Verwaltungsverfahren und Verwaltungsprozeß im Wandel der Staatsfunktionen, 1997.
*Breuer*, Legislative und administrative Prognoseentscheidungen, Der Staat 16 (1977), S. 21.
*Brohm*, Zum Funktionswandel der Verwaltungsgerichtsbarkeit, NJW 1984,8 ff.
*Ders.*, Verwaltung und Verwaltungsgerichtsbarkeit als Steuerungsmechanismen in einem polyzentrischen System der Rechtserzeugung, DÖV 1987,265.
*Ders.*, Stellung und Funktion des Verwaltungsrichters, DVerw 24 (1991), S. 137.
*Ders.*, Ermessen und Beurteilungsspielraum im Grundrechtsbereich, JZ 1995,369.
*Bullinger*, Das Ermessen der öffentlichen Verwaltung, JZ 1984,1001.
*Ehmke*, "Ermessen" und "unbestimmter Rechtsbegriff" im Verwaltungsrecht, 1960.
*Geis*, Josefine Mutzenbacher und die Kontrolle der Verwaltung, NVwZ 1992,25.
*Held-Daab*, Das freie Ermessen, 1996.
*Herdegen*, Beurteilungsspielraum und Ermessen im strukturellen Vergleich, JZ 1991,747.
*Hofmann*, Der Beitrag der neueren Rechtsprechung des BVerfG zur Dogmatik des Beurteilungsspielraums, NVwZ 1995,740.
*Ibler*, Die Schranken planerischer Gestaltungsfreiheit im Planfeststellungsrecht, 1988.
*Ders.*, Rechtspflegender Rechtsschutz im Verwaltungsrecht, 1999.
*Kokott*, Europäisierung des Verwaltungsprozeßrechts, DVerw 31 (1998), S. 355.
*Kutscheidt*, Verfahrensbeschleunigung und richterliche Kontrolldichte, NwVBl 1995,121.
*Nagel*, Die Rechtskonkretisierungsbefugnis der Exekutive, 1993.
*Nierhaus*, Zur gerichtlichen Kontrolle von Prognoseentscheidungen der Verwaltung, DVBl 1977,19.

[109] Vgl. BVerwGE 48,56 (63); 61,295 (301).
[110] BVerwGE 61,295 (301).
[111] Vgl. BVerwGE 34,301 (309); 48,56 (63 f.); 56,110 (122 f.).

*Redeker*, Über die Einflußmöglichkeiten des Fachgesetzgebers auf das verwaltungsgerichtliche Verfahren, DÖV 1993,10.
*Schmidt-Aßmann*, Die Kontrolldichte der Verwaltungsgerichte: Verfassungsgerichtliche Vorgaben und Perspektiven, DVBl 1997,281.
*Schmidt-Aßmann/Groß*, Zur verwaltungsgerichtlichen Kontrolldichte nach der Privatgrundschul-Entscheidung des BVerfG, NVwZ 1993,617.
*Scholz/Schmidt-Aßmann*, Verwaltungsverantwortung und Verwaltungsgerichtsbarkeit, VVDStRL 34 (1976), S. 145 ff.; 221 ff.
*Schulze-Fielitz*, Neue Kriterien für die verwaltungsgerichtliche Kontrolldichte bei der Anwendung unbestimmter Rechtsbegriffe, JZ 1993,772.
*Schwarze*, Der funktionale Zusammenhang von Verwaltungsverfahrensrecht und verwaltungsgerichtlichem Rechtsschutz, 1974.
*Seebass*, Die Prüfung – ein rechtsschutzloser Freiraum des Prüfers?, NVwZ 1985,521.
*Sendler*, Die neue Rechtsprechung des Bundesverfassungsgerichts zu den Anforderungen an die verwaltungsgerichtliche Kontrolle, DVBl 1994,1089.
*Sieckmann*, Beurteilungsspielräume und richterliche Kontrollkompetenzen, DVBl 1997,101.
*Tettinger*, Überlegungen zu einem administrativen "Prognosespielraum", DVBl 1982,421.
*Wahl*, Risikobewertung der Exekutive und richterliche Kontrolldichte – Auswirkungen auf das Verwaltungs- und das gerichtliche Verfahren, NVwZ 1991,409.
*Wahl/Pietzcker*, Verwaltungsverfahren zwischen Verwaltungseffizienz und Rechtsschutzauftrag, VVDStRL 41 (1983), S. 151 ff.; 193 ff.
*Wittmann*, Zum Wandel des Verhältnisses von Verwaltung und Verwaltungsgerichtsbarkeit, BayVBl 1996,586.

# Teil 2. Die Subjekte des Verwaltungsprozesses

## 1. Abschnitt. Gerichtsverfassung

## § 6. Der Aufbau der Verwaltungsgerichtsbarkeit

Der gerichtliche Prozeß stellt ein *dreipoliges Rechtsverhältnis* zwischen dem Gericht und den Parteien sowie auch zwischen diesen untereinander dar.[1] 1

Dabei kommt die zentrale Stellung dem Gericht zu, das Adressat des Rechtsschutzbegehrens und Herr des Verfahrens (vgl. noch unten § 30) ist. Seine Stellung im Aufbau der Verwaltungsgerichtsbarkeit sowie seine grundsätzliche Struktur und Organisation sind Gegenstand der *Gerichtsverfassung*.

### I. Die verfassungsrechtliche Organisation der Rechtsprechung

Gemäß Art. 92 GG wird die rechtsprechende Gewalt durch das Bundesverfassungsgericht, durch die im Grundgesetz vorgesehenen Bundesgerichte und durch die Gerichte der Länder ausgeübt. Im Zusammenhang mit Art. 95 und 96 GG gibt die Verfassung damit außer der durch die Garantien des gesetzlichen Richters (vgl. oben § 3 Rdnr. 29 ff.) und der richterlichen Unabhängigkeit (vgl. 2

[1] Vgl. Rosenberg/Schwab/Gottwald, § 2 II.

oben § 5 Rdnr. 2 f.) festgelegten inneren Struktur der Rechtsprechung auch die Grundlinien ihrer äußeren organisatorischen Gliederung vor. Sie wird zunächst durch die Unterscheidung nach bestimmten Sachgebieten und sodann für diese durch die auch sonst maßgebliche (Art. 30 GG) Aufteilung der Kompetenzen zwischen Bund und Ländern bestimmt.

## 1. Die Gerichtszweige

### *a) Gliederung*

3 Art. 95 Abs. 1 GG gliedert die Rechtsprechungstätigkeit (Rechtsprechung im organisatorischen Sinn) in fünf Zweige oder Gerichtsbarkeiten. Sie stehen in engem Zusammenhang mit dem Rechtsweg, der den Zugang zu den Gerichten der jeweiligen Gerichtsbarkeit bezeichnet. Rechtsweg ist also die Entscheidungskompetenz einer Gerichtsbarkeit (vgl. unten § 11),[2] die durch deren Umschreibung auf Verfassungsebene noch nicht endgültig bestimmt wird. So gibt es insbesondere kein Monopol der Verwaltungsgerichte zur Entscheidung öffentlich-rechtlicher Fragen.[3]

Knüpft man dabei an die grundlegende, materiell-rechtliche Unterscheidung von Privatrecht und öffentlichem Recht an (vgl. noch unten § 11 Rdnr. 7 ff.), so sind, grob gesehen, der ordentlichen und der Arbeitsgerichtsbarkeit auf der einen Seite die allgemeine Verwaltungsgerichtsbarkeit sowie als besondere Verwaltungsgerichtszweige die Finanz- und die Sozialgerichtsbarkeit andererseits gegenüberzustellen. Sie werden ergänzt durch die Disziplinargerichtsbarkeit (vgl. auch Art. 96 Abs. 4 GG), die (Richter-)Dienstgerichtsbarkeit (vgl. auch Art. 97 Abs. 2 Satz 1 GG) und die Berufsgerichtsbarkeit.

### *b) Vereinheitlichung der Gerichtsbarkeiten*

4 Diese verfassungsrechtlich festgelegte Aufteilung verschiedener Gerichtszweige beruht, ergänzend zu der Dichotomie von privatem und öffentlichem Recht und diese, wie bei der Arbeitsgerichtsbarkeit,[4] zum Teil überlagernd, auf den vorgegebenen Strukturen und sachlichen Besonderheiten der betreffenden Lebens- und Rechtsbereiche. Sie können so bei der Ausgestaltung der jeweils zugeordneten Gerichtsbarkeit berücksichtigt werden und ermöglichen im Lauf der Zeit die Herausbildung einer sachangemessenen und fundierten Rechtsprechung. *Nachteile* für den rechtsuchenden Bürger aufgrund der Gefahr widersprüchlicher Entscheidungen und der Schwierigkeit, den zutreffenden Rechtsweg zu erkennen, sind

---

[2] Vgl. Ule, § 4 II.
[3] BVerfGE 4,387 (398); BGHZ 38,208 (211).
[4] Vgl. dazu Hueck/Nipperdey, Lehrbuch des Arbeitsrechts, 7. Aufl. 1970, S. 6; Schaub, Arbeitsrechts-Handbuch, 8. Aufl. 1996, S. 38.

Wittreck, DVBl 05, 211

durch die Bindungswirkung gerichtlicher Entscheidungen für andere Gerichtsbarkeiten (s. unten § 11 Rdnr. 95 ff.; § 35 Rdnr. 9 ff.) sowie das Institut der Rechtswegverweisung (s. unten § 11 Rdnr. 109 ff.) weitgehend abgemildert.[5] (Verfassungsändernde)[6] Bestrebungen zur Vereinheitlichung der Gerichtsbarkeiten (und damit des Rechtswegs)[7] sind deshalb jedenfalls heute nicht (mehr) als berechtigt anzuerkennen und werden aktuell auch nicht mehr verfolgt.

### *c) Der Gemeinsame Senat der Obersten Gerichtshöfe des Bundes*

Aufgrund der prozessualen Institute der Rechtshängigkeit (s. unten § 31) und der Rechtskraft (s. unten § 35) ist eine Divergenz gerichtlicher Entscheidungen in derselben (konkreten) Sache ausgeschlossen. Gleichwohl kann es bei den verschiedenen Gerichtsbarkeiten zur Entstehung unterschiedlicher Rechtsauffassungen in ein und derselben (abstrakten) Rechtsfrage kommen. Um hieraus angesichts der gegenseitigen Eigenständigkeit der obersten Gerichtshöfe des Bundes keine rechtsstaatlich unerträgliche Beeinträchtigung der Rechtseinheit und Gefährdung der Rechtssicherheit erwachsen zu lassen, hatte das Grundgesetz ursprünglich in Art. 95 GG ein Oberstes Bundesgericht vorgesehen, das jedoch nie Wirklichkeit wurde. An seiner Stelle sieht nunmehr Art. 95 Abs. 3 GG in der Fassung des 16. ÄndG vom 18.6.1968 (BGBl I S. 657) zur Wahrung der Einheitlichkeit der Rechtsprechung die Bildung eines Gemeinsamen Senats der obersten Gerichtshöfe (GmS-OGB) vor, der durch Gesetz vom 19.6.1968 (BGBl I S. 661) errichtet wurde.[8] 5

Der Gemeinsame Senat besteht aus den Präsidenten der obersten Gerichtshöfe und den Vorsitzenden Richtern sowie je einem weiteren Richter der beteiligten Senate (§ 3 Abs. 1 RsprEinhG) und entscheidet, wenn ein oberster Gerichtshof in einer Rechtsfrage von der Entscheidung eines anderen obersten Gerichtshofs oder des Gemeinsamen Senats abweichen will (§ 2 Abs. 1 RsprEinhG). Der Gemeinsame Senat hat bisher 23 Entscheidungen gefällt,[9] davon allein acht zur Frage der Rechtswegeröffnung in Abgrenzung zwischen Verwaltungs- und ordentlicher (1) beziehungsweise einer besonderen Verwaltungsgerichtsbarkeit (7). 6

---

[5] Vgl. dazu im einzelnen M. Wolf, a.a.O., § 11.

[6] Vgl. Rasch, VerwArch 60 (1969), S. 10.

[7] Vgl. dazu F. Baur, GA/42. DJT, 1957, S. 28 ff., 41 f. Demgegenüber schon Scheuner, DÖV 1953,523.

[8] Vgl. dazu Miebach, a.a.O.; Schulte, Rechtsprechungseinheit als Verfassungsauftrag, 1986; Blümel, in: HdBStR, Bd. IV, § 102 Rdnr. 19.

[9] Vgl. – bis 1984 – die Nachweise bei Achterberg, in: BGG, Stand 1985, Art. 95 Rdnr. 337; seither GmS-OGB, BGHZ 97,312; 102,280; GmS-OGB, MDR 1988,554; GmS-OGB, B. vom 29.10.1987, 4/86 und 5/86 (n. v.); GmS-OGB, BGHZ 108,284.

### d) Ressortzuständigkeit

7 Mit der Differenzierung der Rechtsprechungszweige nicht zu verwechseln ist die Frage der (des) für sie zuständigen Verwaltungsressorts. Sie ist im Zusammenhang mit der Berufung der Richter durch einen Richterwahlausschuß (Art. 95 Abs. 2 GG) angesprochen, allerdings nicht inhaltlich entschieden. Denn für das jeweilige Sachgebiet zuständig ist der Bundes- beziehungsweise Landesminister, zu dessen Geschäftsbereich die betreffende Gerichtsbarkeit gehört, während es auf das von dieser anzuwendende materielle Recht oder seine Verfahrensordnung nicht ankommt.[10] Damit wird aber auf die für den jeweiligen Zuständigkeitsbereich des Bundes und des Landes getroffenen Organisationsentscheidungen verwiesen, die nur zum Teil gesetzlich festgelegt sind, im übrigen aber kraft Geschäftsverteilung der Regierung getroffen werden.

8 Bestrebungen, sämtliche Gerichtsbarkeiten einem einzigen Verwaltungsressort zuzuordnen ("Rechtspflegeministerium"),[11] haben sich nur zum Teil durchgesetzt. Immerhin gehört die allgemeine Verwaltungsgerichtsbarkeit im Bund[12] und in den meisten Ländern zu dem auch für die ordentliche Gerichtsbarkeit zuständigen (vgl. § 125 Abs. 1 GVG) Justizressort; lediglich in Bayern ist es bei der Zuständigkeit des Innenministers geblieben (vgl. Art. 3 Satz 2, 4 bayAGVwGO; 82 Abs. 2 bayPersVertrG). Man hat insoweit, nicht ohne polemischen Unterton, von "Hausgerichtsbarkeit" gesprochen.[13]

## 2. Die bundesstaatliche Kompetenzverteilung

### a) Gesetzgebungskompetenz

9 Die Gesetzgebungskompetenz für die Gerichtsverfassung und das gerichtliche Verfahren liegt insgesamt beim Bund, Art. 74 Abs. 1 Nr. 1 GG. Er hat hiervon umfassend Gebrauch gemacht, so für die allgemeine Verwaltungsgerichtsbarkeit durch die Verwaltungsgerichtsordnung (VwGO)[14] vom 21.1.1960, nunmehr in der Fassung der Bekanntmachung vom 19.3.1991 (BGBl I S. 686), für die Finanzgerichtsbarkeit durch die Finanzgerichtsordnung (FGO) vom 6.10.1965 (BGBl I S. 1477) sowie für die Sozialgerichtsbarkeit durch das Sozialgerichtsgesetz (SGG) vom 3.9.1953 in der Fassung vom 23.9.1975 (BGBl I S. 2335). Aufgrund des

---

[10] Vgl. Achterberg, in: BGG, Art. 95 Rdnr. 242 f.; Herzog, in: Maunz/Dürig, Stand 1973, Art. 95 Rdnr. 64.

[11] Vgl. dazu F. Baur, GA/42. DJT, S. 8 ff.

[12] Vgl. Organisationserlaß des Bundeskanzlers vom 11.11.1969 auf der Grundlage des § 9 GOBReg, Bull. vom 18.11.1969/Nr. 140, S. 1199.

[13] Vgl. Herzog, in: Maunz/Dürig, Art. 95 Rdnr. 64.

[14] Vgl. BVerfGE 20,238 (248); 29,125 (137); 37,191 (198).

Kodifikationsprinzips[15] verbleiben den Ländern Regelungsbefugnisse nur aufgrund ausdrücklicher, bundesgesetzlicher Vorbehalte.[16] Solche finden sich für den Bereich der allgemeinen Verwaltungsgerichtsbarkeit in §§ 3 (Gerichtsorganisation), 9 Abs. 3 (Senatsbesetzung), 40 Abs. 1 Satz 2 (Rechtswegzuweisung), 42 Abs. 2 (Klagebefugnis), 47 Abs. 1 Nr. 2 (Normenkontrolle), 48 Abs. 1 Satz 3 (erstinstanzliche Zuständigkeit des OVG), 61 Nr. 3 und 78 Abs. 1 Nr. 2 (Stellung von Behörden), 68 Abs. 1 Satz 2, 73 Abs. 1, 185 Abs. 2 (Vorverfahren), 183 Satz 1 (Nichtigkeit von Landesrecht), 184 (VGH statt OVG), 187 Abs. 1, 2 (Fachkammern, -senate), 80 Abs. 2 Satz 2 (Verwaltungsvollstreckung). Die Länder haben von diesen Ermächtigungen im einzelnen unterschiedlich, vor allem in den Ausführungsgesetzen zur Verwaltungsgerichtsordnung, Gebrauch gemacht.

Besondere Verhältnisse sind in den Bereichen der Dienst-, Disziplinar- und **10**
Berufsgerichtsbarkeit gegeben.

Die *Dienstgerichtsbarkeit* betrifft die Rechtsstellung der Richter.[17] Sie ist aufgrund Art. 98 Abs. 1 GG durch Bundesgesetz (§§ 61 ff. DRiG), für Landesrichter gemäß Art. 98 Abs. 3 GG durch bundesrechtliche Rahmenbestimmung (§§ 77 ff. DRiG) und ausfüllende Landesgesetze geregelt. Ebenso besteht ein bundesrechtlicher Rahmen (Art. 75 Abs. 1 Satz 1 Nr. 1 GG; § 45 BRRG) für die *Disziplinargerichtsbarkeit* gegenüber Landesbeamten; diese Aufgabe kann Gerichten der allgemeinen Verwaltungsgerichtsbarkeit übertragen werden, § 187 Abs. 1 (s. unten Rdnr. 15). Für Bundesbeamte hat der Bund in Ausübung seiner ausschließlichen Gesetzgebungskompetenz (Art. 73 Nr. 8 GG) die Bundesdisziplinarordnung (BDO) erlassen. Die Wehrdienstgerichtsbarkeit wird gemäß der Wehrdisziplinarordnung (WDO) ausgeübt, die auf dem Kompetenztitel des Art. 73 Nr. 1 GG (Verteidigung; vgl. auch Art. 96 Abs. 4 GG) beruht.[18]

Die *Berufsgerichtsbarkeit* schließlich, obwohl der Sache nach eine besondere **11**
Verwaltungsgerichtsbarkeit,[19] wird als Teil der materiellen Berufsregelung verstanden[20] und fällt deshalb in die Kompetenz des Hoheitsträgers, der für die Gesetzgebung hierüber zuständig ist. Die Berufsgerichtsbarkeit[21] der Notare (§§ 99 ff. BNotO),[22] Rechtsanwälte (§§ 92 ff. BRAO),[23] Patentanwälte (§§ 85 ff.

[15] Vgl. allgemein Degenhart, Staatsrecht I, 15. Aufl. 1999, Rdnr. 117.

[16] Vgl. BVerfGE 29,125 (137).

[17] Vgl. Stern, Das Staatsrecht der Bundesrepublik Deutschland, Bd. II, 1980, S. 906.

[18] Vgl. auch BVerfGE 62,367.

[19] Vgl. M. Wolf, a.a.O., § 10 V; BGHZ 38,208 (209 f.) für Rechtsanwälte und Notare.

[20] Vgl. Maunz, in: Maunz/Dürig, Stand 1984, Art. 74 Rdnr. 84.

[21] Vgl. allgemein dazu Hochtritt, Die Berufsgerichtsbarkeit, 1969; Bettermann, in: HdBStR, Bd. III, § 73 Rdnr. 75; Häberle, DÖV 1965,369; Kornblum, ZRP 1988,469 ff.; BVerfGE 48,300.

[22] Vgl. dazu BGHZ 38,208. Hier ändert sich für den vorliegenden Zusammenhang nichts dadurch, daß die Notare im Hinblick auf das von ihnen ausgeübte öffentliche Amt einer (staatlichen) Disziplinargerichtsbarkeit unterliegen, vgl. H. Arndt, Bundesnotarordnung, 2. Aufl. 1982, S. 571 f.

[23] Vgl. dazu BGHZ 34,244 (248); Holly, Geschichte der Ehrengerichtsbarkeit der deutschen

PAO), Steuerberater (§§ 89 ff. StBerG)[24] und Wirtschaftsprüfer (§§ 67 ff. WiPO)[25] ist deshalb bundesgesetzlich geregelt (Art. 74 Abs. 1 Nr. 1, 11 GG). Entsprechende Regelungen für Ärzte und Tierärzte,[26] Apotheker[27] sowie Architekten wurden demgegenüber durch Landesrecht getroffen. Praktische Bedeutung erlangen all diese Vorschriften für die Abgrenzung der Rechtswege (vgl. unten § 11 Rdnr. 87 ff.).

### b) Rechtsprechungskompetenz

Die Zuständigkeit des Bundes zur Rechtsprechung, das heißt ihre Ausübung durch Bundesgerichte, ist im Grundgesetz abschließend geregelt, Art. 92 Halbs. 2 GG.

*aa) Bundesgerichte.*

12 *(1)* Als Bundesgerichte, zwingend vorgesehen sind zunächst die *obersten Gerichtshöfe* für die allgemeinen Fachgerichtsbarkeiten, Art. 95 Abs. 1 GG. Es sind dies der Bundesgerichtshof (BGH) mit Sitz in Karlsruhe (§ 123 GVG), das Bundesverwaltungsgericht (BVerwG) in Leipzig, ursprünglich Berlin (§ 2 VwGO), der Bundesfinanzhof (BFH) in München (§ 2 FGO) sowie das Bundesarbeitsgericht (BAG) in Erfurt (§ 40 Abs. 1 ArbGG) und das Bundessozialgericht (BSG) mit Sitz in Kassel (§ 38 Abs. 1 SGG).

13 *(2)* Ferner eröffnet Art. 96 GG dem Bund die Möglichkeit zur Errichtung von *weiteren Bundesgerichten.*

Als besonderes Verwaltungsgericht gemäß Art. 96 Abs. 4 GG besteht für *Bundesbeamte* das Bundesdisziplinargericht mit Sitz in Frankfurt/Main (§ 42 Abs. 1 BDO). Weiteres Disziplinargericht ist das Bundesverwaltungsgericht (§ 41 BDO), bei dem für Disziplinarsachen Disziplinarsenate gebildet werden (§ 55 Abs. 1 BDO). Als Dienstgericht für die *Richter im Bundesdienst* fungiert ein besonderer Senat des Bundesgerichtshofs (§ 61 Abs. 1 DRiG), der, je nach Verfahren, als Straf- oder als Zivilsenat gilt (§ 61 Abs. 4 DRiG). Im letzteren Fall findet die VwGO, im ersteren Fall die BDO Anwendung (§§ 65 Abs. 1, 66 Abs.1; 63 Abs. 1 DRiG) – ein Hinweis darauf, daß der Sache nach eine besondere Verwaltungsgerichtsbarkeit ausgeübt wird. *Wehrdienstgerichte* (Art. 96 Abs. 4 GG) schließlich sind die Truppendienstgerichte, die auf der Grundlage des § 63 Abs. 1 WDO durch Verordnung des Bundesministers der Verteidigung errichtet wurden, sowie das Bundesverwaltungsgericht (§ 73 WDO).

---

Rechtsanwälte, 1989, S. 259 ff.

[24] Vgl. dazu Meng, StB 1986,289.

[25] Vgl. BVerwG, DVBl 1959,365.

[26] Vgl. Narr, Ärztliches Berufsrecht, Bd. 2, Stand 1990, Rdnr. 695 ff.

[27] Vgl. BVerwG, NJW 1992,1579.

Auch das auf Art. 96 Abs. 1 GG beruhende *Bundespatentgericht* nimmt zum Teil Aufgaben der Verwaltungsgerichtsbarkeit wahr (vgl. § 65 Abs. 1 PatG), ist aber durch Art. 96 Abs. 3 GG organisatorisch der ordentlichen Gerichtsbarkeit eingeordnet. Im Anschluß hieran kommt die allgemeine Frage einer von der sachlichen Qualifikation abweichenden Rechtswegzuweisung in den Blick, zum Beispiel von Kartell- oder Baulandsachen an den ordentlichen Rechtsweg. Auf sie ist später einzugehen (vgl. unten § 11). 14

*bb) Landesgerichte.* Alle übrigen Gerichte sind Landesgerichte. Das impliziert insbesondere einen Land und Bund übergreifenden Instanzenzug mit der Folge eines "Rechtsprechungsverbunds", der aber hier, anders im Bereich der Verwaltung,[28] verfassungsrechtlich weithin zugelassen wird.[29] Zu erwähnen sind hier vor allem die Gerichte der allgemeinen Verwaltungsgerichtsbarkeit (s. dazu sogleich Rdnr. 17 ff.), ferner als besondere Verwaltungsgerichte die allerdings durchgehend bei Gerichten der ordentlichen Gerichtsbarkeit errichteten *Richterdienstgerichte*[30] sowie die *Disziplinargerichte.* Deren Aufgaben sind aufgrund § 187 Abs. 1 in einer Reihe von Ländern der allgemeinen Verwaltungsgerichtsbarkeit zugewiesen,[31] werden aber überwiegend durch besondere, den Verwaltungsgerichten nur angegliederte Gerichte beziehungsweise Spruchkörper wahrgenommen.[32] Durch die Länder sind schließlich auch die Gerichte der Berufsgerichtsbarkeit errichtet worden (vgl. oben Rdnr. 3 sowie unten § 11 Rdnr. 87 ff.), soweit diese nicht durch ein oberstes Bundesgericht ausgeübt wird (vgl. z. B. § 106 i. V. m. § 146 BRAO). 15

Keine besonderen Verwaltungsgerichte sind dagegen die Flurbereinigungsgerichte (§ 138 Abs. 1 FlurbG)[33] und die in allen Ländern bei den Verwaltungsgerichten (vgl. §§ 106 BPersVG; 187 Abs. 2 VwGO) gebildeten Fachkammern beziehungsweise Fachsenate für Personalvertretungssachen (vgl. unten Rdnr. 30 ff.). 16

---

[28] Vgl. dazu BVerwGE 83,363 (376 ff.); Lerche, in: Maunz/Dürig, Stand 1983, Art. 83 Rdnr. 35.

[29] Vgl. dazu Haas, DVBl 1957,368 f.

[30] Vgl. § 62 Abs. 1 bwRiG; Art. 56 Abs. 1 bayRiG; §§ 38 Abs. 1, 2 blnRiG; 66 Abs. 1 bbgRiG; 40 Abs. 1, 2 bremRiG; 71 Abs. 1, 2 hambRiG; 49 Abs. 1, 2 hessRiG; 31 mvRiG; 50 Abs. 1, 2 ndsRiG; 35 Abs. 1, 2 nwRiG; 44 Abs. 1, 2 rpRiG; 42 Abs. 1, 2 saarlRiG; 33 sächsRiG; 54 Abs. 1 saRiG; 56 Abs. 1, 2 shRiG; 50 Abs. 1, 2 thürRiG.

[31] Vgl. § 40 Abs. 1 bwLDO; Art. 39 Abs. 1 bayLDO; §§ 39 blnLDO; 53 rpLDG; 39 saLDO; 36 shLDO.

[32] Vgl. §§ 37; 38 Abs. 1; 46 Abs. 1 bremLDO (Disziplinarkammer, -hof); 51 Abs. 1 hambLDO (Disziplinargericht, -hof); 35 Abs. 1; 36 Abs. 1; 46 Abs. 1 hessLDO (Disziplinarkammer, -hof); 40 Abs. 1; 41 Abs. 1; 51 ndsLDO (Disziplinarkammer, eigenständiger Disziplinarhof); 41 nwLDO (Disziplinarkammer des VG, Senat des OVG); 38 saarlLDO (wie vor).

[33] Vgl. BVerwG, NJW 1970,2042, und dazu unten Rdnr. 36.

## II. Die Gerichte der allgemeinen Verwaltungsgerichtsbarkeit

### 1. Der organisatorische Gesetzesvorbehalt

17 Infolge der Verfassungsgarantie des gesetzlichen Richters (Art. 101 Abs. 1 Satz 2 GG; s. oben § 3 Rdnr. 29 ff.) unterliegen die grundlegenden Regelungen über generelle Struktur und konkrete Gestalt der Verwaltungsgerichtsbarkeit einem Gesetzesvorbehalt. Die Verwaltungsgerichtsordnung trifft deshalb die *prinzipiellen Festlegungen* hinsichtlich der in diesem Rahmen zur Rechtsprechung berufenen Gerichte (§ 2) sowie über deren Zusammensetzung und interne Gliederung (§§ 5-13). Die *konkrete Organisation* der Verwaltungsgerichtsbarkeit durch Errichtung und kompetenzielle Ausstattung der einzelnen Gerichte ist demgegenüber Länderangelegenheit.

18 Soweit dabei eine unmittelbare rechtliche Außenwirkung besteht, sieht § 3 Abs. 1 eine Regelung durch *Landesgesetz* vor, so insbesondere für die Errichtung und Aufhebung der Gerichte, die Verlegung eines Gerichtssitzes sowie Änderungen in der räumlichen oder sachlichen Abgrenzung der Gerichtsbezirke (und damit erst recht bereits für deren Festlegung als solche). Von der Möglichkeit, gemäß § 3 Abs. 1 Nr. 4 einzelne Sachgebiete an ein Verwaltungsgericht zuzuweisen, haben die Länder vor allem für asyl- und ausländerrechtliche Streitigkeiten Gebrauch gemacht;[34] § 52 Nr. 2 Satz 3 hat hieran nichts geändert. Darüber hinaus können oder müssen nach Maßgabe des Gesetzvorbehalts gegebenenfalls auch weitere Fragen landesgesetzlich geregelt werden, wie zum Beispiel die Ressortzugehörigkeit der Verwaltungsgerichtsbarkeit[35] oder die Veröffentlichung von Gerichtsentscheidungen.[36]

19 Ist danach eine außenwirksame Gesetzesnorm entbehrlich, so können die erforderlichen Organisationsmaßnahmen (insbesondere Bildung der Spruchkörper eines Gerichts), gegebenenfalls in Umsetzung des Haushaltsplans (Zahl der Richter eines Gerichts nach Stellenplan),[37] durch ministeriellen Erlaß[38] oder eine Anordnung präsidialer Geschäftsverteilung[39] getroffen werden.[40] Unter dem

[34] Vgl. Redeker/v. Oertzen, § 3 Rdnr. 1a.

[35] Vgl. z. B. Art. 4 bayAGVwGO; § 5 bbgVwGG; Art. 5 bremAGVwGO; §§ 3 ndsAGVwGO; 13 sächsGOrgG und dazu oben Rdnr. 7 f.

[36] Vgl. Art. 8 bayAGVwGO; § 5 rpAGVwGO; allgemein dazu Kissel, § 12 Rdnr. 69; OVG Bremen, NJW 1989,926; BVerwG, NJW 1993,675.

[37] Vgl. § 3 hessAGVwGO.

[38] Vgl. §§ 1 Abs. 3 bwAGVwGO; 1 Abs. 3 blnAGVwGO; demgegenüber aber auch § 3 hessAGVwGO (Rechtsverordnung); Art. 2 § 1 sächsGOrgG.

[39] Vgl. § 6 bbgVwGG; Art. 2 Abs. 1 bremAGVwGO; Art. 1 § 5 mvGOrgG; §§ 3 nwAGVwGO; 4 saarlAGVwGO.

[40] Vgl. dazu Rasch, VerwArch 60 (1969), S. 12 f.

föderalistischen Gesichtspunkt der Preisgabe von Staatsgewalt[41] interessant (aber verfassungsrechtlich unbedenklich) ist die in § 3 Abs. 2 eröffnete Möglichkeit zur Begründung länderübergreifender Rechtsprechungszuständigkeiten. Sie setzt einen Staatsvertrag zwischen den beteiligten Ländern sowie in diesen den Erlaß von Gesetzen nach § 3 Abs. 1 voraus. Auf der Grundlage dieser Ermächtigung bestand bis zum 31.3.1991 das Oberverwaltungsgericht in Lüneburg als gemeinsames Gericht für die Länder Schleswig-Holstein und Niedersachsen (seither nur noch für dieses).[42]

## 2. Der Gerichtsaufbau

Die allgemeine Verwaltungsgerichtsbarkeit ist dreistufig aufgebaut. § 2 verpflichtet zur Errichtung von Verwaltungsgerichten und Oberverwaltungsgerichten in den Ländern sowie des Bundesverwaltungsgerichts. Dabei ist, im Unterschied zur ordentlichen Gerichtsbarkeit, ein grundsätzlich durchgehender Instanzenzug vom untersten zum höchsten Gericht kennzeichnend. **20**

### *a) Das Verwaltungsgericht*

*aa) Stellung.* Auf der untersten Stufe stehen die durch Landesgesetz errichteten Verwaltungsgerichte. Sie sind regelmäßiges Eingangsgericht und erste Tatsacheninstanz. Ihrer Bedeutung nach sind sie den Landgerichten gleichzustellen. Ihre Zahl variiert in den einzelnen Ländern je nach deren Größe. Insgesamt bestehen in der Bundesrepublik (31.12.1997) 52 Verwaltungsgerichte.[43] **21**

*bb) Innere Organisation.* Die Verwaltungsgerichte bestehen aus dem Präsidenten, der erforderlichen Zahl von Vorsitzenden Richtern und weiteren Richtern. Mitglieder des Gerichts sind also, anders als noch nach § 11 Abs. 1 VGG, nur die Berufs-, nicht die ehrenamtlichen Richter. **22**

Das Verwaltungsgericht entscheidet durch Kammern in der Besetzung von drei Richtern und zwei ehrenamtlichen Richtern. Diese letzteren wirken bei Beschlüssen ohne mündliche Verhandlung und bei Gerichtsbescheiden im Sinn von § 84 (vgl. unten § 36 Rdnr. 3 ff.) nicht mit, § 5 Abs. 3 Satz 2. Über Beschlüsse in oder aufgrund mündlicher Verhandlung (z. B. Beweisbeschlüsse, § 86 Abs. 2; unter Umständen Entscheidungen im Verfahren nach § 80 Abs. 5 i. V. m. § 101 Abs. 3) wird also in voller Besetzung entschieden, ebenso über Richtervorlagen nach Art. 100 Abs. 1 GG.[44]

---

[41] Vgl. dazu allgemein Kisker, Kooperation im Bundesstaat, 1971, S. 170 ff.
[42] Vgl. jetzt § 1 Abs. 2 Satz 2 shAGVwGO und dazu Jöhnk, NVwZ 1991,966.
[43] Vgl. Statistisches Jahrbuch 1998, Abschn. 15.1, S. 350.
[44] Vgl. Bosch/Schmidt, § 4 II 2 a.

### b) Das Oberverwaltungsgericht

23 *aa) Stellung.* Auf der zweiten Stufe besteht für den Bereich eines jeden Landes ein Oberverwaltungsgericht (OVG). Es ist als Rechtsmittelgericht zweite Tatsacheninstanz, hat aber auch einzelne erstinstanzliche Zuständigkeiten (s. unten § 12). Aufgrund der Ermächtigung in § 184 kann landesgesetzlich die Weiterführung einer bisherigen *Bezeichnung* als "Verwaltungsgerichtshof" (VGH) vorgesehen werden. Damit sollte der süddeutschen Gerichtstradition (vgl. oben § 2 Rdnr. 8) Rechnung getragen werden. Verwaltungsgerichtshöfe bestehen in den Ländern Baden-Württemberg (Mannheim), Bayern (München) und Hessen (Kassel); in den übrigen Ländern Berlin, Brandenburg (Frankfurt/Oder), Bremen, Hamburg, Mecklenburg-Vorpommern (Greifswald), Niedersachsen (Lüneburg), Nordrhein-Westfalen (Münster), Rheinland-Pfalz (Koblenz), Saarland (Saarlouis), Sachsen (Bautzen), Sachsen-Anhalt (Magdeburg), Schleswig-Holstein (Schleswig), Thüringen (Weimar) gibt es Oberverwaltungsgerichte.

24 *bb) Innere Organisation.* Das Oberverwaltungsgericht besteht aus dem Präsidenten sowie den Vorsitzenden und sonstigen Richtern, § 9 Abs. 1. Es entscheidet durch Senate in der gesetzlich als Regel vorgesehenen Besetzung von drei Richtern. Durch die Ermächtigung in § 9 Abs. 3 – Besetzung mit fünf Richtern unter potentiellem Einschluß von zwei ehrenamtlichen Richtern – wurden der Landesgesetzgebung eine Vielzahl von Variationsmöglichkeiten eröffnet. Dabei liegt die Grunddifferenz in der Frage der Einbeziehung des *Laienelements.*[45]

25 Gänzlich ohne Mitwirkung von ehrenamtlichen Richtern entscheiden der VGH Baden-Württemberg, der Bayerische VGH, das OVG Saarland, das Sächsische und das Thüringer OVG, während im übrigen eine Mitwirkung uneingeschränkt (Berlin, Brandenburg, Bremen, Hamburg, Niedersachsen, Sachsen-Anhalt, Schleswig-Holstein) oder mit Ausnahme von Normenkontrollverfahren gemäß § 47 (Hessen, Mecklenburg-Vorpommern, Nordrhein-Westfalen, Rheinland-Pfalz) vorgesehen ist. Soweit an Normenkontrollverfahren ehrenamtliche Richter nicht beteiligt sind, ergeht die Entscheidung, außer im Saarland und in Bayern, durch fünf Richter. Im Falle erstinstanzlicher Zuständigkeit des Oberverwaltungsgerichts (§ 48 Abs. 1) kann eine Besetzung von fünf Richtern und zwei ehrenamtlichen Richtern vorgesehen werden (§ 9 Abs. 3 Satz 2), so in Berlin, Bremen, Hessen und Nordrhein-Westfalen.

26 *cc) Der Große Senat.* Zur Entscheidung bei unterschiedlicher Rechtsauffassung zwischen zwei Senaten und in Fällen von grundsätzlicher Bedeutung wird beim Oberverwaltungsgericht ein Großer Senat gebildet, § 12. Zusammensetzung, Ver-

[45] Vgl. dazu Röper, DRiZ 1978,16 sowie allgemein unten § 7 Rdnr. 27 ff.

fahren und Entscheidung bestimmen sich nach den für das Bundesverwaltungsgericht geltenden Regelungen (s. unten Rdnr. 29).

### c) Das Bundesverwaltungsgericht

*aa) Stellung.* Oberstes Gericht im Bereich der allgemeinen Verwaltungsgerichtsbarkeit ist das Bundesverwaltungsgericht (BVerwG).[46] Es ist grundsätzlich nur als Rechtsmittelgericht[47] zur Gewährleistung von Bundesrecht[48] einzurichten und wird insoweit ausschließlich als Revisionsinstanz, das heißt mit reinen Rechtsentscheidungen ohne eigene Tatsachenfeststellungen, tätig. Ausnahmsweise können ihm erstinstanzliche Zuständigkeiten in Streitsachen übertragen sein, die entweder im Hinblick auf die Parteien (Bund und Länder) oder die streitgegenständlichen Sachmaterien das Gebiet eines Landes überschreiten und einer raschen und einheitlichen Entscheidung in erster und letzter Instanz bedürfen.[49] Durch § 5 Abs. 1 Verkehrswegeplanungsbeschleunigungsgesetz vom 16.12.1991 wurde das Bundesverwaltungsgericht in Streitigkeiten über bestimmte Planungsverfahren für zuständig erklärt. **27**

*bb) Innere Organisation.* Das Bundesverwaltungsgericht besteht aus dem Präsidenten, den Vorsitzenden Richtern und den sonstigen Richtern. Es entscheidet durch Senate in der Besetzung von fünf, außerhalb der mündlichen Verhandlung von drei Richtern. Laienbeisitzer gibt es, abweichend von den Regelungen in der Arbeits- (vgl. § 41 ArbGG) und der Sozialgerichtsbarkeit (vgl. § 38 Abs. 2 SGG), nicht. **28**

*cc) Der Große Senat.* Eine wichtige Funktion für die richterliche Aufgabe konkreter Rechtsbildung[50] kommt dem Großen Senat zu (§ 11). Er ist zur Entscheidung berufen, (1) wenn ein Senat in einer Rechtsfrage von der Entscheidung eines anderen Senats oder des Großen Senats abweichen will (*Divergenzvorlage*, § 11 Abs. 2, 3), ferner, (2) wenn in einer Frage von grundsätzlicher Bedeutung eine Entscheidung des Großen Senats zur Fortbildung des Rechts oder zur Sicherung einer einheitlichen Rechtsprechung für erforderlich gehalten wird (*Grundsatzvorlage*, § 11 Abs. 4).[51] Eine Entscheidung ist nur im Fall und im Umfang einer Vorlage[52] durch den erkennenden Senat zulässig. Dieser bleibt in der *Sache* selbst zuständig, ist aber bei deren Entscheidung an die Entscheidung der *Rechtsfrage* **29**

[46] Vgl. dazu allgemein Werner, DVBl 1953,393 ff.; Ule, DVBl 1978,553.
[47] BVerfGE 8,174 (177).
[48] Vgl. dazu Haas, DVBl 1957,369.
[49] Vgl. BVerfGE 8,174 (178, 181).
[50] Vgl. dazu Bettermann, in: HdBStR, Bd. III, § 73 Rdnr. 28.
[51] Kritisch hierzu Maetzel, MDR 1966,453.
[52] Vgl. dazu Kopp, DVBl 1985,525 zu BVerwG (GS) E 70,356.

durch den Großen Senat gebunden (§ 11 Abs. 7). Unterbleibt die Befassung des Großen Senats, obwohl die objektiven Voraussetzungen einer Divergenzvorlage gegeben sind und deshalb eine Pflicht zur Vorlage besteht, so kann in diesem Verfahrensverstoß zugleich eine Verletzung des Rechts auf den gesetzlichen Richter liegen (Art. 101 Abs. 1 Satz 2 GG; vgl. oben § 3 Rdnr. 35).[53]

### d) Fachkammern, Fachsenate

30 Für bestimmte Angelegenheiten sind im Rahmen der allgemeinen Verwaltungsgerichtsbarkeit Fachkammern und/oder Fachsenate zu bilden, die, je nach Regelung des speziellen Gesetzes, in einer von der allgemeinen Gestaltung abweichenden Besetzung tätig werden. Der hierin zum Ausdruck kommende Trend zur Zersplitterung wird nicht immer als unproblematisch empfunden.[54]

31 *aa) Sozialkammern.* Bundesrechtlich vorgeschrieben ist die Zusammenfassung der Sachgebiete der Sozialhilfe, Jugendhilfe, Kriegsopferfürsorge, Schwerbehindertenfürsorge sowie der Ausbildungsförderung in einer Kammer oder in einem Senat (§ 188).

32 *bb)* In *Personalvertretungssachen* schreibt § 84 Abs. 1 BPersVG die Bildung von Fachkammern (Fachsenaten) bei den Verwaltungsgerichten des 1. und 2. Rechtszuges vor. Sie entscheiden in der Besetzung mit einem Vorsitzenden und je zwei Beisitzenden von Gewerkschafts- und Dienstherrenseite (§ 84 Abs. 3, 2 BPersVG).

Die Länder, an die Eröffnung des Verwaltungsrechtswegs gemäß § 106 BPersVG gebunden, sind dem Beispiel des Bundes weithin gefolgt. Sie haben durchweg Fachkammern (beim VG) und Fachsenate (beim OVG/VGH) gebildet, die überwiegend in gleicher Besetzung wie im Bundesbereich mit einem Vorsitzenden und vier paritätisch bestimmten ehrenamtlichen Richtern entscheiden.[55] Ebenfalls einheitlich, jedoch mit einem Vorsitzenden, zwei Richtern und zwei ehrenamtlichen Richtern besetzt sind die Fachkammern (Fachsenate) in Brandenburg, Niedersachsen und Nordrhein-Westfalen;[56] in Sachsen ist nur ein weiterer Richter beteiligt. In Baden-Württemberg, Bayern und Hessen sind die Kammern beim Verwaltungsgericht wie im Bund (Vorsitzender und vier ehrenamtliche Richter), die Senate jedoch mit drei Berufs- und zwei ehrenamtlichen Richtern

[53] Ebenso wohl Maetzel, MDR 1966,453; Rodi, DÖV 1989,752 ff. Für die Nichtvorlage an anderes Gericht bejaht, z. B. BVerfGE 29,166 (172) – OLG/BGH; BVerfGE 73,339 (366); 82,159 (192 f.) – EuGH.

[54] Vgl. dazu F. Baur, GA/42. DJT, S. 29 ff.; Jürgen Meyer, DRiZ 1987,417 ff.

[55] Vgl. § 92 blnPersVG; 71 bremPersVG; 101 hambPersVG; 88 mvPersVG; 114 saarlPersVG; 79 saPersVG; 89 shMBG.

[56] Vgl. §§ 96 bbgPersVG; 86 ndsPersVG; 80 nwPersVG; 89 sächsPersVG.

besetzt.[57] Rheinland-Pfalz weicht hiervon nur für die Fachkammer ab, die mit dem Vorsitzenden und zwei ehrenamtlichen Richtern entscheidet.[58]

*cc) Disziplinarkammern, -senate.* Die Disziplinargerichtsbarkeit im Bund, für die in erster Instanz ein eigenes Gericht besteht (vgl. oben Rdnr. 13), wird in zweiter Instanz durch das Bundesverwaltungsgericht ausgeübt. Bei diesem wurden (zwei) Disziplinarsenate gebildet, die in der Besetzung von drei Richtern und zwei Beamtenbeisitzern entscheiden, § 55 Abs. 2 Satz 1 BDO. **33**

Soweit die Disziplinargerichtsbarkeit in den Ländern durch die Verwaltungsgerichte und nicht durch diesen bloß angegliederte, aber rechtlich eigenständige Disziplinargerichte ausgeübt wird (vgl. oben Rdnr. 15), bestehen eigene Disziplinarkammern und -senate. Diese letzteren sind einheitlich mit drei Richtern und zwei ehrenamtlichen Richtern besetzt, in gleicher Weise die Disziplinarkammern in Rheinland-Pfalz und Schleswig-Holstein. Im übrigen entscheiden die Kammern mit dem Vorsitzenden und zwei ehrenamtlichen Richtern (Bayern; Berlin – hier muß einer der Beisitzer die Befähigung zum Richteramt haben) oder mit zwei Richtern und einem ehrenamtlichen Beisitzer (Baden-Württemberg).[59]

*dd) Wehrdienstsenate.* Wehrdienstgerichte sind die Truppendienstgerichte und das Bundesverwaltungsgericht, § 63 WDO. Bei diesem letzteren bestehen Wehrdienstsenate, die in München errichtet wurden. Sie entscheiden in der Besetzung von drei Richtern und zwei ehrenamtlichen Richtern, außerhalb der Hauptverhandlung mit drei Richtern (§ 73 Abs. 3 WDO). Ein Vorsitzender Richter und ein weiterer Richter müssen dem Präsidium des Bundesverwaltungsgerichts angehören. Die Mitwirkung in einem Wehrdienstsenat setzt die Bestimmung des Bundesministers der Justiz hierfür voraus, die bei der Übertragung des Richteramts beim Bundesverwaltungsgericht getroffen wird. **34**

*ee) Hochschulordnungsrecht.* Das auch nach Aufhebung des § 36 Abs. 5 HRG in einigen Ländern bestehende und dort materiell- wie verfahrensrechtlich unterschiedlich ausgestaltete Hochschulordnungsrecht[60] dient der über das allgemeine Hausrecht hinausgehenden Störungsabwehr und Funktionssicherung und stellt deshalb, jedenfalls in seiner nunmehrigen Gestalt,[61] keine besondere Form eines Disziplinarrechts dar.[62] Für eine Übertragung von Aufgaben der Disziplinar- **35**

---

[57] Vgl. § 87 bwPersVG; Art. 82 bayPersVG; § 112 hessPersVG.
[58] Vgl. § 123 rpPersVG.
[59] Vgl. §§ 44, 50 Abs. 2 bwLDO; Art. 43, 49 Abs. 2 bayLDO; §§ 43, 48 blnLDO; 54, 60 rpLDG; 39 shLDO.
[60] Vgl. dazu Krause, in: HdBWissR, Bd. I, 2. Aufl. 1996, S. 565 ff.
[61] Vgl. §§ 98 ff. bwUG; Art. 93 f. bayHSchG; §§ 16 blnHSchG; 41 bbgHSchG; 88 f. sächsHSchG.
[62] So noch BVerfGE 29,125 (144 f.); Redeker/v. Oertzen, § 40 Rdnr. 73 zu § 73 bwHSchG a. F.;

gerichtsbarkeit gemäß § 187 Abs. 1 auf die für hochschulrechtliche Streitigkeiten ohnehin zuständigen Verwaltungsgerichte (vgl. § 40 Abs. 1)[63] ist deshalb kein Raum, und sie ist auch durch § 102 Abs. 1 bwUG, der insoweit die Verwaltungsgerichte für zuständig erklärt, nicht erfolgt. Die gleichzeitig vorgesehene Bildung von Kammern und eines Senats für Hochschulordnungssachen ist aber ein auch für andere Sachbereiche üblicher und zulässiger[64] Akt gesetzlicher Gerichtsorganisation, der ohne bundesrechtliche Ermächtigung getroffen werden konnte.

36 *ff) Flurbereinigungsgerichte.* Nach § 138 Abs. 1 FlurbG ist bei jedem Oberverwaltungsgericht ein Senat für Flurbereinigung einzurichten. Dabei handelt es sich, ungeachtet der gesetzlichen Bezeichnung als Flurbereinigungsgericht, um einen bloßen Fachsenat, nicht, wie zum Teil in der Disziplinar- und der Berufsgerichtsbarkeit, um ein eigenständiges Gericht.[65] Von der in § 138 Abs. 2 FlurbG parallel zu § 3 Abs. 2 eingeräumten Möglichkeit der Einrichtung eines gemeinschaftlichen Flurbereinigungsgerichts haben die Länder Niedersachsen/Schleswig-Holstein sowie Rheinland-Pfalz/Saarland Gebrauch gemacht.[66] Das Gericht entscheidet in der Besetzung von zwei Berufs- und drei ehrenamtlichen Richtern, § 139 Abs. 1 Satz 2 FlurbG. Für das Verfahren enthalten die §§ 139-148 FlurbG Sondervorschriften gegenüber dem allgemeinen Verwaltungsprozeß.

## III. Gerichtliche Verwaltung

### 1. Begriff

37 Rechtsprechung ist nicht denkbar ohne gewisse personelle, sächliche und organisatorische Voraussetzungen, durch die konkrete Entscheidungstätigkeit im Einzelfall erst ermöglicht wird.[67] Ihre Schaffung auf der erforderlichen gesetzlichen Grundlage (vgl. oben Rdnr. 17) stellt materielle Verwaltung dar, die in *einem umfassenden Sinn* als Gerichtsverwaltung bezeichnet werden kann und dann jegliche Tätigkeit als Grundlage für die Erfüllung der Rechtsprechungsaufgaben einbezieht. Dieses Verständnis[68] ist bedeutsam für die Beurteilung der sachlichen

ferner unter wohl nicht hinreichender Berücksichtigung des Wandels der materiell-rechtlichen Bedeutung des Ordnungsrechts: Hailbronner, in: Hailbronner, Komm. zum HRG, Stand 1987, § 36 Rdnr. 27; Dallinger, in: Dallinger/Bode/Dellian, Komm. zum HRG, 1978, § 36 Rdnr. 10; wie hier Thieme, Hochschulrecht, 2. Aufl. 1986, S. 660; Krause, in: HdBWissR, Bd. I, S. 566 f.; Nagel, in: Denninger, Komm. zum HRG, 1984, § 36 Rdnr. 9.

[63] Vgl. auch Thierfelder, DVBl 1970,732.

[64] Vgl. BayVerfGH, BayVBl 1984,716; Jürgen Meyer, DRiZ 1987,416 ff.

[65] BVerwG, NJW 1970,2042.

[66] Vgl. Seehusen/Schwede, Flurbereinigungsgesetz, Komm., 6. Aufl. 1992, § 138 Rdnr. 5.

[67] Vgl. grundsätzlich Rasch, VerwArch 60 (1969), S. 2, 4 ff.

[68] So etwa Kissel, § 12 Rdnr. 33 ff.; Schilken, a.a.O., Rdnr. 250 f.; Rasch, VerwArch 60 (1969), S. 2 f.

Reichweite ministerieller (Ressort)Kompetenz. In einem *engeren Sinn*[69] meint Gerichtsverwaltung nur die mit der konkreten Rechtsprechungstätigkeit zusammenhängende Aufgabenwahrnehmung. Sie ist von dieser streng zu unterscheiden, birgt aber, eben wegen der gegebenen sachlichen Verbindung, eine unterschiedliche Gefahr inhaltlicher Einflußnahme und ist deshalb vielfach gerichtlichen Organen übertragen. Soweit dies durch die Garantien richterlicher Unabhängigkeit (Art. 97 GG) und des gesetzlichen Richters (Art. 101 Abs. 1 Satz 2 GG) geboten ist, erfolgt die Wahrnehmung jener Aufgaben sogar in eigener richterlicher Verantwortung (sog. *richterliche Selbstverwaltung*).[70]

Umgekehrt bildet der Zusammenhang mit der Rechtsprechungsfunktion das **38**
Kriterium für die Zulassung einer verwaltenden Tätigkeit von Richtern und Gerichten: Deren Inanspruchnahme für Aufgaben materieller Verwaltung ist zwar verfassungsrechtlich nicht verboten, findet aber im Rechtsschutzauftrag der Rechtsprechung ihre Grenze.[71] Demgemäß läßt § 39 die Übertragung von Verwaltungsgeschäften auf das Gericht außerhalb der Gerichtsverwaltung nicht zu.

## 2. Die Geschäftsverteilung

Zu den nicht als Rechtsprechung, aber mit besonderer Affinität zu dieser zu **39**
qualifizierenden[72] Verwaltungsaufgaben gehört insbesondere die gerichtliche Organisation hinsichtlich der Besetzung der Spruchkörper und der Verteilung der Geschäfte auf diese.[73]

Das Gebot des gesetzlichen Richters und die richterliche Unabhängigkeit stehen einem Einfluß von außen, insbesondere seitens exekutivischer Stellen, auf die Bestimmung des im Einzelfall zur Entscheidung berufenen Richters zwingend und ausnahmslos entgegen (vgl. oben § 3 Rdnr. 29 ff.). Die Zuweisung der dem Gericht angehörenden Richter an die einzelnen Spruchkörper und die Verteilung der einzelnen Angelegenheiten ("Geschäfte") auf diese ist deshalb unabhängiger richterlicher Bestimmung vorbehalten. Sie muß freilich, um auch sachfremden Einflüssen verwaltender Richtertätigkeit zu wehren, in generell-abstrakter Form ergehen (s. noch unten Rdnr. 47).

Die Umsetzung dieser verfassungsrechtlichen Anforderungen[74] erfolgte durch **40**
die auch für den Verwaltungsprozeß maßgeblichen (§ 4) Bestimmungen der §§ 21a-21i GVG. Sie regeln zunächst Bildung, Zusammensetzung und Geschäfts-

---

[69] Vgl. zu dieser Differenzierung auch Schmidt-Räntsch, DRiG, Komm., 5. Aufl. 1995, § 4 Rdnr. 16.

[70] Vgl. dazu Rasch, VerwArch 60 (1969), S. 3 f.; Kissel, § 21e Rdnr. 2 ff.; VGH BW, DVBl 1973,891.

[71] Vgl. dazu Bettermann, in: HdBStR, Bd. III, § 73 Rdnr. 8; Lorenz, S. 96 Fn. 29.

[72] Vgl. BVerwGE 50,11 (13 f.); VGH BW, DÖV 1980,573.

[73] Zum Verwaltungscharakter der Geschäftsverteilung vgl. Kissel, § 21e Rdnr. 2, 5; Ule, § 10 IV 2.

[74] Eingehend dazu Reichl, a.a.O., S. 90 ff.

gang des bei jedem Gericht obligatorischen Präsidiums[75] als dem für die Geschäftsverteilung in erster Linie zuständigen Organ (vgl. §§ 21a-21d; 21h; 21i GVG). Materielles Kernstück ist hierbei die Bestimmung des § 21e GVG,[76] ergänzt durch § 21g GVG, durch die die inhaltliche Leitlinie für die Geschäftsverteilung des Gerichts sowie innerhalb des einzelnen Spruchkörpers festgelegt werden.

### a) Besetzung der Spruchkörper

41 Dem Präsidium obliegt zunächst die Bestimmung über die Besetzung der Spruchkörper. Dabei ist zu beachten, daß gemäß § 21f Abs. 1 GVG der Vorsitz im Spruchkörper (nicht dagegen im Fall einer Verhinderung des Vorsitzenden bei der einzelnen Entscheidung, vgl. § 21f Abs. 2 GVG)[77] nur durch den Präsidenten oder einen Vorsitzenden Richter wahrgenommen werden kann. Die der Geschäftsverteilung vorgegebene, haushaltsmäßige Zuweisung von Stellen für Vorsitzende Richter bestimmt folglich grundsätzlich die Zahl der einzurichtenden Spruchkörper.[78] Außer dem Vorsitzenden ist die erforderliche Zahl weiterer Richter zuzuteilen, die sich an der Besetzung, in der der Spruchkörper normalerweise entscheidet, orientiert und deshalb je nach Art des Gerichts und bei den Oberverwaltungsgerichten auch landesbezogen (vgl. oben Rdnr. 24) unterschiedlich sein kann. Durch die Möglichkeit, einen Richter mehreren Spruchkörpern zuzuteilen (§ 21e Abs. 1 Satz 4 GVG) können diese sich in Verfahren, bei denen in größerer Besetzung zu entscheiden ist, entsprechend ergänzen, zum Beispiel in Normenkontrollverfahren mit 5 Richtern bei Normalbesetzung von 3 Richtern (so in Baden-Württemberg, Bayern, Hessen, Nordrhein-Westfalen, Rheinland-Pfalz).

42 Dagegen kann eine *Überbesetzung*, das heißt die Zuweisung einer größeren Zahl von Beisitzern, als gesetzlich für die Entscheidungen vorgesehen ist, zu einer mit Art. 101 Abs. 1 Satz 2 GG nicht vereinbaren Unsicherheit über den zur Entscheidungsmitwirkung berufenen Richter führen, die durch zusätzliche Anordnungen des Vorsitzenden des betreffenden Spruchkörpers (§ 21g GVG) nur in Grenzen behoben werden können. Eine Überbesetzung ist deshalb nicht schlechthin, wohl aber dann unzulässig, wenn sie zur Gewährleistung einer geordneten Rechtspflege nicht unbedingt notwendig ist.[79] Ein Spruchkörper ist aber in jedem Fall dann nicht mehr verfassungsgemäß besetzt, wenn die Zahl seiner ordentlichen

---

[75] Vgl. dazu Schorn/Stanicki, a.a.O., S. 69 ff.
[76] Vgl. Kissel, § 21e Rdnr. 1.
[77] Vgl. BVerwG, NJW 1986,1366 m. w. Nachw.
[78] Ebenso Kissel, § 60 Rdnr. 3. Vgl. aber auch Rasch, VerwArch 60 (1969), S. 13 zur Frage eines Vorsitzes in mehreren Kammern/Senaten.
[79] Vgl. BVerfGE 17, 294 (300 f.); 18,344 (350); BVerwGE 24,315 m. Anm. von Dinslage, NJW 1968,811; BFH, NJW 1992,1061; NJW 1992,1062; Felix, NJW 1992,217; Katholnigg, NJW 1992,2257.

Mitglieder es erlaubt, daß sie in zwei getrennten, personell verschiedenen Sitzgruppen Recht sprechen oder daß der Vorsitzende drei Spruchkörper mit je verschiedenen Beisitzern bildet.[80]

### b) Die Geschäftsverteilung im engeren Sinn

Die Verteilung der Geschäfte auf die einzelnen Spruchkörper muß, dem Gebot des gesetzlichen Richters Rechnung tragend, jeweils zu Beginn des Geschäftsjahres für dessen Dauer in einer generell-abstrakten Weise erfolgen, so daß sichergestellt ist, daß nicht bestimmte Einzelsachen bestimmten Richtern zugewiesen werden. Nachträgliche Änderungen sind nur in engen sachlichen und formellen Grenzen gemäß § 21e Abs. 3 GVG zulässig. **43**

Die Zuweisung kann nach Sachgebieten (vgl. z. B. den Geschäftsverteilungsplan des Bundesverwaltungsgerichts im Anhang), nach örtlicher Anknüpfung, in Kombination beider Kriterien oder nach anderen Gesichtspunkten erfolgen.[81] Es muß jedoch sichergestellt sein, daß nicht durch eine formal abstrakte Festlegung in Wahrheit eine Regelung erkennbar nur für eine bestimmte Fallgestaltung oder eine bestimmte, eng begrenzte Gruppe potentiell Beteiligter getroffen wird.[82] **44**

Mit der Zuweisung an den Spruchkörper werden die zur Mitwirkung an der Entscheidung berufenen Richter nicht abschließend bestimmt. Es ist deshalb auch innerhalb des Spruchkörpers die Geschäftsverteilung nach den für diese allgemein geltenden Grundsätzen vorzunehmen. Denn es ist nicht einzusehen, daß mit der ad-hoc-Bestimmung des zur Entscheidung berufenen Richters durch den Vorsitzenden des Spruchkörpers geringere Einflußmöglichkeiten verbunden wären als mit der Zuweisung einzelner Sachen an den Spruchkörper des Gerichts. Hier wie dort bedarf es vielmehr einer generellen Regelung.[83] Zuständig hierfür ist der Vorsitzende, § 21g GVG. **45**

Dies gilt einmal für die Fälle, in denen bei verschiedenen Verfahren in unterschiedlicher Besetzung zu entscheiden ist (z. B. Normal-/Normenkontrollverfahren) und deshalb in den Verfahren mit "kleiner Besetzung" mehr Richter als erforderlich vorhanden sind. Hier, ebenso wie bei gegebener *Überbesetzung*, müssen allgemeine Bestimmungen über die Bildung der Sitzgruppen getroffen werden.[84] Zum andern ist, auch wenn dies gesetzlich nicht ausdrücklich vorgesehen ist, ganz generell erforderlich, im vorhinein auch den Berichterstatter für die einzelnen Ver- **46**

---

[80] BVerfGE 17,294 (301); 18,344 (350); Kissel, § 21e Rdnr. 114.

[81] Vgl. dazu Kissel, § 21e Rdnr. 134 ff.; Jürgen Meyer, DRiZ 1987,418.

[82] Vgl. dazu BayVerfGH, BayVBl 1984,716.

[83] BVerfGE 95,322 (327 ff.); ebenso HambOVG, NJW 1994,274; anders noch BVerfGE 69,112 (120) sowie sogar unter der Geltung des § 21g GVG BFH, NJW 1992,1061; NJW 1992,1062. Demgegenüber treffend Felix, NJW 1992,217 ff.; umfassend Schorn/Stanicki, a.a.O., S. 184 ff., sowie grundsätzlich auch BGHZ (VGS) 126,63 m. Anm. von Kissel, JZ 1994,1178.

[84] Vgl. M. Wolf, a.a.O., § 14 V; BVerwG, NJW 1968,811; BVerfGE 95,322 (330); anders noch BVerfGE 18,344 (351).

fahren festzulegen.[85] Denn ihm kommt, ungeachtet der Entscheidungskompetenz des Spruchkörpers in seiner Gesamtheit, schon durch die maßgebliche und jetzt auch gesetzlich aufgenommene (vgl. §§ 87 Abs. 1, 3; 87a Abs. 3; 87b Abs. 1, 2) Mitwirkung an der Entscheidungsvorbereitung in prozessualer und sachlicher Hinsicht ein wesentlicher faktischer Einfluß auf die Entscheidung zu, ganz abgesehen von seiner Kompetenz als Einzelrichter (vgl. im einzelnen unten § 7 Rdnr. 18 ff.). Diese darf aber ebensowenig für eine sachfremde Steuerung eingesetzt werden wie auf der Ebene der formalen Entscheidungszuständigkeit.

### *c) Rechtsnatur*

47 Die Rechtsnatur der Geschäftsverteilungspläne ist umstritten.[86] Nachdem ihre Auffassung als (Justiz-)Verwaltungsakte[87] heute praktisch überwunden ist, kann ihr generell-abstrakter Regelungscharakter als anerkannt gelten. Dabei ist es letztlich eine terminologische Frage, ob man von einem "multifunktionalen Hoheitsakt sui generis" sprechen will,[88] oder den Plänen – in verschiedenen Schattierungen – eine Doppelnatur zuerkennt.[89]

48 Nach ihrer Zielsetzung handelt es sich um gerichtliche Organisationsakte, deren zugleich bestehende Außenwirkung für die Rechtssuchenden ihnen den Charakter von Rechtsnormen,[90] allerdings eigener Art, vermittelt. Denn der Auffassung als Verordnungen steht die Natur der Tätigkeit als Selbstverwaltungsaufgabe, einem Verständnis als Satzung[91] jedoch die verwaltungsrechtliche Besetzung dieses Begriffs entgegen.

49 In der Konsequenz bedürfen die Pläne ausnahmslos einer angemessenen Veröffentlichung,[92] zumindest durch Niederlegung bei der Geschäftsstelle (§ 21e Abs. 8 GVG). Ihre Überprüfung ist jedoch grundsätzlich nur inzident als Voraussetzung gesetzmäßiger Gerichtsbesetzung möglich.[93] Dagegen scheitert eine

---

[85] Vgl. BVerfGE 95,322 (330 f.); Schorn/Stanicki, a.a.O., S. 184 ff.; Wiebel, BB 1992,573 ff.; Katholnigg, NJW 1992,2258; a. M. BFH, NJW 1992,1061; 1992,1062; Schilken, a.a.O., Rdnr. 377; M. Wolf, a.a.O., § 14 V 2 b. Vgl. dazu noch Kopp, NJW 1991,1264; B. Klein, BayVBl 1992,197.

[86] Vgl. dazu BVerfGE 17,252 (256); M. Wolf, a.a.O., § 14 III; Schorn/Stanicki, a.a.O., S. 194 ff.; Rasch, VerwArch 60 (1969), S. 19 ff.

[87] So noch Schorn, Die Präsidialverfassung, 1. Aufl. 1957, S. 109 ff.; vgl. demgegenüber VGH BW, DVBl 1973,891.

[88] Kissel, § 21e Rdnr. 93.

[89] So h. M., vgl. Bettermann, in: Bettermann/Nipperdey/Scheuner, Die Grundrechte, Bd. III/2, 1959, S. 549 ff.; Ule, § 10 IV 2; M. Wolf, a.a.O., § 14 III 4; BayVerfGH, NJW 1986,1673.

[90] Vgl. auch Hill, in HdBStR, Bd. VI, § 156 Rdnr. 53.

[91] So M. Wolf, a.a.O., § 14 III 2; Renck, NJW 1984,2928.

[92] Vgl. dazu M. Wolf, a.a.O., § 14 I 3; zurückhaltend BFH, NJW 1992,1062.

[93] H. M., vgl. BayVerfGH, NJW 1986,1673; Kissel, § 21e Rdnr. 109; M. Wolf, a.a.O., § 14 IV 1 a.

abstrakte Normenkontrolle gemäß § 47 von vornherein an der Gerichtsbarkeitsklausel (vgl. unten § 26 Rdnr. 34).[94]

Eine andere Beurteilung greift indes Platz, wo der Geschäftsverteilungsplan in seiner organisationsrechtlichen Komponente[95] die persönliche Rechtsstellung eines Richters betrifft.[96] Insoweit ändert sich zwar nicht die Rechtsnatur des Hoheitsakts, ihm gegenüber ist jedoch Rechtsschutz zu gewähren (Art. 19 Abs. 4 GG),[97] der, in Parallele zu rechtsbeeinträchtigenden Umsetzungsakten im Beamtenverhältnis,[98] im Wege der verwaltungsgerichtlichen Leistungs- oder Feststellungsklage[99] zu suchen ist. Sie beruht nicht auf einem organisationsinternen Streit (sog. Insichprozeß, s. unten § 25 Rdnr. 26 ff.) und ist deshalb gegen den Gerichtsherrn (Land/Bund) beziehungsweise das Gericht (als Behörde; vgl. § 78 Abs. 1 Nr. 2) zu richten.[100]

## 3. Die Gerichtsverwaltung im engeren Sinn

Außerhalb der Geschäftsverteilung als Tätigkeit gerichtlicher Selbstverwaltung **50** verbleiben für die Gerichtsverwaltung im engeren Sinn, in dem auch § 39 den Begriff gebraucht, alle verwaltenden Tätigkeiten des Gerichts zur Schaffung der personellen und sächlichen Voraussetzungen für die Ausübung von Rechtsprechung.[101] Sie sind den Gerichten kraft freier Entscheidung des Gesetzgebers übertragen und nehmen nicht an der richterlichen Unabhängigkeit teil; die gerichtlichen Organe unterstehen insoweit vielmehr exekutivischer Aufsicht und Weisung.[102]

Ein besonders wichtiger Bereich der Gerichtsverwaltung ist die *Dienstaufsicht*,[103] das heißt die Leitung der Gerichtsbehörde und die Sorge für die Ordnungsmäßigkeit der Ausführung der Dienstgeschäfte mit Kontroll- und Weisungsbefugnissen.[104] Ihr sind alle bei dem Gericht Beschäftigten unterworfen, doch findet ihre Wahrnehmung gegenüber Richtern eine Grenze an deren verfassungs- (Art. 97 Abs. 1 GG) und gesetzesgarantierter (§ 26 DRiG) Unabhängigkeit. **51**

Rasch, DÖV 02, 103

[94] Ebenso Schilken, a.a.O., Rdnr. 384; a. M. Ule, § 10 IV 2.
[95] Vgl. auch BVerwGE 50,11 (14); 67,222; Erichsen, VerwArch 68 (1977), S. 184 f.
[96] Vgl. BVerfGE 17,252.
[97] BVerfGE 17,252 (256 f.); BVerfG, DRiZ 1991,100; BVerwGE 67,222; BGH, NJW 1991,425; M. Wolf, a.a.O., § 14 IV 1 b; a. M. Schilken, a.a.O., Rdnr. 383.
[98] Vgl. dazu BVerwGE 60,144 (148); BVerwG, DVBl 1987,416; Allgaier, ZBR 1989,301.
[99] Vgl. BVerwGE 50,11 (19) BayVGH, NJW 1994,2308 und dazu Erichsen, VerwArch 68 (1977), S. 179 ff.; HessVGH, DRiZ 1984,62.
[100] VGH BW, DVBl 1973,891.; Eyermann/Geiger, § 4 Rdnr. 32.
[101] Vgl. Kissel, § 12 Rdnr. 33; BGH, DRiZ 1989,462.
[102] Vgl. § 46 DRiG i. V. m. § 55 BBG; § 71 Abs. 1 Satz 1 DRiG i. V. m. § 37 BRRG.
[103] Vgl. Redeker/v. Oertzen, § 38 Rdnr. 1; Schmidt-Räntsch, DRiG, § 4 Rdnr. 16; differenzierend Rasch, VerwArch 60 (1969), S. 18.
[104] Vgl. Kissel, § 22 Rdnr. 38; enger Schilken, a.a.O., Rdnr. 253.

52 *Dienstaufsichtsbehörde* ist der Präsident des jeweiligen Gerichts, § 38 Abs. 1. Übergeordnete Dienstaufsichtsbehörde für das Verwaltungsgericht ist der Präsident des Oberverwaltungsgericht, § 38 Abs. 2. Für dieses (und für das Verwaltungsgericht oberste) Dienstaufsichtsbehörde ist, je nach Landesrecht, der Ministerpräsident (§ 2 bwAGVwGO), der Innenminister (Art. 4 bayAGVwGO) oder, im übrigen, der Justizminister beziehungsweise -senator. Die Dienstaufsicht über den Präsidenten des Bundesverwaltungsgerichts obliegt dem Bundesminister der Justiz.

## 4. Die Geschäftsstelle

### *a) Begriff und Stellung*

53 Die Geschäftsstelle, in der Praxis nunmehr auch als *Service-Einheit* bezeichnet, liegt im Schnittpunkt zwischen Gerichtsverfassung und Gerichtsverwaltung. Sie ist die organisatorische Zusammenfassung der an dem Gericht tätigen Urkundsbeamten und ihren Hilfskräften und stellt sich funktional als Träger der ihr oder dem Urkundsbeamten der Geschäftsstelle zugewiesenen Aufgaben dar.[105] Die Geschäftsstelle wird gemäß § 13 bei jedem Gericht eingerichtet und soll den ordnungsgemäßen Geschäftsbetrieb gewährleisten, erfüllt aber gleichzeitig unmittelbar prozessuale Aufgaben. In der Regel bestehen bei einem Gericht mehrere Geschäftsstellen (vgl. § 1 Abs. 3 blnAGVwGO), genauer: verschiedene Abteilungen der (einen) Geschäftsstelle,[106] die jeweils einem oder mehreren Spruchkörpern oder dem Präsidium (Präsidialgeschäftsstelle), unter Umständen sogar mehreren Gerichten (z. B. gemeinsame Eingangsstelle)[107] zugeordnet sind.

Über Einrichtung, Organisation und Betrieb der Geschäftsstelle entscheiden, landesrechtlich verschieden, die im Bereich der Gerichtsverwaltung jeweils zuständigen Organe.

### *b) Aufgaben*

Die Aufgaben der Geschäftsstelle liegen in drei Bereichen.

54 *(1)* Im Vordergrund stehen eine Reihe von prozessualen Aufgaben, die mit der Rechtsprechungstätigkeit in einem inneren Zusammenhang stehen und deshalb notwendigerweise von gerichtlichen Stellen zu erfüllen, zum Teil ausdrücklich dem Urkundsbeamten als solchem zugewiesen sind. Im einzelnen handelt es sich um

---

[105] Vgl. Kissel, § 153 Rdnr. 3.
[106] Vgl. Bosch/Schmidt, § 5 IV 1.
[107] Vgl. Kissel, § 153 Nr. 4 f.

- die Entgegennahme und Beurkundung von Anträgen, Erklärungen u. ä., die zur Niederschrift abgegeben werden können:[108] Klage (§ 81 Abs. 1), Beschwerde (§ 147 Abs. 1 vorbehaltlich § 67 Abs. 1 Satz 2; s. unten § 40 Rdnr. 15), ferner Anträge auf einstweilige Anordnung (§ 123 Abs. 3 VwGO i. V. m. § 920 Abs. 3 ZPO), auf Wiedereinsetzung (§§ 60, 173 Satz 1 VwGO i. V. m. § 236 Abs. 1 ZPO), auf Prozeßkostenhilfe (§ 166 VwGO i. V. m. § 117 Abs. 1 ZPO) und auf Gewährung vorläufigen Rechtsschutzes im Verfahren nach §§ 80, 80a;
- die Führung des Protokolls[109] in der mündlichen Verhandlung oder Beweisaufnahme (§ 105 VwGO i. V. m. § 159 ZPO) und potentiell eine Tätigkeit als Dolmetscher (§ 173 Satz 1 VwGO i. V. m. § 190 GVG);
- die Beurkundung des Tags der Zustellung beziehungsweise Verkündung eines Urteils (§ 117 Abs. 6);
- die Erteilung von Ausfertigungen, Auszügen und Abschriften aus Akten (§ 100 Abs. 2) und Urteilen (§ 173 Satz 1 VwGO i. V. m. § 317 Abs. 3 ZPO), von Rechtskraft- und Notfristzeugnissen (§ 173 Satz 1 VwGO i. V. m. § 706 ZPO);
- die Bewirkung von Ladungen (§ 173 Satz 1 VwGO i. V. m. § 274 Abs. 1 ZPO) und Zustellungen (§ 173 Satz 1 VwGO i. V. m. § 209 ZPO).

*(2)* Daneben sind dem Urkundsbeamten bestimmte kostenrechtliche Verrichtungen zur selbständigen Erledigung übertragen, nämlich die Festsetzung der zu erstattenden Kosten (§ 164) sowie der Vergütung des beigeordneten Anwalts bei Prozeßkostenhilfe (§ 166 VwGO i. V. m. §§ 122 Abs. 1 Nr. 3 ZPO; 128 BRAGO). Die dabei zu treffenden Entscheidungen beruhen auf einer eigenständigen Rechtsanwendung und haben deshalb nicht den Charakter bloßer prozessualer Hilfstätigkeiten. Sie erfüllen andererseits auch nicht die Kriterien von Rechtsprechung im Sinn des Art. 92 GG und können deshalb als Teil der Gerichtsverwaltung nichtrichterlichen Personen übertragen werden. Um "richterliche Geschäfte"[110] handelt es sich also lediglich in einem formal-fakultativen Sinn. **55**

Die förmliche Festsetzung (anders als die rechnerische Anweisung) der Entschädigung für ehrenamtliche Richter (§ 32 VwGO i. V. m. § 12 Abs. 1 EhrRiEG) sowie für Zeugen und Sachverständige (§ 16 Abs. 1 ZSEG) erfolgt dagegen erforderlichenfalls durch Gerichtsbeschluß.[111]

*(3)* Schließlich obliegen der Geschäftsstelle als gerichtlicher Verwaltungsstelle reine Verwaltungsaufgaben wie Akten- und Registerführung[112] sowie, je nach **56**

---

[108] Vgl. dazu Kissel, § 153 Rdnr. 17.
[109] Vgl. dazu Kissel, § 153 Rdnr. 16.
[110] So Redeker/v. Oertzen, § 13 Rdnr. 3; Ule, § 11 IV 4.
[111] Anders Redeker/v. Oertzen, § 13 Rdnr. 3.
[112] Vgl. Kissel, § 153 Rdnr. 12.

Organisationsregelung, die übertragene Wahrnehmung von Haushalts-, Kassen- und Personalangelegenheiten.

### c) Der Urkundsbeamte der Geschäftsstelle

57 Kraft ausdrücklicher gesetzlicher Regelung[113] ist § 153 GVG im Bereich des Verwaltungsprozesses sowie des finanz- und des sozialgerichtlichen Verfahrens nicht anwendbar. Die Dienststellung des Urkundsbeamten richtet sich deshalb nach Landesrecht.[114] Urkundsbeamte sind danach teils kraft Gesetzes, teils aufgrund gesetzlich ermächtigter Bestimmung, in der Regel Beamte des mittleren und gehobenen Dienstes an dem Gericht. Sonstige Beamte und Angestellte können im Bedarfsfall zu stellvertretenden Urkundsbeamten bestellt werden. Für die Bestellung zuständig ist der jeweilige Ressortminister oder der Präsident des betreffenden Gerichts.

58 Funktionell ist der Urkundsbeamte ein gerichtliches Organ der Rechtspflege (*Gerichtsperson*). Im Hinblick auf die Selbständigkeit seiner Amtsführung[115] unterliegt er in gleicher Weise der Ausschließung und Ablehnung wie ein Richter (vgl. unten § 7 Rdnr. 38 ff.). Andererseits ist die Verteilung der Aufgaben mangels Rechtsprechungsqualität Sache der Justizverwaltung; es gibt also kein Recht auf den "gesetzlichen Urkundsbeamten".

## Literatur

*Jöhnk*, Ein eigenes Oberverwaltungsgericht für das Land Schleswig-Holstein, NVwZ 1991,966.
*Katholnigg*, Zur Geschäftsverteilung bei obersten Gerichtshöfen des Bundes und innerhalb ihrer Senate, NJW 1992, 2256.
*Kopp*, Zur Entscheidung des Vorsitzenden oder des Berichterstatters nach § 87a VwGO i. d. F. des 4. VwGO-Änderungsgesetzes, NJW 1991,1264.
*Miebach*, Der gemeinsame Senat der obersten Gerichtshöfe des Bundes, 1971.
*Pasch*, Organisationsrechtliche Probleme der Verwaltungsgerichtsbarkeit, VerwArch 60 (1969), S. 1.
*Redeker*, Die Ehrengerichte als besondere Verwaltungsgerichte, AnwBl 1992,505.
*Reichl*, Probleme des gesetzlichen Richters in der Verwaltungsgerichtsbarkeit, 1994.
*Schilken*, Gerichtsverfassungsrecht, 2. Aufl. 1994.
*Schorn/Stanicki*, Die Präsidialverfassung der Gerichte aller Rechtswege, 2. Aufl. 1975.
*Ule*, 25 Jahre Bundesverwaltungsgericht, DVBl 1978,553.
*Werner*, Über Aufgabe und Bedeutung des Bundesverwaltungsgerichts, DVBl 1953,393.
*Wolf, M.*, Gerichtsverfassungsrecht aller Verfahrenszweige, 6. Aufl. 1987.

[113] Art. 3 Abs. 2 UdG-NeuregelungsG vom 19.12.1979, BGBl I S. 2306.
[114] Vgl. z. B. Art. 10 bayAGVwGO; 2a bremAGVwGO.
[115] Vgl. § 151 Satz 1 VwGO; RGZ 110,315.

# § 7. Richterliche Personen

Konkrete Entscheidungsträger innerhalb der vorstehend dargestellten gerichtlichen Organisation sind die richterlichen Personen. Dabei ist zu unterscheiden zwischen den *Richtern* einerseits (§§ 15 ff.), worunter die Verwaltungsgerichtsordnung im Einklang mit der allgemeinen, gerichtsverfassungsrechtlichen Tradition nur den (rechtsgelehrten) Berufsrichter (vgl. §§ 1, 2, 5 DRiG) versteht, und den *ehrenamtlichen Richtern* (§§ 19 ff.) andererseits. 1

## I. Richter

### 1. Rechtsstellung

Für die Rechtsstellung des Richters[1] sind auch in der Verwaltungsgerichtsbarkeit zunächst die Vorschriften der §§ 2 ff., 5 ff., 8-43 DRiG maßgeblich. 2

#### *a) Unabhängigkeit*

Leitend ist dabei die dem Richter verfassungsrechtlich gestellte Aufgabe, als unbeteiligter Dritter in einem geordneten Verfahren durch autoritative Entscheidungen Rechtsschutz zu gewähren.[2] Diese Zielsetzung verlangt eine Tätigkeit in strikter Rechtsbindung (Art. 20 Abs. 3, 97 Abs. 1 GG), wofür die Unabhängigkeit des Richters in sachlicher (Weisungsfreiheit, Art. 97 Abs. 1 GG; § 25 DRiG) und persönlicher Hinsicht (Art. 97 Abs. 2 GG) unerläßliche Voraussetzung ist.[3] Dabei gibt die *sachliche Unabhängigkeit* im Sinn einer Freiheit von Fremdbestimmung in bezug auf Entscheidung und Sachbehandlung keine grundsätzlichen, sondern allenfalls Abgrenzungsprobleme auf.[4] Schwieriger zu realisieren ist die *persön-*

---

[1] Vgl. dazu allgemein Brohm, DVerw 24 (1991), S. 137 ff.

[2] Vgl., mit Differenzierungen im einzelnen, Bettermann, in: Bettermann/Nipperdey/Scheuner, Die Grundrechte, Bd. III/2, 1959, S. 525 ff.; Hesse, Grundzüge des Verfassungsrechts der Bundesrepublik Deutschland, 20. Aufl. 1999, Rdnr. 548; Lorenz, S. 192 f.; umfassend dazu Stern, Das Staatsrecht der Bundesrepublik Deutschland, Bd. II, 1980, S. 898 f.

[3] Vgl. dazu allgemein Eichenberger, Die richterliche Unabhängigkeit als staatsrechtliches Problem, 1960.

[4] Vgl. M. Wolf, a.a.O., § 22 I; Eichenberger, Die richterliche Unabhängigkeit, S. 24 f., 44; Riedel, a.a.O., S. 223 f.

[illegible], NVwZ 01, 414, Thiel, DVBl 04, 909, Gärditz, DV 10, 253 (261) *liche Unabhängigkeit*. Sie wird durch Art. 97 Abs. 2 GG nur hinsichtlich des überkommenen, offenkundigen Gefährdungspotentials erfaßt, erstreckt sich aber, weitergehend, auf alle Faktoren, die die innere Unabhängigkeit im Sinne richterlicher Souveränität und Entscheidungsfreiheit beeinträchtigen können.[5] Dazu gehören nicht nur die (illegitime) Beeinflussung durch Öffentlichkeit[6] oder Verfahrensbeteiligte, sondern zum Beispiel auch Bindungen bei der Mitwirkung am kollegialen Entscheidungsprozeß[7] und Abhängigkeiten im Gefolge dienstlicher Beurteilungen als Faktor staatlicher Beförderungsmaßnahmen.[8]

3 Gerade für den *Verwaltungsprozeß* verlangt in diesem Zusammenhang der Umstand besondere Beachtung, daß der Richter in einer zumindest formellen Abhängigkeit zur Staatsgewalt steht, die als (typischerweise beklagte) Partei selbst seinem Urteil unterworfen ist und deshalb der Versuchung einer vorauseilenden personellen Steuerung künftiger Entscheidungstätigkeit ausgesetzt sein könnte;[9] einer direkten Einflußnahme auf diese mittels des formellen Anstellungsverhältnisses steht jedoch die sachliche Unabhängigkeit des Richters entgegen.

4 Hinzu kommt die sachliche Nähe infolge des ständigen prozessualen Kontakts mit derselben Partei, auch wenn diese im Fall des Staates behördlich differenziert ist, sowie der fachlichen Übereinstimmung, die jedoch nicht dazu führen darf, daß kollegiale Verbundenheit und Kooperation an die Stelle unparteiischer und distanzierter Kontrolle treten.[10] Die Frage genereller *Unabhängigkeit* vom Staat kann schließlich im Prozeß unter Beteiligung des Staates zum Problem konkreter *Unparteilichkeit* werden, wo der Richter dem als Partei auftretenden Verwaltungsträger beziehungsweise der betroffenen Behörde aufgrund aktueller oder früherer Zugehörigkeit nahesteht; hierauf ist unter dem Aspekt des beteiligten Richters (unten Rdnr. 42 ff.) näher einzugehen.

### b) Arten des Richterverhältnisses

5 Persönliche Unabhängigkeit genießen gemäß Art. 97 Abs. 2 GG nur die hauptamtlich und planmäßig endgültig angestellten Richter. Noch im Vorfeld und als

---

[5] Vgl. dazu Schilken, a.a.O., Rdnr. 473 ff.; Zweigert, in: FS für Hippel, 1967, S. 711; Pfeiffer, in: FS für Zeidler, Bd. 1, 1987, S. 67 ff.; Faller, in: FS für Zeidler, Bd. 1, 1987, S. 81 ff.; Brohm, DVerw 24 (1991), S. 154 f.

[6] Vgl. M. Wolf, a.a.O., § 21; Kissel, § 1 Rdnr. 109; Stürner, JZ 1978,161; Sendler, NJW 1983,1451 ff.; Dütz, JuS 1985,749; Schmidt-Jortzig, NJW 1991,2382.

[7] Vgl. dazu Sendler, NJW 1983,1451.

[8] Vgl. dazu M. Wolf, a.a.O., § 20 III, IV.

[9] Vgl. Sendler, NJW 1983,1450; vgl. dazu auch schon Bettermann, in: Bettermann/Nipperdey/Scheuner, Die Grundrechte, Bd. III/2, S. 528 ff.

[10] Vgl. schon Van Husen, AöR 78 (1952/53), S. 57; ferner Schmidt-Aßmann, VVDStRL 34 (1975), S. 221, 237 f.

Grundlage dieser Garantie kommt deshalb der Verfestigung ihrer persönlichen Rechtsstellung entscheidende Bedeutung zu.[11]

Obwohl verfassungsrechtlich nicht ausdrücklich vorgeschrieben, sieht § 15 Abs. 1 VwGO in Übereinstimmung mit § 28 Abs. 1 DRiG die *Ernennung auf Lebenszeit* als Regelform des Richterverhältnisses vor. Zur Vorbereitung einer späteren Verwendung als Lebenszeitrichter können ferner gemäß § 17 Personen zum *Richter auf Probe* (§§ 12 f. DRiG) und Lebenszeit- oder Zeitbeamte zum *Richter kraft Auftrags* (§§ 14-16 DRiG) ernannt werden. Zur Stärkung der Unabhängigkeit enthalten die §§ 12 Abs. 2; 16 Abs. 1 DRiG besondere Schutzvorschriften hinsichtlich der Höchstdauer der ungesicherten Stellung. 6

Besondere Bedeutung kommt dem Zeitmoment[12] auch für die *Richter im Nebenamt* zu, die beim Oberverwaltungsgericht und beim Verwaltungsgericht für eine bestimmte Zeit von mindestens zwei Jahren, längstens jedoch für die Dauer ihres Hauptamtes, ernannt werden können, § 16. Diese Möglichkeit ist einmal für Lebenszeitrichter anderer Gerichte vorgesehen, etwa, um Personalengpässe zu überbrücken oder spezielle Sachkompetenzen nutzbar zu machen.[13] Sie besteht ferner für ordentliche Professoren des Rechts und hat sich hier im Sinne einer gegenseitigen Befruchtung von Theorie und Praxis seit langem bewährt.[14] Man hat grundsätzliche Bedenken gegen diese Art des Richterverhältnisses daraus hergeleitet, daß es in § 8 DRiG in der Fassung vom 8.9.1961 nicht (mehr) vorgesehen ist und § 16 VwGO vom 21.1.1960 damit aufgehoben worden sei.[15] Obwohl diesem Einwand unter rechtssystematischem Aspekt sowie im Hinblick auf die Spezialität der verwaltungsgerichtlichen Regelung nicht zu folgen ist[16] und auch die Verbindung von Richter- und Professorenamt keine Bedrohung der richterlichen Unabhängigkeit darstellt, muß eine solche doch in der knappen Zeitdauer von zwei Jahren[17] mit der Möglichkeit wiederholter Verlängerung gesehen werden.[18] Da die Garantie des gesetzlichen Richters (Art. 101 Abs. 1 Satz 2 GG) person- und persönlichkeitsunabhängige institutionelle Sicherungen vor sachfremden Rechtsprechungseinflüssen verlangt (vgl. oben § 3 Rdnr. 29 ff.), wäre eine Regelung vorzuziehen, bei der sich, etwa nach dem Modell der §§ 12, 16 DRiG, nach einer zeitlich befristeten Richtertätigkeit eine Ernennung auf Dauer anschließt. 7

---

[11] Vgl. dazu auch BGHZ 95,22 (25 f.).

[12] Vgl. dazu allgemein Schorn/Stanicki, a.a.O., S. 226 f.; Thomas, a.a.O., S. 29.

[13] Vgl. dazu Richter, DVBl 1961,405; Schunck/De Clerck, § 16 Anm. 1.

[14] Vgl. dazu Schmidt-Jortzig, in: Menger-FS, S. 359 ff.; HessDGH, MDR 1988,111.

[15] So Schmidt-Räntsch, DRiG, Komm., 5. Aufl. 1995, § 8 Rdnr. 8.

[16] H. M., vgl. VGH BW, ESVGH 13,235; Redeker/v. Oertzen, § 16 Rdnr. 1; Schmidt-Jortzig, in: Menger-FS, S. 363 m. w. Nachw.

[17] Vgl. demgegenüber BVerfGE 18,241 (255) für einen Zeitraum von vier Jahren.

[18] Andeutungsweise auch Schmidt-Jortzig, in: Menger-FS, S. 364.

8 Eine besondere Stellung hat schließlich der nach Aufhebung des § 18 in der Verwaltungsgerichtsordnung nicht mehr gesondert erwähnte *abgeordnete Richter* (§ 37 DRiG). Er ist auf (meist) Lebenszeit oder Zeit ernannt und mit seiner Zustimmung für eine im vorhinein fest bestimmte Zeit (§ 37 Abs. 1, 2 DRiG) hauptamtlich an einem anderen Gericht tätig, zum Beispiel, um Vertretungsaufgaben wahrzunehmen oder sich für eine Spruchtätigkeit an einem höheren Gericht zu qualifizieren. Im Hinblick auf die fehlende persönliche Unabhängigkeit ist seine Verwendung nur aus zwingenden Gründen zulässig.[19]

Zur Sicherung der Unabhängigkeit, zugleich im Interesse der Konsistenz und Kontinuität der Rechtsprechung des Spruchkörpers, schließt § 28 Abs. 2 Satz 2 DRiG i. V. m. §§ 5 Abs. 3; 9 Abs. 3 VwGO schließlich aus, daß nicht auf Lebenszeit bei dem Gericht angestellte Richter den Vorsitz führen; gemäß § 29 DRiG dürfen nicht mehr als zwei[20] (ab 1.3.1998 wiederum, wie bereits bis zum 28.2.1993, einer) von ihnen in einer Kammer (einem Senat), das heißt bei der jeweiligen, einzelnen Entscheidung,[21] mitwirken.[22]

## 2. Besondere Ernennungsvoraussetzungen

9 Als besondere Ernennungsvoraussetzung neben den Anforderungen gemäß §§ 9, 10 und 17 DRiG sieht § 15 Abs. 3 VwGO lediglich vor, daß die Richter des Bundesverwaltungsgerichts das 35. Lebensjahr vollendet haben müssen.

Dagegen besteht das Erfordernis *praktischer Vortätigkeit*, vornehmlich in der Verwaltung, wie es noch in §§ 13 Abs. 2, 14 Abs. 2 MRVO Nr. 165 verankert war, rechtlich nicht mehr. Der Erwerb einer zweifellos notwendigen Praxiserfahrung bleibt vielmehr einer vernünftigen Personalpolitik überlassen.[23] Sie sollte freilich nicht grundsätzlich die Richter nur aus der jeweils zugehörigen Fachverwaltung rekrutieren.[24] Hierfür besteht, zumindest in der allgemeinen Verwaltungsgerichtsbarkeit, anders als vielleicht in der Finanz-[25] und Sozialgerichtsbarkeit,[26] schon keine sachliche Notwendigkeit, ganz abgesehen von der hier wie dort drohenden Beeinträchtigung der richterlichen Neutralität mit der möglichen Folge einer Ausschließung oder Ablehnung des Richters (s. unten Rdnr. 41 f.).

[19] Vgl. BVerfGE 14,156 (163); M. Wolf, a.a.O., § 20 III 2.
[20] Vgl. dazu BVerfG, DVBl 1998,230.
[21] Ebenso BVerwG, NVwZ-RR 1989,519; Redeker/v. Oertzen, § 18 Rdnr. 2.
[22] Vgl. auch Stelkens, NwVBl 1994,258.
[23] Vgl. dazu Schnellenbach, NJW 1989,2227.
[24] So schon F. Baur, GA/42. DJT, 1957, S. 26 f.
[25] Vgl. Leise/Paleit, Komm. zur FGO, Stand 1979, § 14 Anm. 1; Ziemer/Birkholz, Komm. zur FGO, 3. Aufl. 1978, § 14 Rdnr. 8 f. Auch hier kann jedoch die erforderliche Erfahrung durch eine Tätigkeit außerhalb der Finanzverwaltung erworben werden, vgl. dazu Lorenz, StuW 1980,328.
[26] Vgl. dazu Meyer-Ladewig, SGG, Komm., 6. Aufl. 1998, § 12 Rdnr. 3; Peters/Sautter/Wolff, SGG, Komm., Bd. 1, Stand 1995, § 12 Rdnr. 19.

## 3. Funktionale Stellung

### *a) Das Kollegialprinzip in der Verwaltungsgerichtsbarkeit*

In ihrer ursprünglichen Ausgestaltung war die Verwaltungsgerichtsbarkeit in allen Instanzen und für grundsätzlich alle Entscheidungen vom Kollegialprinzip bestimmt (vgl. §§ 5, 9, 10). Dieses Prinzip wurde bereits durch das 4. VwGO-ÄnderungsG (in Kraft seit 1.1.1992) mit Entscheidungszuständigkeiten für Vorsitzenden und Berichterstatter in Randbereichen durchbrochen und sodann durch die Einführung des *fakultativen Einzelrichters* beim Verwaltungsgericht (Rechtspflege-Entlastungsgesetz vom 11.1.1993/5. VwGO-ÄnderungsG; s. oben § 2 Rdnr. 22) erheblich eingeschränkt. Beide Neuerungen sind weithin auf Kritik gestoßen.[27] **10**

In der Tat stellt das Kollegialprinzip die für die Verwaltungsgerichtsbarkeit angemessene Entscheidungsform dar. Ohne demokratisch gefordert zu sein,[28] bietet es durch die Ermöglichung argumentativer Kommunikation, die Verbreiterung der Erfassungskapazität bei der Sachverhaltsermittlung und die größere Durchsetzungswahrscheinlichkeit konsensfähiger Rechtsauffassungen strukturell eine höhere Qualität der Entscheidungstätigkeit und vermittelt dieser hierdurch zugleich erhöhte Autorität.[29] Beiden Aspekten kommt bei der verwaltungsgerichtlichen Spruchtätigkeit besondere Bedeutung zu. Denn das ihr unterworfene staatliche Handeln ist nicht nur allgemein rechtsstaatlich wie demokratisch legitimiert, sondern auch konkret in der Regel Ergebnis eines meist zweistufigen Verwaltungsverfahrens mit besonderen Rechtskontrollen (Vorverfahren; besonderes, formgebundenes Verfahren gemäß §§ 63 ff., 72 ff. VwVfG). Schon das Gewaltenteilungsprinzip, aber auch Rationalität und Effektivität staatlichen Handelns sowie die weitreichenden, häufig den Einzelfall überschreitenden Wirkungen auch erstinstanzieller verwaltungsgerichtlicher Entscheidungen lassen deshalb eine richterliche Beanstandung nur unter besonderen Vorkehrungen einer Richtigkeitsgewähr zu.[30] **11**

Angesichts dieser besonderen Verhältnisse in der Verwaltungsgerichtsbarkeit hat die für den Einzelrichter sprechende Kosten- und angebliche Zeitersparnis[31] kein hinreichendes Gewicht. Anders mag es in dem insoweit als Vorbild dienenden Asylprozeß (§ 76 AsylVfG) liegen, wo die Einzelrichterzuständigkeit, ungeachtet ihrer zweifelhaften Praktikabilität und Effektivität,[32] wegen der besonderen Verhältnisse massenhafter Verfahren keinen Bedenken begegnet.[33] **12**

---

[27] Vgl. Kopp, GA/54. DJT, S. B 59; ders., NJW 1991,524; Koch/Steinmetz, DÖV 1981,50. Vgl. ferner Haas, VBlBW 1991,232; Stelkens, NVwZ 1991,124; Redeker, DVBl 1992,214; Asbrock, ZRP 1992,14; Clausing, NVwZ 1992,719; demgegenüber B. Klein, BayVBl 1992,198.

[28] In diese Richtung aber etwa Schnellenbach, in: Menger-FS, S. 345 f.

[29] Vgl. M. Wolf, a.a.O., § 13 II 3 a; Schnellenbach, in: Menger-FS, S. 345 ff.

[30] Vgl. Kopp, GA/54. DJT, 1982, S. B 51; Hamann, VerwArch 83 (1992), S. 201 f.

[31] Vgl. M. Wolf, a.a.O., § 13 II 3 a; Schmieszek, NVwZ 1991,525; kritisch demgegenüber Ule, DVBl 1979,804 f.; Redeker, DVBl 1992,214 f.; vgl. auch Koch/Steinmetz, DÖV 1981,52.

[32] Vgl. dazu Schnellenbach, in: Menger-FS, S. 348 f.; Schumacher, DÖV 1982,808; Pagenkopf, NVwZ 1982,592; Zitzelsberger, BayVBl 1982,611.

[33] Vgl. auch BVerfG, NJW 1984,559; a. M. Schenk, DÖV 1981,213 f.

13 Das Kollegialprinzip bedeutet eine gemeinsame Entscheidung unter Mitwirkung der dem Spruchkörper (in der jeweiligen Besetzung) angehörenden richterlichen Personen, schließt aber besondere, herausgehobene Funktionen für einzelne Mitglieder nicht aus. Solche besondere Funktionen kommen dem Vorsitzenden (im folgenden Rdnr. 14 ff.) und dem Berichterstatter (im folgenden Rdnr. 18) zu. Beide können in bestimmten Fällen selbständig auch abschließende Entscheidungen treffen und werden insoweit als Einzelrichter tätig. Dem Verwaltungsgericht ist darüber hinaus auch eine Entscheidung des Rechtsstreits durch einen eigens bestellten Einzelrichter möglich (s. unten Rdnr. 19 ff.).

### b) Der Vorsitzende

14 Jeder kollegial besetzte Spruchkörper hat einen Vorsitzenden. Er trägt die Amtsbezeichnung Vorsitzender Richter (am Verwaltungsgericht, am Oberverwaltungsgericht bzw. Verwaltungsgerichtshof, am Bundesverwaltungsgericht). Der Vorsitzende, im Fall der Verhinderung sein Vertreter, hat Aufgaben gerichtsorganisatorischer, verfahrensleitender und entscheidungsleitender Art. In ersterer Hinsicht obliegt ihm vor allem die kammer- beziehungsweise senatsinterne *Geschäftsverteilung* (s. oben § 6 Rdnr. 45 f.) sowie die Wahrung der Unabhängigkeit des Spruchkörpers gegenüber Außeneinwirkungen.[34] In letzterer Hinsicht hat der Vorsitzende für die *Kontinuität* der Rechtsprechung und den ordnungsgemäßen Geschäftsablauf innerhalb "seines" Spruchkörpers zu sorgen. Der Vorsitzende ist deshalb notwendig Mitglied jeder Sitzgruppe und als solches an grundsätzlich jeder Entscheidung beteiligt. Nur in diesem Sinn wird man eine richtungbestimmende Einwirkung des Vorsitzenden auf die Rechtsprechung zulassen können.[35] Tatsächlich wird ihm freilich nicht selten ein weitergehender inhaltlicher Einfluß kraft seiner fachlich oder auch nur (vom Richterideal her eher unerwünscht) funktional begründeten Autorität zukommen.

15 Von besonderer praktischer Bedeutung ist die *verfahrensleitende* Funktion. Der Vorsitzende ist für den Gang des Verfahrens verantwortlich. Er bestimmt den Berichterstatter (§§ 21g Abs. 1 GVG; 82 Abs. 2 Satz 1), verfügt die Zustellung der Klage an den Beklagten (§ 85 Satz 1), wirkt darauf hin, daß Anträge und Erklärungen der Beteiligten formrichtig, vollständig, klar und sachdienlich abgegeben werden (§ 86 Abs. 3, 4) und leitet die mündliche Verhandlung (§ 103 Abs. 1).[36]

16 Maßnahmen zur Förderung des Verfahrens außerhalb der mündlichen Verhandlung können vom Vorsitzenden oder vom Berichterstatter getroffen werden und obliegen in der Praxis meist dem letzteren:

---

[34] Vgl. M. Wolf, a.a.O., § 13 II 1 c; BGHZ 35,309 (314).

[35] Vgl. BVerfG, NJW 1996,2149; BGHZ 37,210; 49,64; 88,1 (6); Kissel, § 59 Rdnr. 7; Schorn/Stanicki, a.a.O., S. 122; Schilken, a.a.O., Rdnr. 361; vgl. auch BVerwG, NJW 1970,2042 (2044 f.).

[36] Vgl. OVG NW, NJW 1990,1749.

- die Aufforderung zur Ergänzung einer unvollständigen Klageschrift (§ 82 Abs. 2 Satz 1),
- Anordnungen zur Vorbereitung der mündlichen Verhandlung einschließlich der Erhebung einzelner Beweise und des Versuchs einer gütlichen Beilegung des Rechtsstreits (§ 87)
- sowie die Aufforderung zur Abgabe von Erklärungen oder Vorlage beweglicher Sachen unter Fristsetzung (§ 87b) mit der Folge, daß verspätetes Vorbringen bei der Entscheidung unberücksichtigt bleiben kann (formelle Präklusion).

Im Verfahren des vorläufigen Rechtsschutzes kommt dem Vorsitzenden in dringenden Fällen das Recht zur Entscheidung zu (§§ 80 Abs. 8; 123 Abs. 2 Satz 3). Hierbei verbleibt es auch gegenüber einer Zuständigkeitsbegründung für den Berichterstatter gemäß § 87a.[37] **17**

### c) Der Berichterstatter

Der Berichterstatter betreibt, vorbehaltlich abweichender Entscheidung des Vorsitzenden, das Verfahren für die Kammer oder den Senat. Hierzu sind ihm (bzw. dem Vorsitzenden) die vorstehend genannten Verfahrenskompetenzen übertragen. **18**

Inhaltlich obliegt ihm die Vorbereitung der vom Gericht zu treffenden Entscheidung durch Aufbereitung des Prozeßstoffs und Erstellung eines Entscheidungsvorschlags (Votum). Dem entspricht die herausgehobene Stellung des Berichterstatters in der mündlichen Verhandlung (§ 103 Abs. 2) und der Beratung und Abstimmung (§ 197 Satz 3 GVG). Offenkundig ist damit ein besonderer Einfluß auf die Entscheidung selbst verbunden, dem durch Festlegung der Berichterstattung im internen Geschäftsverteilungsplan (s. oben § 6 Rdnr. 46) Rechnung zu tragen ist.

### d) Der Einzelrichter

Die vorerwähnten Kompetenzen des Vorsitzenden und des Berichterstatters dienen nur der Vorbereitung der Kollegialentscheidung und sind also dieser gegenüber *akzessorisch*. Demgegenüber trifft der *Einzelrichter* abschließende Entscheidungen, nimmt also eine *selbständige* Entscheidungstätigkeit *anstelle* der Kammer oder des Senats wahr. **19**

*aa)* Eine solche Substitution ist durch § 87a Abs. 1 vorgesehen,[38] wenn im *vorbereitenden Verfahren*[39] (vgl. unten § 32 Rdnr. 2 ff.) **20**

---

[37] Ebenso Goerlich, NVwZ 1991,541; a. M. Kopp, NJW 1991,1267.
[38] Vgl. dazu Schmieszek, NVwZ 1991,525.
[39] Vgl. dazu Kopp, NJW 1991,1265 f.

- prozessuale Entscheidungen gemäß Nr. 1-3 (über die Aussetzung und das Ruhen des Verfahrens; bei Zurücknahme der Klage Verzicht auf den geltend gemachten Anspruch oder Anerkenntnis des Anspruchs sowie bei Erledigung des Rechtsstreits in der Hauptsache)
- oder Nebenentscheidungen gemäß Nr. 4 und 5 (über den Streitwert und/oder über die Kosten)

zu treffen sind. Dabei umfaßt das vorbereitende Stadium den Teil des Verfahrens, der der mündlichen Verhandlung oder mangels einer solchen der Befassung des Spruchkörpers mit der Sache vorausgeht.[40] Darüber hinaus *kann* gemäß § 87a Abs. 2 im Einverständnis der Beteiligten auch in sonstigen Fällen anstelle des Kollegialgerichts entschieden werden. Der Einzelrichter ist also auch zu abschließenden *Sachentscheidungen* berechtigt (freilich, anders als nach Abs. 1, nicht verpflichtet). Zuständig ist, trotz scheinbarer Regelzuweisung an den Vorsitzenden, der in der Praxis durchweg bestellte Berichterstatter (§ 87a Abs. 3).

**21** Die Regelung hat die Entlastung der Verwaltungsgerichtsbarkeit durch Beschleunigung und Vereinfachung des Gerichtsverfahrens zum Ziel[41] und führt unter Berücksichtigung der Anl. I Kap. III/A III Nr. 6 EVtr zu einer Rechtsangleichung zwischen alten und neuen Bundesländern.[42] Ihrem Zweck entsprechend ist sie auch im (Beschluß-)Verfahren des vorläufigen Rechtsschutzes anwendbar.[43]

**22** *bb)* Umfassende Entscheidungskompetenz hat der *fakultative Einzelrichter*, dem gemäß § 6 Abs. 1 der Rechtsstreit durch die Kammer des Verwaltungsgerichts *übertragen* werden kann.[44]

Eine solche Übertragung an ein Kammermitglied *soll* in der Regel (und darf zugleich nur dann) erfolgen, wenn

1. die Sache *keine besonderen Schwierigkeiten* tatsächlicher oder rechtlicher Art aufweist, das heißt – im gleichen Sinn wie bei § 84 Abs. 1[45] (vgl. dazu unten § 36 Rdnr. 5) – voraussichtlich keine, das normale Maß übersteigenden Anforderungen an die Entscheidungstätigkeit stellen wird;[46] ferner
2. die Rechtssache keine *grundsätzliche Bedeutung* hat.

---

[40] VGH BW, NVwZ 1991,593.

[41] Vgl. Amtl. Begr., BT-Drucks. 11/7030, S. 17 f., 20.

[42] Vgl. dazu Stelkens, DtZ 1991,9.

[43] H. M., vgl. VGH BW, NVwZ 1991,274 (13. Senat); NVwZ 1991,593 (9. Senat); Kopp, NJW 1991,1265 f.; a. M. VGH BW, NVwZ 1991,275 (1. Senat); Goerlich, NVwZ 1991,541.

[44] Zur Verfassungsmäßigkeit (für den inhaltlich übereinstimmenden § 6 FGO) vgl. BFH, NJW 1995,2576; NVwZ 1998,661, unter Verweis auf § 76 (31) AsylVfG; vgl. dazu oben Rdnr. 11 f.

[45] Vgl. Kopp/Schenke, § 6 Rdnr. 5.

[46] Vgl. Kopp/Schenke, § 6 Rdnr. 5 m. w. Nachw.

Dieser Begriff wird zum Teil im gleichen Sinn wie bei §§ 124 Abs. 2 Nr. 3; 132 Abs. 2 Nr. 1 verstanden.[47] Danach kommt es darauf an, ob die Sache eine über den zu entscheidenden Einzelfall hinausreichende Bedeutung für eine einheitliche Rechtsauslegung und -anwendung hat. Der Gedanke der Rechtseinheit, der jenes Erfordernis als Voraussetzung für das betreffende Rechtsmittel trägt (vgl. unten § 38 Rdnr. 14), ist dann also auf die Spruchtätigkeit der Kammer zu beziehen, um deren Kontinuität zwischen Einzel- und Kollegialentscheidungen zu wahren.[48] Indes sind die Zielrichtungen einer Rechtsmittelzulassung und einer Kompetenzbegründung zur Erstentscheidung prinzipiell verschieden und demzufolge auch die hierfür geltenden Voraussetzungen – ungeachtet wörtlicher Übereinstimmung – je selbständig zu bestimmen. Berücksichtigt man jedoch die tragende Funktion des Kollegialprinzips gerade in der Verwaltungsgerichtsbarkeit (s. oben Rdnr. 10 ff.), so wird man nicht umhin können, nicht nur die rechtliche, sondern auch eine sonstige Bedeutung im Sinne besonderer (z. B. politischer oder wirtschaftlicher), den Einzelfall übersteigender Gewichtigkeit ausreichen zu lassen.[49] **23**

Liegen die gesetzlichen Voraussetzungen vor, so entscheidet die Kammer nach pflichtgemäßem, nur tendenziell ("soll") gebundenem und inhaltlich nicht überprüfbarem Ermessen.[50] Die Beteiligten sind zuvor zu hören.[51] Die Praxis ist sehr unterschiedlich und von Gericht zu Gericht verschieden; im Bundesdurchschnitt werden mehr als die Hälfte der Verfahren auf den Einzelrichter übertragen.[52] Die Übertragung darf grundsätzlich nicht mehr erfolgen, wenn bereits vor der Kammer mündlich verhandelt worden ist, vgl. § 6 Abs. 2. Bei der Auswahl des Richters sind die gesetzlichen Bindungen der Geschäftsverteilung (vgl. § 21g Abs. 2 GVG und dazu oben § 6 Rdnr. 45 f.) zu beachten;[53] ein Richter auf Probe darf im ersten Jahr nach seiner Ernennung nicht Einzelrichter sein, § 6 Abs. 1 Satz 2. Ist ein Einzelrichter bestellt, so entscheidet dieser anstelle der Kammer, nimmt er also deren sämtliche Funktionen in dieser Sache wahr und unterliegt keinerlei Weisungen.[54] **24**

Der Einzelrichter *kann* – nach eigenem, pflichtgemäßem Ermessen – den Rechtsstreit auf die Kammer zurückübertragen, wenn die Rechtssache sich aufgrund einer Änderung der Prozeßlage (nunmehr doch) als grundsätzlich bedeutsam darstellt oder – entgegen der vorausgegangenen Beurteilung – besondere tatsächliche oder rechtliche Schwierigkeiten aufweist, § 6 Abs. 3. **25**

---

[47] So Schnellenbach, DVBl 1993,232; differenzierend Kopp/Schenke, § 6 Rdnr. 9.

[48] Vgl. zu deren Gefährdung auch Stelkens, NVwZ 1991,215 und demgegenüber Schmieszek, NVwZ 1991,525.

[49] Ähnlich Kopp/Schenke, § 6 Rdnr. 9; Eyermann/Geiger, § 6 Rdnr. 17; im Ergebnis wie hier auch Schnellenbach, DVBl 1993,232.

[50] HambOVG, NVwZ-RR 1996,716; Kopp/Schenke, § 6 Rdnr. 10.

[51] Vgl. OVG Saarl, NVwZ 1998,645.

[52] Vgl. Gegenäußerung der Bundesregierung, betr. Entw./6. VwGO-ÄndG, BT-Drucks. 13/4069 zu Nr. 15; demgegenüber Eyermann/Geiger, § 6 Rdnr. 2 m. w. Nachw.

[53] HambOVG, NJW 1994,274; Schnellenbach, DVBl 1993,233.

[54] Vgl. BVerfG, NJW 1996,2149.

26 Entscheidungen betreffend eine Übertragung auf den Einzelrichter oder von diesem zurück auf die Kammer erfolgen durch Beschluß, der mit der Bekanntgabe wirksam wird[55] und unanfechtbar ist, § 6 Abs. 4. Die Geltendmachung einer fehlerhaften Übertragung im Zuge eines Rechtsmittels in der Hauptsache wird hierdurch jedoch nicht ausgeschlossen.[56]

## II. Ehrenamtliche Richter

### 1. Bedeutung und grundsätzliche Problematik

27 Die Institution des *ehrenamtlichen Richters*, der nach Zielsetzung und gesetzlicher Ausgestaltung zwar typischerweise, aber nicht notwendig und ausnahmslos juristischer Laie ist (vgl. noch unten Rdnr. 33), kann, ungeachtet einzelner kritischer Stimmen,[57] als praktisch unverfügbarer Bestandteil der Verwaltungsgerichtsbarkeit gelten.[58] Sie hat hier allerdings eine *besondere Tradition*. So ging es in der ursprünglichen, bis zum Anfang des 19. Jahrhunderts zurückreichenden Auseinandersetzung über Geschworenen- und Schöffengerichte darum, dem im Dienst des Monarchen stehenden Beamtenrichter ein demokratisches Gegengewicht entgegenzusetzen, um einer Abhängigkeit der (Straf-)Rechtsprechung von der Exekutive und ihrer Entfremdung vom Volk entgegenzuwirken.[59]

28 Demgegenüber beruhte die *Verwaltungsgerichtsbarkeit* in ihrem Grundansatz von vornherein auf der Idee einer Selbstkontrolle der Verwaltung durch in diese einbezogene und mit Honoratioren besetzte Ausschüsse (vgl. oben § 2 Rdnr. 3 ff.). Als Verwaltungsgerichte fungierten also Laiengremien, die zur rechtlichen Beratung durch einen rechtskundigen Beamten präsidiert wurden. Nur in der obersten Instanz waren überwiegend echte Gerichte und folgerichtig ohne Laienbeteiligung, tätig.[60] Mit der Entwicklung der Verwaltungsrechtspflege zu einer echten Gerichtsbarkeit sind für diese die gegenüber der Zivilgerichtsbarkeit besonderen, historischen Gründe für eine Laienbeteiligung entfallen. Obwohl es deshalb nahegelegen hätte, die bisherige Situation an den Oberverwaltungsgerichten auf die nunmehr ebenfalls mit Gerichtsqualität ausgestatteten Verwaltungsgerichte zu

---

[55] Vgl. NdsOVG, NVwZ 1998,85 m. Nachw.

[56] HambOVG, NVwZ-RR 1996,716; einschränkend BFH, NVwZ 1998,661.

[57] Vgl. allgemein F. Baur, in: FS für Kern, 1968, S. 49 ff.; Lorenz, S. 219 ff.; speziell für die Verwaltungsgerichtsbarkeit etwa Presting, DÖV 1975,155 ff.; Görlitz, Verwaltungsgerichtsbarkeit, 1970, S. 304 ff.; vgl. auch Rüggeberg, VerwArch 61 (1970), S. 202 ff., 215.

[58] Vgl. Schnellenbach, in: Menger-FS, S. 356; Gehrmann, DRiZ 1988,126.

[59] Vgl. dazu Kern, in: Der Konstanzer Juristentag 1947, S. 135 ff.; ders., in: FS für Sauer, 1949, S. 71 ff.; Eb. Schmidt, Lehrkommentar zur StPO und zum GVG I, 2. Aufl. 1964, Rdnr. 567; Ule, DVBl 1979,797 ff.

[60] Vgl. Schiffmann, a.a.O., S. 12 ff.

Manell, NVwZ 05, 537 (krit.)

erstrecken,[61] wurde jedoch in Fortführung der Tradition am Laienelement festgehalten.

29 Die hierfür geltend gemachten *Sachgründe*[62] erscheinen weithin nicht zwingend. Die Laienbeteiligung schafft weder eine zusätzliche demokratische Legitimation für die Rechtsprechung, noch verstärkt sie deren Verständnis und Akzeptanz in der Bevölkerung.[63] Ebensowenig kann es Aufgabe der Laienrichter sein, nichtjuristische, gesellschaftliche Wertungen und (eher zufällige) subjektive Kenntnisse und Erfahrungen in den Rechtsfindungsprozeß einzubringen oder eine (angebliche) einseitige soziale Schichtung der Berufsrichter auszugleichen. Es verbleibt damit als wesentlichste Funktion der Zwang für den Berufsrichter zu einer für den Laien verständlichen Argumentation und Rechtsbeurteilung (*Plausibilitätskontrolle*),[64] denen freilich nicht nur äußere, formale Bedeutung zukommt. Demgegenüber fallen die *Nachteile* struktureller Mängel des Auswahlverfahrens, Rechtsunkenntnis und (dadurch) leichtere unsachliche Beeinflußbarkeit des Laienrichters, insbesondere durch Massenmedien, sowie Prozeßverzögerung und hohe Kosten deutlich ins Gewicht.[65]

30 Alles in allem kann dem Laienelement, sofern nicht eine besondere Sachkunde nutzbar gemacht werden soll (vgl. §§ 14, 16 SGG),[66] sinnvollerweise nur eine Ergänzungsfunktion zukommen. Sie läßt insbesondere in der Verwaltungsgerichtsbarkeit aus Gründen des Rechtsschutzes eine bestimmende, das heißt zahlenmäßig überwiegende Entscheidungsmitwirkung als bedenklich erscheinen, freilich ohne daß diese als verfassungswidrig eingestuft worden wäre.[67]

## 2. Entscheidungsmitwirkung

31 Dem trägt die Verwaltungsgerichtsordnung Rechnung, die ein Verhältnis von drei Berufs- zu zwei ehrenamtlichen Richtern bei den Verwaltungsgerichten vorsieht (§ 5 Abs. 3) und bei den Oberverwaltungsgerichten zuläßt (§ 9 Abs. 3). Bei dem als Revisionsgericht auf eine reine Rechtsprüfung beschränkten und dabei zur Rechtsfortbildung und Wahrung der Rechtseinheit zuständigen *Bundesverwaltungsgericht* ist – anders als beim Bundessozialgericht (vgl. § 40 i. V. m. §§ 33 Satz 1; 41 Abs. 5 SGG) – eine Mitwirkung von ehrenamtlichen Richtern nicht vorgesehen.[68] Bei Beschlüssen außerhalb der mündlichen Verhandlung und bei

[61] Vgl. Rüggeberg, VerwArch 61 (1970), S. 199.
[62] Vgl. dazu M. Wolf, a.a.O., § 23 I 4; Schilken, a.a.O., Rdnr. 513 ff.; Rüggeberg, VerwArch 61 (1970), S. 202 ff.; Schiffmann, a.a.O., S. 89 ff.
[63] Vgl. dazu Klausa, Ehrenamtliche Richter. Ihre Auswahl und Funktion, empirisch untersucht, 1972, S.110; Schiffmann, a.a.O., S. 222.
[64] Klausa, Ehrenamtliche Richter, S. 110; Rüggeberg, VerwArch 61 (1970), S. 212; Schiffmann, a.a.O., S. 223 ff.; vgl. auch OVG NW, NVwZ-RR 1990,381.
[65] Vgl. M. Wolf, a.a.O.; Schilken, a.a.O.; Presting, DÖV 1975,157.
[66] Vgl. Barbey, in: HdBStR, Bd. III, § 74 Rdnr. 46.
[67] Vgl. Lorenz, S. 220 ff., 224; BVerwG, NVwZ-RR 1991,389 (Flurbereinigungsgericht); vgl. auch BVerfGE 42,206 (210).
[68] Vgl. demgegenüber Ule, DVBl 1979,802.

Gerichtsbescheiden (vgl. unten § 36 Rdnr. 3 ff.) wirken die ehrenamtlichen Richter nicht mit. Dagegen ist über Richtervorlagen (an BVerfG, BVerwG und EuGH) in voller Besetzung zu entscheiden,[69] da sie Grundlage für die Sachentscheidung des Gerichts sind und deshalb ebenso unter Beteiligung der ehrenamtlichen Richter ergehen müssen, wie Entscheidungen über Klagen, die auch bei Entfallen einer mündlichen Verhandlung durch Urteil erfolgen (§§ 101 Abs. 2, 107).

**32** Soweit ehrenamtliche Richter mitwirken, nehmen sie an der mündlichen Verhandlung und Urteilsfindung (§§ 19, 34) *gleichberechtigt* und gegenständlich umfänglich (also nicht etwa nur beschränkt auf die Tatfrage) teil; vorausgehende Information (Mitteilung des Sachverhalts, nicht notwendig Akteneinsicht) effektuiert diese Mitwirkung.[70] Sie genießen volle *richterliche Unabhängigkeit* (§ 45 Abs. 1 DRiG) und müssen in dieser Hinsicht, wie auch im übrigen, den Anforderungen des Art. 101 Abs. 1 Satz 2 GG an den *gesetzlichen Richter* (vgl. oben § 3 Rdnr. 29 ff.) genügen. Dies ist vor allem bei der Heranziehung für die einzelnen Sitzungen,[71] ausnahmsweise auch für den Bestellungsvorgang (Wahl) von Bedeutung.[72] Entsprechend ist auch eine Abberufung des ehrenamtlichen Richters gegen seinen Willen nur auf gesetzlicher Grundlage möglich (§ 44 Abs. 2 DRiG);[73] sie findet sich in § 24 Abs. 1 Nr. 1, 2, 4, 5.[74]

### 3. Bestellung

**33** Die ehrenamtlichen Richter werden aufgrund von Wahlvorschlagslisten der Kreise und kreisfreien Städte des Gerichtsbezirks durch den bei jedem Verwaltungsgericht gebildeten Wahlausschuß auf die Dauer von vier Jahren (§ 25) gewählt (§§ 28, 26). Ihre Anzahl bestimmt der Gerichtspräsident gemäß § 27.[75] Ernennungsvoraussetzung sind unter anderem die deutsche Staatsangehörigkeit und grundsätzlich die Vollendung des 30. Lebensjahres (§ 20), ferner das Nichtvorliegen von Ausschlußgründen (§ 21) und Hinderungsgründen (§ 22). Diese letzteren begründen für bestimmte Berufsgruppen eine Inkompatibilität, die im Ergebnis rechtskundigen Personen praktisch den Zugang zum allgemeinen Amt des ehrenamtlichen Richters verwehrt – kaum zum Vorteil dieser Einrichtung.[76]

---

[69] BVerfGE 16,306; BVerwGE 72,122; Redeker/v. Oertzen, § 9 Rdnr. 3; demgegenüber aber auch BVerfGE 42,206.

[70] Vgl. dazu OVG NW, NVwZ-RR 1990,381; Kühne, DRiZ 1975,390 ff.; Gehrmann, DRiZ 1988,126 ff.; Czapski, ZBR 1989,200, 202.

[71] Vgl. dazu BVerwG, NVwZ 1986,1010; NJW 1992,254.

[72] Vgl. BVerwG, NJW 1988,219; NVwZ 1988,724.

[73] Vgl. dazu BVerfGE 27,312 (322).

[74] Vgl. OVG NW, NVwZ 1987,233; Albers, MDR 1984,888 ff.

[75] Vgl. zum Aufstellungsverfahren Schnellenbach, NVwZ 1988,703.

[76] Vgl. dazu auch Röper, DRiZ 1978,18.

Kienke, NVwZ 98, 423

Im Einklang mit den Verfassungsanforderungen an den gesetzlichen Richter wird die Reihenfolge, in der die ehrenamtlichen Richter zu den Sitzungen heranzuziehen sind, zu Beginn des Geschäftsjahres vom Gerichtspräsidium bestimmt. Dabei ist für jede Kammer eine Liste aufzustellen, die mindestens zwölf Namen enthalten muß (§ 30). Einflußnahme auf die Zusammensetzung des Spruchkörpers kann in dieser Hinsicht also nur (aber immerhin) durch die Terminierung der einzelnen Streitsachen genommen werden. Für ihre Tätigkeit erhalten die ehrenamtlichen Richter gemäß § 32 eine Entschädigung nach dem Gesetz über die Entschädigung der ehrenamtlichen Richter vom 1.10.1969. Soweit nach Maßgabe der Landesgesetze (vgl. oben § 6 Rdnr. 24 f.) ehrenamtliche Richter beim Oberverwaltungsgericht mitwirken, gelten für sie die in bezug auf das Verwaltungsgericht getroffenen Vorschriften (§§ 19-33) entsprechend (§ 34). 34

## III. Richterliche Neutralität

Zu den wesensbestimmenden Merkmalen des Richters, die sein verfassungsmäßiges Bild als eines "nichtbeteiligten Dritten"[77] konstituieren, gehört neben der äußeren (sachlichen und persönlichen) Unabhängigkeit (vgl. oben Rdnr. 2 ff.) seine *Unparteilichkeit*. Sie verlangt eine innere Distanz gegenüber dem Entscheidungsgegenstand und den Prozeßbeteiligten, so daß diese darauf vertrauen können, die Entscheidung werde allein durch die Bindung an das Recht bestimmt, nicht aber von *besonderen*, in der Person des konkreten Richters[78] liegenden Umständen beeinflußt. 35

### 1. Inkompatibilitäten

Der institutionellen Sicherung richterlicher Neutralität und Unparteilichkeit dient zunächst das Verbot des § 4 Abs. 1 DRiG, mit dem Richteramt zugleich Aufgaben der gesetzgebenden oder vollziehenden Gewalt wahrzunehmen. Die Inkompatibilität gewinnt für den Verwaltungsrichter besondere Bedeutung, obliegt ihm doch zum Schutz des Bürgers (vgl. oben § 3 Rdnr. 1 ff.) eine Kontrollfunktion gegenüber der Verwaltung und hat er hierbei auch, häufiger als die Richter der ordentlichen und der Arbeitsgerichtsbarkeit, die Gültigkeit der zugrunde liegenden (Verwaltungs-)Gesetze zu überprüfen. § 4 Abs. 1 DRiG dient damit vorliegend über das allgemeine Gewaltentrennungsprinzip hinaus (s. oben § 5 Rdnr. 2 ff.), zusätzlich der auf den einzelnen Prozeß bezogenen Unparteilichkeit des Richters.[79] 36

[77] BVerfGE 21,139 (145).

[78] Zur generellen Bedeutung der Richterpersönlichkeit für die gerichtliche Entscheidung als methodisches Problem vgl. Zweigert, in: FS für Hippel, S. 711, Starck, VVDStRL 34 (1976), S. 51 ff.; Gerdes, a.a.O., S. 26 ff.

[79] Vgl. auch M. Wolf, a.a.O., § 22 II 3 b.

Der latente Rollenkonflikt, dem der Richter bei gleichzeitiger Stellung als Parlamentsabgeordneter (§ 4 Abs. 1 DRiG) oder Verwaltungsangehöriger ausgesetzt wäre, wird so von vornherein ausgeschlossen.

37 Diese Unvereinbarkeitsregelung, die, abgesehen von § 4 Abs. 2 DRiG, keine Ausnahme duldet, wird allerdings von der herrschenden Meinung auf eine Mitgliedschaft in *kommunalen Vertretungskörperschaften* (vgl. § 54 Abs. 3 und dazu unten Rdnr. 44) nicht für anwendbar gehalten,[80] obwohl die Gemeinden unstreitig insgesamt Teil der staatlichen Exekutive sind.[81] Für Vertretungskörperschaften in sonstigen juristischen Personen (Berufskammern, Hochschulen) müßte konsequenterweise ein Gleiches gelten.[82] Da verfassungsrechtlich zwingende Vorgaben fehlen, insoweit vielmehr lediglich eine "zu enge personelle Verzahnung" von Judikative und Exekutive ausgeschlossen ist,[83] mag man sich auf einen entsprechend eingeschränkten Regelungswillen des Gesetzgebers berufen.[84] Gleichwohl erscheint dieses Verständnis, das im Wortlaut keine Stütze findet, mit der grundsätzlichen Zielsetzung richterlicher Neutralität kaum vereinbar.[85] Insbesondere kann es den Verwaltungsrichter in der großen Zahl von konkreten Verfahren mit Berührung gemeindlicher Interessen in einen Interessenkonflikt stürzen, der seine Unparteilichkeit in Frage stellt und nur mit dem Korrektiv nachträglicher Befangenheitsablehnung zu bewältigen ist.

## 2. Ausschließung

### *a) Begriff und Abgrenzung*

38 Darüber hinaus muß der Gesetzgeber aber auch Vorsorge[86] gegen eine Verfahrensbeteiligung von Richtern treffen, denen gegenüber jenes Vertrauen in eine unparteiische Entscheidungsfindung aufgrund objektiver Umstände vernünftigerweise nicht gegeben ist. Hierzu ist im Verwaltungsprozeß in grundsätzlicher Übernahme der zivilprozessualen Regelung (§§ 41-49 ZPO) die Möglichkeit der *Ausschließung oder Ablehnung von Gerichtspersonen* vorgesehen (§ 54 Abs. 1). Zu diesen gehört auch der Urkundsbeamte der Geschäftsstelle (§ 49 ZPO), nicht dagegen der Vertreter des öffentlichen Interesses (§§ 35 ff.; vgl. dazu unten § 8

---

[80] Vgl. Schmidt-Räntsch, DRiG, § 4 Rdnr. 11.

[81] Vgl. BVerfGE 65,283 (289); Schmidt-Aßmann, Kommunalrecht, in: Schmidt-Aßmann, Rdnr. 8; Wolff/Bachof/Stober II, § 85 Rdnr. 14; StGH BW, NJW 1975,1205 (1207 f.).

[82] Vgl. im Zusammenhang mit § 54 Abs. 3 andeutungsweise Redeker/v. Oertzen, § 54 Rdnr. 12.

[83] Vgl. BVerfGE 18,241 (255), 27,312 (321); Bettermann, AöR 92 (1967), S. 512 ff.

[84] Vgl. Schmidt-Räntsch, DRiG, § 4 Rdnr. 11.

[85] In diese Richtung wohl auch BVerwG, NVwZ 1990,162; offengelassen noch in E 25,210 (217) und 41,195 (198 f.); vgl. auch OVG NW, NwVBl 1989,437; eingehend dazu Bernhard, Richteramt und Kommunalmandat, 1983.

[86] BVerfGE 21,139 (146).

Rdnr. 49 ff.);[87] gemäß §§ 98 VwGO; 406 ZPO kann auch ein Sachverständiger abgelehnt werden.

Ausschließung und Befangenheitsablehnung unterscheiden sich nicht strukturell,[88] sondern lediglich nach der Intensität der maßgeblichen Gründe und nach ihren Rechtswirkungen. Übereinstimmend dienen sie der Fernhaltung von Richtern, die dem Verdacht der Parteilichkeit ausgesetzt sind.[89] Bei Vorliegen eines Ausschließungsgrundes kann eine unparteiische Entscheidung des Richters jedoch *typischerweise* nicht erwartet werden, zum Beispiel, wenn er selbst Beteiligter ist. Für solche Fälle legt der Gesetzgeber selbst fest, daß der betroffene Richter von der Ausübung des Richteramts ausgeschlossen ist (§§ 54 Abs. 1 VwGO; 41 ZPO). Dem *ausgeschlossenen Richter* (*judex inhabilis*) ist also schon kraft Gesetzes eine Verfahrensmitwirkung verwehrt. 39

Demgegenüber berechtigen sonstige Umstände, die nicht generell, sondern nur im konkreten Einzelfall geeignet sind, Mißtrauen gegen die Unparteilichkeit eines Richters zu rechtfertigen (§ 42 Abs. 2 ZPO), nur zu dessen *Ablehnung* wegen Besorgnis der Befangenheit. Der *abgelehnte Richter* (*judex suspectus*) scheidet erst aufgrund einer stattgebenden gerichtlichen Entscheidung über das Ablehnungsgesuch aus. 40

### b) Ausschließungsgründe

Eine unparteiliche Entscheidung erscheint grundsätzlich in Frage gestellt, wenn der Richter ein unmittelbares eigenes Interesse am Ausgang des Verfahrens hat (*persönliche Beteiligung*), insbesondere, weil er oder ein naher Angehöriger Beteiligter des Verfahrens ist (vgl. § 41 Nr. 1-3 ZPO), zum Beispiel, wenn dem Richter ein Grundstück im Geltungsbereich des angegriffenen Bebauungsplanes gehört[90] oder er über eine Gewerbeuntersagung gegen seinen Ehegatten zu befinden hat. Zur Ausschließung führt es ferner, wenn der Richter anderweit in bestimmter Weise mit der Sache befaßt ist oder war[91] und deshalb die Annahme naheliegt, er habe sich bei dieser Gelegenheit bereits inhaltlich festgelegt (*sachliche Beteiligung*). Hierbei ist neben den Fällen *faktischer Vorbefassung*, zum Beispiel in Form einer (auch nur früheren) Vertreterstellung[92] und einer Prozeß- 41

[87] OVG NW, NVwZ 1991,489.

[88] Vgl. dazu Arzt, a.a.O., S. 17; Bettermann, in: Bettermann/Nipperdey/Scheuner, Die Grundrechte, Bd. III/2, S. 526; Günther, VerwArch 82 (1991), S. 180.

[89] Vgl. Riedel, a.a.O., S. 86; Gerdes, a.a.O., S. 25 ff.

[90] Vgl. auch BayVGH, BayVBl 1981,723. Zur Befangenheit des Gemeinderats bei vergleichbarer Lage vgl. BVerwG, NVwZ 1988,916.

[91] Zur Vorbefassung eingehend Günther, VerwArch 82 (1991), S. 179 ff.

[92] Hierfür genügt die bloße Zugehörigkeit zu der Behörde jedenfalls nicht, wohl aber eine Vertretung in der konkreten Sache, auch als Vertreter des öffentlichen Interesses; ebenso Günther, VerwArch 82 (1991), S. 184; vgl. auch BayVGH, BayVBl 1981,368; a. A. Kopp, BayVBl 1981,356.

beteiligung als Zeuge oder Sachverständiger (§ 41 Nr. 4, 5 ZPO)[93] im Verwaltungsprozeß vor allem eine *rechtliche Vorbefassung* von Bedeutung, das heißt die Mitwirkung an einer früheren Entscheidung, die Gegenstand des gegenwärtigen Verfahrens ist. Denn dies trifft, über die in § 41 Nr. 6 ZPO erfaßte Mitwirkung an einer vorausgehenden *gerichtlichen* Entscheidung[94] hinaus, für alle Verfahren zu, in denen – wie in der Regel – eine Verwaltungsentscheidung zur gerichtlichen Überprüfung gestellt wird. § 54 Abs. 2 ergänzt deshalb den Katalog der Ausschließungsgründe um die Mitwirkung bei dem vorausgegangenen Verwaltungs- (nicht notwendig Vor-)verfahren,[95] zum Beispiel bei der Erklärung des gemeindlichen Einvernehmens zu einem baurechtlichen Dispens, dagegen nicht bei dem diesem vorausgehenden Bauplanungsverfahren.[96]

## 3. Befangenheitsablehnung

### *a) Ablehnungsgründe*

42 Gemäß §§ 54 Abs. 1 VwGO, 42 Abs. 1 ZPO kann ein Richter abgelehnt werden, wenn Zweifel an seiner Unparteilichkeit bestehen, weil (sogar) ein gesetzlicher Ausschließungsgrund vorliegt oder besondere Umstände im Einzelfall ein derartiges Mißtrauen rechtfertigen. Dabei kommt es auf dessen Berechtigung nur in einem formellen Sinn, das heißt insofern an, als ein Beteiligter aufgrund *objektiv feststellbarer* Tatsachen *vernünftigerweise* Anlaß zu der *Befürchtung* haben kann, der Richter werde in der Sache nicht unparteilich, unvoreingenommen oder unbefangen entscheiden.[97] Nicht maßgeblich ist dagegen, ob die betreffenden Umstände die Unparteilichkeit des Richters in Frage stellen oder gar, ob dieser tatsächlich befangen ist.[98] Deshalb hat sich die dienstliche Äußerung des Richters gemäß § 44 Abs. 3 ZPO auch lediglich auf den Ablehnungsgrund, nicht aber auf seine Befangenheit zu beziehen.[99] Es wird aber verlangt, daß sich der Grund aus der konkreten Situation des einzelnen Prozeßrechtsverhältnisses[100] ergibt und in der Person gerade des individuellen Richters manifestiert. Weder kann ein Gericht als solches, noch ein Richter wegen eines Umstandes abgelehnt werden, der bei grundsätzlich allen Richtern (des Gerichts) zutrifft (Gruppenablehnung, z. B.

[93] BVerwG, DVBl 1980,594.
[94] Vgl. BVerwG, DÖV 1980,568; BayVBl 1998,250.
[95] Vgl. dazu Günther, VerwArch 82 (1991), S. 192 ff.
[96] Vgl. dazu, zum Teil abweichend, BVerwG, NVwZ 1990,460.
[97] Vgl. BVerwGE 50,36(38); 52,47 (50); Krekeler, NJW 1981,1634 f.
[98] Vgl. BVerwGE 50,36 (38); Schilken, a.a.O., Rdnr. 488; zumindest mißverständlich demgegenüber BVerwG, NVwZ 1990,460 (461 li).
[99] Vgl. dazu BGH, NJW 1970,478; DRiZ 1986,423; Vollkommer, in: Zöller, § 44 Rdnr. 4; Horn, Der befangene Richter, 1977, S. 123.
[100] Vgl. BVerwG, NJW 1997,3327; Günther, NJW 1986,285; Zuck, DRiZ 1988,176.

BVerwG, B 14.11.12, NVwZ 13, 228

Richter desselben Gerichts als Prozeßpartei; Stellung des prozeßbeteiligten Staates als Dienstherr des Richters).[101]

Beachtliche Ablehnungsgründe[102] können sich aus bestimmten *äußeren Umständen* ergeben, wie zum Beispiel einer wirtschaftlichen oder dienstrechtlichen Verbindung zu einer Partei,[103] der Mitgliedschaft bei dem prozeßbeteiligten Verband, je nach Sachlage auch aus einer engen persönlichen Beziehung, die über bloße Bekanntschaft oder Kollegialität hinausgeht.[104] Daneben kann auch das *prozessuale Verhalten* des Richters die Befürchtung einer Voreingenommenheit begründen, zum Beispiel unsachliche Bemerkungen zum Prozeßvortrag oder eine einseitig vorangetriebene Sachverhaltsaufklärung;[105] hier wird angesichts des Untersuchungsgrundsatzes (§ 86 Abs. 1; vgl. dazu unten § 30 Rdnr. 11 ff.) meist auch ein Verstoß gegen diese Prozeßmaxime vorliegen. 43

*Außerprozessuale Äußerungen* wissenschaftlicher oder meinungsbildender Art sind, immer vorbehaltlich besonderer Umstände (außergewöhnliches Engagement; Äußerung zur konkreten Streitsache) grundsätzlich kein Anlaß für eine Besorgnis der Befangenheit.[106]

Im Hinblick auf die besondere personelle und prozessuale Situation im Verwaltungsstreitverfahren (s. oben Rdnr. 2 ff.) kann eine etwa bestehende institutionelle Nähe des Richters zum Staat (im funktionellen Sinn) als Prozeßpartei eine praktische Rolle spielen. Ein aktuelle *Verbindung* ist durch Inkompatibilitätsregelungen (s. oben Rdnr. 36 f.) weitgehend, wenngleich, wie § 54 Abs. 3 zeigt, nicht ausnahmslos ausgeschlossen. Diese Vorschrift setzt im Einklang mit dem berichteten Verständnis des § 4 Abs. 1 DRiG die Zugehörigkeit des Richters zur Vertretung einer – auch öffentlich-rechtlichen – Körperschaft als zulässig voraus; für ehrenamtliche Richter bildet § 22 Nr. 1 ohnehin keinen Hinderungsgrund. Sie statuiert jedoch eine unwiderlegliche Vermutung der *Besorgnis der Befangenheit,*[107] wenn die *Interessen* dieser Körperschaft durch das Verfahren berührt werden. Eine rechtliche Betroffenheit durch dieses oder gar eine Beteiligtenstellung ist also nicht erforderlich, wird aber freilich umgekehrt immer den Tatbestand des § 54 Abs. 3 erfüllen. So kann es bei einem Richter als Gemeinderat genügen, daß es sich um einen Prozeß über grundsätzliche kommunalrechtliche Fragen – mit oder ohne Beteiligung einer Gemeinde – handelt, zum Beispiel 44

---

[101] Vgl. BayVGH, BayVBl 1981,368; Günther, VerwArch 82 (1991), S. 216.

[102] Zur Typologie Krekeler, NJW 1981,1636 ff.

[103] Abgelehnt für Prüfer im Prozeß gegen Prüfungsamt (OVG Berlin, DÖV 1978,338) und Lehrbeauftragten im Prozeß gegen Universität (OVG NW, OVGE 31,80).

[104] Vgl. BayObLG, NJW-RR 1987,127.

[105] Vgl. BVerwG, MDR 1966,950; OLG Hamm, VersR 1978,646; OLG Hamburg, NJW 1992,2036.

[106] Vgl. VGH BW, NJW 1986,2068; HessVGH, NJW 1985,1105; Sendler, NJW 1984,689; Wassermann, DRiZ 1987,146; eingehend Gerdes, a.a.O., S. 56 ff., 65 ff., 74 ff. Eher noch großzügiger das BVerfG, vgl. E 35,171 (174); 246 (253 f.); 73,330 (335 ff.).

[107] Vgl. auch BVerwG, NVwZ 1990,460.

abgabenrechtlicher (Zweitwohnungssteuer), bauplanungsrechtlicher[108] oder kommunalaufsichtlicher Art.[109] Obwohl durch Konstruktion und umfassenden Anwendungsbereich in die Nähe eines Ausschließungsgrundes gerückt, verliert § 54 Abs. 3 nicht seine Bedeutung als Befangenheitsregelung. Das Gesetz verzichtet also nur auf den Nachweis einer Besorgnis der Befangenheit, nicht aber darauf, daß der für diese ursächliche Befangenheitsgrund form- und fristgerecht geltend gemacht wird.[110]

**45** Im Gegensatz zu § 51 Abs. 3 FGO[111] erfaßt § 54 VwGO eine frühere Zugehörigkeit des Richters zum prozeßbeteiligten Verwaltungsträger nicht. Sie kann gleichwohl ausnahmsweise als Befangenheitsgrund erheblich sein,[112] wenn sie durch Hinzutreten besonderer Umstände (Dienststellung, Aufgabenbereich, Tätigkeitsdauer usw.) auf einen latenten Rollenkonflikt hinweist, der vernünftigerweise befürchten läßt, der Betreffende sei zu einer vorurteilsfreien Entscheidung gerade der konkreten Sache (noch) nicht in der Lage.[113]

### b) Verfahren

**46** Die Ablehnung erfolgt durch ein Gesuch (§ 44 Abs. 1 ZPO), das von jedem *Beteiligten* (vgl. unten § 8) gestellt werden kann (vgl. § 54 Abs. 1 VwGO i. V. m. § 42 Abs. 3 ZPO). Die Tatsachen, auf die die Ablehnung gestützt wird, sind glaubhaft zu machen, § 44 Abs. 2 ZPO. Durch rügelose Einlassung zur Sache oder Antragstellung geht das Ablehnungsrecht verloren, § 43 ZPO.

**47** Über das Gesuch entscheidet das Gericht, dem der abgelehnte Richter angehört, ohne dessen Mitwirkung, im Fall der Beschlußunfähigkeit das nächsthöhere Gericht (§ 45 Abs. 1 ZPO). Wird das Ablehnungsrecht erkennbar mißbraucht (z. B. grundlose Ablehnung aller Richter eines Gerichts[114]), so kann die Entscheidung in der ursprünglichen Besetzung ergehen[115] oder sogar entbehrlich sein.[116] Von der hierin liegenden Konzession an die Entscheidungseffektivität sollte aus rechtsstaatlichen Gründen allerdings nur zurückhaltend Gebrauch gemacht werden.[117]

---

[108] BVerwG, NVwZ 1990,460.
[109] Vgl. Redeker/v. Oertzen, § 54 Rdnr. 12.
[110] BVerwG, NVwZ 1990,460.
[111] Vgl. dazu Lorenz, StuW 1980,325.
[112] Vgl. dazu Günther, VerwArch 82 (1991), S. 215 f.; vgl. auch Lorenz, StuW 1980,325.
[113] In einer vergleichbaren Konstellation konnten sich Richter bei Überleitung des SED-Unrechts-Regimes (Art. 17 EVtr) in die Verfassungsordnung der Bundesrepublik befinden; vgl. dazu (ablehnend) BezG Rostock, DtZ 1992,62; vgl. auch BVerfG, DtZ 1991,408.
[114] Vgl. BVerwGE 50,36; DÖV 1976,747.
[115] H. M., vgl. BVerfGE 31,145 (164); BVerwG, NJW 1988,722; Günther, NJW 1986,288 f.
[116] BVerfGE 11,343 (348).
[117] Vgl. Bork, in: Stein/Jonas, Bd. I, § 42 Rdnr. 12; Günther, NJW 1986,290.

Die Entscheidung ergeht durch begründeten Beschluß. Sie ist auch im Fall einer sogenannten Selbstablehnung (§ 48 ZPO) oder bei Zweifeln über die Ausschließung eines Richters erforderlich. Der Beschluß kann nicht mit der Beschwerde angefochten werden, und zwar nunmehr auch dann nicht, wenn das Ablehnungsgesuch zurückgewiesen wurde (§ 146 Abs. 2 i. d. F. des 6. VwGO-ÄndG). **48**

## Literatur

*Arzt*, Der befangene Strafrichter, 1969.
*Brohm*, Stellung und Funktion des Verwaltungsrichters, DVerw 24 (1991), S. 137.
*Gerdes*, Die Ablehnung wegen Besorgnis der Befangenheit aufgrund von Meinungsäußerungen des Richters, 1992.
*Günther*, Der "vorbefaßte" Zivil- oder Verwaltungsrichter, VerwArch 82 (1991), S. 179.
*Ders.*, Unzulässige Ablehnungsgesuche und ihre Bescheidung, NJW 1986,281.
*Hamann*, Das Kollegialprinzip und der "Einzelrichter" nach der 4. Novelle zur VwGO, VerwArch 83 (1992), S. 201.
*Klenke*, Zur Wahl der ehrenamtlichen Richterinnen und Richter in der Verwaltungsgerichtsbarkeit, NVwZ 1998,473.
*Krekeler*, Der befangene Richter, NJW 1981,1633.
*Nowak*, Richterliche Aufklärungspflicht und Befangenheit, 1991.
*Riedel*, Das Postulat der Unparteilichkeit des Richters, 1980.
*Schiffmann*, Die Bedeutung der ehrenamtlichen Richter bei Gerichten der allgemeinen Verwaltungsgerichtsbarkeit, 1974.
*Schilken*, Gerichtsverfassungsrecht, 2. Aufl. 1994.
*Schmidt-Jortzig*, "Ordentliche Professoren des Rechts" als Richter an den Verwaltungsgerichten, in: Menger-FS, S. 359.
*Schnellenbach*, Das Spruchkörperprinzip in der Verwaltungsgerichtsbarkeit, in: Menger-FS, S. 341.
*Ders.*, Die Änderung der Verwaltungsgerichtsordnung durch das Gesetz zur Entlastung der Rechtspflege, DVBl 1993,230.
*Schorn/Stanicki*, Die Präsidialverfassung der Gerichte aller Rechtswege, 2. Aufl. 1975.
*Sendler*, Zur Unabhängigkeit des Verwaltungsrichters, NJW 1983,1449.
*Thomas*, Richterrecht, 1986.
*Wolf, M.*, Gerichtsverfassungsrecht aller Verfahrenszweige, 6. Aufl. 1987.
*Zweigert*, Zur inneren Unabhängigkeit des Richters, in: FS für Hippel, 1967, S. 711.

# 2. Abschnitt. Die Beteiligten

## § 8. Die Beteiligten im engeren Sinne

Träger des Prozeßrechtsverhältnisses sind neben dem Gericht die Parteien. Sie werden im Verwaltungsprozeß, abweichend vom Zivilprozeß und ergänzt um weitere, potentielle Teilnehmer am gerichtlichen Verfahren (Beigeladener, Oberbundesanwalt, Vertreter des öffentlichen Interesses) als *Beteiligte* bezeichnet, § 63. 1

### I. Die Hauptbeteiligten

#### 1. Kläger und Beklagter; Antragsteller und Antragsgegner

Der Verwaltungsprozeß kennt, anders als zum Beispiel der Verfassungsprozeß (vgl. etwa Art. 93 Abs. 1 Nr. 2 GG i. V. m. §§ 13 Nr. 6; 76 BVerfGG) nur *streitige* (*kontradiktorische*) Verfahren. Er wird zwischen dem *Kläger*, der das Rechtsschutzbegehren an das Gericht stellt, und dem *Beklagten*, gegen den sich die Klage richtet,[1] geführt. Kläger und Beklagter sind also die notwendigen Parteien eines jeden Prozesses. Als *Hauptbeteiligte* bestimmen sie über Einleitung, Inhalt und Fortgang des Verfahrens. Die Stellung als Kläger und Beklagter wird allein durch die Tatsache der Klageerhebung begründet. Auf deren Rechtmäßigkeit kommt es ebensowenig an wie darauf, ob der Kläger zur Klageerhebung berechtigt ist oder den richtigen Beklagten in Anspruch genommen hat.[2] 2

In Verfahren, die nicht durch eine Klage, sondern einen *Antrag* eingeleitet werden, wie vor allem bei der Normenkontrolle gemäß § 47 Abs. 1, aber auch in Verfahren des vorläufigen Rechtsschutzes (§§ 80 Abs. 5, 80a Abs. 3; 123 Abs. 1), 3

---

[1] Vgl. dazu Ehlers, in: Menger-FS, S. 379 ff.
[2] Vgl. v. Mutius, Jura 1988,470; Ehlers, in: Menger-FS, S. 380.

bestimmen *Antragsteller* und *Antragsgegner* das prozessuale Rechtsverhältnis. Sie sind also in diesem, obwohl in § 63 nicht erwähnt, Hauptbeteiligte und haben insoweit die gleiche Stellung wie Kläger und Beklagter.[3]

## 2. Streitgenossenschaft

### *a) Begriff und Arten*

4 Stehen auf der Seite einer Partei mehrere Personen, so liegt eine *aktive* (Mehrheit von Klägern) oder *passive* (Mehrheit von Beklagten) *Streitgenossenschaft* vor. Maßgeblich hierfür ist die, gegebenenfalls nachträglich erweiterte (s. unten § 31 Rdnr. 37) *Klage*, doch kann eine Streitgenossenschaft auch durch gerichtliche *Verbindung* mehrerer Verfahren (§ 93 Satz 1) entstehen. Dabei begründet jede kontradiktorische Beziehung zwischen zwei Personen ein eigenes Prozeßrechtsverhältnis; nehmen zwei Personen drei andere klageweise in Anspruch, so liegen also sechs Klagen (und damit Prozesse) vor, die je getrennt nach Zulässigkeit und Begründetheit zu beurteilen sind. Die Streitgenossenschaft führt damit zu einer *subjektiven Klagehäufung*. Sie ist zu unterscheiden von der *objektiven Klagehäufung*, das heißt der Verfolgung mehrerer Klagebegehren zusammen in einer Klage, § 44 (s. dazu unten § 31 Rdnr. 11 ff.). Treten beide Formen kombiniert auf (zum Beispiel Klage eines Ehepaares auf Aufhebung eines Gebührenbescheids und Rückzahlung der bereits erbrachten Leistung), so ergibt sich eine entsprechend erhöhte Zahl von (hier: vier) Verfahren.

5 Für die *Zulässigkeit* einer Streitgenossenschaft gelten gemäß § 64 die §§ 59 bis 63 ZPO entsprechend. Danach ist zwischen einfacher und notwendiger Streitgenossenschaft zu unterscheiden. Sind die Voraussetzungen für eine Streitgenossenschaft nicht gegeben, so dürfen die Klagen nicht als unzulässig abgewiesen werden, sondern sind die Verfahren zu *trennen*, § 93 Satz 2.

### *b) Die einfache Streitgenossenschaft*

Gemäß §§ 59, 60 ZPO *können* mehrere Personen gemeinschaftlich klagen oder verklagt werden.

6 *aa) Fallgruppen.* Eine solche einfache (oder freiwillige) Streitgenossenschaft ist – abgesehen von den Fällen, in denen sogar eine notwendige Streitgenossenschaft vorliegt (vgl. unten Rdnr. 8 ff.) – bei drei Konstellationen *zulässig*, nämlich

[3] Vgl. dazu auch v. Mutius, Jura 1988,470.

- wenn hinsichtlich des Streitgegenstandes Rechtsgemeinschaft besteht,[4] zum Beispiel Miteigentümer eines Grundstücks gegen einen hierauf bezogenen Entwässerungsbescheid vorgehen;[5]
- wenn die Berechtigung oder Verpflichtung auf demselben tatsächlichen und rechtlichen Grund beruht, zum Beispiel einem von mehreren Personen geschlossenen (öffentlich-rechtlichen) Vertrag;[6]
- wenn die geltend gemachten Ansprüche beziehungsweise Verpflichtungen gleichartig sind und auf einem im wesentlichen gleichartigen tatsächlichen und rechtlichen Grund beruhen, zum Beispiel bei Anfechtungsklagen Betroffener gegen eine Allgemeinverfügung[7] oder einen Planfeststellungsbeschluß.[8]

Die einzelnen Fallgruppen sind nicht trennscharf zu unterscheiden. Sie dürfen nicht engherzig verstanden werden, sondern sollen eine Streitgenossenschaft immer dann ermöglichen, wenn eine gemeinsame Verhandlung und Entscheidung der Streitsachen als zweckmäßig erscheint.[9]

*bb)* Für die *rechtliche Behandlung* gilt nichts Besonderes. Die einzelnen Streit- 7
genossen stehen selbständig nebeneinander, Prozeßhandlungen sind ohne Rücksicht auf die übrigen Streitgenossen zulässig und gereichen diesen weder zum Vorteil noch zum Nachteil, § 61 ZPO. Die Entscheidung kann gegenüber den einzelnen Streitgenossen unterschiedlich sein.

### *c) Die notwendige Streitgenossenschaft*

Finden sich die Beteiligten bei der einfachen Streitgenossenschaft ohne recht- 8
lichen Zwang (und insofern – auch aus der Sicht der in Anspruch genommenen Beklagten – "freiwillig") zusammen, so erweist sich eine Streitgenossenschaft als notwendig, wenn die Sachentscheidung gegenüber den Beteiligten nur einheitlich ergehen kann.[10] Dies ohne inhaltliche Regelung voraussetzend, beschränkt sich § 62 ZPO auf die Normierung einiger Rechtsfolgen der notwendigen Streitgenossenschaft.

*aa)* Der *Zwang zur einheitlichen Sachentscheidung* kann sich aus prozeß- oder materiell-rechtlichen Gründen ergeben.

---

[4] Vgl. v. Mutius, Jura 1988,475.
[5] BayVGH, NVwZ 1987,900.
[6] Vgl. Stettner, JA 1982,397.
[7] Vgl. Stettner, JA 1982,397.
[8] BVerwG, NVwZ 1993,477; BayVGH, BayVBl 1984,212; DVBl 1982,210.
[9] Vgl. Rosenberg/Schwab/Gottwald, § 48 II 1a.
[10] Vgl. Rosenberg/Schwab/Gottwald, § 49 I.

9 *(1)* Unter *prozessualem Aspekt* muß vermieden werden, daß einander widersprechende Urteile ergehen. Die (zivil)prozessuale Literatur nennt hier an erster Stelle die Fälle der *Rechtskrafterstreckung*:[11] Tritt eine solche im Fall getrennter Prozesse ein (zum Beispiel im Verhältnis des Testamentsvollstreckers zum Erben, § 327 Abs. 2 ZPO; bei Anfechtung eines Hauptversammlungsbeschlusses, § 248 Abs. 1 AktG), so führt deren Verbindung in einem Verfahren zu einer notwendigen Streitgenossenschaft.[12] Da derartige Rechtskraftregelungen jedoch im öffentlichen Recht praktisch kaum vorkommen,[13] kann diese Variante für den Verwaltungsprozeß außer Betracht bleiben. Statt dessen ist allein auf die (völlige) *Identität des Streitgegenstandes* abzuheben, die es ausschließt, ohne Rechtskraftkollision in getrennt geführten Prozessen unterschiedlich zu entscheiden und in der auch jene Rechtskraftregelungen ihren Sachgrund finden.[14]

10 Notwendige Streitgenossenschaft in diesem Sinn liegt zum Beispiel beim Vorgehen mehrerer gegen einen dinglichen Verwaltungsakt (Verkehrszeichen) vor,[15] ebenso, wenn Käufer und Verkäufer auf Erteilung einer Bodenverkehrsgenehmigung[16] oder Miteigentümer eines Grundstücks auf Erteilung einer Baugenehmigung klagen.[17] Die Klage kann also ohne Einbeziehung der übrigen an dem Rechtsverhältnis Beteiligten erhoben werden; diese sind freilich im Wege der (notwendigen) Beiladung zum Prozeß beizuziehen (s. unten Rdnr. 27 ff.). Die Streitgenossenschaft ist also nur insoweit eine notwendige, als sie aktuell als solche vorliegt; sie wird deshalb auch als *unechte* oder *uneigentliche* bezeichnet.

11 *(2) Echte* oder *eigentliche* notwendige *Streitgenossenschaft* ist dagegen gegeben, wenn das materielle Recht dazu zwingt, durch oder gegen mehrere Personen gemeinschaftlich Klage zu erheben, weil nur diesen die aktive beziehungsweise passive Rechtsträgerschaft (Sachlegitimation; vgl. unten § 10 Rdnr. 4) zusteht. Hauptfall ist die Gesamthandsgemeinschaft. Klagen ihrer Mitglieder (BGB-Gesellschaft; Erbengemeinschaft vorbehaltlich des § 2039 BGB)[18], zum Beispiel auf Baugenehmigung hinsichtlich eines Nachlaßgrundstücks[19] oder gegen die ihrem Nachbarn erteilte Baugenehmigung[20] (wegen § 2038 Abs. 1 Satz 2 Halbs. 2 BGB nicht jedoch gegen eine diesbezügliche belastende Maßnahme, wie

[11] Vgl. Rosenberg/Schwab/Gottwald, § 49 II; Baumbach/Lauterbach, § 62 Rdnr. 4.
[12] BGHZ 36,187; Rosenberg/Schwab/Gottwald, § 49 II vor 1; Schellhammer, Rdnr. 1604.
[13] Vgl. auch Stettner, Verhältnis a.a.O., S. 110 f.
[14] Vgl. Ule, § 21 II 1b; Kopp/Schenke, § 64 Rdnr. 6; J. Martens, VerwArch 60 (1969), S. 217; Stettner, JA 1982,398; a. M. Rosenberg/Schwab/Gottwald, § 49 I.
[15] Vgl. v. Mutius, Jura 1988,476.
[16] Vgl. BVerwG, BayVBl 1970,135; BGHZ 36,187.
[17] BVerwGE 54,54 (55); DVBl 1980,230.
[18] Vgl. BVerwG, BayVBl 1996,252.
[19] Vgl. Ule, § 21 II 1 b.
[20] VGH BW, VBlBW 1992,14.

Abbruch- oder Enteignungsverfügung),[21] sind grundsätzlich nur in Gemeinschaft zulässig.[22]

12 Gleiches gilt ferner etwa für Klagen in Wahrnehmung des elterlichen Sorgerechts (§§ 1626, 1629 Abs. 1 Satz 2 BGB), zum Beispiel im schulischen Bereich[23], oder in bezug auf eine Änderung des Ehenamens (§ 1355 Abs. 1 BGB).[24] Dagegen stehen Miteigentümer oder sonstige Mitberechtigte, zum Beispiel an einem Grundstück, nicht kraft materiellen Rechts in notwendiger Streitgenossenschaft.[25]

13 *bb) Rechtliche Behandlung.* Wird die Klage ohne Einbeziehung notwendiger Streitgenossen erhoben, so ist zu unterscheiden: Im Falle *echter Streitgenossenschaft* fehlt die Sachlegitimation, ist die Klage also an sich unbegründet, wegen § 42 Abs. 2 (vgl. unten § 18 Rdnr. 1) aber schon unzulässig;[26] dies gilt auch, wenn die Klage eines (beziehungsweise gegen einen) an sich beteiligten Streitgenossen unzulässig ist.[27] Steht dagegen die Identität des Streitgegenstandes lediglich unterschiedlichen Sachentscheidungen entgegen (*unechte Streitgenossenschaft*), so kann jeder der (potentiellen) Streitgenossen für sich klagen beziehungsweise in Anspruch genommen werden. Allerdings kann der vereinzelten Klage, zum Beispiel des Miteigentümers auf Erteilung der Baugenehmigung, das Rechtsschutzbedürfnis fehlen.[28]

14 Da auch die notwendigen Streitgenossen in je selbständigen Prozeßrechtsverhältnissen stehen, ist für jeden von ihnen die Zulässigkeit der Klage gesondert zu prüfen. Durch die Notwendigkeit einer einheitlichen Sachentscheidung wird jedoch zwischen ihnen eine gewisse prozessuale Abhängigkeit hergestellt. Sie bewirkt *positiv*, daß bei Nichteinhaltung eines Termins oder einer Frist die säumigen durch die handelnden Streitgenossen als vertreten anzusehen sind, § 62 Abs. 1 ZPO. Dies gilt auch für die Anfechtung von Verwaltungsakten und die Einlegung von Rechtsmitteln, sofern die Frist für den Säumigen nicht bereits abgelaufen ist.[29] Auch hier kann die Entscheidung allerdings nur einheitlich ergehen.

---

[21] Vgl. BVerwG, NJW 1982,1113; J. Martens, VerwArch 60 (1969), S. 214 f.; v. Mutius, Jura 1988,476.

[22] BVerwGE 3,208 (210). Die besondere prozessuale Situation der Anfechtungsklage führt hier freilich zu manchen Schwierigkeiten, vgl. J. Martens, VerwArch 60 (1969), S. 214 f.

[23] Vgl. OVG NW, DVBl 1975,443; GemOVG Lüneburg, NVwZ 1982,321.

[24] BVerwGE 66,266.

[25] Vgl. BVerwGE 54,54 (55).

[26] Vgl. BVerwGE 66,266; Bettermann, ZZP 90 (1977), S. 122; demgegenüber BVerwG, NJW 1982,1113.

[27] Str., wie hier Schellhammer, Rdnr. 1619.

[28] Vgl. BVerwGE 54,54 (55).

[29] BVerwG, Buchholz 310 § 173 VwGO Anh. § 62 ZPO Nr. 1; Redeker/v. Oertzen, § 64 Rdnr. 8; a. A. Kopp/Schenke, § 64 Rdnr. 11.

15 *Negativ* läßt die Notwendigkeit einheitlicher Entscheidung selbständige Prozeßhandlungen mit Auswirkungen für den Streitgegenstand nur in Grenzen zu. Klagerücknahme und -verzicht, Anerkenntnis, Klageänderung, Erledigungserklärung und Vergleich sind deshalb bei der echten Streitgenossenschaft nur bei übereinstimmendem Handeln aller wirksam; bei unechter Streitgenossenschaft kommt es darauf an, ob gleichwohl eine einheitliche Sachentscheidung möglich bleibt.[30]

## II. Die Beiladung

16 Ähnlich wie im Zivilprozeß besteht das Bedürfnis einer Beteiligung Dritter auch im Verwaltungsprozeß. Die Verwaltungsgerichtsordnung stellt hierfür mit der *Beiladung* ein eigenes Rechtsinstitut zur Verfügung. Es ähnelt in mancher Hinsicht der zivilprozessualen Nebenintervention (§§ 66 ff. ZPO)[31] auf die jedoch weder unmittelbar (§ 64) noch mittelbar (§ 173) verwiesen wird.

### 1. Begriff und Bedeutung

17 Durch ein zwischen den Parteien anhängiges Verfahren und die in diesem ergehende Entscheidung werden nicht selten rechtliche Interessen außenstehender Dritter betroffen, zum Beispiel der (deutschen) Familienangehörigen im Prozeß des Ausländers gegen seine Ausweisung oder des Bauherrn bei Anfechtung der Genehmigung durch den Nachbarn. Hier erscheint es insbesondere aus Gründen[32] der Prozeßökonomie und der Rechtssicherheit sinnvoll, die *Rechtskraftbindung* der Entscheidung (vgl. § 121 und dazu unten § 35 Rdnr. 6) auf den Dritten zu erstrecken, um weitere Prozesse mit womöglich widersprüchlichen Entscheidungen zu vermeiden. Das setzt jedoch nach dem Grundsatz des *rechtlichen Gehörs* voraus (vgl. oben § 3 Rdnr. 38 ff.), daß der Betroffene in dem zur Entscheidung führenden Verfahren mitwirken und hierbei seine Interessen wahrnehmen konnte.[33] Andererseits verlangen schon Rechtsschutzgründe unmittelbar eine Mitwirkung, wo durch die Entscheidung notwendigerweise auch über die Rechtsstellung des Dritten mitentschieden wird[34]; hier ist nicht die intendierte Rechtskrafterstreckung Anlaß für eine *fakultative* (sogenannte *einfache*) *Beiladung*, sondern umgekehrt prozeßrechtliche Folge der aus substanziellen Gründen *notwendigen Beiladung*.[35]

---

[30] Vgl. Kopp/Schenke, § 64 Rdnr. 11.
[31] Vgl. dazu Stahl, Beiladung und Nebenintervention, 1972; Stettner, Verhältnis a.a.O., S. 18.
[32] Zu den Beiladungszwecken im einzelnen vgl. Stober, in: Menger-FS, S. 406 ff.
[33] Vgl. dazu Nottbusch, a.a.O., S. 40 ff.; Bettermann, ZZP 90 (1977), S. 127 f.; Konrad, BayVBl 1982,482 f.
[34] Vgl. dazu Marotzke, ZZP 100 (1987), S. 164 ff.
[35] Vgl. Stettner, Verhältnis a.a.O., S. 75 ff.

Bamberger, NVwZ 02, 556, Roth, NVwZ 03, 691

## 2. Rechtliche Voraussetzungen

### *a) Formelle Voraussetzungen*

Die Beiladung ist in allen Streitverfahren, auch solchen zum vorläufigen Rechtsschutz, zulässig; eine Ausnahme bildet insoweit wegen seiner besonderen Struktur lediglich das Normenkontrollverfahren gemäß § 47 (vgl. dazu unten § 26 Rdnr. 65). 18

Voraussetzung der Beiladung ist zunächst, daß das Gericht die Herrschaft über das Verfahren innehat. Dieses darf deshalb noch nicht rechtskräftig abgeschlossen oder in höherer Instanz anhängig sein, § 65 Abs. 1; selbstverständlich muß es auch bereits bei dem entscheidenden Gericht (durch Klageerhebung oder Rechtsmitteleinlegung) anhängig sein. Es kann deshalb auch nach Ergehen eines Urteils während des Laufs der Rechtsmittelfrist Beiladung beantragt und für den Fall ihrer Anordnung das jeweilige Rechtsmittel eingelegt werden. Die Rechtsmittelfrist läuft für den Beigeladenen ab Zustellung des Urteils.[36] 19

Im *Revisionsverfahren* ist eine bis dahin unterbliebene Beiladung (nunmehr) zulässig, sofern es sich um eine notwendige handelt (§ 142 Abs. 1 Satz 1, 2). Es entfällt dadurch der Zwang, ein Berufungsurteil allein wegen dieses Verfahrensmangels aufzuheben (§ 144 Abs. 3).[37] Aus Gründen der Prozeßbeschleunigung kann der erst verspätet Beigeladene jedoch Verfahrensmängel nur innerhalb von zwei Monaten nach Zustellung des Beiladungsbeschlusses rügen, § 142 Abs. 2. 20

### *b) Berührung rechtlicher Interessen Dritter*

*aa) Dritter.* Die Beiladung führt zur Einbeziehung prozessual außenstehender Dritter in den Rechtsstreit. Sie setzt deshalb voraus, daß der betreffende Rechtsträger nicht schon als Partei an dem Verfahren beteiligt ist; eine zusätzliche Rechtskraftbindung könnte hierdurch ja auch nicht erzielt werden. Dabei kommt es nicht auf das materielle, sondern allein auf das prozessuale Rechtsverhältnis an. So ist der Bauherr, obwohl hinsichtlich der Erteilung der Baugenehmigung materiell-rechtlich "Partei" des Verwaltungsverfahrens, im Anfechtungsprozeß des Nachbarn gegen die Behörde nur Dritter. 21

*bb)* Bei *Beteiligung staatlicher Stellen* können sich hier allerdings wegen der organisatorischen Differenzierung des Staates Probleme einstellen. Dieser kann grundsätzlich nicht als solcher, jeweils etwa vertreten durch verschiedene Behörden, in gegensätzlichen Parteirollen auftreten (Insichprozeß, vgl. unten § 25 Rdnr. 5). Ebensowenig ist eine Beiladung des Staates möglich, wenn dieser bereits 22

---

[36] Ule, § 22 I 2.

[37] Vgl. BVerwGE 16,23 (25); 67,173; 68,232 sowie unten § 39 Rdnr. 45.

Partei ist, auch nicht einer Behörde des schon, sei es auch durch eine (andere) Behörde, beteiligten Staates, zum Beispiel der bei Erlaß einer Personalentscheidung mitwirkungsberechtigten Bundesbehörde im Prozeß gegen die Bundesrepublik Deutschland[38] oder einer Landesbehörde im Prozeß gegen das Land,[39] so insbesondere der höheren Verwaltungs- (vgl. § 36 Abs. 1 BauGB)[40] oder der Straßenbaubehörde (vgl. § 9 Abs. 2 FStrG) im Baugenehmigungsprozeß gegen das Land. Anders ist es dagegen, wenn die Baurechtszuständigkeit bei der Gemeinde liegt, da diese eine gegenüber dem Staat selbständige Rechtsperson ist.[41] In keinem Fall beizuladen ist die Widerspruchsbehörde,[42] und zwar mangels eigener rechtlicher Interessen auch dann nicht, wenn sie einem anderen Rechtsträger angehört als die Ausgangsbehörde (z. B. Gemeinde/Rechtsaufsichtsbehörde).

**23** Auch eine Beiladung des Staatsfiskus (Finanz-, Forstbehörde usw.) im Prozeß gegen das Land (Innenverwaltung), zum Beispiel wegen Aufhebung einer Planfeststellung, ist ausgeschlossen.[43]

*cc) Berührung rechtlicher Interessen.* Der Dritte muß durch die Entscheidung in – seinen eigenen – rechtlichen Interessen berührt werden.

**24** *(1) Rechtliches Interesse* ist jedes durch eine Rechtsnorm, sei es des öffentlichen oder privaten Rechts,[44] geschützte Interesse. Es genügt also nicht, wenn jemand in einem rein wirtschaftlichen,[45] sozialen, verwaltungspolitischen,[46] kulturellen oder sonst ideellen Interesse tangiert wird,[47] das zwar nach vernünftigen Erwägungen als schutzwürdig anzuerkennen ist (berechtigtes Interesse, wie z. B. in §§ 43 Abs. 1 oder 113 Abs. 1 Satz 4 vorausgesetzt), aber als solches eben keinen rechtlichen Schutz genießt. Eine Rechtsstellung mit der Qualität eines *subjektiven Rechts* ist jedoch – ungeachtet dessen interessenbezogenen Inhaltsbestimmung (vgl. dazu näher unten § 18 Rdnr. 16 ff.) – nicht erforderlich. Träger von Interessen in dem genannten Sinn sind auch der Staat (z. B. Mitwirkungsbefugnis nach §§ 36 Abs. 1 BauGB; 9 Abs. 2, 3 FStrG) und sonstige öffentlich-rechtliche Personen, wie Gemeinden (hinsichtlich Planungshoheit;[48] als Trägerin der Straßenbau-

---

[38] BVerwGE 72,165 (167 f.).
[39] BVerwGE 80,127 (128).
[40] Vgl. BVerwGE 51,310 (311).
[41] Vgl. BVerwGE 42,8 (9 f.); 54,328 (331).
[42] Vgl. Ule, § 22 I 3.
[43] BayVGH, DÖV 1983,602; Ule, § 22 I 3.
[44] Vgl. BVerwGE 64,67.
[45] Z. B. der beauftragte Bauunternehmer durch eine Anfechtungsklage gegen die KKW-Genehmigung, vgl. Kopp/Schenke, § 65 Rdnr. 9; a. M. OVG NW, NJW 1981,1469. Vgl. dazu allgemein Mußgnug, NVwZ 1988,33.
[46] BVerwG, BayVBl 1972,19; DÖV 1973,823.
[47] Vgl. VGH BW, NVwZ 1986,320 (Naturschutzverband).
[48] Vgl. BVerwGE 88,35.

last[49]), Handwerkskammer (hinsichtlich Handwerksinteressen, vgl. § 16 Abs. 3 HwO)[50] oder Hochschulen.[51]

*(2)* Andererseits wird nur eine *Berührung* des rechtlichen Interesses verlangt; eine Gefährdung oder – potentielle – Verletzung ist nicht erforderlich. Deshalb wird beiladungserheblich schon derjenige tangiert, dessen Rechtsstellung, insbesondere infolge einer bloß faktischen Präjudizwirkung des Urteils, auch nur tatsächlich beeinträchtigt werden könnte.[52] **25**

Abzustellen ist auf die Wirkung einer möglichen Entscheidung, nicht auf die Gestaltung der (des) dem Verfahren zugrunde liegenden Rechtsverhältnisse(s). Es kommt also auf das streitgegenständliche Begehren an, über das zu entscheiden ist. So ist das Urteil über die Anfechtungsklage gegen eine Baugenehmigung oder eine Planfeststellung für die übrigen Nachbarn beziehungsweise sonstige Betroffene rechtlich irrelevant. Für ihre Beiladung ist daher ebensowenig Raum[53] wie im Fall des Vorgehens eines von mehreren durch eine Allgemeinverfügung Betroffenen. **26**

### *c) Die notwendige Beiladung*

Erreicht die Berührung rechtlicher Interessen Dritter eine solche Intensität, daß die Entscheidung auch ihnen gegenüber nur einheitlich ergehen kann, so *müssen* sie zu dem Verfahren *beigeladen* werden (*notwendige Beiladung*), § 65 Abs. 2. **27**

*aa) Sachliche Voraussetzungen*

*(1)* Das ist der Fall, wenn die Entscheidung nicht getroffen werden kann, ohne gleichzeitig unmittelbar in Rechte oder Rechtsbeziehungen des Beizuladenden einzugreifen;[54] eine potentiell begünstigende Wirkung genügt dagegen nicht.[55] Dies ist eine Frage des materiellen Rechts.[56] Durch die notwendige Beiladung wird also eine Konkordanz zwischen der Beteiligung an der materiellen Rechtsbeziehung und dem prozessualen Rechtsverhältnis, aufgrund dessen über diese entschieden wird, hergestellt (vgl. oben Rdnr. 21). Die Frage, ob in diesem Sinn ein materielles Recht tangiert wird, ist belastet mit der allgemeinen Problematik der gesetzlichen Begründung subjektiver Rechte und ihrer Betroffenheit durch Verwaltungs- beziehungsweise diese kontrollierende Gerichtsentscheidungen. Sie ist deshalb **28**

---

[49] BVerwGE 64,325 (327).
[50] BVerwG, DVBl 1990,220; DVBl 1992,301.
[51] Vgl. OVG NW, DÖV 1976,142; BVerwG, Buchholz 421.2 Nr. 67.
[52] Vgl. BVerwGE 51,276; OVG NW, DÖV 1981,385.
[53] Vgl. BVerwG, DVBl 1982,836; Kopp, DVBl 1980,325.
[54] Vgl. Redeker/v. Oertzen, § 65 Rdnr. 8; Konrad, BayVBl 1982,484 f.
[55] Vgl. BVerwG, NVwZ-RR 1996,299.
[56] BVerwGE 16,23; 17,293 (297); 18,124; Joeres, a.a.O., S. 50.

ebenso schwierig zu beantworten wie im Fall der Klagebefugnis (s. dazu unten § 18 Rdnr. 9 ff.).[57]

29 *(2)* Die notwendige Beiladung findet ihr Hauptanwendungsgebiet neben den privatrechtsgestaltenden Verwaltungsakten (Streit über Vertragsgenehmigung;[58] über Ausübung eines Vorkaufsrechts[59]) im Bereich der *Verwaltungsakte mit Doppelwirkung*[60] (vgl. dazu auch unten § 18 Rdnr. 40 ff.). Dabei muß jedoch nach der Richtung der materiell-rechtlichen Regelung (und dementsprechend der Entscheidung) unterschieden werden.

30 Im *Baurecht* ist bei Klage des Nachbarn gegen eine Bau- oder vergleichbare (z. B. immissionsschutzrechtliche) Genehmigung[61] der Bauherr beizuladen,[62] nicht aber sind es die übrigen Nachbarn oder Betroffenen.[63] Umgekehrt sind im Verpflichtungsprozeß um die Erteilung der Bau- usw. Genehmigung die – eventuell klagebefugten – Nachbarn nicht notwendig beizuladen.[64] Auf obsiegendes Urteil unterliegt die dann erteilte Genehmigung der – möglichen – Anfechtungsklage des Nachbarn, ohne – mangels dessen Beteiligung (§ 121 Nr. 1) – an der Rechtskraft des ersten Urteils zu scheitern.[65] Auch zu dem Verfahren, in dem der Nachbar ein bauordnungsbehördliches Einschreiten begehrt, sind nur die Adressaten der erstrebten Anordnung, nicht sonstige Betroffene, wie unter Umständen Mieter, beizuladen.[66] Die Beteiligungsrechte im Erteilungsverfahren[67] für Gemeinde[68] und staatliche Behörden (§ 36 Abs. 1 BauGB;[69] § 9 Abs. 2, 3 FStrG[70]) machen jedoch deren Beiladung – vorbehaltlich der oben (Rdnr. 22 f.) erörterten Einschränkungen – hier erforderlich, anders als im Verfahren um eine bauordnungsrechtliche Verfügung, wo jene Mitwirkung allenfalls mittelbar von

---

57 Vgl. Redeker/v. Oertzen, § 65 Rdnr. 9; Joeres, a.a.O., S. 50 ff.
58 Vgl. (zu Unrecht verneinend) BVerwGE 39,135.
59 Vgl. dazu aber auch HessVGH, NJW 1989,1626.
60 Vgl. J. Martens, VerwArch 60 (1969), S. 238 f.; Joeres, a.a.O., S. 53 ff.; Stober, in: Menger-FS, S. 401 ff.; Mußgnug, NVwZ 1988,34 ff.
61 Entsprechendes gilt bei Planfeststellungen für den Träger des Vorhabens, vgl. BVerwGE 52,237 (240).
62 Allgemeine Meinung, vgl. BVerwG, DVBl 1974,767; NJW 1978,65.
63 BVerwGE 45,309; BVerwG, DVBl 1974,767; NJW 1978,65; Redeker/v. Oertzen, § 65 Rdnr. 9.
64 So aber Redeker/v. Oertzen, § 65 Rdnr. 9; Joeres, a.a.O., S. 57.
65 Für einfache Beiladung des im Verwaltungsverfahren Beteiligten deshalb zu Recht BVerwG, DÖV 1975,99; VGH BW, NJW 1977,1308; Kopp/Schenke, § 65 Rdnr.11; Konrad, BayVBl 1982,484 f.
66 BVerwG, NJW 1993,79.
67 Allgemein zu mehrstufigen Verwaltungsakten Joeres, a.a.O., S. 62 ff.; Kopp/Schenke, § 65 Rdnr. 18 mit zahlr. Rechtsprechungsnachweisen.
68 Vgl. BVerwGE 42,8 (11).
69 Vgl. BVerwGE 42,8; 45,309; 92,66; BVerwG, NJW 1976,2226.
70 Vgl. BVerwGE 54,328 (330 f.).

Bedeutung ist.[71] Ebenso führt die für eine *Einbürgerung* notwendige Zustimmung des Bundesinnenministers zur notwendigen Beiladung der Bundesrepublik Deutschland im Verpflichtungsverfahren gegen das Land.[72] Demgegenüber begründet die Weisungsbefugnis des Bundes im Rahmen der Auftragsverwaltung (Art. 85 Abs. 3, 4; 87c GG) kein Recht, das im Prozeß gegen eine atomrechtliche Genehmigung im Wege des § 65 Abs. 2 zur Geltung gebracht werden müßte.[73]

Weitere Beispiele notwendiger Beiladung liefern die Fälle echter (defensiver) Konkurrentenklagen im *Gewerbe-*,[74] *Wasser-*,[75] *Subventions-* oder *Beamtenrecht*.[76] Hierher gehören auch Klagen im *Wahlanfechtungsverfahren*.[77] Wo dagegen mit der (offensiven) Klage auf eine staatliche Gewährung – einen Studienplatz[78] oder die Zulassung zu einem Markt[79] – nicht notwendig zugleich (negativ) über eine Zuteilung der begehrten Leistung an den (die) Mitbewerber entschieden wird, sind diese nicht beizuladen. 31

Nicht notwendig, aber zulässig ist eine Beiladung von Rechtsnachfolgern (§ 121 Nr. 1),[80] ferner von Familienmitgliedern im Prozeß über die *Ausweisung* von Ausländern[81] beziehungsweise *Asyl*gewährung an diese.[82] 32

Schließlich ist eine Beiladung gesetzlich in bestimmten Fällen vorgeschrieben, so etwa der Industrie- und Handelskammer im Fall einer Klage der Handwerkskammer gemäß § 16 Abs. 3 HwO, grundsätzlich nicht aber umgekehrt auch von dieser, wenn gegen die Betriebsuntersagung geklagt wird.[83] 33

*bb) Systematische Bedeutung*. Der Beigeladene ist Drittbeteiligter an einem für ihn fremden Verfahren, nicht aber Partei. Die Beiladung kann deshalb eine rechtlich notwendige Streitgenossenschaft nicht ersetzen.[84] Sie macht weder Kläger beziehungsweise Beklagte(n) und Beigeladene(n) zu unechten Streitgenossen, noch 34

---

[71] BVerwG, NVwZ 1991,1075; HessVGH, BauR 1987,294; OVG NW, JZ 1977,340; Ule, § 22 II 1; zweifelnd Redeker/v. Oertzen, § 65 Rdnr. 9.
[72] BVerwGE 67,173; NJW 1987,2180; vgl. auch NJW 1988,662.
[73] BVerwG, NVwZ 1999,296.
[74] Vgl. BVerwG, NVwZ 1984,507 (Güterverkehrsgenehmigung).
[75] Burgi, ZfW 29 (1990), S. 245 ff.; Redeker/v. Oertzen, § 65 Rdnr. 9.
[76] Vgl. BVerwG, DVBl 1966,341; BVerwGE 80,127 (129).
[77] Vgl. BVerwG, DVBl 1981,1150; OVG NW, NVwZ 1992,282 für direkt gewählte Ratsmitglieder.
[78] Vgl. BVerwGE 60,25 (30).
[79] Vgl. VGH BW, NVwZ 1984,254.
[80] Vgl. BVerwG, NJW 1985,281; a. A. Redeker/v. Oertzen, § 65 Rdnr. 9.
[81] BVerwGE 55,8 (10); vgl. auch H. J. Müller, NJW 1976,460; a. A. Kopp/Schenke, § 65 Rdnr. 20a.
[82] BVerwG, NVwZ 1983,38.
[83] BVerwG, DVBl 1990,220; VGH BW, GewArch 1989,193; vgl. aber auch BVerwG, DVBl 1992,301 für Rechtsmittelbefugnis.
[84] Vgl. BayVGH, BayVBl 1980,596; Stettner, Verhältnis, a.a.O., S. 29; Bettermann, ZZP 90 (1977), S. 123.

vervollständigt sie – bei echter Streitgenossenschaft – eine der allein klagenden oder beklagten Partei etwa fehlende Sachlegitimation (vgl. oben Rdnr. 11 f.).

35 Systematisch gesehen beruhen (unechte) notwendige Streitgenossenschaft und notwendige Beiladung auf demselben Fundament eines materiell-rechtlichen Rechtsverhältnisses, über das nur einheitlich entschieden werden kann. Stünden mehrere Personen im Fall gemeinschaftlicher Prozeßführung im Verhältnis notwendiger Streitgenossen, so sind die nicht als Partei am Verfahren Teilnehmenden notwendig beizuladen.[85] Umgekehrt kann jedoch aus dem Vorliegen einer notwendigen Beiladung noch nicht auf die Möglichkeit einer (unechten notwendigen) Streitgenossenschaft geschlossen werden. Denn hierfür ist über die Betroffenheit des Dritten hinaus erforderlich, daß das materielle Recht diesem – weitergehend – auch eine aktive oder passive Sachlegitimation zur eigenen prozessualen Geltendmachung des Rechts zuerkennt. So streitet der Bauherr im Anfechtungsprozeß des Nachbarn als notwendig Beigeladener typischerweise an der Seite der beklagten Behörde (vgl. dazu aber auch noch unten Rdnr. 41 ff.), kann aber mangels materiell-rechtlicher Beziehung zum Kläger nicht als ihr Streitgenosse auftreten.[86]

### 3. Prozessuale Behandlung

#### *a) Beiladungsverfahren*

36 *aa) Grundsätzlicher Ablauf.* Die Beiladung erfolgt von Amts wegen oder auf Antrag eines Verfahrensbeteiligten oder des betroffenen Dritten durch Beschluß. Sie liegt, sofern nicht die Voraussetzungen des § 65 Abs. 2 gegeben sind, im Ermessen des Gerichts. Der Beschluß ist allen Beteiligten (also auch dem nunmehr Beigeladenen), grundsätzlich unter Angabe des Standes der Sache und des Grundes der Beiladung, zuzustellen, § 65 Abs. 4 Satz 1, 2. Mit der Zustellung des Beschlusses wird diese wirksam.

37 Die Beiladung ist mangels möglicher Rechtsverletzung *unanfechtbar*, § 65 Abs. 4 Satz 3. Sie kann jedoch bei Fehlen oder Wegfall ihrer Voraussetzungen nachträglich – auch durch das Revisionsgericht[87] – aufgehoben werden.[88] Demgegenüber kann die *Unterlassung einer Beiladung* mit Nachteilen für den in seinen Rechten berührten Dritten, aber auch für die Prozeßpartei(en) verbunden sein. Der Beschluß des Verwaltungsgerichts, durch den ein Antrag auf Beiladung zurückgewiesen wird, unterliegt deshalb der *Beschwerde* (§§ 146 Abs. 1, 152 Abs. 1).

---

[85] Ebenso Kopp/Schenke, § 65 Rdnr. 12.
[86] Vgl. Bettermann, ZZP 90 (1977), S. 123.
[87] Vgl. BVerwGE 72,165; a. M. May, NVwZ 1997,251.
[88] GemOVG Lüneburg, OVGE 30,433.

Wird eine *notwendige Beiladung* unterlassen, so begründet dies einen Verfahrensfehler, der allerdings unter Umständen noch in der Revisionsinstanz behoben werden kann (§§ 142 Abs. 1 Satz 2, 144 Abs. 3 Satz 2). Ein Urteil, das in einem Verfahren ohne Beteiligung eines notwendig Beizuladenden ergeht, ist nicht nur gegenüber diesem ("relativ", § 121 Nr. 1), sondern insgesamt ("absolut") unwirksam, da eine gegenüber mehreren Personen notwendig einheitliche Entscheidung nicht nur für einige von ihnen wirksam, im übrigen aber unbeachtlich sein kann.[89] Unterbleibt dagegen eine einfache Beiladung, so hat dies nur die Konsequenz, daß sich die Rechtskraft der Entscheidung nicht auf den Dritten erstreckt, § 121 Nr. 1. 38

*bb) Ablauf in Massenverfahren.* Durch das Neuregelungsgesetz (4. VwGO-ÄndG) vom 17.12.1990 (s. oben § 2 Rdnr. 21) wurde auch für die Beiladung in Massenverfahren eine besondere Regelung getroffen. 39

Kommt eine *notwendige Beiladung* von mehr als 50 Personen in Betracht, so kann das Gericht nach § 65 Abs. 3 durch unanfechtbaren Beschluß anordnen, daß nur solche Personen beigeladen werden, die dies innerhalb einer zu bestimmenden Frist von mindestens drei Monaten beantragen. Der Beschluß ist im Bundesanzeiger bekanntzumachen, außerdem in den Tageszeitungen des Verbreitungsgebiets zu veröffentlichen, in dem sich die Entscheidung voraussichtlich auswirken wird. Machen notwendig Beizuladende von ihrem Antragsrecht nicht – fristgemäß – Gebrauch, so wirkt die Rechtskraft gleichwohl gegen sie, § 121 Nr. 2; ihre Beteiligung wird also, nachdem sie präkludiert ist, fingiert.[90]

Die Regelung soll in Großverfahren mit einer Vielzahl von Betroffenen zu einer Entlastung der Gerichte führen und die nachteiligen Folgen für die Rechtskraftwirkung eines Urteils vermeiden, wenn eine notwendige Beiladung versehentlich unterblieben ist. Trotzdem wird die praktische Bedeutung der Regelung als gering eingeschätzt.[91] Sie kommt, da im Anfechtungsprozeß jeder Betroffene selbst klagen muß (typisch: Nachbarklage), praktisch nur für Verpflichtungssachen, zum Beispiel in bezug auf eine Anlagengenehmigung, in Betracht. Bei diesen ist jedoch nach richtiger Ansicht (s. oben Rdnr. 30) eine notwendig einheitliche Entscheidung gegenüber allen potentiell Betroffenen in der Regel nicht zu treffen. Darüber hinaus werden die durch § 65 Abs. 3 aus Rechtsschutzgründen verlangten und strikt zu handhabenden Formalia,[92] die eine vollständige Unter- 40

[89] Eingehend dazu Redeker/v. Oertzen, § 65 Rdnr. 21 ff.; vgl. ferner BVerwGE 16,23; 18,124; Karsten Schmidt, JuS 1986,41. Für relative Unwirksamkeit Bettermann, MDR 1967,951 und im Ergebnis wohl BVerwG, DVBl 1974,235; vermittelnd Kopp/Schenke, § 65 Rdnr. 43 (Unwirksamkeit nur bei Gestaltungsurteilen).

[90] Vgl. Redeker/v. Oertzen, § 65 Rdnr. 27.

[91] Vgl. Redeker/v. Oertzen, § 65 Rdnr. 30; Kopp/Schenke, § 65 Rdnr. 26.

[92] Mitteilung des Verfahrens, des Sachstandes, des Grundes für die Beiladung, Fristbestimmung usw., vgl. Redeker/v. Oertzen, § 65 Rdnr. 30 ff.

richtung potentiell Betroffener sicherstellen muß,[93] eher restriktiv wirken. Die Risiken von Beiladungsfehlern werden also nicht beseitigt, zumal in richtiger Auslegung des § 65 Abs. 3 Satz 8 die von der Entscheidung erkennbar in besonderem Maße Betroffenen ohnehin beigeladen werden müssen, nämlich alle Personen, deren Betroffenheit im Sinne einer notwendigen Beiladung aus den Akten ersichtlich ist. Eine Differenzierung nach dem "Maß der Betroffenheit" (Gewicht des Rechts? Intensität seiner Beeinträchtigung?) kann jedenfalls – schon aus Gründen rechtsstaatlicher Bestimmtheit – nicht in Betracht kommen.[94]

### b) Rechtsstellung des Beigeladenen

41 *aa) Prozessuale Rechte.* Der Beigeladene nimmt, anders als der Nebenintervenient (§ 66 Abs. 1 ZPO), nicht zur Unterstützung einer Partei am Prozeß teil, sondern macht in diesem seine eigenen rechtlichen Interessen geltend. Sie können von denjenigen der Parteien durchaus abweichen, wie zum Beispiel bei der Klage auf Erteilung eines baurechtlichen Dispenses, den die Behörde nur eingeschränkt gewähren will, der betroffene Nachbar aber gänzlich ablehnt. Der Beigeladene hat deshalb die volle prozessuale Stellung eines Verfahrensbeteiligten. Er kann selbständig Angriffs- und Verteidigungsmittel geltend machen und grundsätzlich alle Verfahrenshandlungen wirksam vornehmen, § 66 Satz 1.

42 Unabhängig oder sogar abweichend von den Hauptbeteiligten kann er an der (weiteren) Sachverhaltsermittlung und Beweisaufnahme, auch durch eigene Beweisanträge (§ 86 Abs. 1 Satz 1; Abs. 2) mitwirken. Er hat das Recht auf Akteneinsicht und Gehör, ist deshalb zu allen Terminen zu laden und von allen Schriftsätzen und gerichtlichen Entscheidungen in Kenntnis zu setzen und kann selbständige Ausführungen zur Sache machen. Ebenso kann er selbständig *Rechtsmittel* einlegen, da sie lediglich den Eintritt der (formellen) Rechtskraft aufschieben, nicht aber das Prozeßrechtsverhältnis als solches verändern.[95] Schwierigkeiten bereitet allerdings die Frage der *Beschwer* des Beigeladenen als Voraussetzung der Statthaftigkeit des Rechtsmittels (vgl. dazu unten § 37 Rdnr. 31 f.).

43 Freilich ist der Beigeladene nur an einem zwischen anderen geführten Prozeß beteiligt. Seine Stellung ist deshalb durch den von diesem vorgegebenen Rahmen begrenzt, der durch die Disposition der Hauptbeteiligten und die von diesen gestellten Sachanträge bestimmt wird. So muß zunächst der Prozeß in dem Stadium hingenommen werden, in dem er sich zur Zeit der Beiladung befindet. Ferner sind dem *einfach Beigeladenen* abweichende Sachanträge oder sonstige Veränderungen der Klage verwehrt. Er muß es auch hinnehmen, daß die Parteien

---

[93] Vgl. zu den vergleichbaren Anforderungen an eine "Anstoßfunktion" öffentlicher Bekanntmachungen im Planungs- und Normsetzungsverfahren etwa BVerwGE 67,206; 69,344.
[94] Vgl. dazu Redeker/v. Oertzen, § 65 Rdnr. 32.
[95] Vgl. BayVGH, NVwZ-RR 1990,159.

den Prozeß durch Klagerücknahme,[96] Vergleich,[97] Erledigungserklärung[98] beenden oder durch Anerkenntnis oder Verzicht materiell über den Streitgegenstand verfügen. Ein hierauf beruhendes Urteil oder ein Vergleich wirkt allerdings nicht gegen den Beigeladenen. Dieser kann vielmehr einen etwa in der Folge ergehenden, ihn belastenden Verwaltungsakt selbständig anfechten.[99]

Eine stärkere Stellung hat der *notwendig Beigeladene*. Da in dem Verfahren zugleich über seine Rechtsstellung entschieden wird, hat er das Recht zu abweichenden Sachanträgen (§ 66 Satz 2), zum Beispiel als Inhaber eines durch die erteilte immissionsrechtliche Genehmigung beeinträchtigten Rechts weitergehende Schutzauflagen zu fordern, als sie in der vom Betreiber insoweit bekämpften Genehmigung vorgesehen sind.[100] **44**

Auch hier ist jedoch die Schranke der den Parteien vorbehaltenen Dispositionsbefugnis zu beachten. Sie steht einer Veränderung des Streitgegenstandes entgegen (z. B. im vorigen Beispiel Antrag des Beigeladenen auf Aufhebung der Genehmigung)[101] und wird nicht schon durch die fiktive Klagebefugnis des Beigeladenen, die er als Kläger *hätte*,[102] überwunden. Auch prozessual hat der notwendig Beigeladene kein eigenes, positives Verfügungsrecht, wohl aber negativ die Möglichkeit, eine Beeinträchtigung seiner materiellen Rechtsstellung im Gefolge von Prozeßhandlungen der Parteien zu verhindern.[103] So müssen *Anerkenntnis-* und *Verzichtsurteile* (vgl. unten § 34 Rdnr. 13 ff.) an seiner abweichenden Antragstellung scheitern.[104] Ebenso bedarf ein *Prozeßvergleich* zu seiner Wirksamkeit der Zustimmung des notwendig Beigeladenen.[105] Denn in all diesen Fällen wird zugleich unmittelbar in dessen Rechtsstellung eingegriffen. Diese Gestaltungsbefugnis gegenüber einem Dritten kann aber – aufgrund Verfahrensbeteiligung des Betroffenen – nur dem Gericht, nicht aber den Parteien zukommen. **45**

*bb) Rechtsfolgen.* Wesentliche Rechtsfolge der Teilnahme am Prozeß ist die Wirksamkeit des zwischen Kläger und Beklagtem ergangenen Urteils für und gegen den Beigeladenen, § 121 Nr. 1. Die *Rechtskraft*bindung erstreckt sich, wie allgemein, nur auf den Entscheidungstenor (vgl. unten § 35 Rdnr. 17 ff.), nicht auf **46**

---

[96] BVerwGE 1,28; BFH, NJW 1970,2263.
[97] Bosch/Schmidt, § 14 II 3 c; Redeker/v. Oertzen, § 66 Rdnr. 6, 10.
[98] BVerwGE 30,27; BVerwG, Buchholz 310 § 161 VwGO Nr. 90; NVwZ-RR 1989,110.
[99] Vgl. Redeker/v. Oertzen, § 66 Rdnr. 6.
[100] Noch weitergehend Stettner, JA 1982,399.
[101] Vgl. dazu Redeker/v. Oertzen, § 66 Rdnr. 11; J. Martens, VerwArch 60 (1969), S. 252; vgl. auch Joeres, a.a.O., S. 117 ff.
[102] So Kopp/Schenke, § 66 Rdnr. 7.
[103] Vgl. dazu Joeres, a.a.O., S. 44 ff., 96 ff.
[104] Vgl. Joeres, a.a.O., S. 108 f., 110 f.
[105] Ebenso Redeker/v. Oertzen, § 66 Rdnr. 10; Eyermann/J. Schmidt, § 66 Rdnr. 12; Joeres, a.a.O., S. 106; OVG NW, OVGE 9,77; a. M. Kopp/Schenke, § 66 Rdnr. 10.

tatsächliche Feststellungen, präjudizielle Rechtsverhältnisse usw. und tritt unabhängig davon ein, ob der Beigeladene auch tatsächlich aktiv am Verfahren mitgewirkt hat.

**47** Eine *Sachentscheidung* gegen ihn, außer über ein von ihm eingelegtes Rechtsmittel, ist jedoch nicht möglich[106] (z. B. Klagabweisung; Verurteilung zu einer Leistung; auch nicht mittelbar – Duldung behördlichen Einschreitens gegen den Kläger[107]). Ist bei einem mehrstufigen Verwaltungsakt die (interne) Mitwirkung einer anderen – beigeladenen – Behörde erforderlich (z. B. gemäß § 36 Abs. 1 BauGB), so wird sie durch das Urteil ersetzt.[108]

**48** Dagegen kann der Beigeladene mit Verfahrenskosten (nur) belegt werden, wenn er Anträge gestellt oder Rechtsmittel eingelegt hat (und mit diesen unterlegen ist), § 154 Abs. 3.[109] Eine Erstattung der außergerichtlichen Kosten des Beigeladenen setzt voraus, daß sie aus Billigkeit der unterliegenden Partei oder der Staatskasse auferlegt werden. Letzteres wird nur ausnahmsweise in Betracht kommen, wenn die Voraussetzungen einer Beiladung nicht vorlagen.[110] Im übrigen kann eine Erstattung insbesondere dann der Billigkeit entsprechen, wenn der Beigeladene sich durch eigene Sachanträge dem Kostenrisiko gemäß § 154 Abs. 3 ausgesetzt oder das Verfahren wesentlich gefördert hat (vgl. näher unten § 42 Rdnr. 33 f.).[111]

## III. Vertreter öffentlicher Interessen

**49** Ungeachtet seiner Ausgestaltung als Rechtsschutzverfahren dient der Verwaltungsprozeß zugleich Zwecken objektiver Rechtskontrolle (vgl. oben § 5 Rdnr. 4) und berührt nach Gegenstand und Zielsetzung auch sonst häufig überindividuelle Interessen der Allgemeinheit. Deren Wahrnehmung kann nicht Sache des rechtsschutzsuchenden einzelnen sein, ist aber strukturell auch nicht durch den regelmäßig als beklagte Partei und damit in Verteidigungsposition am Prozeß beteiligten Staat gewährleistet. In den meisten Rechtsordnungen mit ausgebautem Verwaltungsrechtsschutz bestehen deshalb besondere Vorkehrungen zur Wahrung des öffentlichen Interesses, sei es, daß hierfür eigene Institutionen neben der Vertretung des Staates geschaffen wurden, sei es, daß diese einer selbständigen, zugleich dem Gemeinwohl verpflichteten Einrichtung übertragen ist.[112]

---

[106] Vgl. Kopp/Schenke, § 66 Rdnr. 12; a. M. J. Martens, VerwArch 60 (1969), S. 227.
[107] Vgl. BVerwGE 40,101.
[108] BVerwGE 42,8 (11); BVerwG, DVBl 1971,588.
[109] Vgl. dazu BVerwG, NVwZ 1988,53.
[110] Vgl. BayVGH, BayVBl 1985,277; Redeker/v. Oertzen, § 162 Rdnr. 15.
[111] Vgl. dazu im einzelnen VGH BW, VBlBW 1987,68; BVerwG, NVwZ 1986,303.
[112] Vgl. dazu Kopp, NuR 1987,145 ff.; dens., in: Kopp, Die Vertretung des öffentlichen Interesses in der Verwaltungsgerichtsbarkeit, 1982, S. 67 ff.

## 1. Zielsetzung und grundsätzliche Problematik

Auch in Deutschland ist seit den Anfängen der Verwaltungsgerichtsbarkeit die Beteiligung eines Vertreters der staatlichen Exekutive an gerichtlichen Verfahren vorgesehen.[113] Ihm oblag, zunächst in Überwachungs-, später in Mitwirkungsfunktion, die Sorge dafür, daß "das Recht sich durchsetzt und das Gemeinwohl keinen Schaden erleidet".[114] Diese Zielsetzung gilt, selbst ohne ausdrückliche Festlegung in der Verwaltungsgerichtsordnung, auch für die in dieser vorgesehene prozessuale Repräsentation des öffentlichen Interesses. Oberbundesanwalt (OBA) und Vertreter des öffentlichen Interesses (VöI) haben nicht die von den Verwaltungsbehörden zu wahrenden öffentlichen Interessen wahrzunehmen und werden deshalb (unbeschadet der Möglichkeit einer zusätzlichen Prozeßvertretung, vgl. § 36 Abs. 1 Satz 2 und dazu sogleich Rdnr. 55 f.) nicht als Vertreter der Verwaltung tätig.[115] Als – wenn auch nur eingeschränkt unabhängige (vgl. unten Rdnr. 54 ff.) – Einrichtungen der Rechtspflege obliegt ihnen vielmehr eine selbständige Mitwirkung bei der Rechtsfindung,[116] insbesondere durch Vermittlung von "Hintergrundwissen",[117] ferner die Einbringung besonderer, durch den Verwaltungsprozeß mitbetroffener Belange der Allgemeinheit, zum Beispiel des Umweltschutzes,[118] der Verkehrserschließung oder der Energieversorgung, die sich die prozeßbeteiligten Fachbehörden nicht notwendigerweise angelegen sein lassen. 50

Ein Vertreter öffentlicher Interessen kann schließlich als Mittler zwischen Gericht und Verwaltung wirken und, indem er diese von aussichtsloser Rechtsverfolgung abbringt,[119] auch zu einer Entlastung und Beschleunigung gerichtlicher Verfahren beitragen.[120] Insofern soll er zugleich ein rechtsstaatliches Korrektiv gegenüber einer sich mit ihrer Entscheidung identifizierenden und deshalb auch materiell als Partei agierenden Behörde bilden – eine in der Ausgestaltung des geltenden Rechts freilich wohl kaum immer realistische Vorstellung. 51

Obwohl danach das im Prozeß geltend gemachte behördliche und das speziell vertretene öffentliche Interesse nicht identisch sind und dieses auch nicht auf eine 52

---

[113] Vgl. Meyer-Hentschel, in: Zehn Jahre Verwaltungsgerichtsordnung, 1970, S. 112 ff.; Baring, VerwArch 50 (1959), S. 105 ff.

[114] So § 18 Abs. 2 VGG; vgl. dazu Petzke, BayVBl 1979,653; Berner, in: FS zum 100jährigen Bestehen des BayVGH (FS BayVGH), 1979, S. 67.

[115] Vgl. BVerwGE 18,205 (206 f.); 96,258.

[116] Bedeutung und Einwirkungsmöglichkeiten der nichtrichterlichen Prozeßbeteiligten sind anerkannt und insbesondere unter dem Aspekt des rechtlichen Gehörs erörtert, vgl. oben § 3 Rdnr. 38 ff.

[117] Vgl. zu dessen Bedeutung für die Rechtsfindung im insoweit vergleichbaren Verhältnis zwischen Fach- und Verfassungsgerichtsbarkeit auch BVerfGE 55,244 (247 f.); 60,360 (369 ff.); BVerfG, DVBl 1992,1218.

[118] Vgl. M. Bauer, NuR 1987,255.

[119] Vgl. auch BVerwGE 18,205 (208 f.).

[120] Vgl. Kopp, DVBl 1982,282 f.

bloße Rechtsanwendung reduziert werden kann,[121] werden sich in der forensischen Praxis beide Standpunkte häufig decken. Insbesondere der hierdurch entstehende Eindruck einer Duplizierung der prozessualen Wahrnehmung staatlicher Interessen (Verletzung der Waffengleichheit), aber auch die Problematik der Vertretung eines von diesen zu unterscheidenden öffentlichen Interesses,[122] haben dieser Institution vielfach Kritik eingebracht.[123] Diese hat sich jedoch letztlich nicht durchzusetzen vermocht.[124]

## 2. Die gesetzliche Regelung

53 Dementsprechend führen §§ 35 ff. die Einrichtung eines Vertreters des öffentlichen Interesses fort; auch in der aktuellen Entwurfsfassung der Verwaltungsprozeßordnung (EVwPO) vom 19.3.1982 (vgl. oben § 2 Rdnr. 20) ist sie beibehalten worden (§§ 30 f.). Terminologisch spricht die Verwaltungsgerichtsordnung zusammenfassend vom "Vertreter des öffentlichen Interesses" (Überschrift des 4. Abschnitts) und sieht diesen in Gestalt des Oberbundesanwalts (§ 35) und des Vertreters des öffentlichen Interesses im engeren Sinn (§ 36) vor.

### *a) Rechtsstellung*

54 *aa)* Auf *Bundesebene* wird beim Bundesverwaltungsgericht ein *Oberbundesanwalt (OBA)* bestellt, § 35 Abs. 1. Er untersteht nur den Weisungen der Bundesregierung und ist damit insbesondere von der prozeßbeteiligten Behörde und deren Ressort unabhängig. Entsprechend ihrer wichtigen Funktion im Prozeß müssen der OBA und seine hauptamtlichen Mitarbeiter die Befähigung zum Richteramt haben, § 37 Abs. 1.

55 *bb)* Demgegenüber ist den *Ländern* die Bestellung eines *Vertreters des öffentlichen Interesses (VöI)* beim Oberverwaltungsgericht und bei den Verwaltungsgerichten freigestellt. Sie erfolgt auf der Grundlage einer Rechtsverordnung der Landesregierung, § 36 Abs. 1. Von dieser Ermächtigung haben die Länder Baden-Württemberg, Bayern, Mecklenburg-Vorpommern, Nordrhein-Westfalen, Rheinland-Pfalz, Schleswig-Holstein und Thüringen Gebrauch gemacht[125] und hierfür

[121] Vgl. dazu Rzepka, BayVBl 1992,295.

[122] Vgl. dazu BVerwGE 12,225 (226) sowie besonders Kopp, DVBl 1982,287; Rzepka, BayVBl 1992,296 ff. Allgemein zum Problem etwa Häberle, Öffentliches Interesse als juristisches Problem, 1970, S. 204 ff.; W. Martens, Öffentlich als Rechtsbegriff, 1969, S. 179 ff.

[123] Vgl. Redeker, DVBl 1970,233 f.; dens., in: Zehn Jahre Verwaltungsgerichtsordnung, S. 127 ff.; Ule, DVBl 1981,958 ff.

[124] Vgl. die Stellungnahmen in Kopp (Hrsg.), Die Vertretung des öffentlichen Interesses; zusammenfassend dens., DVBl 1982,277 ff.; ferner etwa Petzke, BayVBl 1979,658 ff.

[125] Vgl. bwVO v. 11.4.1983, GBl S. 185; bayVO v. 4.11.1975, GVBl S. 352; mvVO v. 17.7.1992, GVBl S. 407; nwVO v. 26.3.1960, GVBl S. 48; rpVO v. 18.10.1960, GVBl S. 255;

zum Teil eigene Behörden (Landesanwaltschaft – Bayern, Thüringen)[126] oder verselbständigte Einrichtungen der Rechtspflege (Baden-Württemberg, Mecklenburg-Vorpommern) errichtet,[127] im übrigen diese Funktion jedoch nur bestimmten Bediensteten als Nebenamt übertragen.

In Bayern obliegt der Landesanwaltschaft neben ihrer Tätigkeit als VöI auch die *Vertretung des Landes* (vgl. § 36 Abs. 1 Satz 2). Der mit dieser – gegebenenfalls auch im konkreten Verfahren bestehenden – Doppelfunktion[128] begründete Rollenkonflikt läßt im Fall einer Interessenkollision die Wahrnehmung eines gegenüber dem Parteiinteresse des Staates verselbständigten öffentlichen Interesses praktisch zumindest als zweifelhaft erscheinen.[129] Allerdings unterliegt die Landesanwaltschaft auch in ihrer Funktion als Parteivertreter, wie in Baden-Württemberg und in Übereinstimmung mit § 31 Abs. 1 Satz 2 EVwPO, lediglich dem Weisungsrecht der Landesregierung, dessen zurückhaltender Gebrauch[130] den Weg zu einer von bloßen Behördeninteressen unbeeinflußten Verfolgung des öffentlichen Interesses freihält. 56

*cc)* Der VöI ist zur Förderung gerichtlicher Verfahren eingerichtet und deshalb nach Funktion und Aufgabenstellung berufen, der *Rechtspflege* zu dienen.[131] Er bleibt trotzdem Teil der staatlichen Exekutive und hat im konkreten Verfahren die Stellung eines Beteiligten. Damit gehört er nicht dem Gericht an und ist folglich auch keine Gerichtsperson im Sinn des § 54.[132] 57

### b) Prozessuale Stellung

Der OBA (§ 35 Abs. 1 Satz 2) und nach Maßgabe der Landesverordnungen der VöI können sich an jedem Verfahren vor dem Gericht, bei dem sie bestellt sind, mit Ausnahme der Disziplinar- und Wehrdienstsenate, beteiligen. Sie sind deshalb von jedem anhängigen Verfahren zu unterrichten, §§ 35 Abs. 2, 36 Abs. 2. Dagegen steht dem allgemeinen Vertreter des öffentlichen Interesses, anders als spezialgesetzlich vorgesehenen Vertretern besonderer Bundesinteressen (s. unten Rdnr. 60 ff.), kein Klagerecht (sog. Aufsichts- oder Beanstandungsklage) zu. 58

---

shVO v. 29.3.1961, GVBl S. 32; thürVO v. 12.8.1991, GVBl S. 347.

[126] Vgl. dazu Petzke, BayVBl 1979,653.

[127] Vgl. dazu BVerwGE 12,119 (124); 18,205 (210 ff.).

[128] So etwa Petzke, BayVBl 1979,653; Berner, BayVBl 1981,131; v. Mutius, Jura 1988,477; BVerwGE 18,205 (210); 31,5 (12); 36,188 (192); für alternative Wahrnehmung dagegen BVerwG, BayVBl 1989,699.

[129] Redeker/v. Oertzen, § 36 Rdnr. 5; vgl. dazu auch BVerwGE 31,5 (12 f.).

[130] Vgl. Berner, in: FS BayVGH, S. 97 f.; dens., BayVBl 1981,133.

[131] BVerwGE 18,205 (212).

[132] Vgl. OVG NW, NVwZ 1991,489; demgegenüber Kopp, BayVBl 1981,353; allgemein dazu Berner, BayVBl 1981,133.

59 Macht der OBA oder der VöI von seiner Beteiligungsbefugnis Gebrauch, so wird er Beteiligter des Verfahrens und hat als solcher alle Verfahrensrechte. Seine Stellung wird jedoch, ähnlich der eines notwendig Beigeladenen,[133] durch die Dispositionsbefugnis der Prozeßparteien (vgl. unten § 30 Rdnr. 2 ff.) begrenzt.[134] Er ist jedoch nicht, wie jener, in eigenen Interessen beziehungsweise Rechten betroffen und wird deshalb in seinem prozessualen Handeln nicht durch das Rechtsschutzprinzip bestimmt. So bedarf er insbesondere zur Einlegung von Rechtsmitteln keiner – eigenen – Beschwer (vgl. dazu allgemein unten § 37 Rdnr. 26 ff.).[135] Legt der VöI Revision ein oder hatte er auch nur am Berufungsverfahren teilgenommen,[136] so ist er an dem Verfahren vor dem Bundesverwaltungsgericht beteiligt, unabhängig davon, ob auch der OBA in diesem auftritt.[137]

### 3. Vertreter besonderer Bundesinteressen

60 In einer Reihe von Bundesgesetzen ist die Bestellung besonderer Beauftragter für die Wahrnehmung bestimmter Bundesinteressen vorgesehen. Es sind dies insbesondere

- die Vertreter des Bundesinteresses gemäß § 45 BesatzSchG (vom 1.12.1955, BGBl I S. 734) und gemäß § 56 AKG (vom 5.11.1957, BGBl I S. 1747);
- die Vertreter des Finanzinteresses gemäß § 18 Abs. 2 SchBG vom 7.12.1956, BGBl I S. 899) und gemäß § 56 BLG (i. d. F. vom 27.9.1961, BGBl I S. 1769);
- der Vertreter der Interessen des Ausgleichsfonds (VIA) gemäß § 316 Abs. 1 LAG (i. d. F. vom 1.10.1969, BGBl I S.1909);
- der Bundesbeauftragte für Asylangelegenheiten[138] (Asylbeauftragter) gemäß § 6 AsylVfG (i. d. F. vom 27.7.1993, BGBl I S. 1361).

61 Als Vertreter besonderer öffentlicher Interessen stehen sie im Verwaltungsverfahren selbständig neben den jeweils fachlich zuständigen Behörden. Gesetzlich ist ihnen eine entsprechende Stellung als potentielle Beteiligte im Verwaltungsprozeß zuerkannt. Da sie in diesem nicht als Vertreter einer der Prozeßparteien auftreten, sind sie äußerlich einem Vertreter (spezieller) öffentlicher Interessen vergleichbar.

---

[133] Vgl. Stettner, JA 1982,400; v. Mutius, Jura 1988,477.
[134] So vor allem für die Erledigungserklärung, vgl. BayVGH, BayVBl 1980,342; Bosch/Schmidt, § 15 I 2 b.
[135] Vgl. BVerwGE 67,64 (66); BVerwG, BayVBl 1977,702; NJW 1987,856; OVG NW, OVGE 11,93; unklar noch BVerwGE 25,170 (176).
[136] BVerwGE 25,170 (174 f.).
[137] Vgl. BVerwGE 25,170 (174 f.); Redeker/v. Oertzen, § 36 Rdnr. 6; zweifelnd noch BVerwGE 18,205 (210).
[138] Vgl. dazu Bell, NVwZ 1990,1024.

Der Sache nach haben sie jedoch zum Teil nur die (vor allem fiskalischen) Interessen des Bundes als eines am materiellen Rechtsverhältnis Beteiligten wahrzunehmen und treten insoweit regelmäßig als klägerische Partei auf.[139]

Zum Teil obliegt ihnen jedoch in dem speziellen Bereich, für den sie bestellt **62**
sind, die Wahrung eines übergreifenden öffentlichen Interesses. So stehen insbesondere der VIA[140] und der Asylbeauftragte, sofern sie nicht selbst Kläger sind (§ 6 Abs. 2 Satz 3 AsylVfG),[141] einem Vertreter des öffentlichen Interesses (OBA, VöI) gleich.[142] Das schließt freilich hier wie in den übrigen Fällen[143] eine Beteiligung des (allgemeinen) Vertreters des öffentlichen Interesses bei diesem Gericht nicht aus.[144]

## Literatur

*Ehlers*, Der Beklagte im Verwaltungsprozeß, in: Menger-FS, S. 379 ff.
*Joeres*, Die Rechtsstellung des notwendig Beigeladenen im Verwaltungsstreitverfahren, 1982.
*Konrad*, Die Notwendigkeit der Beiladung im Verwaltungsprozeß, BayVBl 1982,481.
*Kopp (Hrsg.)*, Die Vertretung des öffentlichen Interesses in der Verwaltungsgerichtsbarkeit, 1982.
*Kopp*, Der Vertreter des öffentlichen Interesses in der Verwaltungsgerichtsbarkeit, DVBl 1982,277.
*Martens, J.*, Streitgenossenschaft und Beiladung, VerwArch 60 (1969), S. 197 ff.
*v. Mutius*, Die Beiladung im Verwaltungsprozeß, Jura 1988,273.
*Ders.*, Die Beteiligten im Verwaltungsprozeß, Jura 1988,469.
*Nottbusch*, Die Beiladung im Verwaltungsprozeß, 1995.
*Petzke*, Die Bedeutung der bayerischen Landesanwaltschaften, BayVBl 1979,653.
*Stettner*, Das Verhältnis der notwendigen Beiladung zur notwendigen Streitgenossenschaft im Verwaltungsprozeß, 1974.
*Ders.*, Die Beteiligten im Verwaltungsprozeß, JA 1982,394.
*Stober*, Beiladung im Verwaltungsprozeß, in: Menger-FS, S. 401 ff.
*Ule*, Gegenwart und Zukunft der Einrichtung des Vertreters des öffentlichen Interesses in der Verwaltungsgerichtsbarkeit, DVBl 1981,953.

[139] Str., vgl. im einzelnen Redeker/v. Oertzen, § 35 Rdnr. 10; § 63 Rdnr. 5.
[140] Vgl. BVerwGE 12,119 (124 f.).
[141] Kritisch dazu etwa Baumert, DÖV 1988,461 ff.
[142] BVerwGE 67,64; Schenk, in: Hailbronner, Ausländerrecht, Stand 1995, AsylVfG, § 6 Rdnr. 8; Bell, NVwZ 1990,1024.
[143] Vgl. dazu allgemein Redeker/v. Oertzen, § 35 Rdnr. 10.
[144] BVerwGE 75,337 (339).

# § 9. Beteiligten- und Prozeßfähigkeit; Vertretung

## I. Die Beteiligtenfähigkeit

Von der Stellung als Beteiligter, der *Beteiligteneigenschaft*, ist die rechtliche Möglichkeit, diese Stellung innehaben (*Beteiligtenfähigkeit*) und auf ihrer Grundlage im Prozeß agieren zu können (*Prozeßfähigkeit*), strikt zu unterscheiden. Die *Beteiligtenstellung* ist Ergebnis einer Qualifikation aufgrund bestimmter, prozessual relevanter Umstände, wie Klageerhebung, Beiladung usw. ("wer *ist* Beteiligter?"), während mit der *Beteiligtenfähigkeit* über die rechtliche Zulässigkeit dieser Stellung bestimmt wird ("wer *kann* Beteiligter sein?"). 1

Fehlt die Beteiligtenfähigkeit, so ist die auf den betreffenden Beteiligten bezogene Prozeßhandlung (Klage in bezug auf die Parteien; Beiladung) unzulässig. Soweit die Beteiligtenfähigkeit vom (Fort)Bestand des diese begründenden Rechtsstatus abhängt, wird sie jedoch für den Rechtsstreit hierüber als gegeben fingiert, zum Beispiel bei der – selbst für sofort vollziehbar erklärten (vgl. § 80 Abs. 2 Satz 1 Nr. 4) – Auflösung einer Vereinigung[1] oder im Fall der Eingliederung einer Gemeinde,[2] die sogar, ungeachtet der Vertretungsproblematik, gegen die Verletzung von Pflichten aus einem Eingemeindungsvertrag seitens der aufnehmenden Gemeinde vorgehen kann.[3] 2

### 1. Personen

Die Beteiligtenfähigkeit entspricht der zivilprozessualen Parteifähigkeit und knüpft wie diese (vgl. § 50 Abs. 1 ZPO) grundsätzlich an die Rechtsfähigkeit an. Fähig, am Verfahren beteiligt zu sein, sind deshalb in erster Linie natürliche und juristische Personen, § 61 Nr. 1. 3

---

[1] Vgl. BVerwGE 1,266; GemOVG Lüneburg, OVGE 9,402; vgl. auch OVG NW, NJW 1989,186.

[2] Vgl. Kopp/Schenke, § 61 Rdnr. 3; Czybulka, in: Sodan/Ziekow, § 61 Rdnr. 15; Hoppe/Rengeling, Rechtsschutz bei der kommunalen Gebietsreform, 1973, S. 201.

[3] Vgl. VGH BW, DÖV 1979,605; Knemeyer, in: Starck/Stern (Hrsg.), Landesverfassungsgerichtsbarkeit III, 1983, S. 143 ff. Im ähnlichen Zusammenhang staatsrechtlicher Auseinandersetzungen vgl. auch BVerfGE 22,221; 34,216 (226 f.); 38,231 (237).

### a) Natürliche Personen

4 Als *natürliche Person* beteiligtenfähig ist jeder Mensch (§ 1 BGB), nicht dagegen die Leibesfrucht,[4] und auch nicht das Tier.[5]

5 Dabei kommt es auf die Beteiligung des einzelnen in seiner Eigenschaft als Individuum an, so daß also der Amtswalter eines monokratischen Organs (z. B. Bürgermeister) bei der Wahrnehmung von Organrechten (s. dazu sogleich Rdnr. 14 ff.) nicht als natürliche Person, sondern gegebenenfalls nur gemäß § 61 Nr. 2 beteiligtenfähig ist.[6]

### b) Juristische Personen

6 *Juristische Personen* sind durch ihre grundsätzlich umfassende Rechtsfähigkeit gekennzeichnet und genießen deshalb auch uneingeschränkte verwaltungsprozessuale Beteiligtenfähigkeit, gleich, ob es sich um juristische Personen des privaten oder des öffentlichen Rechts handelt. Zu *ersteren* zählen der eingetragene Verein, die rechtsfähigen Wirtschaftsgesellschaften (AG, GmbH usw.) und die Genossenschaft, ferner OHG und KG, die im Rechtsverkehr als solche auftreten können (vgl. §§ 124, 161 HGB). Juristische Personen des öffentlichen Rechts sind neben Staat und Gemeinden alle Körperschaften (Landkreise, Universitäten, Kammern), Anstalten (Rundfunkanstalten) und Stiftungen des öffentlichen Rechts; zu ihnen sind außerdem nicht rechtsfähige, aber im Rechtsverkehr als solche handlungsfähige Sondervermögen zu rechnen,[7] so (früher) insbesondere die Deutsche Bundesbahn beziehungsweise das Bundeseisenbahnvermögen und die Deutsche Bundespost.

7 Die Rechtsfähigkeit juristischer Personen des öffentlichen Rechts erleidet durch eine Überschreitung ihres Kompetenzbereichs (Ultra-vires-Lehre)[8] keine Einbuße.[9] Ihre Beteiligtenfähigkeit ist deshalb auch in diesem Fall nicht in Frage gestellt.

8 *Politische Parteien* sind, unbeschadet ihrer beschränkten materiellen Rechtsfähigkeit,[10] nach der Spezialvorschrift des § 3 PartG umfassend beteiligtenfähig und stehen insofern juristischen Personen gleich.[11]

---

[4] BVerwG, NJW 1992,1524.
[5] Vgl. VG Hamburg, NVwZ 1988,1058 (Seehunde).
[6] Vgl. dazu Dolde in: Menger-FS, S. 427 f.
[7] Vgl. insgesamt Redeker/v. Oertzen, § 61 Rdnr. 2 f.
[8] Vgl. dazu Kopp/Schenke, § 61 Rdnr. 7; BVerwGE 34,69 (74 f.); VGH BW, DÖV 1973,65.
[9] In diese Richtung, aber unklar, Burmeister, VVDStRL 52 (1993), LS 13.
[10] Vgl. Maurer, JuS 1991,881.
[11] Kopp/Schenke, § 61 Rdnr. 6; Maurer, JuS 1992,298. Dagegen für Beteiligtenfähigkeit nur nach Maßgabe des § 61 Nr. 2 Redeker/v. Oertzen, § 61 Rdnr. 4.

## 2. Teilrechtsfähige Vereinigungen

9 § 61 Nr. 2 erklärt (nicht rechtsfähige) Vereinigungen als beteiligtenfähig, soweit ihnen ein Recht zustehen kann. Damit wird dem gerade im öffentlichen Recht relevanten, praktischen und zum Teil verfassungsrechtlich (Art. 19 Abs. 4 GG) begründeten Bedürfnis nach aktivem wie passivem Rechtsschutz bei Verbänden und sonstigen sozialen Einheiten Rechnung getragen, die nur in einzelnen Beziehungen als Rechtsträger oder Verpflichteter, "Zuordnungsendsubjekt" eines Rechtssatzes,[12] erscheinen.

10 § 61 Nr. 2 ist also in doppelter Weise zu eng formuliert: Es muß sich nicht um eine *Vereinigung* im engeren Sinn, etwa des Art. 9 GG, sondern nur um eine "überindividuelle Organisationseinheit",[13] handeln, und es kommt nicht auf das Zustehen eines *Rechts* an, sondern es genügt auch die rechtliche Bezugnahme als (endgültiges) Pflichtsubjekt.[14] Die betreffende soziale Einheit muß nur aktiv oder passiv an einem materiell-rechtlichen Rechtsverhältnis beteiligt sein. In bezug auf die durch dieses begründeten Rechtsstellungen genießt sie eine sektoral beschränkte "*Teil-Beteiligtenfähigkeit*".[15] Diese kann, da es nach dem Gesetzeswortlaut auf das konkrete Rechtsverhältnis ankommt, nicht verallgemeinert auf sonstige Streitigkeiten (mit) der betreffenden Organisationseinheit erstreckt werden.[16] Es reicht jedoch aus, daß der Vereinigung *möglicherweise* ein Recht zusteht; seine tatsächliche Existenz ist erst eine Frage der Begründetheit.

### *a) Private Vereinigungen*

11 Teil-Beteiligtenfähigkeit in diesem Sinn kommt zunächst auf der *Seite des Bürgers* Personengesamtheiten zu, die als solche, das heißt gerade in ihrer korporativen Stellung, Träger von Rechten sind, zum Beispiel der Religions-,[17] Meinungs- oder Versammlungs-(Demonstrations-)Freiheit,[18] ohne sich doch einer umfassenden Rechtsfähigkeit zu erfreuen. Grundlage hierfür sind die Art. 9 Abs. 1 und 19 Abs. 3 GG, die den Grundrechtsschutz nicht auf die Bildung[19] beziehungsweise Betätigung[20] rechtsfähiger Vereinigungen beschränken.

---

[12] Vgl. Wolff/Bachof/Stober I, § 32 Rdnr. 7.
[13] Vgl. v. Mutius, Jura 1988,473; vgl. auch Erichsen, in: Menger-FS, S. 221 f.
[14] Vgl. dazu v. Mutius, Jura 1988,472.
[15] Ebenso Redeker/v. Oertzen, § 61 Rdnr. 4; v. Mutius, Jura 1988,471; BVerwGE 31,359 (365); 56,56 (57).
[16] Unzutreffend Hoffmann-Becking, DVBl 1972,299; wie hier v. Mutius, Jura 1988,472; Dolde, in: Menger-FS, S. 432.
[17] Löwer, in: v. Münch/Kunig, Art. 9 Rdnr. 31; vgl. auch BVerfGE 24,236 (243).
[18] Vgl. BayVGH, BayVBl 1984,406; Kopp/Schenke, § 61 Rdnr. 8, 12.
[19] Vgl. für Art. 9 GG Löwer, in: v. Münch/Kunig, Art. 9 Rdnr. 29; R. Scholz, in: Maunz/Dürig, Stand 1979, Art. 9 Rdnr. 67.
[20] Vgl. für Art. 19 Abs. 3 GG Dürig, in: Maunz/Dürig, Stand 1979, Art. 19 Rdnr. 9, 29; Krebs, in: v. Münch/Kunig, Art. 19 Rdnr. 31.

OVG Hamburg, U 27.2.95, DVBl 95, 1361 (FHÖV), Thür OVG, B 30.9.99, DVBl 00, 938 (Fraktion Kreistag)

12 Als Voraussetzung einer individualisierbaren Interessenzurechnung im Sinne materiell-rechtlicher Rechtsträgerschaft ist jedoch auch prozessual ein Mindestmaß an organisatorischer Verfestigung unverzichtbar.[21] Dies ist beim nicht rechtsfähigen Verein und den Gewerkschaften gegeben.[22] Auch der Ortsverein einer politischen Partei kann insoweit, zum Beispiel im Rahmen der Durchführung von Wahlwerbung, aber auch zur Geltendmachung eines Umweltinformationsanspruchs (§ 4 UIG[23]) beteiligtenfähig sein,[24] nicht dagegen eine Mehrheit von Bürgern, die sich aus aktuellem Anlaß zu einer Bürgerinitiative, Aktionsgemeinschaft oder ähnlichem, meist mit wechselnden Mitgliedern, zusammengefunden hat.[25]

13 Auch wo bestimmte materielle Rechte nicht der Personengesamtheit als solcher, sondern den zu dieser gehörenden Einzelpersonen zukommen, bleiben diese auch prozessual voneinander getrennt. Nicht beteiligtenfähig sind danach Erbengemeinschaft,[26] BGB-Gesellschaft[27] und die Mit(z. B. Wohnungs-)eigentümergemeinschaft,[28] doch kann es sich bei einem Auftreten der Gemeinschaft um eine zusammenfassende Kurzbezeichnung ihrer Angehörigen handeln, sofern diese eindeutig individualisierbar sind. Je nach den Umständen kann auch der für die Gemeinschaft Handelnde aufgrund ausdrücklicher (hilfsweiser) Erklärung oder kraft gerichtlicher Auslegung[29] als Beteiligter (z. B. Kläger) im Prozeß auftreten, dann freilich nur die ihm selbst zukommende Rechtsstellung geltend machen.

### b) Vereinigungen öffentlichen Rechts

Weniger häufig begegnen teilrechtsfähige *Vereinigungen des öffentlichen Rechts.* Dabei ist zu unterscheiden zwischen externen und internen Rechtsbeziehungen.

14 *aa)* In ersterer Hinsicht (*Außenverhältnis*) kommt es darauf an, daß die betreffende Stelle selbst und nicht ein Rechtsträger, dem sie angehört, Berechtigter beziehungsweise Verpflichteter ist. Nicht in diesen Zusammenhang gehören folglich Behörden (s. unten Rdnr. 18 ff.) und sonstige Vertretungsorgane. Beteiligten-

---

[21] Redeker/v. Oertzen, § 61 Rdnr. 4; Dolde, in: Menger-FS, S. 430; ebenso jetzt Kopp/Schenke, § 61 Rdnr. 12.
[22] Vgl. dazu GemOVG Lüneburg, NJW 1979,735; v. Mutius, Jura 1988,472.
[23] BVerwG, DVBl 1999,1134.
[24] Vgl. BVerwGE 32,333 (334); 56,56 (57); a. M. VGH BW, VBlBW 1987,310.
[25] Vgl. OVG NW, DÖV 1974,820; BayVGH, BayVBl 1984,406; weitgehend Czybulka, in: Sodan/Ziekow, § 61 Rdnr. 26.
[26] BayVGH, BayVBl 1984,186.
[27] HessVGH, AnwBl 1987,498.
[28] Vgl. BVerwG, NJW 1993,79; für Bauherrengemeinschaft vgl. demgegenüber HessVGH, NJW 1997,1938.
[29] Vgl. VGH BW, VBlBW 1987,310.

fähigkeit kommt vielmehr unter dem vorliegenden Aspekt überhaupt nur für selbständige Organisationseinheiten in Betracht, die (insoweit) weder einem Rechtsträger noch auch nur einer Behörde zugeordnet sind, wie etwa technische Ausschüsse,[30] nichtrechtsfähige Fachhochschulen[31] oder eine Fakultät in bezug auf Berufungs- oder Habilitationsentscheidungen.[32] Sie sind jedoch in der Regel nicht Träger eigener Rechts- oder Pflichtenstellungen im Außenverhältnis und deshalb nur ausnahmsweise beteiligtenfähig.[33]

*bb)* Anders steht es dagegen im Verhältnis von Organen, Organteilen und sonstigen Organisationseinheiten *derselben juristischen Person* zueinander (sog. *Innenverhältnis*). Geht man davon aus, daß sie insoweit Träger von eigenen Rechten sein können (s. unten § 25 zum Innenrechtsstreit), so begründen diese als prozessuale Konsequenz *insoweit* auch die Beteiligtenfähigkeit jener Einheiten. Auch diese brauchen also keine "Vereinigungen" zu sein,[34] sind aber auch hier nicht umfassend, sondern nur gerade im Hinblick auf die Geltendmachung beziehungsweise Verteidigung der ihnen jeweils zukommenden Rechtsstellung beteiligtenfähig. 15

16 So ist zum Beispiel der Elternbeirat an einer Schule[35] oder eine Schulkonferenz[36] für die Wahrnehmung der jeweiligen Mitwirkungsrechte, nicht aber umfassend, also etwa hinsichtlich der Schulauflösung, beteiligtenfähig. Ähnlich differenziert zu beurteilen ist die Lage für den Bundespersonalausschuß (vgl. § 95 BBG)[37] oder einen Naturschutzbeirat.[38]

17 Derart beschränkte Beteiligtenfähigkeit nach Maßgabe der jeweiligen materiellrechtlichen Rechtsstellung kann insbesondere auch für *Organe* derselben juristischen Person begründet sein, so insbesondere für Bürgermeister, Gemeinderat und dessen Fraktionen im *Kommunalverfassungsstreit* (vgl. unten § 25 Rdnr. 26 ff.), ferner für Organe und Teilkörperschaften einer *Hochschule,*[39] wie Rektor, Senat,

[30] Vgl. dazu Bachof, AöR 83 (1958), S. 208 ff., 240 ff.; W. Weber, in: FS für Jahrreiß, 1974, S. 323 f.; Wolff/Bachof/Stober II, § 84 Rdnr. 18.

[31] Vgl. HambOVG, NVwZ 1995,1135.

[32] Vgl. BVerfGE 15,256 (261 f.); BVerwG, DVBl 1994,1351.

[33] Zu einem – durchaus problematischen – Sonderfall der Beteiligtenfähigkeit eines akademischen Senats im Prozeß mit dem Ministerium infolge Externalisierung des universitätsinternen Streits mit dem Rektor vgl. HambOVG, NVwZ-RR 1994,587.

[34] Für bloß entsprechende Anwendung des § 61 Nr. 2 jedoch etwa v. Mutius, Jura 1988,473; noch zurückhaltender Erichsen, in: Menger-FS, S. 221 f.

[35] Vgl. dazu BayVGH, BayVBl 1981,719.

[36] VG Bremen, DVBl 1989,114; gegenteilig OVG Berlin, NVwZ-RR 1990,21.

[37] Menger/Erichsen, VerwArch 59 (1968), S. 172 gegenüber BVerwGE 26,31.

[38] Vgl. HessVGH, DVBl 1992,1445.

[39] Vgl. Hoffmann-Becking, DVBl 1972,299 f.; Franzke, DÖV 1972,851; Ewald, WissR 3 (1970), S. 35 ff.; GemOVG Lüneburg, DVBl 1989,114.

Fakultät (aber eben nicht im Außenverhältnis z. B. zum Ministerium)[40] und die Studentenschaft.[41]

### 3. Behörden

18 Als bloße Organisationseinheiten juristischer Personen, in der Regel des Staates, sind Behörden weder (insgesamt) rechtsfähig, noch Träger von einzelnen Rechten. Ihr Handeln ist deshalb aktiv wie passiv allein dem Rechtsträger zuzurechnen, als dessen Organ sie tätig werden und zur Wahrnehmung von dessen Rechten und Pflichten sie lediglich "transitorisch" zuständig sind. Demzufolge geht auch die Verwaltungsgerichtsordnung vom Grundsatz aus, daß nur das jeweilige Rechtssubjekt beteiligtenfähig ist (*Rechtsträgerprinzip*).

19 Freilich ist das weder sachlich noch gar logisch zwingend. So waren im ehemals preußischen System des Rechtsschutzes die jeweiligen Behörden am Rechtsstreit beteiligt,[42] und Entsprechendes sieht nunmehr § 11 Nr. 3 VwVfG für das Verwaltungsverfahren vor. Auch dem Bürger treten im Alltag praktischen Verwaltungshandelns nicht "der Staat" (Bund, Land) oder sonstige Verwaltungsträger als solche, sondern deren jeweilige Behörden entgegen. Insbesondere aus historischen Gründen läßt deshalb die Verwaltungsgerichtsordnung eine Beteiligtenfähigkeit von Behörden zu, soweit das Landesrecht dies bestimmt, § 61 Nr. 3.

20 Der Behördenbegriff ist nicht im verfahrensrechtlichen Sinn (§ 1 Abs. 4 VwVfG) bestimmt, sondern meint "solche Stellen, die durch organisationsrechtliche Rechtssätze gebildet, vom Wechsel ihrer Amtsinhaber unabhängig und nach der einschlägigen Zuständigkeitsregelung berufen sind, unter eigenem Namen ... Aufgaben der öffentlichen Verwaltung wahrzunehmen".[43] Hieran fehlt es zum Beispiel bei einer Gemeindekasse,[44] wohl auch bei fakultätsinternen Stellen für studienbegleitende Leistungskontrollen[45] und der Werk- beziehungsweise Betriebsleitung eines gemeindlichen Eigenbetriebs.[46]

21 Von der gesetzlichen Ermächtigung haben die Länder Brandenburg, Mecklenburg-Vorpommern, Nordrhein-Westfalen, Saarland und Sachsen-Anhalt umfassend,[47] Niedersachsen und Schleswig-Holstein für landesunmittelbare Behörden[48]

---

[40] Vgl. BVerwGE 45,39 (43); GemOVG Lüneburg, DVBl 1989,114; a. A. Hoffmann-Becking, DVBl 1972,301.

[41] Vgl. OVG Berlin, WissR 2 (1969), S. 81; HambOVG, NJW 1978,1395; NVwZ 1982,448; GemOVG Lüneburg, DVBl 1978,271.

[42] Vgl. Klinger, § 61 Anm. C 3 a; Menger, System des verwaltungsgerichtlichen Rechtsschutzes, 1954, S. 149.

[43] OVG NW, OVGE 30,15 (17); NJW 1991,2586.

[44] OVG NW, NVwZ 1986,761.

[45] A. M. OVG NW, NJW 1991,2586.

[46] A. M. OVG NW, DÖV 1989,594; demgegenüber zweifelnd auch Hamann, DVBl 1991,131.

[47] §§ 8 bbgVwGG; 14 mvGOrgG; 5 Abs. 1 nwAGVwGO; 8 saAGVwGO; 19 saarlAGVwGO.

[48] §§ 8 Abs. 1 ndsAGVwGO; 6 shAGVwGO.

Redeker, NVwZ 00, 1223 (Wechsel Zust.), OVG Bremen, U 1.4.11, NVwZ 11, 1146 sowie Rheinland-Pfalz für die Bezirksregierung bei der Aufsichtsklage gegen Widerspruchsbescheide (vgl. unten § 19 Rdnr. 55)[49] Gebrauch gemacht. Die materielle Rechtsträgerschaft wird hierdurch naturgemäß nicht verändert. Die Behörden nehmen die ihnen nicht als solchen zustehenden Rechte und Pflichten "ihres" Rechtsträgers vielmehr in *Prozeßstandschaft* (vgl. dazu unten Rdnr. 33) wahr.[50]

Die Bestimmung des Auftretens im Prozeß für einen andern zur Geltendmachung von dessen Rechten (Prozeßführungsbefugnis) ist eine verfahrensrechtliche Frage. Das verweist auf eine Regelung in der Verwaltungsgerichtsordnung, beseitigt jedoch nicht ihre organisationsrechtliche Relevanz. Die Länder konnten deshalb, schon aus verfassungsrechtlichen Gründen,[51] nicht ermächtigt werden, *Bundesbehörden* als beteiligtenfähig zu erklären,[52] ganz abgesehen davon, daß den betreffenden Ländern lediglich die Fortführung des bestehenden Zustandes, nicht aber dessen Erstreckung auf den Bund oder andere Länder gegen deren Willen gestattet werden sollte.[53] Soweit die Landesgesetze von Nordrhein-Westfalen und des Saarlandes, dem Wortlaut nach scheinbar undifferenziert, eine behördliche Beteiligtenfähigkeit bestimmen, beschränkt sich diese auf Landesbehörden. 22

Unberührt bleibt die Befugnis des Bundes zur entsprechenden eigenen Regelung; eine solche wurde auf der Grundlage des Art. 74 Abs. 1 Nr. 1 GG zum Beispiel in § 16 Abs. 2 Satz 3 VereinsG für die Verbotsbehörde getroffen. 23

## II. Die Prozeßfähigkeit

### 1. Grundsätzliche Regelung

Prozeßfähigkeit[54] ist die Fähigkeit, Prozeßhandlungen selbst oder durch einen Bevollmächtigten wirksam vornehmen zu können. Diese prozessuale Geschäftsfähigkeit knüpft, wie im Zivilprozeß (vgl. § 51 Abs. 1 ZPO), grundsätzlich an die Bestimmungen des bürgerlichen Rechts an (§ 62 Abs. 1) und kommt danach allen *Geschäftsfähigen* zu. Die Klage eines Prozeßunfähigen ist jedoch rechtlich existent und muß deshalb (als unzulässig) abgewiesen werden.[55] Gegebenenfalls bedarf es der Bestellung eines Betreuers.[56] 24

---

[49] § 17 Abs. 2 rpAGVwGO.

[50] Vgl. Kopp/Schenke, § 61 Rdnr. 13 m. Nachw.; v. Mutius, Jura 1988,474.

[51] Vgl. zur Organisationshoheit des Bundes im Verhältnis zu den Ländern BVerfGE 63,1 (40 f.); Lerche, in: Maunz/Dürig, Stand 1989, Art. 86 Rdnr. 32; Stettner, JA 1982,396, insbes. Fn. 30.

[52] Ebenso BVerwGE 14,330 (331); 20,21 (22) für die insoweit vergleichbare Regelung des § 78 Abs. 1 Nr. 2.

[53] Ebenso BVerwGE 20,21 (22); Eyermann/J. Schmidt, § 61 Rdnr. 13; Kopp/Schenke, § 61 Rdnr. 13; HessVGH, DÖV 1984,124; a. A. v. Mutius, Jura 1988,474; Dolde, in: Menger-FS, S. 434; Redeker/v. Oertzen, § 61 Rdnr. 6; Ule, § 18 II 2.

[54] Vgl. dazu Laubinger, in: FS für Ule, 1987, S. 161 ff.

[55] Vgl. Laubinger, in: FS für Ule, S. 175 f.; a. M. BayVGH, NJW 1990,2403; 1990,2404.

[56] Vgl. auch BVerwGE 23,15; VGH BW, VBlBW 1990,135.

25 *Nicht prozeßfähig* sind Geschäftsunfähige (§ 104 BGB), ferner juristische Personen und Vereinigungen (§ 61 Nr. 2) sowie Behörden, da diesen die natürliche Handlungsfähigkeit fehlt. Sie können nur durch ihre gesetzlichen Vertreter im Prozeß tätig werden (s. unten Rdnr. 34 f.).

26 Steht die Prozeßfähigkeit in Zweifel, so ist diese im Streit gerade hierüber, insbesondere auch für ein Rechtsmittel, nach allgemeinen Prozeßrechtsgrundsätzen gegeben.[57]

## 2. Relative Prozeßfähigkeit

27 Prozeßfähig sind auch Personen, die nach bürgerlichem Recht in ihrer Geschäftsfähigkeit beschränkt sind, sofern sie durch Vorschriften des bürgerlichen oder öffentlichen Rechts für den Gegenstand des Verfahrens als geschäftsfähig anerkannt sind.

### *a) Minderjährige*

28 *Bürgerlich-rechtliche* Grundlagen einer solchen gegenständlich beschränkten Prozeßfähigkeit finden sich vor allem in den §§ 112, 113 BGB. Unter *öffentlich-rechtlichem* Aspekt genügt es nicht, wenn das Gesetz einzelne materielle Rechte oder Pflichten an bestimmte Altersgrenzen knüpft, wie zum Beispiel die Notwendigkeit einer Aufenthaltserlaubnis unter Umständen an die Erreichung des 16. Lebensjahres (§ 2 DVAuslG).[58] Es ist vielmehr weitergehend ein hinreichend deutlicher gesetzgeberischer Wille zur Verleihung gerade einer besonderen Verfahrens*handlungs*fähigkeit erforderlich. Dies trifft etwa zu für die Regelungen über die Wehrpflicht (§ 16 Abs. 3 Satz 2 i. V. m. § 19 Abs. 3 WpflG; § 2 Abs. 4 KDVNG) und deren Ausgestaltung,[59] die Erteilung der Fahrerlaubnis (§ 10 FeV),[60] die Asylgewährung (§ 12 Abs. 1 AsylVfG)[61] und die Religionszugehörigkeit (§ 5 RelKErzG).[62]

---

[57] Vgl. BVerfGE 49,10 (15); BVerwGE 30,26; BGH, NJW 1983,996; BGHZ 100,294; BayVGH, NJW 1990,2404; HessVGH, NJW 1990,403; grundsätzlich dazu Hager, ZZP 97 (1984), S. 174 ff.

[58] Vgl. BVerwG, NJW 1982,539.

[59] Vgl. dazu BVerfGE 28,243 (254); 264 (274).

[60] Vgl. zum entsprechenden § 7 StVZO a. F. BVerwG, FamRZ 1966,143; VGH München, VerwRspr 9,385.

[61] Vgl. KG, NJW 1978,2455.

[62] Th. Würtenberger, in: FS für Obermayer, 1986, S. 113 ff.; BVerwGE 68,16; OVG RP, DÖV 1981,586. Zum Streit, ob die abweichende Altersgrenze des 18. Lebensjahrs auf der Grundlage des Art. 137 Abs. 1 bayVerf (entsprechend für Art. 35 Abs. 1 rpVerf in der ursprünglichen Fassung) i. V. m. Art. 125 Nr. 2 GG noch maßgeblich ist, vgl. einerseits (bejahend) v. Campenhausen, BayVBl 1989,300; Gallwas, BayVBl 1989,363; andererseits Renck, BayVBl 1988,683.

Angesichts der bestehenden gesetzlichen Regelungen entschärft sich auch das ohnehin mehr theoretisch diskutierte als praktisch relevante Problem der selbständigen gerichtlichen Geltendmachung von Grundrechten, zum Beispiel durch den 16jährigen Herausgeber einer Schülerzeitung (Art. 5 Abs. 1 Satz 2 GG)[63] oder den 12jährigen Teilnehmer an einer Versammlung (Art. 8 GG).[64] Grundrechtsdogmatisch ist zu differenzieren zwischen der bereichs- und alters*unabhängig* bejahten Innehabung von Grundrechten (*Grundrechtsfähigkeit*) und der Befähigung, die durch diese vermittelten Rechtsstellungen selbst wahrzunehmen (*Grundrechtsausübungsfähigkeit*, früher sogenannte *Grundrechtsmündigkeit*). Diese letztere soll nach herrschender Meinung, vorbehaltlich spezieller gesetzlicher Regelung, mit der Erreichung der Volljährigkeit eintreten, nach anderen von der konkret gegebenen Einsichts- und Steuerungsfähigkeit abhängen[65] oder überhaupt mit der Grundrechtsfähigkeit zusammenfallen.[66] 29

Nicht auf diese (materielle) Wahrnehmung von Grundrechtsberechtigungen kommt es jedoch für § 62 Abs. 1 Nr. 2 an, sondern auf deren gerichtliche Durchsetzung, also eine hiervon zu unterscheidende *Grundrechtsprozeßfähigkeit*.[67] Sie entbehrt (weithin) schon der materiell-rechtlichen Grundlage, soweit es um die Entscheidungsbefugnis des Minderjährigen im Verhältnis zum elterlichen Erziehungsrecht geht (Art. 6 Abs. 2 GG). Im übrigen sind aber für die Eröffnung des Rechtsschutzes, anders als beim "natürlichen Gebrauch" des Grundrechts, außer der individuellen Willensbetätigung eine Reihe weiterer Faktoren bestimmend, die eine gesteigerte Einsichtsfähigkeit verlangen und zu einer Anknüpfung an allgemein-rechtliche Altersgrenzen führen;[68] diese stellen sich somit als verfahrensrechtliche Grundrechtskonkretisierungen dar. 30

### *b) Betreute*[69]

Besteht eine Betreuung mit Einwilligungsvorbehalt gemäß §§ 1896, 1903 BGB, die an die Stelle der früheren Vormundschaft über Volljährige und der Gebrechlichkeitspflegschaft getreten ist (vgl. Art. 9 § 1 BtG), so bedarf der Betroffene im Aufgabenkreis des Betreuers dessen Einwilligung, ist also nur beschränkt 31

---

[63] Vgl. dazu Jarass, DÖV 1983,610.

[64] Vgl. C.-R. Meyer, Die Stellung des Minderjährigen im öffentlichen Recht, 1988, S. 119.

[65] Vgl. dazu Stern, Das Staatsrecht der Bundesrepublik Deutschland, Bd. III/1, 1988, S. 1066; Rüfner, in: HdBStR, Bd. V, § 116 Rdnr. 23 ff.; v. Mutius, Jura 1987,272; differenzierend nach der Schutzrichtung des Grundrechts Czybulka, in: Sodan/Ziekow, § 62 Rdnr. 39.

[66] So E. Stein, Staatsrecht, 16. Aufl. 1998, § 26 II im Anschluß an Roell, Die Geltung der Grundrechte für Minderjährige, 1984, S. 34; vgl. auch Hohm, NJW 1986,3107.

[67] Vgl. zu dieser Differenzierung auch Stern, Staatsrecht, Bd. III/1, S. 1069 f.

[68] So auch Stern, Staatsrecht, Bd. III/1, S. 1069; Rüfner, in: HdBStR, Bd. V, § 116 Rdnr. 26; C.-R. Meyer, Die Stellung des Minderjährigen, S. 27 ff., 107 ff.; Fehnemann, Die Innehabung und Wahrnehmung von Grundrechten im Kindesalter, 1983, S. 43 ff.

[69] Vgl. dazu Laubinger/Repkewitz, VerwArch 85 (1994), S. 86 ff.

geschäftsfähig (vgl. § 1903 BGB). Gemäß § 62 Abs. 2 ist er gleichwohl prozeßfähig, soweit er bürgerlich-rechtlich der Einwilligung des Betreuers nicht bedarf oder öffentlich-rechtlich als *handlungs*fähig anerkannt ist. Hier gewähren insbesondere Art. 1 Abs. 1 i. V. m. Art. 2 Abs. 1; Art. 2 Abs. 2 GG Rechtsstellungen, die eine auch prozessuale Abwehr gegenüber Beeinträchtigungen der körperlichen Unversehrtheit, Freiheitsentziehungen[70] oder sonstigen gravierenden Eingriffen in die Persönlichkeitssphäre[71] ermöglichen.

## III. Vertretung

### 1. Begriff und Abgrenzung

32 Werden die *prozessualen* Rechte und Pflichten eines Beteiligten *in dessen Namen* von einem Dritten wahrgenommen, so handelt es sich um *Prozeßvertretung*. Sie kann mit der *materiell-rechtlich* bestimmten *Vertretung Prozeßunfähiger* zusammenfallen, ist aber von dieser zu unterscheiden (s. unten Rdnr. 36).

33 Dagegen liegt *Prozeßstandschaft* vor, wenn *materielle* Rechte eines Dritten *im eigenen Namen* prozessual geltend gemacht werden. Eine solche Prozeßführung über fremde Rechte, zum Beispiel eines Verbandes für seine Mitglieder,[72] wird schon im zivilgerichtlichen Verfahren, abgesehen von gesetzlicher Ermächtigung, nur unter der engen Voraussetzung eines eigenen rechtlichen Interesses des materiell Verfügungsberechtigten an der Prozeßführung als zulässig angesehen.[73] In dem der Parteidisposition weitestgehend entzogenen öffentlichen Recht ist sie schon durch § 42 Abs. 2 (vgl. dazu unten § 18 Rdnr. 84 ff.) grundsätzlich ausgeschlossen und damit nur nach Maßgabe ausdrücklicher gesetzlicher Regelung zulässig.

### 2. Vertretung Prozeßunfähiger

34 Für prozeßunfähige Beteiligte handeln deren gesetzliche Vertreter.

Sie bestimmen sich bei *natürlichen Personen* nach den Vorschriften des bürgerlichen Rechts (§ 173 Satz 1 VwGO i. V. m. § 51 Abs. 1 ZPO), also insbesondere nach §§ 1629 Abs. 1 (elterliches Sorgerecht), 1793 (Vormundschaft), 1902 (Betreuung) und 1909 BGB (Ergänzungspflegschaft). Bei *juristischen Personen* und ihnen gleichgestellten *Vereinigungen* (§ 61 Nr. 2) des *bürgerlichen Rechts* sind die jeweiligen allgemeinen Vertretungsregelungen des materiellen Rechts maßgebend.

---

[70] Vgl. BVerfGE 10,302 (306); 65,317 (321).
[71] Vgl. Kopp/Schenke, § 62 Rdnr. 6 m. w. Nachw.
[72] Vgl. dazu BVerwGE 54,212; 61,334 (341); Kopp/Schenke, Vorbem. § 40 Rdnr. 26.
[73] Vgl. Rosenberg/Schwab/Gottwald, § 46 III 1.

Schenke, JZ 96, 998

Bei *juristischen Personen des öffentlichen Rechts* richtet sich die Vertretung nach den jeweiligen Fachgesetzen (Gemeindeordnungen, Handwerksordnung, Hochschulgesetze usw.). Der *Staat* (Bund, Länder) wird nach Maßgabe spezieller gesetzlicher oder sonstiger Vertretungsregelungen, in der Regel durch den zuständigen (Bundes- bzw. Landes-)Minister beziehungsweise durch diesen ermächtigte Behörden oder aber auch durch ein eigenes Vertretungsorgan (Staatsanwaltschaft vgl. auch § 36 Abs. 1 Satz 2)[74] vertreten. *Behörden* werden durch deren Vorstand oder einen (von diesem) besonders Beauftragten vertreten, § 62 Abs. 3. 35

### 3. Die Prozeßvertretung im engeren Sinn

Geht es bei der Vertretung im vorgenannten Sinn um die – auch prozessuale – Wahrnehmung der Rechte Dritter kraft einer materiell-rechtlich zu bestimmenden Handlungsbefugnis, so betrifft die *Prozeßvertretung im engeren Sinn* das Auftreten eines Bevollmächtigten für einen Prozeßfähigen, gleich, ob dieser selbst Beteiligter ist oder seinerseits (kraft materiellen Rechts) als Vertreter eines solchen fungiert. Die Prozeßvertretung kann gewillkürt oder gesetzlich vorgeschrieben sein (Vertretungszwang). Sie beruht in jedem Fall auf einer *Prozeßvollmacht.* 36

#### *a) Prozeßvollmacht*

Die Erteilung einer Prozeßvollmacht ist (zugleich) eine Prozeßhandlung und setzt deshalb Prozeßfähigkeit voraus. Sie muß ausdrücklich und schriftlich (auch zu Gerichtsprotokoll[75]) erfolgen, § 67 Abs. 3 Satz 1. Die Prozeßvollmacht, deren Vorliegen außer beim Auftreten eines Rechtsanwalts (§ 88 Abs. 2 ZPO) von Amts wegen zu prüfen ist,[76] ermächtigt zu allen das Verfahren betreffenden Prozeßhandlungen anstelle des Beteiligten. An den Bevollmächtigten sind Zustellungen und Mitteilungen des Gerichts zu richten, § 67 Abs. 2 Satz 1, Abs. 3. Wird ein vollmachtloser Vertreter einstweilen zugelassen (§ 67 Abs. 3 Satz 2), so heilt die spätere Erteilung der Vollmacht, auch noch in der Berufungs-, nicht jedoch in der Revisionsinstanz,[77] die vorausgehende Prozeßführung. 37

---

[74] Vgl. § 5 bayVO über den Vertreter des öffentlichen Interesses vor den Gerichten der Verwaltungsgerichtsbarkeit v. 4.11.1975, GVBl S. 352; § 1 Abs. 1 Satz 2-4 thürVO v. 12.8.1991, GVBl S. 347.

[75] Bosch/Schmidt, § 16 I 2.

[76] Vgl. dazu BVerwGE 71,20 (24); BVerwG, DÖV 1984,987.

[77] Vgl. GmS-OGB, BVerwGE 69,380; vgl. auch BVerwGE 71,20 (zu bloß verspäteter *Vorlage* in Revisionsinstanz).

### b) Gewillkürte Prozeßvertretung

38 Vor dem Verwaltungsgericht haben die Beteiligten, grundsätzlich auch öffentlich-rechtliche Rechtsträger,[78] die Möglichkeit, sich in jeder Lage des Verfahrens durch einen Bevollmächtigten vertreten zu lassen (§ 67 Abs. 2), der dann nach Maßgabe des gesetzlichen Inhalts der Vollmacht (vgl. §§ 81 ff. ZPO), also grundsätzlich uneingeschränkt, die prozessuale Stellung des Vertretenen wahrnimmt. Möglich ist auch, einen Beistand ohne eigenständige prozessuale Rechtsstellung zur Unterstützung beizuziehen, § 67 Abs. 2 Satz 1.

39 Als *Bevollmächtigter* kann jede Person auftreten, die zu sachgemäßem Vortrag in der Lage ist, § 67 Abs. 2 Satz 3. Fehlt diese Fähigkeit einem selbst auftretenden Beteiligten oder ist es sonst aus sachlichen Gründen geboten, so kann das Gericht die Bestellung eines Bevollmächtigten oder die Zuziehung eines Beistandes anordnen. Eine derartige Konstellation ist insbesondere auch bei Massenverfahren denkbar. Gemäß § 67a kann das Gericht deshalb die Bestellung eines gemeinsamen Bevollmächtigten verlangen, wenn mehr als 50 Personen im gleichen Interesse beteiligt sind.

### c) Postulationsfähigkeit, Vertretungszwang

40 Fehlt einer prozeßfähigen Person die Rechtsmacht, prozessuale Handlungen in eigener Person vornehmen zu können (*Postulationsfähigkeit*[79]), so sind ihre Prozeßhandlungen unzulässig,[80] also reduziert sich ihre Prozeßfähigkeit im wesentlichen auf die Erteilung der Prozeßvollmacht. Die Kehrseite fehlender Postulationsfähigkeit ist also der *Vertretungszwang*.

41 *aa) Reichweite.* Ein solcher besteht, außer in den vorgenannten Fällen gerichtlicher Anordnung einer Prozeßvertretung gemäß §§ 67 Abs. 2 Satz 2 und 67a, beim Bundesverwaltungsgericht, vor dem sich gemäß § 67 Abs. 1 jeder Beteiligte durch einen Rechtsanwalt oder Rechtslehrer an einer deutschen Hochschule vertreten lassen muß.

42 Im Zuge der Veränderung des Rechtsmittelrechts (s. dazu unten § 38 Rdnr. 6) und der damit einhergehenden, erhöhten prozessualen Anforderungen an die Beteiligten wurde durch das 6. VwGO-Änderungsgesetz ferner für das Verfahren vor dem Oberverwaltungsgericht Vertretungszwang eingeführt, soweit Anträge gestellt werden (§ 67 Abs. 1 Satz 1), also nicht notwendigerweise für den Beigeladenen. Das Erfordernis einer Vertretung besteht danach auch für die beim Verwaltungsgericht zu stellenden, verfahrenseinleitenden Anträge, nämlich die

[78] Nicht hierher gehört das Auftreten der Einleitungsbehörde im Dienstordnungsverfahren, vgl. OVG RP, NVwZ 1989,580.

[79] Vgl. Ule, § 20 I.

[80] Vgl. VGH BW, VBlBW 1997,381.

BVerwG, B 30.8.01, DÖV 02, 77 (Diplom-Jurist), Schenke, NVwZ 09, 801
OVG Bremen, B 7.4.11, NVwZ 11, 1146 (nicht Beliehene)

Einlegung der Revision und der Nichtzulassungsbeschwerde sowie der Beschwerde in den Fällen des § 99 Abs. 2 VwGO und des § 17a Abs. 4 Satz 4 GVG, ferner für Anträge auf Zulassung der Berufung und auf Zulassung der Beschwerde, § 67 Abs. 1 Satz 2. Für sonstige in dieser Bestimmung nicht aufgeführte Beschwerdeverfahren, die bei Abhilfe durch das Verwaltungsgericht nicht in höherer Instanz anhängig werden, bleibt es dagegen bei der Postulationsfähigkeit der Beteiligten.[81] Ohne Vertretung können auch Anträge auf Prozeßkostenhilfe gestellt werden (vgl. unten § 42 Rdnr. 48).

Dem Vertretungserfordernis ist nur genügt, wenn der bestimmende Schriftsatz in einer aus diesem erkennbaren Weise von dem Prozeßbevollmächtigten auf Grund eigenverantwortlicher Prüfung und Sichtung des Streitstoffs selbst erarbeitet wurde.[82] Anders als gemäß § 78 Abs. 1 ZPO ist eine Zulassung des Rechtsanwalts bei dem Gericht (*Lokalisationszwang*) nicht vorgesehen. Für öffentlichrechtlich verfaßte Beteiligte gilt § 67 Abs. 1 Satz 3. 43

In bestimmten sozial-, abgaben- und beamtenrechtlichen Angelegenheiten gelten für die Vertretung vor dem Oberverwaltungsgericht die Sonderregelungen des § 67 Abs. 1 Satz 4-6. Nicht dem Vertretungszwang unterliegen dagegen die zur Wahrung des allgemeinen öffentlichen Interesses am Verfahren Beteiligte, wie der Oberbundesanwalt.[83] 44

*bb)* Der *Rechtsanwalt* ist der berufene Vertreter in allen Rechtsangelegenheiten (§ 3 Abs. 1 BRAO) und deshalb auch an erster Stelle zum möglichen Prozeßbevollmächtigten bestimmt. Daneben sieht § 67 Abs. 1 Satz 1 jedoch auch eine Prozeßvertretung durch *Rechtslehrer*[84] *an einer deutschen* (wissenschaftlichen)[85] *Hochschule* vor. Dabei handelt es sich um eine prozeßrechtliche Spezialregelung der Vertretung, in der der Hochschullehrer ausdrücklich dem Rechtsanwalt gleichgestellt ist und deren Wahrnehmung nicht gleichzeitig durch Art. 1 § 1 RBerG grundsätzlich verboten sein kann.[86] Unterschiedlich wird demgegenüber beurteilt, ob für eine (geschäftsmäßige) Vertretung durch Hochschullehrer im Rahmen des § 67 Abs. 2, verfassungsrechtlich jedenfalls zulässig,[87] eine entsprechende Rechtsberatungserlaubnis erforderlich ist.[88] 45

---

[81] Vgl. VGH BW, DÖV 1998,255.

[82] Vgl. BVerwG, NJW 1997,1865; NJW 1997,3328.

[83] BVerwGE 12,119 (121); 31,5; BVerwG, NVwZ 1983,413; a. A. BVerwGE 13,245. Zu weiteren Fällen vgl. BVerwGE 15,316 und oben § 8 Rdnr. 60 ff.

[84] Hierunter fallen nicht Assistenten und Lehrbeauftragte, vgl. BVerwG, NJW 1970,2314.

[85] Zur Nichtberücksichtigung von Fachhochschulprofessoren vgl. BVerwGE 56,336 (339); BVerfG, NJW 1975,2340.

[86] Ebenso BVerwG, NJW 1988,220; BayVGH, NJW 1988,2554 (20. Senat); NJW 1987,460 (9. Senat). Grundsätzlich dazu Kopp, in: FS für Ule, S. 143 ff.; Willms, NJW 1987,1302; W. Schenke, DVBl 1990,1151; Rennen/Caliebe, RBerG, 2. Aufl. 1992, Art. 1 § 1 Rdnr. 45 f.

[87] BVerfG, NJW 1988,2535.

[88] Bejahend BVerwG, NJW 1988,220; BayVGH, NJW 1988,2553 (25. Senat); OVG RP, NJW

46 *cc)* Ein Vertretungsprivileg besteht für *juristische Personen des öffentlichen Rechts* sowie *Behörden*. Sie können sich nunmehr auch durch Beamte oder Angestellte (nicht notwendig derselben Behörde[89]) mit der Befähigung zum Richteramt oder Diplomjuristen im höheren Dienst vertreten lassen. Obwohl es sich auch hier um eine *Prozeßvertretung* handelt, bedarf sie nach neuerer Auffassung keiner speziellen Bevollmächtigung und kann deshalb auch durch den kraft allgemeinen Auftrags für den Rechtsträger oder die Behörde handelnden Bediensteten wahrgenommen werden.[90]

### d) Kommunale Vertretungsverbote

47 In den Kommunalgesetzen der Länder ist durchgehend vorgesehen, daß (bestimmte) ehrenamtlich tätige Bürger und Kreiseinwohner Ansprüche (und/oder Interessen) eines anderen, außer im Fall gesetzlicher Vertretung, nicht oder nur dann gegen die kommunale Körperschaft geltend machen dürfen, wenn sie mit der ehrenamtlichen Tätigkeit nicht in Zusammenhang stehen.[91] Dieses sogenannte kommunale Vertretungsverbot gilt auch für die berufsmäßig mit der Interessenvertretung Dritter befaßten Personen (Rechtsanwälte, Rechtsbeistände, Steuerberater usw.) und erlangt insbesondere für die Mitglieder der Vertretungskörperschaften (Gemeinderat, Kreistag usw.) praktische Bedeutung.

48 Die *Verfassungsmäßigkeit* der betreffenden Landesregelungen steht heute im Grundsatz außer Zweifel.[92] Die Gesetzgebungskompetenz ergibt sich aus der kommunalverfassungsrechtlichen Natur der Verbote, die durch deren mittelbare Ausstrahlung auf das Berufs- und das Verfahrensrecht (Art. 74 Abs. 1 Nr. 1 GG) nicht in Frage gestellt wird.[93] Auch grundrechtlich bestehen keine Bedenken, weil der Schutzbereich des Art. 12 Abs. 1 Satz 1 GG mangels berufsregelnder Zielsetzung nicht tangiert, jedenfalls aber nicht verletzt ist und eine unverhältnismäßige, mit der Stellung aufgrund des Ehrenamtes unvereinbare Beschränkung (Art. 2 Abs. 1 GG) nicht vorliegt.[94]

49 Ein *Verstoß gegen das Vertretungsverbot* löst die kommunalgesetzlich vorgesehenen Sanktionen aus, die hier nicht näher interessieren.[95] Die prozeßrechtlichen

---

1988,2555; VGH BW, VBlBW 1991,56. Verneinend BayVGH, NJW 1987,460 (9. Senat); NJW 1988,2554 (20. Senat), NJW 1992,853; Kopp, in: FS für Ule, S. 143 ff.; Willms, NJW 1987,1302; Schenke, DVBl 1990,1151.

[89] Ebenso Redeker/v. Oertzen, § 67 Rdnr. 9b; Kopp/Schenke, § 67 Rdnr. 6.

[90] So BVerwG, DÖV 1993,916, gegenüber BVerwG, NVwZ 1992,1088.

[91] Grundlegend dazu Schoch, Das kommunale Vertretungsverbot, 1981. Vgl. ferner v. Mutius, VerwArch 68 (1977), S. 73; 71 (1980), S. 191; Eyermann/J. Schmidt, § 67 Rdnr. 15; Redeker/v. Oertzen, § 67 Rdnr. 21.

[92] Vgl. BVerfGE 41,231 (241); 52,42 (53 f.); 56,99 (107); 61,68 (72); BVerfG, DVBl 1988,54; BVerwG, NJW 1984,377 (für Weisungsaufgaben) m. Bespr. von Schoch, NVwZ 1984,626.

[93] Vgl. dazu BVerfGE 52,42 (55 f.); Schoch, Vertretungsverbot, S. 182 ff.

[94] BVerfGE 52,42 (53 f.); BVerfG, DVBl 1988,54.

[95] Vgl. dazu Schoch, Vertretungsverbot, S. 221 ff.

Konsequenzen sind jedoch umstritten. Ausgehend von Gehalt und Ziel des Vertretungsverbots scheint es sich auf das kommunalverfassungsrechtliche Innenverhältnis zu beschränken,[96] indem es eine ordnungsgemäße und von privater Interessenverfolgung freie Amtstätigkeit gewährleisten soll. Die Verfahrensordnung ist indes nicht isoliert zu sehen, sondern steht im Zusammenhang mit weiteren Normen berufsrechtlicher[97] oder sonstiger Art, die das Auftreten vor Gericht nicht als solches, wohl aber im Hinblick auf die in diesem notwendigerweise zugleich enthaltene Tätigkeit regeln. Ein Verstoß gegen diese kompetenzgemäß erlassenen Vorschriften erfaßt die Vertretung insgesamt und kann deshalb auch im gerichtlichen Verfahren nicht ignoriert werden; dies unabhängig vom Bestehen einer Gesetzgebungskompetenz, da insoweit eine Verfahrensregelung gar nicht intendiert ist.

Die Wirkung des kommunalen Vertretungsverbots bleibt damit nicht auf den **50**
kommunalen Rechtskreis beschränkt, sondern erstreckt sich unmittelbar auf das Verfahren. Ein Rechtsverstoß führt deshalb zur Zurückweisung des Prozeßvertreters durch das Gericht.[98] Zu beachten ist allerdings, daß das Gericht an der Feststellung eines derartigen Verstoßes gehindert ist, wenn diese kraft Kommunalrechts bestimmten Verwaltungsorganen (Gemeinderat, Bürgermeister usw.)[99] obliegt, die damit umgekehrt mit Tatbestandswirkung für das gerichtliche Verfahren entscheiden.[100]

## Literatur

*Dolde*, Die Beteiligungsfähigkeit im Verwaltungsprozeß (§ 61 VwGO), in: Menger-FS, S. 423 ff.
*Hoffmann-Becking*, Die Beteiligtenfähigkeit und passive Prozeßführungsbefugnis nichtrechtsfähiger Gliedkörperschaften der Universitäten im Verwaltungsprozeß, DVBl 1972,299.
*Weber, W.*, Nichtrechtsfähige öffentlich-rechtliche Verbände, in: FS für Jahrreiß, 1974, S. 323.

Vgl. ferner die Angaben zu § 8.

[96] So Schoch, Vertretungsverbot, S. 239 f. m. zahlreichen Nachw. pro und contra.
[97] Vgl. hierzu BVerfGE 41,378 (390); BVerwG, NJW 1988,220.
[98] Ebenso BVerfGE 52,42 (54 f.); HessVGH, NVwZ 1987,919.
[99] Vgl. §§ 17 Abs. 3 Satz 3 bwGemO; 29 Abs. 2 bbgGemO; 27 Abs. 2 ndsGemO; 32 Abs. 2 Satz 2 nwGemO; 21 Abs. 2 rpGemO; 19 Abs. 3 Satz 2 sächsGemO; 23 Satz 4 shGemO; 26 Satz 4 hessGemO.
[100] Vgl. dazu Jäkel, JuS 1979,177 f.; Stober, BayVBl 1981,165 ff.; HessVGH, NVwZ 1987,919 (offengelassen).

# Teil 3. Der Zugang zum Gericht

## § 10. Die Prozeßvoraussetzungen

1 Art. 19 Abs. 4 GG in seiner Ausprägung als Garantie effektiven Rechtsschutzes eröffnet den Zugang zum Gericht mit dem Ziel einer umfassenden Sach- und Rechtsprüfung durch dieses und der anschließenden Beseitigung einer etwaigen Rechtsverletzung (vgl. oben § 3 Rdnr. 20 ff.). Da die Sachentscheidung jedoch nur aufgrund eines rechtlich geordneten Verfahrens durch den dazu berufenen Richter ergehen kann, muß dieser zunächst feststellen, ob das Rechtsschutzbegehren *zulässig* ist, also die formellen Voraussetzungen für eine Prüfung seiner materiell-inhaltlichen Berechtigung, das heißt seiner *Begründetheit*, erfüllt.

### I. Begriff und Bedeutung

#### 1. Begriff

##### *a) Zulässigkeit von Prozeß, Entscheidung, Klage*

2 Der Begriff der *Prozeßvoraussetzungen* wird hier aus Gründen sprachlicher Klarheit im Sinne *prozessualer Voraussetzungen* auf die Gesamtheit der Umstände angewandt, die (positiv) vorliegen müssen und (negativ) nicht vorliegen dürfen, damit ein Verfahren zulässig ist, in dem das Gericht auf einen Antrag, insbesondere eine Klage hin eine Sachentscheidung treffen kann.[1] Prozeßvoraussetzungen dürfen also begrifflich nicht dahin mißverstanden werden, daß sie die Existenz eines Prozeßrechtsverhältnisses begründeten. Dieses entsteht vielmehr allein schon dadurch, daß ein Rechtsschutzantrag an das Gericht gestellt wird,[2] während

---

[1] Vgl. auch Rosenberg/Schwab/Gottwald, § 96 I 3; Thomas/Putzo, Vorbem. § 253 Rdnr. 10.
[2] Vgl. Rosenberg/Schwab/Gottwald, § 96 I 3.

sich aus den Prozeßvoraussetzungen lediglich seine Zulässigkeit im ganzen ergibt. Ihr Vorliegen begründet jedoch zugleich *die Zulässigkeit der Klage* oder des sonstigen Antrags. In diesem Verständnis können sie inhaltlich mit den *Sachentscheidungsvoraussetzungen*, bisweilen in Verallgemeinerung des häufigsten Anwendungsfalls verengt auf *Sachurteilsvoraussetzungen*, gleichgesetzt werden;[3] doch bleibt der – praktisch freilich kaum bedeutsame – Unterschied des Blickwinkels, der auf die Zulässigkeit, hier der Entscheidung, dort des Verfahrens insgesamt, gerichtet ist.

### b) Prozeßhandlungsvoraussetzungen

3 Demgegenüber betreffen die Prozeß*handlungs*voraussetzungen nicht die Zulässigkeit des Verfahrens insgesamt, sondern einzelner Prozeßhandlungen, sei es des Gerichts (z. B. Einstellung des Verfahrens; Beiladung Dritter zum Verfahren) oder Beteiligter (z. B. Prozeß-, Postulationsfähigkeit für Klageerhebung oder Rechtsmitteleinlegung).[4] Sie wirken sich folglich nur auf die Gültigkeit der betreffenden Handlung aus (z. B. Klagerücknahme ohne wirksame Prozeßvollmacht), sind aber, soweit sie zugleich Prozeßvoraussetzungen sind, auch für die Zulässigkeit des Verfahrens und der Sachentscheidung von Bedeutung.

### c) Die Sachlegitimation

4 Zu den Entscheidungsvoraussetzungen gehört die prozessuale Berechtigung, den Klageanspruch gegen den Beklagten geltend zu machen (Klage-, aktive Prozeßführungsbefugnis, vgl. unten § 18 Rdnr. 2; passive Prozeßführungsbefugnis, vgl. unten § 21 Rdnr. 1 f.). Sie ist strikt von der materiell-rechtlichen Stellung der Parteien aufgrund der zwischen ihnen bestehenden Rechtsbeziehung (Sachlegitimation) zu unterscheiden,[5] die erst für die *Begründetheit der Klage* bedeutsam ist. Erforderlich ist danach, daß dem Kläger das geltend gemachte subjektive Recht wirklich zusteht (**Aktivlegitimation**), und daß der als Beklagter in Anspruch genommene Rechtsträger der nach materiellem Recht Verpflichtete ist (**Passivlegitimation**).

---

[3] So die wohl herrschende verwaltungsprozessuale Terminologie, vgl. Schmitt Glaeser, Rdnr. 28; Schenke, Rdnr. 58; Würtenberger, Rdnr. 120; ambivalent Kopp/Schenke, Vorbem. § 40 Rdnr. 10 ff.

[4] Vgl. Kopp/Schenke, Vorbem. § 40 Rdnr. 13; Thomas/Putzo, Vorbem. § 253 Rdnr. 34.

[5] Vgl. Kopp/Schenke, Vorbem. § 40 Rdnr. 28.

## 2. Prozessuale Behandlung

### *a) Zulässigkeit und Begründetheit*

Das Vorliegen der Sachentscheidungsvoraussetzungen eröffnet die Prüfung des Streitfalls in sachrechtlicher Hinsicht. Zulässigkeit und Begründetheit des Antrags sind deshalb nicht nur streng zu unterscheiden, sondern stehen auch in einem *logisch* zwingenden *Folgeverhältnis*. Ist insbesondere die Klage unzulässig, so darf deren Begründetheit nicht mehr geprüft werden.[6] Im Gutachten ist auf die materiell-rechtliche Lage (nur noch) *hilfsgutachtlich* einzugehen. 5

Von der *Qualifikation* der Klage als unzulässig und dem daraus folgenden Verbot einer Sachentscheidung ist die weiterhin zu ziehende Konsequenz für das richterliche Entscheidungsverhalten zu unterscheiden. In der Regel ist die Klage als unzulässig durch *Prozeßurteil*, gegebenenfalls auch Gerichtsbescheid (§ 84; vgl. unten § 36 Rdnr. 3 ff.), abzuweisen. Eine Ausnahme besteht (und bestand seit jeher) für die Erfordernisse der Eröffnung des Verwaltungsrechtswegs (§ 40 Abs. 1) sowie der sachlichen (§§ 45; 48; 50) und örtlichen (§ 53) Zuständigkeit. Fehlt es an einer dieser Prozeßvoraussetzungen, so hatte das Gericht den Rechtsstreit früher *auf Antrag des Klägers* (§§ 41; 83, jeweils in der vor Inkrafttreten des 4. VwGO-ÄndG am 1.1.1991 geltenden Fassung) und hat es ihn jetzt *von Amts wegen* an das zuständige Gericht, gegebenenfalls des zulässigen Rechtswegs, zu verweisen (§ 173 Satz 1 VwGO i. V. m. § 17a Abs. 2 GVG; § 83 VwGO). An der *Unzulässigkeit der Klage*, die das angegangene Gericht an einer Sachentscheidung hindert, hat sich also durch die Neuregelung nichts geändert. Dem vereinzelt vorgeschlagenen, dreistufigen Prüfungsaufbau mit vorgeschalteter Rechtsweg- und Zuständigkeitsprüfung vor Zulässigkeits- und Begründetheitsprüfung[7] ist deshalb nicht zu folgen. 6

Von der genannten Stufenfolge darf grundsätzlich auch nicht aus Gründen der Praktikabilität abgewichen werden, etwa, indem die schwierig zu klärende Zulässigkeit der Anfechtungsklage einer möglicherweise nicht parteifähigen Gruppierung (vgl. § 61 und dazu oben § 9 Rdnr. 9 ff.) oder im Fall zweifelhafter Klagebefugnis des Klägers (vgl. § 42 Abs. 2 und dazu unten § 18 Rdnr. 15 ff.) dahingestellt bleibt und die Klage wegen der offenkundigen Rechtmäßigkeit des angegriffenen Verwaltungsakts (vgl. § 113 Abs. 1 Satz 1) abgewiesen wird.[8] Denn angesichts der unterschiedlichen Rechtskraftwirkung von Sach- und Prozeßurteilen (vgl. unten § 35 Rdnr. 16 ff.) dürfen Gegenstand und Reichweite der 7

---

[6] Ganz h. M., vgl. BGH, NJW 1978,2031; Kopp/Schenke, Vorbem. § 40 Rdnr. 10; Rosenberg/Schwab/Gottwald, § 96 V 6 m. Nachw. abweichender Auffassungen.

[7] So Hufen, § 10 Rdnr. 1; ihm folgend Geis, Baden-Württembergisches Verwaltungsrecht, 1998, S. 15.

[8] Vgl. BVerwG, DÖV 1968,214; BayVGH, BayVBl 1988,212; Sendler, DVBl 1982,929.

Entscheidung nicht in der Schwebe bleiben.[9] Etwas anderes kann deshalb dann gelten, wenn ausnahmsweise einer bestimmten Zulässigkeitsvoraussetzung keine in diesem Sinne vorgreifliche Bedeutung zukommt, wie insbesondere dem Rechtsschutzbedürfnis (vgl. unten § 13).[10] Ebensowenig darf die Klage als unzulässig und gleichzeitig unbegründet abgewiesen werden; die Ausführungen zur Begründetheit gelten in diesem Fall als nicht geschrieben.[11]

8 Damit nicht zu verwechseln ist die häufig geübte Praxis insbesondere der Obergerichte, für die weitere Behandlung einer durch Prozeßurteil abgeschlossenen Streitsache oder zur Rechtsbefriedung Hinweise zur materiellen Rechtslage zu geben.[12] Dabei handelt es sich um bloße *obiter dicta* im Interesse des Rechtsfriedens (wenn auch nicht immer der Rechtssicherheit), deren Problematik[13] jedenfalls nicht im vorliegend interessierenden Bereich des Verhältnisses von prozeß- und sachrechtlicher Entscheidung liegt.

### *b) Gerichtliche Feststellung*

9 Das Vorliegen der Prozeßvoraussetzungen ist die institutionelle Grundlage für die gerichtliche Entscheidung und deshalb stets *von Amts wegen* zu prüfen.[14] Für sie gilt, wie allgemein im Verwaltungsprozeß, der Untersuchungsgrundsatz (§ 86 Abs. 1; s. unten § 30 Rdnr. 14 ff.). Auch die maßgeblichen Tatsachen sind deshalb von Amts wegen zu ermitteln und erforderlichenfalls – nach herrschender Meinung im Wege des *Freibeweises* (vgl. unten § 33 Rdnr. 42)[15] – zur Überzeugung des Gerichts festzustellen.

10 Hinsichtlich der *Beweislast* gelten die allgemeinen Grundsätze (vgl. unten § 30 Rdnr. 23 ff.), wonach die Unerweislichkeit einer Tatsache zu Lasten desjenigen geht, der aus dieser eine ihm günstige Rechtsfolge herleitet; das ist im Normalfall der Kläger, der ein ihm günstiges Sachurteil erstrebt.[16] Bleibt zum Beispiel die Prozeßfähigkeit des Klägers trotz gerichtlicher Aufklärungsbemühungen (Sachverständigengutachten) zweifelhaft, so ist diese Sachentscheidungsvoraussetzung als nicht gegeben anzusehen und die Klage damit abzuweisen.[17]

---

[9] Vgl. Kopp/Schenke, Vorbem. § 40 Rdnr. 10; Thomas/Putzo, Vorbem. § 253 Rdnr. 8.
[10] Vgl. Rosenberg/Schwab/Gottwald, § 96 V 6.
[11] BGHZ 46,281 (284).
[12] Vgl. z. B. HessVGH, NVwZ 1998,94; BayVGH, DVBl 1993,55.
[13] Vgl. dazu Schlüter, Das Obiter dictum, 1973.
[14] Vgl. Kopp/Schenke, Vorbem. § 40 Rdnr. 10.
[15] Vgl. BVerwG, NVwZ 1994,482; BGH, NJW 1997,3319; a. M. Kopp/Schenke, Vorbem. § 40 Rdnr. 16. Der Unterscheidung kommt angesichts der fehlenden Bindung an bestimmte Beweismittel im Verwaltungsprozeß (vgl. § 96) praktisch keine große Bedeutung zu.
[16] Vgl. Thomas/Putzo, Vorbem. § 253 Rdnr. 13.
[17] Vgl. BayVGH, BayVBl 1984,757.

#### *c) Maßgeblicher Zeitpunkt*

Soweit Prozeßvoraussetzungen dem Verfahren insgesamt entgegenstehen, müssen sie jederzeit berücksichtigt werden, hindern sie also Einleitung und Fortführung des Prozesses.[18] Ausgehend von der Funktion als Sachentscheidungsvoraussetzungen müssen diese spätestens bei Schluß der letzten mündlichen Verhandlung beziehungsweise in dem dieser entsprechenden, für die Entscheidungsgrundlage maßgeblichen Zeitpunkt vorliegen.[19] Soweit sie sich zugleich als Prozeß*handlungs*voraussetzungen darstellen, kommt es für die Zulässigkeit und Gültigkeit der betreffenden Prozeßhandlung auf den Zeitpunkt von deren Vornahme bei Gericht an;[20] unter Umständen ist aber eine Heilung durch Genehmigung mit Rückwirkung möglich.[21] **11**

## II. Die Prozeßvoraussetzungen im einzelnen

### 1. Die Jurisdiktionsgewalt

Richterliche Entscheidungstätigkeit setzt zunächst ganz allgemein voraus, daß die Streitsache und die Beteiligten der staatlichen Jurisdiktionsgewalt überhaupt unterworfen sind. Hierbei sind ein externer und ein interner Aspekt zu unterscheiden. Da die Gerichtsgewalt jedoch in beiderlei Hinsicht prinzipiell gegeben ist (s. sogleich), bedarf sie im konkreten Streitfall keiner positiven Begründung und ist sie deshalb ohne besonderen Anlaß auch nicht zu prüfen (s. oben Rdnr. 2). Damit erscheint es auch methodisch vorzugswürdig, diese Frage nicht in die Struktur der Prüfung der allgemeinen Sachentscheidungsvoraussetzungen einzubeziehen sondern (im Bedarfsfall) vorweg zu klären. **12**

#### *a) Deutsche Gerichtsbarkeit*

Als Ausdruck der staatlichen Souveränität auf dem Staatsgebiet ist auch die Gerichtshoheit grundsätzlich umfassend. Sie ist bei Vorliegen des völkerrechtlich erforderlichen *Territorialbezugs* ohne weiteres gegeben[22] und nur im Falle eines besonderen Ausnahmetatbestandes ausgeschlossen. **13**

Von nur geringer praktischer Bedeutung, zumal im Verwaltungsprozeß,[23] ist die *persönliche Befreiung* von der deutschen Gerichtsbarkeit (Immunität, Exemtion, **14**

---

[18] Vgl. Rosenberg/Schwab/Gottwald, § 96 I 2.
[19] Vgl. BVerwGE 97,68.
[20] BVerwGE 97,68 (73).
[21] Vgl. dazu etwa GmS-OGB, BVerwGE 69,380 für nachträgliche Vollmacht; BVerwGE 71,20 (24).
[22] Vgl. Kissel, Einl. Rdnr. 29 ff.; Doehring, Völkerrecht, 1999, Rdnr. 808.
[23] Vgl. auch Kissel, § 19 Rdnr. 10.

Exterritorialität), wie sie nach Maßgabe der Wiener Übereinkommen über diplomatisches und konsularisches Personal (§ 173 VwGO i. V. m. §§ 18, 19 GVG) sowie auf der Grundlage sonstiger völkerrechtlicher Regeln (§ 173 VwGO i. V. m. § 20 GVG) besteht. Diese Personen können sich jedoch der Gerichtsbarkeit unterwerfen und (indem sie) vor deutschen Gerichten klagen.[24]

**15** Der deutschen Gerichtsbarkeit *sachlich* insgesamt entzogen sind fremde, nicht der deutschen Staatsgewalt zuzurechnende Hoheitsakte.[25] Deshalb sind die deutschen (Verwaltungs-)Gerichte insbesondere nicht entscheidungsbefugt für Streitigkeiten über Akte, die von EG-Behörden im Wege des direkten Vollzugs von Gemeinschaftsrecht erlassen wurden.[26] Das gleiche gilt für Hoheitsakte sonstiger zwischenstaatlicher Einrichtungen wie Eurocontrol[27] und die Europäischen Schulen.[28] Dagegen stellt es kein grundsätzliches Entscheidungshindernis dar, daß bei der Beurteilung von Maßnahmen deutscher Behörden Gemeinschaftsrecht anzuwenden ist (vgl. im einzelnen oben § 4 Rdnr. 13 ff.).

#### b) Gerichtsfreie Hoheitsakte

**16** Angesichts der rechtsstaatlich begründeten und im Verhältnis zur öffentlichen Gewalt ausnahmslos verbürgten Rechtsschutzpflicht des Staates sind justizfreie Hoheitsakte grundsätzlich ausgeschlossen (vgl. schon oben § 3 Rdnr. 1, 13 ff.; § 5 Rdnr. 19).Vielmehr kann (potentiell) rechtsverletzendes staatliches Handeln der gerichtlichen Entscheidungskompetenz nur kraft ausdrücklicher Verfassungsregelung entzogen sein. Dies trifft zu für *Abhörmaßnahmen* nach Maßgabe des Art. 10 Abs. 2 Satz 2 GG i. V. m. § 9 Abs. 6 Gesetz zu Art. 10 GG (G 10).[29] Der gerichtlichen Kontrolle entzogen sind ferner Beschlüsse von Untersuchungsausschüssen des Bundestages (Art. 44 Abs. 4 Satz 1 GG) sowie das durch die Indemnität erfaßte Verhalten von Abgeordneten (Art. 46 Abs. 1 Satz 1 GG).

### 2. Systematik

#### a) Grundsätzliche Bedeutung

**17** Im übrigen wird die systematische Ordnung der Zulässigkeitsvoraussetzungen durch Gründe der Sachlogik nur begrenzt bestimmt; sie ist vielmehr weitgehend eine Frage der Zweckmäßigkeit. Die im folgenden vorgeschlagene Prüfungsreihenfolge richtet sich deshalb an prozessualen Sachstrukturen aus, ist aber nicht

---

[24] Vgl. OVG NW, NJW 1992,2043; Kissel, § 18 Rdnr. 21, 24.
[25] Vgl. BVerfGE 58,1 (26 ff.).
[26] Vgl. BVerfGE 89,155 (175).
[27] Vgl. BVerfGE 58,1 (31).
[28] Vgl. BVerwGE 91,126.
[29] Vgl. dazu BVerfGE 30,1 (28); 67,157 (171 ff., 184 f.).

logisch verbindlich; die Eröffnung des Verwaltungsrechtswegs, von der die Anwendung der Verwaltungsgerichtsordnung abhängt, sollte aber stets an erster Stelle geprüft werden. Im übrigen kann sich bei besonderen Fallkonstellationen durchaus ein abweichender Aufbau empfehlen.

**Beispiel**: Nach herrschender Auffassung hängt die Form des Vorgehens gegen Nebenbestimmungen (Anfechtungs- oder Verpflichtungsklage) von deren Bedeutung für den Hauptverwaltungsakt ab (vgl. unten § 17 Rdnr. 54). Zur Bestimmung der richtigen Klageart, also schon im Rahmen der Zulässigkeit, muß deshalb auf materiell-rechtliche Fragen der Begründetheit eingegangen werden.[30]

Das bedeutet insbesondere, daß auch nach Feststellung, daß eine Prozeßvoraussetzung nicht vorliegt, die Zulässigkeit unter (den) weiteren Gesichtspunkten geprüft werden kann;[31] im Gutachten, das ja den Sachverhalt erschöpfend rechtlich zu würdigen hat, müssen diese erörtert werden, und zwar, anders als im logischen Abhängigkeitsverhältnis zwischen Zulässigkeit und Begründetheit, nicht im Wege eines Hilfsgutachtens. **18**

Im übrigen dient die Strukturierung des Aufbaus ("Schema") nur als vorbereitende gedankliche Leitlinie, um alle möglicherweise erheblichen Aspekte einzubeziehen. Prüfungspunkte werden also *nicht angesprochen*, wenn sie völlig unproblematisch sind (z. B. die Parteifähigkeit einer klagenden natürlichen Person, § 61 Nr. 1) oder der Sachverhalt diesbezüglich keine rechtliche Beurteilung zuläßt (z. B. örtliche Zuständigkeit bei fehlenden Angaben zur Lokalisierung des Geschehens, § 52).

### b) Einteilungsgesichtspunkte

Eine Systematisierung der Sachentscheidungsvoraussetzungen kann nach verschiedenen Gesichtspunkten erfolgen. Praktisch sind vor allem zwei Aspekte von Bedeutung.

*aa) Art des Rechtsschutzbegehrens.* Für die Entscheidung eines jeden an ein Verwaltungsgericht gerichteten Rechtsschutzbegehrens müssen bestimmte *allgemeine Sachentscheidungsvoraussetzungen* erfüllt sein. Sie können inhaltlich (so z. B. die örtliche Zuständigkeit, vgl. § 52) von der Art des jeweiligen Begehrens abhängen, sind aber gleichwohl als solche in jedem Fall zu beachten (s. im folgenden Rdnr. 24 ff.). Daneben stellt die besondere Zielsetzung bestimmter einzelner Rechtsschutzbegehren, insbesondere der verschiedenen *Klagearten* (vgl. unten § 14), aber auch zum Beispiel des *vorläufigen Rechtsschutzes* (§§ 80 Abs. 5; 80a Abs. 3; 123; vgl. unten §§ 28 Rdnr. 43 ff.; 29 Rdnr. 12 ff.), spezielle Anforderun- **19**

---

[30] Vgl. OVG Berlin, NVwZ 1997,1005.
[31] Stern, Rdnr. 10. Vgl. z. B. NdsOVG, NVwZ 1998,94.

gen an die Zulässigkeit. Sie betreffen meist nicht die Zulässigkeit des Verfahrens als solchen und stellen sich als *besondere Sachentscheidungsvoraussetzungen* dar, die zusätzlich erfüllt sein müssen. Sie werden aus Gründen der Übersichtlichkeit zweckmäßigerweise jeweils nach den allgemeinen Voraussetzungen geprüft.[32]

**20** Eine scheinbare Ausnahme gilt für die Prüfung des Vorliegens eines Verwaltungsakts. Dieser ist Zulässigkeitsvoraussetzung für verwaltungsakt-bezogene Klagen (s. unten § 14 Rdnr. 5 ff.), gleichzeitig aber Qualifikationsmerkmal für diese. Bei der Klärung der Klageart (s. im folgenden Rdnr. 24) muß deshalb zwangsläufig die diesbezügliche Rechtsnatur des inmitten stehenden Hoheitsakts bestimmt werden.

**21** *bb) Prozessuale Bedeutung.* Die allgemeinen Prozeßvoraussetzungen können nach ihrem Bezugspunkt in drei Gruppen unterteilt werden,[33] nämlich (1) Anforderungen an das *gerichtliche Tätigwerden* einschließlich der Bestimmung der für jene leitenden Rechtsschutz-, insbesondere Klageform (s. unten Rdnr. 24); (2) Anforderungen an die *Beteiligten* (s. unten Rdnr. 25); (3) Anforderungen im Hinblick auf den *Streitgegenstand* (s. unten Rdnr. 26).

**22** Diese letzteren Zulässigkeitsvoraussetzungen weisen einen außerprozessualen Bezug auf, vermöge dessen sie für den konkreten Prozeß zwar rechtserheblich, gleichwohl aber in der Regel "unauffällig" sind. Da die Erhebung eines Rechtsschutzbegehrens grundsätzlich die staatliche Justizgewährungspflicht auslöst (vgl. oben § 3 Rdnr. 1), werden sie nur ausnahmsweise im Fall ihres *Nichtvorliegens* relevant. Sie stellen deshalb *negative Prozeßvoraussetzungen* dar, die nur anzusprechen sind, wenn hierfür bei entsprechenden Anhaltspunkten im Sachverhalt Anlaß besteht.

### 3. Die Struktur der Zulässigkeitsprüfung

**23** In diesem Grobraster sind die einzelnen Sachentscheidungsvoraussetzungen *zweckmäßigerweise* in der im folgenden angegebenen Reihenfolge zu prüfen. Zu beachten ist jedoch, daß dieses Schema nur für die Zulässigkeit von *Klagen* und sonstigen *erstinstanzlichen Anträgen* an das Gericht anwendbar ist, nicht dagegen für die Prüfung von Rechtsmitteln; hierfür bestehen eigengeartete Zulässigkeitsvoraussetzungen (vgl. unten § 37 Rdnr. 15 f.). So ist zum Beispiel die Berufung des Beklagten gegen ein trotz fehlender Beteiligungsfähigkeit des Klägers stattgebendes Urteil des Verwaltungsgerichts nicht etwa deshalb gleichfalls unzulässig, sondern im Gegenteil, sofern die Berufung zulässig ist, gerade deswegen begründet.

---

[32] Ebenso Schoch, Übungen im Öffentlichen Recht II, 1992, S. 76; anders demgegenüber Schmitt Glaeser, Rdnr. 31; Schenke, Rdnr. 64.

[33] Vgl. auch Rosenberg/Schwab/Gottwald, § 96 II.

### *a) Allgemeine Sachentscheidungsvoraussetzungen*

1. Die *Eröffnung des Verwaltungsrechtswegs* (§ 40) ist die Grundlage für die Tätigkeit der Verwaltungsgerichte in Anwendung der Verwaltungsgerichtsordnung und muß deshalb immer geprüft werden (s. unten § 11). **24**
2. Sodann ist die *statthafte Verfahrens-, insbesondere Klageart* zu bestimmen (s. unten § 14), da von dieser nicht nur die besonderen, sondern auch allgemeine Sachentscheidungsvoraussetzungen, insbesondere die örtliche Zuständigkeit, abhängen.

Für die gerichtliche Entscheidungsbefugnis sind schließlich noch erforderlich

3. *sachliche Zuständigkeit*, §§ 45, 47, 48, 50 (s. unten § 12 Rdnr. 9 ff.);
4. *örtliche Zuständigkeit*, § 52 (s. unten § 12 Rdnr. 23 ff.);

an ihrer Stelle gegebenenfalls

3a/4a. *funktionelle Zuständigkeit*, z. B. § 123 Abs. 2 (s. unten § 12 Rdnr. 5).

Als parteibezogene Voraussetzungen müssen vorliegen **25**

5. *Beteiligtenfähigkeit* von als solchen existenten *Parteien* (§§ 61; 63 Nr. 1, 2), durch die das Prozeßrechtsverhältnis konstituiert wird (s. oben §§ 8 Rdnr. 2 ff.; 9 Rdnr. 1 ff.);
6. *Prozeßfähigkeit*, § 62 (s. oben § 9 Rdnr. 24 ff.);
7. *Prozeßvertretung, Postulationsfähigkeit*, § 67 (s. oben § 9 Rdnr. 32 ff.);
8. *Ordnungsmäßigkeit der Klage* beziehungsweise des Antrags, §§ 81 f. (s. unten § 31 Rdnr. 1 ff.).

In bezug auf den Streitgegenstand setzt die Zulässigkeit voraus **26**

9. Nichtbestehen anderweitiger *Rechtshängigkeit*, §§ 90, 173 VwGO i. V. m. § 17 Abs. 1 Satz 2 GVG (s. unten § 31 Rdnr. 20 ff.);
10. Nichtbestehen einer *rechtskräftigen Entscheidung*, §§ 121, 173 VwGO i. V. m. § 705 ZPO (s. unten § 35 Rdnr. 7 ff.);
11. *Allgemeines Rechtsschutzbedürfnis* (s. unten § 13).

Ein Rechtsschutzbedürfnis für das Rechtsbegehren wird grundsätzlich durch dessen Erhebung indiziert. Es darf deshalb, sofern es nicht positive Sachentscheidungsvoraussetzung einer besonderen Verfahrensart ist (so z. B. für die Feststellungsklage bei § 43 Abs. 1), nur geprüft werden, wenn Anhaltspunkte für sein *Fehlen* bestehen.

### *b) Besondere Sachentscheidungsvoraussetzungen*

27 Die besonderen Sachentscheidungsvoraussetzungen ergeben sich aus den gesetzlichen Anforderungen für die jeweilige Klageart beziehungsweise das sonstige Rechtsschutzbegehren. Sie werden in dem betreffenden Sachzusammenhang erörtert.

## Literatur

*Hambitzer*, Zu den verwaltungsprozessualen Sachentscheidungsvoraussetzungen, DÖV 1985,270.
*Harms*, Reihenfolge der Prüfung von Prozeßvoraussetzungen?, ZZP 83 (1970), S. 167.
*Jauernig*, Zum Prüfungs- und Entscheidungsvorrang von Prozeßvoraussetzungen, in: FS für Schiedermair, 1976, S. 289.
*Pohle*, Zur Rangordnung der Prozeßvoraussetzungen, ZZP 81 (1968), S. 161.
*Rimmelspacher*, Prozeßvoraussetzungen in der Revisionsinstanz, ZZP 88 (1975), S. 245.
*Sieg*, Neuere Rechtsprechung zu subjektiven Prozeßvoraussetzungen in der Sozialgerichtsbarkeit, SGb 1998,51.

# § 11. Der Verwaltungsrechtsweg

Das Grundgesetz sieht die Ausübung der rechtsprechenden Gewalt in verschiedenen Zweigen der Gerichtsbarkeit vor. Es sind dies neben der Verfassungsgerichtsbarkeit, die eine Sonderstellung einnimmt, die ordentliche, die Verwaltungs-, die Finanz-, die Arbeits- und die Sozialgerichtsbarkeit (Art. 95 Abs. 1 GG). *Die Kompetenz eines dieser Zweige* der Gerichtsbarkeit zur *Gewährung von Rechtsschutz* wird als *Rechtsweg* bezeichnet;[1] in der Vergangenheit wurde dieser Begriff vielfach mit dem ursprünglich allein existenten ordentlichen Rechtsweg gleichgesetzt.[2] 1

## I. Die grundsätzliche Rechtswegeröffnung

### 1. Die Generalklausel

Gemäß § 40 Abs. 1 Satz 1 ist der Verwaltungsrechtsweg grundsätzlich in allen öffentlich-rechtlichen Streitigkeiten nichtverfassungsrechtlicher Art gegeben.

#### *a) Ordentlicher Rechtsweg und Verwaltungsrechtsweg*

Damit wird der Zugang zur Verwaltungsgerichtsbarkeit nicht, wie nach dem früher überwiegend vorgesehenen *Enumerationsprinzip*, nur beschränkt auf einzelne, nach Klagearten, -gegner, Rechtsgebieten benannten Streitsachen,[3] sondern, vorbehaltlich "abdrängender" Sonderregelungen (vgl. unten Rdnr. 55 ff.), umfassend eröffnet. Mit Statuierung dieser *Generalklausel* erfüllt der Gesetzgeber den verfassungsrechtlichen *Rechtsschutzauftrag* des Art. 19 Abs. 4 Satz 1 GG 2

[1] Vgl. Ule, § 4 II; z. T. abweichend Redeker/v. Oertzen, § 40 Rdnr. 1 ("Anrufung").

[2] Vgl. § 182 Abs. 1 PaulskirchenVerf; Art. 129 Abs. 1, 4 WeimRV; § 9 FAG i. d. F. vom 17.3.1977, BGBl I, S. 459.

[3] Vgl. dazu etwa §§ 2, 3, 4 Verwaltungsrechtspflegegesetz (Baden) vom 14.6.1884, GVBl S. 197; Art. 8 Verwaltungsgerichtsgesetz (Bayern) vom 8.8.1878, GVBl S. 369; Preuß. Zuständigkeitsgesetz vom 1.8.1883 (GS S. 237), aber auch § 127 Preuß. Landesverwaltungsgesetz vom 30.7.1883 (GS S. 195); W. Jellinek, Verwaltungsrecht, 3. Aufl. 1931, S. 297 ff.; Kohl, Das Reichsverwaltungsgericht, 1991, S. 30 ff. m. w. Nachw.

(vgl. oben § 3 Rdnr. 10 ff.) und läßt dadurch zugleich die subsidiäre Zuständigkeit der ordentlichen Gerichte (Satz 2) praktisch obsolet werden.[4]

3 Komplementär dazu wird auch der *ordentliche Rechtsweg* durch eine Generalklausel eröffnet; nach § 13 GVG gehören vor die ordentlichen Gerichte alle bürgerlichen Rechtsstreitigkeiten (und Strafsachen), für die nicht eine Zuständigkeit von Verwaltungsbehörden, Verwaltungsgerichten oder bundesgesetzlich vorgesehenen besonderen Gerichten besteht. Das praktische Hauptproblem in der Rechtswegfrage ergibt sich aus der Abgrenzung dieser beiden Rechtswege aufgrund der Unterscheidung von öffentlichem und privatem Recht.

### *b) Fehlende Rechtsqualität*

4 Die Zuordnung einer Streitigkeit zum ordentlichen oder Verwaltungsrechtsweg muß unabhängig davon geklärt werden,[5] ob sie überhaupt Rechtsqualität aufweist oder sonst richterlicher Entscheidungskompetenz unterliegt. Denn das angerufene Gericht kann nur über die Zulässigkeit des zu ihm beschrittenen Rechtswegs, nicht aller sonstigen Rechtswege, befinden. Es ist also auch in Fällen außerrechtlicher Streitfälle oder gerichtsfreier Hoheitsakte der hierfür "an sich" gegebene Rechtsweg zu ermitteln, in dem allein die gerichtliche Kompetenz zur Abweisung der Klage als unzulässig besteht. So ist zur Beurteilung einer (begehrten) Gnadenentscheidung (vgl. dazu aber grundsätzlich oben § 5 Rdnr. 19) das ordentliche Gericht berufen, wenn um Straferlaß nachgesucht, das Verwaltungsgericht, wenn auf Wiederherstellung von Beamtenrechten angetragen wird.[6]

5 Die rechtstheoretische Problematik, daß der Streit mangels Zuordnung zum Rechtsbereich weder öffentlich- noch privat*rechtlicher* Natur ist, läßt sich rechtspraktisch mit Hilfe der für die Rechtswegabgrenzung in Zweifelsfällen rein tatsächlichen Handelns zu entwickelnden Kriterien (vgl. unten Rdnr. 22, 24 ff.) lösen.

## 2. Öffentlich-rechtliche Streitigkeiten

6 Eine öffentlich-rechtliche Streitigkeit liegt vor, wenn die Rechtsnormen, nach denen die zugrunde liegenden Rechtsbeziehungen zu beurteilen sind, dem öffentlichen Recht angehören. Entscheidend ist die wahre (nicht bloß behauptete) Natur des Rechtsverhältnisses,[7] aus dem der Klageanspruch hergeleitet wird.[8]

---

[4] Vgl. dazu Lorenz, in: Menger-FS, S. 143; Schmidt-Aßmann, in: Maunz/Dürig, Stand 1985, Art. 19 Abs. IV Rdnr. 230 f.

[5] Vgl. demgegenüber Ule, § 5 III 1; Bosch/Schmidt, § 6 II 1.

[6] Vgl. BVerwGE 49,221; BVerwG, NJW 1983,187.

[7] Vgl. BVerwGE 50,255; 71,183 (186).

[8] BVerwGE 96,71; BGHZ 103,255; 130,13; BSGE 37,292; GmS-OGB, BGHZ 102,280 (283).
BGH, B 28.4.94, DVBl 94, 1240 (Ausbildungsbeihilfe)

### a) Öffentliches und privates Recht

Ausgangspunkt ist also die grundsätzliche Zweiteilung in Privatrecht und öffent- 7
liches Recht, die unsere gesamte Rechtsordnung durchzieht.[9] Gleichwohl ist es methodisch verfehlt, die Prüfung der Rechtswegeröffnung mit der Frage nach der Unterscheidung von öffentlichem und privatem Recht und der Erörterung der hierfür bestehenden "Theorien" zu beginnen.[10] Denn es kommt vorliegend entscheidend auf den *Zusammenhang* zwischen dem Streitverhältnis und der anzuwendenden Norm an. Nicht, ob diese dem öffentlichen oder privaten Recht angehört (*Qualifikationsfrage*) ist deshalb die Ausgangsfrage der Rechtswegbestimmung, sondern, logisch vorgelagert, nach welcher Norm der Streitfall überhaupt zu beurteilen ist (*Zuordnungsfrage*). Praktische Probleme ergeben sich nur bei Zweifeln über die Zuordnung.

*aa) Die Qualifikationsfrage.* Zur Abgrenzung zwischen öffentlichem und privatem 8
Recht sind verschiedene Theorien entwickelt worden.[11] Sie beruhen auf dem übereinstimmenden Grundanliegen, der besonderen Eigenart des Staates (hier wie im folgenden im funktionellen Sinn, also unter Einschluß der Träger mittelbarer Staatsverwaltung, verstanden) als rechtsgebundenen und dem Gemeinwohl verpflichteten Hoheitsträgers durch die Bereitstellung besonderer, auf die Erfüllung seiner spezifischen Aufgaben zugeschnittener Rechtsregeln (*Öffentliches Recht*) Rechnung zu tragen. Diese sind also dadurch gekennzeichnet, daß sie nicht, wie das *Privatrecht*, jedermann, sondern ausschließlich den Staat in seiner Eigenschaft als Hoheitsträger berechtigen oder verpflichten. Dieses formale Verständnis des öffentlichen Rechts als besonderes "Amtsrecht" (*Sonderrecht*) des Staates[12] bildet eine praktikable Grundlage für die *Qualifizierung* der einzelnen Normen als öffentlich- oder privatrechtlich.

Demgegenüber können materielle Kennzeichen staatlichen Handelns (Über-/ 9
Unterordnung – "*Subjektionstheorie*"; Verfolgung des Gemeinwohls – "*Interessentheorie*") nur ergänzende Indizien liefern: Sie begründen die Notwendigkeit öffentlich-rechtlicher Einbindung des Staatshandelns und ordnen dieses damit (allenfalls) derart qualifizierten Normen zu, bestimmen aber nicht umgekehrt deren Rechtscharakter. Dieser ist, von ganz wenigen Ausnahmefällen abgesehen, wie sie etwa mit Regelungen eines Vorkaufsrechts der öffentlichen Hand (z. B.

---

[9] Grundlegend dazu D. Schmidt, Die Unterscheidung von privatem und öffentlichem Recht, 1985; vgl. auch Bullinger, Öffentliches Recht und Privatrecht, 1968.

[10] So aber z. B. Stern, Rdnr. 17 ff.; Bosch/Schmidt, § 7 II; Schmitt Glaeser, Rdnr. 45 ff.

[11] Vgl. dazu Ehlers, in: Erichsen, § 2 Rdnr. 14; J. Ipsen/Koch, JuS 1992,809.

[12] Die Sonderrechtstheorie wurde von H. J. Wolff, AöR 76 (1950/51), S. 205 ff., begründet und kann heute als vorherrschend angesprochen werden, vgl. z. B. OVG Berlin, DVBl 1992,280. Zu Bedeutung und Gehalt der Theorie vgl. Menger, in: FS für H.J. Wolff, 1973, S. 149 ff.; Bachof, in: FG 25 Jahre BVerwG, 1978, S. 1 ff.

BVerwG, B 30.5.06, DÖV 06,873

§ 24 BBauG a. F.) gegeben sind, aufgrund einer langen Rechtstradition ohnehin nicht zweifelhaft. Dabei ist allerdings zu beachten, daß eine Qualifikation immer nur für eine bestimmte, einzelne Norm möglich und maßgeblich ist, so daß ein (im übrigen) öffentlich-rechtliches Gesetz bürgerlich-rechtliche Vorschriften (z. B. § 14 BImSchG; § 22 WHG; nach manchen auch § 24 BBauG a. F.[13]) enthalten kann.

10 *bb) Das Zuordnungsproblem.* Die Eröffnung des Verwaltungsrechtswegs hängt nun aber primär von der öffentlich-rechtlichen Natur nicht gewisser (welcher?) *Normen*, sondern der *Streitigkeit* ab. Sie ist zu bejahen, wenn das streitige Rechtsverhältnis öffentlich-rechtlichen Normen zuzuordnen ist. Auch diese *Zuordnung* ist im Normalfall nicht zweifelhaft, da meist zutage liegt, welche Rechtsmaterie (Bau-, Polizei-, Kommunal-, Gewerbe- oder Sozialhilferecht usw.) einschlägig ist. Sie wird jedoch zum Problem, da beziehungsweise soweit dem Staat gestattet ist, sich zur Erreichung seiner Zwecke auch der Normen des Privatrechts zu bedienen (sogenanntes Verwaltungsprivatrecht, s. unten Rdnr. 19). Denn hier hängt die rechtliche Einordnung einer konkreten Rechtsbeziehung von der Bestimmung der für diese jeweils maßgeblichen Rechtsnormen und damit – im Rahmen staatlicher Entscheidungsfreiheit – von der gewählten Rechtsgrundlage ab.

11 So wird herkömmlich das Benutzungs-(Beförderungs-)Verhältnis zur Deutschen Bundesbahn,[14] und seit deren Privatisierung (vgl. Art. 87e Abs. 3 GG) auch ihr Betrieb insgesamt privatrechtlich eingeordnet;[15] gleiches gilt seit Inkrafttreten des Poststrukturgesetzes vom 8.6.1989 (BGBl I S. 1026) für die Deutsche Bundespost in ihren Aufgabenbereichen des Postwesens und der Telekommunikation.[16] Gemeindliche Einrichtungen wiederum können den Regeln des bürgerlichen oder öffentlichen Rechts unterstellt sein usw. (vgl. im einzelnen unten Rdnr. 34 ff.).

12 In all diesen Fällen geht es nicht um Normqualifizierung: Der Rechtscharakter eines bürgerlich-rechtlichen Beförderungsvertrags ist ebenso unzweifelhaft wie die Natur eines öffentlich-rechtlichen Benutzungsverhältnisses. Die bewußt tautologische Umschreibung macht vielmehr die Notwendigkeit der *Zuordnung* zu einer (dann unproblematisch) als bürgerlich- oder öffentlich-rechtlich qualifizierten Norm(engesamtheit) deutlich. Damit verlagert sich aber in derartigen Zweifelsfällen die Qualifikationsfrage: Die Streitigkeit ist nicht öffentlich-rechtlich,

[13] Vgl. BGHZ 60,275 (279 f.); demgegenüber VGH BW, DVBl 1973,822; vgl. auch VGH BW, NVwZ 1992,898 zu § 46 bwNatSchG.

[14] Vgl. BGHZ 20,102; BVerwGE 64,202.

[15] Vgl. BGH, NJW 1997,744. Zur bisherigen, insoweit hoheitlichen Stellung vgl. BVerwGE 44,351; 47,247; 81,312; BVerwG, JZ 1992,460 m. Anm. von Lorenz.

[16] Vgl. BGHZ 130,13; OLG Frankfurt/M., NJW 1993,2945; DVBl 1993,1323. Zur umgekehrt öffentlich-rechtlichen Zuordnung nach früherem Recht vgl. noch BVerwGE 71,85; BGHZ 98,140.

weil sie nach öffentlich-rechtlichen Normen zu beurteilen ist,[17] sondern – umgekehrt – ergibt sich deren Anwendbarkeit aus der öffentlich-rechtlichen Natur des zugrunde liegenden Rechtsverhältnisses. Nach welchen Kriterien soll nun aber dieses beurteilt werden?

### *b) Entscheidungskriterien*

Auch hier läßt sich die Sonderrechtstheorie fruchtbar machen.[18]

*aa) Faustregel.* Entsprechend der mit der grundsätzlichen Unterscheidung von Privat- und öffentlichem Recht verbundenen Zielsetzung beschränkt sich dieses Erklärungsmodell nicht auf die Qualifikation öffentlich-rechtlicher Normen, sondern ist dahin zu erweitern, daß diese auch für das Handeln des Staates, als "sein Sonderrecht", grundsätzlich bestimmend sind. Deshalb kann in der Regel davon ausgegangen werden, daß der Staat öffentliche Aufgaben auch mit Mitteln des öffentlichen Rechts wahrnimmt.[19] Das setzt freilich Klarheit darüber voraus, welche Bereiche zum "Staat" gehören; dies ist für Teile (Fraktionen) nicht nur des Parlaments, sondern auch von kommunalen Vertretungsorganen (Gemeinderat) zu bejahen mit der Folge öffentlich-rechtlicher Einordnung der auf ihre Rechtsstellung bezogenen Streitigkeiten,[20] während die politischen Parteien als notwendig gesellschaftliche Organisationen dem Privatrecht unterstehen.[21] 13

Vorbehaltlich einer genuin privatrechtlichen Natur des Rechtsverhältnisses oder abweichender Formenwahl besteht also eine *Vermutung* für die öffentlich-rechtliche Zuordnung staatlichen Handelns. Dies gilt besonders, wenn Hoheitsträger von der ihnen als solchen zukommenden, einseitigen Bestimmungsmacht ("*Subjektion*") Gebrauch machen oder unmittelbar in Verfolgung der ihnen aufgegebenen *öffentlichen Interessen* tätig werden und insofern ein innerer Zusammenhang mit dem behördlichen Aufgaben- und Kompetenzbereich besteht.[22] 14

Solcher Rekurs auf die Qualität eines zugrunde liegenden staatlichen Tätigkeitsbereichs setzt freilich voraus, daß dieser für das zu bestimmende Rechtsverhältnis prägend ist. Dies wird verkannt, wenn für die Beurteilung von (1) ehrverletzenden Äußerungen oder (2) Autofahrten staatlicher Bediensteter, (3) die Ausübung des Hausrechts an Verwaltungsgebäuden oder (4) die Entscheidung über die Auftragsvergabe an Private auf die Natur von Annexverhältnissen abgestellt 15

[17] So etwa Ehlers, in: Schoch/Schmidt-Aßmann/Pietzner, § 40 Rdnr. 204.
[18] Vgl. dazu und zum folgenden Pestalozza, "Formenmißbrauch" des Staates, 1973, S. 172 ff.; Lange, NVwZ 1983,316.
[19] BGHZ 57,130 (135); GmS-OGB, BVerwGE 74,368 (372); vgl. auch BVerwGE 82,278.
[20] H. M., vgl. OVG NW, DVBl 1989,940; DVBl 1993,213 m. w. Nachw.; Schmidt-Jortzig/Hansen, NVwZ 1994,116; a. M. BayVGH, NVwZ 1989,494.
[21] Vgl. BGHZ 79,265 (267).
[22] Vgl. BVerwG, NJW 1974,817 ("öffentlich-rechtlicher Planungs- und Funktionszusammenhang").

wird, die mit jener Tätigkeit nur in einem äußeren Zusammenhang stehen. Diese hat vielmehr in den genannten Fällen jeweils eigenständige Qualität und muß von daher auch eigenständig als öffentlich (so Beispiele 1, 3) oder privatrechtlich (so Beispiele 2, 4) beurteilt werden (siehe auch noch unten Rdnr. 23 ff.).

**16** Faßt man diese allgemeinen Überlegungen zusammen, so ergibt sich folgende *Faustregel*:

1. Rechtsverhältnisse unter formeller Beteiligung des Staates oder eines sonstigen Hoheitsträgers sind grundsätzlich Normen des öffentlichen Rechts zuzuordnen.
2. Dies gilt nicht, wenn
   - mangels direkten Bezugs zur Wahrnehmung öffentlicher Aufgaben bürgerliches Recht anwendbar ist (Fiskalverwaltung i. e. S.) oder
   - das Rechtsverhältnis durch eindeutige Wahl abweichender Rechtsform dem bürgerlichen Recht zugeordnet wurde (Verwaltungsprivatrecht).

**17** *bb) Eindeutige Zuordnung*

*(1)* Auf dieser Grundlage ist jedenfalls *obrigkeitliche Verwaltungstätigkeit*, die sich des Instruments des Verwaltungsakts bedient, immer *öffentlich-rechtlich*. Insofern begründet das Vorliegen eines Verwaltungsakts, obwohl heute nicht mehr Voraussetzung des Verwaltungsrechtswegs (vgl. dazu oben § 3 Rdnr. 13 ff.), positiv eine öffentlich-rechtliche Streitigkeit, schließt freilich umgekehrt sein Nichtvorliegen eine solche nicht aus (sogenannte Positivfunktion der Subjektionstheorie). Ohne weiteres öffentlich-rechtlich sind damit Streitigkeiten im weiten Feld klassischer Eingriffs- und Leistungsverwaltung (polizei- und ordnungsrechtliche Ge- und Verbote, Genehmigungen, Statusverleihungen, Leistungsbewilligungen usw.) durch einseitige verbindliche Regelung (§ 35 Satz 1 VwVfG). Dabei kommt es nicht darauf an, ob das zugrunde liegende Rechtsverhältnis (z. B. privatrechtlicher Darlehensvertrag;[23] Reparaturkosten für Wasserleitung[24]) ein hoheitliches Vorgehen überhaupt zuläßt; entscheidend ist, daß hoheitlich gehandelt wurde.

**18** Hierher gehören auch die sogenannten *privatrechtsgestaltenden Verwaltungsakte*. Das in bezug auf diese bestehende Rechtsverhältnis (Berechtigung einer Überleitungsanzeige gemäß § 90 BSHG;[25] der Ausübung eines bau- (§ 24 BauGB) oder naturschutzrechtlichen (vgl. z. B. §§ 46 bwNatSchG; 36 sächsNatschG) Vorkaufsrechts;[26] der Genehmigungsentscheidung bezüglich bodenrechtlich relevanter

[23] Vgl. BVerwGE 13,307; 40,85.
[24] Vgl. BVerwGE 78,3 m. abl. Bespr. von Renck, NVwZ 1989,117.
[25] Vgl. BVerwGE 41,115; 42,198.
[26] Vgl. VGH BW, DVBl 1973,822; NuR 1991,485; NVwZ 1992,898; a. A. BGHZ 60,275 (279 f.).

BGH, Urt. v. 7.7.92, DVBl 93,549 (Pflegevertrag ..., Sozialh. öff.-rechtl., Selbstzahler privatrechtl.)

Rechtsgeschäfte gemäß §§ 19, 144 BauGB[27] oder einer Stiftungssatzung;[28] der Zustimmung zur Kündigung gemäß § 15 SchwbG[29]) ist immer öffentlich-rechtlicher Natur und muß von dem betroffenen privatrechtlichen Verhältnis (Unterhaltspflicht, kaufvertragliche Beziehung usw.) strikt unterschieden werden.

*(2)* Umgekehrt unterliegt der Staat dem für jedermann geltenden *bürgerlichen Recht*, wo er am *allgemeinen Rechtsverkehr* teilnimmt, also ohne Einsatz hoheitlicher Gewalt tätig wird. Dies gilt nicht nur für *Fiskaltätigkeit* im engeren Sinn (Bedarfs- und Vermögensverwaltung; allgemein wirtschaftliche Tätigkeit),[30] sondern auch für die unmittelbare Verfolgung öffentlicher Aufgaben in privatrechtlicher Form (*Verwaltungsprivatrecht*). Denn infolge des von der herrschenden Meinung vertretenen Vorrangs der Rechtsform bemißt sich die Zuordnung allein nach dieser.[31] Die Inadäquanz von Form und Inhalt hat dem Institut des Verwaltungsprivatrechts allerdings permanente Kritik eingebracht.[32] Sie gewinnt an Berechtigung angesichts der zunehmenden Parallelität der Rechtsmaterien im Gefolge vielfacher "entsprechender" oder direkter Anwendung bürgerlich-rechtlicher Normen im öffentlichen, oder genauer: als öffentliches Recht; so zum Beispiel der Vertragsregeln (§ 62 Satz 2 VwVfG), der Vorschriften über die Geschäftsführung ohne Auftrag[33] oder des Bereicherungsrechts.[34] 19

*(3)* Soweit ausschließlich *Private* an dem Rechtsverhältnis beteiligt sind, handelt es sich grundsätzlich um privatrechtliche Beziehungen, und zwar auch dann, wenn private Rechtsträger (Verein, Stiftung, GmbH) zur Erfüllung staatlicher Aufgaben tätig werden.[35] Anderes kann gelten, wenn Private in bezug auf öffentlich-rechtlich geregelte Gegenstände in einem unmittelbaren Rechtsverhältnis stehen oder ermächtigt sind, in bezug auf ein solches mit gestaltender Wirkung zu handeln.[36] 20

---

[27] Vgl. BVerwG, DÖV 1985,32.
[28] Vgl. VGH BW, NJW 1985,1573.
[29] Vgl. BVerwGE 91,7.
[30] Vgl. Burmeister, DÖV 1975,695 ff.; Ehlers, Verwaltung in Privatrechtsform, 1984, S. 201 ff.; dens., DVBl 1983,422 ff., 430.
[31] Vgl. etwa BVerwG, DÖV 1990,977.
[32] Vgl. Ehlers, DVBl 1983,422; v. Zezschwitz, NJW 1983,1873; aus neuerer Zeit dazu etwa Röhl, VerwArch 86 (1995), S. 531; Lerche, in: FS für G. Winkler, 1997, S. 581.
[33] BVerwGE 80,170; grundsätzlich kritisch aber Kischel, VerwArch 90 (1999), S. 391 ff.
[34] Vgl. BVerwGE 36,108; vgl. auch BVerwGE 71,85 (88 f.).
[35] Vgl. BVerwG, DÖV 1990,614; DÖV 1990,977 sowie noch unten Rdnr. 37.
[36] Vgl. GemOVG Lüneburg, DVBl 1972,154; BVerwG, DVBl 1992,1295 (Wahlgrab); Pestalozza, JZ 1975,50; Lange, NVwZ 1983,321; Ortloff, NVwZ 1998,932 (Nachbarrechtliche Abwehrklage); speziell zum Vertrag Schimpf, Der verwaltungsrechtliche Vertrag unter besonderer Berücksichtigung seiner Rechtswidrigkeit, 1982, S. 71 ff.; kritisch Gern, Der Vertrag zwischen Privaten über öffentlichrechtliche Berechtigungen und Verpflichtungen, 1977; ders., VerwArch 70 (1979), S. 219 ff.; Kasten/Repsch, NVwZ 1986,708.

Diese Frage stellt sich etwa im wasser-, straßen- oder baurechtlichen Nachbarverhältnis (Bauwichvertrag) sowie bei Studienplatz-Tauschverträgen.[37]

21 Genaugenommen nicht in diesen Zusammenhang gehört demgegenüber das Tätigwerden von sogenannten *Beliehenen*, da sie schon definitionsgemäß staatliche Hoheitsgewalt ausüben und damit funktionell Teil des Staates sind, also ausschließlich öffentlich-rechtlich handeln.[38]

22 *cc) Zweifelsfälle.* Nicht selten fehlt es an hinreichend klaren äußeren Kriterien für eine eindeutige Zuordnung des Rechtsverhältnisses zum bürgerlichen oder öffentlichen Recht, insbesondere, weil sich das Handeln, für sich genommen, als rechtsneutral darstellt (Realakte), öffentliches und Privatrecht regelungsidentische Normen bereithalten (Ausgleichsbeziehungen, Verträge) oder/und getroffene Formenwahl beziehungsweise Reichweite der Qualifikationsbefugnis zweifelhaft sind (staatliche Leistungen, Betrieb und Nutzung öffentlicher Sachen i. w. S.). In diesen Zweifelsfällen, für deren Lösung bislang kein übergreifendes Konzept besteht, behilft sich die Rechtsprechung mit einer kaum noch überschaubaren Kasuistik. Obwohl sie nicht immer nachvollziehbar ist, gewinnt sie doch zunehmend deutlichere Konturen im Sinne der weiterentwickelten, materiell verstandenen Sonderrechtstheorie, wie sie oben (Rdnr. 13 ff.) formuliert wurde.

### c) Kasuistik

23 Im folgenden werden die wesentlichsten Fallgruppen der judiziellen Kasuistik dargestellt und so anhand eines gewissen Grundbestandes typischer Fallgestaltungen zugleich die Kriterien für die Zuordnung der jeweiligen Streitigkeit verdeutlicht. Dabei sollen im Hinblick auf die praktische Bedeutung der Rechtswegfrage alle wesentlichen Bereiche abgedeckt werden, ohne die einem Kommentar vorbehaltene Vollständigkeit im Detail anzustreben.

24 *aa) Tatsächliches Handeln.* Realakte staatlicher Stellen sind ihrer Natur nach weder öffentlich- noch privatrechtlich. Sie werden öffentlich-rechtlich eingeordnet, wenn sie mit staatlicher Aufgabenerfüllung in einem unmittelbaren funktionalen und organisatorischen Zusammenhang stehen:

25 *(1)* Dies trifft zu für *Immissionen* (Lärm-, Licht-, Staubeinwirkungen u. ä., vgl. § 3 Abs. 2 BImSchG) aus beziehungsweise im Zusammenhang mit öffentlichen

---

[37] Vgl. dazu VGH BW, DÖV 1985,930 (LS); OVG Saarl, DÖV 1979,104; BayVGH, NVwZ 1991,1104.

[38] Vgl. BVerwG, NVwZ-RR 1991,330 (Prüfbescheinigung); BayVGH, DÖV 1975,210 (Kfz-Prüfplakette).

Vorhaben oder Einrichtungen, z. B. Straßen,[39] öffentlichen Sportanlagen,[40] gemeindlichen Volksfesten[41] oder Feuerwehrsirenen und ähnlichen Anlagen.[42]

*(2)* Gleiches gilt für sonstige, insbesondere Eigentumseingriffe im Zuge derartiger 26
staatlicher Maßnahmen, z. B. Inanspruchnahme privaten Grundeigentums bei Errichtung einer Kläranlage[43] oder Straße,[44] dies, obwohl ein gegebenenfalls erforderlicher, rechtsgeschäftlicher Erwerb privatrechtlicher Natur wäre.

*(3)* *Ehrverletzende* oder sonst beeinträchtigende (geschäftsschädigende) *Äußerun-* 27
*gen* von Amtsträgern, die sie *in dieser Eigenschaft*[45] abgegeben haben, gehören zum öffentlichen Recht,[46] auch wenn sie nicht im Zusammenhang hoheitlicher, sondern privatwirtschaftlicher Aufgabenerfüllung erfolgten.[47] Denn diese bilden lediglich den äußeren Rahmen für die Beeinträchtigung, die hierdurch nicht inhaltlich geprägt wird.

Die Rechtsnatur von Gegendarstellungs- und Unterlassungsansprüchen gegen 28
öffentlich-rechtliche *Rundfunkanstalten*[48] beurteilt sich nach dem zugrunde liegenden Rechtsverhältnis, aus dem jene hergeleitet werden. Sie sind nach richtiger Ansicht als bürgerlich-rechtlich zu qualifizieren.[49] Denn sie resultieren, unbeschadet der hoheitlichen und damit öffentlich-rechtlichen Natur der Sendetätigkeit, materiell aus der Abwehr Privater gegenüber seinerseits als Grundrechtsausübung geschütztem und deshalb staatsfreiem[50] Verhalten. Diese Beziehung fällt aber in den Anwendungsbereich der Privatrechtsordnung.

*(4)* Umgekehrt ist die *Teilnahme am Straßenverkehr*, ohne daß es auf den Zweck 29
der Dienstfahrt ankommt, allgemein- und damit bürgerlich-rechtlicher Natur.[51] Nur

---

[39] Vgl. BGHZ 97,361; BVerwG, NJW 1981,239.
[40] BVerwGE 81,197.
[41] VGH BW, VBlBW 1985,60; a. A. BGHZ 41,264.
[42] BVerwGE 79,254.
[43] BVerwGE 67,321.
[44] BVerwG, DÖV 1971,857 m. Anm. von Bachof; BVerwGE 82,24.
[45] Also nicht als Privatperson, vgl. BGHZ (GS) 34,99; BVerwG, DVBl 1970,576.
[46] Vgl. BVerwGE 58,167 (168 f.); 71,183 (186 – Transparenzliste); 82,76; BVerwG, NJW 1988,2399; NJW 1989,412 (Presseerklärung der Staatsanwaltschaft); NJW 1991,1770; anders BGHZ (GS) 67,81 (83).
[47] Vgl. Berg, JuS 1984,521 ff.; differenzierend Maurer, § 3 Rdnr. 23; Frotscher, JuS 1978,505 ff.
[48] Ebenso für den privaten Rundfunk, vgl. BGHZ 66,182; Kopp/Schenke, § 40 Rdnr. 28c.
[49] Vgl. BGHZ 66,182; BVerwG, NJW 1994,2500; wohl auch Würtenberger, Rdnr. 143; früher schon Lorenz, BayVBl 1971,52; a. M. BayVGH, DVBl 1994,642; Kopp, BayVBl 1988, 193 ff.; Kopp/Schenke, § 40 Rdnr. 28b.
[50] Dazu besonders Lerche, in: FS für Löffler, 1980, S. 223 ff.; zur Staatsfreiheit allgemein Gersdorf, Staatsfreiheit des Rundfunks in der dualen Rundfunkordnung der Bundesrepublik Deutschland, 1991.
[51] Ebenso Maurer, § 3 Rdnr. 22; Ehlers, in: Schoch/Schmidt-Aßmann/Pietzner, § 40 Rdnr. 410 m. w. Nachw. Einen Hinweis in die hier vertretene Richtung liefert auch die neuere

soweit Sonderrechte gemäß § 35 StVO, auch wenn sie nicht konkret in Anspruch genommen werden, zustehen (Bundeswehr, Polizei usw.), stellt sie sich formell als Ausübung hoheitlicher Gewalt dar, die dem öffentlichen Recht zuzurechnen ist.

30 (5) *Wettbewerbsstreitigkeiten* zwischen Privaten und öffentlicher Hand werden weithin dem bürgerlichen Recht zugeordnet.[52] Das Wettbewerbsrecht ist jedoch juristisch neutral und empfängt deshalb seine Qualifikation von der Natur der beanstandeten Tätigkeit, die ihrerseits aufgrund des staatsorganisatorischen Zusammenhangs zu beurteilen ist. Stellt sie sich als fiskalische im engeren Sinn dar (Schilderverkauf durch Kfz-Zulassungsstelle), so handelt es sich um eine privatrechtliche Streitigkeit.[53] Liegt dagegen hoheitliche Tätigkeit vor (gemeindliche Bestattungsleistungen;[54] kommunale Wohnungsvermittlung;[55] Aktivitäten von Sozialversicherungsträgern zur Mitgliederwerbung[56] oder Erbringung von Sachleistungen[57]), so sollte diese insgesamt, also auch hinsichtlich der Art des Auftretens im Wettbewerb,[58] öffentlich-rechtlich beurteilt werden.[59] Fraglos öffentlich-rechtlicher Natur ist jedenfalls das Wettbewerbsverhältnis zwischen verschiedenen Trägern der Sozialversicherung (AOK/Ersatzkassen).[60]

BGH, Beschl. v. 14.1.93, DVBl 93,551 (Verm.-Amt.-Ing.)

31 *bb) Verträge.* Die Rechtsnatur eines Vertrages bestimmt sich nach objektiven Kriterien, unterliegt also nicht der Disposition (Qualifikationsbefugnis) der Parteien. Er ist dem öffentlichen Recht zuzuordnen, wenn sein Gegenstand sich auf von der gesetzlichen Ordnung öffentlich-rechtlich geregelte Sachverhalte bezieht.[61] Dabei ist nicht allein auf die vereinbarten Leistungen (Geldzahlung;[62] Grundstückskauf oder -tausch[63]) abzustellen, sondern der Gesamtinhalt des Vertrages heranzuziehen und zu prüfen, ob dieser durch eine enge Verknüpfung mit einer öffentlich-rechtlichen Berechtigung oder Verpflichtung, die nicht nur Motiv

Rechtsprechung zum Verweisungsprivileg gemäß § 839 Abs. 1 Satz 2 BGB, vgl. BGHZ 68,217; 85,225.

52 Allgemein dazu Brohm, NJW 1994,281; GmS-OGB, BGHZ 102,280.

53 BGH, DÖV 1974,785; vgl. auch BGHZ 67,81 (82).

54 BVerwGE 39,329; BGH, NJW 1987,60; NJW 1987,62; BayKompKonflGH, DÖV 1975,394 m. zust. Anm. von Püttner.

55 BVerwG, NJW 1978,1540.

56 Vgl. BSGE 36,238; a. M. BGHZ (GS) 66,229 m. abl. Anm. von Bettermann, DVBl 1977,180 und krit. Anm. von Püttner, DÖV 1976,635.

57 Vgl. (privatrechtlich) BGHZ 82,375 (381 ff.); GmS-OGB, BGHZ 97,312; GmS-OGB, BGHZ 102,280.

58 Insoweit für privatrechtliche Einordnung GmS-OGB, BGHZ 102,280; Broß, VerwArch 79 (1988), S. 109; demgegenüber Kopp, GewArch 1988,358.

59 Vgl. Redeker/v. Oertzen, § 40 Rdnr. 21; Menger, VerwArch 68 (1977), S. 293 ff.; Bettermann, DVBl 1977,180; Brohm, NJW 1994,287 f.; vgl. auch R. Scholz, NJW 1978,16.

60 GmS-OGB, BGHZ 108,284.

61 BGHZ 32,214 (216); 56,365; BVerwGE 42,331 (332); Lange, NVwZ 1983,313 ff.

62 Vgl. BVerwGE 23,213; 42,331; 81,312; BGH, DVBl 1976,77.

63 Vgl. BVerwG, NJW 1976,2360; NJW 1980,2538.

BVerwG, B 30.4.02, DVBl 02, 1555 (öfC - ord. Rechtsweg) = DVBl 02, 1648 Anm. Vollmer

geblieben, sondern Vertragsinhalt beziehungsweise -grundlage geworden ist, sein Gepräge erhält; maßgeblich ist also der Schwerpunkt des Vertragsverhältnisses.[64]

Eine in diesem Sinn innere Verbindung zum öffentlichen Recht wird in der 32
Regel zum Beispiel bei Verträgen bestehen, die Rechtsstellungen abgabenrechtlicher (Gebühren, Beiträge)[65] oder bau- beziehungsweise bauplanungsrechtlicher Art[66] regeln oder zur Voraussetzung haben.[67] Privatrechtlicher Natur sind dagegen Verträge der materiell fiskalischen Verwaltung (Hilfsgeschäfte, Vermögensverwaltung usw.), selbst wenn sie mittelbar im Dienste öffentlicher Aufgabenerfüllung stehen (z. B. Beauftragung Dritter mit – einzelnen – Erschließungs-[68] oder Vollzugsmaßnahmen[69]), unter Umständen sogar, wenn mit ihnen zugleich öffentliche Zielsetzungen (z. B. Umweltschutz; Sicherung künftiger Bauleitplanung[70]) verfolgt werden. Die Abgrenzung zu Fällen, in denen diese in den Vertrag einbezogen sind (s. oben), kann im einzelnen erhebliche Probleme aufwerfen. Im Einklang mit dem hiesigen Ausgangspunkt werden sie tendenziell eher im Sinne einer öffentlich-rechtlichen Einordnung gelöst. Denkbar sind allerdings auch gemischt privat-/öffentlich-rechtliche Verträge (z. B. Grundstückskauf mit Ablösung des Erschließungsbeitrags, § 133 Abs. 3 Satz 5 BauGB), deren unterschiedlich qualifizierte Teile dann getrennt zu beurteilen sind.[71]

*cc) Öffentliche Individualleistungen.* Für die Beurteilung bei der Gewährung 33
öffentlicher Individualleistungen, insbesondere von Subventionen, verfährt die Rechtsprechung, soweit sich die Rechtsbeziehung nicht in einer einmaligen Leistung erschöpft[72] oder insgesamt öffentlich-rechtlich geregelt ist (etwa im Sozialleistungsrecht[73]), nach der Zweistufentheorie:[74] Danach ergeht die grundsätzliche Vergabe- bzw. Zulassungsentscheidung im öffentlich-rechtlichen Subordinationsverhältnis (Verwaltungsakt), während auf dessen Grundlage die Abwicklung im Wege privatrechtlicher Gestaltung (Bürgschaftsübernahme; Miet-, Darlehensvertrag) erfolgen kann. Die vor allem bei Darlehenssubventionen auf-

[64] Vgl. BVerwGE 42,331; BVerwG, NJW 1976,2360; BGHZ 76,16.

[65] Vgl. BVerwGE 84,183; VGH BW, VBlBW 1987,388; GemOVG Lüneburg, NVwZ 1987,708.

[66] Vgl. BVerwGE 42,331 (Folgekosten); abweichend aber BVerwG, NVwZ 1994,1012, das die Zuordnung eines Vertrages über die bauliche Entwicklung eines Stadtteils zum öffentlichen Recht ablehnt; ebenso BVerwGE 92,56 für Einheimischenförderung; vgl. ferner BGHZ 56,365 (Baudispens), aber auch BGHZ 76,16; BGH, DVBl 1972,824. Zum ganzen eingehend Brohm, Öffentliches Baurecht, 2. Aufl. 1999, § 7 Rdnr. 6 ff., 15 f.

[67] Vergleichbar sind etwa im Sozialhilferecht Pflegesatzvereinbarungen gemäß § 93 Abs. 2 BSHG; BVerwGE 94,202 (204); BGHZ 116,339.

[68] Vgl. BGHZ 58,386 (389).

[69] Vgl. BVerwGE 35,103; BGH, DVBl 1968,145; NJW 1977,628 zu Abschleppaufträgen.

[70] Vgl. BGHZ 93,372 (375). Vgl. auch BVerwG, NVwZ 1994,1012.

[71] Vgl. BVerwGE 84,183 (186).

[72] Vgl. dazu BGHZ 57,130; BGH, NVwZ 1985,517.

[73] Vgl. BVerwGE 32,283 (Studienförderung).

[74] Vgl. BGHZ 40,206 (210); 57,130; BGH, NVwZ 1988,472.

tauchenden Probleme sowie grundsätzliche dogmatische Bedenken weisen jedoch zunehmend in die Richtung einer Aufgabe der gestuften zugunsten einer einheitlich öffentlich-rechtlichen Betrachtung.[75]

34 *dd) Öffentliche Sachen, Einrichtungen.* Öffentliche Einrichtungen und öffentliche Sachen stehen mit der öffentlichen Zwecksetzung, zu deren Verfolgung sie gewidmet sind, in so engem Zusammenhang, daß sie, vorbehaltlich ausdrücklicher privatrechtlicher Zuordnung, grundsätzlich dem öffentlichen Recht unterstehen.

*(1)* So sind Streitigkeiten in bezug auf den *Betrieb* einer öffentlichen Einrichtung[76] und deren *Schutz* (Hausrecht), letzterer unabhängig von einer zugrundeliegenden "Hauptbeziehung" (Betreten des Finanzamts in Steuerangelegenheiten oder zur Anbahnung eines Kaufabschlusses für Büromaschinen), öffentlich-rechtlich.[77]

35 *(2)* Öffentlich-rechtlich ist auch die Entscheidung über die *Zulassung zur Nutzung*, und zwar nicht nur, wenn diese, wie bei gemeindlichen öffentlichen *Einrichtungen*, spezialgesetzlich geregelt ist,[78] sondern auch bei sonstigen öffentlichen Einrichtungen und Sachen. Selbst wenn die begehrte Nutzung den Widmungszweck überschreitet ("Sonderbenutzung"), ist dem Verwaltungsträger (z. B. hinsichtlich Universitätsgeländes) ein Rückzug auf die private Eigentümerstellung (nicht anders als beim Hausrecht) verwehrt.[79]

36 Hiervon zu unterscheiden ist die (angebliche) Wahlfreiheit zur *Ausgestaltung des Nutzungsverhältnisses.* Erfolgt diese in Privatrechtsform (z. B. Vergabe der Stadthalle, des Sportgeländes, von Marktstandplätzen usw. aufgrund Mietvertrags), so sind für Streitigkeiten in letzterer Hinsicht die ordentlichen Gerichte zuständig, tritt also eine Aufspaltung der Rechtswege ein (*Zweistufentheorie*). Obwohl auf der Basis des öffentlich-rechtlichen Zulassungsanspruchs allein ein insgesamt öffentlich-rechtlich aufgefaßtes Rechtsverhältnis als konsequent erschiene,[80] hat sich diese Auffassung nicht durchsetzen können.

---

[75] Vgl. dazu Ehlers, VerwArch 74 (1983), S. 112 ff.; Zuleeg, DÖV 1984,737; Bosch/Schmidt, § 7 III 3; Maurer, § 17 Rdnr. 24 ff.; Ehlers, in: Schoch/Schmidt-Aßmann/Pietzner, § 40 Rdnr. 261 ff. m. w. Nachw.; vgl. auch BVerwGE 82,171.

[76] Z. B. Bundesbahn vor deren Überführung in privatrechtliche Rechtsform (Art. 87e Abs. 3 Satz 1 GG), vgl. BVerwGE 44,351 (Bahnhofsbenennung); 47,247 (Pressefahrten).

[77] Ebenso Knemeyer, DÖV 1970,596; Zeiler, DVBl 1981,1000; Ronellenfitsch, VerwArch 73 (1982), S. 465 ff., je m. Nachw.; OVG NW, NVwZ-RR 1989,316. Differenzierend demgegenüber BGH, NJW 1967,1911; BVerwGE 35,103; VGH BW, NJW 1994,2501; offengelassen von OVG Bremen, NJW 1990,932.

[78] Vgl. BVerwG, NJW 1990,134; grundsätzlich dazu Ossenbühl, DVBl 1973,289; Herdegen, DÖV 1986,906.

[79] Vgl. auch BVerwGE 91,135 m. zust. Anm. von Schlink, NJW 1993,610; Burgi, DÖV 1993,641; für privatrechtliches Verhältnis etwa BGHZ 33,230.

[80] So vor allem Ossenbühl, DVBl 1973,289 ff.

Dagegen ist die Rechtsbeziehung zu einem *privaten Rechtsträger*, dessen sich 37
der Staat oder die Gemeinde zur Nutzungsvergabe bedient (Messe-AG; Stadthallen-GmbH usw.) immer privatrechtlich,[81] unbeschadet des öffentlich-rechtlichen Zulassungsanspruchs gegen den Verwaltungsträger (z. B. Gemeinde) selbst.[82]

## 3. Streitigkeiten nichtverfassungsrechtlicher Art

Von der Entscheidung im Verwaltungsrechtsweg ausgeschlossen sind *Streitigkeiten verfassungsrechtlicher Art*, § 40 Abs. 1 Satz 1.

### *a) Abgrenzung*

Sie dürfen nicht unkritisch mit *Verfassungsstreitigkeiten* als Zugangsvoraus- 38
setzung zur Verfassungsgerichtsbarkeit gleichgesetzt werden.[83] Denn einerseits werden diese auf Verfassungsorgane und sonstige Beteiligte des Verfassungslebens beschränkt, während der einzelne sehr wohl an einer den Verwaltungsrechtsweg ausschließenden *Streitigkeit verfassungsrechtlicher Art* beteiligt sein kann (s. unten). Zum andern kommt es nicht darauf an, ob für die Streitigkeit der Weg zum Verfassungsgericht (des Bundes oder eines Landes) eröffnet ist. Der Begriff ist vielmehr in einem *materiell-inhaltlichen* Sinn zu verstehen, begründet also keinen formellen Vorbehalt für den Verfassungsrechtsweg, sondern entzieht öffentlich-rechtliche Streitsachen der Verwaltungsgerichtsbarkeit, die ausschließlich nach dem Maßstab der Verfassung zu beurteilen sind. Da diese jedoch nicht notwendigerweise von der durchweg auf Einzelzuweisungen beruhenden, verfassungsgerichtlichen Zuständigkeit erfaßt werden, ist es (theoretisch) durchaus denkbar, daß für solche Streitigkeiten weder eine verwaltungs- noch eine verfassungsgerichtliche Zuständigkeit eröffnet ist.[84]

Art. 19 Abs. 4 GG stünde derartigen Rechtsschutzlücken nur entgegen, soweit 39
nicht, wie im Normalfall, staatliche Kompetenzen, die bloß konstruktiv als materielle "Rechte" konzipiert sind (vgl. § 64 Abs. 1 BVerfGG), sondern subjektive Individualrechte betroffen wären. In Streitigkeiten verfassungsrechtlicher Art, an denen einzelne beteiligt sind (vgl. dazu unten Rdnr. 45 f.) und die deshalb nicht zu den Verfassungsstreitigkeiten im engeren Sinn gerechnet werden,[85] bietet jedoch die Verfassungsbeschwerde (Art. 93 Abs. 1 Nr. 4a, 4b GG) Schutz.

---

[81] Ebenso BVerwG, DÖV 1990,977.

[82] Vgl. BVerwG, NJW 1990,134; Püttner, DVBl 1975,353 ff.

[83] So aber BVerwG, NJW 1976,637.

[84] Vgl. Bosch/Schmidt, § 8, mit Berufung auf BVerwG, NJW 1985,2346, unter Voraussetzung fehlender Verfassungsgerichtsbarkeit in Berlin. Vgl. aber auch BayVGH, NVwZ 1991,386; OVG Berlin, DVBl 1999,994.

[85] Vgl. BVerfGE 27,240 (246); BVerfG, NVwZ 1988,817; BayVGH, NVwZ 1991,386.

### b) Begriff

40 Von dem materiellen Verständnis aus der Sicht des § 40 Abs. 1 Satz 1 aus liegt eine Streitigkeit verfassungsrechtlicher Art vor, wenn sie im *Kern* um Auslegung und Anwendung verfassungsrechtlicher Normen geführt wird,[86] hierüber also nicht nur als Vorfrage (s. unten Rdnr. 95 ff.) oder Entscheidungselement inzident zu befinden ist. Gegenstand der Entscheidung muß ein die Streitbeteiligten umschließendes, materielles Verfassungsrechtsverhältnis sein.[87] Dieser Gegenstand bleibt unberücksichtigt, wenn man darauf abstellt, ob "das streitige Rechtsverhältnis entscheidend vom Verfassungsrecht geformt ist";[88] denn mit dieser Formel wird nicht nach der Natur, sondern dem Regelungsgehalt des anzuwendenden Rechts gefragt. Ohnehin kann die verfassungsrechtliche Einwirkung auf das Rechtsverhältnis kein unterscheidendes Kriterium liefern, nachdem staatliches Handeln immer – inhaltlich mehr oder weniger intensiv – durch die Verfassung bestimmt wird.[89]

41 Von vornherein außerhalb des Blickfeldes bleiben Streitigkeiten in bezug auf Verfassung und Organisation juristischer Personen als Erscheinungsformen mittelbarer Staatsverwaltung (Gemeinden, Universitäten usw.). Verwaltungsrechtliche Organstreitigkeiten oder Fragen kommunaler Wahlprüfung sind unterhalb der Verfassungsebene angesiedelt und gehören deshalb vor die Verwaltungsgerichte.

42 *aa) Beteiligte des Verfassungslebens.* Streitigkeiten verfassungsrechtlicher Art kommen in erster Linie, wenngleich nicht ausschließlich[90] (vgl. unten Rdnr. 45 f.), zwischen den Beteiligten, sogenannten "Faktoren" des Verfassungslebens in Betracht, deren Rechtsbeziehungen "sich in der eigentlichen Verfassungsrechtssphäre bewegen".[91] Sind Bund und Länder, mehrere Länder oder Verfassungsorgane auf Bundes- oder Landesebene (Bundes- bzw. Landesregierung, Parlament, Fraktionen und einzelne Abgeordnete, unter Umständen auch politische Parteien), jeweils bezogen auf ihren eigenen Verfassungsrechtskreis, Parteien des Streits, so ist das ein wichtiges *Indiz* für dessen verfassungsrechtliche Qualität, erlaubt aber kein abschließendes Urteil. Es ist vielmehr erst noch genau zu prüfen, ob die streitbefangenen Rechtsstellungen auf dem zwischen den Beteiligten bestehenden, *verfassungsrechtlichen Grundverhältnis* beruhen[92] oder nicht in einer

---

[86] So jetzt auch BVerwGE 80,355 (357) unter fragwürdiger Gleichsetzung mit seiner bisherigen Umschreibung (dazu sogleich im Text).
[87] BVerfGE 81,310 (331).
[88] So die bisherige ständige Rechtsprechung, vgl. BVerwGE 50,124 (130); 80,355 (357); BVerwG, NJW 1985,2344; BayVGH, NVwZ 1991,386.
[89] Vgl. BVerfGE 74,69 (74). Kritisch auch Lerche, in: Staatsbürger und Staatsgewalt II, 1963, S. 59; Eyermann/Rennert, § 40 Rdnr. 20.
[90] So aber, zumindest verbal, die h. M., vgl. BVerfG, NVwZ 1988,817.
[91] Vgl. BVerfGE 27,240 (247).
[92] Vgl. BVerfGE 42,103 (113); BVerwG, NJW 1985,2344.

spezielleren Rechtsbeziehung unterverfassungsrechtlicher (verwaltungs-, zivilrechtlicher) Art gründen.

So wird das Rechtsverhältnis bezüglich der Ausführung von Bundesgesetzen 43 (Art. 84, 85 GG) unmittelbar durch die verfassungsrechtlichen Kompetenzen von Bund und Ländern bestimmt.[93] Anders sind dagegen Ersatzansprüche des Bundes aufgrund des Art. 104a Abs. 5 GG wegen pflichtwidrigen Gesetzesvollzugs durch Landesbedienstete (Veruntreuung von BaföG-Mitteln) zu beurteilen.[94] Auch ein zwischen den Ländern geschlossener, auf Verwaltungstätigkeiten (Hochschulzulassung; Rundfunksendungen) gerichteter Staatsvertrag (und damit auch eine Streitigkeit aus diesem) ist verwaltungsrechtlicher Natur, selbst wenn Vorgaben der Verfassung für Abschluß und inhaltliche Gestaltung bestimmend waren (Grundrechte aus Art. 12 Abs. 1; 5 Abs. 1 Satz 1 GG) und/oder den Beurteilungsmaßstab für die Streitentscheidung (Bundestreue) liefern.[95]

Keine verfassungsrechtliche Qualität haben auch die Rechtsbeziehungen des 44 Parlamentspräsidiums zu politischen Parteien hinsichtlich der verwaltungsmäßigen Abwicklung der Wahlkampfkostenerstattung,[96] ebensowenig zu einzelnen Abgeordneten bei der konkreten Festsetzung ihrer Entschädigung auf der Grundlage gesetzlicher, zugleich ihre persönliche Stellung regelnder Bestimmung.[97] Dagegen gründen das Rechtsverhältnis zu einer Fraktion und der Streit über – selbst gesetzlich festgelegte – Fraktionszuschüsse immer in der parlamentsinternen Organbeziehung und damit im Verfassungsrecht.[98] Eine organschaftliche Stellung kann auch einer Einzelperson zukommen, so in der Regel dem Abgeordneten[99] oder dem einzelnen bei der unmittelbaren Mitwirkung an der staatlichen Willensbildung als Stimmbürger (vgl. noch unten Rdnr. 45 f.) oder Initiator eines Volksbegehrens.[100]

*bb) Der einzelne als Streitbeteiligter.* Auch soweit der einzelne nicht zu den 45 "Faktoren des Verfassungslebens" und damit möglichen Beteiligten eines Verfassungsstreits im engeren Sinn zählt, kann er Partei einer Streitigkeit verfassungs-

[93] BVerfGE 81,310 (331); 84,25 (30); BVerwG, NVwZ 1998,500.

[94] BVerwGE 96,45. = BVerwG, U 18.5.94, NVwZ 95, 56

[95] Vgl. BVerfGE 42,103 (113 ff.); BVerwGE 50,124 (Numerus clausus); 54,29 (Norddeutscher Rundfunk).

[96] BVerfGE 27,152 (157); BVerwG, DÖV 1980,871.

[97] Im Ergebnis ebenso BVerwG, NJW 1985,2344, unter nach hiesiger Auffassung entbehrlicher und inzwischen überholter (vgl. §§ 36 ff. blnVerfGHG vom 8.11.1990, GVBl S. 2246) ausdehnender Auslegung des § 40 Abs. 1 Satz 1 als Folge der Rechtsweggarantie (Art. 19 Abs. 4 GG). Kritisch auch Pestalozza, NJW 1986,33.

[98] BVerwG, NJW 1985,2346.

[99] Vgl. BVerfGE 10,4 (10); 62,1 (32); 80,188 (208).

[100] Vgl. OVG NW, NJW 1974,1671, m. Anm. von Bethge, NJW 1975,77; StGH BW, DÖV 1986,794; HessVGH, NVwZ 1991,1098.

rechtlicher Art sein, die gemäß § 40 Abs. 1 Satz 1 den Verwaltungsgerichten entzogen ist.

Dies ist anerkannt für Normenkontrollanträge einzelner gegenüber einem förmlichen Gesetz[101] und für die Geltendmachung von Ansprüchen auf Erlaß eines solchen.[102] Demgegenüber sollen Streitigkeiten aus der parlamentarischen Behandlung von Petitionen nichtverfassungsrechtlich sein,[103] obwohl doch das Rechtsverhältnis zwischen Bürger und Parlament (!) ausschließlich durch die Verfassungsnorm des Art. 17 GG bestimmt wird, ganz abgesehen von der allgemeinen Problematik direkter verwaltungsgerichtlicher Beanstandung parlamentarischen Verhaltens,[104] der zum Beispiel durch Art. 44 Abs. 4 Satz 1; 46 Abs. 1 Satz 1 GG gerade entgegengewirkt werden soll.[105]

**46** Allerdings beruhen Streitigkeiten des Bürgers mit dem Staat in der Regel nicht unmittelbar auf einem spezifischen Verfassungsrechtsverhältnis, sondern sind Ausdruck der allgemeinen (wenngleich verfassungslegitimierten) Gewaltunterworfenheit. Dies gilt insbesondere im Verhältnis zur Exekutive, selbst wenn diese durch oberste Staatsorgane beteiligt ist, so, wenn ein einzelner Wahlbewerber[106] unter Berufung auf Art. 38 Abs. 1 Satz 1 GG eine – unzulässige – regierungsamtliche *Öffentlichkeitsarbeit* rügt[107] oder wenn Ansprüche auf untergesetzliche Normsetzung erhoben werden.[108] Die Kontrolltätigkeit der *Rechnungshöfe* ist, obwohl sie als parlamentarische Hilfsorgane fungieren (vgl. Art. 114 Abs. 2 GG und die entsprechenden Bestimmungen der Landesverfassungen), verwaltungsrechtlich so weitgehend verselbständigt, daß hieraus entstehende Streitigkeiten (z. B. Beeinträchtigung der Wissenschafts- oder der Rundfunkfreiheit[109] geprüfter Institutionen oder privater Rechte durch die Verbreitung von Prüfberichten) nicht verfassungsrechtlicher Art sind.[110] Gleiches kann für den Bundes- oder einen Landesdatenschutzbeauftragten gelten.[111] Anerkannt ist ferner die verwaltungs-

---

[101] Vgl. BVerfGE 70,35 (55); BVerwGE 80, 355 (357); vgl. auch BVerfGE 27,240 (246) für Gemeinde.

[102] Vgl. BVerwGE 75,330 (334); vgl. auch HambOVG, DÖV 1986,439 für parlamentarischen Haushaltsbeschluß.

[103] Ganz h. M., vgl. BVerfG, NVwZ 1989,953; BVerwG, NJW 1976,637; BayVGH, BayVBl 1981,211; OVG Bremen, JZ 1990,965; a. M. D. H. Hoffmann, Das Petitionsrecht, 1959, S. 65 f.

[104] Vgl. dazu auch BVerfG, NVwZ 1993,357.

[105] Vgl. zum Problem eingehend (Untersuchungsausschüsse) auch W. Schenke, JZ 1988,805; Kästner, NJW 1990,2652 ff.; dens., JuS 1993,109 ff.

[106] Vgl. demgegenüber für politische Parteien BVerfGE 44,125 (137).

[107] Vgl. BVerfG, NVwZ 1988,817.

[108] BVerwGE 80,355 (Allgemeinverbindlicherklärung eines Tarifvertrags).

[109] Vgl. BVerfGE 74,69 (75).

[110] BVerwGE 74,58; OVG NW, DVBl 1979,431; HessVGH, NVwZ-RR 1994,511; Ule, § 7; a. A. zuletzt Belemann, DÖV 1990,58 m. w. Nachw.

[111] Vgl. SächsOVG, NJW 1999,2832.

rechtliche Zuordnung von *Äußerungen* seitens *Regierungsmitgliedern,*[112] auch im Parlament.[113] Schließlich können auch Streitigkeiten wegen der Verletzung subjektiver Wahlrechte durch *Wahlorgane* verwaltungsrechtlichen Charakter haben,[114] weil beziehungsweise soweit der Bürger im Vorstadium der Mitwirkung an der staatskonstituierenden Willensbildung noch nicht als quasi Verfassungsorgan angesprochen ist. Soweit sie jedoch verfassungsrechtlicher Art sind (unmittelbarer Wahlvorgang), läßt § 49 BWahlG (ebenso die vergleichbaren Landesregelungen) nur die gerichtliche Nachprüfung des Wahlergebnisses selbst zu (Wahlprüfungsverfahren).

### 4. Verwaltungsrechtsschutz im kirchlichen Bereich

Aufgrund der staatlichen Justizgewährleistungspflicht, die fraglos auch für und gegen die Kirchen[115] wirkt,[116] ist der Verwaltungsrechtsweg grundsätzlich auch in kirchlichen Angelegenheiten[117] eröffnet, sofern es sich um eine öffentlich-rechtliche Streitigkeit handelt; von vornherein ausgenommen sind damit Religionsgemeinschaften ohne öffentlich-rechtlichen Körperschaftsstatus (Art. 140 GG i. V. m. Art. 137 Abs. 5 WeimRV), deren Rechtsbeziehungen immer privatrechtlicher Natur sind. 47

Andererseits bestehen an der (dann sogar auf Art. 19 Abs. 4 GG beruhenden) Eröffnung des Verwaltungsrechtswegs keine Zweifel, soweit die Kirchen zur Wahrnehmung ihrer Aufgaben staatliche Hoheitsgewalt einsetzen, wie vor allem bei Erhebung von Kirchensteuern[118] sowie weithin im Friedhofs- und Bestattungswesen.[119] 48

#### *a) Die Grenze des kirchlichen Selbstbestimmungsrechts*

Eine Grenze staatlicher Rechtsprechungstätigkeit ergibt sich jedoch aus dem durch Art. 140 GG i. V. m. Art. 137 Abs. 3 WeimRV garantierten kirchlichen Selbstbestimmungsrecht. Dieses entzieht innerkirchliche Maßnahmen – und zwar auch von Religionsgemeinschaften privaten Rechts – jeder staatlichen Einwirkung und 49

[112] Vgl. GemOVG Lüneburg, NJW 1975,76 m. krit. Bespr. von Bethge, NJW 1975,662.
[113] OVG NW, DVBl 1967,51.
[114] So W. Schenke, NJW 1981,2440; vgl. auch BVerwGE 51,69; BVerfG, NVwZ 1988,817; vgl. andererseits Ule, § 7; VGH BW, NVwZ-RR 1989,111.
[115] Der Begriff wird umfassend für alle Religionsgemeinschaften mit dem Status einer Körperschaft des öffentlichen Rechts (Art. 140 GG i. V. m. Art. 137 Abs. 5 WeimRV) verwendet.
[116] Vgl. dazu grundlegend H. Weber und Rüfner, in: HdBStKirchR, Bd. II, 2. Aufl. 1995, S. 1047 ff.; 1081 ff.; Kästner, Staatliche Justizhoheit a.a.O., S. 97 ff. Vgl. auch BVerfG, NJW 1992,2812.
[117] Vgl. grundsätzlich dazu Maurer, in: Menger-FS, S. 285 ff.; v. Campenhausen, AöR 112 (1987), S. 623 ff.
[118] Vgl. BVerfGE 19,206 (216 ff.); 30,415 (421); Spliesgart, NVwZ 1992,1161 m. w. Nachw.
[119] BVerwG, NJW 1990, 2079; BayVGH, BayVBl 1991,465; Renck, DÖV 1992,485.

stellt sie damit auch von staatlich gerichtlicher Kontrolle, nach herrschender Meinung sogar von der staatlichen Gerichtsbarkeit überhaupt, frei (Unzulässigkeit der Klage).[120]

Die Bestimmung der eigenen Angelegenheiten, die ausschließlich kirchlicher Selbstbestimmung vorbehalten sind, ist nach wie vor heftig umstritten,[121] doch hat sich rechtspraktisch die *Bereichslehre* weithin durchgesetzt. Danach ist zu unterscheiden zwischen kirchlichen Maßnahmen, die dem innerkirchlichen Bereich zuzurechnen sind, und solchen, die diesen überschreiten und damit in den staatlich verantworteten Bereich hineinreichen.[122]

**50** *aa)* Der *kirchliche Innenbereich* ist jeder staatlichen Ingerenz entzogen. Fragen der Glaubenslehre und deren Verkündigung, die Gestaltung der Liturgie, des Kultus und der inneren Gemeinschaftsordnung oder die Festlegung religiöser Pflichten zwischen der Gemeinschaft und ihren Mitgliedern sowie der Voraussetzungen religiöser Amtshandlungen (Taufe, Trauung, Wahlfähigkeit usw.)[123] unterliegen ausschließlich kirchlicher Bestimmung und sind deshalb staatsgerichtlicher – auch inzidenter – Beurteilung und Entscheidung verschlossen. Auch wenn man für die rein vermögensrechtlichen Ansprüche eines, zum Beispiel wegen (angeblicher) Irrlehren versetzten oder entlassenen Pfarrers[124] den Verwaltungsrechtsweg als eröffnet ansieht,[125] darf in diesem jedenfalls nicht die innerkirchliche Berechtigung der Beanstandung geprüft werden (sogenannte "verkappte Statusklage").[126] Insoweit besteht eine gewisse formale Parallele zur beschränkten gerichtlichen Prüfung gegenüber Vorentscheidungen staatlicher Verwaltungsmaßnahmen (Stichwort: "Faktorenlehre", s. oben § 5 Rdnr. 37).

---

[120] Vgl. Kissel, § 13 Rdnr. 183, 214; VGH BW, VBlBW 1991,214; OLG Köln, ZevKR 34 (1989), S. 213. Aufgrund des Abwägungserfordernisses oder zumindest der Abgrenzungsschwierigkeiten treten für Prüfung im Rahmen der Begründetheit ein: Maurer, in: Menger-FS, S. 293; H. Weber, NJW 1989,2220; v. Mangoldt/Klein/v. Campenhausen, Art. 140/137 WeimRV, Rdnr. 240.

[121] Vgl. dazu zusammenfassend v. Mangoldt/Klein/v. Campenhausen, Art. 140/137 WeimRV, Rdnr. 236 ff., 259 ff.; Kästner, Staatliche Justizhoheit a.a.O., S. 76 ff., 237 ff.; Eyermann/Rennert, § 40 Rdnr. 92.

[122] Vgl. BVerfGE 18,385 (386 ff.); BVerfG, NJW 1983,2570; NVwZ 1989,452; BVerwGE 25,226; 66,241; H. Weber, NJW 1989,2219 f.; a. M., aber resignierend, v. Mangoldt/Klein/v. Campenhausen, Art. 140/137 WeimRV, Rdnr. 236 ff., 265 m. Nachw. der herrschenden *Lehre*.

[123] Vgl. BVerfG, NJW 1980,1041; NJW 1999,350; Ehlers, JuS 1989,364.

[124] Vgl. BVerwGE 66,241.

[125] Vgl. v. Mangoldt/Klein/v. Campenhausen, Art. 140/137 WeimRV, Rdnr. 263, dazu aber auch sogleich im Text.

[126] Vgl. BVerwGE 95,379 (381 ff.); vgl. aber auch BVerfG, NVwZ 1999, 758 (Nr. 6).

*bb)* Im übrigen ist gerade das öffentlich-rechtlich geregelte *Amts- und Dienstrecht* der Geistlichen und Kirchenbeamten das auch praktisch wichtigste Streitfeld.[127] Nach der Rechtsprechung gehören zum innerkirchlichen Bereich nicht nur das kirchliche *Amtsrecht* einschließlich der Ämterhoheit (Art. 140 GG i. V. m. Art. 137 Abs. 3 Satz 2 WeimRV), sondern auch das mit diesem untrennbar verbundene *Dienstrecht* der Geistlichen (Statusverhältnis, betreffend Verleihung, Bestand, Modalitäten usw. des kirchlichen Amtes).[128] Dagegen dürfte für die hieraus resultierenden, bloß vermögensrechtlichen Auswirkungen ("Statusfolgeklagen") eine staatliche gerichtliche Zuständigkeit nicht nur im Fall ausdrücklicher oder stillschweigender kirchlicher Zuweisung gemäß § 135 Satz 2 BRRG,[129] sondern unmittelbar begründet sein. Denn zumindest die vermögensrechtlichen *Folgen* einer selbst innerkirchlichen und deshalb nicht justitiablen Beziehung berühren immer den allgemeinen Rechtsstatus des einzelnen, der, auch wenn er inhaltlich vom Kirchenrecht ausgefüllt wird, vom staatlichen Recht und Rechtsschutz erfaßt wird.[130] **51**

*cc)* Der gegenüber staatlicher Bestimmung exemte kirchliche Innenbereich wird verlassen, sobald von dem Handeln unmittelbare Wirkungen nach außen ausgehen und damit der *staatlich-weltliche Bereich* berührt wird. Hier ziehen auf der Grundlage des Art. 140 GG i. V. m. Art. 137 Abs. 3 Satz 1 WeimRV die Regelungen der staatlichen Rechtsordnung dem kirchlichen Selbstbestimmungsrecht Schranken, soweit sie sich als für alle geltende Gesetze erweisen.[131] Die Reichweite dieser Grenzziehung zwischen staatlicher und kirchlicher Kompetenz zu bestimmen, ist aber gerade Aufgabe staatlicher Rechtsprechung. Ihre Zuständigkeit ist deshalb gegeben, wenn der Streit nicht (allein) auf der Ebene der spezifisch geistlich-religiösen Beziehungen zur Kirche liegt, sondern über staatlich geregelte Rechtsbeziehungen geführt wird, insbesondere, weil außenstehende Dritte durch kirchliches Handeln betroffen sind. Dies ist nicht nur bei öffentlich-rechtlichen wie **52**

[127] Vgl. dazu Maurer, in: Menger-FS, S. 293; v. Mangoldt/Klein/v. Campenhausen, Art. 140/137 WeimRV, Rdnr. 259 ff.; Ehlers, ZevKR 27 (1982), S. 269; W. Schenke, in: FS für Faller, 1984, S. 133; Kirchberg, NVwZ 1999,734.

[128] BVerfG, NJW 1980,1041 Nr. 1 und 2 m. krit. Bespr. von H. Weber; BVerwGE 66,241 (242); VGH BW, NVwZ-RR 1994,422; schon insoweit unter Berufung auf die öffentlich-rechtliche Form des Dienstverhältnisses a. M. H. Weber, NJW 1989,2221; Steiner, NVwZ 1989,413; Ehlers, JuS 1989,364; neuerdings in Zweifel gezogen auch von BVerfG, NVwZ 1999, 758 (Nr. 6).

[129] BVerwGE 25,226; BVerwGE 66,241 m. zust. Anm. von Listl, DÖV 1984,587; BVerwG, NJW 1983,2582, bestätigt durch BVerfG, NJW 1983,2569 Nr. 1 und 2 (für die Vermögensseite offengelassen; dazu besonders Listl, DÖV 1989,409 ff.).

[130] Im Schrifttum h. M., vgl. v. Mangoldt/Klein/v. Campenhausen, Art. 140/137 WeimRV Rdnr. 263 ff. m. w. Nachw.; vgl. ferner VGH BW, DVBl 1981,31 m. Anm. von Uibel; OVG NW, NJW 1994,3368; OVG RP, NVwZ 1997,802, sowie erneut BVerfG, NVwZ 1999,758 (Nr. 5).

[131] Vgl. dazu v. Mangoldt/Klein/v. Campenhausen, Art. 140/137 WeimRV, Rdnr. 123 ff.

(unstreitig) bei privatrechtlichen[132] Beschäftigungsverhältnissen als solchen anzunehmen, sondern trifft auch etwa für kirchliche Immissionen[133] (durch Kirchenglocken oder Turmuhr) oder die Benutzung kirchlicher Einrichtungen (Pfarrheim, Krankenhaus, Kindergarten,[134] Friedhof[135]) zu.

### *b) Öffentlich-rechtliche Streitigkeiten.*

**53** Die Kirchen üben öffentliche, aber nicht staatliche Gewalt aus.[136] Der Status einer öffentlichen Körperschaft ist formaler Ausdruck der öffentlichen Bedeutung der Kirchen und (u. a.) Grundlage für die Benutzung öffentlich-rechtlicher Gestaltungsformen durch diese, bezieht sie aber nicht insgesamt in den Staatsbereich mit dessen charakteristischer Bindung an das öffentliche Recht ein. Gerade im Gegensatz zum Staat (vgl. oben Rdnr. 13 f.) spricht deshalb für die Kirchen keine Vermutung öffentlich-rechtlichen Handelns,[137] sondern bedarf eine solche Qualifizierung der Begründung aus der konkret gegebenen Staatsbezogenheit. Sie besteht – außer bei Ausübung staatlicher Hoheitsgewalt (s. oben Rdnr. 48) – nur bei (zulässiger) Wahl der öffentlich-rechtlichen Rechtsform. So sind Streitigkeiten zum Beispiel im öffentlichen Dienstrecht, in den Bereichen der Ämterorganisation und des Mitgliedschaftsverhältnisses[138] oder in bezug auf die dem Kirchengebrauch gewidmeten öffentlichen Sachen, "res sacrae"[139] (Nutzung eines Kirchengebäudes;[140] Glockengeläut;[141] unter Umständen Schlagen einer Turmuhr[142]), öffentlich-rechtlicher Natur, im Hinblick auf diese letzteren allerdings nur, soweit es nicht um Rechtsbeziehungen zu Außenstehenden geht, denen gegenüber der Kirche keine (eigenständige) Hoheitsgewalt zukommt.[143] Auch im übrigen unterstehen die kirchlichen Außenbeziehungen dem Privatrecht, so insbesondere

---

[132] Vgl. dazu nur BVerfGE 70,138 (165).
[133] BVerwGE 68,62 (63).
[134] BVerwG, NVwZ 1987,677.
[135] BVerwG, NJW 1990,2079.
[136] BVerfGE 18,385 (387).
[137] Ebenso Müller-Volbehr, JuS 1987,869; ders., ZevKR 33 (1988), S. 167; H. Weber, NJW 1989,2223; Steiner, NVwZ 1989,414; demgegenüber Isensee, in: GS für Constantinesco, 1983, S. 301 ff.; BVerwGE 68,62 (64 ff.); vgl. auch Renck, NVwZ 1991,1038; Würtenberger, Rdnr. 139.
[138] Vgl. Kissel, § 13 Rdnr. 192, 226.
[139] Dazu allgemein Mainusch, Die öffentlichen Sachen der Religions- und Weltanschauungsgemeinschaften, 1995.
[140] Vgl. Mainusch, Die öffentlichen Sachen, S. 288.
[141] BVerwGE 68,62 (64 ff.); Mainusch, Die öffentlichen Sachen, S. 308, 328; differenzierend nach dem Zweck des Läutens BVerwG, NJW 1994,956 m. abl. Bespr. von Lorenz, JuS 1995,492. Eindringend dazu Laubinger, VerwArch 83 (1992), S. 623 ff., 640 ff.; Hense, Glockenläuten und Uhrenschlag, 1998, S. 285 ff., 309 ff. und passim.
[142] Vgl. auch BVerwGE 90,163.
[143] Vgl. näher Lorenz, NJW 1996,1856.

OGH, B 24.7.01, DVBl 01, 1839 (Äußerg. Sektenbeauftragter) = DVBl 02, 336 Anm. Zellmann

hinsichtlich sonstiger kirchlicher Einrichtungen,[144] deren Widmung zu res sacrae kaum in Betracht kommen dürfte.

### *c) Staatliche und kirchliche (Verwaltungs)Gerichtsbarkeit*

Wie die Kirche im allgemeinen, so übt auch die im katholischen wie im evange- 54
lischen Bereich bestehende, kirchliche Verwaltungsgerichtsbarkeit[145] keine staatlich-öffentliche Gewalt aus.[146] Sie kann deshalb den aus der Justizgewährungspflicht folgenden staatlichen Rechtsschutz auch außerhalb des Anwendungsbereichs des Art. 19 Abs. 4 GG schon grundsätzlich nicht ersetzen. Ebensowenig handelt es sich um besondere Verwaltungsgerichte, deren – gesetzlich ohnehin nicht begründete – Zuständigkeit gemäß § 40 Abs. 1 Satz 1, 2 den Verwaltungsrechtsweg ausschlösse.[147] Gleichwohl sind kirchliche Verwaltungsgerichte nicht ohne Bedeutung. Diese liegt einerseits grundsätzlich in der Bereitstellung von Rechtsschutz, im Einklang mit der Zielsetzung des Art. 19 Abs. 4 GG auch in den staatlicher Jurisdiktion entzogenen kirchlichen Angelegenheiten,[148] zum anderen praktisch darin, daß bei grundsätzlicher Eröffnung des staatlichen Rechtswegs ein (Rechtsschutz)Bedürfnis für dessen Inanspruchnahme verneint werden kann, bevor nicht die kirchlichen Behelfe zur Rechtsbefriedung ausgeschöpft sind.[149] Dabei kann die kirchengerichtliche Entscheidung für den Inhalt von präjudiziellen Rechtsverhältnissen, deren Beurteilung dem staatlichen Gericht verschlossen ist (s. oben Rdnr. 49 ff.), durchaus auch im staatlichen Bereich bindend sein.[150] Ein Kompetenzkonflikt zwischen staatlicher und kirchlicher Gerichtsbarkeit ist damit in jedem Fall ausgeschlossen.

## II. Besondere Rechtswegzuweisungen

Die Eröffnung des Verwaltungsrechtswegs gemäß § 40 Abs. 1 Satz 1 steht unter 55
dem Vorbehalt, daß die Streitigkeit nicht durch Bundesgesetz – auf dem Gebiete

---

[144] So BVerwG, NVwZ 1987,677 (Kindergarten), m. krit. Anm. von Erichsen DVBl 1986,1202; OVG NW, NVwZ 1996,812; vgl. demgegenüber auch BayVGH, BayVBl 1992,470.

[145] Vgl. cc 1400 ff. CIC und dazu die Beiträge in: Listl u. a. (Hrsg.), HdBKathKR, 1983, S. 953 ff.; ferner Maurer, Verwaltungsgerichtsbarkeit a.a.O.; Ruppel und M. Kaiser, in: Essener Gespräche 7 (1972), S. 53 ff.; 92 ff.

[146] Vgl. BVerfG, NJW 1980,1041 m. Anm. von H. Weber, NVwZ 1985,105; grundsätzlich dazu Kästner, Staatliche Justizhoheit a.a.O., S. 163.

[147] So aber Ule, § 6 VI; ähnlich Maurer, in: Menger-FS, S. 300; VGH BW, DVBl 1981,31 m. Anm. von Uibel; vgl. demgegenüber Kästner, Staatliche Justizhoheit a.a.O., S. 160 f.; Ehlers, JuS 1989,366 f.; Sachs, DVBl 1989,489.

[148] Vgl. dazu Lorenz, S. 118; Ule, § 6 VI.

[149] So v. Mangoldt/Klein/v. Campenhausen, Art. 140/137 WeimRV, Rdnr. 244 ff.; der Sache nach ebenso BVerfG, NJW 1999,349; OVG RP, NVwZ 1997,802; a. M. Maurer, in: Menger-FS, S. 300.

[150] Vgl. Sachs, DVBl 1989,494.

des Landesrechts auch durch Landesgesetz – einem anderen Gericht ausdrücklich zugewiesen ist.

## 1. Grundsätzliche Problematik

### *a) Formelle Anforderungen*

56 Erforderlich hierfür ist ein *formelles Gesetz*, so daß also weder untergesetzliche Normen (z. B. kommunale Satzungen),[151] noch ungeschriebenes Recht (Gewohnheitsrecht, Herkommen; s. unten Rdnr. 63) als solches ausreichen. Für die Rechtswegzuweisung maßgeblich sind dagegen auch Bundesgesetze aus der Zeit *vor Inkrafttreten der Verwaltungsgerichtsordnung*, insbesondere auch vorkonstitutionelles Bundesrecht,[152] während landesgesetzliche Abweichungen von § 40 Abs. 1 Satz 1 erst durch die Ermächtigung des § 40 Abs. 1 Satz 2 zugelassen werden. Sie können also nur auf deren Grundlage, das heißt zeitlich nachfolgend, erlassen werden und sind ihrerseits nur nach Maßgabe des Landes(verfassungs)rechts zulässig.[153]

### *b) Die Bedeutung im Rechtswegesystem*

57 Solche "abdrängenden" Zuweisungen[154] fügen sich der verfassungsrechtlichen Rechtswegesystematik gemäß Art. 95 Abs. 1 GG bruchlos ein, soweit die besonderen Verwaltungsrechtswege der Finanz- (s. unten Rdnr. 79 f.) und der Sozialgerichtsbarkeit (s. unten Rdnr. 81 f.) angesprochen sind oder eine Entscheidungszuständigkeit für besondere Verwaltungsgerichte begründet wurde (s. unten Rdnr. 83 ff.). Gleiches kann für bestimmte, öffentlich-rechtlich geprägte Streitigkeiten der Arbeitsgerichtsbarkeit (s. unten Rdnr. 92 ff.) gelten. Dagegen durchbrechen Zuweisungen an den ordentlichen Rechtsweg jenes System.

---

[151] Vgl. Schiedsgericht der Beamtenversorgungskasse Kassel-Waldeck, Entsch. vom 17.8.1962, DVBl 1962,834; Haueisen, NJW 1962,2130.

[152] Str., wie hier GmS-OGB, BVerwGE 37,369, m. krit. Anm. von Kloepfer, DVBl 1971,619; Renck, NJW 1971,1606. Praktisch erledigt sich das Problem freilich zunehmend im Zuge der allmählichen Neugestaltung des Verwaltungsrechts. So ist der Hauptanwendungsfall, § 9 FAG a. F., mit der privatrechtlichen Einordnung des Postbenutzungsverhältnisses durch das PoststrukturG vom 6.8.1989 (BGBl I S. 1026) obsolet geworden.

[153] So verweist Art. 93 bayVerf, den VG Regensburg, BayVBl 1987,505, zu Unrecht für obsolet hält, verwaltungsrechtliche Streitigkeiten abschließend an die Verwaltungsgerichte; vgl. dazu BVerwGE 94,1 (9 f.); a. A. BGHZ 128,204 (206 f.). Die gesetzliche Einschaltung der ordentlichen Gerichtsbarkeit bei der polizeirechtlichen Anordnung von Freiheitsentziehungen und Hausdurchsuchungen (vgl. Art. 18 Abs. 3; 24 Abs. 1 bayPAG und dazu unten Rdnr. 77 ist deshalb nicht bedenkenfrei.

[154] Vgl. Schoch, in: Menger-FS, S. 307.

## 2. Der ordentliche Rechtsweg

### *a) Allgemeines*

Die Eröffnung des ordentlichen Rechtswegs beruht zum Teil auf Praktikabili- 58
tätserwägungen. Überwiegend ist sie jedoch Ausdruck einer früheren Verfassungssituation, in der (wirksamer) Rechtsschutz allein durch die ordentlichen Gerichte gewährt wurde (vgl. schon oben § 2 Rdnr. 1) oder aber auch, soweit Zivilgerichte angesprochen sind, Konsequenz eines heute überholten, bürgerlichrechtlichen Verständnisses von auf Geldleistung gerichteten Ansprüchen. Derartige Regelungen haben gleichwohl grundsätzlich vor Art. 95 Abs. 1 GG Bestand, unabhängig davon, ob sie unmittelbar in der Verfassung wurzeln (vgl. sogleich Rdnr. 59 ff.). Denn jene Bestimmung (aber auch sonstiges Verfassungsrecht) vermittelt der Verwaltungsgerichtsbarkeit kein Monopol zur Entscheidung öffentlich-rechtlicher Streitigkeiten,[155] sondern sichert allenfalls einen Kernbereich der den statuierten Gerichtsbarkeiten zukommenden Rechtswegzuständigkeiten. Abweichungen sind deshalb unbedenklich, solange hierdurch nicht die gerichtliche Kompetenzordnung insgesamt in Frage gestellt wird.[156] Dabei können für den ordentlichen Rechtsweg neben historischen Gründen, wie sie auch in den expliziten Zuweisungen der Verfassung zum Ausdruck kommen, Gesichtspunkte des Sachzusammenhangs sprechen, die freilich nicht selten auch umgekehrt (z. B. bei der Amtshaftung) eher für eine Eröffnung des Verwaltungsrechtswegs streiten würden.

### *b) Zuweisung kraft Verfassung*

Zuweisungen an den ordentlichen Rechtsweg finden sich zunächst unmittelbar in 59
der Verfassung wegen der Höhe der Enteignungsentschädigung (Art. 14 Abs. 3 Satz 4 GG) sowie für Amtshaftungs- und Regreßansprüche (Art. 34 Satz 3 GG). Sie führen in beiden Fällen zu einer unbefriedigenden Aufspaltung des Rechtswegs.

*aa) Enteignung und Aufopferung*. So hat das ordentliche Gericht nach Art. 14 60
Abs. 3 Satz 4 GG über die Höhe der Entschädigung bei (rechtmäßiger) *Enteignung* zu entscheiden, während der Primärrechtsschutz (vgl. dazu oben § 1) gegen die Maßnahme selbst, (sofern) deren Rechtswidrigkeit behauptet wird, den Verwaltungsgerichten obliegt.

[155] Vgl. BVerfGE 4,387 (399); BGHZ 38,208 (211).

[156] Vgl. schon Lorenz, S. 249; a. M. Ule, § 6 I, für die Zuständigkeit des *BGH* als oberstes Bundesgericht in Baulandsachen (§ 230 BauGB) und in Kartellverwaltungssachen (§ 74 GWB).

Keine Enteignung und auch nicht einer solchen gleich zu behandeln sind nach inzwischen feststehender Rechtsprechung des Bundesverfassungsgerichts[157] enteignender und enteignungsgleicher Eingriff. Ist der Eigentumseingriff nicht als Enteignung zu qualifizieren, erreicht er aber die Aufopferungsschwelle und stellt er sich deshalb als unverhältnismäßig dar, so kann eine Entschädigung jedoch unter dem Aspekt einer sogenannten *ausgleichspflichtigen Inhaltsbestimmung* geboten sein.[158] Beispiele bilden der finanzielle Ausgleich unzumutbarer Nachteile einer Planfeststellung (§ 74 Abs. 2 Satz 3 VwVfG)[159] oder von Einbußen bei naturschutzrechtlichen Maßnahmen.[160] Hierfür ist die Zuständigkeit der Verwaltungsgerichte gegeben.[161] Demgegenüber nimmt die zivilgerichtliche Rechtsprechung in diesen Fällen gesetzlich begründeter Entschädigungspflicht einen auf Gewohnheitsrecht beruhenden *Aufopferungsanspruch* an.[162] Über diesen soll gemäß § 40 Abs. 2 Satz 1 das ordentliche Gericht befinden (s. unten Rdnr. 64) – durchaus im Einklang mit dem gesetzgeberischen Verständnis dieser ursprünglich in der Tat als enteignungsrelevant aufgefaßten Tatbestände.[163]

**61** *bb) Amtshaftung*. Eine rechtspolitisch vergleichbar problematische Zweigleisigkeit der Zuständigkeiten besteht im Bereich der Amtshaftung gemäß § 839 BGB i. V. m. Art. 34 GG. Nachdem ein früherer Versuch zur Staatshaftungsreform gescheitert ist,[164] garantiert Art. 34 Satz 3 GG den ordentlichen Rechtsweg für die Geltendmachung von Schadensersatzansprüchen aus Amtspflichtverletzung, ebenso wie für den Regreß des Staates gegen einen gemäß Art. 34 Satz 2 GG verantwortlichen Amtsträger. Demgemäß ist über die Rechtmäßigkeit des Hoheitsakts als solchen, insbesondere seine Gültigkeit, im Verwaltungsrechtsweg zu entscheiden, während die haftungsrechtlichen Folgen rechtswidrigen Handelns im Sinne einer Verletzung öffentlich-rechtlicher Pflichten gemäß § 40 Abs. 2 Satz 1 durch die Zivilgerichte zu beurteilen sind. Nicht hiervon erfaßt werden allerdings nach richtiger Ansicht *selbständig* geltend gemachte Hilfs- und Nebenansprüche, zum Beispiel auf Auskunftserteilung zur Vorbereitung einer Amtshaftungsklage.[165]

---

[157] Vgl. seit der "Naßauskiesungs"-Entscheidung (BVerfGE 58,300) BVerfGE 79,174 (192); 93,201 (211).

[158] Vgl. dazu BVerfGE 58,137 (144, 147 ff.); 79,174 (192), 83,201 (211 ff.); BVerwGE 94,1 (10 f.); Osterloh, DVBl 1991,908; Maurer, DVBl 1991,782 f.; Kleinlein, DVBl 1991,366 ff.

[159] Vgl. BVerwGE 71,166 (174); BVerwG, NVwZ 1989,255.

[160] Vgl. BVerwGE 94,1.

[161] Vgl. BVerwGE 94,1.

[162] Vgl. BGHZ 90,17 (31); 91,20 (27 f.); 97,114; 122,76; 128,204.

[163] Vgl. zur Kritik etwa Schoch, JZ 1995,768; Lege, NJW 1995,2745.

[164] Das Staatshaftungsgesetz vom 26.6.1981 (BGBl I S. 553) wurde für ungültig erklärt, vgl. BVerfGE 61,149; ein Gesetz zur Änderung des Art. 34 Satz 3 GG (BT-Drucks. 8/2080) ist über das Entwurfsstadium nicht hinausgekommen.

[165] Vgl. BVerwGE 31,301 (307); BVerwG, NJW 1975,1333; anders BGHZ (GS) 67,81 (90); BGHZ 78,274 (276 f.).

Regreßansprüche des in Anspruch genommenen Hoheitsträgers gegen den (vorsätzlich oder grob fahrlässig handelnden) Amtswalter sind, unbeschadet des § 126 Abs. 2 BRRG (bei Beamten) und des § 2 Abs. 1 Nr. 3 ArbGG (für sonstige Bedienstete) nur durch Leistungsklage des Dienstherrn beim Zivilgericht geltend zu machen.[166] 62

### c) Vermögensrechtliche Ansprüche gemäß § 40 Abs. 2

In § 40 Abs. 2 Satz 1 wird für Streitigkeiten, die herkömmlich, und sei es auch nur mangels einer öffentlich-rechtlichen Rechtswegalternative, von Zivilgerichten entschieden wurden (sogenannte Zivilprozeßsachen kraft Tradition[167]), der ordentliche Rechtsweg eröffnet. Dabei werden teils verfassungsrechtliche Vorgaben konkretisiert, teils, darüber hinausgehend, Streitsachen wegen ihrer sachlichen Nähe zu Aufopferungs- und Amtshaftungsansprüchen an den ordentlichen Rechtsweg verwiesen. 63

*aa) Aufopferungsansprüche*. Es handelt sich zunächst um vermögensrechtliche Ansprüche aus öffentlich-rechtlicher (im Gegensatz zur sogenannten nachbarrechtlichen – § 906 Abs. 2 Satz 2 BGB -) Aufopferung. Sie betreffen außer der schon durch Art. 14 Abs. 3 Satz 4 GG unmittelbar an die Zivilgerichte verwiesenen Enteignung Eingriffe in immaterielle Rechtsgüter wie Leben, Körper, Gesundheit und Freiheit.[168] Erfaßt werden nach der Rechtsprechung des Bundesgerichtshofs aber auch Ansprüche aus enteignendem und enteignungsgleichem Eingriff, die auf den gewohnheitsrechtlich fortgeltenden Aufopferungsgrundsatz (Art. 74, 75 EinlPrALR) gestützt und folgerichtig dem ordentlichen Rechtsweg zugewiesen werden.[169] Dieser wird für den durch die Rechtswidrigkeit des Handelns gekennzeichneten enteignungsgleichen Eingriff zum Teil auch aus dem Gesichtspunkt der Verletzung öffentlich-rechtlicher Pflichten (s. unten Rdnr. 67 ff.) hergeleitet.[170] 64

Keine sachliche Bedeutung hat der Vorbehalt in § 40 Abs. 2 Satz 2 für die Rechtswegbestimmung bei Ausgleich von Vermögensnachteilen wegen *Rücknahme von Verwaltungsakten*. Damit wurde auf den inzwischen aufgehobenen § 48 Abs. 6 VwVfG (und damit übereinstimmende Landesregelungen) verwiesen, der (die) hierfür den Verwaltungsrechtsweg vorsah(en) – eine sehr unklare[171] und angesichts der öffentlich-rechtlichen Natur des durch § 48 Abs. 3 VwVfG begründeten Anspruchs wegen § 40 Abs. 1 Satz 1 VwGO ohnehin überflüssige Vor- 65

[166] Vgl. BGH, NJW 1963,2168; BGHZ 96,50 (52).
[167] Vgl. dazu Schoch, in: Menger-FS, S. 312.
[168] Vgl. dazu allgemein Ossenbühl, Staatshaftungsrecht, 5. Aufl. 1998, S. 131.
[169] Vgl. Ossenbühl, Staatshaftungsrecht, S. 268, 284; sowie oben Rdnr. 60.
[170] So etwa Papier, in: Maunz/Dürig, Stand 1983, Art. 14 Rdnr. 632.
[171] Vgl. dazu Kopp, VwVfG, § 48 Rdnr. 107 f.

schrift. Für einen etwaigen Anspruch aus *enteignungsgleichem Eingriff* verbleibt es bei der Regelung des § 40 Abs. 2 Satz 1 (ordentlicher Rechtsweg bei Aufopferungsansprüchen), für Ansprüche im Zusammenhang mit dem *Widerruf* eines Verwaltungsakts bei der Zuweisung an den ordentlichen Rechtsweg (§ 49 Abs. 6 Satz 3 VwVfG).

**66** *bb)* Traditionell begründet ist der ordentliche Rechtsweg auch für *Ansprüche aus öffentlich-rechtlicher Verwahrung*. Aus dem Zusammenhang dieser Rechtswegausnahme mit der obligatorischen zivilgerichtlichen Zuständigkeit für Aufopferungsentschädigungen und Amtshaftung leitet die herrschende Meinung eine Beschränkung auf *Ansprüche des Bürgers* her, die dieser *gegen den Staat* als Verwahrer geltend macht,[172] zum Beispiel bei polizeilicher Beschlagnahme oder Sicherstellung von Gegenständen.[173] Für Ansprüche des Staates gegen den Bürger, zum Beispiel auf Aufwendungsersatz,[174] verbleibt es dagegen bei der allgemeinen Zuständigkeit der Verwaltungsgerichte (§ 40 Abs. 1 Satz 1), so daß derartige Ansprüche auch, das Bestehen einer materiell-rechtlichen Ermächtigungsgrundlage vorausgesetzt,[175] mit dem öffentlich-rechtlichen Handlungsmittel des Verwaltungsakts geltend gemacht werden können.

*cc) Schadensersatzansprüche wegen Pflichtverletzungen*

**67** *(1) Verletzung öffentlich-rechtlicher Pflichten.* Anknüpfend an die verfassungsrechtliche Rechtswegvorgabe für Amtshaftungsansprüche (s. oben Rdnr. 61) eröffnet § 40 Abs. 2 Satz 1 schließlich den ordentlichen Rechtsweg für Schadensersatzansprüche aus der Verletzung öffentlich-rechtlicher Pflichten. Demgemäß kommen auch hier (vgl. schon vorstehend Rdnr. 66) nur *Ansprüche des Bürgers*, nicht aber auch umgekehrt solche des Staates gegen diesen, in Betracht.[176] Im übrigen betrifft diese Alternative nur solche Ersatzansprüche öffentlich-rechtlicher Art, die mit einem Amtshaftungsanspruch in aktuellem sachlichem Zusammenhang stehen[177] oder dieser Konstellation doch wenigstens vergleichbar sind.[178] Vor die Zivilgerichte gehören damit zum Beispiel Ansprüche aus der Verletzung gesetzlicher amtlicher Pflichten, etwa gemäß §§ 19 BNotO, 60 InsO (früher

---

[172] Vgl. Schoch, in: Menger-FS, S. 317; Kopp/Schenke, § 40 Rdnr. 67.
[173] Vgl. BGHZ 100,335.
[174] Vgl. Kopp/Schenke, § 40 Rdnr. 67 m. w. Nachw.
[175] Vgl. allgemein dazu BVerwGE 71,85; BVerwG, NVwZ 1985,488 (489); LG Köln, NJW 1965,1440; Müller, JuS 1977,232.
[176] Vgl. Kopp/Schenke, § 40 Rdnr. 73 m. w. Nachw.; Ehlers, in: Schoch/Schmidt-Aßmann/Pietzner, § 40 Rdnr. 520; Bosch/Schmidt, § 9 II; Redeker/v. Oertzen, § 40 Rdnr. 43; Ossenbühl, Staatshaftungsrecht, S. 360.
[177] Vgl. BVerwG, NJW 1976,1468.
[178] Vgl. Kopp/Schenke, § 40 Rdnr. 70.

§ 82 KO), 1833 BGB,[179] nicht dagegen aus Rechtsverhältnissen zwischen Hoheitsträgern untereinander.[180]

*(2) Verletzung vertragsbezogener Pflichten.* Ausdrücklich ausgenommen und **68**
damit im Verwaltungsrechtsweg verblieben ist die Geltendmachung von Schadensersatzansprüchen aus der Verletzung öffentlich-rechtlicher Verträge. Diese Regelung ist auch auf die Verletzung vorvertraglicher Pflichten (c.i.c.)[181] anzuwenden.[182] Denn wenn diese auch nicht unmittelbar auf einem öffentlich-rechtlichen Vertrag beruhen, an dem es ja gerade fehlt, so resultieren sie doch aus dem im Hinblick auf den Abschluß eines solchen vorwirkend entstandenen, vertragsähnlichen Vertrauensverhältnis.[183] Sie stehen damit in einem engen sachlichen Zusammenhang mit vertraglichen Pflichten, der eine Gleichstellung mit diesen rechtfertigt und unter Berücksichtigung der beschränkten Zielsetzung des § 40 Abs. 2 Satz 1 sowie des Ausnahmecharakters der insoweit begründeten zivilgerichtlichen Zuständigkeit auch nahelegt.

*(3) Ansprüche aus sonstigen verwaltungsrechtlichen Schuldverhältnissen* sind im **69**
Verwaltungsrechtsweg geltend zu machen. Es handelt sich dabei um öffentlich-rechtliche Rechtsbeziehungen zwischen Verwaltung und Bürger, die bürgerlich-rechtlichen Schuldverhältnissen vergleichbar sind und deshalb rechtlich in Analogie zu diesen behandelt werden.[184]

Hierher gehören Ansprüche aus öffentlich-rechtlicher *Geschäftsführung ohne* **70**
*Auftrag*, insbesondere auf Aufwendungsersatz (vgl. § 683 BGB).[185] Dieses Institut ist allerdings mit guten Gründen in Frage gestellt worden,[186] ganz abgesehen von den erheblichen Problemen, die sich aus der zugrunde liegenden, materiell-rechtlichen Frage der Qualifizierung und Abgrenzung zum vergleichbaren bürgerlich-rechtlichen Institut ergeben.[187]

Umstritten ist die Behandlung von öffentlich-rechtlichen Leistungs-, insbeson- **71**
dere *Benutzungsverhältnissen*. Eine wohl überwiegende Meinung bejaht den ordentlichen Rechtsweg für Schadensersatzansprüche,[188] parallel zur Amtshaftung,

---

[179] Vgl. BGH, NJW 1980,55 (zu § 82 KO); allgemein Redeker/v. Oertzen, § 40 Rdnr. 43.

[180] Vgl. BVerwG, NJW 1976,1468; BGH, NVwZ 1990,1103.

[181] Zur Geltung der Grundsätze der culpa in contrahendo auch im öffentlichen Vertragsrecht (§ 62 Satz 2 VwVfG) vgl. BGH, NJW 1986,1109; Bonk, in: Stelkens/Bonk/Sachs, § 62 Rdnr. 45.

[182] Ebenso Kopp/Schenke, § 40 Rdnr. 72; Maurer, § 14 Rdnr. 55; Scherer, NVwZ 1986,540 f., sowie schon OVG NW, DVBl 1972,615; a. M. BGHZ 71,386 (388); 76,343 (348); BGH, NJW 1986,1109.

[183] Vgl. Scherer, NVwZ 1986,541; BGHZ 71,386 (393).

[184] Vgl. Maurer, § 28 Rdnr. 2.

[185] Vgl. BVerwGE 80,170; VGH BW, ESVGH 27,125; OVG NW, NJW 1976,1956; GemOVG Lüneburg, NVwZ 1991,81.

[186] Vgl. Kischel, VerwArch 90 (1999), S. 391.

[187] Vgl. dazu Maurer, § 28 Rdnr. 10 ff.

[188] Vgl. BGHZ 59,303 (305); 61,7 (11); Maurer, § 28 Rdnr. 9; Frotscher, Die Ausgestaltung

mit der diese in der Tat nicht selten konkurrieren werden. Diese Auffassung kann sich sicher auf den strikt verstandenen Wortlaut des § 40 Abs. 2 Satz 1 berufen, vernachlässigt aber dessen historisch bedingte Zielsetzung und den Sachzusammenhang derartiger Ansprüche mit dem unstreitig vor die Verwaltungsgerichte gehörenden Leistungsanspruch. Auch die strukturelle Ähnlichkeit der Leistungsverhältnisse unabhängig davon, ob sie auf Vertrag oder einseitiger Zulassung durch Verwaltungsakt beruhen, legt die Annahme einer Eröffnung des ordentlichen Rechtswegs nur in bezug auf solche öffentlich-rechtliche Pflichten nahe, die nicht speziellen Schuldverhältnissen entspringen.[189] Die praktische Schwierigkeit einer Rechtswegaufspaltung (Amtshaftung/Schadensersatz wegen Pflichtverletzung/Leistungsanspruch) wird bei keiner der beiden Lösungen vermieden und ist als Konsequenz der systemwidrigen Rechtswegausnahmen hinzunehmen.

#### d) Der Rechtsweg bei Justizverwaltungsakten

Eine besondere Regelung hat der Rechtsschutz gegen Justizverwaltungsakte erfahren.

72 *aa) Begriff.* Dabei handelt es sich um Maßnahmen, die von Justizbehörden zur Regelung einzelner Angelegenheiten auf den Gebieten des bürgerlichen Rechts einschließlich des Handelsrechts, des Zivilprozesses, der freiwilligen Gerichtsbarkeit und der Strafrechtspflege einschließlich des Strafvollzugs getroffen werden (vgl. § 23 Abs. 1 EGGVG). Obwohl Ausgangspunkt öffentlich-rechtlicher Streitigkeiten, werden sie durch § 23 Abs. 1 EGGVG beziehungsweise spezielle Regelungen, wie §§ 109 f. StVollzG, der Beurteilung durch die Verwaltungsgerichte entzogen und den sachnäheren ordentlichen Gerichten zugewiesen.[190]

73 Als Justizbehörden in diesem Sinn kommen insbesondere in Betracht: das für die Rechtspflege zuständige (in der Regel Justiz-)Ministerium (vgl. oben § 6 Rdnr. 7 f.), ferner Gerichte, Staatsanwaltschaft und Polizei. Voraussetzung ist freilich, daß die Maßnahme durch die Behörde gerade in Wahrnehmung ihrer spezifischen Aufgabe auf einem der genannten Rechtsgebiete getroffen wurde;[191] sie muß in einem funktionellen Sinn "als Justizbehörde" tätig geworden sein.[192]

74 *bb) Abgrenzung.* Justizverwaltungsakte sind deshalb abzugrenzen einerseits gegen *Justizakte*, die in (unabhängiger) Ausübung richterlicher Gewalt ergehen, wie zum

kommunaler Nutzungsverhältnisse bei Anschluß- und Benutzungszwang, 1974, S. 23 ff. A. A. Kopp/Schenke, § 40 Rdnr. 72; GemOVG Lüneburg, DÖV 1968,803.

[189] Ebenso Kopp/Schenke, § 40 Rdnr. 72; vgl. dazu auch Ossenbühl, Staatshaftungsrecht, S. 361.

[190] Vgl. BVerwG, NJW 1989,412.

[191] BVerwGE 69,192 (195); BVerwG, NJW 1989,412.

[192] Vgl. Kopp/Schenke, § 179 Rdnr. 6; Eyermann/Rennert, § 40 Rdnr. 126; vgl. auch BVerwG, NJW 1989,412.

Beispiel Maßnahmen der Geschäftsverteilung als Akt gerichtlicher Selbstverwaltung (vgl. oben § 6 Rdnr. 47 ff.),[193] die Anberaumung eines Sitzungstermins oder die Ladung eines Zeugen. Sie sind andererseits zu unterscheiden von *Verwaltungsakten*, bei denen Justizstellen (im organisatorischen Sinn) funktionell als Verwaltungsbehörden tätig werden, zum Beispiel bei der Genehmigung zur Ausübung von Rechtsberatung gemäß Art. I § 1 Abs.1 Satz 1 RBerG[194] oder Prüfungsentscheidungen der Justizprüfungsämter. Nach Kriterien allgemeiner Verwaltungstätigkeit einzuordnen sind ferner eine Sperrerklärung gemäß § 96 StPO,[195] die staatsanwaltschaftliche Abgabe von Presseerklärungen (zur presserechtlich vorgesehenen Unterrichtung der Öffentlichkeit,[196] also anders bei Fahndungsaufrufen zur Strafverfolgung[197]) oder die Ablehnung der Verleihung der Rechtsfähigkeit an einen wirtschaftlichen Verein (§ 22 BGB).[198]

*cc) Einzelfälle.* Beispiele für Justizverwaltungsakte sind demgemäß Entscheidungen über die Anerkennung freier Ehen von Verfolgten,[199] die Befreiung vom Ehefähigkeitszeugnis (§ 1309 Abs. 2 BGB),[200] bestimmte Maßnahmen im internationalen Rechtshilfeverkehr (§§ 27 ff. ZRHO),[201] die Zulassung als Prozeßagent (§ 157 Abs. 3 ZPO)[202] sowie Maßnahmen im Rahmen des Strafvollzugs[203] oder der Strafverfolgung.[204] **75**

Speziell unter diesem letzteren Aspekt erscheint die Tätigkeit der *Polizei* problematisch, ist diese doch *organisatorisch* durch ihre Zugehörigkeit zur Verwaltung, *funktionell* hingegen durch ihre doppelte Aufgabenstellung präventiver Gefahrenabwehr und repressiver Strafverfolgung gekennzeichnet (vgl. § 1 Abs. 4 MEPolG). So beruht ihre Tätigkeit, soweit sie als Hilfsorgan der Staatsanwaltschaft handelt (§ 152 GVG), auf der Strafprozeßordnung, während ihr Einschreiten zur Wahrung der öffentlichen Sicherheit und Ordnung durch die Polizeigesetze **76**

---

[193] BVerwGE 50,11 (15).
[194] BVerwG, NJW 1978,234; BVerwGE 59,138.
[195] BVerwGE 69,192; BVerwG, DVBl 1984,836; VGH BW, NJW 1991,2097; VBlBW 1993,468; ebenso nunmehr die strafgerichtliche Rechtsprechung, vgl. BGH, NJW 1998,3577.
[196] BVerwG, NJW 1989,412; vgl. dazu auch Wasmuth, NJW 1988,1705.
[197] Vgl. Kissel, in: Karlsruher Kommentar, StPO, GVG, EGGVG, 4. Aufl. 1999, § 23 EGGVG Rdnr. 67; KG, GA 1984,24; vgl. auch OVG NW, DÖV 1980,574 für beobachtende Fahndung.
[198] BVerwGE 58,1.
[199] § 1 Abs. 1 Gesetz vom 23.6.1950, BGBl I, S. 226. Dazu BVerwGE 6,167; BGHZ 22,65; Lüke, JuS 1961,205; Redeker/v. Oertzen, § 40 Rdnr. 54.
[200] Schulz, StAZ 1991,32; OLG Köln, StAZ 1989,260.
[201] OLG Köln, NJW 1987,1091.
[202] Vgl. BVerwGE 40,112; BVerwG, DVBl 1970,285; BGHZ 46,354; a. A. Kopp/Schenke, § 179 Rdnr. 5 m. w. Nachw.; Ule, § 32 Anh. IV 2, S. 188.
[203] Vgl. Callies/Müller-Dietz, StVollzG, Komm., 7. Aufl. 1998, § 109 Rdnr. 5; BayVGH, BayVBl 1985,121; BayVBl 1987,118; HambOVG, NJW 1993,1153; demgegenüber aber auch VGH BW, VBlBW 1997,218.
[204] Vgl. OVG NW, DÖV 1980,574; F. Czermak, BayVBl 1995,489.

der Länder geregelt wird. Da konkrete Maßnahmen häufig sowohl Zielen der Strafverfolgung als auch der Gefahrenabwehr dienen können, sind Abgrenzung und Zuordnung schwierig, zum Beispiel bei Festnahmen (§ 127 Abs. 2 StPO; § 13 MEPolG),[205] Personenfeststellungen (§§ 163b, 111 StPO; § 9 MEPolG)[206] oder Hausdurchsuchungen (§§ 102, 103 StPO; § 19 MEPolG);[207] erkennungsdienstliche Maßnahmen stützen sich für beide Funktionen sogar auf dieselbe Rechtsgrundlage des § 81b StPO.[208] Die herrschende Meinung lehnt gleichwohl eine an die Polizeiorganisation anknüpfende, einheitlich verwaltungsrechtliche Betrachtungsweise ab[209] und differenziert nach dem Ziel des Einschreitens zwischen im ordentlichen Rechtsweg zu überprüfenden *Strafverfolgungsmaßnahmen* (sei es der Staatsanwaltschaft oder der Polizei) und *polizeilichen Verwaltungsakten*, die der Verwaltungsgerichtsbarkeit unterliegen;[210] treffen beide Zielsetzungen zusammen, so bestimmt sich der Rechtsweg insgesamt nach dem Schwerpunkt der Regelung.[211] Dabei ist zudem im erstgenannten Bereich der Rechtsweg gemäß §§ 23 ff. EGGVG wegen dessen Subsidiarität (§ 23 Abs. 3 EGGVG) nur eröffnet, soweit nicht bereits ein strafprozessualer Rechtsbehelf besteht, zum Beispiel gemäß § 98 Abs. 2 Satz 2[212] oder § 119 Abs. 6 StPO.

#### *e) Sonstige Zuweisungen an den ordentlichen Rechtsweg*

**77** Mit diesem Problemkreis darf nicht die Zuständigkeit ordentlicher Gerichte verwechselt werden, die diesen aufgrund der landesrechtlichen Zuweisung für die Zulassung polizeilicher Maßnahmen, insbesondere zur Freiheitsentziehung (vgl. § 13 MEPolG)[213] oder der Hausdurchsuchung (vgl. § 19 MEPolG)[214] zukommt. Es handelt sich hierbei in Wahrheit um verwaltungsrechtliche Streitigkeiten,[215] die auf der Grundlage des § 40 Abs. 1 Satz 2 im Rahmen der freiwilligen Gerichtsbarkeit ausgetragen werden. In ähnlicher Weise hängt die verwaltungsbehördliche Unter-

---

[205] Vgl. Boujong, in: Karlsruher Kommentar, StPO, § 127 Rdnr. 5.
[206] Vgl. R. Müller, in: Karlsruher Kommentar, StPO, § 163b Rdnr. 8.
[207] Vgl. OVG NW, DVBl 1982,653.
[208] Vgl. dazu BVerwGE 26,169; Kleinknecht/Meyer-Goßner, StPO, Komm., 44. Aufl. 1999, § 81b Rdnr. 1 m. w. Nachw.
[209] So etwa Götz, Allgemeines Polizei- und Ordnungsrecht, 12. Aufl. 1995, Rdnr. 565.
[210] So BVerwGE 47,255 (263); Bosch/Schmidt, § 9 II 6 b bb; BGHSt 28, 206 (209); BVerwGE 66,192 (193); VGH BW, NVwZ-RR 1989,413.
[211] BayVGH, BayVBl 1986,337; VGH BW, DÖV 1989,171; Eyermann/Rennert, § 40 Rdnr. 130.
[212] Vgl. dazu OLG Karlsruhe, NJW 1988,84; NJW 1992,642. Vgl. auch den Fall BayVGH, NJW 1995,2940 zu § 121 GVG (zweifelhaft).
[213] Vgl. dazu etwa BayObLG, BayVBl 1990,347; BayVGH, NJW 1989,1754; OVG NW, NJW 1990,3224.
[214] Vgl. OVG NW, NJW 1992,2172.
[215] Vgl. BVerfGE 83,24 (30); BayVGH, NJW 1989,1754; Wöhrle, Polizeigesetz für BW, 4. Aufl. 1985, § 25 Rdnr. 15.

bringung von Geistes- und Suchtkranken von – vorgängiger[216] – Entscheidung der Zivilgerichte ab, § 70 Abs. 1 Satz 2 Nr. 3 FGG.

Den ordentlichen Gerichten zugewiesen sind weiterhin Entscheidungen über 78
Verwaltungsakte in Baulandsachen gemäß § 217 Abs. 1 BauGB (Baulandkammern, -senate) sowie in Kartellverwaltungssachen (§§ 62 Abs. 4, 73 Abs. 1 GWB – OLG, BGH).

### 3. Der Finanzrechtsweg

Die Finanzgerichte sind als besondere Verwaltungsgerichte in öffentlich-recht- 79
lichen Streitigkeiten der in § 33 Abs. 1 FGO genannten Art zuständig.

Für die Abgrenzung zum Verwaltungsrechtsweg ist vor allem § 33 Abs. 1 Nr. 1 FGO bedeutsam, der Abgabenangelegenheiten (im weiten Verständnis des Abs. 2 Satz 1 und mit der Beschränkung des Satzes 2) betrifft, soweit die Abgaben der Bundesgesetzgebung unterliegen und durch Bundes- oder Landesfinanzbehörden (im Rahmen des § 39 Abs. 6 EStG also auch die Gemeinden[217]) verwaltet werden.[218]

Vor die (allgemeinen) Verwaltungsgerichte gehören damit insbesondere Strei- 80
tigkeiten über landesrechtlich geregelte Steuern (Art. 105 Abs. 2a GG, z. B. Vergnügungs-, Hundesteuer)[219] sowie über Kommunalabgaben, auch, wenn es sich um von den Gemeinden verwaltete Real- oder sonstige Steuern handelt.[220] Spezialgesetzlich können den Finanzgerichten gemäß § 33 Abs. 1 Nr. 4 FGO Angelegenheiten kraft Bundes- oder Landesrechts zugewiesen sein, so zum Beispiel durch § 8 Abs. 3 Wohnungsbau-PrämienG (BGBl I 1992, S. 1405), § 5b Abs. 3 SparprämienG (BGBl I 1982, S. 125) oder § 29 MarktorganisationenG (BGBl I 1972, S. 1617)[221]. Landesrechtliche Zuweisungen finden sich in den Ausführungsgesetzen der Länder zur FGO.

### 4. Der Sozialrechtsweg

Die Sozialgerichte – als Fachgerichte der Sozialversicherungs-, Arbeitsverwal- 81
tungs- und Versorgungsbehörden[222] – entscheiden über öffentlich-rechtliche Streitigkeiten in Angelegenheiten der Sozialversicherung, der Aufgaben der Bundesanstalt für Arbeit sowie im Bereich der Kriegsopferversorgung, § 51 Abs. 1 SGG. Der Begriff "Angelegenheiten der Sozialversicherung" ist weit auszulegen.[223] Er

---

[216] Vgl. BVerfGE 58,208 (221).
[217] Vgl. OVG NW, NVwZ 1994,178.
[218] Vgl. dazu BFH, NVwZ 1991,103.
[219] Vgl. z. B. VGH BW, VBlBW 1992,221; OVG NW, DÖV 1992,885.
[220] Vgl. BFH, NVwZ 1991,103; BVerwGE 19,68.
[221] Vgl. dazu Gräber, Komm. zur FGO, 2. Aufl. 1987, § 33 Rdnr. 38 m. w. Nachw.
[222] Vgl. Bayer, DÖV 1982,727.
[223] Vgl. BVerwGE 74,251 (253); a. A. Lecheler, NJW 1987,698, unter Berufung auf § 40 Abs. 1

erfaßt alle im Rahmen der Erfüllung dieser öffentlichen Aufgabe entstehenden Streitigkeiten, setzt also nicht das Bestehen eines Sozialversicherungsverhältnisses voraus.[224] Auch Schadensersatzansprüche der Krankenkasse gegen einen Kassenarzt aufgrund ärztlichen Kunstfehlers werden dem Sozialrechtsweg zugeordnet.[225] Nicht zur Zuständigkeit der Sozialgerichte und damit vor die allgemeinen Verwaltungsgerichte gehören demgegenüber vor allem die Streitigkeiten aus den Bereichen des Sozialhilferechts[226], der Jugendhilfe, der Kriegsopfer- und Schwerbehinderten*fürsorge*, der Ausbildungsförderung (vgl. auch § 188 und dazu oben § 6 Rdnr. 31) sowie des Wohngeld- und Unterhaltsvorschußrechts.

**82** Eine – zugleich klarstellende – Ausweitung der sozialgerichtlichen Zuständigkeit erfolgte durch das Gesundheitsreformgesetz (BGBl I 1988, S. 2477), das den Rechtsweg zu den Sozialgerichten für die vertraglichen Beziehungen zwischen Krankenkassen und Leistungserbringern umfassend eröffnete, § 51 Abs. 2 Satz 1 Nr. 3 SGG. Damit ist für diese Streitigkeiten, deren Zuordnung mehrfach die obersten Gerichte beschäftigt hat,[227] kraft ausdrücklicher gesetzlicher Regelung die Zuständigkeit der Sozialgerichte auch dann begründet, wenn sie privatrechtlicher Natur sind (vgl. oben Rdnr. 30).[228] Nicht von der Regelung des § 51 Abs. 2 Satz 1 Nr. 3 SGG erfaßt werden jedoch Streitigkeiten kartellrechtlicher Art, für die es gemäß § 87 GWB bei der Zuständigkeit der ordentlichen Gerichte verbleibt.[229]

### 5. Sonstige besondere Zuweisungen

#### *a) Disziplinar-, Dienstgerichtsbarkeit*

**83** Für die Verfolgung von Dienstvergehen der Beamten besteht eine eigene *Disziplinargerichtsbarkeit* (§ 45 Abs. 3 BRRG). Sie wurde für *Bundesbeamte* aufgrund § 77 Abs. 3 BBG gemäß §§ 41 ff. BDO eingerichtet und wird durch das Bundesdisziplinargericht in Frankfurt/Main (§ 42 BDO) sowie die Disziplinarsenate beim Bundesverwaltungsgericht (§ 55 BDO; vgl. auch oben § 6 Rdnr. 13) ausgeübt. Die Disziplinargerichtsbarkeit für *Landesbeamte* wurde aufgrund des § 187 Abs. 1 in einer Reihe von Ländern gesetzlich den Verwaltungsgerichten übertragen und

Satz 1, 2. Alt.

[224] Vgl. BVerwGE 74,251 (254) und BSG, NJW 1989,2771 (Arzneimittel-Richtlinie); ferner Hohm, SGb 1987,319, unter Hinweis auf den dynamischen Charakter des Begriffs Sozialversicherung; Hennig/Danckwerts/König, SGG, Komm., Stand 1996, § 51 Rdnr. 17.

[225] BSG, NJW 1984,1422 (1424); a. A. S. Tiemann, NJW 1985,2169.

[226] Vgl. BVerwG, NVwZ 1993,358.

[227] Vgl. BGHZ 36,91; GmS-OGB, BGHZ 97,312; BGHZ 102,280, Broß, VerwArch 79 (1988), 99 ff. – Qualifizierung als privatrechtliche Streitigkeit; BSG, JZ 1986,501; Schulin, JZ 1986,482; Knispel, NJW 1986,1525; Muschallik, MedR 1987,6 – Qualifizierung als öffentlichrechtliche Streitigkeit.

[228] Vgl. BGHZ 121,367 m. Anm. von Möschel, JZ 1992,211; BGH, NJW 1992,1561.

[229] Vgl. BGHZ 121,367; Bechtold, WuW 1989,550.

wird im übrigen durch besondere Spruchkörper wahrgenommen (vgl. oben § 6 Rdnr. 15).

Für Rechtsstreitigkeiten in bezug auf das *Richterverhältnis* sind die Dienstgerichte zuständig, die gemäß § 122 Abs. 4 DRiG auch in förmlichen Disziplinarverfahren gegen Staatsanwälte entscheiden.[230] Für die Richter im Bundesdienst besteht das Bundesdienstgericht als besonderer Senat beim Bundesgerichtshof (§§ 61 Abs. 1; 62 Abs. 1 DRiG). Je nach Art des Verfahrens gelten die Vorschriften der Bundesdisziplinarordnung oder der Verwaltungsgerichtsordnung (§§ 63; 65; 66 DRiG) sinngemäß (vgl. auch oben § 6 Rdnr. 10). Für die Richter im Landesdienst haben die Länder aufgrund der §§ 71 Abs. 1, 77 Abs. 1 DRiG Dienstgerichte bei den ordentlichen Gerichten errichtet (vgl. oben § 6 Rdnr. 15). **84**

Ein weiterer besonderer Verwaltungsrechtsweg besteht im Bereich der *Wehrdisziplinargerichtsbarkeit* für Angehörige der Bundeswehr. Sie wird von den Wehrdienstgerichten ausgeübt, § 62 WDO.[231] In erster Instanz sind die Truppendienstgerichte in Münster (Nord), Koblenz (Mitte) und Ulm (Süd), als Rechtsmittelgericht die beim Bundesverwaltungsgericht gebildeten Wehrdienstsenate in München zuständig, §§ 63 ff.; 73 WDO (vgl. oben § 6 Rdnr. 34). Durch Art. 8 EVtr wurde die Geltung der Wehrdisziplinarordnung auch auf die neuen Bundesländer erstreckt; sie fallen in die Zuständigkeit des Truppendienstgerichts Nord.[232] **85**

Allgemein ist die Zuständigkeit der Disziplinargerichte auf die Streitigkeiten über Dienstvergehen und die darauf ergangenen beziehungsweise zu verhängenden Sanktionsmaßnahmen beschränkt. Sie läßt den Rechtsweg zu den allgemeinen Verwaltungsgerichten in den sonstigen Streitfällen, wie zum Beispiel in besoldungs- oder dienstrechtlichen Fragen, unberührt.[233] **86**

### b) Berufsgerichtsbarkeit

Zur Entscheidung öffentlich-rechtlicher Streitigkeiten außerhalb des Verwaltungsrechtswegs sind schließlich die verschiedenen Zweige der Berufsgerichtsbarkeit berufen. Sie bestehen, auch in Form einer Standes- oder Ehrengerichtsbarkeit, aufgrund bundes- oder landesgesetzlicher Regelung für die sogenannten freien Berufe. Der Sache nach handelt es sich um die Disziplinargerichtsbarkeit der in öffentlich-rechtlichen Körperschaften (Berufskammern) zusammengeschlossenen Angehörigen der betreffenden Berufsgruppe. **87**

Eine Berufsgerichtsbarkeit in diesem Sinn (vgl. schon oben § 6 Rdnr. 11) besteht kraft Bundesrechts für Rechtsanwälte (§§ 92 ff. BRAO), Notare (§§ 99 ff. BNotO), Patentanwälte (§§ 85 ff. PAO), Steuerberater (§§ 95 ff. StBerG) und **88**

---

[230] Die Zuständigkeit der Dienstgerichte ergibt sich abschließend aus § 78 DRiG.
[231] Vgl. zur Verfassungsmäßigkeit der Wehrdienstgerichte BVerwGE 93,287.
[232] BGBl I 1990, S. 2161; BVerwG, DVBl 1994,1069; vgl. auch Dau, NZWehrR 1990,231.
[233] Vgl. BVerwG, NVwZ 1984,590; DVBl 1994,1069; Giesen, NJW 1988,1709.

Wirtschaftsprüfer (§§ 72 ff. WiPO), kraft Landesrechts für Ärzte, Zahnärzte, Tierärzte und Apotheker[234] sowie für Architekten.[235] Da die Berufsgerichte Rechtsprechung im Sinn des Art. 92 GG ausüben, müssen sie die Anforderungen erfüllen, die das Grundgesetz an staatliche Gerichte stellt.[236] Das setzt neben dem Erfordernis einer gesetzlichen Grundlage insbesondere eine staatliche Verantwortung für die Bestellung der Richter sowie die Sicherstellung von deren Unabhängigkeit (Art. 20 Abs. 2; 97 GG) und Neutralität voraus.[237] Unter Beachtung dieser Vorgaben sind die Berufsgerichte unterschiedlich organisiert.

- Sie bestehen zum Teil als selbständige, von der allgemeinen staatlichen Gerichtsbarkeit getrennte Gerichte, so in einigen Ländern für die Architekten[238] und die Heilberufe,[239] ferner in Gestalt des Anwaltsgerichts (§§ 92 BRAO);
- zum Teil sind sie staatlichen Gerichten, sei es der ordentlichen (so der Anwaltsgerichtshof beim OLG, § 100 BRAO),[240] sei es – aufgrund des § 187 Abs. 1 – der Verwaltungsgerichtsbarkeit,[241] angegliedert;
- zum Teil werden ihre Aufgaben unmittelbar durch besondere Spruchkörper staatlicher Gerichte wahrgenommen (z. B. Anwaltssenat beim BGH).[242]

**89** Für die Abgrenzung zum (allgemeinen) Verwaltungsrechtsweg ist die Reichweite der jeweiligen berufsgerichtlichen Kompetenz nach dem betreffenden Gesetz maßgeblich. Danach obliegt den Berufsgerichten in der Regel die Aufgabe disziplinarischer Ahndung von Verstößen gegen besondere Berufspflichten (berufswidrige Handlungen).[243] Weitergehende Entscheidungsbefugnisse hinsichtlich berufsrechtlicher Streitigkeiten stehen ihnen dagegen grundsätzlich nicht zu.[244] Eine Ausnahme besteht lediglich in Anwalts- und Notarangelegenheiten, in denen die Berufsgerichtsbarkeit auch über die Rechtmäßigkeit von Verwaltungsakten der Kammer oder der Justizverwaltung in Berufsangelegenheiten entscheidet (vgl. §§ 37 BRAO; 111 BNotO).[245] Streitigkeiten über Maßnahmen der Anwalts-

---

[234] Vgl. z. B. §§ 60, 61 bwKammerG; Art. 60 ff. bayKammerG; §§ 49 ff. hessHeilberG; 61 ff. mvHeilberG; 57 ff. nwHeilberG; 47 ff. thürHeilberG.
[235] Z. B. § 20 bwArchG; Art. 34 ff. bayArchG; §§ 18 hambArchG; 40 ff. nwBauKaG; 32 ff. rpArchG; 23 ff. saarlArchG.
[236] Vgl. BVerfGE 48,300 (315); 71,162 (178).
[237] BVerfGE 28,186 (197); 48,300 (315).
[238] Z. B. §§ 21 bwArchG; 18 hambArchG; 25 saarlArchG.
[239] Vgl. §§ 60 bwKammerG; 67 ndsKammerG; 34 saarlKammerG.
[240] Vgl. ferner Art. 62 Abs. 2 bayKammerG; 36 Abs. 4 bayArchG.
[241] Vgl. §§ 18 blnKammerG; 60 bbgHeilberG; 66 Abs. 1 bremHeilberG; 51 hessHeilberG; 65 mvHeilberG; 48 rpHeilberG; 33 rpArchG; 49 thürHeilberG.
[242] BVerfGE 26,186 (193).
[243] Zu dieser begrenzten Zielsetzung disziplinarischer Verfahren vgl. allgemein BVerfGE 21,378 (384); 27,180 (186); OVG NW, MedR 1991,157; Hochtritt, a.a.O., S. 165 ff.
[244] Vgl. auch BVerwG, NJW 1992,1579.
[245] Vgl. dazu BVerfGE 26,186 (194).

kammer, die die Rechte der Mitglieder betreffen, sind über § 223 BRAO dem Anwaltsgerichtshof zugewiesen.[246]

### *c) Schiedsgerichte*

Wie sich aus den §§ 168 Abs. 1 Nr. 5; 187 Abs. 1 ergibt, ist eine Entscheidung öffentlich-rechtlicher Streitigkeiten in begrenztem Umfang durch Schiedsgerichte möglich. Beruht deren Zuständigkeit auf einer gesetzlichen Zuweisung (sogenannte unechte Schiedsgerichte), so stellt diese eine den Verwaltungsrechtsweg ausschließende Sondervorschrift gemäß § 40 Abs. 1 Satz 1 dar;[247] dies trifft zum Beispiel für vereinbarte Schiedsgerichte auf der Grundlage des § 38a VermG (BGBl I 1994, S. 3610)[248] zu. Andererseits steht gerade jene Regelung der Verwaltungsgerichtsordnung der Einrichtung eines Schiedsgerichts durch Satzung entgegen.[249] **90**

Umstritten ist, ob die Einsetzung eines (dann sogenannten echten) Schiedsgerichts auch durch Vereinbarung erfolgen kann. Die herrschende Meinung bejaht dies unter Berufung auf § 173 Satz 1 VwGO i. V. m. § 1025 ZPO in dem Umfang, in dem die Beteiligten in der Lage sind, über den Gegenstand des Streites einen Vergleich abzuschließen.[250] Man wird demgegenüber zu differenzieren haben, ob es sich um eine subordinationsrechtliche Rechtsbeziehung im Schutzbereich des Art. 19 Abs. 4 GG oder ein sonstiges öffentlich-rechtliches Rechtsverhältnis handelt, und nur im letzteren Fall eine Schiedsvereinbarung zulassen dürfen.[251] Soweit eine derartige Abrede, die durch öffentlich-rechtlichen Vertrag getroffen wird, zulässig ist, hat sie keine den Rechtsweg ausschließende Wirkung, sondern begründet lediglich ein Prozeßhindernis (innerhalb des Verwaltungsrechtswegs), das auf Einrede[252] zu beachten ist. **91**

## 6. Der Arbeitsrechtsweg

Der Rechtsweg zu den Arbeitsgerichten[253] ist abschließend in §§ 2, 2a und 3 ArbGG geregelt. Dabei können Abgrenzungsprobleme zum Verwaltungsrechts-

---

[246] Vgl. dazu BVerwG, NJW 1984,191; NJW 1993,2883; BayVGH, NJW 1995,674.
[247] Vgl. Redeker/v. Oertzen, § 40 Rdnr. 78; BayVGH, BayVBl 1970,294.
[248] Weitere Beispiele bei Redeker /v. Oertzen, § 40 Rdnr. 78.
[249] Schiedsgericht der Beamtenversorgungskasse Kassel-Waldeck, Entsch. vom 17.8.1962, DVBl 1962,834; Haueisen, NJW 1962,2130.
[250] Vgl. Redeker/v. Oertzen, § 40 Rdnr. 79; Ehlers, in: Schoch/Schmidt-Aßmann/Pietzner, § 40 Rdnr. 722; Haueisen, NJW 1962,2129; Woltereck, DÖV 1966,324.
[251] Vgl. näher Lorenz, S. 211; Bullinger, Vertrag und Verwaltungsakt, 1962, S. 89 f.
[252] Ebenso Eyermann/Rennert, § 40 Rdnr. 161. Demgegenüber für Beachtung von Amts wegen Redeker/v. Oertzen, § 40 Rdnr. 79 m. w. Nachw.
[253] Zu dessen Eigenständigkeit jedenfalls gegenüber dem Verwaltungsrechtsweg vgl. Grunsky, ArbGG, Komm., 7. Aufl. 1995, § 1 Rdnr. 2.

weg sowohl im Bereich des Urteils- (§ 2 ArbGG) als auch des Beschlußverfahrens (§ 2a ArbGG) auftreten.

### a) Urteilsverfahren

92 Im *Urteilsverfahren* sind im wesentlichen Rechtsstreitigkeiten unter Beteiligung tariffähiger Parteien in bezug auf Tarifverträge oder Arbeitskampfmaßnahmen sowie Rechtsstreitigkeiten zwischen Arbeitnehmern beziehungsweise ihnen gleichstehenden Personen und Arbeitgebern zu entscheiden. Beamtenrechtliche Streitigkeiten fallen damit von vornherein nicht in die Zuständigkeit der Arbeitsgerichte (vgl. auch § 126 Abs. 1 BRRG). Im übrigen werden von jener Zuweisung nur *bürgerlich-rechtliche Streitigkeiten* erfaßt. Der Verwaltungsrechtsweg ist deshalb für eine Streitigkeit über die öffentlich-rechtlichen Rechtsfolgen einer laufbahnrechtlichen Prüfung eröffnet, selbst wenn diese im Rahmen eines im privatrechtlichen Dienstverhältnis abgeleisteten Vorbereitungsdienstes abgelegt wurde.[254]

93 Auch Streitigkeiten über die Heranziehung von Angestellten und Arbeitern zur *Erstattung von Fehlbeständen* aufgrund des § 1 ErstG (i. d. F. vom 24.1.1951, BGBl III 2030-10) sind allein schon im Hinblick auf die hoheitliche Geltendmachung durch Verwaltungsakt öffentlich-rechtlicher Natur.[255] Da es hierfür nicht auf den Charakter des zugrunde liegenden, bürgerlich-rechtlichen Erstattungsanspruchs ankommt,[256] ist der Rechtsweg zu den Verwaltungsgerichten eröffnet,[257] wie dies auch schon § 8 Abs. 1 ErstG vorgesehen hatte. Diese Regelung sollte zwar gemäß § 13 ErstG mit Errichtung des Reichsverwaltungsgerichts in Kraft treten und erst dann die bis dahin weitergeltende Zuständigkeit der Arbeitsgerichte ablösen,[258] doch ist diese Voraussetzung spätestens (vgl. auch oben § 2 Rdnr. 10 ff., 18 f.) mit der Errichtung des Bundesverwaltungsgerichts eingetreten.

### b) Beschlußverfahren

94 Demgegenüber ist die Zuständigkeit der Arbeitsgerichtsbarkeit in *Beschlußverfahren* sachgebietsbezogen umschrieben und erstreckt sich insoweit auch auf öffentlich-rechtliche Streitigkeiten.

[254] VGH BW, VBlBW 1992,472.

[255] Ebenso noch BVerwGE 5,220 (227); ferner v. Mutius, VerwArch 63 (1972), S. 99 f.; vgl. dazu auch oben Rdnr. 10.

[256] So aber jetzt BVerwGE 38,1 (2).

[257] Ebenso v. Mutius, VerwArch 63 (1972), S. 100; Bettermann, DVBl 1972,86; anders die Rechtsprechung, vgl. BAGE 21,65 (69); BVerwGE 38,1 (2).

[258] Für deren Perpetuierung deshalb BVerwGE 5,220 (225); BAGE 21,65 (69); Redeker/v. Oertzen, § 40 Rdnr. 58.

Zu den "*Angelegenheiten aus dem Betriebsverfassungsgesetz*", in denen gemäß § 2a Abs. 1 Nr. 1 ArbGG die Arbeitsgerichte entscheiden, gehören danach auch Streitigkeiten über hoheitliche Maßnahmen der staatlichen Arbeitsverwaltung, wie die Zustimmung zu bestimmten Tarifverträgen gemäß § 3 Abs. 2 BetrVG[259] und die Anerkennung von Schulungs- und Bildungsveranstaltungen gemäß § 37 Abs. 7 BetrVG.[260] Der Anspruch auf Allgemeinverbindlicherklärung eines Tarifvertrags aufgrund des § 5 TVG ist dagegen im Verwaltungsrechtsweg zu verfolgen.[261]

## III. Der Umfang der Entscheidungskompetenz

Der zulässige Rechtsweg wird durch die Natur des streitigen Rechtsverhältnisses eindeutig bestimmt. Konfliktsituationen können sich jedoch ergeben, wenn für die Entscheidung des Rechtsstreits (weitere) Rechtsfragen erheblich sind, die in einen anderen Rechtsweg gehören.

### 1. Vorfragenkompetenz

#### *a) Bedeutung und Reichweite*

Die Entscheidung von Rechtsstreitigkeiten erfordert häufig die Beurteilung von 95
Vorfragen, genauer: vorgreiflichen Rechtsverhältnissen, die, isoliert gesehen, in den Kompetenzbereich einer anderen Gerichtsbarkeit fallen würden. Über sie kann und muß grundsätzlich (zu Ausnahmen s. unten Rdnr. 100 ff.) von dem für die Hauptsache zuständigen Gericht **inzident** mitentschieden werden.

So hat das Verwaltungsgericht bei der Beurteilung einer polizeilichen Inan- 96
spruchnahme des Eigentümers einer Sache als Zustandsstörer (vgl. § 5 MEPolG) die bürgerlich-rechtlichen Eigentumsverhältnisse zu prüfen.[262] Ebenso unterliegt seiner Beurteilungskompetenz das Zustandekommen eines bürgerlich-rechtlichen Vertrages, zum Beispiel als Voraussetzung für die Ausübung des gemeindlichen Vorkaufsrechts nach § 24 BauGB.[263] Umgekehrt steht Zivil- und Strafgerichten die Entscheidung in öffentlich-rechtlichen Fragen zu, diesen etwa im Bereich des Verwaltungsunrechts und bei verwaltungsrechts-akzessorischen Strafsanktionen, insbesondere im Umweltstrafrecht,[264] jenen vor allem im Amtshaftungsprozeß.

[259] HambOVG, NZA 1989,235; Hess/Schlochauer/Glaubitz, BetrVG, Komm., 5. Aufl. 1999, § 3 Rdnr. 12, 17; a. M. Dietz/Richardi, Komm. z. BetrVG, 6. Aufl. 1982, § 3 Rdnr. 63; Grunsky, ArbGG, § 2a Rdnr. 8.
[260] So BAGE 25,452; Grunsky, ArbGG, § 2a Rdnr. 7 m. w. Nachw.; a. M. Dietz/Richardi, BetrVG, § 37 Rdnr. 165.
[261] BVerwGE 80,355; Grunsky, ArbGG, § 2 Rdnr. 54.
[262] Vgl. VGH BW, VBlBW 1982,408; HambOVG, DÖV 1983,1016; BayVGH, BayVBl 1984,278.
[263] GemOVG Lüneburg, NJW 1976,159; BayVGH, BauR 1980,249.
[264] Vgl. dazu Schröder/Jarass, VVDStRL 50 (1991), S. 196 ff.; 238 ff.; Rengier, ZStW 101

Dabei kann auch die Rechtmäßigkeit von Verwaltungshandeln geprüft werden, und zwar selbst dann, wenn es sich um einen *Verwaltungsakt*, zum Beispiel das Verbot oder die Auflösung einer Versammlung, handelt, aus dem beziehungsweise der Amtshaftungsansprüche hergeleitet[265] oder wegen deren Nichtbeachtung Strafsanktionen verhängt werden sollen.[266] Denn kraft der sogenannten *Tatbestandswirkung des Verwaltungsakts*[267] hat das jeweilige Gericht nur dessen *Existenz* zu beachten; diese wird aber durch die Annahme seiner (bloßen) Rechtswidrigkeit – sofern sie nicht zur Nichtigkeit führt (§ 44 VwVfG) – und damit auch durch eine hierauf erstreckte gerichtliche Prüfung nicht in Frage gestellt.[268]

**97** Dies gilt auch, wenn die Vorfrage Gegenstand (Hauptfrage) eines anderen, bei einem Gericht des hierfür einschlägigen Rechtswegs anhängigen Rechtsstreits (zur Bedeutung der Rechtshängigkeit s. unten § 31 Rdnr. 20 ff.) ist. Wurde allerdings in einem solchen Verfahren hierüber rechtskräftig entschieden, so ist das Gericht an die Beurteilung des vorentscheidenden Gerichts gebunden, § 121.[269]

**98** Keine Vorfrage ist dagegen die Beurteilung von Tatbestandsmerkmalen, die wörtlich oder sinngemäß auch in einem durch eine andere Gerichtsbarkeit anzuwendenden Gesetz enthalten sind. Ein die Unzuverlässigkeit begründender, gröblicher Verstoß gegen das Waffengesetz (§ 5 Abs. 2 Nr. 2 WaffG) kann deshalb durch Behörde und Verwaltungsgericht unabhängig davon angenommen werden, ob ein hierauf bezogenes Strafverfahren zuvor wegen geringer Schuld eingestellt wurde.[270]

**99** Ob eine Rechtsfrage Gegenstand der Entscheidung oder für diese bloß vorgreiflich ist, hängt von dem streitgegenständlichen Rechtsverhältnis ab. Soweit Rechtsfragen für dieses nicht bestimmend sind, werden sie als bloße Grundlagen oder Elemente der Entscheidung auch nicht deren Inhalt, erwächst demgemäß die gerichtliche Beurteilung nicht in Rechtskraft (vgl. unten § 35 Rdnr. 11 ff.). Sie können deshalb durch ein anderes Gericht, sei es wiederum vorfragenweise oder im einschlägigen Rechtsweg als Hauptfrage, eigenständig und gegebenenfalls abweichend beurteilt werden. So wird im Anfechtungsprozeß über die Rechtmäßigkeit des Verwaltungsakts mit Bindung für den nachfolgenden Amts-

---

(1989), S. 875 und passim; dens., in: Karlsruher Kommentar, OWiG, 1989, vor §§ 15, 16, Rdnr. 24; Cramer, in: Schönke/Schröder, StGB, Komm., 25. Aufl.1997, Vorbem. §§ 324 ff. Rdnr. 15 ff.

[265] Vgl. LG Hamburg, NVwZ 1987,833.

[266] Vgl. dazu BVerfGE 87,399 (407 ff.).

[267] Vgl. dazu Maurer, § 11 Rdnr. 8; Kopp, VwVfG, Vorbem. § 35 Rdnr. 26; Sachs, in: Stelkens/Bonk/Sachs, § 43 Rdnr. 145 ff.

[268] Vgl. BGHZ 113,17 (20) m. Anm. von Nierhaus, JZ 1992,209; BVerwGE 72,8; VGH BW, NVwZ-RR 1990,60.

[269] BVerwG, NJW 1960,1363; DVBl 1962,265; BVerwGE 70,159; BGHZ 20,379 (382); 118,253 (255); BGH, NJW 1994,1950.

[270] BVerwGE 101,24.

haftungsanspruch entschieden,[271] während die gleiche Frage in diesem nur als Vorfrage erheblich ist und deshalb die Entscheidung keine präjudizielle Wirkung für einen etwaigen späteren Verwaltungsprozeß entfaltet.

### b) Schranken der Vorfragenkompetenz

In bestimmten Fällen ist dem Gericht die Entscheidung einer Vorfrage entzogen oder freigestellt.

*aa)* Eine beschränkte Vorfragenkompetenz besteht zunächst im Hinblick auf die Prüfung der *Gültigkeit formeller Gesetze*. Das Rechtsstaatsprinzip in Verbindung mit dem Dogma der Normenhierarchie[272] erlaubt dem Richter nur die Anwendung von Normen, die formell und materiell gültig sind. Kommt ein Gericht bei der – freilich nur im Zweifelsfall veranlaßten – *Prüfung dieser Vorfrage* zu einem negativen Ergebnis, so steht Art. 100 Abs. 1 GG einer abschließenden Entscheidung entgegen, *sofern* es sich um ein formelles, nachkonstitutionelles Gesetz im Sinn der Rechtsprechung des Bundesverfassungsgerichts[273] handelt. Das Verfahren ist dann auszusetzen und die Entscheidung des Bundes- beziehungsweise des zuständigen Landesverfassungsgerichts einzuholen (sogenannte *konkrete Normenkontrolle*). **100**

*bb)* Eine vergleichbare Beschränkung der Vorfragenkompetenz besteht im Falle von Zweifeln über die bundesrechtliche Bedeutung und individualrechtliche Wirksamkeit einer – entscheidungserheblichen – Regel des Völkerrechts (Art. 25 GG). Auch hier ist gemäß Art. 100 Abs. 2 GG das Verfahren auszusetzen und die Entscheidung des Bundesverfassungsgerichts einzuholen (sogenanntes *Normqualifizierungsverfahren*).[274] **101**

*cc)* Vorfragen *europarechtlicher Natur*, insbesondere hinsichtlich der Auslegung des EG-Vertrages, können dem Europäischen Gerichtshof durch die nationalen Gerichte zur *Vorabentscheidung* vorgelegt werden (Art. 234 Abs. 2 EGV; 150 Abs. 2 EuratomV; Art. 41 EGKSV). Letztinstanzlich entscheidende Gerichte sind, außer nach dem Montanunion-Vertrag, zu einer solchen Vorlage verpflichtet (Art. 234 Abs. 3 EGV; 150 Abs. 3 EuratomV).[275] **102**

Die Vorlagepflicht entfällt, wenn die entscheidungserhebliche europarechtliche Frage entweder vom EuGH bereits beantwortet ist oder die Antwort offenkundig

[271] Vgl. BGHZ 9,329; 20,379; 66,118; 113,17.
[272] Vgl. dazu Ossenbühl, in: HdBStR, Bd. III, § 62 Rdnr. 2.
[273] Vgl. BVerfGE 68,316 (326); 70,126 (129).
[274] Vgl. dazu Pestalozza, Verfassungsprozeßrecht, 3. Aufl. 1991, S. 214 ff.
[275] Vgl. dazu näher Burgi, Verwaltungsprozeß und Europarecht, 1996, S. 37; BVerfGE 75,223 (245).

Schenke, 22.06.2004

erscheint (sogenannte Acte-clair-Doktrin).[276] Außerhalb der in Art. 234 Abs. 3 EGV genannten Situation besteht aufgrund der Rechtsprechung des EuGH aus Gründen der Einheitlichkeit des Gemeinschaftsrechts und der größeren Sachkompetenz des EuGH sowie wegen der Kohärenz des vom Vertrag geschaffenen Rechtsschutzsystems für nationale Gerichte unabhängig von ihrer Stellung im Instanzenzug dann eine Vorlagepflicht, wenn sie die Gültigkeit von Handlungen der Gemeinschaftsorgane in Frage stellen.[277] Hinsichtlich der Gestaltung von Vorlagen nach Art. 234 EGV sind die im Jahre 1996 durch den EuGH veröffentlichten "Hinweise zum Vorlageverfahren gemäß Art. 177 EGV" (Art. 234 EGV) beachtlich.[278] Das "willkürliche" Unterlassen der Vorlage an den EuGH stellt eine Verletzung des Rechts auf den gesetzlichen Richter gemäß Art. 101 Abs. 1 Satz 2 GG dar, die mit der Verfassungsbeschwerde gerügt werden kann (vgl. dazu näher oben § 3 Rdnr. 29 ff.).[279]

### *c) Die Aussetzung des Verfahrens*

**103** Die prinzipiell uneingeschränkte Vorfragenkompetenz des Gerichts gewährleistet eine abschließende Sachentscheidung durch dieses und dient damit einem effektiven Rechtsschutz. Dem gleichwohl bestehenden Interesse an der Vermeidung von Rechtsprechungsdivergenzen wird teilweise dadurch Rechnung getragen, daß das Gericht gemäß § 94 das Verfahren nach seinem Ermessen *aussetzen* kann (vgl. dazu unten § 32 Rdnr. 30), wenn eine (entscheidungserhebliche) Vorfrage Gegenstand (Hauptfrage) eines anderen, anhängigen Prozesses ist oder verwaltungsbehördlicher Feststellung unterliegt; entsprechendes gilt gemäß § 148 ZPO im Zivil- sowie, mit Einschränkungen, gemäß § 262 Abs. 2 StPO im Strafprozeß.

**104** Über die gesetzlich vorgesehene Aussetzungsbefugnis hinaus hat man eine solche – im Interesse einheitlicher Rechtsprechung – *entsprechend § 94* auch anerkannt, um den Beteiligten die Möglichkeit zur Klärung der Frage in einem Verfahren der sachnäheren Gerichtsbarkeit zu eröffnen.[280] Dies ist vor allem gegeben, wenn das vorgreifliche Rechtsverhältnis nur durch das Gericht des anderen Rechtswegs festgestellt werden kann, so insbesondere bei rechtswegfremden, zur Aufrechnung gestellten (Gegen)Forderungen (s. unten Rdnr. 108). In Anlehnung an § 262 Abs. 2 StPO ist den Beteiligten in diesem Fall eine Frist zur Erhebung der entsprechenden Klage zu setzen.[281]

---

[276] Vgl. EuGH, Slg. 1982,3415 (3428).
[277] EuGH, Slg. 1987,4199 (4232 – Foto-Frost); Everling, DRiZ 1993,5 (11).
[278] Abgedruckt in EuZW 1997,142; vgl. ferner Stotz, EuZW 1997,129.
[279] Zu den näheren Einzelheiten des Vorabentscheidungsverfahren vgl. vor allem Dauses, Das Vorabentscheidungsverfahren nach Art. 177 EG-Vertrag, 2. Auflage 1995; ferner etwa Ehlers, in: Schoch/Schmidt-Aßmann/Pietzner, Anhang § 40, Art. 177 EGV Rdnr. 1 ff.; Dörr, in: Sodan/Ziekow, VwGO, EVR Rdnr. 216 ff.
[280] Vgl. BVerwGE 77,19 (26); Kopp/Schenke, § 94 Rdnr. 5.
[281] Vgl. BVerwGE 77,19 (26 f.); VGH BW, NJW 1997,3394; Ehlers, JuS 1990,783; Herdegen,

## 2. Mehrheit von Klagegründen

Eine Klage kann auf mehrere unterschiedliche Klagegründe gestützt sein. So kann zum Beispiel die Unwirksamkeit eines Verwaltungsakts damit begründet werden, daß er wegen eines schweren Fehlers nichtig (§ 44 VwVfG), außerdem aber mangels Eintritts einer aufschiebenden Bedingung gar nicht entstanden sei (§ 36 Abs. 2 Nr. 2 VwVfG); die Geldforderung einer Gemeinde wegen Herstellung einer Straße kann als (bundesrechtlicher) Erschließungs- (§§ 127 ff. BauGB) oder (landesrechtlicher) Straßenbaubeitrag (vgl. z. B. §§ 10 bwKAG; 8 nwKAG) geltend gemacht werden;[282] oder ein Zahlungsanspruch wird aus Aufopferung (§ 40 Abs. 2 Satz 1) und zugleich aus dem Gesichtspunkt der Vertragsverletzung begründet. Hier entstehen latente Kompetenzkonflikte, wenn, wie im letzteren Fall, nicht alle Klagegründe in den Verwaltungsrechtsweg gehören. 105

Auszugehen ist vom Grundsatz der Erschöpfung des gesamten Streitstoffs:[283] Gemäß § 17 Abs. 2 Satz 1 GVG entscheidet das Gericht des zulässigen Rechtsweges den Rechtsstreit unter allen in Betracht kommenden rechtlichen Gesichtspunkten. Das angegangene Gericht hat auch rechtswegfremde Klagegründe einzubeziehen,[284] darf also insoweit nicht, wie nach der früheren Rechtslage,[285] gegebenenfalls die Klage als unzulässig abweisen. Im Umkehrschluß folgt daraus bei mehrfacher Klagebegründung praktisch ein Recht des Klägers zur Auswahl unter den mehreren einschlägigen Rechtswegen.[286]

Eine Grenze ergibt sich jedoch aus den verfassungsrechtlichen Rechtswegzuweisungen gemäß Art. 14 Abs. 3 Satz 4 und 34 Satz 3 GG (§ 17 Abs. 2 Satz 2 GVG). Da die hiervon erfaßten Streitigkeiten dem ordentlichen Rechtsweg vorbehalten sind, ist dem Verwaltungsgericht bei mehrfacher Klagebegründung insoweit eine Entscheidung verwehrt. Es kann zum Beispiel über die Zahlungsklage eines Beamten also nur unter dem Gesichtspunkt der Nachzahlung von Bezügen (§ 126 BRRG), nicht aber auch im Hinblick auf einen Schadensersatzanspruch aus Amtshaftung wegen verspäteter Beförderung entscheiden. Sofern ein öffentlich-rechtlicher Nachzahlungsanspruch nicht besteht, muß die Klage (im übrigen) als unzulässig abgewiesen werden.[287] 106

---

VBlBW 1984,195.

[282] BVerwG, BayVBl 1993,758; NVwZ 1994,297.

[283] Vgl. Kopp/Schenke, § 41/§ 17 GVG Rdnr. 4.

[284] BGHZ 114,1; BVerwG, NVwZ 1993,358.

[285] Vgl. dazu BVerwGE 18,181; BGH, NVwZ 1990,1104.

[286] Vgl. J. Martens, LKV 1991,298.

[287] Vgl. BVerwGE 18,181.

### 3. Mehrheit von Klagebegehren, insbesondere die Aufrechnung

107 Mit einer mehrfachen Klagebegründung (desselben prozessualen Begehrens) darf nicht verwechselt werden die gleichzeitige Geltendmachung mehrerer (selbständiger) Begehren in einer Klage (objektive Klagehäufung, s. unten § 31 Rdnr. 11 ff.), zum Beispiel auf Folgenbeseitigung und Schadensersatz wegen Amtspflichtverletzung.[288] Da für sie § 17 Abs. 2 Satz 1 GVG nicht zutrifft,[289] sind sie getrennt zu prüfen und, soweit der Verwaltungsrechtsweg nicht eröffnet ist, in den zuständigen (hier: ordentlichen) Rechtsweg zu verweisen (s. dazu unten Rdnr. 109 ff.).

108 Um selbständige prozessuale Ansprüche handelt es sich auch, wenn eine Gegenforderung zur *Aufrechnung* gestellt, zum Beispiel gegenüber einer Gebührenforderung[290] mit vertraglichen Zahlungsansprüchen aufgerechnet wird. Das Verwaltungsgericht kann deshalb die Aufrechnung, auch unter Einbeziehung des § 17 Abs. 2 GVG, nur berücksichtigen, wenn und soweit es hinsichtlich der Gegenforderung entscheidungsbefugt ist,[291] da es über diese im Fall ihres Nichtbestehens bis zur Höhe des Aufrechnungsbetrags nicht nur vorfragenweise, sondern rechtskräftig entscheidet, § 173 Satz 1 VwGO i. V. m. § 322 Abs. 2 ZPO. Ist für deren gerichtliche Geltendmachung ein anderer Rechtsweg gegeben, so wird zwar materiell-rechtlich die Berechtigung aufzurechnen nicht in Frage gestellt.[292] Die fehlende Entscheidungskompetenz läßt aber eine Einbeziehung der rechtswegfremden Gegenforderung in den Prozeß nur zu, wenn diese "liquide", das heißt rechtskräftig oder bestandskräftig festgestellt oder unbestritten ist.[293] Fehlt es hieran, so kann entweder das Verfahren, in der Regel unter Fristsetzung, ausgesetzt werden, bis über das Bestehen der Gegenforderung im zulässigen Rechtsweg entschieden ist (§ 94 Satz 1, s. oben Rdnr. 103 f.), oder das Gericht kann die (allgemeine Leistungs-, unter Umständen auch eine Anfechtungs-) Klage unter dem Vorbehalt dieser Entscheidung (§ 173 VwGO i. V. m. § 302 ZPO) abweisen (s. unten § 34 Rdnr. 10). An dieser Lage hat § 17 Abs. 2 GVG nichts geändert. Er erfaßt selbständige Klagebegehren schon nach Satz 1 nicht und

---

[288] Vgl. VGH BW, VBlBW 1993,376.

[289] BGHZ 114,1.

[290] Dagegen wird eine Gebühren*festsetzung* durch Aufrechnung nicht tangiert, vgl. BVerwG, NVwZ 1984,168.

[291] Eingehend dazu, aber zu Unrecht ablehnend, W. Schenke/Ruthig, NJW 1992,2505; M. Gaa, NJW 1997,3343; ebenso HessVGH, DVBl 1994,806; wie hier Rupp, NJW 1992,3274; Würtenberger, Rdnr. 160.

[292] Vgl. BVerwGE 66,218 (220); grundlegend Pietzner, VerwArch 73 (1982), S. 454 f.

[293] H. M., vgl. BVerwGE 77,19; BVerwG, NJW 1993,2255; VGH BW, NJW 1997,3394; ebenso BGHZ 60,85 (88); 78,57 (62).

läßt jedenfalls eine Berücksichtigung der Aufrechnung mit rechtswegfremden Forderungen nicht zu, die auf Entstehungsgründe gemäß Satz 2 gestützt sind.[294]

## IV. Rechtswegentscheidung und Verweisung

Ist in einer Streitsache der Rechtsweg nicht eröffnet, so darf das angegangene Gericht nach allgemeinen Prozeßgrundsätzen nicht in der Sache entscheiden (vgl. oben § 10 Rdnr. 5 ff.). 109

Auch das Verwaltungsgericht hat deshalb als erste Zulässigkeitsvoraussetzung über die Eröffnung des zu ihm beschrittenen Rechtswegs zu befinden (so ausdrücklich § 41 Abs. 1 Satz 1 VwGO a. F.; ebenso § 17 Abs. 1 GVG a. F.). Meinungsverschiedenheiten hierüber hatten in der Vergangenheit, etwa bei der Einschaltung mehrerer Instanzen in verschiedenen Rechtswegen, den Rechtsschutz häufig erheblich verzögert.[295] Mit der Neuregelung durch das 4. VwGO-ÄnderungsG vom 17.12.1990 (s. oben § 2 Rdnr. 21) sollte deshalb das Verfahren von der Rechtswegfrage entlastet und diese grundsätzlich in erster Instanz mit Bindung für die Rechtsmittelinstanzen, erforderlichenfalls in einem Vorabverfahren, entschieden werden.[296] Hierfür sehen die §§ 17a und 17b GVG, die gemäß § 173 Satz 1 VwGO auch für den Verwaltungsprozeß gelten und in allen selbständigen Verfahren, also auch solchen des einstweiligen Rechtsschutzes, anwendbar sind,[297] ein differenziertes Procedere vor, je nachdem, ob das angerufene Gericht den Rechtsweg bejaht oder verneint.[298]

Außerhalb der Rechtswegesystematik steht die *Verfassungsgerichtsbarkeit.* Streitigkeiten verfassungsrechtlicher Art sind also nicht an diese zu verweisen; vielmehr muß, wenn sie in einem Rechtsweg (im engeren Sinn) geltend gemacht werden, Klagabweisung erfolgen[299] (vgl. auch unten § 12 Rdnr. 19 f.). 110

### 1. Zulässigkeit des Rechtswegs

Ist der beschrittene Rechtsweg zulässig, so wird dies grundsätzlich als inzident bejahte Vorfrage im Urteil beziehungsweise der sonstigen Entscheidung festgestellt. Das Gericht kann die Zulässigkeit jedoch vorab durch Beschluß aussprechen; auf Rüge einer Partei muß es vorab entscheiden, § 17a Abs. 3 Satz 2 GVG. Im Hinblick auf die Rechtswirkung der Rechtswegentscheidung (s. so- 111

---

[294] BVerwG, NJW 1993,2255; Rupp, NJW 1992,3274; nur in letzterer Hinsicht ebenso Schenke/Ruthig, NJW 1992,2513; a. A. jetzt Kopp/Schenke, § 40 Rdnr. 45.
[295] Vgl. dazu Kissel, § 17 Rdnr. 1; Ule, § 9 II 2; außerdem Kissel, GVG, 1. Aufl. 1981, § 17 a. F. Rdnr. 46.
[296] Vgl. Amtl. Begr., BT-Drucks. 11/7030, S. 36.
[297] So h. M., vgl. OVG Berlin, NVwZ 1992,685; VGH BW, VBlBW 1993,468; BayVGH, BayVBl 1994,117; OVG NW, NVwZ 1994,117; OVG NW, NVwZ 1994,178; a. M. OVG RP, DVBl 1993,260; HessVGH, NVwZ-RR 1994,511; eingehend dazu auch Holzheuser, DÖV 1994,807.
[298] Vgl. dazu Kissel, NJW 1991,947 ff.
[299] Vgl. Kopp/Schenke, § 41/§ 17 GVG Rdnr. 2, 16.

gleich) trifft die Parteien damit bei Meidung der Präklusion des Rechtswegeinwands eine Rügelast.[300]

112 Wurde der Rechtsweg rechtskräftig für zulässig erklärt, so sind andere Gerichte daran gebunden, § 17a Abs. 1 GVG. Ein sogenannter *positiver Kompetenzkonflikt*, das heißt die Beanspruchung der Rechtswegzuständigkeit durch Gerichte unterschiedlicher Gerichtszweige,[301] ist damit ausgeschlossen.

## 2. Unzulässigkeit des Rechtswegs

113 Ist der Rechtsweg nicht eröffnet, so ist die Klage unzulässig. Dies hat jedoch nicht (mehr) die Abweisung der Klage zur Folge. Aus Gründen der Prozeßökonomie und eines effektiven Rechtsschutzes stellt das Gericht vielmehr von Amts wegen die Unzulässigkeit des Rechtsweges durch Beschluß fest und verweist in diesem den Rechtsstreit zugleich an das zuständige Gericht des zulässigen Rechtsweges, bei mehrfacher Zuständigkeit an das vom Kläger (oder Antragsteller) ausgewählte beziehungsweise vom Gericht bestimmte Gericht. Der Beschluß ist für dieses hinsichtlich des Rechtsweges bindend, § 17a Abs. 2 Satz 3 GVG. Damit ist eine Weiterverweisung (nur) *innerhalb des Rechtswegs*[302] nach den für diesen maßgeblichen Zuständigkeitsvorschriften (für den Bereich der Verwaltungsgerichtsordnung s. unten § 12 Rdnr. 34 f.) zulässig. Einer Verweisung gemäß § 17a Abs. 2 Satz 1 GVG steht nicht entgegen, wenn es an einer (sonstigen) prozessualen Voraussetzung für ein Verfahren vor dem zuständigen Gericht fehlt, da über deren Vorliegen allein dieses zu entscheiden hat;[303] anderes gilt nur für das Prozeßhindernis anderweitiger Rechtshängigkeit.[304]

114 Ein *negativer Kompetenzkonflikt* wird dadurch rechtlich, nicht aber immer tatsächlich ausgeschlossen. Denn wenngleich die erwähnte Bindung auch im Fall rechtsmißbräuchlicher, das heißt offenkundig fehlerhafter Verweisung beachtet werden muß,[305] schließt das eine – gegebenenfalls unzulässige – Rück- oder Weiterverweisung nicht aus, die den Konfliktsfall auslöst. Nachdem landesrechtliche Kompetenzkonfliktsgerichte[306] nicht mehr bestehen, wird hier das zuständige Gericht durch das zuerst angegangene oberste Bundesgericht (also nicht den

[300] Vgl. auch BVerwG, NJW 1994,956.

[301] Vgl. Kopp/Schenke, § 41/§ 17 GVG Rdnr. 8; Ehlers, in: Schoch/Schmidt-Aßmann/Pietzner, § 41/§ 17a GVG Rdnr. 2; Kissel, NJW 1991,951.

[302] Dagegen ist eine Weiterverweisung an einen dritten Rechtsweg, wie dies unter der früheren Rechtslage zum Teil vertreten wurde (vgl. BGHZ 38,289 (292); BVerwG, NJW 1960,2355) nunmehr eindeutig ausgeschlossen, vgl. Kissel, NJW 1991,949.

[303] VGH BW, NJW 1991,1905.

[304] VGH BW, NJW 1996,1299; Kissel § 17 Rdnr. 15.

[305] Str., vgl. Kopp/Schenke, § 41 Rdnr. 22 m. Nachw. pro und contra; Eyermann/Rennert, § 41/§§ 17-17b GVG Rdnr. 27.

[306] Vgl. noch Art. 1 des bayer. Gesetzes über die Entscheidung von Kompetenzkonflikten vom 18.8.1879, BayBS III, S. 204, aufgehoben durch § 1 Nr. 7, 1. Aufhebungsgesetz vom 6.4.1981, GVBl S. 85.

Gemeinsamen Senat der obersten Gerichtshöfe des Bundes) bestimmt, das einem der beteiligten Gerichte übergeordnet ist.[307]

### 3. Rechtswegentscheidung und Rechtsmittel

Wird durch Beschluß über die Zulässigkeit des Rechtsweges entschieden – sei es negativ mit gleichzeitiger Verweisung gemäß § 17a Abs. 2 oder positiv vorab gemäß § 17 Abs. 3 GVG, so unterliegt diese Entscheidung nach § 17a Abs. 4 GVG der (sofortigen) Beschwerde nach der jeweiligen Verfahrensordnung, im Verwaltungsprozeß also gemäß § 146. 115

Dagegen wird auf ein Rechtsmittel gegen die Entscheidung in der Hauptsache, das heißt jede Entscheidung, die nicht gerade auf die Unzulässigkeit des Rechtswegs gestützt ist,[308] diesen aber vorab oder inzident bejaht hatte, die Zulässigkeit des Rechtswegs nicht geprüft, § 17a Abs. 5 GVG. Die Prüfungsbefugnis (und -pflicht) bleibt jedoch erhalten, wenn das Verfahren gemäß § 17a Abs. 3 Satz 2 GVG nicht eingehalten wurde, die Parteien also keine Gelegenheit zur abschließenden Klärung des Rechtswegs hatten.[309]

## Literatur

### Zu I 1 (Generalklausel)

*Kreft*, Die Abgrenzung des Verwaltungsrechtsweges (II), in: Zehn Jahre Verwaltungsgerichtsordnung, 1970, S. 241.

*Kunig*, Unzulässigkeit des Verwaltungsrechtswegs bei öffentlich-rechtlichen Streitigkeiten, Jura 1990,386.

*Lüke*, Der Verwaltungsrechtsweg, JuS 1980,644.

*Mörtel*, Auswirkungen der veränderten Generalklausel auf Verwaltung und Verwaltungsrechtsprechung, in: Wandlungen der rechtsstaatlichen Verwaltung, 1962, S. 137.

*Naumann*, Die Abgrenzung des Verwaltungsrechtsweges (I), in: Zehn Jahre Verwaltungsgerichtsordnung, 1970, S. 226.

### Zu I 2 (Öffentliches Recht)

*Bachof*, Über öffentliches Recht, in: FS 25 Jahre Bundesverwaltungsgericht, 1978, S. 1.

*Berg*, Zum Widerruf ehrkränkender Behauptungen im Öffentlichen Recht, JuS 1984,521.

*Bethge*, Rechtswegprobleme des öffentlich-rechtlich strukturierten Rundfunks, VerwArch 63 (1972), S. 152.

*Ders.*, Das Hausrecht der öffentlichen Hand im Dilemma zwischen öffentlichem und Privatrecht, DVerw 10 (1977), S. 313.

---

[307] So BVerwG, NJW 1993,3087 für Konflikt VG/AG hinsichtlich gebührenpflichtiger Verwarnung. Ebenso BGH, NJW 1990,53; BAG, NJW 1984,751; BSG, MDR 1989,189.

[308] OVG NW, DÖV 1994,129; BGHZ 119,246.

[309] BGHZ 119,246; BGHZ 121,367; BayVGH, BayVBl 1994,117.

*Bettermann*, Vom Rechtsschutz und Rechtsweg des Bürgers gegen den Rundfunk-Rufmord, NJW 1977,513.

*Buri*, Rechtsweg bei Rechtsverletzungen durch Sendungen der öffentlich-rechtlichen Rundfunkanstalten, NJW 1972,705.

*Burmeister*, Der Begriff des "Fiskus" in der heutigen Verwaltungsrechtsdogmatik, DÖV 1975,695.

*Dawin*, Rechtsweg und Klageart bei Verwaltung in privatrechtlichen Formen, NVwZ 1983,400.

*Ehlers*, Rechtsstaatliche und prozessuale Probleme des Verwaltungsprivatrechts, DVBl 1983,422.

*Finkelnburg*, Zur Entwicklung der Abgrenzung der Verwaltungsgerichtsbarkeit im Verhältnis zu anderen Gerichtsbarkeiten durch das Merkmal der öffentlich-rechtlichen Streitigkeit, in: Menger-FS, 1985, S. 279.

*Flessa*, 30 Jahre Zweistufentheorie, DVBl 1985,1365.

*Ipsen, J./Koch*, Öffentliches und privates Recht – Abgrenzungsprobleme bei der Benutzung öffentlicher Einrichtungen, JuS 1992,809.

*Kasten/Rapsch*, Der öffentliche Vertrag zwischen Privaten – Phänomen oder Phantom, NVwZ 1986,708.

*Knemeyer*, Öffentlich-rechtliches Hausrecht und Ordnungsgewalt, DÖV 1970,596.

*Kopp*, Fragen des Rechtswegs für Streitigkeiten gegen öffentlich-rechtliche Rundfunkanstalten, BayVBl 1988,193.

*Ders.*, Der Rechtsweg bei Streitigkeiten gegen öffentlich-rechtliche Rundfunkanstalten, in: FG für Ule, 1988, S. 31.

*Ders.*, Der Schutz des Bürgers gegenüber wirtschaftlichen Maßnahmen der öffentlichen Hand, durch die der Wettbewerb verfälscht wird, GewArch 1988,358.

*Krebs*, Rechtsschutzprobleme bei Entscheidungen der Treuhandanstalt, ZIP 1990,1513.

*Lange, K.*, Die Abgrenzung des öffentlich-rechtlichen Vertrages vom privatrechtlichen Vertrag, NVwZ 1983,313.

*Lerche*, Die Rechtsnatur von Streitsachen aus Rundfunksendungen, in: FS für Löffler, 1980, S. 217.

*Ders.*, "Verwaltungsprivatrecht" und "Privatwirtschaftsverwaltung", in: FS für Winkler, 1997,S. 581.

*Lindner*, Verwaltungsgerichtliche Klagemöglichkeiten für Private gegen privatrechtliche kommunale Wirtschaftsbetätigung, 1974.

*Loos*, Der Verwaltungsrechtsweg, JuS 1980,644.

*Martens, J.*, Der Rechtsweg zu den Gerichten, LKV 1991,295.

*Martens, W.*, Öffentlich-rechtliche Probleme des negatorischen Rechtsschutzes gegen Immissionen, in: FS für Schack, 1966, S. 85.

*Menger*, Zum Stand der Meinungen über die Unterscheidung von öffentlichem und privatem Recht, in: FS für H.J. Wolff, 1973, S. 149.

*Ders.*, Zur Frage des Rechtswegs bei Wettbewerbsstreitigkeiten zwischen Privaten und öffentlicher Hand, VerwArch 68 (1977), S. 293.

*Rimmelspacher*, Öffentliches und privates Interesse als Kriterium der Rechtswegezuständigkeit?, JZ 1975,165.

*Röhl*, Verwaltung und Privatrecht – Verwaltungsprivatrecht?, VerwArch 86 (1995), S. 531.

*Ronellenfitsch*, Das Hausrecht der Behörden, VerwArch 73 (1982), S. 465.

*Schmidt, Detlef*, Die Unterscheidung von privatem und öffentlichem Recht, 1985.

*Scholz, R.*, Wettbewerb der öffentlichen Hand – Sanktions- und Rechtswegprobleme zwischen öffentlichem Recht und Privatrecht, NJW 1974,781.

*Ders.*, Wettbewerbsrechtliche Klagen gegen Hoheitsträger: Zivil- oder Verwaltungsrechtsweg?, NJW 1978,16.

*Vollmar*, Rechtsweg und Maßstab für Klagen gegen die öffentliche Hand wegen Wettbewerbsverstößen, 1978.

*v. Zezschwitz*, Rechtsstaatliche und prozessuale Probleme des Verwaltungsprivatrechts, NJW 1983,1873.

*Zuleeg*, Die Anwendungsbereiche des öffentlichen Rechts und des Privatrechts, VerwArch 73 (1982), S. 384.

## Zu I 3 (Verfassungsrechtliche Streitigkeiten)

*Kästner*, Parlamentarisches Untersuchungsrecht und richterliche Kontrolle, NJW 1990,2649.
*Ders.*, Rechtsschutz gegenüber parlamentarischen Untersuchungsmaßnahmen, JuS 1993,109.
*Pestalozza*, Die Verwaltungsgerichte als Verfassungsgerichte, NJW 1986,33.
*Schenke, W.*, Der gerichtliche Rechtsschutz im Wahlrecht, NJW 1981,2440.

## Zu I 4 (Rechtsschutz im kirchlichen Bereich)

*v. Campenhausen*, Der staatliche Rechtsschutz im kirchlichen Bereich, AöR 112 (1987), S. 623.
*Ehlers*, Der staatliche Gerichtsschutz in kirchlichen Angelegenheiten, JuS 1989,364.
*Hesse*, Der Rechtsschutz durch staatliche Gerichte im kirchlichen Bereich, 1956.
*Kästner*, Staatliche Justizhoheit und religiöse Freiheit. Über die Frage nach der staatlichen Kompetenz zur Rechtsgewährung im Wirkungsbereich der Kirchen und Religionsgemeinschaften, 1991.
*Listl*, Staatliche und kirchliche Gerichtsbarkeit, DÖV 1989,409.
*Lorenz*, Der Rechtsweg für Abwehrklagen gegen kirchliche Beeinträchtigungen, NJW 1996,1855.
*Maurer*, Die Verwaltungsgerichtsbarkeit der Evangelischen Kirche, 1958.
*Ders.*, Zur Anfechtbarkeit kirchlicher Verwaltungsakte vor staatlichen Gerichten, DÖV 1960,749.
*Ders.*, Kirchenrechtliche Streitigkeiten vor den allgemeinen Verwaltungsgerichten, in: Menger-FS, 1985, S. 285.
*Rüfner*, Zuständigkeit staatlicher Gerichte in kirchlichen Angelegenheiten, in: HdBStKirchR, Bd. II, 2. Aufl. 1995, S. 1081.
*Weber, H.*, Staatliche und kirchliche Gerichtsbarkeit, NJW 1989,2217.
*Ders.*, Rechtsschutz der Kirchen und Religionsgemeinschaften durch staatliche Gerichte, in: HdBStKirchR, Bd. II, 2. Aufl. 1995, S. 1047.

## Zu II 2 (Ordentlicher Rechtsweg)

*v. Feldmann*, Nochmals: Rechtsschutz gegen Strafverfolgungsmaßnahmen der Polizei, VerwArch 62 (1971), S. 169.
*Götz*, Rechtsschutz gegen Maßnahmen der Polizei, JuS 1985,869.
*Klein, F.*, Untersuchungen zur sachlichen Zuständigkeit der Zivilgerichte im öffentlich-rechtlichen Bereich, 1954.
*Lege*, Der Rechtsweg bei Entschädigung für "enteignende Wirkungen", NJW 1995,2745.
*Lerche*, Ordentlicher Rechtsweg und Verwaltungsrechtsweg, 1953.
*Lüke*, Die gerichtliche Nachprüfung von Justizverwaltungsakten, JuS 1961,205.
*Maurer*, Der enteignende Eingriff und die ausgleichspflichtige Inhaltsbestimmung des Eigentums, DVBl 1991,781.
*Markworth*, Rechtsschutz gegen eigenverantwortliche Strafverfolgungsmaßnahmen der Polizei, DVBl 1975,575.
*Statz*, Die Beitreibung privatrechtlicher Entgeltforderungen der Deutschen Bundespost Telekom, DÖV 1990,241.
*Schenke, W.*, Rechtsschutz gegen Strafverfolgungsmaßnahmen der Polizei, VerwArch 60 (1969), S. 322.
*Ders.*, Rechtsschutz bei strafprozessualen Eingriffen von Staatsanwaltschaft und Polizei, NJW 1976,1816.

*Scherer*, Rechtsweg bei öffentlich-rechtlicher "culpa in contrahendo", NVwZ 1986,540.
*Schmitt, L.*, Der Rechtsweg bei Verletzung öffentlich-rechtlicher Pflichten, BayVBl 1966,304.
*Schoch*, Zuständigkeit der Zivilgerichtsbarkeit in öffentlich-rechtlichen Streitigkeiten kraft Tradition (§ 40 Abs. 2 VwGO), in: Menger-FS, 1985, S. 305.
*Ders.*, Der Rechtsweg bei ausgleichspflichtigen Eigentumsinhaltsbestimmungen, JZ 1995,768.
*Schoreit*, Verwaltungsstreit um Kriminalakten, NJW 1985,169.
*Schütz*, Rechtsschutz gegenüber der Justizverwaltung, VR 1981,187.
*Stich*, Die öffentlich-rechtlichen Zuständigkeiten der Zivilgerichte, in: Staatsbürger und Staatsgewalt, FS BVerwG, Bd. II, 1963, S. 387.
*Tiedau*, Rechtsweg und öffentlich-rechtliche Geschäftsführung ohne Auftrag, DÖV 1952,164.

## Zu II 3, 4, 5 (Besondere Verwaltungsrechtswege)

*Bayer*, Der Rechtsweg für sozialrechtliche Streitigkeiten, DÖV 1982,726.
*Brackmann*, Zum Rechtsweg in Wettbewerbsstreitigkeiten bei Beteiligung einer öffentlich-rechtlichen Körperschaft der Sozialversicherung, NJW 1982,84.
*Broß*, Rechtswegprobleme zwischen Zivil- und Verwaltungsgerichten, VerwArch 79 (1988), S. 97.
*Döring*, Die Nachprüfung mißbilligender Äußerungen des Dienstvorgesetzten im Disziplinarrechtswege, DVBl 1962,505.
*Haueisen*, Die Entscheidung verwaltungsrechtlicher Streitigkeiten durch Schiedsgerichte, NJW 1962,2129.
*Hochtritt*, Die Berufsgerichtsbarkeit, 1969.
*Hohm*, Arzneimittelrichtlinien – ein Fall für die Sozialgerichte?, SGb 1987,318.
*Kremer*, Zur Abgrenzung der Rechtswege zu den Verwaltungsgerichten und zu den Richterdienstgerichten, DRiZ 1984,15.
*Lingens*, Weiterhin Rechtsweg des Soldaten zu den Verwaltungsgerichten?, DVBl 1988,426.
*Loos*, Die Schiedsgerichtsbarkeit in der Verwaltungsgerichtsbarkeit, 1984.
*Merten*, Zur Abgrenzung von öffentlich-rechtlichen und bürgerlich-rechtlichen Streitigkeiten im Sozialversicherungsrecht, VerwArch 66 (1975), S. 387.
*Meyer-Hentschel*, Berufsgerichtsbarkeit und allgemeine Verwaltungsgerichtsbarkeit, DVBl 1964,53.
*Muschallik*, Rechtswegprobleme in Krankenversicherungsangelegenheiten, MedR 1987,1.
*Schlosser*, Schiedsgerichtsbarkeit und öffentlich-rechtlich beeinflußte Streitgegenstände, in: FS für Bülow, 1981, S. 189.
*Spieß*, Rechts(weg)fragen bei der Zulassung von Heil- und Hilfsmittelerbringern nach dem Gesundheits-Reformgesetz, SGb 1989,5.
*Tetzlaff*, Wettbewerb von Sozialversicherungsträgern – Rechtswegfrage, WuW 1990,1009.
*Tiemann, S.*, Kompetenzkonflikt bei Streit über ärztliche Kunstfehler, Sozial- oder Zivilrechtsweg?, NJW 1985,2169.
*Vogel*, Zur Zulässigkeit des Finanzrechtsweges in Abgrenzung zu den anderen Verwaltungsrechtswegen, 1969.
*Woltereck*, Unechte und echte Schiedsgerichte des Verwaltungsrechts, DÖV 1966,323.

## Zu III (Vorfragenkompetenz)

*Detterbeck*, Grundfragen der Aufrechnung im Verwaltungsprozeß, DÖV 1996,889.
*Ehlers*, Die Aufrechnung im öffentlichen Recht, JuS 1990,777.
*Gaa*, Die Aufrechnung mit einer rechtswegfremden Gegenforderung, NJW 1997,3343.
*Pietzner*, Grundfragen der Aufrechnung im öffentlichen Recht, VerwArch 74 (1983), S. 59.
*Schenke, W./Ruthig*, Die Aufrechnung mit rechtswegfremden Forderungen im Prozeß, NJW 1992,2505.

# § 12. Die Zuständigkeit

## I. Bedeutung und Arten

### 1. Begriff und Abgrenzung

Die Zuständigkeit betrifft die Frage, welches Gericht eines bestimmten Gerichtszweiges (hier: der Verwaltungsgerichtsbarkeit) in einer konkreten Rechtssache zur Ausübung der Rechtsprechung berufen ist. Sie ergibt sich aus der normativen Zuständigkeitsordnung, mit deren Schaffung der Gesetzgeber dem rechtsstaatlichen Postulat und Verfahrensgrundrecht des gesetzlichen Richters (Art. 101 Abs. 1 Satz 2 GG) Rechnung trägt (vgl. oben § 3 Rdnr. 29 ff.). Für die rechtliche Ausgestaltung ist der Gedanke leitend, die Entscheidungskompetenz dem nach Ausstattung, Zusammensetzung, Leistungsfähigkeit und örtlichem Bezug am besten geeigneten Gericht zuzuweisen, wobei im einzelnen ein weiter normativer Spielraum besteht. 1

Die Zuständigkeit ist zu *unterscheiden* von der Eröffnung des Verwaltungsrechtswegs (§ 40 Abs. 1) und der Zuweisung gerichtlicher Tätigkeiten an den einzelnen Spruchkörper aufgrund der Geschäftsverteilung; sie liegt systematisch zwischen beiden: Auf der Grundlage der Zuordnung der betreffenden Rechtssache zu einer bestimmten Gerichtsbarkeit ("*Verwaltungsrechtsweg*", vgl. oben § 11 Rdnr. 1 ff.) legt das für diese geltende Verfahrensgesetz die *Zuständigkeit* eines Gerichts fest, während sich erst aus dem *Geschäftsverteilungsplan* (vgl. oben § 6 Rdnr. 39 ff.) ergibt, welche Personen, insbesondere welcher Spruchkörper in welcher personellen Zusammensetzung, im Einzelfall die Aufgaben "des Gerichts" wahrnehmen. 2

Dieser systematische Zusammenhang ist jedoch nicht für den Aufbau der Zulässigkeitsprüfung vorgreiflich, etwa in dem Sinn, daß die Zuständigkeit erst nach Bejahung des Verwaltungsrechtswegs geprüft werden dürfte.[1] Die Befugnis des mit der Sache befaßten Spruchkörpers zur Entscheidung bestimmt sich vielmehr primär schon aus verfassungsrechtlichen Gründen[2] nach der gesetzlichen Zuständigkeitsregelung (und dem Geschäftsverteilungsplan), unabhängig davon, 3

---

[1] So aber Kopp/Schenke, § 45 Rdnr. 1; vgl. auch Stern, JuS 1965,140; Menger/Erichsen, VerwArch 61 (1970), S. 90 f.

[2] Rupp, JuS 1966,109 ff.

ob die Sache im übrigen zulässigerweise (Rechtsweg, Formerfordernisse, Klagebefugnis usw.) an das Gericht gelangt ist.[3] Da jedoch § 17a Abs. 2 GVG nunmehr im Falle der Unzulässigkeit des Rechtswegs die Verweisung nicht durch das zuständige, sondern "das" (angegangene) Gericht vorschreibt,[4] ist dieses auf jeden Fall gesetzlicher Richter für die Entscheidung der Rechtswegfrage, gleich, ob es nach Maßgabe der Prozeßordnung für die innerhalb derselben im übrigen zu treffenden Entscheidungen zuständig wäre.

## 2. Arten

Es gibt drei Arten der Zuständigkeit:

### *a) Sachliche, örtliche Zuständigkeit*

4 Bei der *sachlichen* Zuständigkeit geht es darum, welche Art von Gerichten eines bestimmten Rechtswegs (Verwaltungsgericht, Oberverwaltungsgericht/Verwaltungsgerichtshof oder Bundesverwaltungsgericht) in erster Instanz zuständig ist (s. unten Rdnr. 9 ff.). Die *örtliche* Zuständigkeit beantwortet die Frage, welches von verschiedenen sachlich zuständigen Gerichten zur Entscheidung eines konkreten Rechtsstreits berufen ist. Da die Bestimmung des örtlich zuständigen Oberverwaltungsgerichts wegen der Koppelung von dessen Zuständigkeit an die Hoheitsgrenzen der Länder regelmäßig unproblematisch ist, können Schwierigkeiten praktisch nur auf der Ebene der Verwaltungsgerichte entstehen (s. unten Rdnr. 23 ff.).

### *b) Funktionelle Zuständigkeit*

5 Die *funktionelle* Zuständigkeit schließlich betrifft die gerichtliche Wahrnehmung von Rechtsprechungsfunktionen außerhalb der Erstentscheidung in der Hauptsache in ein und derselben Sache.[5] Sie ersetzt sachliche und örtliche Zuständigkeit, kann also nicht neben diesen geprüft werden. Es handelt sich im einzelnen insbesondere um folgende Wahrnehmungszuständigkeiten, auf die inhaltlich im jeweiligen Sachzusammenhang eingegangen wird:

1. Entscheidungen in Verfahren des vorläufigen Rechtsschutzes, §§ 80 Abs. 5 Satz 1, 123 Abs. 2 Satz 1 (s. unten Teil 5): Gericht der Hauptsache;
2. Prozeßkostenhilfe, §§ 166 VwGO; 117 Abs. 1 ZPO (s. unten § 42 Rdnr. 44 ff.): Prozeßgericht (Gericht der Hauptsache);

---

[3] Ebenso Redeker/v. Oertzen, § 45 Rdnr. 1.
[4] Darauf stellt auch BSG, NJW 1965,789 (zu der damals geltenden Verweisungsvorschrift), ab.
[5] Vgl. Rosenberg/Schwab/Gottwald, § 31 I.

3. Tätigkeit als Vollstreckungsgericht, § 167 Abs. 1 Satz 2 (s. unten § 43): Gericht des ersten Rechtszuges;
4. Festsetzung von Vollstreckungsmaßnahmen, § 172 (s. unten § 43): Gericht des ersten Rechtszuges;
5. Bestimmung des örtlich zuständigen Gerichts, § 53 (s. unten Rdnr. 31 ff.): Nächsthöheres Gericht beziehungsweise Bundesverwaltungsgericht;
6. Entscheidung bei Ausschließung und Ablehnung von Gerichtspersonen, § 54 Abs. 1 (s. oben § 7 Rdnr. 35 ff.): Vgl. §§ 45, 49 ZPO;
7. Entscheidung über Rechtsmittel (sogenannte *instanzielle Zuständigkeit*, s. unten Teil 8)
   - der Berufung, § 124 Abs. 1: Oberverwaltungsgericht;
   - der Revision, §§ 132 Abs. 1, 134, 135: Bundesverwaltungsgericht;
   - der Beschwerde, § 146: Oberverwaltungsgericht, beziehungsweise (nur in den Fällen der §§ 99 Abs. 2, 133 Abs. 1 VwGO; 17a Abs. 4 Satz 4 GVG): Bundesverwaltungsgericht.

### 3. Prozessuale Bedeutung

Die Zuständigkeit ist eine *Sachentscheidungsvoraussetzung* (s. oben § 10 Rdnr. 2), deren Vorliegen von Amts wegen geprüft wird.

#### *a) Änderung zuständigkeitsbegründender Umstände*

6 Maßgeblich für ihre Beurteilung sind, in Abweichung von den für andere Sachentscheidungsvoraussetzungen geltenden Grundsätzen, die Verhältnisse im Zeitpunkt der Klageerhebung: Eine in diesem Zeitpunkt gegebene gerichtliche Zuständigkeit wird durch nachträgliche Veränderung der sie begründenden Umstände nicht berührt (sogenannte *perpetuatio fori*, § 83 Satz 1 VwGO i. V. m. § 17 Abs. 1 Satz 1 GVG). Hiervon streng zu unterscheiden ist eine Änderung der *Behördenzuständigkeit* im *Verwaltungsverfahren*; sie beurteilt sich nach § 3 Abs. 3 (L)VwVfG.

7 Zuständigkeitsrelevante Änderungen zwischen Klageerhebung und Entscheidung sind vor allem bezüglich der örtlichen Zuständigkeit denkbar. So bleibt zum Beispiel ein Umzug des Klägers gegen einen Verwaltungsakt (§ 52 Nr. 3 Satz 2), die Verlegung des von einer Ordnungsmaßnahme betroffenen Betriebs (§ 52 Nr. 1) oder der Wohnsitzwechsel des Beklagten (§ 52 Nr. 5) nach Klageerhebung ohne prozessuale Auswirkungen. Dies gilt freilich nur, wenn aus der äußeren Veränderung keine materiellen Konsequenzen im Sinne einer Veränderung der Klage (vgl. unten § 31 Rdnr. 37 ff.) gezogen werden (müssen). Ändert sich nach Erhebung einer Leistungsklage (zum Beispiel auf Einbürgerung) durch einen Umzug des Klägers (zum Beispiel von Baden-Württemberg nach Bayern) die (*materiell-*

*rechtlich* erhebliche) Passivlegitimation (vgl. dazu § 16 Rdnr. 31), so liegt nach Umstellung der Klage auf den neuen Beklagten (andernfalls drohte Klageabweisung) eine geänderte Klage vor, für die die Zuständigkeit erneut zu prüfen ist.[6]

### b) Zuständigkeitsvereinbarungen

8 Zur Sicherung des durch den Verwaltungsprozeß immer tangierten öffentlichen Interesses ist die verwaltungsprozessuale Zuständigkeitsordnung der Parteiherrschaft vollständig entzogen. Die Zuständigkeit ist durch die Verwaltungsgerichtsordnung abschließend und zwingend geregelt, stellt sich also stets als *ausschließliche* dar. Anders als im Zivilprozeßrecht, das zudem in bestimmten Fällen ein Wahlrecht des Klägers zwischen mehreren (örtlich) zuständigen Gerichten vorsieht (§ 35 ZPO), ist den Beteiligten deshalb eine von der gesetzlichen Bestimmung der Verwaltungsgerichtsordnung abweichende Vereinbarung der Zuständigkeit (*Prorogation*) verwehrt,[7] auch wenn dies nicht, wie in § 59 SGG, ausdrücklich festgelegt ist. Folgerichtig kann die Zuständigkeit auch nicht durch *rügelose Einlassung*[8] auf die Klage vor einem unzuständigen Gericht (vgl. § 39 ZPO, aber auch § 40 Abs. 2 Satz 2 ZPO) begründet werden. Nur ausnahmsweise kommt die Bestimmung des zuständigen Gerichts gemäß § 53 dem *nächsthöheren Gericht* zu, wenn das Gesetz insoweit keine eindeutige Entscheidung ermöglicht (vgl. unten Rdnr. 31 ff.).

Ein klägerisches Wahlrecht besteht im praktischen Ergebnis der Sache nach allerdings dann, wenn für dasselbe Klagebegehren unter verschiedenen rechtlichen Gesichtspunkten mehrere Gerichte zuständig sind. Da der Rechtsstreit durch das angegangene Gericht umfassend zu entscheiden ist (§ 83 Satz 1 VwGO i. V. m. § 17 Abs. 2 Satz 1 GVG), ergibt sich dessen Zuständigkeit aus der vom Kläger gewählten Anknüpfung.

## II. Die sachliche Zuständigkeit

### 1. Grundsatz: Zuständigkeit des Verwaltungsgerichts

9 Eingangsgericht für alle Streitigkeiten, für die der Verwaltungsrechtsweg offensteht, ist grundsätzlich das Verwaltungsgericht. Es entscheidet gemäß § 45 in erster Instanz, soweit nicht durch Gesetz etwas anderes bestimmt ist. Abweichun-

[6] Ebenso Kopp/Schenke, § 90 Rdnr. 20; Louis/Abry, DVBl 1986,334 f.; vgl. auch BVerwG, NJW 1987,2179.

[7] Allgemeine Meinung, vgl. BVerwGE 54,34; BayVGH, BayVBl 1986,695; Kopp/Schenke, § 45 Rdnr. 4; Peters, DÖV 1967,407; Falk, in: FS für Armbruster, 1976, S. 329.

[8] Vgl. Falk, in: FS für Armbruster, S. 337 ff.

gen sind in §§ 47, 48 (für das Oberverwaltungsgericht) und 50 (zugunsten des Bundesverwaltungsgerichts) vorgesehen.

## 2. Zuständigkeiten des Oberverwaltungsgerichts

Die erstinstanzlichen Zuständigkeiten des Oberverwaltungsgerichts ergeben sich 10
aus den §§ 47 Abs. 1 (Normenkontrollverfahren, s. unten § 26) und 48 (Streitigkeiten betreffend Großvorhaben; Vereinsverbote); gemäß § 48 Abs. 1 Satz 3 können die Länder ferner dem Oberverwaltungsgericht/Verwaltungsgerichtshof die Zuständigkeit in Streitigkeiten über Besitzeinweisungen im Zusammenhang mit den in Abs. 1 Satz 1 genannten Großvorhaben zuweisen.[9] Die durch § 193 aufrechterhaltene Übertragung einer Zuständigkeit zur Entscheidung von Verfassungsstreitigkeiten hat keine praktische Bedeutung erlangt, da das einzige Land ohne eigene Verfassungsgerichtsbarkeit, das Land Schleswig-Holstein, unter Inanspruchnahme der Ermächtigung des Art. 99 GG die Entscheidung über diese Streitigkeiten dem Bundesverfassungsgericht übertragen hat. Zur Zuständigkeit des Oberverwaltungsgerichts als Flurbereinigungsgericht vgl. oben § 6 Rdnr. 36.

### *a) Zulassung von Großvorhaben*

Neueren Datums und von großer Bedeutung sind die in § 48 Abs. 1 begründeten 11
Zuständigkeiten in Verfahren um die *Zulassung von Großvorhaben*.[10] Dabei handelt es sich um Rechtsstreitigkeiten in bezug auf atomare Anlagen (Nr. 1, 2), Großkraftwerke (Nr. 3), große Hochspannungsleitungen (Nr. 4), Hochleistungsanlagen zur Abfallverbrennung und Sondermülldeponien (Nr. 5),[11] Verkehrsflughäfen (Nr. 6) sowie Schienenbahnen (Nr. 7), Bundesfernstraßen (Nr. 8) und Binnenwasserstraßen (Nr. 9).

Die Regelung war ursprünglich in § 9 des Gesetzes zur Entlastung in der Ver- 12
waltungs- und Finanzgerichtsbarkeit (dort eingefügt durch das Beschleunigungsgesetz vom 4.7.1985[12]) enthalten und wurde durch die 4. Änderungsnovelle unmittelbar (und dauerhaft) in die Verwaltungsgerichtsordnung übernommen. Dabei wurden Satz 1 Nr. 1 als Reaktion auf eine restriktive Auslegung der Vorgängerbestimmung[13] um den "sicheren Einschluß und den Abbau von (Atom)Anlagen", Nr. 5 um "die wesentliche Änderung" der genannten Abfallentsorgungsanlagen und Nr. 8 auf Planfeststellungsverfahren für *alle* Bundesfernstraßen erweitert.[14]

---

[9] Vgl. im einzelnen dazu Redeker/v. Oertzen, § 48 Rdnr. 42 m. w. Nachw.; Pagenkopf, DVBl 1985,987.

[10] Vgl. zur Besetzung der Richterbank in diesen Verfahren § 9 Abs. 3 Satz 2, und dazu oben § 6 Rdnr. 24.

[11] Dazu VGH BW, VBlBW 1993,106.

[12] BGBl I S. 1274.

[13] BVerwG, NVwZ 1988,913.

[14] Vgl. dazu Stelkens, NVwZ 1991,211 f.

Zweck der Regelung in Abs. 1 war es von Anfang an, durch den Wegfall einer Tatsacheninstanz zur Verfahrensbeschleunigung beizutragen und zugleich dem Oberverwaltungsgericht als Garanten einer landesweit einheitlichen Rechtsprechung die Bewältigung der meist komplexen und öffentlichkeitsrelevanten Verfahren anzuvertrauen.[15] Mit dieser Intention entspricht § 48 Abs. 1 den von einem breiten Konsens getragenen neueren Bestrebungen nach Verfahrensbeschleunigung[16] mit dem Ziel, einen technischen und wirtschaftlichen Stillstand zu verhindern und den Rechtsschutz des einzelnen zu stärken. Die gegen seine Vorläuferbestimmung geäußerte Grundsatzkritik[17] hat sich letztlich nicht bestätigt. Andererseits hat freilich auch die Zuständigkeitsbestimmung des § 48 selbst Probleme geschaffen, die in der oft schwierigen Abgrenzung ihrer tatbestandlichen Voraussetzungen begründet liegen.

**13** Dabei legt die Wahrung des geschilderten Zwecks ein weites Verständnis nahe, was durch den Gesetzgeber in Abs.1 Satz 2 zusätzlich unterstrichen worden ist. So besteht die Zuständigkeit des Oberverwaltungsgerichts für die Entscheidung nicht nur über die Zulassung der genannten Vorhaben, sondern auch über deren Aufhebung.[18] Ebensowenig kommt es darauf an, ob ein Verwaltungsakt oder eine sonstige öffentlich-rechtliche Maßnahme (z. B. öffentlich-rechtlicher Vertrag) oder Unterlassung in Frage steht, oder mittels welcher Klageart vorgegangen wird.[19] Der Anwendungsbereich des § 48 Abs. 1 wird jedoch verlassen, wenn es nicht mehr um die Vorhabenszulassung, sondern um selbständige *Nebenentscheidungen* (Statuierung nachträglicher Schutzmaßnahmen[20]) oder um Maßnahmen im Vollzug der Zulassungsentscheidung (Streit um die Durchführung von Bauarbeiten[21]) geht. Die Zulassung von "Neben*einrichtungen*" (z. B. Kühlturm eines Kraftwerks[22]) ist dagegen ebenso ausdrücklich erfaßt wie alle erforderlichen Parallelgenehmigungen (vgl. § 48 Abs. 1 Satz 2). Dies wird von Bedeutung, wenn das Verwaltungsverfahrensrecht keine oder nur eine eingeschränkte Konzentrationswirkung der Zulassungsentscheidung vorsieht (z. B. bergrechtliche Zulassung neben der atomrechtlichen Planfeststellung, § 9b Abs. 5 Nr. 3 AtG).

**14** Die *funktionelle Zuständigkeit* bleibt von § 48 Abs. 1 unberührt. Das Oberverwaltungsgericht ist deshalb gemäß §§ 80 Abs. 5, 123 Abs. 2 auch in den Verfahren des vorläufigen Rechtsschutzes zuständig mit der (vom Gesetzgeber gewoll-

---

[15] So die Amtl. Begr. damals (BT-Drucks. 10/171, S. 8 ff.) wie heute (BT-Drucks. 11/7030, S. 22). Vgl. ferner Meyer-Ladewig, NJW 1985,1986 ff.; v. Oertzen, DÖV 1985,749; Pagenkopf, DVBl 1985,982 ff.

[16] Vgl. dazu Brohm, NVwZ 1991,1025; Bullinger, JZ 1993,492.

[17] Vgl. etwa Kopp, GA/54. DJT, 1988, S. B 48; Redeker, DVBl 1982,809.

[18] Vgl. dazu OVG Berlin, DÖV 1991,559.

[19] Ebenso Redeker/v. Oertzen, § 48 Rdnr. 3; Bier, in: Schoch/Schmidt-Aßmann/Pietzner, § 48 Rdnr. 5.

[20] BayVGH, BayVBl 1992,50; OVG Berlin, DÖV 1991,559.

[21] Vgl. OVG Berlin, DÖV 1991,559.

[22] Vgl. dazu OVG RP, DVBl 1987,1027.

ten[23]) Konsequenz eines Ausschlusses der Beschwerde (vgl. § 152 Abs. 1 und dazu unten § 40 Rdnr. 6).

### *b) Vereinssachen*

Eine lange Tradition hat die in § 48 Abs. 2 begründete Zuständigkeit für Anfechtungsklagen gegen Verbote und Verfügungen einer *obersten Landesbehörde* (für Bescheide des Bundesministers des Inneren (s. unten Rdnr. 21) gemäß § 3 Abs. 2 Nr. 1 und § 8 Abs. 2 Satz 1 *VereinsG*. Für diese Verfahren gelten zum Teil besondere Vorschriften, vgl. § 51 VwGO i. V. m. §§ 5 ff VereinsG. Aufgrund des enumerativen Charakters des § 48 Abs. 2 und vor dem Hintergrund der Grundsatzbestimmung des § 45 ist in allen übrigen Vereinsstreitsachen, insbesondere für Klagen gegen Vollziehungsmaßnahmen (§ 5 VereinsG), das Verwaltungsgericht zuständig. **15**

Verbote und Verfügungen gegenüber arbeitsrechtlichen Koalitionen im Sinn des § 16 Abs. 1 VereinsG unterliegen einem besonderen Bestätigungsverfahren, dessen Durchführung in § 16 Abs. 2-4 VereinsG im einzelnen geregelt ist. Danach hat die Verbotsbehörde ihre Entscheidung dem Oberverwaltungsgericht vorzulegen, das gemäß § 16 Abs. 2 Satz 1, Abs. 3 VereinsG für die Entscheidung über die Bestätigung und im Fall von deren Versagung für die Aufhebung des Verbots oder der Verfügung zuständig ist. **16**

## 3. Zuständigkeiten des Bundesverwaltungsgerichts

### *a) Grundsätzliche Problematik*

Nach seiner Funktion und Stellung im Gerichtsaufbau obliegen dem Bundesverwaltungsgericht im Bereich seiner verfassungsrechtlich begründeten Rechtsprechungszuständigkeit in erster Linie die Sicherung der Rechtseinheit und die Rechtsfortbildung. Eine erstinstanzliche Zuständigkeit kommt deshalb im Lichte des Art. 95 Abs. 1 GG nur für Streitigkeiten von grundsätzlicher und/oder die Ländergrenzen übersteigender Bedeutung (sei es wegen des Gegenstandes oder wegen der Beteiligten) in Betracht, die sachgerecht erst- und letztinstanzlich durch ein Bundesgericht zu entscheiden sind[24] (vgl. oben § 6 Rdnr. 27). **17**

Unter dieser Voraussetzung steht auch Art. 19 Abs. 4 GG, durch den kein Instanzenzug gewährleistet wird (s. oben § 3 Rdnr. 16), nicht entgegen, verlangt aber angesichts eines durchgehend mehrstufigen Rechtsschutzsystems im Verein mit dem Gleichheitssatz besondere Rechtfertigung.[25] Diese ergibt sich namentlich **18**

[23] Vgl. Pagenkopf, DVBl 1985,987.
[24] Vgl. BVerfGE 8,174; Herzog, in: Maunz/Dürig, Stand 1972, Art. 95 Rdnr. 48; vgl. auch Kopp/Schenke, § 50 Rdnr. 1.
[25] Vgl. BVerwGE 54,276 (292 ff.); BVerwGE 65,76 (91); Schmidt-Aßmann, in: Maunz/Dürig,

im Falle des § 5 Abs. 1 VerkWegePlBG aus der besonderen Situation der neuen Bundesländer und der Notwendigkeit des raschen Aufbaus einer funktionierenden Infrastruktur.[26] Geeignetheit und Effizienz der erstinstanzlichen Zuständigkeit eines ortsfernen und mit den praktischen Problemen der Eingangsinstanz nicht aktuell vertrauten Obergerichts bleiben gleichwohl grundsätzlich wie im konkreten Fall fraglich.

### *b) Die einzelnen Zuständigkeiten*

Die sachliche Zuständigkeit des Bundesverwaltungsgerichts wird in erster Linie durch § 50 bestimmt.

19 Im Zentrum stehen dabei die in Abs. 1 Nr. 1 genannten *öffentlich-rechtlichen Streitigkeiten nichtverfassungsrechtlicher Art* zwischen dem Bund und den Ländern sowie zwischen verschiedenen Ländern. Insoweit ist der Verwaltungsrechtsweg ein "anderer Rechtsweg" im Sinne des Art. 93 Abs. 1 Nr. 4 Var. 1 und 2 GG, der den Weg zum Bundesverfassungsgericht ausschließt. Liegt dagegen eine verfassungsrechtliche Streitigkeit vor (s. dazu oben § 11 Rdnr. 38), so ist der Verwaltungsrechtsweg gemäß § 40 Abs. 1 Satz 1 versperrt. Auch bei Eröffnung des Verwaltungsrechtswegs ist jedoch die erstinstanzliche Zuständigkeit des Bundesverwaltungsgerichts nur dann begründet, wenn der Streit unmittelbar im Bundesstaatsverhältnis wurzelt, also gerade durch die Eigenart der Beziehungen zwischen Bund und Ländern als solchen gekennzeichnet ist. Dies trifft etwa zu, wenn es um die Wahrnehmung von Hoheitsrechten in Regierungsfunktion[27] oder die Abgrenzung beiderseitiger Hoheitsbefugnisse im Bereich der Verwaltungshaftung (Art. 104a Abs. 5 GG)[28] geht. Wenn dagegen Bund und Land beziehungsweise mehrere Länder als schlichte Teilnehmer am allgemeinen Rechtsverkehr verwaltungsgerichtlichen Rechtsschutz begehren (z. B. für Erstattung von Reinigungskosten[29]), bleibt es bei der Zuständigkeitsregel zugunsten des Verwaltungsgerichts in § 45.

20 Der Abgrenzungsschwierigkeit trägt § 50 Abs. 3 Rechnung. Er verpflichtet das Bundesverwaltungsgericht zur Vorlage der Sache an das Bundesverfassungsgericht, wenn es die Streitigkeit für verfassungsrechtlich hält. Anders als bei der in vergleichbarer Situation vorgesehenen Verweisung (vgl. § 11 Rdnr. 109 ff. sowie unten Rdnr. 34 f.) entscheidet das Bundesverfassungsgericht nur über die Vorlage,

---

Stand 1985, Art. 19 Abs. IV Rdnr. 179.

[26] Vgl. BVerwG, NVwZ 1996,393; ebenso im Ergebnis Ronellenfitsch, DVBl 1991,932; a. A. Klinski/Gaßner, NVwZ 1992,238.

[27] Z. B. beim Streit um einen Staatsvertrag (Studienplätze), vgl. BVerwGE 80,373, und allgemein BVerwGE 60,162 (173); 87,169 (171). Weitere Nachweise aus der Rechtsprechung bei Kopp/Schenke, § 50 Rdnr. 3.

[28] Vgl. BVerwGE 96,45.

[29] Vgl. BVerwG, NJW 1984,817.

während die Sache selbst beim Bundesverwaltungsgericht anhängig bleibt. Dieses hat die Klage sodann als unzulässig abzuweisen, wenn das Bundesverfassungsgericht eine verfassungsrechtliche Streitigkeit bejaht, andernfalls ist das Verfahren fortzuführen.[30]

21 Weitere Zuständigkeiten des Bundesverwaltungsgerichts werden durch §§ 50 Abs. 1 VwGO; 16 VereinsG, parallel zur Zuständigkeit des Oberverwaltungsgerichts (vgl. oben Rdnr. 15) für landesübergreifende Vereinssachen (Nr. 2), sowie für nachrichtendienstliche Streitigkeiten (Nr. 4) begründet. Das Bundesverwaltungsgericht ist schließlich zuständig in Streitigkeiten über Entscheidungen des Bundesaufsichtsamts für das Versicherungs- und Bausparwesen nach § 10a BAG vom 22.12.1954 (BGBl I S. 501) i. V. m. § 190 Nr. 2 VwGO[31] und des Bundespatentamts gemäß § 13 Abs. 2 PatG i. V. m. § 190 Nr. 8 VwGO sowie zur Entscheidung über Planfeststellungen und Genehmigungen gemäß §§ 1, 5 Abs. 1 VerkWegePlBG.[32] Weitere Bestimmungen dieses Art sind für die Zukunft nicht ausgeschlossen.

#### *c) Verfahren*

22 Das Verfahren vor dem Bundesverwaltungsgericht folgt den allgemeinen Regeln bei erstinstanzieller Zuständigkeit, §§ 81-106. Das Gericht unterliegt deshalb nicht den Beschränkungen des Revisionsverfahrens (z. B. § 142)[33] und ist insbesondere zur Auslegung und Anwendung von Landesrecht[34] sowie zu eigenen Tatsachenfeststellungen (vgl. § 137 Abs. 2) befugt.

## III. Die örtliche Zuständigkeit

23 Die örtliche Zuständigkeit ist in § 52 geregelt; sie bestimmt sich für das Gericht des ersten Rechtszuges als Vollstreckungsgericht gemäß § 167 Abs. 1 Satz 1 in entsprechender Anwendung des Achten Buchs der Zivilprozeßordnung.[35] Mit diesen Bestimmungen hat der Bund von der Gesetzgebungskompetenz gemäß Art. 74 Abs. 1 Nr. 1 GG erschöpfend Gebrauch gemacht. Für abweichende Regelungen der Länder ist deshalb kein Raum.[36]

24 Innerhalb des § 52 ist zwischen den *besonderen* Gerichtsständen der Nr. 1, 4, 2 und 3 und dem *allgemeinen* Gerichtsstand gemäß Nr. 5 zu unterscheiden. Nach

[30] A. M. Sachs, DÖV 1981,707. Vgl. zum Ganzen auch Redeker/v. Oertzen, § 50 Rdnr. 6.
[31] Vgl. dazu BVerwGE 84,306.
[32] Vgl. zur Reichweite BVerwG, DÖV 1993,388; NVwZ 1994,368; NVwZ 1994,370; NVwZ 1995,379.
[33] Vgl. auch BVerwGE 50,137.
[34] Vgl. BVerwGE 70,310.
[35] Vgl. BayVGH, BayVBl 1985,179 sowie unten § 43 Rdnr. 11.
[36] BVerfGE 37,191; 83,24 (30).

der Gesetzessystematik schließt jeder der genannten Gerichtsstände die nächstfolgenden aus. Die Prüfung muß deshalb in der angegebenen Reihenfolge durchgeführt werden.

### 1. Besondere Gerichtsstände

#### *a) Gerichtsstand der belegenen Sache, § 52 Nr. 1.*

25 Vorwiegend im öffentlichen Bau-, im Umwelt- und im Wegerecht richtet sich der Gerichtsstand nach der räumlichen Lage des Streitobjekts, das heißt nach dem "unbeweglichen Vermögen" beziehungsweise nach dem "ortsgebundene(n) Recht oder Rechtsverhältnis".[37]

#### *b) Gerichtsstand des dienstlichen Wohnsitzes, § 52 Nr. 4.*

26 Wiederum unabhängig von der jeweiligen Klageart wird bezüglich Klagen aus einem der in § 52 Nr. 4 genannten Pflichtenverhältnisse an den dienstlichen Wohnsitz des Klägers (des Dienstverpflichteten), hilfsweise an den privaten Wohnsitz, angeknüpft. Ausdrücklich gilt dies auch dann, wenn das Pflichtenverhältnis noch gar nicht entstanden ist (z. B. Anerkennung eines Kriegsdienstverweigerers)[38] sowie dann, wenn es bereits beendet ist. In der umgekehrten Richtung, das heißt für Klagen des Dienstherrn, ist die in Nr. 4 enthaltene Bestimmung nicht anwendbar.[39]

#### *c) Anfechtungs- und Verpflichtungsklagen, § 52 Nr. 2, 3.*

Knüpfen die vorstehenden Bestimmungen an materiell-rechtliche Gegebenheiten an, so wird in § 52 Nr. 2 und 3 auf die Klageart abgestellt, wobei es im einzelnen noch auf den Urheber des streitgegenständlichen Verwaltungsakts ankommt.

27 *aa) Sitz der Bundesverwaltung.* § 52 Nr. 2 Satz 1, 2 betrifft Verwaltungsakte einer Behörde oder sonstigen Stelle der Bundesverwaltung, wobei maßgeblich auf deren Sitz abgestellt wird. In den Bereichen des Asylverfahrens (Nr. 2 Satz 3) und Angelegenheiten in der Zuständigkeit der deutschen Auslandsvertretungen (Nr. 2 Satz 4) gelten besondere Vorschriften.

---

[37] Zum Merkmal der Ortsbezogenheit (in den Vorgängerbestimmungen) vgl. Redelberger, DÖV 1953,268 ff.
[38] BVerwGE 58,225.
[39] Vgl. Redeker/v. Oertzen, § 52 Rdnr. 7.

*bb)* Für sonstige Anfechtungs- und Verpflichtungsklagen kommt es gemäß § 52 Nr. 3 auf den Ort des *Erlasses des Verwaltungsakts* an. Dieser erfolgt, obwohl der Verwaltungsakt erst mit seiner *Bekanntgabe* wirksam wird (§ 43 Abs. 1 VwVfG), durch schriftliche Abfassung oder mündliche Mitteilung, also in der Regel am Sitz der verfügenden Behörde.[40] Bei Verwaltungsakten einer Behörde mit überregionaler Zuständigkeit,[41] ausgenommen Anfechtungsklagen gegen Entscheidungen der Zentralstelle für die Vergabe von Studienplätzen (Nr. 3 Satz 4),[42] kommt es auf den örtlichen Bezug (Sitz usw.) des Beschwerten an (Nr. 3 Sätze 2, 3). **28**

*cc) Maßgebliche Behörde* im Sinn des § 52 Nr. 2, 3 ist stets die in § 78 Abs. 1 Nr. 1, Abs. 2 angeführte Ausgangsbehörde (vgl. dazu unten § 21 Rdnr. 6 ff.)[43]. Die Zuständigkeitsregelungen sind ferner auch auf Feststellungsklagen anwendbar, die auf die Nichtigkeit eines Verwaltungsakts gerichtet sind[44] und anstelle einer Anfechtungsklage erhoben werden können (s. unten §§ 17 Rdnr. 43 ff.; 22 Rdnr. 32 ff.). **29**

### 2. Der allgemeine Gerichtsstand

Subsidiär[45] und aufgrund der Struktur des § 52 nur in bezug auf Feststellungs- und allgemeine Leistungsklagen denkbar, die sich nicht auf eine "belegene Sache" beziehungsweise ein besonderes Pflichtenverhältnis beziehen, folgt der Gerichtsstand dem *Sitz* (bei juristischen Personen, Vereinigungen und Behörden) beziehungsweise dem *Wohnsitz* (bei natürlichen Personen; vgl. §§ 7-11 BGB) des Klägers. Wird der Staat als Beklagter in Anspruch genommen, so ist der Sitz der entscheidungsbefugten Behörde maßgeblich.[46] **30**

## IV. Die Bestimmung des zuständigen Gerichts

Als Ausnahme von dem aus Art. 101 Abs. 1 Satz 2 GG folgenden Grundsatz, daß das zuständige Gericht im voraus durch Rechtssatz bestimmt sein muß, ermächtigt § 53 die rechtsprechende Gewalt zur Zuständigkeitsbestimmung in den (seltenen) Fällen, in denen sich die örtliche oder sachliche Zuständigkeit eindeutiger gesetzlicher Festlegung entzieht[47] (sogenannter Gerichtsstand kraft Richterspruchs). Das **31**

[40] Vgl. Redeker/v. Oertzen, § 52 Rdnr. 17.
[41] Man denke an Bescheide, die vom gemeinsamen Prüfungsamt der Länder Bremen, Hamburg und Schleswig-Holstein erlassen werden.
[42] Anders dagegen bei diesbezüglichen Klagen gegen eine Universität, vgl. Rottmann/Breinersdorfer, NVwZ 1988,885.
[43] Vgl. BVerwGE 9,172.
[44] Vgl. Redeker/v. Oertzen, § 52 Rdnr. 10.
[45] Vgl. BVerwGE 39,94.
[46] Vgl. BVerwGE 71,183 (188).
[47] Vgl. dazu Degenhart, HdBStR, Bd. III, § 75 Rdnr. 20.

erfordert eine strikte Handhabung und verbietet einen Einsatz dieses Instruments allein aus Praktikabilitätserwägungen (z. B. Zusammenfassung aller Verfahren gegen die verschiedenen Rundfunkanstalten der ARD;[48] einheitlicher Gerichtsstand für Klage gegen einen grenzüberschreitenden Regionalplan[49]) oder zur Behebung bloßer Zweifel.[50] Ohnehin verbleibt der Vorschrift aufgrund der Vielzahl und Dichte der gesetzlichen Zuständigkeitsbestimmungen und deren Analogiefähigkeit[51] nur ein schmaler Anwendungsbereich.

**32** Nach dem Vorbild der §§ 36 f. ZPO gestaltet auch § 53 die Bestimmung des Gerichtsstands als originäre Rechtsprechungsaufgabe aus, deren Erfüllung von dem Zweck der Rechtssicherheit, vor allem im Interesse der Parteien, getragen ist.[52] Sowohl das mit dem Rechtsstreit befaßte Gericht als auch die Verfahrensbeteiligten können in jedem Stadium des Verfahrens (unter Umständen sogar schon vor Rechtshängigkeit[53]) einen Antrag auf gerichtliche Entscheidung stellen (§ 53 Abs. 3 Satz 1). Die Entscheidung liegt in den Fällen des Abs. 1 beim "nächsthöheren Gericht", im Falle des Abs. 2 beim Bundesverwaltungsgericht.[54] Das angerufene Gericht entscheidet durch unanfechtbaren Beschluß, der, außer bei extremen Rechtsverstößen,[55] für das darin bestimmte Gericht bindend ist.

**33** Von den in § 53 Abs. 1, 2 aufgeführten Tatbeständen ist nur der in Abs. 1 Nr. 3 genannte Fall praktisch bedeutsam, daß unter der Geltung des § 52 mehrere *Gerichtsstände* gleichzeitig in Frage kommen[56] (z. B. bei doppeltem Wohnsitz, vgl. § 52 Nr. 5; oben Rdnr. 30); diese Bestimmung ist bei mehrfacher sachlicher Zuständigkeit analog anwendbar.[57] Demgegenüber ist die in Abs. 1 Nr. 1 geregelte rechtliche oder tatsächliche Verhinderung eines ganzen Gerichts ebenso unwahrscheinlich wie das in Abs. 2 genannte Fehlen eines Gerichtsstandes gemäß § 52. Ein negativer Kompetenzkonflikt gemäß Abs. 1 Nr. 5 ist schließlich nach der Novellierung des § 83 Satz 1 VwGO i. V. m. §§ 17 f. GVG (bindende Verweisung, s. dazu sogleich Rdnr. 34 f.) rechtlich nicht mehr vorstellbar.[58]

## V. Unzuständigkeit, Verweisung

**34** Die Klage zu einem örtlich oder sachlich unzuständigen Gericht ist unzulässig. Dies führt jedoch seit der 4. VwGO-Novelle nicht mehr zu ihrer Abweisung.

[48] Vgl. BVerwG, DÖV 1977,65.
[49] Vgl. BayVGH, NVwZ-RR 1991,332.
[50] Vgl. dazu BVerwGE 39,94; BVerwGE 58,225.
[51] Vgl. dazu BVerwG, DVBl 1981,190; DÖV 1981,841.
[52] Vgl. BGH, NJW 1964,1416 f.; MDR 1978,564.
[53] BVerwG, NVwZ 1993,359.
[54] Vgl. zu den verfahrensrechtlichen Voraussetzungen im einzelnen Herz, a.a.O., S. 71 ff.
[55] Vgl. BVerwGE 64,347 (354).
[56] Vgl. NdsOVG, DVBl 1995, 933.
[57] Vgl. BGHZ 90,155; BGH, NJW 1984,740; aber auch BVerwGE 64,347 (354).
[58] Vgl. BVerwG, NVwZ 1995, 372.

Vielmehr ist das Verfahren durch unanfechtbaren Beschluß (§ 83 Satz 2), in dem die Unzuständigkeit ausgesprochen wird, von Amts wegen an das zuständige Gericht zu verweisen, § 83 Satz 1 VwGO i. V. m. § 17a Abs. 2 GVG. Dieses ist – außer bei schweren Rechtsverstößen[59] – an den Beschluß gebunden. Wird die Zuständigkeit bejaht, so muß das Gericht auf Antrag einer Partei und kann es im übrigen hierüber – ebenfalls durch unanfechtbaren Beschluß – entsprechend § 17a Abs. 3 GVG vorab entscheiden. Wird die Zuständigkeit inzident (im Rahmen der Hauptsacheentscheidung) bejaht, so ist das Rechtsmittelgericht auch hieran gebunden (§§ 83 Satz 2 VwGO; 17a Abs. 5 GVG). Die gesetzliche Regelung bei fehlender oder zweifelhafter *Zuständigkeit* stimmt damit – abgesehen von der Unanfechtbarkeit der Entscheidung über diese – im wesentlichen mit der Lage bei Unzulässigkeit des Rechtswegs (vgl. dazu oben § 11 Rdnr. 113 ff.) überein und dient hier wie dort der Stärkung der Rechtssicherheit und der Beschleunigung des Verfahrens.

Obwohl sich § 83 ausdrücklich nur auf die örtliche und sachliche Zuständigkeit **35** bezieht, ist er auf Fälle fehlender funktioneller Zuständigkeit entsprechend, nach manchen ohne weiteres unmittelbar,[60] anzuwenden, so zum Beispiel bei unzutreffender Bestimmung des Gerichts der Hauptsache in den Verfahren des vorläufigen Rechtsschutzes (vgl. §§ 80 Abs. 5, 123 Abs. 2).[61]

## Literatur

*Falk*, Die Begründung der örtlichen Zuständigkeit eines nach § 52 Verwaltungsgerichtsordnung unzuständigen Gerichts, in: FS für Armbruster, 1976, S. 329 ff.

*Hamann*, Kann die Zuständigkeit des Verwaltungsgerichts durch Parteivereinbarung begründet werden?, DVBl 1951,156.

*Herz*, Die gerichtliche Zuständigkeitsbestimmung, 1990.

*Klinski/Gaßner*, Das Gesetz zur Beschleunigung der Verkehrswegeplanung: Planungsrecht auf Abwegen, NVwZ 1992,235 (238 f.).

*Kopp*, Änderungen der Verwaltungsgerichtsordnung zum 1.1.1992, NJW 1991,521 (523).

*Louis/Abry*, Wechsel der örtlichen Zuständigkeit einer Behörde während des Widerspruchs- oder des Klageverfahrens, DVBl 1986,331.

*Meyer-Ladewig*, Das Gesetz zur Beschleunigung verwaltungsgerichtlicher und finanzgerichtlicher Verfahren, NJW 1985,1985.

*v. Oertzen*, Zur erstinstanzlichen Zuständigkeit des OVG nach dem Beschleunigungsgesetz, DÖV 1985,749.

*Pagenkopf*, Abschied von der Instanzenseligkeit?, DVBl 1985,981.

*Ders.*, Die VwGO-Novelle – Augenmaß und Schlichtheit, DVBl 1991,285 (294 f.).

---

[59] Vgl. BVerwG, DÖV 1993,388.

[60] Vgl. VGH BW, VBlBW 1992,471.

[61] Ebenso Kopp/Schenke, § 83 Rdnr. 1; a. A. Redeker/v. Oertzen § 83 Rdnr. 10. Einigkeit dürfte darüber bestehen, daß § 83 VwGO i. V. m. §§ 17 ff. GVG auch in den Verfahren des vorläufigen Rechtsschutzes bezüglich der Verweisung wegen örtlicher Unzuständigkeit anwendbar ist, was in den zitierten Fundstellen nicht klar zum Ausdruck kommt; vgl. dazu Ortloff, in: Schoch/Schmidt-Aßmann/Pietzner, § 83 Rdnr. 25 f.

*Peters*, Vereinbarungen über die Zuständigkeit im verwaltungsgerichtlichen Verfahren?, DÖV 1967,407.
*Redelberger*, Der Gerichtsstand der Ortsbezogenheit, DÖV 1953,268.
*Sachs*, Die Vorlage an das BVerfG bei Bund-Länder-Streitigkeiten, DÖV 1981,707.
*Stelkens*, Das Gesetz zur Neuregelung des verwaltungsgerichtlichen Verfahrens (4. VwGO-ÄndG) – Das Ende einer Reform?, NVwZ 1991,209 (211 f.).
*Ule*, Erstinstanzliche Zuständigkeit des OVG für Rechtsstreitigkeiten über die Genehmigung von Großvorhaben, WuV 1983,23.

# § 13. Das Rechtsschutzbedürfnis

## I. Allgemeine Bedeutung

1 Allgemeine Voraussetzung für die Inanspruchnahme staatlicher Tätigkeit durch den einzelnen ist, daß dieser hieran ein schutzwürdiges Interesse hat.[1] Insbesondere hängt die Zulässigkeit *prozessualer* Begehren, vor allem der Klage, aber auch eines Rechtsmittels oder sonstigen bestimmenden Antrags, zum Beispiel im Verfahren des einstweiligen Rechtsschutzes (§§ 80 Abs. 5, 80a Abs. 3; 123), vom Bestehen eines *Rechtsschutzbedürfnisses* oder *Rechtsschutzinteresses* ab. Dieses Erfordernis hat nur in Einzelfällen in Form des "berechtigten Interesses" (§§ 43 Abs. 1; 113 Abs. 1 Satz 4), vergleichbar dem "rechtlichen Interesse" (§ 256 Abs. 1 ZPO), gesetzlichen Ausdruck gefunden; als "allgemeines Prinzip"[2] erhält es seine innere Rechtfertigung in dem *Verbot des institutionellen Mißbrauchs* prozessualer Rechte[3] zu Lasten der Funktionsfähigkeit des staatlichen Rechtspflegeapparats,[4] wohl auch der gegnerischen Prozeßpartei.[5] Es verwirklicht damit im Grunde lediglich den allgemeinen Rechtsgrundsatz von Treu und Glauben, der materiellrechtlich in § 242 BGB positiviert wurde, auf der Ebene der gerichtlichen Rechtsdurchsetzung. Die Versagung von Rechtsschutz für Begehren, die nach diesem Kriterium nicht schutzwürdig sind, hat auch vor Art. 19 Abs. 4 GG Bestand.[6]

2 Schon aufgrund dieses Charakters als *Mißbrauchsverbot* erweist sich das allgemeine Rechtsschutzbedürfnis als *negative Sachentscheidungsvoraussetzung* (vgl. oben § 10 Rdnr. 21 f.), deren Vorliegen nicht positiv begründet werden muß, sondern deren Fehlen umgekehrt die begründungsbedürftige Ausnahme darstellt. Dies ergibt sich aber auch aus dem funktionalen Verhältnis von materiellem und Prozeßrecht (vgl. oben § 1), nach dem der einzelne, der sich auf ein von der

---

[1] Vgl. für das Sachbescheidungsinteresse an behördlichem Handeln BVerwGE 42,115; 75,304.
[2] BVerfGE 61,126 (135).
[3] Vgl. Zeiss, Die arglistige Prozeßpartei, 1967, S. 150 ff.; Bock, a.a.O., S. 31 ff.; Schmitt Glaeser, Rdnr. 118. Die daneben anzutreffenden Begründungsversuche (Prozeßzweck; Prozeßökonomie) haben sich entweder als zu eng oder als nicht dem Verwaltungsprozeß adäquat erwiesen.
[4] Vgl. Grunsky, Grundlagen des Verfahrensrechts, 2. Aufl. 1974, S. 392; Pietzner/Ronellenfitsch, § 18 Rdnr. 1.
[5] Ebenso Pietzner/Ronellenfitsch, § 18 Rdnr. 1; a. M. Grunsky, Grundlagen, S. 392.
[6] BVerfGE 61,126 (135); 96,27 (39 f.); Schmidt-Aßmann, in: Maunz/ Dürig, Stand 1985, Art. 19 Abs. IV Rdnr. 244.

Rechtsordnung begründetes, materielles Recht beruft, grundsätzlich auch die Möglichkeit zu dessen gerichtlicher Durchsetzung haben muß.[7]

3 Positiver Begründung bedarf das Rechtsschutzbedürfnis dagegen, soweit es ausdrückliche gesetzliche Zulässigkeitsvoraussetzung bestimmter Begehren ist (§§ 43 Abs. 1; 113 Abs. 1 Satz 4). Für weitere Rechtsschutzbegehren beziehungsweise Verfahrenssituationen, bei denen ihrer Art nach die sachliche Notwendigkeit gerichtlichen Rechtsschutzes in ähnlicher Weise nicht zweifelsfrei feststeht, wurden darüber hinaus außerhalb gesetzlicher Normierung spezielle Anforderungen eines *besonderen Rechtsschutzbedürfnisses* entwickelt, so insbesondere für die isolierte Anfechtung des Widerspruchsbescheids (s. unten § 15 Rdnr. 20 ff.), den verwaltungsgerichtlichen Innenrechtsstreit (s. unten § 25 Rdnr. 23 f.), den vorbeugenden Rechtsschutz (s. unten § 24 Rdnr. 7 ff.) und behördliche Normenkontrollanträge (s. unten § 26 Rdnr. 59 f.) sowie die Einlegung von Rechtsmitteln (s. unten § 37 Rdnr. 26 ff.). Sie werden im jeweiligen Sachzusammenhang behandelt, während sich die folgenden Ausführungen auf Erscheinungsformen fehlenden allgemeinen Rechtsschutzbedürfnisses beschränken und im Anschluß daran auf die Besonderheiten des Rechtsschutzes gegen behördliche Verfahrenshandlungen eingehen.

## II. Fallgruppen fehlenden Rechtsschutzbedürfnisses

4 Der generalklauselartige Charakter der selbst negativ formulierten Voraussetzung eines Rechtsschutzbedürfnisses birgt die Gefahr unkontrollierter Beschränkung des Rechtsschutzes.[8] Literatur und Rechtsprechung haben deshalb Fallgruppen fehlenden Rechtsschutzbedürfnisses herausgearbeitet.

### 1. Fehlende Belastung

5 Verhältnismäßig klar umrissen ist die oft auch unter der Überschrift "Nutzlosigkeit" zusammengefaßte Fallgruppe fehlender Belastung.[9] Sie ist dadurch gekennzeichnet, daß der Kläger entweder gegen ein Staatshandeln vorgehen will, das für ihn keine beeinträchtigende Wirkung (mehr) zeitigt, oder daß er einen erstrebten Vorteil auf dem von ihm eingeschlagenen Weg nicht (mehr) erreichen kann. Wichtige Beispielsfälle sind die Anfechtung eines zurückgenommenen Verwaltungsaktes (anders jedoch im Fall eines nichtigen Verwaltungsaktes, vgl. unten § 17 Rdnr. 43) und die Geltendmachung eines bereits erfüllten Anspruchs. Keine Belastung geht ferner zum Beispiel von der Ablehnung der Anerkennung als

---

[7] Vgl. BVerwGE 41,253; 81,164; vgl. auch BVerwG, NVwZ 1994,268.

[8] Vgl. Grunsky, Grundlagen, S. 391; Schmidt-Aßmann, in: Maunz/Dürig, Art. 19 Abs. IV Rdnr. 244; W. Schenke, in: BGG, Stand 1982, Art. 19 Abs. 4 Rdnr. 133.

[9] Vgl. Schmitt Glaeser, Rdnr. 131; Pietzner/Ronellenfitsch, § 18 Rdnr. 1.

Kriegsdienstverweigerer aus, wenn ein dauerhaftes Einberufungshindernis (Untauglichkeit,[10] unter Umständen auch Verpflichtung im Katastrophenschutz[11]) besteht. Hierher gehören auch die Fälle, bei denen das Rechtsschutzbegehren durch ein außerprozessuales Ereignis (Beispiel: das abzubrechende Haus ist zwischenzeitlich abgebrannt) gegenstandslos wird (vgl. unten § 36 Rdnr. 36 ff.). Unter bestimmten Voraussetzungen wird allerdings ein (besonderes) Bedürfnis nach Rechtsschutz gegen fortwirkende oder besonders nachhaltige Beeinträchtigungen, wie er durch eine Feststellungsklage vermittelt wird (vgl. unten § 22 Rdnr. 13 ff.), anzuerkennen sein. Die Erledigung des Rechtsstreits in der Hauptsache läßt also nicht notwendig jedes Rechtsschutzbedürfnis entfallen.

An die Schwere der von der Entscheidung zu beseitigenden Belastung beziehungsweise das Ausmaß des von ihr erwarteten Vorteils dürfen keine zu hohen Anforderungen gestellt werden, *sofern* die Ebene *rechtlicher Betroffenheit* (mögliche *Rechts*verletzung) erreicht wird. Dies ist für die Verbesserung von Schulnoten ohne weitere (zum Beispiel berufliche – Abitur) Auswirkung im Normalfall abzulehnen,[12] doch gibt es keinen Bagatellvorbehalt: Allein die Geringfügigkeit der Belastung, zum Beispiel durch eine Gebühr, läßt das Rechtsschutzbedürfnis – abgesehen von einer schikanösen (nicht notwendig querulatorischen) Anrufung des Gerichts – nicht entfallen.[13] 6

Hat sich der Kläger mit der angegriffenen Amtshandlung, zum Beispiel einer gebührenpflichtigen Verwarnung (§ 56 OWiG) oder der behördlichen Zustimmung zur Kündigung (§ 9 Abs. 3 MuSchG), einverstanden erklärt, so wirkt sich dies erst auf der materiell-rechtlichen Ebene aus.[14] Andererseits entfällt schon die (prozessuale) Klage- beziehungsweise Antragsberechtigung und nicht erst das Rechtsschutzbedürfnis, wenn der Einverständniserklärung (weitergehend) der *Verzicht* auf die *prozessuale* Geltendmachung eigener Rechte zu entnehmen ist (vgl. zum Klageverzicht unten § 34 Rdnr. 15 f.). 7

## 2. Übermäßige Inanspruchnahme staatlichen Rechtsschutzes

In gedanklicher Parallele zum Übermaßverbot fehlt das Rechtsschutzbedürfnis ferner, wenn das Rechtsschutzziel auf einem einfacheren als dem gewählten Weg erreicht werden kann, sei es, daß gerichtliche Inanspruchnahme überhaupt 8

---

[10] BVerwGE 44,120; vgl. auch BVerwGE 74,345; 82,154.

[11] BVerwGE 61,246 (247); differenzierend Sachs, NVwZ 1982,237.

[12] BVerwG, DÖV 1983,819; Kopp/Schenke, Vorbem. § 40 Rdnr. 42; a. A. Jakobs, VBlBW 1981,178.

[13] Vgl. Pohle, in: FS für Lent, 1957, S. 219; Schenke, in: BGG, Art. 19 Abs. 4 Rdnr. 144 m. w. Nachw.; OVG NW, OVGE 16,236.

[14] Demgegenüber (vor Zuständigkeit der ordentlichen Gerichte, vgl. §§ 62, 68 OWiG) für Entfallen des Rechtsschutzbedürfnisses noch BVerwGE 24,8 (11) m. Anm. von Bode, NJW 1966,1529; Schmitt Glaeser, Rdnr. 135; a. A. OVG RP, DÖV 1965, 527; vgl. aber auch BVerwGE 54,276 (278).

entbehrlich ist (Rdnr. 9 ff.) oder ein einfacheres und/oder sachnäheres gerichtliches Verfahren zu Verfügung steht (Rdnr. 14 ff.).

### *a) Entbehrlichkeit eines gerichtlichen Verfahrens*

**9** Eines gerichtlichen Verfahrens bedarf es nicht, wenn die klagende Partei einen Titel bereits in Händen hat oder sich ohne gerichtliche Hilfe verschaffen kann. So ist die Klage aus einem Vertrag unzulässig, in dem sich der Vertragspartner gemäß § 61 VwVfG der sofortigen Vollstreckung unterworfen hat. Erst recht gilt dies, wenn ein Leistungsanspruch bereits durch Verwaltungsakt tituliert ist. Aber auch für die Durchsetzung staatlicher Leistungsanprüche gegen den einzelnen (sogenannte Bürgerverurteilungsklagen, s. unten § 23 Rdnr. 20 ff.) im Wege der allgemeinen Leistungsklage fehlt das Rechtsschutzbedürfnis, wenn im Über-/Unterordnungsverhältnis eine Festsetzung durch Verwaltungsakt möglich ist.[15]

**10** Eine solche Alternative setzt allerdings voraus, daß der Anspruch schon unmittelbar kraft Gesetzes besteht und durch den Verwaltungsakt nur tituliert wird, wie zum Beispiel bei Ansprüchen auf Erstattung (§ 49a Abs. 1 VwVfG) oder Ersatzleistung (§§ 7 Abs. 3 FStrG; 10 VwVG; § 5a Abs. 2 MEPolG)[16]; das Rechtsschutzbedürfnis besteht jedoch, wenn sich der Betroffene nach Sachlage nicht mit dem Verwaltungsakt abfinden und es deshalb ohnehin zu einer gerichtlichen Auseinandersetzung kommen würde.[17] Entsteht die Leistungspflicht des Bürgers dagegen *materiell-rechtlich* erst durch den aufgrund des Gesetzes zu erlassenden Bescheid, wie typischerweise bei der Erhebung von Abgaben,[18] so fehlt einer Klage schon das materiell-rechtliche Substrat eines durchzusetzenden Rechtsanspruchs; sie ist dann mangels Prozeßführungsbefugnis (vgl. dazu unten § 18 Rdnr. 2) unzulässig.

**11** Eine vergleichbare Konstellation besteht im Verhältnis zu Trägern mittelbarer Staatsverwaltung. Soweit sie staatlicher Aufsicht unterliegen, ist dem Land die Erhebung einer verwaltungsgerichtlichen Klage verwehrt.[19]

**12** Im Hinblick auf das schon verfassungsrechtlich begründete (Art. 19 Abs. 4 GG) Rechtsschutzgefälle zwischen Gerichts- und Verwaltungsverfahren kann dieses nicht als gleichwertige Alternative angesehen werden. Ohne Rückhalt im Gesetz hängt deshalb das Rechtsschutzbedürfnis für eine Klage grundsätzlich nicht von dem (erfolglosen) Versuch ab, deren Ziel durch einen Antrag bei der zuständigen

---

[15] BSG, DVBl 1987,248; DVBl 1990,211; VGH BW, DVBl 1978,275 m. Anm. von Lippert; Eyermann/Rennert, Vorbem. §40 Rdnr. 13; Kopp/Schenke, Vorbem. § 40 Rdnr. 50 m. w. Nachw.

[16] Vgl. BVerwGE 84,111; Sachs in: Stelkens/Bonk/Sachs, § 48 Rdnr. 178 m. w. Nachw.

[17] So die ständige Rechtsprechung, vgl. BVerwGE 24,225 (227); 58,316 (318); 80,164; vgl. auch Schenke, Rdnr. 592.

[18] Vgl. BayVGH, VGHE n. F. 19,23; BVerwG, NJW 1976,818.

[19] Vgl. VGH BW, VBlBW 1993,105 zur Klage gegen die ortspolizeiliche Beschlagnahme einer Schulturnhalle an der Stelle fachaufsichtlichen Vorgehens.

Behörde zu erreichen.[20] Im Fall einer unmittelbaren Klage kann die Behörde jedoch unter Umständen durch sofortiges Anerkenntnis (vgl. § 173 VwGO i. V. m. §§ 307 Abs. 1, 93 ZPO und dazu unten § 34 Rdnr. 13 f.) der Kostenlast entgehen. Setzt dagegen die Klage aus prozessualen (so insbesondere §§ 68 Abs. 2, 75 für die Verpflichtungsklage; allgemein gemäß § 126 BRRG für beamtenrechtliche Streitigkeiten[21]) Gründen einen Antrag an die Behörde voraus, so fehlt es an einer speziellen Sachurteilsvoraussetzung, und die Klage ist aus diesem Grunde unzulässig (vgl. auch unten § 16 Rdnr. 7).

Im Spezialfall einer Streitigkeit bezüglich kirchlicher Akte wird vor Beschreitung des Verwaltungsrechtswegs die Durchführung eines möglichen Verfahrens vor den Kirchengerichten verlangt, da diese eine weiterreichende Kontrolle auszuüben vermögen und zudem Ausdruck kirchlicher Autonomie (vgl. Art. 140 GG i. V. m. Art. 137 WeimRV) sind.[22] **13**

### *b) Einfacheres gerichtliches Verfahren*

Auch bei an sich notwendiger gerichtlicher Inanspruchnahme ist diese nur zulässig, soweit sie in Umfang und Intensität nicht über das notwendige Maß hinausgeht. **14**

Diese Anforderung wird nicht beachtet, wenn gerichtlicher Rechtsschutz in einer Streitfrage gesucht wird, die in einem weiteren, zwangsläufig auszutragenden Verfahren ohnehin vorfragenweise zu entscheiden ist. So fehlt der Klage auf Feststellung der Rechtswidrigkeit eines Verwaltungsakts in der Regel das Rechtsschutzbedürfnis, wenn damit lediglich die Amtspflichtverletzung als Grundlage des folgenden **Amtshaftungsprozesses** geklärt werden soll (s. im einzelnen unten § 22 Rdnr. 22 ff.). Ähnlich kann es bei sogenannten *akzessorischen (privatrechtsgestaltenden) Verwaltungsakten* liegen, zum Beispiel der Teilungsgenehmigung (§ 19 BauGB) oder der Zustimmung zu einer Kündigung (§§ 9 Abs. 3 MuSchG; 15 SchwbG), deren öffentlich-rechtliche Beurteilung vorgreiflich für die Entscheidung privatrechtlicher Streitigkeiten in bezug auf das Rechtsgeschäft selbst ist (vgl. dazu auch oben § 11 Rdnr. 18). Dabei kann das Rechtsschutzbedürfnis im Verwaltungsprozeß nicht davon abhängen, daß der Schwerpunkt der rechtlichen Argumente nicht im Privatrecht liegt;[23] entscheidend ist vielmehr, ob in dem

---

[20] Ebenso Kopp/Schenke, Vorbem. § 51 Rdnr. 51 mit Hinweisen zu weiteren Konstellationen; Schenke, Rdnr. 594. Vgl. auch BVerwG, NVwZ-RR 1993,330 (Klage auf Kostenerstattung ohne Kreuzungsrechtsverfahren gemäß § 10 EKrG); BVerwGE 91,217 (Klage gegen Indizierung ohne Antragsverfahren gemäß § 15a Abs. 4 GjSM). A. A. Eyermann/Rennert, Vorbem. § 40 Rdnr. 13; wie hier jedoch Eyermann/Happ, § 42 Rdnr. 69.

[21] Vgl. dazu VGH BW, BwVPr 1988,61; Günther, ZBR 1992,66; Simianer, ZBR 1992,74 ff.

[22] Vgl. insgesamt Schenke, in: BGG, Art. 19 Abs. 4 Rdnr. 136 m. w. Nachw.; s. auch oben § 11 Rdnr. 47 ff.

[23] So das BVerwG in bezug auf die staatliche Kündigungsgenehmigung im Kleingartenrecht (BVerwGE 1,134; 4,317); vgl. auch Pietzner/Ronellenfitsch, § 18 Rdnr. 3; Schmitt Glaeser,

(weiteren) Parallelverfahren voller Rechtsschutz erlangt wird. Hieran fehlt es, wenn der Verwaltungsprozeß der Beseitigung einer eigenständigen Rechtsverletzung dienen oder überhaupt erst die Voraussetzung für eine erfolgreiche Klage im nachfolgenden (Zivil-)Prozeß (z. B. Klage auf Genehmigung des Rechtsgeschäfts) schaffen soll.[24]

**15** Einen weiteren Anwendungsfall, der zugleich unter dem Gesichtspunkt fehlender Eignung des (gewählten) Mittels zur Erreichung des (vernünftigerweise erstrebten) Rechtsschutzes bedeutsam ist, bildet die prozessuale Beschränkung des Sachbegehrens mit der Folge eines absehbar notwendig werdenden, weiteren Verfahrens, zum Beispiel, wenn Klage bloß auf Verpflichtung der Behörde zur Rücknahme eines Verwaltungsakts statt auf dessen gerichtliche Aufhebung (Anfechtungsklage) erhoben würde. Es ist deshalb grundsätzlich das *rechtsschutzintensivste* Vorgehen zu wählen; insofern stehen die Klagearten (s. unten § 14), beginnend mit der Gestaltungsklage, zugleich in einem Rangverhältnis.

**16** Hauptbeispiel ist neben der gesetzlich statuierten Subsidiarität der Feststellungsklage (§ 43 Abs. 2 Satz 1; s. unten § 22 Rdnr. 28 ff.) die Problematik der *isolierten Anfechtungsklage* (vgl. dazu im einzelnen unten § 16 Rdnr. 9 ff.), bei der sich der Kläger auf die Anfechtung des Ablehnungsbescheids beschränkt, statt durch Verpflichtungsklage den Erlaß des eigentlich angestrebten, positiven Bescheids zu erzwingen. Die herrschende Meinung verneint hier grundsätzlich ein Rechtsschutzbedürfnis,[25] sofern nicht ausnahmsweise mit dem Ablehnungsbescheid ein anders nicht (mehr) behebbarer eigenständiger Rechtsnachteil verbunden ist, zum Beispiel, weil sich die Sach- oder Rechtslage geändert hat[26] oder, ungeachtet der Rechtswidrigkeit der Ablehnung, ein Anspruch in bezug auf die Amtshandlung nicht besteht.[27]

**17** Demgegenüber ist – hier wie allgemein (vgl. dazu unten § 30 Rdnr. 5 f.) – auf die klägerische *Beschwer* und das deren Beseitigung dienende Rechtsschutz*begehren* abzustellen.[28] Danach darf sich der Kläger nur dann *nicht* mit einer gegenüber seinen prozessualen Möglichkeiten eingeschränkten Rechtsverfolgung zufriedengeben, wenn diese für ihn nach objektiven Kriterien nutzlos ist oder es sich erkennbar um den ersten Schritt zu weiterem prozessualem Vorgehen handelt, zum Beispiel, weil der Anspruch auf den Verwaltungsakt streitig bleibt, auch wenn dessen Ablehnung als rechtswidrig aufgehoben wurde. In diesem praktisch

---

Rdnr. 123.

[24] BVerwGE 4,332; 7,294.

[25] BVerwGE 25,357; 47,7 (12); 78,93; BVerwG, NVwZ 1987,330 (alle ohne nähere Auseinandersetzung); Bosch/Schmidt, § 24 I.

[26] Vgl. BVerwGE 25,357 (358).

[27] Z. B. wegen fehlender Genehmigungspflicht für ein Vorhaben; vgl. BVerwGE 13, 54 (62); 39,135; 54,55.

[28] Vgl. dazu eingehend Laubinger, in: Menger-FS, S. 452 ff., sowie BVerwG, NVwZ 1994,268.

wichtigen Fall kann der Kläger nur mit der Verpflichtungsklage durchdringen.[29] Da die geschilderten Umstände aber bei der isolierten Anfechtung nicht zwangsläufig auftreten, ist von deren *grundsätzlicher* Zulässigkeit auszugehen.[30]

Mit dem in § 43 Abs. 2 Satz 1 zum Ausdruck gekommenen Gedanken der Sub- **18**
sidiarität hat das allerdings nichts zu tun, so daß auch die in diesem Zusammenhang entwickelten Grundsätze einer Zulassung weniger rechtsschutzintensiven Vorgehens gegen Hoheitsträger (s. unten § 22 Rdnr. 31) nicht eingreifen.[31] Denn aufgrund der Unterschiede des prozessualen Begehrens sowie der zugrunde liegenden materiellen Zielsetzung sind Anfechtungs- und Verpflichtungsklage auch nicht teilweise deckungsgleich und stehen deshalb nicht in einem Konkurrenzverhältnis. Das rechtsstaatliche Argument behördlicher Respektierung von Gerichtsentscheidungen auch ohne Vollstreckungsdruck[32] liegt also neben der Sache.

### 3. Mißbrauch des Klagerechts

Das Institut des Rechtsschutzbedürfnisses ist schon allgemein durch das Ziel der **19**
Verhinderung (objektiv) mißbräuchlicher Inanspruchnahme der staatlichen Rechtspflege gekennzeichnet (s. oben Rdnr. 1). Mit der letzten Fallgruppe eines *Mißbrauchs des Klagerechts* ist deshalb eine darüber hinausgehende, spezifische Ausnutzung formalgesetzlicher prozessualer Möglichkeiten angesprochen, die schon ihrer Intention nach erkennbar nicht auf die Erlangung von Rechtsschutz gerichtet sind, sondern diesen nur als Vorwand zur Verfolgung anderer, rechtsschutzfremder Ziele benützen, so etwa bei der Klage vor sämtlichen Verwaltungsgerichten, um die Europawahl zu verhindern,[33] oder im Falle einer Rechtsmitteleinlegung zu dem Zweck, sich ein Forum für die (weitere) Herabsetzung von Verfahrensbeteiligten zu schaffen.[34] Demgegenüber erscheint es wenig praktikabel, mit der gängigen Umschreibung[35] im Sinne eines prozeßrechtlichen Schikaneverbots darauf abzustellen, ob der Antrag (nach der objektiven Sachlage[36]) allein die Schädigung von Gericht und/oder Prozeßgegner zum Ziel habe.

---

[29] Vgl. BVerwGE 38,99; Grunsky, Grundlagen, S. 407; J. Martens, DÖV 1988,954 f.; Eyermann/Rennert, Vorbem. § 40 Rdnr. 13 m. w. Nachw.; Laubinger, in: Menger-FS, S. 457 f., gelangt zum gleichen Ergebnis, indem er zusätzlich betont, daß eine spätere Verpflichtungsklage wegen der "Verzichtswirkung" der isolierten Anfechtungsklage unzulässig sei.

[30] A. A. Kopp/Schenke, § 42 Rdnr. 30.

[31] So aber BVerwGE 38,99; vgl. demgegenüber Bettermann, DVBl 1973,375; Laubinger, in: Menger-FS, S. 454 f.; Bosch/Schmidt, § 24 I.

[32] Vgl. BVerwGE 36,179 (181); BGHZ 28,123 (126); BGH, NJW 1984,1118 (1119).

[33] Vgl. HessVGH, ESVGH 29,198; DÖV 1967,757.

[34] Vgl. VGH BW, VBlBW 1994,485.

[35] Vgl. Stephan, a.a.O., S. 34; Kopp/Schenke, Vorbem. § 40 Rdnr. 52 m. w. Nachw.

[36] OLG Frankfurt/M., NJW 1979,1613.

20 Die so umschriebene Mißbrauchsschranke hat den grundsätzlichen Rechtsschutzanspruch auch gegenüber bloß möglichen Rechtsverletzungen zu beachten und steht deshalb einem formalen Rechtsschutzbegehren nur bei objektiver und offensichtlicher Diskrepanz zu dem mit diesem verfolgten Zweck entgegen. Die Geltendmachung einer *aktuellen Rechtsbetroffenheit* ist danach grundsätzlich auch dann nicht rechtsmißbräuchlich, wenn sie, wie bei Erwerb des Eigentums an einem sogenannten Sperrgrundstück im Einwirkungsbereich einer staatlichen Maßnahme,[37] bewußt herbeigeführt wurde oder lediglich dazu dient, mit prozessualen Mitteln die Realisierung einer Verwaltungsmaßnahme (z. B. Abschiebung) – vorläufig – zu verhindern. Die damit einhergehende zeitliche Verzögerung staatlichen Handeln ist die rechtsstaatlich unvermeidliche Kehrseite des Rechtsschutzes und muß deshalb hingenommen werden.

## III. Rechtsschutz gegen behördliche Verfahrenshandlungen

In einem weiteren Zusammenhang mit der Problematik des Rechtsschutzbedürfnisses steht auch die Frage des Rechtsschutzes gegen behördliche Verfahrenshandlungen.

### 1. Grundsätzlicher Ausschluß

21 Ihre Bedeutung hängt vom grundsätzlichen Verständnis des Verhältnisses zwischen materiellem und Verfahrensrecht ab. Geht man mit einer neueren, zutreffenden Auffassung vom Eigenwert des (Verwaltungs)Verfahrens und der zum Teil grundrechtlich fundierten, subjektiven Stellung des Betroffenen in diesem aus (s. oben § 1),[38] so können Fehler des Verwaltungsverfahrens nicht nur zur Verletzung subjektiver (Verfahrens)Rechte führen, sondern materiell-rechtliche Rechtspositionen einzelner nachteilig betreffen, zum Beispiel, wenn zu Unrecht ein Beistand oder Bevollmächtigter zurückgewiesen (vgl. § 14 VwVfG),[39] Akteneinsicht verweigert (vgl. § 29 VwVfG)[40] oder durch einen befangenen Amtsträger entschieden wird (vgl. §§ 20 f. VwVfG).[41] Unbeschadet des grundsätzlichen Rechtsschutzanspruchs (Art. 19 Abs. 4 GG) stellt jedoch die geltende gesetzliche Regelung das Verfahren insgesamt ganz in den Dienst der zu

---

[37] Vgl. BVerwGE 72,15; BVerwG, NVwZ 1991,781; a. A. BayVGH, DÖV 1989,403. Vgl. auch noch unten § 18 Rdnr. 87.

[38] Vgl. W. Schmidt, JuS 1982,747 f.; Ossenbühl, NVwZ 1982,466; Hill, Jura, 1985,65 und passim. Vgl. allgemein BVerfGE 46,325 (334); 53,30 (37 f.); Denninger, in: HdBStR, Bd. V, § 113 Rdnr. 19 ff.; v. Danwitz, DVBl 1993,425.

[39] HambOVG, NJW 1976,205; OVG Bremen, NJW 1976,770.

[40] BVerwG, NJW 1979,177; OVG NW, NJW 1981,70; Redeker, NJW 1980,1597.

[41] BayVGH, BayVBl 1988,661; Pagenkopf, NJW 1979,2382.

treffenden materiell-rechtlichen Entscheidung und mißt gegenüber dieser den behördlichen Verfahrenshandlungen keinen eigenständigen Stellenwert bei: So sind Verfahrensfehler gemäß § 46 VwVfG sachlich-rechtlich nur im Fall ihrer Entscheidungserheblichkeit beachtlich; und parallel läßt § 44a ihre Geltendmachung nur im Rahmen eines Rechtsbehelfs gegen die Sachentscheidung zu, schließt also – bei richtiger Lesart des unklaren Wortlauts – isolierte Rechtsbehelfe (insbesondere des vorläufigen Rechtsschutzes, aber auch sämtlicher Klagearten) zur Verhinderung oder Behebung von Verfahrensfehlern aus.[42]

Die Regelung des § 44a ist also einerseits von dem Gedanken getragen, daß es 22
eines gesonderten Schutzes gegen behördliche Verfahrenshandlungen (noch) nicht bedarf, die auf einen Rechtsbehelf gegen die Sachentscheidung (bei Prüfung von deren formellen Rechtmäßigkeit) ohnehin "gleichzeitig" gerichtlicher Kontrolle unterliegen;[43] insofern erscheint der Rechtsschutz bloß zurückgestellt ("Interklusion").[44] Andererseits geht § 44a aber aus Gründen der Prozeßökonomie und der Gewährleistung eines ungestörten Verwaltungsverfahrens[45] über die Grenzen des Rechtsschutzbedürfnisses hinaus und kann sogar zum endgültigen Ausschluß (Exklusion) des Rechtsschutzes gegenüber (Verfahrens-)Rechtsverletzungen führen, soweit diesen keine materiell-rechtliche Relevanz zukommt. Auch wenn dies vor der Rechtsweggarantie (Art. 19 Abs. 4 GG) Bestand haben mag,[46] bleibt eine Regelung fragwürdig, die einer vorgezogenen Klärung von Fragen beziehungsweise Verhinderung von Fehlern des Verfahrens entgegensteht, obwohl hierdurch das Verfahren gestrafft und im Sinne effektiven Rechtsschutzes die Rechtmäßigkeit von Sachentscheidungen (in diesem Punkt) schon im Verwaltungsverfahren sichergestellt werden könnte.

An der formellen Geltung des § 44a ist allerdings nicht zu zweifeln.[47] Zwar hat 23
Art. 1 Nr. 7 des 2. VwVfG-ÄndG vom 6.8.1998 (BGBl I S. 2022) § 97 VwVfG gestrichen, durch den seinerzeit die genannte Bestimmung in die Verwaltungsgerichtsordnung eingefügt wurde. Damit wurde jedoch aus Gründen der Rechtsbereinigung lediglich der Änderungsbefehl, nicht dagegen die in dessen (Selbst-)Vollzug entstandene Vorschrift des § 44a aufgehoben.[48]

[42] Vgl. Hill, Jura 1985,61 f.; zum Verständnis als "Verfahrenskonkurrenzregelung" vgl. Schenke, Rdnr. 566 f.
[43] Vgl. Stern, Rdnr. 255; Schmitt Glaeser, Rdnr. 127.
[44] Vgl. W. Schmidt, JuS 1982,747.
[45] Vgl. BVerwG, NJW 1982,120; BayVGH, DVBl 1988,1179; Eichberger, a.a.O., S. 112 ff.
[46] Vgl. dazu im einzelnen Eichberger, a.a.O., S. 207 ff., 216 ff.
[47] So aber Tiedemann, NJW 1998,3475.
[48] BVerwG, DVBl 1999,986.

## 2. Ausnahmsweise Zulassung

Den erwähnten Bedenken ist bei der Auslegung des § 44a, über die von diesem selbst schon statuierten Ausnahmen hinaus (s. unten Rdnr. 25 ff.), Rechnung zu tragen.

### a) Eigenständige Verfahrenshandlungen

24 Nach der Intention des § 44a setzt der Ausschluß von Rechtsbehelfen gegen behördliche Verfahrenshandlungen voraus, daß diese als Teil des Verwaltungsverfahrens auf eine *Sachentscheidung* gerichtet sind, mit der zusammen sie überprüft werden können. Von vornherein nicht erfaßt werden also Verfahrenshandlungen, die als solche Gegenstand eines (eigenen) Verwaltungsverfahrens sind,[49] wie die Gewährung von Akteneinsicht bei wissenschaftlichem (Art. 5 Abs. 3 GG)[50] oder personal(beamten)rechtlichem Interesse (§ 56c BRRG)[51] oder in Erfüllung des Umweltinformationsanspruchs nach dem Umweltinformationsgesetz (BGBl I 1994, S. 1490).[52] Ebenso kann ein Naturschutzverband seine Verfahrensbeteiligung (Akteneinsicht, Anhörung) gemäß § 29 Abs. 1 BNatSchG erzwingen.[53] In all diesen Fällen werden nicht annexweise Verfahrensrechte, sondern außerhalb der Verwaltungsverfahrensgesetze begründete, verselbständigte materiell-rechtliche Positionen geltend gemacht und insoweit behördlicherseits keine Verfahrens- sondern Sachentscheidungen getroffen.

### b) Vollstreckbare Verfahrenshandlungen

25 Andererseits steht das Gebot effektiven Rechtsschutzes gemäß Art. 19 Abs. 4 GG einem Rechtswegausschluß dann entgegen, wenn mit der Verfahrenshandlung (potentiell) eine eigenständige Rechtsverletzung einhergeht oder unzumutbare Nachteile verbunden sind, die durch einen späteren Rechtsbehelf gegen die Sachentscheidung nicht oder nicht vollständig beseitigt werden können.[54] § 44a trägt dem – zum Teil – Rechnung, indem er Rechtsbehelfe gegen vollstreckbare

---

[49] Vgl. BVerwG, NJW 1982,120; Stelkens, in: Stelkens/Bonk/Sachs, § 97 Rdnr. 14.

[50] Vgl. BVerwG, NJW 1986,1277; BVerfG, NJW 1986,1243, sowie den Überblick über das Meinungsspektrum bei Mayen, Der grundrechtliche Informationsanspruch des Forschers gegenüber dem Staat, 1992, S. 45 ff.

[51] OVG NW, NJW 1980,722.

[52] Vgl. BVerwGE 102,282; Erichsen/Scherzberg, Zur Umsetzung der Richtlinie des Rates über den freien Zugang zu Informationen über die Umwelt, 1992, S. 118 f.; zusammengefaßt bei Engel, NVwZ 1992,113; Arzt, ZRP 1993,21.

[53] VGH BW, NVwZ 1988,1039; HessVGH, NVwZ 1988,1040; Lorenz, StrG BW, § 37 Rdnr. 38 m. w. Nachw. Durch die Zulassung der Klage auch gegen die Sachentscheidung selbst (BVerwGE 87,62) hat sich hieran nichts geändert, vgl. R. Krüger, NVwZ 1992,552, gegen Dolde, NVwZ 1991,963.

[54] Vgl. BVerfG, NJW 1991,415.

Verfahrenshandlungen, zum Beispiel die Anordnung der Tauglichkeitsuntersuchung eines Wehrpflichtigen (§ 17 Abs. 4 i. V. m. § 44 Abs. 2 WPflG)[55], zuläßt (Satz 2, 1. Alt.).

Diese Ausnahme muß verfassungskonform auch auf sonstige Fälle erstreckt werden, in denen die Realisierung behördlicher Verfahrensentscheidungen rechtliche Auswirkungen zeitigt, die unmittelbaren Rechtsschutz erfordern.[56] So ist es nicht zumutbar, bei Fehlern des Prüfungsverfahrens (Befangenheit von Prüfern;[57] äußere Prüfungsbedingungen[58]) dieses erst mit der abschließenden (Prüfungs)Entscheidung (mit der Folge einer Wiederholung des Prüfungsverfahrens)[59] gerichtlicher Kontrolle zuführen zu können; effektiver Rechtsschutz verlangt hier vielmehr bereits die (erforderlichenfalls gerichtliche) Durchsetzung eines *korrekten Verfahrens*. Eine ähnliche Verkürzung des Rechtsschutzes kann in Ausschluß von Rechtsbehelfen gegen die Anforderung eines ärztlichen Attestes im Prüfungsverfahren,[60] oder eines medizinisch-psychologischen Gutachtens über die Fahreignung[61] liegen; denn für die Beurteilung der Sachentscheidung bleibt die Rechtswidrigkeit einer *befolgten* Anordnung ohne Einfluß;[62] umgekehrt ist deren Nichtbefolgung auf eigenes Risiko ähnlich unzumutbar, wie dies im vergleichbaren Fall beamtenrechtlicher Anordnung angenommen wird.[63] Auf die Möglichkeit, die Anordnung unbeachtet zu lassen, kommt es deshalb nicht an,[64] erst recht nicht darauf, ob derartigen Verfahrenshandlungen mangels Regelungsqualität (vgl. dazu unten § 17 Rdnr. 18 f.) die Eigenschaft eines Verwaltungsakts fehlt,[65] nachdem diese Handlungsform nicht mehr den notwendigen Anknüpfungspunkt für den gerichtlichen Rechtsschutz bildet (vgl. dazu oben § 3 Rdnr. 13 f.; unten § 17 Rdnr. 1). 26

---

[55] BVerwG, DVBl 1993,51.

[56] Vgl. dazu (mit je unterschiedlicher Akzentuierung) VGH BW, DVBl 1988,358; Laubinger, VerwArch 73 (1982), S. 78 f.; v. Mutius, in: Menger-FS, S. 579 f.; Schmidt-Aßmann, in: Maunz/Dürig, Art. 19 Abs. IV Rdnr. 57; Eichberger, a.a.O., S. 248 f.

[57] Vgl. Pagenkopf, NJW 1979,2383; Stelkens, NJW 1982,1137; a. A. BFH, BB 1981,1697; vgl. dazu auch schon Lorenz, S. 239.

[58] Vgl. VGH BW, VBlBW 1994,31; anders noch VGH BW, Die Justiz 1984,316.

[59] Vgl. BVerwG, DÖV 1981,62; Jakobs, VBlBW 1981,176, sowie noch unten § 16 Rdnr. 35.

[60] A. M. BVerwG, DVBl 1993,51.

[61] A. M. BVerwGE 34,248; vgl. demgegenüber aber auch BVerfGE 89,69 m. Anm. von Franßen, DVBl 1993,998.

[62] So grundsätzlich BVerwGE 65,157; VGH BW, VBlBW 1994,319.

[63] Vgl. hierzu BVerwGE 34, 248 (250); VGH BW, DVBl 1988,358; GemOVG Lüneburg, DVBl 1990,883; vgl. auch BVerwG, DVBl 1993,51. Eine Parallele bietet auch die Unzumutbarkeit eines Verstoßes gegen straf- oder bußgeldbewehrte Anordnungen als Alternative zum Rechtsschutz gegen diese, vgl. BVerfGE 20,283 (290).

[64] Ebenso BVerfGE 89,69 (84) m. Anm. von Franßen, DVBl 1993,998.

[65] Darauf stellt in merkwürdig überholter Verengung des Rechtsschutzziels aber z. B. BVerwG, DVBl 1993,51, ab.

### *c) Betroffenheit Nichtbeteiligter*

27 § 44a Satz 2, 2. Alt. schließt ferner Rechtsbehelfe nicht aus, wenn behördliche Verfahrenshandlungen "gegen einen Nichtbeteiligten ergehen",[66] zum Beispiel Sachverhaltsermittlungen (§ 24 VwVfG) bei Nachbarn des Gewerbetreibenden vorgenommen[67] werden oder die Öffentlichkeit in einem Arzneimittelverfahren gegen den Willen eines beigezogenen beratenden Fachverbands nicht ausgeschlossen wird.[68] Sie betreffen die Rechtsstellung des Dritten unmittelbar und abschließend. Da er nicht am Verfahren teilnimmt und sich die als deren Ergebnis zu treffende Sachentscheidung nicht an ihn richtet (§ 13 VwVfG), wird er durch diese nicht beschwert und könnte er deshalb durch einen Rechtsbehelf hiergegen nicht Rechtsschutz gegen die vorausgehende Verfahrensmaßnahme erlangen. Insofern liegt ihm gegenüber keine Verfahrenshandlung, sondern eine eigenständige, materiell-rechtlich zu beurteilende Maßnahme, ähnlich der oben (Rdnr. 24) erwähnten Fallgruppe, vor.

## Literatur

*Bock*, Das Rechtsschutzbedürfnis im Verwaltungsprozeß, jur. Diss. Göttingen 1971.
*Eichberger*, Die Einschränkung des Rechtsschutzes gegen behördliche Verfahrenshandlungen, 1986.
*Hill*, Rechtsbehelfe gegen behördliche Verfahrenshandlungen (§ 44a VwGO), Jura 1985,61.
*Laubinger*, Die isolierte Anfechtungsklage, in: Menger-FS, S. 443.
*Martens, J.*, Effektiver Rechtsschutz durch isolierte Anfechtung, DÖV 1988,949.
*Pohle*, Zur Lehre vom Rechtsschutzbedürfnis, in: FS für Friedrich Lent, 1957, S. 195.
*Schmidt, W.*, Gerichtlicher Rechtsschutz im Verwaltungsverfahren, JuS 1982,745.
*Stephan*, Das Rechtsschutzbedürfnis, 1967.

[66] Vgl. dazu BayVGH, DVBl 1988,1179.
[67] Vgl. z. B. Art. 28b Abs. 1 bayPAG; § 20 Abs. 1 bwPolG.
[68] VG Berlin, DVBl 1983,283.

# Teil 4. Die Klagearten

## § 14. Überblick

### I. Die Dreiteilung der Klagearten

Mit der Klage wird vom Gericht für ein bestimmtes Rechtsbegehren Schutz verlangt. 1 Für die Gewährung dieses Rechtsschutzes stehen drei, ihrer Struktur nach unterschiedliche Hauptformen zur Verfügung, die in einer differenzierten Fassung der Entscheidungsformeln[1] zum Ausdruck kommen. An ihnen sind auch die Klagen beziehungsweise sonstigen Anträge ausgerichtet.[2]

Grundform des Rechtsschutzbegehrens ist die *Leistungsklage*. Sie dient der 2 Realisierung eines klägerischen Anspruchs (§ 194 Abs. 1 BGB) und ist darauf gerichtet, den Beklagten zu einem bestimmten Verhalten (Tun oder Unterlassen) zu verpflichten, zum Beispiel zur Zahlung eines Geldbetrags, zur Herausgabe eines Gegenstands oder zur Erteilung einer Auskunft. Das hierauf ergehende *Leistungsurteil* führt nicht schon von sich aus unmittelbar zu einer Rechtsänderung, sondern bedarf der Vollziehung, sei es durch Befolgung seitens des Verpflichteten oder – erforderlichenfalls – durch (zwangsweise) Vollstreckung (s. unten § 43).

Weiterreichende Wirkung kommt dem *Gestaltungsurteil* zu. Es wirkt unmittel- 3 bar auf die bestehende Rechtslage ein und verändert diese allein kraft seines autoritativen Ausspruchs. Beispiele aus dem Zivilprozeß sind die Ehescheidung (§ 1564 BGB), die Auflösung einer OHG (§ 133 HGB), die Nichtigerklärung eines Hauptversammlungsbeschlusses (§ 248 AktG); Hauptfall im Verwaltungsprozeß ist die Aufhebung eines Verwaltungsakts (§ 113 Abs. 1 Satz 1). Hierher gehören auch prozessuale Gestaltungsklagen, so insbesondere die Vollstreckungs-

---

[1] Vgl. Jacob, VBlBW 1984,293; 322.
[2] Vgl. Grunsky, Grundlagen des Verfahrensrechts, 2. Aufl. 1974, S. 365 ff.

Schmidt, DÖV 11, 169

gegenklage (§ 167 Abs. 1 Satz 1 VwGO i. V. m. § 767 ZPO; vgl. unten § 43 Rdnr. 23 ff.) und die Wiederaufnahmeklage (§ 153; vgl. unten § 41 Rdnr. 1). Die damit intendierte Rechtsgestaltung wird automatisch wirksam, sobald das betreffende Urteil rechtskräftig ist. Die *Gestaltungsklage* zielt also auf die gerichtliche Aufhebung, inhaltliche Veränderung oder – theoretisch denkbar, aber praktisch nicht relevant – auch die Begründung eines Rechtsverhältnisses ab.

4 Demgegenüber beschränkt sich das *Feststellungsurteil* auf eine bloße Bestätigung und judizielle Bekräftigung der bestehenden Rechtslage oder sonstiger, rechtserheblicher Umstände (z. B. Echtheit oder Unechtheit einer Urkunde). Die *Feststellungsklage* kann damit formell nicht zu einer Änderung der klägerischen Rechtsstellung führen und vermittelt keinen aktiven Rechtsschutz. Ihre Zulässigkeit hängt deshalb davon ab, daß im Einzelfall gleichwohl ein Bedürfnis für gerichtliches Tätigwerden besteht (Rechtsschutzbedürfnis, -interesse; vgl. unten § 22 Rdnr. 13 ff.).

## II. Die Klagearten im Verwaltungsprozeß

5 Dieses Strukturmodell liegt auch den verwaltungsgerichtlichen Klageformen zugrunde, hat hier jedoch eine gegenüber dem Zivilprozeß veränderte Bedeutung.

### 1. Grundsätzliche Bedeutung

6 Entsprechend der Natur der vom Prinzip der Gleichordnung bestimmten bürgerlich-rechtlichen Rechtsbeziehungen Privater untereinander ist für den *Zivilprozeß* die *Leistungsklage* kennzeichnend, während Gestaltungsklagen nur ausnahmsweise dann vorgesehen sind, wenn Allgemeininteressen oder besondere Gründe des Rechtsschutzes eine unmittelbare gerichtliche Rechtsgestaltung verlangen.

Demgegenüber wird die dem *Verwaltungsprozeß* zugrunde liegende, materiellrechtliche Rechtsbeziehung typischerweise und auch heute noch überwiegend durch die einseitig-hoheitliche Gestaltung mittels Verwaltungsakts bestimmt.[3] Angesichts dessen potentieller Verbindlichkeit, das heißt Bestandskraft vorbehaltlich gerichtlicher Kontrolle, verlangt effektiver Rechtsschutz eine gerichtliche Kassation des belastenden Akts. Demgemäß stehen Gestaltungsklage und -urteil im Vordergrund des Verwaltungsprozesses, ja, weitergehend ist der Verwaltungsakt-Bezug überhaupt zum systembildenden Kriterium der verwaltungsprozessualen Klageformen geworden.

7 So sahen die Vorläuferregelungen der Verwaltungsgerichtsordnung eine Zweiteilung aller Streitsachen in *subordinationsrechtliche*, sogenannte "Anfechtungssachen" (gegen Verwaltungsakte oder auf Erlaß eines solchen, vgl. § 35 VGG),

[3] Vgl. Erichsen, in: Erichsen, § 11 Rdnr. 5 ff.

und *koordinationsrechtliche*, sogenannte "Parteistreitigkeiten" (in anderen öffentlich-rechtlichen Streitigkeiten, § 22 VGG, vgl. auch § 22 MRVO Nr. 165) vor. Diese strikte Zweiteilung und die mit ihr zum Teil einhergehende Entwicklung eines eigenständigen, prozeßrechtlichen Verwaltungsaktsbegriffs[4] kann heute als überwunden gelten; insbesondere hat der Verwaltungsakt sowohl materiell-rechtliche als auch (verwaltungs- wie gerichts-)verfahrensrechtliche Natur und ist deshalb einheitlich nach § 35 (L)VwVfG zu bestimmen.[5] Gleichwohl ist die Form des Rechtschutzes auch nach der Verwaltungsgerichtsordnung an der jeweiligen Handungsform eines beteiligten Hoheitsträgers ausgerichtet, wobei dem Verwaltungsakt, wie erwähnt, eine herausgehobene Bedeutung zukommt.

Infolge dieser Zuordnung zu bestimmten Handlungsformen bestehen für die einzelnen Klagearten jeweils *besondere Sachurteilsvoraussetzungen* (vgl. oben § 10 Rdnr. 12 ff.). Sie werden durch die Eigenart des betreffenden Behördenhandelns bestimmt, und zwar des tatsächlich vorliegenden, gegebenenfalls unzulässigen, nicht des richtigerweise an sich vorgesehenen (vgl. dazu unten § 15 Rdnr. 4) Handelns, ferner durch die Art des auf dieses bezogenen Rechtsschutzes. Auf sie ist im jeweiligen sachlichen Zusammenhang einzugehen. 8

## 2. Systematik der Klageformen und -arten

Rechtsschutz vor den Verwaltungsgerichten kann nur in den durch die Verwaltungsgerichtsordnung vorgesehenen Formen begehrt werden (numerus clausus der Klageformen); diese können insbesondere nicht durch Landesgesetz erweitert werden (Kodifikationsprinzip).[6] Spezielle Ausprägungen von Klagen mit besonderen Zielsetzungen wie Dritt- oder Verbandsklage (vgl. unten § 18 Rdnr. 40 ff., 49 ff., 87 ff.) oder verwaltungs-, insbesondere kommunalrechtliche Organklagen (vgl. unten § 25 Rdnr. 9 ff.), stellen bloße Unterarten ohne besondere Anforderungen dar. Danach sind folgende Klageformen zugelassen: 9

### *a) Verwaltungsakt-bezogene Klagen*

Für Klagen in bezug auf Verwaltungsakte stehen, je nach dem verfolgten Ziel, vier unterschiedliche Formen zur Verfügung. 10

- Im Vordergrund steht die *Anfechtungsklage*, § 42 Abs. 1 Var. 1. Sie ist auf die (gerichtliche) Aufhebung eines Verwaltungsakts gerichtet (§ 113 Abs. 1 Satz 1) und stellt damit eine Gestaltungsklage dar (s. unten § 15).

---

[4] Vgl. Eyermann/Fröhler, 9. Aufl., § 42 Rdnr. 14 m. w. Nachw.

[5] Vgl. BVerwGE 74,124; 77,268; W. Schenke, VerwArch 72 (1981), S. 185 (197).

[6] Vgl. BVerfGE 20,238 (251); 83,24 (30); Erichsen, Jura 1980,159; vgl. aber auch BVerwG, NJW 1978,1870.

- Wird der (behördliche) Erlaß eines Verwaltungsakts begehrt, so ist *Verpflichtungsklage* zu erheben, § 42 Abs. 1 Var. 2. Es handelt sich um eine Leistungsklage (§ 113 Abs. 5), die, sofern sie sich zugleich gegen die Ablehnung des Verwaltungsakts richtet (sogenannte Weigerungsgegenklage), gleichzeitig auf eine Rechtsgestaltung abzielt (s. unten § 16).
- In den systematischen Zusammenhang der allgemeinen Feststellungsklage eingebettet und deshalb bei dieser zu behandeln (s. unten § 22 Rdnr. 32 ff.) ist die *Klage auf Feststellung der Nichtigkeit eines Verwaltungsakts*, § 43.
- Eine besondere Feststellungsklage ermöglicht schließlich die *Feststellung der Rechtswidrigkeit eines Verwaltungsakts*, wenn dieser sich vor der gerichtlichen Entscheidung erledigt hat (§ 113 Abs. 1 Satz 4). Sie wird systematisch als Fortsetzung einer zunächst gegebenen Klage gegen oder auf einen Verwaltungsakt verstanden (*Fortsetzungsfeststellungsklage*, s. unten § 22 Rdnr. 42 ff.).

### b) Die allgemeine Feststellungsklage

11 Neben der speziellen Nichtigkeitsfeststellung sieht die Verwaltungsgerichtsordnung eine allgemeine *Feststellungsklage* (vgl. unten § 22 Rdnr. 2 ff.) vor, die nach zivilprozessualem Vorbild (§ 256 Abs. 1 ZPO) auf die Feststellung des Bestehens oder Nichtbestehens eines Rechtsverhältnisses gerichtet ist (§ 43 VwGO).

### c) Die allgemeine Leistungsklage

12 Verpflichtungen zu Leistungen, die keinen Verwaltungsakt darstellen, sind nicht mit der auf diesen gerichteten, speziellen Verpflichtungs-, sondern der *allgemeinen Leistungsklage*, zu verfolgen (s. unten § 23). Ihre Zulässigkeit ist nicht ausdrücklich geregelt, ergibt sich aber implizit aus dem Gesetzeszusammenhang.

### d) Der Normenkontrollantrag

13 Sachlich außerhalb der klassischen Klageformen liegt der *Normenkontrollantrag* hinsichtlich untergesetzlicher Rechtsvorschriften des Landesrechts, § 47. Formal als Feststellungsantrag verstanden, führt er im Falle seines Erfolgs eher zu einer Art negativer Rechtsetzung, die zumindest auf den soziologisch geltenden Rechtsbestand gestaltend einwirkt (vgl. unten § 26).

### e) Prozessuale Gestaltungsklagen

14 Als außerordentliche Rechtsbehelfe bestehen schließlich wie im Zivilprozeß und durch Verweisung auf diesen geregelte *prozessuale Gestaltungsklagen*, so die Abänderungsklage (§ 173 Satz 1 VwGO i. V. m. § 323 ZPO), die Wiederaufnahme

klage (§ 153 Abs. 1 VwGO i. V. m. §§ 578 ff. ZPO) und die Vollstreckungsgegenklage (§ 167 Abs. 1 Satz 1 VwGO i. V. m. § 767 ZPO).

## Literatur

*Erichsen*, Die Zulässigkeit einer Klage vor dem Verwaltungsgericht, Jura 1980,103.
*Frotscher*, Rechtsschutz nur gegen Verwaltungsakte?, DÖV 1971,259.
*Obermayer*, Die verwaltungsgerichtlichen Klagen, BayVBl 1960,208.
*Schäfer*, Die Klagearten nach der Verwaltungsgerichtsordnung, DVBl 1960,837.
*Strahl*, Die allgemeine Gestaltungsklage im Verwaltungsprozeßrecht, Jur. Diss. Bonn, 1987.

## Systematik der verwaltungsgerichtlichen Klagearten

| Klageart | Klageform | Klageziel | Besondere Voraussetzungen |
| --- | --- | --- | --- |
| Anfechtungsklage, § 42 | Gestaltungsklage | Aufhebung eines VA, § 113 I 1 | 1. Vorliegen eines VA<br>2. Klagebefugnis, § 42 II<br>3. Vorverfahren, § 68<br>4. Klagefrist, § 74<br>5. Pass. Prozeßführungsbefugnis, § 78 |
| Verpflichtungsklage, § 42<br>a) Weigerungsgegenklage<br>b) Untätigkeitsklage | Leistungsklage<br>im Fall a) gleichzeitig Gestaltungsklage | Verpflichtung (§ 113 V) zum Erlaß<br>• eines abgelehnten VA<br>• eines unterlassenen VA | 3a. Vorverfahren, § 68 II<br>4a. Klagefrist, § 74 II<br>1. Begehren eines VA<br>2. Klagebefugnis, § 42 II<br>5. Pass. Prozeßführungsbefugnis, § 78<br>3b. Grundlose Nichtbescheidung innerhalb von 3 Monaten, § 75<br>4b. --- (§ 76) |
| Allgemeine Feststellungsklage, § 43 I, 1. Alt.<br>Nichtigkeitsfeststellungsklage, § 43 I, 2. Alt. | Feststellungsklage | Feststellung<br>• des Bestehens oder Nichtbestehens<br>• der Nichtigkeit eines VA | 1a. Rechtsverhältnis<br>3a. Subsidiarität, § 43 II 1<br>2. Feststellungsinteresse, § 43 I<br>1b. VA<br>3b. --- (§ 43 II 2) |
| Fortsetzungsfeststellungsklage, § 113 I 4 | Feststellungsklage | Feststellung der Rechtswidrigkeit eines VA | 1. Erledigung eines VA nach (oder vor) Klageerhebung<br>2. Feststellungsinteresse |
| Allgemeine Leistungsklage §§ 43 II, 111, 169, 170 usw.) | Leistungsklage | Verpflichtung zu Leistung, die keinen VA darstellt (Tun, Dulden, Unterlassen) | (Klagebefugnis) |
| Normenkontrollantrag, § 47 | Feststellungsklage | Feststellung der Nichtigkeit einer untergesetzlichen Rechtsvorschrift des Landesrechts | vgl. § 47 |
| Vollstreckungsgegen-, Abänderungs-, Wiederaufnahme- } klage | Gestaltungsklagen | Aufhebung eines (rechtskräftigen) Urteils | vgl. § 173 VwGO i. V. m. §§ 767; 323 ZPO<br>§ 153 I VwGO i. V. m. § 578 ff. ZPO |

# 1. Abschnitt. Verwaltungsakt-bezogene Klagen

## § 15. Die Anfechtungsklage

### I. Charakteristik

Gemäß § 42 Abs. 1 kann durch Anfechtungsklage die Aufhebung eines Verwaltungsakts begehrt werden.

#### 1. Klageziel

1 Die Anfechtungsklage zielt auf die unmittelbare gerichtliche Beseitigung (*Kassation*) der in dem Verwaltungsakt liegenden hoheitlichen Anordnung und erweist sich damit als **Gestaltungsklage**. Als spezifisches Rechtsschutzmittel des Bürgers im Über-/Unterordnungsverhältnis dient sie der Restitution der durch das (rechtswidrige) hoheitliche Handeln beeinträchtigten individuellen Rechtsstellung, ist also gekennzeichnet durch die Zurückweisung (*Abwehr*) eines Eingriffs in diese und vermittelt so den rechtsstaatlich erforderlichen, prozessualen Ausgleich zur potentiellen Verbindlichkeit des Verwaltungsakts (vgl. oben § 14 Rdnr. 6). Die Anfechtungsklage steht damit im Gegensatz zu Leistungsbegehren (insbesondere der ebenfalls auf einen Verwaltungsakt bezogenen *Verpflichtungsklage*, vgl. unten § 16), die auf eine Erweiterung der Rechtssphäre gerichtet sind. Dabei kommt es auf die konkret bestehende Lage an, auf die der Verwaltungsakt trifft. Selbst wenn die Rechtsstellung durch eine vorausgehende behördliche Gewährung erst geschaffen wurde, ist gegen den Verwaltungsakt, der jene schmälert, die Anfechtungsklage gegeben, zum Beispiel gegen den Widerruf einer Aufenthaltsgenehmigung (§ 5 AuslG) oder auch gegen die Entziehung eines gnadenweise gewährten

Schenke, JZ 96, 998, 1055, ders., JZ 10, 992, Emde?, JZ 15, 269

(zum Beispiel beamtenrechtlichen) Rechtsvorteils als Teil des individuellen Rechtsstatus.[1]

2 Kein Eingriff in diesem Sinn liegt dagegen bei der Beeinträchtigung relativer Rechte (Ansprüche) vor, wie sie etwa auch durch behördliche Zusagen begründet werden können. Deren Nichterfüllung, zum Beispiel bei zusagewidriger Erteilung einer (bloß objektiv rechtswidrigen, vgl. dazu näher unten § 18 Rdnr. 40 ff.) Baugenehmigung an den Nachbarn, ist deshalb im Wege der Leistungs-(Verpflichtungs-)klage zu begegnen.[2]

### 2. Besondere Sachurteilsvoraussetzungen

3 Entsprechend ihrer spezifischen Zielsetzung und Struktur müssen für die Zulässigkeit der Anfechtungsklage besondere Zulässigkeitsvoraussetzungen gegeben sein, die zu den für jede Klage erforderlichen, allgemeinen Sachentscheidungsvoraussetzungen hinzutreten (vgl. oben § 10). Sie sind auch für die übrigen verwaltungsakt-bezogenen Klagearten von Bedeutung und werden deshalb inhaltlich im Anschluß an diese übergreifend behandelt. Im einzelnen sind erforderlich

- das Vorliegen eines Verwaltungsakts, § 42 Abs. 1 (unten § 17);
- die Geltendmachung einer Rechtsverletzung, § 42 Abs. 2 (Klagebefugnis, vgl. unten § 18);
- die Durchführung eines Vorverfahrens, §§ 68 ff. (vgl. unten § 19);
- die Einhaltung der Klagefrist, § 74 Abs. 1 (vgl. unten § 20) sowie
- die Inanspruchnahme des richtigen Beklagten, § 78 (Passive Prozeßführungsbefugnis; vgl. unten § 21).

## II. Der Gegenstand der Anfechtungsklage

Definitionsgemäß und nach ihrer gesetzlichen Ausgestaltung kann sich die Anfechtungsklage nur gegen einen Verwaltungsakt richten.

### 1. Der Verwaltungsakt als Klagegegenstand

#### *a) Verwaltungsakt und Widerspruchsbescheid*

4 *Angriffsgegenstand* der Anfechtungsklage, der mit dem *Streitgegenstand* nicht verwechselt werden darf, ist im Normalfall der ursprüngliche Verwaltungsakt, von

---

[1] Vgl. auch BVerfGE 30,108 (111) zum Widerruf gnadenweisen Straferlasses.

[2] Ebenso BVerwGE 49,244; zustimmend Sodan, in: Sodan/Ziekow, § 42 Rdnr. 132; Bosch/Schmidt, § 18 II 4. Ablehnend Schwabe, DVBl 1976,715. Allgemein dazu auch Hailbronner, DVBl 1979,767.

dem die rechtliche Beschwer ausgeht. Maßgeblich ist dabei, entsprechend der Intention des Vorverfahrens und der Einheitlichkeit des Verwaltungsverfahrens, die Gestalt, die er durch den Widerspruchsbescheid gefunden hat, § 79 Abs. 1 Nr. 1.

Dieser stellt einen selbständigen Verwaltungsakt dar, bildet aber mit dem Ausgangsverwaltungsakt eine *Regelungseinheit* und ist formell zusammen mit diesem anzugreifen (vgl. auch § 113 Abs. 1 Satz 1), selbst wenn er als solcher Rechtsfehler aufweist, die in jenem noch nicht enthalten waren und für die damit prozessual ebenfalls die Ausgangsbehörde einzustehen hat.[3] Materiell besteht die Beschwer des Anfechtungsklägers nur in dem Umfange, in dem der ursprüngliche Verwaltungsakt durch den Widerspruchsbescheid aufrechterhalten oder bestätigt wurde beziehungsweise umgekehrt umfaßt sie auch die durch diesen etwa zusätzlich auferlegten Belastungen, unabhängig von deren Zulässigkeit (sogenannte *reformatio in peius*, s. unten § 19 Rdnr. 60). 5

**Beispiele**: (1) Die Ausgangsbehörde ordnet den Abbruch des Vordachs eines Gebäudes im Außenbereich an. Die Widerspruchsbehörde weist den Widerspruch des Bauherrn zurück, wobei sie den vollständigen Abbruch des Gebäudes anordnet.[4]

(2) Die Ausgangsbehörde erteilt eine beantragte Genehmigung mit Auflagen. Auf den Widerspruch eines Dritten verschärft die Widerspruchsbehörde die Auflagen.[5]

Bei alledem ist die Rechtsnatur des Ausgangshandelns als Verwaltungsakt vorausgesetzt. Fehlt es hieran, zum Beispiel bei der gemeindlichen Geltendmachung von Aufwendungsersatz durch schlichte Rechnungsstellung, so kann diese auch durch einen fälschlich ergangenen Widerspruchsbescheid nicht in einen Verwaltungsakt umqualifiziert und als solcher angefochten werden;[6] einer Verbindung beider Akte steht deren Wesensverschiedenheit entgegen. 6

### b) Teilanfechtung

Der Verwaltungsakt kann, wie sich aus § 113 Abs. 1 Satz 1 ergibt, nur aufgehoben werden, *soweit* er rechtswidrig und rechtsverletzend ist (s. sogleich Rdnr. 25). Daraus folgt die Möglichkeit – und zur Vermeidung eines Prozeßverlusts auch Notwendigkeit – einer entsprechend beschränkten, das heißt teilweisen Anfechtung des Verwaltungsakts, zum Beispiel eines Erschließungsbeitragsbescheids nur 7

[3] Vgl. BVerwGE 62,80 (81); 78,3 (6); VGH BW, NVwZ 1990,1085; demgegenüber Hufen, § 9 Rdnr. 22.
[4] Vgl. BVerwGE 51,310.
[5] Vgl. BVerwG, NVwZ 1983,32.
[6] A. M. BVerwGE 78,3 (4 f.) m. abl. Anm. von Renck, NVwZ 1989,117 und BayVBl 1988,409; ablehnend auch J. Martens, NVwZ 1988,689; BayVGH, NVwZ 1990,775; vgl. dazu noch unten § 17 Rdnr. 41.

hinsichtlich des durch §§ 127 f. BauGB nicht gedeckten Betrags oder einer Abrißverfügung für einen baulichen Komplex im Außenbereich nur hinsichtlich etwa formell genehmigter Baulichkeiten unter Bestandsschutz (vgl. dazu noch unten § 17 Rdnr. 51 f.).

### 2. Der Widerspruchsbescheid als Klagegegenstand

8 Ausnahmsweise können Ausgangsverwaltungsakt und Widerspruchsbescheid ein getrenntes prozessuales Schicksal haben, wenn dieser erstmalig oder zusätzlich eine isolierte Beschwer enthält.

#### *a) Erstmalige Beschwer*

9 Gemäß § 79 Abs. 1 Nr. 2 ist der Widerspruchsbescheid, bei Erlaß eines Abhilfebescheids (vgl. § 72) dieser, zwingend alleiniger Gegenstand der Anfechtungsklage, wenn er *erstmalig eine Beschwer*, sei es für einen Dritten (so die ursprüngliche Gesetzesfassung) oder einen Verfahrensbeteiligten, enthält.

Dies ist einmal bei (erfolgreichen) *Widersprüchen Drittbetroffener* gegen Verwaltungsakte mit Doppel- beziehungsweise Drittwirkung (s. dazu näher § 18 Rdnr. 40 ff.) gegeben. Wenn zum Beispiel eine bau- oder immissionsrechtliche Genehmigung auf Widerspruch des Nachbarn hin aufgehoben oder mit (zusätzlichen) Nebenbestimmungen verbunden wird, so stellt sich der Widerspruchsbescheid als ein den Bauherrn beziehungsweise Unternehmer erstmalig (und – vom Widerspruchsverfahren aus gesehen – als "Dritten") beschwerender Verwaltungsakt dar, der isoliert anzugreifen ist. Gleiches gilt im umgekehrten Fall, in dem auf Widerspruch des Bauwerbers die Baugenehmigung erteilt, eine nachbarschützende Nebenbestimmung aufgehoben,[7] und hierdurch der Nachbar erstmalig beschwert wird.

10 Ebenfalls unter diese gesetzliche Fallvariante fällt eine *zweite* Konstellation, bei der durch die Änderung des Ausgangsverwaltungsakts im Widerspruchsbescheid der ursprünglich entscheidende Rechtsträger in seinem *Selbstverwaltungsrecht* nachteilig betroffen wird. Hauptfall ist die Gemeinde, die zum Beispiel durch den erst von der Widerspruchsbehörde erteilten Dispens von bauplanerischen Festsetzungen (§ 31 BauGB) oder deren schlichte Nichtbeachtung bei Erteilung der erstrebten Baugenehmigung[8] in ihrer Planungshoheit verletzt sein kann; gleiches gilt übrigens bei Zulassung eines Bauvorhabens erst im Widerspruchsverfahren ohne das gemäß § 36 Abs. 1 BauGB erforderliche gemeindliche Einvernehmen.[9] Im übrigen können auch sonstige Selbstverwaltungsträger durch die Korrektur

---

[7] Vgl. BVerwG, NVwZ-RR 1995,613.

[8] Vgl. BVerwGE 22,342 (343); 45,207 (211); BVerwG, DÖV 1982,283; Kopp/Schenke, § 42 Rdnr. 140.

[9] Vgl. BVerwGE 45,207 (211); BVerwG, DÖV 1982,283; NVwZ 1986,556.

BVerwG, U 17.12.07, DVBl 08, 386

ihrer Entscheidung im Widerspruchsverfahren (erstmalig) beschwert sein, so etwa eine Handwerkskammer in bezug auf eine von ihr getroffene Mitgliedschaftsentscheidung.[10]

### b) Zusätzliche Beschwer

Eine Anfechtungsklage allein gegen den Widerspruchsbescheid ist auch dann **11**
möglich, wenn dieser gegenüber dem ursprünglichen Verwaltungsakt eine *zusätzliche selbständige Beschwer* (des schon durch den Ausgangsverwaltungsakt Belasteten) enthält, § 79 Abs. 2. Sie kann entweder in der nachteiligen inhaltlichen Veränderung des Ausgangsverwaltungsakts (Rdnr. 12 ff.) oder darin liegen, daß der Widerspruchsbescheid als solcher, das heißt ohne Bezug auf diesen, eine isolierte Beschwer enthält, insbesondere an einem wesentlichen Verfahrensmangel leidet, § 79 Abs. 2 Satz 2 (Rdnr. 20 ff.).

*aa) Reformatio in peius.* Eine zusätzliche selbständige Beschwer ist zunächst bei **12**
jeder nachteiligen Veränderung des Ausgangsverwaltungsakts (sogenannte Verböserung; **reformatio in peius**) gegeben,[11] der damit zugleich eine andere Gestalt im Sinn des § 79 Abs. 1 Nr. 1 erhält.

*(1)* Dies trifft zu bei der Auferlegung zusätzlicher Belastungen; **13**

**Beispiele:** Erhöhung einer Subventionsrückforderung von DM 29 000,- auf DM 31 000,-;[12] Statuierung zusätzlicher Auflagen zu immissionsrechtlicher Genehmigung;[13] Erstreckung eines Teilabrißgebots auf weitere Bauteile.[14]

es genügt jedoch auch eine inhaltliche Veränderung des Verwaltungsakts infolge Auswechslung (von Teilen) seiner Begründung[15] oder gar seine Neukonstituierung (vgl. oben Rdnr. 4 f.). Dabei ist nach herrschender Meinung, die zumindest aus Gründen der Praktikabilität Beifall verdient, nicht zusätzlich eine gegenüber der ursprünglichen Belastung eigengeartete ("selbständige") Beschwer erforderlich.[16] Andererseits entsteht eine zusätzliche Beschwer nicht schon dadurch, daß der Widerspruchsbehörde Fehler bei der Rechtsanwendung oder der Ermessensausübung unterlaufen,[17] zum Beispiel auch, daß sie eine zwischenzeitliche Rechts-

---

[10] Vgl. OVG RP, GewArch 1980,300 (allerdings mit unzutreffender Berufung auf § 79 Abs. 2 statt auf Abs. 1 Nr. 2).
[11] Vgl. Kopp/Schenke, § 79 Rdnr. 11; Bosch/Schmidt, § 20 III 2.
[12] Vgl. BVerwG, DVBl 1987,238; a. M. Redeker/v. Oertzen, § 79 Rdnr. 9, die hierin keine selbständige Beschwer sehen; dazu sogleich.
[13] Vgl. BVerwG, NVwZ 1983,32.
[14] Vgl. BVerwGE 51,310.
[15] Vgl. auch BVerwGE 84,220 (232); Dawin, NVwZ 1987,873.
[16] So Redeker/v. Oertzen, § 79 Rdnr. 9.
[17] Vgl. VGH BW, NVwZ 1990,1085.

änderung unberücksichtigt läßt;[18] denn der Ausgangsverwaltungsakt gewinnt hierdurch die "Gestalt" der letzten Verwaltungsentscheidung, die gemäß § 79 Abs. 1 Nr. 1 für seine gerichtliche Überprüfung maßgeblich ist[19] (vgl. auch unten § 34 Rdnr. 47 ff.).

**14** *(2)* Liegen diese Voraussetzungen einer isolierten Anfechtung des Widerspruchsbescheids gemäß § 79 Abs. 2 Satz 1 vor, so bleibt es dem Kläger unbenommen, statt dessen gemäß § 79 Abs. 1 Nr. 1 gegen den (um)gestalteten Grundverwaltungsakt und damit zugleich gegen den Widerspruchsbescheid, gegebenenfalls beschränkt auf die durch diesen statuierte Belastung (Teilanfechtung), Klage zu erheben (**Einheitsklage**); der Kläger hat also ein Wahlrecht.[20]

**15** Ein *kombiniertes Vorgehen* sowohl gegen den (durch den Widerspruchsbescheid gestalteten) Verwaltungsakt als auch gegen den Widerspruchsbescheid als solchen[21] ist dagegen weder möglich noch sinnvoll.[22] Es scheitert an der Teilidentität beider Begehren und damit prozessual an dem Verbot mehrfacher Rechtshängigkeit derselben Streitsache (s. unten § 31 Rdnr. 21 f.).

Etwas anderes gilt jedoch dann, wenn der Widerspruchsbescheid selbständige materielle Regelungen trifft, die über den Gegenstand des Erstverwaltungsakts hinausgehen und diesen deshalb insoweit nicht inhaltlich gestalten. In einem derartigen Fall eines **Selbsteintritts** der Widerspruchsbehörde liegt eine eigenständige Entscheidung vor, die den materiell-rechtlichen Anforderungen (insbesondere auch hinsichtlich der Zuständigkeit) genügen muß und als solche anfechtbar ist.[23]

**Beispiel**: Auf den Widerspruch gegen die Ablehnung der Baugenehmigung hin wird nicht nur jener zurückgewiesen, sondern weitergehend der Abbruch vorhandener Anlagen angeordnet.

**16** Geht von dem (rechtswidrigen) Widerspruchsbescheid mangels inhaltlicher Regelung eine Gestaltungswirkung nicht aus, so steht einer kumulativen Anfechtung das Eventualverhältnis zwischen Aufhebung des Ausgangsverwaltungsakts und des Widerspruchsbescheids entgegen.

**17** *(3)* Die Reichweite gerichtlicher *Entscheidungskompetenz* wird durch den Antrag des Klägers bestimmt (Dispositionsmaxime, vgl. unten § 30 Rdnr. 2 ff.).

---

[18] A. M. HessVGH, NVwZ 1988,743.

[19] Vgl. BVerwGE 19,327 (330).

[20] Vgl. BVerwGE 17,148 (150); Kopp/Schenke, § 79 Rdnr. 2, 11; Bosch/Schmidt, § 20 III 2 a; Juhnke, BayVBl 1991,138.

[21] So unter zum Teil unklaren Voraussetzungen etwa Jäde, BayVBl 1990,696.

[22] Ebenso Redeker/v. Oertzen, § 79 Rdnr. 8; Eyermann/Happ, § 79 Rdnr. 21; wohl auch Kopp/Schenke, § 79 Rdnr. 2.

[23] Vgl. Eyermann/Happ, § 79 Rdnr. 22.

Im Fall der "*Einheitsklage*" hat das Gericht deshalb über die Rechtmäßigkeit des Ausgangsverwaltungsakts zu befinden und *diesen* – gegebenenfalls teilweise – aufzuheben, auch wenn sich die Rechtsverletzung allein aus dem Widerspruchsbescheid ergibt;[24] denn diesem kommt ein eigenes rechtliches und prozessuales Schicksal als Verwaltungsakt unter den Voraussetzungen des § 79 Abs. 1 Nr. 2, Abs. 2 nur zu, wenn der Kläger ihn zum Gegenstand seiner Klage macht. Eine in der Folge etwa zu treffende Neuentscheidung obliegt damit wiederum der Ausgangs-, nicht der Widerspruchsbehörde.[25]

**Beispiel**: Ist lediglich die Erhöhung der Rückforderung durch die Widerspruchsbehörde, etwa infolge einer fehlerhaften Berechnung, rechtswidrig, so wird der Zahlungsbescheid (!) insoweit aufgehoben, als er einen höheren Betrag als DM 29 000,- festsetzt. Die erneute Festsetzung aufgrund einer Nachberechnung erfolgt dann konsequent außerhalb des Widerspruchsverfahrens durch die Ausgangsbehörde.

Dies gilt übrigens auch, wenn der Widerspruchsbescheid eine isolierte Beschwer ohne Bezug zum Ausgangsverwaltungsakt enthält, insbesondere auf einem Verfahrensfehler im Sinne des § 79 Abs. 2 Satz 2 beruht (s. dazu sogleich Rdnr. 20 ff.), der Grundverwaltungsakt selbst aber rechtmäßig ist. Auch hier kann jener nur bei entsprechender (gegebenenfalls eventualer) Antragstellung – ein Rechtsschutzbedürfnis vorausgesetzt – aufgehoben werden.[26] **18**

Auch bei einer *isolierten Anfechtung des Widerspruchsbescheids* kommt dem Antrag maßgebliche Bedeutung zu, wobei dessen *Zulässigkeit* wiederum von Art und Umfang der zusätzlichen selbständigen Beschwer (§ 79 Abs. 2 Satz 1: "wenn und soweit") abhängt.

Wird die Beschwer allein in der inhaltlichen Verschlechterung gesehen und deshalb eine auf diese beschränkte Anfechtungsklage erhoben, so erwächst der *ursprüngliche Verwaltungsakt* in *Bestandskraft*. Es ist dann allein über die Rechtmäßigkeit der reformatio in peius zu entscheiden und der Widerspruchsbescheid im Fall Verneinung – antragsgemäß beschränkt – aufzuheben.[27] **19**

*bb) Eigenständige Beschwer.* Der Widerspruchsbescheid kann den Widerspruchsführer jedoch auch – unabhängig von jeder inhaltlichen Beschwer – allein durch die ihm anhaftende Rechtswidrigkeit belasten. **20**

*(1)* Hiervon ist auszugehen, wenn der Widerspruchsbescheid die gemäß § 68 Abs. 1 Satz 1 für das verwaltungsgerichtliche Vorverfahren vorgesehene

[24] Ebenso BVerwGE 19,327 (330); Dawin, NVwZ 1987,873; a. M. etwa HessVGH, NVwZ 1988,743; Kopp/Schenke, § 79 Rdnr. 2; § 113 Rdnr. 15.
[25] BVerwGE 19,327 (330); a. M. HessVGH, NVwZ 1988,743.
[26] Vgl. Bosch/Schmidt, § 20 III 2 c; a. A. Kopp, JuS 1994,742.
[27] Vgl. Bosch/Schmidt, § 20 III 2 a.

*Nachprüfung verfehlt.* Denn auf dem Hintergrund der diesem zukommenden Rechtsschutzfunktion (vgl. unten § 19 Rdnr. 3) führt die gesetzwidrige Beschneidung dieser vorgerichtlichen Kontrollmöglichkeit zu einer eigenständigen Beschwer des Betroffenen. Beispiele hierfür sind etwa die Unterlassung jeder inhaltlichen Nachprüfung oder der Verzicht auf die Ausübung einer Ermessens- oder Beurteilungsermächtigung.[28]

**21** *(2)* Diese gesetzliche Kontrollfunktion kann insbesondere bei fehlerhafter Durchführung des *Vorverfahrens* vernachlässigt sein. Gemäß § 79 Abs. 2 Satz 2 gilt deshalb als zusätzliche Beschwer auch die Verletzung einer **wesentlichen Verfahrensvorschrift**, sofern der Widerspruchsbescheid auf dieser Verletzung beruht (beruhen kann), zum Beispiel beim Fehlen jeglicher Begründung (§ 73 Abs. 3 Satz 1),[29] bei Entscheidung durch eine unzuständige Behörde beziehungsweise ohne die gesetzlich vorgeschriebene Behördenbeteiligung[30] oder bei Verletzung des rechtlichen Gehörs (vgl. § 28 VwVfG)[31].

**22** *(3)* In all diesen Fällen könnte die Rechtsverletzung durch Anfechtung des zugrunde liegenden Verwaltungsakts nicht erfaßt werden, da dieser insoweit nicht gemäß § 79 Abs. 1 Nr. 1 in seiner Gestalt, das heißt inhaltlich, berührt wird.[32] Vom klägerischen Rechtsschutzbegehren aus gesehen ist deshalb sachgerecht nur, den Widerspruchsbescheid aufzuheben und den Streitfall dadurch in den Stand des Vorverfahrens zurückzuversetzen, das heißt im praktischen Ergebnis: an die Verwaltung *zurückzuverweisen*, die nunmehr erneut über den Widerspruch zu entscheiden hat.[33] Wird dagegen die Klage (rechtskräftig) abgewiesen, so erwächst der Widerspruchsbescheid und mit diesem auch der Grundverwaltungsakt in Bestandskraft. Um den letzteren gleichwohl gerichtlicher Prüfung zu unterstellen, die ja – schon mit Einleitung des Widerspruchsverfahrens – eigentlich angestrebt wurde, empfiehlt sich in jedem Fall die hilfsweise Anfechtung des Ausgangsverwaltungsakts nach § 79 Abs. 1 Satz 1.[34]

**23** *(4)* Auch wenn die Klage Erfolg hat, bleibt demnach der ursprüngliche Verwaltungsakt in der Schwebe und das letztlich verfolgte, sachliche Anliegen des Klägers offen. Für die isolierte Aufhebung des Widerspruchsbescheids ist deshalb nach der Rechtsprechung ein *Rechtsschutzbedürfnis* nur anzuerkennen, wenn die

---

[28] Vgl. VGH BW, NVwZ 1990,1085; Dawin, NVwZ 1987,874.
[29] VGH BW, NVwZ 1990,1085.
[30] BVerwGE 13,195; 70,196.
[31] Vgl. BVerwGE 61,45; OVG Bremen, NJW 1983,1869.
[32] Ebenso Dawin, NVwZ 1987,873 f.
[33] Vgl. BVerwGE 13,195 (198); 70,196 (201); HessVGH, NVwZ 1988,743; Bosch/Schmidt, § 20 III 2 b.
[34] Vgl. auch Dawin, NVwZ 1987,874; a. M. Kopp/Schenke, § 79 Rdnr. 2.

Entscheidungsmöglichkeiten der Widerspruchsbehörde über diejenigen des Gerichts hinausgehen, insbesondere, weil jener Ermessens- oder Zweckmäßigkeitsgesichtspunkte zur Verfügung stehen. Hieran fehlt es bei gebundenen Entscheidungen,[35] bei denen freilich vielfach schon die von § 79 Abs. 2 Satz 2 vorausgesetzte Kausalität des Fehlers für den Bescheid nicht vorliegen wird.[36]

## III. Entscheidung

Mit der das Verfahren abschließenden Entscheidung setzt das Gericht die materiell-rechtliche Rechtslage prozessual um. Die Vorschriften des § 113 Abs. 1-4 über den Inhalt des Urteils auf Anfechtungsklage bilden also die *Brücke ins materielle Recht* und sind damit der Ausgangspunkt für die Prüfung der *Begründetheit der Klage.* 24

### 1. Hauptsacheentscheidung

#### *a) Entscheidung über den Verwaltungsakt*

*aa) Aufhebung des Verwaltungsakts.* Die Anfechtungsklage ist **begründet**, wenn und soweit der **Verwaltungsakt rechtswidrig** und der **Kläger dadurch in seinen Rechten verletzt** ist; in diesem Fall hebt das Gericht den Verwaltungsakt und den etwaigen Widerspruchsbescheid auf, § 113 Abs. 1 Satz 1. Dem liegt materiell-rechtlich ein Anspruch des Betroffenen gegen den Hoheitsträger beziehungsweise die Behörde auf Beseitigung der Beeinträchtigung zugrunde, der sich als Ausprägung des *allgemeinen Folgenbeseitigungsanspruchs* (vgl. dazu unten Rdnr. 36) darstellt.[37] Im Hinblick auf die besondere Regelungswirkung des Verwaltungsakts wird dieser Anspruch aber nicht durch Verurteilung der Behörde (zur Rücknahme des Verwaltungsakts), sondern im Wege unmittelbarer gerichtlicher Gestaltung realisiert. Für eine Durchsetzung des Rücknahmeanspruchs durch Leistungs-(Verpflichtungs-)klage ist, wie sich auch aus § 51 Abs. 2 VwVfG ergibt, kein Raum. Die Aufhebung wirkt grundsätzlich auf den Zeitpunkt des Erlasses des Verwaltungsakts zurück (*ex tunc*), kann aber auch, je nach der maßgeblichen, materiell-rechtlichen Lage, noch für einen späteren Zeitpunkt erfolgen.[38] 25

*bb) Umdeutung des Verwaltungsakts.* Stellt sich der angefochtene Verwaltungsakt als rechtswidrig und rechtsverletzend dar, so ist er gleichwohl nicht aufzuheben, 26

---

[35] BVerwGE 45,351 (357); 49,307; 61,45 (47); BVerwGE 71,251 (252); a. M. Kopp/Schenke, § 79 Rdnr. 12; Redeker/v. Oertzen, § 79 Rdnr. 9.

[36] Vgl. auch Kopp/Schenke, § 79 Rdnr. 14.

[37] Vgl. W. Schenke, JuS 1990,371 ff.

[38] Vgl. BVerwGE 92,32 sowie noch unten § 34 Rdnr. 52 ff.

BVerwG, U 13.12.07, DVBl 08, 386 (maßgebl. Zeitpunkt Sach- und Rechtslage)

wenn er gemäß § 47 VwVfG in einen rechtmäßigen Verwaltungsakt *umgedeutet* werden kann.[39] Diese Regelung des dem Prozeßrecht vorausliegenden Verwaltungsverfahrensrechts ermöglicht es, den erlassenen fehlerhaften in einen *rechtsgültigen Verwaltungsakt umzuwandeln*, der zwar von der Behörde ursprünglich nicht beabsichtigt war, gleichwohl aber ihrer Regelungsintention entspricht.

**Beispiel**: Wird die Freistellung eines Zeitsoldaten für eine Fachausbildung wegen Wegfalls der Voraussetzungen rückwirkend widerrufen, so kann diese rechtswidrige, weil auf einen unmöglichen Erfolg gerichtete Regelung in die Feststellung umgedeutet werden, daß die Begünstigung in dem betreffenden Zeitpunkt entfallen ist.[40]

**27** Hierin wird vielfach lediglich eine *Ermächtigung an die Behörde* zur konstitutiven Ersetzung des beanstandeten Verwaltungsakts gesehen. Die Umdeutung ist danach auch im Prozeß allein ihr vorbehalten mit der Konsequenz, daß der neue Verwaltungsakt im Wege der (in der Regel als sachdienlich zuzulassenden) *Klageänderung* in das Verfahren einbezogen wird.[41] Die Umdeutung ist jedoch – auch im öffentlichen Recht – ein Institut des materiellen Rechts. Nicht zuletzt mit Blick auf die Parallele des § 140 BGB[42] ist § 47 VwVfG als Ausprägung des (auch schon in §§ 45 und 46 VwVfG anklingenden) Gedankens zu verstehen, daß ein fehlerhaftes Rechtsgeschäft, so auch ein Verwaltungsakt, aufrechterhalten bleiben kann, wenn eine andere, gültige Regelung in ihm enthalten ist.[43] Die Umdeutung führt folglich nicht zu einer Neuregelung, durch die der ursprüngliche Verwaltungsakt, sei es auch mit Wirkung ex tunc, ersetzt würde, sondern zur Aufrechterhaltung des ursprünglichen Verwaltungsakts in einer gewandelten, der Sache nach aber bereits in ihm angelegten Gestalt. Folgerichtig ist dieser bloße *Erkenntnisakt* auch dem Gericht zugänglich,[44] ja darüber hinaus sogar aufgegeben, da bei Vorliegen seiner Voraussetzungen der angefochtene Verwaltungsakt sich in Wahrheit als rechtmäßig erweist.

### b) Änderung des Verwaltungsakts

**28** Wird durch den Verwaltungsakt ein *Geldbetrag* (zum Beispiel der Erschließungsbeitrag[45]) festgesetzt oder eine *hierauf bezogene* Feststellung getroffen,[46] so ist das

---

[39] Ausführlich dazu Lüdemann/Windthorst, BayVBl 1995,357.
[40] Vgl. VGH BW, NVwZ 1985,349.
[41] So Schenke, Rdnr. 823 f.; ders., DVBl 1987,641 ff.; Kopp, VwVfG, § 47 Rdnr. 4; Windthorst/Lüdemann, NVwZ 1994,244.
[42] Vgl. BVerwG, DVBl 1984,431; Weyreuther, DÖV 1985,126.
[43] Vgl. Sachs, in: Stelkens/Bonk/Sachs, § 47 Rdnr. 33.
[44] So BVerwGE 48,81 (83); 62,300 (306); BVerwG, DVBl 1984,431; VGH BW, NVwZ 1985,349; Sachs, in: Stelkens/Bonk/Sachs, § 47 Rdnr. 10; Maurer, § 10 Rdnr. 44; Laubinger, VerwArch 78 (1987), S. 348.
[45] Vgl. BVerwGE 87,288.
[46] Nicht mehr erfaßt sind also, anders als nach § 113 Abs. 2 a. F., sonstige Feststellungen, z. B.

Gericht nicht auf eine negative Gestaltung (Kassation) beschränkt. Vielmehr kann es den Verwaltungsakt, wenn dies vom Kläger beantragt wurde, inhaltlich ändern und den Betrag in anderer Höhe festsetzen oder eine andere Feststellung treffen, § 113 Abs. 2. Voraussetzung hierfür ist, daß sich der im Streit befindliche Geldbetrag lediglich der Höhe, nicht aber dem Grunde nach als rechtswidrig erweist; ferner muß sich der zutreffende Betrag allein durch Gesetzesanwendung, also ohne zusätzliche Ermessensentscheidung, die dem Gericht materiell-rechtlich nicht zugänglich ist, ermitteln lassen.[47]

Aus diesem Grund kann das Gericht auch aufwendige Rechenoperationen zur *Betragsermittlung* der Behörde überlassen und sich darauf beschränken, die korrigierten tatsächlichen und rechtlichen Grundlagen für die Neuberechnung festzulegen, § 113 Abs. 2 Satz 2.[48] Ob das Gericht diesen Weg (statt einer Teilaufhebung des Verwaltungsakts) geht, liegt in seinem Ermessen; der Rahmen des gestellten Antrags darf jedoch nicht überschritten werden (§ 88). 29

Die *Neuberechnung* aufgrund des Urteils, die den Beteiligten unverzüglich formlos mitgeteilt wird, hat keinen Regelungscharakter. Dagegen kann der nach Unanfechtbarkeit der Entscheidung mit dem geänderten Inhalt neu bekanntzugebende Verwaltungsakt (§ 113 Abs. 2 Satz 3) im Fall seiner (erneuten) Rechtswidrigkeit wiederum angefochten werden, soweit dem nicht die (materielle) Rechtskraft entgegensteht.[49] 30

### c) Zurückverweisung

Die Ermittlung des entscheidungserheblichen Sachverhalts obliegt dem Gericht in eigener Verantwortung (vgl. dazu unten § 30 Rdnr. 14 ff.). Ungeachtet seiner grundsätzlichen Pflicht, das bei ihm anhängige Verfahren entscheidungsreif zu machen,[50] obliegt dem Gericht jedoch auch hier nur der kontrollierende Nachvollzug der getroffenen Verwaltungsentscheidung. Ist der dieser zugrunde liegende Sachverhalt nicht hinreichend aufgeklärt, sei es unter Verstoß gegen § 24 VwVfG, sei es wegen Verkennung der maßgeblichen Entscheidungsvoraussetzungen, so kann das Gericht nur dann seine eigenen Ermittlungen an die Stelle des behördlich zugrunde gelegten Sachverhalts setzen, wenn es hierdurch nicht Aufgaben der 31

---

über die Berechtigung zur Kriegsdienstverweigerung (vgl. bisher BVerwGE 65,288 und demgegenüber jetzt BVerwGE 90,265; BVerwG, NVwZ 1995,496) oder die Gemeinnützigkeit eines Wohnungsbauunternehmens (vgl. bisher BVerwGE 57,161), wohl auch nicht des Besoldungsdienstalters eines Beamten (dazu Bettermann, DVBl 1973,376) – insoweit zweifelnd Kopp/Schenke, § 113 Rdnr. 152; a. M. Redeker/v. Oertzen, § 113 Rdnr. 8.

[47] Vgl. auch Bosch/Schmidt, § 21 II.

[48] Bedenklich einschränkend demgegenüber BVerwG, DVBl 1991,449; kritisch auch Redeker, DVBl 1991,972.

[49] Vgl. auch Kopp/Schenke, § 113 Rdnr. 162; Redeker, DVBl 1991,975.

[50] Vgl. BVerwGE 69,198 (201) m. w. Nachw.

Verwaltung übernimmt.[51] Schon bisher war deshalb anerkannt, daß die unzureichende Aufklärung der tatsächlichen Basis von Verwaltungsentscheidungen zu deren Aufhebung ohne abschließende Entscheidung in der Sache selbst führt, soweit Ermittlung und Bewertung des zugrunde gelegten Sachverhalts nach den maßgeblichen Rechtsvorschriften zur behördlichen Rechtsanwendung gehören, so insbesondere im Atom-[52] und Planungsrecht.[53]

32 Der durch das 4. VwGO-ÄndG von 1990 eingeführte § 113 Abs. 3[54] bestätigt diese Möglichkeit einer *"Zurückverweisung" an die Verwaltung* zur weiteren Sachaufklärung.[55] Unter Aufrechterhaltung der Amtsermittlungspflicht im übrigen (§ 86) erweitert er sie jedoch durch die generelle Voraussetzung, daß die erforderlichen Ermittlungen nach Art oder Umfang erheblich sind[56] und die Aufhebung sachdienlich ist, auf sonstige Fälle komplexer Sachverhalte, zu deren Aufklärung gerade differenzierte Verwaltungsverfahren bestehen,[57] wie für die immissionsrechtliche Genehmigung (§ 6 BImSchG),[58] oder die Behörde über überlegene Erkenntnismöglichkeiten verfügt.[59]

33 Zur Sicherung zeitlich effektiven Rechtsschutzes ist die Aufhebung des Verwaltungsakts nur binnen sechs Monaten seit Akteneingang bei Gericht zulässig, § 113 Abs. 3 Satz 4. Diese – nicht unproblematische[60] – Beschränkung bezieht sich nur auf die prozessuale Befugnis des Gerichts zur Zurückverweisung. Sie schließt jedenfalls nicht die (schon bisher zugelassene) Aufhebung eines Verwaltungsakts aus, der sich infolge der unzureichenden behördlichen Tatsachenbasis *sachrechtlich* als rechtswidrig erweist. Zur Überbrückung des durch die Aufhebung des Verwaltungsakts ohne Entscheidung in der Sache selbst entstehenden Schwebezustandes kann das Gericht eine einstweilige Regelung treffen, § 113 Abs. 3 Satz 2, 3.

### d) Feststellung der Rechtswidrigkeit des Verwaltungsakts

34 Eine Aufhebung des Verwaltungsakts kommt nicht mehr in Frage, wenn dieser keine Regelungswirkung mehr für den Kläger entfaltet, sich also erledigt hat.

[51] Vgl. dazu auch Kopp/Schenke, § 113 Rdnr. 21.
[52] Vgl. BVerwGE 72,300 (316); 78,177 (180); 80,207 (217, 221 f.).
[53] Vgl. BVerwG, DVBl 1988,844.
[54] Eingehend dazu Demmel, a.a.O.
[55] Ebenso Kopp/Schenke, § 113 Rdnr. 163; Redeker, DVBl 1991,973; kritisch Demmel, a.a.O., S. 103 ff.
[56] Vgl. dazu auch BayVGH, BayVBl 1997,213.
[57] Das BVerwG betont diese Bedeutung unter dem umgekehrten Aspekt behördlicher Stillegung ungenehmigter Anlagen allein mangels der Durchführung des vorgeschriebenen Prüfungsverfahrens, vgl. BVerwGE 84,220 (233).
[58] Ebenso Spannowsky, in: Sodan/Ziekow, § 113 Rdnr. 201; vgl. demgegenüber noch BVerwGE 85,368 (379).
[59] Vgl. Spannowsky, in: Sodan/Ziekow, § 113 Rdnr. 204.
[60] Vgl. Stelkens, NVwZ 1991,217; Kopp/Schenke, § 113 Rdnr. 168.

Auch dann kann jedoch ein fortbestehendes Bedürfnis nach Rechtsschutz anzuerkennen sein. Für diesen Fall sieht § 113 Abs. 1 Satz 4 die Möglichkeit vor, zur Feststellungsklage überzugehen (*"Fortsetzungsfeststellungsklage"*) und den Ausspruch des Gerichts zu erwirken, daß der Verwaltungsakt rechtswidrig gewesen ist (vgl. im einzelnen unten § 22 Rdnr. 42 ff.).

## 2. Die Verpflichtung zur Folgenbeseitigung

§ 113 Abs. 1 Satz 2, 3 eröffnet dem Gericht aus Gründen der Prozeßökonomie die 35
Möglichkeit, zusammen mit der Aufhebung des Verwaltungsakts anzuordnen, daß und wie die aus dessen etwaiger Vollziehung resultierenden, tatsächlichen Folgen rückgängig zu machen sind. Die Vorschrift regelt lediglich die erleichterte *prozessuale* Geltendmachung des *Folgenbeseitigungsanspruchs*, dessen *materiell-rechtliches* Bestehen deshalb Voraussetzung für die Begründetheit des Antrags ist.

### *a) Der Folgenbeseitigungsanspruch*

Der Verwaltungsakt wird mit seinem Erlaß (Bekanntgabe) wirksam, § 43 Abs. 1 36
VwVfG, und kann deshalb, sofern nicht vorläufiger Rechtsschutz eingreift, vollzogen werden. Insbesondere diese Vollziehungs-, aber auch sonstige tatsächliche Folgen des rechtswidrigen Verwaltungsakts beeinträchtigen den Betroffenen auch nach Aufhebung der auf der normativen Ebene wirksamen Anordnung in seinen Rechten[61] und sind ebenfalls rückgängig zu machen.[62] Der einzelne hat deshalb einen *Anspruch auf Beseitigung* eines fortdauernden rechtswidrigen tatsächlichen Zustandes, der als *Folge* eines *rechtsverletzenden, hoheitlichen Eingriffs* entstanden ist. Dieser Anspruch besteht unabhängig davon, ob zu seiner Durchsetzung ein Verwaltungsakt gegenüber Dritten erforderlich ist[63] (Beispiele siehe unten Rdnr. 38). Der so umschriebene Folgenbeseitigungsanspruch wurde im weiteren Verlauf auch auf sonstige, nicht durch Verwaltungsakt erfolgte Eingriffe, insbesondere tatsächlicher Art, erweitert und ist heute, ungeachtet der Meinungsverschiedenheiten über seine dogmatische Herleitung im einzelnen,[64] in Existenz und tatbestandlichen Voraussetzungen gewohnheitsrechtlich anerkannt.[65] Er richtet

---

[61] Vgl. zu dieser Stufung der Rechtsverletzung und, damit einhergehend, des Rechtsschutzes schon Lorenz, S. 133 ff., sowie oben § 3 Rdnr. 22.

[62] Grundlegend Bachof, a.a.O.

[63] Vgl. W. Schenke, DVBl 1990, 331; Wolff/Bachof/Stober I, § 52 Rdnr. 26.

[64] Im wesentlichen gründet sich der Anspruch auf eine Zusammenschau von Rechtsstaatsprinzip, Rechtsschutzgarantie und grundrechtlicher Eingriffsabwehr, verbunden mit dem Rechtsgedanken der bürgerlich-rechtlichen actio negatoria (§§ 12, 862 Abs. 1 Satz 1, 1004 Abs. 1 Satz 1 BGB). Vgl. dazu schon Bachof, a.a.O., S. 98 ff., ferner Maurer, § 29; Ossenbühl, Staatshaftungsrecht, 5. Aufl. 1998, S. 286 ff., sowie im einzelnen Schoch, VerwArch 79 (1988), S. 1 ff.; Steinberg/Lubberger, Aufopferung, Enteignung und Staatshaftung, 1991, S. 375 ff.; Horn, DÖV 1989,976; Schenke, DVBl 1990,328.

[65] Vgl. BVerwG, DÖV 1971,857 m. Anm. von Bachof; BVerwGE 69,366; 94,100.

Bechmann, DVBl 94, 1342 (Beklagter)

sich allein auf die Störungsbeseitigung durch die öffentliche Hand und umfaßt damit nicht einen darüber hinausgehenden *Schadensersatz*. Einen bloßen Unterfall der Folgenbeseitigung stellt dagegen der *öffentlich-rechtliche Erstattungsanspruch* hinsichtlich zu Unrecht erhobener Abgaben und sonstiger Geldleistungen dar.[66]

### b) Leistungsantrag

37 Prozessual steht für den Folgenbeseitigungsanspruch in erster Linie die *Leistungsklage* zur Verfügung, und zwar, je nach der Art des erforderlichen behördlichen Tätigwerdens, als *Verpflichtungsklage* (Verwaltungsakt, zum Beispiel gegen den Obdachlosen zur Beendigung der nach Ablauf der Beschlagnahmefrist rechtswidrigen Inanspruchnahme einer Wohnung durch die Polizeibehörde[67]) oder *allgemeine Leistungsklage* (sonstiges, insbesondere tatsächliches Handeln, zum Beispiel Rückzahlung eines rechtswidrig erhobenen Geldbetrages – Erstattungsanspruch – oder Vernichtung rechtswidrig aufbewahrter Akten[68]). Sofern es sich um die *Vollziehung eines Verwaltungsakts* handelt, der die freiwillige Befolgung des in diesem liegenden hoheitlichen Gebots gleichsteht, also im ursprünglichen Anwendungsbereich des Folgenbeseitigungsanspruchs, kann der Kläger seinen Leistungsanspruch, statt durch selbständige Klage, im Wege eines mit der Anfechtungsklage verbundenen *Leistungsantrags* verfolgen, § 113 Abs. 1 Satz 2, 3.

38 *aa) Prozessuale Voraussetzung* hierfür ist, außer einem entsprechenden Antrag des Klägers, daß die Behörde den Anspruch durch schlichtes, tatsächliches Rückgängigmachen erfüllen kann, zum Beispiel durch Rückbau einer aufgrund ungültiger rechtlicher Grundlage oder überhaupt ohne eine solche rechtswidrig errichteten Straße.[69] Deshalb ist für den gerichtlichen Ausspruch kein Raum, wenn der behördliche Erlaß eines Verwaltungsakts erforderlich ist,[70] zum Beispiel gegen den Obdachlosen, der sich nach Aufhebung der Beschlagnahme einer Wohnung in dieser befindet, oder auf Beseitigung des genehmigten Bauwerks nach erfolgreicher Nachbarklage. Ferner muß die Behörde zu dem verlangten Handeln in der Lage und muß die Frage spruchreif sein, § 113 Abs. 1 Satz 3. An letzterem fehlt es, wenn eine behördliche Ermessensentscheidung in Frage steht (dazu genauer unten § 16 Rdnr. 35), aber auch, wenn nach dem Verfahrensstand in der Hauptsache eine Entscheidung nicht ohne weitere Ermittlungen oder sonstige Verfahrenshandlungen möglich ist.

---

[66] Vgl. BVerwGE 85,24 (28); Morlok, DVerw 25 (1992), S. 386 f.; a. A. Söhn, Steuerrechtliche Folgenbeseitigung durch Erstattung, 1973, S. 5 f.; Schoch, VerwArch 79 (1988), S. 63 f. Allgemein dazu Schoch, Jura 1994,82.
[67] VGH BW, NJW 1990,2770; NVwZ 1987, 1101 m. Anm. von Götz, VBlBW 1987,424.
[68] S. dazu unten § 23 Rdnr. 6 ff.
[69] Vgl. BVerwG, DÖV 1971,857; BVerwGE 94,100.
[70] A. A. Kopp/Schenke, § 113 Rdnr. 91, 83.

*bb)* In dieser letzteren Anforderung kommt die *prozessuale Unselbständigkeit* des Leistungsbegehrens zum Ausdruck. Durch seine Verbindung mit der Anfechtungsklage wird eine Entscheidung über jenes vor Rechtskraft des Aufhebungsurteils ermöglicht. Weil eine eigene Klage nicht vorliegt, sind besondere Sachurteilsvoraussetzungen außerhalb des § 113 Abs. 1 Satz 2, 3 (insbesondere Klagebefugnis; Rechtsschutzbedürfnis) nicht zu prüfen. Ebenso kann der Antrag als bloße Ergänzung gemäß § 173 VwGO i. V. m. § 264 Nr. 2 ZPO auch nachträglich, insbesondere auch in der Revisionsinstanz[71] (vgl. dazu unten § 39 Rdnr. 46) gestellt werden. 39

*cc) Entscheidung.* Über den Antrag ist im Urteil auf die Anfechtungsklage zu entscheiden. Wird er aus prozessualen Gründen (zum Beispiel mangels Spruchreife) abgewiesen, so bleibt die erneute Geltendmachung durch selbständige Klage unbenommen. Ein Urteil in der Sache selbst erwächst dagegen mit diesem Inhalt in Rechtskraft. 40

### 3. Stufenklage

Ist die Aufhebung des Verwaltungsakts Voraussetzung für eine Verurteilung zur Leistung, so kann aus Gründen der Prozeßökonomie im gleichen Verfahren, das heißt auch hier wiederum vor Rechtskraft des Aufhebungsurteils, auch das Leistungsurteil erlassen werden, § 113 Abs. 4. Einen *Unterfall* dieser Konstellation bildet die vorerwähnte Verurteilung zur Folgenbeseitigung, die jedoch in Abs. 1 Satz 2 und 3 *speziell geregelt ist.* 41

Für Abs. 4 verbleiben damit Leistungsbegehren, für die die Aufhebung eines Verwaltungsakts vorgreiflich ist, die jedoch nicht aus dessen Vollzug erwachsen. So kann zum Beispiel mit der Aufhebung der Entlassung eines Beamten zugleich zur Nachzahlung der Bezüge verurteilt[72] oder mit der Aufhebung der Baugenehmigung die Verpflichtung der Behörde zum Erlaß einer Beseitigungsanordnung (beziehungsweise zur Entscheidung hierüber) ausgesprochen werden. Anders als im Fall des Abs. 1 Satz 2, 3 liegt hier jedoch eine lediglich prozessuale Verbindung eigenständiger Klagen vor. 42

Für das Begehren auf *Erlaß eines Verwaltungsakts* nach dessen behördlicher Ablehnung stellen §§ 42 Abs. 1, 113 Abs. 5 Satz 1 mit der Verpflichtungsklage in Form der Versagungsgegenklage (vgl. unten § 16 Rdnr. 5 f.) ein besonderes Rechtsschutzinstrument zur Verfügung, durch das die allgemeine Stufenklage verdrängt wird.[73] 43

---

[71] BVerwGE 22,314.
[72] Vgl. BayVGH, BayVBl 1982,692; Bosch/Schmidt, § 21 IV.
[73] Unklar Kopp/Schenke, § 113 Rdnr. 173 f.; § 42 Rdnr. 48 (Mitbewerberklage).

# Literatur

*Bachof*, Die verwaltungsgerichtliche Klage auf Vornahme einer Amtshandlung, 2. (unv.) Aufl. 1968.

*Bettermann*, Wesen und Streitgegenstand der verwaltungsgerichtlichen Anfechtungsklage, DVBl 1953,163; 202.

*Dawin*, Der Gegenstand der Anfechtungsklage nach § 79 I Nr. 1 VwGO, NVwZ 1987,872.

*Demmel*, Das Verfahren nach § 113 Abs. 3 VwGO, 1997.

*Horn*, Folgenbeseitigung bei aufgehobenem Verwaltungsakt mit Drittwirkung, DÖV 1989,976.

*Kopp*, Die "isolierte" verwaltungsgerichtliche Klage gegen Widerspruchsbescheide – VGH Mannheim, NVwZ 1990,1085, JuS 1994,742.

*Lüdemann/Windthorst*, Die Umdeutung von Verwaltungsakten, BayVBl 1995,357.

*Morlok*, Erstattung als Rechtmäßigkeitsrestitution, DVerw 25 (1992), S. 372.

*Müller*, Der Verfahrensgegenstand von Anfechtungs- und Verpflichtungsklage und der Zeitpunkt der rechtlichen Beurteilung von Verpflichtungsklagen, NJW 1982,1370.

*Redeker*, § 113 Abs. 2 VwGO, DVBl 1991,972.

*Renck*, Verwaltungsakt und Anfechtungsklage, NVwZ 1989,117.

*Rösslein*, Der Folgenbeseitigungsanspruch, 1968.

*Schenke, W.*, Der Folgenbeseitigungsanspruch bei Verwaltungsakten mit Drittwirkung, DVBl 1990,328.

*Ders.*, Folgenbeseitigungsanspruch und mitwirkendes Verschulden – BVerwG, NJW 1989,2484, JuS 1990,370.

*Schoch*, Folgenbeseitigung und Wiedergutmachung im öffentlichen Recht, VerwArch 79 (1988), S. 1.

*Ders.*, Der öffentlich-rechtliche Erstattungsanspruch, Jura 1994,82.

*Seibert*, Die isolierte Aufhebung von Widerspruchsbescheiden, BayVBl 1983,174.

*Stüer*, Zurückverweisung und Bescheidungsverpflichtung im Verwaltungsprozeß, in: Menger-FS, S. 779.

*Weyreuther*, Die Rechtswidrigkeit eines Verwaltungsaktes und die "dadurch" bewirkte Verletzung "in ... Rechten" (§ 113 Abs. 1 Satz 1 und Abs. 4 Satz 1 VwGO), in: Menger-FS, S. 681.

# § 16. Die Verpflichtungsklage

## I. Ziel und Arten

### 1. Klageziel

Wird die Verurteilung der Behörde zum Erlaß eines (abgelehnten oder unterlasse- 1
nen) Verwaltungsakts begehrt, so steht die *Verpflichtungsklage* zur Verfügung, § 42 Abs. 1. Sie stellt sich damit als **Leistungsklage** dar.

#### *a) Grundsätzlicher Anwendungsbereich*

Die Verpflichtungsklage kommt ausschließlich in dem durch den Verwaltungsakt 2
bestimmten *Subordinationsverhältnis* zur Anwendung. Im Gegensatz zur Anfechtungsklage richtet sie sich nicht gegen einen Eingriff in die individuelle Rechtssphäre (vgl. schon oben § 15 Rdnr. 1), sondern zielt auf deren Erweiterung ab. Die Verpflichtungsklage läßt sich deshalb nicht allein der *Leistungsverwaltung* zuordnen (z. B. Leistung von Sozialhilfe; Gewährung einer Subvention; aber auch Bewilligung oder Erlaubnis einer Wasserbenutzung); sie kommt vielmehr in sämtlichen Aufgabenfeldern hoheitlicher Verwaltung,[1] insbesondere auch im Bereich der *Ordnungsverwaltung*, zum Einsatz und erfaßt alle Gestaltungen, bei denen Bürger oder sonstige Gewaltunterworfene (zum Beispiel auch eine Gemeinde hinsichtlich der aufsichtlichen Genehmigung eines Rechtsgeschäfts) eine behördliche Regelung durch Verwaltungsakt begehren (Bauerlaubnis, wirtschaftsrechtliche Zulassungsentscheidung, Aufenthaltserlaubnis usw.).

In jedem Fall muß das begehrte behördliche Handeln einen Verwaltungsakt im 3
Rechtssinne (vgl. unten § 17 Rdnr. 2 ff.) darstellen.[2] Wird dagegen ein schlichtes (hoheitliches) Tätigwerden verlangt (z. B. Erteilung einer Auskunft; vgl. dazu unten § 17 Rdnr. 9 ff., 49), so ist statt der Verpflichtungsklage die allgemeine Leistungsklage (vgl. dazu unten § 23 Rdnr. 6 ff.) gegeben.

---

[1] Vgl. dazu Maurer, § 1 Rdnr. 15-22.
[2] BVerwGE 69,374 (379).

Schenke, JZ 96, 1055, 1103, ders, JZ 10, 992 (1000)

### *b) Unterlassungsklage*

4 Nach der gesetzlichen Ausgestaltung ist die Verpflichtungsklage eine auf *Erlaß eines Verwaltungsakts* gerichtete Leistungsklage. Hieraus wurde vereinzelt gefolgert, daß diese Klageform auch gegeben sei, wenn insoweit eine negative Leistung, das heißt *Unterlassung eines Verwaltungsakts*, begehrt werde.[3]

**Beispiele**: Gewährung weiterer, jeweils befristeter Sperrstundenverkürzungen für die benachbarte Gaststätte;[4] gleichzeitige Erteilung zahlreicher, als bauplanungswidrig angesehener Baugenehmigungen für das anschließende Neubaugebiet.[5]

Von anderer Seite wird die in § 42 Abs. 1 zugelassene, positive Verpflichtung zum Erlaß eines Verwaltungsakts als äußerste Grenze eines mit dem Gewaltenteilungsprinzip vereinbaren Rechtsschutzes angesehen und deshalb eine (vorbeugende) Unterlassungsklage generell für unzulässig gehalten.[6] Demgegenüber ist, jedenfalls für den Regelungsbereich des § 42, nach Wortlaut und Zweck des Gesetzes und im Einklang mit der ganz herrschenden Meinung[7] am Charakter der Verpflichtungsklage als Mittel zur *Erreichung eines Verwaltungsakts* als rechtsverbindlicher und mit Bestandskraft ausgestatteter, gegebenenfalls vollstreckbarer Einzelfallregelung festzuhalten. Eine Klage auf Unterlassung des Verwaltungsakts ist demnach, sofern sie sich überhaupt dem System des Verwaltungsrechtsschutzes einfügt, nur in der Form einer allgemeinen Leistungsklage möglich (vgl. unten § 23 Rdnr. 24 ff.).

## 2. Arten

Die Verpflichtungsklage ist gesetzlich in zwei Arten vorgesehen, je nachdem, ob die Behörde den beantragten Verwaltungsakt *abgelehnt* oder *unterlassen* hat.

### *a) Die Versagungsgegenklage*

5 Durch die *Versagungsgegenklage*[8] (Weigerungsgegenklage; Vornahmeklage) wird die Verurteilung zum Erlaß eines abgelehnten Verwaltungsakts begehrt. Sie wendet sich zunächst gegen die Ablehnung des gestellten Antrags, die eine negative Regelung des Anspruchs auf den Verwaltungsakt darstellt und ihrerseits

[3] So Eyermann/Fröhler, VwGO, zuletzt 8. Aufl. 1980, § 42 Rdnr. 23; Maunz, BayVBl 1971,400.
[4] Vgl. GemOVG Lüneburg, OVGE 26,504.
[5] Vgl. BVerwG, DVBl 1971,746.
[6] Schmitt Glaeser, Rdnr. 313; Bettermann, in: Zehn Jahre Verwaltungsgerichtsordnung, 1970, S. 196.
[7] Vgl. BVerwGE 31,301; 36,192 (198); 82,76; Redeker/v. Oertzen, § 42 Rdnr. 6; Ule, § 32 II 2; nunmehr auch Kopp/Schenke, § 42 Rdnr. 15.
[8] Der Begriff geht zurück auf Obermayer, BayVBl 1960,211.

alle Merkmale eines Verwaltungsakts aufweist. Die Tatbestandswirkung dieser Regelung stünde der gerichtlichen Zuerkennung des in dem konkreten Verwaltungsverfahren erhobenen Anspruchs entgegen. Sie beschränkt sich freilich auch hierauf, so daß eine etwa zugrunde liegende, insbesondere grundrechtlich fundierte, materiell-rechtliche Rechtsstellung unberührt bleibt. Die bestandskräftige Ablehnung eines Bauantrags präjudiziert danach, sofern sie nicht ihrerseits gerichtlich bestätigt wurde (§ 121), nicht die Unzulässigkeit des Vorhabens in einem weiteren Genehmigungsverfahren[9] oder einem Verfahren zur Beseitigung des Schwarzbaus[10].

Die Versagungsgegenklage enthält deshalb neben dem Verpflichtungsantrag 6
zunächst ein *Aufhebungsbegehren*, stellt sich also konstruktiv als Kombination von Gestaltungs(anfechtungs)- und Leistungsklage dar. Die Aufhebung des ablehnenden Verwaltungsakts muß nicht ausdrücklich beantragt, wohl aber – als logische Voraussetzung einer Verpflichtung zum Erlaß des begehrten Verwaltungsakts – im Urteil ausgesprochen werden;[11] dem entspricht auch die Rechtspraxis, wenngleich eine Aufhebung durch Urteil überwiegend nur als zweckmäßig angesehen wird.[12]

### *b) Die Untätigkeitsklage*

Unterläßt die Behörde den Verwaltungsakt, ohne ihn abzulehnen, so ist die Ver- 7
pflichtungsklage in Form der *Untätigkeitsklage* gegeben; sie setzt keine Untätigkeit schlechthin voraus, sondern kommt auch zum Zuge, wenn die Behörde nicht den Verwaltungsakt, sondern jegliche Entscheidung verweigert. Andererseits wird die Untätigkeit erst dadurch zum *Unterlassen*, daß sie eine *Handlungspflicht* verletzt. Diese ist im vorliegenden Zusammenhang nur in einem rein formalen Sinn zu verstehen, wird also nicht schon allein durch eine dahingehende *gesetzliche Regelung*, sondern erst durch das hinzutretende Entscheidungsbegehren des konkreten Antragstellers begründet. Ohne einen solchen Antrag an die Behörde ist die Untätigkeitsklage deshalb nicht statthaft[13] (vgl. auch § 21 Rdnr. 7), nicht nur mangels Rechtsschutzbedürfnisses unzulässig[14].

Ordnet zum Beispiel die Behörde entgegen § 20 Abs. 2 BImSchG nicht die Stillegung oder Beseitigung einer störenden Anlage an, so kann der durch diese beeinträchtigte Nachbar Untätig-

---

[9] Vgl. BVerwG, DVBl 1972,119; BGH, DVBl 1994,1132; anders wohl noch BVerwGE 28,122 (125).

[10] Vgl. BVerwGE 48,271 (274) m. abl. Anm. von Drexelius, NJW 1976,817.

[11] Ebenso Eyermann/J. Schmidt, § 113 Rdnr. 33.

[12] Vgl. BVerwGE 41,178 (182); Redeker/v. Oertzen, § 113 Rdnr. 38; Kopp/Schenke, § 113 Rdnr. 179.

[13] Ebenso BVerwG, NVwZ 1995,76; wohl auch Bosch/Schmidt, § 27 III 1 a.

[14] So Kopp/Schenke, § 75 Rdnr. 7; Hufen, § 15 Rdnr. 36; Schmitt Glaeser, Rdnr. 306 i. V. m. Rdnr. 293 und Rdnr. 287.

keitsklage erst erheben, wenn ein entsprechender Antrag an die Behörde erfolglos geblieben ist. Im Unterschied dazu ist die Klage auf eine Leistung, die keinen Verwaltungsakt darstellt (allgemeine Leistungsklage), ohne weiteres möglich, freilich mit dem Kostenrisiko bei sofortigem Anerkenntnis seitens der beklagten Behörde (vgl. oben § 13 Rdnr. 12).

### 3. Kupierte Verpflichtungsklagen

**8** In bestimmten Fällen kann das berechtigte klägerische Anliegen hinter der gesetzlichen Zielsetzung einer Verurteilung zum *Erlaß eines Verwaltungsakt*s zurückbleiben. Dem ist prozessual durch die Möglichkeit entsprechend verkürzter ("kupierter" Verpflichtungs-)Klagen[15] Rechnung zu tragen.

#### *a) Die sogenannte isolierte Anfechtungsklage*

**9** Im Bereich der *Versagungsgegenklage*, die, wie gezeigt, konstruktiv auch einen Anfechtungsantrag enthält, kann sich der Kläger darauf *beschränken*, die *Ablehnung* des begünstigenden Verwaltungsakts *anzufechten*, ohne zugleich eine Verpflichtung zu dessen Erlaß zu beantragen.

**Beispiele:** (1) Die Behörde lehnt aus materiell-rechtlichen Gründen die wasserrechtliche Erlaubnis für ein am Ufer eines privaten Sees verankertes Wohnboot ab, obwohl eine solche hierfür überhaupt nicht (vielmehr eine Bauerlaubnis) erforderlich ist.[16]

(2) Der Antragsteller will seinen (Bau-, Gewerbe- o. ä.) Genehmigungsantrag nach dessen rechtswidriger Ablehnung zunächst nicht weiter verfolgen und deshalb allein diese anfechten, um eine negative Präjudizierung für ein später beabsichtigtes Verfahren zu vermeiden.[17]

(3) Der Beförderungsantrag eines städtischen Beamten wird durch die Stadtverwaltung abgelehnt, ohne den gesetzlich zuständigen Gemeinde(Stadt)rat zu beteiligen.[18]

**10** Eine solche isolierte Anfechtungsklage wird vielfach als unzulässig angesehen, und zwar nicht nur mangels Rechtsschutzbedürfnisses (s. dazu sogleich), sondern schon im Hinblick auf die Systematik der Klageformen, in der die Ablehnung eines begünstigenden Verwaltungsakts nur in der umfassenden Form der Versagungsgegenklage angegriffen werden könne.[19] Hieran ist richtig, daß der gesetzlich (§ 42 Abs. 1) vorgesehene Rechtsschutz zur Erlangung eines nach Sachlage weiterhin erstrebten Verwaltungsakts ausschließlich *positiv* durch eine auf dessen Erlaß gerichtete *Verpflichtung*, nicht dagegen *negativ* durch *Aufhebung* seiner

---

[15] Bettermann, DVBl 1973,375.
[16] Vgl. Bosch/Schmidt, § 24 I 2; BVerwGE 13,54 (62); 39,135 (138).
[17] Vgl. Schenke, Rdnr. 284, aber auch schon oben Rdnr. 5.
[18] Vgl. BayVGH, BayVBl 1994,756.
[19] Vgl. Czermak, NJW 1962,776 ff.; Bettermann, DVBl 1973,376; Bosch/Schmidt, § 24 I 1; Hufen, § 14 Rdnr. 19; Schenke, Rdnr. 282; Redeker/v. Oertzen, § 42 Rdnr. 3; Pietzcker, in: Schoch/Schmidt-Aßmann/Pietzner, § 42 Rdnr. 110 f.

*Verweigerung* (und die damit unter Umständen mittelbar erfolgende Feststellung des Anspruchs auf seinen Erlaß) gewährt wird. Dieser abschließende Charakter steht auch Erwägungen der Prozeßökonomie (behördliche Erfüllung des Individualanspruchs schon bei Klarheit über Rechtswidrigkeit der Ablehnung; Entlastung des Gerichts von einer behördlich noch nicht durchgeführten Anspruchsprüfung – Gedanke des § 113 Abs. 3) entgegen.[20]

Gleichwohl richtet sich auch eine solche Klage auf die Aufhebung eines Verwaltungsakts und ist damit jedenfalls eine *Anfechtungsklage*. Sie erscheint nur dadurch als eine "isolierte", daß sie *prozessual* aus dem ursprünglich bestehenden, *verwaltungsverfahrensrechtlichen* Zusammenhang mit dem Leistungsbegehren gelöst wurde. Bestimmt der Kläger aber in Ausübung seiner Dispositionsbefugnis das von ihm verfolgte Klageziel (einengend) in dieser Weise, so handelt es sich um eine ohne weiteres statthafte, "normale" Anfechtungsklage.[21] Ihre Zulässigkeit ist nach allgemeinen Kriterien zu prüfen, wird danach allerdings weithin am fehlenden *Rechtsschutzbedürfnis* scheitern (vgl. dazu oben § 13 Rdnr. 15 f.)[22]. Im übrigen wird aber die *Zulässigkeit* derartiger "isolierter Anfechtungsklagen" selbst von ihren Gegnern fast durchweg *anerkannt*,[23] sofern die Aufhebung allein des ablehnenden Verwaltungsakts ein berechtigtes Rechtsschutzziel darstellt (vgl. die oben angeführten Beispiele). 11

### b) Die Bescheidungsklage

Ist von vornherein absehbar, daß dem Kläger ein Anspruch auf den (eigentlich) begehrten Verwaltungsakt (noch) nicht zusteht, zum Beispiel weil dieser im Ermessen der Behörde liegt oder die Sache im Hinblick auf deren Komplexität nicht spruchreif ist, so kann der Kläger die Verurteilung beantragen, ihn unter Beachtung der Rechtsauffassung des Gerichts zu bescheiden. Eine solche *Bescheidungsklage*[24] ist durch die gesetzliche Möglichkeit eines *Bescheidungsurteils* (§ 113 Abs. 5 Satz 2; s. unten Rdnr. 34 ff.) vorgezeichnet[25] und enthebt den Kläger des Zwangs, mehr (den Erlaß des Verwaltungsakts) zu beantragen, als beim gegebenen Verfahrensstand erreichbar ist (Bescheidung) und damit *sehenden Auges* einen teilweisen Prozeßverlust in Kauf zu nehmen.[26] Stellt sich umgekehrt 12

---

[20] Vgl. Schenke, Rdnr. 282.

[21] Ebenso BVerwGE 38,99 m. abl. Anm. von Bettermann, DVBl 1973,375; BVerwGE 54,54 (55); Laubinger, in: Menger-FS, S. 452; einschränkend Kopp/Schenke, § 42 Rdnr. 30.

[22] Weitergehend Eyermann/Happ, § 42 Rdnr. 21; Sodan, in: Sodan/Ziekow, § 42 Rdnr. 336 ff.

[23] Vgl. nur Schenke, Rdnr. 283; Hufen, § 14 Rdnr. 20.

[24] Grundsätzlich dazu M. Schröder, in: Menger-FS, S. 487 ff.

[25] Ebenso BVerwGE 48,237 (238); 80,270; BVerwG, NVwZ 1991,1180; M. Schröder, in: Menger-FS, S. 491 f.; Bosch/Schmidt, § 23 III 1; Kopp/Schenke, § 42 Rdnr. 8 m. w. Nachw.; ablehnend demgegenüber etwa Czermak, BayVBl 1981,427; Schmitt Glaeser, Rdnr. 302; Sodan, in: Sodan/Ziekow, § 42 Rdnr. 34.

[26] Vgl. BVerwGE 37,57 (61) mit der Annahme hälftiger Kostenteilung. Dagegen geht es nicht zu

im Verlauf des Prozesses die Unrichtigkeit der klägerischen Einschätzung heraus, weil das Gericht doch eine sachliche Verpflichtung der Behörde bejaht, so muß der Kläger – auf gerichtlichen Hinweis (§ 86 Abs. 3) – seinen Antrag (zulässigerweise, vgl. § 91 Abs. 1) auf die Verpflichtung zum Erlaß des Verwaltungsakts erweitern. Andernfalls würde er nicht etwa, bloß beschränkt auf seinen Antrag (§ 88), obsiegen, sondern wäre die Klage mangels Rechtsschutzbedürfnisses insgesamt abzuweisen.[27]

13 Allerdings muß das sachliche *Rechtsschutzziel* des Klägers *erkennbar* sein; an der bloßen behördlichen Bescheidung als solcher, gleich in welchem Sinn, kann kein legitimes Interesse bestehen. Dies gilt namentlich im Fall der *Untätigkeitsklage*, bei der die vorausgehende Beschwer des Klägers in der Tat allein schon darin liegt, daß er überhaupt keine, also auch keine ablehnende Entscheidung auf seinen Antrag erhalten hat. Gleichwohl muß der Kläger auch und gerade hier ein sachliches Ziel verfolgen, kann sich also nicht damit zufrieden geben, bloß (irgend)einen Bescheid zu erhalten.[28]

### 4. Besondere Sachurteilsvoraussetzungen

14 Die besonderen Sachurteilsvoraussetzungen der Verpflichtungsklage ergeben sich aus dem für diese kennzeichnenden Verwaltungsakt-Bezug, sind aber, entsprechend dessen unterschiedlicher Bedeutung für Versagungsgegen- und Untätigkeitsklage, bei diesen Unterarten der Klage verschieden ausgestaltet. Im einzelnen sind, abgesehen von dem schon zur Statthaftigkeit (der Untätigkeitsklage) zählenden Antrag an die Behörde (s. oben Rdnr. 7) erforderlich

- das Begehren eines Verwaltungsakts, § 42 Abs. 1 (vgl. unten § 17);
- die Geltendmachung einer Rechtsverletzung, § 42 Abs. 2 (Klagebefugnis; vgl. unten § 19);
- nur im Fall der *Versagungsgegenklage*
  (1) die Durchführung eines Vorverfahrens, §§ 68 ff. (vgl. unten § 19) sowie
  (2) die Einhaltung der Klagefrist, § 74 Abs. 2 (vgl. unten § 20); *Untätigkeitsklage* kann jedoch grundsätzlich erst nach Ablauf der Frist gemäß § 75 erhoben werden;
- schließlich die Inanspruchnahme des richtigen Beklagten, § 78 (Passive Prozeßführungsbefugnis; vgl. unten § 21).

Lasten des Klägers, wenn das Gericht die Spruchreife (s. unten Rdnr. 34 ff.) nicht herbeiführt.
[27] Vgl. M. Schröder, in: Menger-FS, S. 496.
[28] BVerwG, NVwZ 1991,1180; Bosch/Schmidt, § 27 I 3.

## II. Die Abgrenzung zur Anfechtungsklage

Trotz der scheinbar klaren Anwendungsbereiche von Anfechtungs- und Verpflichtungsklage bestehen eine Reihe von Abgrenzungsproblemen, für deren Lösung in erster Linie das materielle Recht maßgeblich ist.

### 1. Eingriff und Nichtleistung

#### *a) Möglichkeiten der Rechtsgestaltung*

Ob sich das belastende behördliche Handeln als Eingriff oder als Verweigerung **15**
einer Begünstigung darstellt, hängt von der jeweiligen, *materiell-rechtlichen Ausgestaltung* der subjektiven Rechtsstellung ab, auf die jene Entscheidung trifft. Wird zum Beispiel ein Schüler wegen unzureichender Leistungen zum wiederholten Male nicht versetzt und deswegen von der Schule verwiesen, so hebt der Schulausschluß das ohne diesen fortdauernde Schulverhältnis auf und greift dadurch in eine bestehende Rechtsposition ein (*Anfechtungsklage*). Dagegen erfolgt der Übergang in die nächste Jahrgangsstufe nicht automatisch, sondern aufgrund einer positiven Versetzungsentscheidung. Die Nichtversetzung ist also zwar eine Belastung, aber kein Eingriff; durch sie wird dem Betroffenen eine Leistung vorenthalten, die dieser im Wege der *Verpflichtungsklage* einfordern muß.[29]

#### *b) Vorgehen nach Bestandskraft*

Ist nach *Bestandskraft des Verwaltungsakts*, insbesondere infolge Ablaufs der **16**
Anfechtungsfrist (vgl. unten § 20 Rdnr. 19), die Erhebung einer Anfechtungsklage ausgeschlossen, so bedarf es zur Wiederherstellung des ursprünglichen Rechtszustandes einer *erneuten behördlichen Entscheidung*, die – unter den Voraussetzungen des § 51 VwVfG – in einem bloßen Wiederaufgreifen des Verfahrens oder unmittelbar einer günstigeren Sachentscheidung bestehen kann (vgl. dazu auch unten § 17 Rdnr. 18 f.). Eine Neuentscheidung ist ferner geboten, wenn sich die tatsächlichen oder rechtlichen Verhältnisse so geändert haben, daß die *Aufrechterhaltung* (das heißt unterlassene Abänderung) des rechtmäßig erlassenen (Dauer-)Verwaltungsakts als rechtswidrig erscheint.

**Beispiele**: Bei einer Gewerbeuntersagung gemäß § 35 Abs. 1 GewO sind die Gründe für die Unzuverlässigkeit später weggefallen (vgl. auch § 35 Abs. 6 GewO);[30] nach Anordnung der Beseitigung einer bauplanungsrechtlich rechtswidrigen Anlage wird ein diese zulassender Bebauungsplan erlassen.

---

[29] Vgl. VGH BW, NVwZ 1985,593.
[30] Vgl. HessVGH, NJW 1986,83; NVwZ-RR 1991,146.

In diesen Fällen einer quasi rechtlich verfestigten Eingriffslage ist die Verpflichtungsklage gegeben, um das erstrebte behördliche Tätigwerden (in Form eines Verwaltungsakts) zu erreichen. Auf die besondere Problematik einer derartigen Änderung der Verhältnisse während des laufenden Verfahrens ist im Zusammenhang mit dem Erlaß des Urteils einzugehen (s. unten § 34 Rdnr. 47 ff.).

### c) Rücknahme, Widerruf

17 *Rücknahme* und *Widerruf eines Verwaltungsakts* (§§ 48 f. VwVfG) greifen immer in die durch diesen gestaltete Rechtslage ein. Gegen sie ist deshalb, auch wenn deren Aufhebung durch die Behörde selbst (Rücknahme, Widerruf) nicht uneingeschränkt gegeben sein mag,[31] seitens eines Betroffenen die Anfechtungsklage möglich, bei deren Erfolg die ursprüngliche Rechtsposition *erhalten bleibt* (nicht bloß wieder auflebt).

## 2. Drittklagen

18 Besondere Abgrenzungsprobleme zwischen Anfechtungs- und Verpflichtungsklage bestehen, wenn die Behörde wegen der einem andern gewährten Begünstigung verklagt wird (*Drittklagen*, insbesondere *Konkurrentenklagen im weiteren Sinn*), sei es, daß der Kläger sich durch diese beeinträchtigt fühlt (**Drittbetroffenenklage**) oder sie anstelle des Begünstigten für sich in Anspruch nehmen will (**Mitbewerberklage**; *Ausschlußklage*; *Konkurrentenklage im engeren Sinn*).[32]

Die *grundsätzliche Problematik* der Drittklagen resultiert daraus, daß ihnen mehrpolige Rechtsbeziehungen mit mindestens drei, häufig aber einer Vielzahl von Beteiligten zugrunde liegen, die untereinander in einem komplexen Geflecht heterogener Interessen stehen, während der prozessuale Rechtsschutz nach wie vor auf der Konzeption bilateraler Rechtsverhältnisse beruht (vgl. auch oben § 5 Rdnr. 8 f.).[33] Dementsprechend sind die wesentlichen Schwierigkeiten mit der ins materielle Recht weisenden Klagebefugnis verknüpft (vgl. unten § 18 Rdnr. 40 ff., 49 ff.), doch bestehen auch schon bei der prozessualen Einkleidung des Klagebegehrens zum Teil erhebliche Unklarheiten. Nur um diese strukturelle Zuordnung geht es im folgenden, während die gerade hier häufig zu verneinende Rechtsbetroffenheit ausgeblendet bleibt.

19 Ob in diesen Fällen Anfechtungs- oder Verpflichtungsklage gegeben ist, entscheidet sich auch hier grundsätzlich danach, ob die Klage der *Abwehr eines Eingriffs*

---

[31] So aber, wenn auch nicht undifferenziert, die h. M., vgl. VGH BW, NVwZ 1992,184; Sachs, in: Stelkens/Bonk/Sachs, § 48 Rdnr. 18 f.; Maurer, § 11 Rdnr. 20; Ibler, NVwZ 1993,451; Pietzcker, in: Schoch/Schmidt-Aßmann/Pietzner, § 42 Rdnr. 5; grundsätzlich ablehnend noch W. Jellinek, Verwaltungsrecht, 3. Aufl. 1931, S. 281; Forsthoff, Lehrbuch des Verwaltungsrechts, 10. Aufl. 1973, S. 271.

[32] Vgl. dazu besonders Schmidt-Preuß, a.a.O., S. 11 ff., 442 ff., 550 ff. und passim; Brohm, in: Menger-FS, S. 235 ff.; Ronellenfitsch, VerwArch 82 (1991), S. 128 ff.

[33] Vgl. dazu besonders Brohm, in: Menger-FS, S. 238 f.; 241 ff.; dens., NJW 1981,1689; Schmidt-Preuß, a.a.O., S. 550.

*in eine bestehende Rechtsstellung* dient, oder *deren Erweiterung durch Erlaß des begehrten Verwaltungsakts* zum Ziele hat.

### a) Drittbetroffenenklagen

*aa)* Das klassische Beispiel der Drittbetroffenenklage ist die *Nachbarklage*. Hier 20
liegt materiell-rechtlich eine Art *verwaltungsrechtliches Dreiecksverhältnis* zugrunde,[34] in dem die *Behörde* durch Erteilung einer bau-, immissionsschutz-, atomrechtlichen oder ähnlichen Genehmigung an den *Antragsteller* die zwischen den Privaten bestehende, normativ geprägte Grundstückssituation verändert und dadurch zugleich die Rechtsstellung eines hiervon betroffenen *Dritten* ("*Nachbarn*") bestimmt. Diesem steht deshalb gegen die (behauptete) Beeinträchtigung seines Status durch die (Bau- usw.) Genehmigung nach heute allgemeiner Auffassung die *Anfechtungsklage* zu.[35]

Demgegenüber ist die *Verpflichtungsklage* auf Rücknahme der Genehmigung 21
gegeben, wo diese nicht den gesetzlich begründeten Rechtsstatus beeinträchtigt, sondern lediglich einen (z. B. durch *Zusicherung* erlangten) Unterlassungsanspruch mißachtet,[36] da dessen Erfüllung jenen erweitert. Die gleiche Klageform ist auch in sonstigen Fällen einer erstrebten behördlichen Leistung (zu Lasten eines Dritten) gegeben, so zum Beispiel die Auferlegung von Schutzmaßnahmen (vgl. unten § 17 Rdnr. 49).

*bb)* Eine vergleichbare Konstellation besteht bei der *negativen* (defensiven) 22
*Konkurrentenklage*. Mit ihr wendet sich ein Marktteilnehmer gegen eine Beeinträchtigung durch behördliche Maßnahmen, die eine Veränderung der vom Prinzip regulierter Marktfreiheit bestimmten, konkreten Wettbewerbssituation zur Folge haben und sich deshalb als Eingriff in eine hierdurch begründete Rechtsstellung eines Betroffenen darstellen (können), so die gleichheits- oder sonst rechtswidrige Gewährung einer Subvention[37] oder eines sonstigen Rechtsvorteils an einen Konkurrenten[38] oder die (behauptet) rechtswidrige Neuzulassung eines solchen.[39]

---

[34] Vgl. dazu Schmidt-Preuß, a.a.O., S. 18; Redeker/v. Oertzen, § 65 Rdnr. 9; Wolff/Bachof/Stober I, § 43 Rdnr. 17.

[35] Vgl. BVerwGE 22,129.

[36] Ebenso BVerwGE 49,244; Schenke, Rdnr. 271; a. M. Schwabe, DVBl 1976,715; Schmitt Glaeser, Rdnr. 124. Allgemein für Anfechtungsklage dagegen noch GemOVG Lüneburg, OVGE 13,492.

[37] Vgl. BVerwGE 30,191 (196) m. Anm. von R. Scholz, NJW 1969,1044 und Selmer, NJW 1969,1266.

[38] Z. B. Verlängerung der Ladenöffnungszeiten, vgl. BVerwGE 65,167 (168 f.).

[39] Vgl. BVerwGE 17,306; VGH BW, NJW 1984,251 (z. B. Zulassung von Banken, Versicherungen usw.).

### b) Mitbewerberklagen

23 Eine grundsätzlich andere Konstellation[40] besteht bei *Mitbewerberklagen* (*positiven oder offensiven Konkurrentenklagen*), bei denen mehrere Bewerber in Konkurrenz um eine nur begrenzt verfügbare Leistung stehen.

24 *aa) Abgrenzungskriterien.* Solche Leistungen (sofern sie durch Verwaltungsakt gewährt werden) sind, wie allgemein, grundsätzlich mit der *Verpflichtungsklage* zu erstreiten. Probleme entstehen jedoch nach einer behördlichen Entscheidung zuungunsten des (nachmaligen) Klägers, das heißt Vergabe der Leistung an einen andern.

Dabei ist streitig, ob diese (zunächst beziehungsweise gleichzeitig) angefochten werden kann oder muß, gegebenenfalls, um den Weg für eine Verpflichtungsklage auf die eigene Begünstigung freizumachen; jene Anfechtungsklage ist freilich streng zu unterscheiden von dem ihr gegenüber selbständigen Begehren, die *Ablehnung des gestellten Antrags* im Rahmen einer Versagungsgegenklage aufzuheben. Unklar ist ferner, ob diese Klage nicht infolge Wegfalls der Leistungsmöglichkeit überhaupt ins Leere geht, so daß Rechtsschutz nur durch gerichtliche Verhinderung vollendeter Tatsachen (vorläufiger Rechtsschutz, s. unten § 28) möglich ist.[41]

25 Auch hier wird die prozessuale Frage der richtigen Klageart maßgeblich durch die zugrunde liegenden, materiell-rechtlichen Rechtsbeziehungen bestimmt. Danach geht es vorwiegend um die gerechte Zuteilung von Leistungen, also eine Auswahlentscheidung zwischen *konkurrierenden, gleichgerichteten Ansprüchen.* Zwischen ihnen besteht, anders als bei der *Drittbetroffenenklage*, in aller Regel keine gegenseitige Abhängigkeit,[42] und eine solche wird auch nicht dadurch hergestellt, daß die Behörde nach Entscheidung für den einen Antrag *in der Folge* den oder die übrigen ablehnen muß. Auch der vom Gleichheitssatz geforderte Vergleich aller (prinzipiell begründeten) Anträge stellt zwischen diesen keine innere Verbindung her, sondern liefert lediglich den Maßstab für die Auswahlentscheidung. Wird diese zugunsten eines Bewerbers getroffen, so wird dadurch nicht zugleich negativ über den gleichgerichteten Anspruch seines Mitbewerbers entschieden. Er bleibt unberührt, auch wenn er zu Unrecht nicht erfüllt wurde, so daß jene Gewährung einer Leistung an den Kläger nicht schon rechtlich, sondern (allenfalls) tatsächlich (mangels weiterer Verfügbarkeit) entgegensteht.

26 *bb) Einzelfälle.* Als Konsequenz stellt sich die positive Konkurrentenklage damit grundsätzlich als reine *Verpflichtungsklage* dar, während für eine Anfechtung der Begünstigung des oder der Dritten nur dann Raum ist, wenn diese ausnahmsweise

---

[40] Vgl. auch Brohm, in: Menger-FS, S. 253; Wieland, DVerw 32 (1999), S. 219 f.
[41] Vgl. dazu etwa Brohm, in: Menger-FS, S. 253; Ronellenfitsch, VerwArch 82 (1991), S. 129 f.; W. Schenke, NVwZ 1993,720 ff.; BayVGH, DVBl 1983,274.
[42] Grundsätzlich anders Schmidt-Preuß, a.a.O., S. 465 ff., 580 ff.

in einer *inneren (rechtlichen) Verbindung* zu ihrer Versagung gegenüber dem Kläger steht; insoweit kommt es auf die jeweilige gesetzliche Gestaltung an.

Demgegenüber bieten Literatur und Rechtsprechung ein uneinheitliches, ja zum Teil verwirrendes Bild; die hiesige Auffassung darf sich indes durch die neuere Tendenz der Judikatur bestätigt sehen.

*(1) Im Recht der Berufszulassung* wird überwiegend die Anfechtung der ausgesprochenen Zulassungsentscheidung(en) durch den übergangenen Bewerber für erforderlich gehalten,[43] so etwa der Kassenarztzulassung,[44] der Erlaubnis zum Betrieb einer Rezeptsammelstelle[45] oder der Genehmigungen zur Personenbeförderung – Taxikonzession[46] – und früher für den Güterfernverkehr.[47] Dies stößt nicht nur auf praktische Bedenken, wenn bei einer großen Zahl von Mitbewerbern es weder zumutbar noch überhaupt realiter möglich ist, alle erteilten Genehmigungen anzufechten; vielmehr stehen auch rechtliche Hindernisse entgegen, weil von vornherein weder klar ist, welcher der Genehmigungsinhaber dem besseren Anspruch des Klägers zu weichen hätte, noch, ob diesem nicht wiederum einer der verbliebenen Mitbewerber vorzuziehen wäre.[48] Sieht man indes genauer zu, so schlägt die multilaterale Grundstruktur der verflochtenen Interessen nicht auf die im Prozeß zu beurteilenden Rechtsbeziehungen durch. Denn es handelt sich um jeweils eigenständige Zulassungsansprüche, die je für sich durchzusetzen sind und durch die Erfüllung konkurrierender Ansprüche unberührt bleiben. Im Ergebnis übereinstimmend, wenn auch nur aus Gründen effektiven Rechtsschutzes (und damit dogmatisch inkonsequent), hat das Bundesverwaltungsgericht zuletzt eine Verpflichtungs(Bescheidungs-)Klage des Bewerbers um eine Güterfernverkehrsgenehmigung ausreichen lassen und die Behörde – bei Klageerfolg nach Erschöpfung des Kontingents – auf den Weg einer nach Ermessen zu verfügenden Rücknahme verwiesen.[49] 27

*(2)* Demgegenüber tendiert die Rechtsprechung bei der *beamtenrechtlichen Konkurrentenklage*[50] dazu, die grundsätzlichen Ansprüche aller Bewerber um die Stelle als selbständig anzusehen und deshalb nur die Verpflichtungsklage, nicht 28

[43] Vgl. Brohm, in: Menger-FS, S. 253; Pietzner/Ronellenfitsch, § 16 Rdnr. 2; Püttner/Lingemann, JA 1984,276; neuerdings wiederum, jedoch für eine atypische Konstellation (Spielbank-Konzession), BVerwGE 96,302 (305).
[44] BSGE 5,238.
[45] BayVGH, DVBl 1983,274.
[46] Vgl. BVerwGE 16,187; 80,127; BayVGH, NJW 1985,758; VGHE n. F. 33,161.
[47] Vgl. BVerwG, NVwZ 1984,507; NdsOVG, NJW 1992,1979.
[48] Eingehend dazu Brohm, in: Menger-FS, S. 251 ff.; Schenke, NVwZ 1993,720 ff. m. Nachw.
[49] BVerwGE 80,270 (272); eingehend dazu Schenke, NVwZ 1993,725; a. M. NdsOVG, NJW 1992,1979; OVG SA, DVBl 1996,387 m. abl. Anm. von W. Schenke. Die Kontingentierung ist inzwischen durch G v. 22.6.1998, BGBl I S. 1485, aufgehoben worden.
[50] Vgl. dazu Ronellenfitsch, VerwArch 82 (1991), S. 121 ff.

aber nach erfolgter Ernennung die Anfechtungsklage gegen diese zuzulassen. Da nach Besetzung der Stelle andererseits die hierauf gerichteten Ansprüche aller Mitbewerber infolge der gesetzlich nur beschränkt zugelassenen Rücknahmegründe und damit mangels einer zur Besetzung freien Stelle zum Erlöschen bringt, wird nunmehr (auch) die Verpflichtungsklage unzulässig;[51] Rechtsschutz ist dann nur noch in Form einer Fortsetzungsfeststellungsklage (vgl. unten § 22 Rdnr. 42 ff.) möglich. Der *Anspruch auf Ernennung* nach Maßgabe einer sachgerechten Auswahlentscheidung bleibt damit nur bei vorbeugend/vorläufigem Rechtsschutz erhalten, der in Form der einstweiligen Unterlassung der beabsichtigten Ernennung (§ 123; s. dazu unten § 29) zu gewähren und durch rechtzeitige Ankündigung der beabsichtigten Ernennung gegenüber dem zurückgesetzten Mitbewerber zu ermöglichen ist.[52]

**29** *(3)* Auch *Zugangsansprüche zu öffentlichen Einrichtungen* sind im Verhältnis zueinander selbständig. So wurde die Anfechtungsklage eines erfolglosen Bewerbers um einen Jahrmarktstandplatz gegen die Zulassung seines Konkurrenten verneint[53] und – vergleichbar – bei der (Verpflichtungs-)Klage auf Zuteilung eines Studienplatzes eine Beiladung der Mitbewerber abgelehnt, da Verbindungen zwischen diesen nur in rein tatsächlicher Hinsicht bestünden.[54]

**30** *(4)* Eine andere Beurteilung mag im Fall der Konkurrenz um eine *Zulassung als privater Rundfunkveranstalter* geboten sein. Angesichts knapper Übertragungskapazitäten stellen die Landesrundfunk- beziehungsweise -mediengesetze die Zulassungsentscheidung ganz in den Dienst des verfassungsrechtlich vorgegebenen Ziels der Sicherung gleichgewichtiger Meinungsvielfalt.[55] Sie sehen deshalb ein integratives Verfahren vor, das alle in dem Entscheidungszeitraum gestellten Anträge umfaßt und zwischen diesen eine innere Verbindung herstellt, so daß Ablehnungen und Zulassungen als verschiedene Ausprägungen der einheitlichen Aufteilungsentscheidung ein gemeinsames rechtliches Schicksal haben.[56] Durch die Anfechtungsklage des unterlegenen Bewerbers gegen den (umfassenden) Zulassungsbescheid wird die Vergabeentscheidung insgesamt zur Disposition gestellt und kann im Sinn des (freilich auf eine Neubescheidung zu beschränkenden) Verpflichtungsantrags erneut getroffen werden.

---

[51] BVerwGE 80,127; BVerwG, DVBl 1989,1150; BVerfG, NJW 1990,501; aus der überwiegend kritischen Literatur vgl. etwa Huber, a.a.O., S. 151 f.

[52] BVerfG, NJW 1990,501; vgl. auch BayVGH, NVwZ 1990,285; OVG NW, NVwZ 1991,501; OVG Berlin, NVwZ 1992,1227.

[53] VGH BW, NVwZ 1984,254.

[54] BVerwGE 60,25 (30); GemOVG Lüneburg, NJW 1978,1279; VGH BW, NVwZ 1984,254; DVBl 1987,953.

[55] Vgl. BVerfGE 57,295 (320); 73,118 (159); 90,60 (88).

[56] Ebenso BayVGH, BayVBl 1988,17; VGH BW, NJW 1990,340.

# III. Entscheidung

## 1. Entscheidungsgrundlage

Für den sachlichen Erfolg der Verpflichtungsklage – wie jeder Leistungsklage – 31
ist zunächst erforderlich, daß sie vom Träger des geltend gemachten *Anspruchs* (Aktivlegitimation) gegen den zur *Leistung*, das heißt zum Erlaß des Verwaltungsakts oder zur Entscheidung hierüber *Verpflichteten* (Passivlegitimation) erhoben wurde; dies ist eine Frage des materiellen Rechts. Hierfür ist deshalb weder § 42 Abs. 2 (Klagebefugnis) noch § 78 (passive Prozeßführungsbefugnis) einschlägig, bei denen es sich um prozessuale Regelungen für die Zulässigkeit der Klage handelt.

Im übrigen ist die Verpflichtungsklage begründet, *soweit* die Ablehnung oder 32
Unterlassung des Verwaltungsakts rechtswidrig und der Kläger dadurch in seinen Rechten verletzt ist, § 113 Abs. 5 Satz 1. Da dies, ungeachtet des unklaren gesetzlichen Wortlauts,[57] zutrifft, wenn dem Kläger ein **Anspruch** – sei es auf die Gewährung selbst oder wenigstens eine ermessensfehlerfreie Entscheidung hierüber – zusteht, ist von *dessen Prüfung* auszugehen. Führt diese zu einem positiven Ergebnis, so erweist sich die *Ablehnung* (im Fall der Versagungsgegenklage) schon allein aus diesem Grunde als rechtswidrig und ist ohne weitere Prüfung aufzuheben; dagegen kommt eine Aufhebung der Ablehnung ohne gleichzeitigen Verpflichtungsanspruch nur unter den engen Voraussetzungen der isolierten Anfechtungsklage (vgl. oben Rdnr. 9 ff.) in Betracht.

**Beispiel**: Die wegen eines Verfahrensfehlers (z. B. § 20 VwVfG) rechtswidrige Ablehnung einer Baugenehmigung wird nicht isoliert aufgehoben, wenn nicht auch in bezug auf diese eine positive Entscheidung beansprucht werden kann.

Hinsichtlich des Urteilsinhalts ist danach zu unterscheiden, ob die Sache *spruchreif* ist.

## 2. Verpflichtungsurteil

Hält das Gericht den geltend gemachten Anspruch auf den Verwaltungsakt für 33
gegeben, so verpflichtet es die Behörde zu dessen Erlaß (*Verpflichtungsurteil*). Eine solche Entscheidung ist jedoch nur möglich, wenn sich die Verpflichtung der Behörde nach dem Stand der gerichtlichen Erkenntnis abschließend aus dem Gesetz ergibt (**Spruchreife**).[58]

[57] Vgl. dazu Redeker/v. Oertzen, § 113 Rdnr. 38.
[58] Ebenso Schmitt Glaeser, Rdnr. 301; ähnlich Kopp/Schenke, § 113 Rdnr. 193.

## 3. Bescheidungsurteil

34 Erweist sich die Ablehnung oder Unterlassung des Verwaltungsakts (das heißt die Verneinung des Anspruchs) als rechtswidrig und rechtsverletzend, ist die Sache aber gleichwohl nicht spruchreif, so ergeht ein *Bescheidungsurteil*, durch das die Behörde (bloß) verpflichtet wird, den Kläger unter Beachtung der Rechtsauffassung des Gerichts zu bescheiden (§ 113 Abs. 5 Satz 2). Diese eingeschränkte gerichtliche Entscheidungskompetenz ergibt sich aus dem Gewaltenteilungsprinzip (s. oben § 5 Rdnr. 2 ff., 20 ff.), das die Gerichte auf die Rechtsanwendung beschränkt und ihnen einen Übergriff in den der Exekutive vorbehaltenen Bereich *volitiver Gestaltungs- und Beurteilungsfreiheit* verwehrt.

### *a) Fehlende Spruchreife*

35 Spruchreife kann damit nur im Umfang der gerichtlichen Entscheidungskompetenz erreicht werden. Sie fehlt, wenn die Entscheidung von Fragen abhängt, die von der Verwaltung auf der Grundlage einer *Ermessens- oder Beurteilungsermächtigung* zu beantworten sind. Hier sind die Gerichte, in Parallele zur begrenzten rechtlichen Bindung gemäß § 40 VwVfG, nur befugt, die Einhaltung der Ermessens- beziehungsweise entsprechend der Beurteilungsgrenzen zu überprüfen, § 114; gleiches gilt im Fall planerischer Gestaltungsfreiheit. Dagegen können sie nicht selbst die inhaltliche Entscheidung treffen, sofern nicht der für diese bestehende Spielraum wegen besonderer Umstände entfällt (Ermessensreduzierung "auf Null").

**Beispiele:** (1) Die Behörde entscheidet nicht innerhalb angemessener Frist über eine Erlaubnis zur Wasserbenutzung (§ 7 WHG). Auf die Untätigkeitsklage hin kann sie, sofern der Anspruch nicht unbegründet ist, nur zur Bescheidung, nicht zur Erteilung der Erlaubnis verpflichtet werden.

(2) Ein Antrag des Nachbarn auf Einschreiten gegen eine formell und materiell baurechtswidrige Anlage wird unter Verkennung der Tatsachen abgelehnt. Die Behörde kann unter Aufhebung des ablehnenden Bescheids zu einer (erneuten) Bescheidung des Klägers verpflichtet werden. Handelt es sich jedoch um eine, auch und gerade für den Kläger unerträgliche Beeinträchtigung, zum Beispiel des Gebietscharakters, so kann das Ermessen nur im Sinne einer Beseitigungsanordnung ausgeübt werden und ist deshalb zu deren Erlaß zu verpflichten.[59]

(3) Greift der abgewiesene Bewerber um ein öffentliches Amt die behördliche Auswahlentscheidung (Art. 33 Abs. 2 GG) an, so kann das Gericht die Behörde angesichts des dieser zustehenden Entscheidungsspielraums nicht zur Besetzung der Stelle gerade mit dem Kläger, sondern grundsätzlich nur zu einer Neubescheidung verurteilen.[60]

---

[59] Vgl. OVG Berlin, DÖV 1983,644; VGH BW, VBlBW 1992,148 f.
[60] Vgl. BVerwGE 80,127 (129).

(4) Im Falle einer fehlerhaften Prüfungsentscheidung kann, je nach den Umständen, grundsätzlich nur zu einer Neubewertung (einer vorliegenden Leistung) oder Zulassung zur Prüfungswiederholung verurteilt werden. Eine Verpflichtung zu einer bestimmten Bewertung kommt nur bei Beanstandung der rechnerischen Notenermittlung ohne höchstpersönliche Prüferwertung in Betracht.[61]

### *b) Grenzen der Sachverhaltsermittlung*

Fehlende Spruchreife kann sich auch als Ergebnis eingeschränkter *Sachverhaltsermittlung* darstellen.[62] Allerdings ist das Gericht durch seinen Rechtsschutzauftrag grundsätzlich verpflichtet, alle für die Entscheidung des Rechtsstreits erheblichen Umstände zu ermitteln (§ 86 Abs. 1) und so die Sache *spruchreif zu machen.*[63] Es darf sich nicht ohne Not der (positiven oder negativen) eigenen Sachentscheidung zugunsten einer quasi *Zurückverweisung an die Verwaltung* enthalten. **36**

Diese Pflicht findet jedoch ihre Grenze, wo gerichtliche Sachverhaltsermittlung in den der behördlichen Kompetenz vorbehaltenen Entscheidungsvorgang übergreifen würde; dies kann freilich nicht schon aufgrund der generellen Beschränkung der Gerichte auf eine Kontrollaufgabe angenommen, sondern nur nach Maßgabe der jeweiligen gesetzlichen Gestaltung entschieden werden. Man wird jedoch die Gerichte in entsprechender Anwendung des in § 113 Abs. 3 Satz 1 enthaltenen Rechtsgedankens (vgl. dazu oben § 15 Rdnr. 31 f.) als *ermächtigt* ansehen dürfen[64], im Falle behördlicher Vernachlässigung der Sachaufklärung deren Nachholung unter den dort genannten, engen Voraussetzungen durch Erlaß eines Bescheidungsurteils zu veranlassen. In der praktischen Handhabung werden freilich beide Aspekte ineinander übergehen.[65] **37**

**Beispiel**: Ist der Antrag auf Zulassung eines Arzneimittels vom Bundesgesundheitsamt nicht innerhalb angemessener Frist entschieden worden (§ 75), so kann das Gericht die der Behörde obliegende Sachprüfung nicht selbst vornehmen und deshalb nicht über die sachliche Berechtigung des Zulassungsantrags befinden, sondern nur zu einer Bescheidung des Antrags verurteilen.[66]

## Literatur

*Bachof*, Die verwaltungsgerichtliche Klage auf Vornahme einer Amtshandlung, 2. (unv.) Aufl. 1968.

---

[61] Vgl. VGH BW, NJW 1981,2020; DÖV 1982,164; Jakobs, VBlBW 1981,176.
[62] Vgl. dazu Kopp/Schenke, § 113 Rdnr. 193 ff.
[63] Vgl. BVerwGE 69,198 (201); allgemein dazu noch unten § 30 Rdnr. 14 ff.
[64] Vgl. dazu auch BVerfGE 75,261.
[65] Im Ergebnis ähnlich Kopp/Schenke, § 113 Rdnr. 194.
[66] BVerwG, NVwZ 1991,1180.

*Bettermann*, Der verwaltungsgerichtliche Rechtsschutz bei Nichtbescheidung des Widerspruchs oder des Vornahmeantrags, NJW 1960, 1081.
*Ders.*, Die Verpflichtungsklage nach der Bundesverwaltungsgerichtsordnung, NJW 1960,2271.
*Brohm*, Die Konkurrentenklage, in: Menger-FS, S. 235.
*Brück*, Verwaltungsrecht und Verwaltungsprozeßrecht: Probleme der Anfechtungs- und der Verpflichtungsklage nach der VwGO, NJW 1960,2271.
*Czermak*, Gibt es eine verwaltungsgerichtliche Bescheidungsklage?, BayVBl 1981,427.
*Hegel*, Kann mit der Verpflichtungsklage auch die Verurteilung zur Vornahme einer sogenannten Amtshandlung begehrt werden?, JZ 1963,15.
*Horn*, Die Genehmigung für den Güterfernverkehr und ihre prozessuale Bedeutung, GewArch 1985,73.
*Huber*, Konkurrenzschutz im Verwaltungsrecht, 1991.
*Jakobs*, Verpflichtungsklage bei auf Geldleistung gerichtetem Klagebegehren, NJW 1984,28.
*Kellner*, Besinnung auf die Anfechtungsklage – Ein Beitrag zum Rechtsschutz gegen Ablehnungsbescheide, MDR 1968,965.
*Köppl*, Feststellungs- oder Verpflichtungsklage gegen die Fälligerklärung eines Zwangsgeldes?, BayVBl 1979,14.
*Laubinger*, Die isolierte Anfechtungsklage, in: Menger-FS, S. 443.
*Müller*, Der Verfahrensgegenstand von Anfechtungs- und Verpflichtungsklage und der Zeitpunkt der rechtlichen Beurteilung von Verpflichtungsklagen, NJW 1982,1370.
*Schmidt-Preuß*, Kollidierende Privatinteressen im Verwaltungsrecht, 1992.
*Schröder, M.*, Bescheidungsantrag und Bescheidungsurteil, in: Menger-FS, S. 487.
*Ule*, Zur Verpflichtungsklage im Umweltschutzrecht, BB 1972,1076.
*v. Wedel*, Zum Verhältnis von Anfechtungs- und Verpflichtungsklage, MDR 1975,76.
*Weides/Bertrams*, Die nachträgliche Verwaltungsentscheidung im Verfahren der Untätigkeitsklage, NVwZ 1988,673.
*Wieland*, Konkurrentenschutz in der neueren Rechtsprechung zum Wirtschaftsverwaltungsrecht, DVerw 32 (1999), S. 217.

# § 17. Der Verwaltungsakt als Klagevoraussetzung

Voraussetzung der Zulässigkeit einer Anfechtungs- oder Verpflichtungsklage ist, daß sie sich auf einen Verwaltungsakt bezieht, § 42 Abs. 1. Dieser erweist sich damit, unbeschadet seiner primären Natur als Instrument des materiellen Verwaltungs(verfahrens)rechts, zugleich als prozeßrechtliches Institut.[1] Dabei ist vorweg nochmals zu betonen, daß mit der Frage des Vorliegens eines Verwaltungsakts nicht über die Gewährung von Rechtsschutz (das "Ob"), sondern nur über dessen Form (das "Wie") entschieden ist. Fehlt es an einem Verwaltungsakt, so ist einer (möglichen) Rechtsverletzung durch die öffentliche Gewalt (Art. 19 Abs. 4 Satz 1 GG) lediglich mittels einer anderen Klageart (Leistungs- oder Feststellungs- statt Anfechtungs- oder Verpflichtungsklage) zu begegnen.[2] 1

## I. Der Begriff des Verwaltungsakts

Der Begriff des Verwaltungsakts wird vorausgesetzt und bestimmt sich inhaltlich nach § 35 VwVfG (vgl. dazu oben § 14 Rdnr. 6 f.). Er ist danach gekennzeichnet als hoheitliche Maßnahme (Rdnr. 3 f.), die von einer Behörde auf dem Gebiet des öffentlichen Rechts (Rdnr. 5 ff.) zur Regelung (Rdnr. 8 ff.) eines Einzelfalls (Rdnr. 23 ff.) mit unmittelbarer Außenwirkung (Rdnr. 28 ff.) getroffen wird. Diese gesetzlichen Merkmale umschreiben in ihrer Gesamtheit den Verwaltungsakt und stehen nicht trennscharf nebeneinander. Sie sind im folgenden nur in den Grundlinien und im besonderen Hinblick auf ihre spezielle prozessuale Relevanz nachzuzeichnen. 2

### 1. Hoheitliche Maßnahme

Der Verwaltungsakt stellt eine einseitige Maßnahme im Subordinationsverhältnis dar.[3] Erforderlich ist deshalb zunächst, daß die Verwaltung auf dem *Gebiet des öffentlichen Rechts* tätig geworden ist; ein Verwaltungshandeln in privatrecht- 3

---

[1] Vgl. BVerwG, NJW 1978,1820.

[2] BVerwGE 60,144 (148); 77,268 (274 f.).

[3] Streitig ist, ob "hoheitlich" ein eigenständiges Tatbestandsmerkmal (ablehnend Kopp, VwVfG, § 35 Rdnr. 4 f.) oder gleichbedeutend mit "öffentlich-rechtlich" ist (Maurer, § 9 Rdnr. 11 ff.) oder ob damit das Merkmal der Einseitigkeit der Maßnahme betont wird (BVerwGE 66,218).

lichen Formen (Fiskaltätigkeit; Verwaltungsprivatrecht) schließt die Annahme eines Verwaltungsakts aus. Unerheblich ist dagegen, ob sich die Maßnahme auf ein Privatrechtsverhältnis auswirkt, wie insbesondere beim sogenannten *privatrechtsgestaltenden Verwaltungsakt* (z. B. Ausübung eines öffentlich-rechtlichen Vorkaufsrechts; vgl. näher oben § 11 Rdnr. 18).

4 Des weiteren muß die Behörde gerade in Ausübung ihrer übergeordneten Rechtsmacht tätig geworden sein. Hieran fehlt es bei Maßnahmen im Zusammenhang mit Abschluß und Abwicklung von (öffentlich-rechtlichen) Verträgen (§§ 54 ff. VwVfG), aber auch bei sonstigen Akten, die wie diese auf der Grundlage formaler Gleichordnung der Parteien beziehungsweise Beteiligten ergehen, wie Mahnung,[4] Aufrechnung[5] oder die Ausübung eines Zurückbehaltungsrechts.[6]

## 2. Behörde

5 Die Maßnahme muß weiterhin von einer *Behörde* getroffen werden, das ist jede Stelle, die Aufgaben der öffentlichen Verwaltung wahrnimmt, § 1 Abs. 4 VwVfG. Dabei wird es sich in der Regel um Verwaltungsbehörden im organisatorischen Sinn handeln (Landratsämter, Gewerbeaufsichtsämter, Ministerien, aber auch Gemeinden, Universitäten usw.). Dazu gehören auch Private, die mit der selbständigen Wahrnehmung hoheitlicher Befugnisse **beliehen** wurden (z. B. Prüfingenieure für Baustatik;[7] Bezirksschornsteinfegermeister;[8] TÜV bei der Erteilung von Prüfbescheinigungen und -plaketten[9]).

6 Unter den danach maßgeblichen Begriff der Verwaltungsbehörde in einem funktionellen Sinn können auch *Regierungsstellen* (vgl. auch schon oben § 11 Rdnr. 42) sowie (meist Untergliederungen von) *gesetzgebende(n) Körperschaften* fallen, sofern sie ausnahmsweise materielle Verwaltungstätigkeit ausüben. Dies trifft zu etwa für beamtenrechtliche Entscheidungen des Bundespräsidenten (Art. 60 Abs. 1 GG)[10] und für die Tätigkeit des Parlamentspräsidenten bei der Ausübung des Hausrechts (Art. 40 Abs. 2 Satz 1 GG) oder der Entscheidung über die Erstattung von Wahlkampfkosten,[11] ist aber auch angenommen worden für Beweiserhebungen durch Untersuchungsausschüsse[12] sowie für parlamentarische Petitionsentscheidungen (vgl. dazu oben § 11 Rdnr. 45 mit Nachweisen); in diesen letzteren Fällen liegt allerdings mangels Regelung (s. sogleich Rdnr. 8 ff.) kein Verwaltungsakt vor.

---

[4] Dazu BVerwGE 57,26 (29 f.).
[5] Vgl. BVerwGE 66,218 (222); BFH, BB 1990,1405; VGH BW, NVwZ-RR 1992,195.
[6] OVG NW, DVBl 1983,1074.
[7] Vgl. BVerwGE 57,55 (58).
[8] HessVGH, ESVGH 18,86 (88).
[9] Vgl. BVerwG, NVwZ-RR 1991,330; BayVGH, DÖV 1975,210.
[10] Vgl. BVerwGE 23,295.
[11] Vgl. dazu BVerfGE 27,152 (157); BVerwG, DÖV 1980,871.
[12] Vgl. OVG NW, DVBl 1987,100.

Soweit *Gerichte* nicht rechtsprechend tätig werden, sondern Verwaltungsaufgaben wahrnehmen, handeln sie als (Justiz)Behörden und können als solche Verwaltungsakte erlassen. Betreffen diese jedoch Angelegenheiten auf den Gebieten des bürgerlichen Rechts, der Zivil- oder Strafrechtspflege, so handelt es sich um *Justizverwaltungsakte*, für die gemäß § 23 EGGVG ein besonderer Rechtsweg gegeben ist (vgl. im einzelnen oben § 11 Rdnr. 72 ff.). **7**

## 3. Regelung

Als Handlungsmittel der Verwaltung gegenüber dem einzelnen ist der Verwaltungsakt zentral durch seinen *Regelungscharakter* gekennzeichnet. Dieser ist gegeben, "wenn die Maßnahme der Behörde darauf gerichtet ist, eine verbindliche Rechtsfolge zu setzen, das heißt wenn Rechte eines Betroffenen unmittelbar begründet, geändert, aufgehoben, mit bindender Wirkung festgestellt oder verneint werden".[13] Der Verwaltungsakt schafft bezüglich des Regelungsgegenstandes eine gegenüber dem Gesetz eigenständige Rechtsbasis für die (künftigen) Rechtsbeziehungen zwischen Bürger und Verwaltung. Eine Regelung liegt deshalb nicht nur in der Erteilung einer (zum Beispiel Bau-)Genehmigung sondern auch in deren Ablehnung, ferner etwa in der behördlichen Aufforderung an den einzelnen zur Erfüllung einer ihm bereits unmittelbar normativ obliegenden Pflicht (zum Beispiel der satzungsmäßigen Räum- und Streupflicht[14]). Auch bloße Feststellungen, die als solche, das heißt isoliert vom Regelungsgehalt der ihnen vorausliegenden normativen oder sonstigen Grundlagen, Rechtswirkungen entfalten (zum Beispiel Staatsangehörigkeitsausweis; Festsetzung des Besoldungsdienstalters), sind danach als Regelungen anzusehen. **8**

Aus der Vielzahl komplexer und kontrovers behandelter Probleme, die unter diesem Aspekt gerade im Verwaltungsprozeß virulent werden, sind vor allem folgende *Fallgruppen* praktisch bedeutsam.

### *a) Realakte*

Realakte sind auf einen tatsächlichen, nicht einen rechtlichen Erfolg gerichtet und stellen deshalb keine Regelungen dar. **9**

*aa) Tatsächliche Maßnahmen.* Dies gilt zunächst für rein tatsächliche Verrichtungen, wie die Auszahlung eines Geldbetrages, die Aufnahme oder Vernichtung von (zum Beispiel erkennungsdienstlichen) Unterlagen,[15] die Gewährung von (selb **10**

[13] Vgl. BVerwGE 55,280 (285); 77,268 (271) im Anschluß an Wolff/Bachof I (9. Aufl.), § 46 V.
[14] VGH BW, VBlBW 1986,217.
[15] Vgl. BVerwGE 26,169; VGH BW, DÖV 1973,462.

ständiger) Akteneinsicht[16] oder die schlicht informatorische[17] (im Gegensatz zu einer konstitutiven[18]) Registereintragung beziehungsweise deren Löschung. Wurden derartige Handlungen entgegen einem Antrag abgelehnt, so liegt hierin lediglich die behördliche Weigerung zu ihrer Vornahme, nicht aber eine verbindliche negative Entscheidung über den Antrag und den mit diesem geltend gemachten Anspruch. Entgegen der herrschenden Meinung stellt deshalb diese Ablehnung keinen Verwaltungsakt dar,[19] der mit der Anfechtungsklage angegriffen werden könnte[20] oder dem gegenüber gar durch Verpflichtungsklage eine positive Entscheidung erstritten werden müßte.[21] Die Gestaltung, bei der der Anspruch auf die Leistung (z. B. Zahlung) *materiell-rechtlich* von einer entsprechenden Regelung abhängt (Bewilligungsbescheid), bleibt hiervon naturgemäß unberührt (vgl. dazu auch unten Rdnr. 46 sowie schon oben § 13 Rdnr. 10).

**11** *bb) Wissenserklärungen.* Auch behördliche Erklärungen, die im Gegensatz zu *Willenserklärungen* nur auf einen tatsächlichen Erfolg abzielen oder einen solchen überhaupt nur reflexiv im Gefolge haben (sogenannte Wissenserklärungen), sind keine Regelungen. Hierzu zählen Hinweise, Warnungen und Empfehlungen,[22] auch Untersuchungsberichte aus Anlaß von (Luft-, Schiffs- o. ä.) Unfällen,[23] ferner Meinungsäußerungen,[24] Beanstandungen ohne unmittelbare Rechtswirkungen,[25] Stellungnahmen und Gutachten[26] sowie Auskünfte.[27] Dabei kommt es (auch hier, vgl. ähnlich schon vorstehend Rdnr. 10) nicht darauf an, ob die Auskunft schlicht erteilt wird oder mit ihr nach sachlicher Prüfung des Auskunfts*verlangens* zugleich verbindlich über dieses *entschieden* werden sollte.[28] Einen Sonderfall bildet der Anspruch auf Gewährung von Informationen über die Umwelt, über

---

[16] Vgl. BayVGH, BayVBl 1990,622; Hufen, Fehler im Verwaltungsverfahren, 3. Aufl. 1998, Rdnr. 253 f.; a. M. BVerwGE 12,296 (297); 50,255 (260); dazu noch unten bei Fn. 22.

[17] Vgl. VGH BW, NJW 1991,2786 (Eintragung im Baulastenverzeichnis); BVerwGE 77,268 (271 – Eintragung im Verkehrszentralregister).

[18] Vgl. BVerwGE 12,75; 37,103 (Eintragung im Wasserbuch); 88,122; VGH BW, NVwZ-RR 1992,473 (Löschung der Eintragung in Handwerksrolle); OVG NW, NVwZ 1992,991 (Eintragung in Denkmalliste).

[19] Ebenso Steiner, JuS 1984,857.

[20] So aber BVerwGE 11,181; 31,301; 50,255 (259); VGH BW, NJW 1991,2786.

[21] So in der Tat BVerwGE 31,301 (Auskunft); 50,255 (260 – Akteneinsicht); HessVGH, DVBl 1993,616 (Aktenvernichtung).

[22] Vgl. BVerfG, NJW 1989,3269; BVerwGE 82,76; 87,37; VGH BW, NJW 1990,1808.

[23] Vgl. BVerwGE 14,323; a. A. GemOVG Lüneburg, OVGE 16,442.

[24] Vgl. BVerwGE 82,76.

[25] Vgl. BVerwG, DÖV 1992,536 (Landesdatenschutzbeauftragter gegenüber Gemeinde).

[26] Vgl. BVerwG, NJW 1985,1302; OVG RP, NJW 1990,788; VGH BW, NJW 1991,2365.

[27] Vgl. BayVGH, BayVBl 1987,499.

[28] In diesem Sinn differenzierend aber BVerwGE 31,301 (307); 74,115 (118); ablehnend auch Schenke, Rdnr. 202.

dessen Bestehen (wie Nichtbestehen) aufgrund gesetzlicher Anordnung (§ 5 Abs. 2 Satz 1 UIG) durch Verwaltungsakt zu entscheiden ist.[29]

Ist die "Auskunft" dagegen gesetzlich zu einer formellen und verbindlichen Beurteilung seitens der Behörde verdichtet, so liegt ein Verwaltungsakt vor: so bei der vorgezogenen Entscheidung über einzelne Fragen beziehungsweise Voraussetzungen einer bau-, immissionsschutzrechtlichen oder ähnlichen Genehmigung (*Vorbescheid*, vgl. z. B. § 9 Abs. 1 BImSchG)[30] sowie im Fall der – verbindlichen – *Zusage* eines späteren Tuns oder Unterlassens, insbesondere eines Verwaltungsakts (Zusicherung, § 38 Abs. 1 Satz 2, Abs. 2 VwVfG).[31] Anders liegt es bei *Mitteilungen über künftiges behördliches Handeln*, insbesondere durch Verwaltungsakt. Sie enthalten nicht selbst eine Regelung, sondern weisen gerade erst auf eine solche hin, zum Beispiel die Versetzung eines Beamten in den Ruhestand[32] oder die Abschiebung eines Ausländers.[33] Dagegen liegt bereits in der Mitteilung ein Verwaltungsakt, wenn sie, wie aufgrund des § 13 HwO (Löschung in der Handwerksrolle), im Rahmen eines gesetzlich vorgeschriebenen, formalisierten Verfahrens ergeht.[34] 12

*cc) Verwaltungsvollstreckung, unmittelbare Ausführung.* Maßnahmen der *Verwaltungsvollstreckung* dienen der tatsächlichen Verwirklichung eines bereits erlassenen Verwaltungsakts und haben ihrerseits nur insoweit Regelungscharakter, als ihnen eine über diesen hinausgehende, zusätzliche Rechtswirkung zukommt. Als Verwaltungsakte anzusehen sind deshalb die Androhung (vgl. § 13 VwVG) und Festsetzung (§ 14 VwVG) eines Zwangsmittels (§ 9 VwVG), nicht aber dessen tatsächliche Anwendung (§ 15 VwVG).[35] 13

Wird ein Zwangsmittel ohne vorausgehenden Verwaltungsakt angewendet (*sofortiger Vollzug*, § 6 Abs. 2 VwVG), zum Beispiel Abschleppen eines entgegen § 12 Abs. 1 Nr. 1-5 StVO geparkten Kraftfahrzeugs oder unmittelbare behördliche Beseitigung einer baulichen Anlage, so wird hierin vielfach ein zusammengesetzter Verwaltungsakt gesehen, in dem die Anordnung sowie deren Vollzug durch Androhung, Festsetzung und Anwendung des Zwangsmittels zusammenfallen.[36] Mangels rechtlicher Regelung durch Verwaltungsakt liegt aber in Wahrheit gerade keine Vollzugsmaßnahme vor. Gegenüber jener gekünstelten und auch rechtlich 14

[29] Vgl. Turiaux, NJW 1994,2323; BVerwG, DVBl 1999,1134.
[30] Vgl. BVerwGE 68,241; 69,1; 72,300; OVG NW, NuR 1990,88.
[31] Ganz h. M., vgl. VGH BW, NVwZ 1991,79; zur Zusicherung BVerwG, NVwZ 1987,46; OVG NW, NwVBl 1992,205; NwVBl 1992,284.
[32] Vgl. BVerwG, DVBl 1990,1232.
[33] Vgl. HessVGH, InfAuslR 1990,318.
[34] BVerwGE 12,75; 88,122.
[35] Vgl. BVerwG, NVwZ-RR 1989,337; Maurer, § 20 Rdnr. 24; Stelkens, in: Stelkens/Bonk/Sachs, § 35 Rdnr. 55 m. w. Nachw.; a. M. Würtenberger, Rdnr. 800.
[36] Vgl. Drews/Wacke/Vogel/Martens, Gefahrenabwehr, 9. Aufl. 1986, S. 522; OVG NW, OVGE 29,44 (46).

problematischen Fiktion eines Verwaltungsakts (Adressat? Bekanntgabe?) erscheint deshalb die Annahme einer regelungsunabhängigen *unmittelbaren Ausführung*, wie sie vor allem in den Landespolizeigesetzen geregelt ist,[37] als rein tatsächliches Handeln sachgerechter.[38] Für den *Rechtsschutz* ist im Anwendungsbereich des § 6 Abs. 2 VwVG dessen § 18 Abs. 2 zu beachten (Verwaltungsakt). Im übrigen ist Leistungs- beziehungsweise Feststellungsklage gegeben. Damit erscheint auch die durch das Anliegen des Rechtsschutzes motivierte Konstruktion einer Anordnung, die Maßnahme hinzunehmen (*Duldungsbefehl*)[39] als überholt.

**15** Hiervon zu unterscheiden sind jedoch die Fälle, in denen sich die Ausübung des Zwangs als *konkludent erlassene Anordnung* (§ 37 Abs. 2 Satz 1 VwVfG) darstellt, die zugleich gegenüber dem Pflichtigen durchgesetzt wird, zum Beispiel ein durch Einsatz des Schlagstocks ausgesprochener Platzverweis oder (umgekehrt) die Einschließung eines Demonstrationszugs durch eine begleitende Polizeikette als Verbot, sich zu entfernen.[40]

**16** Hiermit darf nicht verwechselt werden die *Anordnung der sofortigen Vollziehung* gemäß § 80 Abs. 2 Nr. 4. Sie betrifft nur die Wirksamkeit des Verwaltungsakts beziehungsweise schafft gegebenenfalls eine Voraussetzung für die Verwaltungsvollstreckung (§ 6 Abs. 1 VwVG), enthält aber keine eigene Regelung und ist deshalb selbst kein Verwaltungsakt.[41] Rechtsschutz wird insoweit jedenfalls in dem besonderen Verfahren gemäß §§ 80 Abs. 5, 80a Abs. 3 (vgl. dazu unten § 28 Rdnr. 43 ff.) gewährt.

### b) Vorbereitende Akte

**17** Maßnahmen, die der eigentlichen Behördenentscheidung vorgelagert sind (*Vorbereitungsakte*), erreichen (noch) nicht die Ebene einer Regelung, sondern dienen einer solchen nur als Grundlage; insofern fehlt ihnen häufig auch das Merkmal unmittelbarer Außenwirkung (vgl. unten Rdnr. 28)[42].

**18** *aa) Verfahrenshandlungen.* Einen typischen Anwendungsfall hierfür bilden vor allem *Verfahrenshandlungen*, gegen die, sofern sie unselbständiger Natur sind

---

[37] Vgl. Götz, Allgemeines Polizei- und Ordnungsrecht, 12. Aufl. 1995, Rdnr. 299; W. Schenke, Polizei- und Ordnungsrecht, in: Steiner, Rdnr. 304 f.

[38] Ebenso Maurer, § 20 Rdnr. 26; Schenke, in: Steiner, Rdnr. 306; BayVGH, GewArch 1981,234.

[39] So W. Jellinek, Verwaltungsrecht, 3. Aufl. 1931, S. 258, aber auch noch BVerwGE 26,161 (164) für polizeilichen Gebrauch des Schlagstocks; VG Bremen, NVwZ 1989,895; vgl. dazu Stelkens, in: Stelkens/Bonk/Sachs, § 35 Rdnr. 66.

[40] Vgl. dazu OVG Bremen, NVwZ 1990,1188 (offengelassen).

[41] H. M., vgl. OVG RP, NVwZ 1988,748; BayVGH, BayVBl 1990,755; OVG Berlin, NVwZ 1993,198; ShOVG, DÖV 1993,169; VGH BW, NVwZ-RR 1990,561, anders aber DÖV 1991,167. Vgl. dazu ferner Finkelnburg/Jank, Vorläufiger Rechtsschutz im Verwaltungsstreitverfahren, 4. Aufl. 1998, Rdnr. 842.

[42] Vgl. BVerwGE 77,268 (273).

(Ladung; Beteiligung am Verfahren; Aufforderung zur Urkundenvorlegung usw.), isolierte Rechtsbehelfe sogar ausgeschlossen sind (vgl. § 44a und dazu oben § 13 Rdnr. 21 ff.). Sie haben jedoch Regelungsqualität, wenn sie sich auf die bestehende Rechtslage auswirken, wie zum Beispiel die Entscheidung über die Wiedereinsetzung in den vorigen Stand (§ 32 VwVfG)[43] oder ein Wiederaufgreifen des Verfahrens (§ 51 VwVfG).[44]

Im Fall eines beantragten *Wiederaufgreifens des Verfahrens* sind drei Konstellationen denkbar: (1) Wird der Antrag abgelehnt, so enthält diese negative Entscheidung eine Regelung,[45] nicht dagegen die gegebenenfalls damit verbundene Bestätigung des erlassenen Verwaltungsakts ohne erneute Sachprüfung (*wiederholende Verfügung*[46]). Entschließt sich die Behörde dagegen (positiv) unter Preisgabe der Bestandskraft des Verwaltungsakts zu einer Sachentscheidung, so ergeht diese aufgrund erneuter Sachprüfung als Verwaltungsakt,[47] gleich, ob dieser (2) inhaltlich mit dem Ausgangsakt übereinstimmt (*Zweitbescheid)* oder (3) von ihm abweicht (*Änderungsbescheid*). Das *Rechtsschutz*ziel wird allerdings durch das Verständnis der zugrunde liegenden, materiell-rechtlichen Regelung des § 51 Abs. 1 Nr. 1, 2 VwVfG bestimmt.[48] 19

*bb)* Auch Maßnahmen der *Sachverhaltsermittlung* außerhalb des § 24 VwVfG mittels verbindlicher Gebote an den einzelnen, zum Beispiel zur Klärung einer Bodenverunreinigung, sind Verwaltungsakte.[49] So enthält auch die Aufforderung, sich einer Gesundheits- beziehungsweise Tauglichkeitsuntersuchung als Voraussetzung einer behördlichen Entscheidung zu unterziehen, eine Regelung, wenn sie eine entsprechende Pflicht des Adressaten begründet. Dies ist jedenfalls für den Wehrpflichtigen im Hinblick auf § 17 Abs. 4 i. V. m. § 44 Abs. 2 WPflG zu bejahen, ebenso für den Beamten aufgrund seiner allgemeinen Gehorsamspflicht.[50] 20

Demgegenüber erscheint jedoch zweifelhaft, ob die Anordnung einer medizinisch-psychologischen oder vergleichbaren Untersuchung gemäß § 11 Abs. 2, 3 FeV, nach deren Ergebnis über Erteilung oder Entziehung der Fahrerlaubnis entschieden wird, einen bloßen Vorbereitungsakt ohne eigene Regelungsqualität 21

---

[43] Vgl. Stelkens, in: Stelkens/Bonk/Sachs, § 32 Rdnr. 45; BVerwG, NJW 1983,1923; VGH BW (5. Senat), DVBl 1982,206, a. A. aber (9. Senat) DÖV 1981,228.

[44] Vgl. BVerwGE 44,333 (335); Stelkens, in: Stelkens/Bonk/Sachs, § 51 Rdnr. 10 f.

[45] Vgl. schon BVerfGE 27,297 (307 ff.); ferner BVerwGE 44,333 (335).

[46] VGH BW, NVwZ-RR 1992,185.

[47] BVerwGE 68,241; BVerwG, NVwZ 1989,863.

[48] Vgl. dazu einerseits BVerwG, DVBl 1982,998 (Recht auf Wiederaufgreifen nur, soweit auch inhaltlich abweichende Entscheidung zu treffen ist), andererseits Maurer, § 11 Rdnr. 61 (Wiederaufgreifen auch bei sachlich gleicher Entscheidung – Zweitbescheid).

[49] Vgl. BayVGH, NVwZ 1986,942; VGH BW, VBlBW 1993,298; Stelkens, in: Stelkens/Bonk/Sachs, § 24 Rdnr. 1.

[50] Vgl. BVerwGE 34,248 (250); VGH BW, DVBl 1988,358; GemOVG Lüneburg, DVBl 1990,883.

darstellt.[51] Immerhin ermächtigt das Gesetz ausdrücklich zum Erlaß derartiger Anordnungen, die zwar nicht vollstreckbar sind, deren Nichtbefolgung aber, nicht anders als im Beamtenrecht, durch gravierende Rechtsnachteile sanktioniert ist (vgl. im einzelnen schon oben § 13 Rdnr. 24 ff.). Jedenfalls sind derartige Maßnahmen nicht rechtlich irrelevant[52] und deshalb auch bei Ablehnung der Verwaltungsaktsnatur gerichtlicher Überprüfung zugänglich, ohne daß § 44a entgegenstünde. Findet ein solches Verfahren nicht statt, so kann – mangels eines in Bestandskraft erwachsenden Verwaltungsakts – im Hauptverfahren um die Entscheidung über die Fahrerlaubnis die Berechtigung der ihr zugrunde liegenden Anforderung des ärztlichen Gutachtens in Frage gestellt werden.

22 *cc) Prüfungsentscheidungen.* Als vorbereitende Maßnahmen ohne Regelungscharakter sind schließlich auch *Einzelbewertungen* anzusehen, auf deren Grundlage erst eine unmittelbar rechtserhebliche Entscheidung als Verwaltungsakt erlassen wird, so etwa die Einzelnoten eines Versetzungs- oder Abiturzeugnisses (erst recht der vorausgehenden Klassenarbeiten),[53] die dienstliche Beurteilung eines Beamten[54] oder die Bewertungen von Teilen einer Abschlußprüfung.[55] Besteht die Prüfung aus rechtlich verselbständigten, insbesondere auch zeitlich versetzten Abschnitten, über deren Ergebnis jeweils eigenständige Entscheidungen getroffen werden, so können diese sich als Verwaltungsakte darstellen, so zum Beispiel bei einem abgeschichteten Examen in Form studienbegleitender Leistungskontrollen[56] oder etwa dem Erwerb eines juristischen (Anfänger-)Übungsscheins als Teil der Zwischenprüfung. Auch hier kommt die maßgebliche Bedeutung der Ausgestaltung durch die zugrunde liegende Prüfungsordnung, also dem materiellen Recht, zu. Die (abschließende) Prüfungs- beziehungsweise Versetzungsentscheidung selbst ist jedoch immer Verwaltungsakt und kann deshalb, sofern hieran ein Rechtsschutzbedürfnis besteht, mit der Begründung angegriffen werden, daß sie auf rechtswidrig ermittelten Teilbewertungen beruhe.[57]

### 4. Einzelfall

23 Im Gegensatz zur Rechtsnorm, die eine Regelung für eine unbestimmte Vielzahl von Personen (*generell*) und Fällen (*abstrakt*) trifft, regelt der Verwaltungsakt

[51] So BVerwG, NVwZ 1983,345; VGH BW, VBlBW 1982,265, aber auch DÖV 1997,213; wie hier dagegen GemOVG Lüneburg, NJW 1968,2310.

[52] Vgl. besonders BVerfGE 89,69 (84).

[53] Vgl. VG Wiesbaden, NJW 1962,2140; VG Berlin, NJW 1964,939; VGH BW, DVBl 1990,533; Ule, NJW 1964,939. A. M. HessVGH, DVBl 1974,469; OVG Berlin, DÖV 1975,570; OVG NW, NVwZ 1985,595; OVG RP, NVwZ 1987,619.

[54] BVerwGE 28,191; 49,351 (353); BVerwG, NVwZ 1988,66.

[55] Vgl. BVerwGE 96,126 (128); BVerwG, NVwZ-RR 1994,582; OVG NW, NVwZ 1985,595.

[56] Vgl. HessVGH, NVwZ 1989,890; ebenso wohl (aber unklar) VGH BW, NVwZ-RR 1989,479.

[57] Vgl. BVerwG, BayVBl 1994,443.

einen *konkreten Einzelfall* gegenüber *individuell bestimmten Personen* oder einem zumindest *bestimmbaren Personenkreis.* Unproblematisch liegt deshalb ein Verwaltungsakt bei Erteilung einer Baugenehmigung an den Bauwerber oder bei Auflösung einer Demonstration (bestimmbarer Personenkreis) vor.

Mit der Umschreibung als individuelle und konkrete Regelung sind jedoch nur die insoweit kennzeichnenden Merkmale des Verwaltungsakts angegeben, nicht jedoch dessen begrifflichen Kriterien abschließend festgelegt. Überwiegend werden deshalb grundsätzlich auch *konkret-generelle*, das heißt Regelungen als Verwaltungsakte eingeordnet, die einen konkreten Fall gegenüber einem unbestimmten Adressatenkreis regeln, zum Beispiel das Verbot, ein baufälliges Haus zu betreten oder an einer geplanten, aber verbotenen Versammlung teilzunehmen.[58]

### a) Rechtsnorm und Allgemeinverfügung

Diese Konstellation wird weitgehend durch die Handlungsform der *Allgemeinverfügung* (§ 35 Satz 2 VwVfG) erfaßt. Danach genügt es, wenn die Adressaten der Regelung nur nach allgemeinen Merkmalen bestimmt oder bestimmbar sind (Var. 1), wie im bekannten *Endiviensalatfall.*[59] Allgemeinverfügung ist ferner der überhaupt nicht an bestimmte Personen gerichtete *dingliche Verwaltungsakt* (Var. 2), zum Beispiel die Widmung oder Einziehung von Straßen und öffentlichen Einrichtungen (Friedhof, Kinderspielplatz)[60] oder die Anordnung eines militärischen Schutz- oder Sicherheitsbereichs.[61] *Benutzungsregelungen* schließlich (Var. 3) sind vor allem Ge- und Verbote durch Verkehrszeichen,[62] unter Umständen auch Regelungen für Straßenmusikanten in einem Merkblatt der Gemeinde.[63] 24

Gleichwohl wirft die Überschneidung von Norm und Verwaltungsakt im Bereich konkret-genereller Regelungen Probleme auf, deren man durch zusätzliche Kriterien, wie der *Geltungsdauer* der Maßnahme, ihrem *räumlichen Anwendungsbereich* oder dem Grad ihrer *Konkretheit* Herr zu werden sucht.[64] Als *Rechtsnormen* sind danach etwa anzusehen die Verpflichtung der Anlieger in einer 25

[58] Vgl. Maurer, § 9 Rdnr. 17.
[59] BVerwGE 12,87 (89).
[60] Vgl. BVerwG, NVwZ 1993,674; OVG NW, DÖV 1990,289.
[61] Vgl. BVerwGE 70,77 (81); 84,247; VGH BW, NVwZ 1989,978.
[62] Vgl. BVerwGE 27,181; 92,32; VGH BW, NVwZ-RR 1990,60; BayVGH, BayVBl 1986,754, auch zur wechselnden rechtlichen Einordnung. Zur Bekanntgabe (§ 41 Abs. 1 Satz 1 VwVfG) als Wirksamkeitsvoraussetzung des durch Verkehrszeichen erlassenen Verwaltungsakts vgl. BVerwGE 102,316; OVG NW, NJW 1990,2835; VGH BW, DÖV 1996,84; Manssen, NZV 1992,465.
[63] BVerwG, NJW 1987,1836; VGH BW, NJW 1987,1839. Zur Problematik der Konkurrenz mit der gesetzlich vorgesehenen Satzungsform vgl. aber Lorenz, StrG BW, Komm., 1992, § 16 Rdnr. 69.
[64] Vgl. Maurer, § 9 Rdnr. 19; VGH BW, VBlBW 1987,377.

Gemeinde zur Straßenreinigung und zum Winterdienst[65] oder das Verbot eines Pflanzenschutzmittels,[66] dagegen wohl nicht der sogenannte Smogalarm auf der Grundlage des § 40 BImSchG (zu § 35 Satz 2 Var. 1 VwVfG).[67] Beschränkungen des wasserrechtlichen Gemeingebrauchs durch Ausweisung von Wasserskistrecken[68] oder ein Verbot des Windsurfens[69] (Var. 3) wurden hinwiederum als Rechtsverordnung angesehen.

### *b) Planungsakte*

**26** Soweit eine unmittelbare gesetzliche Qualifikation getroffen wurde, ist diese maßgeblich,[70] kann also auch nicht unter Rechtsschutzgesichtspunkten mit Berufung auf eine abweichende "wahre Natur" überspielt werden. So sind insbesondere Planungsakte zum Teil als Rechtsnormen (Bebauungsplan, § 10 BauGB; Entwicklungs- und Regionalpläne nach den Landesplanungsgesetzen, zum Beispiel §§ 6 Abs. 1; 9 Abs. 6 bwLPlG; Abfallwirtschaftsplan, § 29 KrW-/AbfG in Verbindung mit dem Landesrecht, zum Beispiel Art. 11 bayAbfG[71]) zu erlassen, während die *Planfeststellung* für Einzelvorhaben gemäß § 72 i. V. m. § 9 (L)VwVfG durch Verwaltungsakt erfolgt. Andererseits ist die Festsetzung von Schutzgebieten nach § 19 WHG oder aufgrund der §§ 12 ff. BNatSchG (vgl. § 35 Satz 2 Var. 2 VwVfG) landesgesetzlich als Rechtsverordnung vorgesehen.

### *c) Offene Problemfälle*

**27** (Wenige) verbleibende Problemfälle rechtfertigen nicht die Schaffung einer weiteren Kategorie von Handlungsformen "sui generis", sondern sind in der Alternative Rechtsnorm oder Verwaltungsakt kasuistisch zuzuordnen. Die Allgemeinverbindlicherklärung eines Tarifvertrags (§ 5 TVG) ist ein Rechtsetzungsakt eigener Art,[72] die Typenzulassung (vgl. z. B. §§ 20 StVZO; 21 f. WaffG; 33e GewO; Regelungen des Landesbaurechts, z. B. §§ 68 bwLBO; 73 hessLBO; 78 nwLBO) dagegen ein Verwaltungsakt,[73] ebenso die Versagung einer Satzungsgenehmigung,[74] nach herrschender Meinung aber auch deren Erteilung.[75]

---

[65] Vgl. Lorenz, StrG BW, § 41 Rdnr. 22 m. w. Nachw.
[66] Vgl. BayVGH, NuR 1991,491.
[67] Ebenso Jarass, NVwZ 1987,96; Jacobs, NVwZ 1987,105; dagegen für Verordnung Ehlers, DVBl 1987,972.
[68] Vgl. BVerwGE 26,251.
[69] Vgl. VGH BW, VBlBW 1987,377 (380 f.) und dazu Maurer, VBlBW 1987,361.
[70] BVerwGE 11,14; 70,77.
[71] BayVGH, UPR 1986,430.
[72] BVerfGE 44,322 (338); BVerwGE 80,355 (364).
[73] Vgl. BVerfGE 11,6 (16); Maurer, § 9 Rdnr. 21.
[74] BVerwGE 34,301.
[75] Vgl. BVerwGE 16,83; 75,142 (146); Kopp, VwVfG, § 35 Rdnr. 31; zweifelhaft, vgl. Bettermann, in: FS für Nipperdey, Bd. II, 1965, S. 723 (Mitwirkung an Rechtsetzung).

## 5. Außenwirkung

Durch das letzte Erfordernis unmittelbarer Außenwirkung erweist sich der Verwaltungsakt als Handlungsmittel im Verhältnis zwischen selbständigen Rechtsträgern und steht so im Gegensatz zu *internen* (Einzel-)*Akten*. Diese haben zwar Rechtsqualität (und können deshalb erforderlichenfalls Gegenstand gerichtlichen Rechtsschutzes sein), beschränken sich aber in ihrem *Regelungsgehalt* auf den Entscheidungsträger und sind nicht darauf gerichtet, Rechtswirkungen für andere Rechtsträger zu entfalten.[76] 28

### *a) Reflexive Außenwirkung*

Hierfür genügt nicht eine bloß mittelbare (**reflexive**) oder gar nur faktische (vgl. oben Rdnr. 11 f. zu Warnungen o. ä.) **Auswirkung** auf Dritte.[77] Sie spielt hauptsächlich, aber nicht nur (vgl. sogleich Rdnr. 31 ff., 35 ff.) für den außerhalb der Verwaltung stehenden Bürger eine Rolle, so zum Beispiel bei einer Weisung an nachgeordnete Stellen, künftig einzelne Anbieter (z. B. Abschleppunternehmer) nicht mehr zu berücksichtigen[78] oder Schreiben eines Parteivertreters an die Behörde nicht zu beantworten. Auch Eintragungen in verwaltungsinterne Register (Verkehrszentralregister) entfalten keine Außenwirkung in diesem Sinn.[79] 29

*Mitwirkungsakte* anderer Behörden bei Entscheidungen gegenüber dem Bürger (**mehrstufiger Verwaltungsakt**) sind lediglich verwaltungsinterne Erklärungen, haben also keine Außenwirkung. Deshalb sind die gemeindliche Einverständniserklärung nach § 36 Abs. 1 BauGB und die Zustimmung der obersten Landesstraßenbaubehörde gemäß § 9 Abs. 2 FStrG[80] zu Baugenehmigungen, ferner etwa die Zustimmung des Bundesinnenministers zur Einbürgerung (§ 3 StAngV)[81] keine Verwaltungsakte. Ihnen gegenüber ist Rechtsschutz nur mittelbar zusammen mit der nach außen getroffenen Entscheidung (der Ablehnung der Baugenehmigung, der Einbürgerung usw.) oder, im Fall eines Schadenseintritts, durch eine Schadensersatzpflicht[82] gegeben. Auch Vorentscheidungen in mehrschichtigen Planungsverfahren, wie zum Beispiel über die Linienführung bei Bundesfern- und Bundeswasserstraßen,[83] haben keine Außenwirkung. 30

---

[76] Vgl. BVerwGE 41,253.
[77] Vgl. BVerwGE 60,144; 77,268 (273 f.).
[78] Vgl. BVerwG, DÖV 1973,244.
[79] BVerwGE 77,268 (273). Vgl. auch oben Rdnr. 10.
[80] Vgl. BVerwGE 48,123; BVerwG, NVwZ 1986,556; BGH, VersR 1990,656.
[81] BVerwGE 67,173 (174 f.); BVerwG, NJW 1987,2181.
[82] Vgl. BGHZ 65,182; BGH, NJW 1993,3065.
[83] BVerwGE 72,15; BVerwG, DVBl 1990,1233.

### b) Der einzelne in der Verwaltungsorganisation

31 Kein Außenrechtsverhältnis besteht ferner, soweit der Adressat in die Verwaltungsorganisation einbezogen ist.

32 *aa) Amtswalter- und Dienstverhältnis.* Weisungen, aufsichtliche Maßnahmen und sonstige Entscheidungen für das dienstliche Verhalten nachgeordneter Stellen und Bediensteter haben internen Charakter, so zum Beispiel die Anordnung, über einen Genehmigungsantrag in bestimmtem Sinn zu entscheiden oder die fachliche Weisung des Schulleiters an einen Lehrer hinsichtlich der Bewertung von Prüfungsarbeiten beziehungsweise der Abhaltung von Unterricht an einem bestimmten Tag.[84] Wird dagegen eine Regelung in bezug auf die dem Bediensteten als solchen persönlich zukommende Rechtsstellung getroffen, so ist er nicht als Teil der Verwaltungsorganisation *(Amtswalterverhältnis)*, sondern als dieser gegenüber eigenständiger Rechtsträger angesprochen. Diese das *Grunddienstverhältnis* des Beamten[85] betreffenden Akte (Statusakte) haben deshalb Außenwirkung, so etwa Ernennung,[86] Entlassung, Versetzung und Abordnung,[87] Versetzung in den (einstweiligen) Ruhestand, aber auch die Anordnung einer ärztlichen Untersuchung (vgl. § 42 Abs. 1 Satz 3 BBG)[88] und die Entscheidung über das Bestehen einer Laufbahnprüfung.[89]

33 Auch hier kommt es auf die Zielrichtung der Regelung an; organisationsbezogene Maßnahmen werden nicht dadurch (beziehungsweise insoweit) zu Verwaltungsakten, daß (beziehungsweise als) sie mittelbare Auswirkungen auf die persönliche Rechtsstellung des Amtswalters zeitigen, so etwa die behördeninterne Umsetzung eines Beamten[90] oder die Änderung seines Aufgabenbereichs,[91] aber auch die (nachfolgend personalrechtliche Entscheidungen auslösende) Abwicklung von Verwaltungseinrichtungen (Art. 13 EVtr).[92]

---

[84] Vgl. BayVGH, BayVBl 1992,243; BayVBl 1992,469; VGH BW, VBlBW 1991,34; OVG Bremen, NVwZ-RR 1989,564; vgl. auch NdsOVG, NVwZ 1998,94.

[85] Die auf den Rechtsschutz abhebende und für alle seinerzeit sogenannten "besonderen Gewaltverhältnisse" (Sonderrechtsverhältnisse, s. unten Rdnr. 34) getroffene Unterscheidung von Grund- und Betriebsverhältnis (so Ule, VVDStRL 15 (1957), S. 151 ff.; vgl. ferner Ronellenfitsch, DÖV 1984,786; Redeker/v. Oertzen, § 42 Rdnr. 71 ff.) kann diese sachlichrechtlich begründete Situation nicht voll erfassen und ist deshalb zu Recht aufgegeben worden, vgl. BVerwGE 60,144; Erichsen, in: Erichsen, § 12 Rdnr. 40 m. w. Nachw.

[86] BVerwGE 81,282.

[87] BVerwGE 60,144 (147); OVG NW, JA 1981,129.

[88] OVG RP, DÖV 1990,71; GemOVG Lüneburg, DVBl 1990,882.

[89] OVG NW, DVBl 1990,543.

[90] BVerwGE 60,144 (146); 75,138 (140); VGH BW, VBlBW 1981,227.

[91] Vgl. BVerwGE 89,199 (200); 98,334 (335 f.); BVerwG, NVwZ 1982,103; vgl. auch BVerwGE 81,258 (Entziehung des Sicherheitsbescheids).

[92] Vgl. BVerwG, DVBl 1992,1298 m. Anm. von Czermak, DVBl 1993,38; BAG, NZA 1993,120; OVG Berlin, LKV 1992,96.

*bb) Sonderrechtsverhältnisse.* Für die Rechtsverhältnisse der Soldaten gelten vergleichbare Grundsätze, insofern sie Grundlage für die Wahrnehmung von Organfunktionen im Zuge der Ausübung von Staatsgewalt sind.[93] Dagegen sind die früher unter dem übergreifenden Begriff der besonderen Gewaltverhältnisse zusammengefaßten sonstigen Sonderrechtsverhältnisse in Schule beziehungsweise Hochschule und Gefängnis unter dem Aspekt fehlender Außenrechtsbeziehung irrelevant.[94] Die Verwaltungsaktqualität kann hier jedoch vor allem am Fehlen einer Regelung scheitern, so im Hinblick auf die bloß vorbereitende Natur von Benotungen[95] sowie die fehlende Rechtswirkung von Hausaufgaben[96] und unterhalb einer Freiheitsbeschränkung – Arrest[97] – verbleibenden schulischen Ordnungsmaßnahmen,[98] die unabhängig vom Bestehen einer Schulpflicht in das pädagogische Gesamtverhältnis eingebettet sind. 34

### c) Verwaltungsträger als Dritte

Dritte im Sinn einer Außenrechtswirkung können auch andere Verwaltungsträger sein. Sie sind allerdings, unbeschadet ihrer organisatorischen Verselbständigung zu juristischen Personen des öffentlichen Rechts, Teile der funktional einheitlichen (mittelbaren) Staatsverwaltung und deshalb nur dann ausnahmsweise tauglicher Adressat eines Verwaltungsakts, wenn und soweit sich die Regelung gerade auf Angelegenheiten bezieht, die eigenverantwortlich, das heißt kraft eigener subjektiver Rechtsstellung (Selbstverwaltung), wahrgenommen werden. 35

Maßnahmen staatlicher *Rechtsaufsicht* sind deshalb unstreitig Verwaltungsakte.[99] Demgegenüber zielt die *Fachaufsicht* auf die Erledigung staatlich übertragener Aufgaben ab, ist also nicht auf Rechtswirkungen beim Adressaten gerade in seiner Eigenschaft als selbständiger Rechtsträger *gerichtet*. Maßnahmen in diesem Bereich, zum Beispiel Weisungen an die Gemeinde als Bau-[100] oder Straßenverkehrsbehörde,[101] sind deshalb keine Verwaltungsakte, und zwar auch dann nicht, wenn sie mit mittelbaren Auswirkungen auf den Selbstverwaltungsbereich verbunden sind,[102] zum Beispiel, weil eine Gemeinde mit der Anordnung verkehrs- 36

---

[93] Vgl. F. Kirchhof, in: HdBStR, Bd. III, § 78 Rdnr. 37 ff.

[94] Ebenso Maurer, § 9 Rdnr. 29; W. Schenke, JuS 1982,910; Erichsen, in: Erichsen, § 12 Rdnr. 40 f. m. w. Nachw.; vgl. auch Pietzcker, in: Schoch/Schmidt-Aßmann/Pietzner, § 42 Abs. 1 Rdnr. 51 ff.

[95] Vgl. oben Fn. 55.

[96] Vgl. Ule, Anhang zu § 32 V 2.

[97] VGH BW, DÖV 1984,767.

[98] VGH BW, ESVGH 34,256; a. M. BayVGH, DÖV 1985,1022; DÖV 1990,753; Niehues, Schul- und Prüfungsrecht, 2. Aufl. 1983, Rdnr. 268.

[99] Vgl. z. B. HessVGH, NVwZ-RR 1990,96.

[100] Vgl. HessVGH, BauR 1989,450.

[101] Vgl. VGH BW, DVBl 1994,348 m. Anm. von Steiner und Anm. von Schwerdtner, VBlBW 1994,196.

[102] So aber eine gefestigte Rechtsprechung, vgl. BVerwGE 95,333; BVerwG, DÖV 1982,283;

beruhigter Zonen (§ 45 Abs. 1-1c StVO) zugleich ein verkehrsplanerisches Konzept realisieren will. Auch hier ist Rechtsschutz gegebenenfalls mittels allgemeiner Klageformen zu suchen.

37 Innerhalb derselben juristischen Person können Entscheidungen ausnahmsweise dann Außenwirkung haben, wenn sie im Verhältnis zwischen konkurrierenden *Organen* eines Selbstverwaltungsträgers getroffen werden (*Organstreit*), doch fehlt es dann an dem für den Verwaltungsakt kennzeichnenden Subordinationsverhältnis (vgl. dazu unten § 25 Rdnr. 11). Verwaltungsakte sind jedoch angenommen worden, wenn derselbe Rechtsträger durch verschiedene Behörden oder Stellen in unterschiedlicher Funktion tätig beziehungsweise angesprochen wird, zum Beispiel bei einer Enteignung staatlicher Grundstücke[103] oder der Genehmigung eines gemeindlichen Vorhabens durch die Gemeinde als Baubehörde[104] (Insichverwaltungsakt; vgl. dazu unten § 25 Rdnr. 32 ff.).

## II. Die Bedeutung des Verwaltungsakts

38 Der Verwaltungsakt hat als Klagevoraussetzung für Anfechtungs- und Verpflichtungsklage im wesentlichen die gleiche Bedeutung mit dem einzigen Unterschied, daß sich die erstere gegen eine bereits existente, als Verwaltungsakt zu qualifizierende Verwaltungshandlung richten muß, während mit Hilfe der letzteren eine solche erst erstrebt wird.

### 1. Der Verwaltungsakt als Gegenstand der Anfechtungsklage

Gemäß § 42 Abs. 1 richtet sich die Anfechtungsklage auf Anfechtung eines Verwaltungsakts.

#### *a) Qualifikation*

39 Dabei muß unter Zugrundelegung vorstehender Begriffsmerkmale ein Verwaltungsakt tatsächlich vorliegen. Es genügt also, anders als für die Klagebefugnis (vgl. unten § 18 Rdnr. 10) weder die Behauptung noch die bloße Möglichkeit des Vorliegens eines Verwaltungsakts.[105] Deshalb muß auch die Qualifikationsfrage – ganz abgesehen von den methodischen Anforderungen an den Prüfungsaufbau (vgl. oben § 10 Rdnr. 5 ff.) – unabhängig von der Beurteilung der Klagebefugnis

DÖV 1982,826; DÖV 1995,512; BayVGH, NZV 1992,166; demgegenüber M. Schröder, in: Achterberg/Püttner, Bd. II, 5/1 Rdnr. 110; Schmidt-Jortzig, JuS 1979,488; Steiner, DVBl 1994,353; Schwerdtner, VBlBW 1996,209.

[103] Vgl. BayVGH, BayVBl 1963,218; vgl. auch BayVGH, BayVBl 1966,137.

[104] OVG NW, NVwZ 1992,186; BVerwGE 45,210.

[105] Vgl. BVerwGE 2,273; 30,287; Redeker/v. Oertzen, § 42 Rdnr. 10; Eyermann/Happ, § 42 Rdnr. 7.

entschieden werden: Die (tatsächlich-reale) Außenwirkung des Handelns als Voraussetzung seiner Verwaltungsaktsnatur kann nicht von der bloßen Möglichkeit einer Rechtsverletzung abhängen.

Maßnahmen kommunaler Fachaufsicht mutieren nicht dadurch zu Verwaltungsakten, daß sie *zugleich* das kommunale Selbstverwaltungsrecht verletzen *können* (vgl. oben Rdnr. 36), wie denn auch behördeninterne Organisationsakte (z. B. Umsetzungen) auch bei Rechtsbeeinträchtigungen eines Betroffenen nicht der Anfechtungsklage unterliegen (vgl. oben Rdnr. 33).

Für die Beurteilung maßgeblich ist der objektive Erklärungswert der behördlichen Äußerung, wie sie vom Adressaten verstanden werden durfte (Empfängerhorizont);[106] Kriterien für die Annahme eines Verwaltungsakts können neben der Diktion die Bezugnahme auf einen öffentlich-rechtlichen Leistungsgrund und die Erteilung einer Rechtsmittelbelehrung sein.[107] **40**

Eine schlichte Zahlungsaufforderung, zumal in Form einer "Rechnung", ist deshalb selbst dann kein potentiell verbindlicher Leistungsbescheid, wenn die Behörde sich von einer derartigen Vorstellung leiten ließ;[108] insoweit sind behördlicher Höflichkeit durch das Erfordernis der Klarheit und Wirksamkeit hoheitlicher Regelungen Grenzen gesetzt. Andererseits entzieht sich die nicht als Verwaltungsakt abgegebene, behördliche Willenserklärung auch der nachträglichen, abweichenden Qualifikation durch die Widerspruchsbehörde.[109] Auf Klage ist deshalb der (isoliert beschwerende, vgl. oben § 15 Rdnr. 8 ff.) Widerspruchsbescheid aufzuheben und unmittelbar über die Ausgangsforderung zu entscheiden; die vom Bundesverwaltungsgericht befürchteten Rechtsschutzdefizite sind damit nicht ersichtlich. **41**

Von der Qualifikation des Verwaltungshandelns muß dessen rechtliche Beurteilung, insbesondere die behördliche Befugnis, in der Form eines Verwaltungsakts zu handeln, strikt unterschieden werden;[110] hieran kann es zum Beispiel mangels gesetzlicher Eingriffsermächtigung,[111] aber auch deshalb fehlen, weil die Beteiligten in einem Gleichordnungs- (Vertrags-) Verhältnis stehen[112] oder die Beziehung überhaupt privatrechtlicher Natur ist.[113] In diesen Fällen steht nicht das Vorliegen eines Verwaltungsakts in Zweifel, sondern verlangt im Gegenteil dessen Rechtswidrigkeit gerade seine Aufhebung. **42**

[106] BVerwGE 29,310 (312); 41,305 (306); 78,3 (4).
[107] Vgl. zusammenfassend BVerwG, BayVBl 1999,411, für "Lastschrift/Rechnung".
[108] Vgl. BVerwGE 41,305 ff.
[109] A. M. BVerwGE 78,3 (5); vgl. dazu auch oben § 15 Rdnr. 6.
[110] Vgl. BVerwGE 13,307 (308).
[111] Vgl. BVerwG, BayVBl 1977,570; BVerwGE 72,265 (266); VGH BW, VBlBW 1987,377, und dazu Maurer, VBlBW 1987,361; OVG NW, NJW 1990,2901.
[112] Vgl. BVerwGE 50,171; 59,60; Bosch/Schmidt, § 19 I.
[113] Vgl. BVerwGE 24,225 (228); BVerwG, NVwZ 1985,264; DVBl 1988,580.

### *b) Nichtiger Verwaltungsakt und Nichtakt*

43 Eine besondere Lage ist beim nichtigen Verwaltungsakt gegeben. Er erfüllt die *Begriffsmerkmale* des § 35 VwVfG und erweist sich damit realiter als "echter" Verwaltungsakt, gegen den folglich die Anfechtungsklage gegeben ist.[114] Sie wird auch nicht dadurch ausgeschlossen, daß der nichtige Verwaltungsakt gemäß § 43 Abs. 3 VwVfG (schon materiell-rechtlich) unwirksam ist. Denn die Nichtigkeit ist keine rechtslogisch eintretende Fehlerfolge, sondern eine normativ angeordnete, besondere Sanktion,[115] kraft derer der rechtswidrige Verwaltungsakt lediglich konstruktiv als *rechtlich* nicht existent anzusehen ist, keineswegs aber seine *rechtspraktische Wirkung* im Sinne faktisch-soziologischer Geltung verliert. Dem hieraus resultierenden Schutzbedürfnis wird durch die materiell-rechtlich eintretende Nichtigkeit nicht hinreichend Rechnung getragen, ganz abgesehen von der Rechtsunsicherheit, die sich daraus ergibt, daß die Nichtigkeitsfolge gemäß § 44 VwVfG – anders als bei rechtswidrigen Normen (vgl. unten § 26 Rdnr. 4) – nur ausnahmsweise eintritt und häufig nicht eindeutig festliegt.

44 Dementsprechend sieht § 113 Abs. 1 Satz 1 allein die Aufhebung des rechtswidrigen (und rechtsverletzenden) Verwaltungsakts vor, ohne nach der Art des Fehlers und seinen (materiell-rechtlichen) Folgen zu differenzieren; für eine bloße Feststellung der Nichtigkeit[116] ist dann – unbeschadet der Möglichkeit einer selbständigen Feststellungsklage (s. unten § 22 Rdnr. 32 ff.) – kein Raum. Diese prozessuale Ausprägung des materiell-rechtlichen Beseitigungsanspruchs (vgl. oben § 15 Rdnr. 25) besteht selbständig neben der nach materiellem Recht eintretenden Nichtigkeitsfolge (§ 43 Abs. 3 VwVfG), wird durch diese also, wie das Fehlen eines entsprechenden Vorbehalts zeigt, nicht verdrängt.

45 Anders liegt es beim sogenannten *Nichtakt*, der auch nicht dem Anschein nach von einer staatlichen Behörde herrührt[117] und deshalb nicht auf deren Autorität zurückführbar ist. Hier ist die Anfechtungsklage unstatthaft, doch kann im Fall eines besonderen Rechtsschutzbedürfnisses eine allgemeine Leistungs- oder Feststellungsklage, gerichtet auf Nichtbestehens eines Rechtsverhältnisses,[118] in Betracht kommen.

---

[114] So im Ergebnis auch die h. M., vgl. BVerwGE 18,154 (155); 35,334; BFH, NVwZ 1987,359; BSG, DVBl 1990,210; Bettermann, in: FS für H.-P. Ipsen, 1977, S. 274.

[115] Vgl. Pestalozza, AöR 96 (1971), S. 27; J. Ipsen, Rechtsfolgen der Verfassungswidrigkeit von Norm und Einzelakt, 1980, S. 145 ff.

[116] So BayVGH, NJW 1984,626; Maetzel, MDR 1977,362; Schmitt Glaeser, Rdnr. 139; Hufen, § 14 Rdnr. 11.

[117] Vgl. neben dem konstruierten Beispiel erkennbarer Amtsanmaßung etwa die Fälle BVerwGE 35,334 (343); BVerwG, NVwZ 1987,330 (fehlende Bekanntgabe); vgl. auch Schmitt Glaeser, Rdnr. 140.

[118] Vgl. BVerwG, NVwZ 1987,330.

## 2. Der Verwaltungsakt als Gegenstand der Verpflichtungsklage

Die Verpflichtungsklage ist nur, aber auch ausschließlich gegeben, wenn der Erlaß eines Verwaltungsakts erstrebt wird.

### *a) Das klägerische Begehren*

Hierfür kommt es entscheidend auf das klägerische Begehren an. Ist dieses auf ein 46
tatsächliches Verhalten gerichtet, wie die Erteilung einer Auskunft,[119] die Vernichtung von Unterlagen,[120] die Leistung von Zahlungen[121] oder sonstige Tätigkeiten, insbesondere zur Folgenbeseitigung (vgl. oben § 15 Rdnr. 35 ff.), so wird keine Regelung verlangt und kann eine solche auch nicht durch die Konstruktion einer vorgeschalteten behördlichen Entscheidung fingiert werden, in deren Realisierung dann erst die eigentliche Leistung gewährt würde.[122] Vielmehr ist in all diesen Fällen die allgemeine Leistungsklage (vgl. unten § 23 Rdnr. 6 ff.) gegeben. Eine solche muß freilich andererseits mangels eines Leistungsanspruchs dann erfolglos bleiben, wenn dieser materiell-rechtlich überhaupt erst durch die behördliche Festsetzung (Verwaltungsakt) entsteht (vgl. zur umgekehrten, aber strukturell vergleichbaren Gestaltung auch oben § 13 Rdnr. 10),[123] wie etwa bei der Leistung von Ausbildungsförderung (§§ 46 Abs. 1; 50 Abs. 1 Satz 1 BAföG).

Die Qualifikationsfrage kann allerdings dahingestellt bleiben,[124] wenn, wie im 47
Fall der Untätigkeitsklage (s. oben § 16 Rdnr. 7), keine besonderen Voraussetzungen gegenüber der allgemeinen Leistungsklage erfüllt sein müssen; das (stattgebende) Urteil verpflichtet hier zu der Leistung, gleich ob diese sich als Verwaltungsakt darstellt oder nicht.[125]

Die *Ablehnung eines Verwaltungsakts* ist in der Regel ihrerseits Verwaltungs- 48
akt, doch stellt dies keine Zulässigkeitsvoraussetzung für die Verpflichtungsklage dar. Erreicht die Weigerung, den Verwaltungsakt (Baugenehmigung, wasserrechtliche Erlaubnis usw.) zu erlassen, nicht die Intensität einer negativen *Regelung*,[126] so erwächst sie nicht in die dem Verwaltungsakt eigene Bestandskraft und läßt damit Raum für die (nicht fristgebundene) *Untätigkeitsklage*.

---

[119] Vgl. BayVGH, BayVBl 1987,499; differenzierend BVerwGE 31,301 (306 f.); 74,115.
[120] Vgl. BVerwGE 26,169; VGH BW, DÖV 1973,462.
[121] Vgl. BVerwG, DVBl 1959,573; OVG NW, DÖV 1967,722.
[122] So aber etwa BVerwGE 31,301 (306 f.); Hufen, § 15 Rdnr. 10; wie hier dagegen Steiner, JuS 1984,857 f.
[123] Vgl. BVerwG, NJW 1976,818; Bosch/Schmidt, § 31 III 1 a.
[124] Ebenso BVerwGE 26,169 (170); Schmitt Glaeser, Rdnr. 290.
[125] Vgl. auch BVerwG, NJW 1981,2075.
[126] So wohl auch bei der Weigerung, die internen Entscheidungsvoraussetzungen (z. B. für die Beförderung eines Gemeindebeamten) zu schaffen; vgl. den (gegenteilig entschiedenen) Fall BayVGH, BayVBl 1994,756.

### *b) Drittklagen*

49 Der erstrebte Verwaltungsakt muß nicht an den Kläger, sondern kann auch an einen Dritten gerichtet sein,[127] der hierdurch in aller Regel belastet sein wird. *Drittklagen* (vgl. dazu noch unten § 18 Rdnr. 40 ff.) in Form der Verpflichtungsklage können zum Beispiel gerichtet sein auf die Auferlegung von (Lärm)Schutzmaßnahmen,[128] die Anordnung einer Baueinstellung oder -beseitigung[129] oder den Erlaß einer polizeilichen Räumungsverfügung (vgl. oben § 15 Rdnr. 37). Auch hier bleibt es dem Kläger unbenommen, die Behörde auf schlichtes Tätigwerden (Räumung; Sorge für Lärmminderung einer Gaststätte) zu verklagen und dieser die Wahl der Handlungsmittel zu überlassen; dies wird sich insbesondere empfehlen, wenn Alternativen zum Einschreiten durch Verwaltungsakt ersichtlich sind.

## III. Die teilweise Rechtswidrigkeit von Verwaltungsakten

### 1. Grundproblematik

50 Nicht selten wird ein Verwaltungsakt nicht insgesamt, sondern nur zum Teil als rechtswidrig angesehen werden. Dabei kann die Regelung als solche (Hauptverwaltungsakt) den Kläger über den für zulässig gehaltenen Umfang hinaus belasten beziehungsweise diesem die beanspruchte Begünstigung nicht voll gewähren. Die Beschwer kann aber auch aus einer Nebenbestimmung zu dem Verwaltungsakt (§ 36 VwVfG) resultieren. In diesen Fällen einer (geltend gemachten) Teilrechtswidrigkeit, die vergleichbar strukturiert sind,[130] ist entsprechend eingeschränkter Rechtsschutz zu begehren und zu gewähren (vgl. auch oben § 15 Rdnr. 7). Seine Form hängt wesentlich von Vorgaben des materiellen Rechts ab. Sie wirft vor allem beim Vorgehen gegen belastende Teile eines im übrigen begünstigenden Verwaltungsakts Probleme auf. Ist die *Anfechtungsklage* gegeben, so bleibt der Verwaltungsakt (im Falle ihres Erfolgs) im übrigen unberührt, so daß dem Kläger die uneingeschränkte Begünstigung verbleibt. Demgegenüber steht im Fall einer *Verpflichtungsklage* die bereits erteilte Gewährung erneut zur Disposition, muß der Kläger also die erstrebte Leistung insgesamt erstreiten – mit dem Risiko insgesamt negativer Beurteilung durch das Gericht.

---

[127] Ebenso BVerwGE 11,95; 39,235; Kopp/Schenke, § 42 Rdnr. 10; a. M. (Leistungsklage) Redeker/v. Oertzen, § 42 Rdnr. 159.

[128] Vgl. BVerwGE 51,15; 56,110 (132 f.); Lorenz, StrG BW, § 38 Rdnr. 29.

[129] Vgl. BVerwGE 11,95; 54,211; Kopp/Schenke, § 42 Rdnr. 10 m. w. Nachw.

[130] Sie werden auch in der Diskussion, wenn auch nicht verbal, so doch der Sache nach einheitlich behandelt, vgl. nur BVerwG, DÖV 1984,854; Erichsen, VerwArch 66 (1975), S. 299 ff.; ebenso Stelkens, in: Stelkens/Bonk/Sachs, § 36 Rdnr. 90.

## 2. Rechtsschutz in bezug auf den Hauptverwaltungsakt

### *a) Anfechtungsklage*

Für die Anfechtungsklage sieht § 113 Abs. 1 Satz 1 eine teilweise Aufhebung (und dementsprechend Anfechtung) des Verwaltungsakts vor, *soweit* er rechtswidrig und rechtsverletzend ist. Voraussetzung einer derartigen Teilaufhebung ist dabei, daß abtrennbare, selbständige Teile des Verwaltungsakts vorliegen (*Teilbarkeit*), so daß dieser durch die Teilaufhebung im übrigen nicht in seinem Regelungsgehalt geändert, zu einem "aliud" wird.[131] Dies ist etwa gegeben, wenn eine Gebühr zu hoch festgesetzt oder eine Beseitigungsanordnung auch auf bestandsgeschützte Teile einer baulichen Anlage im Außenbereich erstreckt wurde. Anders liegt es, wenn sich der Kläger gegen die von seinem Antrag abweichende Genehmigung eines Bauwerks mit geringerer Höhe, in bestimmter Dachausführung oder ähnliches wendet. Der Verwaltungsakt bildet hier ein unteilbares Ganzes, gegenüber dem, soweit er hinter dem Antrag zurückbleibt, im Wege der Verpflichtungsklage (Weigerungsgegenklage) die eigentlich beanspruchte Leistung verlangt werden muß; demgegenüber ist die Anfechtungsklage unzulässig. 51

Neben der prozessualen Voraussetzung einer *Teilbarkeit* des Verwaltungsakts findet dessen Teilanfechtung und -aufhebung eine *materiell-rechtliche Grenze* in dem Erfordernis, daß der *verbleibende Teil* des Verwaltungsakts nach seinem Inhalt *der Rechtsordnung entspricht.*[132] Dies läßt sich aus einer entsprechenden Anwendung des § 44 Abs. 4 VwVfG ableiten,[133] nach dem der Verwaltungsakt grundsätzlich im ganzen rechtswidrig (nichtig) ist, wenn der rechtswidrige Teil so wesentlich ist, daß die Behörde ohne diesen den Verwaltungsakt überhaupt nicht erlassen hätte. Dabei bestimmt sich allerdings die Wesentlichkeit nicht nach den subjektiven Vorstellungen der Behörde, sondern aufgrund einer objektiven Betrachtungsweise danach, ob diese den Verwaltungsakt ohne den rechtswidrigen Teil im Einklang mit der Rechtsordnung erlassen *durfte.*[134] Ist jedoch ein solcher Zusammenhang gegeben, so könnte der *Verwaltungsakt insgesamt* nur aufgehoben werden, wenn dies (ausnahmsweise) auf der Grundlage einer auch insoweit möglichen Rechtsverletzung (§ 42 Abs. 2) *beantragt* wurde (§ 88); andernfalls ist die 52

---

[131] BVerwG, DÖV 1974,380; Erichsen, VerwArch 66 (1975), S. 300 f.; Stelkens, NVwZ 1985,471.

[132] BVerwG, DÖV 1984,854; BVerwGE 81,185. Gegenüber einer unklaren Vermischung dieser Aspekte, etwa bei BVerwG, DÖV 1984,854, W. Schenke, JuS 1983,184; für deren Trennung auch Stelkens, NVwZ 1985,469; Maurer, § 10 Rdnr. 45 f.

[133] Vgl. Laubinger, VerwArch 73 (1982), S. 365 f.; Kopp, VwVfG, § 44 Rdnr. 64; a. M. Sachs, in: Stelkens/Bonk/Sachs, § 44 Rdnr. 201.

[134] Vgl. Sachs, in: Stelkens/Bonk/Sachs, § 44 Rdnr. 195 f. m. w. Nachw.

Klage (als unbegründet) abzuweisen. Praktisch spielt das vor allem beim Rechtsschutz gegen Nebenbestimmungen (s. sogleich Rdnr. 54 ff.) eine Rolle.

### *b) Verpflichtungsklage*

53 Auch im Anwendungsbereich der Verpflichtungsklage ist eine Teilrechtswidrigkeit zumindest konstruktiv denkbar. So ergibt sich die – behauptete – Rechtsbeeinträchtigung, wenn der erteilte Verwaltungsakt hinter dem Antrag zurückbleibt, aus der Nichtgewährung im übrigen. Wird zum Beispiel eine Naßauskiesung nur für ein kleineres Gebiet oder eine geringere Tiefe als beantragt, zugelassen, so ist folgerichtig die abgelehnte beziehungsweise unterlassene Teilleistung im Wege der Verpflichtungsklage geltend zu machen.

## 3. Rechtsschutz gegen Nebenbestimmungen

54 Von diesen Grundsätzen ist auch für den Rechtsschutz in bezug auf Nebenbestimmungen (§ 36 VwVfG) auszugehen. Sie stellen sich unter dem hier interessierenden Aspekt stets als nachteilig dar. Gleichwohl läßt ihr funktionaler Zusammenhang mit dem Hauptverwaltungsakt ihre schlichte Aufhebung nicht generell zu, sondern verlangt eine differenzierende Behandlung, die weitgehend von der materiell-rechtlichen Rechtslage vorgezeichnet ist. Nach ihr ist zu beurteilen, ob die Nebenbestimmung die Qualität einer (im obigen Sinn formell und materiell) *abtrennbaren* und deshalb selbständig aufzuhebenden *Belastung* hat (dann Teil-**Anfechtungsklage**) oder sich bloß als *Defizit der* gewährten *Begünstigung* darstellt, deren uneingeschränkte Gewährung mit **Verpflichtungsklage** anzustreben ist. Die herrschende Meinung differenziert zwischen Auflagen (Rdnr. 55 ff.) und sonstigen Nebenbestimmungen (Rdnr. 60). Dagegen dürften der vermittelnden Lösung einer Feststellungsklage gegen die Nebenbestimmung analog § 113 Abs. 1 Satz 4[135] gravierende systematische Bedenken entgegenstehen.

### *a) Auflagen*

55 Die Auflage ist gemäß § 36 Abs. 2 Nr. 4 VwVfG dadurch gekennzeichnet, daß sie dem Begünstigten eine Pflicht zu einem Tun, Dulden oder Unterlassen auferlegt, und wird deshalb ganz überwiegend als selbständiger Verwaltungsakt angesehen,[136] der grundsätzlich auch als solcher anfechtbar ist.[137] Funktional bleibt sie gleichwohl Teil des einheitlichen Rechtsgeschäfts, das in dem Erlaß des Verwaltungsakts unter Nebenbestimmungen liegt. Um diesem Zusammenhang Rechnung zu tragen, hatte die Rechtsprechung zunächst eine isolierte Aufhebung der

---

[135] W. Schenke, in: FS für Roellecke, 1997, S. 281.
[136] Vgl. Maurer, § 12 Rdnr. 9; Stelkens, in: Stelkens/Bonk/Sachs, § 36 Rdnr. 32.
[137] Vgl. BVerwGE 36,145 (154); 41,178 (181); BVerwG, DVBl 1982,306.

beschwerenden Auflage ausgeschlossen, wenn diese und die Gewährung auf einer einheitlichen Ermessensentscheidung beruhten.[138]

**Beispiele:** Zahlung einer Abstandssumme bei Genehmigung des Abbruchs eines Wohngebäudes (Zweckentfremdung);[139] Verbot selbständiger Gewerbetätigkeit bei Aufenthaltserlaubnis.[140]

Diese Verbindung liegt freilich in der Natur einer jeden Nebenbestimmung beschlossen.

Die *neuere Rechtsprechung* ist deshalb und aus rechtsstaatlichen Gründen prin- 56
zipiell zu ihrem ursprünglichen Standpunkt zurückgekehrt.[141] Sie läßt nunmehr grundsätzlich die Anfechtungsklage gegen die Auflage als – im Gegensatz zur Bedingung (s. unten Rdnr. 60) gerade – selbständigen Verwaltungsakt zu ("Teilbarkeit"), schließt sie aber aus materiell-rechtlichen Gründen aus, wenn der begünstigende Verwaltungsakt (z. B. Baugenehmigung) mit der Auflage (z. B. die auf dem benachbarten Grundstück verlaufende Pipeline feuersicher zu ummanteln) in einem solchen inhaltlichen Zusammenhang steht, daß er nach Aufhebung der Nebenbestimmung ohne Änderung seines Inhalts nicht sinnvoll und rechtmäßig bestehen bleiben kann.[142] Würde die isolierte Aufhebung der – rechtswidrigen – Auflage zu einer ihrerseits nicht dem Gesetz entsprechenden, uneingeschränkten Begünstigung führen (im Beispiel: Baugenehmigung unter Verzicht auf den gesetzlich erforderlichen Brandschutz), so muß Verpflichtungsklage auf die – gegebenenfalls in anderer Weise zu modifizierende – Gewährung erhoben werden (die in aller Regel nur zu einem Bescheidungsurteil führen wird).

Der *entscheidende Grund* hierfür liegt allerdings weniger in dem bloß formalen 57
Unterschied von Auflage und Bedingung,[143] als vielmehr in der Erwägung, daß die dem Bürger rechtmäßig (wenn auch nicht zwangsläufig aufgrund eines Anspruchs) gewährte Leistung nicht durch rechtswidrige Zusätze selbständiger (Auflage) oder auch unselbständiger Art (Bedingung, Befristung; s. sogleich Rdnr. 60) beschnitten werden soll. Damit trägt die Behörde freilich das *Risiko einer isolierten Rechtswidrigkeit* der Nebenbestimmung, und ihr wird durch deren Aufhebung seitens des Gerichts eine Entscheidung oktroyiert, die sie so nicht getroffen hat und von der sie sich auch nicht ohne weiteres durch einen Widerruf lösen kann.[144] Ungeachtet der Bedenken aufgrund des Gewaltenteilungsprinzips verdient gleichwohl der Schutz der individuellen Rechtsstellung den Vorzug gegenüber der Wah-

---

[138] Vgl. ferner Meyer/Borgs, VwVfG, 2. Aufl. 1982, § 36 Rdnr. 47; Kopp, VwVfG, § 36 Rdnr. 36.
[139] Vgl. BVerwGE 55,135 (137).
[140] BVerwGE 56,254 (256).
[141] Vgl. BVerwGE 65,139; 85,24 (26); BVerwG, NJW 1983,640.
[142] BVerwG, DÖV 1984,854; BVerwGE 81,185; OVG Berlin, NVwZ 1997,1005; vgl. dazu auch schon Erichsen, VerwArch 66 (1975), S. 310.
[143] So aber Bosch/Schmidt, § 24 II 2; vgl. auch BVerwGE 65,139.
[144] Vgl. Maurer, § 12 Rdnr. 13, gegen BVerwGE 65,139.

rung behördlicher Entscheidungsfreiheit. Die Rechtslage wird nämlich vorliegend durch den Grundgedanken des § 44 Abs. 4 VwVfG in seinem objektiv-gesetzesorientierten Verständnis (vgl. oben Rdnr. 52) bestimmt. Sie unterscheidet sich damit wesentlich vom Fall der *gesetzlich* nur eingeschränkten Gewährung, der gegenüber grundsätzlich keine Ausdehnung der Begünstigung im Wege der Teilnichtigerklärung, sondern lediglich die Feststellung der Verfassungswidrigkeit des Ausschlusses in Betracht kommt.[145]

### b) Die sogenannte modifizierende Auflage

**58** In dieses Raster fügt sich zwanglos auch die sogenannte modifizierende Auflage ein. Sie wird hier gegenüber einer weithin uneinheitlichen und diffusen Begriffsverwendung[146] verstanden als Auferlegung einer zwar eigenständigen und als solche durchsetzbaren Verpflichtung,[147] die aber gleichzeitig mit dem Hauptverwaltungsakt in einer Weise verbunden ist, daß sie diesen inhaltlich bestimmt.

**Beispiele**: Genehmigung eines Betonwerkes mit der Auflage zur Unterschreitung eines bestimmten Lärmpegels;[148] Baugenehmigung für den Umbau einer Tankstelle unter Auferlegung des Gaspendelverfahrens bei der Betankung von Kraftfahrzeugen.[149]

Festsetzungen, die ohne eigenen Anordnungscharakter lediglich Modalitäten der in dem Verwaltungsakt enthaltenen Regelung betreffen, werden deshalb von vornherein nicht erfaßt.

**Beispiele:** Immissionsschutzrechtliche Genehmigung einer Feuerungsanlage – § 6 BImSchG – mit der Maßgabe der Verwendung bestimmter Brennstoffe;[150] Regelungen über die Gestaltung der Untergrundabdichtung und des Entwässerungssystems einer Abfalldeponie.[151]

**59** Im übrigen handelt es sich bei der modifizierenden Auflage, sofern man diese Kategorie nicht überhaupt ablehnt,[152] lediglich um einen Anwendungsfall der unlösbaren inneren Verbindung zwischen Verwaltungsakt und Nebenbestim-

---

[145] Vgl. dazu BVerfGE 4,219 (250); 73,280 (298); Benda/Klein, Lehrbuch des Verfassungsprozeßrechts, 1991, Rdnr. 1181 f.

[146] Vgl. Weyreuther, DVBl 1969,295; dens., DVBl 1984,365; Ehlers, VerwArch 67 (1976), S. 369; Lange, AöR 102 (1977), S. 337; Paetow, DVBl 1985,369.

[147] Vgl. BVerwG, DÖV 1974,380, gegenüber Maurer, § 12 Rdnr. 16.

[148] BVerwG, DÖV 1974,380.

[149] So wohl VGH BW, NVwZ 1994,709 m. Anm. von Burgi, VBlBW 1994,316. Vorliegend hätte freilich die Annahme einer Auflage durchaus nahegelegen, deren Anwendungsbereich der VGH minimiert; zumindest wäre die Möglichkeit einer Teilanfechtung in Betracht zu ziehen gewesen.

[150] Vgl. BVerwGE 69,37 (39); Funk, BayVBl 1986,105; Rumpel, BayVBl 1987,577; Fluck, DVBl 1982,862.

[151] BVerwGE 90,42 (48).

[152] So etwa Bosch/Schmidt, § 24 II 3; Wolff/Bachof/Stober I, § 47 Rdnr. 11.

mung[153] mit der Folge, daß deren Rechtswidrigkeit auch jenen erfaßt. Demgemäß kann eine modifizierende Auflage in keinem Fall isoliert aufgehoben, sondern ihr gegenüber nur die *Verpflichtung* zur Gewährung ohne die beanstandete Einschränkung erreicht werden.

### c) Sonstige Nebenbestimmungen

Die vorstehend (Rdnr. 55 ff.) entwickelten Grundsätze sind auch für sonstige 60
Nebenbestimmungen (Bedingung, Befristung, Widerrufsvorbehalt, § 36 Abs. 2 Nr. 1-3 VwVfG) anwendbar. Diese sind zwar – im Gegensatz zur Auflage – rechtlich unselbständige Teile des Verwaltungsakts und werden deshalb von einer wohl noch vorherrschenden Meinung nur im Rahmen einer auf uneingeschränkte Leistung gerichteten *Verpflichtungsklage* als überprüfbar angesehen.[154] Gleichwohl rechtfertigt der bloß formale Unterschied größerer oder geringerer rechtlicher Selbständigkeit der einzelnen Nebenbestimmungen keine unterschiedliche Behandlung. So sind insbesondere Bedingung und Auflage funktional weithin austauschbar,[155] wobei auch diese, wie gezeigt, sehr eng mit dem Verwaltungsakt verbunden sein kann. Andererseits ist sogar für nicht nur annexweise durch Nebenbestimmung geregelte Teile des Hauptverwaltungsakts eine *Teilaufhebung* (auf Anfechtungsklage hin) anerkannt. Nicht anders als bei dieser kommt es deshalb auch im vorliegenden Zusammenhang prozessual auf die Abtrennbarkeit, materiell-rechtlich darauf an, ob die Restregelung (nicht etwa die – ja aufgehobene! – Nebenbestimmung[156]) vor der Rechtsordnung Bestand hat (vgl. oben Rdnr. 51 f.). Ist dies gegeben, so können auch Teile eines Verwaltungsakts in Form einer (unselbständigen) Nebenbestimmung auf *Anfechtungsklage* hin aufgehoben werden. Dies hat das Bundesverwaltungsgericht für eine Befristung ausdrücklich anerkannt;[157] es gilt aber auch für die sonstigen Arten von Nebenbestimmungen.[158]

## 4. Klage auf Nebenbestimmung

Keine Probleme gibt der umgekehrte Fall auf, daß ein durch den Verwaltungsakt 61
beeinträchtigter Dritter, seltener der Adressat eines belastenden Verwaltungs-

[153] Vgl. BVerwG, DÖV 1984,854 (Auflage – str.), das sich in der Kontinuität von BVerwG, DÖV 1974,380 (modifizierende Auflage) sieht.
[154] Vgl. BVerwGE 29,261; BVerwG, NJW 1986,600; Gern/Wachenheim, JuS 1980,276; Bosch/Schmidt, § 24 II 1 b; neuerdings wieder J. Pietzcker, NVwZ 1995,15.
[155] Vgl. Erichsen, VerwArch 66 (1975), S. 299; Laubinger, VerwArch 73 (1982), S. 345 ff.
[156] So aber Bosch/Schmidt, § 24 II 1 b.
[157] BVerwGE 60,269 (275).
[158] Ebenso Schenke, JuS 1983,182; Kopp, VwVfG, § 36 Rdnr. 46; im Ergebnis auch Laubinger, VerwArch 73 (1982), S. 363.

akts,[159] Nebenbestimmungen, insbesondere Auflagen, zu seinen Gunsten *erstrebt*, zum Beispiel Lärmschutzauflagen in Ergänzung einer straßenrechtlichen Planfeststellung (§ 74 Abs. 2 Satz 2, 3 VwVfG)[160] oder Schutzvorkehrungen gegen nachteilige Einwirkungen aus einer – erlaubten oder bewilligten – Gewässerbenutzung (§ 4 Abs. 1 WHG).[161] Hierfür steht ausschließlich die Verpflichtungsklage (zum Beispiel auf Planergänzung) zur Verfügung.

**62** Eine andere Problematik betrifft die Frage, ob das Fehlen derartiger Schutzanordnungen nicht eine etwa inmitten stehende Abwägung fehlerhaft und den Verwaltungsakt (z. B. Planfeststellungsbeschluß) insgesamt rechtswidrig macht, so daß nachträgliche Ergänzungen gar nicht mehr möglich sind. In diesem Fall ist – jedoch mit einem anderen Klageziel als hier zugrunde gelegt – die Anfechtungsklage (gegen den erlassenen Verwaltungsakt als solchen) gegeben.[162]

## Literatur

*Ehlers*, Verwaltungsrechtsdogmatik und modifizierende Auflage, VerwArch 67 (1976), S. 369.
*Erichsen*, Die selbständige Anfechtbarkeit von Nebenbestimmungen, VerwArch 66 (1975), S. 299.
*Ders.*, Nebenbestimmungen zu Verwaltungsakten, Jura 1990,214.
*Fehn*, Die isolierte Auflagenanfechtung. Unter besonderer Berücksichtigung des Rechts der Planfeststellung, DÖV 1988,202.
*Funk*, Zur Anfechtbarkeit von Auflagen und Genehmigungsinhaltsbestimmungen, BayVBl 1986,105.
*Lange*, Die isolierte Anfechtbarkeit von Auflagen, AöR 102 (1977), S. 337.
*Laubinger*, Die Anfechtbarkeit von Nebenbestimmungen, VerwArch 73 (1982), S. 345.
*Löwer*, Funktion und Begriff des Verwaltungsakts, JuS 1980,805.
*Mößle*, Der Verwaltungsakt mit Nebenbestimmungen im Planungsrecht und der verwaltungsgerichtliche Rechtsschutz, BayVBl 1982,193; 231.
*v. Mutius*, Rechtsnorm und Verwaltungsakt, in: FS für H. J. Wolff, 1973, S. 167.
*Pietzcker*, Rechtsschutz gegen Nebenbestimmungen – unlösbar?, NVwZ 1995,15.
*Renck*, Verwaltungsakt und Anfechtungsklage, NVwZ 1989,117.
*Rumpel*, Zur Verwendung von Genehmigungsinhaltsbestimmungen und Auflagen, BayVBl 1987,577.
*Schenke, W.*, Rechtsschutz bei Divergenz von Form und Inhalt staatlichen Verwaltungshandelns, VerwArch 72 (1981), S. 182.
*Ders.*, Rechtsschutz gegen Nebenbestimmungen, JuS 1983,184.
*Ders.*, Eine unendliche Geschichte: Rechtsschutz gegen Nebenbestimmungen, in: FS für Roellecke, 1997, S. 281.
*Sieckmann*, Die Anfechtbarkeit von Nebenbestimmungen zu begünstigenden Verwaltungsakten, DÖV 1998,526.
*Stadie*, Rechtsschutz gegen Nebenbestimmungen eines begünstigenden Verwaltungsaktes, DVBl 1991,613.

[159] Vgl. Kopp/Schenke, § 42 Rdnr. 25 (z. B.: Befristung bei Gewerbeuntersagung bzw. Ausweisungsverfügung).
[160] Vgl. BVerwGE 51,15; 56,110 (132 f.).
[161] Vgl. Gieseke/Wiedemann/Czychowski, WHG, Komm., 6. Aufl. 1992, § 8 Rdnr. 52.
[162] Vgl. BVerwGE 56,110 (133); Lorenz, StrG BW, § 38 Rdnr. 29; Mößle, BayVBl 1982,197; sowie Bosch/Schmidt, § 24 II 2 c.

*Stelkens*, Das Problem Auflage, NVwZ 1985,469.
*Störmer*, Rechtsschutz gegen Inhalts- und Nebenbestimmungen, DVBl 1996,81.
*Weyreuther*, Modifizierende Auflagen, DVBl 1984,365.

# § 18. Die Klagebefugnis

## I. Grundsätzliche Bedeutung

Gemäß § 42 Abs. 2 sind Anfechtungs- und Verpflichtungsklage nur zulässig, 1
wenn der Kläger geltend macht, durch den Verwaltungsakt beziehungsweise dessen Ablehnung oder Unterlassung in seinen Rechten verletzt zu sein. Bereits auf der Zulässigkeitsebene ist das Klagebegehren damit anhand des auch für seine Begründetheit maßgeblichen Kriteriums der Rechtsverletzung (vgl. § 113 Abs. 1 Satz 1, Abs. 5), wenn auch beschränkt auf deren substantiierte Behauptung (s. unten Rdnr. 11 f.), zu überprüfen. Der Sinn dieser Regelung erschließt sich einem rechtsschutzorientierten Verständnis des Verwaltungsprozesses nicht ohne weiteres.

### 1. Prozessuale Einordnung

Durch die gesetzlich geforderte Geltendmachung einer Verletzung in seinen 2
Rechten (*Rechtsverletzungsbehauptung*) wird die prozessuale Berechtigung des Klägers begründet, das beanstandete hoheitliche Verhalten einer gerichtlichen Überprüfung zuzuführen (**Klagebefugnis**). Es handelt sich hierbei um ein eigenständiges Rechtsinstitut des Verwaltungsprozesses,[1] das nur funktional, nicht aber sachlich mit der *zivilprozessualen Prozeßführungsbefugnis* vergleichbar ist;[2] beide Institute liegen auf verschiedenen Ebenen. Als Berechtigung, ein Recht im eigenen Namen prozessual geltend zu machen, folgt die *Prozeßführungsbefugnis* grundsätzlich ohne weiteres aus der mit Klageerhebung geltend gemachten, materiellen Rechtsträgerschaft (Aktivlegitimation) und ist deshalb nur ausnahmsweise (negativ), im Falle ihres Fehlens, von Bedeutung.[3] Demgegenüber bezieht sich die Klagebefugnis gemäß § 42 Abs. 2 gerade nicht auf das mit der verwaltungsgerichtlichen (Anfechtungs- oder Verpflichtungs)Klage geltend gemachte Recht,

---

[1] Ebenso Rupp, AöR 85 (1960), S. 308; Hoffmann, VerwArch 53 (1962), S. 311 ff.; Schenke, Rdnr. 490.

[2] So aber Bachof, AöR 88 (1963), S. 426; Ule, § 33 I; Erichsen, Jura 1992,386; differenziert Lüke, ZZP 76 (1963), S. 1 ff.

[3] Vgl. Rosenberg/Schwab/Gottwald, § 46 I 3.

sondern auf eine diesem vorausliegende Rechtsstellung,[4] deren Verletzung jenes mit der Klage verfolgte Recht erst zur Entstehung bringt.

3 So wird mit der *Anfechtungsklage* gerichtlich ein Aufhebungsanspruch verfolgt, der als Abwehrrecht in Reaktion auf die zugrunde liegende, behördliche Verletzung einer subjektiven Rechtsstellung, zum Beispiel des Adressaten einer Gewerbeuntersagung (§ 35 Abs. 1 GewO) oder des Nachbarn bei einer Baugenehmigung, entstanden ist. Konstruktiv vergleichbar liegt der *Verpflichtungsklage* ein aus der Ablehnung oder Unterlassung des (beantragten; vgl. dazu auch oben § 16 Rdnr. 7) Verwaltungsakts resultierender Durchsetzungsanspruch zugrunde. Er fällt freilich mit dem verletzten (weil nicht erfüllten), ursprünglichen Leistungsanspruch zusammen, so daß hier praktisch unmittelbar dieser selbst auch prozessual geltend gemacht wird. Für die Klagebefugnis kommt es aber nicht auf jene "Reaktionsrechte", sondern allein auf die von § 42 Abs. 2 angesprochene "Primärrechtsstellung" an.

## 2. Aktuelle Zielsetzung

4 Die *sachliche Bedeutung* der Klagebefugnis liegt darin, sogenannte *Popularklagen* auszuschließen, mit denen lediglich die Nichtbeachtung der objektiven Rechtsordnung und damit in der Regel von Interessen der Allgemeinheit, nicht aber eine Verletzung eigener, subjektiver Rechte geltend gemacht wird.[5] Dies darf freilich – ungeachtet terminologischer Übereinstimmung – nicht unkritisch als Anknüpfung an eine historische Entwicklung verstanden werden, in der der Rechtsschutz, vor allem im preußischen System, zunächst als Beanstandung gegenüber Gesetzesverletzungen aufgefaßt wurde, die nicht durch jeden Beliebigen ("quivis ex populo"), sondern nur von demjenigen erhoben werden konnte, den die Sache "etwas anging" (s. oben § 2 Rdnr. 3 ff.). Diese Konstruktion ist in der Tat überwunden, seitdem die verwaltungsgerichtliche – nicht anders als die zivilistische – Klage der Durchsetzung subjektiver Rechte dient, deren Fehlen die Klage als unbegründet erscheinen läßt.[6]

5 Der Funktionswandel der Verwaltungsgerichtsbarkeit hat jedoch das grundsätzliche, materiell-rechtliche Subordinationsverhältnis (insbesondere zwischen Staat und Bürger) im übrigen unberührt gelassen. Dieses ist durch die einseitige Regelungsmacht des Hoheitsträgers gekennzeichnet und spiegelt sich im verwaltungsakt-bezogenen Rechtsschutz wider. Anfechtungs- wie Verpflichtungsklage beziehen sich auf ein vorausliegendes (eingreifendes oder nicht gewährendes) Verwaltungshandeln. Sie dienen dem Schutz von Rechtsstellungen, die in den behördlichen Gesetzesvollzug eingebettet sind, nicht aber der Durchsetzung

---

[4] Vgl. zu dieser Unterscheidung besonders Rupp, Grundfragen der heutigen Verwaltungsrechtslehre, 1965, S. 171 ff.; dens., DVBl 1982,147; ferner etwa W. Schenke, in: BGG, Stand 1982, Art. 19 Abs. 4 Rdnr. 298 ff.; vgl. auch BVerwGE 65,167 (172).

[5] Allgemeine Meinung, vgl. BVerwGE 19,269 (271); 60,123 (125); Redeker/v. Oertzen, § 42 Rdnr. 25; Bosch/Schmidt, § 25 I 1; Schenke, Rdnr. 490; Wahl/Schütz, in Schoch/Schmidt-Aßmann/Pietzner, § 42 Abs. 2 Rdnr. 7 m. w. Nachw.

[6] Vgl. besonders Henke, a.a.O., S. 58 ff.; dens., DÖV 1980,627.

isoliert von einem solchen konstituierter, subjektiver Rechte. Folgerichtig knüpft auch § 42 Abs. 2 an das Verwaltungshandeln an und verlangt, systemkonform *rechtsschutz*orientiert, die Darlegung, daß dieses subjektive Rechte des Klägers betrifft und – im Fall der Rechtswidrigkeit – verletzt.

## 3. Anwendungsbereich

An der *sachlichen Berechtigung* der Klagebefugnis ist vielfach Kritik geäußert 6
worden.[7] In der Tat ist ihre Bedeutung als prozessualer Filter gegenüber einer Inanspruchnahme der Gerichte zur Korrektur rechtswidrigen Verwaltungshandelns, das nicht zugleich subjektive Rechte gerade des Klägers verletzt, eher gering. Denn die Rechtspraxis minimiert die Anforderungen an diese Zulässigkeitsvoraussetzung (vgl. noch unten Rdnr. 11) und prüft das Vorliegen einer subjektiven Rechtsverletzung in der Regel abschließend im Rahmen der Begründetheit (§ 113 Abs. 1 Satz 1, Abs. 5), wo sie ja auch ihren eigentlichen Standort hat. Wenn die Klagebefugnis hier gleichwohl eingehend behandelt wird, so schon wegen ihrer positiv-rechtlichen und eminent rechtsschutzsystematischen Bedeutung, aber auch im Hinblick auf die Konsequenzen einer unzulässigen Klage (s. oben § 10 Rdnr. 5 ff.). Hinzu kommt das mehr pragmatische Anliegen, grundsätzliche Bedeutung und Reichweite der für den Rechtsschutz entscheidenden, materiellen Rechtsverletzung, als deren prozessuale Projektion sich die Klagebefugnis darstellt,[8] prozeßrechtlich einzubinden; die hierbei gewonnenen Erkenntnisse hinsichtlich einer (subjektiven) Rechtsverletzung haben unmittelbare Relevanz für die Begründetheit von Anfechtungs- und Verpflichtungsklage.

Als Sachurteilsvoraussetzung für diese Klagearten ist die Klagebefugnis damit, 7
sachentsprechend gehandhabt, weder überflüssig noch gar systemfremd. Andererseits muß jedoch nach dem dargestellten Sinnzusammenhang des § 42 Abs. 2 dessen *erweiternde Anwendung* auf sonstige Klagen als grundsätzlich *verfehlt* erscheinen. Sie wird jedoch von der ganz herrschenden Meinung,[9] zumindest für die allgemeine Leistungsklage,[10] befürwortet und zum Teil sogar schon als gewohnheitsrechtlich geltend angesehen.[11] Indes dient die allgemeine *Leistungsklage*, anders als die Verpflichtungsklage, der Durchsetzung eines Anspruchs unabhängig von vorheriger behördlicher (Un)Tätigkeit (Ablehnung oder Unterlassung eines Verwaltungsakts, vgl. dazu oben § 16 Rdnr. 3). Sie bezieht sich also

---

[7] Vgl. dazu vor allem Gierth, DÖV 1980,893; Achterberg, DVBl 1981,278 ff.; Rupp, DVBl 1982,144.

[8] Vgl. Redeker/v. Oertzen, § 42 Rdnr. 14, 97; vgl. im übrigen zur Maßgeblichkeit des materiellen Rechts für die Klagebefugnis BVerwGE 60,154 (161); 61,256 (262); 95,333.

[9] Vgl. BVerwGE 36,192; 99,64; Ehlers, NVwZ 1990,109 ff.

[10] Auf diese beschränkt etwa Laubinger, VerwArch 82 (1991), S. 459 ff.; Hufen, § 14 Rdnr. 74; Kopp/Schenke, § 42 Rdnr. 62. Vgl. noch unten § 23 Rdnr. 15.

[11] So Kopp, VwGO (10. Aufl.), § 42 Rdnr. 38.

nicht auf eine behördliche Rechtsverletzung, so daß folglich für die Geltendmachung einer solchen kein Raum ist. Besteht der erhobene Anspruch nicht oder nicht in der Person des Klägers, so ist die Klage, nicht anders als im Zivilprozeß (s. oben Rdnr. 2), unbegründet.[12]

8 Bei der *Feststellungsklage* kommt hinzu, daß Popularbegehren schon durch das Erfordernis eines Rechtsverhältnisses ausgeschlossen werden (vgl. unten § 22 Rdnr. 3 ff.). Auch hier geht also eine zusätzliche Rechtsverletzungsbehauptung ins Leere.[13]

## II. Die Rechtsverletzungsbehauptung

9 Die vorerwähnte Zielsetzung bestimmt auch die praktische Handhabung dieser Sachurteilsvoraussetzung. Für sie steht nicht (positiv) die Geltendmachung eines Rechts, sondern (negativ) einer Rechts*verletzung* im Vordergrund.

### 1. Die Geltendmachung einer Rechtsverletzung

#### *a) Die Möglichkeit einer Rechtsverletzung*

10 Nach der maßgeblichen Interpretation des Art. 19 Abs. 4 Satz 1 GG ist der Rechtsweg gegen eine hoheitliche Rechtsverletzung bereits eröffnet, wenn diese nicht aktuell feststeht, sondern bloß als möglich erscheint.[14] Dies setzt außer der Rechtswidrigkeit des Handelns (1) voraus, daß die verletzte Norm subjektive Rechte begründet (2) und diese gerade dem Kläger zustehen (3). Dabei dürfen an die Möglichkeit einer Rechtsverletzung keine zu hohen Anforderungen gestellt werden, um nicht die *Zulässigkeitsprüfung* (s. oben § 10 Rdnr. 2 ff.) mit Gesichtspunkten zu überlasten, die für die Beurteilung der *Begründetheit*, nämlich, ob der Kläger tatsächlich in einem Recht *verletzt ist*, ausschlaggebend sind.

11 Die Klagebefugnis ist danach jedenfalls nicht erst nach abschließend positiver Beurteilung einer Rechtsverletzung gegeben, und sie kann auch nicht davon abhängig gemacht werden, ob eine solche bei Unterstellung des vorgetragenen Sachverhalts zu bejahen ist (*Schlüssigkeitsprüfung*[15] in Anlehnung an § 331 ZPO für das dem Verwaltungsprozeß unbekannte Versäumnisurteil). Es genügt vielmehr, wenn sich aufgrund des klägerischen Vortrags eine Rechtsverletzung als "möglich", "plausibel", "schlüssig" (in einem landläufigen Sinn)[16] darstellt, oder,

---

[12] Ebenso Achterberg, DVBl 1981,279; Rupp, DVBl 1982,144; Redeker/v. Oertzen, § 42 Rdnr. 153.

[13] Ebenso Laubinger, VerwArch 82 (1991), S. 459 ff.; Hufen, § 18 Rdnr. 26.

[14] Vgl. Schenke, in: BGG, Art. 19 Abs. 4 Rdnr. 283.

[15] Vgl. dazu kritisch Menger/Erichsen, VerwArch 64 (1973), S. 320.

[16] Vgl. die Umschreibungen bei Bachof, JZ 1962,665; BVerwGE 28,131; Schmitt Glaeser, Rdnr. 155; Ule, § 33 II.

besser negativ formuliert: Eine Rechtsverletzung nach dem klägerischen Vorbringen ist nur dann *nicht möglich*, "wenn die vom Kläger behaupteten Rechte *offensichtlich und eindeutig nach keiner Betrachtungsweise bestehen oder ihm zustehen können*".[17] Die Klagebefugnis wird damit unter Ausklammerung des Tatsachenbeweises und der objektiven Rechtswidrigkeit auf das Bestehen und die Beeinträchtigung einer subjektiven Rechtsstellung des Klägers eingeengt. Obwohl auch insoweit eine nur überschlägige Rechtsprüfung stattfindet, kann auf die Angabe dieses Rechts und seiner gesetzlichen Fundierung nicht verzichtet werden.

Zur Erfüllung der durch § 42 Abs. 2 begründeten *Vortragslast* genügt deshalb nicht eine bloß formelhafte Verbalbehauptung einer Rechtsverletzung. Der Kläger muß *geltend machen*, das heißt aufgrund *substantiierten* tatsächlichen und rechtlichen Vorbringens erkennen lassen, daß und in welchen Rechten er sich verletzt sieht.[18] Gelingt dies auch mit gerichtlicher Hilfestellung (§ 86 Abs. 3) nicht, so zeigt sich hierin das Fehlen einer möglichen Rechtsverletzung; die Anforderung hat also keineswegs eine bloß formale Bedeutung. 12

### b) Die prozessuale Bedeutung der Präklusion

Ohne Einfluß auf die *Klagebefugnis* ist es, wenn der Kläger in einem vorausgehenden Verwaltungsverfahren seine Rechte beziehungsweise hierauf gestützte Einwendungen nicht oder verspätet geltend gemacht hat und diese deshalb einer Präklusion[19] unterliegen. Eine *formelle Präklusion*, wie sie früher im allgemeinen Planfeststellungsverfahren vorgesehen war (vgl. § 73 Abs. 6 Satz 1 VwVfG vom 25.5.1976), führt ohnehin lediglich zur Unbeachtlichkeit der betroffenen Rechtsstellung im (weiteren) Verwaltungsverfahren und hat deshalb für die gerichtliche Entscheidung keine unmittelbare Bedeutung. Demgegenüber schließt eine *materielle Präklusion* die – auch gerichtliche – Durchsetzung der materiell-rechtlichen Rechtsstellung aus und betrifft damit diese selbst. Diese Gestaltung ist gesetzlich etwa für Einwendungen im Verfahren zur Erteilung einer atom- (vgl. § 7 Abs. 4 Satz 3 AtG) oder immissionsrechtlichen Genehmigung (vgl. § 10 Abs. 3 Satz 3 BImSchG) sowie nunmehr allgemein in Planfeststellungsverfahren (vgl. § 73 Abs. 4 Satz 3 VwVfG; besondere Regelungen enthalten z. B. §§ 17 Abs. 4 Satz 1 FStrG; 20 Abs. 2 Satz 1 AEG; 10 Abs. 4 Satz 1 LuftVG; 3 VerkWegePlBG) vorgesehen; hierher gehört auch die Statuierung *materieller Ausschlußfristen* für die Geltendmachung von Ansprüchen.[20] 13

---

[17] Ständige Rechtsprechung, vgl. BVerwGE 44,1 (3); 75,147 (154); 82,246 (249); 95,333 (335).

[18] Vgl. BVerwGE 69,256; 75,285 (290).

[19] Vgl. dazu Degenhart, in: Menger-FS, S. 621 ff; Papier, NJW 1980,313 ff.; Haupt, Ausschlußfristen im Einwendungsverfahren, jur. Diss. Bonn, 1987; Streinz, VerwArch 79 (1988), S. 272 ff.

[20] Vgl. dazu etwa BVerwGE 72,368 (371); VGH BW, DVBl 1992,437; NVwZ 1995,278; Stelkens, in: Stelkens/Bonk/Sachs, § 31 Rdnr. 9.

Erfurt, U 27.2.03, NVwZ 03, 709 (Vorgabe). Stüer / Rieder, DÖV 03, 473

14 In diesen Fällen entfällt nicht etwa die für die Klagebefugnis allein erhebliche Rechtsverletzung, sondern wird der aus dieser resultierende Aufhebungs- (Anfechtungsklage) oder Verurteilungs- (Verpflichtungsklage) Anspruch (vgl. oben Rdnr. 2 f.) im Sinne einer Verwirkung[21] ausgeschlossen.[22] So kann auch die Berufung auf die Fristversäumung im Einzelfall rechtsmißbräuchlich sein,[23] und nur unter dem Gesichtspunkt des Rechtswegausschlusses in bezug auf ein existentes subjektives öffentliches Recht stellt sich hier auch die (zu bejahende) Frage der Vereinbarkeit mit Art. 19 Abs. 4 GG (s. auch oben § 3 Rdnr. 23). Eine (materielle) Präklusion ist damit nicht bei der Klagebefugnis, sondern im Rahmen der Begründetheit der Klage zu prüfen,[24] ganz abgesehen davon, daß für jene lediglich das Vorliegen einer Rechtsverletzung (positiv) darzulegen, nicht aber zugleich (negativ) das Fehlen von Gründen für den Ausschluß ihrer Geltendmachung vorzutragen ist.

## 2. Die verletzten Rechte

15 **Beispiele:** (1) Auf Beschwerden des Nachbarn N wegen nächtlicher Ruhestörung hin wird dem Gastwirt G gemäß § 5 Abs. 1 Nr. 3 GastG von der zuständigen Behörde auferlegt, den Betrieb einer Musikbox ab 22 Uhr einzustellen. G hält dies für eine unzumutbare Beeinträchtigung; N will jedoch, daß die Anordnung bestehen bleibt.[25]

(2) Unter Nutzung einer staatlich anerkannten Heilquelle (vgl. § 39 bwWG) betreibt der Unternehmer U ein Heilbad. Aufgrund neuerer Erkenntnisse wird die Anerkennung durch Bescheid gegenüber U widerrufen, der sich dagegen im Rechtsweg zur Wehr setzen möchte.[26]

(3) E bewohnt ein Hausgrundstück in Ortsrandlage. Er sieht sich dadurch in seinem Eigentumsrecht verletzt, daß auf dem Nachbargrundstück ein gegen § 35 Abs. 2 BauGB verstoßendes Bauwerk, das ihm die Sicht auf die freie Landschaft nimmt, genehmigt wurde.[27]

### *a) Begriff*

16 Die Klagebefugnis knüpft an die Verletzung eines *subjektiven öffentlichen Rechts* an; dagegen reicht nach herrschender Meinung eine Verletzung subjektiver *Privatrechte* nicht aus.[28] Eine solche ist aber bei hoheitlichem Handeln ohnehin ausge-

---

[21] Vgl. Bonk, in: Stelkens/Bonk/Sachs, § 73 Rdnr. 51.
[22] BVerfGE 61,82 (109); BVerwGE 60,297; 66,99; Papier, NJW 1980,318 f.
[23] Vgl. Stelkens, in: Stelkens/Bonk/Sachs, § 31 Rdnr. 9 f.; VGH BW, NVwZ 1995,278.
[24] Ebenso BVerwGE 60,297 (299); 66,99 (106); Kopp/Schenke, § 42 Rdnr. 179; a. M. Schenke, Rdnr. 502f; Degenhart, in: Menger-FS, S. 637.
[25] Vgl. OVG Berlin, GewArch 1972,159; VG Köln, GewArch 1990,140.
[26] Vgl. BVerwG, NVwZ 1993,63.
[27] Vgl. BVerwG, DVBl 1994,697.
[28] Vgl. Obermayer, BayVBl 1960,211; Jarass, DVBl 1976,738; Kopp/Schenke, § 42 Rdnr. 81; a. M. Ule, Verwaltungsgerichtsbarkeit, 2. Aufl. 1962, S. 120; Redeker/v. Oertzen, § 42 Rdnr. 102.

schlossen, da der einzelne hierdurch definitionsgemäß in einem öffentlich-rechtlichen Rechtsverhältnis betroffen wird, mag auch der Schutz privater Rechte (zum Beispiel eine durch Art. 14 GG geschützte Erbenstellung) zugrunde liegen.[29]

*aa)* Das subjektive öffentliche Recht wird nach allgemeinem Verständnis mit Hilfe des *Schutznormkriteriums* bestimmt: Es ist eine Rechtsmacht, die dem Begünstigten durch eine öffentlich-rechtliche Norm zum Zwecke individueller Interessenbefriedigung verliehen wurde.[30] Die Rechtsmacht bedarf, soweit es um den Schutz des einzelnen gegenüber der öffentlichen Gewalt geht, im Hinblick auf Art. 19 Abs. 4 GG keiner ausdrücklichen Begründung im Gesetz, sondern ergibt sich schon daraus, daß dieses die Individualinteressen in seinen Schutzbereich einbezieht und eben hierdurch deren Träger eine schutzfähige Rechtsposition vermittelt. Generell werden subjektive öffentliche Rechte demnach durch einen Rechtssatz begründet, der nicht nur öffentlichen Interessen, sondern – zumindest auch – Individualinteressen (im engeren Sinn) zu dienen bestimmt ist (**Schutznormtheorie**).[31] Fehlt es an einem individuellen Schutzzweck, so kann die gesetzliche Regelung gleichwohl eine vorteilhafte Lage für den einzelnen mit sich bringen. Diese bloß tatsächliche Nebenfolge erzeugt jedoch lediglich einen **Rechtsreflex**[32] des objektiven Rechts bei dem faktisch Begünstigten, vermittelt diesem aber keine subjektive Rechtsstellung, die durch rechtswidriges Handeln verletzt werden könnte. 17

Taugliche Grundlage eines subjektiven öffentlichen Rechts ist jeder Rechtssatz, also nicht nur ein förmliches Gesetz, sondern auch eine untergesetzliche Norm, zum Beispiel ein Bebauungsplan.[33] Deren Schutzzweck ist durch Auslegung nach den allgemein anerkannten Regeln zu ermitteln (s. auch unten Rdnr. 42 ff.). 18

*bb) Individuelle Betroffenheit.* Dabei ist jedoch im Kontext des § 42 Abs. 2 zu beachten, daß das subjektive öffentliche Recht nicht isoliert, sondern immer nur im Zusammenhang mit einem dieses verletzenden hoheitlichen Handeln von Bedeutung ist. Es kommt also nicht bloß abstrakt auf einen "individualschützenden Charakter" der Norm an; erforderlich ist vielmehr die Herstellung einer Verbindung zwischen dem (objektiv rechtswidrigen) *Behördenhandeln* und der durch dieses im Einzelfall beeinträchtigten, *individuellen Rechtsstellung*, die in erster 19

---

[29] Vgl. BVerwG, DVBl 1988,446; wohl auch Schmitt Glaeser, Rdnr. 157.

[30] Grundlegend Bachof, in: GS für Jellinek, 1955, S. 287 ff.; vgl. ferner Henke, Das subjektive öffentliche Recht a.a.O., S. 33 ff.; Lorenz, S. 51 ff.; Huber, a.a.O., S. 100 ff.; Hartmut Bauer, Geschichtliche Grundlagen a.a.O., S. 117 ff.

[31] Allgemeine Meinung, vgl. BVerfGE 27,297 (307); BVerwGE 52,122 (128); 65,167 (171); 78,40; BVerwG, DVBl 1987,476; Kopp/Schenke, § 42 Rdnr. 83; Maurer, § 8 Rdnr. 2. Zur Kritik etwa Hartmut Bauer, AöR 113 (1988), S. 592 ff.

[32] Vgl. BVerwGE 27,29; BVerwG, DVBl 1994,697 ("Chance"); ferner dazu Bachof, in: GS für Jellinek, S. 287 ff.; Henke, DÖV 1980,621; Redeker/v. Oertzen, § 42 Rdnr. 152.

[33] Vgl. BVerwGE 94,151 (155); BVerwG, DVBl 1981,928; DVBl 1994,697.

BVerwG, B 15.2.00, DÖV 00, 641 (Rechtsstellg. [illegible]), Barwitz, NVwZ 04, 222, [illegible], NVwZ 05, 532, Callies, NVwZ 06, 1, Gärditz DV 13, 257, Ziekow, JZ 10, 793, Reiling DV 21, 515 ([illegible])

Linie durch den Gesetzgeber geschaffen wird.[34] Ableitung und Reichweite des subjektiven öffentlichen Rechts stellen sich deshalb, je nach der Struktur des im Einzelfall zugrunde liegenden Rechtsverhältnisses als *Adressaten*- oder *Drittbeziehung*, unterschiedlich dar und verlangen eine dementsprechend differenzierte Behandlung (s. unten Rdnr. 36 ff., 40 ff.).

20 Demgegenüber liegt die grundsätzliche Problematik staatlicher subjektiver öffentlicher Rechte (Befugnisse) gegen den Bürger auf einer anderen Ebene und bleibt folglich hier außer Betracht.[35]

### b) Verfassungsrechtliche Rechtsstellungen

21 *aa)* Eine übergreifende Bedeutung kommt in diesem Zusammenhang vor allem den *Grundrechten* zu. Sie sind ihrem Wesen nach selbst subjektive öffentliche Rechte schlechthin, und ihre unmittelbare Verletzung begründet deshalb immer eine Klagebefugnis.[36] Dabei ist jedoch zu unterscheiden, ob sie ihre Wirkung bei Interpretation und Anwendung einfach-gesetzlicher Rechtssätze, also "normintern" entfalten oder sich ohne deren Vermittlung unmittelbar, "normextern", als subjektive öffentliche Rechte konstituieren.[37]

22 *(1)* Die Rechtsstellung des einzelnen gegenüber der öffentlichen Verwaltung wird primär durch das Gesetz bestimmt. Die Grundrechte entfalten hierbei ihre Wirkung durch die Vermittlung der sie konkretisierenden normativen Regelungen, also *normintern*. Deren Existenz vorausgesetzt, sind deshalb allein sie die Basis für subjektive öffentliche Rechte und folgerichtig Ansatzpunkt für die Prüfung, ob solche bestehen und verletzt wurden.[38] Insoweit können insbesondere Abwehrrechte nur auf die Verletzung des (gegebenenfalls verfassungskonform individualschützend zu verstehenden) Gesetzes, nicht aber auf das Grundrecht selbst gestützt werden.[39] Erst recht gilt dies selbstverständlich dann, wenn gesetzlich über den grundrechtlich garantierten Schutzbereich hinaus subjektive Rechte zuerkannt werden, zum Beispiel durch § 1 Abs. 1 VersG (gegenüber Art. 8 Abs. 1 GG), § 1 Abs. 1 VereinsG (gegenüber Art. 9 Abs. 1 GG) oder § 27 Abs. 1 Satz 1, Abs. 3 HRG (gegenüber Art. 12 Abs. 1 GG).

---

[34] Vgl. dazu BVerwGE 54,211 (221).

[35] Vgl. dazu etwa W. Schenke, Rechtsschutz bei normativem Unrecht, 1979, S. 232 ff.; Hartmut Bauer, DVBl 1986,208, mit Erwiderung von Bleckmann, DVBl 1986,666; Huber, a.a.O., S. 106. S. dazu auch noch unten Rdnr. 70 sowie § 23 Rdnr. 20 f.

[36] Vgl. BVerwGE 32,173; 50,282; 65,167 (172).

[37] Vgl. Schmidt-Aßmann, in: Maunz/Dürig, Stand 1985, Art. 19 Abs. IV Rdnr. 123 ff.

[38] Ebenso Schmitt Glaeser, Rdnr. 163; Schmidt-Aßmann, in: Maunz/Dürig, Art. 19 Abs. IV Rdnr. 121 ff.; Sodan, in: Sodan/Ziekow, § 42 Rdnr. 384 ff.; Pietzcker, in: FS für Bachof, 1984, S. 131 ff.; vgl. auch BVerwGE 54,211 (220).

[39] Vgl. BVerwGE 89,69 (78 f.); NdsOVG, NVwZ 1996,918; wohl auch BVerwG, DVBl 1994,478.

Umgekehrt folgt daraus in formeller Hinsicht aber auch, daß es dem Gesetzgeber, soweit er im grundrechtlichen Schutzbereich regelnd tätig wird, nicht freisteht, dem Betroffenen eine subjektive Stellung im Gesetzesvollzug *vorzuenthalten*. Die betreffende Norm erweist sich vielmehr dann allein aufgrund dieses ihres *Regelungscharakters*, ungeachtet einer fehlenden oder sogar entgegenstehenden *Schutzintention*, als individualschützend.[40] 23

So werden Baugebietsfestsetzungen, unabhängig von der Willensrichtung des Ortsgesetzgebers,[41] und zwar auch im Rahmen des § 34 Abs. 2 BauGB,[42] im Hinblick darauf als nachbarschützend angesehen, daß durch die bauplanungsrechtliche Nutzungsordnung die rechtliche Grundstückssituation eines Bereichs übergreifend geregelt und damit der Inhalt des Grundeigentums (Art. 14 Abs. 1 Satz 2 GG) auch im Verhältnis der Grundstückseigentümer zueinander bestimmt wird.[43] Auch im übrigen ist anerkannt, daß ein Verstoß gegen Vorschriften, die dem Grundrechtsschutz dienen (zum Beispiel dem Lärmschutz gemäß §§ 5 Abs. 1 Nr. 1; 22 Abs. 1 Satz 1 Nr. 1, 2; 41 i. V. m. § 3 Abs. 1 BImSchG im Hinblick auf Art. 2 Abs. 2 Satz 1; 14 GG), eine subjektive Rechtsverletzung darstellt, auch wenn die Schwelle der *Grundrechtsverletzung* nicht erreicht wird.[44] 24

Es muß also bei der Auslegung des Gesetzes geprüft werden, ob *dieses* einem betroffenen Individualinteresse nicht kraft der Einwirkung eines Grundrechts Schutz verleiht oder verleihen müßte. 25

*(2)* Demgegenüber kann eine Rechtsverletzung bei einem unmittelbaren Eingriff in ein Grundrecht auch unabhängig von einem Gesetzesverstoß gegeben sein. Eine solche *normexterne* Wirkung darf allerdings nicht im Sinne eines "Durchgriffs" auf das einer bestehenden gesetzlichen Regelung etwa zugrunde liegende Grundrecht verstanden werden. Eben dies hat man zum Beispiel für das Eigentum angenommen, wenn durch den Verstoß gegen ein nicht individual(dritt)schützendes Gesetz die vorgegebene Grundstückssituation nachhaltig verändert und der Nachbar dadurch schwer und unerträglich betroffen wird.[45] Ähnlich wurde eine Verletzung des Art. 2 Abs. 1 GG (wirtschaftliche Handlungsfreiheit) im Falle nachhaltiger Einschränkung einer Teilnahme am wirtschaftlichen Wettbewerb erwogen.[46] Angesichts der drittschutz-schaffenden, grundrechtlichen Einwirkung auf das 26

[40] Vgl. dazu schon Lorenz, S. 62 ff; ferner Schmidt-Aßmann, in: Maunz/Dürig, Art. 19 Abs. IV Rdnr. 123; Huber, a.a.O., S. 222.
[41] Ausdrücklich VGH BW, BRS 46 (1986), S. 404.
[42] Anders noch BVerwG, NJW 1986,1703.
[43] BVerwGE 94,151 (155) m. Anm. von Schmidt-Preuß, DVBl 1994,288.
[44] Vgl. BVerwGE 79,254; BVerwG, NVwZ 1988,363.
[45] Vgl. BVerwGE 32,173 (178); 52,122 (unerträgliche Geruchsbelästigung); BVerwGE 44,244 (246 – nutzungsfeindliche Abstandsregelung/Traufwich); vgl. dazu auch Schmidt-Aßmann, in: Maunz/Dürig, Art. 19 Abs. IV Rdnr. 125.
[46] Vgl. BVerwGE 65,167 (174 – Ladenschlußregelung zugunsten eines Konkurrenten).

Unterverfassungsrecht ist für einen derartigen Rückgriff auf Grundrechte jedoch kein Raum, noch ist ein Bedarf erkennbar.[47]

27 Anders liegt es jedoch dann, wenn die Betroffenheit mangels einer (positiven oder negativen) gesetzlichen Aussage bezüglich einer Stellung des einzelnen überhaupt nur grundrechtlich erfaßbar ist. Dies trifft zum einen zu, wenn jene Rechtsstellung völlig außerhalb der – objektiv verstandenen – gesetzlichen Regelungsintention liegt, wie zum Beispiel beim deutschen Ehepartner (Art. 6 Abs. 1 GG) eines ausgewiesenen Ausländers unter der Geltung des § 10 AuslG/1965[48] (vgl. demgegenüber jetzt § 45 Abs. 2 Nr. 2 AuslG/1990).[49] Vergleichbar kann auch der bloß obligatorisch berechtigte Mieter eines Grundstücks unmittelbare grundrechtliche Beeinträchtigungen (Art. 2 Abs. 2 Satz 1 GG) geltend machen, die ihm aus allein grundstücksbezogenen (Art. 14 GG) Regelungen, etwa bau- oder straßenrechtlicher Art, erwachsen.[50]

28 Zum anderen sind Grundrechte unmittelbar relevant, wenn die behördliche Tätigkeit im gesetzesfreien Raum leistender Verwaltung stattfindet (z. B. Subventionsvergabe, s. unten Rdnr. 69). Schließlich gehören hierher aber vor allem auch die Fälle, in denen unmittelbar oder mittelbar in ein Grundrecht eingegriffen und dieses gerade durch das Fehlen der erforderlichen gesetzlichen Grundlage verletzt wird, sei es beim Adressaten eines eingreifenden (rechtswidrigen) Verwaltungsakts (s. unten Rdnr. 37), sei es bei einem Dritten, der von den Auswirkungen behördlichen Handelns – negativ – betroffen wird (s. unten Rdnr. 40 f.).

29 *bb)* Außerhalb der Grundrechte ist eine verfassungsrechtliche Rechtsstellung vor allem im Einwirkungsbereich der *Garantie kommunaler Selbstverwaltung* (Art. 28 Abs. 2 GG) auszumachen. *Soweit* gesetzliche Regelungen diese betreffen, begründen sie subjektive öffentliche Rechte für die Gemeinde (vgl. noch unten Rdnr. 73 ff.), so zum Beispiel Mitwirkungsrechte gemäß § 36 Abs. 1 Satz 1 BauGB[51] oder § 45 Abs. 1b Satz 2 StVO,[52] aber auch hinsichtlich inhaltlicher Belange, etwa städtebaulich-planerischer Art.[53]

[47] Ebenso für das öffentliche Baurecht in Verbindung mit Art. 14 GG BVerwGE 89,69 (78); Dürr, DÖV 1994,844; Uechtritz, NJW 1995,2606; vgl. auch zur Nutzung öffentlicher Sachen für Versammlungen (Art. 8 GG) Burgi, DÖV 1993,639 f.; allgemein dazu Schmitt Glaeser, Rdnr. 163; Schmidt-Preuß, a.a.O., S. 565 f.; zu undifferenziert dagegen etwa Hufen, § 14 Rdnr. 109.

[48] Vgl. dazu BVerfGE 51,386 (396); BVerwGE 48,299.

[49] Dazu BVerwGE 95,25 (27); BVerwG, NVwZ 1997,1116.

[50] Vgl. BVerwGE 54, 211 (222); VGH BW, NVwZ 1984,525.

[51] Vgl. BVerwGE 92,66 (68).

[52] Vgl. dazu BVerwGE 95,333; BVerwG, NVwZ 1995,910.

[53] Vgl. BVerwGE 95,333; BVerwG, NVwZ 1995,910 (§ 45 Abs. 1b Satz 1 Nr. 5 StVO); zum Ganzen Steiner, NZV 1995,209.

### c) Ermessensregelungen

30 Subjektive öffentliche Rechte können sich auch aus Ermessensvorschriften ergeben. Sie weisen lediglich die *strukturelle Besonderheit* auf, daß das mit ihnen festgelegte "Entscheidungsprogramm" der Behörde einen Entscheidungsspielraum beläßt, der unter Abwägung aller beteiligten Interessen auszufüllen ist. Welcher Art diese Interessen sind, ist dem Zweck der gesetzlichen Ermächtigung zu entnehmen, aus dem sich insbesondere auch deren Schutzcharakter ergibt. Dient die Norm danach auch dem Schutz von Individualinteressen, so verletzt ein Ermessensfehler zugleich die gesetzlich insoweit begründete, subjektive Rechtsposition. Diese ist freilich nicht materiell als solche durchsetzbar, sondern genießt nur formellen Schutz nach Maßgabe einer *ermessensfehlerfreien Entscheidung*.[54] Das (bloß) hierauf gerichtete, sogenannte "*formelle subjektive öffentliche Recht*"[55] beruht jedoch allein auf der durch den Individualschutzcharakter der Ermessensvorschrift begründeten, subjektiven Rechtsstellung, darf also nicht etwa als eigenständige Grundlage eines isolierten Individualschutzes mißverstanden werden.[56]

31 So kann etwa nur derjenige eine ermessensfehlerfreie Entscheidung über ein ordnungsrechtliches Einschreiten, zum Beispiel auf der Grundlage der §§ 1 Abs. 1; 3 Abs. 1 MEPolG oder bauordnungsrechtlicher Ermächtigungen, verlangen, der hierdurch in seinen, durch eben diese Vorschriften geschützten materiellen Interessen (positiv oder negativ) betroffen ist.[57] Ähnlich können Abwägungsfehler eines Planfeststellungsbeschlusses nur unter Berufung auf die Vernachlässigung schutzwürdiger Individualbelange (vgl. § 74 Abs. 2 Satz 2 VwVfG) geltend gemacht werden.[58]

### d) Verfahrensvorschriften

32 Verfahrensvorschriften dienen primär dem öffentlichen Interesse an einem geordneten und rationalen Entscheidungsgang und begründen deshalb grundsätzlich keine subjektiven Rechte,[59] zum Beispiel auf Durchführung des gesetzlich vorgesehenen Planfeststellungsverfahrens.[60] Ebensowenig ist allein die Verfahrensbeteiligung als solche eine über eine bloße Indizwirkung hinausgehende Grund-

[54] Vgl. BVerwGE 78,40 (44).
[55] Vgl. Schenke, Rdnr. 497a; Kopp/Schenke, § 42 Rdnr. 91.
[56] Vgl. BVerwGE 48,56 (66); 56, 110 (123); Hufen, § 14 Rdnr. 93.
[57] Vgl. BVerwGE 11,95 (97); 37,112 (113); Dürr, DÖV 1994,853.
[58] Vgl. BVerwGE 90,42 (49); BVerwG, NVwZ 1988,363.
[59] Vgl. Rupp, in: FS für Bachof, 1984, S. 151 ff.; Hill, Das fehlerhafte Verfahren und seine Folgen im Verwaltungsrecht, 1986, S. 365 ff.; Hufen, Fehler im Verwaltungsverfahren, 3. Aufl. 1998, Rdnr. 545; v. Danwitz, DVBl 1993,422.
[60] Vgl. BVerwGE 78,40 (41); vgl. ferner BVerwG, NVwZ 1983,92; BVerwG, NJW 1981,239; BayVGH, NVwZ 1989,269.

BVerwG, B 12.7.93, DVBl 93, 1149

lage subjektiver Rechtsbetroffenheit durch die jeweilige Sachentscheidung.[61] Wird durch Verfahrensrecht allerdings aufgrund seiner dienenden Funktion (vgl. schon oben § 1) der Schutz einer materiellen Rechtsstellung bezweckt (z. B. Durchführung eines Anhörungsverfahrens zum Grundrechtsschutz vor der Zulassung gefährlicher Anlagen), so stellt ein Verfahrensfehler zugleich eine subjektive Rechtsverletzung dar.[62] Dies ist generell anzunehmen für den Erlaß von belastenden Verwaltungsakten, die unmittelbar an den einzelnen gerichtet sind. Dieser hat ein Recht darauf, daß ihm gegenüber nur die zuständige Behörde[63] unter Beachtung des formellen und materiellen Rechts tätig wird (vgl. sogleich Rdnr. 37).

BVerwG, Urteil v. 15.10.91, DÖV 92, 533

### *e) Rechtsstellungen aufgrund Europarechts*

33 Das prozessuale Erfordernis der Geltendmachung einer Rechtsverletzung steht als solches im Einklang mit den gemeinschaftsrechtlichen Vorgaben für die Rechtsschutzgewähr auf nationaler Ebene.[64] Das Gemeinschaftsrecht nimmt jedoch inhaltlich Einfluß auf Verständnis und Bestand des subjektiven Rechts.[65] Materiellrechtlich ist die Schaffung und Ausgestaltung verteidigungsfähiger Rechtsstellungen auch bei der Umsetzung von Gemeinschaftsrecht in erster Linie Aufgabe des nationalen Gesetzgebers.[66] Auf den danach gegebenen Stand nationaler Regelungen wirkt das Gemeinschaftsrecht ein, indem es rein objektiv-rechtliche Regelungen im Wege gemeinschaftsrechtskonformer Auslegung zu subjektiven Rechten erstarken läßt[67] oder, mangels einer nationalen Umsetzungsregelung, für jene eine Grundlage in Gestalt primär- oder sekundärrechtlicher Normen schafft.

34 Die hierfür zu fordernde unmittelbare innerstaatliche Wirkung auch im Verhältnis des Einzelnen zum Staat[68] kann unter bestimmten, weiteren Voraussetzungen auch einer nicht fristgerecht umgesetzten EG-Richtlinie zukommen.[69] Dabei

[61] Vgl. BVerwGE 92,258 (260); BVerwG, NVwZ 1993,63.

[62] Vgl. dazu BVerfGE 53,30 (64 ff.).

[63] Zum "Recht auf den zuständigen Verwaltungsbeamten" vgl. BVerwGE 3,199; 26,31 (36); BayVGH, BayVBl 1997,51.

[64] Rengeling/Middeke/Gellermann, Rdnr. 1079; Burgi, Verwaltungsprozeß und Europarecht, 1996, S. 65.

[65] Eingehend dazu Schwarze, in: ders. (Hrsg.), Das Verwaltungsrecht unter europäischem Einfluß, 1996, S. 175 ff.; Burgi, Verwaltungsprozeß, S. 51 ff.; Masing, a.a.O.; Ruffert, a.a.O.; ders., DVBl 1998,69; Wegener, a.a.O.; v. Danwitz, DÖV 1996,481; Remmert, DVerw 29 (1996), S. 465; Ruthig, BayVBl 1997,289; Triantafyllou, DÖV 1997,192; Classen, VerwArch 88 (1997), S. 645.

[66] Vgl. hierzu Classen, NJW 1995,2459; Burgi, Verwaltungsprozeß, S. 53 f.; Dörr, in: Sodan/Ziekow, VwGO, EVR, Rdnr. 444 f.

[67] So z. B. im Falle des § 4 Abs. 1 UIG (vgl. BVerwGE 102,282); zur Festlegung von Grenzwerten durch die TA-Luft vgl. EuGH, Slg. 1994, I 3717; Ruthig, BayVBl 1997,296; allgemein dazu Remmert, DVerw 29 (1996), S. 465.

[68] Vgl. nur Dörr, in: Sodan/Ziekow, VwGO, EVR, Rdnr. 446.

[69] Vgl. EuGH, NJW 1982,499.

ist die stärker prozessuale und vom Gedanken einer objektiven Kontrolle geprägte Sicht des europarechtlichen Rechtsschutzverständnisses zu berücksichtigen, durch das der Einzelne zur Durchsetzung des (Gemeinschafts)Rechts gleichsam in Dienst genommen wird.[70]

Diese Zielsetzung, die in der deutschen Rechtsentwicklung anklingt, bisher 35
aber rudimentär geblieben ist,[71] verlangt eine erweiternde Modifizierung der Schutznormtheorie.[72] So kann eine prozessuale Klagebefugnis, etwa nach Maßgabe des Schutzziels der Regelung[73] oder der Betroffenheit in einem unmittelbaren (bloßen) Interesse an der Einhaltung der gemeinschaftsrechtlichen Bestimmung im Hinblick auf die durch die Normanwendung eintretende Berührung in seinem persönlichen Lebensbereich,[74] zu bejahen sein.[75] Eine Rechtsverletzung[76] nach dem gegenwärtigen Stand des verwaltungsrechtlichen und -prozessualen Systems braucht danach also nicht unbedingt vorzuliegen. Ob sich hieraus, zumal unter dem Eindruck der Regelungen in anderen europäischen Rechtsordnungen, auch für Konstellationen mit ausschließlich nationaler Relevanz ein Wandel von der "Verletztenklage" zur "Interessentenklage"[77] vollzieht, bleibt abzuwarten.[78]

### 3. Die Klagebefugnis bei der Adressatenklage

Bei der Adressatenklage wirft die Klagebefugnis im allgemeinen keine besonde- 36
ren Probleme auf. Als *Adressat* eines erlassenen oder begehrten Verwaltungsakts steht der Kläger in einer unmittelbaren, formellen Beziehung zur handelnden Behörde und wird durch deren Regelungen – das Bestehen einer Rechtsstellung vorausgesetzt – ohne weiteres betroffen (*Adressatenklage*).

---

[70] Vgl. v. Danwitz, DÖV 1996, 482 ff.; Masing, a.a.O., S. 175 ff.; Classen, VerwArch 88 (1997), S. 645 ff.

[71] Vgl. R. Scholz, Wirtschaftsaufsicht und subjektiver Konkurrentenschutz, 1971.

[72] Vgl. Rengeling/Middeke/Gellermann, Rdnr. 1082 f.; Burgi, Verwaltungsprozeß, S. 52; Wegener, a.a.O., S. 100 ff.; Kopp/Schenke, § 42 Rdnr. 153.

[73] EuGH, Slg. 1991, I 2567.

[74] EuGH, Slg. 1991, I 2567 (2596 ff.); Slg. 1991, I 3757 (3790); Slg. 1991, I 4983 (5023).

[75] Vgl. im näheren zu den Kriterien Wegener, a.a.O., S. 158 ff.; Kokott, DVerw 31 (1998), S. 353 f.

[76] Zur materiell-rechtlichen Bedeutung der europarechtlichen Einwirkung auf die verwaltungsprozessuale Klagebefugnis vgl. Frenz, DVBl 1995,412; Kopp/Schenke, § 42 Rdnr. 152 m. w. Nachw. Demgegenüber nehmen etwa Wahl, in: Schoch/Schmidt-Aßmann/Pietzner, Vorbem. § 42 Abs. 2 Rdnr. 128; Ruffert, DVBl 1998,74, eine gesetzliche Zulassung der Klage ohne Rechtsverletzung (§ 42 Abs. 2 VwGO und dazu unten Rdnr. 84 ff.) an.

[77] Vgl. Skouris, Verletztenklagen und Interessentenklagen im Verwaltungsprozeß, 1979; dazu auch Schmidt-Aßmann, Das allgemeine Verwaltungsrecht als Ordnungsidee, 1998, S. 197 ff.

[78] Zu diesen und weiteren Perspektiven vgl. Masing, a.a.O., S. 221 ff.; Wegener, a.a.O., S. 305 ff.; Schmidt-Aßmann, Das allgemeine Verwaltungsrecht, 1998, S. 77.

### a) Anfechtungsklage

37 Wendet sich der Kläger mit der Anfechtungsklage gegen eine ihm unmittelbar auferlegte Verhaltenspflicht, so kann er sich auf das Fehlen der für diese, wie für jeden Eingriff, notwendigen gesetzlichen Grundlage berufen. Dieser objektive Verstoß gegen das Gesetzmäßigkeitsprinzip (*Gesetzesvorbehalt*) stellt immer zugleich eine Verletzung des jeweils betroffenen, speziellen Grundrechts beziehungsweise subsidiär der allgemeinen Handlungsfreiheit (Art. 2 Abs. 1 GG) dar.[79] Die Klagebefugnis folgt in diesen Fällen also ohne weiteres schon aus der (hierbei zu unterstellenden) Rechtswidrigkeit des Verwaltungsakts (**Adressatentheorie**).[80]

38 In Fällen sonstiger Belastung des Klägers ist allerdings zu beachten, daß eine geschützte Rechtsposition im Sinn des Art. 2 Abs. 1 GG, in die eingegriffen werden könnte, überhaupt nur besteht, wenn diese auf einer dem Individualschutz dienenden Norm, insbesondere auf grundrechtlicher Basis, beruht.[81] Dient etwa die staatliche Anerkennung einer Heilquelle (oben Rdnr. 15, Beispiel 2) allein dem öffentlichen Interesse und begründet sie deshalb keine Rechtsstellung des Unternehmers, so kann ihr Widerruf, selbst wenn er an den Kläger gerichtet wurde, dessen Rechte nicht beeinträchtigen.[82]

### b) Verpflichtungsklage

39 Bei der Verpflichtungsklage, die auf Erlaß eines Verwaltungsakts gegenüber dem Kläger gerichtet ist, scheidet eine Berufung auf die allgemeine Handlungsfreiheit aus, da dem Art. 2 Abs. 1 GG leistungsrechtliche Gehalte nicht entnommen werden können. Es ist jedoch grundsätzlich von der Möglichkeit auszugehen, daß die Behörde einen (bei ihr geltend gemachten) klägerischen Anspruch durch dessen Nichterfüllung verletzt; sein Bestehen soll ja in dem gerichtlichen Verfahren gerade erst festgestellt werden.[83] Auch hier ist jedoch das Erfordernis zu beachten, daß die als *Anspruchsgrundlage* geltend gemachte Norm dem Interesse des Klägers zu dienen bestimmt sein muß und diesen deshalb nicht bloß tatsächlich (reflexiv), sondern rechtlich begünstigt. Hieran kann es ausnahmsweise fehlen, zum Beispiel, wenn die Aufstellung innerörtlicher Hinweisschilder für einen Gewerbebetrieb (§ 42 Abs. 8 Nr. 1 StVO)[84] oder die Durchführung von Prüfungs-

[79] Grundlegend zu Art. 2 Abs. 1 GG BVerfGE 6,32 (41); für benannte Grundrechte ebenso BVerwGE 60,297 (305 – Art. 2 Abs. 2 Satz 1 GG); BVerwGE 60,154 (158 – Art. 12 GG).

[80] Ganz h. M., vgl. Schmitt Glaeser, Rdnr. 146; Kopp/Schenke, § 42 Rdnr. 69; Eyermann/Happ, § 42 Rdnr. 88, jeweils m. w. Nachw.

[81] Vgl. auch Burgi, ZG 9 (1994), S. 346 f. Zu undifferenziert demgegenüber Schenke, Rdnr. 510; Hufen, § 14 Rdnr. 144.

[82] BVerwG, NVwZ 1993,63.

[83] Vgl. auch Bosch/Schmidt, § 25 III 1 b.

[84] BVerwG, NJW 1990,400.

fahrten auf dem Fahrschulgelände (vgl. § 17 Abs. 4, 5 FeV)[85] begehrt wird, aber auch im erwähnten Fall der wasserrechtlichen Anerkennung einer Heilquelle oder bei der Erteilung des Exequatur für einen Wahlkonsul.[86]

## 4. Die Klagebefugnis bei der Drittklage

### *a) Die Problematik*

40 Macht der Kläger Rechtsbeeinträchtigungen geltend, die ihn lediglich materiell als *Auswirkungen* einer von der Behörde gegenüber einem anderen oder, wie die Einziehung einer Straße (§ 2 Abs. 4, 7 FStrG), überhaupt ohne Adressaten (vgl. § 35 Satz 2, Var. 2 und 3 VwVfG) getroffenen Regelung erreichen (*Drittklage*), so bedarf seine rechtliche Betroffenheit besonderer Begründung. Solche reflexiven und/oder mittelbaren Auswirkungen auf Dritte gehen häufig mit behördlichem Handeln einher, ja, sind geradezu Kennzeichen einer modernen, der Sozialgestaltung und dem Interessenausgleich verpflichteten Verwaltungstätigkeit. Auch ihnen gegenüber ist, wie das grundrechtliche Eingriffsverständnis inzwischen prinzipiell ergeben hat,[87] Rechtsschutz geboten, doch kann dann die Abgrenzung des durch die Norm *generell* geschützten und durch deren Anwendung *individuell* betroffenen Personenkreises zum schwierigen Problem werden. Dies zeigt sich etwa an der Breitenwirkung von Zulassungsentscheidungen für umweltrelevante Großprojekte, wie Kernkraftwerke,[88] Flughäfen[89] oder gentechnische Anlagen.[90] Sie lassen Betroffenheiten unterschiedlicher Qualität und Intensität entstehen, die bei zunehmender personeller Reichweite letztlich in eine Allgemeinbetroffenheit übergehen und in diesem Fall gerade nicht als individuelle Rechtsverletzung geltend gemacht werden können.[91]

41 Als Dritter kann der Kläger nur dann in eigenen Rechten verletzt sein, wenn er, obwohl nicht formell Adressat der Maßnahme, gleichwohl in einer Rechtsbeziehung zur Behörde steht. Sie wird nicht durch Art. 2 Abs. 1 GG geschaffen,[92] sondern beruht auf einem *mehrpoligen Rechtsverhältnis*, in dem die behördliche

---

[85] BVerwGE 39,345.
[86] Vgl. BVerwGE 15,59.
[87] Vgl. Pieroth/Schlink, Staatsrecht II, 15. Aufl. 1999, Rdnr. 238 ff.; Heintzen, VerwArch 81 (1990), S. 541 ff.; BVerwGE 71,183 (192 f.); 87,37; BVerwG, NJW 1991,1770.
[88] Vgl. BVerwGE 72,300.
[89] Vgl. BVerwG, DÖV 1969,283; VGH BW, VBlBW 1989,261; umfassend dazu Hartmann, Genehmigung und Planfeststellung für Verkehrsflughäfen und Rechtsschutz Dritter, 1994, S. 208 ff.
[90] Vgl. VG Berlin, NVwZ-RR 1994,150.
[91] Vgl. allgemein dazu Brohm, in: Menger-FS, S. 247; Hufen, § 14 Rdnr. 72.
[92] Vgl. BVerwGE 54,211 (220 ff.).

BVerwG, B 6.4.00, DVBl 00, 1614 m. Anm. Sellmann (ÖPNV) / BVerwG, U 10.10.02, DVBl 03, 403

Regelung, über die eindimensionale Beziehung zum Adressaten hinaus, auch die Interessen der an jenem beteiligten Dritten erfaßt und nicht bloß zufällig berührt.[93]

### b) Der individuelle Drittschutz

42 Hierfür kommt es auf die Zielsetzung des der behördlichen Maßnahme zugrunde liegenden Gesetzes an. Dieses vermittelt "Drittschutz", wenn es nach dem in ihm "enthaltenen, durch Auslegung zu ermittelnden Entscheidungsprogramm für die Behörde auch der Rücksichtnahme auf Interessen eines individualisierbaren Personenkreises dien(t)".[94]

43 Der drittschützende Charakter eines Gesetzes ergibt sich in erster Linie aus einer ausdrücklichen Bezugnahme auf zu schützende Privatinteressen. So dient das polizeiliche Handeln der Abwehr von Gefahren auch von *dem einzelnen* (§ 1 Abs. 1 MEPolG),[95] das (öffentliche) Immissionsschutzrecht soll schädlichen Umwelteinwirkungen unter anderem *auf die Nachbarschaft* entgegenwirken (§ 3 Abs. 1 BImSchG),[96] wasserrechtliche Auflagen sind auch zum Schutz vor Nachteilen *für andere* zulässig (§ 4 Abs. 1 Satz 2 WHG),[97] bei bauplanungsrechtlichen Befreiungen ist auf *nachbarliche Interessen* Rücksicht zu nehmen[98] usw.

44 Kommt der Drittschutzcharakter, wie häufig, nicht im Wortlaut der Norm zum Ausdruck, so kann er sich gleichwohl aus einer – feststellbaren – subjektiven Willensrichtung des historischen Gesetzgebers ergeben,[99] dies freilich nur in den Grenzen verfassungsrechtlicher, insbesondere grundrechtlicher Vorgaben (vgl. oben Rdnr. 21 ff.).

45 Besonderes Gewicht kommt der systematischen Bedeutung der Norm im Sinne ihrer objektiven Zielsetzung zu. Sie kann einerseits einen Interessenschutz Dritter ausschließen, so etwa, wenn deren Position Teil einer eigenständigen Rechtsbeziehung ist, die von der behördlichen Regelung ausgeblendet blieb (und grundrechtlich auch bleiben durfte), zum Beispiel des Vertragspartners des Antragstellers bei aufsichtlicher Genehmigung einer Tarifänderung,[100] einer Miet-

---

[93] Grundlegend dazu Schmidt-Preuß, a.a.O., S. 247 ff.; vgl. auch Schmidt-Aßmann, in: Maunz/Dürig, Stand 1985, Art. 19 Abs. IV Rdnr. 3.

[94] BVerwGE 81,329 (334); 95,333 (337 f.); ebenso BVerwGE 41,58 (63); 78,40 (41 f.).

[95] Vgl. Würtenberger/Heckmann/Riggert, Polizeirecht in Baden-Württemberg, 4. Aufl. 1999, Rdnr. 273.

[96] Vgl. BVerwGE 65,313 (320); 79,254 (257).

[97] Vgl. BVerwGE 78,40 (43).

[98] BVerwG, DVBl 1987,476, gegenüber BVerwGE 27,29 (33) in bezug auf Schutz der "Umgebung".

[99] So etwa entschieden in § 19 Abs. 3 Satz 2 Nr. 3 i. V. m. § 7 Abs. 2 Nr. 3 AtG (VGH BW, VBlBW 1990,415).

[100] So für die Versicherungsaufsicht schon BVerwGE 30,135 mit Anm. von Fromm, DVBl 1969,670; ferner BVerwGE 75,147; BVerfG, NJW 1990,2249; ebenso für Stromtarife BVerwGE 95,133. Immerhin ist in bezug auf die Bankenaufsicht eine drittschützende Amtspflicht anerkannt worden, vgl. BGHZ 74,144; 75,120 (122 f.); nunmehr aber auch §§ 6

BVerwG, U 6.4.00, NVwZ 01, 322

erhöhung[101] oder einer Zweckentfremdung von Wohnraum,[102] aber auch des Patienten in bezug auf eine Arzneimittelzulassung.[103] Andererseits kann sich aus ihr aber auch die Einbeziehung Dritter in den Schutzzweck der Norm (Drittschutz) ergeben, zum Beispiel, wenn diese sich als Ausdruck eines auch jene umgreifenden Ausgleichs im Rahmen einer umfassenden (z. B. wasserrechtlichen) Nutzungsordnung[104] oder eines nachbarlichen Gemeinschaftsverhältnisses im Sinn einer bau- und bodenrechtlichen "Schicksalsgemeinschaft"[105] darstellt.

Dabei kann jedoch das Bestehen gesetzlichen Drittschutzes nicht allein anhand der abstrakten Ermittlung einer generellen Schutzrichtung der Norm beurteilt werden. Die Möglichkeit einer *Rechtsverletzung* ergibt sich vielmehr erst aufgrund der Feststellung individueller Betroffenheit auf der Ebene konkreter behördlicher Rechtsanwendung.[106] Es ist erforderlich, daß "die Belange eines anderen in einer qualifizierten und individualisierten Weise betroffen sind".[107] **46**

Das führt zunächst zur Ausscheidung unspezifischer negativer Effekte, die als bloße Unannehmlichkeiten oder gesetzlich nicht als relevant erklärte (vgl. § 3 Abs. 1 BImSchG) Belästigungen den Grad einer rechtlichen Beeinträchtigung noch nicht erreichen. Im übrigen ist maßgeblich, daß sich aus individualisierenden Merkmalen des Gesetzes ein Personenkreis entnehmen läßt, der hinreichend klar von der Allgemeinheit abgegrenzt ist.[108] Dies kann nur anhand der jeweiligen gesetzlichen Vorschrift und nach Maßgabe der Umstände des Einzelfalls beurteilt werden, ist also nur einer typologischen Erfassung zugänglich (s. sogleich Rdnr. 49 ff.). **47**

### c) Anfechtungs- und Verpflichtungsklage

Anders als bei der Adressatenklage beruhen bei der Drittklage Anfechtungs- und Verpflichtungsbegehren auf einer vergleichbaren Konstellation. Zwar dient dieses der Durchsetzung eines Anspruchs, während jenes sich gegen einen verletzenden Eingriff wendet (vgl. oben Rdnr. 2 f.). Hier wie dort liegt jedoch eine subjektive Rechtsposition zugrunde, die auch im Fall der Verpflichtungsklage (z. B. auf Erlaß einer Beseitigungsanordnung) nicht als solche durchgesetzt wird, sondern die Grundlage des im Prozeß geltend gemachten *Anspruchs auf Einschreiten* **48**

---

Abs. 3 KWG; 81 Abs. 1 Satz 2 VAG und dazu W. Schenke, in: FS für Egon Lorenz, 1994, S. 473 ff.

[101] BVerwG, NJW 1987,2829.

[102] BVerwGE 95,341.

[103] BVerwG, DVBl 1994,478.

[104] BVerwGE 78,40 (44).

[105] Vgl. BVerwGE 27,29; 94,151 (155).

[106] Vgl. schon oben Rdnr. 19. Ähnlich Schmitt Glaeser, Rdnr. 167.

[107] BVerwGE 32,173 (177); 78,40; Kopp/Schenke, § 42 Rdnr. 160.

[108] BVerwGE 52,122 (Gebot baurechtlicher Rücksichtnahme); 78,40 (wasserrechtliche Gestattungstatbestände); BVerwG, DVBl 1987,476 (§ 31 Abs. 2 BauGB).

gegen den – vom Antragsteller aus gesehen – Dritten bildet. Infolgedessen setzt eine (Verpflichtungs)Klage auf Einschreiten gegen eine rechtswidrige bauliche Anlage, ebenso wie die (Anfechtungs)Klage gegen eine rechtswidrige Baugenehmigung, einen Verstoß der Anlage gegen nachbarschützende Vorschriften voraus. Der Nachbar kann also zum Beispiel die Beseitigung einer ungenehmigten Anlage (oder auch nur die ermessensfehlerfreie Entscheidung hierüber, vgl. oben Rdnr. 30 f.) nicht verlangen, wenn sich deren Rechtswidrigkeit allein aus einem Verstoß gegen (z. B. Abstands-)Vorschriften ergibt, die nicht (zugleich) in seinem, sondern ausschließlich im Allgemeininteresse erlassen wurden.[109]

### 5. Fallgruppen von Drittklagen

49 Für die Bildung von Fallgruppen einer möglichen (materiellen) Rechtsverletzung von Dritten ist von den einzelnen, in der Praxis relevanten Rechtsgebieten auszugehen. Sie wird zum Teil überlagert von der (formellen) Einordnung des Klagebegehrens (Anfechtungs-/Verpflichtungsklage; s. oben § 16 Rdnr. 18 ff.) Drittbetroffener. Systematisch sind vor allem Nachbar- und Konkurrentenklagen von Interesse, wohingegen sonstige Gestaltungen, in denen sich die Frage nach einer drittschützenden Wirkung stellt, über einen Einzelfallbezug nicht hinausreichen.

#### *a) Nachbarklagen*

50 Die sowohl entstehungsgeschichtlich als auch praktisch wichtigsten Konstellationen der Drittschutzdogmatik finden sich im *Baurecht*, begegnen jedoch vergleichbar auch im Umweltrecht (im weiteren Sinn). Dabei geht es um die Fälle, in denen der Nachbar mittels Anfechtungsklage gegen einen Verwaltungsakt vorgehen oder durch Verpflichtungsklage eine behördliche Schutzmaßnahme erzwingen möchte. Entscheidend ist dabei jeweils, daß gegen eine nachbarschützende Vorschrift verstoßen wurde (vgl. oben Rdnr. 48). Nach der neueren Rechtsprechung besteht Nachbarschutz grundsätzlich nur dann, wenn und soweit der Gesetzgeber ihn normiert hat (vgl. oben Rdnr. 21 ff.). Die unmittelbare Ableitung aus Art. 14 GG, wenn durch bauliche Maßnahmen die Grundstückssituation nachhaltig verändert und der Nachbar dadurch schwer und unerträglich betroffen wird,[110] wurde inzwischen aufgegeben.

*aa) Bauplanungsrecht*

51 *(1) Planerische Festsetzungen.* Der (qualifizierte) *Bebauungsplan* stellt einen Planungsverbund[111] zwischen den Grundstücken im Planungsgebiet her und begründet

[109] Vgl. BVerwG, DVBl 1987,476.
[110] BVerwGE 32,173; 44,244; 50,282.
[111] Vgl. BVerwGE 32,173 (176).

eine Art bau- und bodenrechtlicher Schicksalsgemeinschaft.[112] Daher sind die einzelnen Festsetzungen über die Art der baulichen Nutzung grundsätzlich nachbarschützend.[113] Eine Erstreckung des Drittschutzes über das Planungsgebiet hinaus ist möglich, wenn der Ausgleich auch mit Belangen angrenzender Eigentümer einem objektiven Bedürfnis entsprach (sog. *planungsübergreifender Nachbarschutz*).[114] Drittschützende Wirkung kommt auch dem Abwägungsgebot in § 1 Abs. 6 BauGB dahingehend zu, daß abwägungsbeachtliche Belange Privater fehlerfrei berücksichtigt werden müssen.[115]

Dagegen sind Festsetzungen gemäß §§ 16-23 BauNVO über Maß der baulichen Nutzung und Bauweise grundsätzlich nicht nachbarschützend, da es hierbei in der Regel lediglich um das Allgemeininteresse an städtebaulicher Gestaltung geht.[116] Ausnahmsweise wird Nachbarschutz bejaht, etwa, wenn eine Grund- oder Geschoßflächenzahl für ein bestimmtes Grundstück festgesetzt wird, um dort eine für die Umgebung verträgliche Nutzung zu gewährleisten.[117] Festsetzungen hinsichtlich der Zahl der Vollgeschosse oder der baulichen Höhe vermitteln Nachbarschutz nur, wenn sie auch die Einwirkungen der Gebäude auf die Nachbarn berücksichtigen,[118] nicht dagegen, wenn sie nur der Förderung städtebaulicher Ziele dienen sollen.[119] **52**

*(2)* Im *beplanten Innenbereich* sind also entscheidend die einzelnen Festsetzungen im Bebauungsplan, während aus den §§ 30, 31 *Abs. 1* BauGB direkt keine nachbarschützende Wirkung hergeleitet werden kann. Demgegenüber ist bezüglich *Befreiungen* (§ 31 *Abs. 2* BauGB) nach dem Rücksichtnahmegebot grundsätzlich, also auch dann von Nachbarschutz auszugehen, wenn von einer Vorschrift abgewichen werden soll, die selbst keinen nachbarschützenden Charakter hat.[120] **53**

Auch *Veränderungssperren* zur Planungssicherung dienen nur öffentlichen Interessen.[121] Ebenso wird *§ 33 BauGB* grundsätzlich nicht als nachbarschützend angesehen, doch kann der Nachbar Beachtung seiner durch künftige Festsetzungen geschützten, aber auch verletzten Interessen verlangen und deshalb im Fall einer **54**

---

[112] So schon BVerwGE 44,244.
[113] BVerwGE 94,151 m. Anm. von Schmidt-Preuß, DVBl 1994,288; vgl. ferner BVerwGE 45,309 (327); BVerwG, NVwZ 1993,987.
[114] BVerwGE 44,244; VGH BW, VBlBW 1995,30.
[115] BVerwG, DÖV 1999,208.
[116] BVerwG, BauR 1973,238; NVwZ 1985,748; VGH BW, VBlBW 1983,74; OVG Bremen, NVwZ-RR 1990,293.
[117] BVerwG, BauR 1981,354.
[118] BVerwG, BauR 1973,238 (Wohnruhe durch aufgelockerte Bebauung); vgl. ferner VGH BW, VBlBW 1993,470 (seitliche Baulinien oder -grenzen); HessVGH, BRS 20 Nr. 157, Nr. 159; OVG NW, BauR 1992,60.
[119] VGH BW, VBlBW 1983,74.
[120] BVerwG, NVwZ 1987,409. Vgl. demgegenüber noch BVerwG, NJW 1977,1789.
[121] BVerwG, BauR 1989,186.

gegen § 33 BauGB verstoßenden Baugenehmigung in seinen Rechten verletzt sein.[122]

55 *(3)* Im *nichtbeplanten Innenbereich* hat § 34 *Abs. 1* BauGB grundsätzlich keine nachbarschützende Wirkung, da beziehungsweise soweit der Kreis der geschützten Personen nicht hinreichend abgegrenzt ist.[123] Dagegen kann das *Rücksichtnahmegebot* (s. sogleich) Nachbarschutz gegenüber einem Vorhaben begründen, das sich nicht in die *nähere Umgebung einfügt*. Etwas anderes gilt für § 34 *Abs. 2* BauGB, dem hinsichtlich der Art der baulichen Nutzung nach den §§ 2 ff. BauNVO in vollem Umfang Nachbarschutz zukommt.[124]

56 *(4)* Im *Außenbereich* vermittelt § 35 *Abs. 1* BauGB Nachbarschutz, soweit durch Zulassung eines anderen Bauvorhabens die Privilegierung der gesetzlich genannten Vorhaben beeinträchtigt würde; denn diese Regelung verfestigt das Grundstückseigentum baurechtlich in ähnlicher Weise wie ein qualifizierter Bebauungsplan.[125] Darüber hinaus kann auch einem nichtprivilegierten Eigentümer nach § 35 *Abs. 2* BauGB ein nachbarrechtliches Abwehrrecht zustehen,[126] soweit er sich auf das Rücksichtnahmegebot, das als öffentlicher Belang anerkannt wurde, berufen kann.[127]

57 *(5)* Zentrale Bedeutung hat das *Gebot der Rücksichtnahme* erlangt, das in den einzelnen Normen des Bauplanungsrechts und damit letztendlich in Art. 14 Abs. 1, 2 GG seine Wurzeln findet.[128] Ziel ist die Herstellung eines angemessenen Ausgleichs zwischen Belangen des Bauherrn und seiner Umgebung unter Zumutbarkeitsgesichtspunkten;[129] dabei muß eine Abwägung der Belange aller betroffenen Personen stattfinden. Das Bundesverwaltungsgericht sieht jedoch in dem Rücksichtnahmegebot keinen allgemeinen baurechtlichen Grundsatz, sondern erkennt ihm nur soweit Wirkung zu, als der Gesetzgeber dieses Gebot in einfachgesetzlichen Vorschriften des Baurechts normiert hat.[130] Insbesondere kann sich der Nachbar demnach auf § 15 Abs. 1 BauNVO berufen.[131] Rücksichtnahme kann jedoch nur bei Bestehen einer schutzwürdigen Abwehrposition verlangt werden,

---

[122] VGH BW, VBlBW 1992,297; OVG Berlin, NVwZ 1992,897.
[123] BVerwGE 32,173; BVerwG, NJW 1969,1787; BauR 1986,61; NVwZ 1987,409.
[124] BVerwGE 94,151 (156); anders noch BVerwG, DVBl 1986,187.
[125] BVerwG, DVBl 1971,746; HessVGH, NVwZ 1993,1004.
[126] Anders noch BVerwGE 28,268 (273 f.); VGH BW, NVwZ 1990,985 (987).
[127] GemOVG Lüneburg, BauR 1988,321; dazu auch GemOVG Lüneburg, NVwZ-RR 1990,234; s. auch schon BVerwGE 52,122 (131).
[128] BVerwGE 52,122 (125); 89,69. Vgl. dazu Weyreuther, BauR 1975,11; Battis, DVBl 1978,577; Schulte, UPR 1984,212.
[129] BVerwGE 52,122 (126); dazu auch BVerwGE 94,151.
[130] BVerwGE 88,191; BVerwG, NVwZ 1987,409; DÖV 1999,208.
[131] BVerwGE 67,334; 82,343; 89,69; BVerwG, NVwZ 1992,475; VGH BW, VBlBW 1995,27.

die (etwa im Verhältnis zu einem ausschließlich öffentliche Belange beeinträchtigenden Außenbereichsvorhaben) nicht allein durch die Rechtmäßigkeit einer verwirklichten Grundstücksnutzung und mit dieser verbundene tatsächliche Vorteile (etwa einer *Aussichtslage*) begründet wird.[132]

*bb)* Normen des *Bauordnungsrechts* können dann nachbarschützende Wirkung haben, wenn sie neben dem Schutz der Allgemeinheit auch dem Schutz von Individualinteressen zu dienen bestimmt sind. Infolge der Unterschiedlichkeit landesrechtlicher Regelungen sowie der divergierenden Auslegung durch die Landesgerichte ist die Rechtsprechung uneinheitlich und unübersichtlich. **58**

Als nachbarschützend werden grundsätzlich Normen mit *feuer- und gesundheitspolizeilichem Inhalt*,[133] nicht dagegen Vorschriften über *Verunstaltungsschutz*[134] angesehen. Vorschriften über *Grenzabstände* von Bauwerken dienen neben ordnungspolizeilichen Zwecken auch der Gewährleistung ausreichender Belichtung, Belüftung und Besonnung und sind deshalb regelmäßig nachbarschützend.[135]

Eine differenzierte Beurteilung finden Vorschriften über *Stellplätze und Garagen*. Soweit vorgesehen ist, daß diese die Umgebung nicht stören dürfen, wird Nachbarschutz anerkannt,[136] ebenso die Beschränkung auf den gegebenen Bedarf (§ 12 Abs. 2 BauNVO).[137] Nicht nachbarschützend sind hingegen die Stellplatzpflicht als solche,[138] Vorschriften über die Anzahl der Stellplätze[139] sowie Bestimmungen zum Schutz von Sicherheit und Leichtigkeit des Straßenverkehrs.[140] **59**

*cc)* Auch im *Umweltrecht* entscheidet sich die Drittschutzproblematik nach der Zielsetzung der jeweils einschlägigen Normen. Dienen diese der Abwehr von *Gefahren* oder sonstigen rechtserheblichen Beeinträchtigungen bei einem abgrenzbaren und damit individuell betroffenen Kreis von Personen, so ist in der Regel von einer *Schutzwirkung* (auch) für diese auszugehen. Soll dagegen lediglich eine Beeinträchtigung von Allgemeininteressen ausgeschlossen oder *Vorsorge* gegen die künftige Entstehung von Gefahrenzuständen getroffen werden, so erwächst **60**

---

[132] Vgl. BVerwG, NVwZ 1994,686.
[133] OVG NW, BRS 27 Nr. 103; BayVGH, BRS 35 Nr. 181; VGH BW, BRS 40 Nr. 207.
[134] OVG NW, BRS 16 Nr. 74; GemOVG Lüneburg, NVwZ 1988,375; BayVGH, BauR 1989,187; OVG Saarl, BRS 44 Nr. 162.
[135] Vgl. dazu § 5 Abs. 7 Satz 3 bwLBO; VGH BW, BRS 42 Nr. 202; VBlBW 1991,474; BayVGH, BRS 44 Nr. 100; OVG RP, BRS 47 Nr. 168.
[136] VGH BW, BRS 22 Nr. 116; HessVGH, BRS 38 Nr. 128; OVG RP, BRS 36 Nr. 200. OVG Berlin, LKV 1994,119; ShOVG, BRS 54 Nr. 101.
[137] BVerwGE 94,151.
[138] VGH BW, BRS 35 Nr. 33.
[139] VGH BW, NVwZ 1993,595.
[140] VGH BW, BRS 38 Nr. 127.

einem einzelnen, selbst im Einwirkungsbereich der Anlage befindlichen Dritten keine subjektive Rechtsstellung auf Einhaltung der betreffenden Vorschrift.[141]

**61** *(1)* Drittschützend sind danach *immissionsrechtliche* Betreiberpflichten, die sich als Ausdruck des *Schutzgrundsatzes* darstellen, so gemäß §§ 5 Abs. 1 Nr. 1[142] und 22 Abs. 1 BImSchG.[143] Dagegen vermitteln die Pflichten zur *Vorsorge* gegen schädliche Umwelteinwirkungen (§ 5 Abs. 1 Nr. 2 BImSchG)[144] sowie zur Abfallvermeidung beziehungsweise -entsorgung (§ 5 Abs. 1 Nr. 3 BImSchG)[145] keinen Drittschutz.

**62** *(2)* Diese strikte Trennung von Gefahrenabwehr und Vorsorge wurde im Bereich des *Atom- und Strahlenschutzrechts* aufgegeben. Danach ist das Gebot bestmöglicher Gefahrenabwehr und Risikovorsorge (§ 7 Abs. 2 Nr. 3 AtG) nach dem "Maßstab der praktischen Vernunft" drittschützend.[146] Maßgeblich hierfür sind jedoch die Grenzwertfestlegungen gemäß § 45 Abs. 1 Nr.1 StrlSchVO (sog. "30-millirem"- richtig: 0,3 mSv-Konzept), bei deren Überschreitung erst eine Klagebefugnis gegeben ist.[147]

**63** *(3)* Vorschriften des *Wasserrechts* vermitteln jedenfalls Drittschutz, soweit wasserrechtliches Einschreiten auch dem Schutz des Betroffenen dient(e), so des Inhabers eines Wasserrechts im Fall der ungenehmigten Tiefbohrung neben einer Thermalquelle.[148] Im Hinblick auf das *wasserrechtliche Gemeinschaftsverhältnis* entfaltet ferner § 4 Abs. 1 Satz 2 i. V. m. §§ 18, 1a Abs. 1 WHG Drittschutz zugunsten all derjenigen, die an jenem beteiligt sind und auf die deshalb "nach Lage der Dinge" Rücksicht zu nehmen ist.[149] Unter diesem Aspekt kann auch die rechtswidrige Beeinträchtigung des als solchen nicht geschützten Wasserzuflusses (vgl. § 2 Abs. 2 Satz 1 WHG) auf mögliche Abwehrpositionen eines Betroffenen (etwa Unterliegers) stoßen.[150]

---

[141] BVerwGE 61,256 (267 f.); BayVGH, NVwZ 1989,482; GemOVG Lüneburg, NVwZ 1985,506.
[142] Vgl. BVerwGE 68,58; GemOVG Lüneburg, DVBl 1984,890; vgl. auch schon BVerwGE 28,131.
[143] BVerwGE 74,315 (327); 79,254; BVerwG, DVBl 1974,777.
[144] Vgl. BVerwGE 65,313.
[145] Vgl. GemOVG Lüneburg, NVwZ 1985,357; OVG NW, NVwZ 1987,146; NuR 1990,328.
[146] BVerwGE 70,365; 72,300 (315); 75,285; vgl. auch BVerwG, DVBl 1988,1170 (1173); NVwZ 1989,1169.
[147] BVerwGE 61,256 (264 f.); HessVGH, NVwZ 1989,1183; BayVGH, NVwZ 1991,903.
[148] BVerwGE 27,176.
[149] BVerwGE 78,40 in Fortführung von BVerwGE 41,58.
[150] BVerwGE 36,248 (249 f.); vgl. auch BGH, DÖV 1996,471.

*dd) Die Stellung als Nachbar*, dem die drittschützende Wirkung der objektiv verletzten Norm subjektiv zugute kommt, ist nach Rechtsbereich und Art der Betroffenheit unterschiedlich. **64**

So wird im *Baurecht*, das die Nutzung von Grundstücken sach- und nicht personenbezogen regelt, als Nachbar grundsätzlich nur der Eigentümer oder sonst dinglich Berechtigte,[151] wie der Erbbauberechtigte,[152] der Nießbraucher[153] und der gesicherte Grundstückserwerber angesehen, ferner der Wohnungseigentümer.[154] Nicht klagebefugt sind dagegen nur obligatorisch Berechtigte (Mieter, Pächter),[155] die sich lediglich an den vertraglich verpflichteten Eigentümer halten können.[156] Auch im *Immissionsschutzrecht* ist nach der Rechtsprechung klagebefugter Nachbar nur, wer sich als Grundstückseigentümer für eine gewisse Dauer im Einwirkungsbereich der emittierenden Anlage befindet.[157]

Qualifiziert man allerdings das *Mietrecht*[158] und, weitergehend, auch sonstige, **65**
bloß *obligatorisch* gesicherte Nutzungsrechte als verfassungsrechtliches *Eigentum*, so wird man eine Klagebefugnis auch bejahen müssen, wenn auf jene in der Substanz zugegriffen wird. Ganz in diesem Sinn hat man wegen der enteignungsrechtlichen Vorwirkung einer straßenrechtlichen Planfeststellung – im Gegensatz zur baurechtlichen Vorhabenzulassung – Drittschutz für den Pächter bejaht;[159] auch für unmittelbare Substanzeinwirkungen durch Immissionen wird Vergleichbares zu gelten haben.

Unstreitig ist demgegenüber sowohl für das Bau-[160] als auch für das Immissions-[161] und das Straßenrecht[162] anerkannt, daß es für die Geltendmachung gesundheitlicher Beeinträchtigungen (Art. 2 Abs. 2 Satz 1 GG), für die die Eigentumsstellung irrelevant ist, genügt, von den Einwirkungen nachhaltig, zum Beispiel als Mieter, aber etwa auch als Beschäftigter,[163] erreicht zu werden. **66**

---

[151] BVerwG, NJW 1983,1626; NJW 1989,2766.
[152] BVerwGE 82,61.
[153] BVerwG, NJW 1988,1228; OVG NW, NVwZ 1994,696.
[154] Vgl. BVerwG, NVwZ 1989,250; er ist allerdings nur hinsichtlich seiner Stellung als Miteigentümer (vgl. BayVGH, BayVBl 1975,558; OVG Saarl, BRS 23 Nr. 161), nicht im Verhältnis innerhalb der Eigentümergemeinschaft geschützt, vgl. BVerwG, NJW 1988,3279; NVwZ 1990,655; NVwZ 1998,954.
[155] Vgl. BVerwGE 82,61 (74); BVerwG, NVwZ 1991,566; NVwZ 1998,956.
[156] BVerwG, NJW 1989,2766.
[157] Vgl. BVerwGE 28,131 (134 f.); BVerwG, NJW 1983,1507.
[158] BVerfGE 89,1 (6); vgl. auch schon BVerfGE 83,201 (209).
[159] Vgl. BVerwG, DVBl 1998,44.
[160] Vgl. BVerwGE 82,61 (75); HessVGH, NVwZ 1989,266; HambOVG, NVwZ 1990,379.
[161] BVerwG, NJW 1983,1507; GemOVG Lüneburg, DVBl 1984,890; VGH BW, VBlBW 1994,239.
[162] Vgl. VGH BW, NVwZ 1984,525.
[163] Vgl. GemOVG Lüneburg, DVBl 1984,890.

### b) Konkurrentenklagen

67 Ein weites, allgemeineres Anwendungsfeld findet die Drittklage ferner in bezug auf potentielle oder aktuelle Konkurrenzverhältnisse, vorwiegend im beruflich-gewerblichen Bereich, aber nicht auf diesen beschränkt. Sie ist im vorliegenden Zusammenhang nur in Form der negativen (defensiven) Konkurrentenklage (vgl. oben § 16 Rdnr. 22) von Interesse. Schon keine Drittkonstellation liegt dagegen vor, wo behördliche Entscheidungen über konkurrierende Ansprüche normativ untereinander nicht verbunden sind, wie insbesondere im Beamtenrecht[164] und weiteren Bereichen (vgl. oben § 16 Rdnr. 26 ff.).

68 *aa)* Klagen gegen die Zulassung *neuer Marktteilnehmer* fehlt in der Regel eine Klagebefugnis, da die gesetzlichen Zulassungsvoraussetzungen, zumal im Lichte der Verfassungsentscheidung für die Freiheit des Wettbewerbs (Art. 12 Abs. 1 GG),[165] meist nur öffentlichen Interessen dienen. So steht den jeweils bereits am Markt Tätigen kein Abwehrrecht gegen die Zulassung eines (weiteren) Versicherungs-[166] oder Kraftdroschkenunternehmers,[167] die Gestattung eines Gaststättenbetriebs (§ 12 Abs. 1 GastG)[168] oder die Erteilung einer handwerksrechtlichen Ausnahmebewilligung (§ 8 Abs. 1 HwO)[169] zu, ebensowenig einem Rechtsanwalt gegen eine Erlaubnis nach § 1 Abs. 1 RBerG.[170] Demgegenüber wird dem "Altunternehmer" gegenüber der Erteilung einer weiteren Genehmigung für den Omnibuslinienverkehr (§ 13 Abs. 2 Nr. 2 lit. c PBefG) eine Klagebefugnis zugebilligt;[171] gleiches könnte grundsätzlich auch für die Erteilung weiterer Genehmigungen für Aufgaben des Rettungsdienstes nach den jeweiligen Landesgesetzen gelten.[172]

69 *bb)* In bezug auf behördliche Entscheidungen in *bestehenden Konkurrenzverhältnissen* kann sich eine Klagebefugnis im *gesetzesfreien Bereich* unmittelbar aus Grundrechten ergeben (vgl. oben Rdnr. 27 f.). So kann die Subvention eines Wirtschaftsunternehmens den nichtbegünstigten Konkurrenten in seiner wirtschaftlichen Handlungsfreiheit (Art. 2 Abs. 1 GG),[173] eines Presseunternehmens ent-

---

[164] Vgl. BVerwGE 76,336; BVerwG, NVwZ 1997,283.
[165] Vgl. BVerwGE 71,183 (191); Jarass/Pieroth, Art. 12 Rdnr. 14; vgl. auch Wieland, DVerw 32 (1999), S. 229 ff.
[166] BVerwGE 10,122.
[167] BVerwGE 16,187.
[168] OVG RP, GewArch 1981,384.
[169] BVerwG, DÖV 1984,70.
[170] BVerwG, NJW 1989,1175.
[171] Vgl. BVerwGE 9,340; 30,347; OVG MV, DÖV 1996,884.
[172] Vgl. BayVGH, BayVBl 1994,407; Ruthig, BayVBl 1994,393 ff.
[173] BVerwGE 30,191 (198).

BVerwG, U 6.4.00, NVwZ 01,322

sprechend im Grundrecht der Pressefreiheit (Art. 5 Abs. 1 Satz 2 GG)[174] beeinträchtigen.

Im übrigen kommt es auf das Verständnis der jeweiligen, gegebenenfalls grundrechtskonform ausgelegten Entscheidungsnorm (vgl. oben Rdnr. 22 ff.) an. Unter diesem Aspekt ist ein *Konkurrenten*schutz gegen eine Ausnahmeregelung nach § 23 LSchlG[175] oder eine Sperrzeitverkürzung[176] abzulehnen. Demgegenüber können steuerrechtliche Regelungen ausnahmsweise Drittschutz entfalten, wenn sie nicht ausschließlich im öffentlichen Interesse einer gesetzmäßigen Steuererhebung und der Sicherung des Steueraufkommens erlassen wurden, sondern auch der Wettbewerbsneutralität des Steuerrechts dienen sollen (z. B. §§ 64 ff. AO für Ausnahme von Steuervergünstigung).[177]

## III. Rechtsträger öffentlichen Rechts

Subjektive öffentliche Rechte können auch Rechtsträgern öffentlichen Rechts 70
zustehen. Dies ist vorliegend freilich nur unter dem prozessualen Aspekt der Begründung einer Klagebefugnis relevant, die eine Rechts*verletzung* durch verwaltungsakt-bezogenes, positives oder negatives Handeln voraussetzt. Die Grundsatzproblematik einer Subjektivierung behördlicher Kompetenzen und hoheitliche Handlungsbefugnisse (vgl. schon oben Rdnr. 20) bleibt also auch hier ausgeklammert.

Öffentlich-rechtliche Rechtsträger sind funktional Teile des als Einheit zu ver- 71
stehenden Staates und deshalb grundsätzlich nicht Inhaber eigenständiger Rechtspositionen, in denen sie durch rechtswidrige Ausübung staatlicher Hoheitsgewalt verletzt sein könnten. Das schließt jedoch nicht aus, einzelne, mehr oder weniger verselbständigte Organisationseinheiten als Sachwalter für bestimmte Sach- oder Lebensbereiche zu konstituieren und sie zu deren Wahrnehmung mit einer quasi subjektiven Rechtsstellung auszustatten. Diese ist nach Entstehungsgrund und Zielsetzung von dem im personalen Gehalt der Menschenwürdegarantie wurzelnden, subjektiven öffentlichen Recht des einzelnen prinzipiell verschieden, stellt sich aber *konstruktiv* als solches dar und ist deshalb gegenüber hoheitlichen Beeinträchtigungen wehrfähig. In der Regel begegnet sie, zum Teil auf verfassungsrechtlicher Grundlage, als Selbstverwaltungsrecht in eigenen Angelegenheiten, das gesetzlich dem (meist) gleichzeitig geschaffenen Verwaltungsträger verliehen wurde. Denkbar ist jedoch auch eine nur partielle Rechtsträgerschaft im Verhältnis von Organisationseinheiten zueinander, die Teil des Staates (Insichprozeß im

[174] OVG Berlin, DVBl 1975,905.
[175] BVerwGE 65,167 (173). Vgl. demgegenüber für betroffene Arbeitnehmer (§§ 14, 16 LSchlG) BVerwG, DVBl 1999,1038.
[176] Anders demgegenüber für betroffene Nachbarn, vgl. BVerwGE 11,331; 77,70 (72).
[177] BFHE 184,212.

engeren Sinne, s. unten § 25 Rdnr. 32 ff.) oder sonstiger Körperschaften (verwaltungsrechtlicher Organstreit, s. unten § 25 Rdnr. 30 f.) sind.

72 Soweit Hoheitsträger Inhaber subjektiver öffentlicher Rechte sind, wird die Klagebefugnis nur durch eine Verletzung in *eigenen* Rechten begründet. Eine Gemeinde kann also nicht Rechtsverletzungen ihrer Einwohner,[178] ein Berufsverband nicht Rechtsverletzungen seiner Mitglieder[179] geltend machen.

### 1. Kommunale Körperschaften

73 Der wichtigste Anwendungsfall der subjektiven Rechtsstellung eines Hoheitsträgers ist das *gemeindliche Selbstverwaltungsrecht*. Es wird in Art. 28 Abs. 2 Satz 1 GG in Verbindung mit den Bestimmungen der jeweiligen Landesverfassung begründet und gesetzlich, insbesondere in den Gemeindeordnungen, aber auch sonstigen Vorschriften des Bundes- und Landesrechts, im einzelnen ausgestaltet. Eine sachlich vergleichbare, wenn auch inhaltlich engere Rechtsstellung kommt den Gemeindeverbänden zu (Art. 28 Abs. 2 Satz 2 GG).

#### *a) Das gemeindliche Selbstverwaltungsrecht*

74 Anzuknüpfen ist demnach in erster Linie an gesetzliche Regelungen, die die Rechtsstellung der Gemeinde ausformen und dieser deshalb subjektive öffentliche Rechte vermitteln. Sie können inhaltlicher Natur sein, wie zum Beispiel das Recht zur Aufstellung von Bauleitplänen (§§ 1 Abs. 1; 2 Abs. 1 Satz 1 BauGB) oder auf straßenverkehrsrechtliche Maßnahmen zur Unterstützung einer geordneten städtebaulichen Entwicklung (§ 45 Abs. 1b Satz 1 Nr. 5 StVO).[180] Häufig beschränken sie sich auch auf eine bloße Verfahrensbeteiligung, hinsichtlich deren freilich nur dann subjektive öffentliche Rechte bestehen, wenn sie dem Schutz der gemeindlichen Selbstverwaltung dienen, so insbesondere die Einvernehmensregelungen gemäß § 36 Abs. 1 Satz 1, 2 BauGB[181] und § 45 Abs. 1b Satz 2 StVO,[182] die gemeindenachbarliche Abstimmungspflicht (§ 4 Abs. 1 i. V. m. § 2 Abs. 2 BauGB)[183] oder die Anhörung im luftrechtlichen Genehmigungs- und Planfeststellungsverfahren (§ 10 Abs. 2 Nr. 1 LuftVG).[184]

75 Auch ohne Verletzung einer vermittelnden, gesetzlichen Regelung kann die Gemeinde unmittelbar in ihrem Selbstverwaltungsrecht beeinträchtigt sein. Dieses umfaßt die grundsätzliche Befugnis, sich aller Angelegenheiten der örtlichen

[178] Vgl. BVerfGE 61,82 (102 ff.); BayVGH, DÖV 1986,208.
[179] Vgl. BVerwGE 61,334 (339 f.).
[180] Vgl. BVerwGE 95,333; BVerwG, NVwZ 1995,910; Steiner, NZV 1995,209; grundlegend dazu Dannecker, Rechtliche Neukonzeption der kommunalen Straßenverkehrsplanung, 1997.
[181] Vgl. BVerwGE 92,66 (68).
[182] Vgl. BVerwGE 95,333; BVerwG, NVwZ 1995,910.
[183] Vgl. BVerwGE 40,323 (329 ff.); 84,209 (215).
[184] Vgl. BVerwGE 56,110 (135); BVerwG, NVwZ 1988,731.

Gemeinschaft anzunehmen[185] und konkretisiert sich insbesondere in einem darauf bezogenen Recht der Selbstgesetzgebung (*Autonomie*),[186] ferner in Bestimmungsbefugnissen hinsichtlich gemeindlicher Organisation (*Organisationshoheit*)[187] und Personalverwaltung (*Personalhoheit*),[188] der Einnahmen- und Ausgabenwirtschaft (*Finanzhoheit*)[189] sowie in Entscheidungen über die künftige soziale und kulturelle Gestaltung und die städtebauliche Entwicklung der Gemeinde (*Planungshoheit*). Diese ist in einem umfassenden Sinn (vgl. § 9 BauGB) zu verstehen[190] und kann durch Fachplanungen[191] und sonstige, zum Beispiel luft-[192] oder straßenverkehrsrechtliche Maßnahmen[193] (oder deren Ablehnung) anderer Hoheitsträger beeinträchtigt werden.

Dies trifft jedenfalls zu, wenn die Gemeinde *als Adressat* unmittelbar (in ihrem Selbstverwaltungsrecht) betroffen wird.[194] Im übrigen kann sich die Gemeinde gegen derartige Entscheidungen wehren, sofern diese die Erfüllung eigener Aufgaben in konkreter Weise erheblich erschweren, nachhaltige Auswirkungen auf ihre eigene, hinreichend verfestigte Planung hervorrufen oder wesentliche Teile des Gemeindegebiets einer solchen entziehen;[195] insgesamt neigt die Rechtsprechung jedoch zu einer eher großzügigen Bejahung einer möglichen Rechtsverletzung.[196] **76**

Auf eine Verletzung von Grundrechten, insbesondere der Art. 12 Abs. 1 und 14 GG, kann die Klagebefugnis in keinem Fall gestützt werden;[197] als einfachgesetzlich begründete Rechtsposition, die auch etwa bei der planerischen Abwägung zu berücksichtigen ist, steht das Eigentum dagegen der Gemeinde, wie jedem anderen Rechtsunterworfenen, zu.[198] **77**

---

[185] Vgl. BVerfGE 56,298 (312 ff.); 79,127 (143 ff.); im einzelnen Gern, Deutsches Kommunalrecht, 1994, S. 106 ff.

[186] Vgl. BVerwGE 90,359.

[187] Vgl. BVerfGE 83,363 (382); BVerfG, DVBl 1995,290.

[188] Vgl. BayVGH, NJW 1989,790.

[189] Vgl. BayVerfGH, NVwZ 1989,551.

[190] Vgl. BVerwGE 84,209 (214 f.); 95,333 (338); BVerwG, NJW 1976,2175; BayVGH, DÖV 1986,208.

[191] Vgl. BVerwGE 90,96 (Abfallrecht); 56,110 (Luftverkehrsrecht); BayVGH, NVwZ 1984,816 (Fernstraßenrecht).

[192] Vgl. BVerwGE 97,203.

[193] Vgl. BVerwGE 95,333 (338 f.); BVerwG, NJW 1976,2175; DVBl 1984,88; HessVGH, NVwZ-RR 1991,537.

[194] BVerwGE 90,96; vgl. auch Hufen, § 14 Rdnr. 129.

[195] Vgl. BVerwGE 84,209 (214 f.) unter Bezugnahme auf BVerwGE 81,95 (106); ferner BVerfG, DVBl 1995,242; VGH BW, NVwZ 1990,487.

[196] Vgl. BVerwGE 90,96; 95,333.

[197] Vgl. BVerfGE 61,82 (105); 75,192 (200); BVerfG, NJW 1990,1783; NJW 1995,582; BVerwGE 90,96 (101); a. A. BayVerfGH, NVwZ 1985,260.

[198] Vgl. BVerfGE 61,82 (108); BVerwGE 90,96 (101); VGH BW, NVwZ 1985,432; BayVGH, DÖV 1986,208.

### *b) Staatliche Aufsicht*

78 Als Teil der öffentlichen Verwaltung untersteht die Gemeinde notwendig staatlicher Aufsicht, die sich in verschiedenen, teils repressiven, teils präventiven Formen realisiert. Bei ihrer Ausübung sind die Grenzen des Selbstverwaltungsrechts zu beachten, deren Überschreitung eine Rechtsverletzung der Gemeinde darstellt und deren Klagebefugnis gegen die Maßnahme begründet. Unabhängig davon stellt sich die Frage der rechtlichen Qualifizierung der Aufsichtsmaßnahme als Verwaltungsakt (vgl. dazu oben § 17 Rdnr. 35 ff.).

79 *aa)* In *Selbstverwaltungsangelegenheiten* (eigener Wirkungskreis – Art. 28 Abs. 2 Satz 1 GG) wird die Gemeinde durch staatliche Maßnahmen immer in ihrer eigenen Rechtsstellung betroffen und, soweit jene über eine bloße Rechtmäßigkeitskontrolle hinausgehen, auch verletzt. Gegen rechtsaufsichtliche Verfügungen und gegebenenfalls Entscheidungen der Widerspruchsbehörde (vgl. § 73 Abs. 1 Satz 2 Nr. 3 und dazu unten § 19 Rdnr. 53 f.) ist deshalb stets eine Klagebefugnis gegeben.[199]

80 *bb)* Demgegenüber nimmt die Gemeinde im *übertragenen Wirkungskreis* staatliche Aufgaben, "Auftrags- oder Weisungsangelegenheiten", wahr und wird – ungeachtet ihrer formalen, rechtlichen Selbständigkeit – *funktional* als quasi staatliche Verwaltungsbehörde tätig. Hierauf bezogene inhaltliche Entscheidungen des Staates können Rechte der Gemeinde nicht verletzen, so daß diese grundsätzlich weder gegen eine fachaufsichtliche Weisung[200] noch (insoweit) gegen einen Widerspruchsbescheid klagebefugt ist.[201] Allein die Wahrnehmungskompetenz vermittelt der Gemeinde also noch keine subjektive Rechtsstellung, wenn nicht zugleich die jeweilige Aufgabe in den Selbstverwaltungsbereich fällt.

81 Eigene Angelegenheiten der Gemeinde können jedoch durch Auswirkungen betroffen sein, die mit gemeindlichen Aktivitäten im übertragenen Wirkungskreis und hierauf bezogenen staatlichen Maßnahmen einhergehen. So kann zum Beispiel durch eine bauordnungsrechtliche[202] oder straßenverkehrsrechtliche Weisung[203] das planerische Konzept der Gemeinde beeinträchtigt werden oder diese durch die Anordnung von Leistungsgewährungen in ihrer Haushaltswirtschaft betroffen sein.[204] Darüber hinaus ist auch die *Ausübung der Fachaufsicht* landesrechtlich zum Teil selbst an gewisse Voraussetzungen geknüpft (vgl. Art. 109 Abs. 2 Satz 2 bayGemO) oder auf ein bestimmtes Instrumentarium beschränkt

---

[199] Vgl. BVerwGE 10,145 (146); Hufen, § 14 Rdnr. 135.
[200] Vgl. BVerwG, NVwZ 1995,910; demgegenüber aber auch HessVGH, DÖV 1988,652.
[201] Vgl. BVerwGE 95,333; BVerwG, NVwZ 1982,310.
[202] Vgl. BVerwG, NVwZ 1982,310.
[203] Vgl. BVerwG, NVwZ 1995,910.
[204] Vgl. BVerwGE 52,151 (154); vgl. auch BayVGH, BayVBl 1979,305.

(vgl. §§ 129 Abs. 2 bwGemO; 123 Abs. 2 sächsGemO). Durch die Nichteinhaltung solcher, dem Interesse gemeindlicher Verwaltungseffizienz dienender Schranken wird die Gemeinde zwar nicht im verfassungsgarantierten Selbstverwaltungsrecht, wohl aber in einer ihr *gesetzlich* eingeräumten Rechtsstellung verletzt; trotz Erledigung einer Auftragsangelegenheit kann sie deshalb in eigenen Rechten verletzt sein;[205] nach hiesiger Ansicht kommt es freilich insoweit mangels Vorliegens eines Verwaltungsakts formal auf eine Klagebefugnis gemäß § 42 Abs. 2 nicht an.

## 2. Sonstige Selbstverwaltungsträger

Sonstigen Trägern mittelbarer Staatsverwaltung steht eine Klagebefugnis zur Abwehr von Verletzungen in ihren gesetzlich eingeräumten subjektiven öffentlichen Rechten zu. 82

Diese können ausnahmsweise ihrerseits auf einer grundrechtlichen Stellung beruhen, soweit der Rechtsträger "unmittelbar dem durch die Grundrechte geschützten Lebensbereich zuzuordnen" ist, wie dies vor allem für die Universitäten in bezug auf die Wissenschaftsfreiheit (Art. 5 Abs. 3 GG)[206] sowie die Rundfunkanstalten hinsichtlich der Rundfunkfreiheit (Art. 5 Abs. 1 Satz 2 GG[207] – und hierauf beschränkt –[208]), unter Umständen aber auch für sonstige Verwaltungsträger, je nach deren wahrgenommenen Funktion,[209] angenommen wurde. Für die Klagebefugnis gemäß § 42 Abs. 2 kommt es auf einen derartigen Verfassungsbezug jedoch auch hier nicht an. Handwerks-[210] und sonstige Berufskammern, Innungen[211] oder Versicherungsträger[212] können deshalb um verwaltungsgerichtlichen Rechtsschutz gegen staatliche Weisungen und sonstige Maßnahmen nachsuchen, durch die sie in ihrem Selbstverwaltungsrecht oder einzelnen, meist hierauf beruhenden Berechtigungen verletzt werden.

## 3. Sonstige Hoheitsträger

Die Frage der Klagebefugnis kann auch für staatliche Stellen von Bedeutung werden, dies nach dem voraussetzungsgemäßen Rechtsschutzzusammenhang freilich nur im Fall eines materiell-verwaltungsrechtlichen Subordinationsverhältnisses (vgl. oben Rdnr. 70 ff.). Es kommt also darauf an, ob der Staat der Entscheidung eines anderen Hoheitsträgers unterworfen ist und insoweit in einem gesetzlich 83

---

[205] Vgl. BayVGH, BayVBl 1985,368 m. abl. Anm. von Reigl; NVwZ-RR 1990,243.
[206] BVerfGE 15,256 (262).
[207] BVerfGE 31,314 (322); 59,231 (254).
[208] Vgl. BVerfGE 78,101 (102).
[209] Vgl. dazu zusammenfassend BVerfG, NVwZ 1994,262.
[210] Vgl. Eyermann, GewArch 1992,215.
[211] Vgl. Musielak/Detterbeck, Das Recht des Handwerks, 3. Aufl. 1995, § 75 Rdnr. 18.
[212] Vgl. dazu BVerwG, NJW 1995,1628.

SächsOVG, B 25.1.98, DÖV 99, 787 (B1D /DB)

begründeten, subjektiven öffentlichen Recht beeinträchtigt sein kann. Beide Voraussetzungen sind etwa gegeben bei der Beitrags- oder Gebührenerhebung für eine gemeindliche Einrichtung oder im Falle immissions-[213] oder, allgemeiner, ordnungsrechtlicher Maßnahmen gegen staatliche Stellen.[214] Die Verfahrensbeteiligung der Länder gemäß § 9 BNatSchG bei naturschutzrechtlichen Eingriffsmaßnahmen des Bundes kann dagegen nicht als Ausdruck eines jenen zustehenden, subjektiven öffentlichen Rechts verstanden werden.[215]

## IV. Klagebefugnis ohne Rechtsverletzung

84 Ohne Geltendmachung einer Verletzung in eigenen Rechten ist eine (Anfechtungs- oder Verpflichtungs-)Klage dann zulässig, wenn dies (bundes- oder landes-[216])gesetzlich bestimmt ist, § 42 Abs. 2.

### 1. Ausnahmeregelungen

85 Solche gesetzlichen Ausnahmeregelungen betreffen bestimmte Sachbereiche, in denen eine rechtsförmliche Kontrolle des Behördenhandelns allein auf seine objektive Rechtmäßigkeit hin als wünschenswert erscheint. Auch hierdurch wird freilich keine Popularklage im Sinn einer Jedermann-Befugnis installiert. Die Klagebefugnis kommt vielmehr nur bestimmten Stellen beziehungsweise Organisationen zu, die infolge Aufgabenstellung oder Zielsetzung eine besondere sachliche Nähe zu dem jeweiligen Bereich aufweisen und deshalb für diesen als Sachwalter öffentlicher Interessen fungieren.

86 So ist Behördenleitern oder Aufsichtsbehörden die Möglichkeit einer Anfechtungsklage gegen Entscheidungen unabhängiger Ausschüsse, zum Beispiel im verwaltungsgerichtlichen Vorverfahren (vgl. § 73 Abs. 2 und dazu unten § 19 Rdnr. 55) oder gemäß § 18 Abs. 2 KDVNG (*Aufsichtsklage*) eröffnet,[217] ähnlich etwa besonderen, bei einzelnen Behörden bestellten Vertretern öffentlicher Interessen (*Beanstandungsklage*), wie zum Beispiel dem Bundesbeauftragten für Asylangelegenheiten (§ 6 Abs. 2 AsylVfG).[218] Auch im Klagerecht der Handwerkskammer gemäß § 8 Abs. 4 HwO gegen die Entscheidung über eine Ausnahmebewilligung kann eine Wahrnehmung bloß öffentlicher Interessen gesehen werden.[219]

---

[213] Vgl. auch Jarass, Komm. zum BImSchG, 4. Aufl. 1999, § 2 Rdnr. 8.
[214] Vgl. BVerwGE 29,52.
[215] BVerwGE 92,258; kritisch Kopp, NuR 1991,449.
[216] Vgl. BVerwG, DVBl 1987,1278; BVerwGE 92,263 (264).
[217] Vgl. BVerfGE 20,238.
[218] Vgl. dazu mit weiteren Anwendungsfällen Redeker/v. Oertzen, § 42 Rdnr. 23 f., sowie schon oben § 8 Rdnr. 60 ff.
[219] Vgl. Musielak/Detterbeck, Das Recht des Handwerks, § 8 Rdnr. 65 f.

## 2. Insbesondere das Klagerecht von Verbänden

Von besonderem praktischem wie dogmatischem Interesse ist das Klagerecht von Verbänden.

### a) Die prozessuale (echte) Verbandsklage

*aa)* Die *prozessuale Problematik* der Verbandsklage erwächst aus der Diskrepanz zwischen der letztlich grundrechtlich (Art. 9 Abs. 3 Satz 1 GG) fundierten Legitimation zu korporativer Wahrnehmung von Interessen, auch Dritter oder der Allgemeinheit, und dem Fehlen einer formellen Rechtsstellung zu deren gerichtlicher Geltendmachung. In der Auseinandersetzung um die Reichweite des Klagerechts von Verbänden[220] hat sich dessen rechtsschutzorientierte Beschränkung auf die Geltendmachung individueller Rechte, die dem Kläger formell und als solchem zustehen, durchgesetzt. Der Verband kann also weder Rechte der in ihm organisierten (und insofern in einem soziologischen Sinn "vertretenen") Mitglieder (sogenannte egoistische Verbandsklage),[221] noch gar Interessen der Allgemeinheit (sogenannte altruistische Verbandsklage), etwa am Schutz natürlicher Lebensgrundlagen (Art. 20a GG), gegenüber objektiv rechtswidrigem Behördenhandeln geltend machen. Umgekehrt begründet allerdings die formelle Betroffenheit in einer Rechtsstellung, zum Beispiel als Eigentümer eines bloßen "Sperrgrundstücks", die Klagebefugnis, ohne daß es auf eine besondere, materielle Schutzwürdigkeit ankäme.[222] 87

*bb)* Praktisch relevant ist allein die *umweltrechtliche Verbandsklage*. Gerade sie begegnet aber besonderen Bedenken. Denn mit ihr beansprucht der Bürger ein Wächteramt und schwingt sich – sei es auch im Verein mit anderen – zum Sachwalter von Allgemeininteressen auf, deren Wahrnehmung nach der bestehenden Verfassungsordnung grundsätzlich den demokratisch bestellten und verantwortlichen Repräsentativorganen obliegt. Man mag ernstlich in Erwägung ziehen, den Bürger im Sinne einer Annäherung an Formen einer unmittelbaren Demokratie stärker in staatliche Entscheidungsprozesse einzubeziehen.[223] Zu einer vom Individualrechtsschutz losgelösten Verwaltungskontrolle fehlen den Gerichten jedoch Kompetenz und Legitimation.[224] 88

---

[220] Vgl. dazu M. Wolf, a.a.O., S. 20 f., 47 f.; Faber, Die Verbandsklage im Verwaltungsprozeß, 1972, S. 54 f.; Ule/Laubinger, GA/52. DJT, 1978, S. B 60 ff.; Skouris, JuS 1982,100 ff; zusammenfassend neuerdings VGH BW, DÖV 1999,165.

[221] Vgl. BVerfGE 16,147 (158); BVerwGE 54,211 (219 f.); VGH BW, NJW 1972,1101.

[222] Vgl. BVerwGE 72,15; BVerwG, NVwZ 1991,781. Dazu schon oben § 13 Rdnr. 20.

[223] Vgl. vor allem Pestalozza, Der Popularvorbehalt, 1981; dens., NJW 1981,733. S. auch Bericht der Gemeinsamen Verfassungskommission, 1993, S. 165 ff.

[224] Vgl. auch Ule/Laubinger, GA/52. DJT, 1978, S. B 99 ff.; Skouris, Verletztenklagen und Interessentenklagen im Verwaltungsprozeß, 1979, S. 251.

v. Danwitz, NVwZ 04, 272, Eckardt / Pöhlmann, NVwZ 05, 532, BVerwG, U 5.4.06, NVwZ 06, 817 (Ost.-Verb.-Klage, BaG), Alleweldt, DÖV 06, 621, Gärditz, DV 13, 257, Dick / Meyer, AöR 15, 198 (gemeinschaftl. Verbandsklage), EuGH, U 12.5.11, DVBl 757 m. Anm. Durner / Paus, BVerwG, U 5.9.13, NVwZ 14, 64 (Lebensraum der Braunbären)

89 In einer Reihe von Landesnaturschutzgesetzen[225] ist für Verbände, die gemäß § 29 Abs. 2 BNatSchG anerkannt wurden, ein eigenes Klagerecht ohne subjektive Rechtsverletzung eingeräumt worden. Es kann gesetzlich auf die Verletzung bestimmter Vorschriften beschränkt und auch gegenüber Verwaltungsakten vorgesehen werden, die in einem bundesrechtlich geregelten Verfahren erlassen wurden.[226] Eine Klage gegen Maßnahmen von Bundesbehörden ist auf dieser Grundlage jedoch nicht möglich.[227]

#### *b) Die materiell-rechtliche (unechte) Verbandsklage*

90 Keine Verbandsklage im vorgenannten Sinne unter Abweichung von § 42 Abs. 2 liegt dagegen vor, wenn jene auf eine Verletzung des Rechts auf Verfahrensbeteiligung gemäß § 29 Abs. 1 BNatSchG gestützt wird. Denn dieses vermittelt dem Verband gerade ein eigenes Recht, für dessen Durchsetzung er ohne weiteres Rechtsschutz in Anspruch nehmen kann.[228] Umstritten ist allerdings, ob nicht dieses bloße Verfahrensrecht nur als solches, notfalls im Wege einstweiligen Rechtsschutzes, durchsetzbar ist,[229] oder ob seine Verletzung auch die daraufhin ergehende Entscheidung zum Nachteil des Verbandes rechtswidrig macht. Allerdings ist jenes Klagerecht bundesrechtlich anstelle einer Verbandsklage – ohne diese auch für das Landesrecht auszuschließen –[230] gerade mit dem Ziel eingeräumt worden, das als rein objektiver Belang nicht hinreichend effektive Naturschutzinteresse zu subjektivieren. Die in der Nichtanhörung liegende Rechtsverletzung setzt sich aber in der *dadurch* rechtswidrigen Behördenentscheidung fort und legitimiert den hiervon in seiner – wenn auch nur formalen – Rechtsstellung betroffenen Verband zur Klage.[231]

## Literatur

### Zu I (Grundsätzliches)

*Achterberg*, Die Klagebefugnis – eine entbehrliche Sachurteilsvoraussetzung?, DVBl 1981,278.

[225] Vgl. §§ 39b blnNatSchG; 65 bbgNatSchG i. V. m. Art. 39 Abs. 8 Satz 1 bbgVerf; 44 bremNatSchG; 41 hambNatSchG; 36 hessNatSchG; 60c ndsNatSchG; 33 saarlNatG; 58 sächsNatSchG i. V. m. Art. 10 Abs. 2 sächsVerf; 52 saNatSchG; 51c shNatSchG; 46 thürNatSchG.
[226] Vgl. BVerwGE 78,347.
[227] BVerwGE 92,263.
[228] Vgl. BVerwGE 87,62; VGH BW, NVwZ 1988,1039; HessVGH, NVwZ 1988,1040.
[229] So VGH BW, NVwZ 1988,1039; Redeker/v. Oertzen, § 42 Rdnr. 25a; Dolde, NVwZ 1991,960.
[230] BVerwGE 92,263 (265).
[231] Ebenso BVerwGE 87,62; VGH BW, DVBl 1993,163; vgl. auch Lorenz, StrG BW, Komm., 1992, § 37 Rdnr. 38 m. w. Nachw.

*Ehlers*, Die Klagebefugnis nach deutschem, europäischem Gemeinschafts- und U.S.-amerikanischem Recht, VerwArch 84 (1993), S. 139.
*Engelhardt*, Zur Klagebefugnis im Verwaltungsprozeß, JZ 1961,588.
*Gierth*, Klagebefugnis und Popularklage, DÖV 1980,893.
*Laubinger*, Feststellungsklage und Klagebefugnis (§ 42 Abs. 2 VwGO), VerwArch 82 (1991), S. 459.
*Lüke*, Die Abgrenzung der Klagebefugnis im Verwaltungsprozeß, AöR 84 (1959), S. 185.
*Rupp*, Kritische Bemerkungen zur Klagebefugnis im Verwaltungsprozeß, DVBl 1982,144.

## Zu II 1, 3 (Rechtsverletzungsbehauptung)

*Bettermann*, Klagebefugnis und Aktivlegitimation im Anfechtungsprozeß, in: Staatsbürger und Staatsgewalt II, 1963, S. 449.
*Erichsen*, Zur Regelung der Klagebefugnis in § 42 Abs. 2 VwGO, VerwArch 64 (1973), S. 319.
*Ders.*, Die Klagebefugnis gem. § 42 Abs. 2 VwGO, Jura 1989,220.
*Ders.*, Die Zulässigkeit einer Klage vor dem Verwaltungsgericht, Jura 1994,476.
*Gurlit*, Die Klagebefugnis des Adressaten im Verwaltungsprozeß, DVerw 28 (1995), S. 449.
*Hartmann*, Die Behauptung der Rechtsbeeinträchtigung als Prozeßvoraussetzung der Anfechtungsklage, DÖV 1954,370.
*Haupt*, Ausschlußfristen in Einwendungsverfahren des Öffentlichen Rechts, jur. Diss. Bonn, 1988.
*Lorz*, Der Rechtsschutz einfacher Verkehrsteilnehmer gegen Verkehrszeichen und andere verkehrsbehördliche Anordnungen, DÖV 1993,129.
*Streinz*, Materielle Präklusion und Verfahrensbeteiligung im Verwaltungsrecht, VerwArch 79 (1988), S. 272.

## Zu II 2 (Subjektives öffentliches Recht)

*Bachof*, Reflexwirkungen und subjektive Rechte im Öffentlichen Recht, in: GS für Jellinek, 1955, S. 287.
*Bauer, Hartmut*, Geschichtliche Grundlagen der Lehre vom subjektiven öffentlichen Recht, 1986.
*Ders.*, Altes und Neues zur Schutznormtheorie, AöR 113 (1988), S. 582.
*Bleckmann*, Die Klagebefugnis im verwaltungsgerichtlichen Anfechtungsverfahren, VBlBW 1985,361.
*Classen*, Der einzelne als Instrument zur Durchsetzung des Gemeinschaftsrechts?, VerwArch 88 (1997), S. 645.
*v. Danwitz*, Zum Anspruch auf Durchführung des "richtigen" Verwaltungsverfahrens, DVBl 1993,422.
*Ders.*, Zur Grundlegung einer Theorie der subjektiv-öffentlichen Gemeinschaftsrechte, DÖV 1996,481.
*Geist-Schell*, Verfahrensfehler und Schutznormtheorie, 1988.
*Henke*, Das subjektive öffentliche Recht, 1968.
*Ders.*, Das subjektive Recht im System des Öffentlichen Rechts, DÖV 1980,621.
*Masing*, Die Mobilisierung des Bürgers für die Durchsetzung des Rechts, 1996.
*Neumeyer*, Die Klagebefugnis im Verwaltungsprozeß, 1979.
*Pietzcker*, "Grundrechtsbetroffenheit" in der verwaltungsrechtlichen Dogmatik, in: FS für Bachof, 1984, S. 131.
*Remmert*, Die nationale Ausgestaltung richtlinienrechtlich geforderter subjektiver Rechtsstellungen, DVerw 29 (1996), S. 465.
*Ruffert*, Subjektive Rechte im Umweltrecht der Europäischen Gemeinschaft, 1996.
*Ders.*, Dogmatik und Praxis des subjektiv-öffentlichen Rechts unter dem Einfluß des Europarechts, DVBl 1998,69.

*Rupp*, Grundfragen der heutigen Verwaltungsrechtslehre, 2. Aufl. 1991.
*Ruthig*, Transformiertes Gemeinschaftsrecht und die Klagebefugnis des § 42 Abs. 2 VwGO, BayVBl 1997,289.
*Schechinger*, Rechtsverletzung und Schutznorm im Anfechtungsprozeß Privater gegen Straßenplanungen, DVBl 1991,1182.
*Scherzberg*, Grundlagen und Typologie des subjektiv-öffentlichen Rechts, DVBl 1988,129.
*Sening*, Abschied von der Schutznormtheorie im Naturschutzrecht, NuR 1980,102.
*Ders.*, Rettung der Umwelt durch Aufgabe der Schutznormtheorie, BayVBl 1982,428.
*Triantafyllou*, Zur Europäisierung des subjektiven öffentlichen Rechts, DÖV 1997,192.
*Wegener*, Rechte des Einzelnen. Die Interessentenklage im europäischen Umweltrecht, 1998.
*Zuleeg*, Hat das subjektive öffentliche Recht noch eine Daseinsberechtigung?, DVBl 1976,509.

## Zu II 4, 5 (Drittklage)

*Bauer, Hartmut*, Zum öffentlich-rechtlichen Nachbarschutz im Wasserrecht, JuS 1990,24.
*Berger*, Grundfragen umweltrechtlicher Nachbarklagen, 1982.
*Bernhardt*, Zur Anfechtung von Verwaltungsakten durch Dritte, JZ 1963,302.
*Bettermann*, Die Beschwer als Klagevoraussetzung, 1970.
*Blankenagel*, Klagefähige Rechtsposition im Umweltrecht, DVerw 26 (1993), S. 1.
*Brohm*, Die Konkurrentenklage, in: Menger-FS, S. 235.
*Burgi*, Die Rechte Drittbetroffener gegenüber einer wasserrechtlichen Bewilligung bzw. Erlaubnis, ZfW 1990,245.
*Dürr*, Das öffentliche Baunachbarrecht, DÖV 1994,841.
*Erichsen*, Konkurrentenklagen im öffentlichen Recht, Jura 1994,385.
*Gassner*, Anfechtungsrechte Dritter und "Schutzgesetze", DÖV 1981,615.
*Gerstner*, Die Drittschutzdogmatik im Spiegel des französischen und britischen Verwaltungsgerichtsverfahrens, 1995.
*Huber*, Konkurrenzschutz im Verwaltungsrecht, 1991.
*Knauber*, Das Gebot der Rücksichtnahme – der Schlüssel zur Begründung subjektiver Rechtsmacht jetzt auch im wasserrechtlichen Nachbarschutz -, NVwZ 1988,997.
*König*, Drittschutz. Der Rechtsschutz Drittbetroffener gegen Bau- und Anlagengenehmigungen im öffentlichen Baurecht, Immissionsschutzrecht und Atomrecht, 1993.
*Kopp*, Die Anfechtung von Genehmigungen bei nur mittelbarer Betroffenheit, GewArch 1970,121.
*Ders.*, Mittelbare Betroffenheit im Verwaltungsverfahren und Verwaltungsprozeß, DÖV 1980,504.
*Löwer*, Klagebefugnis und Kontrollumfang der richterlichen Planprüfung bei straßenrechtlichen Planfeststellungsbeschlüssen, DVBl 1981,528.
*Mampel*, Aktuelle Entwicklungen im öffentlichen Baunachbarrecht, DVBl 1994,1053.
*Otte*, Individualrechtsschutz im Straßenrecht, NwVBl 1996,41.
*Peter*, Konkurrentenschutz im Beamtenrecht, JuS 1992,1042.
*Preu*, Subjektivrechtliche Grundlagen des öffentlichrechtlichen Drittschutzes, 1992.
*Schenke, W.*, Die Konkurrentenklage im Beamtenrecht, in: FS für Mühl, 1981, S. 571.
*Scherer*, Öffentlich-rechtliche Konkurrentenklage im Wirtschafts- und Beamtenrecht, Jura 1985,11.
*Schlotterbeck*, Nachbarschutz im anlagenbezogenen Immissionsschutzrecht, NJW 1991,2669.
*Schmidt-Preuß*, Kollidierende Privatinteressen im Verwaltungsrecht, 1992.
*Schröder*, Die Klagebefugnis bei Anfechtungs- und Normenkontrollklagen, Jura 1981,617.
*Wittkowski*, Die Konkurrentenklage im Beamtenrecht (unter besonderer Berücksichtigung des vorläufigen Rechtsschutzes), NJW 1993,817.

## Zu III (Öffentlich-rechtliche Rechtsträger)

*Kopp*, Beteiligung und Rechtsschutz der Länder in Planfeststellungsverfahren des Bundes, NuR 1991,449.

*Laubinger*, Naturschutzrecht in Planfeststellungen von Bundesbehörden – zur Klagebefugnis der Länder bei der Anfechtung bundesbehördlicher Verwaltungsakte -, DVBl 1994,351.

*Sailer*, Der Rechtsschutz von Gemeinden gegenüber staatlichen Planungsentscheidungen, BayVBl 1981,545.

## Zu IV (Verbandsklage)

*Battis/ Dünnbacke*, Die Verbandsklage nach dem Berliner Naturschutzgesetz, JuS 1990,188.

*Battis/ Weber*, Zum Mitwirkungs- und Klagerecht anerkannter Naturschutzverbände, JuS 1992,1012.

*Bizer/ Ormond/ Riedel*, Die Verbandsklage im Naturschutzrecht, 1990.

*Bleckmann*, Die Klagebefugnis der Verbände im Anfechtungsprozeß, VerwArch 63 (1972), S. 183.

*Kopp*, Zur landesrechtlichen Verbandsklage der Naturschutzverbände gegen Maßnahmen von Bundesbehörden, NuR 1994,76.

*v. Mutius*, Zulässigkeit der Verbandsklage?, VerwArch 64 (1973), S. 311.

*Sening*, Systemdynamische und energetische Überlegungen zur Klagebefugnis im Naturschutzrecht, NuR 1979,9.

*Skouris*, Landesrechtliche Einführung der Verbandsklage?, NVwZ 1982,233.

*Ders.*, Über die Verbandsklage im Verwaltungsprozeß, JuS 1982,100.

*Wolf, M.*, Die Klagebefugnis der Verbände, 1971.

*Wolf, R.*, Zur Entwicklung der Verbandsklage im Umweltrecht, ZUR 1994,1.

# § 19. Das Vorverfahren

## I. Allgemeine Bedeutung

Gemäß § 68 sind vor Erhebung der Anfechtungsklage (Abs. 1) und der Versagungsgegenklage (Abs. 2) Rechtmäßigkeit und Zweckmäßigkeit des Verwaltungsakts grundsätzlich in einem Vorverfahren nachzuprüfen. Dieses ist vorliegend nur in seiner *prozessualen Relevanz* von Interesse, während sonstige, allgemeine Anforderungen an das Vorverfahren *als Verwaltungsverfahren* (dazu sogleich) im übrigen außer Betracht bleiben.[1] **1** NVwZ 12, 506

### 1. Zielsetzungen

Mit dem Vorverfahren wird eine dreifache Zielsetzung verfolgt.[2] **2**

Es dient zunächst der *Selbstkontrolle* der Verwaltung, die vor Einschaltung des Gerichts Gelegenheit zur Überprüfung ihrer Entscheidung erhalten soll, und zwar auch und gerade nach dem Maßstab inhaltlicher Sachrichtigkeit (Zweckmäßigkeit), der judizieller Beurteilung verschlossen ist. In der praktischen Handhabung scheint allerdings das Ziel der Vermeidung einer gerichtlichen Korrektur im Vordergrund zu stehen und sich deshalb die administrative Nachprüfung in aller Regel auf eine bloße Rechtskontrolle zu reduzieren.[3] Auch damit erfüllt das Vorverfahren jedoch die ihm weiterhin zugedachte Filterwirkung zur *Entlastung der Gerichte*.[4] In Fällen, in denen dieser Effekt bereits durch die Ausgestaltung des vorausgegangenen Verwaltungsverfahrens und/oder die besondere Struktur der betreffenden Entscheidung erreicht wird, entfällt gemäß § 68 Abs. 1 Satz 2 ein Vorverfahren (siehe dazu unten Rdnr. 16 ff.).

**3** Das Vorverfahren erfüllt schließlich eine bedeutsame *Rechtsschutzfunktion* für den einzelnen.[5] Dieser erhält die Chance schnellerer und kostengünstigerer

---

[1] Vgl. dazu Weides, a.a.O.; v. Mutius, a.a.O.; Allesch, a.a.O.

[2] Vgl. dazu BVerwGE 26,161 (166); v. Mutius, a.a.O., S. 138 ff., 174; Oerder, a.a.O., S. 54 ff.

[3] Vgl. auch J. Martens, NVwZ 1988,688; Hufen, § 5 Rdnr. 18.

[4] Vgl. Amtl. Begr. zu § 71 E-VwPO, BR-Drucks. 100/82, S. 106. Zur (wieder korrigierten) Abschaffung des Vorverfahrens in Bausachen gemäß Art. 10a bayAGVwGO 1970 vgl. Kalkbrenner, BayVBl 1970,351.

[5] Vgl. dazu Kopp, in: FS für Redeker, 1993, S. 543 ff.

Schenke, JZ 96, 1055, Hain, DVBl 11, 1544, Rüssel NVwZ 06, 523, Holzner, DÖV 08, 217, Beaucamp/Ringermuth, DVBl 08, 426, Steinbeiß-Winkelmann, NVwZ 09, 686, BayVerfGH, E 23.10.08 NVwZ 09, 716, Schenke, JZ 10, 992, BVerwG, U 15.9.10, NVwZ 11, 501 m. Anm. Schoch, Steinbeiß-Winkelmann/Ott, NVwZ 11, 914, BVerwG, U 23.8.11, DVBl 12, 49 (51), BVerwG, U 23.8.11

Rechtsverwirklichung,[6] die durch die etwaige Verzögerung des gerichtlichen Rechtsschutzes im Falle eines erfolglosen Widerspruchsverfahrens insgesamt nicht entwertet und deshalb auch nicht durch Art. 19 Abs. 4 GG verwehrt wird.[7] Auch dient eine fundiertere Begründung, wie sie der Widerspruchsbehörde in der Regel möglich sein wird, selbst bei Aufrechterhaltung der Ausgangsentscheidung dem individuellen Rechtsschutz. Vor allem aber kommt dem Betroffenen die allein der Behörde zustehende Zweckmäßigkeitskontrolle zugute; in Fällen eines gerichtlichen Kontrolldefizits hat das Vorverfahren deshalb, ähnlich wie das allgemeine Verwaltungsverfahren,[8] eine originäre Rechtsschutzaufgabe zu übernehmen, so insbesondere bei Ermessens- sowie bei (berufsbezogenen) Prüfungsentscheidungen (s. unten Rdnr. 10).

## 2. Rechtliche Einordnung

### *a) Gesetzgebungskompetenz*

4 Verständnis und Reichweite der gesetzlichen Bestimmungen werden, wie allgemein, so auch hier wesentlich von der zugrunde liegenden Gesetzgebungskompetenz bestimmt. Die Regelung des Vorverfahrens als Voraussetzung der verwaltungsgerichtlichen Klage (§ 77 Abs. 2) beruht auf der konkurrierenden Gesetzgebungszuständigkeit des Bundes für das gerichtliche *Verfahren* (Art. 74 Abs. 1 Nr. 1 GG).[9] Diese umfaßt auch die verwaltungsverfahrensrechtliche Ausgestaltung des Vorverfahrens, soweit es funktional auf den nachfolgenden Prozeß ausgerichtet ist, und läßt deshalb annexweise auch inhaltlich eine einheitliche Regelung für Bundes- und Landesbehörden zu. Zum gleichen Ergebnis gelangt eine Berufung auf die Bundeskompetenz für die Regelung des Verwaltungsverfahrens der Bundesbehörden (Art. 86 GG) und der Landesbehörden beim Vollzug von Bundesrecht (hier des § 68) im Fall des Art. 84 Abs. 1 GG.[10] Dabei hat die Verwaltungsgerichtsordnung das Widerspruchsverfahren abschließend nur insoweit geregelt, als die Voraussetzungen für die nachfolgende Klage betroffen sind,[11] sich im übrigen aber ersichtlich auf vereinzelte, prozeßrelevante Vorschriften beschränkt und damit der ergänzenden Regelung durch eigenständiges Verwaltungsverfahrensrecht (vgl. § 79 VwVfG) Raum gelassen.

---

[6] Brühl, JuS 1994,57.
[7] BVerfGE 35,65 (73); 40,237 (256).
[8] Vgl. dazu v. Mutius, in: Menger-FS, S. 587, 593 ff., sowie oben § 5 Rdnr. 14.
[9] Allgemeine Meinung, vgl. BVerfGE 35,65 (72); BVerwGE 61,360; Kopp/Schenke, Vorbem. § 68 Rdnr. 5; eingehend Oerder, a.a.O., S. 22 ff.
[10] Vgl. BVerwGE 82,336 (338 f.); Hofmann, in: Menger-FS, S. 608 ff.; Hufen, § 5 Rdnr.4; demgegenüber Allesch, a.a.O., S. 28.
[11] BVerwGE 61,360 (362).

### b) Rechtsnatur

Aus dieser Bedeutung des Vorverfahrens resultiert seine Affinität sowohl zum Verwaltungsverfahren als auch zum gerichtlichen Prozeß. Ungeachtet dieser funktionalen Doppelstellung ist das Vorverfahren jedoch sachlich als reines Verwaltungsverfahren zu qualifizieren. Seine Durchführung ist (Zulässigkeits-) *Voraussetzung* bestimmter verwaltungsgerichtlicher Klagen, es erhält hierdurch aber nicht selbst den Charakter eines (Teils des) gerichtlichen Verfahrens.[12] Andererseits kann das Vorverfahren aber – trotz der Verbindung eines etwa ergehenden Widerspruchsbescheids mit dem Ausgangsverwaltungsakt (vgl. oben § 15 Rdnr. 4 f.) – auch nicht bloß als Teil eines einheitlichen Verwaltungsverfahrens verstanden werden.[13] Es ist vielmehr als eigenständiges, zwischen vorausgehendem Ausgangs- und nachfolgendem gerichtlichem Verfahren stehendes *Verwaltungsverfahren eigener Art*, näherhin als Rechtsbehelfsverfahren ausgestaltet, auf das gemäß § 79 (L)VwVfG in erster Linie die §§ 69 bis 73 sowie die hierzu ergangenen Ausführungsgesetze der Länder anwendbar sind. Zur Ausfüllung verbleibender Lücken gelten ergänzend die Vorschriften des Verwaltungsverfahrensgesetzes sowie der entsprechenden Landesgesetze, soweit diese nicht durch § 2 (L)VwVfG generell verdrängt werden[14] oder mit der Natur des Vorverfahrens im Hinblick auf dessen prozessuale Orientierung unvereinbar sind. 5

Anwendbar sind danach insbesondere die den *äußeren Verfahrensablauf* betreffenden Bestimmungen[15] über die Verfahrensdurchführung (§ 10 VwVfG), die Beteiligten (§§ 11-16 VwVfG), die Bestellung eines gemeinsamen Vertreters (§§ 17-19 VwVfG), die Entscheidungsträger (§§ 20, 21 VwVfG), die Amtssprache (§ 23 VwVfG), die Sachverhaltsermittlung (§§ 24-27 VwVfG) und die Verfahrensrechte von Beteiligten (§§ 28-30 VwVfG), wobei für die Anhörung beschwerter Dritter § 71 VwGO zu beachten ist. 6

### c) Abgrenzung

Die in § 68 Abs. 1 i. V. m. §§ 72, 73 Abs. 1 Satz 2 grundsätzlich vorgesehene Nachprüfung der Entscheidung durch die Ausgangs- und gegebenenfalls die nächsthöhere Behörde knüpft an das bestehende Verwaltungsorganisationsrecht 7

---

[12] H. M., vgl. BVerwGE 62,201 (205); 70,58; Schmitt Glaeser, Rdnr. 184; Hufen, § 5 Rdnr. 7 f.; Allesch, a.a.O., S. 26; anders noch BVerwGE 17,246 (248); 22,281 (282); ferner etwa Trzaskalik, a.a.O., S. 40, 45 ff.

[13] Ebenso Hufen, § 5 Rdnr. 8; vgl. auch Allesch, a.a.O., S. 40, 48 und passim; a. M. BVerwGE 82,336; Bosch/Schmidt, § 26 I 2.

[14] Vgl. BVerwGE 82,336 (im Ergebnis durch zwischenzeitliche Änderung des Art. 2 Abs. 2 Nr. 1 bayVwVfG überholt); Allesch, a.a.O., S. 69 ff. Zur Irrelevanz der Subsidiaritätsklausel des § 1 VwVfG vgl. Schmitt Glaeser, Rdnr. 186 (4).

[15] Vgl. im einzelnen Geis, in: Sodan/Ziekow, § 68 Rdnr. 52 ff.; Schmitt Glaeser, Rdnr. 186 (5); Hufen, § 5 Rdnr. 14; umfassend dazu Allesch, a.a.O.

mit behördlicher Erstentscheidungskompetenz und hierarchischem Aufsichtsverhältnis an, ist jedoch streng von den mit diesen gegebenen Handlungsmöglichkeiten zu unterscheiden. Beide Verfahren stehen mit je eigenen Voraussetzungen und Entscheidungsbefugnissen selbständig nebeneinander. So sind im Widerspruchsverfahren organisations- und materiell-rechtliche Bindungen, wie sie für Aufsichtsmaßnahmen[16] und erneute Sachentscheidungen bestehen (§§ 48, 49 VwVfG), unbeachtlich (vgl. § 50 VwVfG),[17] wie umgekehrt trotz Unzulässigkeit eines Widerspruchs (z. B. mangels Fristwahrung oder Widerspruchsbefugnis) eine primäre oder aufsichtliche Sachentscheidung möglich ist, soweit die *für diese* bestehenden Voraussetzungen erfüllt sind.

### 3. Sonstige vorgerichtliche Rechtsbehelfe

#### *a) Bundesrechtliche Verfahrenskonkurrenzen*

8 Das Widerspruchsverfahren gemäß § 68 erfüllt alle Funktionen rechtsschutzorientierter Verwaltungskontrolle und macht deshalb sonstige, auf das gleiche Ziel gerichtete Einspruchs- oder Beschwerdeverfahren entbehrlich. § 77 Abs. 1 hebt derartige, bundesrechtlich geregelte Verfahren, vorbehaltlich der in § 190 aufgezählten Ausnahmen, generell auf, auch wenn sie keine Voraussetzung der verwaltungsgerichtlichen Klage bilden. Fakultative Rechtsbehelfe, wie der in § 15a Abs. 4 GjSM vorgesehene Antrag gegen die Entscheidung im vereinfachten Verfahren,[18] werden nicht erfaßt. Nicht betroffen sind ferner Verwaltungsverfahren außerhalb des Verwaltungsrechtswegs (§ 40 Abs. 1, 2), wie das Einspruchsverfahren gemäß § 347 AO (Finanzrechtsweg) sowie die nach § 24 Abs. 2 EGGVG einzuhaltenden (ordentlicher Rechtsweg)[19] oder aufgrund des § 212 BauGB eingerichteten Vorverfahren (ordentlicher Rechtsweg).

#### *b) Landesrechtliche Verfahren*

9 Rechtsbehelfsverfahren des Landesrechts entfallen gemäß § 77 Abs. 2 nur dann beziehungsweise können nicht neu begründet werden, wenn sie gegen den (Nicht-)Erlaß eines Verwaltungsakts im Sinn des § 42 Abs. 1 gerichtet und deshalb Voraussetzung der verwaltungsgerichtlichen Klage sind. Dagegen bleiben Vorschaltverfahren unberührt, aufgrund deren erst der (gegebenenfalls durch Widerspruch und Klage anfechtbare) Verwaltungsakt im Sinne des § 42 Abs. 1

---

[16] Vgl. etwa VGH BW, VBlBW 1992,376; BayVGH, BayVBl 1992,177.
[17] Vgl. BVerwG, BayVBl 1994,374.
[18] Vgl. BVerwGE 91,217.
[19] Vgl. dazu BVerfGE 40,237 (246 ff.).

ergeht, zum Beispiel bei Anfechtung einer Kommunalwahl[20] oder der (fristgebundenen) Geltendmachung von Fehlern des Prüfungsverfahrens.[21] Hier handelt es sich nicht eigentlich um die Statuierung zusätzlicher oder auch nur alternativer Zugangsvoraussetzungen für den gerichtlichen Rechtsschutz, sondern um die Begründung einer Obliegenheit, Rechtsfehler zur Wahrung der materiell-rechtlichen Rechtsstellung – aus Sachgründen fristgebunden – geltend zu machen. Es liegt also eine im Bereich des materiellen Verwaltungs(verfahrens)rechts anzusiedelnde Präklusion vor, die von § 77 Abs. 2 nicht erfaßt wird.

Unbedenklich sind auch Anforderungen an einen vorgerichtlichen Verfahrens- 10
rechtsschutz, wie ihn die Rechtsprechung bei *berufsbezogenen Prüfungsentscheidungen* zur Kompensation des gerichtlichen Kontrolldefizits (vgl. oben § 5 Rdnr. 20 ff.) für notwendig erklärt hat.[22] Danach ist den Prüfern auf Einwendungen des Kandidaten hin in einem Widerspruchsverfahren (§ 68 Abs. 2) oder, mangels eines solchen, in einem ersatzweise durchzuführenden, formlosen Vorschaltverfahren Gelegenheit zu geben, ihr Urteil zu "überdenken".[23] Bevor nicht *Gelegenheit* zu einer derartigen Verwaltungskontrolle bestand, ist das Gericht an der ihm allein möglichen, rechtlichen Entscheidung gehindert.[24] Soweit solche Vorprüfungen inzwischen selbständig verfahrensrechtlich institutionalisiert wurden, richten sie keine prozessuale Hürde auf; von ihrer Durchführung hängt deshalb nicht die Zulässigkeit der Klage ab.[25]

## II. Das Erfordernis eines Vorverfahrens

Das Vorverfahren ist auf eine nachfolgende Anfechtungs- oder Verpflichtungs- (in 11
Form der Versagungsgegen-)klage ausgerichtet und wird deshalb von diesen in seinen wesentlichen Kennzeichen bestimmt.

### 1. Grundsätzliche Durchführung

#### *a) Anfechtungswiderspruch*

Ebenso wie die *Anfechtungsklage* kann auch der dieser vorangehende, als gesetz- 12
licher Normalfall geregelte Widerspruch (§ 68 Abs. 1 Satz 1) nur gegen einen

[20] Vgl. z. B. § 31 bwKomWG; dazu Kunze/Merk/Quecke, Das Kommunalwahlrecht in Baden-Württemberg, 4. Aufl. 1989, § 31 Rdnr. 2.
[21] Vgl. dazu BVerwGE 96,126 (130).
[22] Vgl. BVerfGE 84,34 (47); BVerwGE 91,262 (274); 92,132 (136 f.); OVG NW, NVwZ 1992, 694; OVG RP NVwZ 1994,805; Seebaß, NVwZ 1992,613.
[23] Vgl. BVerfGE 84,34 (47); BVerwGE 92,132; 98,324 (333).
[24] Vgl. BVerwGE 92,132 (139); BVerwG, NVwZ 1993,686; NVwZ 1993,689; OVG RP, NVwZ 1994,805.
[25] Vgl. BVerwGE 92,132 (146); vgl. auch BVerwGE 96,126 (133).

existenten Verwaltungsakt im Sinne des § 42 Abs. 1 VwGO (und § 35 VwVfG) gerichtet sein. Mangelt es hieran, so ist der Widerspruch unzulässig; die fehlende Rechtsnatur als Verwaltungsakt kann auch nicht durch deren Bejahung seitens der Widerspruchsbehörde begründet werden (vgl. oben § 15 Rdnr. 6).

13 Ebenso ist ein vorbeugender Widerspruch gegen künftige Verwaltungsakte ("auf Vorrat") unstatthaft, und er erfaßt diese auch nicht bei deren späterem Erlaß.[26] Ist das Begehren dagegen auf das (künftige) Unterlassen eines Verwaltungsakts gerichtet, so ist dieses durch negative (allgemeine) Leistungsklage zu verfolgen (vgl. oben § 16 Rdnr. 4 und unten § 23 Rdnr. 24 ff.), der ein Vorverfahren nicht vorausgeht.

### b) Verpflichtungswiderspruch

14 In Verpflichtungssachen ist ein Vorverfahren nur vorgesehen, wenn der Antrag auf Vornahme eines Verwaltungsakts abgelehnt worden ist, § 68 Abs. 2, also nur im Fall der Versagungsgegenklage, nicht dagegen vor einer Untätigkeitsklage. Wie § 75 Satz 1 nochmals bekräftigt, kann diese, anders als im finanzgerichtlichen Verfahren (vgl. § 44 Abs. 1 FGO i. V. m. § 347 Abs. 1 Satz 2 AO: Einspruch gegen Unterlassen einer Entscheidung), unmittelbar erhoben werden, so daß ein gleichwohl eingelegter Widerspruch unstatthaft, nicht bloß entbehrlich (aber zulässig) ist.[27] Dabei bleibt es, eine zulässige Klage vorausgesetzt, auch dann, wenn die Behörde nachträglich doch noch (negativ) über den Vornahmeantrag entscheidet (s. unten Rdnr. 32).

### c) Sondergesetzliche Regelungen

15 In einzelnen Gesetzen ist die Durchführung eines Vorverfahrens über die begrenzte Regelung des § 68 hinaus *vorgeschrieben.* So bedürfen insbesondere *beamtenrechtliche Klagen*[28] einschließlich der Leistungs- und Feststellungsklagen gemäß § 126 Abs. 3 Nr. 1 BRRG eines Vorverfahrens. Dies gilt auch dann, wenn der Verwaltungsakt von der obersten Dienstbehörde (vgl. § 3 Abs. 1 BBG) erlassen (vgl. demgegenüber § 68 Abs. 1 Satz 2 Nr. 1 VwGO und dazu sogleich Rdnr. 17) beziehungsweise – über den reinen Gesetzeswortlaut hinaus – abgelehnt worden ist,[29] aber auch dann, wenn sich das Klagebegehren überhaupt nicht auf einen Verwaltungsakt (z. B. dienstliche Beurteilung; Umsetzung) bezieht; in diesem Fall ist allerdings § 70 nicht anwendbar (s. dazu unten Rdnr. 39 ff.).[30] Im

---

[26] Vgl. BVerwGE 66,342; BVerwG, NJW 1978,1870; BayVBl 1985,605; OVG NW, DÖV 1995, 874, aber auch BVerwGE 25,20.

[27] Ebenso Hufen, § 6 Rdnr. 17.

[28] Auch, soweit sie nicht von Beamten erhoben werden, vgl. BVerwGE 66,39 (41).

[29] Vgl. BVerwGE 31,345 (347 f.).

[30] Vgl. BVerwGE 49,351 (357); Schnellenbach, Beamtenrecht in der Praxis, 4. Aufl. 1998,

Fall der Unterlassung eines Verwaltungsakts oder eines Widerspruchsbescheids verbleibt es bei der Regelung des § 75 Satz 1 (s. dazu sogleich Rdnr. 23 ff.).[31]

## 2. Ausschluß des Vorverfahrens

Ausnahmen vom grundsätzlichen Erfordernis eines Vorverfahrens sind teils in der Verwaltungsgerichtsordnung selbst, teils auf deren Grundlage in anderen Gesetzen vorgesehen. Ungeachtet der mißverständlichen Ausdrucksweise in §§ 68 Abs. 1 Satz 2; 75 Satz 1, die auf eine bloße Freistellung von jener Klagevoraussetzung hindeuten, wird in diesen Fällen der Widerspruch und eine *auf diesen* ergehende Sachentscheidung (vgl. aber oben Rdnr. 7) unzulässig. Sie haben damit insbesondere auf den Lauf der Klagefrist (vgl. § 74 Abs. 1 Satz 2 und dazu unten § 20 Rdnr. 10) keinen Einfluß.[32] **16**

### *a) Regelausnahmen*

Nach § 68 Abs. 1 Satz 2 entfällt das Vorverfahren in folgenden zwei Regelkonstellationen:

*aa)* Wurde der Verwaltungsakt von einer *obersten Bundes- oder Landesbehörde* (nicht nur Bundes- oder Landesoberbehörde, z. B. gemäß Art. 87 Abs. 3 Satz 1 GG) erlassen, so findet mit Blick auf deren Funktion und personelle Ausstattung eine erneute, eigene Prüfung, wie sie im Fall des § 73 Abs. 1 Satz 2 Nr. 2 vorgesehen ist, nicht statt (§ 68 Abs. 1 Satz 2 Nr. 1). Gesetzlich kann jedoch die Nachprüfung in einem Vorverfahren vorgeschrieben sein, so zum Beispiel außer in dem erwähnten § 126 Abs. 3 Nr. 1 BRRG durch § 55 Satz 1 PBefG. **17**

*bb)* Ist ein Vorverfahren bereits durch eine Abhilfeentscheidung (§ 72) erledigt oder aber auch vollständig durchgeführt worden, so besteht kein Anlaß für eine erneute administrative Kontrolle, ganz abgesehen von der (eben hierdurch) unverhältnismäßigen Verzögerung des Zugangs zum Gericht. Jene Nachprüfung entfällt deshalb gegenüber einem *Abhilfe-* oder *Widerspruchsbescheid*, auch wenn er eine *isolierte Beschwer* enthält (vgl. schon oben § 15 Rdnr. 8 ff.). Diese kann zunächst gemäß § 68 Abs. 1 Satz 2 Nr. 2 einen Verfahrensbeteiligten oder Dritten *erstmalig* betreffen. **18**

**Beispiele** bilden der Nachbar bei Aufhebung einer diesen begünstigenden Auflage auf Widerspruch des Anlagenbetreibers;[33] der Bauherr bei Aufhebung oder Einschränkung der Baugeneh-

---

Rdnr. 343, 345; ders., ZBR 1992,268.

[31] Vgl. Ebert, Das gesamte öffentliche Dienstrecht, 2. Aufl. Stand 1998, Abschn. 320 Rdnr. 11.

[32] Vgl. Kopp/Schenke, § 68 Rdnr. 16.

[33] Vgl. BVerwG, DVBl 1965,26.

migung auf Widerspruch des durch diese betroffenen Nachbarn;[34] die Gemeinde bei Aufhebung ihrer im Selbstverwaltungsbereich getroffenen oder für diesen relevanten Verwaltungsentscheidung (Erschließungsbeitragsbescheid;[35] verkehrsrechtliche Anordnung aufgrund eigener Verkehrsplanung).[36]

19 Diesem gesetzlich allein geregelten Fall gleichzustellen ist jedoch die Konstellation gemäß § 79 Abs. 2,[37] bei der der Widerspruchsbescheid eine gegenüber dem Ausgangsverwaltungsakt zusätzliche, selbständige Beschwer enthält und deshalb ebenfalls alleiniger Gegenstand der Anfechtungsklage sein kann.

### b) Besondere gesetzliche Ausnahmen

Das Vorverfahren entfällt gemäß § 68 Abs. 1 Satz 2 ferner, wenn dies gesetzlich bestimmt ist.

20 *aa)* Hierin ist insbesondere eine Ermächtigung an den *Landesgesetzgeber* enthalten, das Vorverfahren in einzelnen Sachmaterien, gleich, ob *diese* der Gesetzgebungskompetenz des Landes unterliegen, auszuschließen; auch wenn die Beschränkung der Regelungsbefugnis auf *besondere Fälle* seit 1.1.1997 (vgl. oben § 2 Rdnr. 23) entfallen ist, ermöglicht diese doch nicht einen generellen, sondern lediglich sachbedingten Verzicht auf das Vorverfahren. Solche Besonderheiten liegen nach wie vor typischerweise darin, daß der Verwaltungsakt bereits in einem formalisierten Verfahren oder in einem Bereich ergangen ist, der weithin nur Rechtsentscheidungen zuläßt, hinsichtlich deren also dem Gericht keine geringere Kontrollkompetenz zukommt als der Verwaltung. Auch ein *besonderes* Interesse an der Verfahrensbeschleunigung (der das Vorverfahren freilich per se entgegensteht) kann hierfür genügen.[38]

21 Praktisch am wichtigsten ist der Ausschluß des Vorverfahrens bei Planfeststellungsbeschlüssen sowie Verwaltungsakten, die aufgrund förmlicher Verfahren ergehen.[39] Bayern hat darüber hinaus in einem umfangreichen Katalog weitere Materien von der Durchführung eines Vorverfahrens ausgenommen (vgl. Art. 15 bayAGVwGO).

---

[34] Vgl. OVG Bremen, BauR 1979,231.

[35] Vgl. auch VGH BW, ESVGH 13,120 (122 f.).

[36] Vgl. BVerwGE 95,333.

[37] Vgl. auch (für § 68 Abs. 1 Satz 2 Nr. 2 a. F. , der auf eine Beschwer *für einen Dritten* abstellte) OVG RP, DVBl 1992,787.

[38] Vgl. BVerfGE 35,65 (73 ff.) zur inzwischen aufgehobenen Regelung des Art. 10a Abs. 1 bayAGVwGO; kritisch dazu v. Mutius, VerwArch 65 (1974), S. 321 ff. Zu Einzelfällen vgl. Geis, in: Sodan/Ziekow, § 68 Rdnr. 136 ff.

[39] §§ 137, 141 Abs. 1 Satz 2 shVwVfG; Art. 70; 74 Abs. 1 Satz 2 bayVwVfG sowie jeweils §§ 70; 74 Abs. 1 Satz 2 LVwVfG in den übrigen Ländern.

*bb)* Ausgehend von § 68 Abs. 1 Satz 2, aber ohne Bindung an (wenngleich unter 22
Beachtung von) dessen Begrenzungen wurde das Vorverfahren *bundesgesetzlich* außer in den schon für den Landesbereich erwähnten Verwaltungsverfahren (vgl. §§ 70; 74 Abs. 1 Satz 2 VwVfG) zum Beispiel gemäß § 20 Satz 1 GjSM bei Klagen gegen die Bundesprüfstelle ausgeschlossen.

### *c) Untätigkeit der Behörde (§ 75 VwGO)*

Nach § 75 Satz 1 ist die Klage ohne Durchführung eines an sich erforderlichen 23
Vorverfahrens zulässig, wenn über einen Widerspruch oder einen Vornahmeantrag *ohne zureichenden Grund* in *angemessener Frist* sachlich nicht entschieden worden ist. Hierdurch wird (aa) einerseits (positiv) unmittelbar die Klage zugelassen, (1) ohne das Ergebnis des Widerspruchsverfahrens abwarten oder (2) dieses überhaupt durchführen zu müssen, (bb) andererseits (negativ) eine zusätzliche besondere Zulässigkeitsvoraussetzung für die Klage bei behördlicher Säumnis statuiert.

*aa) Verzicht auf Vorverfahren* 24
*(1)* Unterbleibt der *Widerspruchsbescheid*, so kann der Widerspruchsführer hierdurch in einem (formellen) Recht auf die verwaltungsinterne Nachprüfung des Verwaltungsakts verletzt sein, soweit deren Rechtsschutzfunktion angesprochen ist, also bei Ermessens- und sonstigen, durch Zweckmäßigkeitserwägungen bestimmten Entscheidungen. Ebenso, wie § 79 Abs. 1 i. V. m. Abs. 2 Satz 2 bei Verfahrensfehlern die Anfechtungsklage gegen einen Widerspruchsbescheid zuläßt, kann auch dessen Erlaß im Wege der Untätigkeitsklage erstritten werden.[40] Denn die Rechtsschutzfunktion des Vorverfahrens wird nicht dadurch verdrängt, daß dieses eine formelle Voraussetzung für die Eröffnung des eigentlich erstrebten gerichtlichen Rechtsschutzes darstellt. Vor diesem Hintergrund läßt § 75 Satz 1 beim Ausbleiben der abschließenden Verwaltungsentscheidung nur gewissermaßen den Abbruch des Vorverfahrens zu, um den Zugang zum Gericht nicht zu blockieren; er schließt aber nicht umgekehrt – ein Rechtsschutzinteresse vorausgesetzt – die gerichtliche Geltendmachung des Anspruchs auf Erlaß des Widerspruchsbescheids aus.

Ein Recht gerade auf die nochmalige Überprüfung *durch die Verwaltung* hat 25
der einzelne aber jedenfalls insbesondere dann, wenn die Widerspruchsentscheidung, wie bei berufsqualifizierenden Prüfungen, verfassungsgeboten eine spezifische Rechtsschutzfunktion wahrzunehmen hat (vgl. oben Rdnr. 10). Rechtsschutz durch Klage auf Erlaß eines *(zurückweisenden) Widerspruchsbescheids* ist ferner

---

[40] Ebenso Kopp/Schenke, Vorbem. § 68 Rdnr. 13; Kopp, in: FS für Redeker, S. 551; v. Schledorn, NVwZ 1995,250; W. Schenke, DÖV 1996,529; Eyermann/Rennert, § 73 Rdnr. 16; anders VGH BW, ESVGH 43,142 (143); Weides, a.a.O., S. 248.

dem durch den angegriffenen Verwaltungsakt (Dritt)Begünstigten zu gewähren, der infolge des Suspensiveffekts des Widerspruchs (§ 80 Abs. 1) seine ihm materiell-rechtlich zukommende Rechtsstellung nicht wahrnehmen kann.[41]

26 *(2)* Das *Unterlassen* einer *Antragsbescheidung* wird nicht als Negativ-*Entscheidung* fingiert[42] und ist folgerichtig gemäß § 68 Abs. 2 ohne Durchführung eines Vorverfahrens unmittelbar einer verwaltungsgerichtlichen Kontrolle zuzuführen. "*Abweichend von § 68*" kommt die Klage deshalb gemäß § 75 Satz 1 nur in Betracht, wenn nach Klageerhebung (positiv oder negativ) über den Antrag entschieden wird (dazu sogleich Rdnr. 29 ff.).

27 *bb) Sperrfrist, Klagefrist.* Die Zulässigkeit der Klage gemäß § 75 setzt den Ablauf einer angemessenen Frist (*Sperrfrist*) und das Fehlen eines zureichenden Grundes für deren Überschreitung voraus.[43] Sie beträgt im Regelfall drei Monate, steht jedoch unter dem Vorbehalt besonderer Umstände und hängt damit von der Beurteilung des Gerichts ab. Hält dieses einen zureichenden Grund für das Unterbleiben der behördlichen Entscheidung für gegeben, so setzt es gemäß § 75 Satz 3 das Verfahren (durch mit Beschwerde anfechtbaren Beschluß[44]) unter Fristsetzung aus und verlängert damit zugleich die im konkreten Fall maßgebliche Sperrfrist als Zulässigkeitsvoraussetzung der (bereits erhobenen) Klage. Ohne (formelle) Aussetzung verbleibt es dagegen bei der regelmäßigen dreimonatigen Sperrfrist.[45] Wird die Klage vor deren Ablauf erhoben (etwa, weil der Kläger irrig eine Verkürzung gemäß § 75 Satz 2 annahm), so wird ihre zunächst gegebene Unzulässigkeit mit Verstreichen der Frist während des Verfahrens geheilt.[46]

28 Dagegen ist die ursprünglich in § 76 vorgesehene, einjährige *Klagefrist* entfallen. Gleichwohl geht man davon aus, daß das Klagerecht nicht zeitlich unbeschränkt ausgeübt werden kann, sondern *verwirkt* wird, wenn die Behörde mit einer Klage nicht mehr zu rechnen brauchte. Unter Rückgriff auf § 58 Abs. 2 und in Anlehnung an die bisherige Regelung[47] wird man hierfür, vorbehaltlich der Umstände des Einzelfalls, einen Zeitraum von einem Jahr zugrunde zu legen haben.[48]

---

[41] VGH BW, NVwZ 1995,280; vgl. dazu auch Redeker/v. Oertzen, § 75 Rdnr. 17.

[42] Vgl. demgegenüber die, auch an ausländischen Vorbildern orientierten Vorschläge etwa von Kopp, in: FS für Redeker, S. 552.

[43] Vgl. dazu BVerwGE 42,108 (111).

[44] Vgl. Kopp/Schenke, § 75 Rdnr. 18; Redeker/v. Oertzen, § 75 Rdnr. 9.

[45] Vgl. BVerwGE 66,342 (344); 88,254 (256).

[46] Redeker/v. Oertzen, § 75 Rdnr. 11.

[47] Zu deren Verwirkungscharakter vgl. BVerwG, DVBl 1976,78 ff.

[48] Vgl. Redeker/v. Oertzen, § 75 Rdnr. 14 ff.; zurückhaltender Dolde, in: Schoch/Schmidt-Aßmann/Pietzner, § 75 Rdnr. 12 ff.

*cc) Nachträgliche Behördenentscheidung.* Ändert sich die bei Klageerhebung bestehende Situation während des Verfahrens durch eine behördliche Entscheidung über den Widerspruch oder den Antrag, so ist zu differenzieren:[49] 29

*(1)* Wird dem Widerspruch *stattgegeben* oder der beantragte Verwaltungsakt *erlassen*, so ist die Hauptsache (auf entsprechenden Antrag) für erledigt zu erklären, § 75 Satz 4. Der Beklagte trägt die Kosten, sofern mit einer Bescheidung vor Klageerhebung gerechnet werden durfte, § 161 Abs. 3. Das gleiche gilt, abweichend von § 155 Abs. 2, im Fall der Klagerücknahme aus diesem Grund. 30

*(2)* Ergeht ein zurückweisender *Widerspruchsbescheid*, so schließt dieser, wenngleich zeitlich in das gerichtliche Verfahren hineinreichend, das Vorverfahren ab und ist deshalb ohne weiteres in die (nunmehr Weigerungsgegen-)Klage einzubeziehen. 31

*(3)* Lehnt die Behörde *den Antrag nach Ablauf* der (gesetzlichen oder gerichtlich bestimmten) *Sperrfrist* ab, so verbleibt es bei der von § 75 Satz 1 statuierten Zulässigkeit der Klage *abweichend von § 68*, bedarf es also keines zwischengeschalteten Vorverfahrens.[50] 32

*(4)* Entscheidet die Behörde (negativ) dagegen *vor Ablauf* der vorerwähnten *Sperrfrist*, so lagen die Voraussetzungen des § 75 Satz 1 für die vorzeitige Klage in Wahrheit noch nicht vor. Es ist dann konstruktiv ein Vorverfahren erforderlich, doch soll der Widerspruch nach der Rechtsprechung[51] implizit in der Klage enthalten sein, die gegebenenfalls weiterhin als Untätigkeitsklage, nämlich nunmehr unter dem Aspekt fehlenden Widerspruchsbescheids, zu behandeln ist.[52] 33

## 3. Das Vorverfahren als Sachurteilsvoraussetzung

### *a) Prozessuale Bedeutung*

Ungeachtet des Wortlauts des § 68 Abs. 1 Satz 1, der eine Nachprüfung des Verwaltungsakts *vor Klageerhebung* verlangt, handelt es sich hierbei nicht um eine auf diese bezogene Prozeßhandlungs-, sondern um eine bloße Sachurteilsvoraussetzung (vgl. oben § 10 Rdnr. 2 f.), die bis zur gerichtlichen Entscheidung über die 34

---

[49] Vgl. dazu Weides/Bertrams, NVwZ 1988,673 ff.; Redeker/v. Oertzen, § 75 Rdnr. 7 f.

[50] Vgl. BVerwGE 42,108 (113); 66,342 (344); 88,254; Kopp/Schenke, § 75 Rdnr. 21.

[51] Vgl. BVerwGE 42,108 (114); 66,342 (344); Weides/Bertrams, NVwZ 1988,677; zur Kritik vgl. Redeker/v. Oertzen, § 75 Rdnr. 10; Ehlers, DVBl 1976,71; dazu auch Dolde, in: Schoch/Schmidt-Aßmann/Pietzner, § 75 Rdnr. 22 ff.

[52] Vgl. dazu BVerwG, NVwZ 1987,969.

Klage nachgeholt werden kann.[53] Denn unter Berücksichtigung des § 75 wird der Zweck des Vorverfahrens auch durch dessen Abschluß vor Erlaß der gerichtlichen Entscheidung (noch) erfüllt. Hierfür ist notwendig, aber auch ausreichend, daß form- und fristgerecht Widerspruch erhoben wurde. Fehlt es hieran, so ist (auch) die Klage unzulässig;[54] die Behörde kann jedoch ausdrücklich oder stillschweigend Wiedereinsetzung gewähren, aber auch ohne deren Voraussetzungen auf die Einhaltung der Frist verzichten (vgl. unten Rdnr. 40). Andererseits kommt es auf die (fehlerfreie) Durchführung und den Abschluß des Vorverfahrens (vgl. oben Rdnr. 23 ff. zu § 75) nicht an. Das Gericht kann jedoch einen verfahrensfehlerhaften Widerspruchsbescheid isoliert aufheben (vgl. oben § 15 Rdnr. 20 ff.) und das Verfahren so der Sache nach – und ähnlich wie im Fall des § 113 Abs. 3 Satz 1 – an die Verwaltung "zurückverweisen".

### *b) Entbehrlichkeit des Vorverfahrens?*

**35** Ein Vorverfahren wird, außer im Fall eines gesetzlichen Ausschlusses (siehe oben Rdnr. 16 ff.), für entbehrlich gehalten, wenn seine Funktion auf andere Weise erfüllt wird oder sich sein Zweck ohnehin nicht mehr erreichen läßt.[55] So können die Beteiligten zwar nicht über die Durchführung des Vorverfahrens disponieren,[56] wohl aber die Auseinandersetzung übereinstimmend dadurch gewissermaßen sogleich von der Verwaltungs- auf die Gerichtsebene heben, daß der Widerspruch durch unmittelbare Erhebung der Klage und der Widerspruchsbescheid durch rügelose Einlassung der Behörde auf diese ersetzt werden;[57] dies setzt freilich in der Regel Identität des Klagegegners nach § 78 Abs. 1 mit dem Träger der Widerspruchsbehörde (beziehungsweise dieser selbst im Falle des § 78 Abs. 1 Nr. 2) voraus.

**36** Aus Gründen der Prozeßökonomie bedarf es ferner keines (weiteren) Vorverfahrens, wenn ein solches bei einer von mehreren, parallel gelagerten Klagen durchgeführt wurde und sein (negatives) Ergebnis auch für die übrigen Klagebegehren zutrifft.[58] Dagegen entfällt nach richtiger Auffassung schon von Gesetzes

[53] Ganz h. M. vgl. BVerwGE 4,203 (204); BVerwG, NVwZ 1984,507; anders etwa v. Mutius, a.a.O., S. 174 ff.; vgl. auch Kopp, in: FS für Redeker, S. 547.

[54] Ebenso BVerwG, NJW 1983,1923; Kopp/Schenke, Vorbem. § 68 Rdnr. 7.

[55] So die ständige Rechtsprechung, vgl. BVerwGE 64,325 (330); BVerwG, NVwZ 1984,507; NJW 1989,1438; grundsätzlich ablehnend Kopp/Schenke, Vorbem. § 68 Rdnr. 10 f.; Kopp, in: FS für Redeker, S. 546 f.

[56] BVerwGE 66,342 (345).

[57] So BVerwGE 15,306 (310); 66,39 (41); BVerwG, NVwZ 1988,721 (724), insoweit in BVerwGE 79,224 nicht abgedruckt; nur dem Ergebnis zustimmend Redeker/v. Oertzen, § 68 Rdnr. 4; ablehnend Kopp/Schenke, Vorb. § 68 Rdnr. 11; Geis, in: Sodan/Ziekow, § 68 Rdnr. 172 f.; Weides a.a.O., S. 255 f.; v. Mutius, a.a.O., S. 178; Ulf Meier, a.a.O., S. 72 ff.

[58] Vgl. BVerwGE 50,171; Weides, a.a.O., S. 253.

wegen ein Vorverfahren, wenn sich der Verwaltungsakt vor Klageerhebung erledigt hat (vgl. dazu unten § 22 Rdnr. 59 f.).

### c) Fehlerhaftes Vorverfahren

37 Mit form- und fristgerechter Erhebung des Widerspruchs hat der nachmalige Kläger die ihn treffenden Obliegenheiten zur Durchführung eines Vorverfahrens als Sachurteilsvoraussetzung erfüllt. Die Klage wird damit (unter diesem Gesichtspunkt) zulässig, gleich, ob das Verfahren im übrigen ordnungsgemäß durchgeführt wurde, die zuständige Behörde entschieden hat oder überhaupt – nach Ablauf einer angemessenen Frist (§ 75 Satz 1, 2) – ein Widerspruchsbescheid ergangen ist.[59] Damit nicht zu verwechseln ist die Möglichkeit der selbständigen Anfechtbarkeit eines verfahrensfehlerhaften Widerspruchsbescheids gemäß § 79 Abs. 2 Satz 2 (vgl. dazu oben § 15 Rdnr. 20 ff.).

## III. Verfahrensablauf

### 1. Die Erhebung des Widerspruchs

38 Das Vorverfahren beginnt mit der Erhebung des Widerspruchs, § 69, der regelmäßig den Suspensiveffekt auslöst, § 80 Abs. 1. Er ist schriftlich oder zur Niederschrift[60] bei der Behörde einzulegen, die den Verwaltungsakt erlassen hat (*Ausgangsbehörde*), § 70 Abs. 1 Satz 1. Diese kann dem Widerspruch abhelfen, § 72; andernfalls ergeht ein Widerspruchsbescheid durch die *Widerspruchsbehörde*, § 73.

### a) Widerspruchsfrist

39 Die Widerspruchsfrist beträgt einen Monat seit Bekanntgabe des Verwaltungsakts (§§ 41, 43 VwVfG) an den Beschwerten. Wird die Frist, die auch durch *Einlegung* des Widerspruchs *bei der Widerspruchsbehörde* gewahrt wird (§ 70 Abs. 1 Satz 2), nicht eingehalten, so ist der Widerspruch (ebenso wie eine nachfolgende Klage) unzulässig. Wie allgemein (s. im einzelnen unten § 20 Rdnr. 13 ff.), wird die Frist jedoch nur bei Erteilung einer ordnungsgemäßen *Belehrung* gemäß § 58 Abs. 1 in Gang gesetzt.

40 Gegen die unverschuldete Versäumung der Frist ist auf Antrag *Wiedereinsetzung in den vorigen Stand* gemäß § 60 Abs. 1-4 gegeben, § 70 Abs. 2. Über die *Wiedereinsetzung* entscheidet die zur Sachentscheidung berufene Behörde (§ 70 Abs. 2 i. V. m. § 60 Abs. 4); das ist vor der Abhilfeentscheidung die Ausgangs-,

---

[59] Vgl. BVerwG, NVwZ 1987,320; Bosch/Schmidt, § 26 VII 1.
[60] Vgl. dazu BVerwGE 26,201; 30,274; Weides, a.a.O., S. 225 f.

vor der Widerspruchsentscheidung die Widerspruchsbehörde. Wird der Widerspruch innerhalb der zweiwöchigen Antragsfrist für die Wiedereinsetzung nachgeholt, so kann diese auch ohne Antrag gewährt werden, § 60 Abs. 2 Satz 4, und zwar auch stillschweigend durch eine sachliche Entscheidung über den Widerspruch.[61] Die behördliche Wiedereinsetzungsentscheidung unterliegt gemäß § 70 Abs. 2, der nicht auf § 60 Abs. 5 verweist, der gerichtlichen Prüfung. Deren praktische Bedeutung ist freilich gering, da es die Behörde, auch wenn ein Wiedereinsetzungsgrund nicht vorliegt, grundsätzlich in der Hand hat, durch eine gleichwohl getroffene Sachentscheidung eine Heilung der Fristversäumung herbeizuführen:[62] Als Herrin des Verwaltungsverfahrens kann sie – wie auch sonst (vgl. §§ 48 Abs. 1 Satz 1; 49 Abs. 1 VwVfG) – auf eine mit Fristablauf eingetretene, aber nur sie begünstigende Bestandskraft verzichten; dies ist folgerichtig ausgeschlossen, sofern hierdurch in eine bereits unanfechtbar gewordene Rechtsposition *eines Drittbegünstigten* eingegriffen wird.[63]

41 Die *grundsätzliche* Bedeutung des *rechtzeitigen* Widerspruchs als Zulässigkeitsvoraussetzung der Klage (vgl. oben Rdnr. 34) wird hierdurch nicht in Frage gestellt.[64] Demgegenüber könnte die (bloße) Klagemöglichkeit gegen den Ausgangsbescheid nicht mit der Erwägung (wieder) eröffnet werden, daß dieser mit dem Widerspruchsbescheid eine Einheit bilde (vgl. § 79 Abs. 1 Nr. 1 und dazu schon oben § 15 Rdnr. 4 f.) und folglich auch von *dessen* Anfechtbarkeit mit erfaßt werde.[65] Nicht zu folgen wäre aber jedenfalls dem nach dieser Auffassung trotzdem angenommenen Ausschluß einer Sachprüfung des Ausgangsverwaltungsakts, da dessen Bestandskraft durch die Neuentscheidung im Widerspruchsbescheid dann gerade aufgegeben wurde.

42 Umgekehrt ist die ausdrückliche oder (durch Zurückweisung des Widerspruchs als verspätet) implizite *Ablehnung der Wiedereinsetzung* für das Gericht nicht bindend. Sind Wiedereinsetzungsgründe gegeben, so steht es der Zulässigkeit der Klage nicht entgegen, daß eine behördliche Wiedereinsetzung gegen die Versäumung der Widerspruchsfrist bisher nicht gewährt wurde.[66]

### b) Sonstige Zulässigkeitsvoraussetzungen

43 Die Ausrichtung des verwaltungsgerichtlichen Vorverfahrens auf den (etwa) nachfolgenden Prozeß erzeugt eine Vorwirkung der für diesen geltenden, *funktionalen*

---

[61] Vgl. BVerwGE 21,47; 38,60 (66); Kopp/Schenke, § 70 Rdnr. 11; a. A. Weides, a.a.O., S. 267.
[62] So die ständige Rechtsprechung, vgl. BVerwGE 15,306 (310); 57,342 (344); a. M. Kopp/Schenke, § 70 Rdnr. 9; Geis, in: Sodan/Ziekow, § 68 Rdnr. 40 ff.; v. Buri, DÖV 1962,930.
[63] BVerwGE 49,244 (249); 60,297 (314); BVerwG, NVwZ 1983,285.
[64] Inkonsequent, zumindest mißverständlich deshalb BVerwG, NVwZ 1983,608.
[65] So im Anschluß an BayVGH, BayVBl 1992,51 m. Anm. von Funk (S. 471) und Frohn (S. 473) nunmehr Kopp, BayVBl 1992,758; klarstellend jetzt Kopp/Schenke, § 70 Rdnr. 9; vgl. aber auch schon Renck, BayVBl 1972,413.
[66] BVerwG, NJW 1983,1923.

*Entscheidungsvoraussetzungen* auch auf jenes.[67] Unter diesem Gesichtspunkt (zu den formalen Verfahrensanforderungen vgl. oben Rdnr. 5 f.) hängt die Zulässigkeit des Widerspruchs in erster Linie von der bereits durch § 68 i. V. m. § 42 Abs. 1 festgelegten *Verwaltungsaktqualität* der angegriffenen oder verweigerten behördlichen Maßnahme ab (vgl. oben Rdnr. 12). Ferner muß für eine Klage gegen diese der *Verwaltungsrechtsweg* eröffnet sein, § 40.

Entsprechend der Klagebefugnis (§ 42 Abs. 2) ist schließlich eine besondere 44
*Widerspruchsbefugnis* zu fordern. Sie geht im Hinblick auf die erweiterte behördliche Prüfungskompetenz über jene hinaus, begründet sich also nicht nur aus der Rechtswidrigkeit (§ 113 Abs. 1 Satz 1), sondern auch bereits aus der bloßen Unzweckmäßigkeit des Verwaltungsakts (§ 68 Abs. 1 Satz 1). Auch hier ist jedoch erforderlich, daß der Widerspruchsführer durch diesen in *eigenen* (subjektiven öffentlichen) Rechten betroffen (wenn auch nicht möglicherweise verletzt) wird.[68] Insbesondere ein Drittwiderspruch ist nur zulässig, wenn er auf eine drittschützende Norm gestützt werden kann.

## 2. Das Abhilfeverfahren

In einer ersten Stufe des Vorverfahrens erhält zunächst die Ausgangsbehörde 45
Gelegenheit, die getroffene Entscheidung aufgrund ihrer Primärkompetenz für diese, jedoch unter den erleichterten Voraussetzungen des § 50 VwVfG,[69] zu korrigieren. Hält sie den Widerspruch für (zulässig und) begründet, so hilft sie ihm ab und entscheidet über die Kosten, § 72. Der *Inhalt der Kostenentscheidung* ergibt sich aus dem materiellen Verwaltungsrecht (vgl. dazu unten Rdnr. 62). Die Ablehnung der Abhilfe eröffnet den Weg für den Erlaß des Widerspruchsbescheids. Sie kann, muß aber nicht dem Widerspruchsführer mitgeteilt werden und findet in der Regel lediglich internen Niederschlag durch formlose Mitteilung an die Widerspruchsbehörde, etwa anläßlich der Aktenübersendung an diese oder auf eine telefonische Rückfrage.

Eine Entscheidung über die Abhilfe ist jedoch grundsätzlich Rechtmäßigkeits- 46
voraussetzung für den Widerspruchsbescheid, es sei denn, daß Ausgangs- und Widerspruchsbehörde identisch sind (vgl. unten Rdnr. 51 ff.).[70]

Obwohl der Abhilfebescheid keinen Widerspruchsbescheid darstellt (arg. § 73 47
Abs. 1 Satz 1), ist auf Grund der Klarstellung durch das 6. VwGO-ÄndG auch ihm gegenüber ein Vorverfahren nicht erforderlich, wenn er erstmalig eine Beschwer enthält (§ 68 Abs. 1 Satz 2 Nr. 2), zum Beispiel für den Nachbarn des Grund-

---

[67] Vgl. dazu Allesch, a.a.O., S. 56 f.
[68] Vgl. BVerwGE 65,313 (318); v. Mutius, a.a.O., S. 214 f.; Kopp/Schenke, § 69 Rdnr. 6.
[69] §§ 48, 49 VwVfG werden insoweit verdrängt, vgl. Erichsen, in: Erichsen, § 19 Rdnr. 6.
[70] Ebenso BVerwGE 70,4 (12).

stückseigentümers, dessen Widerspruch gegen eine Beseitigungsanordnung abgeholfen wurde.[71]

### 3. Die Beendigung des Verfahrens

**48** Das Vorverfahren findet seinen förmlichen Abschluß mit Erlaß eines Abhilfe- oder eines Widerspruchsbescheids. Beendigungsgründe sind ferner der Abschluß eines *Vergleichs* und die *Zurücknahme* des Widerspruchs.[72] Gleiches gilt im Fall der *Erledigung*. Ist sie unstreitig, so ist das Verfahren einzustellen; andernfalls ist hierüber durch Widerspruchsbescheid zu entscheiden.[73] Eine behördliche Feststellung entsprechend § 113 Abs. 1 Satz 4, daß der Verwaltungsakt beziehungsweise seine Ablehnung rechtswidrig gewesen ist, kommt mangels Rechtsschutzbedürfnisses nicht in Betracht.[74] Denn die Entscheidungsmacht der Behörde und dementsprechend die Bindungswirkung für das Gericht beziehen sich nur auf den Erlaß der Regelung, nicht dagegen auf deren rechtliche Bewertung. Diese nützt dem Betroffenen deshalb nichts.

**49** Mit Abschluß des Vorverfahrens durch einen der genannten Tatbestände endet die sachliche Entscheidungsbefugnis der Widerspruchsbehörde. Dieser sind nicht nur Erlaß (zum Beispiel nach Erledigung)[75] und korrigierender Neuerlaß eines Widerspruchsbescheids[76] verwehrt, sondern auch Entscheidungen hinsichtlich der Vollziehbarkeit (§ 80 Abs. 4 Satz 1; vgl. dazu unten § 28 Rdnr. 30 ff.).

## IV. Der Widerspruchsbescheid

**50** Hilft die Ausgangsbehörde dem Widerspruch nicht ab, so ergeht ein Widerspruchsbescheid, § 73 Abs. 1 Satz 1. Dieser ist seinerseits Verwaltungsakt, bildet aber mit dem Ausgangsverwaltungsakt grundsätzlich eine Einheit (vgl. § 79 Abs. 1 Nr. 1) und unterliegt dann keiner isolierten Anfechtung (vgl. dazu und zu den Ausnahmen oben § 15 Rdnr. 8 ff.).

---

[71] Vgl. Kopp/Schenke, § 68 Rdnr. 21.

[72] Eine Kostenfolge in entsprechender Anwendung des § 155 Abs. 2 wird von der h. M. abgelehnt, vgl. BVerwGE 62,201 (204); Pietzner/Ronellenfitsch, § 46 Rdnr. 11; Stelkens, in: Stelkens/Bonk/Sachs, § 80 Rdnr. 51.

[73] Vgl. Stelkens, in: Stelkens/Bonk/Sachs, § 80 Rdnr. 53; eingehend dazu Huxholl, Die Erledigung eines Verwaltungsakts im Widerspruchsverfahren, 1995.

[74] Im Ergebnis wohl ebenso BVerwGE 26,161 (167); 81,226 (229); vgl. dazu auch unten § 22 Rdnr. 60. A. M. etwa Kopp/Schenke, § 73 Rdnr. 9; Stelkens, in: Stelkens/Bonk/Sachs, § 79 Rdnr. 50.

[75] BVerwGE 81,226.

[76] Vgl. BVerwGE 58,100 (105). Zur Zulässigkeit einer Aufhebung bei (ausnahmsweisem!) Vorliegen der Voraussetzungen der §§ 48 f. VwVfG vgl. Redeker/v. Oertzen, § 73 Rdnr. 39; zur Bindungswirkung gegen die Widerspruchsbehörde vgl. weiter Kopp/Schenke, § 73 Rdnr. 24 ff.

Allesch, NVwZ 00, 1227, BVerwG, U 28.2.02, NVwZ 02, 1252 (keine verdeckte Rücknahme durch Ausgangsbehörde), Uhle, NVwZ 03, 811 (Bindungswirkung Widerspruchsbescheid), BVerwG, U 28.4.09, DVBl 09, 1245 (Abhilfe, Kosten), BVerwG, U 23.8.11, NVwZ 12, 506

## 1. Zuständigkeit

### *a) Widerspruchsbehörde*

Der Widerspruchsbescheid wird im Regelfall durch die Widerspruchsbehörde erlassen, § 73 Abs. 1 Satz 2.

*aa)* Dies ist in *staatlichen Angelegenheiten* die nach dem jeweils maßgeblichen 51
Organisationsrecht des Bundes oder des betreffenden Landes *nächsthöhere Behörde* (Nr. 1), und zwar auch, wenn der Verwaltungsakt durch einen *Beliehenen* (zum Beispiel einen Prüfingenieur, vgl. dazu oben § 17 Rdnr. 5) erlassen wurde,[77] und unabhängig davon, ob die Zuständigkeit der Ausgangsbehörde gegeben war. Insoweit kommt es also allein auf die organisationsrechtliche Überordnung im Verhältnis zur tatsächlich entscheidenden Behörde an; die zur Problematik des Rechtsmittels bei "inkorrekter Entscheidungs*"form* entwickelten Grundsätze (vgl. unten § 37 Rdnr. 21) passen hier nicht.[78]

Gesetzlich kann eine andere höhere Behörde bestimmt sein (Nr. 1), so zum 52
Beispiel bei Eilmaßnahmen einer Polizeidienststelle die allgemeine Polizeibehörde (vgl. §§ 7 bwAGVwGO; 16 Satz 1 sächsVerfAusfG). Ist die nächsthöhere Behörde eine *oberste Bundes- oder Landesbehörde* (z. B. Ministerium), so ist die Ausgangsbehörde (z. B. Regierungspräsidium bzw. Bezirksregierung; bei zweistufigem Aufbau auch eine Unterbehörde) zugleich Widerspruchsbehörde (Nr. 2). Aufgrund der Ermächtigung des § 185 Abs. 2 haben Länder ohne Mittelinstanz Ausnahmeregelungen getroffen, um eine effektive vorprozessuale Kontrolle sicherzustellen.

*bb)* In *Selbstverwaltungsangelegenheiten* ist die Selbstverwaltungsbehörde zustän- 53
dig (Nr. 3). Das wird in der Regel eine juristische Person des öffentlichen Rechts sein (Gemeinden, Landkreise, Universitäten, Kammern usw.). Daneben kommen aber auch Selbstverwaltungsträger ohne eigene Rechtspersönlichkeit, wie die Bezirke nach Berliner Recht (vgl. § 2 Abs. 1 blnBezVerwG), in Betracht.

Von dem Vorbehalt anderweitiger gesetzlicher Bestimmung ist vor allem in 54
bezug auf gemeindliche Verwaltungsakte Gebrauch gemacht worden, und zwar in Baden-Württemberg (§ 8 AGVwGO), Bayern (Art. 119 Nr. 1 GemO), Sachsen (§ 17 Abs. 1 VerfAusfG) und Thüringen (§ 124 Nr. 1 KommunalO), wo der Widerspruchsbescheid von der Rechtsaufsichtsbehörde, in Baden-Württemberg und Sachsen beschränkt auf das Landratsamt, erlassen wird. Zur Wahrung des

---

[77] H. M., vgl. Pietzner/Ronellenfitsch, § 37 I Rdnr. 4; Eyermann/Rennert, § 73 Rdnr. 2; Weides, a.a.O., S. 258; a. A. Maurer, § 23 Rdnr. 59; Dolde, in: Schoch/Schmidt-Aßmann/Pietzner, § 73 Rdnr. 7: beleihende Behörde (m. w. Nachw.).

[78] Vgl. demgegenüber Kopp/Schenke, § 73 Rdnr. 3.

Dache / Urauff DÖV 04, 656

verfassungsgarantierten Selbstverwaltungsrechts (Art. 28 Abs. 2 Satz 1 GG) muß die Zweckmäßigkeitsprüfung jedoch auch hier bei der Gemeinde verbleiben.

### *b) Widerspruchsausschüsse*

55 Daneben läßt § 73 Abs. 2 Regelungen zu, nach denen Ausschüsse oder Beiräte, die auch bei der Ausgangsbehörde gebildet werden können, statt einer Behörde gemäß § 73 Abs. 1 im Vorverfahren entscheiden. Von dieser Ermächtigung haben die Freie und Hansestadt Hamburg,[79] Rheinland-Pfalz (§§ 6 ff. AGVwGO) und das Saarland (§§ 5 ff. AGVwGO) Gebrauch gemacht. Die Regelungen der beiden letztgenannten Länder werden ergänzt durch die Möglichkeit der *Aufsichtsklage*,[80] mittels deren die Rechtsaufsichtsbehörde mit der Behauptung der bloßen (*objektiven*) *Rechtswidrigkeit* des Widerspruchsbescheids und insofern abweichend von § 42 Abs. 2 Anfechtungsklage erheben kann. In Hessen ist der Widerspruchsentscheidung ein Anhörungsverfahren vor einem Ausschuß vorgeschaltet (§ 7 AGVwGO).

56 Auf *Bundesebene* ist etwa § 18 Abs. 1 KDVNG zu erwähnen, nach dem über Widersprüche gegen Entscheidungen der Ausschüsse für Kriegsdienstverweigerung die bei den Wehrbereichsverwaltungen gebildeten Kammern entscheiden. Rechtsbehelfe stehen diesbezüglich auch dem Kreiswehrersatzamt und der Wehrbereichsverwaltung zu, § 18 Abs. 2 KDVNG. Auch über Widersprüche gegen Maßnahmen bei der Zulassung von Umweltgutachtern gemäß § 9 UAG entscheidet ein beim Bundesumweltministerium dafür eingerichteter Widerspruchsausschuß (§ 24 Abs. 1 UAG).

## 2. Die Entscheidung

### *a) Prüfungsumfang*

57 Der Widerspruchsbescheid schließt das Verwaltungsverfahren ab und hat deshalb die in diesem Zeitpunkt bestehende Sach- und Rechtslage zugrunde zu legen. Er beschränkt sich nicht auf die bloße Nachprüfung des Ausgangsverwaltungsakts, sondern trifft eine eigenständige Sachentscheidung. So ist insbesondere bei Ermessensentscheidungen (z. B. einer baurechtlichen Beseitigungsanordnung[81]) eine selbständige Abwägung durchzuführen, an die allein auch die etwa nachfolgende gerichtliche Kontrolle anzuknüpfen hat (vgl. auch unten § 34 Rdnr. 53).

---

[79] § 7 Abs. 2 AGVwGO i. V. m. der VO vom 24.3.1987, GVBl I S. 85.
[80] Vgl. dazu BVerfGE 20,238.
[81] Vgl. VGH BW, NVwZ 1992,992.

### *b) Sachentscheidung*

Inhaltlich hat die Widerspruchsbehörde, vorbehaltlich abweichender gesetzlicher 58
Regelung, wie sie vor allem in Selbstverwaltungsangelegenheiten besteht, dieselben *Entscheidungsbefugnisse* wie die Ausgangsbehörde bei der Erstentscheidung.[82] Sie unterliegt dabei weder den für rechtsbehelfsunabhängige Zweitentscheidungen geltenden materiell-rechtlichen Bindungen gemäß §§ 48, 49 VwVfG (§ 50 VwVfG), noch den organisationsrechtlichen Beschränkungen für die Ausübung des Aufsichtsrechts (vgl. oben Rdnr. 7). Die Ausgangsentscheidung kann auf einen begründeten Widerspruch hin *aufgehoben* oder durch *Zurückweisung* eines unbegründeten *Widerspruchs* bestätigt, ferner aber auch *inhaltlich verändert* oder durch eine abweichende Sachentscheidung *ersetzt* werden. Die Widerspruchsbehörde ist also – bei Verschiedenheit von der Ausgangsbehörde – nicht auf ein bloßes Weisungsrecht dieser gegenüber beschränkt,[83] und zwar unabhängig vom Vorliegen der allgemeinen, organisationsrechtlichen Voraussetzungen für einen sogenannten Selbsteintritt der höheren Behörde.[84]

Eine funktionale Grenze ergibt sich allerdings daraus, daß durch den Wider- 59
spruch lediglich eine *Kontrollkompetenz* eröffnet wird, deren Ausübung eine zu überprüfende Erstentscheidung voraussetzt, damit aber durch diese zugleich beschränkt wird. Geht der Widerspruchsbescheid dagegen über den danach vorgegebenen Regelungsbereich hinaus, so liegt insoweit eine Erstentscheidung vor, deren Rechtmäßigkeit nach den für diese geltenden Vorschriften (insbesondere über die Zuständigkeit) zu beurteilen, und gegen die gegebenenfalls (erneut) Widerspruch zu erheben ist.

**Beispiele**: Die Widerspruchsbehörde kann auf den Nachbarwiderspruch hin die beantragte, aber von der Baubehörde abgelehnte Beseitigung eines rechtswidrigen Bauwerks (selbst) anordnen. Sie kann auch die angefochtene Beseitigungsanordnung durch ein Nutzungsverbot ersetzen.[85] Dagegen ist sie nicht befugt, auf den Widerspruch gegen die Ablehnung einer Aufenthaltserlaubnis die Ausweisung zu verfügen.[86]

### *c) Reformatio in peius*

Nach diesen Grundsätzen ist auch die Schlechterstellung des Widerspruchsführers 60
durch den Widerspruchsbescheid (reformatio in peius; "Verböserung") zu beurteilen (s. auch oben § 15 Rdnr. 12 ff.).

---

[82] Vgl. OVG RP, DVBl 1992,787; VGH BW, NVwZ 1992,992.

[83] So aber etwa Hess, a.a.O., S. 145 ff. Wie hier dagegen die h. M., vgl. OVG RP, DVBl 1992, 787; Kopp/Schenke, § 73 Rdnr. 7; Redeker/v. Oertzen, § 73 Rdnr. 13.

[84] Vgl. dazu BVerwG, NVwZ 1987,215; BayVGH, NJW 1982,460; demgegenüber Hess, a.a.O., S. 150 f.

[85] Vgl. OVG Saarl, DÖV 1983,821.

[86] OVG Berlin, NJW 1977,1166.

BVerwG, B 11.5.93, NVwZ 93,1218 (Anhörg.)

**Beispiele**: Auf den Widerspruch gegen die Anordnung des Teilabbruchs eines widerrechtlich errichteten Gebäudes wird dessen vollständige Beseitigung angeordnet;[87] der Betrag einer hoheitlich eingeforderten Geldleistung (Gebühr, Subventionsrückzahlung) wird erhöht.[88]

Da das Vorverfahren kein reines Rechtsschutz-, sondern ein Verwaltungsverfahren darstellt, scheitert die *reformatio in peius* nicht an einer Bindung der Behörde an die gestellten Anträge; ebenso fehlt für das Vorverfahren eine den §§ 88, 129 entsprechende Vorschrift. Anders als § 367 Abs. 2 Satz 2 AO, nach dem eine benachteiligende Änderung ausdrücklich zugelassen ist, setzt die Verwaltungsgerichtsordnung in § 79 Abs. 2 Satz 1 allenfalls deren Möglichkeit voraus, trifft aber hierzu selbst keine Regelung. Sie steht einer *reformatio in peius* deshalb auch weder entgegen, noch begründet sie ihre Zulässigkeit. Diese beurteilt sich vielmehr nach dem im Verhältnis zum Bürger jeweils anzuwendenden, materiellen Bundes- oder Landesrecht und ist danach in der Regel zu bejahen.[89] Eine bundesrechtlich allgemein vorgegebene Grenze findet sich lediglich im Kernbestand der Grundsätze des Vertrauensschutzes und von Treu und Glauben.[90]

### *d) Sonstige Anforderungen*

**61** *aa)* Der Widerspruchsbescheid ist *zu begründen* und mit einer *Rechtsmittelbelehrung* zu versehen, § 73 Abs. 3 Satz 1. Diese hat jedoch lediglich Bedeutung für den Fristenlauf (§ 58; s. dazu unten § 20 Rdnr. 13 ff.), ist also für die Rechtmäßigkeit der Entscheidung irrelevant.

Dagegen ist die weiterhin vorgeschriebene *Zustellung*, die gemäß § 56 Abs. 2 nach den Vorschriften des (Bundes-)Verwaltungszustellungsgesetzes zu bewirken ist,[91] Voraussetzung für das Wirksamwerden des Widerspruchsbescheids. Fehlt sie, zum Beispiel bei mündlicher oder privatschriftlicher Bekanntgabe oder bei formloser Aushändigung, aber etwa auch bei Übermittlung durch Telefax,[92] so liegt ein (wirksam erlassener) Widerspruchsbescheid überhaupt nicht vor. Eine bloß fehlerhafte *Zustellung*, die gemäß § 9 Abs. 2 VwZG nicht heilbar ist, setzt jedoch lediglich die Rechtsmittelfrist nicht in Lauf.[93]

---

[87] BVerwGE 51,310.
[88] BVerwG, NVwZ 1987,215.
[89] H. M., vgl. BVerwGE 51,310; 65,313 (319); BVerwG, NVwZ 1987,215; Weides, a.a.O., S. 296; Pietzner, VerwArch 81 (1990), S. 261 ff.; a. A. z. B. v. Mutius, a.a.O., S. 220; Hess, a.a.O., S. 115, 156; Renck, BayVBl 1974,639.
[90] BVerwGE 51,310 (313); 65,313 (319).
[91] Vgl. Weides, a.a.O., S. 309.
[92] Vgl. OVG NW, NVwZ 1995,396; a. M. Redeker/v. Oertzen, § 56 Rdnr. 10a; Ewer/Schürmann, NVwZ 1990,338 f.
[93] Vgl. GmS-OGB, BVerwGE 51,378; BVerwG, NJW 1983,1076; Kopp/Schenke, § 73 Rdnr. 23.

BVerwG, B 17.6.96, DVBl 96, DVBl 96, 1318

*bb)* Der Widerspruchsbescheid bestimmt auch, wer die *Kosten* trägt, § 73 Abs. 3 62
Satz 2 (Kostenlast).[94] Die Entscheidung hierüber ergibt sich aus dem materiellen Verwaltungskostenrecht und ist im Anwendungsbereich des Verwaltungsverfahrensgesetzes[95] aus dessen Regelungen über die Kostenerstattung (§ 80) beziehungsweise den entsprechenden Vorschriften des jeweiligen Landesrechts zu entnehmen.

Danach sind dem erfolgreichen Widerspruchsführer, zum Teil nach Landesrecht (vgl. Art. 80 Abs. 2 Satz 2 bayVwVfG) auch einem anderen Beteiligten, die notwendigen Kosten einer zweckentsprechenden Rechtsverfolgung oder -verteidigung zu erstatten. Im umgekehrten Fall eines erfolglosen Widerspruchs hat die Ausgangs(!)behörde einen vergleichbaren Erstattungsanspruch. Hiervon zu unterscheiden ist die für den *Widerspruchsbescheid als Amtshandlung* aufgrund des jeweiligen Verwaltungskostengesetzes festzusetzende Gebühr.[96]

*Erledigt sich die Hauptsache*, so ist nach ausdrücklichen Regelungen, wie der 63
des § 80 Abs. 1 Satz 5 bwVwVfG; Art. 80 Abs. 1 Satz 5 bayVwVfG, eine Billigkeitsentscheidung entsprechend § 161 Abs. 2 (vgl. dazu unten § 36 Rdnr. 56 ff.) zu treffen.[97] Demgegenüber sieht das Bundesverwaltungsgericht die Regelungen des Verwaltungsverfahrensrechts als abschließend an und lehnt deshalb einen Rückgriff auf die Verwaltungsgerichtsordnung insgesamt ab;[98] für den Bereich des Landesrechts dürfte dem freilich die auch eine Verweisung auf die Verwaltungsgerichtsordnung einschließende Regelungsmacht des Landesgesetzgebers entgegenstehen. Allerdings wäre der Ausschluß einer Kostenerstattung für den obsiegenden Bürger auch nicht grundsätzlich unzulässig.[99]

Die Kostenentscheidung, wiewohl Teil der Widerspruchs- beziehungsweise 64
Abhilfeentscheidung, hat selbst Verwaltungsaktqualität und kann deshalb selbständig angefochten oder erstritten werden.[100] Folgt dem Vorverfahren ein *gerichtliches Verfahren* nach, so erfaßt die in diesem zu treffende Kostenentscheidung auch jenes, § 162.

## Literatur

*Allesch*, Die Anwendbarkeit der Verwaltungsverfahrensgesetze auf das Widerspruchsverfahren nach der VwGO, 1984.

*Erichsen*, Das Vorverfahren nach §§ 68 ff. VwGO, Jura 1992,645,

[94] Vgl. Pietzner, VerwArch 73 (1982), S. 231 ff.

[95] Für Kommunalabgabensachen vgl. BVerwGE 82,336 (338); VGH BW, NVwZ 1992,584; OVG NW, NwVBl 1992,69.

[96] Vgl. dazu Pietzner/Ronellenfitsch, § 44 Rdnr. 23; § 45 Rdnr. 13 f.

[97] Str., wie hier VGH BW, DVBl 1981,39; Redeker/v. Oertzen, § 73 Rdnr. 31.

[98] BVerwGE 22,281; 40,313; 62,201 (204); 77,268 (275); ebenso Eyermann/Rennert, § 73 Rdnr. 27; Dolde, in: Schoch/Schmidt-Aßmann/Pietzner, § 73 Rdnr. 58 f.

[99] Vgl. BVerfGE 74,78 (91 f.).

[100] Vgl. BVerwGE 77,268; Redeker/v. Oertzen, § 73 Rdnr. 33; Pietzner, BayVBl 1979,113.

*Hess*, Reformatio in peius, 1990.

*Hofmann*, Das Widerspruchsverfahren als Sachentscheidungsvoraussetzung und als Verwaltungsverfahren, in: Menger-FS, S. 605.

*Juhnke*, Prozessuale Probleme der reformatio in peius im Widerspruchsverfahren, BayVBl 1991,136.

*Kopp*, Die Rechtsschutzfunktion des Widerspruchsverfahrens nach §§ 68 ff. VwGO, in: FS für Redeker, 1993, S. 543.

*Meier, Ulf*, Die Entbehrlichkeit des Widerspruchsverfahrens, 1992.

*v. Mutius*, Das Widerspruchsverfahren der VwGO als Verwaltungsverfahren und Prozeßvoraussetzung, 1969.

*Oerder*, Das Widerspruchsverfahren der Verwaltungsgerichtsordnung, 1989.

*Oppermann, D.*, Verfahrensbeschleunigung auf Kosten der Verwaltungsgerichtsbarkeit, DVerw 30 (1997), S. 517.

*Pietzner*, Zur reformatio in peius im Widerspruchsverfahren, VerwArch 80 (1989), S. 501; 81 (1990), S. 261.

*Renck*, Die Kostenentscheidung in Widerspruchsverfahren, DÖV 1979,558.

*Schenke, W.*, Der Anspruch des Widerspruchsführers auf Erlaß eines Widerspruchsbescheids und seine gerichtliche Durchsetzung, DÖV 1996,529.

*Trzaskalik*, Das Widerspruchsverfahren der Verwaltungsgerichtsordnung im Lichte der allgemeinen Prozeßrechtslehre, 1972.

*Weides*, Verwaltungsverfahren und Widerspruchsverfahren, 3. Aufl. 1993.

*Weides/Bertrams*, Die nachträgliche Verwaltungsentscheidung im Verfahren der Untätigkeitsklage, NVwZ 1988,673.

# § 20. Die Klagefrist

## I. Das Fristerfordernis

### 1. Arten von Fristen

#### *a) Echte prozessuale Fristen*

Im Interesse der Effektivität des gerichtlichen Verfahrens und der Rechtssicherheit 1
sind *Prozeßhandlungen der Beteiligten* häufig an die Einhaltung von Fristen gebunden (sogenannte *eigentliche* oder *echte Fristen*). Sind sie *gesetzlich bestimmt*, so bei Rechtsmitteln und bestimmten Klagearten (siehe sogleich Rdnr. 4 ff.), entsprechend aber auch für den Widerspruch (§ 70; vgl. oben § 19 Rdnr. 39 ff.), so stehen sie – vorbehaltlich gesetzlicher Ermächtigung zu ihrer Verlängerung (vgl. z. B. § 139 Abs. 3 Satz 3) – unveränderlich fest. Fristen können aber auch, meist auf gesetzlicher Grundlage, durch *richterliche Anordnung* gesetzt werden, zum Beispiel zur Ergänzung der Klage (§ 82 Abs. 2), zur Einreichung vorbereitender Schriftsätze (§ 86 Abs. 4 Satz 2) oder zur tatsächlichen Substantiierung des Vorbringens (§ 87b).

#### *b) Sonstige Fristen*

Hiervon zu unterscheiden sind einerseits die sogenannten *uneigentlichen* (*unech-* 2
*ten*) *Fristen des Prozeßrechts*. Sie können dem Gericht selbst gesetzt sein (z. B. für die Anberaumung eines besonderen Verkündungstermins gemäß § 116 Abs. 1 Satz 1), haben dann aber lediglich eine Ordnungsfunktion. Betreffen sie die Beteiligten, so knüpft das Gesetz den Eintritt der Rechtsfolge allein an den Ablauf einer Zeitspanne als solcher, also nicht an das Unterbleiben der betreffenden Parteihandlung. Diese kann damit gleichsam als bloße (notwendige) Folge des Zeitablaufs grundsätzlich nicht mehr vorgenommen werden.[1] So gelten insbesondere für **Ausschlußfristen**, zum Beispiel gemäß §§ 58 Abs. 2 oder 60 Abs. 3, die allgemeinen Vorschriften nur eingeschränkt; über sie braucht nicht belehrt zu werden (vgl. § 58 Abs. 1 und dazu unten Rdnr. 15), und gegen deren Versäumung ist keine (erneute) Wiedereinsetzung möglich (vgl. unten Rdnr. 20).

---

[1] Vgl. Rosenberg/Schwab/Gottwald, § 72 I; BVerwG, NJW 1986,207.

EuGH, U 12.2.08, NVwZ 08, 870

3 Nicht unter die prozeßrechtlichen Vorschriften fallen auf der anderen Seite Fristen des *materiellen Verwaltungsrechts,*[2] zum Beispiel für die Rücknahme eines (begünstigenden) Verwaltungsakts (§ 48 Abs. 4 VwVfG) oder den Antrag auf Wiederaufgreifen des Verwaltungsverfahrens (§ 51 Abs. 3 VwVfG), aber etwa auch für Einwendungen in Verwaltungsverfahren (§§ 73 Abs. 4 VwVfG; 10 Abs. 3 BImSchG; 33 Abs. 1 Satz 1 AsylVfG usw.). Für sie gilt das allgemeine Verwaltungsverfahrensrecht (vgl. §§ 31 f. VwVfG).

## 2. Die Klagefrist als besondere Zulässigkeitsvoraussetzung

4 Gemäß § 74 Abs. 1, 2 müssen *Anfechtungsklage* und, entsprechend, *Versagungsgegenklage* (vgl. oben § 16 Rdnr. 5 f.) innerhalb eines Monats erhoben werden. Hierdurch wird der Bedeutung des Verwaltungsakts als potentiell verbindlicher Entscheidung Rechnung getragen, mit der eine zeitlich unbegrenzte Eröffnung der vorbehaltenen gerichtlichen Kontrolle nicht vereinbar wäre.

5 Obwohl die Statuierung einer Klagefrist in Fällen mit europarechtlichem Bezug die gerichtliche Verwirklichung des materiellen Gemeinschaftsrechts verhindern kann, ist sie grundsätzlich statthaft. Nach ständiger Rechtsprechung des EuGH ist allerdings in jedem Einzelfall eine Abwägung zwischen den Erfordernissen des Effizienzgebots (vgl. oben § 4 Rdnr. 11, 18 ff.) und dem die Fristsetzung nach dem Willen des nationalen Gesetzgebers legitimierenden Grundsatz der Rechtssicherheit sowie dem Interesse an einem ordnungsgemäßen Ablauf des Verfahrens vorzunehmen.[3]

6 Materiell-rechtlich bleibt damit ein Verwaltungsakt auch im Falle seiner Rechtswidrigkeit wirksam und verbindlich, und zwar selbst dann, wenn diese aus der, durch spätere Nichtigerklärung offenbar werdenden Verfassungswidrigkeit eines Gesetzes resultiert (vgl. § 79 Abs. 2 Satz 1 BVerfGG). Dagegen soll nach der Rechtsprechung des EuGH die Klagefrist bei Verstoß des zugrunde liegenden Gesetzes gegen eine unmittelbar anwendbare EG-Richtlinie erst mit deren ordnungsgemäßer Umsetzung beginnen, so daß in der Konsequenz auch ein bestandskräftiger, ja sogar rechtskräftig bestätigter Verwaltungsakt wieder anfechtbar werden könnte.[4]

---

[2] Vgl. dazu BVerwGE 72, 368 (370); Reimann, VBlBW 1995,178.

[3] EuGH, Slg. 1976,1989 (1998); Slg. 1976,2043 (2053); Slg. 1991, I 4269 (4298); Slg. 1994, I 4583 (4598 f.); Slg. 1995, I 4599 = DVBl 1996,249; Slg. 1997, I 4025 (4046 f.) = EuZW 1997,538; ebenso für materielle Ausschlußfristen EuGH, EuZW 1998,664. Vgl. zu Bedeutung und Reichweite der Abwägung bei der Beurteilung nationaler Fristbestimmungen v. Danwitz, UPR 1996,323; Röhl/Ladenburger, Die materielle Präklusion im raumbezogenen Verwaltungsrecht, 1997, S. 71 ff.

[4] Vgl. EuGH, Slg. 1991, I 4269 (4299) = RIW 1993,153 und dazu kritisch Stadie, NVwZ 1994, 435; Burgi, Verwaltungsprozeß und Europarecht, 1996, S. 66; weiterführend Müller-Franken, DVBl 1998,758. Vgl. auch BFH, EWS 1996,259; EuGH, Slg. 1997, I 6783.

7 Für *sonstige Klagen* ist eine Fristbindung grundsätzlich nicht vorgesehen; auch hier ist jedoch § 126 Abs. 3 BRRG zu beachten (vgl. schon oben § 19 Rdnr. 15), durch den mit dem allgemeinen Erfordernis eines Vorverfahrens die Einhaltung einer Klagefrist auch bei Leistungs- und Feststellungsklagen vorgeschrieben wird. Zeitliche Grenzen können einer nicht fristgebundenen Klage ferner durch die *Verwirkung* gesetzt sein (vgl. unten Rdnr. 30).

## II. Der Fristenlauf

### 1. Beginn der Frist

8 Gemäß § 57 Abs. 1 beginnt der Lauf einer Frist, wenn eine Zustellung vorgeschrieben ist (§ 56), nur mit dieser, andernfalls mit der Eröffnung oder Verkündung. Fehlt es hieran, so unterliegt der Rechtsbehelf oder die sonstige Rechtshandlung grundsätzlich keiner Frist. Bei einer *Mehrheit von Betroffenen* läuft die Frist für jeden einzelnen gesondert von der ihm gegenüber erfolgten Bekanntgabe an.

9 Die *Klagefrist* beginnt mit der (gemäß § 73 Abs. 3 Satz 1 vorgeschriebenen) Zustellung des Widerspruchsbescheids oder, wenn ein solcher nicht erforderlich ist, mit der Bekanntgabe des Verwaltungsakts, § 74 Abs. 1. Ohne derartige behördliche Mitteilung, gegebenenfalls in der vorgeschriebenen Form, wird der Verwaltungsakt dem Betroffenen gegenüber nicht wirksam (§ 43 Abs. 1 Satz 1 VwVfG). Auf das Fehlen einer Rechtsbehelfsbelehrung (vgl. dazu unten Rdnr. 13 f.), kommt es danach nicht mehr an, so daß § 58 Abs. 2 weder unmittelbar noch entsprechend anwendbar ist. Die Klage kann in diesem Fall also, sofern die Behördenentscheidung durch Bekanntgabe an wenigstens einen (Haupt)Beteiligten überhaupt Außenwirkung erlangt hat (§ 41 Abs. 1 Satz 1 VwVfG),[5] an sich ohne zeitliche Begrenzung erhoben werden. Auch durch eine *fehlerhafte Zustellung* (die aber immer als solche intendiert sein muß) wird, sofern diese nicht geheilt ist (vgl. § 9 Abs. 1 VwZG), die (Klage- bzw. Widerspruchs-)Frist nicht ausgelöst.[6] War sie nicht gesetzlich vorgeschrieben, so wird in ihr jedoch häufig eine formlose Bekanntgabe liegen.[7]

Allerdings kann das Klagerecht wiederum nach allgemeinen Grundsätzen *verwirkt* werden (s. unten Rdnr. 30 ff.).

---

[5] Vgl. BVerwG, DVBl 1987,629; VGH BW, NVwZ 1989,76.

[6] Kopp/Schenke, § 56 Rdnr. 12 ff.; Reissner, in: Schoch/Schmidt-Aßmann/Pietzner, § 56 Rdnr. 77; vgl. auch VGH BW, NVwZ 1989,76; OVG NW, NVwZ-RR 1995,623; BFH, BayVBl 1986,221.

[7] Anders OVG RP, DVBl 1983,955; Kopp/Schenke, § 74 Rdnr. 4.

BVerwG, U 30.10.97, NVwZ 98, 1292

### 2. Fristberechnung

10 Für die Berechnung der Frist gelten über die Verweisung des § 57 Abs. 2 auf § 222 ZPO grundsätzlich die §§ 187 bis 189 BGB. Dabei wird der Tag der Bekanntgabe nicht mitgerechnet.[8] Fällt das Ende einer Frist auf einen Sonntag, einen allgemeinen Feiertag oder einen Sonnabend (Samstag), so endet die Frist mit Ablauf des nächsten Werktages, § 222 Abs. 2 ZPO. Friständerungen und das dabei einzuhaltende Verfahren werden durch §§ 224 Abs. 2, 3; 225 und 226 ZPO geregelt.

### 3. Wahrung der Frist

11 Die Frist ist eingehalten, wenn die fristgebundene Handlung vor Ablauf der Frist vorgenommen wurde.

Für die Wahrung der *Klagefrist* kommt es auf den Zeitpunkt der *Klageerhebung* an. Erfolgt sie schriftlich, so wird sie mit Eingang eines den Anforderungen des § 82 Abs. 1 Satz 1 entsprechenden Schriftsatzes bei dem als Empfänger genannten Gericht[9] wirksam. Dieser Zeitpunkt bleibt auch maßgeblich, wenn der Rechtsstreit später wegen *Unzuständigkeit* an das zuständige Gericht – selbst eines anderen Rechtswegs – *verwiesen* wird (vgl. §§ 83 Satz 1 VwGO; 17b Abs. 1 Satz 2 GVG).[10] Wird die erhobene Klage gemäß § 91 zulässig *geändert* (s. dazu unten § 31 Rdnr. 29 ff.) oder, ohne daß eine Klageänderung anzunehmen wäre, erweitert (§ 173 VwGO i. V. m. § 264 ZPO), so ist für die Wahrung der Klagefrist auf den Eingang des neuen beziehungsweise erweiterten Klageantrags bei Gericht abzustellen.[11]

12 Bei *Parteiwechsel* (subjektive Klageänderung) ist zu differenzieren: Tritt ein neuer *Kläger* in den Prozeß ein, so ist die Einhaltung der Frist in diesem Zeitpunkt entscheidend. Anderes gilt nur bei Verfahrensfortführung durch einen *Rechtsnachfolger*, da diesem die Wahrung der Frist durch den ursprünglichen Rechtsinhaber zugute kommt, wie er auch umgekehrt den in dessen Person eingetretenen Ablauf der Frist gegen sich gelten lassen muß.[12] Eine fehlende oder unrichtige Bezeichnung des *Beklagten* kann jederzeit ergänzt beziehungsweise berichtigt werden. Die Frist für eine rechtzeitig erhobene Klage bleibt auch im Fall einer Auswechslung des Beklagten gewahrt,[13] da hierdurch der Zweck der Fristbindung

---

[8] Vgl. BGH, NJW 1984,1358.

[9] Zu den dabei auftretenden Fallvarianten vgl. näher Kopp/Schenke, § 74 Rdnr. 8.

[10] Vgl. VGH BW, VBlBW 1983,368; anders jedoch im Fall instanzieller Unzuständigkeit, vgl. VGH BW, VBlBW 1988,132 m. Anm. von Redeker.

[11] Vgl. BVerwGE 40,25 (32).

[12] Vgl. BVerwG, NVwZ 1989,967; vgl. auch VGH BW, VBlBW 1992,103.

[13] Vgl. BVerwG, NVwZ 1989,967; DVBl 1993,562; a. M. Jaekel, DÖV 1985,479.

– Rechtsklarheit hinsichtlich der Anfechtung des (eingreifenden oder ablehnenden) Verwaltungsakts – nicht beeinträchtigt wird.

## III. Die Rechtsbehelfsbelehrung

### 1. Grundsätzliche Bedeutung

In einer komplexen Rechtsordnung mit hochdifferenziertem und spezialisiertem 13
Rechtsschutzsystem kann die Verantwortung für die Beschaffung der zur individuellen Rechtsdurchsetzung erforderlichen Kenntnisse nicht mehr ohne weiteres allein dem einzelnen auferlegt werden. Es entspricht deshalb heutigen Vorstellungen von sozialem Rechtsstaat und effektivem Rechtsschutz,[14] über förmliche Rechtsbehelfe gegen staatliche Entscheidungen zu belehren und so den Zugang zu einer rechtlich eröffneten Kontrolle auch tatsächlich sicherzustellen. So sind sozialstaatlich motivierte Belehrungspflichten zur Wahrung bestimmter materieller Rechte sogar im Verhältnis Privater untereinander statuiert.[15] In ähnlicher Weise ist eine Rechtsbehelfsbelehrung im engeren Sinn verfassungsrechtlich jedenfalls dann geboten, wenn sich der rechtsuchende Bürger nicht mehr in zumutbarer Weise rechtzeitig über den ihm zustehenden Rechtsschutz informieren kann.[16]

Von einer solchen Lage ist – entgegen einer noch herrschenden Meinung – 14
auch für den Verwaltungsprozeß auszugehen.[17] Hier besteht eine unmittelbare Pflicht zur Rechtsbehelfsbelehrung allerdings nur vereinzelt, so etwa für den Widerspruchsbescheid (§ 73 Abs. 3 Satz 1), das verwaltungsgerichtliche Urteil (§ 117 Abs. 2 Nr. 6; vergleichbar auch § 9 Abs. 5 ArbGG) oder allgemein für anfechtbare, schriftliche Verwaltungsakte von Bundesbehörden (§ 59). § 58 erzwingt jedoch mittelbar die Erteilung einer Rechtsbehelfsbelehrung dadurch, daß diese die Voraussetzung für den Beginn des Fristenlaufs ist (Abs. 1). Ist die Belehrung unterblieben oder unrichtig erteilt, so kann der Rechtsbehelf gleichwohl nicht unbegrenzt, sondern – außer im Fall höherer Gewalt (s. dazu unten Rdnr. 26) oder bei einer Negativbelehrung – nur *innerhalb einer Ausschlußfrist von einem Jahr* eingelegt werden (Abs. 2), gegen deren Versäumung Wiedereinsetzung nicht gegeben ist.[18] Dagegen hat das Fehlen einer – selbst unmittelbar vorgeschriebenen – Rechtsbehelfsbelehrung keine *materiell-rechtliche Auswirkung* auf die Rechtmäßigkeit der Entscheidung selbst.

[14] Vgl. zur Problematik aber schon Lorenz, S. 257 ff.

[15] Vgl. z. B. §§ 2 HausTWG; 7 Abs. 2 VerbrKrG.

[16] Vgl. BVerfGE 93,99 (108).

[17] Vgl. auch BVerfGE 93,99 (117 – Sondervotum Kühling) für Verfahren ohne Anwaltszwang; Stelkens, NuR 1992,10; demgegenüber etwa Schmidt-Aßmann, in: Maunz/Dürig, Stand 1985, Art. 19 Abs. IV Rdnr. 257 m. w. Nachw.; Kopp/Schenke, § 59 Rdnr. 2.

[18] BVerwGE 58,100 (103).

BVerwG, U 30.10.97, NVwZ 98, 1292, BGH, U 10.12.98, DVBl 99, 777, BVerwG, U 21.3.02, DVBl 02, 1553, [illegible], NVwZ 14, 726 [illegible]

## 2. Anforderungen

15 Zu belehren ist nur über die von der Verwaltungsgerichtsordnung vorgesehenen, *ordentlichen Rechtsbehelfe*, also zum Beispiel nicht über den Aussetzungsantrag gemäß § 80 Abs. 5 oder den Antrag auf Wiedereinsetzung (§ 60 Abs. 2), ferner auch nicht über Ausschlußfristen, wie sie etwa nach §§ 58 Abs. 2 und 60 Abs. 3[19] oder für Gegenvorstellungen bei Prüfungsentscheidungen[20] bestehen.

16 Die Belehrung ist *schriftlich* zu erteilen und muß den Rechtsbehelf, die Verwaltungsbehörde oder das Gericht, bei denen dieser anzubringen ist, den Sitz sowie die einzuhaltende Frist bezeichnen. Für den Inhalt und die Anforderungen an Vollständigkeit und Richtigkeit der Belehrung[21] ist maßgeblich, daß diese ihren Informationszweck erfüllt, zum Beispiel durch Angabe der Form des Rechtsbehelfs (Schriftlichkeit, Begründungserfordernis, Vertretungszwang o. ä.),[22] die hinreichend deutliche Umschreibung des Sitzes[23] oder die zutreffende Bezeichnung des Beginns der Frist ("Bekanntgabe" statt "Zustellung" bei einem Widerspruchsbescheid ist ausreichend[24]).

17 Für die Beurteilung der Richtigkeit einer Rechtsbehelfsbelehrung ist entscheidend, ob durch unkorrekte Angaben ein beachtlicher Irrtum bei dem Adressaten hervorgerufen werden *konnte*, durch den der Rechtsschutz nennenswert erschwert war; des Nachweises einer Kausalität bedarf es nicht.[25] Nach diesem Kriterium sind auch *Zusätze* zu beurteilen, die über die gesetzlichen Mindestanforderungen hinausgehen;[26] sie sind an sich zulässig, müssen aber zutreffend in dem Sinne sein, daß sie keine weiteren Rechtsschutzhürden aufrichten dürfen, zum Beispiel, indem Sollanforderungen gemäß §§ 81 Abs. 2; 82 Abs. 1 Satz 2, 3 als zwingende Voraussetzungen erscheinen.[27]

18 Die Rechtsbehelfsbelehrung ist immer in deutscher Sprache abzufassen (§§ 184 GVG; 23 Abs. 1 VwVfG). *Ausländern* gegenüber kann sich jedoch die Beifügung einer Übersetzung in ihrer Landessprache empfehlen, da eine *infolge* Sprachschwierigkeiten unverschuldete Fristversäumung die Wiedereinsetzung begründet (vgl. unten Rdnr. 23).[28]

---

[19] Vgl. BVerwGE 26,54 (56 f.); 28,305 (308 ).
[20] Vgl. BVerwGE 96,126 (131 f.) und dazu oben § 19 Rdnr. 10.
[21] Vgl. dazu näher Kopp/Schenke, § 58 Rdnr. 10 ff.; Stollmann, BayVBl 1993,200 ff.
[22] Vgl. BVerwG, NVwZ 1998,170; OVG NW, NVwZ 1984,655; NVwZ-RR 1998,595; demgegenüber BayVGH, BayVBl 1998,379.
[23] Vgl. BVerwGE 85,298: Nur Name der Gemeinde genügt nicht, wenn sich die Verwaltung in einem Ortsteil anderen Namens befindet.
[24] Vgl. BVerwG, NJW 1991,508, andererseits aber VGH BW, VBlBW 1988,255.
[25] BVerwG, NVwZ 1998,170.
[26] Vgl. Stollmann, BayVBl 1993,203 ff.; Czybulka, in: Sodan/Ziekow, § 58 Rdnr. 65.
[27] Vgl. z. B. OVG NW, NVwZ 1984,655, aber auch HessVGH, NVwZ-RR 1992,334.
[28] Vgl. BVerfGE 40,95 (98 ff.); 42,120 (125); 86,280 (284 ff.).

# IV. Die Versäumung einer Frist

## 1. Allgemeine Rechtsfolgen

Die Versäumung einer prozessualen Frist hat allgemein zur Folge, daß der Belastete mit der fristgebundenen Rechtshandlung ausgeschlossen ist. Handelt es sich um eine Klage, ein Rechtsmittel oder einen sonstigen Rechtsbehelf (insbesondere Widerspruch), so sind diese *unzulässig* und ohne sachliche Prüfung abbeziehungsweise zurückzuweisen. Bei Nichteinhaltung einer richterlichen Frist kann das Vorbringen unberücksichtigt bleiben, nach Maßgabe gesetzlicher Regelung auch ausgeschlossen sein, so zum Beispiel gemäß §§ 87b Abs. 3; 128a VwGO; 17 Abs. 6b FStrG. Ist eine solche Sanktion nicht vorgesehen, so kann die Handlung jedoch grundsätzlich bis zum Ergehen der abschließenden gerichtlichen Entscheidung nachgeholt werden.[29] 19

## 2. Die Wiedereinsetzung in den vorigen Stand

Die prozessuale Abhängigkeit des Zugangs zu gerichtlicher Kontrolle von der Einhaltung bestimmter Fristen stellt eine nachhaltige Beeinträchtigung des Rechtsschutzes und der durch diesen zu wahrenden, materiellen Rechte dar. Sie ist grundsätzlich hinzunehmen, darf jedoch andererseits die Garantie effektiven Rechtsschutzes (Art. 19 Abs. 4; 20 Abs. 3 GG) und des rechtlichen Gehörs (Art. 103 Abs. 1 GG) nicht unverhältnismäßig beschränken. Dem Ausgleich dieser widerstreitenden Anforderungen der Rechtssicherheit und der materiellen Gerechtigkeit dient § 60 Abs. 1.[30] Danach ist auf Antrag Wiedereinsetzung in den vorigen Stand zu gewähren, wenn jemand ohne Verschulden verhindert war, eine *gesetzliche Frist* einzuhalten. 20

Wiedereinsetzung ist ausnahmsweise auch gegen die Versäumung *richterlicher Fristen* vorgesehen (vgl. § 82 Abs. 2 Satz 3). Diese können im übrigen verlängert werden, nach ihrem Ablauf jedenfalls dann, wenn dies in noch offener Frist beantragt wurde oder – nicht zuletzt eine Folge aus Art. 103 Abs. 1 GG – Wiedereinsetzungsgründe vorliegen.[31] 21

### *a) Voraussetzungen*

*aa)* Eine *Fristversäumung* ist *unverschuldet*, wenn sie auch bei Anwendung derjenigen Sorgfalt nicht vermieden werden konnte, die für einen gewissenhaften, seine Rechte und Pflichten sachgerecht wahrnehmenden Beteiligten geboten und ihm 22

---

[29] Vgl. Kopp/Schenke, § 57 Rdnr. 14.

[30] Vgl. BVerfGE 35,41 (47); 60,253 (269); BVerfG, NJW 1993,720.

[31] Vgl. BVerwG, NJW 1994,673.

Schmidt, DÖV 01, 857, BVerfGK B 13.7.01, NVwZ 01, 1392, BVerfGK, B 26.9.02, DVBl 03, 130 = NVwZ 03, 341, Albrecht, NVwZ 03, 444, BVerfG, B 4.5.04, DVBl 04, 1229 (falsche Hinw. Gericht), BVerfGK, B 27.12.06, NVwZ 07, 907 ([illegible], [illegible]), BVerwG, B 6.11.07, DÖV 08, 253 (Fax), BVerwG, U 31.7.12, DVBl 13, 309 ([illegible], [illegible])

nach den Umständen des Einzelfalls zuzumuten ist.[32] Dabei muß sich der Beteiligte ein *Verschulden seines Prozeß-* beziehungsweise Verfahrens*bevollmächtigten* oder sonstigen *Vertreters* (nicht aber von *dessen Hilfspersonen*, z. B. Kanzleiangestellten) anrechnen lassen (§ 173 VwGO i. V. m. § 85 Abs. 2 ZPO).[33]

**23** Die Wiedereinsetzung ist Ausdruck einer *fehlenden prozessualen Berechtigung* des durch die Fristversäumung (praktisch) eintretenden, materiellen *Rechtsverlusts*. Die Sorgfaltsanforderungen dürfen deshalb nicht überspannt werden.

So kann die Fristversäumung durch einen sprachunkundigen Ausländer unverschuldet sein, der sich trotz zumutbarer Anstrengungen nicht fristgemäß Gewißheit über den Inhalt des betreffenden Schriftstücks verschaffen konnte (vgl. schon oben Rdnr. 18). Auch das Zuwarten mit einem Rechtsbehelf bis zur (positiven) Entscheidung über einen Prozeßkostenhilfe-Antrag ist nicht sorgfaltswidrig.[34] Ferner braucht ohne besonderen Anlaß nicht Vorsorge dafür getroffen zu werden, daß man für amtliche Mitteilungen jederzeit erreichbar ist.[35] Ebenso kann sich der Absender eines Schriftstücks darauf verlassen, daß dieses bei normaler Postlaufzeit fristgerecht beim Empfänger eingeht.[36] Dagegen ist eine Fristversäumung infolge verspäteter Postzustellung verschuldet, wenn diese darauf beruht, daß die zum letztmöglichen Zeitpunkt abgeschickte Sendung falsch adressiert war; denn zwar darf die Frist voll (im Extremfall also bis zur letzten Sekunde) ausgenützt werden, doch entstehen hieraus erhöhte Sorgfaltspflichten bezüglich der Fristwahrung im übrigen.[37]

**24** *bb)* Die Wiedereinsetzung erfolgt auf *Antrag*; die Tatsachen zu seiner Begründung sind glaubhaft zu machen, § 60 Abs. 2 Satz 2 (vgl. dazu unten § 33 Rdnr. 4 f.). Innerhalb der Antragsfrist ist auch die versäumte Rechtshandlung nachzuholen, zum Beispiel die Anfechtungsklage zu erheben. Ist das geschehen, so ist ein Antrag entbehrlich, das heißt wird von Amts wegen über die Wiedereinsetzung entschieden und diese gewährt, sofern deren sachlichen Voraussetzungen zur Überzeugung des Gerichts vorliegen, § 60 Abs. 2 Satz 3, 4.

**25** *cc)* Der Antrag ist binnen einer *Frist von zwei Wochen* seit Wegfall des Hindernisses zu stellen. Gegen die Versäumung auch dieser Frist ist wiederum Wiedereinsetzung möglich.[38] Ist das Hindernis noch während des Laufs der (ursprünglichen, z. B. Klage-)Frist entfallen, diese also noch gar nicht versäumt, bleibt aber für die Einlegung des Rechtsbehelfs eine unangemessen kurze Zeitspanne, so gilt § 60 Abs. 2 Satz 1 entsprechend, so daß nunmehr ab dem Wegfall des Hindernisses die

---

32 BVerwG, NJW 1991,2096.
33 Vgl. BVerfGE 60,253 (269); BVerwG, NJW 1992,63; NJW 1995,2122 zu den Sorgfaltspflichten eines Rechtsanwalts; vgl. auch BVerwG, NVwZ-RR 1995,613.
34 BVerwGE 59,302 (307 f.).
35 BVerfG, NJW 1993,847, ständige Rechtsprechung; vgl. auch BVerwG, NVwZ-RR 1995,613.
36 Vgl. BVerfGE 62,334 (336), ständige Rechtsprechung.
37 Vgl. BVerwG, NJW 1992,63.
38 BVerwG, DVBl 1986,287.

Zweiwochenfrist für die versäumte Rechtshandlung nebst Wiedereinsetzungsantrag in Anspruch genommen werden kann.[39]

**Beispiel**: Der sprachunkundige Ausländer erhält erst 3 Tage vor Ablauf der Klagefrist eine Übersetzung des Widerspruchsbescheids. Es verbleiben ihm damit ab diesem Zeitpunkt zwei Wochen für Wiedereinsetzungsantrag und Klageerhebung.

*dd)* Ist seit dem Ende der versäumten Frist *ein Jahr* verstrichen, so ist ein Antrag **26**
auf Wiedereinsetzung unzulässig (§ 60 Abs. 4), und sie kann auch nicht gegen die Nichteinhaltung dieser *Ausschlußfrist* als solcher gewährt werden.

Die Jahresfrist greift indes nicht ein, das heißt der Wiedereinsetzungsantrag bleibt weiterhin zulässig, wenn dieser infolge *höherer Gewalt* unmöglich war. Dabei handelt es sich um ein außergewöhnliches Ereignis, das unter den gegebenen Umständen auch durch die größte, im konkreten Fall vernünftigerweise von dem Betroffenen subjektiv zu erwartende und zumutbare Sorgfalt nicht abgewendet werden konnte, einen "unabwendbaren Zufall" im Sinn des früheren § 233 ZPO.[40] Dies kann zum Beispiel gegeben sein, wenn einer sonst zuverlässigen Bürokraft ein Versehen bei der Fristkontrolle unterläuft oder wenn der Betroffene vom Erlaß eines Verwaltungsakts unverschuldet keine Kenntnis hat. Obwohl enger als die Voraussetzung fehlenden Verschuldens, wird dieses sich praktisch häufig zugleich als Anwendungsfall höherer Gewalt darstellen.

### *b) Verfahren und Entscheidung*

Das Wiedereinsetzungsverfahren ist ein unselbständiger Teil des Hauptsachever- **27**
fahrens und richtet sich nach den für dieses geltenden Vorschriften, § 173 VwGO i. V. m. § 238 Abs. 1 Satz 1; Abs. 2 Satz 1 ZPO. Über den Wiedereinsetzungsantrag entscheidet das Gericht, das über die nachgeholte Rechtshandlung zu befinden hat (§ 60 Abs. 4), und zwar zusammen mit der Entscheidung über diese, nicht dagegen in einem selbständigen Beschlußverfahren.[41] Eine Wiedereinsetzung kann jedoch aufgrund einer zunächst auf den Antrag beschränkten Verhandlung (§ 173 VwGO i. V. m. § 238 Abs. 1 Satz 2 ZPO) auch vorab durch unselbständiges Zwischenurteil (§ 173 VwGO i. V. m. § 303 ZPO; vgl. dazu unten § 34 Rdnr. 6 ff.) gewährt werden.[42] Eine stillschweigende Wiedereinsetzung (durch das

---

[39] So BayVGH, BayVBl 1980,183; Kopp/Schenke, § 60 Rdnr. 7 m. zahlreichen Nachweisen der Gegenansicht, die auf das Verbleiben eines ausreichenden Zeitraumes abstellt (8 Tage? 24 Stunden?); unentschieden BVerwGE 88,66 (69).

[40] BVerwG, NJW 1986,207; vgl. auch BVerfGE 71,305 (348).

[41] BVerwGE 74,289 (290 f.); BVerwG, NJW 1991,2096; a. M. Redeker/v. Oertzen, § 60 Rdnr. 20.

[42] BVerwGE 74,289 (290).

Gericht) ist ausgeschlossen,[43] es genügt jedoch eine Stellungnahme in den Gründen der Sachentscheidung.

28 Eine (*positive* Entscheidung über die) *Wiedereinsetzung*, für die Art. 103 Abs. 1 GG die Anhörung der übrigen Beteiligten verlangt,[44] ist unanfechtbar (§ 60 Abs. 5) und für die höhere Instanz bindend; dies gilt jedoch nicht für das Gericht im Verhältnis zur Widerspruchsbehörde (vgl. § 70 Abs. 2 und oben § 19 Rdnr. 40). Sie versetzt das Verfahren *in den vorigen Stand*, von dem aus es ohne weiteres fortgeführt wird. Eine zwischenzeitlich ergangene, selbst rechtskräftige Entscheidung in der Sache wird wirkungslos.[45]

29 Die *Ablehnung der Wiedereinsetzung* kann nur durch Abweisung des (damit) unzulässigen Antrags zur Hauptsache erfolgen und allein mit dem gegen diese Entscheidung zugelassenen Rechtsmittel angefochten werden.[46] Die unberechtigte Versagung der Wiedereinsetzung stellt einen Verfahrensmangel dar (§§ 132 Abs. 2 Nr. 3; 137 Abs. 3 Satz 1)[47] und verletzt in der Regel den Anspruch auf rechtliches Gehör (Art. 103 Abs. 1 GG) beziehungsweise auf Rechtsschutz (Art. 19 Abs. 4 GG).

## V. Die Verwirkung des Klagerechts

### 1. Voraussetzungen

30 Ist gesetzlich die Einhaltung einer Frist nicht Voraussetzung für die Klageerhebung, so kann diese sich nach Ablauf eines hinreichend langen Zeitraums als *unzulässige Rechtsausübung* darstellen und deshalb *verwirkt* werden,[48] wenn der Berechtigte durch sein zurechenbares Verhalten bei dem (den) Verpflichteten ein schutzwürdiges und durch diesen betätigtes Vertrauen hervorgerufen hat, er werde von seinem Klagerecht keinen Gebrauch (mehr) machen.[49] Diese Rechtsfolge wird in der Regel nur für Klagen des Bürgers gegen die Verwaltung eingreifen; eine *Verwirkung zu Lasten der öffentlichen Hand* kann dagegen nur in Ausnahmefällen in Betracht kommen.[50]

---

[43] BVerwGE 59,302 (309).
[44] BVerfGE 53,109 (114); 61,14 (17).
[45] Vgl. BVerwGE 11,322 (323); BGH, NJW 1987,328.
[46] BVerwGE 13,141 (145).
[47] BVerwG, NJW 1992,63.
[48] Vgl. allgemein dazu Menzel, Grundfragen der Verwirkung, jur. Diss. Mainz, 1987; Bauer, DVerw 23 (1990), S. 211.
[49] Vgl. BVerwGE 44,294 (298 f.); BVerwG, NVwZ 1991,1182; VGH BW, NVwZ 1989,76; VBlBW 1990,15; W. Schenke, in: BGG, Stand 1982, Art. 19 Abs. 4 Rdnr. 69; Bosch/Schmidt, § 26 IV 2 a bb; Schmitt Glaeser, Rdnr. 134.
[50] Vgl. (hinsichtlich materiell-rechtlicher Position) BVerwG, NVwZ 1992,878.

BVerwG, U 10.8.00, NVwZ 01, 206

Angesichts der zahlreichen und differenzierten gesetzlichen Fristregelungen hat das, diesen gegenüber zudem deutlich extensiv zu handhabende[51] Zeitmoment nur indizielle Bedeutung, um die Feststellung eines Verstoßes gegen Treu und Glauben durch widersprüchliches Verhalten als Voraussetzung der Verwirkung zu rechtfertigen. Vor Ablauf einer gesetzlichen Frist, zum Beispiel der Jahresfrist gemäß § 58 Abs. 2 Satz 1, wird nur ganz ausnahmsweise eine Verwirkung angenommen werden können. 31

## 2. Anwendungsbereich

Nach diesen Grundsätzen wird insbesondere für die gesetzlich nicht (mehr) fristgebundene *Untätigkeitsklage* (§ 42 Abs. 1; vgl. oben § 16 Rdnr. 7) die früher geltende Ausschlußfrist von einem Jahr (§ 76 VwGO a. F.) als zeitliche Richtschnur für die Annahme einer Verwirkung angesehen;[52] auch hier kann diese aber jedenfalls dann nicht Platz greifen, wenn die Annahme widersprüchlichen Verhaltens durch besondere Gründe entkräftet wird.[53] 32

Eine Verwirkung ist jedoch auch dann möglich, wenn eine gesetzliche Frist *mangels Bekanntgabe* des im übrigen wirksam gewordenen Verwaltungsakts nicht zu laufen begonnen hat (vgl. oben Rdnr. 9). In diesem Sinn muß sich der Nachbar eines Bauvorhabens aufgrund des *nachbarlichen Gemeinschaftsverhältnisses* entsprechend den jeweiligen Umständen des Einzelfalls nach Treu und Glauben so behandeln lassen, als sei ihm die Baugenehmigung in dem Zeitpunkt amtlich und formgerecht bekanntgegeben worden, in dem er von dieser auf andere Weise zuverlässige Kenntnis erlangt hat oder hätte erlangen müssen; Klage (bzw. Widerspruch) ist dann nur innerhalb der Jahresfrist gemäß § 58 Abs. 2 Satz 1 möglich.[54] Dies gilt bei Vorliegen eines vergleichbar vertrauensbegründenden Tatbestandes auch in sonstigen Fällen.[55] 33

Von der vorstehend behandelten prozessualen Verwirkung sind die Fälle einer *materiell-rechtlichen Verwirkung* zu unterscheiden.[56] Sie hat den Verlust des der Klage zugrunde liegenden Abwehranspruchs oder einer sonstigen, materiellen Rechtsposition zur Folge, tangiert aber als solche (unbeschadet einer etwa fraglichen Klagebefugnis, § 42 Abs. 2) nicht das formelle Recht zur Klage. Diese ist in einem solchen Fall vielmehr als *unbegründet* abzuweisen. 34

---

[51] Vgl. auch BVerwG, NVwZ 1991,1182.
[52] Kopp, DÖV 1977,199; vgl. auch BVerwG, DVBl 1976,78.
[53] Vgl. Bosch/Schmidt, § 27 III 5.
[54] BVerwGE 44,294 (298 ff.); 78,85 (88 ff.); vgl. auch BVerwG, NVwZ 1991,1182. Insgesamt dazu Bauer, DVerw 23 (1990), S. 217 ff.
[55] Offengelassen von BVerwG, NVwZ 1997,994 (Plangenehmigung).
[56] Vgl. dazu BVerwG, NVwZ 1988,532; NVwZ 1988,730; NVwZ 1991,1182; NVwZ 1992,878; allgemein dazu Erichsen, in: Erichsen, § 11 Rdnr. 55.

## Literatur

*Bauer, Hartmut*, Die Verwirkung von Nachbarrechten im öffentlichen Baurecht, DVerw 23 (1990), S. 211.
*Goerlich*, Wiedereinsetzung und erster Zugang zu Gericht, NJW 1976,1526.
*Hingerl*, Die Rechtsbehelfsbelehrung in den Verfahrensordnungen des öffentlichen Rechts, jur. Diss. Konstanz, 1982.
*Jaekel*, Klagefrist bei Klageänderung durch Beklagtenwechsel, DÖV 1985,479.
*Kopp*, Die Verwirkung des Klagerechts bei der Untätigkeitsklage, DÖV 1977,199.
*Linhart*, Fristen und Termine im Verwaltungsrecht, 2. Aufl. 1990.
*Müller, Gerda*, Typische Fehler bei der Wiedereinsetzung in den vorigen Stand, NJW 1992,681.
*Stelkens*, Die Rechtsbehelfsbelehrung bei Verwaltungsmaßnahmen, NuR 1982,10.
*Stober*, Rechtsbehelfsbelehrungspflicht bei Anordnung der sofortigen Vollziehung, BayVBl 1976,169.
*Stollmann*, Die neuere Rechtsprechung zur fehlerhaften Rechtsmittelbelehrung gemäß § 58 VwGO, BayVBl 1993,200.
*Ule*, Ausschlußfristen im Verwaltungsprozeß, BB 1979,1009.

# § 21. Die passive Prozeßführungsbefugnis

## I. Sachzuständigkeit und Prozeßführungsbefugnis

Beklagter ist, wer in der Klageschrift als solcher bezeichnet wird. Eine Klage ist jedoch nur erfolgreich, wenn der *richtige Beklagte* in Anspruch genommen wurde. Dies ist vor allem eine Frage der im Rahmen der Begründetheit zu prüfenden Sachzuständigkeit (**Passivlegitimation**, s. oben § 10 Rdnr. 4). Nach ihr beurteilt sich, ob die beklagte Partei aufgrund der bestehenden materiell-rechtlichen Beziehungen Verpflichteter des geltend gemachten prozessualen (Leistungs-, Feststellungs- oder Gestaltungs-)Anspruchs ist. 1

In der Regel ergibt sich aus der Sachzuständigkeit zugleich die *prozessuale Befugnis* beziehungsweise (für den Beklagten) *Last*, den Prozeß über eben das geltend gemachte Recht zu führen. Anlaß zur gesetzlichen Regelung (und im Einzelfall richterlichen Prüfung) der Prozeßführungsbefugnis besteht also nur, wenn Zweifel über die Sachlegitimation bestehen, oder wenn jene unabhängig oder abweichend von dieser (Prozeßstandschaft) geregelt werden soll beziehungsweise worden ist. 2

## II. Die Bedeutung des § 78 Abs. 1

§ 78 Abs. 1 trifft eine eigene Regelung über den Klagegegner bei verwaltungsaktbezogenen Klagen. Es ist dies grundsätzlich der Rechtsträger, dessen Behörde den angefochtenen Verwaltungsakt erlassen oder den beantragten Verwaltungsakt unterlassen hat (§ 78 Abs. 1 Nr. 1), ausnahmsweise nach Maßgabe des Landesrechts die betreffende Behörde selbst (§ 78 Abs. 1 Nr. 2); damit ist ohne weiteres auch die Versagungsgegenklage (s. oben § 16 Rdnr. 5 f.) erfaßt.[1] Rechtliche Bedeutung kommt dem § 78 Abs. 1 in doppelter Hinsicht zu. 3

### 1. Rechtsträgerprinzip

Die Regelung ist zunächst Ausdruck des *Rechtsträgerprinzips*. 4

---

[1] Die h. M. bezieht sie lediglich im Wege der analogen Anwendung ein, vgl. Redeker/v. Oertzen, § 78 Rdnr. 1.

Dieses ist eine notwendige Folge aus dem Verständnis des Verwaltungsprozesses als Verfahren zum Schutz subjektiver Rechte im Rahmen gegebener Rechtsbeziehungen (vgl. oben § 2 Rdnr. 3 ff.) und gilt deswegen allgemein (vgl. oben § 9 Rdnr. 18). Gleichwohl bestand aus historischen Gründen, insbesondere im Hinblick auf die zum Teil abweichende landesrechtliche Tradition, für die durch Verwaltungsakt geregelten, hoheitlich bestimmten Rechtsverhältnisse Veranlassung zur Klarstellung. Praktische Probleme entstehen nicht, weil zur *Bezeichnung* des Rechtsträgers die Angabe der Behörde genügt, § 78 Abs. 1 Nr. 1, 2. Halbsatz; beklagte Partei ist also auch hier nicht diese, sondern jener.

Folgerichtig läßt § 78 Abs. 1 Nr. 2 nach Maßgabe landesrechtlicher Bestimmung auch Klagen gegen Behörden selbst zu, die dann jedoch Rechte des Rechtsträgers eigenständig wahrnehmen, also in (passiver) Prozeßstandschaft auftreten (vgl. oben § 9 Rdnr. 21).

## 2. (Passive) Prozeßführungsbefugnis

### *a) Rechtliche Zuordnung*

5 Dagegen ist die rechtliche Zuordnung der Bestimmung zum materiellen oder Prozeßrecht umstritten. Sie wurde bisher überwiegend als Regelung der materiellrechtlichen **Passivlegitimation** verstanden, die im Rahmen der Begründetheit der Klage zu prüfen ist.[2] Demgegenüber geht man heute zunehmend und zu Recht davon aus, daß es sich um eine Regelung der **Prozeßführungsbefugnis** handelt.[3] Für diese Auffassung sprechen schon Wortlaut und systematische Stellung, ferner das Pendant der Bestimmung der klägerischen Stellung durch die Klagebefugnis (§ 42 Abs. 2), die unstreitig als Sachurteilsvoraussetzung, das heißt als ein Merkmal prozessualer Zulässigkeit, charakterisiert wird (vgl. oben § 18 Rdnr. 1 f.). Weitergehend Regelungen über die sachliche Rechtszuständigkeit zu treffen bestand für den Prozeßgesetzgeber auf Aktiv- wie Passivseite weder Anlaß noch Legitimation, ganz abgesehen von der bundesstaatlichen Problematik, aufgrund einer *Kompetenz* für das *gerichtliche Verfahren* (Art. 74 Abs. 1 Nr. 1 GG) umfassende Normierungen der *verwaltungsrechtlichen* Sachverantwortung auch mit Wirkung für die Landesbehörden zu treffen.[4]

[2] Vgl. Kopp/Schenke, § 78 Rdnr. 1; Eyermann/Happ, § 78 Rdnr. 1; Schmitt Glaeser, Rdnr. 237.

[3] So Redeker/v. Oertzen, § 78 Rdnr. 1; Reissner, in: Schoch/Schmidt-Aßmann/Pietzner, § 78 Rdnr. 7 ff.; Ehlers, in: Menger-FS, S. 381 ff.; Jestaedt, NwVBl 1989,47 ff.; neuerdings auch Schenke, Rdnr. 546; Hufen, § 12 Rdnr. 42.

[4] Vgl. Jestaedt, NwVBl 1989,49.

### *b) Der Bezug zum Verwaltungsverfahren*

Damit gewinnt die Bestimmung ihren Sinn auf dem Hintergrund des überkommenen und in einzelnen Aspekten bis heute fortwirkenden, ja neu belebten Verständnisses des Verwaltungsprozesses als Fortsetzung der Verwaltung mit anderen Mitteln (vgl. oben § 2 Rdnr. 4). Speziell bei verwaltungsakt-bezogenen Klagen besteht eine unlösbare, innere Verbindung zwischen Verwaltungsverfahren und Verwaltungsprozeß, die nicht zuletzt durch das zwischen beiden stehende Vorverfahren (vgl. oben § 19 Rdnr. 5) verfestigt wird. Danach erscheint es sinnvoll und notwendig, *prozeßrechtlich* festzulegen, daß für die subjektiv initiierte gerichtliche Kontrolle von Verwaltungshandeln nur diejenige Verwaltung soll in Anspruch genommen werden können, zu der im konkreten Streitfall bereits eine verfahrensrechtlich verfestigte Beziehung bestand. Diese kommt nach außen (problemlos) durch Erlaß eines eingreifenden oder – über den zu engen Wortlaut des § 78 Abs. 1 Nr. 1 hinaus – ablehnenden Verwaltungsakts, aber auch dadurch zum Ausdruck, daß ein Antrag auf Erlaß eines Verwaltungsakts gestellt, dieser jedoch von der angegangenen Behörde unterlassen wurde. 6

Insbesondere die Verpflichtungsklage kann also prozeßrechtlich nur gegen die Verwaltung anhängig gemacht werden, bei der der Verwaltungsakt beantragt worden war. Fehlt ihr die *Passivlegitimation*, so ist die Klage *unbegründet*. Umgekehrt ist die Klage gegen den sachzuständigen Verwaltungsträger *unzulässig*, bevor nicht bei diesem der begehrte Verwaltungsakt *beantragt* wurde. 7

**Beispiel**: Wird eine Baugenehmigung bei der hierfür unzuständigen Gemeinde statt der staatlichen unteren Verwaltungsbehörde (Landratsamt) beantragt, so könnte eine Klage gegen die Ablehnung nur gegen die Gemeinde gerichtet werden, obwohl sie gegen diese unbegründet wäre. Die Klage gegen den staatlichen Rechtsträger, dem allein die Erfüllung des Anspruchs möglich ist, wäre dagegen – in diesem Verfahrensstadium – gemäß § 78 Abs. 1 unzulässig.

Anders als die *Klagebefugnis* (§ 42 Abs. 2) ist die *passive Prozeßführungsbefugnis* (§ 78 Abs. 1) nur zu prüfen, wenn hierfür ein besonderer Anlaß besteht.

## III. Klage gegen den Widerspruchsbescheid

Im Verhältnis zwischen ursprünglichem Verwaltungsakt und Widerspruchsbescheid ist maßgebliche Behörde im Sinn des § 78 Abs. 1 die Ausgangsbehörde, die ihren Verwaltungsakt in Gestalt des Widerspruchsbescheids (§ 79 Abs. 1 Nr. 1), das heißt grundsätzlich auch dessen etwaige Rechtswidrigkeit, zu verantworten hat (vgl. oben § 15 Rdnr. 5). Ist dagegen der Widerspruchsbescheid alleiniger Gegenstand der Anfechtungsklage, weil er eine erstmalige (§§ 68 Abs. 1 Satz 2 Nr. 2; 79 Abs. 1 Nr. 2) oder zusätzliche selbständige Beschwer enthält 8

(§ 79 Abs. 2 Satz 1), so ist maßgebliche Behörde die Widerspruchsbehörde, §§ 78 Abs. 2; 79 Abs. 2 Satz 3.

## Literatur

*Ehlers*, Der Beklagte im Verwaltungsprozeß, in: Menger-FS, S. 370.
*Jestaedt*, Der "richtige" Beklagte? Ein Beitrag zum juristischen Zweck und zur dogmatischen Einordnung des § 78 VwGO, NwVBl 1989,45.
*Juhnke*, Die Passivlegitimation bei Anfechtungs- und Verpflichtungsklage, jur. Diss. Trier, 1985.

# 2. Abschnitt. Sonstige Klagen

## § 22. Feststellungsklagen

Mit der Feststellungsklage wird eine besondere Art des Rechtsschutzes erstrebt, der sich auf eine der Rechtskraft fähige, bloße Feststellung beschränkt. Diese enthält keinen eigenen Leistungsbefehl, kann aber Grundlage für einen solchen werden. *Gegenstand* der Klagen kann in erster Linie die Feststellung des Bestehens oder Nichtbestehens eines *Rechtsverhältnisses* sein (§ 43 Abs. 1, Var. 1; s. unten Rdnr. 2 ff.). Feststellungsfähig sind ferner die *Nichtigkeit* eines Verwaltungsakts (§ 43 Abs. 1, Var. 2; s. unten Rdnr. 32 ff.) sowie unter bestimmten Voraussetzungen dessen *Rechtswidrigkeit* (§ 113 Abs. 1 Satz 4; s. unten Rdnr. 42 ff.). Eine besondere Erscheinungsform der in § 43 Abs. 1 geregelten allgemeinen Feststellungsklage ist die *vorbeugende Feststellungsklage* (s. unten § 24 Rdnr. 17 f.). 1

### I. Die Feststellung eines Rechtsverhältnisses

Gemäß § 43 Abs. 1 kann durch Klage die Feststellung des Bestehens oder Nichtbestehens eines Rechtsverhältnisses (*positive* oder *negative Feststellungsklage*) begehrt werden. Für sie bestehen gesetzlich besondere Sachurteilsvoraussetzungen, nämlich 2

- Streit über ein Rechtsverhältnis;
- Feststellungsinteresse;
- Subsidiarität.

Ein *Vorverfahren* ist lediglich bei beamtenrechtlichen Klagen durchzuführen (§ 126 Abs. 3 BRRG), eine *Klagefrist* besteht im übrigen nicht. Auch eine *Klage-*

Schenke, JZ 96, 1055, 1103, R.P. Schenke, NVwZ 00, 1255 (vorgez. erl. VA), Rupp, NVwZ 02, 286, krit. (Stangl), NVwZ 04, 1421 (EG-VO), BVerwG, B 17.1.06, NVwZ 06, 922 (VO, Satzg.), BVerwG, B 17.1.06, JZ 06, 1021, Schenke, JZ 06, 1004 (untergesetzl. Normen), Hellriegel / Kaupfelstein, NVwZ 06, 1133, Weidemann, NVwZ 06, 1259, Seiler, DVBl 07, 538 (normatives Unrecht), BVerwG, U 23.8.07, DVBl 07, 1372 = NVwZ 07, 1311, Weidemann, NVwZ 07, 1265, Schenke, JZ 10, 1046, Unruh, DVBl 11, 1008 (AVE TV), BVerwG, U 28.5.14, DÖV 14, 975 (BND)

*befugnis*, die in entsprechender Anwendung von § 42 Abs. 2 vielfach gefordert wird, ist nach richtiger Ansicht keine Klagevoraussetzung (s. unten Rdnr. 7).

## 1. Das streitige Rechtsverhältnis

### a) Begriff

3 Der Begriff des Rechtsverhältnisses wird in Anknüpfung an das zivilprozessuale Verständnis (§ 256 ZPO)[1] bestimmt. Es ist danach gekennzeichnet als "die rechtlichen Beziehungen, die sich aus einem konkreten Sachverhalt aufgrund einer diesen Sachverhalt betreffenden öffentlich-rechtlichen Norm für das Verhältnis mehrerer Personen untereinander ... ergeben."[2] Rechtsbeziehungen "*einer Person zu einer Sache*" sind dagegen, ungeachtet eines gegenteiligen Sprachgebrauchs, rechtsbegrifflich nicht möglich und damit auch in der Begriffsbestimmung entbehrlich.[3] Sachlich handelt es sich insoweit lediglich um eine verkürzte Umschreibung von Rechtsbeziehungen zwischen einer Vielzahl von Personen in bezug auf eine Sache (vergleichbar dem dinglichen Verwaltungsakt, § 35 Satz 2 VwVfG). So ist zum Beispiel die Öffentlichkeit einer Straße ein Rechtsverhältnis (dazu sogleich Rdnr. 4) der (potentiellen) Benutzer nicht zu dieser, sondern zu dem die Benutzung verwehrenden Dritten (Gemeinde, Grundeigentümer usw.), dem gegenüber denn auch die Feststellung begehrt wird.

### b) Sachlicher Anwendungsbereich

4 *aa) Erscheinungsformen.* Rechtsverhältnisse in diesem Sinn sind zum Beispiel Beamten-, Mitgliedschafts- (Universität, Berufskammer), Nutzungs- oder Vertragsverhältnisse. Dazu gehören auch Statusverhältnisse personeller oder sachlicher Art, wie die Staatsangehörigkeit[4] oder die Öffentlichkeit einer Straße.[5] Feststellungsfähig sind jedoch nicht nur Rechtsverhältnisse in diesem umfassenden Sinn "gebündelter" Rechtsbeziehungen, sondern auch einzelne, aus diesen folgende Berechtigungen (Ansprüche, Handlungsbefugnisse usw.) oder Verpflichtungen.

---

[1] Vgl. dazu Rosenberg/Schwab/Gottwald, § 93 II.
[2] BVerwGE 89,327 (329); 100,262 (264); vgl. Redeker/v. Oertzen, § 43 Rdnr. 3.
[3] Ebenso Schmitt Glaeser, Rdnr. 328; Eyermann/Happ, § 43 Rdnr. 24; vgl. auch schon BVerwGE 14,235 (236).
[4] Vgl. BayVGH, BayVBl 1976,566; VG Düsseldorf, NJW 1977,1607.
[5] Vgl. VGH BW, NVwZ 1990,680; GemOVG Lüneburg, BRS 9 IX 4 S. 285.

**Beispiele**: (Nicht)Berechtigung des Dienstherrn, den Schulleiter zur Wohnsitznahme am Schulort zu verpflichten;[6] Verpflichtung zu einer bestimmten Zahl von Unterrichts- oder Lehrstunden;[7] Berechtigung eines Ruhestandsbeamten zu bestimmten Äußerungen.[8]

Mit solchen Rechtsstellungen nicht zu verwechseln sind unselbständige Bestandteile des Rechtsverhältnisses, die insbesondere als *Tatbestandselemente* Voraussetzung für die Beurteilung der Rechtsbeziehung sind. So können Geschäftsfähigkeit oder Verschulden nicht selbständig festgestellt werden, ebensowenig etwa die Zuverlässigkeit als (nur inzident zu prüfende) Voraussetzung für die Ausübung gewerblicher Tätigkeit (vgl. z. B. §§ 35 Abs. 1 Satz 1, 57 GewO).[9] 5

*bb) Rechtliche Grundlagen.* Voraussetzung einer solchen Rechtsbeziehung ist, daß nach dem Regelungsprogramm der anzuwendenden Norm eine *grundsätzliche rechtliche Verbindung* zwischen den jeweiligen (tatsächlich) Beteiligten hergestellt wird. Fehlt sie, so ermangelt das Feststellungsbegehren schon des notwendigen Substrats, kann also weder das Bestehen eines Rechtsverhältnisses noch auch dessen Nichtbestehen festgestellt werden. So sind für die gebotene Versagung einer beamtenrechtlichen Nebentätigkeitsgenehmigung (vgl. § 42 Abs. 2 BRRG) lediglich dienstliche Interessen leitend,[10] so daß hinsichtlich der (unerwünschten) *Erteilung* der Genehmigung eine Rechtsgrundlage für eine Rechtsbeziehung zwischen Behörde und bloß faktisch betroffenem Beamten nicht vorhanden ist. 6

Diesem Gedanken trägt auch das Bundesverwaltungsgericht Rechnung, freilich unter dem verfehlten Gesichtspunkt der zusätzlichen Sachurteilsvoraussetzung einer Klagebefugnis.[11] Für eine entsprechende Anwendung des § 42 Abs. 2 (vgl. dazu schon oben § 18 Rdnr. 7 f.) besteht nach dem Gesagten jedoch weder Raum noch Bedürfnis,[12] ganz abgesehen von den hiergegen bestehenden sachlichen wie methodischen Bedenken.[13] 7

*cc) Konkretes und gegenwärtiges Rechtsverhältnis.* Im Einklang mit der allgemeinen Zweckbestimmung des Verwaltungsprozesses dient auch die Feststellungsklage dem Schutz beziehungsweise der Durchsetzung konkreter Rechte, nicht dagegen der Lösung abstrakter Rechtsfragen aufgrund eines erdachten oder in 8

---

[6] Vgl. VGH BW, NVwZ 1992,595.
[7] BVerwG, NVwZ 1984,107; vgl. auch BVerwGE 96,136.
[8] BVerwG, NJW 1983,2343.
[9] Vgl. Kopp/Schenke, § 43 Rdnr. 13.
[10] Vgl. dazu BVerwGE 99,64.
[11] BVerwGE 99,64; 100,262; vgl. ferner BVerwGE 36,192; BVerwG, NVwZ 1991,470; OVG NW, DVBl 1993,60; Ehlers, NVwZ 1990,109.
[12] Ablehnend auch Schmitt Glaeser, Rdnr. 341; Hufen, § 18 Rdnr. 26; Neumeyer, Die Klagebefugnis im Verwaltungsprozeß, 1979, S. 131; Knöpfle, in: FS für Lerche, 1993, S. 776 f.; Schoch, JuS 1987, 789 f.
[13] Vgl. dazu noch Laubinger, VerwArch 82 (1991), S. 483 ff.

seiner künftigen Realisierung ungewissen Sachverhalts. Die zwischen den (materiell) Beteiligten bestehenden Rechtsbeziehungen müssen sich deshalb zu einem bestimmten, konkretisierten Rechtsverhältnis verdichtet haben, so daß die Anwendung einer bestimmten Norm auf einen bereits *überschaubaren Sachverhalt* unklar und zweifelhaft (streitig) ist.[14] Ferner muß insoweit zwischen den (Prozeß-) Beteiligten auch *tatsächlich ein Meinungsstreit* bestehen, sei es, daß der Beklagte ein vom Kläger behauptetes Recht bestreitet (z. B. zum Abstellen eines Lkw an der "Laternengarage"[15]) oder umgekehrt dem Kläger gegenüber ein Recht behauptet, zum Beispiel sich eines Anspruchs auf Leistung eines Erschließungsbeitrags "berühmt".[16] Insoweit können sich die Erfordernisse eines *streitigen* Rechtsverhältnisses und des spezifischen Rechtsschutzinteresses berühren (s. unten Rdnr. 15 ff.).

9 Die Klage auf Feststellung, daß eine bestimmte Tätigkeit ohne Eintragung in die Handwerksrolle ausgeübt werden darf, setzt also nicht nur die hinreichende Verfestigung einer derartigen Absicht (z. B. durch Betriebsaufnahme), sondern auch voraus, daß die Behörde jene Berechtigung bestritten hat.[17] Dagegen fehlt es (schon) an einem feststellungsfähigen Rechtsverhältnis (und nicht erst am Feststellungsinteresse), wenn ein Lebensmittelgroßhändler bei Verstoß gegen unmittelbar durch Gesetz begründete Verkehrspflichten mit einem Bußgeld bedroht wird, ohne daß die Lebensmittelbehörde ihn zu einem bestimmten Verhalten aufgefordert hat oder rechtlich auch nur hätte auffordern können.[18]

10 Gerade in derartigen Fällen einer Unklarheit über das Erfordernis behördlicher Genehmigung oder den Umfang gewerbe- oder sonstiger öffentlich-rechtlicher Pflichten wird allerdings häufig die Notwendigkeit rechtlicher Klärung bestehen. Sie darf sich jedoch nicht bloß als abstrakte Rechtsfrage, gewissermaßen "eindimensional" für den Gesetzesunterworfenen stellen, sondern muß sich auf ein infolge der Meinungsverschiedenheit konkretisiertes Rechtsverhältnis beziehen. Ein solches wird also nicht allein durch objektive gesetzliche Pflichten und deren Straf- oder Bußgeldbewehrung, sondern erst dadurch begründet, daß diese durch eine zusätzliche behördliche Aktivität dem Betroffenen gegenüber als (präventives) Druckmittel ("Damoklesschwert") eingesetzt wird.[19]

11 In der Vergangenheit *abgeschlossene Rechtsverhältnisse* sind einer Feststellung zugänglich, wenn sie noch in der Gegenwart Rechtswirkungen entfalten,[20] zum Beispiel weiterwirkende Nachteile materieller (Vermögenseinbußen) oder ideeller Art (Diskriminierung) nach sich ziehen. Diese können zugleich Anknüpfungs-

---

[14] Vgl. BVerwGE 14,235 (236); 77,207 (211); 89,327 (329 f.).
[15] BVerwGE 34,320.
[16] Vgl. HessVGH, ESVGH 2,197 (198).
[17] BVerwGE 16,92 (93).
[18] BVerwGE 89,327 (330 f.); vgl. auch BVerwGE 77,207 (212).
[19] BVerwGE 89,327 (331). Vgl. dazu schon W. Jellinek, Verwaltungsrecht, 3. Aufl. 1931, S. 293 unter Berufung auf v. Seydel.
[20] Vgl. BVerwGE 92,172 (174).

punkte für ein Feststellungsinteresse sein (Geltendmachung von Ersatzansprüchen; Rehabilitation; vgl. unten Rdnr. 17 ff.), liegen aber dessen Prüfung logisch voraus. Auch *künftige Rechtsverhältnisse* können festgestellt werden, sofern sie sich nach den genannten Kriterien als hinreichend konkret erweisen (zu vorbeugenden Klagen vgl. unten § 24).

### c) Drittrechtsverhältnisse

Parteien des Rechtsstreits werden in der Regel die Beteiligten auch des materiellen 12
Rechtsverhältnisses sein, dessen Feststellung begehrt wird. Der Kläger muß jedoch nicht an dem strittigen Rechtsverhältnis unmittelbar selbst beteiligt sein.[21]

**Beispiele**: Der Kläger macht als Geschäftsführer und einziger Gesellschafter einer GmbH *deren* Berechtigung zum Einzelhandel ohne behördliche Genehmigung geltend;[22] er beantragt festzustellen, daß ein Beamtenverhältnis zwischen seiner Ehefrau und dem beklagten Dienstherrn nicht bestehe;[23] er hält die Behörde für verpflichtet, dem Pächter seiner Apotheke eine Betriebserlaubnis zu erteilen;[24] Mitglieder einer Organisation (Gemeinde[25]; akademische Vertretungskörperschaft[26]) wollen das zwischen dieser und einer Aufsichts- oder vergleichbaren Instanz bestehende Rechtsverhältnis geklärt wissen.

Freilich muß dem Kläger ein spezifisches Rechtsschutzinteresse gerade gegenüber dem Beklagten[27] zur Seite stehen; gerade hierin zeigt sich jedoch andererseits auch, daß es auf eine (mögliche) Verletzung in *eigenen Rechten* nicht ankommt.

## 2. Das Feststellungsinteresse

Der Kläger muß weiterhin ein berechtigtes Interesse an der baldigen Feststellung 13
haben (§ 43 Abs. 1). Dieses Feststellungsinteresse ist, sachlich und inhaltlich übereinstimmend, auch für die Fortsetzungsfeststellungsklage gemäß § 113 Abs. 1 Satz 4 erforderlich[28] und kann deshalb im folgenden unter Einbeziehung des zu dieser Bestimmung bestehenden Materials behandelt werden. Es handelt sich in

---

[21] Vgl. BVerwGE 50,60 (62) sowie die Nachweise in den folgenden Fußnoten. Abweichend Trzaskalik, a.a.O., S. 156 ff.

[22] BVerwGE 39,247.

[23] BVerwG, NJW 1970,2260.

[24] BVerwGE 92,172.

[25] Vgl. VGH BW, DVBl 1975,552.

[26] Vgl. BVerwG, NVwZ 1985,112; OVG NW, DVBl 1993,60.

[27] BVerwG, NJW 1997,3257.

[28] Demgegenüber entnimmt die Rechtsprechung mit gekünstelten Konstruktionen und ohne jede Begründung aus § 43 Abs. 1 höhere Anforderungen an das Rechtsschutzinteresse als aus § 113 Abs. 1 Satz 4; vgl. BVerwGE 61,128 (134 f.); 81,226 (228); VGH BW, VBlBW 1995,354. Vgl. demgegenüber Kopp/Schenke, § 43 Rdnr. 23; Schenke, Rdnr. 579, sowie noch unten Rdnr. 48.

BVerwG, U 27.6.97, DVBl 98,49, BVerwG, U 22.1.98, JZ 99,89 m. Anm. Zuleeg, BVerwG, U 22.3.99, NVwZ 99, 991 (Ls. 8), BVerwG, U 30.7.99, DVBl 00, 636, OVG Bremen, B 25.8.14, NVwZ 15 [illegible] m. Anm. [illegible]

beiden Fällen um eine Sachurteilsvoraussetzung, die damit (spätestens) im Zeitpunkt der Entscheidung über die Klage (noch) vorliegen muß.

14 Für *Zwischenfeststellungklagen* (§ 173 VwGO i. V. m. § 256 Abs. 2 ZPO) ist ein besonderes Rechtsschutzbedürfnis nicht erforderlich, da sich dieses ohne weiteres schon aus der spezifischen Prozeßsituation ergibt.[29]

### a) Bedeutungsgehalt

15 Der Sache nach liegt eine besondere Form des *Rechtsschutzbedürfnisses* vor (vgl. oben § 13). Dieses bedarf hier, anders als bei sonstigen Klageformen, besonderer, positiver Begründung, weil die Notwendigkeit eines auf eine bloße Feststellung beschränkten Rechtsschutzes ohne gleichzeitigen gerichtlichen Ausspruch der Rechtsdurchsetzung nicht ohne weiteres ersichtlich ist.

16 Inhaltlich umfaßt das "*berechtigte Interesse*" nicht nur rechtliche Interessen im Sinne des § 256 ZPO, sondern weitergehend jedes sonstige, nach vernünftigen Erwägungen aufgrund der Rechtsordnung als schutzwürdig anzuerkennende Interesse wirtschaftlicher, ideeller oder auch rein persönlicher Art.[30] Eine Beurteilung ist damit nicht aufgrund genereller Kriterien, sondern nur anhand der Umstände des einzelnen Falles möglich; dem Gericht verbleibt insoweit ein weiter Beurteilungsspielraum.[31] In jedem Fall muß das Interesse hinreichend gewichtig sein, kann also zum Beispiel nicht bloß darin bestehen, die gerichtliche Feststellung in einer nachfolgenden, politischen Auseinandersetzung argumentativ verwenden zu können.[32]

### b) Erscheinungsformen

17 Ein berechtigtes Interesse an der baldigen Feststellung ist aus der Zielsetzung des gerichtlichen Rechtsschutzes überhaupt gegeben, wenn infolge des Streits Unsicherheit und Unklarheit hinsichtlich der Rechtsstellung des Klägers oder der Möglichkeit zur Wahrnehmung seiner schutzwürdigen Interessen besteht. Die gerichtliche Klärung muß geeignet sein, die Position des Klägers zu verbessern,[33] indem sie ihm insbesondere eine sichere Grundlage für sein künftiges Verhalten vermittelt, zum Beispiel wirtschaftliche Dispositionen vorzunehmen, Behördenanträge zu stellen, gesetzliche Pflichten zu erfüllen und Straf- und sonstige Sanktionen zu vermeiden. Ein solches Interesse wird allerdings nur unter engen Voraussetzungen gegeben sein, wenn der Kläger an dem festgestellten Rechtsverhältnis nicht selbst beteiligt ist (vgl. oben Rdnr. 12).

---

[29] Vgl. Rosenberg/Schwab/Gottwald, § 93 III vor 1; Bosch/Schmidt, § 28 III 3.
[30] BVerwGE 74,1 (4); weitere Nachweise bei Kopp/Schenke, § 43 Rdnr. 23.
[31] Vgl. Rosenberg/Schwab/Gottwald, § 93 III vor 1.
[32] Vgl. VGH BW, VBlBW 1995,205.
[33] Vgl. BVerwGE 74,1 (4); 84,306 (309).

Für die Begründung eines Feststellungsinteresses kommen *vier Konstellationen* in Betracht.

*aa)* Eine den Rechtsschutz aktivierende Unsicherheit ist zunächst beim unmittelbaren *Streit um Rechtspositionen* gegeben, sei es, daß der Beklagte dem Kläger ein bestimmtes Recht bestreitet oder sich ihm gegenüber anmaßt. Das Rechtsschutzbedürfnis ergibt sich in diesen Fällen in der Regel schon aus der Bejahung eines konkret streitigen Rechtsverhältnisses (s. oben Rdnr. 8). **18**

*bb)* Unsicherheit hinsichtlich künftiger Dispositionen ist ferner bei *Wiederholungsgefahr* gegeben. Diese muß konkret vorliegen und besteht nur, wenn der Betroffene in absehbarer Zeit damit zu rechnen hat, daß bei im wesentlichen gleichen tatsächlichen und rechtlichen Verhältnissen wiederum entsprechende Maßnahmen zu seinem Nachteil getroffen werden.[34] Obwohl damit vorbeugender Rechtsschutz (vgl. dazu unten § 24 Rdnr. 1) geltend gemacht wird, ist das Feststellungsinteresse infolge der Anknüpfung an eine bereits erfolgte Beeinträchtigung unter den genannten Voraussetzungen ohne weiteres zu bejahen. **19**

*cc)* Ein berechtigtes Feststellungsinteresse wird ferner anerkannt, wenn der Kläger bei bereits abgeschlossenen Vorgängen durch eine *fortdauernde diskriminierende Wirkung* beeinträchtigt ist. Ein *Rehabilitationsinteresse* an deren Ausgleich ist vor allem bei nachhaltiger Verletzung gewichtiger Grundrechte anerkannt worden, zum Beispiel von körperlicher Unversehrtheit, persönlicher Freiheit und Eigentum bei polizeilichen Maßnahmen,[35] ferner bei herabsetzenden Vorgehensweisen gegen Beamte (z. B. "Strafversetzung", Dienstverbot, psychiatrische Untersuchung)[36] oder der Schließung einer Kunstausstellung unter rufschädigenden Umständen.[37] Berufsbezogene Entscheidungen können diskriminierend wirken, wenn mit ihnen ein negatives Persönlichkeitsurteil verbunden ist, zum Beispiel unter Umständen eine Gewerbeuntersagung wegen Unzuverlässigkeit, nicht dagegen die auf objektiven Gründen beruhende Entziehung der Zugangsberechtigung zu Geheimsachen ("Sicherheitsbescheid").[38] **20**

Weitergehend bejahte die neuere Rechtsprechung ein Rehabilitationsinteresse auch in Fällen tiefgreifender Grundrechtseingriffe, die sich nach dem typischen Geschehensablauf bereits erledigt haben, noch bevor ein Gericht angerufen werden konnte (z. B. Wohnungsdurchsuchung; kurzzeitige Festnahme). Auch **21**

---

[34] BVerwG, Buchholz 310 § 113 VwGO Nr. 202; BayVBl 1994,119; OVG NW, DVBl 1982, 653; VGH BW, VBlBW 1995,354.

[35] Vgl. BVerfG, NVwZ 1999,290; BVerwGE 26,161; OVG NW, DVBl 1982,653; BayVGH, BayVBl 1993,429; Dietlein, ThürVBl 1994,149; Rozek, JuS 1995,599.

[36] Vgl. HessVGH, DÖV 1974,604; BVerwG, DVBl 1981,502.

[37] Vgl. OVG NW, NVwZ 1993,75.

[38] BVerwGE 81,258; NVwZ 1989,1056.

wenn eine fortwirkende Beeinträchtigung der Stellung des einzelnen in der Rechtsgemeinschaft nicht besteht, verlangt effektiver Grundrechtsschutz die Möglichkeit gerichtlicher Klärung auch in solchen Fällen.[39] In keinem Fall reicht dagegen ein bloßes Genugtuungsinteresse gegenüber einer schlichten Gesetzesverletzung aus, selbst wenn beziehungsweise soweit diese auf der Grundlage des Art. 2 Abs. 1 GG zum Grundrechtsverstoß überhöht wird.

**22** *dd)* Differenziert zu beurteilen ist schließlich das Feststellungsinteresse bei *Vorgreiflichkeit* für andere gerichtliche Verfahren, insbesondere Entschädigungs- und Amtshaftungsprozesse.

*Für* die Bejahung eines Feststellungsinteresses spricht grundsätzlich der Gedanke größerer Sachnähe der Verwaltungsgerichtsbarkeit zur Entscheidung öffentlich-rechtlicher Streitfragen,[40] *gegen sie*, gewissermaßen prinzipienimmanent, die Intention, eine angesichts grundsätzlich umfassender Vorfragenkompetenz (vgl. oben § 11 Rdnr. 95 ff.) entbehrliche gerichtliche Mehrfachbelastung zu vermeiden. Die herrschende Meinung mißt dem letzteren Aspekt zu Recht tragende Bedeutung bei und verneint deshalb das Rechtsschutzinteresse für die Feststellungsklage zur Vorbereitung eines nachfolgenden Amtshaftungsprozesses.[41]

**23** Demgegenüber greift das Argument der Verdoppelung des Rechtsschutzes nicht durch, wenn sich das ursprünglich in andere Richtung gehende Rechtsschutzinteresse eines *bereits anhängigen Verfahrens* in dessen Verlauf auf die Verwertung seines Ergebnisses in einem nachfolgenden Zivilprozeß reduziert. Hier spricht gegen die Verfahrensbeendigung ohne Sachentscheidung nicht nur der damit verbundene Verzicht auf die fachgerichtliche Beurteilung, sondern auch die *prozeßökonomische* Erwägung, dem Kläger "die Früchte des bisherigen – notwendigen – Prozessierens zu erhalten".[42] Folgerichtig wird jenes Feststellungsinteresse beim Übergang von einer erledigten Anfechtungs- oder Verpflichtungsklage zur (echten) *Fortsetzungsfeststellungsklage* gemäß § 113 Abs. 1 Satz 4 (vgl. unten Rdnr. 43 ff.) einhellig anerkannt,[43] und gleiches hat für entsprechende Konstellationen im Rahmen des § 43 Abs. 1 zu gelten, so, wenn das Rechtsverhältnis während des Prozesses erloschen ist.[44]

---

[39] So BVerfGE 96,27 (40) unter Aufgabe von BVerfGE 49,329 (337 ff.); vgl. ferner BVerwGE 87,23 (25); ablehnend VGH BW, NJW 1984,1832; OVG NW, NVwZ 1993,75; Kopp/Schenke, § 113 Rdnr. 146; Hufen, § 18 Rdnr. 80; Dietlein, ThürVBl 1994,149.

[40] Vgl. dazu Kopp/Schenke, § 43 Rdnr. 25 f.; § 113 Rdnr. 138; Kopp, JZ 1992,1079.

[41] Vgl. BVerwGE 81,226; VGH BW, VBlBW 1993,298; Rozek, JuS 1995,600; Bosch/Schmidt, § 45 II 1; Hufen, § 18 Rdnr. 78.

[42] BVerwGE 92,172 (176); vgl. ferner BVerwGE 81,226 (228); 89,354 (356).

[43] Vgl. noch BVerwGE 61,128 (135); 68,360 (367); aus besonderen Gründen der Prozeßökonomie einschränkend VGH BW, VBlBW 1994,23 m. krit. Anm. von Burgi, VBlBW 1994,317; erneut VGH BW, NVwZ 1997,198. Vgl. demgegenüber BVerwG, NVwZ 1998,1295.

[44] BVerwGE 92,172 (176).

Streitig und im Hinblick auf die beschränkte Rechtswegkompetenz des Verwaltungsgerichts problematisch ist die Relevanz der Erfolgsaussichten, die der beabsichtigten Klage eingeräumt werden.[45] Ihre Prüfung sollte dem Zivilgericht nicht vorgreifen und sich deshalb unter dem Gesichtspunkt eines fehlenden Rechtsschutzbedürfnisses (negativ) darauf beschränken, ob ein entsprechender Prozeß mit *hinreichender Sicherheit zu erwarten* und nicht *offensichtlich aussichtslos* ist,[46] zum Beispiel mangels Verschuldens für eine Amtspflichtverletzung bei instanzgerichtlicher Bestätigung.[47] **24**

Das Feststellungsinteresse fehlt dagegen, wenn die Klage, sei es nach § 43 Abs. 1 oder analog § 113 Abs. 1 Satz 4 (s. unten Rdnr. 54 ff.), von vornherein nur der Klärung jener öffentlich-rechtlichen Vorfrage dienen soll.[48] Damit zeigt sich zugleich, daß die Differenzierung keineswegs eine Folge unterschiedlicher normativer Anforderungen der §§ 43 Abs. 1 und 113 Abs. 1 Satz 4 an das Feststellungsinteresse ist (vgl. oben Rdnr. 13), sondern sich aus deren Anwendung in jeweils unterschiedlichen prozessualen Lagen ergibt. **25**

Die Problematik ist auch zu sehen auf dem Hintergrund eines nach Art und Zielsetzung gestuften Rechtsschutzes, der nur *sekundär* in der mittelbaren Form finanziellen Ausgleichs, *primär* jedoch unmittelbar gegenüber dem rechtswidrigen Behördenverhalten selbst gewährt wird.[49] Angesichts dieses Vorrangs des verwaltungsgerichtlichen Primärrechtsschutzes[50] fehlt das Rechtsschutzbedürfnis nur für ein Feststellungsbegehren, das nicht auf diesen, sondern von vornherein nur auf die Vorklärung des eigentlich angestrebten Sekundärrechtsschutzes gerichtet ist. **26**

Anders liegt es bei *Straf- und Bußgeldverfahren*. Sind diese bereits anhängig, so ist in ihnen selbständig über die zu verhängende Sanktion zu entscheiden.[51] Im übrigen begründet die Bewehrung gesetzlicher Pflichten einen Klärungsbedarf lediglich unter der Voraussetzung eines streitigen Rechtsverhältnisses zwischen den Beteiligten, dagegen nicht unter dem Aspekt gerichtlicher Entscheidungskonkurrenz.[52] **27**

## 3. Die Subsidiaritätsklausel

Die Feststellungsklage ist ausgeschlossen, soweit der Kläger seine Rechte durch Gestaltungs- oder Leistungsklage verfolgen kann oder hätte verfolgen können, **28**

---

[45] Vgl. dazu Laubinger, DÖV 1991,392; Redeker/v. Oertzen, § 113 Rdnr. 37a.
[46] BVerwGE 61,136; 92,172 (175); BVerwG, NJW 1985,876; DVBl 1992,1230.
[47] Vgl. BGHZ 27,338 (343 f.); BGHZ 73,161 (164 f.).
[48] Vgl. BVerwGE 81,226 (227 f.); BVerwG, Buchholz 310 § 113 VwGO Nr. 202; a. M. Kopp/Schenke, § 113 Rdnr. 136.
[49] Vgl. dazu BVerwGE 92,172 (175); Burgi, VBlBW 1994,318.
[50] Vgl. allgemein Maurer, § 25 Rdnr. 47a; § 26 Rdnr. 75; Ossenbühl, Staatshaftungsrecht, 5. Aufl. 1998, S. 121 ff.
[51] Vgl. VGH BW, NVwZ-RR 1995,621.
[52] Vgl. dazu auch BVerwGE 39,247 (249); 59,23 (25); 77,207 (212 f.), sowie oben Rdnr. 10.
BVerwG, U 12.7.00, NVwZ 00, 1411 = DVBl 01, 308, BVerwG, U 5.12.00, DVBl 01, 393, BVerwG, U 4.7.02, 1505, BVerwG, U 24.6.04, NVwZ 04, 1229

§ 43 Abs. 2 Satz 1. Hierdurch sind jedoch nur Klageformen des Verwaltungsprozesses, nicht einer sonstigen, insbesondere der ordentlichen Gerichtsbarkeit, angesprochen.[53]

### a) Bedeutung

29 Damit wird einerseits in Übereinstimmung mit der zu § 256 Abs. 1 ZPO vertretenen Auslegung[54] positiv-rechtlich das Rechtsschutzinteresse für eine Feststellungsklage verneint, wenn für die Verfolgung des klägerischen Begehrens die rechtsschutzintensiveren Formen unmittelbarer Rechtsgestaltung oder Leistungsverurteilung aktuell zur Verfügung stehen.[55] Andererseits soll jedoch zugleich, was durch den Vorrang auch bloß früher vorhandener Möglichkeiten deutlich wird, eine Umgehung der besonders geregelten, insbesondere der verwaltungsakt-bezogenen Anfechtungs- und Verpflichtungs-, aber auch beamtenrechtlicher Klagen (§ 126 Abs. 3 BRRG) mit ihren speziellen Zulässigkeitsvoraussetzungen (Fristwahrung, Vorverfahren) verhindert werden.[56]

### b) Reichweite

30 Aus dieser doppelten Zielsetzung ergibt sich eine beschränkte Reichweite der Subsidiaritätsklausel.

Schon aus dem Prinzip effektiven Rechtsschutzes folgt zunächst, daß die Feststellungsklage nur bei Gleichwertigkeit der alternativen Klageform zurückzutreten hat. Ist zum Beispiel mangels gesetzlicher Anspruchsgrundlage eine Leistungsklage aussichtslos, so steht diese einem Feststellungsbegehren von vornherein nicht entgegen.[57] Gleichwertiger Rechtsschutz fehlt in der Regel ferner bei Notwendigkeit vorbeugenden Rechtsschutzes (vgl. dazu näher unten § 24), zum Beispiel, wenn ein im Ausland lebender Deutscher eine Feststellung der Verpflichtung begehrt, ihn bei künftigen (Bundestags)Wahlen in das Wählerverzeichnis einzutragen.[58]

31 Umgekehrt bedarf es eines weitergehenden Rechtsschutzes nicht, wenn von der Beachtung auch einer gerichtlich bloß festgestellten Rechtslage durch den Beklagten auszugehen ist, wie das die Zivilrechtsprechung aus rechtsstaatlichen Gründen für den Staat und sonstige Hoheitsträger annimmt.[59] Dieser Gesichtspunkt trifft

---

[53] Vgl. dazu v. Mutius, VerwArch 63 (1972), S. 229; BFH, DVBl 1994,803; vgl. auch Kopp/Schenke, § 43 Rdnr. 26.
[54] Vgl. Rosenberg/Schwab/Gottwald, § 93 III 1 c.
[55] Vgl. BVerwGE 96,136.
[56] Vgl. BVerwGE 40,323 (327); 51,69 (75).
[57] BVerwGE 96,136; vgl. auch BVerwG, DVBl 1990,155; Maetzel, DVBl 1974,338.
[58] BVerwGE 51,69.
[59] Vgl. BGHZ 28,123 (126); Rosenberg/Schwab/Gottwald, § 93 III 1 c.

prinzipiell auch für den Verwaltungsprozeß zu.[60] Sofern nicht die aus dem Verwaltungsakt-Bezug folgende Spezialität von Anfechtungs- oder Verpflichtungsklage zum Zuge kommt, läßt die Rechtsprechung deshalb in sachgerechter Verengung des Gesetzeswortlauts Feststellungs- statt möglicher Leistungsklagen[61] gegen Hoheitsträger zu,[62] zum Beispiel einer Gemeinde darauf, daß die Nachbargemeinde zu einer bestimmten Planung entgegen §§ 2 Abs. 2; 4 BauGB nicht berechtigt sei (statt Klage auf deren Unterlassung)[63] oder eines kommunalen Mandatsträgers auf Feststellung einer durch Satzung zu regelnden Entschädigungspflicht (statt Leistungsklage auf Zahlung beziehungsweise Satzungsänderung).[64]

## II. Die Feststellung der Nichtigkeit eines Verwaltungsakts

In ihrer zweiten Alternative bezieht sich die allgemeine Feststellungsklage auf die Nichtigkeit eines Verwaltungsakts. Besondere gesetzliche *Zulässigkeitsvoraussetzungen* sind gemäß § 43 Abs. 1 **32**

- das Vorliegen eines Verwaltungsakts sowie
- ein Feststellungsinteresse.

Dagegen ist die Subsidiarität der Feststellungsklage hier ausdrücklich ausgeschlossen (§ 43 Abs. 2 Satz 2); ebensowenig bedarf es einer Prüfung der Klagebefugnis (vgl. schon oben Rdnr. 7 sowie noch unten Rdnr. 38).

Die Klage ist nur *begründet*, wenn der Verwaltungsakt nicht nur "einfach", sondern qualifiziert rechtswidrig im Sinne der Nichtigkeit ist. Eine gerichtliche Umdeutung eines Feststellungsantrags in den sachdienlichen Anfechtungsantrag (§ 86 Abs. 3) gegen den Willen des Klägers scheidet aus. **33**

### 1. Systematische Bedeutung

Rechtswidrige und rechtsverletzende Verwaltungsakte unterliegen der Anfechtungsklage (§ 113 Abs. 1 Satz 1) ohne Rücksicht auf die Schwere des Verstoßes und folglich auch dann, wenn der Rechtsfehler die Nichtigkeit nach sich zieht (vgl. oben § 17 Rdnr. 43 f.). Gründe der Rechtslogik und -systematik sowie vor **34**

[60] Vgl. BVerwGE 36,179.
[61] Weitergehend BVerwG, NJW 1983,2343, auch für Anfechtungsklagen, jedoch wohl unter Verkennung ihrer Spezialität.
[62] Vgl. BVerwGE 36,179 (181); 51,69 (75); 77,207 (211); zustimmend Bosch/Schmidt, § 28 III 4 c; ablehnend die wohl h. M., vgl. Redeker/v. Oertzen, § 43 Rdnr. 26; Eyermann/Happ, § 43 Rdnr. 43; Kopp/Schenke, § 43 Rdnr. 28; Schenke, Rdnr. 420; v. Mutius, VerwArch 63 (1972), S. 230.
[63] BVerwGE 40,323.
[64] BVerwG, DVBl 1990,155.

allem das Bedürfnis, den Rechtsschein eines nichtigen Verwaltungsakts ohne Bindung an die engen, dem Bestandsschutz dienenden Schranken der Anfechtungsklage beseitigen zu können, legen jedoch die prozessuale Möglichkeit nahe, alternativ auch die Nichtigkeit eines Verwaltungsakts festzustellen. Diese ist freilich ebensowenig ein Rechtsverhältnis wie seine Rechtswidrigkeit[65] und bedurfte deshalb eigenständiger Zulassung, die sinnvollerweise auch nicht durch eine Subsidiaritätsklausel geschmälert wird.

## 2. Besondere Zulässigkeitsvoraussetzungen

### *a) Vorliegen eines Verwaltungsakts*

35 Die Nichtigkeitsfeststellung gemäß § 43 Abs. 1 kann nur hinsichtlich eines objektiv vorliegenden Verwaltungsakts,[66] nicht eines sonstigen Staatsakts, wie untergesetzliche Normen oder interne Akte, begehrt werden. In bezug auf diese kann unter Umständen die Feststellung eines Rechtsverhältnisses in Betracht kommen, für jene steht primär das Verfahren der Normenkontrolle zur Verfügung (vgl. näher unten § 26).

36 Der Verwaltungsakt muß ferner wirklich vorhanden sein, das heißt es müssen die Mindestvoraussetzungen vorliegen, die, unabhängig von der rechtlich-konstruktiv eintretenden Nichtigkeit als besondere Fehlerfolge, die Existenz eines Verwaltungsakts begründen. Daran fehlt es, solange der Verwaltungsakt (überhaupt) nicht bekanntgegeben wurde (§ 43 Abs. 1 VwVfG),[67] ferner grundsätzlich in Fällen erkennbarer Amtsanmaßung (Nichtakt; vgl. oben § 17 Rdnr. 45). Hier ist (nur) die positive oder negative Feststellung eines zwischen den Beteiligten ohne Ansehen des Nichtakts (nicht) bestehenden Rechtsverhältnisses möglich.[68]

### *b) Das Feststellungsinteresse*

37 Der Kläger muß ferner an der Feststellung der Nichtigkeit des Verwaltungsakts ein berechtigtes Interesse haben. In diesem Erfordernis, das inhaltlich ebenso zu bestimmen ist wie bei der Feststellungsklage in bezug auf ein Rechtsverhältnis (vgl. oben Rdnr. 13), kommt wiederum die subjektive Rechtsschutzfunktion zum Ausdruck. Es setzt deshalb voraus, daß die gerichtliche Entscheidung geeignet ist, die Position des Klägers in rechtlicher, wirtschaftlicher oder ideeller Hinsicht zu verbessern, weil sie eine durch den Streit ausgelöste Unsicherheit der Rechtslage klärt oder eine Rechtsgefährdung beseitigt. Dagegen schließt die Möglichkeit

[65] Vgl. Laubinger, VerwArch 82 (1991), S. 487.
[66] BVerwGE 74,1 (3).
[67] Vgl. BVerwG, NVwZ 1987,330.
[68] BVerwG, NVwZ 1987,330; für entsprechende Anwendung der Nichtigkeitsfeststellungsklage dagegen Kopp, VwGO, 10. Aufl., § 43 Rdnr. 20.

einer auch gegen nichtige Verwaltungsakte gegebenen Anfechtungsklage die Nichtigkeitsfeststellungsklage nicht aus, nachdem das diesen Gesichtspunkt verselbständigende Subsidiaritätskriterium (s. oben Rdnr. 28 ff.) vorliegend gerade nicht anwendbar ist.

Entgegen einer freilich auch wenig konsistenten Rechtsprechung[69] kann auch hier nicht verlangt werden, daß der Kläger geltend macht, durch den Verwaltungsakt in seinen Rechten verletzt, noch auch nur, in seiner Rechtsstellung berührt zu sein.[70] Dies verbietet sich, trotz scheinbarer Ähnlichkeit der Konstellationen beim Vorgehen gegen einen rechtswidrigen Verwaltungsakt gemäß § 42 Abs. 1 oder § 43 Abs. 1, aufgrund der zwischen beiden Bestimmungen bestehenden normlogischen und -strukturellen Unterschiede. Gesetzliche Voraussetzung der Nichtigkeitsfeststellung ist nicht die (mögliche) Rechtsverletzung des Klägers durch den Verwaltungsakt, sondern sein (bloßes, aber wirklich bestehendes) Interesse an der gerichtlichen Entscheidung über dessen Nichtigkeit. Dieses Interesse wird durch eine mögliche Rechtsverletzung begründet, nicht aber umgekehrt durch ihr Fehlen ausgeschlossen. Die angesichts des besonderen Rechtsverstoßes durch den nichtigen Verwaltungsakt geringeren Rechtsschutzanforderungen können aber nicht im Wege interpretativer Kumulierung der Voraussetzungen gemäß §§ 42 Abs. 2 und 43 Abs. 1 in ihr Gegenteil verkehrt werden.[71] 38

### c) Sonstige Voraussetzungen

Sonstige Voraussetzungen sind nicht zu beachten.

*aa)* Dies gilt zunächst für die Einhaltung einer *Klagefrist*. Deren Entbehrlichkeit begründet im Gegenteil rechtspraktisch die Feststellungsklage als Rechtsschutzalternative zur Anfechtungsklage gegen nichtige Verwaltungsakte. Es ist also eine wechselseitige Umdeutung beziehungsweise Umstellung des Begehrens (§ 86 Abs. 3) unter Beachtung der jeweiligen Voraussetzungen zu erwägen, wenn die erstere Klage an der fehlenden Nichtigkeit des (bloß rechtswidrigen) Verwaltungsakts, die letztere an der Fristversäumung zu scheitern droht. 39

*bb)* Auch ein *Vorverfahren* ist nicht durchzuführen. Zwar eröffnet § 44 Abs. 5 VwVfG auf Antrag die behördliche Nichtigkeitsfeststellung. Dieses Verfahren steht jedoch selbständig neben der Möglichkeit gerichtlichen Schutzes,[72] dessen Zielsetzung es mangels Kompetenz der Behörde zu verbindlicher rechtlicher Bewertung ihres Handelns (als rechtmäßig oder rechtswidrig/nichtig) auch gar 40

[69] Vgl. die eindringende Kritik von Laubinger, VerwArch 82 (1991), S. 481 ff.
[70] So BVerwGE 74,1 (4); 84,306 (309); Kopp/Schenke, § 43 Rdnr. 21.
[71] Vgl. dazu mit weiteren Argumenten besonders Laubinger, VerwArch 82 (1991), S. 481 ff.
[72] Vgl. Kopp/Schenke, § 43 Rdnr. 20; Kopp, VwVfG, § 44 Rdnr. 67; a. M. Würtenberger, Rdnr. 420.

nicht erreichen kann (vgl. auch schon oben § 19 Rdnr. 48). Es verlangt im übrigen seinerseits, daß der Antragsteller ein berechtigtes Interesse hat, so daß die Zulässigkeit der Feststellungsklage also insoweit allenfalls um den Preis eines Zirkels von der vorherigen (erfolglosen) Durchführung jenes Verfahrens abhängig gemacht werden könnte.[73]

41 Lehnt die Behörde eine bei ihr gemäß § 44 Abs. 5 Halbs. 2 VwVfG beantragte Nichtigkeitsfeststellung ab, so ist hiergegen nicht die Verpflichtungsklage gegeben, sondern verbleibt es bei der (unmittelbar zu erhebenden) Feststellungsklage;[74] in offener Frist bleibt die Anfechtungsklage unbenommen. Diese (und nicht etwa eine Art "negativer Nichtigkeitsklage" auf Feststellung der Gültigkeit des Verwaltungsakts) ist auch zu erheben, wenn die Nichtigkeit (von Amts wegen) festgestellt wurde.[75]

## III. Die Feststellung der Rechtswidrigkeit eines Verwaltungsakts

42 Die Rechtswidrigkeit eines Verwaltungsakts ist kein Rechtsverhältnis (s. oben Rdnr. 34) und kann deshalb nicht im Wege der allgemeinen Feststellungsklage festgestellt werden. Gleichwohl kann hieran ein berechtigtes Interesse bestehen, wenn eine auf einen Verwaltungsakt bezogene Klage (Anfechtungs-, Verpflichtungsklage) durch dessen Erledigung oder die Erledigung des Verpflichtungsbegehrens hinfällig wird. Für diesen Fall steht die *Fortsetzungsfeststellungsklage* gemäß § 113 Abs. 1 Satz 4 zur Verfügung, bei der in Fortführung einer aktuell erhobenen (s. unten Rdnr. 43 ff.) oder in Anknüpfung an eine virtuell mögliche (s. unten Rdnr. 54 ff.) Anfechtungs- oder Verpflichtungsklage wegen einer Veränderung der tatsächlichen oder potentiellen Prozeßsituation das Aufhebungs- oder Verpflichtungsbegehren auf den Antrag verengt wird, die Rechtswidrigkeit des Verwaltungsakts oder seiner Ablehnung oder Unterlassung festzustellen.

### 1. Die Fortsetzungsfeststellungsklage

#### *a) Die prozessuale Situation*

43 Die gesetzliche Regelung des § 113 Abs. 1 Satz 4 betrifft unmittelbar nur die Erledigung des Verwaltungsakts nach Erhebung der Anfechtungsklage (und vor Schluß der letzten mündlichen Verhandlung). In dieser Situation kann der Aufhebungsantrag mangels Rechtsschutzbedürfnisses (vgl. oben § 13 Rdnr. 5) nicht auf-

[73] Vgl. BSG, DVBl 1990,210; Kopp/Schenke, § 43 Rdnr. 20; demgegenüber Schmitt Glaeser, Rdnr. 342.

[74] Ebenso Schmitt Glaeser, Rdnr. 342; anders Kopp/Schenke, § 43 Rdnr. 20.

[75] Vgl. BVerwGE 84,314.

rechterhalten werden, ist aber auch eine *Klagerücknahme* (vgl. unten § 31 Rdnr. 53 ff.) im Hinblick auf die Kostenfolge (§ 155 Abs. 2) untunlich. Der Kläger hat deshalb die Wahl,[76] entweder die Hauptsache gemäß § 161 Abs. 2 *für erledigt zu erklären* (vgl. dazu unten § 36 Rdnr. 36 ff.) oder statt dessen vom Aufhebungs- zum Feststellungsantrag überzugehen, daß der Verwaltungsakt rechtswidrig war. Da dieser Antrag subsidiär in jenem enthalten ist (vgl. § 113 Abs. 1 Satz 1),[77] liegt hierin keine Klageänderung (vgl. unten § 31 Rdnr. 36), sondern eine als solche ohne weiteres (auch in der Revisionsinstanz und ohne Zustimmung des Beklagten) zulässige Umstellung der Klage.[78] Der Feststellungsantrag muß gleichwohl besonders gestellt werden.[79] Dagegen ist ein Antrag der beklagten Behörde auf Feststellung der *Rechtmäßigkeit* des Verwaltungsakts gesetzlich nicht vorgesehen und auch nicht in entsprechender Anwendung des § 113 Abs. 1 Satz 4 zulässig.[80]

### b) Besondere Zulässigkeitsvoraussetzungen

Als Fortsetzung einer Anfechtungsklage ist der Feststellungsantrag nur zulässig, 44
wenn sämtliche Sachentscheidungsvoraussetzungen für jene erfüllt sind (vgl. oben § 15 Rdnr. 3).[81] Der Kläger muß also insbesondere die Klagefrist, gegebenenfalls nach Durchführung des Vorverfahrens, eingehalten haben und, anders als bei der allgemeinen Feststellungsklage (vgl. oben Rdnr. 7, 38), klagebefugt (gewesen) sein. Darüber hinaus sind erforderlich

- ein Feststellungsantrag (s. oben Rdnr. 43);
- die Erledigung des angefochtenen Verwaltungsakts;
- ein berechtigtes Interesse an der Rechtswidrigkeitsfeststellung.

*aa) Erledigung.* Ein Verwaltungsakt hat sich erledigt, wenn die in ihm enthaltene 45
Regelung keine rechtlichen Wirkungen mehr äußert, insbesondere die mit ihm verbundene Beschwer für den Kläger weggefallen ist.[82] Damit kommt es hier jedenfalls nicht auf die Beurteilung des Erfolgs der Klage (Zulässigkeit und Begründetheit) an – anders als dies zum Teil für die Erledigung der Hauptsache

---

[76] Vgl. BVerwGE 87,62 (65); Burgi, DVBl 1991,194 f.
[77] BVerwGE 89,354 (355); W. Schenke, in: Menger-FS, S. 466 f.
[78] Vgl. BVerwG, Buchholz 310 § 113 VwGO Nr. 206; Redeker/v. Oertzen, § 113 Rdnr. 30; verkannt von ShOVG, NJW 1993,2004.
[79] VGH BW, VBlBW 1993,298.
[80] Ebenso Würtenberger, Rdnr. 647; a. M. BVerwG, DVBl 1970, 282; Redeker/v. Oertzen, § 113 Rdnr. 34.
[81] Vgl. BVerwGE 45,189.
[82] Vgl. BVerwGE 31,324 (325); Kopp/Schenke, § 113 Rdnr. 102; Eyermann/J. Schmidt, § 113 Rdnr. 76.

vertreten wird (vgl. dazu unten § 36 Rdnr. 49 f.), mit der die Erledigung *des Verwaltungsakts* jedoch nicht identisch ist.[83]

46 Der Hauptfall einer Erledigung, die Zurücknahme des Verwaltungsakts (§ 48 VwVfG), ist bereits im Gesetz erwähnt; ihr steht der Widerruf (§ 49 VwVfG) gleich. Weitere Anwendungsbeispiele sind etwa die Erreichung des Regelungszwecks (Verstreichen des Termins bei Versammlungsverbot;[84] Abschluß der einen Gewerbebetrieb belastenden Untersuchungsmaßnahmen[85]), Zeitablauf (Beendigung der Schulpflicht;[86] Ableistung des Grundwehrdienstes nach Klage gegen Einberufungsbescheid[87]), der Eintritt einer auflösenden Bedingung oder tatsächlich überholender Ereignisse (Aufgabe des untersagten Gewerbes). Eine der Erledigung vergleichbare Lage besteht im Fall der (nachträglichen) *Heilung* einer rechtswidrigen Maßnahme. So wird Erledigung des Rechtsstreits – streng genommen ohne Vorliegen von deren Voraussetzungen – zum Beispiel bei rückwirkender Ersetzung der ungültigen Rechtsgrundlage eines Beitragsbescheids angenommen.[88] Keine Erledigung in diesem Sinn ist dagegen die Unbeachtlichkeit formeller Fehler nach § 46 VwVfG (s. dazu unten Rdnr. 57).

47 Der *Vollzug eines Verwaltungsakts* führt als solcher grundsätzlich nicht zur Erledigung.[89] Denn, wie sich auch aus § 113 Abs. 1 Satz 2 entnehmen läßt, kann der Verwaltungsakt auch nach seiner tatsächlichen Umsetzung Wirkungen als Rechtsgrundlage des eingetretenen Zustands äußern, zum Beispiel bei Vollstreckung eines Abgabenbescheides,[90] Abbruch eines Bauwerkes[91] oder zwangsweiser Durchsetzung der Ausweisung gegenüber einem rückkehrunwilligen Ausländer. Dagegen ist der Verwaltungsakt erledigt, wenn dessen *Regelungswirkung* durch seine Realisierung verbraucht ist, zum Beispiel nach Auflösung einer Versammlung[92] oder Abschluß einer polizeilichen Sistierung. Ob die Vollziehung rückgängig gemacht werden kann, ist unerheblich, da sie jedenfalls einen in diesem Zeitpunkt existenten Verwaltungsakt voraussetzt und damit auch bei Schaffung eines endgültigen Zustandes (z. B. durch Ersatzvornahme) nicht außerhalb von dessen Regelungsgehalt liegt.[93]

---

83 Vgl. auch Burgi, DVBl 1991,194.
84 Vgl. OVG Saarl, DÖV 1973,863.
85 VGH BW, VBlBW 1993,298.
86 Vgl. BVerwG, BayVBl 1994,119.
87 BVerwG, NJW 1985,876.
88 BVerwG, NVwZ 1993,997; BayVGH, NVwZ 1986,1032.
89 Vgl. VGH BW, ESVGH 23,84 (86); VBlBW 1993,298.
90 Vgl. BVerwG, NVwZ 1984,168.
91 Vgl. OVG RP, NVwZ 1997,1009.
92 Vgl. BVerwGE 26,161; VGH BW, VBlBW 1986,299 (303).
93 Ebenso VGH BW (8. Senat), VBlBW 1993,298; OVG RP, NVwZ 1997,1009; a. M. Kopp/Schenke, § 113 Rdnr. 104; VGH BW (10. Senat), NVwZ 1994,1130; VBlBW 1998,27; ShOVG, NJW 1993,2004.

*bb) Feststellungsinteresse.* Die Feststellung hängt weiter davon ab, daß der Kläger an dieser ein berechtigtes Interesse hat. Dieses ist, wie dargelegt, für alle Feststellungsklagen einheitlich zu verstehen und deshalb hier in Übereinstimmung mit den allgemeinen Ausführungen zu bestimmen (vgl. oben Rdnr. 13 ff.). Das praktische Gewicht des Feststellungsinteresses in den Erscheinungsformen der Wiederholungsgefahr, des Rehabilitationsinteresses und der öffentlich-rechtlichen Vorklärung eines Entschädigungsprozesses liegt allerdings gerade im Bereich der Fortsetzungsfeststellungsklage; zumal für die letztgenannte Zielsetzung steht die allgemeine Feststellungsklage mangels Rechtsschutzbedürfnisses nicht zur Verfügung. **48**

BVerwG, Urt. v. 29.4.92, DVBl 92, 1230; BVerwG, Urt. v. 28.1.92, DVBl 92, 1231; BVerwG, B 24.10.06, NVwZ 07, 227 (Nichtigkeit verneint); BVerwG, B 5.1.12, NVwZ 12, 506

## c) Erledigung außerhalb der Anfechtungsklage

Ungeachtet des auf die Anfechtungsklage beschränkten Wortlauts des § 113 Abs. 1 Satz 4 kommt dessen entsprechende Anwendung auf sonstige Klagearten in Betracht. **49**

*aa) Verpflichtungsklage.* So wird allgemein anerkannt, daß auch bei Verpflichtungsklagen nach Erledigung das Verfahren mit dem Ziel fortgesetzt werden kann, festzustellen, daß die Ablehnung oder Unterlassung des Verwaltungsakts oder der Bescheidung eines Antrags rechtswidrig war.[94] Anders als bei der gesetzlich geregelten Konstellation erledigt sich hier allerdings nicht – und zwar auch nicht fiktiv[95] – der Verwaltungsakt als außerprozessualer Umstand, sondern unmittelbar die Hauptsache selbst. Indes ist die Lage rechtsähnlich insofern, als die Auferlegung einer Belastung durch Verwaltungsakt der Vorenthaltung einer Begünstigung durch dessen Unterlassung unter Rechtsschutzgesichtspunkten (Art. 19 Abs. 4 GG) gleichwertig ist und hier wie dort die prozeßökonomische Erwägung des § 113 Abs. 1 Satz 4 zutrifft, dem Kläger nach (Teil)Erledigung die "Früchte" des Verfahrens zu erhalten.[96] **50**

Allerdings ist auf die *Identität der Entscheidungsgegenstände* zu achten. So wird auf die Verpflichtungsklage darüber entschieden, ob im Zeitpunkt der letzten mündlichen Verhandlung der geltend gemachte Anspruch besteht (vgl. dazu unten § 34 Rdnr. 47 ff.), so daß eine in dessen Nichterfüllung liegende *Rechtswidrigkeit der Ablehnung* nach Erledigung infolge Klaglosstellung nur festgestellt werden kann, wenn sich die Verhältnisse seither nicht geändert haben. Dies dürfte allerdings eine Frage nicht der Zulässigkeit,[97] sondern der Begründetheit sein und bedarf deshalb inhaltlicher Klärung durch das Gericht. **51**

---

[94] Vgl. BVerwGE 62,86 (90); 72,38 (40 f.); 89,354 (355 ff.); Schmitt Glaeser, Rdnr. 359; Redeker/v. Oertzen, § 113 Rdnr. 36.

[95] So aber ein durchgehend anzutreffendes, ungenaues Verständnis, vgl. Schmitt Glaeser, Rdnr. 359; Hufen, § 18 Rdnr. 65.

[96] Vgl. BVerwGE 89,354 (355).

[97] So aber BVerwGE 89,354 (356 f.) m. krit. Anm. von Redeker, DVBl 1992,1225, und Anm. BVerwG, Urt. v. 24.1.92, JZ 92, 1077 m. Anm. Kopp = NVwZ 92,563, BVerwG, Urt. v. 25.8.93, DVBl 94, 168

52 Über diese analoge Anwendung hinaus wird § 113 Abs. 1 Satz 4 zusätzlich erweiternd herangezogen, wenn das Interesse des Klägers an der Fortführung des Verfahrens, *ohne daß Erledigung eintritt*, (objektiv) entfällt, weil durch ein außerprozessuales Ereignis eine ursprünglich erfolgversprechende Klage aussichtslos wird, so bei einer Rechtsänderung, die den Klageanspruch entfallen läßt,[98] wohl aber auch bei Behebung eines (materiellen) Ermessensfehlers durch nachträgliche Ermessenserwägungen in Form einer nachgeschobenen Begründung.[99]

53 *bb) Sonstige Verfahren.* Eine weitergehende Anwendung des § 113 Abs. 1 Satz 4 auf die Erledigung sonstiger, nicht verwaltungsakt-bezogener (Klage)Verfahren ist aus inhaltlichen wie systematischen Gründen abzulehnen.[100] Für sie besteht auch kein sachliches Bedürfnis.

So steht im Falle der Erledigung einer (allgemeinen) *Leistungsklage*[101] die Feststellungsklage gemäß § 43 Abs. 1, gegebenenfalls bezogen auf das (Nicht)Bestehen eines früheren Rechtsverhältnisses (vgl. oben Rdnr. 11), zur Verfügung. Gleiches gilt – selbstverständlich – für die Erledigung eines *Feststellungsbegehrens.* Auch das Außerkrafttreten einer untergesetzliche Vorschrift nach Erhebung des *Normenkontrollantrags* gemäß § 47 Abs. 1[102] ist allein verfahrensimmanent mit Hilfe der Kriterien zu bewältigen, nach denen die gerichtliche Kontrollkompetenz hinsichtlich nicht mehr existenter Normen zu beurteilen ist.[103] Eine Rechtswidrigkeitsfeststellung statt bloßer Erledigungserklärung scheidet schließlich auch in den Verfahren des *vorläufigen Rechtsschutzes* gemäß §§ 80 Abs. 5; 80a Abs. 3; 123 aus.[104]

## 2. Die unechte Fortsetzungsfeststellungsklage

54 Häufig tritt die Erledigung des Verwaltungsakts nicht erst nach, sondern bereits vor Erhebung der Anfechtungsklage gegen diesen ein (z. B. Versammlungsverbot[105]); in entsprechender Weise kann sich das Begehren einer Verpflichtungsklage erledigen (z. B. verweigerte Zulassung zum Jahrmarkt[106]). Auch in diesen Fällen

---

von Kopp, JZ 1992,1078.

[98] BVerwGE 61,128 (134); BVerwG, DVBl 1994,1192; VGH BW, VBlBW 1994,23.

[99] Vgl. dazu BVerwG, BayVBl 1987,219.

[100] Ebenso Schmitt Glaeser, Rdnr. 360; Kopp/Schenke, § 113 Rdnr. 113 ff.; vgl. auch Schenke, Rdnr. 337; Rozek, JuS 1995,416.

[101] Befürwortend etwa BayVGH, BayVBl 1992,310; Hufen, § 18 Rdnr. 66 f.; Burgi, DVBl 1991,196; Redeker/v. Oertzen, § 113 Rdnr. 36; ablehnend OVG NW, NJW 1994,1673; Spannowsky, in: Sodan/Ziekow, § 113 Rdnr. 139; unentschieden BVerwGE 52,313 (316).

[102] Vgl. Redeker/v. Oertzen, § 47 Rdnr. 10; Hufen, § 18 Rdnr. 68.

[103] Vgl. BVerwGE 68,12 sowie noch unten § 26 Rdnr. 18.

[104] Vgl. BVerwG, DÖV 1995,515; VGH BW, NVwZ 1988,747; Rozek, JuS 1995,416 m. w. Nachw.

[105] Vgl. OVG Saarl, DÖV 1973,863; OVG NW, DVBl 1994,541.

[106] Vgl. BayVGH, DVBl 1992,1492.

BVerwG, Urt. v. 24.1.92, DÖV 92, 534 = DVBl 92, 1224 m. Anm. Redeker

läßt es die Rechtsschutzgarantie (Art. 19 Abs. 4 GG) nicht zu, den Betroffenen mit einer Rechtsverletzung zu belassen, die, obwohl bereits abgeschlossen, noch Auswirkungen hat. Effektiver Rechtsschutz verlangt vielmehr grundsätzlich, sofern gerade hieran ein Bedürfnis besteht, einen unmittelbaren, das heißt auf das rechtsverletzende Handeln als solches bezogenen, richterlichen Ausspruch. Will man hierfür nicht auf die Konstruktion eines Rechtsverhältnisses des Inhalts, daß die Behörde zum Erlaß des Verwaltungsakts nicht berechtigt war, verfallen, so bietet sich eine entsprechende Anwendung des § 113 Abs. 1 Satz 4 an.

### a) Kennzeichnung

Es ist deshalb heute einhellige Auffassung, daß unter den besonderen Voraussetzungen des § 113 Abs. 1 Satz 4 die Feststellung der Rechtswidrigkeit eines Verwaltungsakts auch begehrt werden kann, wenn dieser sich *vor Erhebung* der Anfechtungsklage, sei es auch nach Erhebung des Widerspruchs, erledigt hat.[107] Entsprechend kann auch die Rechtswidrigkeit der Ablehnung oder Unterlassung eines Verwaltungsakts festgestellt werden.[108] 55

Mangels eines erledigenden Ereignisses während des Prozesses ist für eine "Umstellung" des Begehrens auf einen Feststellungsantrag (s. oben Rdnr. 43) kein Raum. Dieser muß deshalb bei Meidung einer (Teil)Abweisung der Klage von vornherein gestellt werden. 56

Die *Unbeachtlichkeit von formellen Mängeln* gemäß § 46 VwVfG beseitigt nicht die Rechtswidrigkeit des Verwaltungsakts,[109] sondern verhindert lediglich, gewissermaßen eine logische Sekunde nach Entstehung des Aufhebungsanspruchs, dessen gerichtliche Realisierung. Es handelt sich hierbei nicht um eine Erledigung vor Klageerhebung, sondern um den gesetzlichen Ausschluß eines Rechtsschutzbedürfnisses für die Anfechtungsklage. Besteht dagegen ein berechtigtes Interesse, die Befugnisse der Behörde zu klären, zum Beispiel, weil diese beständig – prozessual unschädlich – bestimmte Formvorschriften mißachtet, so ist in entsprechender Anwendung des § 113 Abs. 1 Satz 4 (nur) eine Feststellungsklage zulässig.[110] Des konstruktiven Umwegs über eine Klage sui generis[111] bedarf es daher nicht. 57

---

[107] BVerwGE 26,161 (165); 87,23 (25); Schmitt Glaeser, Rdnr. 361; Hufen, § 18 Rdnr. 63; Kopp/Schenke, § 113 Rdnr. 99.
[108] BVerwGE 52, 313 (316); BayVGH, DVBl 1992,1492.
[109] Vgl. Sachs, in: Stelkens/Bonk/Sachs, § 46 Rdnr. 1.
[110] Ebenso W. Schenke, DÖV 1986,317; ders., NVwZ 1988,13.
[111] So Schmitt Glaeser, Rdnr. 361, 397.

### b) Besondere Zulässigkeitsvoraussetzungen

58 Auch für die unechte Fortsetzungsfeststellungsklage müssen die besonderen Zulässigkeitsvoraussetzungen gemäß § 113 Abs. 1 Satz 4 entsprechend vorliegen, das heißt der Verwaltungsakt beziehungsweise das auf einen solchen gerichtete Klagebegehren muß sich vor Klageerhebung erledigt haben (s. oben Rdnr. 45 ff.), und an der Feststellung muß ein berechtigtes Interesse bestehen (s. oben Rdnr. 48). Dieses wird vor allem durch eine diskriminierende Wirkung oder Wiederholungsgefahr, jedoch grundsätzlich nicht durch eine beabsichtigte Geltendmachung von Ersatzansprüchen (s. oben Rdnr. 22) begründet.

59 Streit besteht jedoch hinsichtlich der Anforderungen an die für die Zulässigkeit der Anfechtungsklage allgemein geltenden Voraussetzungen des *Vorverfahrens* und der *Fristwahrung*. Dabei ist zu differenzieren: Ist die Frist für die Erhebung des Widerspruchs (§ 70) oder der Klage (§ 74) im Zeitpunkt der Erledigung des Verwaltungsakts bereits abgelaufen und dieser damit bestandskräftig geworden, so verbleibt es dabei; die Fortsetzungsfeststellungsklage ist dann ebenso unzulässig, wie es eine nach Fristablauf erhobene Anfechtungsklage wäre.[112] Hat sich der Verwaltungsakt dagegen während des Laufs der betreffenden Frist erledigt, so steht von da an eine Anfechtungsklage nicht mehr in Frage.

60 Das bedeutet zunächst, daß ein *Vorverfahren* nicht (mehr) durchzuführen ist,[113] eine Widerspruchsentscheidung also unzulässig ist.[114] Denn eine behördliche Rechtswidrigkeitsfeststellung entspräche, sofern man diese materiell-rechtlich überhaupt, etwa in Anlehnung an § 44 Abs. 5 VwVfG zulassen wollte[115], weder der Zielsetzung des Vorverfahrens (vgl. oben § 19 Rdnr. 2 f.), noch könnte sie das mit der Fortsetzungsfeststellungsklage verfolgte Rechtsschutzanliegen des Verletzten befriedigen: Sie erwüchse nicht in Rechtskraft, schützte deshalb nicht vor Wiederholung und vermittelte auch keine (volle) Rehabilitation. Es hat deshalb bei der Regelung des § 68 zu verbleiben, der ein Vorverfahren nur für Anfechtungs- und Weigerungsgegenklagen vorsieht und folglich auf eine Feststellungsklage auch dann nicht anwendbar ist, wenn sie sich konstruktiv als fiktiv fortgesetzte Anfechtungsklage darstellt.[116]

61 Ebensowenig ist eine *Klagefrist* einzuhalten. Gesetzlich ist auch sie nur für Anfechtungs- und Versagungsgegenklagen vorgeschrieben (§ 74), um aus Gründen der Rechtssicherheit Klarheit über den *Bestand des Verwaltungsakts* zu

---

[112] Vgl. BVerwGE 26,161 (167); BayVGH, DVBl 1992,1492 m. Anm. von Kopp.

[113] So die h. M., vgl. BVerwGE 26,161 (167); VGH BW, NJW 1981,364; OVG RP, NJW 1982,1301; BayVGH, DVBl 1992,1492; Schmitt Glaeser, Rdnr. 362; a. M. Schenke, in: Menger-FS, S. 467; ders., Rdnr. 666; Spannowsky, in: Sodan/Ziekow, § 113 Rdnr. 156.

[114] BVerwGE 81,226 (228 f.).

[115] So etwa Frohn, BayVBl 1992,473; Kopp, DVBl 1992,1495; ablehnend dagegen BVerwGE 83,242 (244).

[116] Deutlich BayVGH, DVBl 1992,1492; vgl. auch Rozek, JuS 1995,698.

erhalten. Dieser wird aber durch Entscheidungen über die *Rechtswidrigkeit* des Verwaltungsakts gerade nicht angetastet. Sie kann dementsprechend, ungeachtet dessen Bestandskraft, zeitlich und sachlich unbegrenzt (z. B. im Amtshaftungsprozeß) geltend gemacht werden. Für eine unmittelbare oder auch nur entsprechende Anwendung der Fristvorschriften der §§ 74; 58 Abs. 2[117] als Sperre gegen eine an sich statthafte verwaltungsgerichtliche Prüfung der Rechtswidrigkeit eines Verwaltungsakts besteht deshalb weder Raum noch Veranlassung.[118]

## Literatur

*Dietlein*, Fortsetzungsfeststellungsklage bei Grundrechtsverletzung, ThürVBl 1994,149.
*Knöpfle, Franz*, Feststellungsinteresse und Klagebefugnis bei verwaltungsprozessualen Feststellungsklagen, in: FS für Lerche, 1993, S. 771.
*Laubinger*, Feststellungsklage und Klagebefugnis, VerwArch 82 (1991), S. 459.
*Rozek*, Grundfälle zur verwaltungsgerichtlichen Fortsetzungsfeststellungsklage, JuS 1995, 414; 598; 697.
*Schenke, W.*, Die Fortsetzungsfeststellungsklage, in: Menger-FS, S. 461.
*Ders.*, Rechtsschutz gegen erledigtes Verwaltungshandeln, Jura 1980,133.
*Ders.*, Der verfahrensfehlerhafte Verwaltungsakt gemäß § 46 VwVfG, DÖV 1986,305.
*Schnellenbach*, Das Feststellungsinteresse bei der Fortsetzungsfeststellungsklage eines Beamten, DVBl 1990,140.
*Selb*, Die verwaltungsgerichtliche Feststellungsklage, 1998.
*Trzaskalik*, Die Rechtsschutzzone der Feststellungsklage im Zivil- und Verwaltungsprozeß, 1978.

[117] So die h. M., vgl. VGH BW, NJW 1981,364; BayVGH, BayVBl 1993,429; Kopp/Schenke, § 113 Rdnr. 128; Bosch/Schmidt, § 45 III 2; Hamann, DVBl 1992,739 f.; lediglich erwogen, aber offengelassen von BVerwGE 26,161 (168); BVerwG, DVBl 1991,169 (insoweit in E 87,25 nicht abgedruckt).

[118] Ebenso BayVGH, DVBl 1992,1492 mit abl. Anm. von Kopp; ebenfalls ablehnend Frohn, BayVBl 1992,473; insoweit zustimmend Funk, BayVBl 1992,472; wie hier ferner Rozek, JuS 1995,700.

# § 23. Die allgemeine Leistungsklage

## I. Grundsätzliche Bedeutung

Mit der Leistungsklage wird die Verurteilung zu einer Handlung, Duldung oder Unterlassung erstrebt. Sie hat, außer in ihrer speziellen Form der auf den Erlaß eines Verwaltungsakts gerichteten Verpflichtungsklage (§ 42 Abs. 1), in der Verwaltungsgerichtsordnung keine allgemeine Regelung gefunden. Das Verfahrensrecht muß jedoch in Erfüllung seiner dienenden Funktion zur Gewährleistung des Rechtsschutzes auch für die Durchsetzung sonstiger materiell-rechtlicher Ansprüche eine Klagemöglichkeit bereitstellen. Dem dient die *allgemeine Leistungsklage*, mit der alle Leistungsbegehren geltend gemacht werden können, für die nicht ausschließlich eine andere Klageform gegeben ist. Sie erfüllt damit eine wichtige *Auffangfunktion*. 1

Dementsprechend hat die Verwaltungsgerichtsordnung die von ihr vorgefundene allgemeine Leistungsklage vorausgesetzt beziehungsweise, wie zahlreiche Einzelvorschriften erkennen lassen, anerkannt (vgl. §§ 43 Abs. 2 Satz 1; 111; 113 Abs. 4; 169; 170 Abs. 1; § 191 Abs. 1 VwGO i. V. m. § 126 Abs. 3 BRRG). Ihrer prozessualen Zulassung steht deshalb auch nicht ein – ohnehin nur für das bundesstaatliche Kompetenzverhältnis (Art. 74 Abs. 1 Nr. 1 GG) relevanter[1] – numerus clausus der Klageformen entgegen. 2

## II. Anwendungsbereich

Der Anwendungsbereich der allgemeinen Leistungsklage ist aufgrund ihrer Auffangfunktion umfassend[2] und – im Rahmen der Eröffnung des Verwaltungsrechtswegs – lediglich negativ dadurch begrenzt, daß die begehrte Leistung *kein Verwaltungsakt* sein darf (s. dazu näher unten Rdnr. 7 ff.). 3

### 1. Klagen im Gleichordnungsverhältnis

Als Leistungsbeziehungen kommen damit in erster Linie Gleichordnungsverhältnisse in Betracht. Sie bestehen vor allem zwischen Hoheitsträgern untereinander, 4

[1] Vgl. dazu BVerfGE 20,238 (250 f.).
[2] Vgl. Steiner, JuS 1984,854 f.
Schenke, JZ 96, 1103, ders., JZ 10, 1042

zum Beispiel bei Zahlungsansprüchen der Bundesrepublik Deutschland gegen eine Gemeinde[3] oder ein Land.[4] Koordinationsrechtliche Beziehungen öffentlich-rechtlicher Art sind aber auch zwischen Staat und Bürger nicht ausgeschlossen, so etwa aus Geschäftsführung ohne Auftrag[5] oder auf vertraglicher Grundlage.[6]

5 Diese Konstellationen weisen keine prozessualen Besonderheiten auf; spezielle Sachurteilsvoraussetzungen bestehen nicht. Insbesondere kann im nicht subordinationsrechtlich bestimmten Verhältnis von Hoheitsträgern untereinander keine Klagebefugnis analog § 42 Abs. 2 gefordert werden.[7] Die hiergegen schon allgemein sprechenden Bedenken (vgl. dazu sogleich Rdnr. 15) greifen vorliegend erst recht durch.

### 2. Individualklagen im Subordinationsverhältnis

6 Näherer Betrachtung bedürfen dagegen Leistungsklagen des einzelnen gegen den Staat (im weiteren Sinn) im Subordinationsverhältnis. Denn dieses ist typischerweise durch einseitige Regelungen des beteiligten Hoheitsträgers in Form des Verwaltungsakts bestimmt. Auf prozessualer Ebene korrespondiert diesem Instrument jedoch die Verpflichtungs(beziehungsweise Anfechtungs-)klage.

#### *a) Die Abgrenzung zur Verpflichtungsklage*

7 Gleichwohl sind dem Über-/Unterordnungsverhältnis Anfechtungs- und Verpflichtungsklage nicht als grundsätzlich ausschließliche Klageformen zugeordnet, wie dies, der Sache nach in Fortführung der überholten Entgegensetzung subordinationsrechtlicher (Anfechtungssachen) und koordinationsrechtlicher (Parteistreitigkeiten) Verfahren (vgl. oben § 14 Rdnr. 7), zum Teil angenommen wurde.[8] Unter Zugrundelegung des engen, von § 42 Abs. 1 VwGO in Übereinstimmung mit § 35 VwVfG verwendeten Verwaltungsaktsbegriffs ist vielmehr die allgemeine Leistungsklage immer dann gegeben, wenn die begehrte Leistung nicht in einem Verwaltungsakt, sondern einer sonstigen Amtshandlung besteht.[9]

8 Streit besteht dabei allerdings hinsichtlich der *Qualifikationsfrage*. Die herrschende Rechtsprechung sieht nämlich in der bloßen Amtshandlung selbst (z. B. der Auskunft über einen behördlichen Informanten) einen Verwaltungsakt, wenn diese sich als Ergebnis einer in Ausübung pflichtgemäßen Ermessens zu treffenden Entscheidung über ihre Erbringung darstellt; ohne eine hierfür speziell

[3] Vgl. BVerwGE 44,351; 81,312 (Bundesbahn); 98,18 (Bundesdruckerei).
[4] Vgl. BVerwG, NJW 1995,2303 (Schadensersatz).
[5] Vgl. BVerwGE 80,170; BVerwG, DÖV 1986,285. Zur grundsätzlichen Problematik vgl. Kischel, VerwArch 90 (1999), S. 391.
[6] Vgl. BVerwGE 50,171; 59,60 (65); BVerwGE 97,331.
[7] So aber anscheinend, zumindest nicht hinreichend differenzierend, BVerwG, NJW 1981,2075.
[8] So insbesondere Eyermann/Fröhler, VwGO, 8. Aufl., § 42 Rdnr. 17.
[9] Vgl. BVerwGE 31,301 (303); 36,192 (198).

erforderliche Prüfung (z. B. Meldeauskunft) soll es dagegen bei schlicht hoheitlichem Handeln verbleiben.[10] Dem ist entgegenzuhalten, daß *jedem* außenwirksamen, auch nur tatsächlichen Handeln eine interne Willensbildung zugrunde liegt, die nicht als externe Regelung und damit als Verwaltungsakt fingiert werden kann, will man dessen Begrifflichkeit nicht insoweit grundsätzlich in Frage stellen. Hinzu kommen ungelöste Abgrenzungsschwierigkeiten und Inkonsequenzen, wenn auf die Qualität der jeweils zugrunde liegenden Entscheidung abgestellt und zwischen verschiedenen Arten des Behördenhandelns differenziert wird;[11] was – unter Umständen – für eine Auskunft gelten soll, wird zum Beispiel für den Widerruf einer Tatsachenbehauptung nicht erwogen.

Anders liegen die Verhältnisse jedoch dann, wenn der Erlaß eines (begünsti- 9
genden) Verwaltungsakts Voraussetzung für die erstrebte tatsächliche Leistung ist, weil der Anspruch auf diese nicht unmittelbar durch das Gesetz, sondern erst durch den dieses konkretisierenden Verwaltungsakt begründet wird. So ist der Anspruch auf *Gewährung von Leistungen* nach §§ 4 Abs. 2 BSHG; 46 Abs. 1; 50 Abs. 1 BAföG oder § 26 WohnGG von vorheriger Festsetzung durch Verwaltungsakt abhängig, der zunächst durch Verpflichtungsklage erstritten werden muß.[12] Demgegenüber kann der *Erstattungsanspruch* des einzelnen hinsichtlich eines rechtswidrig nicht zurückbezahlten Geldbetrages (nur) unmittelbar durch allgemeine Leistungsklage geltend gemacht werden.[13]

### b) Der positive Anwendungsbereich

Aus diesem Kontrast zum Erlaß eines Verwaltungsakts[14] ergibt sich der positive 10
Anwendungsbereich der allgemeinen Leistungsklage. Dabei kommt es allein auf die Qualifizierung der Leistung, nicht auf deren Rechtsgrund an; so kann zum Beispiel unter dem Gesichtspunkt der Folgenbeseitigung (durch Leistungsklage beziehungsweise unselbständigen Leistungsantrag bei der Anfechtungsklage, vgl. oben § 15 Rdnr. 37 ff.) tatsächliche Wiederherstellung, aber auch (mit der Verpflichtungsklage) Erlaß eines Verwaltungsakts verlangt werden, etwa einer Räumungsverfügung hinsichtlich der beschlagnahmten Wohnung.[15]

*aa)* Ziel der allgemeinen Leistungsklage sind zunächst *Realakte*, also rein tatsäch- 11
liche Verwaltungshandlungen ohne Regelungsqualität. Dazu gehören *schlichte behördliche Leistungen* im engeren Sinn an den Bürger, wie allgemeine Informa-

---

[10] Vgl. BVerwGE 31,301 (306); 74,115 (118 – Halterauskunft); OVG Bremen, NJW 1987,2393; NJW 1989,926; OVG NW, DÖV 1996,255; dazu schon oben § 17 Rdnr. 9 ff.
[11] Vgl. auch Steiner, JuS 1984,857 f.
[12] Vgl. BVerwGE 95,138; 96,18.
[13] Vgl. BVerwGE 71,85.
[14] Vgl. Frotscher, Jura 1980,3 ff.
[15] Vgl. VGH BW, NVwZ 1987,1101.

tionen[16] oder spezialgesetzlich (z. B. presse-[17], datenschutzrechtlich[18]) geregelte Auskünfte, die Gewährung von Akteneinsicht,[19] die Herausgabe von Gegenständen[20] sowie durch Gesetz oder Verwaltungsakt bewilligte (vgl. oben Rdnr. 9) Geldzahlungen.[21] Zu erwähnen sind weiterhin *Tätigkeiten zugunsten des Bürgers* ohne Verwaltungsaktqualität, zum Beispiel die Berichtigung der Schreibweise eines Eigennamens.[22] Solche tatsächliche Maßnahmen können insbesondere auch der Korrektur vorausgegangenen Handelns im Sinne einer *Folgenbeseitigung* (vgl. dazu oben § 15 Rdnr. 35 ff.) dienen, so der Widerruf ehr- oder sonst grundrechtsverletzender Tatsachenbehauptungen,[23] die Vernichtung erkennungsdienstlicher Unterlagen beziehungsweise Löschung rechtswidrig gespeicherter Daten[24] oder die Erstattung zu Unrecht erhobener Geldleistungen.[25]

**12** *bb)* Erfaßt werden ferner Ansprüche in bezug auf Verwaltungshandlungen, die *mangels Außenwirkung* keine Verwaltungsakte sind (vgl. oben § 17 Rdnr. 28 ff.), so insbesondere die beamtenrechtliche Umsetzung und deren Rückgängigmachung,[26] nach richtiger Ansicht auch fachaufsichtliche Weisungen mit Auswirkungen auf den Selbstverwaltungsbereich des Adressaten (z. B. einer Gemeinde).

**13** *cc)* Schließlich kommt die allgemeine Leistungsklage auch für Ansprüche auf *Rechtsakte eigener Art* in Betracht, die sich als Regelungen ohne Verwaltungsaktqualität darstellen. So fallen in den Anwendungsbereich dieser Klage Begehren in bezug auf nicht legislative *parlamentarische Tätigkeiten* (Untersuchungsausschüsse, Petitionsentscheidungen).[27] Auf diese Weise können ferner Ansprüche auf Abschluß oder Anpassung[28] eines (subordinationsrechtlichen) *öffentlich-rechtlichen Vertrages*[29] oder hinsichtlich *untergesetzlicher Normsetzung*[30] durchgesetzt werden. Neben der Frage einer materiellen Rechtsstellung ist in letzterer Hinsicht vor allem die prozessuale Zuordnung zu dem speziellen Rechtsschutzinstrumen-

---

[16] BVerwGE 10,274 (276); 70,310; VGH BW, NJW 1979,2117.
[17] Vgl. VGH BW, ESVGH 46,53; OVG NW, DÖV 1996,255.
[18] BVerwGE 84,375; 89,14.
[19] Vgl. BVerwGE 82,45 (47); BayVGH, BayVBl 1990,622; a. M. BVerwGE 31,301 (306); 50,255 (260).
[20] Vgl. HessVGH, DÖV 1963,389.
[21] Vgl. BVerwGE 52,247.
[22] Vgl. dazu Knack, § 42 Rdnr. 8.
[23] Vgl. BVerwGE 82,76.
[24] Vgl. BVerwGE 66,202; VGH BW, NJW 1987,2762.
[25] Vgl. BVerwGE 85,24 (29).
[26] Vgl. BVerwGE 60,144; 75,138; 98,334.
[27] Vgl. BVerwGE 79,339; BVerwG, NVwZ 1993,60; OVG NW, DVBl 1987,100; OVG Bremen, JZ 1990,965.
[28] Vgl. BVerwGE 97,331.
[29] Vgl. Friehe, JZ 1980,516; Lorenz, DVBl 1997,870 f.
[30] Vgl. z. B. BVerwG, DVBl 1990,155; a. A. OVG RP, NJW 1988,1684.

tarium problematisch; hierauf ist im Zusammenhang mit der Normenkontrolle einzugehen (vgl. unten § 26 Rdnr. 29 ff.).

### c) Besondere Sachurteilsvoraussetzungen

Die Verwaltungsgerichtsordnung sieht die allgemeine Leistungsklage implizit vor, ohne für diese spezielle Sachurteilsvoraussetzungen aufzustellen. Der naheliegende Schluß, daß solche Einschränkungen der Zulässigkeit – anders als bei der verwaltungsakt-bezogenen Verpflichtungsklage – offenbar nicht für erforderlich gehalten wurden und deshalb auch nicht ohne gesetzliche Grundlage statuiert werden können, wird von der Rechtsprechung, gefolgt von einer stark vertretenen Literaturmeinung, jedoch nicht gezogen. 14

*aa) Klagebefugnis*. Die herrschende Meinung wendet § 42 Abs. 2 entsprechend an und verlangt, daß der Kläger geltend macht, durch die Nichterbringung der begehrten Leistung in seinen Rechten verletzt zu sein.[31] Damit wird jedoch die Bedeutung der Klagebefugnis als prozessualer Anknüpfungspunkt für die Fortsetzung eines auf behördliche Entscheidung gerichteten Verwaltungsverfahrens (vgl. oben § 18 Rdnr. 1 ff.) verkannt und der Unterschied zwischen dem Verwaltungsakt als dessen Ergebnis und reinen Realhandlungen weiter (vgl. schon oben Rdnr. 8) verwischt. Die selbständige Bedeutung einer weiteren Leistungsklage im Subordinationsverhältnis neben der Verpflichtungsklage wird dann in der Tat fraglich. In Wahrheit dient die allgemeine Leistungsklage, nicht anders als im Zivilprozeß, der Durchsetzung von Ansprüchen gegen die Behörde, unabhängig von deren vorgeschaltetem Entscheidungsverhalten. Entgegen der herrschenden Meinung ist deshalb gerade nicht einzusehen, daß die allgemeine Leistungsklage ohne das Erfordernis einer Klagebefugnis zur Popularklage würde. Auf Art. 19 Abs. 4 GG kann sie sich hierfür jedenfalls nicht berufen.[32] Denn diese Garantie dient der Verwirklichung subjektiver Rechte gegenüber der öffentlichen Gewalt und knüpft dabei an den Normalfall einer vorausgegangenen Rechtsverletzung an. Sie erhebt aber nicht umgekehrt deren formale Geltendmachung – zumal in der rechtstechnischen Gestalt des § 42 Abs. 2 – zur Voraussetzung für die Gewährung von Rechtsschutz. Daß subjektiver Rechtsschutz aber auch ohne Rechtsverletzungs-*Behauptung* realisierbar ist, lehrt schon ein Blick auf den Zivilprozeß. 15

---

[31] BVerwGE 36,192 (199); BVerwG, NJW 1981,2075; Bosch/Schmidt, § 31 II 1; Schmitt Glaeser, Rdnr. 387; Hufen, § 14 Rdnr. 74; Frotscher, Jura 1980,8; differenzierend immerhin Steiner, JuS 1984,856; a. M. Redeker/von Oertzen, § 42 Rdnr. 153; Neumeyer, Die Klagebefugnis im Verwaltungsprozeß, 1979, S. 122 ff.; Krebs, Jura 1981,580; Schoch, JuS 1987,790; Erichsen, Jura 1992,386; vgl. dazu auch oben § 18 Rdnr. 7.

[32] So aber Schmitt Glaeser, Rdnr. 387.

16 *bb) Antragstellung*. Die verfehlte Parallele zur Verpflichtungsklage wird noch deutlicher, wenn "in gleicher Weise wie bei (dieser)" die vorherige Antragstellung bei der Behörde zur Zulässigkeitsvoraussetzung der allgemeinen Leistungsklage gemacht wird.[33] Besteht der mit dieser geltend gemachte Anspruch nicht, so ist die Klage unbegründet; andernfalls kann die Behörde bei unterlassener vorheriger Antragstellung – wiederum gerade anders als bei der Verpflichtungsklage (vgl. oben § 16 Rdnr. 7) – durch sofortiges Anerkenntnis der Kostenlast entgehen (vgl. § 173 VwGO i. V. m. § 93 ZPO).

17 *cc)* Einigkeit besteht lediglich darin, daß ein *Vorverfahren* entbehrlich und eine spezielle *Klagefrist* nicht einzuhalten ist, unbeschadet besonderer Regelungen, wie der des § 126 Abs. 3 BRRG.

### 3. Klagen des Staates im Subordinationsverhältnis

18 Obwohl in der für den Verwaltungsprozeß typischen Konstellation der Bürger als Kläger Rechtsschutz gegen den Staat (im weiteren Sinn) sucht, ist die gerichtliche Durchsetzung staatlicher Ansprüche gegen den einzelnen nicht grundsätzlich ausgeschlossen. Hierfür steht, sofern der Verwaltungsrechtsweg nach der Natur der Streitsache überhaupt eröffnet ist,[34] die allgemeine Leistungsklage zur Verfügung.[35] Für sie gelten *prozessual* keine Besonderheiten; die Erfordernisse der Klagebefugnis und einer vorprozessualen Anspruchserhebung, wenn sie denn schon grundsätzlich auf die Leistungsklage für anwendbar gehalten werden (s. oben Rdnr. 15 f.), entfallen naturgemäß jedenfalls für deren hiesige Spielart.

19 Dagegen kann das zugrunde liegende, materiell-rechtliche Rechtsverhältnis mit der prinzipiellen Überordnung des klagenden Hoheitsträgers und einer ihm hieraus erwachsenden Befugnis zu einseitiger Regelung des Streitgegenstandes durch Verwaltungsakt auf die Klage durchschlagen; insofern rechtfertigt sich deren Kennzeichnung als eigene Kategorie einer *"Bürgerverurteilungsklage"*.[36] Deren *Zulässigkeit* kann unter diesem Aspekt in zweifacher Hinsicht in Frage gestellt sein.

#### *a) Materiell-rechtliche Grundlage*

20 Ansprüche des Staates im weiteren Sinn einer Befugnis, von dem Bürger ein bestimmtes Tun, Dulden oder Unterlassen zu fordern, müssen rechtsstaatlich

---

[33] Bosch/Schmidt, § 31 I 1; vgl. ferner VGH BW, NVwZ 1990,892; Schmitt Glaeser, Rdnr. 388. S. dazu auch oben § 13 Rdnr. 12 m. Nachw. der Gegenmeinung.

[34] Hieran fehlt es z. B. beim Amtshaftungsregreß (Art. 34 Satz 3 GG), vgl. Ossenbühl, Staatshaftungsrecht, 5. Aufl. 1998, S. 121.

[35] Vgl. BVerwGE 29,310 (312); 80,164 (166).

[36] Vgl. Holland, DÖV 1965,411; Schmitt Glaeser, Rdnr. 393.

immer in einem Gesetz begründet sein. Vielfach bedarf es jedoch zu ihrer konkreten Entstehung einer zusätzlichen behördlichen Entscheidung. So hängen zum Beispiel Steuer- und sonstige Abgabenforderungen – spiegelbildlich zu manchen Ansprüchen des Bürgers (vgl. oben Rdnr. 9) – von hoheitlicher Festsetzung durch Bescheid ab,[37] ohne die ein materiell-rechtliches Substrat der Klage nicht vorhanden ist und für diese damit eine *Prozeßführungsbefugnis* (im allgemeinen, nicht mit der Klagebefugnis gemäß § 42 Abs. 2 zu verwechselnden Sinn) fehlt (vgl. dazu oben § 18 Rdnr. 2).

Ebenso zu beurteilen, hiervon jedoch systematisch zu unterscheiden sind Gestaltungen, in denen zwar bereits das Gesetz selbst, unter Umständen sogar strafbewehrte Verpflichtungen des Bürgers begründet, deren unmittelbare Durchsetzung seitens der (Hoheits)Verwaltung jedoch kraft speziellen Subordinationsverhältnisses der Geltendmachung durch Verwaltungsakt vorbehält. So können zum Beispiel ordnungsrechtliche Individualpflichten, etwa bau-, immissions-, lebensmittel- oder allgemein polizeilicher Art, nicht im Klagewege, sondern (selbstverständlich) nur durch Erlaß eines Verwaltungsakts geltend gemacht werden.[38] Genau genommen besteht hier gar *kein Anspruch* des Hoheitsträgers auf die Leistung, sondern lediglich dessen Befugnis, die *gesetzliche Pflicht* des Bürgers nach Titulierung selbst durchzusetzen. *Subjektive* (öffentliche) *Rechte des Staates* sind jedenfalls insoweit nicht gegeben.[39] 21

### b) Rechtsschutzbedürfnis

Die Leistungsklage des Staates verbleibt damit für Ansprüche, die als solche unmittelbar aus einem Rechtsverhältnis zum Bürger begründet sind, vorwiegend für Zahlungsansprüche.[40] Auch hier sind vorweg wiederum Ansprüche auszuscheiden, die, obwohl als solche einer gerichtlichen Geltendmachung zugänglich, gesetzlich ausdrücklich einer Festsetzung durch Verwaltungsakt vorbehalten sind. Dies ist etwa für die Erstattung von Fehlbeständen nach §§ 1 Abs. 1, 5 Abs. 1 ErstG[41] oder von erbrachten Leistungen nach Rücknahme oder sonstigem Wegfall des diesen zugrunde liegenden Verwaltungsakts (vgl. § 50 Abs. 3 SGB X;[42] § 49a Abs. 1 Satz 2 VwVfG) anzunehmen. 22

Fehlt es an einem solchen Zwang, so ist zunächst zu klären, ob der Behörde *materiell-rechtlich* die Möglichkeit zur Geltendmachung des Anspruchs durch Verwaltungsakt eröffnet ist; hierfür genügt nach herrschender Ansicht das 23

---

[37] Vgl. BayVGH, VGHE n. F. 19,23.
[38] Vgl. Bosch/Schmidt, § 31 I 1; Schenke, Rdnr. 353.
[39] Ebenso Bleckmann, DVBl 1986,666; Huber, Konkurrenzschutz im Verwaltungsrecht, 1991, S. 106 f.; vgl. demgegenüber Hartmut Bauer, DVBl 1986,208.
[40] Vgl. Redeker/v. Oertzen, § 42 Rdnr. 154.
[41] Vgl. BVerwGE 5,220 (227); 38,1 (2); demgegenüber BVerwGE 25,280.
[42] Vgl. dazu BSG, NJW 1987,1846.

Bestehen einer besonderen Über/Unterordnungsbeziehung, wie sie mit einem Beamten-,[43] Soldaten-[44] oder Subventionsverhältnis[45] – auch gegenüber Drittbegünstigten (z. B. Erben)[46] – gegeben ist.[47] In diesem Fall hat die Behörde an sich eine Wahlmöglichkeit, doch ist für eine gerichtliche Klage in der Regel das Rechtsschutzbedürfnis nach allgemeinen Grundsätzen (vgl. oben § 13 Rdnr. 9) zu verneinen. Dies gilt folgerichtig nicht für streitige Ansprüche, bei denen auch dann mit einer gerichtlichen Auseinandersetzung zu rechnen ist, wenn zuvor eine Festsetzung durch Leistungsbescheid erfolgte.[48] Demgegenüber wird in der Literatur überwiegend, letztlich auf dem Hintergrund der materiell-rechtlich bestehenden Über-/Unterordnung, generell zunächst eine Ausschöpfung der eigenständigen Regelungsmöglichkeiten durch die Behörde verlangt.[49]

## III. Die Unterlassungsklage

24 Eine geschuldete Leistung kann – nur scheinbar paradox – auch in einem Nichthandeln, einer Unterlassung, bestehen. Demgemäß ist die Unterlassungsklage als Form der allgemeinen Leistungsklage durchweg anerkannt.[50] Sie kann gerichtet sein zum Beispiel auf die Unterlassung rufschädigender Äußerungen,[51] wertender Stellungnahmen über bestimmte Produkte,[52] hoheitlicher Beeinträchtigungen durch Lärm oder (sonstige) Grundstücksimmissionen[53] usw., aber auch auf die Unterlassung eines Verwaltungsakts. Materiell-rechtlich liegt ein in der Regel grundrechtlich fundierter Abwehranspruch zugrunde. Er richtet sich, ähnlich dem Folgenbeseitigungsanspruch (vgl. oben § 15 Rdnr. 36), gegen das Andauern einer Rechtsverletzung, hat aber, im Unterschied zu diesem, nicht erst die Korrektur des in ihrer Konsequenz eingetretenen Zustandes, sondern schon dessen Verhinderung durch Unterbindung hierauf gerichteten Handelns zum Ziel. Insoweit ähnelt also die Unterlassungsklage funktional der Anfechtungsklage.[54]

25 Immer muß es sich um eine bereits vorliegende Beeinträchtigung handeln, die (grundsätzlich im Zeitpunkt der gerichtlichen Entscheidung, s. dazu unten § 34

---

[43] BVerwGE 19,243; 40,237; einschränkend aber BVerwGE 24,225.
[44] BVerwGE 18,283; 42,233.
[45] BVerwG, NJW 1969,809.
[46] Vgl. BVerwGE 37,314.
[47] Vgl. dazu ferner BVerwGE 29,310 (312); 59,13 (19).
[48] Vgl. BVerwGE 24,225 (227); 80,164 (165).
[49] Vgl. Kopp/Schenke, Vorbem. § 40 Rdnr. 50; Redeker/v. Oertzen, § 42 Rdnr. 77; Schmitt Glaeser, Rdnr. 120.
[50] Vgl. BVerwGE 68,62; 79,254; OVG Bremen, NJW 1995,1769; Redeker/v. Oertzen, § 42 Rdnr. 162.
[51] Vgl. BVerwGE 82,76.
[52] BVerwGE 58,167; vgl. auch BVerwGE 71,183.
[53] Vgl. BVerwGE 79,254; 81,197.
[54] Hufen, § 16 Rdnr. 1 ff.; vgl. auch schon Lorenz, S. 279.

Rdnr. 61) entweder *aktuell* oder in dem Sinne *potentiell andauert*, daß mit ihrer Fortführung beziehungsweise Wiederholung gerechnet werden muß; die Grenzen zur vorbeugenden Unterlassungsklage (s. dazu sogleich sowie unten § 24 Rdnr. 19) werden dadurch fließend. Diese bereits erfolgte und andauernde Verletzung des geschützten Rechtsstatus ist für den Abwehranspruch konstitutiv. Sie bildet eine *materiell-rechtliche Anspruchsvoraussetzung*, begründet also nicht etwa nur prozessual das Rechtsschutzbedürfnis für die Geltendmachung eines gleichsam ständigen, latenten Anspruchs auf Störungsfreiheit.[55]

Dies gilt auch, wenn die Verletzung nicht bereits eingetreten ist, sondern erst **26**
bevorsteht, also aufgrund bestimmter Umstände "droht". Materiell-rechtlich ist davon auszugehen, daß ein Abwehranspruch nicht nur gegenüber *Verletzungen* von (insbesondere grundrechtlich geschützten) Rechtsgütern, sondern auch bei deren verletzungsgleicher *Gefährdung* gegeben ist.[56] In diesen Fällen, die nach dem geltenden Rechtsschutzsystem freilich nur ausnahmsweise auftreten, ist effektiver Rechtsschutz durch die *vorbeugende Unterlassungsklage* zu gewähren.

## Literatur


*Erichsen*, Die allgemeine Leistungsklage, Jura 1992,384.
*Frotscher*, Rechtsschutz gegen "Nicht-Verwaltungsakte", Jura 1980,1.
*Holland*, Die Leistungsklage im Verwaltungsprozeß, DÖV 1965,410.
*Steiner*, Die allgemeine Leistungsklage im Verwaltungsprozeß, JuS 1984,853.
*Vehse*, Der Klagegegenstand der anderen Leistungsklage im Verwaltungsprozeß, jur. Diss. Marburg, 1975.


[55] Vgl. dazu W. Schenke, AöR 95 (1970), S. 230 ff.; vgl. auch Rosenberg/Schwab/Gottwald, § 92 I 2.

[56] So für Art. 2 Abs. 2 GG BVerfGE 66,39 (58); dazu näher Lorenz, in: HdBStR, Bd. VI, § 128 Rdnr. 30 ff.; vgl. auch Schenke, AöR 95 (1970), S. 233.

# § 24. Vorbeugende Klagen

## I. Die grundsätzliche Problematik

### 1. Begriffliche Abgrenzung

Vorbeugende Klagen richten sich nicht gegen eine bereits erfolgte Rechtsbeein- 1
trächtigung, sondern suchen deren künftigen Eintritt zu verhindern. Für die begriffliche Abgrenzung kommt es allein auf diese Zielsetzung, nicht dagegen auf den Anlaß einer vorausgehenden Rechtsverletzung an,[1] allerdings auch nicht auf eine mit dem Rechtsschutz gegen diese mittelbar in der Regel verbundene Funktion eines Schutzes auch vor künftigen Verletzungen. Obwohl sie zugleich diesen entgegenwirken sollen, sind deshalb keine vorbeugenden Klagen etwa die Fortsetzungsfeststellungsklage (Wiederholungsgefahr hinsichtlich des bereits erlassenen, streitgegenständlichen Verwaltungsakts; vgl. oben § 22 Rdnr. 42 ff.) und die auf die Beendigung einer bereits andauernden Rechtsverletzung gerichtete ("einfache") Unterlassungsklage (s. oben § 23 Rdnr. 24 ff.), ebensowenig die Anfechtungsklage, deren faktisch präventive Wirkung sich aus der Vorverlagerung der Rechtsverletzung auf die normative Ebene behördlicher Anordnung ergibt (s. dazu sogleich). Nicht zu den vorbeugenden Klagen werden hier ferner Begehren gerechnet, die lediglich *aus Anlaß* drohender Rechtsverletzungen auf die Feststellung eines zukunftsgerichteten, aber bereits gegenwärtig bestehenden Rechtsverhältnisses (vgl. oben § 22 Rdnr. 11) gerichtet sind, wie Staatsangehörigkeit, Wahlberechtigung oder eine umfassende (z. B. berufsrechtliche) Pflichtenstellung.[2]

### 2. Repressiver und präventiver Rechtsschutz

Vorbeugende Klagen in diesem Verständnis fügen sich nicht ohne weiteres in die 2
durch Art. 19 Abs. 4 GG vorgezeichnete Systematik des Verwaltungsrechtsschutzes ein. Dieser setzt voraus, daß jemand, sei es durch hoheitlichen Eingriff oder Verweigerung einer beanspruchten Leistung, in seinen Rechten *verletzt wurde* und gewährt hiergegen Normalrechtsschutz durch nachträgliches (*repressives*) richterliches Tätigwerden. Dieses genügt grundsätzlich dem Gebot

---

[1] BVerwGE 40,323 (326); vgl. ferner Ule, VerwArch 65 (1974), S. 294; H. Dreier, JA 1987,417.
[2] Anders H. Dreier, JA 1987,425 f.

Schenke, JZ 96, 1055, 1103, Schulz, NVwZ 01, 289

*effektiven Rechtsschutzes* (vgl. oben § 3 Rdnr. 20 ff.), weil es in der Regel, insbesondere durch die gerichtliche Kontrolle eingreifender Verwaltungsakte vor deren Verwirklichung,[3] den Eintritt einer tatsächlichen, real fühlbaren Rechtseinbuße verhindert. Gleichwohl gibt es Fälle, in denen mit dem behördlichen Verhalten unmittelbar eine reale Rechtsverletzung einhergeht, die durch erst nachträglich einsetzenden Rechtsschutz nicht mehr behoben werden kann und der gegenüber der Verletzte entweder schutzlos bliebe[4] oder auf bloße Ausgleichs- und Ersatzansprüche des *Sekundärrechtsschutzes* verwiesen würde.[5] Hier bedarf es zur Wahrung der Integrität des bedrohten subjektiven Rechts vorbeugenden (*präventiven*) *Rechtsschutzes.* Dieser entspricht verfassungsrechtlichen Erfordernissen und ist demgemäß seit langem als zulässig anerkannt.[6]

3 Einwände aus dem Gewaltenteilungsprinzip sind bis heute nicht verstummt,[7] können aber nicht durchgreifen.[8] Denn diesem steht mit der Rechtsschutzgarantie (Art. 19 Abs. 4 GG) ebenfalls ein Verfassungsprinzip gegenüber, das die konkrete Ausgestaltung des Verhältnisses der Gewalten zueinander gerade durch die Kontrolltätigkeit und die mit dieser zwangsläufig verbundene Bestimmungsmacht der Judikative kennzeichnet. Solche richterliche Kompetenz als unbestritten vorausgesetzt, begründet es aber keinen, eine partielle Aufgabe des Rechtsschutzprinzips rechtfertigenden Unterschied, wenn der Richter zur Realisierung des andernfalls untergehenden, *materiell-rechtlichen Unterlassungsanspruchs* künftiges *rechtswidriges* Verwaltungshandeln blockiert, statt dieses nur nachträglich (und deshalb faktisch wirkungslos) zu beanstanden. Damit kommt auch der Rechtsnatur des Handelns – insbesondere als Verwaltungsakt (s. dazu unten Rdnr. 13 f.) – keine entscheidende Bedeutung zu.

## II. Die Gewährung vorbeugenden Rechtsschutzes

### 1. Allgemeine Anforderungen

4 Angesichts des Ausnahmecharakters des vorbeugenden Rechtsschutzes erfordert dessen Inanspruchnahme das Vorhandensein "*qualifizierter Rechtsschutzvoraussetzungen*".[9]

---

[3] Vgl. dazu näher Lorenz, S. 136 ff.; dens., in: Menger-FS, S. 157; Maetzel, DVBl 1974,339.
[4] Vgl. etwa BVerwGE 51,69; VGH BW, DVBl 1980,60.
[5] Vgl. zu dessen lediglich nachrangiger Bedeutung etwa BVerfGE 58,300 (322); BVerwGE 94,1 (16); Ossenbühl, Staatshaftungsrecht, 5. Aufl. 1998, S. 60.
[6] Vgl. BVerwGE 40,323 (326); 77,207 (211); W. Schenke, AöR 95 (1970), S. 225; Ule, VerwArch 65 (1974), S. 291; Redeker/v. Oertzen, § 42 Rdnr. 162; § 43 Rdnr. 9; Bosch/Schmidt, § 29 I 1; § 31 III 2.
[7] Vgl. Schmitt Glaeser, Rdnr. 313.
[8] Vgl. dazu Schenke, AöR 95 (1970), S. 228; H. Dreier, JA 1987,419 f. m. w. Nachw.
[9] BVerwGE 77,207 (212).

### a) Gefährdung konkreter Rechtsstellung

Dies bezieht sich einmal auf das Bestehen einer gefährdeten Rechtsstellung. In dieser Hinsicht erlangt gerade beim vorbeugenden, auf künftige Verhältnisse ausgerichteten Rechtsschutz die dem gerichtlichen Verfahren allgemein eigene Rechtsschutzfunktion besondere Bedeutung. Danach hat das Gericht nicht abstrakte Rechtsfragen, sondern allein über konkrete und bereits hinreichend verfestigte Rechtsbeziehungen beziehungsweise Rechtsstellungen zu entscheiden. In bezug auf diese muß aufgrund einer bereits absehbaren Entwicklung deutlich genug ein beeinträchtigendes staatliches Handeln erkennbar sein. **5**

*Vorbeugender Schutz* greift unter diesem Aspekt nicht Platz, wenn zum Beispiel lediglich die Reichweite, selbst strafbewehrter gesetzlicher Pflichten geklärt werden soll,[10] kommt dagegen zum Zuge, wenn aufgrund konkreter Umstände, insbesondere bisherigen behördlichen Verhaltens, mit (weiteren) Rechtsverletzungen ernsthaft gerechnet werden muß, zum Beispiel durch Fortführung und vorgezogene Umsetzung einer gemeindlichen Bauleitplanung,[11] die (auch) künftige Weigerung einer Eintragung ins Wählerverzeichnis,[12] die rechtswidrige Inanspruchnahme eines politischen Mandats[13] oder die Verbreitung hierfür vorgesehenen, ehrenrührigen Informationsmaterials.[14] **6**

### b) Spezielles Rechtsschutzbedürfnis

Sind diese schon allgemein zu beachtenden Voraussetzungen, denen bei vorbeugenden Klagen nur besondere Sorgfalt zu widmen ist, gegeben, so bedürfen diese zusätzlich eines speziellen Rechtsschutzbedürfnisses. Hieran fehlt es, wenn dem Betroffenen ein Abwarten der befürchteten Verwaltungsmaßnahmen angesonnen werden kann, weil er auch durch die zumutbare Inanspruchnahme nachträglichen Rechtsschutzes einen "als ausreichend anzusehenden", das heißt effektiven Schutz des gefährdeten Rechts erlangen kann.[15] **7**

Nachträglicher Rechtsschutz ist danach nicht ausreichend, wenn er die durch die angegriffene Maßnahme bewirkte Rechtsverletzung nicht mehr als solche korrigieren *kann*, insbesondere, weil *vollendete Tatsachen* geschaffen werden.[16] Dies trifft in der Regel bei rechtsverletzenden *Realakten* zu,[17] kann aber auch bei Verwaltungsakten (vorbehaltlich der insoweit bestehenden Grundsatzproblematik, **8**

---

[10] Vgl. BVerwGE 77,207 (213).
[11] BVerwGE 40,323 (326).
[12] BVerwGE 51,69.
[13] Vgl. BVerwGE 34,69; 64,115; 64,298.
[14] BVerwGE 71,183.
[15] Vgl. in diesem Sinn BVerwGE 26,23 (24); 40,323 (326); 51,69 (74); 54,211 (216); 71,183 (189); 77,207 (212).
[16] Vgl. BVerfGE 35,263 (272 f.); 51,268 (284), 79,69 (74 f.); BVerwG, DVBl 1971,746.
[17] Vgl. BVerwGE 34, 69 (73).

vgl. unten Rdnr. 13 f.) gegeben sein, die sich ohne reale Anfechtungsmöglichkeit eines *Drittbetroffenen* realisieren, zum Beispiel wiederholten Verkürzungen der Sperrzeit[18] oder der Erteilung von Lautsprechergenehmigungen,[19] von denen der Nachbar erst durch Gebrauchmachen seitens des Begünstigten erfährt. Allerdings kommt hier die Möglichkeit einer Fortsetzungsfeststellungsklage entsprechend § 113 Abs. 1 Satz 4 (vgl. oben § 22 Rdnr. 54 ff.) als vorzugswürdige Alternative in Betracht.[20] Dem *Adressaten* eines eingreifenden Verwaltungsakts (z. B. eines Versammlungsverbots; eines Abgabenbescheids[21]) steht jedenfalls mit der Anfechtungsklage, erforderlichenfalls in Verbindung mit den Mitteln vorläufigen Rechtsschutzes (vgl. unten Rdnr. 12), immer ausreichender nachträglicher Rechtsschutz zur Verfügung.[22]

9 Präventiver Rechtsschutz wurde ferner – wiederum gegenüber (drittbelastenden) Verwaltungsakten – zugelassen, wenn deren nachträgliche Anfechtung zwar möglich, aber wegen der Vielzahl paralleler und unter Realisierungsdruck stehender Entscheidungen (Baugenehmigungen) impraktikabel und deshalb unzumutbar war.[23]

## 2. Formen vorbeugenden Rechtsschutzes

### *a) Vorbeugende Klagen*

10 Die vorbeugenden Klagen bilden keine eigene Klageform, sondern erscheinen als Ausprägungen der *Feststellungs-* sowie der allgemeinen Leistungsklage, diese in Form der *Unterlassungsklage*. Entsprechend ihrer Zielsetzung zukunftsorientierter Eingriffsabwehr (s. oben Rdnr. 1) liegt den Begehren nach vorbeugendem Rechtsschutz, unbeschadet ihrer unterschiedlichen prozessualen Einkleidung als Feststellungs- oder Leistungsklage, immer ein Unterlassungsanspruch[24] zugrunde. Mit der funktionalen Gleichrichtung geht prozessual die durchgängige Austauschbarkeit beider Klageformen einher,[25] deren *Zulässigkeitsvoraussetzungen*, nicht zuletzt infolge der vereinheitlichenden Wirkung des Präventivgedankens, der Sache nach insoweit übereinstimmen und nur formal der jeweiligen Klageform anzupassen sind (s. unten Rdnr. 13 ff.).

11

[18] Vgl. GemOVG Lüneburg, DÖV 1971,351.
[19] Vgl. BVerwG, DÖV 1979,720.
[20] Vgl. Schmitt Glaeser, Rdnr. 313; H. Dreier, JA 1987,423.
[21] Vgl. OVG NW, DÖV 1971,392.
[22] Vgl. auch BVerwGE 26,23.
[23] BVerwG, DVBl 1971,746.
[24] Vgl. z. B. BVerwGE 40,323 (326); VGH BW, DVBl 1980,60; Schenke, Rdnr. 503; Ule, VerwArch 65 (1970), S. 293.
[25] Langer, DÖV 1987,420; vgl. auch BVerwGE 40,323 (327 f.); Schenke, AöR 95 (1970), S. 253.

Demgegenüber sind *Anfechtungs-* und *Verpflichtungsklagen* (s. dazu unten Rdnr. 13 f.) gesetzlich abschließend als Instrumente repressiven Rechtsschutzes ausgestaltet und können deshalb nicht in präventiver Schutzrichtung eingesetzt werden. Eine *positive allgemeine Leistungsklage* erscheint denkmöglich (vgl. auch § 259 ZPO). Sie ist allerdings, soweit ersichtlich, bislang nirgends thematisiert worden und kommt allenfalls ausnahmsweise in Betracht, wenn sich die Nichterbringung der Leistung der Sache nach als Eingriff darstellt, zum Beispiel als Verletzung des Wahlrechts durch Nichteintragung in das Wählerverzeichnis.[26]

#### *b) Sonstige Erscheinungsformen*

Wie bereits im Zusammenhang mit der Begriffsfassung deutlich wurde, stellt die 12
Verwaltungsgerichtsordnung, ungeachtet ihrer grundsätzlich repressiven Schutzrichtung, in Erfüllung des Verfassungsauftrags zu effektivem Rechtsschutz eine Reihe präventiv wirkender Instrumente zur Verfügung. Neben einzelnen Klagearten mit bloß mittelbarem Präventionseffekt (s. oben Rdnr. 1) ist hier insbesondere der *vorläufige Rechtsschutz* hervorzuheben. Er hindert den Eintritt realer Rechtsverletzungen bis zum Abschluß des Hauptsacheverfahrens (s. unten § 27 Rdnr. 1 ff.) und erscheint so als verfassungsnotwendige, präventive[27] Ergänzung des gesetzlichen Systems nachträglichen Rechtsschutzes. Soweit seine eingeschränkte Präventionswirkung effektiven Rechtsschutz vermittelt, läßt sie die ("qualifizierte") Notwendigkeit vorbeugenden Vollrechtsschutzes entfallen.[28]

## III. Die vorbeugenden Klagen im engeren Sinne

### 1. Übergreifende Probleme

Angesichts der funktionalen und prozessualen Gleichrichtung der vorbeugenden Klagen im engeren Sinn können die übergreifenden Probleme gemeinsam behandelt werden.

#### *a) Unterlassung von Verwaltungsakten*

Vorbeugende Klagen gegen künftige Verwaltungsakte erscheinen im Hinblick auf 13
die Konkurrenz mit den speziell auf Verwaltungsakte bezogenen Anfechtungs- und Verpflichtungsklagen als nicht zweifelsfrei statthaft. Sie sind ferner über eine gerichtliche Kontrolle getroffener Verwaltungsentscheidungen hinaus schon auf deren Unterbindung gerichtet und bringen damit einen weitgehenden judikativen

---

[26] BVerwGE 51,69 im Rahmen einer Feststellungsklage.

[27] Vgl. zu diesem Charakter etwa Bettermann, in: Zehn Jahre Verwaltungsgerichtsordnung, 1970, S. 185; Maetzel, DVBl 1974,338.

[28] Vgl. Eyermann/Rennert, Vorbem. § 40 Rdnr. 25; Maetzel, DVBl 1974,338; H. Dreier, JA 1987,423.

Eingriff in den Funktionsbereich der Exekutive mit sich.[29] Richtig hieran ist, daß für den Rechtsschutz gegen Verwaltungsakte im Normalfall die repressiven Klageformen des § 42 Abs. 1 bereitstehen, so daß in der Regel das spezielle Bedürfnis für einen vorbeugenden Rechtsschutz fehlen wird. Ist es dagegen dem einzelnen ausnahmsweise nicht zuzumuten, den Erlaß des Verwaltungsakts abzuwarten, weil die mit diesem eintretende Rechtsverletzung irreparabel bleibt, so kann der durch Art. 19 Abs. 4 GG garantierte Rechtsschutz, der nicht von der Form des verletzenden Akts abhängt,[30] nur durch vorbeugenden Richterspruch gewährt werden. In Abwägung mit der Rechtsschutzgarantie hat das nur als allgemeines Verfassungspostulat festgelegte und nach Maßgabe seiner gesetzlichen Ausgestaltung zu beachtende Prinzip der Gewaltenteilung die für jene Gewährleistung unerläßlichen Einschränkungen hinzunehmen.

**14** Zu Recht erkennt deshalb die ganz überwiegende Meinung nicht nur *Ansprüche* auf Unterlassung von Verwaltungsakten, sondern auch ihre *Geltendmachung* durch Feststellungs-, aber auch durch Unterlassungsklage, an.[31] Diese letztere kann auch nicht etwa als (gesetzlich nicht vorgesehene) negative Verpflichtungsklage[32] verstanden werden; die dieser vorbehaltene Verurteilung zum *Erlaß eines Verwaltungsakts* (vgl. auch oben § 23 Rdnr. 7) kann gerade nicht dessen Unterlassung (sondern könnte allenfalls mit dessen *Ablehnung*) gleichgesetzt werden.

### *b) Unterlassung von Normen*

**15** Eine Verletzung von Individualrechten ist auch durch (untergesetzliche) Normen möglich. Der damit auch diesen gegenüber notwendigerweise zu eröffnende Rechtsschutz wird jedoch umfassend durch die Möglichkeiten einer *repressiven Normenkontrolle* gewährt (vgl. unten § 26). Diese kann auf der Grundlage des § 47 Abs. 1 unmittelbar (*prinzipal*) gegen die Rechtsvorschrift selbst gerichtet werden oder, soweit von der Ermächtigung des § 47 Abs. 1 Nr. 2 landesrechtlich kein Gebrauch gemacht wurde, *inzident* anläßlich der (gegebenenfalls ihrerseits präventiven) Kontrolle eines Vollzugsakts (vgl. dazu unten § 26 Rdnr. 8 f.) erfolgen. Für vorbeugenden Rechtsschutz schon gegen den Erlaß der Norm selbst besteht deshalb, ohne daß er freilich durch § 47 prinzipiell ausgeschlossen wäre,[33] in der Regel kein Bedürfnis.[34]

---

[29] So besonders Schmitt Glaeser, Rdnr. 313.
[30] Vgl. W. Schenke, in: BGG, Stand 1982, Art. 19 Abs. 4 Rdnr. 194.
[31] Vgl. einerseits BVerwGE 26,23, andererseits BVerwG, DVBl 1971,746; ferner Schenke, AöR 95 (1970), S. 242 ff.; dens., Rdnr. 355 ff.; H. Dreier, JA 1987,421; Kopp/Schenke, § 42 Rdnr. 12; Hufen, § 16 Rdnr. 11 ff.
[32] So Schmitt Glaeser, Rdnr. 313.
[33] Vgl. BVerwGE 40,323 (325); 54,211 (214 f.); 80,355 (362); a. M. H. Dreier, JA 1987,426. Vgl. auch unten § 26 Rdnr. 32.
[34] Unentschieden BVerwGE 54,211 (216).

Hiervon zu unterscheiden ist die Gestaltung, daß nicht die Norm als solche, sondern das zu deren Erlaß führende Verfahren Rechte verletzt, zum Beispiel das Beteiligungsrecht einer (Nachbar)Gemeinde[35] oder eines anerkannten Naturschutzverbandes[36] bei der Aufstellung eines Bebauungsplans (§ 4 Abs. 1 Satz 1 BauGB). Hier kann verlangt werden, die Fortführung des Verfahrens bis zum Normerlaß und die damit einhergehenden Perpetuierung der Rechtsverletzung zu unterlassen. **16**

## 2. Die vorbeugende Feststellungsklage

Nachdem die Feststellungsklage grundsätzlich in den Dienst vorbeugenden Rechtsschutzes gestellt werden kann, ergeben sich aus dessen Einfügung in die für jene geltenden, besonderen Sachurteilsvoraussetzungen (s. oben § 22 Rdnr. 2) keine weiteren Probleme. **17**

Zu entscheiden ist über das Bestehen oder Nichtbestehen eines *künftigen Rechtsverhältnisses*, das sich bereits hinreichend konkretisiert haben muß und auch hinsichtlich einzelner, aus diesem entspringender Berechtigungen oder Verpflichtungen feststellungsfähig ist, zum Beispiel der Pflicht eines Wahlausschusses, einen (konkurrierenden) Wahlvorschlag mit irreführender Bezeichnung nicht zuzulassen.[37] Das weiterhin nach § 43 Abs. 1 schon allgemein notwendige *Feststellungsinteresse* muß auch für Begehren des vorbeugenden Rechtsschutzes vorliegen. Es nimmt die für diesen geltenden zusätzlichen Anforderungen eines speziellen (qualifizierten) Rechtsschutzbedürfnisses in dem dargelegten Sinn in sich auf. Schließlich greift die *Subsidiaritätsklausel* des § 43 Abs. 2 Satz 1 nicht ein, da der Kläger seine Rechte zwar, wie gezeigt, in aller Regel durch (vorbeugende) Leistungsklage geltend machen kann, diese aber keinen speziellen Anforderungen unterliegt und die Feststellungsklage deshalb grundsätzlich nicht verdrängt.[38] **18**

## 3. Die vorbeugende Unterlassungsklage

Deutlicher noch fügt sich die vorbeugende Unterlassungsklage in die Normalform der *negativen Leistungsklage* ein, ist diese doch von ihrer notwendig zukunftsorientierten Zielsetzung her mit jener identisch[39] und nur begrifflich durch die Anknüpfung an ein bereits ablaufendes, rechtsverletzendes Geschehen unterschieden (s. oben Rdnr. 1). Wie dort stellt sich auch hier allein das materiell-rechtliche **19**

---

[35] BVerwGE 40,323 (325).
[36] Vgl. BVerwG, DVBl 1996,46; vgl. dazu auch (unter den Verhältnissen einer Planfeststellung) BVerwGE 87,62.
[37] Vgl. VGH BW, DVBl 1980,60.
[38] Vgl. auch BVerwGE 40,323 (326); 77,207 (211).
[39] Vgl. Bosch/Schmidt, § 31 III 2; H. Dreier, JA 1987,417.

Problem des Bestehens eines Unterlassungsanspruchs[40] (s. oben § 23 Rdnr. 24 ff.). Da das Rechtsschutzbedürfnis jedoch nicht bereits durch eine eingetretene (und andauernde) Rechtsverletzung begründet wird, bedarf es prozessual eigenständiger Geltendmachung.

## Literatur

*Bettermann*, Vorbeugender Rechtsschutz in der Verwaltungsgerichtsbarkeit, in: Zehn Jahre Verwaltungsgerichtsordnung, 1970, S. 185.

*Dreier, H.*, Vorbeugender Verwaltungsrechtsschutz, JA 1987,415.

*Gusy*, Verfassungsfragen vorbeugenden Rechtsschutzes, JZ 1998,167.

*Langer, St.*, Vorbeugender Rechtsschutz gegen Planungen, DÖV 1987,418.

*Maetzel*, Bemerkungen zum vorbeugenden Rechtsschutz gegen künftige Verwaltungsakte, DVBl 1974,325.

*Naumann*, Vom vorbeugenden Rechtsschutz im Verwaltungsprozeß, in: GS für Walter Jellinek, 1955, S. 391.

*Ruckdäschel*, Vorbeugender Rechtsschutz im Verwaltungsprozeß, DÖV 1961,675.

*Schenke, W.*, Vorbeugende Unterlassungs- und Feststellungsklage im Verwaltungsprozeß, AöR 95 (1970), S. 223.

*Trzaskalik*, Die Rechtsschutzzone der Feststellungsklage im Zivil- und Verwaltungsprozeß, 1978.

*Ule*, Vorbeugender Rechtsschutz im Verwaltungsprozeß, VerwArch 65 (1974), S. 291.

[40] Vgl. auch BVerwGE 54,211 (214).

# § 25. Der verwaltungsgerichtliche Innenrechtsstreit

## I. Grundsätzliche Problematik

### 1. Kennzeichnung

Die Verwaltungsgerichtsbarkeit ist nach traditionellem Erscheinungsbild wie 1
aktueller Zielsetzung auf den subjektiven *Rechtsschutz* im *Außenverhältnis* zwischen selbständigen Rechtspersonen ausgerichtet. Nur sie sind Träger von Rechten und Pflichten, wohingegen Aufgaben und Kompetenzen, die gesetzlich einzelnen Organen, Behörden oder sonstigen Stellen einer öffentlich-rechtlichen juristischen Person zugewiesen sind, "transitorisch" für diese wahrgenommen werden, also keine eigene Rechtsstellung der jeweiligen, eingegliederten Organisationseinheit begründen.[1] Dessen ungeachtet sind Konstellationen einer rechtlichen Auseinandersetzung zwischen oder auch innerhalb von Organisationseinheiten ein und desselben Rechtsträgers denkbar, die die Rechtmäßigkeit von Funktionsabläufen bei der Wahrnehmung von Zuständigkeiten betreffen und gerichtlicher Entscheidung bedürfen.

So können zwischen einem(r) Gemeinderat(sfraktion) und dem Bürgermeister dessen Pflicht zur Zuleitung von Sitzungsunterlagen streitig sein;[2] der Senat einer Universität kann sich durch die Zulassung ministerieller Sitzungsteilnehmer seitens des Präsidenten beeinträchtigt sehen;[3] die staatliche Forstfiskalverwaltung will die rechtswidrige Eingemeindung eines bisher gemeindefreien Gebiets durch das Innenministerium nicht hinnehmen[4] oder der Jugendhilfeausschuß (vgl. § 71 Abs. 3 SGB VIII) wendet sich gegen eine unzureichende Beteiligungsregelung in der gemeindlichen Hauptsatzung.[5]

In Anknüpfung an die kennzeichnende materielle Basis dieser Gestaltungen bietet 2
sich ihre übergreifende Bezeichnung als **Innenrechtsstreitigkeiten** an.[6] Da in der

---

[1] Vgl. dazu Hoppe, Organstreitigkeiten a.a.O., S. 33, 73, 101 f., 212 ff.; dens., NJW 1980,1017; Schoch, JuS 1987,785.
[2] Vgl. VGH BW, DÖV 1990,627.
[3] Vgl. HambOVG, NVwZ-RR 1994,587.
[4] Vgl. BayVGH, BayVBl 1967,28.
[5] Vgl. OVG NW, NwVBl 1992,17.
[6] Ebenso Erichsen, in: Menger-FS, S. 219; Lerche, in: FS für Knöpfle, 1996, S. 171; Herbert,

Nishigami, VerwArch 20, 61 (68)

Praxis derartige Auseinandersetzungen ganz überwiegend zwischen (meist kommunalen; vgl. unten Rdnr. 26 ff.) Organen stattfinden, wird häufig auch – unzulässig verallgemeinernd – von *verwaltungsrechtlichen Organstreitigkeiten* gesprochen. Umgekehrt ist der früher verbreitete Begriff des *Insichprozesses*[7] für eine allgemeine Kennzeichnung zu eng, da er problemverkürzend auf die prozessuale Lage einer formellen oder materiellen Beteiligung desselben Rechtsträgers in beiden Parteirollen abstellt.

3 Für die begriffliche Qualifizierung kommt es allein auf die *rechtsformale* Einheit des Rechtsträgers der Streitbeteiligten an, nicht dagegen auf deren bloß funktionale Verbindung in der Aufgabenerfüllung. Nicht hierher gehören deshalb Streitigkeiten des Staates mit Subjekten mittelbarer Staatsverwaltung bezüglich der Erfüllung staatlich übertragener Angelegenheiten,[8] zum Beispiel über eine bau- oder verkehrsrechtliche Weisung an eine Gemeinde.[9] Ihnen liegen ebenso "normale" Außenbeziehungen zugrunde wie einem Streit zwischen dem Rechtsträger und einem Organ*walter*, der die Organfunktion als Person wahrnimmt.[10]

## 2. Die materiell-rechtliche Grundlage

4 Der Innenrechtsstreit ist als solcher durch die Verwaltungsgerichtsordnung nicht geregelt und damit prozessual weder zugelassen noch ausgeschlossen. Er bildet keine eigene Klageart (vgl. oben § 14) oder eine besondere Verfahrenskategorie,[11] sondern ist ausschließlich durch *materiell-rechtliche Vorgaben* determiniert,[12] in deren Konsequenz sich allerdings prozessuale Besonderheiten ergeben. Sie rechtfertigen die terminologische Hervorhebung des Innenrechtsstreits und sind für dessen Zulässigkeit je nach den Umständen des Einzelfalls maßgeblich.[13]

### *a) Organisationsinterne Rechtsbeziehungen*

5 Die mit der gesetzlichen Aufgabenzuweisung an bestimmte Organisationseinheiten (Organe, Behörden, Gremien usw.) eines öffentlich-rechtlichen Rechtsträgers auch im Innenverhältnis begründeten Rechtsbeziehungen[14] sind Teil eines

DÖV 1994,411.

[7] Vgl. Kisker, a.a.O., S. 11; dazu Löwer, VerwArch 68 (1977), S. 333 ff. sowie noch unten Rdnr. 32 ff.

[8] A. M. Löwer, VerwArch 68 (1977), S. 331, 345; Herbert, DÖV 1994,111.

[9] Vgl. BVerwG, NVwZ 1997,910.

[10] Vgl. BVerwGE 98,334.

[11] H. M., vgl. Kopp/Schenke, § 43 Rdnr. 10; Erichsen, in: Menger-FS, S. 213; Schoch, JuS 1987,785; vgl. demgegenüber Hoppe, NJW 1980,1020 ff.; Lerche, in: FS für Knöpfle, S. 175 ff.

[12] Erichsen, in: Menger-FS, S. 213.

[13] BVerwG, NJW 1992,927; Schoch, JuS 1987,785; vgl. auch schon Lorenz, AöR 93 (1968), S. 312.

[14] Der Rechtscharakter organisationsinterner Beziehungen ist nach Überwindung der *Impermea-*

hierarchisch strukturierten, objektiven Kompetenzgefüges, in dem für subjektive Rechtsstellungen und deren gerichtliche Durchsetzung grundsätzlich kein Raum ist. Wie die Parallele des verfassungsrechtlichen Organstreits zeigt, hat es der Gesetzgeber jedoch in der Hand, objektiv-rechtliche Kompetenzen zu subjektivieren (vgl. Art. 93 Abs. 1 Nr. 1 GG; § 64 Abs. 1 BVerfGG), *um* für (interne) Streitigkeiten über deren Wahrnehmung den Gerichtszugang zu eröffnen; hierdurch entstehen *subjektive öffentliche Rechte*, dies jedoch nur in einem formellen Sinn und jedenfalls ohne den Schutz des Art. 19 Abs. 4 GG.[15] Soweit ausdrückliche Regelungen fehlen, ist durch *Auslegung* zu ermitteln, ob eine Kompetenz materiell-rechtlich *als wehrfähige Position* zugewiesen ist, die gegen interne Beeinträchtigungen verteidigt werden kann. Dies ist in Anlehnung an die allgemeine Bestimmung des subjektiven öffentlichen Rechts (s. oben § 18 Rdnr. 16 ff.) dann anzunehmen, wenn mit der Kompetenzzuweisung an eine bestimmte Stelle zugleich ein von dieser als "Kontrastorgan"[16] wahrzunehmendes, partikulares Sachinteresse geschützt wird, das von sonstigen, auf gleicher Stufe verfolgten Interessen hinreichend deutlich abgegrenzt ist.[17]

So dient zum Beispiel die Ausgestaltung der Kompetenzen von Bürgermeister und Gemeinderat sowie von dessen Teilorganen (Fraktionen, Mitglieder usw.) nicht nur dem Ziel effektiver Gemeindetätigkeit, sondern ist Ausdruck subjektivierter Rechtsstellungen, die sich zu wechselseitigen Rechten und Pflichten verdichten. Demgegenüber sind die Zuständigkeiten verschiedener Behörden, etwa der Innen-, Sozial- oder Forstverwaltung, lediglich Ausdruck einer verwaltungsorganisatorischen Differenzierung in der Regel ohne subjektiv-rechtlichen Gehalt. 6

### b) Die Geltendmachung von Organrechten

Zu beachten ist dabei, daß Rechtsstellungen als Gegenstand eines Innenrechtsstreits nur aus Normen des *Innenrechts* hergeleitet werden können. Demgegenüber bestehen durch *Außenrecht* begründete Rechte, insbesondere Grundrechte, nur in der Rechtsbeziehung zwischen den durch diese berechtigten und verpflichteten *Rechtsträgern*, sind also für das Organ- beziehungsweise ein vergleichbares Innenverhältnis irrelevant.[18] Demgemäß ist das Verlangen eines Gemeinderatsmit- 7

*bilitätslehre* (vgl. dazu Böckenförde, Gesetz und gesetzgebende Gewalt, 1958, S. 233 ff.) heute nicht mehr im Streit; vgl. dazu Brohm, DÖV 1964,247; Böckenförde, in: FS für H. J. Wolff, 1973, S. 289; Löwer, VerwArch 68 (1977), S. 327 ff.; Krebs, Jura 1981,572; BVerwG, NVwZ 1988,1119.

[15] Vgl. Schmidt-Aßmann, in: Maunz/Dürig, Stand 1985, Art. 19 Abs. IV Rdnr. 44; Lorenz, AöR 93 (1968), S. 327; Krebs, Jura 1981,575; SächsOVG, LKV 1997,229; eingehend dass., NJW 1999,2832; a. A. BayVGH, BayVBl 1976,753.

[16] Vgl. Kisker, a.a.O., S. 17, 38 f.; ihm folgend etwa Krebs, Jura 1981,576; Herbert, DÖV 1994,110; Gern, Deutsches Kommunalrecht, 1994, Rdnr. 784.

[17] Vgl. dazu mit Unterschieden im einzelnen Krebs, Jura 1981,576; Schoch, JuS 1987,786; M. Bauer/Krause, JuS 1996,514; SächsOVG, LKV 1997,229.

[18] Vgl. VGH BW, NVwZ 1985,284; Eyermann/Rennert, § 40 Rdnr. 15 f.

glieds nach einem Rauchverbot, je nachdem, ob es sich auf den Schutz seiner Gesundheit (Art. 2 Abs. 2 Satz 1 GG) oder seiner Mitwirkung an einer ordnungsgemäßen Sitzung (vgl. z. B. §§ 32 Abs. 3, 37 Abs. 1 bwGemO) beruft, entweder im Außenverhältnis gegenüber der Gemeinde[19] oder im Wege des Innenrechtsstreits gegenüber dem Gremium oder dessen Vorsitzenden[20] geltend zu machen.[21] Untersagt dagegen der Vorsitzende in Ausübung seiner Leitungs- und Ordnungsfunktionen einem Gemeinderat in der Sitzung Meinungsäußerungen,[22] so liegt ein Innenrechtsstreit vor, der nicht unter grundrechtlichem (Meinungsfreiheit), sondern organisationsrechtlichem Aspekt (Funktionssicherung) zu beurteilen ist.[23]

**8** Subjektivierte Rechtsstellungen können schließlich nur *durch* den jeweiligen Kompetenzträger, nicht *für ihn* durch einen Dritten geltend gemacht werden. Insbesondere ist die Klage einer organisatorischen Untergliederung (z. B. Gemeinderatsfraktion) zur Wahrung von Rechten des Organs (Gemeinderat) in zumindest formeller Prozeßstandschaft, anders als nach § 64 Abs. 1 BVerfGG, unzulässig.[24]

## II. Die prozessuale Behandlung

**9** Als materiell-rechtlich begründete, begriffsnotwendig *öffentlich-rechtliche Streitigkeit*[25] nichtverfassungsrechtlicher Art (§ 40 Abs. 1) ist der Innenrechtsstreit in das verwaltungsprozessuale Rechtsschutzsystem einzufügen. Hierbei bestehen Unklarheiten vor allem hinsichtlich der angemessenen Klageart und der Beteiligtenfähigkeit sowie beim Rechtsschutzbedürfnis.

### 1. Klagearten

**10** Angesichts der systembildenden Bedeutung des Verwaltungsakts (s. oben § 14 Rdnr. 6 ff.) stellt sich primär die Alternative zwischen subordinationsrechtlicher und koordinationsrechtlicher ("Partei-")Streitigkeit.

---

[19] Vgl. VG Würzburg, BayVBl 1980,219.
[20] Vgl. OVG NW, NVwZ 1983,485; OVG RP, NVwZ-RR 1990,98.
[21] Ebenso OVG NW, NVwZ 1983,485.
[22] Vgl. BVerwG, DVBl 1988,792.
[23] Zur verfassungsrechtlichen bzw. -prozessualen Parallele der Äußerung eines Abgeordneten als Individuum (Art. 5 Abs. 1 Satz 1 GG mit Verfassungsbeschwerde, d. h. Außenrechtsverhältnis) oder Organ (Art. 38 Abs. 1 GG mit Organklage) vgl. BVerfGE 60,374.
[24] Vgl. OVG NW, NVwZ 1989,989; SächsOVG, SächsVBl 1997,120; vgl. auch HessVGH, WissR 18 (1985), S. 96.
[25] Aufgrund ihrer Bedeutung für die Konstituierung eines öffentlich-rechtlichen Rechtsträgers teilen organisationsrechtliche Beziehungen notwendigerweise dessen Rechtsnatur und unterfallen damit ohne weiteres dem Verwaltungsrechtsweg, vgl. Redeker/v. Oertzen, § 43 Rdnr. 11; Schoch, JuS 1987,785. Soweit sich interne Rechtsverhältnisse als privatrechtlich darstellen sollten, wie dies für die Gemeinderatsfraktionen behauptet wird (vgl. unten Rdnr. 27), fehlt es schon an einem Organverhältnis im hiesigen Verständnis.

### a) Subordinationsrechtliche Klagen

*aa) Anfechtungs- und Verpflichtungsklage* beziehen sich auf einen (bereits erlassenen oder begehrten) **Verwaltungsakt** und setzen deshalb notwendig ein *Subordinationsverhältnis* zwischen selbständigen Rechtsträgern (*Außenverhältnis*) voraus, § 35 Satz 1 VwVfG. Beides ist jedoch im Gleichordnungsverhältnis personinterner Kompetenzträger zueinander nicht gegeben. Darüber hinaus steht Organen eines Hoheitsträgers, anders als diesem gegenüber den seiner Gewalt unterworfenen Rechtssubjekten, insbesondere dem Bürger, nicht die durch den Verwaltungsakt ausgeübte Rechtsmacht zu, Regelungen mit *potentieller Verbindlichkeit* für andere Organe zu treffen; vielmehr sind rechtswidrige Maßnahmen ohne weiteres ungültig und erzeugen damit auch nicht den Rechtsschein eines nichtigen Verwaltungsakts.[26] Damit stehen aber Anfechtungs- und Verpflichtungsklage für den Innenrechtsstreit nicht zur Verfügung.[27] 11

*bb)* Auch eine *entsprechende Anwendung*, durch die vor allem die Gestaltungswirkung der Anfechtungsklage genützt werden soll (s. noch unten Rdnr. 19),[28] scheidet aus. Sie gesteht das Nichtvorliegen eines Verwaltungsakts zu, vernachlässigt aber dessen materielle Bedeutung, wenn sie auch sonstige Maßnahmen wie einen Verwaltungsakt der Anfechtungsklage unterwerfen will. Die dafür ins Feld geführten praktischen Erwägungen (Vorverfahren, Fristbindung) sind zumindest ambivalent. In anderem Zusammenhang wird denn auch Organisationsakten eine Verwaltungsaktqualität mit konsequenter Ablehnung der Anfechtungsklage selbst dann abgesprochen, wenn jene, wie bei einer behördeninternen Personalumsetzung, eine eigenständige Rechtsperson und insofern das Außenverhältnis betreffen.[29] 12

### b) Parteistreitverfahren

Die materiell-rechtliche Gleichordnung der Streitbeteiligten verweist für den Innenrechtsstreit auf die auch sonst im koordinationsrechtlichen Verhältnis gegebenen, wenngleich keineswegs auf diese beschränkten Formen der (allgemeinen) *Leistungs-* und der *Feststellungsklage*.[30] Beide sind im Hinblick auf die Beteiligung der öffentlichen Hand, die das Subsidiaritätserfordernis bei der Feststel- 13

---

[26] Ebenso Papier, DÖV 1980,299; Renck-Laufke, BayVBl 1982,76; Schoch, JuS 1987,789; a. M. Erichsen, in: Menger-FS, S. 231 f.; Lerche, in: FS für Knöpfle, S. 179 Fn. 31.

[27] Ganz h. M, vgl. Preusche, NVwZ 1987,856; Schoch, JuS 1987,787; Ehlers, NVwZ 1990,106; BayVGH, BayVBl 1976,753.

[28] Dafür neuerdings Lerche, in: FS für Knöpfle, S. 179 ff.; vgl. auch BayVGH, BayVBl 1976, 753; ablehnend Preusche, NVwZ 1987,856.

[29] Vgl. BVerwGE 75,138 (140) sowie oben § 17 Rdnr. 31 ff.

[30] Ganz h. M., vgl. Ehlers, NVwZ 1990,106; M. Bauer/Krause, JuS 1996,414 f.; Redeker/ v. Oertzen, § 43 Rdnr. 12.

lungsklage (§ 43 Abs. 2 Satz 1) entfallen läßt (vgl. oben § 22 Rdnr. 31), funktional gleichwertig und, je nach dem Inhalt des Klagebegehrens, alternativ einsetzbar.

14 *aa)* In der Praxis des Innenrechtsstreits steht die *Feststellungsklage* deutlich im Vordergrund.[31] Mit ihr wird das Rechtsschutzziel angemessen erfaßt, das in aller Regel mit der bloßen Klärung der zwischen den Beteiligten streitigen Rechte und Pflichten erreicht wird. Einer darüber hinausgehenden gerichtlichen Leistungsverpflichtung oder gar unmittelbaren Gestaltung bedarf es angesichts der rechtsstaatlich realen und notfalls auch aufsichtlich durchsetzbaren Erwartung der Beachtung einer gerichtlich festgestellten Rechtslage[32] nicht; hiervon darf um so mehr ausgegangen werden, als, im Unterschied zur Normalkonstellation einer Bürgerklage, die Rechtsbasis nicht erst des Handelns (nach außen), sondern schon der Existenz des Staates (in seinem Organisationsgefüge) auf dem Spiele steht.

15 Die für das Vorliegen eines *feststellungsfähigen Rechtsverhältnisses* (§ 43 Abs. 1 Satz 1) erforderliche rechtliche Beziehung zwischen den Streitbeteiligten in bezug auf einen konkreten Sachverhalt (vgl. oben § 22 Rdnr. 3) ergibt sich aus den zugrunde liegenden Normen des Innenrechts. Deren subjektiver Bezug (gerade auf die Beteiligten) muß allerdings angesichts ihrer grundsätzlich nur objektiv-rechtlichen Wirkung genau geprüft werden. Er fällt mit der Frage einer möglichen Rechtsverletzung zusammen,[33] die hier genausowenig geltend zu machen ist (§ 42 Abs. 2)[34] wie bei der allgemeinen Feststellungsklage im übrigen (vgl. oben § 18 Rdnr. 7 f.; § 22 Rdnr. 7). So besteht zum Beispiel ein Rechtsverhältnis zwischen dem Gemeinderat und seinen Mitgliedern in bezug auf deren Mitwirkungsbefugnisse, nicht dagegen hinsichtlich der objektiven Rechtmäßigkeit gefaßter Beschlüsse (vgl. unten Rdnr. 27 f.), die von der unterlegenen Minderheit nicht als solche angegriffen werden können.[35]

16 Als Rechtsverhältnisse feststellbar sind auch einzelne (Organ-)Rechte und Pflichten, auf die sich die Klage überhaupt meist beziehen wird. Sie können, soweit an der Feststellung (noch beziehungsweise bereits) ein berechtigtes Interesse besteht (s. unten Rdnr. 23), auch in der Vergangenheit oder Zukunft liegen (vgl. oben § 22 Rdnr. 11). Für eine entsprechende Anwendung der wegen ihrer Verwaltungsaktorientierung auch sachlich wenig angemessenen *Fortsetzungsfeststellungsklage* (§ 113 Abs. 1 Satz 4)[36] ist deshalb kein Bedürfnis erkennbar.

---

[31] Vgl. VGH BW, DÖV 1988,469; BayVGH, BayVBl 1993,81; HessVGH, NVwZ 1982,44; OVG NW, NwVBl 1992,17; OVG RP, NVwZ 1985,283; Kopp/Schenke, § 43 Rdnr. 10.
[32] Vgl. Ehlers, NVwZ 1990,106; BayVGH, BayVBl 1993,81, sowie schon oben § 22 Rdnr. 31; skeptisch Lerche, in: FS für Knöpfle, S. 183 Fn. 39.
[33] Ähnlich Ehlers, NVwZ 1990,111.
[34] Anders die h. M., vgl. BVerwG, NVwZ 1989,470.
[35] Vgl. BVerwG, DVBl 1981,1150.
[36] So BayVGH, BayVBl 1995,661; für entsprechende Anwendung auch Ehlers, NVwZ 1990,106.

*bb)* Alternativ bleibt die Erhebung einer *Leistungsklage* unbenommen, soweit bestimmte Verhaltenspflichten eingefordert werden.[37] Auch sie ist nur zur Verfolgung eigener (Organ)Rechte zulässig (vgl. oben § 23 Rdnr. 4 f., 15). **17**

### *c) Klagen sui generis*

Angesichts der lückenlosen Umsetzung des materiellen Rechtsschutzanliegens durch das vorhandene prozessuale Instrumentarium bedarf es nicht der rechtsschöpferischen Kreierung eigener Klagearten. So ist die ursprünglich in Anlehnung an die Feststellungsklage entwickelte Konstruktion einer "*Klage sui generis*"[38] heute aufgegeben. **18**

Darüber weit hinausgehend hat man jedoch – ein Widerspruch in sich[39] – eine *Feststellungs- beziehungsweise Leistungsklage mit kassatorischer Wirkung* erfunden,[40] um die für notwendig gehaltene *Aufhebung von Maßnahmen* zu erreichen, die – bis auf die Außenwirkung – einem Verwaltungsakt ähneln und diesem zumindest prozessual auch gleichgesetzt werden. Indes ist dieser, materiell-rechtlich, wie gezeigt, gar nicht erforderliche Gewaltakt prozessual nicht akzeptabel. In der Scheu vor einer Durchbrechung des numerus clausus der Gestaltungsklagen verfälscht man, letztlich entgegen § 88, die zugelassene Leistungs- oder gar Feststellungsklage durch die diese überschreitende, *gerichtliche Gestaltung*, die überdies konsequenterweise ebenso ausgeschlossen sein müßte wie der hierauf gerichtete Antrag. **19**

## 2. Die Beteiligtenfähigkeit

Da das Prozeßrechtsverhältnis Spiegelbild der materiell-rechtlichen Beziehung ist, wird der Rechtsstreit zwischen den berechtigten beziehungsweise verpflichteten *Organen und Stellen* als solchen, nicht etwa von dem Rechtsträger mit sich selbst (vgl. aber noch unten Rdnr. 32 ff.) oder von dem Organ mit dem Rechtsträger, geführt.[41] **20**

Organisationseinheiten einer juristischen Person sind jedoch nicht rechtsfähig und damit auch nicht als "Person" im Sinn des § 61 Nr. 1 beteiligungsfähig. Nach der Konstruktion des Innenrechtsstreits kann ihnen jedoch das in diesem geltend gemachte Recht als Organisationseinheit zustehen. Folgerichtig kommt ihnen die hierfür erforderliche prozessuale Stellung zu und sind sie als *Vereinigungen* im **21**

[37] Vgl. Schoch, JuS 1987,788; Preusche, NVwZ 1987,858.
[38] Vgl. OVG NW, OVGE 27,258 (260); DVBl 1973,646; GemOVG Lüneburg, OVGE 22,508.
[39] Kritisch auch Renck-Laufke, BayVBl 1982,75; Schoch, JuS 1987,788; Lerche, in: FS für Knöpfle, S. 182 ff.
[40] Vgl. insbesondere BayVGH, BayVBl 1976,753; GemOVG Lüneburg, DÖV 1979,170.
[41] Vgl. VGH BW, DÖV 1983,862; OVG NW, NwVBl 1992,17; Ehlers, NVwZ 1990,112; gegenteilig BayVGH, BayVBl 1995,661.

Sinn des § 61 Nr. 2 beteiligungsfähig.[42] Dies gilt, da es um die Organstellung geht, auch für monokratische Organe (Bürgermeister, Gemeindedirektor). Auch bei ihnen ist Beteiligter am Prozeß nicht der Amtswalter persönlich und richtet sich die Beteiligtenfähigkeit deshalb nicht nach § 61 Nr. 1.[43]

22 Auch in sachlicher Hinsicht treffen die Entscheidung und ihre Konsequenzen immer das Organ, nicht den oder die Amtswalter. Eine etwaige Vollstreckung ist deshalb nur gegen jenes, nicht diese(n) und auch nicht gegen den übergeordneten Rechtsträger zulässig.[44] Entsprechendes gilt für die Tragung der Prozeßkosten.[45]

### 3. Das Rechtsschutzbedürfnis

23 Aufgrund der Besonderheit intrapersonaler Rechtsbeziehungen ist der Innenrechtsstreit – auch außerhalb der diesbezüglich besonders geregelten Feststellungsklage[46] – nur zulässig, wenn hierfür positiv ein Rechtsschutzbedürfnis (zur grundsätzlich nur negativen Bedeutung vgl. oben § 13 Rdnr. 2) besteht. Allerdings wird dieses *prozessuale* Erfordernis häufig mit der materiell-rechtlichen Voraussetzung einer *wehrfähigen Position* zusammenfallen. Es greift also nicht ein, wenn schon deren Entstehung durch eine hierarchische Einbindung gehindert wird.

24 Eine einfachere Möglichkeit des Rechtsschutzes, der die Notwendigkeit seiner gerichtlichen Gewährung entbehrlich macht, besteht, wenn das klagende Organ durch *Beanstandung* des beeinträchtigenden Verhaltens (exemplarisch im Kommunalrecht für den Leiter der Gemeindeverwaltung gegenüber Entscheidungen der Beschlußgremien; s. aber noch unten Rdnr. 26 ff.) dessen Wirksamkeit zumindest vorläufig beseitigen kann.[47] Dagegen läßt die grundsätzliche Möglichkeit zumal ermessensabhängigen *aufsichtlichen Einschreitens* das Bedürfnis nach gerichtlichem (Organ-)Rechtsschutz nicht entfallen.[48]

### 4. Vorläufiger Rechtsschutz

25 In der Konsequenz der Rechtsschutzgewährung verlangt auch der Innenrechtsstreit nach Vorkehrungen zum vorläufigen Rechtsschutz. Er richtet sich nach der in der Hauptsache gegebenen Klageform (vgl. unten § 27 Rdnr. 9) und erfolgt damit im

---

42 Ebenso VGH BW, DÖV 1983,862; HessVGH, NVwZ 1986,328; Erichsen, in: Menger-FS, S. 224 f.; Schmitt Glaeser, Rdnr. 94.

43 So aber VGH BW, DÖV 1980,573; Rausch, JZ 1994,697 f.; wohl auch Dolde, in: Menger-FS, S. 427 ff.; wie hier OVG NW, NVwZ 1983,485; VGH BW, DÖV 1983,862; Schoch, JuS 1987,786 f.; vgl. auch Czybulka, in: Sodan/Ziekow, § 61 Rdnr. 38 (analoge Anwendung des § 61 Nr. 2).

44 Vgl. VGH BW, DÖV 1982,84.

45 Vgl. OVG NW, NVwZ-RR 1993,263; a. M. VGH BW, NVwZ 1985,284.

46 Vgl. dazu BVerwG, NJW 1992,927.

47 Vgl. OVG NW, DVBl 1968,392.

48 H. M., vgl. Schoch, JuS 1987,792; Kingreen, DVBl 1995,1337.

Wege der *einstweiligen Anordnung*, § 123.[49] Wie allgemein (vgl. unten § 29 Rdnr. 20 ff.) bedarf es der Glaubhaftmachung einer durch die Anordnung zu sichernden (Organ-)*Rechtsstellung* sowie deren *Gefährdung*, die den Erlaß der Anordnung, zum Beispiel bei einer vom Bürgermeister abgelehnten Aufnahme eines dringlichen Punktes in die Tagesordnung,[50] rechtfertigt.

## III. Erscheinungsformen

### 1. Der Kommunalverfassungsstreit

Die praktisch häufigste und für die Problementwicklung modellhafte Erscheinungsform des Innenrechtsstreits ist der kommunalrechtliche Organstreit oder, mit Blick auf die inmitten stehenden Fragen der kommunalen (selbstredend nicht staatlichen) Grundordnung, kurz *Kommunalverfassungsstreit*. 26

*Beteiligte* sind die kommunalen Organe und ihre Untergliederungen, soweit sie untereinander in Rechtsbeziehungen stehen und in ihrem Verhältnis zueinander mit eigenen Rechtsstellungen (wehrfähigen Positionen) ausgestattet sind. Maßgeblich ist also immer die konkrete Rechtsbeziehung in ihrer jeweiligen (landes)gesetzlichen Ausgestaltung.

Angesichts des grundsätzlichen Beanstandungsrechts des Gemeindevorstandes (Bürgermeister, Gemeindedirektor)[51] ist eine Beeinträchtigung seiner Rechtsstellung durch Beschlüsse der Gemeindevertretung zwar nicht ausgeschlossen aber in der Praxis meist nicht im Streit.[52] In der Regel geht es vielmehr um eine (behauptete) Verletzung seiner *Pflichten* gegenüber dem (Gemeinde)Rat (z. B. Entscheidungen ohne dessen Beteiligung),[53] Ratsfraktionen beziehungsweise -minderheiten (z. B. Nichtberücksichtigung eines Tagesordnungsantrags)[54] oder einzelnen Ratsmitgliedern (z. B. Verweigerung von Sitzungsunterlagen).[55] Weitere Konstellationen sind zum Beispiel bei Verletzung der Mitwirkungsrechte von Fraktionen[56] oder eines Ratsmitglieds (Rederecht;[57] Sitzungsteilnahme – Befangenheitsausschluß[58] –) durch den Gemeinderat denkbar. Auch Streitigkeiten *innerhalb einer Fraktion* (z. B. über die Berechtigung eines Ausschlusses) gehören, da öffentlich- 27

[49] Vgl. HessVGH, NVwZ 1985,604; SächsOVG, LKV 1997,229; Bracher, NwVBl 1994,409.
[50] Vgl. BayVGH, BayVBl 1996,246.
[51] Vgl. Gern, Kommunalrecht, Rdnr. 506.
[52] Vgl. OVG NW, DVBl 1968,392.
[53] Vgl. SächsOVG, SächsVBl 1997,120.
[54] Vgl. BVerwG, NVwZ 1989,470; BayVGH, BayVBl 1996,246.
[55] Vgl. VGH BW, DÖV 1988,469; SächsOVG, LKV 1997,229.
[56] Vgl. BayVGH, BayVBl 1993,81.
[57] Vgl. VGH BW, VBlBW 1994,99.
[58] BayVGH, BayVBl 1976,753.

Kingreen, DVBl 95, 1337, Sächs OVG, B 15.8.96, DVBl 97, 1287 (Antrag TO)
Thür OVG, B 30.9.99, DVBl 00, 935

rechtlicher Natur,[59] hierher. Soweit die *Bürgerschaft* selbst – ungeachtet der grundsätzlichen Problematik dieser Vorstellung[60] – Organfunktionen ausübt und dabei, zum Beispiel hinsichtlich der Bedeutung eines Bürgerentscheids, Auseinandersetzungen mit einem formierten Organ entstehen, ist ebenfalls der Weg des Innenrechtsstreits eröffnet.[61]

28 Besondere Beachtung verlangt die Reichweite der *Organrechte*. Sie erfassen nicht die allgemeine prozedurale (z. B. Sitzungsöffentlichkeit)[62] oder inhaltliche Rechtmäßigkeit der Beschlußtätigkeit als solcher.[63] Ferner erstrecken sie sich nicht auf die Organstellung Dritter (z. B. die vermeintlich unzutreffende Ablehnung eines Befangenheitsausschlusses gegenüber anderem Gemeinderatsmitglied).[64]

29 Auch die Beanstandungsbefugnis des Gemeindevorstandes ist, sofern der rechtswidrige Beschluß nicht seine Organstellung betrifft (z. B. Beschluß seiner Abberufung),[65] rein objektiv-rechtlicher Natur, kann aber, sofern das Verfahren eine aufsichtsbehördliche Entscheidung gegen die Gemeindevertretung zur Folge hat, zu einem Innenrechtsstreit zwischen dieser und dem Bürgermeister über ein klageweises Vorgehen gegen jene führen.[66]

## 2. Sonstige Organstreitigkeiten

30 Eine dem kommunalrechtlichen Bild vergleichbare Lage findet sich auch innerhalb anderer Träger *mittelbarer Staatsverwaltung*, deren Verfassung durch eine auf mehrere eigenständige Organe verteilte Aufgabenwahrnehmung gekennzeichnet ist. Solche internen Interessenkonflikte, die gerichtlich ausgetragen werden, sind prozessual in entsprechender Weise zu behandeln. Sie können im Bereich der *Universität*[67] (zwischen Senat und Rektorat/Präsident;[68] Fakultätsmitgliedern und zentraler Selbstverwaltung[69]), einer Rundfunkanstalt,[70] bei Wirtschaftskammern,[71] aber auch innerhalb eines Gerichtspräsidiums[72] entstehen.

---

[59] So OVG NW, DVBl 1993,213; HessVGH, NVwZ 1990,391; Schmidt-Jortzig/Hansen, NVwZ 1994,118; a. M. BayVGH, BayVBl 1993,81.

[60] Vgl. dazu für den insoweit parallelen Staatsbereich Lorenz, in: FS Bundesverfassungsgericht und Grundgesetz, Bd. I, 1976, S. 246 f.

[61] Vgl. VGH BW, DVBl 1975,552.

[62] Vgl. VGH BW, DVBl 1992,981.

[63] Vgl. VGH BW, VBlBW 1988,407; DVBl 1992,981.

[64] Vgl. OVG RP, NVwZ 1985,283.

[65] Vgl. Kingreen, DVBl 1995,1337.

[66] Vgl. Gern, Kommunalrecht, Rdnr. 509.

[67] Vgl. Ewald, WissR 3 (1970), S. 35 ff.; Hoffmann-Becking, DVBl 1972,299; HessVGH, WissR 18 (1985), S. 96; VGH BW, DÖV 1983,862.

[68] Vgl. HambOVG, NVwZ-RR 1994,587.

[69] Vgl. BVerwG, NVwZ 1982,243.

[70] Vgl. Bethge, DVBl 1980,309.

[71] Vgl. Stober, in: Rechtsschutz im Wirtschaftsverwaltungs- und Umweltrecht, 1993, S. 85 ff.

[72] VGH BW, DÖV 1980,573.

Keine Innenrechtsstreitigkeiten bilden auch die zahlreichen Auseinandersetzungen um die Überschreitung verbandlicher Kompetenzen auf Klage von Verbandsmitgliedern (insbesondere bei Inanspruchnahme eines "politischen Mandats"),[73] da diese sich auf der Grundlage des Art. 2 Abs. 1 GG gegen die Tätigkeit der betreffenden Körperschaft wenden, und damit auf eine Außenrechtsbeziehung stützen. 31

## 3. Der Insichprozeß

Konstruktiv in den Zusammenhang des verwaltungsgerichtlichen Innenrechtsstreits gehört auch der reine Behördenstreit, der Insichprozeß im engeren Sinn. Bei ihm stehen sich nicht ausdifferenzierte Organe zur Geltendmachung eigener (Organ)Rechte gegenüber, sondern werden gegenläufige Interessen desselben Rechtsträger als solchen, die bei verschiedenen Behörden lokalisiert sind, wahrgenommen und tritt deshalb jener selbst in *beiden Parteirollen* auf.[74] Gegenstand des Streits ist die Berechtigung einer Behörde des Rechtsträgers, gegen eben diesen ohne Beeinträchtigung seiner, durch eine andere Behörde wahrgenommenen Rechtsstellung eine Entscheidung zu treffen. Diese Berechtigung ist inhaltlich durch Gesetz, also *Außenrecht* bestimmt; das Innenrecht beantwortet jedoch die Frage nach dem Bestehen einer "*wehrfähigen Position*" der beeinträchtigten Behörde als Grundlage für den gerichtlichen Austrag dieses innerhalb der juristischen Person bestehenden Streits. 32

Insichprozesse kommen vor allem zwischen Fiskal- und Hoheitsverwaltung vor, zum Beispiel bei Inanspruchnahme staatlicher Grundstücke für die Planfeststellung,[75] ferner zwischen Fachbehörden verschiedener Ressorts, zum Beispiel beim Landkreis als Träger der Sozialhilfe und der Wohngeldverwaltung,[76] oder bei der Entscheidung über die Erteilung einer Baugenehmigung an den Träger der Baubehörde selbst.[77] 33

Auch der Insichprozeß ist nicht grundsätzlich ausgeschlossen, sondern nach Maßgabe der Erfüllung der prozessualen Anforderungen im Einzelfall zulässig.[78] Soweit allerdings eine rechtliche Beilegung des Streits innerhalb der juristischen Person durch die Entscheidung einer gemeinsamen übergeordneten Instanz 34

---

[73] Vgl. Detterbeck, Zum präventiven Rechtsschutz gegen ultra-vires-Handlungen öffentlich-rechtlicher Zwangsverbände, 1990, S. 133 ff.; Meßerschmidt, VerwArch 81 (1990), S. 55; OVG Bremen, NVwZ 1999,211.

[74] Deutlich differenzierend auch Löwer, VerwArch 68 (1977), S. 332 f.; Redeker/v. Oertzen, § 63 Rdnr. 8.

[75] Vgl. BVerwGE 31,263; ferner BayVGH, BayVBl 1966,137; BayVBl 1967,28; dazu etwa Löwer, VerwArch 68 (1977), S. 345 ff.

[76] Vgl. BVerwG, NJW 1992,927.

[77] Vgl. dazu etwa VGH BW, NVwZ 1992,591; OVG NW, NVwZ 1992,186.

[78] BVerwGE 45,207 (209 f.); BVerwG, NJW 1992,927; SächsOVG, NJW 1999,2832.

BVerwG, Urt.v. 6.11.91, DÖV 92, 265 = NJW 92, 927, BVerwG, U 28.3.96, DÖV 96, 819 (OB - Amt), BVerwG, DVBl 68, 432 (Bundesb.-Verbindung NSM)

möglich ist, wird das Rechtsschutzbedürfnis für eine gerichtliche Klärung in der Regel zu verneinen sein.[79]

## Literatur

*Bauer, M./Krause*, Innerorganisatorische Streitigkeiten im Verwaltungsprozeß, JuS 1996,411; 512.
*Bethge*, Grundfragen innerorganisationsrechtlichen Rechtsschutzes, DVBl 1980,309.
*Bleutge*, Der Kommunalverfassungsstreit, 1970.
*Buchwald*, Der verwaltungsgerichtliche Organstreit, 1998.
*Ehlers*, Die Klagearten und besonderen Sachentscheidungsvoraussetzungen im Kommunalverfassungsstreitverfahren, NVwZ 1990,105.
*Erichsen*, Der Innenrechtsstreit, in: Menger-FS, S. 423.
*Hoppe*, Organstreitigkeiten vor den Verwaltungs- und Sozialgerichten, 1970.
*Ders.*, Die Regelung der verwaltungsrechtlichen Organstreitigkeiten – eine Aufgabe des Gesetzgebers, NJW 1980,1017.
*Kisker*, Insichprozeß und Einheit der Verwaltung, 1968.
*Krebs*, Rechtsprobleme des Kommunalverfassungsstreits, VerwArch 68 (1977), S. 189.
*Ders.*, Grundfragen des verwaltungsrechtlichen Organstreits, Jura 1981,569.
*Lerche*, Strukturfragen des verwaltungsgerichtlichen Organstreits, in: FS für Franz Knöpfle, 1996, S. 171.
*Löwer*, Der Insichprozeß in der Verwaltungsgerichtsbarkeit, VerwArch 68 (1977), S. 327.
*Lorenz*, Zur Problematik des verwaltungsgerichtlichen Insichprozesses, AöR 93 (1968), S. 308.
*Papier*, Die verwaltungsgerichtliche Organklage, DÖV 1980,292.
*Preusche*, Zu den Klagearten für kommunalverfassungsrechtliche Organstreitigkeiten, NVwZ 1987,854.
*Schoch*, Der Kommunalverfassungsstreit im System des verwaltungsgerichtlichen Rechtsschutzes – OVG Koblenz, NVwZ 1985,283, JuS 1987,783.
*Tsatsos*, Der verwaltungsrechtliche Organstreit, 1969.

[79] BVerwG, NJW 1992,927.

# 3. Abschnitt. Normenkontrolle

# § 26. Die verwaltungsgerichtliche Normenkontrolle

## I. Grundsätzliche Bedeutung

1 Die verwaltungsgerichtliche Normenkontrolle zielt nicht darauf ab, dem einzelnen gegenüber einer nur ihn treffenden Rechtsverletzung Schutz zu gewähren, sondern den Bestand einer Norm als Teil der für alle geltenden Rechtsordnung zu klären; hieran hat sich auch durch die Neufassung des § 47 Abs. 2 nichts geändert (s. dazu unten Rdnr. 48 f.). Die verwaltungsgerichtliche Normenkontrolle nimmt deshalb im Kreis der Klagearten des Verwaltungsprozeßrechts eine besondere Stellung ein.

### 1. Begriff und Arten der Normenkontrolle

2 Normenkontrolle ist die Überprüfung der Gültigkeit einer Rechtsnorm am Maßstab höherrangigen Rechts.

#### *a) Grundlagen*

3 Rechtstheoretische Grundlage ist die auf Hans Kelsen und Adolf Merkl zurückgehende Lehre vom **Stufenbau der Rechtsordnung**.[1] Danach muß jede Rechtsnorm ihre Geltung aus (der Ermächtigung) einer Rechtsnorm höherer Stufe ableiten und darf sie ferner keiner Rechtsnorm höherer Stufe widersprechen. Dieses Postulat ist gewohnheitsrechtlich anerkannt und für den wichtigsten

[1] Vgl. dazu Larenz, Methodenlehre der Rechtswissenschaft, 6. Aufl. 1991, S. 77 ff.; Achterberg, S. 91 ff., 238 f.

Bereich, das Verhältnis zwischen Exekutive und parlamentarischem Gesetzgeber, in Form des Gesetzmäßigkeitsprinzips (Art. 20 Abs. 3 GG) mit seinen Teilgehalten des Gesetzesvorbehalts (vgl. auch Art. 80 Abs. 1 Satz 2 GG) und des Gesetzesvorrangs auch positiv-rechtlich gesichert.

4 *Rechtsfolge* eines Verstoßes gegen diese Anforderungen ist – anders als beim Verwaltungsakt – grundsätzlich die **Nichtigkeit** der Norm, das heißt ihre automatisch eintretende Ungültigkeit und Unbeachtlichkeit von Anfang an.[2] Diese Konsequenz ist allerdings nicht etwa sachlogisch vorgegeben oder aus sonstigen Gründen zwingend, sondern gesetzgeberischer Bestimmung und Ausgestaltung zugänglich. Sie tritt deshalb ausnahmsweise nicht ein, wenn durch Gesetz eine bloße gerichtliche Aufhebbarkeit zugelassen oder sogar die Unbeachtlichkeit des Verstoßes kraft materiell-rechtlicher Heilungsvorschriften,[3] wie insbesondere des Baurechts (§ 214 BauGB) vorgesehen ist.[4]

### b) Arten der Normenkontrolle

5 Als formelle Konsequenz eines potentiellen, materiell-rechtlichen *Normenkonflikts* ist die Normenkontrolle im Prinzip notwendige Begleiterscheinung jeder Normanwendung. Je nach Auftreten eines solchen Konflikts und seiner Bewältigung können verschiedene, sich teilweise überschneidende Arten von Normenkontrollen[5] unterschieden werden.

(1) Die *inzidente Normenkontrolle* ist rechtslogisch Voraussetzung jeder konkreten Anwendung der Norm (sogenanntes richterliches Prüfungsrecht). Sie erfolgt rechtspraktisch freilich nicht in jedem Fall, sondern nur dann, wenn hierfür Veranlassung besteht, und wird deshalb von einem verengt verwendeten Begriff der Normenkontrolle in der Regel nicht mit umfaßt.

(2) Mit der genannten Zielrichtung ist die inzidente stets eine *konkrete Normenkontrolle*, das heißt aus Anlaß eines bestimmten, zu entscheidenden Falles durchgeführte Prüfung.

(3) Wird die Überprüfung der Norm verselbständigt und zum eigentlichen Gegenstand des Verfahrens gemacht, so liegt eine *prinzipale Normenkontrolle* vor. Diese kann wiederum aus konkretem Anlaß erfolgen, wie im Falle einer Richtervorlage gemäß Art. 100 Abs. 1 GG.

---

[2] Maurer, § 4 Rdnr. 37 ff.; Wolff/Bachof/Stober I, § 28 Rdnr. 16; vgl. dazu Pestalozza, Verfassungsprozeßrecht, 3. Aufl. 1991, § 20 Rdnr. 15 ff.; J. Ipsen, Rechtsfolgen der Verfassungswidrigkeit von Norm und Einzelakt, 1980, S. 72 ff.

[3] Sie lassen den Rechtsverstoß als irrelevant erscheinen und sind deshalb von Regelungen über dessen Geltendmachung, insbesondere unter Beachtung bestimmter Formen oder/und Fristen (vgl. besonders § 47 Abs. 2 Satz 1 VwGO, ferner etwa § 215 BauGB; § 4 Abs. 4 bwGemO und vergleichbare Landesregelungen), zu unterscheiden.

[4] Vgl. dazu Brohm, Öffentliches Baurecht, 2. Aufl. 1999, § 16 Rdnr. 8; Dürr, Baurecht, 9. Aufl. 1998, Rdnr. 70.

[5] Vgl. auch H. Maurer, in: FS für Hangartner, 1998, S. 247 ff.

(4) Um eine *abstrakte Normenkontrolle* schließlich handelt es sich dann, wenn diese allein einem objektiven Interesse an der Klärung der Gültigkeit der Norm dient, ohne Voraussetzung für deren konkrete Anwendung zu sein. Hauptbeispiel ist das Verfahren gemäß Art. 93 Abs. 1 Nr. 2 GG.

In diesem Raster stellt sich die verwaltungsgerichtliche Normenkontrolle als prin- 6
zipale und abstrakte dar; denn sie erfolgt nicht nur vorfragenweise, sondern ist Hauptgegenstand des Verfahrens und zielt, losgelöst von einer konkreten Anwendung der Norm, auf deren abstrakte Gültigkeit ab. Dies ist im Hinblick auf die Zielsetzung des Verfahrens näher zu begründen.

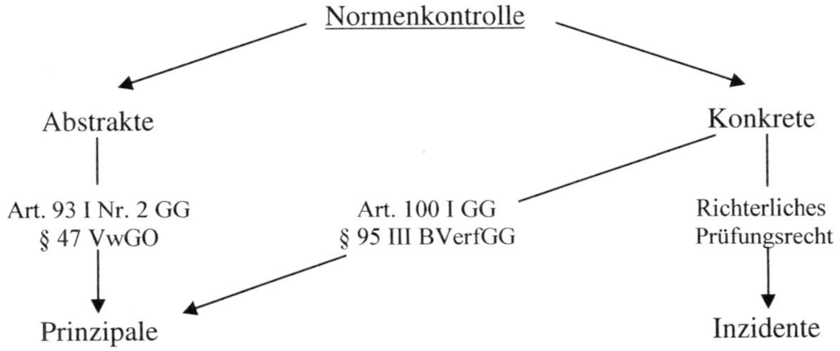


## 2. Zielsetzung

Die verwaltungsgerichtliche Normenkontrolle weist eine doppelte Zielsetzung 7
auf.[6] Sie dient primär der *objektiven Rechtskontrolle* und ist dementsprechend als sogenanntes **Beanstandungsverfahren** ausgestaltet:[7] Verfahrensgegenstand ist nicht eine konkrete, subjektive Rechtsverletzung des Antragstellers, sondern die abstrakte Gültigkeit der betreffenden Norm, deren Prüfung auch durch eine Behörde in Gang gesetzt werden kann (vgl. unten Rdnr. 56 ff.) und – im Erfolgsfalle – zu einer allgemein verbindlichen Entscheidung führt (vgl. unten Rdnr. 71 ff.). Sie dient damit der Rechtsklarheit und – durch Vermeidung weiterer, auf die Ungültigkeit der Norm gestützter Prozesse – auch der Prozeßökonomie.[8] Hieran hat sich auch durch die Verstärkung des Individualbezugs infolge der nunmehrigen Antragsvoraussetzung der Geltendmachung einer (subjektiven) Rechtsverletzung, statt, wie bisher, des Bestehens eines Nachteils (vgl. § 47

[6] BVerwGE 68,12 (14); BVerwG, NVwZ 1988,1119; Maurer, in: FS für Kern, 1968, S. 287 ff.; Schlichter, in: FS für Redeker, 1993, S. 367 f. A. A. Ziekow, in: Sodan/Ziekow, Stand 1998, § 47 Rdnr. 36 f., ferner, allerdings noch unter der alten Rechtslage, etwa Renck, BayVBl 1985,263; ders., DÖV 1996,411, die der Normenkontrolle ausschließlich eine objektive Beanstandungsfunktion zuweisen.

[7] Vgl. BVerwGE 65,131 (136); BVerwG, NVwZ-RR 1994,235; Schmitt Glaeser, Rdnr. 405.

[8] Vgl. BVerwG, NVwZ 1988,1119; Kopp/Schenke, § 47 Rdnr. 1.

BVerwG, Beschl. v. 20.8.91, DVBl 92, 37. BVerwG, Beschl. v. 17.12.92, DVBl 93, 444, BVerwG, B 19.5.94, NVwZ 95, 264 (Bauantragsteller), Dürr, NVwZ 96, 105 (B-plan)

Abs. 2 Satz 1 und dazu unten Rdnr. 47 ff.) nichts geändert.[9] Denn der Erfolg des Antrags hängt mangels einer dem § 113 Abs. 1 Satz 1 entsprechenden Regelung nach wie vor nicht davon ab, daß die Vorschrift den Antragsteller in seinen Rechten verletzt, sondern, daß sie ungültig ist.

8 Ungeachtet ihrer objektiv-rechtlichen Ausgestaltung erfüllt die verwaltungsgerichtliche Normenkontrolle ausweislich der subjektiv-rechtlichen Antragsbefugnis jedoch zugleich eine wichtige Funktion für den individuellen **Rechtsschutz** gegen untergesetzliche Rechtsnormen.[10] Dieser ist nach überwiegender Auffassung durch Art. 19 Abs. 4 GG garantiert[11] und wird mittels einer prinzipalen Normenkontrolle gemäß § 47 auch optimal verwirklicht,[12] weil auf diese Weise rechtsverletzende Normen als solche beseitigt und nicht bloß durch inzidente Außerachtlassung an ihrem Wirksamwerden in einem konkreten Einzelfall gehindert werden können.

9 Der insoweit gebotene Rechtsschutz muß allerdings nicht notwendigerweise in dieser, sondern kann auch in anderer, eine tatsächliche Verletzung effektiv ausschließender Form (vgl. grundsätzlich dazu oben § 3 Rdnr. 20 ff.) gewährt werden.[13] Hierfür kommt insbesondere eine Feststellungsklage, gerichtet auf das Bestehen oder Nichtbestehen von Rechten oder Pflichten, die sich aus der fraglichen Rechtsvorschrift im konkreten Fall für den Kläger ergeben, in Betracht, zum Beispiel (nach früherem Rechtszustand) bezüglich der (Nicht)Erteilung einer Baugenehmigung.[14] Denkbar ist auch eine Leistungsklage auf Unterlassung bestimmter Maßnahmen zum Vollzug der Norm.[15] Das für diese – durchweg vorbeugenden – Klagen erforderliche Rechtsschutzbedürfnis (vgl. oben § 24 Rdnr. 5) muß hier allerdings aus der unmittelbaren Normwirkung, die das Abwarten eines Vollzugsakts als unzumutbar erscheinen läßt, besonders begründet werden.

### 3. Die bundesstaatliche Problematik

Grundsätzliche Probleme wirft die verwaltungsgerichtliche Normenkontrolle im Verhältnis zwischen Bund und Ländern auf.

---

[9] Ebenso W. Schenke, NJW 1997,82.

[10] Vgl. BVerwGE 69,30 (33); BVerwG, NVwZ 1988,1119; Kopp/Schenke, § 47 Rdnr. 3; Maurer, in: FS für Kern, S. 289 f.; a. A. Ziekow, in: Sodan/Ziekow, § 47 Rdnr. 36 ff.

[11] BVerwGE 80,355 (361); BVerwG, NVwZ 1990,162; Schmidt-Aßmann, in: Maunz/Dürig, Stand 1985, Art. 19 Abs. IV Rdnr. 70; Lorenz, S. 162 ff.; Schenke, Rechtsschutz a.a.O., S. 28 ff.; vgl. auch BVerfGE 70,35 (55 f.); abweichend neuerdings wiederum BayVGH, BayVBl 1997,591.

[12] Vgl. Schlichter, in: FS für Redeker, S. 367 ff.

[13] Ablehnend oder zurückhaltend noch BVerwG, DÖV 1965,169; Maurer, in: FS für Kern, S. 297 ff.

[14] Vgl. BVerwG, BauR 1971,100.

[15] Vgl. Bettermann, in: FS Landesverfassungsgerichtsbarkeit, 1983, S. 498.

### a) Regelungsermächtigung

10 § 47 Abs. 1 eröffnet die Normenkontrolle unmittelbar selbst nur gegenüber bestimmten baurechtlichen Vorschriften (Nr. 1) und ermächtigt im übrigen lediglich die Länder zu ihrer Einführung (Nr. 2). Hiervon haben die meisten Bundesländer Gebrauch gemacht.[16] Die Ermächtigung gestattet jedoch nur eine Entscheidung über die – gegebenenfalls, zum Beispiel hinsichtlich des Urhebers[17] oder des Regelungsgegenstandes der Norm,[18] beschränkte – Einführung des Normenkontrollverfahrens, nicht aber dessen inhaltliche Veränderung, etwa bei der Antragsberechtigung.[19]

11 Im Hinblick auf die Zielsetzungen der verwaltungsgerichtlichen Normenkontrolle ist deren Fehlen in den übrigen Ländern und im Bund rechtspolitisch nicht unproblematisch. Gleichwohl steht der eindeutige Gesetzeswortlaut einer von landesgesetzlicher Transformation unabhängigen Anwendung des § 47[20] entgegen. Sie wird auch weder durch den Gleichheitssatz[21] noch durch Art. 19 Abs. 4 GG gefordert.[22] Soweit die Rechtsvorschrift nicht unmittelbar, sondern erst durch Hinzutreten eines Vollzugsakts zu einer Rechtsverletzung führt, ist ohnehin Rechtsschutz gegen diesen ausreichend.[23] Hat dagegen die Norm bereits selbst verletzende Wirkung, so wird dem Gebot des Art. 19 Abs. 4 GG auch durch die oben aufgezeigten, sonstigen Rechtsschutzmöglichkeiten genügt.

### b) Gerichtsbarkeit und Gesetzgebungskompetenz

12 Die Gesetzgebungskompetenz für die Normenkontrolle gemäß § 47 Abs. 1 beruht auf Art. 74 Abs. 1 Nr. 1 GG. Sie kann weder unter Berufung auf das Vorliegen von Landesverfassungsgerichtsbarkeit,[24] noch mit der Begründung bestritten werden, daß der genannte Kompetenztitel nur Rechtsschutzverfahren erfasse und ein Bedürfnis (Art. 72 Abs. 2 GG) für § 47 Abs. 1 *Nr. 2* nicht erkennbar sei.[25] Indes ist die Normenkontrolle gemäß § 47 weder, wie bereits oben herausgestellt wurde, ein bloß objektives Beanstandungsverfahren, noch stellt sie sich als

---

[16] Vgl. die Ausführungsgesetze von Baden-Württemberg (§ 4), Bayern (Art. 5), Brandenburg (§ 4), Bremen (Art. 7), Hessen (§ 11), Mecklenburg-Vorpommern (§ 13), Niedersachsen (§ 7), Rheinland-Pfalz (§ 4), Saarland (§ 18), Sachsen (§ 14), Sachsen-Anhalt (§ 10), Schleswig-Holstein (§ 5), Thüringen (§ 4).

[17] Vgl. § 4 Satz 2 rpAGVwGO (Verfassungsorgane) und dazu BVerwG, DÖV 1991,162.

[18] Vgl. Art. 5 Satz 2 bayAGVwGO und dazu Geiger, BayVBl 1995,363.

[19] Vgl. dazu Geiger, BayVBl 1995,363.

[20] So noch etwa Obermayer, DVBl 1965,632; Bartlsperger, DVBl 1967,368.

[21] Vgl. BVerwG, DÖV 1991,162; VGH BW, ESVGH 17,118.

[22] BVerfGE 31,364 (368).

[23] Vgl. Maurer, in: FS für Kern, S. 299.

[24] So Schenke, Rechtsschutz a.a.O., S. 264 ff.; ders., NJW 1978,671 ff.; ders., VerwArch 82 (1991), S. 336 ff.; Ziekow, in: Sodan/Ziekow, § 47 Rdnr. 9 f.

[25] So Renck, BayVBl 1985,263; ders., DÖV 1996,409.

Verfassungsgerichtsbarkeit dar.[26] Nach den für diese Abgrenzung bestehenden Kriterien (vgl. oben § 11 Rdnr. 38 ff.) unterliegt vielmehr auch die Kontrolle untergesetzlicher, das heißt exekutivischer Normen der Verwaltungsgerichtsbarkeit, die freilich ihre Grenze in dem Recht der Länder findet, eine Kontrolle am Maßstab der Landesverfassung oder sonstigen Landesrechts dem Landesverfassungsgericht vorzubehalten[27] – ein Erfordernis, dem § 47 Abs. 3 Rechnung trägt (s. unten Rdnr. 38 ff.).

### 4. Besondere Sachentscheidungsvoraussetzungen

13 Das Verfahren wird, entsprechend seiner Ausrichtung auf eine objektive Rechtskontrolle, nicht durch Klage, sondern einen Antrag (vgl. § 47 Abs. 1) eingeleitet, wenngleich die Ausgestaltung in Anlehnung an ein Streitverfahren (s. unten Rdnr. 46) es nahelegen mag, untechnisch von einer Normenkontroll-*Klage* zu sprechen.[28] Diese betrifft immer einen öffentlich-rechtlichen Verfahrensgegenstand nichtverfassungsrechtlicher Art im Sinne des § 40 Abs. 1 Satz 1 und ist deshalb im Verwaltungsrechtsweg grundsätzlich zulässig, dessen Eröffnung folglich hier nicht zu prüfen ist.

14 Als gesetzliche Sachentscheidungsvoraussetzungen verbleiben damit

- das Vorliegen (oder gegebenenfalls Fehlen) einer untergesetzlichen Rechtsvorschrift des Landesrechts als Verfahrensgegenstand (§ 47 Abs. 1; s. unten Rdnr. 17 ff.);
- die Eröffnung der Gerichtsbarkeit des als solchen immer zuständigen Oberverwaltungsgerichts (§ 47 Abs. 1; s. unten Rdnr. 34);
- die Antragsbefugnis der antragstellenden Person oder Behörde (§ 47 Abs. 2 Satz 1; s. unten Rdnr. 47 ff., 56 ff.);
- die Einhaltung der Antragsfrist (§ 47 Abs. 2 Satz 1);
- die passive Prozeßführungsbefugnis (§ 47 Abs. 2 Satz 2; s. unten Rdnr. 63).

15 Der Normenkontrollantrag ist innerhalb einer *Frist* von zwei Jahren nach Bekanntmachung der Rechtsvorschrift[29] zu stellen. Dabei handelt es sich um eine *Ausschlußfrist* (vgl. oben § 20 Rdnr. 2), gegen deren Versäumung Wiedereinsetzung (§ 60) nicht möglich ist. Sie wurde durch Gesetz vom 1.11.1996 mit Wirkung vom 1.1.1997 eingeführt und ist auch für vor diesem Zeitpunkt

---

[26] H. M., vgl. BVerwGE 80,355 (359); Bettermann, in: FS Landesverfassungsgerichtsbarkeit, S. 471; vgl. auch BVerfGE 70,35 (55).

[27] Vgl. auch BVerfGE 69,112 (116); BayVerfGH, BayVBl 1984,235; NJW 1984,226; Renck, BayVBl 1985,266.

[28] So Hufen, § 19 Rdnr. 6; Kopp/Schenke, § 47 Rdnr. 1.

[29] Zur dreimonatigen Antragsfrist gemäß § 13 Nr. 1 InvWohnBauLG vgl. BVerwG, LKV 1996,336.

erlassene Vorschriften zu beachten, für die sie erst mit Inkrafttreten des Gesetzes beginnt. Die zeitliche Begrenzung der prinzipalen Kontrollmöglichkeit hat allein prozessuale Bedeutung: Sie beseitigt weder die aus einer etwaigen Fehlerhaftigkeit der Norm materiell-rechtlich folgende Ungültigkeit noch deren inzidente Berücksichtigung in einem anhängigen Verfahren[30] und konterkariert damit das eigentliche Verfahrensziel einer abstrakten Normenkontrolle.[31]

Dagegen betrifft der Vorbehalt *landesverfassungsgerichtlicher Nachprüfung* (§ 47 Abs. 3) lediglich die gerichtliche Prüfungsbefugnis und damit die Begründetheit des Antrags (s. unten Rdnr. 40). 16

## II. Der Gegenstand der Normenkontrolle

### 1. Untergesetzliche Norm

Möglicher Gegenstand der verwaltungsgerichtlichen Normenkontrolle sind gemäß § 47 Abs. 1 untergesetzliche Rechtsvorschriften des Landesrechts. Sie müssen als solche bereits bestehen, dürfen also nicht *verfahrensmäßig unvollständig* (z. B. noch nicht verkündet oder im Entwurfsstadium befindlich) sein.[32] Dagegen sind zur Nichtigkeit führende *Fehler* (z. B. der Ausfertigung einer Satzung[33] oder der Verkündung der Norm[34]), die die Entstehung einer gültigen Norm hindern, in dieser Hinsicht unschädlich; ihre Ermittlung ist ja gerade Ziel des Normenkontrollverfahrens.[35] 17

Da die Nichtigerklärung grundsätzlich auf den Zeitpunkt des Erlasses zurückwirkt (vgl. unten Rdnr. 72), ist die Normenkontrolle auch in bezug auf eine bereits außer Kraft getretene Rechtsvorschrift konstruktiv möglich, gleichwohl aber mangels Rechtsschutzbedürfnisses unzulässig, soweit diese keine nachteiligen und noch behebbaren Wirkungen mehr entfaltet.[36] 18

### 2. Baurechtsnormen

Das Bedürfnis nach prinzipaler Gerichtskontrolle untergesetzlicher Normen erwies sich als besonders dringlich im Hinblick auf Bebauungspläne und vergleichbare baurechtliche Vorschriften, sind diese doch in ihrer unmittelbaren Wirkung häufig nicht von rechtsschutzfähigen Vollzugsakten abhängig[37] und 19

---

[30] VGH BW, VBlBW 1999,343.
[31] Kritisch auch Schenke, NJW 1997,83.
[32] SächsOVG, NVwZ 1998,527.
[33] Vgl. BVerwGE 92,266.
[34] VGH BW, ESVGH 21,41.
[35] Vgl. BVerwG, NVwZ 1992,1088.
[36] Vgl. BVerwGE 68,12; BVerwG, DVBl 1990,366; VGH BW, NVwZ 1984,44.
[37] Vgl. BVerfGE 70,35 (50) in Abweichung von BVerfGE 31,364 (368); Maurer, in: FS für Kern,

BVerwG, Beschl. v. 15.8.91, DVBl 92,36 (übergeleiteter Beb.-Plan), BVerwG, U 16.1.03, NVwZ 03,730 (Gesetz – Rang VO) = JZ 03,1064 m. Anm. Ossenbühl, BVerwG, U 21.1.04, DVBl 04,583 (FIS), BVerwG, U 20.11.03, DVBl 04, 629 (Regionalplan), Uhle, DVBl 04, 1272 (VO-Änderung durch Gesetz Art. 100, Kritik BVerwG U 16.1.03), Sendler, DVBl 05,423, BVerwG, B 15.6.09, NVwZ 09,1226 (Regionalplan – Vorbehaltsgeb. nicht), BVerwG, U 18.11.13, DVBl 13,979 (Satzg. Miethöhe Sozialwohnung), Berger/Arnold, NVwZ 15,385 (Naturschutzpläne) besteht hier zudem ein objektives Interesse an einer bundeseinheitlichen Regelung (vgl. Art. 72 Abs. 2 GG).[38] Um Rechtsgleichheit wenigstens in diesem Bereich zu gewährleisten, eröffnet § 47 Abs. 1 Nr. 1 in der Neufassung vom 24.8.1976 von Bundes wegen die Normenkontrolle gegenüber Satzungen, die nach den Vorschriften des Baugesetzbuchs erlassen worden sind, sowie Rechtsverordnungen aufgrund des § 246 Abs. 2 BauGB.

**20** Hierunter fallen neben den erwähnten Bebauungsplänen (§ 10 Abs. 1 BauGB) einschließlich der Vorhaben- und Erschließungspläne (§ 11 BauGB) etwa Veränderungssperren (§ 16 Abs. 1 BauGB), Fremdenverkehrs- (§ 22 Abs. 1 BauGB) und Abrundungssatzungen (§ 34 Abs. 4 BauGB), Erschließungsbeitragssatzungen (§ 132 BauGB) und Sanierungs- und Entwicklungssatzungen (§§ 142 Abs. 3; 165 Abs. 6 BauGB), nicht dagegen Flächennutzungspläne (die damit auch nicht nach § 47 Abs. 1 *Nr. 2* angegriffen werden können).[39] Der besonderen normativen Situation in Hamburg Rechnung tragend, wo Bebauungspläne zum Teil in Gesetzesform erlassen werden (vgl. § 246 Abs. 2 BauGB), hat das Bundesverfassungsgericht unter Aufgabe seiner bisherigen Rechtsprechung und in erweiterndem Gesetzesverständnis auch Bebauungsplan*gesetze* der Freien und Hansestadt Hamburg als Satzungen im Sinn des § 47 Abs. 1 Nr. 1 angesehen.[40] In Berlin werden Bebauungspläne in Form von Rechtsverordnungen erlassen (§ 4 AGBauGB).

Demgegenüber werden sonstige baurechtliche Regelungen, etwa ordnungsrechtliche (Verordnungen) oder baugestalterische Vorschriften (Satzungen) aufgrund der Landesbauordnungen, nicht von § 47 Abs. 1 Nr. 1 erfaßt;[41] anderes gilt jedoch, soweit letztere gemäß § 9 Abs. 4 BauGB als Festsetzungen in einen Bebauungsplan aufgenommen wurden.[42]

### 3. Sonstige Rechtsvorschriften

**21** Sonstiges untergesetzliches Landesrecht ist der Normenkontrolle nur zugänglich, wenn diese durch Landesgesetz eingeführt wurde, § 47 Abs. 1 Nr. 2 (s. oben Rdnr. 10). Für das Verständnis als Landesrecht kommt es auf den Urheber, nicht die Rechtsgrundlage an; Verordnungen eines Landesorgans aufgrund bundesgesetzlicher Ermächtigung sind Landesrecht.[43]

---

S. 281; Paetow, NVwZ 1985,310 f.; Dürr, Antragsbefugnis a.a.O., S. 14 f.

[38] Vgl. Renck, DÖV 1996,413.

[39] BVerwG, DVBl 1990,1352.

[40] BVerfGE 70,35 (55 f.) mit Sondervotum Steinberger (S. 59 ff.).

[41] Vgl. OVG NW, DÖV 1991,118.

[42] Vgl. OVG NW, NVwZ 1984,595; BayVGH, BayVBl 1989,210; H. Geiger, BayVBl 1995,363. Zur materiell-rechtlichen Seite vgl. BVerwG, NVwZ 1991,874.

[43] Vgl. BVerfGE 18,407; BVerwGE 54,54.

Rechtsvorschriften in diesem Sinn sind vor allem Satzungen kommunaler 22
Körperschaften (z. B. über Abgaben,[44] Abfallentsorgung,[45] Anstaltsbenutzung[46] usw.) und sonstiger Selbstverwaltungsträger (z. B. Berufsordnung einer Apothekerkammer)[47] sowie Rechtsverordnungen, vor allem Polizeiverordnungen,[48] aber auch sonstige (z. B. Ausführungs-)Verordnungen von Regierungs-[49] und anderen Verwaltungsstellen.[50] Hierzu gehören ferner rechtsetzende Vereinbarungen, nicht jedoch gewohnheitsrechtliche Rechtsbildungen.[51]

Obwohl ohne Außenwirkung im Verhältnis zum Bürger, sind Satzungen in 23
diesem Sinne auch die *Geschäftsordnungen* der Vertretungskörperschaften kommunaler (aber auch sonstiger) Selbstverwaltungsträger, da auch insoweit normative Regelungen getroffen werden und die durch § 47 Abs. 1 verfolgten Ziele individuellen (Organ-)Rechtsschutzes (vgl. dazu oben § 25 Rdnr. 4 ff.) und objektiver Rechtsklärung bedeutsam sein können.[52] Zu den Rechtsvorschriften in diesem Sinn werden schließlich auch *raumordnerische Festsetzungen gezählt*, die in Grundsätzen, Programmen, Plänen oder ähnlichem ohne die äußere Form eines Rechtssatzes getroffen werden, ihrem materiellen Gehalt nach aber gleichwohl normativen Charakter haben.[53] .

## 4. Verwaltungsvorschriften

Allgemein wird die Möglichkeit einer Normenkontrolle gegen Innenrechtssätze, 24
das heißt generelle und abstrakte Regelungen, die nur im Verhältnis zu Verwaltungsstellen, nicht aber zum Bürger, erlassen wurden,[54] zurückhaltend beurteilt.[55] Das Fehlen der Rechtsform eines Rechtssatzes ist indes nicht entscheidend; maßgeblich kommt es auf Ziel und Zweck jenes verwaltungsprozessualen Kontrollinstruments an.[56] Keine Rechtsvorschriften in diesem Sinn sind demnach jedenfalls Auslegungsrichtlinien und ermessenslenkende Regelungen.[57]

---

[44] Vgl. BVerwGE 96,272; VGH BW, VBlBW 1993,180.

[45] Vgl. BVerwGE 90,359; VGH BW, ESVGH 43,124.

[46] Vgl. VGH BW, NJW 1979,1900.

[47] Vgl. BVerwG, NVwZ 1997,178.

[48] Vgl. z. B. VGH BW, VBlBW 1992,307 (Kampfhunde).

[49] Vgl. z. B. BayVGH, DVBl 1987,958.

[50] Vgl. z. B. BVerwG, DÖV 1999,513 (Ladenschluß); NdsOVG, NuR 1992,244; VGH BW, NuR 1993,139 (Naturschutzverordnung).

[51] Ebenso Kopp/Schenke, § 47 Rdnr. 16; a. M. Redeker/v. Oertzen, § 47 Rdnr. 15; Würtenberger, Rdnr. 444; offen BVerwG, NVwZ 1988,1119.

[52] BVerwG, NVwZ 1988,1119.

[53] Vgl. dazu Kopp/Schenke, § 47 Rdnr. 19 und näher dazu Hoppe, in: FS für Redeker, 1993, S. 390 f.; Blümel, VerwArch 84 (1993), S. 123 ff.; zur Rechtsnormqualität vgl. auch BVerfGE 76,107 (114 f.).

[54] Vgl. Maurer, § 24 Rdnr. 1 ff.

[55] Vgl. Kopp/Schenke, § 47 Rdnr. 17; HessVGH, DVBl 1992,779.

[56] Vgl. auch Beckmann, DVBl 1987,611; BVerwGE 100,262 (269).

[57] Vgl. Ossenbühl, DVBl 1969,529.

**25** Soweit Verwaltungsvorschriften allerdings im Außenverhältnis unmittelbare Rechtswirkung dadurch entfalten, daß sie auf einer exekutivischen Regelungskompetenz zugleich in bezug auf die Rechtsstellung eines Rechtssubjekts beruhen,[58] handelt es sich der Sache nach um Rechtssätze, gegen die Normenkontrolle gemäß § 47 Abs. 1 Nr. 2 statthaft ist.[59] So wurden die durch ministeriellen Runderlaß (inzwischen allerdings durch Rechtsverordnung) festgesetzten Regelsätze gemäß § 22 Abs. 3 a. F. BSHG als Rechtsvorschriften im Sinne jener Bestimmung angesehen.[60] Das gleiche gilt im Hinblick auf ihre rechtliche Bedeutung für die Betroffenen zum Beispiel für Studienpläne[61] und Prüfungsordnungen,[62] unabhängig davon, ob diese rechtsstaatlich der Rechtssatzform bedürfen,[63] ferner etwa für (schul)organisatorische Regelungen.[64]

**26** Die verwaltungsgerichtliche Normenkontrolle ist – entgegen der herrschenden Meinung[65] – auch gegen sogenannte *normkonkretisierende Verwaltungsvorschriften*, wie sie vor allem im Umweltrecht begegnen,[66] zu eröffnen. Sie werden mit ausdrücklicher gesetzlicher Ermächtigung zur rechtsstaatlich notwendigen Standardisierung gesetzlich nur final umschriebener Anforderungen erlassen und sind für Verwaltung, Bürger und Gericht grundsätzlich verbindlich.[67] Ihrer Regelungswirkung nach handelt es sich also um Rechtsvorschriften, die wie formelle Rechtssätze (Verordnungen), mit denen sie auch weithin austauschbar sind,[68] einer inzidenten Prüfung unterliegen und deren Besonderheit eines dynamischen Anwendungsvorbehalts sie nicht von der Möglichkeit der verwaltungsgerichtlichen Normenkontrolle ausschließen sollte.[69] Dem steht auch nicht das restriktive Verständnis des EuGH[70] entgegen, dessen Ablehnung einer Rechtssatzqualität

---

[58] Vgl. dazu Ossenbühl, Verwaltungsvorschriften und Grundgesetz, 1968, S. 180, 510 und passim; Lorenz, S. 37 ff.; Beckmann, DVBl 1987,614; krit. Rupp, JZ 1991,1034 f.; Maurer, § 24 Rdnr. 25 ff.

[59] Vgl. VGH BW, ESVGH 25,203 (206); NVwZ 1986,855; OVG Bremen, DÖV 1991,893; Achterberg, VerwArch 72 (1981), S. 171; Beckmann, DVBl 1987,611 ff.

[60] Vgl. BVerwGE 94,335; OVG Bremen, DÖV 1991,893; vgl. auch BVerwGE 100,262 (269); anders dagegen für den – obwohl materiell verstandenen – Gesetzesbegriff des Art. 98 Satz 4 bayVerf BayVerfGH, NVwZ 1994,995.

[61] Vgl. VGH BW, NVwZ 1986,855.

[62] Vgl. Kopp/Schenke, § 47 Rdnr. 20.

[63] Vgl. dazu VGH BW, NVwZ 1986,855.

[64] Vgl. schon VGH BW, ESVGH 18,23 (29 f.); ferner ESVGH 23,90 (93).

[65] Vgl. BVerwGE 100,262 (269 f.); Kopp/Schenke, § 47 Rdnr. 17; Wahl, NVwZ 1991,417.

[66] Vgl. Kloepfer, Umweltrecht, 2. Aufl. 1998, § 3 Rdnr. 71 ff.; § 14 Rdnr. 47 ff.; Jarass, NJW 1987,1225; Hill, NVwZ 1989,401.

[67] Vgl. BVerwGE 72,300 (320) für Strahlenschutz; BVerwG, NVwZ 1988,824; NVwZ 1995,994; VGH BW, VBlBW 1996,56 zur TA Luft; Jarass, NJW 1987,1229; Gusy, DVBl 1987,497; vgl. auch BVerwG, DVBl 199,399 zu § 7a WHG.

[68] Zur "Funktionsgleichheit" als maßgebliches Kriterium bei Raumordnungsplänen usw. auch Kopp/Schenke, § 47 Rdnr. 19.

[69] Ebenso Beckmann, DVBl 1987,611; Hill, NVwZ 1989,410; vgl. demgegenüber Wahl, NVwZ 1991,417.

[70] Vgl. EuGH, NVwZ 1991,866; NVwZ 1991,868; NVwZ 1991,973; NVwZ 1992,459.

jener Vorschriften auf Gründen der subjektiven und objektiven Effektuierung des Gemeinschaftsrechts beruht,[71] die mit der Zielsetzung der verwaltungsgerichtlichen Normenkontrolle – Klärung der rechtlichen Grundlagen des Verwaltungshandelns – nichts zu tun haben.

Unzweifelhaft keine Rechtssätze sind im Gegensatz dazu DIN-Vorschriften,[72] 27
auch wenn sie als "Regeln der Technik" oder in ähnlicher Weise gesetzlich (z. B. § 18b Abs. 1 WHG) in Bezug genommen werden.[73]

## 5. Normatives Unterlassen

Eine gerichtliche Überprüfung ist auch in bezug auf ein Unterlassen des Norm- 28
gebers möglich. Dabei kann das Begehren entweder gegen eine Untätigkeit, also letztlich auf einen *Normerlaß* gerichtet sein (Rdnr. 29 ff.) oder – im Gegenteil – darin bestehen, die künftige *Unterlassung* einer zu erwartenden Norm zu erreichen (Rdnr. 32). Für beide Zielsetzungen stehen prozessuale Möglichkeiten zur Verfügung. Ohne weiteres vom Begriff der Rechtsvorschrift im Sinne des § 47 Abs. 1 erfaßt wird dagegen **negative Rechtsetzung**, die sich auf die Aufhebung einer Norm beschränkt.[74]

### *a) Normerlaßklage*

Eine Normenkontrolle kommt allerdings (schon begrifflich) nur in bezug auf eine 29
existente Norm in Betracht,[75] deren Rechtswidrigkeit sich gerade aus ihrer Unvollständigkeit (*"relatives Unterlassen"*) ergibt. Für solche *unechte Normerlaßklagen*, zum Beispiel wegen des Fehlens bestimmter Regelungen in einer landesplanerischen Norm,[76] steht das Verfahren nach § 47 zur Verfügung.[77]

Anders ist es, wenn in dem Fehlen einer Regelung für sich genommen ein 30
Rechtsverstoß gesehen wird, ohne daß dadurch die Vorschrift im übrigen tangiert wird, oder wenn eine solche überhaupt nicht vorliegt (*"absolutes Unterlassen"*). Hier wird nicht die Lücken- und infolgedessen Fehlerhaftigkeit einer Norm gerügt, sondern der Erlaß einer solchen gefordert (*echte Normerlaßklage*). Dieses Ziel kann nicht im Wege des § 47 erreicht werden, und zwar gleich, ob die Ergänzung oder der erstmalige Erlaß einer Norm angestrebt wird.[78] In der Regel wird es

---

[71] Vgl. Zuleeg, NJW 1993,31,35 f.; dens., VVDStRL 53 (1994), S. 175; krit. etwa Reinhardt, DÖV 1992,102 ff.; Jannasch, VBlBW 1996,167.

[72] Vgl. dazu BVerwGE 77,285 (290 ff.); BVerwG, DÖV 1997,303.

[73] BVerwG, DÖV 1997,303.

[74] Vgl. ShOVG, NVwZ 1998,301.

[75] BVerwG, DVBl 1990,155; BayVGH, BayVBl 1981,499; HessVGH, DVBl 1992,779.

[76] Vgl. BayVGH, BayVBl 1975,168 (Ausweisung als Unterzentrum); BayVBl 1982,726.

[77] Vgl. Kopp/Schenke, § 47 Rdnr. 10; W. Schenke, VerwArch 82 (1991), S. 352.

[78] Vgl. BVerwG, DVBl 1990,155; BayVGH, BayVBl 1981,499; NdsOVG, NVwZ-RR 1994,547; Redeker/v. Oertzen, § 47 Rdnr. 10; anders noch Obermayer, DVBl 1965,632; v. Engelhardt,

Reidt, DVBl 00, 602, Sodan, NVwZ 00, 601, Ehlers, DVBl 00, 1520, BVerwG, U 4.7.02, NVwZ 02, 1505

schon an einem materiell-rechtlichen Anspruch auf Normsetzung fehlen; zum Teil sind solche Ansprüche ausdrücklich ausgeschlossen (vgl. § 2 Abs. 3 BauGB).

31 Soweit Rechte jedoch bestehen, garantiert Art. 19 Abs. 4 GG Rechtsschutz auch für diese.[79] Er wird mittels der allgemein zur Verfügung stehenden verwaltungsprozessualen Instrumente gewährt.[80] So kann im Wege der (allgemeinen) Leistungsklage (s. oben § 23 Rdnr. 13) zum Beispiel ein Anspruch auf normative Übertragung von Aufgaben zur Abfallbeseitigung auf eine Gemeinde verfolgt,[81] durch Feststellungsklage (§ 43 Abs. 1) die Allgemeinverbindlicherklärung eines Tarifvertrags[82] oder die Ergänzung einer kommunalen Geschäftsordnung um eine Entschädigungsregelung[83] erreicht werden. Diese – untereinander weitgehend austauschbaren – Klageformen werden aus verfassungsrechtlichen wie systematischen Gründen nicht durch § 47 ausgeschlossen[84] und sind der Konstruktion einer eigenständigen Normerlaßklage praeter legem[85] vorzuziehen.

### *b) Normunterlassungsklage*

32 Ebensowenig steht § 47 der Verfolgung von Unterlassungsansprüchen in bezug auf (künftige) Normen entgegen.[86] Ausgehend von der Möglichkeit normativer Rechtsverletzung und der Notwendigkeit vorbeugenden bei Ineffektivität nachträglichen Rechtsschutzes gewährleistet Art. 19 Abs. 4 GG die Durchsetzung von Unterlassungsansprüchen grundsätzlich auch hinsichtlich (untergesetzlicher) Normen (vgl. oben § 24 Rdnr. 15). Auch hier stehen Leistungs- in Form der Unterlassungsklage und Feststellungsklage zur Verfügung, zum Beispiel auf Unterlassung einer Bauplanung durch die ein Landschaftsschutzgebiet beeinträchtigt[87] oder die städtebauliche Entwicklung der Nachbargemeinde gestört wurde.[88] Dabei ist, wie allgemein bei vorbeugenden Klagen, dem Rechtsschutzbedürfnis besondere Aufmerksamkeit zu schenken; es wird im Hinblick auf die meist ausreichenden Möglichkeiten des repressiven Normalrechtsschutzes häufig nicht gegeben sein.

---

a.a.O., S. 244.

[79] BVerwGE 80,355 (362); BVerwG, DVBl 1990,155; Würtenberger, AöR 105 (1980), S. 375 ff.; Schenke, VerwArch 82 (1991), S. 313 ff.; vgl. auch BayVGH, BayVBl 1980,209; a. M. OVG RP, NJW 1988,1684.

[80] Vgl. Schmitt Glaeser, Rdnr. 332; Sodan, in: Sodan/Ziekow, § 42 Rdnr. 49; a. M. Würtenberger, AöR 105 (1980), S. 382 ff.; grundsätzlich ablehnend Schenke, VerwArch 82 (1991), S. 347.

[81] BayVGH, BayVBl 1981,499.

[82] BVerwGE 80,355 (363).

[83] BVerwG, DVBl 1990,155.

[84] Vgl. BVerwGE 80,355 (362); a. M. OVG RP, NJW 1988,1684.

[85] So Würtenberger, AöR 105 (1980), S. 389 ff.

[86] BVerwGE 54,211 (214); 80,355 (362).

[87] BVerwGE 54,211.

[88] BVerwGE 40,323.

## III. Die Prüfungskompetenz

Die gerichtliche Prüfungskompetenz wird von formalen und materiellen Gesichtspunkten bestimmt. Eine Frage der Zulässigkeit ist die Einhaltung des Rahmens der (Verwaltungs-)Gerichtsbarkeit, wohingegen der zur Verfügung stehende Prüfungsmaßstab und der Vorbehalt verfassungsgerichtlicher Entscheidung das materiell-rechtliche Urteil über die Gültigkeit steuern und deshalb zur Begründetheit gehören. **33**

### 1. Der Rahmen der Gerichtsbarkeit

Die Kontrollkompetenz des Oberverwaltungsgerichts ist nur im Rahmen seiner Gerichtsbarkeit eröffnet, § 47 Abs. 1. Durch diese – mißverständliche – Klausel wird nicht etwa in überflüssiger Wiederholung des § 40 Abs. 1 Satz 1 der Verwaltungsrechtsweg für die prinzipale Überprüfung untergesetzlicher Normen eröffnet,[89] nachdem diese sich ja, wie gezeigt, als öffentlich-rechtliche Streitigkeit nichtverfassungsrechtlicher Art darstellt (vgl. oben Rdnr. 12). Vielmehr werden von der in jenem grundsätzlich gegebenen Entscheidungszuständigkeit Normen ausgenommen, *aus deren Anwendung* keine Streitigkeiten entstehen können, für die der Verwaltungsrechtsweg eröffnet ist.[90] Dies trifft etwa für die Bestimmung familiengerichtlicher Zuständigkeiten durch Verordnung der Landesregierung (§ 23c GVG) zu.[91] Praktisches Hauptbeispiel bilden Bußgeldvorschriften in (Polizei-)Verordnungen und Satzungen,[92] über deren Vollzug die ordentlichen Gerichte entscheiden (§ 68 Abs. 1 OWiG). Ob beziehungsweise inwieweit Regelungen in einer Verordnung materiell verwaltungsrechtlicher Natur sind oder sich in der Statuierung eines Ordnungswidrigkeitstatbestandes erschöpfen, ist durch Auslegung zu ermitteln. So werden beispielsweise Sperrbezirksverordnungen zur räumlichen Eingrenzung der Prostitution, obwohl in Ausfüllung eines gesetzlichen Blanketts (vgl. Art. 297 EGStGB i. V. m. § 120 Abs. 1 Nr. OWiG) erlassen, heute als bußgeldbewehrte Polizeiverordnungen angesehen.[93] **34**

---

[89] So aber Schenke, Rechtsschutz a.a.O., S. 261.
[90] Ständige Rechtsprechung, vgl. BVerwGE 99,88 (96 f.).
[91] Vgl. HessVGH, NJW 1977,1895.
[92] Vgl. VGH BW, ESVGH 33,268; NVwZ 1988,168; BVerwGE 99,88; VGH BW, ESVGH 43,124 (125).
[93] Vgl. BayVGH, BayVBl 1986,48; HessVGH, NVwZ-RR 1993,294; anders noch VGH BW, ESVGH 19,14 (16) – inzwischen aufgegeben.

## 2. Der Prüfungsmaßstab

### a) Nationales Recht

35 Die verwaltungsgerichtliche Normenkontrolle ist auf die nicht näher eingeschränkte Gültigkeit der zur Überprüfung gestellten Vorschrift gerichtet (vgl. demgegenüber z. B. Art. 93 Abs. 1 Nr. 2 GG) und deshalb am Maßstab des gesamten, zur Zeit der Entscheidung bestehenden höherrangigen Rechts durchzuführen. Maßgeblich sind deshalb sämtliche Normen des Bundesrechts (Grundgesetz, Bundesgesetze und -verordnungen), ferner die Landesverfassung und die Landesgesetze sowie Landesverordnungen und gegebenenfalls Satzungen, soweit die betreffende Vorschrift diesen untergeordnet ist, zum Beispiel ein Bebauungsplan gegenüber verbindlichen Regional- oder Entwicklungsplänen (vgl. § 1 Abs. 3 BauGB).

### b) Europäisches Gemeinschaftsrecht

36 Zu beachtende Maßstabsnormen liefert grundsätzlich auch das Europäische Gemeinschaftsrecht,[94] soweit dieses im innerstaatlichen Bereich unmittelbar verbindlich ist.[95] Allerdings kommt ihm im Kollisionsfall nur ein *Anwendungsvorrang* zu, ohne daß damit ein *Geltungsvorrang* im Sinne sanktionierender Ungültigkeit des entgegenstehenden nationalen Rechts verbunden wäre.[96] Infolge dieses Fehlens eines formellen hierarchischen Zusammenhangs kann das Normenkontrollverfahren damit auch nicht die Feststellung der Nichtigkeit der Vorschrift ergeben (vgl. dazu unten Rdnr. 76). Dies ändert jedoch nichts an der materiellrechtlichen Verdrängung der nationalen Vorschrift durch die europarechtliche Norm und läßt für diesen Fall, da auch insoweit die Zielsetzung des § 47 zutrifft, eine Entscheidung zu, durch die die beanstandete Rechtsvorschrift (bloß) für *unanwendbar* erklärt wird.[97] Liegt kein umfassender, sondern nur auf bestimmte Anwendungsbereiche der Vorschrift (insbesondere grenzüberschreitender Art) beschränkter Widerspruch zum Gemeinschaftsrecht vor, so ist der Entscheidungsausspruch insoweit zu beschränken.

37 Sind die Vorlagevoraussetzungen gemäß Art. 234 EGV gegeben, so ist das Oberverwaltungsgericht zu einer Vorlage der Rechtssache an den EuGH berech-

---

[94] Ebenso VGH BW, VBlBW 1992,333; Burgi, Verwaltungsprozeß und Europarecht, 1996, S. 34; Pache/Burmeister, NVwZ 1996,979; vgl. auch BVerwG, NVwZ-RR 1995,358; a. M. Rinze, NVwZ 1996,458.

[95] Vgl. dazu Schweitzer/Hummer, Europarecht, 5. Aufl. 1996, Rdnr. 355, 366.

[96] Vgl. EuGH, Slg. 1964,1251 (1269 ff.); Oppermann, Europarecht, 2. Aufl. 1999, Rdnr. 615 ff.; Schweitzer/Hummer, Europarecht, Rdnr. 849; Zuleeg, VVDStRL 53 (1994), S. 159 ff., sowie oben § 4 Rdnr. 9.

[97] Burgi, Verwaltungsprozeß, S. 35; Pache/Burmeister, NVwZ 1996,979; unklar Rengeling/Middeke/Gellermann, Rdnr. 1123.

BVerwG, U 16.12.99, DÖV 00, 505 (Art. 6 EMRK, Öff. münd. Verhandlg.) = NJ 00, 1050 m. Anm. Kadelbach

tigt, aber nicht verpflichtet, da sich die Entscheidung im Hinblick auf die Möglichkeit einer Revision (§ 132 Abs. 1) auch nach Wegfall der Nichtvorlagebeschwerde (§ 47 Abs. 7 a. F.)[98] seit 1.1.1997 nicht als letztinstanzliche darstellt.

### 3. Verfassungsgerichtliche Verfahrenskonkurrenzen

Abgesehen von speziellen Regelungen (vgl. dazu sogleich) stehen verfassungs- und verwaltungsgerichtliche Normenkontrolle grundsätzlich selbständig nebeneinander. Grenzen der – materiell-rechtlichen – Überprüfungsmöglichkeit ergeben sich jedoch aus dem Vorbehalt verfassungsgerichtlicher Nachprüfung gemäß § 47 Abs. 3 und Abs. 4. Die Durchführung einer inzidenten Normenkontrolle und die richterliche Pflicht hierzu (s. oben Rdnr. 5) bleiben hiervon selbstverständlich unberührt. 38

#### *a) Der Vorbehalt verfassungsgerichtlicher Nachprüfung*

Gemäß § 47 Abs. 3 ist die Überprüfung der Rechtsvorschrift durch das Oberverwaltungsgericht am Maßstab des Landesrechts ausgeschlossen, *soweit* (landes)gesetzlich vorgesehen ist, daß die Vorschrift *ausschließlich* durch das Landesverfassungsgericht nachprüfbar ist.

*aa) Grundsätzliche Bedeutung.* Mit dieser Vorbehaltsklausel wird dem Schutz landesstaatlicher Verfassungs(gerichts)hoheit Rechnung getragen. Diese steht der bundesgesetzlichen Einführung der verwaltungsgerichtlichen Normenkontrolle, zumal in deren nunmehrigen, stark individualschützenden Ausprägung, nicht entgegen, kann aber im Hinblick auf die verfassungsprozessuale Affinität des Verfahrens gleichwohl Berücksichtigung beanspruchen.[99] Folgerichtig bezieht sich die Kompetenz der Länder zur Statuierung eines verfassungsgerichtlichen Vorbehalts auch auf baurechtliche Vorschriften gemäß § 47 Abs. 1 Nr. 1.[100] 39

Systematisch handelt es sich um ein Merkmal der *Begründetheit*, nicht der Zulässigkeit. Denn ausweislich seines eindeutigen und gegenüber § 47 Abs. 1 unterschiedlichen Wortlauts beschränkt § 47 Abs. 3 nicht die Entscheidungsmöglichkeit, sondern die Prüfungsbefugnis des Gerichts.[101] Demgemäß ist die angegriffene Vorschrift in jedem Fall sachlich, nämlich auf ihre Vereinbarkeit mit den zur Verfügung stehenden Maßstabsnormen zu überprüfen. Dies führt selbst dann zu einem – negativen – sachlichen Ergebnis (der Unbegründetheit des 40

[98] Vgl. dazu auch Sommer, NVwZ 1996,135.
[99] Eher zurückhaltend Kopp/Schenke, § 47 Rdnr. 4.
[100] Ebenso Schmitt Glaeser, Rdnr. 438; Birk, DVBl 1978,165; a. M. Eyermann/J. Schmidt, § 47 Rdnr. 36.
[101] Ebenso Bosch/Schmidt, § 72 II 3; Schmitt Glaeser, Rdnr. 438; Schenke, Rdnr. 919 f.; a. A. Ziekow, in: Sodan/Ziekow, § 47 Rdnr. 290.

Antrags), wenn überhaupt nur eine Unvereinbarkeit in Betracht kommt, deren Nachprüfung dem Verfassungsgericht vorbehalten ist. Behält das Landesrecht die Überprüfung bestimmter Normen (z. B. Verordnungen von Regierungsstellen, vgl. § 4 Satz 2 rpAGVwGO) dem Verfassungsgericht vor, so handelt es sich in Wahrheit um eine nur beschränkte Eröffnung der Normenkontrollbefugnis gemäß § 47 Abs. 1 Nr. 2.[102]

41 *bb) Sachlicher Gehalt.* In der ursprünglichen Fassung hatte § 47 Satz 1 die Normenkontrolle nur zugelassen, "soweit nicht gesetzlich vorgesehen ist, daß die Rechtsvorschrift durch ein Verfassungsgericht nachprüfbar ist".

Dabei bestand Streit darüber, ob schon jede Möglichkeit verfassungsgerichtlicher Nachprüfung die verwaltungsgerichtliche Normenkontrolle ausschließen sollte (sog. abstrakte Betrachtungsweise),[103] oder ob dies nur dann der Fall sei, wenn jener Weg gerade dem einzelnen Antragsteller offensteht (sog. konkrete Betrachtungsweise).[104] Dieser Streit ist seit der Novellierung des § 47 durch Gesetz vom 24.8.1976 mit dem nunmehrigen Abstellen in § 47 Abs. 3 auf die landesgesetzliche Statuierung eines Vorbehalts verfassungsgerichtlicher Prüfung für die betreffende Norm jedenfalls praktisch erledigt[105] – wenngleich nicht im Sinne der gesetzgeberischen Intention, die auf eine konkrete Handhabung abzielte.[106] Unvoreingenommen wird man das Vorliegen jener ausschließlichen Prüfungsbefugnis allein nach der betreffenden verfassungsprozessualen Regelung und damit auf der Grundlage einer abstrakten Betrachtung entscheiden können.[107]

42 Es kommt nunmehr also darauf an, daß das Verfassungsgericht nicht bloß konkurrierend zur Kontrolle der betreffenden Norm berufen ist, sondern ein durch Landesgesetz eindeutig begründetes *Entscheidungsmonopol* innehat.[108] Dieses kann auf bestimmte Maßstabsnormen, zum Beispiel die Verfassung im allgemeinen oder die Grundrechte im besonderen, beschränkt sein (deutlich z. B. Art. 132 hessVerf) und läßt dann im übrigen die Entscheidungskompetenz des Oberverwaltungsgerichts unberührt.

43 Demgegenüber bestehen im Verhältnis zu bundesverfassungsgerichtlicher Überprüfung keine Beschränkungen.[109] Im Gegenteil ist für den praktisch allein relevanten Fall einer diesbezüglichen Verfahrenskonkurrenz, nämlich mit der Verfassungsbeschwerde (§ 90 BVerfGG), das Verfahren der verwaltungsgericht-

---

[102] Ebenso Bettermann, in: FS Landesverfassungsgerichtsbarkeit, S. 501.
[103] So OVG Bremen, NJW 1970,877.
[104] So die h. M., vgl. Redeker/v. Oertzen, § 47 Rdnr. 8; Kopp/Schenke, § 47 Rdnr. 80.
[105] Ebenso Bosch/Schmidt, § 75 II; vgl. demgegenüber noch Birk, DVBl 1978,165; W. Schenke, NJW 1978,676.
[106] Amtl. Begr., BT-Drucks. 7/4324, S. 9 f.; vgl. auch Achterberg, VerwArch 72 (1981), S. 167.
[107] Ebenso Kopp/Schenke, § 47 Rdnr. 80; Schmitt Glaeser, Rdnr. 438; Pestalozza, NJW 1978,1787; a. M. Redeker/v. Oertzen, § 47 Rdnr. 8; Eyermann/J. Schmidt, § 47 Rdnr. 34.
[108] Vgl. Bettermann, in: FS Landesverfassungsgerichtsbarkeit, S. 494; Birk, DVBl 1978,162; Schmitt Glaeser, Rdnr. 438; zum ganzen auch Ziekow, in: Sodan/Ziekow, § 47 Rdnr. 262 ff.
[109] Vgl. dazu Bettermann, in: FS Landesverfassungsgerichtsbarkeit, S. 475 ff.

lichen Normenkontrolle als Rechtsweg im Sinne der §§ 90 Abs. 2 Satz 1; 93 Abs. 3 BVerfGG vorrangig.[110]

### b) Die Aussetzung des Verfahrens

Soweit verfassungs- und verwaltungsgerichtliche Normenkontrollkompetenzen nebeneinander bestehen, stellt sich das weitere Problem der Bedeutung von Verfahrenskonkurrenzen, wenn gleichzeitig parallele Normenkontrollanträge gegen dieselbe Rechtsvorschrift anhängig sind. Aus Gründen der Prozeßökonomie und zur Vermeidung einander widersprechender Entscheidungen kann das Oberverwaltungsgericht gemäß § 47 Abs. 4 die Verhandlung, über § 94 (s. dazu unten § 32 Rdnr. 29 ff.) hinausgehend, bis zur Erledigung des Verfahrens vor dem Verfassungsgericht aussetzen. In Baden-Württemberg besteht eine ergänzende Konkurrenzregelung, durch die das Verhältnis zur Landesverfassungsgerichtsbarkeit prozessual austariert wird (s. sogleich). 44

### c) Landesregelungen

Die Länder haben das Verhältnis von verwaltungs- und verfassungsgerichtlicher Prinzipalkontrolle untergesetzlicher Normen (in Ausführung des § 47 Abs. 3) sowie die Behandlung konkret auftretender Verfahrenskonkurrenzen (anknüpfend an § 47 Abs. 4) nur vereinzelt geregelt. 45

In allen Ländern ist das Verfassungsgericht zur Überprüfung untergesetzlicher Rechtsvorschriften berufen,[111] in *Rheinland-Pfalz* beschränkt auf Handlungen eines Verfassungsorgans und damit insoweit zugleich erstreckt auf Verwaltungsvorschriften (Art. 130 Abs. 1 rpVerf). Prüfungsmaßstab ist die Landesverfassung, in *Hamburg* (Art. 65 Abs. 2 Nr. 2 hambVerf) auch das Landesrecht im übrigen. Dabei besteht ein die verwaltungsgerichtliche Normenkontrolle eindeutig im Sinn des § 47 Abs. 3 ausschließendes Prüfungsmonopol nur in Hessen (Art. 132 hessVerf).[112] In *Bayern* wird eine auf Landesgrundrechte beschränkte, exklusive Überprüfungszuständigkeit des Verfassungsgerichtshofs aus dessen (bloßer) Kompetenz hergeleitet, auf Popularklage hin (Gesetze und) Verordnungen für nichtig zu erklären, die ein Grundrecht verfassungswidrig einschränken (Art. 98 Satz 4 bayVerf).[113]

Eine lediglich verfahrensrechtliche Abstimmung ist in *Baden-Württemberg* vorgesehen. Danach hat der Verwaltungsgerichtshof ein bei ihm anhängiges Normen-

[110] BVerfGE 70,35 (53); 76,107 (114).
[111] Vgl. dazu Bettermann, in: FS Landesverfassungsgerichtsbarkeit, S. 479 ff., 510 ff.
[112] Vgl. dazu HessVGH, ESVGH 31,1.
[113] BayVerfGH, BayVBl 1977,462; BayVBl 1984,460; BayVGH, BayVBl 1986,48; kritisch Schmitt Glaeser, Rdnr. 439.

kontrollverfahren dem Staatsgerichtshof mitzuteilen und auf dessen Verlangen auszusetzen (§ 49 Abs. 1 bwStGHG).

## IV. Die Beteiligten

46 Ungeachtet seines objektiven Charakters ist das verwaltungsgerichtliche Normenkontrollverfahren kontradiktorisch ausgestaltet. Es wird von dem Antragsteller gegen den Rechtsträger, der die Vorschrift erlassen hat (Antragsgegner), gegebenenfalls unter Heranziehung Dritter, geführt (§ 47 Abs. 2). Hinsichtlich der Berechtigung zur Stellung des Antrags unterscheidet das Gesetz zwischen (natürlichen oder juristischen) Personen und Behörden.

### 1. Die Antragsbefugnis von Personen

47 Die Antragsberechtigung einer Person setzt voraus, daß diese geltend macht, durch die Vorschrift oder deren Anwendung in ihren Rechten verletzt zu sein oder in absehbarer Zeit verletzt zu werden.

#### *a) Bedeutung*

48 Dieses Erfordernis ersetzte mit Wirkung vom 1.1.1997 das bis dahin maßgebliche Kriterium eines erlittenen oder zu erwartenden *Nachteils*.

Mit dem Nachteilsbegriff waren erhebliche Interpretationsprobleme verbunden, die trotz intensiver Bemühungen in Rechtsprechung[114] und Wissenschaft[115] für Rechtsunsicherheit sorgten. Einigkeit bestand nur darin, daß als Nachteil nicht schon jede negative Betroffenheit in bloß wirtschaftlichen, ideellen oder sonstigen, rein tatsächlichen Interessen, sondern nur die Beeinträchtigung rechtlich geschützter Interessen anzusehen sei;[116] streitig blieb jedoch, ob dieses sich nicht in Wahrheit lediglich als Umschreibung des subjektiven öffentlichen Rechts darstellte und damit Antrags- (§ 47 Abs. 2 Satz 1) und Klagebefugnis (§ 42 Abs. 2) insoweit letztlich übereinstimmten,[117] oder ob nicht an jene geringere Anforderungen zu stellen wären als an diese.[118] Gegenüber der auf dieser Grundlage entstandenen, schwer zu überblickenden Kasuistik konnte abschließende Klarheit auch nicht durch das Grundsatzurteil des Bundesverwaltungsgerichts erreicht werden,[119] in dem für den wichtigsten Bereich, das Bau(planungs)recht, als Nachteil die negative (das heißt verletzende) Betroffenheit des Antragstellers in einem privaten Interesse

[114] Vgl. insbesondere BVerwGE 59,87; 81,128; 88,268; 91,318; BVerwG, NJW 1994,2909.
[115] Vgl. Brohm, NJW 1981,1689; Dürr, Antragsbefugnis a.a.O.; Groß, DVBl 1989,1076.
[116] Vgl. Kopp, VwGO, 10. Aufl., § 47 Rdnr. 25b; Redeker/v. Oertzen, 11. Aufl., § 47 Rdnr. 24a.
[117] So etwa HessVGH, NJW 1971,2005; nachdrücklich auch Kopp, VwGO, § 47 Rdnr. 25.
[118] So die h. M., vgl. BVerwGE 59,87; 81,307; 82,225 (232 f.): BVerwG, NJW 1994,2909; Redeker/v. Oertzen, § 47 Rdnr. 24; Dürr, Antragsbefugnis a.a.O., S. 38 f.
[119] Vgl. grundsätzlich dazu Brohm, NJW 1981,1690 ff.; Paetow, NVwZ 1985,311; Dürr, NVwZ 1996,105 ff.; zuletzt nur etwa BVerwG, NVwZ 1994,683; NVwZ 1995,895.

angesehen wurde, das bei der Entscheidung über den Erlaß oder den Inhalt der Rechtsvorschrift berücksichtigt werden mußte.[120]

Mit der nunmehrigen Begründung der Antragsbefugnis durch eine geltend zu machende Rechtsverletzung wird diese Schwierigkeit behoben und die nach wie vor als objektives Beanstandungsverfahren ausgestaltete Normenkontrolle (vgl. oben Rdnr. 7) dem Rechtsschutzverfahren aufgrund Anfechtungsklage an die Seite gestellt. Ohne daß hierin angesichts der tatsächlichen Handhabung der Klagebefugnis (§ 42 Abs. 2) und des Nachteilserfordernisses (§ 47 Abs. 2 a. F.) eine nennenswerte sachliche Änderung gesehen wird,[121] verbindet der Gesetzgeber deutlicher und durchaus nicht systemwidrig[122] die Gewährung subjektiven Rechtsschutzes mit dem weiterreichenden Ziel objektiver Rechtskontrolle. Ohnehin entscheidet auch bei der Anfechtungsklage, ungeachtet des § 113 Abs. 1 Satz 1, in der Regel schon die objektive Rechtswidrigkeit über den sachlichen Erfolg des Klagebegehrens. Im übrigen wird die Antragstellung dadurch erleichtert, daß die Rechtsverletzung nicht, wie der Nachteil nach bisherigem Recht, tatsächlich vorliegen, sondern bloß als möglich erscheinen muß. 49

### b) Die einzelnen Merkmale

*aa)* Antragsbefugt sind *natürliche und juristische Personen.* Diese sind nicht in erster Linie durch die formale Vollrechtsfähigkeit, sondern, im Kontrast zu Behörden, durch das Vermögen gekennzeichnet, Träger auch nur einzelner subjektiver (öffentlicher) Rechte zu sein. Eine Antragsbefugnis kann deshalb auch teilrechtsfähigen Vereinigungen im Sinn des § 61 Nr. 2 zukommen.[123] Soweit subjektive Rechte juristischen Personen des öffentlichen Rechts zustehen, so insbesondere den Gemeinden das Selbstverwaltungsrecht oder das Eigentum als gesetzliche Rechtsstellung (s. auch oben § 18 Rdnr. 74 ff.), können auch sie eine Normenkontrolle beantragen.[124] 50

*bb)* Zentrum der Antragsbefugnis ist die *Geltendmachung einer Rechtsverletzung.* Sie unterliegt den gleichen Anforderungen wie die Klagebefugnis gemäß § 42 Abs. 2 (vgl. oben § 18 Rdnr. 9 ff.).[125] Der Antragsteller muß sich also auf ein *subjektives öffentliches Recht* berufen und plausibel dartun, daß dieses bestehen und ihm zustehen kann. Die Existenz eines Rechts in diesem Sinn vorausgesetzt, 51

---

[120] BVerwGE 59,87. Vgl. zum ganzen nunmehr Redeker/v. Oertzen, § 47 Rdnr. 30.
[121] Vgl. Dürr, NVwZ 1996,109; Redeker, NVwZ 1996,526; Brohm, Baurecht, § 16 Rdnr. 4; BVerwG, NJW 1999,592; BayVGH, BayVBl 1997,591.
[122] So aber Schenke, NJW 1997,82.
[123] Vgl. BayVGH, BayVBl 1981,719; HessVGH, NVwZ 1988,847.
[124] Vgl. BVerwG, BayVBl 1994,698.
[125] Vgl. Schmitt Glaeser, Rdnr. 421; BVerwG, NVwZ 1998,732; NJW 1999,592; kritisch Gerhardt, in: Schoch/Schmidt-Aßmann/Pietzner, § 47 Rdnr. 41 ff.

ist die Möglichkeit seiner Verletzung – wie bei der Anfechtungsklage – unproblematisch, soweit sich die betreffende Regelung unmittelbar an den Antragsteller richtet.[126] Dagegen ergeben sich vergleichbare Schwierigkeiten wie dort im Fall einer Drittbetroffenheit, insbesondere im Bauplanungsrecht, auf die allein ja auch die berichtete Rechtsprechung zur Antragsbefugnis gemünzt (und passend) war.[127] Diese Fälle sind nunmehr im Rahmen des § 47 Abs. 2 Satz 1 n. F. im Prinzip ebenso zu behandeln wie bei der Anfechtungsklage (vgl. oben § 18 Rdnr. 40 ff.).

Das bedeutet insbesondere, daß bei fehlendem Drittschutz durch die als verletzt gerügte Norm (Gesetz, Bundesverordnung) der Antrag sich, ungeachtet einer Beeinträchtigung, schon als unzulässig erweist. Dem Abwägungsgebot gemäß § 1 Abs. 6 BauGB kommt allerdings drittschützender Charakter hinsichtlich derjenigen privaten Belange zu, die in der Abwägung zu berücksichtigen waren.[128] Auch im Fall einer möglichen – unmittelbaren – Grundrechtsverletzung (Art. 2 Abs. 2 Satz 1 GG) eines bloß obligatorisch zur Nutzung Berechtigten (z. B. Mieter) kann diesem die Antragsbefugnis zustehen.[129]

52 *cc) Rechtsverletzung durch Normanwendung.* Ein wichtiger Unterschied besteht allerdings darin, daß die Rechtsverletzung nicht notwendig durch die angegriffene Rechtsvorschrift selbst erfolgen muß, sondern auch erst auf deren *Anwendung* beruhen kann. Damit wird der Besonderheit von Normen Rechnung getragen, deren Wirkung sich in der Regel nicht unmittelbar (self-executing), sondern erst vermittelt durch einen Vollzugsakt entfaltet. *Vor* dessen Erlaß liegt eine aktuelle (Möglichkeit einer) Rechtsverletzung nicht vor, *danach* bedarf es keines Rechtsschutzes gegen die Norm mehr. Gleichwohl läßt das Gesetz zur objektiven Rechtsklärung auch in diesem Fall die Normenkontrolle eindeutig zu[130] und schließt damit den Einwand fehlenden Rechtsschutzbedürfnisses für diese aus; sie kann also auch zum Beispiel neben einer Anfechtungsklage gegen den Verwaltungsakt zum Vollzug etwa eines Bebauungsplans oder einer Abgabensatzung[131] betrieben werden.[132]

53 Am *Rechtsschutzbedürfnis* fehlt es – abgesehen von einer Verwirkung[133] – allerdings, wenn der Wegfall der Rechtsvorschrift keinerlei Rechtswirkungen zugunsten des Antragstellers erzeugen kann, etwa, weil dieser bei Nichtigkeit eines verfahrensfehlerhaften Bebauungsplans durch den dann fortbestehenden

---

[126] BVerwG, DÖV 1998,76; vgl. auch Groß, DVBl 1989,1076.

[127] Vgl. Papier, in: Menger-FS, S. 524; Dürr, Antragsbefugnis a.a.O., S. 29 f.; Groß, DVBl 1989, 1079. Vgl. nunmehr BVerwG, NJW 1999,592.

[128] Vgl. BVerwG, NJW 1999,592, und dazu Schenke, VerwArch 90 (1999), S. 317; Muckel, NVwZ 1999,963. Ebenso VGH BW, DVBl 1998,236; anders noch OVG NW, DVBl 1997,675.

[129] Vgl. demgegenüber OVG NW, NVwZ 1997,1002.

[130] Ebenso Schmitt Glaeser, Rdnr. 424.

[131] Vgl. HessVGH, DVBl 1975,909 (911).

[132] Vgl. auch BVerwG, NVwZ 1989,653.

[133] Vgl. etwa VGH BW, VBlBW 1995,433; OVG NW, NVwZ-RR 1996,623.

BVerwG, Beschl. v. 9. 7. 92, DVBl 92, 1437 (Wirkungszusammenhang B-Plan - verkehrsregelnde Maßn., Fußg.-Zone)

Vorgängerplan oder die Maßgeblichkeit einer Lage nach § 34 BauGB in gleicher Weise beeinträchtigt würde.[134] Eine zwischenzeitliche Bestandskraft des Vollzugsakts läßt dagegen das Rechtsschutzbedürfnis nicht ohne weiteres entfallen.[135] Zwar wird jener durch eine nachträglich festgestellte Nichtigkeit seiner Rechtsgrundlage nicht unmittelbar tangiert, wohl aber ist seine Vollstreckung ausgeschlossen (vgl. § 47 Abs. 5 Satz 3 i. V. m. § 183 Satz 2 und dazu unten Rdnr. 79) und kann sich, je nach konkreter Fallgestaltung, die Ermessensausübung für eine etwaige Rücknahme des Verwaltungsakts (§ 48 VwVfG) unterschiedlich darstellen.[136]

*dd) Künftige Rechtsverletzung.* Die (Möglichkeit einer) Rechtsverletzung durch 54
die Rechtsvorschrift oder deren Anwendung muß nicht aktuell vorliegen, sondern kann auch erst in absehbarer Zeit zu erwarten sein. Da die Rechtsvorschrift bereits existent sein muß (s. oben Rdnr. 17), kommt eine künftige Verletzung durch diese nur ausnahmsweise, etwa dann in Betracht, wenn der Antragsteller erst später von ihren (unmittelbaren) Wirkungen, zum Beispiel als Kaufinteressent eines Grundstücks,[137] erreicht wird. Die Normenkontrolle wegen einer erst durch die Rechts*anwendung* (z. B. den Erlaß eines Abgabenbescheids)[138] zu erwartenden Rechtsverletzung stellt sich aus der Sicht des Antragstellers als vorbeugender Rechtsschutz dar, bei dem das – grundsätzlich zur Unzulässigkeit führende – Defizit eines (individuellen) Rechtsschutzbedürfnisses (vgl. oben § 24 Rdnr. 7 ff.) wiederum durch das objektive Klärungsinteresse gesetzlich überbrückt wird.

Die Beeinträchtigung muß hinreichend wahrscheinlich sein; daß diese unmit- 55
telbar bevorstehe oder ein längeres Zuwarten unzumutbar sei, wird vom Gesetz jedoch nicht verlangt.[139]

## 2. Die Antragsbefugnis von Behörden

Anders als bei Personen als Rechtsträgern ist der Normenkontrollantrag von 56
Behörden ohne Geltendmachung einer Rechtsverletzung oder eines sonstigen Individualinteresses zulässig. Insoweit stellt sich die Normenkontrolle nicht als Rechtsschutz-, sondern als Beanstandungsverfahren zur Klärung des für die Behörde maßgebenden, objektiven Normbestandes dar. Die auch hier zu beachtende Zweijahresfrist (vgl. dazu oben Rdnr. 15) erweist sich unter diesem Aspekt als zusätzlich problematisch.

[134] Vgl. auch BVerwG, DVBl 1989,660; DVBl 1996,107.
[135] Ebenso BVerwGE 68,12 (14); BVerwG, NVwZ 1989,653.
[136] Vgl. auch Maurer, § 11 Rdnr. 66; Papier, in: Menger-FS, S. 525 f.
[137] Vgl. dazu auch BVerwG, NVwZ 1995,264.
[138] Vgl. GemOVG Lüneburg, DVBl 1980,760.
[139] Vgl. auch GemOVG Lüneburg, DVBl 1980,760; HessVGH, DVBl 1977,216; wohl enger demgegenüber Schmitt Glaeser, Rdnr. 426.

### a) Der Behördenbegriff

57 Der Begriff der Behörde ist weit zu verstehen und umfaßt in Anlehnung an § 1 Abs. 4 VwVfG jede Stelle, die Aufgaben der öffentlichen Verwaltung wahrnimmt; dazu gehören auch Behörden des Bundes oder anderer Länder.[140]

58 Als Behörden können auch rechtlich selbständige Verwaltungsträger, wie insbesondere *Gemeinden*, auftreten, die deshalb grundsätzlich (vgl. noch unten Rdnr. 59 f.) antragsbefugt sind, ohne eine Verletzung ihres Eigentums- oder Selbstverwaltungsrechts geltend machen zu müssen.[141] *Gerichtsverwaltungen* sind als Behörden anzusehen, nicht dagegen richterliche Spruchkörper, da diese selbst zur – inzidenten – Entscheidung über die Gültigkeit der für sie, das heißt bei der Rechtsanwendung, relevanten Normen berufen sind.[142] Auch *Naturschutzverbände* gemäß § 29 Abs. 2 BNatSchG sind, obwohl im öffentlichen Interesse am Verwaltungsverfahren beteiligt, prozessual nur zur Verteidigung ihrer eigenen subjektiven Rechte in der Lage (vgl. dazu oben § 18 Rdnr. 87 ff.) und deshalb auch im Normenkontrollverfahren (vgl. § 29 Abs. 1 Satz 1 Nr. 1, 2 BNatSchG) nur unter Geltendmachung einer Rechtsverletzung antragsbefugt.[143]

### b) Rechtsschutzbedürfnis

59 Obwohl objektive Verfahren ein Rechtsschutzbedürfnis im eigentlichen Sinn (vgl. oben § 13 Rdnr. 1 ff.) nicht kennen, ist auch bei ihnen das in diesem zum Ausdruck kommende Prinzip der Vermeidung unnötiger Inanspruchnahme staatlicher (hier gerichtlicher) Organe zu beachten. Der Normenkontrollantrag – auch – einer Behörde setzt deshalb voraus, daß diese in irgendeiner Weise mit der Norm befaßt ist, sei es bei deren Anwendung, als Adressat oder auch nur dadurch, daß sie sie zu beachten hat.[144] Eine Gemeinde kann deshalb, ohne in eigenen Planungen betroffen zu sein, die Prüfung eines in ihrem Gebiet geltenden (rechtssatzförmlichen) Regionalplans (§ 1 Abs. 4 BauGB) oder einer Landschaftsschutzverordnung,[145] nicht dagegen eines Bebauungsplans der Nachbargemeinde,[146] beantragen.

60 Von ihr selbst erlassene Vorschriften können von der Behörde nicht zur Prüfung gestellt werden[147] sofern sie hierüber verfügen kann. Daran dürfte es bei

---

[140] Redeker/v. Oertzen, § 47 Rdnr. 33; Kopp, in: FS zum 100jährigen Bestehen des BayVGH, 1979, S. 209 f.
[141] Vgl. BVerwGE 81,307 (309).
[142] Vgl. Kopp/Schenke, § 47 Rdnr. 24; Redeker/v. Oertzen, § 47 Rdnr. 33; differenzierend Achterberg, VerwArch 72 (1981), S. 174.
[143] Vgl. BVerwG, NuR 1996,82; DÖV 1998,73.
[144] Vgl. BVerwGE 81,307 (309 f.); Redeker/v. Oertzen, § 47 Rdnr. 34.
[145] BVerwGE 81,307; VGH BW, DÖV 1985,161; VBlBW 1999,68.
[146] VGH BW, NVwZ 1987,1088. Hiervon zu unterscheiden ist jedoch die Geltendmachung einer Rechtsverletzung infolge unterbliebener Beteiligung entgegen § 4 Abs. 1 BauGB.
[147] Vgl. dazu Kopp, in: FS zum 100jährigen Bestehen des BayVGH, S. 211 f.

aufsichtsbehördlich, im Wege der Ersatzvornahme erlassenen Regelungen[148] fehlen. Umgekehrt ist die höhere Behörde nicht auf den Gebrauch ihrer Aufsichtsmittel beschränkt und kann deshalb die Normenkontrolle auch in bezug auf einen, sogar von ihr selbst genehmigten Bebauungsplan beantragen.[149]

#### c) Beteiligtenfähigkeit

Die Beteiligtenfähigkeit richtet sich nicht nach § 61, sondern ist, wie sich aus der Zielsetzung dieser Verfahrensvariante und einem Vergleich mit der Umschreibung des Antragsgegners sowie der differenzierenden Regelung des § 78 Abs. 1 ergibt, in § 47 Abs. 2 Satz 1 speziell geregelt. Die Antragsbefugnis steht deshalb auch in den Ländern, in denen das Rechtsträgerprinzip gilt (vgl. dazu oben § 9 Rdnr. 18 ff.), immer der Behörde und nicht der hinter ihr stehenden Körperschaft zu.[150] **61**

### 3. Sonstige Beteiligte

Seiner objektiv-rechtlichen Natur entsprechend, kann das Normenkontrollverfahren an sich allein auf den gestellten Antrag hin durchgeführt werden. Es kennt gleichwohl außer dem Antragsteller weitere Beteiligte. **62**

#### a) Antragsgegner

Gemäß § 47 Abs. 2 Satz 2 ist der Antrag gegen den Rechtsträger zu richten, der die Rechtsvorschrift erlassen hat. Auch hier kommt es mangels eines dem § 61 Nr. 3 entsprechenden Vorbehalts nicht auf eine landesrechtlich etwa generell abweichend geregelte Beteiligtenfähigkeit von Behörden an. Ein Normenkontrollantrag gegen den eigenen Rechtsträger (Insichnormenkontrolle; vgl. auch oben § 25) dürfte jedoch ausgeschlossen sein.[151] **63**

#### b) Dritte

Eine Beteiligung Dritter an dem Verfahren ist gesetzlich nur in Form einer durch das Normenkontrollgericht eingeräumten, fristgebundenen *Äußerungsmöglichkeit* für das Land und sonstige öffentlich-rechtliche Rechtsträger vorgesehen (§ 47 Abs. 2 Satz 3). Voraussetzung ist, daß die Zuständigkeit, das heißt die Erfüllung ihrer hoheitlichen Aufgaben und Befugnisse,[152] berührt wird. Entsprechend ist die **64**

---

[148] Vgl. z. B. BVerwG, DÖV 1993,1093.
[149] Vgl. BVerwG, NVwZ 1990,57; BayVGH, BayVBl 1993,626; a. M. HessVGH, DVBl 1994,711 Nr. 21 (LS).
[150] Ebenso Schmitt Glaeser, Rdnr. 428; a. M. HessVGH, DVBl 1994,711 Nr. 21 (LS).
[151] Vgl. dazu auch Kopp, in: FS zum 100jährigen Bestehen des BayVGH, S. 212.
[152] Vgl. Eyermann/J. Schmidt, § 47 Rdnr. 63.

Anhörung auch privater Betroffener zulässig. Es handelt sich jedoch um eine bloße Kontaktaufnahme zur Entscheidungsoptimierung, durch die keine Stellung als Beteiligter begründet wird.

65 Eine Beteiligung von Trägern rechtlicher (subjektiver) Interessen an dem Verfahren durch *Beiladung* (§ 65) ist gesetzlich nicht vorgesehen und nach überwiegender Ansicht auch nicht zulässig.[153] Dem ist zuzustimmen. Zwar läßt der Grundsatz rechtlichen Gehörs (Art. 103 Abs. 1 GG) eine Entscheidung unter Berührung oder gar Beeinträchtigung der Rechtsstellung Dritter ohne deren formelle Beteiligung nicht zu.[154] Eine solche Beeinträchtigung ist aber nach Natur und Zielsetzung des Normenkontrollverfahrens, durch das die bestehende Rechtslage nicht neu gestaltet, sondern nur als solche festgestellt wird, ausgeschlossen.[155]

66 Der Vertreter des öffentlichen Interesses (§ 36) kann sich gemäß § 63 Nr. 4 durch eine entsprechende Erklärung an dem Verfahren beteiligen.

## V. Die Entscheidung

### 1. Zuständigkeit, Form, Rechtsmittel

67 Für die Entscheidung ist das Oberverwaltungsgericht des Landes *zuständig*, dessen Recht die zur Prüfung gestellte Rechtsvorschrift zugehört; § 52 gilt hier nicht. Ausnahmen zugunsten des Bundesverwaltungsgerichts im Zusammenhang mit dessen erstinstanzlicher Zuständigkeit (vgl. oben § 12 Rdnr. 19 ff.) bestehen nicht.[156] Die *Besetzung* des Gerichts ist landesrechtlich unterschiedlich geregelt (vgl. oben § 6 Rdnr. 24 f.).

68 Die Entscheidung ergeht durch *Urteil* oder, wenn eine mündliche Verhandlung nicht stattgefunden hat, durch *Beschluß*, § 47 Abs. 5 Satz 1. Gegen sie ist seit 1.1.1997 das *Rechtsmittel der Revision* (vgl. unten § 39 Rdnr. 1 ff.) statthaft, § 132 Abs. 1. Die Vorlage der Sache an das Bundesverwaltungsgericht zur Auslegung revisiblen Rechts bei grundsätzlicher Bedeutung der Rechtssache oder drohender Rechtsprechungsdivergenz und die Möglichkeit einer Nichtvorlagebeschwerde (§ 47 Abs. 5, 7 a. F.) sind demgegenüber entfallen.

---

[153] Vgl. BVerwGE 65,131 m. Anm. von Bettermann, DVBl 1982,955; BVerwG, NVwZ-RR 1994,235; Schmitt Glaeser, Rdnr. 429; Redeker/v. Oertzen, § 47 Rdnr. 37; a. M. OVG NW, NJW 1980,2324; OVG Berlin, DVBl 1982,362; Papier, in: Menger-FS, S. 528; Dienes, DVBl 1980,672.

[154] Vgl. BVerfGE 60,7 (14) und dazu Marotzke, ZZP 100 (1987), S. 165.

[155] Vgl. auch BVerfG, NVwZ 1995,157.

[156] Vgl. dazu BVerwGE 97,45.

## 2. Entscheidungsgegenstand

Der Entscheidungsgegenstand wird durch die Natur und die Zielsetzung des 69
Verfahrens bestimmt und begrenzt. Dieses zielt nicht auf eine – gleichsam ergebnisoffene – Entscheidung *über die Gültigkeit* ab, sondern ist, wie sich für Individualanträge aus § 47 Abs. 2 Satz 1 und im übrigen auch aus § 47 Abs. 5 Satz 2 ergibt, auf die *Nichtigerklärung der Norm* als Folge von deren Unvereinbarkeit mit höherrangigem Recht gerichtet. Demgemäß liegt ein Antrag auf *Feststellung der Gültigkeit* der Norm, woran insbesondere, aber nicht nur ein behördliches Interesse bestehen kann, außerhalb des Regelungsbereichs des § 47 und ist nicht statthaft.[157]

Ist der Antrag zulässig, so kommt es für die Begründetheit, im Unterschied zu 70
reinen Rechtsschutzverfahren (vgl. besonders § 113 Abs. 1 Satz 1), nicht auf das Vorliegen einer Rechtsverletzung, sondern die objektive (Un)Vereinbarkeit der Norm mit dem (als Prüfungsmaßstab zur Verfügung stehenden) höherrangigen Recht an. Anders als die Anfechtungsklage gegen eine Planfeststellung[158] führt deshalb der Normenkontrollantrag schon dann zum Erfolg, wenn der den Antragsteller möglicherweise in seinem Eigentumsrecht verletzende Bebauungsplan tatsächlich nur wegen einer, nicht seinem Schutz dienenden Verfahrensvorschrift nichtig ist.[159]

## 3. Entscheidungsinhalt

### *a) Ungültigkeit der Vorschrift*

*aa) Nichtigerklärung.* Ist die Rechtsvorschrift nach der Überzeugung des Gerichts 71
mit höherrangigem Recht nicht vereinbar und deshalb ungültig, so ist sie *für nichtig zu erklären*, § 47 Abs. 5 Satz 2. Diese Entscheidung ist, ungeachtet des gesetzlichen Wortlauts, nur in dem Sinne konstitutiv, daß nach deren Erlaß die Existenz der Norm auch de facto beseitigt ist und ihre Unwirksamkeit nicht mehr in Frage gestellt werden kann.[160] Normativ handelt es sich gleichwohl um eine *deklaratorische Entscheidung*, mit der die als Folge des Normwiderspruchs, insbesondere der Rechtswidrigkeit einer Norm, ohne weiteres eintretende Nichtigkeit lediglich *festgestellt* wird (vgl. dazu auch oben Rdnr. 3 f.).

Diese Feststellung wirkt grundsätzlich auf den Erlaßzeitpunkt zurück (*ex tunc*), 72
kann aber auch auf einen späteren Zeitpunkt getroffen werden, wenn die

---

[157] So, zumindest implizit, die h. M., vgl. Kopp/Schenke, § 47 Rdnr. 94. A. M. (für Behördenanträge) Bettermann, in: FS Landesverfassungsgerichtsbarkeit, S. 475.

[158] Vgl. BVerwG, NVwZ 1982,115.

[159] Vgl. BVerwGE 82,225 (223); dazu auch etwa Paetow, NVwZ 1985,311; Dürr, Antragsbefugnis a.a.O., S. 31.

[160] Vgl. OVG NW, NJW 1980,1013.

Ungültigkeit erst in diesem eingetreten ist, etwa infolge einer Änderung der Verhältnisse, die die Norm – ausnahmsweise – funktionslos werden lassen können,[161] oder eines erst nachträglichen Erlasses der maßstäblichen Norm.[162] Ist die Vorschrift bereits vorher außer Kraft getreten, so trifft das Gericht die *Feststellung*, daß diese nichtig war.[163]

**73** Als *"Rechtsvorschrift"*, über die zu entscheiden ist, stellt sich nicht das gesamte Normwerk (z. B. die Satzung), sondern die jeweilige, angegriffene Bestimmung dar, zum Beispiel eine Festsetzung in einem Bebauungsplan. Erweist sich diese als ungültig und steht sie mit sonstigen Teilen der Norm in untrennbarem Zusammenhang, so kann diese auch im übrigen, selbst wenn sie insoweit nicht angegriffen wurde, und damit über den Antrag hinausgehend, für nichtig erklärt werden;[164] § 88 ist insoweit im Hinblick auf den objektiven Charakter des Normenkontrollverfahrens nicht anwendbar.[165]

**74** *bb) Rechtswidrigkeitsfeststellung.* In besonderen Fällen ist es denkbar, daß die Ungültigkeit als Folge der Normenkollision zu untragbaren Konsequenzen führt. Für solche Fälle ist der Wortlaut des § 47 Abs. 5 Satz 2 flexibel genug ("Erklärung für nichtig" statt "Feststellung der Nichtigkeit"; vgl. auch § 183 Satz 1), um in Anlehnung an die Rechtsprechung des Bundesverfassungsgerichts zu § 78 Satz 1 BVerfGG[166] eine Beschränkung der Entscheidung auf die bloße *Feststellung der Rechtswidrigkeit* zu ermöglichen, gegebenenfalls verbunden mit einer Nichtigerklärung ab einem späteren Zeitpunkt.[167]

**75** Eine solche vorläufige Aufrechterhaltung der Geltung der Norm trotz deren Rechtswidrigkeit[168] ist allerdings der *Inzidentkontrolle* verwehrt: Folgt die Rechtswidrigkeit eines Verwaltungsakts aus der Ungültigkeit der zugrunde liegenden (zum Beispiel Abgaben-)Satzung, so kann diese nicht etwa als bloß rechtswidrig, aber noch nicht ungültig behandelt, sondern muß der betreffende Bescheid mangels Rechtsgrundlage als rechtswidrig aufgehoben werden.[169]

---

[161] Vgl. dazu BVerwGE 54,5 (8 f.); 85,273 (282 f.); BVerwG, NVwZ 1999,986; BayVGH, BayVBl 1997,278; umfassend zur Problematik Baumeister, Das Rechtswidrigwerden von Normen, 1996.

[162] Vgl. auch Schmitt Glaeser, Rdnr. 446.

[163] BVerwGE 68,12.

[164] Vgl. BVerwG, DVBl 1992,37; zur Problematik der Teilnichtigkeit ferner etwa Paetow, NVwZ 1985,312.

[165] Vgl. auch VGH BW, DVBl 1985,130.

[166] Vgl. BVerfGE 21,292 (305); 37,217 (261); dazu Pestalozza, Verfassungsprozeßrecht, § 20 Rdnr. 11 ff., 112 ff.

[167] Vgl. Bettermann, in: FS Landesverfassungsgerichtsbarkeit, S. 474; Schenk/Meyer-Ladewig, DVBl 1976,209; angedeutet bei BVerwG, DVBl 1992,37 (40).

[168] Vom Nichtigkeitsdogma ausgehend läge hier sogar eine gerichtliche Inkraftsetzung der Norm vor.

[169] BVerwG, DÖV 1995,469.

*cc) Unanwendbarkeit.* Eine im praktischen Ergebnis vergleichbare Konstellation liegt bei der Unvereinbarkeit einer nationalen Rechtsvorschrift mit Gemeinschaftsrecht vor (vgl. oben Rdnr. 36). Verhindert hier das Fehlen eines durchgehenden normhierarchischen Zusammenhangs den Eintritt einer automatischen Ungültigkeit der angegriffenen Norm, so ist für deren Nichtigerklärung kein Raum. Das Gericht hat vielmehr die *Feststellung der Unanwendbarkeit* der Vorschrift zu treffen, die, je nach Art der Kollision, auf bestimmte Anwendungssachverhalte (z. B. grenzüberschreitenden Charakters) spezifiziert werden kann. **76**

### *b) Gültigkeit der Vorschrift*

Kommt das Gericht zum Ergebnis einer Gültigkeit der Vorschrift, so stellt es – anders als zum Teil in vergleichbaren Verfahren vor dem Bundesverfassungsgericht (vgl. §§ 78 Satz 1, 82 Abs. 1, 89 BVerfGG)[170] – nicht die Vereinbarkeit mit vorrangigem Recht fest, sondern weist es den Normenkontrollantrag ab. Dies gilt auch, wenn die auf einen bestimmten Prüfungsmaßstab (z. B. Bundesrecht) beschränkte Prüfung keinen Rechtsverstoß ergeben hat, im übrigen aber offen geblieben ist.[171] Schließlich kann auch nicht über das auf einer Vorstufe der Normprüfung vorgenommene Normverständnis (*Auslegung*) verbindlich positiv entschieden werden, selbst wenn es sich dabei um die nach Maßgabe der Maßstabsnorm einzig zulässige (verfassungs-,[172] gesetzes-[173] oder europarechtskonforme[174]) Auslegung handelt.[175] Denn auch in diesem Fall würde das Gericht seine auf bloße Normverwerfung beschränkte Kompetenz überschreiten.[176] **77**

### *c) Verpflichtung zum Normerlaß*

Ansprüche auf normatives Tätigwerden sind nach hiesiger Auffassung in der Regel in den allgemeinen Formen einer Feststellungs- oder Leistungsklage geltend zu machen (vgl. oben Rdnr. 30 f.) und folgerichtig, soweit sie bestehen, durch ein entsprechendes positives Feststellungs- oder Leistungsurteil zuzuerkennen. Ist dagegen die Normenkontrolle gemäß § 47 eröffnet, weil sich die streitgegenständliche Norm als rechtswidrig lückenhaft erweist, so kann diese nur für nichtig erklärt werden, wenn sie sich, zum Beispiel infolge eines Abwägungsfehlers, **78**

---

[170] Vgl. z. B. BVerfGE 68,176 (185); 68,193.
[171] Vgl. demgegenüber Bettermann, in: FS Landesverfassungsgerichtsbarkeit, S. 472.
[172] Vgl. dazu BVerwGE 30,1; 70,308.
[173] Vgl. Redeker/v. Oertzen, § 47 Rdnr. 48.
[174] Vgl. EuGH Slg. 1984,1891 (1909); Zuleeg, VVDStRL 53 (1994), S. 165 ff.
[175] Vgl. Hufen, § 38 Rdnr. 54; Ziekow, in: Sodan/Ziekow, § 47 Rdnr. 372; a. M. Kopp/Schenke, § 47 Rdnr. 95.
[176] Zum positiv normierenden Charakter insbesondere verfassungskonformer Auslegung vgl. etwa v. Mutius, VerwArch 67 (1976), S. 409 f.; Pestalozza, Verfassungsprozeßrecht, § 20 Rdnr. 92.

insgesamt als ungültig darstellt. In anderen Fällen muß es – wiederum parallel zur Rechtsprechung der Verfassungsgerichte[177] – mit der Feststellung des Normverstoßes durch das Unterlassen sein Bewenden haben; die Behebung des Fehlers obliegt sodann dem sachkompetenten Normgeber.

### 4. Entscheidungswirkungen

#### *a) Allgemeinverbindlichkeit*

**79** Wird die Norm für nichtig erklärt, so ist die Entscheidung allgemein verbindlich; nach Rechtskraft muß die Entscheidungsformel deshalb – und um jene Wirkung auszulösen – vom Antragsgegner in gleicher Weise veröffentlicht werden, wie die Rechtsvorschrift bekanntzumachen wäre, § 47 Abs. 5 Satz 2 Halbs. 2. Damit ist die Norm mit Wirkung für und gegen jedermann nicht (mehr) existent, darf aber – bei unveränderter Sach- und Rechtslage und durch denselben Rechtsträger – auch nicht inhaltsgleich neu erlassen werden (Normwiederholungsverbot);[178] insofern unterliegt die normsetzende Exekutive engeren Schranken als der Gesetzgeber.[179] Die auf der Vorschrift beruhenden Einzelakte bleiben in ihrem Bestand unberührt, können jedoch nicht vollstreckt werden.[180]

#### *b) Rechtskraft*

**80** Demgegenüber kommt der Entscheidung im Fall der Abweisung des Antrags lediglich die allgemeine Rechtskraftwirkung zwischen den Beteiligten zu, § 121 Nr. 1.[181] Diese ist in weiteren Verfahren zwischen denselben Beteiligten, so etwa über einen auf die Norm gestützten Vollzugsakt (Baugenehmigung, Abgabenbescheid, polizeiliche Verfügung usw.) zu beachten,[182] steht jedoch einer erneuten Überprüfung der Vorschrift auf Veranlassung eines anderen Antragstellers (sogar mit abweichendem Ergebnis) nicht entgegen.

## VI. Die einstweilige Anordnung

**81** Gemäß § 47 Abs. 6 kann eine einstweilige Anordnung erlassen werden, wenn dies zur Abwehr *schwerer Nachteile* oder aus anderen *wichtigen Gründen dringend geboten* ist. Diese Regelung dient in erster Linie der vorläufigen Gewährung von

[177] Vgl. BVerfGE 81,363.
[178] Vgl. BVerwGE 92,266.
[179] Vgl. für diesen BVerfGE 77,84.
[180] § 47 Abs. 5 Satz 3 i. V. m. § 183 Satz 1, 2.
[181] Vgl. BVerwGE 65,131 (136 f.); BVerwG, DVBl 1994,344.
[182] Vgl. Ziekow, in: Sodan/Ziekow, § 47 Rdnr. 374.

*Rechtsschutz*, ist auf diesen aber nicht beschränkt.[183] Sie ist dem – freilich nicht nur für Normenkontrollen geltenden – § 32 Abs. 1 BVerfGG nachgebildet, dessen Verständnis durch das Bundesverfassungsgericht[184] wesentliche Anhaltspunkte auch für die Interpretation jener Bestimmung liefert.[185]

## 1. Voraussetzungen

Die einstweilige Anordnung gemäß § 47 Abs. 6 ist ein eigenständiges Sicherungsmittel, das erheblich strengeren Anforderungen unterliegt als die allgemeine Bestimmung des § 123. Damit wird dem Umstand Rechnung getragen, daß im Verfahren der Normenkontrolle auch bei vorläufigen Entscheidungen eine – wenngleich hier zeitlich begrenzte – Suspendierung (möglicherweise) geltenden Rechts eintritt. **82**

Der Erlaß einer einstweiligen Anordnung erfolgt aufgrund einer *Abwägung* zwischen den Folgen, die eintreten würden, wenn die Anordnung nicht erginge, der Normenkontrollantrag aber Erfolg hätte, gegenüber den Nachteilen, die entstünden, wenn die später dann doch als gültig erwiesene Norm vorläufig außer Geltung gesetzt würde.[186] Bei dieser *Folgenabwägung* können wichtige Aspekte insbesondere die Gefahr der Entstehung vollendeter Tatsachen[187] sowie Schwere und Nachhaltigkeit der (zum Beispiel grundrechtlichen[188] oder sicherheitsrechtlichen) Beeinträchtigung durch die Vorschrift oder deren Suspendierung sein; es sind also auch entgegenstehende Interessen Dritter oder der Allgemeinheit zu berücksichtigen.[189] **83**

Auf der anderen Seite fehlt die Notwendigkeit für eine einstweilige Anordnung jedenfalls dann, wenn ein (subjektives) Rechtsschutzinteresse auf andere Weise befriedigt wird, zum Beispiel durch Anfechtung eines aufgrund der Vorschrift ergangenen Verwaltungsakts.[190] Nur im Rahmen dieser Abwägung sind auch die *Erfolgsaussichten in der Hauptsache* als *ein* Entscheidungskriterium von Bedeutung, sofern sie klar erkennbar sind, weil der Antrag unzulässig oder aber zulässig und die angegriffene Vorschrift eindeutig gültig oder ungültig ist.[191] Allein die absehbare Nichtigerklärung der Norm für sich rechtfertigt also noch nicht den Erlaß einer einstweiligen Anordnung, sofern nicht zugleich deren besondere Voraussetzungen des § 47 Abs. 6 vorliegen. **84**

---

[183] Vgl. Erichsen/Scherzberg, DVBl 1987,175.
[184] Vgl. BVerfGE 1,281 (282); 82,306 (309); 94,166.
[185] Vgl. Redeker/v. Oertzen, § 47 Rdnr. 49.
[186] Vgl. VGH BW, NJW 1977,1212; VBlBW 1992,307; BayVGH, DVBl 1978,113; DVBl 1987,958; OVG NW, NJW 1980,1013.
[187] Vgl. OVG NW, NJW 1980,1013; HessVGH, NVwZ-RR 1991,588.
[188] Vgl. HessVGH, NVwZ-RR 1991,588; Papier, in: Menger-FS, S. 532.
[189] Vgl. OVG NW, DVBl 1981,687.
[190] Vgl. BayVGH, BayVBl 1976,725; OVG NW, DÖV 1979,303; VGH BW, DÖV 1997,556.
[191] Vgl. BayVGH, DVBl 1987,958.

VGH, B 27.1.99, DVBl 99, 1234 (Wahl Teilort)

## 2. Entscheidung

85 Die Anordnung kann nur auf *Antrag* erlassen werden und ergeht aufgrund mündlicher Verhandlung oder ohne eine solche durch *Beschluß*,[192] gegen den ein Rechtsmittel nicht gegeben ist (§ 152 Abs. 1). Zuständig ist das Gericht der Hauptsache, nach Einlegung der Revision zum Bundesverwaltungsgericht also dieses.[193]

86 Über den möglichen Inhalt der Entscheidung sagt § 47 Abs. 6 nichts. Da jedoch die allgemeinen Grundsätze des vorläufigen Rechtsschutzes auch hier gelten, ist, ebenso wie im Rahmen des § 123 (vgl. dazu unten § 29 Rdnr. 29 ff.), von einer weit gespannten richterlichen Entscheidungsfreiheit hinsichtlich der notwendigen Maßnahmen auszugehen (vgl. § 123 Abs. 3 VwGO i. V. m. § 938 Abs. 1 ZPO).[194] Diese dürfen grundsätzlich nur vorläufigen Charakter haben, und sie können, der Natur des in der Hauptsache begründeten Prozeßrechtsverhältnisses entsprechend, nur zwischen den Beteiligten an diesem, also gegen die Körperschaft, die die Norm erlassen hat, als Antragsgegnerin ergehen.[195] Rechtsschutzdefizite, zum Beispiel im Fall des Vollzugs eines Bebauungsplans durch die am Verfahren nicht beteiligte staatliche Bauaufsichtsbehörde, ergeben sich hieraus nicht, da gegen solche weitere Vollzugsmaßnahmen der allgemeine vorläufige Rechtsschutz (§§ 80, 123) gegeben ist.

87 Im übrigen ist die Entscheidung in erster Linie von dem im Vordergrund stehenden Rechtsschutzaspekt bestimmt. Möglich sind insbesondere Anordnungen, durch die die Wirksamkeit oder der Vollzug der Rechtsvorschrift einstweilen ausgesetzt wird.[196] Dabei wird man auch eine bloß auf den Antragsteller bezogene Unanwendbarkeit zulassen müssen, wenn hierdurch dessen Rechtsschutzanliegen befriedigt wird;[197] denn sie tangiert den Geltungsanspruch der Norm in erheblich geringerem Maße als eine umfassende Suspendierung und kann damit zugleich das Ergebnis der Abwägung zugunsten des Antragstellers verschieben.

88 Damit muß die Entscheidung auch nicht notwendigerweise allgemein verbindlich sein;[198] deren Wirkungen sind vielmehr je nach ihrem Inhalt zu differenzieren.[199] Sie entfalten sich nur zwischen den Verfahrensbeteiligten, soweit sich die Anordnung auf Vollzugsmaßnahmen gerade zwischen diesen beschränkt. Wird

---

[192] Vgl. Redeker/v. Oertzen, § 47 Rdnr. 53.
[193] BVerwG, NVwZ 1998,1065.
[194] Vgl. Redeker/v. Oertzen, § 123 Rdnr. 19.
[195] Ebenso Pestalozza, NJW 1978,1787; Erichsen/Scherzberg, DVBl 1987,172; a. M. Achterberg, VerwArch 72 (1981), S. 184; Ziekow, in: Sodan/Ziekow, § 47 Rdnr. 401.
[196] Vgl. OVG NW, NJW 1980,1013.
[197] Ebenso BayVGH, DVBl 1987,958; Pestalozza, NJW 1978,1787; W. Schenke, DVBl 1979,177; Karpen, NJW 1986,888; a. M. Schoch, in: Schoch/Schmidt-Aßmann/Pietzner, § 47 Rdnr. 182.
[198] So aber Schmitt Glaeser, Rdnr. 453.
[199] So auch Redeker/v. Oertzen, § 47 Rdnr. 55.

dagegen die Wirksamkeit der Norm, insbesondere deren Vollzug als solcher, ausgesetzt, so kommt der Entscheidung entsprechend § 47 Abs. 5 Satz 2 Halbs. 2 Allgemeinverbindlichkeit (mit der Notwendigkeit einer Veröffentlichung) zu.[200]

## Literatur

*Achterberg*, Probleme des verwaltungsgerichtlichen Normenkontrollverfahrens, VerwArch 72 (1981), S. 163.
*Beckmann*, Die gerichtliche Überprüfung von Verwaltungsvorschriften im Wege der verwaltungsgerichtlichen Normenkontrolle, DVBl 1987,611.
*Bettermann*, Das Verhältnis der verfassungsgerichtlichen zur oberverwaltungsgerichtlichen Normenkontrolle, in: FS Landesverfassungsgerichtsbarkeit, Teilband II, 1983, S. 467.
*Birk*, Die neugefaßte Vorbehaltsklausel in § 47 VwGO, DVBl 1978,161.
*Dageförde*, Prinzipale und inzidente Kontrolle desselben Bebauungsplans, VerwArch 79 (1988), S. 123.
*Dienes*, Beiladung im Normenkontrollverfahren gemäß § 47 VwGO, DVBl 1980,672.
*Dürr*, Die Antragsbefugnis bei der Normenkontrolle von Bebauungsplänen, 1987.
*Ders.*, Die Entwicklung der Rechtsprechung zur Antragsbefugnis bei der Normenkontrolle von Bebauungsplänen, NVwZ 1996,105.
*v. Engelhardt*, Der Rechtsschutz gegen Rechtsnormen, 1971.
*Erichsen/Scherzberg*, Die einstweilige Anordnung im Verfahren der verwaltungsgerichtlichen Normenkontrolle (§ 47 Abs. 7 VwGO), DVBl 1987,168.
*Groß, W.*, Die Antragsbefugnis bei der Normenkontrolle von Bebauungsplänen, DVBl 1989,1076.
*Hartmann*, Zum Anspruch auf Erlaß untergesetzlicher Normen im öffentlichen Recht, DÖV 1991,62.
*Knöpfle*, Die Bedeutung der Vorbehaltsklausel des § 47 Abs. 3 VwGO für das Normenkontrollverfahren vor dem Bayerischen Verwaltungsgerichtshof, in: FS zum 100jährigen Bestehen des BayVGH, 1979, S. 187.
*Kopp*, Die Beteiligung im verwaltungsgerichtlichen Normenkontrollverfahren, in: FS zum 100jährigen Bestehen des BayVGH, 1979, S. 205.
*Maurer, H.*, Rechtsschutz gegen Rechtsnormen, in: FS für Eduard Kern, 1968, S. 275.
*Obermayer*, Verfassungsrechtliche Aspekte der verwaltungsgerichtlichen Normenkontrolle, DVBl 1965,625.
*Paetow*, Erfahrungen mit der verwaltungsgerichtlichen Normenkontrolle – eine Zwischenbilanz, NVwZ 1985,309.
*Papier*, Normenkontrolle (§ 47 VwGO), in: Menger-FS, S. 517.
*Pestalozza*, Die Verwaltungsgerichtsbarkeit im Grenzbereich der Verfassungsgerichtsbarkeit, NJW 1978,1787.
*Renck*, Probleme der verwaltungsgerichtlichen Normenkontrolle, NJW 1980,1022.
*Ders.*, Verwaltungsgerichtliche Normenkontrolle: Rechtsschutz- oder Rechtsbeanstandungsverfahren?, BayVBl 1985,263.
*Ders.*, Gesetzgebungsbefugnis und verwaltungsgerichtliche Normenkontrolle, DÖV 1996,409.
*Robbers*, Anspruch auf Normerlaß – OVG Koblenz (NJW 1988,1684), JuS 1988,952.
*Ders.*, Anspruch auf Normergänzung – BVerwG (NVwZ 1990,162), JuS 1990,980.
*Schenk/Meyer-Ladewig*, Die verwaltungsgerichtliche Normenkontrolle, DVBl 1976,198.
*Schenke, W.*, Rechtsschutz bei normativem Unrecht, 1979.
*Ders.*, Verwaltungsgerichtliche Normenkontrolle und Landesverfassungsgerichtsbarkeit, NJW 1978,671.

---

[200] Vgl. OVG NW, NJW 1980,2324; Erichsen/Scherzberg, DVBl 1987,179.

*Ders.*, Die einstweilige Anordnung in Verbindung mit der verwaltungsgerichtlichen Normenkontrolle (§ 47 Abs. 7 VwGO), DVBl 1979,169.
*Ders.*, Der Rechtsschutz des Bürgers gegen Verwaltungsvorschriften, DÖV 1979,622.
*Ders.*, Rechtsschutz gegen Normen, JuS 1981,81.
*Ders.*, Rechtsschutz gegen das Unterlassen von Rechtsnormen, VerwArch 82 (1991), S. 307.
*Schmitz-Rode*, Das Normenkontrollverfahren (§ 47 VwGO) nach der 6. VwGO-Novelle, NJW 1998,415.
*Siemer*, Normenkontrolle durch Feststellungsklage, 1971.
*Würtenberger*, Die Normerlaßklage als funktionsgerechte Fortbildung des verwaltungsprozessualen Rechtsschutzes, AöR 105 (1980), S. 370.

# Teil 5. Der vorläufige Rechtsschutz

# § 27. Grundlagen des vorläufigen Rechtsschutzes

## I. Grundsätzliche Bedeutung

**Beispiele:** (1) Der Grundstückseigentümer G erhält an einem Samstag (Sonnabend) um 13 Uhr die mit der Vollstreckungsandrohung versehene Verfügung, bis zum darauffolgenden Montag, 8 Uhr, eine auf seinem Grundstück befindliche bauliche Anlage zu beseitigen. Nach Vollzug der Maßnahme stellt das von G angerufene Verwaltungsgericht später deren Rechtswidrigkeit fest.[1] **1**

(2) Der Kraftfahrer K parkt sein Fahrzeug an einer Straßenstelle, die durch ein eingeschränktes Halteverbot (Zeichen 286) gekennzeichnet ist, gegen das er jedoch Anfechtungsklage erhoben hat. Während diese noch anhängig ist, wird er wegen des Verkehrsverstoßes mit einem Bußgeld belegt.[2]

(3) Bauherr B möchte auf seinem Grundstück ein Geschäftshaus errichten.
a) Obwohl Nachbar N gegen die hierfür erteilte Baugenehmigung Anfechtungsklage erhoben hat, will B nicht bis zu deren Entscheidung zuwarten und die bis dahin absehbar eintretenden Kostensteigerungen auf sich nehmen.
b) B baut ohne (die erforderliche) Genehmigung und setzt diese Tätigkeit ungeachtet der Proteste des N fort, nachdem dieser die Baurechtsbehörde nicht zu einem Einschreiten bewegen konnte.

(4) In verschiedenen öffentlichen Stellungnahmen hatten Regierungsstellen eine Glaubensgemeinschaft als jugendgefährdende Sekte eingestuft. Da nicht absehbar ist, wann über die hiergegen erhobene Unterlassungsklage entschieden wird, möchte die Klägerin erreichen, daß die nach ihrer Meinung ehrenrührige Feststellung ab sofort nicht mehr verbreitet werden darf.[3]

---

[1] Vgl. BVerwGE 16,289.
[2] BGHSt 23,86.
[3] Vgl. BVerfG, NVwZ 1995,471.

Schenke, JZ 96, 1155, Schoch, DVBl 97, 289, Bethmann, DVBl 98, 446, Jannasch, NVwZ 99, 455, Schwarze, NVwZ 00, 241, Guckelberger, NVwZ 01, 275 (Hängebeschluss), Pöcker, NVwZ 03, 688, Erbardt/Beckmann, DÖV 06, 672, BVerfGK, B 1.10.08, NVwZ 09, 240, Schenke, JZ 10, 1046, BVerfGK, B 24.8.11, NVwZ 12, 104 (Abschiebung [illegible]), Gärditz, DV 10, 251 (267)

(5) Oberstudienrat S hat sich auf eine Stelle als Studiendirektor beworben. Auf die Mitteilung, daß nicht er, sondern seine gleich qualifizierte Kollegin K befördert werden solle, erhebt er Klage zum Verwaltungsgericht. Noch bevor über diese entschieden ist, wird K auf der Stelle ernannt.[4]

(6) Der Abiturient A beantragt seine Zulassung zum Medizinstudium für das Wintersemester 1996/97. Seiner gegen die Ablehnung erhobenen Klage gibt das Verwaltungsgericht wegen zu niedrig festgesetzter Zulassungszahl Ende 1997 statt. Inzwischen studiert A im dritten Semester Rechtswissenschaft.[5]

## 1. Effektiver Rechtsschutz

2 Der verwaltungsgerichtliche Rechtsschutz knüpft grundsätzlich an eine bereits erfolgte Rechtsverletzung an, ist damit im Normalfall *repressiv* ausgestaltet und wird nur ausnahmsweise vorbeugend (*präventiv*) gewährt, wenn anders wirksamer Rechtsschutz nicht gegeben wäre (vgl. oben § 24 Rdnr. 2). Damit werden jedoch Rechtsbeeinträchtigungen insbesondere tatsächlicher Art nicht erfaßt, die vor Erlaß der gerichtlichen Entscheidung eingetreten sind und deshalb schon naturgesetzlich nicht mehr rückgängig gemacht werden können.[6] Solche "vorausgehenden" tatsächlichen Rechtseinbußen beruhen häufig darauf, daß eine von der Behörde getroffene Regelung bereits kraft ihrer Hoheitsbefugnisse einseitig von ihr (vgl. Beispiele 1, 2) oder einem Dritten (vgl. Beispiel 3a) verwirklicht wurde, können aber auch Folge eines unmittelbar faktischen Eingriffs sein (Beispiel 4) oder aus der Vorenthaltung einer zustehenden Leistung (Beispiele 3b, 5, 6) resultieren. Ihnen gegenüber kommt gerichtlicher Normalrechtsschutz im ordentlichen Verfahren zu spät und bleibt damit wirkungslos. Die Verfassungsgarantie *effektiven*, das heißt das bedrohte materielle Recht als solches wirksam sichernden *Rechtsschutzes* (vgl. Art. 19 Abs. 4 GG) verlangt deshalb Vorkehrungen für einen *vorläufigen Rechtsschutz*, durch den der Zeitraum bis zur endgültigen Entscheidung überbrückt und der zwischenzeitliche Eintritt manifester Rechtsverletzungen verhindert wird;[7] er erweist sich hierdurch zugleich als Form eines vorbeugenden Rechtsschutzes[8] (s. oben § 24 Rdnr. 12).

3 Vorläufiger Rechtsschutz ist dabei gegen jede Art hoheitlicher Rechtsverletzung zu gewähren. Er erfaßt nicht nur Eingriffe im klassischen Sinne, nämlich durch gezielte, rechtsförmliche Maßnahmen, sondern auch faktisches Handeln und Beeinträchtigungen durch Vorenthaltung zustehender Leistungen. Erforderlich sind damit Instrumente einerseits zur vorläufigen Abwehr von Belastungen,

[4] Vgl. BVerwGE 80,127; BVerfG, NJW 1990,501.
[5] Vgl. BVerfGE 51,130 (143).
[6] Vgl. Schoch, VerwArch 82 (1991), S. 156.
[7] Vgl. BVerfGE 35,263 (274); 46,166 (178); zusammenfassend BVerfG, DVBl 1996,1367.
[8] Vgl. VGH BW, NVwZ 1994,801.

insbesondere Eingriffen, andererseits zur vorläufigen Sicherung von Leistungsansprüchen.[9]

## 2. Das Abwägungserfordernis

### *a) Das Risiko der Rechtsverletzung*

Klarheit darüber, ob das beeinträchtigende Verhalten der Behörde wirklich rechtsverletzend ist, besteht allerdings erst nach rechtskräftiger Entscheidung über die Klage in der Hauptsache. Vorläufiger Rechtsschutz bezieht sich deshalb nicht auf eine gegebene (aktuelle), sondern nur eine mögliche (potentielle) Rechtsverletzung und muß folglich auch die Möglichkeit unberechtigter Schutzgewährung in Rechnung stellen. Die Gewährung vorläufigen Rechtsschutzes verhindert nicht nur den (dauerhaften) Eintritt vollendeter Tatsachen zu Lasten des einzelnen, sondern verfestigt damit auch umgekehrt zu seinen Gunsten die bestehende tatsächliche Lage. Diese kann weiterhin, ungeachtet einer gegenteiligen Endentscheidung, häufig auch später nicht mehr rückgängig gemacht werden. Damit wird diese vorweggenommen und so rechtspraktisch in vielen Rechtsbereichen (z. B. Versammlungs-, Hochschulzulassungs-, Asylrecht) durch den einstweiligen Rechtsschutz ersetzt.[10] 4

Dieses Risiko materiell fehlerhafter Entscheidung angemessen zu verteilen, ist das Grundproblem des vorläufigen Rechtsschutzes.[11] Es stellt sich zunächst auf der Primärebene der zu verwirklichenden Verwaltungsmaßnahme (s. im folgenden Rdnr. 9 ff.), dann aber auch auf der Sekundärebene der finanziellen Bewältigung eines eingetretenen Vollstreckungsrisikos (s. im folgenden Rdnr. 23 ff.). 5

### *b) Die Risikoverteilung*

Soweit das Gesetz nicht selbst eine materiell-rechtlich wirkende Interimsregelung getroffen hat, wie bei der grundsätzlichen Suspendierung eines angefochtenen Verwaltungsakts (§ 80 Abs. 1; vgl. unten § 28 Rdnr. 1),[12] beruht die Risikozuweisung auf einer Abwägung, in die einerseits der Schutz des bedrohten subjektiven Rechts, andererseits die Bedeutung des durch das behördliche Verhalten zu verwirklichenden Allgemein- oder auch Drittinteresses einzustellen ist. 6

---

[9] Vgl. BVerfGE 46,166 (177 ff.)

[10] Vgl. BVerfGE 69,315 (364); Leipold, Grundlagen a.a.O., S. 12 ff.; Schoch, VerwArch 82 (1991), S. 147.

[11] Grundlegend dazu Schoch, Vorläufiger Rechtsschutz a.a.O., S. 895 ff.; ders., VerwArch 82 (1991), S. 157 f.; vgl. ferner bereits Leipold, Grundlagen a.a.O.; Grunsky, JuS 1976,280.

[12] Vgl. BVerfGE 46,166 (179) im Anschluß an Leipold, ZZP 90 (1977), S. 258 ff.

7 Diese Entscheidung wird von zwei Strukturprinzipien bestimmt.[13] Ausgangspunkt für die Gewährung einstweiligen Rechtsschutzes ist eine *Abwägung der Folgen*, die bei Erlaß oder Ablehnung einer gerichtlichen Regelung jeweils eintreten (offene Interessenabwägung),[14] wie sie dem § 80 Abs. 2 Satz 1 Nr. 4 zugrunde liegt. Daneben verlangt jedoch das Ziel vorläufigen *Rechts*schutzes, die an sich erst im Hauptsacheverfahren zu klärende *materielle Rechtslage* nicht außer acht zu lassen. Eine solche materielle Akzessorietät, von der § 123 Abs. 1 ausgeht, wird zwar im verfassungsgerichtlichen Eilverfahren (§ 32 BVerfGG) nach wie vor grundsätzlich nur beschränkt auf die Unzulässigkeit oder offensichtliche Unbegründetheit anerkannt.[15] Sie ist demgegenüber im Verwaltungsprozeß jedenfalls insoweit geboten, als die vorläufige Entscheidung sich nicht nur für die Übergangszeit, sondern auf Dauer als endgültige darstellt.[16]

8 Dabei kommt dem effektiven Schutz des bedrohten subjektiven Rechts eine herausgehobene Bedeutung zu. Die gerichtliche Entscheidung hat insbesondere das Gewicht betroffener *Grundrechte*,[17] auch hinsichtlich ihres objektiv-rechtlichen Gehalts,[18] sowie die Nachhaltigkeit einer etwaigen Verletzung zu berücksichtigen. Ist diese, ungeachtet eines Erfolgs in der Hauptsache, irreversibel, so darf einstweiliger Rechtsschutz nur *versagt* werden, wenn "ausnahmsweise überwiegende, besonders gewichtige Gründe entgegenstehen".[19] Soweit eine derartige Entscheidung auch an den Erfolgsaussichten in der Hauptsache ausgerichtet wird, muß ihr eine nicht nur überschlägige, sondern eingehende Sach- und Rechtsprüfung zugrunde liegen.[20]

## II. Gestaltungsformen

9 Für die Gewährung vorläufigen Rechtsschutzes stellen die öffentlich-rechtlichen Prozeßordnungen zwei Gestaltungsformen bereit, in denen sich jene grundsätzlichen Anforderungen konkretisieren. Sie knüpfen an das zugrunde liegende, materiell-rechtliche Verhältnis an und sind danach zu unterscheiden, ob sich der Kläger in seinen Rechten durch einen *erlassenen Verwaltungsakt* verletzt fühlt, bei dessen Verwirklichung erst eine reale Rechtseinbuße droht, oder ob diese

---

[13] Vgl. dazu Leipold, Grundlagen a.a.O., S. 28 ff., 83 ff., 99 ff.; Schoch, VerwArch 82 (1991), S. 165 f.

[14] Vgl. BVerfGE 95,163 (171 f.); BVerfG, DVBl 1996,1367.

[15] Vgl. z. B. BVerfGE 64,67 (69); 68,233 (235); 71,158 (161 f.); 91,70 (75); vgl. dazu Pestalozza, Verfassungsprozeßrecht, 3. Aufl. 1991, § 18 Rdnr. 13 ff.; Grunsky, JuS 1977,219.

[16] Vgl. BVerfGE 69,315 (363); 79,69 (75); Schoch, Vorläufiger Rechtsschutz a.a.O., S. 1582 ff.; Mampel, DVBl 1997,1156.

[17] Vgl. BVerfGE 67,43 (61 – Art. 16 GG); 69,315 (364 – Art. 8 GG); 79,69 (74 – Art. 4 Abs. 1 GG); BVerfG, DVBl 1996,1367 (Art. 12 Abs. 1 GG).

[18] So BVerfGE 95,163 (172 – Rundfunkfreiheit).

[19] BVerfGE 79,69 (75).

[20] Vgl. BVerfGE 69,315 (363); BVerfG, DVBl 1996,1367.

mangels einer solchen, vorgeschalteten Regelung unmittelbar von dem behördlichen Verhalten ausgeht, also ohne zusätzliche Umsetzungshandlung eintritt. Prozessual stehen für diese Konstellation Leistungs- und Feststellungsklage zur Verfügung, während jene ausschließlich mit Hilfe der Anfechtungsklage bewältigt wird. An dieser Unterscheidung nach der für das Rechtsschutzbegehren in der Hauptsache gegebenen *Klageart* orientiert sich auch die Form des vorläufigen Rechtsschutzes.

### 1. Die aufschiebende Wirkung

Durch den Erlaß eines eingreifenden Verwaltungsakts hat es die Behörde in der 10
Hand, einseitig eine Veränderung der Rechtslage herbeizuführen und, ungeachtet deren etwaiger Rechtswidrigkeit, ausnahmsweise sogar ohne ihr Zutun (vgl. unten § 28 Rdnr. 9), zu Lasten des Betroffenen auch zu verwirklichen. Für dessen effektiven Schutz bedarf es der Aufrechterhaltung des *status quo* bis zur gerichtlichen Entscheidung über die auf die Aufhebung des Verwaltungsakts gerichtete *Anfechtungsklage*. § 80 Abs. 1 verbindet deshalb mit dieser und dem ihr vorgeschalteten *Widerspruch* grundsätzlich die von Gesetzes wegen eintretende *aufschiebende Wirkung* (Suspensiveffekt). Diese kann jedoch durch die Behörde im überwiegenden Interesse der Allgemeinheit oder Dritter ausgeschlossen werden (§ 80 Abs. 2 Satz 1 Nr. 4), wogegen dem Betroffenen die Anrufung des Gerichts offensteht, § 80 Abs. 5. Der Suspensiveffekt ist "ein fundamentaler Grundsatz des öffentlich-rechtlichen Prozesses",[21] wird aber gleichwohl in dieser Ausgestaltung nicht zwingend (sondern nur mit seinem Rechtsschutzeffekt) von Art. 19 Abs. 4 GG gefordert.[22] Er begegnet übrigens auch in anderen Rechtsordnungen nur ausnahmsweise[23] und ist durch Art. 242 EGV sogar ausdrücklich ausgeschlossen worden.

### 2. Die einstweilige Anordnung

Tritt die reale (potentielle) Rechtseinbuße nicht durch die Verwirklichung eines 11
Verwaltungsakts, sondern unmittelbar infolge des positiven oder negativen Verhaltens der Behörde ein – Verweigerung oder schlichte Unterlassung der Leistung; eingreifendes reales Handeln –, so kann der erforderliche vorläufige Rechtsschutz nur durch eine, die individuelle Rechtsstellung sichernde gerichtliche Regelung erreicht werden. Deren sachliche Dringlichkeit ist je nach Fallkonstellation unterschiedlich zu beurteilen und für Leistungsbegehren, da auf eine Erweiterung der

[21] BVerfGE 35,263 (272); BVerwGE 95,237 (239).
[22] Vgl. BVerfGE 35,382 (402); 51,268 (285); W. Schenke, in: BGG, Stand 1982, Art. 19 Abs. 4 Rdnr. 413.
[23] Vgl. Gehrmann, a.a.O., S. 38 ff.; Haibach, a.a.O., S. 65 ff.

Rechtsstellung gerichtet, grundsätzlich nur bei Gefahr schwerer und irreparabler Nachteile gegeben[24] (vgl. näher unten § 29 Rdnr. 31). Sie erfolgt gemäß § 123 einheitlich in Form einer *einstweiligen Anordnung*, die immer zur Verfügung steht, wenn es nicht um die Anfechtung eines Verwaltungsakts geht, § 123 Abs. 5. Ihre Bezugsverfahren im Hauptrechtsschutz sind also sämtliche Leistungs- (einschließlich der Verpflichtungs-)klagen sowie die allgemeine Feststellungsklage. Richtet sich diese gegen einen *nichtigen Verwaltungsakt* (§ 43 Abs. 2 Satz 2), so ist ungeachtet der latenten Anfechtungskonstellation (vgl. oben § 17 Rdnr. 43 f.) vorläufiger Rechtsschutz im Wege einer einstweiligen Anordnung zu suchen.[25]

### 3. Abgrenzung

12 Damit sind die Anwendungsbereiche von Suspensiveffekt nebst den an diesen anschließenden Entscheidungen (§§ 80-80b) und einstweiliger Anordnung (§ 123) normativ klar im Sinne einer ausschließlichen Anwendbarkeit jenes Verfahrens im Zusammenhang mit der Anfechtung von Verwaltungsakten abgegrenzt: Mit der Entscheidung für oder gegen die Anfechtungsklage ist, insbesondere auch im Bereich der Drittklagen (vgl. oben § 16 Rdnr. 18 ff.), zugleich die Form des vorläufigen Rechtsschutzes festgelegt. Auf jener Ebene entscheiden sich demnach auch sonstige Zuordnungsprobleme zwischen Eingriff und Nichtleistung in bestimmten Fallkonstellationen, zum Beispiel bei der Nichtversetzung eines Schülers in die nächsthöhere Schulklasse[26] oder der Kürzung eines bisher gewährten Pflegegeldes.[27] Die früher viel diskutierte Streitfrage nach der Zuordnung in Fällen von (begünstigenden) Verwaltungsakten mit (belastender) Drittwirkung,[28] die von einer gefestigten Meinung ausschließlich nach § 80 behandelt wurden,[29] ist jedenfalls spätestens durch die Regelung des § 80a in diesem Sinne erledigt (s. noch unten § 28 Rdnr. 66 ff.).

13 Die grundlegende, strukturelle Verschiedenheit des vorläufigen Rechtsschutzes bei Anfechtungs- und sonstigen Streitsachen steht einer rechtspolitisch geforderten Vereinheitlichung der für jenen zur Verfügung stehenden Formen[30] entgegen. Sie geht jedoch nicht notwendig mit einer inhaltlichen Differenzierung einher. Vielmehr legt es die dargestellte (vgl. Rdnr. 6 ff.), in beiden Modalitäten verfolgte

---

[24] Vgl. BVerfGE 46,166 (178).
[25] Vgl. Puttler, in: Sodan/Ziekow, § 80 Rdnr. 18.
[26] Vgl. VGH BW, DVBl 1993,53 (Ablehnung der Versetzung).
[27] Vgl. BayVGH, BayVBl 1991,628 (Versagung künftiger Gewährung).
[28] Vgl. zum Streitstand BVerfGE 51,268 (281 f.).
[29] Vgl. BVerwG, NJW 1969,202; NJW 1978,2211; Finkelnburg, DVBl 1977,677; Lüke, NJW 1978,81 ff.; W. Schenke, DVBl 1986,10.
[30] Vgl. Kopp, GA/54. DJT, 1982, S. B 113; J. Martens, Sitzungsbericht/54. DJT, 1982, S. L 30 mit vorsichtig zustimmender Beschlußfassung, ebenda (IV 1); ferner etwa Busch, DÖV 1983,623; demgegenüber Bickel, DÖV 1983,49 und 629; Schoch, Vorläufiger Rechtsschutz a.a.O., S. 972 ff.; Renck, BayVBl 1994,163.

Zielsetzung des abwägenden Schutzes für ein bedrohtes materielles Recht nahe, allfällige gerichtliche Entscheidungen über den vorläufigen Rechtsschutz nach im wesentlichen einheitlichen Kriterien zu treffen.[31] Damit erscheint insbesondere die Berücksichtigung materiell-rechtlicher Erfolgsaussichten, von denen die Verwaltungsgerichtsordnung – nach zivilprozessualem Vorbild – ausdrücklich nur den Erlaß einer einstweiligen Anordnung abhängig macht, auch für Entscheidungen in bezug auf den Suspensiveffekt als berechtigt, wie umgekehrt auch jener allein auf einer Folgenabwägung beruhen kann.[32]

## 4. Die Eigenständigkeit des Verfahrens

### *a) Vorläufiges und Hauptsacheverfahren*

Das Verfahren zum vorläufigen Rechtsschutz verfolgt eigene Zielsetzungen und steht sachlich wie formal selbständig neben dem Hauptsacheverfahren.[33] Es wird nicht bloß durch eine Zwischenentscheidung im Hauptsacheverfahren, sondern eine eigenständige, wenngleich auf einen begrenzten Zeitraum bezogene Entscheidung abgeschlossen. Diese ist mit einer eigenen Kostenentscheidung zu versehen und selbständig durchsetzbar (vgl. § 168 Abs. 1 Nr. 2). **14**

### *b) Bezug zu verfassungsgerichtlichen Verfahren*

Obwohl mit der letztinstanzlichen Entscheidung im vorläufigen Verfahren der Rechtsweg erschöpft ist (§ 90 Abs. 2 Satz 1 BVerfGG), können Grundrechtsverletzungen durch jene im Wege einer *Verfassungsbeschwerde* im Hinblick auf das Subsidiaritätsprinzip nur gerügt werden, soweit ihre Behebung durch die abschließende Sachentscheidung nicht mehr möglich ist.[34] **15**

Nach im Kern vergleichbaren Kriterien ist die *Vorlage an das Bundesverfassungsgericht* gemäß Art. 100 Abs. 1 GG[35] zu beurteilen. Soweit die Entscheidung über die Gewährung vorläufigen Rechtsschutzes von einem für verfassungswidrig gehaltenen Gesetz abhängt, verlangt Art. 100 Abs. 1 GG grundsätzlich die Aussetzung des Verfahrens und die Einholung der Entscheidung des Bundesverfassungsgerichts;[36] dies jedenfalls dann, wenn durch die vorläufige Zustandsregelung die endgültige Entscheidung weitgehend vorweggenommen wird.[37] **16**

---

[31] Vgl. dazu Leipold, Grundlagen a.a.O., S. 187 ff.; Kopp, GA/54. DJT, 1982, S. B 109; Schoch, VerwArch 82 (1991), S. 169; deutlich auch BVerfGE 51,268 (286); BVerfG, DVBl 1996,1367.
[32] Vgl. BVerfG, DVBl 1996,1367.
[33] Vgl. BVerfGE 47,46 (64); 59,63 (82).
[34] Vgl. BVerfGE 53,30 (53 f.); 77,381 (401); 80,40 (45); 93,1 (12).
[35] Umfassend dazu Th. Schmitt, a.a.O.
[36] Vgl. dazu BVerfGE 46,43 (51); OVG NW, NVwZ 1991,501.
[37] BVerfGE 46,43 (51); vgl. auch BVerfGE 63,131 (140).

Dagegen hat das Bundesverfassungsgericht unter den Voraussetzungen des Art. 100 Abs. 1 Satz 1 GG gleichwohl die Zulässigkeit einer vorläufig sichernden Regelung bejaht, wenn dies im Interesse eines effektiven Rechtsschutzes geboten erscheint und die Hauptsache nicht vorweggenommen, das heißt der Geltungsanspruch des Gesetzes nicht endgültig in Frage gestellt wird.[38] Danach kann das Gericht zum Beispiel eine Anordnung treffen, um die Ernennung einer gegenüber einem Mitbewerber aufgrund eines als nichtig eingestuften Gesetzes bevorzugten Bewerberin – vorläufig – zu verhindern.[39]

## III. Europarechtliche Determinanten

17 Mangels unmittelbarer gemeinschaftsrechtlicher Regelung für das innerstaatliche Verfahrensrecht (vgl. oben § 4 Rdnr. 16) bestimmt sich dieses auch in bezug auf den vorläufigen Rechtsschutz grundsätzlich allein nach dem nationalen Recht. Gleichwohl sind bei Sachverhalten mit gemeinschaftsrechtlichem Bezug europarechtliche Vorgaben zu beachten.[40]

### 1. Die Garantie vorläufigen Rechtsschutzes

18 Ausgangsbasis ist die Gewährleistung vorläufigen Rechtsschutzes, soweit solcher aus Gründen der Effektivität des Gemeinschaftsrechts und damit speziell zur Realisierung des von diesem vorgesehenen Individualrechtsschutzes geboten erscheint.[41] Angesichts der grundsätzlich lückenlosen Ausgestaltung des einstweiligen Rechtsschutzes im deutschen Verwaltungsprozeß wird jene Garantie hier freilich nur in Randbereichen der Rechtsauslegung und -anwendung eine Rolle spielen.

### 2. Vollzug von Verwaltungsakten

19 Die mit der Anfechtungsklage verbundene aufschiebende Wirkung steht der Realisierung des (nationalen) Verwaltungsakts entgegen und suspendiert damit auch eine, diesem etwa zugrunde liegende gemeinschaftsrechtliche Vorschrift. Erwachsen hieraus schwerwiegende Nachteile, zum Beispiel, weil durch die Anfechtung der behördlichen Anordnung einer Weindestillation Regulierungsmaßnahmen in

---

[38] BVerfGE 86,382; vgl. auch OVG NW, NVwZ 1992,1226. Zum Aspekt der Verzögerung des Rechtsschutzes (Art. 19 Abs. 4 GG) mit der Folgerung einer Vorlage nach vorläufiger Rechtsschutzgewährung Th. Schmitt, a.a.O., S. 301 ff.

[39] Vgl. OVG NW, NVwZ 1992,1226; OVG Berlin, NVwZ 1992,1227.

[40] Vgl. dazu mit unterschiedlicher Akzentuierung Schwarze, in: FS für Börner, 1992, S. 389; Triantafyllou, NVwZ 1992,129; Haibach, DÖV 1996,60; Schoch, DVBl 1997,289; Jannasch, VBlBW 1997,361; Sandner, DVBl 1998,262.

[41] Vgl. EuGH, Slg. 1990, I 2433 = DVBl 1991,861 (Factortame).

Weber, DÖV 97, 624

der gemeinschaftsrechtlichen Marktordnung blockiert werden, so kann sich aus Art. 10 EGV eine Pflicht zur Beseitigung der aufschiebenden Wirkung ergeben.[42] Systemkonform steht hierfür jedoch die Anordnung des Sofortvollzugs zur Verfügung (§ 80 Abs. 2 Satz 1 Nr. 4; vgl. dazu unten § 28 Rdnr. 26 ff.), bei dessen europarechtskonformer Anwendung sich die zu beachtenden Belange des Binnenmarktes als überwiegende öffentliche Interessen im Sinne jener Vorschrift darstellen können.[43] Strukturell vergleichbar können Gemeinschaftsbelange auch einer gerichtlichen Anordnung oder Wiederherstellung der aufschiebenden Wirkung, zum Beispiel bei der Anfechtung von Abgabenbescheiden (vgl. § 80 Abs. 2 Satz 1 Nr. 1; Abs. 5), entgegenstehen.

### 3. Bindung an Gemeinschaftsrechtsakte

Eine zusätzliche Problematik ergibt sich, wenn die Rechtswidrigkeit des behörd- **20** lichen Handelns, gegen das vorläufiger Rechtsschutz gewährt werden soll, aus der Ungültigkeit eines zugrunde liegenden Gemeinschaftsrechtsakts hergeleitet wird, nachdem die nationalen Gerichte nicht zu einer diesbezüglichen eigenen Feststellung befugt sind. Vielmehr nimmt der EuGH ein Verwerfungsmonopol in Anspruch und statuiert demgemäß über Art. 234 Abs. 2 EGV hinaus eine Vorlagepflicht,[44] wie sie vergleichbar auch gemäß Art. 100 Abs. 1 GG besteht.[45] Aus Gründen der *Kohärenz des Rechtsschutzsystems* sind die nationalen Gerichte jedoch berufen, den im Rahmen der Nichtigkeitsklage (Art. 230 Abs. 4, 231 EGV) vor dem EuGH vorgesehenen vorläufigen Rechtsschutz (Art. 242, 243 EGV) im Vorabentscheidungsverfahren selbst zu gewähren. Hierbei kann auch eine als ungültig angesehene Norm des sekundären Gemeinschaftsrechts, ungeachtet des Art. 249 EGV, vorläufig außer Anwendung gelassen werden,[46] wenn

1. das Gericht erhebliche Zweifel an der Gültigkeit der zugrunde liegenden Gemeinschaftsverordnung hat;

---

[42] Vgl. EuGH, Slg. 1990, I 2879 = EuZW 1990,384 (Tafelwein).

[43] Vgl. Burgi, Verwaltungsprozeß und Europarecht, 1996, S. 69 f.; Classen, Europäisierung der Verwaltungsgerichtsbarkeit, 1996, S. 113; Schoch, DVBl 1997,291.

[44] Vgl. EuGH, Slg. 1987, I 4199 = DVBl 1988,37 (Foto-Frost).

[45] Vgl. dazu oben Rdnr. 16 sowie Pietzcker, in: FS Heymanns Verlag, 1995, S. 623; Th. Schmitt, a.a.O., S. 371 ff.

[46] Vgl. dazu Th. Schmitt, a.a.O., S. 377 ff. Zur Problematik der folgenden, über die gesetzlichen Voraussetzungen hinausgehenden Anforderungen etwa Burgi, Verwaltungsprozeß, S. 67; Schoch, DVBl 1997,294 ff. m. w. Nachw.; Jannasch, VBlBW 1996,166; Kokott, DVerw 31 (1998), S. 344 f.; vgl. aber auch Gehrmann, a.a.O., S. 160 ff.; Classen, Europäisierung, S. 104 ff.

2. die Frage der Gültigkeit dem Gerichtshof vorliegt oder gleichzeitig vorgelegt wird;[47]
3. die Entscheidung dringlich im Sinne eines drohenden schweren und irreparablen Schadens ist sowie
4. die Interessen der Gemeinschaft angemessen berücksichtigt werden;[48] dazu gehört auch die Beachtung bereits ergangener Entscheidungen der europäischen Gerichte.[49]

**21** Diese, für den *Vollzug eines Verwaltungsakts* (z. B. Abgabenbescheids, vgl. § 80 Abs. 2 Satz 1 Nr. 1; Abs. 5) getroffenen Festlegungen gelten im wesentlichen auch für den Erlaß einer *einstweiligen Anordnung* (§ 123) zur vorläufigen Gewährung von Vergünstigungen (z. B. der Zuweisung zusätzlicher Einfuhrkontingente für Bananen), wenn diese an sich eine rechtliche Grundlage haben und nur durch entgegenstehendes – ungültiges – Gemeinschaftsrecht verhindert werden.[50]

**22** Demgegenüber besteht kein Raum für die Gewährung vorläufigen Rechtsschutzes im Vorgriff auf eine (bislang) fehlende gemeinschaftsrechtliche Regelung. Solange noch keine zu vollziehende gemeinschaftsrechtliche Vorschrift (vgl. oben § 4 Rdnr. 6 ff.) existiert, sind die deutschen Behörden materiell-rechtlich daran gehindert, die begehrte Leistung zu gewähren; es fehlt also schon an einem gemäß § 123 glaubhaft zu machenden Regelungsanspruch. Zu Recht hat daher der EuGH die vorläufige Zuerkennung eines zusätzlichen Einfuhrkontingents zur Abwendung eines drohenden Konkurses des Importeurs[51] als unzulässig angesehen, solange die nach der zugrunde liegenden EG-Verordnung vorgesehene Härtefallregelung durch die Kommission – selbst zu Unrecht – (noch) nicht getroffen wurde.[52] Der Betroffene muß in einem solchen Fall eine Untätigkeitsklage nach Art. 232 EGV erheben, in deren Rahmen das zuständige Gemeinschaftsgericht auf der Grundlage des Art. 243 EGV eine einstweilige Anordnung erlassen kann.

---

[47] Außerhalb dieser Konstellation besteht im Verfahren des vorläufigen Rechtsschutzes keine Vorlagepflicht, vgl. EuGH, Slg. 1977,957 (972); Slg. 1982,3723 (3735).

[48] EuGH, Slg. 1991, I 415 = DVBl 1991,480 (Zuckerfabriken Süderdithmarschen und Soest); Slg. 1996, I 6065 = NJW 1997,1225 (T. Port GmbH); Slg. 1997, I 4538 (Krüger).

[49] Klarstellend EuGH, Slg. 1995, I 3761 = DVBl 1996,247 (Atlanta); vgl. hierzu Brinker, NJW 1996,2851.

[50] EuGH, Slg. 1995, I 3761 = DVBl 1996,247 (Atlanta); vgl. auch OVG NW, NJW 1996,3291 (Kommissionsentscheidung zu BSE).

[51] Vgl. HessVGH, EuZW 1995,222; zuvor BVerfG, NJW 1995,950 m. Anm. von Rupp, JZ 1995,353.

[52] EuGH, Slg. 1996, I 6065 = NJW 1997,1225 (T. Port GmbH); vgl. auch Jannasch, VBlBW 1997,364 f., sowie die Ausführungen von Generalanwalt Elmer, Slg. 1996, I 6065 (6085 f.). Entgegen König/Zeiss, JZ 1997,461; vgl. ferner Ohler/Weiß, NJW 1997,2221; Weber, DÖV 1997,628 f.; Sandner, DVBl 1998,265 f. wird hierdurch der deutsche verfassungsrechtliche Rechtsschutz-Mindeststandard (vgl. oben Rdnr. 2 f.) nicht unterschritten. Zur materiell-verfassungsrechtlichen Problematik der Bananenmarktordnung vgl. VG Frankfurt/M., NJW 1997,1256; Zuleeg, NJW 1997,1201.

## IV. Der finanzielle Risikoausgleich

Durch den Bezug des vorläufigen Rechtsschutzes auf eine bis zur endgültigen gerichtlichen Klärung der Rechtslage ungewisse Gefährdungssituation wird notgedrungen auch eine Abweichung von jener in Kauf genommen. Stellt sich nachträglich tatsächlich eine Verfehlung der nach diesem Maßstab "richtigen" Entscheidung heraus, so erhebt sich die Frage, ob der Betroffene für einen daraus entstandenen Nachteil entschädigt werden muß oder, im Gegenteil, mit diesem zu belassen ist, weil die getroffene Entscheidung für sich rechtmäßig und damit "richtig" war.[53] 23

### 1. Einstweilige Anordnung

Eine ausdrückliche Regelung ist für den Bereich der einstweiligen Anordnung getroffen worden. 24

Erweist diese sich als von Anfang an ungerechtfertigt, so hat der Antragsteller dem Antragsgegner gemäß § 123 Abs. 3 VwGO in Verbindung mit dem entsprechend anwendbaren § 945 ZPO, unabhängig von einem etwaigen Verschulden, *Schadensersatz* zu leisten. Die fehlende Berechtigung bezieht sich auf den zu sichernden, materiell-rechtlichen Anspruch (vgl. genauer unten § 29 Rdnr. 23 ff.) und kann durch rechtskräftige Entscheidung in der Hauptsache oder im Beschwerdeverfahren mit Bindungswirkung für den nachfolgenden Schadensersatzprozeß, aber auch, bei fehlender Rechtskraftbindung, unmittelbar in diesem festgestellt werden.[54]

Dieser Anspruch wird als solcher aus unerlaubter Handlung verstanden[55] und soll im Zivilrechtsweg geltend zu machen sein.[56] Er steht nach richtiger Ansicht auch einem durch die Anordnung geschädigten Dritten, der (als Beigeladener) am Verfahren beteiligt war, zu.[57] Auch wenn der vorläufige Rechtsschutz bei verwaltungsakt-bezogenen Drittklagen heute umfassend nach §§ 80, 80a abzuwickeln ist (vgl. sogleich Rdnr. 29 sowie unten § 28 Rdnr. 66 ff.),[58] bleibt für jene Konstellation insoweit Raum, als ein behördliches Einschreiten gegen einen Dritten (zum 25

[53] Die Frage ist verwandt der Problematik der Belastung des materiell zu Unrecht in Anspruch genommenen Betroffenen mit Vollstreckungskosten (vgl. dazu VGH BW, VBlBW 1986,299; Heckmann, VBlBW 1993,41) und stellt sich vergleichbar in sonstigen Fällen eines Handelns auf unsicherer Grundlage, z. B. bei polizeilichem Einschreiten wegen Gefahrenverdachts; vgl. dazu BGHZ 117,303; 126,279; VGH BW, DVBl 1990,1047; OVG NW, DÖV 1996,1049.

[54] Vgl. Redeker/v. Oertzen, § 123 Rdnr. 31 ff.

[55] Vgl. BGHZ 78,127 (129); Redeker/v. Oertzen, § 123 Rdnr. 34; Lemke, DVBl 1982,991.

[56] BGHZ 78,127; nunmehr auch Kopp/Schenke, § 123 Rdnr. 45; offen BVerwG, NVwZ 1991,270; BGH, DVBl 1993,252.

[57] Schmitt Glaeser, Rdnr. 324; Pietzner/Ronellenfitsch, § 58 Rdnr. 24; a. M. BGHZ 78,127; Schenke, Rdnr. 1041; Schoch, in: Schoch/Schmidt-Aßmann/Pietzner, § 123 Rdnr. 200.

[58] Vgl. Redeker/v. Oertzen, § 123 Rdnr. 35.

Beispiel den Betreiber einer Anlage gemäß §§ 17 oder 20 BImSchG; den Bauherrn bei ungenehmigter oder genehmigungsfreier baulicher Anlage[59]) verlangt wird. Im übrigen hat der Schadensersatzanspruch geringe praktische Bedeutung, da sich die einstweilige Anordnung in aller Regel gegen einen Verwaltungsträger richtet, bei dem nur ausnahmsweise ein Schaden entstehen wird.[60]

## 2. Aufschiebende Wirkung

26 Erhebliche Nachteile können in der Folge der aufschiebenden Wirkung und der auf diese positiv oder negativ bezogenen behördlichen und gerichtlichen Entscheidungen eintreten, zum Beispiel durch Kostensteigerungen bei Verzögerung eines rechtmäßig genehmigten Bauvorhabens. Hierfür ist jedoch eine Schadensersatzpflicht *gesetzlich* nicht vorgesehen.

27 Soweit die aufschiebende Wirkung mit der Einlegung eines Rechtsbehelfs notwendig verknüpft ist, tritt lediglich die gesetzlich als Zwischenregelung gerade vorgesehene Rechtslage ein und würde der verfassungsgarantierte Rechtsschutz durch ein zusätzliches Schadensersatzrisiko in der Tat unzumutbar eingeschränkt werden.[61] Ebensowenig ist jedoch, ungeachtet der funktionalen Gleichrichtung von Anordnungen auf der Grundlage der §§ 80 Abs. 5, 80a Abs. 3 und des § 123 Abs. 1 (vgl. oben Rdnr. 13), Raum für eine *entsprechende Anwendung* der für diesen statuierten Schadensersatzpflicht auch in jenem Bereich.

### *a) Zweipolige Rechtsverhältnisse*

28 Allerdings kann der gesetzlich vorgesehene oder behördlich angeordnete, gegebenenfalls gerichtlich bestätigte *Sofortvollzug des Verwaltungsakts gegen den Bürger* zu letztlich ungerechtfertigten Rechtseinbußen führen, wenn die Anfechtungsklage in der Sache Erfolg hat, so zum Beispiel, wenn ein auf verfassungswidriger Grundlage beruhendes, lebensmittelrechtliches Verkehrsverbot aufgehoben[62] oder die Rechtswidrigkeit einer Gewerbeuntersagung festgestellt wird.[63] Hier trifft den Bürger auf der (Primär)Ebene des Verwaltungshandelns das "Vollzugsrisiko", das jedoch nicht notwendig auf der "Sekundärebene" finanzieller Belastung auszugleichen ist.[64] Denn dieser Interessenausgleich ist in dem differenziert ausgestalteten Verfahren des vorläufigen Rechtsschutzes bereits integriert, in dem gegebenenfalls nur eine eingeschränkte Rechtsstellung

[59] Vgl. VGH BW, NVwZ-RR 1995,490; Degenhart, NJW 1996,1433; Uechtritz, NVwZ 1996,645.
[60] Vgl. immerhin BGH, DVBl 1993,252 (verzögerte Straßenbauarbeiten).
[61] Vgl. dazu Hufen, § 32 Rdnr. 45; Ule, § 67 IV.
[62] Vgl. zum Fall BVerfGE 53,135; BGHZ 111,349.
[63] Vgl. dazu BVerwG, NVwZ 1991,270.
[64] So aber Renck, NVwZ 1994,1177; vgl. auch dens., BayVBl 1991,745.

– unabhängig vom Ergebnis des Hauptsacheverfahrens – besteht. Zu Recht wird deshalb eine entsprechende Anwendung sowohl des § 123 Abs. 3 VwGO i. V. m. § 945 ZPO als auch des § 717 Abs. 2 ZPO, betreffend die Aufhebung vorläufig vollstreckbarer Urteile, abgelehnt.[65] Statt dessen kommen auf dogmatisch gesicherter Grundlage Folgenbeseitigungs-, Aufopferungs- oder Amtshaftungsansprüche in Betracht.[66]

### *b) Drittklagen*

Nichts grundsätzlich anderes gilt für Drittklagen.[67] Im Gegensatz zur Konstellation der einstweiligen Anordnung dient der vorläufige Rechtsschutz hier nicht der vorzeitigen Durchsetzung einer Rechtsposition auf Risiko des Berechtigten,[68] sondern dem Schutz eines Betroffenen unter Ausgleich der gleichrangigen, aber gegenläufigen Interessen am Aufschub wie an der Verwirklichung der behördlichen Entscheidung. Dieser grundlegende strukturelle Unterschied[69] zwischen der (dem – jeweiligen – Antragsteller nicht uneingeschränkt anzulastenden) Ermessensentscheidung über den Bestand einer aufschiebenden Wirkung (§§ 80 Abs. 5; 80a Abs. 3) und der Rechtsentscheidung darüber, ob dem Antragsteller ein gefährdetes Recht zusteht (§ 123 Abs. 1),[70] schließt es aus, entgegen der eindeutigen gesetzlichen Entscheidung auf die Anfechtung von Verwaltungsakten mit Doppelwirkung die für diese gerade nicht vorgesehene Schadensersatzregelung gemäß § 123 Abs. 3 zu übertragen. 29

## Literatur

*Bickel*, Vorläufiger Rechtsschutz und materielles Verwaltungsrecht, DÖV 1983,49 und 629.
*Brühl*, Vorläufiger Rechtsschutz im Verwaltungsstreitverfahren, JuS 1995,627; 818; 916.
*Burkholz*, Der Untersuchungsgrundsatz im verwaltungsgerichtlichen Eilverfahren, 1988.
*Busch*, Nochmals: Vorläufiger Rechtsschutz und materielles Verwaltungsrecht, DÖV 1983,623.
*Finkelnburg/Jank*, Vorläufiger Rechtsschutz im Verwaltungsstreitverfahren, 4. Aufl. 1998.
*Gehrmann*, Vorläufiger Rechtsschutz im Recht der Europäischen Gemeinschaft unter Berücksichtigung seiner Ausgestaltung in den Mitgliedsstaaten, jur. Diss. Bonn 1994.
*Grunsky*, Der einstweilige Rechtsschutz im öffentlichen Recht, JuS 1977,217.
*Haibach*, Gemeinschaftsrecht und vorläufiger Rechtsschutz durch mitgliedstaatliche Gerichte, München 1995.
*Ders.*, Vorläufiger Rechtsschutz im Spannungsfeld von Gemeinschaftsrecht und Grundgesetz, DÖV 1996,60.

[65] BVerwG, NVwZ 1991,270; Hufen, § 32 Rdnr. 45; Schenke, Rdnr. 1041a; demgegenüber Renck, NVwZ 1994,1177.
[66] Vgl. BVerwG, NVwZ 1991,270.
[67] Ebenso Redeker/v. Oertzen, § 80 Rdnr. 71; Hufen, § 32 Rdnr. 45; Schoch, in: Schoch/Schmidt-Aßmann/Pietzner, § 80 Rdnr. 410.
[68] Vgl. BVerwG, NVwZ 1991,270.
[69] Vgl. auch Hufen, § 32 Rdnr. 45.
[70] Vgl. auch Redeker/v. Oertzen, § 80 Rdnr. 71.

*Jannasch*, Vorläufiger Rechtsschutz und Europarecht, VBlBW 1997,361.

*Kopp*, Welchen Anforderungen soll eine einheitliche Verwaltungsprozeßordnung genügen, um im Rahmen einer funktionsfähigen Rechtspflege effektiven Rechtsschutz zu gewähren? GA/54. DJT, 1982, B 1-127.

*Lehr*, Einstweiliger Rechtsschutz und Europäische Union, Berlin 1997.

*Leipold*, Grundlagen des einstweiligen Rechtsschutzes, 1971.

*Ders.*, Strukturfragen des einstweiligen Rechtsschutzes, ZZP 90 (1977), S. 258.

*Pietzcker*, Richtervorlage im Eilverfahren?, in: FS 180 Jahre Heymanns Verlag, 1995, S. 623.

*Ronellenfitsch*, Vorläufiger Rechtsschutz im Verwaltungsprozeß, Staatswissenschaften und Staatspraxis 1993,683.

*Sandner*, Probleme des vorläufigen Rechtsschutzes gegen Gemeinschaftsrecht vor nationalen Gerichten, DVBl 1998,262.

*Schmitt, Th.*, Richtervorlagen in Eilverfahren?, 1997.

*Schoch*, Vorläufiger Rechtsschutz und Risikoverteilung im Verwaltungsrecht, 1988.

*Ders.*, Grundfragen des verwaltungsgerichtlichen vorläufigen Rechtsschutzes, VerwArch 82 (1991), S. 145.

*Ders.*, Die Europäisierung des verwaltungsgerichtlichen vorläufigen Rechtsschutzes, DVBl 1997,289.

*Schwarze*, Vorläufiger Rechtsschutz im Widerstreit von Gemeinschaftsrecht und nationalem Verwaltungsverfahrens- und Prozeßrecht, in: FS für Bodo Börner, 1992, S. 389.

*Triantafyllou*, Zur Europäisierung des vorläufigen Rechtsschutzes, NVwZ 1992,129.

*Weber, Martin*, Vorläufiger Rechtsschutz bei subventionsrechtlichen Konkurrentenklagen im Verwaltungsprozeßrecht der Bundesrepublik Deutschland und im Prozeßrecht der Europäischen Gemeinschaft, 1990.

# § 28. Vorläufiger Rechtsschutz bei eingreifenden Verwaltungsakten

## I. Die aufschiebende Wirkung

### 1. Systematik

Der vorläufige Rechtsschutz gegen eingreifende Verwaltungsakte beruht auf einem System von Wirksamkeit und Suspendierung des angefochtenen Verwaltungsakts in *drei Stufen*. 1

*(1)* Mit seinem Erlaß wird der Verwaltungsakt *wirksam* (§ 43 Abs. 1 VwVfG) und entfaltet damit ohne weiteres die von ihm ausgehende Regelungswirkung. Er kann deshalb, soweit er sich nicht in dieser erschöpft (z. B. bei einer Einbürgerung) und vorbehaltlich abweichender materiell-rechtlicher Sonderregelung (z. B. für die Verwaltungsvollstreckung, vgl. § 6 Abs. 1 VwVG), vollzogen oder auf andere Weise verwirklicht werden. Diese Vollziehbarkeit wird durch die **aufschiebende Wirkung** (sogenannter Suspensiveffekt) des Widerspruchs und der Anfechtungsklage vorläufig aufgehoben (§ 80 Abs. 1), sofern nicht ein gesetzlicher Ausnahmetatbestand vorliegt, § 80 Abs. 2 Satz 1 Nr. 1-3; Satz 2 (s. unten Rdnr. 15 ff.).

*(2)* Demgegenüber hat die Behörde unter den Voraussetzungen des § 80 Abs. 2 Satz 1 Nr. 4; Abs. 3 die Möglichkeit, den im Regelfall eintretenden Suspensiveffekt zu verhindern oder zu beseitigen, indem sie die **sofortige Vollziehung anordnet** (s. unten Rdnr. 26 ff.).

*(3)* Rechtsschutz gegenüber dem Wegfall der aufschiebenden Wirkung beziehungsweise bei deren Fehlen wird nunmehr durch das Gericht gewährt, das gemäß § 80 Abs. 5 die **aufschiebende Wirkung wiederherstellen** oder, in den Fällen des Abs. 2 Satz 1 Nr. 1-3, überhaupt erst **anordnen** kann (s. unten Rdnr. 43 ff.). Vorgelagert kann auch (schon) die Ausgangs- oder die Widerspruchsbehörde die Vollziehung aussetzen, § 80 Abs. 4 (s. unten Rdnr. 37 ff.).

Schmitz, NZ 06, 1155, BVerfG, B 14.6.08, DVBl 08, 1056 (Buch Losia; Tod Bardichl, untersagt Veröff.)

## Vorläufiger Rechtsschutz bei eingreifenden Verwaltungsakten

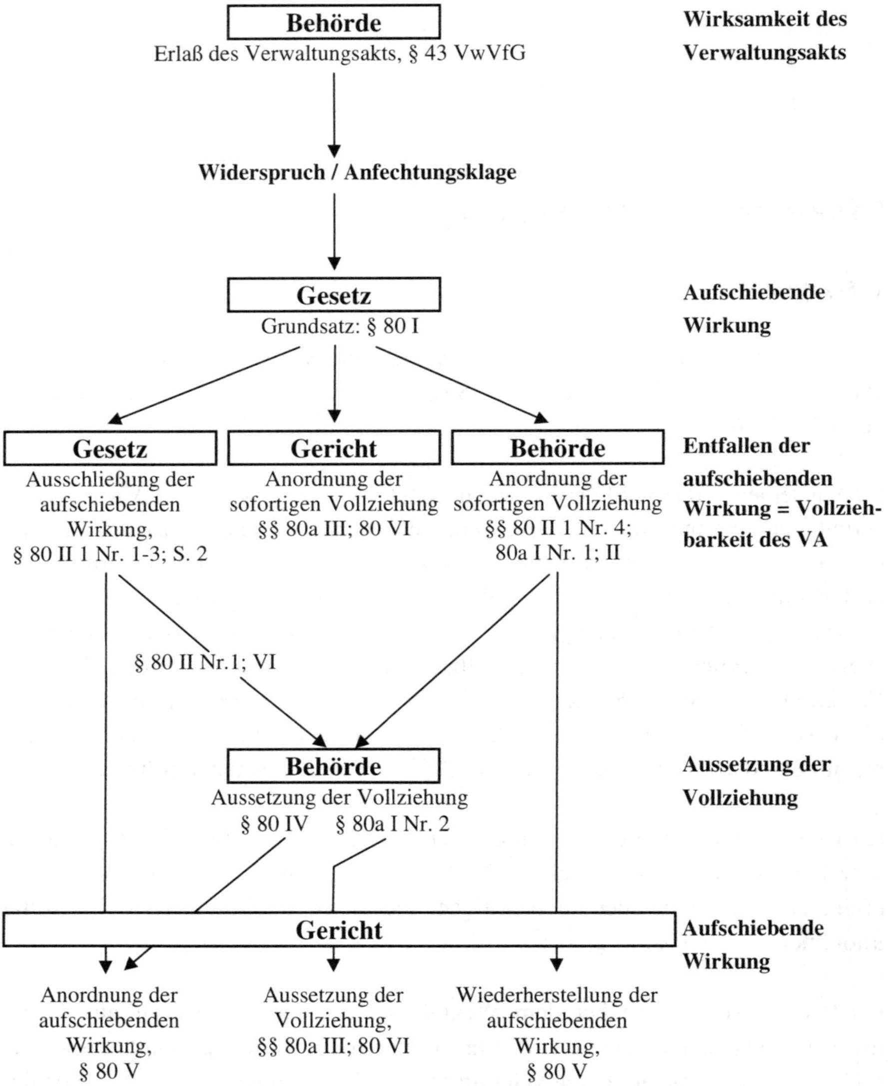

## 2. Der Eintritt der aufschiebenden Wirkung

### *a) Anknüpfung*

Nach § 80 Abs. 1 Satz 1 ist die aufschiebende Wirkung mit *Widerspruch* und *Anfechtungsklage* verbunden. Bestimmend ist diese, auf die Aufhebung eines belastenden Verwaltungsakts gerichtete *Klageform*, nicht eine zugrunde liegende, materiell-rechtliche Lage, über deren Bestehen ja gerade erst zu entscheiden ist. Aufschiebende Wirkung hat deshalb auch eine Anfechtungsklage zur Verteidigung einer bloß angemaßten Rechtsposition, zum Beispiel beim Betrieb einer Anlage ohne die (angeblich) erforderliche Genehmigung.[1] Dagegen wird mit der Verpflichtungs-, auch in Form der Versagungsgegenklage (vgl. oben § 16 Rdnr. 5 f.) sowie dem *dieser* vorgeschalteten Widerspruch prozessual ein Leistungsbegehren erhoben, in bezug auf das ein Suspensiveffekt ins Leere ginge: Die ausdrückliche oder stillschweigende (Teil)Ablehnung einer Begünstigung ist kein Eingriff. 2

### *b) Beginn, Ende*

Die aufschiebende Wirkung tritt *von Gesetzes wegen*, also ohne weiteres Zutun, mit der Erhebung des Widerspruchs oder der Anfechtungsklage ein, wirkt aber auf den Zeitpunkt des Erlasses des Verwaltungsakts zurück.[2] Etwaige zwischenzeitliche Vollzugsmaßnahmen erscheinen damit, obwohl sie rechtmäßig erfolgten (s. oben Rdnr. 1), rückwirkend ohne Berechtigung; gleichwohl sind sie im Hinblick auf die Vorläufigkeit der Beurteilung nur dann rückgängig zu machen, wenn dies durch Gericht oder Behörde angeordnet wurde (vgl. § 80 Abs. 5 Satz 3 sowie unten Rdnr. 58 f.). 3

Die aufschiebende Wirkung *endet*, wiederum rückwirkend auf ihren Eintritt,[3] wenn über den Rechtsbehelf unanfechtbar entschieden wurde (§ 80b Abs. 1 Satz 1), zum Beispiel mit Ablauf der Klagefrist gegen den Widerspruchsbescheid. Wird danach Anfechtungsklage erhoben, so ist in bezug auf diese erneut der Eintritt der aufschiebenden Wirkung zu prüfen. 4

Aus Gründen der Rechtssicherheit und der Verwaltungseffizienz endet die aufschiebende Wirkung bei *erstinstanzlicher Abweisung* der Anfechtungsklage drei Monate nach Ablauf der gesetzlichen Begründungsfrist für das gegen die Entscheidung gegebene Rechtsmittel; dies gilt grundsätzlich auch, wenn die aufschiebende Wirkung auf behördlicher oder gerichtlicher Entscheidung (§ 80 Abs. 4, 5; s. unten Rdnr. 37 ff., 51 ff.) beruht. 5

---

[1] Vgl. Schoch, in: Schoch/Schmidt-Aßmann/Pietzner, § 80 Rdnr. 48.
[2] Vgl. BayVGH, NVwZ 1987,63; Kopp/Schenke, § 80 Rdnr. 54.
[3] Vgl. Redeker/v. Oertzen, § 80 Rdnr. 7.

6 Das Oberverwaltungsgericht als Rechtsmittelgericht kann auf Antrag die Fortdauer der aufschiebenden Wirkung bis längstens zum rechtskräftigen Abschluß des Verfahrens anordnen (§ 80b Abs. 2). Vorläufiger Rechtsschutz mit Blick auf ein nachfolgendes, außerordentliches Verfahren (z. B. der Verfassungsbeschwerde, vgl. § 32 BVerfGG) ist in diesem zu gewähren.[4]

### *c) Voraussetzungen*

7 Die aufschiebende Wirkung wird durch die als solche wirksame Einlegung des Rechtsbehelfs ausgelöst. Sie hängt nicht von dessen *Zulässigkeit* ab.[5] Allerdings sind nach dem Sinn des vorläufigen Rechtsschutzes doch gewisse, unverzichtbare Mindestvoraussetzungen zu fordern. So muß der Rechtsbehelf insbesondere der Art nach statthaft, das heißt gegen einen im Verwaltungsrechtsweg grundsätzlich anfechtbaren Verwaltungsakt (also nicht etwa eine Rechtsnorm[6] oder einen sonstigen Hoheitsakt[7]) gerichtet sein und darf auch im übrigen nicht offensichtlich und völlig zweifelsfrei unzulässig sein,[8] zum Beispiel, weil der Rechtsbehelf mündlich, mit einer das zeitliche Kriterium einer Verwirkung aufweisenden Verspätung oder durch einen nicht Klagebefugten (§ 42 Abs. 2) eingelegt wurde.[9] Demgegenüber steht eine, selbst offenkundige *Unbegründetheit* in keinem Fall dem Eintritt der aufschiebenden Wirkung entgegen.[10] Insoweit sind Korrekturen des gesetzlichen Automatismus nur durch die Feinsteuerung einzelfallbezogener Entscheidungen seitens Behörde und Gericht möglich.

## 3. Die Bedeutung der aufschiebenden Wirkung

### *a) Inhalt*

8 Gehalt und sachliche Bedeutung der aufschiebenden Wirkung sind aus dem Gesetz nicht eindeutig zu entnehmen und deshalb zwischen **Vollziehbarkeitstheorie** und **Wirksamkeitstheorie** prinzipiell streitig. Während diese den Verwaltungsakt in der Übergangszeit als vorläufig *noch nicht wirksam* ansieht,[11] bleiben nach jener Wirksamkeit und Geltung des Verwaltungsakts unberührt und wird

---

[4] Vgl. auch BFH, BStBl II 1987,320.
[5] H. M., vgl. BVerwGE 13,1 (8); VGH BW, NVwZ 1993,73; Schmitt Glaeser, Rdnr. 248; a. M. OVG NW, NJW 1975,794.
[6] Vgl. BayVGH, DVBl 1979,742.
[7] Vgl. OVG Saarl, NVwZ 1986,769; vgl. auch BVerwGE 60,144 (147).
[8] H. M., vgl. Kopp/Schenke, § 80 Rdnr. 50; Eyermann/J. Schmidt, § 80 Rdnr. 13; Schmitt Glaeser, Rdnr. 249.
[9] Vgl. BVerwG, DVBl 1993,256; OVG RP, NVwZ 1993,699; Schmaltz, DVBl 1993,231.
[10] A. M. Eyermann/J. Schmidt, § 80 Rdnr. 14.
[11] Vgl. Eyermann/J. Schmidt, § 80 Rdnr. 6; G. Scholz, in: Menger-FS, S. 643; Schoch, in: Schoch/Schmidt-Aßmann/Pietzner, § 80 Rdnr. 85.

lediglich dessen *Vollziehung gehemmt.*[12] Die Unterschiede zwischen beiden Auffassungen sind jedoch in der praktischen Anwendung eher gering.[13]

Übereinstimmend wird die aufschiebende Wirkung jedenfalls als *Vollzugsverbot* verstanden, kraft dessen die Behörde gehindert ist, den Verwaltungsakt in die Realität umzusetzen, insbesondere, ihn zu vollstrecken oder sonst tatsächliche Folgerungen aus ihm zu ziehen. Dies findet eine Grundlage im Wortlaut des § 80, der in Abs. 2 Satz 1 Nr. 4; Abs. 4 und Abs. 5 Satz 3 auf die Anordnung, die Aussetzung sowie die Aufhebung *der Vollziehung* abstellt, und entspricht auch dem Anliegen effektiven Rechtsschutzes, die Schaffung vollendeter Tatsachen durch reale Umsetzung des Verwaltungsakts zu verhindern. Mit dieser Zielsetzung und einem damit einhergehenden, erweiternden Verständnis des Vollziehungsbegriffs umfaßt dieser auch jede sonstige *Verwirklichung des Verwaltungsakts*, so vor allem das Gebrauchmachen von Bau-, Gewerbe- und vergleichbaren Erlaubnissen durch von diesen begünstigte Private.[14] Deren Ausnutzung wird demzufolge durch Widerspruch und Anfechtungsklage eines Drittbetroffenen (z. B. Nachbarn) verhindert, ein Ergebnis, das nunmehr aufgrund der §§ 80 Abs. 1 Satz 2 und 80a kaum noch zweifelhaft sein kann. 9

Bei diesem rechtsschutzorientierten Verständnis der aufschiebenden Wirkung als **Verwirklichungsverbot** bedarf es keiner weitergehenden Aufhebung der Wirksamkeit des Verwaltungsakts schon auf der normativen Ebene. Für Verwaltungsakte, insbesondere solche rechtsgestaltender und feststellender Art, die einer zusätzlichen Vollziehung nicht zugänglich sind, bedeutet die gesetzlich ausdrücklich vorgesehene aufschiebende Wirkung (§ 80 Abs. 1 Satz 2) den Ausschluß weiterer Folgerungen in tatsächlicher oder rechtlicher Hinsicht aus dem Verwaltungsakt. Sie steht zum Beispiel der Einstellung der Gehaltszahlung nach Entlassung eines Beamten,[15] der Verweigerung des Zugangs zu einer Stadthalle nach Widerruf der Zulassung zu dieser,[16] der Ausweisung nach Feststellung des Nichtbestehens der deutschen Staatsangehörigkeit[17] oder der strafrechtlichen Verfolgung eines gegen den angefochtenen Verwaltungsakt verstoßenden Verhaltens[18] entgegen. 10

Demgegenüber schießt eine weitergehende Aufschiebung der Wirksamkeit des Verwaltungsakts über das Rechtsschutzziel zu Lasten der Verwaltungseffizienz hinaus und verschafft einem letztlich unterlegenen Kläger den durch nichts 11

---

[12] So die h. M., vgl. BVerwGE 13,1 (6); 66,218 (222); Redeker/v. Oertzen, § 80 Rdnr. 4; Schmitt Glaeser, Rdnr. 250; Finkelnburg/Jank, a.a.O., Rdnr. 487.

[13] Vgl. Redeker/v. Oertzen, § 80 Rdnr. 5; demgegenüber Schoch, in: Schoch/Schmidt-Aßmann/Pietzner, § 80 Rdnr. 79 ff.

[14] Vgl. BVerwGE 49,244 (250); BVerwG, NJW 1969,202; vgl. dazu BVerfGE 51,268 (281 f.).

[15] Vgl. BVerwGE 1,45 (47).

[16] Vgl. VGH BW, DVBl 1995,302.

[17] Vgl. HessVGH, DÖV 1997,381.

[18] Vgl. BVerfGE 80,244 (252) für Vereinsverbot; BGHSt 23,86 (89); BGH, NJW 1982,189.

gerechtfertigten Vorteil, der gegen ihn ergangenen, berechtigten Regelung für den möglicherweise lang dauernden Zeitraum bis zur rechtskräftigen Entscheidung endgültig nicht unterworfen zu sein. Im Ergebnis ist damit dem herrschenden Verständnis der aufschiebenden Wirkung zuzustimmen, nach der der Verwaltungsakt lediglich hinsichtlich weiterer Folgerungen in der Übergangszeit so anzusehen ist, als ob er nicht verbindlich geworden wäre:[19] Danach sind dem entlassenen Beamten die Bezüge zunächst weiterzubezahlen, können aber gleichwohl als rechtsgrundlos zurückgefordert werden, wenn die Anfechtungsklage gegen die Entlassung rechtskräftig abgewiesen wurde.[20]

### b) Reichweite

12 Die aufschiebende Wirkung erfaßt den angegriffenen Verwaltungsakt insgesamt. Bei Verwaltungsakten, die entweder den Adressaten teils begünstigen, teils belasten (sachliche Doppelwirkung) oder sowohl eine Person begünstigen als auch eine andere belasten (gesetzlich sogenannte Doppel-, genauer Drittwirkung), ist zu differenzieren.

13 *aa) Verwaltungsakte mit sachlicher Doppelwirkung*, insbesondere Begünstigungen unter einschränkenden Nebenbestimmungen, sind nur dann – isoliert – mit Suspensiveffekt hinsichtlich der Belastung anfechtbar, wenn diese sich als sachlich und rechtlich abtrennbare Regelung darstellt, deren Aufhebung den Bestand des Verwaltungsakts im übrigen unberührt läßt. Muß dagegen Verpflichtungsklage auf die uneingeschränkte Begünstigung erhoben werden (vgl. im einzelnen oben § 17 Rdnr. 54 ff.), so ist auch für den Eintritt der aufschiebenden Wirkung (wie umgekehrt für eine Anordnung der sofortigen Vollziehung, vgl. unten Rdnr. 26 ff.)[21] kein Raum, unabhängig davon, ob fälschlich gegen die Belastung Anfechtungsklage erhoben wurde.[22] Um hier von der Begünstigung vorläufig ohne die Beschränkung Gebrauch machen zu können, bedarf es vielmehr einer entsprechenden Gewährung (einstweilige Anordnung, vgl. unten § 29 Rdnr. 23 ff.).

14 *bb) Verwaltungsakte mit Drittwirkung*. Enthält der begünstigende Verwaltungsakt zugleich die Belastung eines Dritten (vgl. unten Rdnr. 66 ff. sowie oben § 16 Rdnr. 18 ff.; § 18 Rdnr. 40 ff.), so erfaßt die aufschiebende Wirkung der Anfechtungsklage (§ 80 Abs. 1 Satz 2) ohne weiteres auch die durch den Verwaltungsakt begründete Begünstigung, nachdem beide in untrennbarem Zusammenhang

---

[19] Vgl. Kopp/Schenke, § 80 Rdnr. 22; Redeker/v. Oertzen, § 80 Rdnr. 4 ff.

[20] Vgl. BVerwGE 1,45 (48); BVerwG, Buchholz 232 § 32 BBG Nr. 18.

[21] Vgl. NdsOVG, NVwZ 1992,387.

[22] OVG NW, DVBl 1982,847; VGH BW, VBlBW 1997,107; vgl. dazu auch BVerwG, DÖV 1984,854.

stehen. Der Suspensiveffekt einer gegen die Baugenehmigung oder einen als deren Voraussetzung erteilten Dispens erhobenen Klage steht deshalb einem sofortigen Baubeginn entgegen (vgl. im einzelnen unten Rdnr. 66 ff.).

## 4. Der gesetzliche Ausschluß der aufschiebenden Wirkung

Die Automatik aufschiebender Wirkung greift nicht ein, wenn diese durch einen 15
der Ausnahmetatbestände gemäß § 80 Abs. 2 Satz 1 Nr. 1-3; Satz 2 ausgeschlossen ist. Neben den in Abs. 2 Satz 1 Nr. 1, 2 als solchen inhaltlich erfaßten Standardlagen eines besonderen öffentlichen Vollzugsinteresses können durch Bundes- oder Landesgesetz weitere Ausnahmen bestimmt werden (Abs. 2 Satz 1 Nr. 3). Der Katalog des § 80 Abs. 2 ist abschließend; es gibt keine sofortige Vollziehbarkeit "kraft Natur der Sache" ohne gesetzliche oder behördliche Anordnung[23] (vgl. aber noch unten Rdnr. 22).

### *a) Die Anforderung öffentlicher Abgaben und Kosten*

Um die öffentliche Finanzkraft zu sichern, müssen *öffentliche Abgaben und* 16
*Kosten* ungeachtet eines Streits über deren Berechtigung zunächst jedenfalls entrichtet werden.[24] Überwiegende Gründe der Effektivität des Rechtsschutzes stehen nicht entgegen, da Geldzahlungen, die im Wege der späteren Erstattung ohne weiteres kompensiert werden können, in der Regel keine vollendeten Tatsachen in dem vorliegend gemeinten Sinn schaffen. Atypische Gestaltungen, in denen auch die bloß zeitweilige finanzielle Belastung im Fall ihrer Rechtswidrigkeit wegen konkreter Auswirkungen (z. B. drohende Zahlungsunfähigkeit) als unzumutbar erscheint, können durch besondere Anordnungen gemäß § 80 Abs. 4-6 bewältigt werden.

*aa)* Nach Gesetzeswortlaut und -zweck können als *öffentliche Abgaben* nicht alle, 17
sondern nur diejenigen öffentlich-rechtlichen Geldleistungen[25] an die öffentliche Hand gelten, die zur Deckung des Finanzbedarfs für die Erfüllung ihrer öffentlichen Aufgaben erhoben werden.[26] Darunter fallen, soweit für sie der Verwaltungsrechtsweg eröffnet ist (vgl. dazu oben § 11 Rdnr. 79 ff.) unstreitig jedenfalls die öffentlichen Lasten in der klassischen Trias von Steuern (§ 3 Abs. 1 AO),

[23] Vgl. Kopp/Schenke, § 80 Rdnr. 72; Eyermann/J. Schmidt, § 80 Rdnr. 18.
[24] Zur Rechtfertigung dieser "Vorleistungspflicht" vgl. Heckmann, a.a.O., S. 59 f.
[25] Sonstige Leistungen fallen von vornherein aus dem Abgabenbegriff heraus, vgl. Tipke/Lang, Steuerrecht, 16. Aufl. 1998, § 3 Rdnr. 12 ff.
[26] BVerwG, DVBl 1993,441; OVG RP, NVwZ 1987,64; Schoch, a.a.O., S. 1209; Heckmann, a.a.O., S. 117.

BayVGH, NVwZ 97, 654, VGH, B 7.9.93, DVBl 93, 1733 (Beitrags-Kosten nicht), Schoch, NVwZ 06, 49

Gebühren (Verwaltungs- und Benutzungs-, z. B. Abfallgebühren) und Beiträgen (z. B. Erschließungs-, Kammerbeiträge).[27]

18 Die inzwischen herrschende Meinung rechnet hierzu ferner sonstige Abgaben, die einem, wenn auch nur sektoral begrenzten, *Finanzierungszweck* dienen,[28] ist jedoch völlig uneinig bei der Zuordnung einzelner Abgabearten, wie zum Beispiel der Abwasser-[29] und der Fehlbelegungsabgabe,[30] der Stellplatzablösung[31] oder von Säumniszuschlägen.[32] Zu den *nicht erfaßten*, ausschließlich sachzweckorientierten *Geldleistungspflichten ohne Finanzierungszweck* dürften dagegen gehören die (frühere) Bardepotpflicht (§ 6a Abs. 1 AWG),[33] die Naturschutzabgabe[34] sowie das Wasserentgelt.[35] Angesichts der Finanzierungsrelevanz jeder staatlichen Einnahme[36] erweist sich die Zwecksetzung in der Tat als wenig brauchbares Kriterium. Demgegenüber erscheint es, nicht zuletzt aus Gründen der Rechtssicherheit, als vorzugswürdig, den Tatbestand gemäß § 80 Abs. 2 Nr. 1 als Ausnahmevorschrift eng auszulegen[37] und den Begriff der öffentlichen Abgaben auf das klassische Verständnis zu begrenzen.[38]

19 *bb) Öffentliche Kosten* werden nach Maßgabe der jeweils einschlägigen Gesetze in Form von *Gebühren und Auslagen* (vgl. §§ 1 VwKostG; 19 Abs. 1 VwVG) für die Erbringung von Verwaltungsleistungen auferlegt.[39] Sie sind nur im Fall ihrer gesonderten *Anforderung*, nicht aber dann von der aufschiebenden Wirkung ausgenommen, wenn die Kosten*entscheidung* zusammen mit dem zugehörigen Hauptverwaltungsakt, dessen unselbständigen Annex sie bildet, angefochten

---

27 Zur Definition der Begriffe vgl. Tipke/Lang, Steuerrecht, § 3 Rdnr. 9 ff.; BayVGH, BayVBl 1985,409.

28 Vgl. BVerwG, DVBl 1993,441; VGH BW, DVBl 1984,345; BayVGH, NVwZ 1987,63; OVG NW, DVBl 1993,563; HessVGH, NVwZ 1995,1027; Redeker/v. Oertzen, § 80 Rdnr. 16; Kopp/Schenke, § 80 Rdnr. 56.

29 Dafür VGH BW, DVBl 1984,345; jetzt wohl auch HessVGH, NVwZ 1995,1027; dagegen HessVGH, NVwZ 1984,45; Kopp/Schenke, § 80 Rdnr. 61. Vgl. jetzt auch § 12a AbwAbgG.

30 Dafür OVG Berlin, NVwZ 1987,61; OVG NW, DVBl 1993,563, demgegenüber noch DVBl 1984,353; dagegen ferner Kopp/Schenke, § 80 Rdnr. 61; Redeker/v. Oertzen, § 80 Rdnr. 16; dazu BVerfGE 78,249 (269).

31 Dafür Kopp/Schenke, § 80 Rdnr. 57; dagegen OVG NW, NVwZ 1987,63.

32 Dafür OVG Bremen, NVwZ 1987,65; HessVGH, DÖV 1995,429; dagegen BayVGH, NVwZ 1987,63; Redeker/v. Oertzen, § 80 Rdnr. 16.

33 Vgl. BVerwGE 69,366.

34 Vgl. dazu BVerwGE 74,308; 81,220.

35 A. M. HambOVG, NVwZ 1990,1003; vgl. dazu aber auch BVerfGE 93,319 (338 ff.).

36 Vgl. z. B. nur zur kommunalen Verpackungssteuer einerseits BVerwGE 96,272, andererseits Gern, NVwZ 1995,771.

37 Vgl. auch BayVGH, NJW 1993,953; Kopp/Schenke, § 80 Rdnr. 56.

38 Vgl. Schoch, a.a.O., S. 1212; Heckmann, a.a.O., S. 136 f.; ferner die ältere Rechtsprechung, vgl. etwa HessVGH, NVwZ 1984,45.

39 Vgl. BayVGH, BayVBl 1995,694.

wird.[40] Gleiches gilt folgerichtig für eine auf der angefochtenen Kostenentscheidung beruhende, getrennte *Kostenfestsetzung*.[41]

Für Geldforderungen im Rahmen der *Verwaltungsvollstreckung* ist zu differenzieren:[42] Soweit sie als Gebühren und Auslagen *für* Vollstreckungshandlungen erhoben werden (vgl. § 19 Abs. 1 VwVG), erfüllen sie die Kriterien des § 80 Abs. 2 Satz 1 Nr. 1, umfassen jedoch nicht die Kosten einer *Ersatzvornahme* (vgl. § 10 VwVG), die sich als Gegenstand eines besonders geregelten Erstattungsanpruchs darstellen.[43] Dagegen ist die Auferlegung von *Zwangsgeld* (§ 11 VwVG) selbst eine Vollstreckungsmaßnahme, der gegenüber ein Rechtsbehelf grundsätzlich aufschiebende Wirkung hat[44] (vgl. aber noch unten Rdnr. 24). 20

### b) Unaufschiebbare Polizeivollzugsmaßnahmen

Die aufschiebende Wirkung entfällt ferner bei *unaufschiebbaren* Anordnungen und Maßnahmen von *Polizeivollzugsbeamten*. 21

Auf dem Hintergrund der organisatorischen Zweiteilung gefahrenabwehrender Staatstätigkeit zwischen Polizei- (beziehungsweise Ordnungs-, Sicherheits-) *Behörden* und *Polizeivollzugsdienst* mit seinen Beamten beziehungsweise Dienstkräften[45] sieht § 80 Abs. 2 Satz 1 Nr. 2 (nur) für die von den letzteren getroffenen Maßnahmen eine sofortige Realisierbarkeit vor, nicht dagegen für Anordnungen der allgemeinen Polizei- oder speziellen Ordnungsbehörden bei der Wahrnehmung ihrer bau-, gewerbe-, ausländer-, lebensmittelrechtlichen ("-polizeilichen") usw. Aufgaben.[46]

Die Maßnahme muß ferner *unaufschiebbar* sein, das heißt zur Vermeidung nachhaltiger Beeinträchtigungen des Gemeinwohls keine Verzögerung dulden. Die Vorschrift wird auf Verkehrsregelungen, insbesondere die Aufstellung, aber auch Entfernung[47] von Verkehrszeichen, wegen deren Funktionsgleichheit mit vollzugspolizeilichen Anordnungen (vgl. oben § 17 Rdnr. 24) *entsprechend* angewendet,[48] wobei das Kriterium der Unaufschiebbarkeit grundsätzlich zu bejahen 22

---

[40] Allgemeine Meinung, vgl. z. B. HambOVG, DÖV 1985,206; BayVGH, BayVBl 1995,694.
[41] Vgl. HambOVG, DÖV 1985,206; Finkelnburg/Jank, a.a.O., Rdnr. 693.
[42] Undifferenziert ablehnend dagegen etwa Schmitt Glaeser, Rdnr. 262; wohl auch Eyermann/J. Schmidt, § 80 Rdnr. 24.
[43] H. M., VGH BW, ESVGH 34,222 (224); DÖV 1996,425; HessVGH, ESVGH 26,184; Schmitt Glaeser, Rdnr. 262; Heckmann, a.a.O., S. 126, 139; a. M. BayVGH, zuletzt BayVBl 1995,694.
[44] Vgl. SächsOVG, SächsVBl 1996,258.
[45] Vgl. dazu W. Schenke, Polizei- und Ordnungsrecht, in: Steiner, Rdnr. 251.
[46] Vgl. dazu BVerwG, NJW 1979,1054 (Fahrtenbuch).
[47] Vgl. OVG NW, NJW 1998,329.
[48] Vgl. BVerwG, NJW 1978,656; Redeker/v. Oertzen, § 80 Rdnr. 17.

ist.[49] Es soll auch für einen durch die zuständige Behörde verfügten Smogalarm (vgl. § 40 BImSchG) gelten.[50]

### *c) Spezialgesetzliche Regelungen*

23 Aufschiebende Wirkung tritt schließlich nicht ein, soweit dies durch Bundes- oder – für Landesrecht – Landes*gesetz* vorgeschrieben ist. Damit werden auch bundesgesetzliche Regelungen vor Inkrafttreten der Verwaltungsgerichtsordnung, die inzwischen freilich selten sind, aufrechterhalten.[51] Ungeachtet der in § 80 Abs. 2 Satz 1 Nr. 3 beispielhaft genannten Regelungsgegenstände (Investitionen, Schaffung von Arbeitsplätzen)[52] unterliegt der Gesetzgeber keinen Bindungen hinsichtlich legitimer Zielsetzungen. In der Folge hat die gegenwärtig ohnehin zurückhaltende Beurteilung der verfassungsrechtlichen Bedeutung des Suspensiveffekts[53] im Dienste eines formalen Beschleunigungsinteresses zu einer erheblichen Zunahme diesbezüglicher Ausnahmeregelungen geführt, die inzwischen ein nicht unbedenkliches Ausmaß erreicht haben;[54] als Beispiele seien genannt die §§ 10 Abs. 8 BSeuchenG; 90 Abs. 3 BSHG; 49 KWG; 20 Satz 2 GjSM; 72 AuslG; 75 AsylVfG; aus neuerer Zeit § 212a BauGB mit dem generellen Ausschluß des Suspensiveffektes baurechtlicher Drittklagen, ferner §§ 17 Abs. 6a Satz 1 FStrG; 5 Abs. 2 Satz 1 VerkWegePlBG; 20 Abs. 5 Satz 1 AEG. Für die neuen Bundesländer enthält das RechtsmittelbeschränkungsG i. d. F. v. 1.11.1996[55] einen Katalog weiterer Ausnahmen.

24 *Landesrechtlich* ist vor allem der Ausschluß der aufschiebenden Wirkung von Rechtsbehelfen gegen *Maßnahmen in der Verwaltungsvollstreckung*[56] bedeutsam, der auf der Grundlage des bis zum 31.12.1996 geltenden § 187 Abs. 3 in allen Ländern gesetzlich vorgesehen wurde.[57] Diese Ermächtigung wird nunmehr

---

[49] Vgl. BVerwG, NJW 1978,656 für bedingtes Halteverbot an Parkuhren; differenzierend dagegen Schmitt Glaeser, Rdnr. 263; Kopp/Schenke, § 80 Rdnr. 64.

[50] So Kopp/Schenke, § 80 Rdnr. 64 im Anschluß an Jarass, NVwZ 1987,98; Jacobs, NVwZ 1987,105.

[51] Ebenso Schmitt Glaeser, Rdnr. 264; BayVGH, BayVBl 1988,372 zu § 5 Abs. 3 Satz 1 ErstG; jetzt auch Kopp/Schenke, § 80 Rdnr. 65.

[52] Vgl. dazu Ruffert, NVwZ 1997,654.

[53] Vgl. demgegenüber noch BVerfGE 35,263 (274); 35,382 (401); 51,268 (284) und dazu oben § 27 Rdnr. 10.

[54] Vgl. auch Berkemann, DVBl 1998,449.

[55] Art. 2 des 6. VwGO-ÄndG, BGBl I S. 1626.

[56] Vgl. dazu VGH BW, DÖV 1996,425.

[57] Vgl. § 12 Satz 1 bwVwVG; Art. 21a Satz 1 bayVwZVG; § 4 Satz 1 blnAGVwGO; § 39 Satz 1 bbgVwVG; Art. 11 Satz 1 bremAGVwGO; § 75 Abs. 1 Satz 2 hambVwVG; § 16 Satz 1 hessAGVwGO; § 99 Abs. 1 Satz 2 mvSOG; §§ 66 Satz 2, 70 Abs. 1 ndsVwVG i. V. m. § 64 Abs. 4 Satz 1 GefahrenabwehrG; § 8 Satz 1 nwAGVwGO; § 16 Abs. 5 Satz 1 rpVwVG/§ 56a Satz 1 POG; § 20 Satz 1 saarlAGVwGO; § 11 Satz 1 sächsVwVG; § 9 saAGVwGO/§ 53 Abs. 4 Satz 1 SOG; §§ 248 Abs. 1 Satz 2, 322 Abs. 1 shLVG; § 8 Satz 1 thürAGVwGO.

fortgeführt in § 80 Abs. 2 Satz 1 Nr. 3 und dem diesen erweiternden Abs. 2 Satz 2, der eine derartige Regelung auch in bezug auf Vollstreckungsmaßnahmen zuläßt, die durch die Länder nach Bundesrecht getroffen werden.[58]

## II. Behördliche Regelungen der Vollziehbarkeit

25 Entspricht der grundsätzliche Eintritt der aufschiebenden Wirkung (§ 80 Abs. 1) oder deren Beschränkung (§ 80 Abs. 2 Satz 1 Nr. 1-3) im Einzelfall nicht der maßgeblichen Interessenlage, so stehen der Behörde auf einer zweiten Stufe Korrekturmöglichkeiten in doppelter Richtung zur Verfügung. Sie kann einerseits durch die **Anordnung der sofortigen Vollziehung** (§ 80 Abs. 2 Satz 1 Nr. 4; Abs. 3) einen gesetzlich eintretenden Suspensiveffekt ausschließen, andererseits aber auch dessen gesetzliche Beschränkung beseitigen, indem sie die **Vollziehung aussetzt** (§ 80 Abs. 4).

### 1. Die Anordnung der sofortigen Vollziehung

26 Die Anordnung der sofortigen Vollziehung gemäß § 80 Abs. 2 Satz 1 Nr. 4 ist – negativ – auf die durch den Rechtsbehelf ausgelöste aufschiebende Wirkung bezogen, enthält also nicht etwa ein Gebot zur unmittelbaren Realisierung des Verwaltungsakts, sondern stellt die Ausgangslage in Gestalt von dessen *Vollziehbarkeit* wieder her.[59] Eine besondere materiell-rechtliche Ermächtigung ist hierfür nicht erforderlich.[60]

#### *a) Materiell-rechtliche Voraussetzungen*

27 Die Anordnung setzt tatbestandlich das Bestehen eines *besonderen öffentlichen* oder *überwiegenden (privaten) Interesses* eines Beteiligten an der Vollziehung voraus.

Für das *öffentliche Interesse* genügt noch nicht das allgemeine Interesse am Gesetzesvollzug, das den Erlaß des Verwaltungsakts legitimiert. Erforderlich ist vielmehr, darüber hinausgehend, ein zusätzliches, gerade auf die sofortige Verwirklichung gerichtetes Interesse, das deren (weiteren) Aufschub nicht zuläßt.[61] Dieses *besondere Vollzugsinteresse* muß allerdings nicht notwendig außerhalb der gesetzlichen Eingriffsermächtigung liegen. Es kann sich vielmehr durchaus, ja wird sich sogar häufig gerade aus der besonderen Dringlichkeit und Schutz-

---

[58] Vgl. Amtl. Begr., BT-Drucks. 13/3993, S. 11. Folgerichtig bedarf es auch hierfür der Gesetzesform; a. M. Schmitt Glaeser, Rdnr. 264.
[59] Vgl. Renck, BayVBl 1994,161; Kopp/Schenke, § 80 Rdnr. 71.
[60] Vgl. dazu Kopp/Schenke, § 80 Rdnr. 71.
[61] Vgl. BVerfGE 35,382 (402); BVerfG, NVwZ 1996,58; ShOVG, NVwZ 1992,688; Terwiesche, NwVBl 1996,462.

Tietje, DVBl 98, 124, Kink, DÖV 01, 397, BVerfGK, B 27.4.05, NVwZ 05, 1303, BVerfG, B 11.6.08, DVBl 08, 1056 (Untersagung Buch/LOSCA über Tod Barschel)

bedürftigkeit des durch den Verwaltungsakt auf gesetzlicher Grundlage verfolgten Sachinteresses ergeben.

**Beispiele**: Besondere Bedrohung der öffentlichen Sicherheit durch den wegen schwerer Straftaten ausgewiesenen Ausländer (vgl. § 47 Abs. 1 AuslG);[62] nachhaltige Beeinträchtigung der natürlichen Verhältnisse in einem stillgelegten Steinbruch durch eine Verfüllung;[63] Brandgefahren bei illegaler Gebäudenutzung;[64] nicht hinnehmbare Gefahren für die Allgemeinheit beim Fehlen erforderlicher beruflicher Qualifikation.[65]

**28** Im übrigen sind alle Interessen, auch solche fiskalischer Natur,[66] zu berücksichtigen, sofern sie mit dem Zweck der gesetzlichen Ermächtigung, auf die der Verwaltungsakt gestützt ist, in unmittelbarem rechtlichem Zusammenhang stehen.[67]

**29** Bei *Verwaltungsakten mit Doppelwirkung* (s. noch unten Rdnr. 66 ff.), bei denen dem Begünstigten infolge der aufschiebenden Wirkung der durch den Verwaltungsakt begründete Rechtsvorteil vorläufig vorenthalten wird, kann die Anordnung des Sofortvollzugs auch zur Wahrung des durch diese Verzögerung betroffenen (privaten) *Drittinteresses* erfolgen. Sie kommt hier vor allem in Betracht, um einem privaten oder öffentlichen Projektträger die vorzeitige Realisierung einer behördlichen Gestattung, zum Beispiel einer Baugenehmigung oder nicht schon kraft Gesetzes vollziehbaren (vgl. z. B. § 17 Abs. 6a Satz 1 FStrG) Planfeststellung trotz deren Anfechtung durch Nachbarn beziehungsweise sonstige Betroffene, zu ermöglichen, umgekehrt aber auch dann, wenn eine zu deren Schutz erlassene Verfügung (z. B. Stillegung gemäß § 20 Abs. 2 BImSchG) gegen den hiergegen klagenden Vorhabenträger zunächst einmal verwirklicht werden soll.

### b) Die behördliche Entscheidung

**30** *aa) Erlaß*. Die Anordnung der sofortigen Vollziehung muß stets ausdrücklich und wegen der notwendigen Verbindung mit ihrer Begründung (s. unten Rdnr. 35) schriftlich erlassen werden.[68] Sie wird in der Regel mit dem Verwaltungsakt verbunden, kann aber auch erst später durch die Ausgangsbehörde oder durch die Widerspruchsbehörde ergehen. Diese ist allerdings erst nach Erhebung des Widerspruchs zuständig, da sie vorher nicht "über diesen zu entscheiden hat".[69] Von da

---

[62] Vgl. OVG NW, NJW 1977,2038.
[63] Vgl. HessVGH, NVwZ-RR 1993,13.
[64] Vgl. OVG Berlin, DÖV 1997,551.
[65] Vgl. GemOVG Lüneburg, OVGE 32,377 (380).
[66] Vgl. HessVGH, NVwZ 1983,747; BayVGH, BayVBl 1990,22.
[67] Vgl. Kopp/Schenke, § 80 Rdnr. 93.
[68] Vgl. VGH BW, DVBl 1995,302.
[69] Ebenso Redeker/v. Oertzen, § 80 Rdnr. 25; Kopp/Schenke, § 80 Rdnr. 81; ohne diese Beschränkung dagegen die h. M., vgl. BayVGH, BayVBl 1988,152; VGH BW, ESVGH 22,111 (113); Hufen, § 32 Rdnr. 15; Puttler, in: Sodan/Ziekow, § 80 Rdnr. 77.

an tritt eine aus praktischer Sicht problematische Verfahrenskonkurrenz ein; die Ausgangsbehörde hat jedoch bei Entscheidungskollisionen zurückzustehen.[70]

Mit ihrer Funktion, die durch den Suspensiveffekt eingeschränkte Wirksamkeit des Verwaltungsakts wiederherzustellen, ist die Anordnung ein unselbständiger Annex zu diesem, also nicht selbst Verwaltungsakt.[71] Sie beziehungsweise ihre Ablehnung unterliegt nur dem speziellen Rechtsbehelf gemäß §§ 80 Abs. 5; 80a Abs. 3.[72] 31

*bb) Ermessensausübung*. Über die Anordnung wird nach *Ermessen* auf der Grundlage einer umfassenden *Abwägung* entschieden, wobei die für den sofortigen Vollzug sprechenden Gründe das durch die gesetzliche Automatik als grundsätzlich beachtlich eingestufte Rechtsschutzinteresse am Aufschub des Verwaltungsakts *überwiegen* müssen; die diesbezügliche gesetzliche Anforderung in § 80 Abs. 2 Satz 1 Nr. 4 stellt sich demnach als allgemeine, auf die Berücksichtigung privater Interessen nicht beschränkte Leitlinie der Ermessenshandhabung dar.[73] 32

In die Abwägung einzustellen sind alle im konkreten Fall erheblichen öffentlichen und privaten Interessen sowie die Wahrscheinlichkeit, Intensität und Nachhaltigkeit ihrer – potentiellen – Beeinträchtigung. Dabei kommt dem Rechtsschutzanspruch des Bürgers um so mehr Gewicht zu, je schwerer die auferlegte Belastung wiegt und je mehr der Vollzug Unabänderliches bewirken würde.[74] Andererseits kann sich aber auch das für den Vollzug sprechende öffentliche oder private Interesse (z. B. der Verkehrssicherheit; des Gewässerschutzes) als so dringlich darstellen, daß der Ermessensspielraum, zumal angesichts minimaler Erfolgsaussichten des Rechtsbehelfs, auf eine einzige (positive) Entscheidung reduziert wird und dann gegebenenfalls auch ein *Anspruch* (z. B. des Nachbarn) *auf Erlaß der Anordnung* besteht. 33

Inhaltlich kann die Entscheidung den jeweiligen Erfordernissen angepaßt werden, also entsprechend § 80 Abs. 5 Satz 1 auf einen Teil des Verwaltungsakts beschränkt oder mit Bedingungen oder Auflagen versehen werden. 34

### c) Formelle Anforderungen

Das besondere Interesse an der sofortigen Vollziehung muß – bei mehreren Widerspruchsführern in bezug auf jeden von ihnen[75] – *schriftlich begründet* 35

---

[70] Vgl. Kopp/Schenke, § 80 Rdnr. 110 f.; Hörtnagel/Stratz, VBlBW 1991,328.
[71] Ebenso ShOVG, DÖV 1993,169; OVG RP, NVwZ 1988,748; Finkelnburg/Jank, a.a.O., Rdnr. 774; Hufen, § 32 Rdnr. 17; a. M. letztlich Kopp/Schenke, § 80 Rdnr. 78; Terwiesche, NwVBl 1996,464.
[72] BVerwG, DÖV 1995,384.
[73] Vgl. Kopp/Schenke, § 80 Rdnr. 102.
[74] Vgl. BVerfGE 35,382 (402); 67,64 (58); 69,315 (363); 79,69 (74).
[75] Vgl. BayVGH, BayVBl 1997,409.

werden; etwas anderes gilt nur bei als solchen bezeichneten Notstandsmaßnahmen, § 80 Abs. 3. Eine Begründung in diesem Sinn ist nicht vorhanden, wenn sie sich in formelhaften Wendungen oder der Wiederholung der für den Verwaltungsakt gegebenen Begründung erschöpft.[76] Auch in diesem Fall ist zwar die Vollzugsanordnung wirksam,[77] jedoch rechtswidrig und auf einen Antrag nach § 80 Abs. 4 oder 5 hin schon deswegen aufzuheben (s. unten Rdnr. 38 sowie Rdnr. 51). Die Anordnung kann nicht durch Nachschieben einer Begründung geheilt, sondern nur neu erlassen werden;[78] § 45 Abs. 1 Nr. 2; Abs. 2 VwVfG ist nicht – auch nicht entsprechend – anwendbar.

**36** Umstritten ist, ob der Betroffene vor Erlaß der Anordnung *anzuhören* ist. Da § 28 VwVfG mangels Verwaltungsaktqualität der Anordnung nicht einschlägig ist und diese auch keine über den materiellen Regelungsgehalt des vollziehbaren Verwaltungsakts hinausgehende Belastung mit sich bringt, erscheint eine zusätzliche Anhörung nicht geboten.[79] Zusätzliche, für Bestand oder Wegfall der aufschiebenden Wirkung relevante Gründe können im Verfahren gemäß § 80 Abs. 4 beziehungsweise Abs. 5 geltend gemacht werden.

### 2. Die Aussetzung der Vollziehung

**37** Als *Korrektiv des Wegfalls* der aufschiebenden Wirkung gemäß § 80 Abs. 2 ermächtigt § 80 Abs. 4 andererseits die Behörde zur *Aussetzung der Vollziehung*. Die praktische Bedeutung für den Rechtsschutz erscheint angesichts der gerichtlichen Remedien allerdings gering.

#### a) Allgemeiner Regelungsgehalt

**38** Die Aussetzung ist sowohl in den Fällen des gesetzlichen Ausschlusses gemäß § 80 Abs. 2 Satz 1 Nr. 1-3 als auch nach vorausgehender Anordnung des Sofortvollzugs (Abs. 2 Satz 1 Nr. 4) möglich, etwa wegen veränderter Verhältnisse, aber auch aufgrund abweichender Beurteilung, insbesondere durch die Widerspruchsbehörde. Diese ist neben der Ausgangsbehörde, jedoch, nicht anders als bei der Vollziehungsanordnung, erst nach Einlegung des Widerspruchs[80] zuständig.

---

[76] Vgl. Terwiesche, NwVBl 1996,462.

[77] Vgl. Kopp/Schenke, § 80 Rdnr. 86 f.; nunmehr auch Schmitt Glaeser, Rdnr. 268; a. A. Renck, NVwZ 1988,701.

[78] Redeker/v. Oertzen, § 80 Rdnr. 27a; a. A. Finkelnburg/Jank, a.a.O., Rdnr. 760.

[79] Ebenso OVG RP, NVwZ 1988,748; GemOVG Lüneburg, DVBl 1989,887; VGH BW, DÖV 1991,167; Hamann, DVBl 1989,969 mit Erwiderung von Renck, DVBl 1990,1038; Würtenberger, Rdnr. 519; vgl. demgegenüber Redeker/v. Oertzen, § 80 Rdnr. 27; Kopp/Schenke, § 80 Rdnr. 82; Finkelnburg/ Jank, a.a.O., Rdnr. 774.

[80] So Hörtnagel/Stratz, VBlBW 1991,327; jetzt auch Kopp/Schenke, § 80 Rdnr. 110; wohl auch Redeker/v. Oertzen, § 80 Rdnr. 33; für konkurrierende Zuständigkeit von Anfang an dagegen, m. E. jedoch, trotz Wegfalls der gesetzlichen Beschränkung auf das Widerspruchsverfahren,

Über die Aussetzung der Vollziehung ist in vergleichbarer Abwägung aller im konkreten Fall betroffener Interessen zu entscheiden. Dabei begründet der gesetzliche Ausschluß der aufschiebenden Wirkung gemäß § 80 Abs. 1 Satz 1 Nr. 1-3 keine Regelvermutung für ein grundsätzlich vorrangiges Vollzugsinteresse.[81] Zu berücksichtigen sind, soweit sie sich bereits mit hinreichender Sicherheit überblicken lassen,[82] auch die Erfolgsaussichten des Widerspruchs, für die, anders als bei der Klage (§ 113 Abs. 1 Satz 1), zusätzlich Gründe fehlender Zweckmäßigkeit (§ 68 Abs. 1 Satz 1) bedeutsam sein können. 39

Die Entscheidung ergeht auf Antrag oder von Amts wegen und unterliegt keinem Rechtsmittel. Wird ein Aussetzungsantrag *abgelehnt*, so ist Rechtsschutz gemäß § 80 Abs. 5, 80a Abs. 3 gegeben, ebenso bei Stattgabe im Sinn einer *Aussetzung der Vollziehung*. Der Ausgangsbehörde (beziehungsweise deren Rechtsträger), deren Entscheidung suspendiert wird, steht jedoch in diesem Fall ein Antragsrecht nur zu, wenn sie in einer eigenen Rechtsstellung (z. B. Selbstverwaltungsrecht eigenständiger Rechtsträger) betroffen wird.[83] 40

### b) Öffentliche Abgaben und Kosten

Für die Anforderung öffentlicher Abgaben und Kosten, dem praktischen Hauptanwendungsfall eines gesetzlich bestimmten Sofortvollzugs mit einzelfallbezogenem Korrekturbedarf, trifft § 80 Abs. 4 Satz 2, 3 zur Sicherstellung eines effektiven Rechtsschutzes bei gleichzeitiger Wahrung des öffentlichen Finanzierungsinteresses eine besondere Regelung. Danach *soll* (das heißt muß im Regelfall) eine Aussetzung erfolgen, wenn *ernstliche Zweifel an der Rechtmäßigkeit* des angegriffenen *Verwaltungsakts* (also nicht etwa an der materiell-rechtlichen Berechtigung der Abgabenforderung) bestehen oder wenn die Vollziehung für den Pflichtigen eine *unbillige*, nicht durch überwiegende *öffentliche Interessen gebotene Härte* zur Folge hätte, § 80 Abs. 4 Satz 3. Mit dieser Bindung der Ermessensausübung werden zugleich die Zulässigkeitsvoraussetzungen für eine Aussetzung festgelegt.[84] 41

---

zum Teil inkonsequent, die h. M., Puttler, in: Sodan/Ziekow, § 80 Rdnr. 104; Schoch, NVwZ 1991,122.

[81] BVerfGE 69,220 (229); 96,239 (242); VGH BW, DÖV 1991,895; Eyermann/J. Schmidt, § 80 Rdnr. 78; a. M. OVG RP, NVwZ 1985,201; Redeker/v. Oertzen, § 80 Rdnr. 48; Kopp/Schenke, § 80 Rdnr. 114.

[82] Vgl. Eyermann/J. Schmidt, § 80 Rdnr. 73 ff.

[83] Vgl. OVG RP, NVwZ-RR 1992,206; gänzlich verneinend Schoch, in: Schoch/Schmidt-Aßmann/Pietzner, § 80 Rdnr. 217; Eyermann/J. Schmidt, § 80 Rdnr. 52.

[84] VGH BW, ESVGH 34,222 (225); BayVGH, BayVBl 1995,694 f.; Redeker/v. Oertzen, § 80 Rdnr. 46.

*Ernstliche Zweifel* an der Rechtmäßigkeit des Verwaltungsakts sind gegeben, wenn gewichtige Gründe gegen diese sprechen, die den Erfolg des Rechtsbehelfs als mindestens ebenso wahrscheinlich machen, wie dessen Mißerfolg.[85]

42 Eine *unbillige Härte* liegt vor, wenn durch die sofortige Leistung für den Betroffenen zusätzliche Nachteile außerhalb der Zahlung selbst entstehen, die sich der bei unberechtigter Inanspruchnahme regelmäßig vorhandenen Kompensationsmöglichkeit (s. oben Rdnr. 16) entziehen, zum Beispiel im Fall einer drohenden Existenzvernichtung.[86]

## III. Der gerichtliche Rechtsschutz

### 1. Die gerichtliche Entscheidung

#### *a) Überblick*

43 Entfällt die aufschiebende Wirkung gemäß § 80 Abs. 2, so ist der im Einzelfall erforderliche Rechtsschutz auf der *dritten Stufe* gemäß § 80 Abs. 5 durch das Gericht zu gewähren. Dieses kann eine kraft Gesetzes im Regelfall fehlende aufschiebende Wirkung (erstmals) *anordnen* oder diese entgegen behördlicher Vollziehbarkeitserklärung *wiederherstellen*.

44 Demgegenüber sieht § 80 Abs. 5 eine *Anordnung der sofortigen Vollziehung* nicht vor. Diese obliegt als Annex zum Erlaß des Verwaltungsakts (s. oben Rdnr. 26) primär der Behörde, wohingegen das Gericht zur Gewährung von Rechtsschutz gerade gegenüber dem Sofortvollzug und also zu dessen Aufhebung, nicht aber zu dessen selbständiger Begründung berufen ist. Lediglich, soweit bei *Verwaltungsakten mit Doppelwirkung* der Rechtsschutzanspruch des Drittbegünstigten die *sofortige Vollziehung* fordert, läßt § 80a Abs. 3 i. V. m. Abs. 1 Nr. 1; Abs. 2 deren Anordnung im überwiegenden Interesse jenes Beteiligten (§ 80 Abs. 2 Satz 1 Nr. 4), also gerade nicht im öffentlichen Interesse,[87] auch durch das Gericht zu.

45 Schließlich kann das Gericht auch zum Schutz vor unberechtigten Vollzugsmaßnahmen auf der tatsächlichen Ebene angerufen werden, wenn der Verwaltungsakt durch die Behörde oder mit deren Duldung durch den Begünstigten unter Mißachtung eines bestehenden Suspensiveffekts verwirklicht wird (sogenannte *faktische Vollziehung*).

---

[85] So Redeker/v. Oertzen, § 80 Rdnr. 36; Kopp/Schenke, § 80 Rdnr. 116; VGH BW, VBlBW 1997,219; eingehend auch Schoch, in: Schoch/Schmidt-Aßmann/Pietzner, § 80 Rdnr. 195 ff.; überwiegende Erfolgswahrscheinlichkeit verlangen dagegen etwa OVG NW, DVBl 1993,563; Renck, NVwZ 1992,338; aber auch VGH BW, ESVGH 34,222 (225).

[86] Vgl. BayVGH, BayVBl 1988,727; OVG NW, NVwZ 1989,588.

[87] Vgl. Kopp/Schenke, § 80 Rdnr. 121.

Puttler, NVwZ 97, 654, v. Stülpnagel, DÖV 01, 1132 BVerwG, B 14.4.05, DVBl 05, 717 (Flugh. Berlin-Schönefeld), Erhardt / Beckmann, DÖV 06, 672, BVerwG, B 29.5.07, DVBl 07, 901 Shirvani / Heidebach, DÖV 10, 254, Hofmann, EurR 13, 289 (301 – vorl. Vorlage...)

### *b) Bedeutung*

Die gerichtliche Entscheidung gemäß § 80 Abs. 5 Satz 1 dient dem Rechtsschutz einerseits formell gegenüber der behördlichen Anordnung, andererseits inhaltlich gegenüber dem Sofortvollzug als solchem. Dementsprechend stellt sie sich zunächst, soweit sie auf dessen behördliche Anordnung bezogen ist, als reine *Kontrollentscheidung* dar (s. unten Rdnr. 51), während über die materielle Berechtigung des (behördlich oder gesetzlich begründeten) Sofortvollzugs eine *eigenständige Ermessensentscheidung* zu treffen ist (s. unten Rdnr. 52 ff.).[88] 46

### *c) Verfahren*

*aa)* Entscheidungen nach § 80 Abs. 5 Satz 1 ergehen nur auf *Antrag*, der bereits vor Anhängigkeit der Hauptsache und in diesem Sinn vor Erhebung der Anfechtungsklage gestellt werden kann. Als Ansatzpunkt für die gerichtliche Entscheidung über die aufschiebende Wirkung bedarf es aber jedenfalls der mindestens gleichzeitigen Erhebung des diese grundsätzlich auslösenden Rechtsbehelfs, also in der Regel des Widerspruchs, bei Entbehrlichkeit eines Vorverfahrens (vgl. z. B. §§ 74 Abs. 1 Satz 2; 70 VwVfG) der Anfechtungsklage.[89] 47

*bb) Die Beteiligten* sind mit denjenigen des Hauptsacheverfahrens nicht identisch und können auch in unterschiedlichen Verfahrensrollen auftreten. Unter den Voraussetzungen des § 65 ist deshalb beispielsweise eine *Beiladung* zum Verfahren veranlaßt, auch wenn der durch die Entscheidung in diesem Betroffene bereits Beteiligter an jenem ist. 48

*Antragsgegner* ist stets der Rechtsträger der Behörde (beziehungsweise diese selbst), der die sofortige Vollziehbarkeit zuzurechnen ist (vgl. auch noch unten Rdnr. 67 ff.). Das ist in den Fällen von deren ausdrücklicher Anordnung (§ 80 Abs. 2 Satz 1 Nr. 4) die anordnende Behörde, sonst die Ausgangsbehörde.

*cc)* Ein *Vorverfahren* im Sinne vorheriger Antragstellung bei der Behörde auf eine Entscheidung nach § 80 Abs. 4 ist, auch unter dem Aspekt des Rechtsschutzinteresses,[90] grundsätzlich nicht erforderlich. Zur Entlastung der Gerichte ist jedoch gemäß § 80 Abs. 6 Satz 1 ein Antrag in bezug auf die *Anforderung öffentlicher Abgaben und Kosten* (Abs. 2 Satz 1 Nr. 1) – vorbehaltlich der Ausnahmen in 49

---

[88] Ganz h. M., vgl. Kopp/Schenke, § 80 Rdnr. 146 m. w. Nachw.; a. M. Schoch, Vorläufiger Rechtsschutz a.a.O., S. 1387 ff.; Renck, NVwZ 1992,339; ders., BayVBl 1994,165.

[89] OVG NW, DÖV 1995,874; Redeker/v. Oertzen, § 80 Rdnr. 55; anders unter nicht überzeugender Berufung auf die Parallele des § 123 Abs. 1 die wohl h. M., vgl. Kopp/Schenke, § 80 Rdnr. 139; vgl. auch VGH BW, DVBl 1995,302.

[90] Vgl. HessVGH, DVBl 1992,45.

Satz 2 (behördliche Verschweigung; drohende Vollstreckung) – nur zulässig (im engeren Sinn; vgl. oben § 10 Rdnr. 2 ff.)[91], wenn ein *Aussetzungsantrag an die Behörde* zuvor mit hinreichender Klarheit abgelehnt wurde.[92]

50 *dd) Form, Zuständigkeit.* Die Entscheidung ergeht nach freigestellter mündlicher Verhandlung durch Beschluß.

Zuständig ist das Gericht der Hauptsache, also das Gericht, bei dem die Anfechtungsklage – auch in höherer, zum Beispiel der Revisionsinstanz[93] – anhängig ist oder, wenn der Antrag vor Klageerhebung gestellt wird, erhoben werden muß. Nur unter diesem Aspekt kommt es für die Bestimmung der *funktionellen Zuständigkeit* (s. oben § 12 Rdnr. 5) – mittelbar – auf die örtliche und sachliche Zuständigkeit an. In dringenden Fällen kann der Vorsitzende der (des) an sich zuständigen Kammer (Senats) entscheiden, § 80 Abs. 8.

## 2. Aufschiebende Wirkung

### a) Entscheidungsmaßstab

51 *aa)* Bei einem Antrag gegen die behördliche Anordnung der sofortigen Vollziehung hat das Gericht zunächst deren *formelle Rechtmäßigkeit* nach Maßgabe des § 80 Abs. 2 Satz 1 Nr. 4; Abs. 3 zu prüfen. Erfüllt die Anordnung diese Voraussetzungen (vgl. oben Rdnr. 30 ff., 35 f.) nicht, so ist sie rechtswidrig und allein deswegen aufzuheben,[94] ohne daß es auf ihre sachliche Berechtigung ankommt. Der Behörde steht dann eine erneute Entscheidung offen.[95]

52 *bb)* Über die *materiellen Kriterien* der Entscheidung sagt § 80 Abs. 5 nichts. Geht man von der gesetzlichen Grundlage für die behördliche Anordnung in § 80 Abs. 2 aus, so kommt es allein auf eine Interessenabwägung an. Dabei spielt die Rechtmäßigkeit des Verwaltungsakts, da für die rechtsstaatlich gebundene Behörde fraglose Voraussetzung ihres Handelns, naturgemäß eine allenfalls untergeordnete Rolle (vgl. oben Rdnr. 32 f.). Demgegenüber kann das Gericht schon aufgrund seines Auftrags zu kontrollierendem Rechtsschutz die durch diesen zu sichernde, materielle Rechtslage nicht ignorieren. Ihre Einbeziehung im Rahmen des gerade durch das Erkenntnisrisiko belasteten vorläufigen Rechtsschutzes führt

---

[91] Vgl. BayVGH, BayVBl 1992,148; OVG RP, DVBl 1992,1296.

[92] Vgl. dazu OVG Saarl, NVwZ 1993,490; OVG NW, NVwZ 1997,87; OVG RP, DVBl 1999,1001.

[93] BVerwGE 80,21 (22); BVerwG, DVBl 1978,538.

[94] Vgl. Kopp/Schenke, § 80 Rdnr. 148; demgegenüber – zu weitgehend – für Anordnung der aufschiebenden Wirkung etwa BayVGH, BayVBl 1975,20; OVG NW, NJW 1986,1894; vgl. Terwiesche, NwVBl 1996,465 m. w. Nachw.

[95] Vgl. VGH BW, VBlBW 1996,297.

BVerwG, B 19.6.07, NVwZ 07, 1097 (Fortdauer der aufschiebenden Wirkung)

zu einem *Stufenmodell materiell-akzessorischer Interessenabwägung*,[96] das, ungeachtet unterschiedlicher theoretisch-konstruktiver Ansätze (vgl. oben § 27 Rdnr. 4 ff.), die Rechtspraxis weithin bestimmt.[97]

*(1)* Dabei sind unstreitig zunächst die **Erfolgsaussichten** der Klage, soweit sie **offensichtlich** sind, maßgeblich: An der sofortigen Realisierung einer der Sache nach dringlichen, aber offenkundig rechtswidrigen Anordnung kann kein öffentliches Interesse bestehen, wie es umgekehrt bei eindeutig zu verneinender Rechtsverletzung an einem Bedürfnis für gerichtlichen Schutz fehlt.[98] Für eine Abwägung der beteiligten Interessen ist dann kein Raum. Dabei ist die Existenz eines Vollzugsinteresses als solchen immer vorausgesetzt, ohne das es – auch bei offensichtlich rechtmäßigen Verwaltungsakten – schon an der formellen Zulässigkeit der Anordnung fehlt.[99] 53

*(2)* Ausgangspunkt der weiteren Prüfung ist eine **Abwägung der zu berücksichtigenden Interessen**. Auch hier muß jedoch die Rechtslage, selbst wenn sie nicht eindeutig zutage liegt, aber bereits überschaubar ist, nach Maßgabe ihrer Erkennbarkeit und mit dem daraus folgenden Gewicht berücksichtigt werden. Die *materielle Akzessorietät* zwischen vorläufigem und endgültigem Rechtsschutz verpflichtet das Gericht zu einer überschlägigen, sachrechtlichen Prüfung,[100] die jedoch um so intensiver sein muß, je mehr die Entscheidung in gewichtige, insbesondere grundrechtlich gesicherte Rechtspositionen eingreift und bereits die abschließende Entscheidung vorwegnimmt.[101] Gleichwohl bleibt ihr Ergebnis eingebettet in den Gesamtzusammenhang der Interessenabwägung. Dabei können selbst gravierende, aber bloß mögliche Rechtsverletzungen aus "besonders gewichtigen Gründen", die eine Realisierung des Verwaltungsakts verlangen, zurückzustellen sein.[102] Hält das Gericht den Verwaltungsakt jedoch für rechtswidrig, so ist es, auch wenn dies nicht offensichtlich ist, rechtsstaatlich gehindert, dessen – selbst gesetzlich vorgesehenen – Sofortvollzug zu bestätigen.[103] 54

---

[96] Dazu besonders Schoch, Vorläufiger Rechtsschutz a.a.O., S. 1582 ff.; ders., VerwArch 82 (1991), S. 167 f.

[97] Vgl. Eyermann/J. Schmidt, § 80 Rdnr. 69 ff.; Redeker/v. Oertzen, § 80 Rdnr. 49; Schoch, in: Schoch/Schmidt-Aßmann/Pietzner, § 80 Rdnr. 266.

[98] Vgl. BVerfGE 79,275 (281); BVerwG, DVBl 1974,566; BayVGH, NVwZ 1983,691; ShOVG, NVwZ 1992,687.

[99] Vgl. dazu auch VGH BW, VBlBW 1997,390.

[100] Vgl. BVerwG, NVwZ 1993,565; VGH BW, NVwZ 1992,591; OVG NW, NVwZ 1992,187; zu eng demgegenüber ShOVG, NVwZ 1992,687.

[101] Vgl. BVerfGE 69,315 (364) sowie bereits oben § 27 Rdnr. 6 ff.

[102] Vgl. BVerfGE 79,69 (75).

[103] Vgl. BayVGH, NVwZ 1992,275; VGH BW, NVwZ 1997,405. Verfehlt demgegenüber BayVGH, NVwZ 1988,749 mit Kritik von Renck, NVwZ 1988,700.

55 Gegenüber der *Anforderung öffentlicher Abgaben und Kosten* im Sinn des § 80 Abs. 4 Satz 3 ist unter den dort genannten Voraussetzungen (vgl. oben Rdnr. 41 f.) eine Aufhebung der Vollziehbarkeit auch durch das Gericht zulässig und geboten.

56 *(3)* Sind die Erfolgsaussichten des Rechtsbehelfs nach der gebotenen Prüfung offen, so ist die Entscheidung auf eine **reine Interessenabwägung** zu gründen.[104] Diese folgt den Kriterien für die behördliche Anordnung beziehungsweise Aussetzung der Vollziehung[105] (vgl. oben Rdnr. 30 ff., 38 ff.).

### b) Entscheidungsinhalt

57 Die Entscheidung, durch die das Gericht dem Antrag stattgibt und die *aufschiebende Wirkung des Rechtsbehelfs* ganz oder teilweise *anordnet* oder *wiederherstellt* (§ 80 Abs. 5 Satz 1), ist konstitutiv und kann gegen Sicherheitsleistung, befristet oder unter anderen Nebenbestimmungen erlassen werden (vgl. § 80 Abs. 5 Satz 4, 5), insbesondere, um ihren vorläufigen Charakter sicherzustellen. In entsprechender Weise können auch umgekehrt ergänzende Anordnungen zur Sicherung der aufschiebenden Wirkung getroffen, zum Beispiel ein Verbot erlassen werden, den durch die angefochtene Versetzung frei werdenden Dienstposten sofort wieder zu besetzen.[106]

## 3. Vollzugsmaßnahmen

### a) Aufhebung der Vollziehung

58 Auf der Ebene realer Umsetzung kann das Gericht die Aufhebung der Vollziehung anordnen, wenn der Verwaltungsakt im Zeitpunkt der gerichtlichen Aussetzung seiner Vollziehbarkeit bereits vollzogen ist, § 80 Abs. 5 Satz 3. Damit wird für den Bereich des vorläufigen Rechtsschutzes eine dem § 113 Abs. 1 Satz 2 (vgl. dazu oben § 15 Rdnr. 35 ff.) entsprechende Regelung getroffen.[107] Hier wie dort handelt es sich um ein prozessuales Hilfsmittel, dessen Erfolg jedoch vom (vorläufig zu beurteilenden) Bestehen eines materiell-rechtlichen Anspruchs auf Rückgängigmachung (*vorläufiger Folgenbeseitigungsanspruch)* abhängt,[108] zum Beispiel bei der Rückgabe eines beschlagnahmten Gegenstandes,[109] oder der Nachzahlung einbehaltener Bezüge.

---

[104] Vgl. OVG NW, DVBl 1991,1320.
[105] Vgl. Kopp/Schenke, § 80 Rdnr. 152; Redeker/v. Oertzen, § 80 Rdnr. 49.
[106] VGH BW, DÖV 1974,605.
[107] Vgl. Kopp/Schenke, § 80 Rdnr. 176.
[108] Vgl. VGH BW, DÖV 1971,713.
[109] Vgl. OVG NW, NJW 1987,1964.

Die stattgebende Entscheidung verpflichtet die Behörde zu einem entsprechenden Tätigwerden und ist erforderlichenfalls vollstreckbar[110] (vgl. unten § 43 Rdnr. 5). Des Umwegs über eine zusätzliche einstweilige Anordnung (§ 123) bedarf es deshalb nicht. 59

### *b) Faktische Vollziehung*

Nichts grundsätzlich anderes gilt für die faktische Vollziehung (s. oben Rdnr. 45).[111] Obwohl hier, isoliert gesehen, die für die Anwendung des § 80 konstitutive Anfechtungssituation nicht unmittelbar vorliegt, ist Rechtsschutz nicht durch Erlaß einer einstweiligen Anordnung (§ 123 Abs. 1),[112] sondern insgesamt im Wege des § 80 Abs. 5[113] zu suchen.[114] Denn, entsprechend dessen Intention geht es um die Abwehr eines (faktischen) Eingriffs im Vorfeld der Anfechtungsklage, deren vorläufiger Rechtsschutz abschließend in §§ 80, 80a geregelt ist (§ 123 Abs. 5). § 80 Abs. 5 Satz 3 ermächtigt denn auch zu gerichtlichen Anordnungen für den Fall der rechtmäßigen Vollziehung *vor* Eintritt der aufschiebenden Wirkung; für deren rechtswidrige Nichtbeachtung kann nichts anderes gelten.[115] Auch hier kann also die Aufhebung der zur tatsächlichen Umsetzung (Vollziehung) des Verwaltungsakts getroffenen Maßnahmen auf der Grundlage des § 80 Abs. 5 Satz 2, nicht des § 123 Abs. 1, angeordnet und durchgesetzt werden. 60

Steht zu befürchten, daß es zu einer Vollziehung des angefochtenen Verwaltungsakts kommt, ohne daß die Voraussetzungen des § 80 Abs. 2 vorliegen, zum Beispiel, weil die Behörde irrig von einer Vollziehbarkeit kraft Gesetzes ausgeht[116] oder diese nicht besonders oder bloß mündlich angeordnet hat, so gehen Anordnung und Wiederherstellung der aufschiebenden Wirkung ersichtlich ins Leere.[117] Das Gericht trifft deshalb lediglich die für die Behörde verbindliche *Feststellung*, daß der Rechtsbehelf aufschiebende Wirkung hat.[118] 61

---

[110] OVG NW, NVwZ 1993,383; Redeker/v. Oertzen, § 80 Rdnr. 58; Kopp/Schenke, § 168 Rdnr. 3.

[111] Vgl. BayVGH, DVBl 1982,1011; HessVGH, DVBl 1992,780; Finkelnburg/Jank, a.a.O., Rdnr. 900.

[112] So z. B. BayVGH, DVBl 1992,452; Renck, BayVBl 1994,166.

[113] So BayVGH, DVBl 1982,1012; OVG RP, NVwZ 1993,699; Redeker/v. Oertzen, § 80 Rdnr. 29.

[114] Die h. M. differenziert zwischen bevorstehender (dann § 80 Abs. 5) und realisierter (dann § 123) Nichtbeachtung des Suspensiveffekts; vgl. Finkelnburg/Jank, a.a.O., Rdnr. 911; Schmitt Glaeser, Rdnr. 283. Insoweit zu Recht kritisch Renck, BayVBl 1994,166.

[115] Vgl. auch Finkelnburg/Jank, a.a.O., Rdnr. 904; Kopp/Schenke, § 80 Rdnr. 181.

[116] Vgl. OVG NW, NVwZ 1992,186 (Wohnbauvorhaben gemäß § 10 Abs. 2 BauGBMaßnG; vgl. jetzt § 212a Abs. 1 BauGB).

[117] Vgl. aber HambOVG, DVBl 1982,218; OVG NW, NVwZ 1987,334.

[118] Vgl. BayVGH, NVwZ 1987,63; HessVGH, DVBl 1992,780; OVG NW, DVBl 1992,46.

## 4. Bestand der Entscheidung

### *a) Änderungsbefugnis*

62 Der Beschluß bleibt, vorbehaltlich kürzerer Befristung, bis zur Unanfechtbarkeit des Verwaltungsakts bestehen; diese tritt in der Regel mit der Rechtskraft eines klagabweisenden Urteils ein, ferner aber zum Beispiel auch mit der Klagerücknahme oder der Klageänderung bei einseitig gebliebener Erledigungserklärung[119] (vgl. unten § 36 Rdnr. 36 ff.).

63 Seiner Natur als vorläufige Regelung entsprechend, kann der Beschluß jedoch nach Ermessen des Gerichts jederzeit, wenngleich nur aus hinreichend gewichtigen Sachgründen,[120] inhaltlich *geändert* oder *aufgehoben* werden, § 80 Abs. 7 Satz 1.[121] Ein diesbezügliches *Antragsrecht* der Beteiligten besteht jedoch nur bei veränderten oder im ursprünglichen Verfahren ohne Verschulden nicht geltend gemachten Umständen, § 80 Abs. 7 Satz 2. Im Hinblick auf die sachliche Orientierung am jeweiligen Erkenntnisstand im Hauptsacheverfahren entscheidet das in diesem zuständige Gericht, auch, wenn die Erstregelung nicht von ihm getroffen wurde.[122] Auch in diesem Fall ergeht eine neue Sach-, keine Rechtsmittelentscheidung.

### *b) Rechtsmittel*

64 Gegen Beschlüsse des Verwaltungsgerichts über die Aussetzung und, über den Wortlaut des § 146 Abs. 4 hinaus, Anordnung der Vollziehung steht den Beteiligten und sonst von der Entscheidung Betroffenen die **Beschwerde** zu, § 146 Abs. 1. Anders als nach der ursprünglichen Rechtslage sind beschwerdebefugt also nicht nur der unterlegene Antragsteller (vgl. § 80 Abs. 6 Satz 2 in der bis zum 1.1.1983 geltenden Fassung) und, aufgrund verfassungskonformer Auslegung, ein benachteiligter Drittbegünstigter (z. B. Bauherr bei erfolgreichem Nachbarantrag),[123] sondern auch Verwaltungsträger, selbst wenn sie sich nicht auf eigene Rechte berufen können.[124]

65 Die Beschwerde bedarf, entsprechend der Regelung für die Berufung (§§ 124 f.), der **Zulassung**[125] durch das Beschwerdegericht (OVG), die innerhalb

---

[119] Vgl. VGH BW, VBlBW 1997,176.
[120] Vgl. OVG NW, DVBl 1999,998.
[121] Vgl. VGH BW, DÖV 1996,177.
[122] Vgl. BVerwGE 96,239 (243 f.).
[123] Vgl. BVerfGE 35,263 (277 ff.).
[124] Vgl. VGH BW, NVwZ 1992,591; vgl. auch noch BayVGH, BayVBl 1981,658 für Gemeinden.
[125] Kritisch zu dem damit bezweckten Entlastungseffekt VGH BW, VBlBW 1997,219; Meissner, VBlBW 1997,86; Mampel, DVBl 1997,1158 f.

von zwei Wochen beim Verwaltungsgericht zu beantragen ist, § 146 Abs. 4-6. Die Zulassung setzt das Beschwerdeverfahren in Gang, kann jedoch aus Gründen effektiven Rechtsschutzes mit der Entscheidung über das Rechtsmittel selbst verbunden werden.[126] Beschlüsse des Oberverwaltungsgerichts (§ 152 Abs. 1) und des Bundesverwaltungsgerichts sind unanfechtbar.

## IV. Verwaltungsakte mit Doppelwirkung

Die für den Verwaltungsakt mit Doppelwirkung kennzeichnende Konstellation eines Interessenwiderstreits zweier gleichgeordneter, meist privater Beteiligter ist auch für die Ausgestaltung des vorläufigen Rechtsschutzes bestimmend.[127] Hier wird die Behörde zum schiedsrichterlichen Ausgleich der Interessen,[128] zum Beispiel einerseits des Nachbarn an der suspendierenden Zurückstellung, andererseits des Vorhabenträgers an der sofortigen Ausnutzung der hoheitlichen Genehmigung, tätig, hat also ein eigenes Vollzugsinteresse nur im Fall zusätzlicher, spezifischer Allgemeinbelange (vgl. auch § 80 Abs. 2 Satz 1 Nr. 3), zum Beispiel der Energieversorgung,[129] der Abfallentsorgung[130] oder der Wohnraumbeschaffung.[131] Diesen Besonderheiten trägt auf der Basis eines grundsätzlichen Suspensiveffekts auch von Drittklagen (§ 80 Abs. 1 Satz 2) der im Jahre 1991 im wesentlichen zur Klarstellung eingefügte § 80a Rechnung, dessen Anwendungsbereich sich strikt mit demjenigen der Dritt-Anfechtungsklage (s. oben § 16 Rdnr. 18 ff.; 18 Rdnr. 40 f.) deckt. **66**

### 1. Behördliche Regelungen

Nach der Systematik des § 80a liegt die Entscheidung über die Vollziehbarkeit des Verwaltungsakts in erster Linie bei der Behörde. Zwei Konstellationen sind zu unterscheiden.

#### *a) Drittklagenkonstellation*

Legt ein Dritter (z. B. Nachbar) einen Rechtsbehelf gegen einen Verwaltungsakt (Baugenehmigung) ein, der an einen anderen (Bauherrn) gerichtet ist und diesen begünstigt, so ist die Lösung dieses Interessenkonflikts materiell in § 80 Abs. 2 Satz 1 Nr. 4; Abs. 4 vorgezeichnet. Auf dieser Grundlage ermächtigt § 80a die Behörde, je nach Abwägungsergebnis, bei überwiegendem Interesse des **67**

---

[126] Vgl. VGH BW, NVwZ 1997,405; vgl. auch NdsOVG, NVwZ 1997,1225.
[127] Vgl. BVerfGE 35,263 (276 f.); Sellner, in: FS für Lerche, S. 823 ff.
[128] Vgl. BVerwG, DVBl 1966,273.
[129] Vgl. BayVGH, NVwZ 1982,130.
[130] Vgl. OVG NW, NVwZ-RR 1994,143.
[131] Vgl. BayVGH, BayVBl 1992,439.

Begünstigten die *sofortige Vollziehung anzuordnen* (Abs. 1 Nr. 1), bei vorrangigem Schutzinteresse des Dritten die – kraft Gesetzes oder behördlicher Anordnung bestehende – *Vollziehbarkeit* ("Vollziehung") *auszusetzen* (Abs. 1 Nr. 2). Zugleich kann sie einstweilige Maßnahmen zur Sicherung der Rechte des Dritten treffen, etwa Beginn beziehungsweise Fortsetzung der Bauarbeiten untersagen.[132] Die Anordnung der Vollziehbarkeit kann von Auflagen zum Schutz des Dritten, zum Beispiel einer Sicherheitsleistung, abhängig gemacht werden.[133] Dabei handelt es sich um rein prozessuale Instrumente, deren Gebrauch eine materiell-rechtliche Ermächtigungsgrundlage (z. B. im Bauordnungsrecht) nicht voraussetzt.[134]

**68** Rein prozessualer Natur ist auch die *Vollzugsanordnung*. Sie ist von vorläufigen Regelungen des materiellen Rechts, wie der (vorläufigen) Zulassung des vorzeitigen Beginns von Vorhaben (vgl. z. B. §§ 8a BImSchG; 33 KrW/AbfG; 9a WHG) streng zu unterscheiden.[135]

### b) Drittschutzkonstellation

**69** Legt ein Betroffener (z. B. Anlagebetreiber) gegen einen an ihn gerichteten, belastenden Verwaltungsakt (Betriebsstillegung, § 20 Abs. 2 BImSchG) einen Rechtsbehelf ein, so werden durch die mit diesem verbundene aufschiebende Wirkung die Interessen Dritter (durch den Betrieb der Anlage gefährdeter Nachbarn) beeinträchtigt, wenn der Verwaltungsakt diese begünstigt oder gar zu ihrem Schutz erlassen wurde.[136] Wie sich bereits aus § 80 Abs. 2 Satz 1 Nr. 4 ergibt, kann hier die Behörde wiederum (im überwiegenden Interesse dieser Beteiligten) die sofortige Vollziehung anordnen, § 80a Abs. 2.

### c) Antrag

**70** Anordnungen der Behörde gemäß § 80a Abs. 1 und 2 ergehen auf Antrag, sind aber gemäß dem in Bezug genommenen § 80 Abs. 2 Satz 1 Nr. 4; Abs. 4 auch ohne einen oder vor einem solchen, das heißt von Amts wegen, zulässig. Durch die Hervorhebung eines *Antragsrechts* des durch die begehrte Regelung Begünstigten wird jedoch dessen formelle Verfahrensbeteiligung und das bereits im Rahmen des § 80 Abs. 4 anerkannte subjektive Recht auf eine

---

[132] Vgl. OVG NW, NVwZ 1993,383.
[133] Vgl. BayVGH, BayVBl 1980,117; Traumann, NVwZ 1988,415.
[134] Ebenso jetzt Kopp/Schenke, § 80a Rdnr. 14; a. A. Schoch, in: Schoch/Schmidt-Aßmann/Pietzner, § 80 Rdnr. 4.
[135] Vgl. dazu Topp, Die Zulassung des vorzeitigen Beginns von Abfallentsorgungsanlagen nach § 7a AbfG und § 15a BImSchG, 1995.
[136] Vgl. BayVGH, GewArch 1985,172.

ermessensfehlerfreie Entscheidung unter Berücksichtigung auch seiner Interessen[137] bekräftigt.

## 2. Gerichtliche Regelungen

Nach § 80a Abs. 3 können die erforderlichen Maßnahmen zur Anordnung oder Aussetzung der Vollziehung auch durch das Gericht, hier jedoch nur auf Antrag, getroffen werden. 71

### a) Entscheidungskompetenz

*Formal* handelt es sich um eine Erst-, nicht um eine rechtsmittelähnliche Kontrollentscheidung, auch wenn eine vorausgehende Behördenentscheidung (inhaltlich) geändert oder aufgehoben wird. *Antragsgegner* ist immer die Behörde,[138] der durch die Entscheidung betroffene Dritte ist nur (notwendig) *beizuladen*. Dies gilt auch, wenn Schutz gegen faktische Vollzugsmaßnahmen des beteiligten Privaten, zum Beispiel die Fortsetzung der Bauarbeiten trotz bestehender aufschiebender Wirkung, gesucht wird. Hier ist ebenfalls die Behörde (auf dem Weg der §§ 80a Abs. 3 Satz 2; 80 Abs. 5, s. oben) zu den erforderlichen Maßnahmen zu verpflichten.[139] 72

*Inhaltlich* trifft das Gericht, wie allgemein bei Entscheidungen nach § 80 Abs. 5, auf den nebst Abs. 6 (s. dazu sogleich Rdnr. 74), 7 und 8 verwiesen wird, eine eigenständige Ermessensentscheidung.[140] Hierbei stehen ihm inhaltlich alle, auch der Behörde eröffneten Gestaltungsmöglichkeiten zur Verfügung. § 80a Abs. 3 Satz 1 erweitert nämlich die Entscheidungsbefugnis des Gerichts dadurch, daß dieses nicht nur die *aufschiebende Wirkung* begründen und gegebenenfalls *deren Beachtung* durch entsprechende Gebote an die Behörde sichern kann, sondern auch ermächtigt ist, die *Anordnung der Vollziehung* selbst zu treffen oder die Behörde hierzu zu verpflichten (s. aber noch unten Rdnr. 75).[141] Der *Entscheidungsmaßstab* ergibt sich grundsätzlich aus den zu § 80 Abs. 5 anerkannten Kriterien (vgl. oben Rdnr. 51 ff.), deren Anwendung allerdings den prinzipiellen Gleichrang der gegenläufigen privaten Interessen, die die Abwägung bestimmen, zu berücksichtigen hat.[142] 73

---

[137] Vgl. Schmaltz, DVBl 1992,232; Finkelnburg/Jank, a.a.O., Rdnr. 778 f.

[138] Vgl. HessVGH, NVwZ 1991,592; DVBl 1992,780.

[139] Vgl. BayVGH, BayVBl 1993,565; OVG NW, NVwZ 1993,383; HessVGH, DVBl 1992,780; a. M. Schoch, in: Schoch/Schmidt-Aßmann/Pietzner, § 80a Rdnr. 55 m. w. Nachw.

[140] Vgl. Kopp/Schenke, § 80a Rdnr. 23.

[141] Vgl. BayVGH, BayVBl 1991,723.

[142] Vgl. HessVGH, DVBl 1992,45; Sellner, in: FS für Lerche, S. 823 ff.; kritisch Schoch, in: Schoch/Schmidt-Aßmann/Pietzner, § 80a Rdnr. 58 ff.

### *b) Behördliche Vorentscheidung*

74 Heftig umstritten ist, ob der Antrag an das Gericht grundsätzlich nur nach vorheriger ablehnender Behördenentscheidung zulässig ist.[143] Ein solches Erfordernis ergibt sich jedenfalls nicht aus Gründen eines sonst fehlenden Rechtsschutzbedürfnisses[144] (vgl. schon oben Rdnr. 49), kann aber auch nicht aus dem gemäß § 80a Abs. 3 Satz 2 entsprechend anwendbaren § 80 Abs. 6 hergeleitet werden.[145] Allerdings läßt sich die Verweisung auf § 80 Abs. 6 nicht als bloßes Redaktionsversehen abtun mit der Folge, daß diese Bestimmung auch in der Drittklagenkonstellation auf den Vollzug von Abgabenbescheiden beschränkt,[146] hierbei freilich auch ohne praktische Bedeutung bliebe.

75 Indes hat die Sonderregelung des § 80a am grundsätzlichen System der Kompetenzverteilung zwischen Gericht und Behörde (vgl. oben Rdnr. 43 f.) nichts geändert. Danach hat primär diese über den nicht schon kraft Gesetzes eintretenden Sofortvollzug, jenes über den hiergegen erforderlichen Rechtsschutz zu entscheiden. Auch bei Drittklagen kann die sofortige Vollziehung deshalb durch das Gericht erst nach vorgängiger behördlicher Ablehnung (s. oben Rdnr. 49) *angeordnet* werden.[147] Dies gilt entsprechend § 80 Abs. 6 Satz 2 nicht, wenn die Behörde nicht binnen angemessener Frist entschieden hat oder die tatsächliche Verwirklichung des Verwaltungsakts (z. B. durch Baubeginn bei einer Straße) droht.[148] Dagegen verbleibt es für den Schutz gegen einen gesetzlich vorgesehenen oder behördlich angeordneten Sofortvollzug bei der unmittelbaren gerichtlichen Entscheidungskompetenz.

## Literatur

*Grosse Hündfeld*, Zum vorläufigen Rechtsschutz im Baurecht nach §§ 80, 80a VwGO, in: FS für Gelzer, 1991, S. 303.

*Heberlein*, Der Verwaltungsakt mit Doppelwirkung im Sofortverfahren, BayVBl 1991,396.

*Heckmann*, Der Sofortvollzug staatlicher Geldforderungen, 1992.

*Karpen*, Einstweiliger Rechtsschutz des Nachbarn im Baurecht, NJW 1986,881.

*Mampel*, Vorläufiger Rechtsschutz gegen Verwaltungsakte mit Doppelwirkung nach dem 6. VwGOÄndG, DVBl 1997,1155.

---

143 Vgl. zum Streitstand Kopp/Schenke, § 80a Rdnr. 21.

144 So aber BayVGH, BayVBl 1991,723; Sellner, in: FS für Lerche, S. 319; demgegenüber VGH BW, VBlBW 1997,17.

145 So aber NdsOVG, NVwZ 1994,698; Heberlein, BayVBl 1993,746.

146 So undifferenziert die h. M., vgl. HessVGH, DVBl 1992,45; VGH BW, NVwZ 1995,1004; HambOVG, DÖV 1995,476; Kopp/Schenke, § 80a Rdnr. 21 f.; Schönfelder, VBlBW 1993,287.

147 Ebenso Redeker/v. Oertzen, § 80 Rdnr. 5a; Schoch, NVwZ 1991,1126; im Ergebnis auch Schmaltz, DVBl 1992,234.

148 Vgl. OVG RP, NVwZ 1993,591; HambOVG, DÖV 1995,476.

*Renck*, Verwaltungsaktswirkungen, Rechtsmittelwirkungen und vorläufiger Rechtsschutz, BayVBl 1994,161.
*Schenke*, Probleme des vorläufigen Rechtsschutzes gemäß § 80 Abs. 5 VwGO, DVBl 1986,9.
*Schmaltz*, Probleme des vorläufigen Rechtsschutzes im Baunachbarrecht, DVBl 1992,230.
*Scholz, G.*, Die aufschiebende Wirkung von Widerspruch und Anfechtungsklage gem. § 80 VwGO, in: Menger-FS, S. 641.
*Sellner*, Die Anordnung der sofortigen Vollziehung durch das Gericht nach § 80a Abs. 3 VwGO, in: FS für Lerche, 1993, S. 815.
*Wieseler*, Der vorläufige Rechtsschutz gegen Verwaltungsakte, 1967.

Vgl. ferner die Angaben zu § 27.

# § 29. Die einstweilige Anordnung

## I. Bedeutung und Arten

### 1. Grundsätzliche Bedeutung

#### a) Kennzeichnung

Die einstweilige Anordnung gemäß § 123 dient zur Gewährung vorläufigen 1
Rechtsschutzes in allen Fällen, in denen es nicht um die Abwehr, ausnahmsweise auch Durchsetzung, der *vorzeitigen Vollziehung* (im weiteren Sinn, vgl. oben § 28 Rdnr. 8 ff.) eines *angefochtenen Verwaltungsakts* geht, die abschließend in den §§ 80-80b geregelt ist. Jene, anders als der automatisch wirkende Suspensiveffekt (§ 80 Abs. 1), auf den konkreten Einzelfall bezogene gerichtliche Regelung soll eine bestimmte, gefährdete Rechtsstellung bis zur Entscheidung in der Hauptsache sichern und ist deshalb primär an dieser zu orientieren (materielle Akzessorietät, vgl. näher unten Rdnr. 23 ff.). Der Erlaß einer einstweiligen Anordnung setzt damit gemäß § 123 Abs. 3 VwGO i. V. m. § 920 Abs. 2 ZPO ein Doppeltes voraus,[1] nämlich

1. eine *materiell rechtliche Rechtsposition*, die der einstweiligen Sicherung bedarf (sogenannter **Anordnungsanspruch**); ferner
2. einen *bestimmten Anlaß*, aus dem sich die Notwendigkeit einer Sicherung ergibt (sogenannter **Anordnungsgrund**).

#### b) Überblick

Die einstweilige Anordnung lehnt sich sprachlich wie sachlich (vgl. § 123 Abs. 3) 2
eng an das zivilprozessuale Vorbild der *einstweiligen Verfügung* (§§ 935, 940 ZPO) an. Wie bei dieser sind zwei Arten zu unterscheiden, je nachdem, ob der Schutz der betroffenen Rechtsstellung (statisch) durch Sicherung des bestehenden Zustandes (§ 123 Abs. 1 Satz 1; sogenannte **Sicherungsanordnung**, parallel zu § 935 ZPO) oder weitergehend (dynamisch) durch eine sonstige Regelung des

---

[1] Allgemeine Meinung, vgl. Redeker/v. Oertzen, § 123 Rdnr. 16; Schoch, in: Schoch/Schmidt-Aßmann/Pietzner, § 123 Rdnr. 62; Schmitt Glaeser, Rdnr. 318.

Schenke, JZ 06, 1155, ders., JZ 10, 1046

vorläufigen Zustandes (§ 123 Abs. 1 Satz 2; sogenannte **Regelungsanordnung**, parallel zu § 940 ZPO) bewirkt wird. Beide Varianten haben neben der Rechtsschutz- eine "interimistische Befriedungsfunktion",[2] die sich damit nicht als Unterscheidungskriterium für die beiden Anordnungsarten eignet.[3]

3 Dagegen sieht die Verwaltungsgerichtsordnung ein *Arrestverfahren* entsprechend § 916 ZPO, das in öffentlich-rechtlichen Streitigkeiten kaum jemals praktisch würde, nicht vor. Seine Funktion wird, wo ausnahmsweise einmal die Sicherung von Geldforderungen notwendig ist, durch eine einstweilige Anordnung im Sinn des § 123 Abs. 1 Satz 1 wahrgenommen.[4]

4 Von der einstweiligen Anordnung ist die in erster Linie dem Rechtsfrieden dienende *einstweilige Regelung* zu unterscheiden, die gemäß § 113 Abs. 3 Satz 2 nach Aufhebung eines Verwaltungsakts ohne endgültige Sachentscheidung für die Zeit bis zum Erlaß eines neuen Verwaltungsakts getroffen werden kann (vgl. oben § 15 Rdnr. 33). Einen besonderen Anwendungsfall der einstweiligen Anordnung regelt § 47 Abs. 6 für die *verwaltungsgerichtliche Normenkontrolle* (vgl. oben § 26 Rdnr. 81 ff.).

## 2. Arten

### *a) Sicherungsanordnung*

5 Eine Sicherungsanordnung im Sinn des § 123 Abs. 1 *Satz 1* ist auf die Erhaltung des *status quo* gerichtet. Sie kann in bezug auf den "Streitgegenstand", das heißt, in einem untechnischen Verständnis, das Objekt der Streitigkeit,[5] ergehen, wenn die Gefahr besteht, daß durch eine Veränderung des bestehenden Zustandes die Verwirklichung eines Rechts des Antragstellers vereitelt oder wesentlich erschwert werden könnte. Diese Voraussetzung ist typischerweise beim Vollzug von Verwaltungsakten gegeben, für den jedoch gemäß § 123 Abs. 5 ausschließlich die §§ 80-80b gelten.

6 Für die Anwendung dieser ersten Variante der einstweiligen Anordnung verbleiben damit vor allem sonstige Maßnahmen mit unmittelbar verletzender Wirkung, so vor allem *faktische Eingriffe* (ohne vorgeschalteten Verwaltungsakt), zum Beispiel ehrverletzende oder sonst beeinträchtigende hoheitliche Äußerungen,[6] die Inanspruchnahme von Grundeigentum für den Straßenbau,[7] behördeninterne Umsetzungen[8] usw. Hierher gehören ferner Folgemaßnahmen der streit-

---

[2] Vgl. allgemein Schoch, VerwArch 82 (1991), S. 157.
[3] Vgl. Bosch/Schmidt, § 56 II.
[4] Vgl. VGH BW, DÖV 1988,976; Redeker/v. Oertzen, § 123 Rdnr. 5.
[5] Vgl. Kopp/Schenke, § 123 Rdnr. 7.
[6] Vgl. OVG NW, NJW 1995,1629.
[7] Vgl. BayVGH, BayVBl 1977,17.
[8] Vgl. OVG NW, NVwZ 1985,923; OVG Saarl, NVwZ 1986,769.

gegenständlichen Entscheidung, die eine spätere Realisierung der in der Hauptsache erfolgreich geltend gemachten Rechtsstellung in Frage stellen, so des Rechts aus Art. 33 Abs. 2 GG nach Ernennung eines Mitbewerbers auf eine bestimmten Beamtenstelle[9] oder des Anspruchs auf eine nur beschränkt verfügbare Leistung nach Erschöpfung des Kontingents.[10] Dabei kann das Effektivitätsgebot vorwirkende behördliche Informationspflichten begründen, um dem Betroffenen die Chance vorläufigen Rechtsschutzes offenzuhalten.[11]

*Anordnungsanspruch* ist das zu realisierende Individualrecht (z. B. der Unterlassungsanspruch gegen einen Eingriff). Der *Anordnungsgrund* ergibt sich aus den Umständen, die nach vernünftigem Urteil die Verwirklichung des Rechts als gefährdet erscheinen lassen, zum Beispiel, weil mit einer Wiederholung der negativen Äußerungen oder einer Fortführung des Besetzungs- beziehungsweise Vergabeverfahrens zu rechnen ist. 7

### b) Regelungsanordnung

Häufig reicht jedoch die bloße Aufrechterhaltung des bestehenden Zustandes für einen wirksamen Rechtsschutz nicht aus, ja, kann dies im Gegenteil gerade zur Verfestigung einer Rechtsverletzung führen, so, wenn die Behörde gegen eine ungenehmigte, die Nachbarschaft erheblich gefährdende Anlage nicht einschreitet (vgl. oben § 27 Rdnr. 1, Beispiel 3b), wenn die Zulassung zum Studium (vgl. oben § 27 Rdnr. 1, Beispiel 6) oder die Versetzung in die nächsthöhere Klasse abgelehnt wird[12] oder wenn existenznotwendige Leistungen verweigert werden.[13] Zur effektiven Sicherung der bedrohten Rechtsstellung in derartigen Fällen ermächtigt § 123 Abs. 1 *Satz 2* deshalb zum Erlaß einer positiv-gestaltenden und insofern inhaltsoffenen *Regelung des vorläufigen Zustandes.* 8

Der *Anordnungsanspruch* besteht hier in der dem Antragsteller auf der Grundlage eines zwischen den Beteiligten streitigen, konkreten Rechtsverhältnisses zustehenden subjektiven Berechtigung. Dabei beansprucht das Vorliegen eines Rechtsverhältnisses, das an sich im gleichen Sinn zu verstehen ist wie bei § 43 Abs. 1, keine erhöhte Aufmerksamkeit; maßgeblich kommt es vielmehr auch hier, wie sich aus der einheitlichen Verweisung des § 123 Abs. 3 VwGO auf § 920 Abs. 2 ZPO für die einstweilige Anordnung insgesamt ergibt, auf das Bestehen 9

---

[9] Vgl. dazu BVerwGE 80,127 (131); BVerfG, NJW 1990,501; OVG NW, NVwZ 1986,773; HessVGH, DVBl 1988,1071; Ronellenfitsch, VerwArch 82 (1991), S. 121 ff.; Wittkowski, NJW 1993,817.

[10] Z. B. Genehmigung für Güterfernverkehr (vgl. oben § 16 Rdnr. 27); Grundstücksvergabe zur Wirtschaftsförderung (OVG RP, NVwZ 1993,381).

[11] So vor allem für den beamtenrechtlichen Konkurrentenstreit (s. auch oben § 16 Rdnr. 28) BVerfG, NJW 1990,501.

[12] Vgl. HambOVG, NVwZ-RR 1992,22; OVG MV, NVwZ-RR 1994,334.

[13] Vgl. HessVGH, NVwZ-RR 1991,199; OVG NW, NwVBl 1995,140.

eines Regelungsanspruchs an, der aus dem (dann problemlos zugrunde liegenden) Rechtsverhältnis erwächst.[14]

10 *Anordnungsgrund* ist die tatsächliche Gefährdungslage, die eine vorläufige Regelung zur Vermeidung wesentlicher Nachteile, zur Verhinderung drohender Gewalt oder aber, ganz umfassend, "aus anderen Gründen" als nötig erscheinen läßt. Damit liegt ein *Auffangtatbestand* von generalklauselartiger Weite vor, der lückenfüllend in allen Fällen eingreift, in denen sonst der verfassungsgarantierte, einstweilige Rechtsschutz nicht gegeben wäre.[15]

### c) Abgrenzung

11 Obwohl die Anwendungsbereiche beider Anordnungsformen gesetzlich klar abgegrenzt erscheinen, weisen sie doch praktisch weitgehende Überschneidungen auf. So begründet die Rechtsgefährdung durch Veränderung eines bestehenden Zustandes als Voraussetzung einer *Sicherungsanordnung* in der Regel zugleich die Notwendigkeit einer Regelung zur Abwendung wesentlicher Nachteile und unterfällt damit gleichzeitig dem Tatbestand der *Regelungsanordnung*. Die gesetzliche Differenzierung, die zudem keine rechtlichen Konsequenzen zeitigt, wird deshalb – nicht anders als bei ihrem zivilprozessualen Vorbild[16] – weithin als fragwürdig angesehen[17] oder, vor allem in der Rechtspraxis, sogar ignoriert mit der Folge, daß die einstweilige Anordnung als einheitliches Instrument des vorläufigen Rechtsschutzes gehandhabt wird.[18] Auch wenn man dieser Verschmelzung der beiden Tatbestände nicht folgen möchte,[19] bestehen aber doch jedenfalls keine Bedenken dagegen, diese als gleichwertige Alternativen aufzufassen, so daß eine einstweilige Anordnung auch dann auf den in der Praxis bevorzugten § 123 Abs. 1 *Satz 2* gestützt werden kann, wenn gleichzeitig die engeren Voraussetzungen des *Satzes 1* erfüllt sind.[20]

---

[14] Vgl. OVG NW, NJW 1982,2517; VGH BW, ESVGH 27,45 (47); Finkelnburg/Jank, a.a.O., Rdnr. 144 ff. m. w. Nachw.

[15] Vgl. VGH BW, DVBl 1996,110.

[16] Vgl. Held, DB 1985,1691; Zöller, § 940 Rdnr. 1.

[17] Vgl. Finkelnburg/Jank, a.a.O., Rdnr. 201.

[18] So etwa OVG NW, DVBl 1973,646; VGH BW, VBlBW 1993,190; OVG Berlin, NVwZ 1991,899; Redeker/v. Oertzen, § 123 Rdnr. 5; Schmitt Glaeser, Rdnr. 321; kritisch dagegen Schoch, in: Schoch/Schmidt-Aßmann/Pietzner, § 123 Rdnr. 49 f.

[19] Vgl. OVG RP, NJW 1978,2355; Brühl, JuS 1995,917.

[20] Ebenso Finkelnburg/Jank, a.a.O., Rdnr. 198 ff.; Huba, JuS 1990,989; Schmitt Glaeser, Rdnr. 318, 320.

## II. Die gerichtliche Entscheidung

Das Gericht entscheidet über den Erlaß der einstweiligen Anordnung nach freigestellter mündlicher Verhandlung (vgl. § 123 Abs. 3 VwGO i. V. m. § 921 Abs. 1 ZPO) durch *Beschluß*, § 123 Abs. 4. 12

### 1. Sachentscheidungsvoraussetzungen

#### *a) Allgemeines*

Die Sachentscheidungsvoraussetzungen sind im wesentlichen parallel zum Hauptsacheverfahren zu prüfen. Hinsichtlich dieser Voraussetzungen muß sich das Gericht die volle Überzeugung verschaffen, darf es sich also nicht mit einer überwiegenden Wahrscheinlichkeit in der Folge bloßer Glaubhaftmachung begnügen.[21] Insbesondere muß es sich – in Wahrheit – um eine öffentlich-rechtliche Streitigkeit handeln, für die gemäß § 40 Abs. 1 Satz 1 der *Verwaltungsrechtsweg* eröffnet ist.[22] Fehlt es hieran, so ist der Antrag unzulässig; für ein Zwischenverfahren und gegebenenfalls eine Verweisung nach § 17a Abs. 2-5 GVG ist kein Raum.[23] 13

Die Zulässigkeit des Antrags setzt ferner voraus, daß das Gericht zuständig ist (s. sogleich Rdnr. 15 f.) und Beteiligten- sowie Prozeßfähigkeit gegeben sind. Schließlich muß eine einstweilige Anordnung auch *an sich statthaft* sein, darf sie also insbesondere nicht den in §§ 80-80b speziell geregelten Vollzug eines Verwaltungsakts betreffen (§ 123 Abs. 5). Inhaltliche Besonderheiten sind hinsichtlich der Zuständigkeit, der Antragstellung und des Rechtsschutzbedürfnisses zu beachten. 14

#### *b) Zuständigkeit*

Funktionell zuständig ist gemäß § 123 Abs. 2 Satz 1 das *Gericht der Hauptsache erster Instanz*, bei sachlicher Zuständigkeit des Bundesverwaltungsgerichts (vgl. oben § 12 Rdnr. 17 ff.) also dieses.[24] Ist das Verfahren in der Berufungsinstanz anhängig, so ist das Berufungsgericht zuständig (vgl. § 123 Abs. 2 Satz 2), das 15

---

[21] Ebenso Schoch, in: Schoch/Schmidt-Aßmann/Pietzner, § 123 Rdnr. 98; jetzt wohl auch Kopp/Schenke, § 123 Rdnr. 17 ff.; a. M. wohl Redeker/v. Oertzen, § 123 Rdnr. 16; Eyermann/Happ, § 123 Rdnr. 26.

[22] Vgl. Kopp/Schenke, § 123 Rdnr. 17.

[23] A. M. OVG Berlin, NVwZ 1992,685; BayVGH, BayVBl 1993,309; VGH BW, VBlBW 1993,468; Schmitt Glaeser, Rdnr. 316; wie hier dagegen OVG RP, NVwZ 1993,381; Redeker/v. Oertzen, Anh. § 41 Rdnr. 5, sowie zusammenfassend Sennekamp, NVwZ 1997,642.

[24] Vgl. BVerwGE 50,124 (129); BVerwG, NVwZ 1995,379.

auch während eines nachfolgenden Revisionsverfahrens zu entscheiden hat.[25] Für eine Verweisung bei Unzuständigkeit des Gerichts ist auch hier kein Raum.[26]

**16** Zur Entscheidung berufen ist der jeweilige Spruchkörper nach Maßgabe der Geschäftsverteilung, gegebenenfalls auch der Einzelrichter (§ 6), in dringenden Fällen der Vorsitzende, § 123 Abs. 2 Satz 3 i. V. m. § 80 Abs. 8

### c) Antrag

**17** Die Entscheidung ergeht auf Antrag, der im Hinblick auf die weite gerichtliche Gestaltungsfreiheit (s. unten Rdnr. 29) nur das Rechtsschutzziel zu bezeichnen, aber kein bestimmtes Sachbegehren entsprechend § 82 Abs. 1 Satz 2 zu enthalten braucht.[27] Dabei sind Anordnungsanspruch und -grund anzugeben und die zur Begründung dienenden Tatsachen substantiiert vorzutragen (vgl. § 123 Abs. 3 VwGO i. V. m. § 920 Abs. 1 ZPO). Ihre *Glaubhaftmachung* im Sinne der gerichtlichen Überzeugungsbildung ist dagegen eine Frage der Begründetheit.[28] Angesichts dieser bereits abgesenkten Anforderungen an die Begründetheit des Antrags (vgl. auch unten Rdnr. 25) und des Charakters eines Eilverfahrens ist für eine auf der Zulässigkeitsebene zusätzlich vorgeschaltete Prüfung einer *Antragsbefugnis* parallel § 42 Abs. 2[29] kein Raum.

**18** Der Antrag ist bereits vor Klageerhebung zulässig, § 123 Abs. 1 Satz 1. In diesem Fall hängt die einstweilige Anordnung *gesetzlich* nicht davon ab, daß die Hauptsache nachträglich anhängig gemacht wird,[30] doch hat das Gericht auf Antrag eine dahingehende Anordnung zu treffen (§ 123 Abs. 3 VwGO i. V. m. § 926 ZPO; s. unten Rdnr. 34). Auf der anderen Seite erübrigt der abschließende Rechtsschutzeffekt des vorläufigen Verfahrens nicht selten eine Entscheidung zur Hauptsache (vgl. oben § 27 Rdnr. 4).

### d) Rechtsschutzbedürfnis

**19** Das Rechtsschutzbedürfnis für einen (freilich eher seltenen) Antrag der Verwaltung fehlt, wenn diese den von ihr erstrebten Erfolg durch eigene Maßnahmen, zum Beispiel der Rechtsaufsicht, erreichen kann.[31] Dagegen ist das Erfordernis einer vorherigen erfolglosen *Befassung der Behörde* mit dem Rechtsschutzbegehren nach richtiger Ansicht keine Frage des (allgemeinen) Rechtsschutzbedürf-

---

[25] So Kopp/Schenke, § 123 Rdnr. 19; unklar Redeker/v. Oertzen, § 123 Rdnr. 15 (Gericht 1. Instanz).

[26] Redeker/v. Oertzen, § 123 Rdnr. 15.

[27] Kopp/Schenke, § 123 Rdnr. 17; Redeker/v. Oertzen, § 123 Rdnr. 16.

[28] Ebenso Erichsen, Jura 1984,648; Bender, in: Menger-FS, S. 668; Kopp/Schenke, § 123 Rdnr. 20, 23 f.

[29] So Hufen, § 33 Rdnr. 8.

[30] So aber anscheinend Schmitt Glaeser, Rdnr. 316, im Gefolge von OVG NW, OVGE 33,208.

[31] Vgl. VGH BW, DVBl 1978,274.

nisses, sondern der Dringlichkeit einer Anordnung, also des Anordnungsgrundes.[32] Dieser ist dementsprechend auch bei einer unmittelbaren Anrufung des Gerichts zu bejahen, wenn die Dringlichkeit der Sache die mit einer vorherigen – negativen – Entscheidung der Behörde verbundene Verzögerung nicht zuläßt.

## 2. Entscheidungsgrundlagen

### a) Der Entscheidungsmaßstab

*aa) Begründetheit.* Aufgrund der funktionalen Nähe zwischen den beiden Formen des vorläufigen Rechtsschutzes (vgl. oben § 27 Rdnr. 13) wird vielfach auch die Entscheidung nach § 123 Abs. 1, ähnlich wie bei §§ 80 Abs. 5, 80a Abs. 3 (vgl. oben § 28 Rdnr. 52 ff.), auf eine pauschale Interessenabwägung gestützt, wenn bei der Prüfung eines Anordnungsanspruchs dessen Bestehen offengeblieben, damit aber nicht glaubhaft gemacht ist.[33] Demgegenüber ist auf die unterschiedliche Struktur des § 123 hinzuweisen, der, losgelöst von einer vorgegebenen gesetzlichen Automatik, konkrete Maßnahmen zur Sicherung des bedrohten Rechts vorsieht. Diese Anknüpfung an das Recht und die Gefahr für seine endgültige Verwirklichung bilden deshalb den Ausgangspunkt für die Entscheidung über die einstweilige Anordnung:[34] Der Antrag ist *begründet*, wenn ein *Anordnungsanspruch* und ein *Anordnungsgrund glaubhaft gemacht* sind. 20

Liegen diese Voraussetzungen vor, so ist dem Gericht nicht, wie der insoweit mißverständliche Wortlaut des § 123 Abs. 1 nahezulegen scheint, ein Ermessen eingeräumt,[35] sondern hat es die notwendige Anordnung zu treffen.[36] 21

*bb) Die Glaubhaftmachung* bezieht sich entsprechend § 294 ZPO lediglich auf die Anforderungen an den *Nachweis von Tatsachen*. Er kann mittels sämtlicher sofort verfügbarer (*präsenter*) Beweismittel (vgl. unten § 33 Rdnr. 4 f.), insbesondere der Versicherung an Eides Statt, geführt werden und soll dem Richter nicht die volle Überzeugung vermitteln, sondern begnügt sich mit einem geringeren Grad von Wahrscheinlichkeit.[37] Am Grundsatz gerichtlicher Sachverhaltsermittlung (vgl. § 86 Abs. 1 und dazu unten § 30 Rdnr. 14 ff.) wird hierdurch jedoch nichts 22

---

[32] Ebenso SächsOVG, SächsVBl 1994,113; teilweise abweichend Kopp/Schenke, § 123 Rdnr. 22.

[33] Vgl. BVerwGE 50,124 (133 f.); BVerwG, NVwZ 1995,379; BayVGH, BayVBl 1975,144; Schmitt Glaeser, Rdnr. 321.

[34] Ebenso Redeker/v. Oertzen, § 123 Rdnr. 17; Finkelnburg/Jank, a.a.O., Rdnr. 198 ff.; Schoch, in: Schoch/Schmidt-Aßmann/Pietzner, § 123 Rdnr. 65; ShOVG, NVwZ-RR 1992,387.

[35] Vgl. hinsichtlich des "Ob" jetzt auch Kopp/Schenke, § 123 Rdnr. 23.

[36] Ebenso Redeker/v. Oertzen, § 123 Rdnr. 17; Schmitt Glaeser, Rdnr. 322; in diesem Sinn ohne weitere Problematisierung auch die Rechtsprechung.

[37] Vgl. Thomas/Putzo, § 294 Rdnr. 1.

geändert.[38] Die Glaubhaftmachung erleichtert also lediglich die *Beweisführung*, nicht dagegen die *Intensität der rechtlichen Prüfung*.[39] Gleichwohl kann auch in dieser Hinsicht, dem Charakter eines Eilverfahrens entsprechend, lediglich eine – je nach Schwierigkeit abgestufte – überschlägige Rechtsprüfung verlangt werden, die nicht zu abschließender richterlicher Überzeugungsbildung, sondern nur zu einer vorläufigen Einschätzung führt.

Hinsichtlich der inhaltlichen Beurteilungskriterien ist zu differenzieren.

### b) Der Anordnungsanspruch

23 Der Anordnungsanspruch ist mit dem in der Hauptsache geltend zu machenden, materiellen Anspruch identisch,[40] stellt also nicht etwa den prozessualen Anspruch auf Erlaß der Anordnung dar und kann auch nicht ohne weiteres mit den Erfolgsaussichten einer Hauptsacheklage gleichgesetzt werden.

24 Das Gericht hat auf dieser ersten Stufe der Begründetheitsprüfung strikt *materiell akzessorisch* das Bestehen eines dem Antragsteller zukommenden Rechts festzustellen, eine Beurteilung, die einer Interessenabwägung naturgemäß nicht zugänglich ist,[41] sich aber auch nicht bloß auf die offensichtlichen Erfolgsaussichten zurückziehen darf.[42] Eine solche Rechtsstellung kann in bezug auf die unterschiedlichsten Verhaltensweisen bestehen. Sie wird nicht grundsätzlich dadurch ausgeschlossen, daß die behördliche Entscheidung nach *Ermessen* zu treffen ist, da ja durch deren Offenhaltung gerade das Recht auf fehlerfreie Ermessensausübung gesichert werden soll.[43] Daraus ergibt sich aber umgekehrt zugleich, daß in Eilverfahren die in der Hauptsache begehrte Leistung selbst (z. B. Vergabe eines Marktstandplatzes,[44] Rückumsetzung eines Beamten,[45] Einschreiten gegen störende Anlage[46]) nur im Fall der Ermessensreduzierung auf eine bestimmte Entscheidung zuerkannt werden kann.

25 Allerdings dient die einstweilige Anordnung nur der vorläufigen Sicherung eines Rechts, über dessen Bestand endgültig erst im Hauptsacheverfahren entschieden wird. Es genügt deshalb, wenn der Anordnungsanspruch *glaubhaft gemacht* ist, das heißt eine Vorausbeurteilung aufgrund summarischer Prüfung die

---

[38] Vgl. Kopp/Schenke, § 123 Rdnr. 32; Redeker/v. Oertzen, § 123 Rdnr. 18; Burkholz, a.a.O., S. 64 ff.

[39] Vgl. auch Thomas/Putzo, § 920 Rdnr. 4; Redeker/v. Oertzen, § 123 Rdnr. 18.

[40] Vgl. Finkelnburg/Jank, a.a.O., Rdnr. 175; OVG NW, NJW 1982,2517.

[41] Vgl. Redeker/v. Oertzen, § 123 Rdnr. 17; Schoch, in: Schoch/Schmidt-Aßmann/Pietzner, § 123 Rdnr. 65; ShOVG, NVwZ-RR 1992,387.

[42] So aber Schmitt Glaeser, Rdnr. 321; Schenke, Rdnr. 1033.

[43] Vgl. Kopp/Schenke, § 123 Rdnr. 12; Schoch, VerwArch 82 (1991), S. 173.

[44] Vgl. BezGer Erfurt, NVwZ 1993,796.

[45] OVG NW, NVwZ 1985,923; anders dagegen, wenn Ansatzpunkt die Berechtigung zur Umsetzung ist.

[46] OVG RP, NVwZ 1986,946.

*überwiegende Wahrscheinlichkeit* seines Bestehens erbracht hat.[47] Gelangt das Gericht nicht – wenigstens – zu dieser Überzeugung,[48] ist also das Bestehen eines Anspruchs eher unwahrscheinlich (in jenem untechnischen Sinn) oder offen, so fehlt es an dieser Voraussetzung für eine gerichtliche Anordnung und ist der Antrag abzuweisen. Dabei sind an die Intensität des gerichtlichen Klärungsbemühens um so höhere Anforderungen zu stellen, je bedeutsamer das präsumtiv bedrohte Recht und je schwerwiegender seine Verletzung ist (vgl. schon oben § 27 Rdnr. 6 ff.). Drohen schwerwiegende und irreparable Grundrechtsverletzungen, so ist eine abschließende Prüfung geboten.

Von dieser rechtlichen Normallage streng zu unterscheiden ist die Konstellation, daß das Gericht zu der erforderlichen rechtlichen Prüfung gar nicht in der Lage ist, weil anstehende, besonders schwierige Rechtsprobleme in der Kürze der Zeit auch nicht vorläufig beurteilt werden können. Nur in solchen Fällen, die freilich rechtlich wie praktisch als Ausnahme anzusehen sind,[49] kann Rechtsschutz nach Maßgabe einer reinen Interessenabwägung gewährt werden.[50] **26**

### c) Der Anordnungsgrund

Ist ein zu sichernder Anordnungsanspruch gegeben, so sind auf einer zweiten Stufe die Umstände glaubhaft zu machen, aus denen sich die Gefährdung des streitgegenständlichen Rechts ergibt (Anordnungsgrund). Anders als das Urteil über das Bestehen eines Anordnungsanspruchs ergibt sich jedoch die Notwendigkeit für dessen Schutz erst aufgrund einer Interessenabwägung.[51] In diese fließen nicht nur die Bedeutung der (z. B. grundrechtlichen) Rechtsstellung sowie Gefahr (Wahrscheinlichkeit), Schwere (Intensität) und Nachhaltigkeit (Reparabilität) seiner Verletzung ein, sondern sind auch die Interessen der Allgemeinheit und betroffener Dritter am Unterbleiben gerichtlicher Intervention einzustellen. **27**

In jedem Fall müssen Anordnungsanspruch und Anordnungsgrund kumulativ vorliegen: Weder kann die Dringlichkeit einer Anordnung das Fehlen eines Anspruchs kompensieren,[52] noch rechtfertigt die Eindeutigkeit der materiell-rechtlichen Erfolgsaussichten eine Anordnung, die für den Antragsteller nicht dringlich ist;[53] insoweit steht ja gerade der Rechtsschutz im Hauptsacheverfahren zur Verfügung. **28**

---

[47] Vgl. ShOVG, NVwZ-RR 1992,387.
[48] Zu diesem Erfordernis Redeker/v. Oertzen, § 123 Rdnr. 18.
[49] Vgl. Redeker/v. Oertzen, § 123 Rdnr. 18.
[50] Vgl. BVerfG, DVBl 1996,1367.
[51] Ebenso Redeker/v. Oertzen, § 123 Rdnr. 17; Finkelnburg/Jank, a.a.O., Rdnr. 163; Schoch, Vorläufiger Rechtsschutz a.a.O., S. 1572 f.
[52] So aber im Ergebnis BayVGH, BayVBl 1975,144.
[53] Vgl. Schoch, in: Schoch/Schmidt-Aßmann/Pietzner, § 123 Rdnr. 64.

## 3. Inhalt und Grenzen der Entscheidung

### *a) Inhalt*

29 Stellt sich die Entscheidung für den *Erlaß* einer einstweiligen Anordnung bei Vorliegen von deren gesetzlichen Voraussetzungen, ungeachtet der Notwendigkeit einer Interessenabwägung hinsichtlich des Anordnungsgrundes, als *Rechtsentscheidung* dar, so bestimmt das Gericht über den *Inhalt* der zu treffenden Anordnung gemäß § 123 Abs. 3 VwGO i. V. m. § 938 Abs. 1 ZPO nach **freiem Ermessen**. Dieses ist nur dadurch gebunden, daß die Regelung zur Erreichung des *Zwecks* vorläufiger Sicherung *erforderlich* sein muß. Auch die inhaltliche Bestimmung der zu erlassenden Regelung beruht damit auf einer Abwägung der durch diese betroffenen, öffentlichen und privaten Interessen.[54]

### *b) Grenzen*

30 Die Anordnung muß sich jedoch im *Rahmen des Rechtsschutzziels* (wenn auch nicht strikt innerhalb des gestellten Antrags, s. oben Rdnr. 17) halten und die funktionale Grenze einer vorläufigen Regelung beachten.

Dies bedeutet im *Verhältnis zum Hauptsacheverfahren*, daß durch einstweilige Anordnung nicht mehr zugesprochen werden kann, als in jenem erreichbar ist.[55] Dies gilt freilich nur hinsichtlich der endgültigen Lage und schließt deshalb Anordnungen über vorläufige Leistungen nicht aus.

31 In engem Zusammenhang damit steht das Dogma vom *Verbot einer Vorwegnahme der Hauptsache*,[56] nach dem Regelungen, die bereits zu einer endgültigen Befriedigung durch Erfüllung des Hauptsacheanspruchs statt dessen bloß vorläufiger Sicherung führen, grundsätzlich ausgeschlossen sind, zum Beispiel die Erteilung einer Baugenehmigung,[57] die Freistellung von Dienstverpflichtungen wegen Dienstunfähigkeit[58] oder die Ungültigkeitserklärung einer Dekanswahl.[59] Daran ist richtig, daß der vorläufige den Hauptsache-Rechtsschutz nicht auf Dauer rechtlich gegenstandslos werden lassen darf.[60] Im übrigen scheitert jedoch eine insbesondere gemäß Art. 19 Abs. 4 GG zur Gewährung von vorläufigem Rechtsschutz gebotene Anordnung nicht daran, daß mit ihr das in der Hauptsache erhobene Begehren

---

[54] Vgl. Redeker/v. Oertzen, § 123 Rdnr. 19.
[55] Kopp/Schenke, § 123 Rdnr. 11.
[56] Ganz h. M., vgl. Finkelnburg/Jank, a.a.O., Rdnr. 207; ThürOVG, NVwZ 1994,81, sowie die zahlreichen Nachweise bei Schoch, in: Schoch/Schmidt-Aßmann/Pietzner, § 123 Rdnr. 141.
[57] BayVGH, BayVBl 1976,402; ThürOVG, NVwZ 1994,81.
[58] HessVGH, NVwZ 1991,695.
[59] OVG NW, DVBl 1995,934.
[60] Vgl. Schoch, Vorläufiger Rechtsschutz a.a.O., S. 1406 ff.; dens., VerwArch 82 (1991), S. 172 f.

erfüllt wird. Dementsprechend läßt die herrschende Meinung eine Vorwegnahme der Hauptsache zu, wenn ohne die Anordnung der Rechtsschutz irreparabel versagt würde und dem Antragsteller dadurch ein schwerer und unzumutbarer Nachteil entstünde. Beispiele sind die – vorläufige – Zulassung zum Studium[61] oder zu einer Prüfung,[62] die Versetzung in die nächste Schulklasse,[63] die Gewährung existenznotwendiger (z. B. Sozialhilfe-)Leistungen[64], die Zulassung zu einem Jahrmarkt[65] oder die Gestattung des Gelegenheitsverkehrs mit einer Taxe.[66]

## 4. Bestand der Entscheidung

### *a) Änderungsbefugnis*

Im Unterschied zu § 80 Abs. 7 ist eine gerichtliche Befugnis zur Änderung der einstweiligen Anordnung gesetzlich nicht vorgesehen. Ebenso wird in § 123 Abs. 3 VwGO nicht auf § 927 Abs. 1 ZPO verwiesen. Gleichwohl geht man in Anwendung des in den genannten Vorschriften enthaltenen Rechtsgedankens allgemein davon aus, daß das für den Erlaß der einstweiligen Anordnung (jeweils) zuständige Gericht[67] diese bei Änderung der Sach- oder Rechtslage von Amts wegen,[68] zumindest aber auf Antrag,[69] aufheben oder abändern kann. 32

### *b) Rechtsbehelfe*

Anders als nach früherer, durch den Verweis auf §§ 924, 925 ZPO bestimmter Rechtslage ist gegen die positive wie negative Entscheidung des Verwaltungsgerichts über eine einstweilige Anordnung nur das *Rechtsmittel der Beschwerde* gemäß § 146 gegeben. Sie bedarf, wie bei Entscheidungen nach §§ 80, 80a (s. oben § 28 Rdnr. 65), gemäß § 146 Abs. 4 der Zulassung durch das Oberverwaltungsgericht; eine Abhilfe durch das Verwaltungsgericht (§ 148 Abs. 1) ist folgerichtig nicht möglich (§ 146 Abs. 6 Satz 2 Halbs. 2). Das Beschwerdegericht prüft die Sach- und Rechtslage im gleichen Umfang wie die erste Instanz und trifft eine eigene Ermessensentscheidung. 33

Wird die einstweilige Anordnung erlassen, so können der Antragsgegner sowie sonstige Betroffene *beantragen*, dem Antragsteller eine bestimmte *Frist zur* 34

---

[61] Vgl. HambOVG, NVwZ-RR 1992,22.
[62] Vgl. BVerfG, DVBl 1996,1367.
[63] Vgl. HessVGH, NVwZ-RR 1993,386.
[64] Vgl. HessVGH, NVwZ-RR 1991,199.
[65] Vgl. HessVGH, NVwZ-RR 1994,650.
[66] Vgl. HessVGH, NJW 1982,2459.
[67] Vgl. OVG RP, NVwZ-RR 1991,390.
[68] So h. M., vgl. BayVGH, BayVBl 1996,215; Kopp/Schenke, § 123 Rdnr. 35; Schoch, in: Schoch/Schmidt-Aßmann/Pietzner, § 123 Rdnr. 177.
[69] So VGH BW, DVBl 1995,929.

*Erhebung der Hauptsacheklage* zu setzen, § 123 Abs. 3 VwGO i. V. m. § 926 Abs. 1 ZPO. Ist auf dem Hintergrund einer Verpflichtungsklage der begehrte Verwaltungsakt noch nicht beantragt worden, so kann nur die Stellung eines entsprechenden Antrags bei der zuständigen Behörde aufgegeben werden.[70] Wird der Anordnung nicht Folge geleistet, so ist die erlassene einstweilige Anordnung auf Antrag aufzuheben, § 123 Abs. 3 VwGO i. V. m. § 926 Abs. 2 ZPO.

## Literatur

*Adolf*, Effektiver Rechtsschutz bei einstweiligen Anordnungen nach § 123 VwGO, JA 1990,30.
*Bender, B.*, Die einstweilige Anordnung (§ 123 VwGO), in: Menger-FS, S. 657.
*Burkholz*, Der Untersuchungsgrundsatz im verwaltungsgerichtlichen Eilverfahren, 1988.
*Erichsen*, Die einstweilige Anordnung nach § 123 VwGO, Jura 1984,644.
*Ronellenfitsch*, Der vorläufige Rechtsschutz im beamtenrechtlichen Konkurrentenstreit, VerwArch 82 (1991), S. 121.
*Wittkowski*, Die Konkurrentenklage im Beamtenrecht (unter besonderer Berücksichtigung des vorläufigen Rechtsschutzes), NJW 1993,817.

Vgl. ferner die Angaben zu § 27.

BGH, Urt. v. 22.10.92, DVBl 93, 252 (Vollstreckg.)

[70] Vgl. dazu Finkelnburg/Jank, a.a.O., Rdnr. 517 ff.

# Teil 6. Aufbau und Ablauf des Verfahrens

## § 30. Die Verfahrensgrundsätze

1 Gerichtliche Verfahren, so auch der Verwaltungsprozeß, folgen in grundsätzlicher Anlage und Ausgestaltung bestimmten Leitprinzipien, die teils verfahrensübergreifend vorgegeben sind, teils als alternative Gestaltungsmuster bestehen und vom Gesetzgeber, je nach der Zielrichtung des Verfahrens, ausgewählt und ausgestaltet werden. Naturgemäß lassen die für den Gerichtsprozeß allgemein zu beachtenden, insbesondere verfassungsrechtlich fundierten Grundsätze, wie das rechtliche Gehör, aber auch Mündlichkeit oder Öffentlichkeit des Verfahrens, nur einen geringen Spielraum, haben aber gleichwohl verfahrensspezifische Bedeutung.[1] Konstitutiver Regelung bedürfen dagegen die beiden, das Verhältnis zwischen Gericht und Parteien betreffenden Zentralfragen nach der *Verfahrensherrschaft* und der Verantwortung für die Erstellung der *tatsächlichen Entscheidungsgrundlage*, die jeweils den *Parteien* (Dispositionsmaxime und Verhandlungsgrundsatz) oder dem *Gericht* (Offizialprinzip und Untersuchungsgrundsatz) übertragen sein können. Der Verwaltungsprozeß verbindet die **Dispositionsmaxime** mit dem **Untersuchungsgrundsatz**, die nachfolgend im jeweiligen systematischen Zusammenhang näher darzustellen sind.

| | Gericht | Partei |
|---|---|---|
| Verfahrensherrschaft | Offizialprinzip | Dispositionsmaxime (Verfügungsgrundsatz) |
| Entscheidungsgrundlage | Untersuchungsgrundsatz (Inquisitionsmaxime) | Verhandlungsgrundsatz |

☐ Maßgebliche Prinzipien im Verwaltungsprozeß

[1] Vgl. Berg, in: Menger-FS, S. 538.

# I. Die Verfahrensherrschaft

## 1. Die Dispositionsmaxime

### *a) Bedeutung und Inhalt*

2 Die Dispositionsmaxime (Verfügungsgrundsatz) ist Ausdruck des Prozeßzwecks individuellen Rechtsschutzes und liegt demgemäß sowohl dem Zivil- als auch dem Verwaltungsprozeß zugrunde. Nach ihm steht die Herrschaft (Dispositions-, Verfügungsbefugnis) über das Verfahren und dessen Gegenstand den *Hauptbeteiligten* (Parteien) zu, die über Einleitung, sachliche Reichweite und Beendigung des Verfahrens entscheiden.[2] Dieses kann nur durch *Klage* (§§ 42, 43) oder den entsprechenden Antrag, in der Regel eines sachlich Betroffenen (§§ 80 Abs. 5; 123 Abs. 1; 47 Abs. 1) in Gang gesetzt werden. Der Kläger beziehungsweise Antragsteller hat es, gegebenenfalls im Zusammenwirken mit der Gegenpartei und unter Umständen sonstigen Prozeßbeteiligten, auch in der Hand, das Verfahren durch *Klagerücknahme* (§ 92), *Vergleich* (§ 106) sowie *Erklärung seiner* (sonstigen) *Erledigung* (§ 161 Abs. 2) zu beenden oder aber auch seinen Gegenstand zu verändern (*Klageänderung*, § 91). Auch der prozessual wirkende *Verzicht* auf den Klageanspruch sowie dessen *Anerkenntnis* (vgl. dazu auch unten § 34 Rdnr. 13 ff.) sind Ausdruck der **Dispositionsmaxime**.

3 Anders als unter der Geltung des vor allem den Strafprozeß beherrschenden **Offizialprinzips** ist das Gericht also nicht in der Lage, ohne Mitwirkung der Parteien oder gar gegen deren (übereinstimmende) prozessuale Erklärungen von Amts wegen, etwa aus Gründen des öffentlichen Interesses,[3] ein Verfahren zu führen.

4 Gewisse Modifikationen des Verfügungsgrundsatzes ergeben sich allerdings aus der selbständigen Beteiligtenstellung eines Vertreters des öffentlichen Interesses (vgl. §§ 35 ff.; 63 Nr. 4 und dazu oben § 8 Rdnr. 58 f.), der insbesondere einen anhängigen Prozeß kraft seiner Rechtsmittelbefugnis auch gegen den Willen der Parteien fortsetzen kann. Diesen verbleibt gleichwohl die Dispositionsmacht über das Prozeßrechtsverhältnis insgesamt, mit dessen Beendigung, etwa durch Klagerücknahme, Erledigungserklärung oder Vergleich, auch jene Stellung entfällt.[4]

---

[2] Vgl. Lüke, JuS 1961,41 f.; BVerwGE 92,132 (146); VGH BW, DVBl 1989,884.

[3] Vgl. demgegenüber z. B. für die Fortführung eines verfassungsgerichtlichen Normenkontrollverfahrens nach Rücknahme des dieses auslösenden Antrags BVerfGE 8,183 (184); 87,152 (153); ebenso sogar für Verfassungsbeschwerde BVerfGE 98,218 (242 f.).

[4] Vgl. auch Lüke, JuS 1961,42.

### *b) Bindung an das Klagebegehren*

Zentrale inhaltliche Konsequenz der Dispositionsmaxime ist die Bindung des Gerichts an die gestellten Anträge, § 88. Danach darf das Gericht (1.) nur über das ihm vorgetragene Begehren (Streitgegenstand) entscheiden, freilich, ohne an den Wortlaut der Antragsfassung gebunden zu sein.[5] Es darf ferner (2.) über das Klagebegehren nicht hinausgehen[6] ("ne eat iudex ultra petita partium"), muß dieses aber andererseits (3.) auch erschöpfen[7] (vgl. dazu unten § 34 Rdnr. 5). 5

Aus der Bindung an die gestellten Anträge folgt schließlich das insbesondere für Rechtsmittelverfahren relevante (vgl. §§ 128 Satz 1, 129; 141 Satz 1) Verbot der *reformatio in peius*.[8] Hierfür kommt es auf den Entscheidungsausspruch an; es ist also nicht verletzt, wenn sich die Verschlechterung nur aus den Entscheidungsgründen ergibt, zum Beispiel das Gericht die Verpflichtungsklage auf eine unbeschränkte Genehmigung abweist, weil es diese insgesamt und nicht, wie der Kläger, nur die einschränkende Nebenbestimmung für rechtswidrig hält (vgl. auch oben § 17 Rdnr. 54 ff.). Anders kann es jedoch bei Einbeziehung zusätzlicher Sachverhaltsumstände liegen.[9] 6

### 2. Der Grundsatz des Amtsbetriebs

Von der Einleitung und Fortführung des Verfahrens als solchen sind die Maßnahmen zu unterscheiden, die dessen *äußeren Ablauf* betreffen, wie Zustellung (§§ 56 Abs. 2; 85 Satz 1; 116 Abs. 1 Satz 2), Terminsbestimmungen und Ladungen (§ 102). Sie fallen in die Sphäre des für die Organisation des Verfahrens verantwortlichen Gerichts und erfolgen deswegen nicht im Parteibetrieb, sondern *von Amts wegen*. 7

### 3. Der Konzentrationsgrundsatz

Für die Effektivität des Rechtsschutzes ist die Dauer des Verfahrens bis zu einer abschließenden Entscheidung von wesentlicher Bedeutung. Noch vor der Schwelle der Rechtsverweigerung[10] verlangt das Rechtsstaatsprinzip die Vermeidung unnötiger, das heißt nicht von der Sache her gebotener Verzögerungen (vgl. auch oben § 3 Rdnr. 1 sowie Art. 6 Abs. 1 EMRK[11]). 8

---

[5] Vgl. BVerfG, NVwZ 1992,259.

[6] Z. B. durch Erlaß eines Verpflichtungsurteils auf bloßen Bescheidungsantrag, vgl. BVerwGE 69,198.

[7] BVerwG, NVwZ 1994,1116.

[8] Vgl. Eyermann, § 88 Rdnr. 6 (Rennert); § 129 Rdnr. 1 ff. (Happ).

[9] Vgl. dazu Eyermann/Rennert, § 88 Rdnr. 12.

[10] Vgl. dazu zuletzt etwa BbgVerfG, NVwZ 1997,785.

[11] Zur Anwendbarkeit auf Verwaltungsstreitverfahren ("civil rights") vgl. unten Rdnr. 42.

9 Über diese allgemeine, bei der Festlegung von Terminen, Fristen oder gerichtlichen Handlungen (z. B. Absetzung des Urteils) zu beachtende Pflicht der Gerichtsorgane hinaus wird gesetzlich ausdrücklich Vorsorge getroffen, um eine auch in zeitlicher Hinsicht angemessene Rechtsschutzgewährung sicherzustellen, insbesondere einer Prozeßverschleppung vorzubeugen.[12] So ist das Gericht vor allem verpflichtet, den Rechtsstreit möglichst in *einer mündlichen Verhandlung* zu erledigen, § 87 Abs. 1 Satz 1. Dies bedarf entsprechender Vorbereitung durch den Vorsitzenden oder Berichterstatter. Hierzu können insbesondere ergänzende Erklärungen der Beteiligten, gegebenenfalls unter Fristsetzung (vgl. §§ 82 Abs. 2; 86 Abs. 4 Satz 2; 87b Abs. 1, 2), verlangt, Auskünfte eingeholt und Vorbereitungen für eine Beweisaufnahme (Anordnung einer Urkundenvorlage; Zeugenladung usw.) getroffen werden (§ 87 Abs. 1 Satz 2; vgl. aber auch § 87 Abs. 3). Entsprechende Mitwirkungspflichten bestehen auch für die Beteiligten (vgl. §§ 82 Abs. 1 Satz 3, Abs. 2; 86 Abs. 3-5; vgl. dazu auch noch unten Rdnr. 19 ff.). Die Eröffnung der *Gelegenheit zur Fehlerheilung* für die Verwaltungsbehörde binnen 3 Monaten (§ 87 Abs. 1 Satz 2 Nr. 7; vgl. auch § 94 Satz 2)[13] dient der Verfahrenskonzentration allerdings nur bei einer übergreifenden, mögliche Folgeverfahren einbeziehenden Sicht.

10 Konzentrationswirkung im Sinne einer Verfahrensbeschleunigung kommt ferner der Möglichkeit zu, Vorbringen von Beteiligten nach Ablauf einer fachgesetzlich bestimmten (vgl. § 17 Abs. 6b FStrG) oder durch das Gericht gesetzten Frist (vgl. §§ 82 Abs. 2 Satz 2; 87b Abs. 3 VwGO) zurückzuweisen. Die Regelung ist im Hinblick auf den gegenüber dem Zivilprozeß (vgl. § 296 ZPO) erweiterten, durch den Untersuchungsgrundsatz gesicherten (vgl. dazu sogleich Rdnr. 12) Rechtsschutzauftrag des verwaltungsgerichtlichen Verfahrens nicht unproblematisch, findet ihre Grundlage aber in der Mitwirkungspflicht der Beteiligten und schließt jedenfalls nicht aus, auch nachträgliches, entscheidungserhebliches Vorbringen zu berücksichtigen (vgl. dazu noch unten Rdnr. 14 ff.).[14]

## II. Die Entscheidungsgrundlage

11 Von der Frage der Verfahrensherrschaft (Dispositionsmaxime) streng zu unterscheiden ist die Verantwortung für die Ermittlung des Sachverhalts als tatsächliche Entscheidungsgrundlage;[15] sie obliegt im Verwaltungsprozeß dem Gericht (**Untersuchungsgrundsatz**). Obwohl diese beiden Fragestellungen begrifflich auf verschiedenen Ebenen liegen, besteht zwischen ihnen eine innere Verbindung, die

[12] Vgl. Lüke, JuS 1961,47.
[13] Vgl. dazu W. Schenke, NJW 1997,86.
[14] Vgl. Kopp, NJW 1991,524 f.
[15] Vgl. Lüke, JuS 1961,41.

durch den gemeinsamen sachlichen Bezug auf den Streitgegenstand hergestellt wird.[16]

Dieser unterliegt zwar als solcher der Parteidisposition, gleichzeitig aber der inhaltlichen Einflußnahme des Gerichts dadurch, daß dieses den dem Klagebegehren zugrunde liegenden Sachverhalt eigenständig ermittelt und bestimmt.[17]

## 1. Verhandlungs- und Untersuchungsgrundsatz

Im *Zivilprozeß*, der in erster Linie der Sicherung des Rechtsfriedens in den von der 12
Parteiautonomie beherrschten Rechtsbeziehungen unter gleichgeordneten Privaten dient, gilt der **Verhandlungsgrundsatz**, nach dem die Einführung des tatsächlichen Streitstoffs in das Verfahren ausschließlich den Parteien obliegt.[18] Demgegenüber hat der *Verwaltungsprozeß* typischerweise das besondere Schutzbedürfnis eines beteiligten Individuums zu befriedigen und zugleich seiner partei-überschreitenden, rechtsstaatlichen Bedeutung für die objektive Rechtsordnung und die Rechtmäßigkeit des Verwaltungshandelns insgesamt Rechnung zu tragen.[19] Es muß deshalb sichergestellt werden, daß auf einer zutreffenden, nicht unter dem Einfluß der Parteien verfälschten Tatsachenbasis entschieden wird. Ebenso, wie in anderen Verfahren mit vergleichbaren Zielsetzungen,[20] etwa im Strafprozeß (§ 244 Abs. 2 StPO), in Ehe- (§ 616 Abs. 1 ZPO) und Kindschaftssachen (§ 640 Abs. 1 ZPO) oder in der Freiwilligen Gerichtsbarkeit (vgl. § 12 FGG), gilt deshalb im Verwaltungsprozeß der **Untersuchungsgrundsatz (Inquisitionsmaxime)**.

Allerdings darf der Unterschied zwischen den vom einen oder anderen Grundsatz beherrschten 13
Verfahren nicht überbetont werden.[21] Auch im Zivilprozeß wird mit Hilfe der richterlichen Aufklärungspflicht (§ 139 ZPO)[22] in Verbindung mit der Erklärungs- und Wahrheitspflicht der Parteien (§ 138 ZPO) sichergestellt, daß die Entscheidung nicht an den zu beurteilenden, realen Verhältnissen vorbeigeht; "prozessuale", nur auf dem Parteivorbringen beruhende, und gerichtlich ermittelte, "materielle Wahrheit"[23] sind also weitgehend angenähert. Umgekehrt haben die Parteien vermöge der ihnen obliegenden Mitwirkung (§ 86 Abs. 1 Satz 1 Halbs. 2) auch im Verwaltungsprozeß wesentlichen Einfluß auf die Herstellung der tatsächlichen Entscheidungsbasis.

---

[16] Vgl. Kropshofer, a.a.O., S. 46; vgl. auch Berg, in: Menger-FS, S. 540 f.; Marx, a.a.O., S. 25.
[17] Für Gleichklang zwischen Dispositionsmaxime und Verhandlungsgrundsatz deshalb Grunsky, a.a.O., S. 166 ff.
[18] Vgl. Rosenberg/Schwab/Gottwald, § 78 II; Grunsky, a.a.O., S. 166 ff.
[19] Vgl. dazu Nierhaus, a.a.O., S. 258 ff.; Marx, a.a.O., S. 70 ff., 81 ff.
[20] Vgl. Grunsky, a.a.O., S. 165.
[21] Vgl. dazu Mühl, in: FS für Bruns, 1980, S. 149 ff., 156 ff.; Grunsky, a.a.O., S. 164 ff.; Stürner, ZZP 98 (1985), S. 237 ff., 254 f.; H. A. Wolff, BayVBl 1997,587 f.
[22] Vgl. dazu BVerfGE 42,64 (78); Mühl, in: FS für Bruns, S. 157.
[23] Vgl. dazu Berg, Verwaltungsrechtliche Entscheidung a.a.O., S. 37 ff.

## 2. Der Untersuchungsgrundsatz

### *a) Die Pflicht zur Amtsermittlung*

14 Gemäß § 86 Abs. 1 Satz 1 Halbs. 1 erforscht das Gericht den Sachverhalt von Amts wegen, ohne an das Vorbringen und die Beweisanträge der Beteiligten gebunden zu sein. Damit sind ihm Verantwortung und Pflicht zur eigenständigen Feststellung aller für seine Entscheidung erheblichen, tatsächlichen und rechtlichen Voraussetzungen auferlegt. Dies gilt insbesondere im Verhältnis zu einem vorausgegangenen *Verwaltungsverfahren*. Weist dieses Sachverhaltsdefizite auf, so muß das Gericht durch die eigene Klärung der Anspruchsvoraussetzungen selbst in vollem Umfang die *Entscheidungsreife* herbeiführen.[24] Demgegenüber darf sich das Gericht mit einer bloßen Aufhebung der Verwaltungsentscheidung begnügen und die Sache quasi zur weiteren Aufklärung "zurückverweisen", wenn die Voraussetzungen des § 113 Abs. 3 Satz 1 vorliegen oder sonst ein Übergreifen gerichtlicher Entscheidungstätigkeit in den der Verwaltung obliegenden oder sogar vorbehaltenen Tätigkeitsbereich zu befürchten wäre (vgl. dazu näher oben § 15 Rdnr. 31 ff.).

15 Anders als unter der Geltung des Verhandlungsgrundsatzes ist das Gericht nicht auf die von den *Parteien* vorgetragenen *Umstände* und angebotenen *Beweise* beschränkt (vgl. §§ 130, 138 ZPO). Ebenso ist – im Gegensatz zum *Anerkenntnis* des Klageanspruchs (vgl. unten § 34 Rdnr. 13 f.) – ein *Geständnis* von Tatsachen (vgl. §§ 288 Abs. 1; 138 Abs. 3 ZPO) rechtlich unerheblich (vgl. aber unten Rdnr. 17 f.). Folgerichtig ist der Erlaß eines *Versäumnisurteils gegen den* nicht erschienenen *Beklagten*, das den klägerischen Tatsachenvortrag zugrunde zu legen hat (§ 331 Abs. 1 Satz 1 ZPO), ausgeschlossen; eine Klagabweisung bei Säumnis des Klägers (vgl. § 330 ZPO) wäre als Konsequenz der Dispositionsmaxime zwar denkbar,[25] scheitert aber allgemein an § 102 Abs. 2 (vgl. dazu noch unten § 34 Rdnr. 12).

16 Unterbleibt eine an sich gebotene Sachaufklärung, so begründet dies einen wesentlich *Verfahrensmangel* (§§ 132 Abs. 2 Nr. 3; 130 Abs. 1 Nr. 2).[26]

### *b) Die Reichweite der Aufklärungspflicht*

17 *Gegenstand* (Welche Umstände sind aufzuklären?) und *Intensität* (Wie nachhaltig muß ermittelt werden?) der verfahrensrechtlich geforderten Aufklärung werden durch das entscheidungserhebliche *materielle Recht* bestimmt. Die gerichtliche Tatsachenermittlung dient der Gewinnung des dem Urteil zugrunde zu legenden *Sachverhalts*. Da dieser zur Überzeugung des Gerichts feststehen muß (§ 108

---

[24] BVerwGE 69,198 (201).

[25] Vgl. Lüke, JuS 1961,46 f.

[26] BVerwGE 25,88 (90); 74,222 (224); BVerwG, NVwZ 1987,404.

BVerwG, B 1.4.97, NVwZ 97, 890, BVerwG, U 17.4.02, NVwZ 02, 1123 (keine ungefragte Fehlersuche) = DVBl 02, 1409 m. Anm. [illegible] = JZ 03, 93 m. Anm. Ossenbühl, [illegible] DVBl 08, 78 [illegible], AöR 14, 329, BVerwG, B 2.11.07, NVwZ 08, 230, [illegible] VerwArch 17, 1, Kaiser, VerwArch 20, 120

Abs. 1 Satz 1), ist jene Tätigkeit eng auf die gerichtliche Entscheidung bezogen,[27] begründet eine unzureichende Sachverhaltsaufklärung in der Regel zugleich eine Verletzung des *Überzeugungsgrundsatzes*.[28] Umgekehrt kommt es nur auf die vom Standpunkt des entscheidenden, nicht des revisionsrechtlich nachprüfenden Gerichts erheblichen Umstände an.[29]

Die Anforderungen an die Aufklärungspflicht werden durch den je nach den Umständen einschließlich der materiell- (insbesondere grund)rechtlichen Anknüpfung[30] vernünftigerweise anzustrebenden und erreichbaren Grad an Wahrscheinlichkeit bestimmt und begrenzt.[31] Das Gericht ist bei Fehlen konkreter, gegenteiliger Anhaltspunkte nicht gehalten, eine sich als eindeutig darstellende Sachverhaltslage in Zweifel zu ziehen und "von sich aus und gleichsam ungefragt" in "Nachforschungen darüber einzutreten, ob ein bisher nicht entdeckter Umstand" für die Beurteilung "des Verwaltungshandelns von Einfluß sein könne".[32] **18**

### c) Die Mitwirkungslast der Beteiligten

In diesem Zusammenhang kommt der Mitwirkung der Beteiligten besondere Bedeutung zu. Diese sind bei der gerichtlichen Sachverhaltsermittlung heranzuziehen (§ 86 Abs. 1 Satz 1 Halbs. 2) und unterliegen damit einer eigenen *Mitwirkungslast*. In deren Erfüllung haben sie zur Förderung des Prozesses und insbesondere zur Aufklärung derjenigen Umstände und Ereignisse beizutragen, die in ihre Sphäre fallen oder (und) die (deshalb) vorwiegend, wenn nicht gar allein in ihrer Erkenntnis stehen.[33] Die prozessuale Mitwirkung muß jedoch möglich und zumutbar sein;[34] hieran fehlt es, wenn dieser materiell-rechtliche Positionen entgegengehalten werden können, zum Beispiel einer körperlichen Untersuchung das Recht aus Art. 2 Abs. 2 Satz 1 GG oder einer Einsichtnahme in vertrauliche Schriftstücke und Aufzeichnungen bestimmte Geheimhaltungsbefugnisse (z. B. aufgrund Art. 2 Abs. 1 i. V. m. Art. 1 Abs. 1; Art. 12 Abs. 1; 14; 4 Abs. 1 GG). **19**

Soweit eine derartige Mitwirkungspflicht besteht, ist sie auch für die *Reichweite des Untersuchungsgrundsatzes* von Bedeutung. Abzulehnen und auch **20**

---

[27] Vgl. BVerwG, NwVBl 1996,125; Kopp/Schenke, § 108 Rdnr. 4; Geiger, BayVBl 1999,322.
[28] Vgl. BVerwGE 70,222 (225).
[29] Vgl. BVerwGE 78,367; BVerwG, NVwZ 1987,404.
[30] Vgl. BVerfG, BayVBl 1994,143.
[31] Vgl. BVerwG, NJW 1986,1703; Marx, a.a.O., S. 194 ff.
[32] BVerwG, DVBl 1983,995 (997); NVwZ 1987,404; vgl. auch BVerwGE 66,237 (238); BVerwG, NJW 1986,1703; ferner dazu Berg, Verwaltungsrechtliche Entscheidung a.a.O., S. 51 ff.; Kropshofer, a.a.O., S. 36 ff., 64.
[33] Vgl. BVerwGE 60,140 (143); 66, 237 (238); BVerwG, DVBl 1984,1005; NVwZ 1987,404; zusammenfassend BVerwG, NVwZ 1995,473 (475).
[34] Vgl. BVerwGE 74,222 (224 f.); BVerwG, NVwZ 1995,473.

weiterhin auf Ablehnung gestoßen[35] ist allerdings die – abstrakte – Formel des Bundesverwaltungsgerichts, wonach die gerichtliche Aufklärungspflicht dort endet, wo die Mitwirkungspflicht der Beteiligten nicht erfüllt wird.[36] Denn diese sind gesetzlich nur passiv *bei* der Wahrnehmung jener gerichtlichen Pflicht einzubeziehen und erscheinen so nicht als Träger eigener, sondern als Gehilfen im Dienst gerichtlicher Sachverhaltsermittlung.[37] Eine – mit oder ohne Grund – unterbliebene Parteimitwirkung suspendiert nicht etwa die gerichtliche Aufklärungspflicht als solche. Weigert sich eine Partei, bestimmte Erklärungen abzugeben oder Unterlagen vorzulegen, so hat das Gericht gleichwohl, gegebenenfalls unter Heranziehung *anderer Erkenntnismittel*, die ihm – so oder so – obliegende Aufklärung vorzunehmen.[38] Allerdings können nunmehr die Anforderungen an diese herabgesetzt sein. Unterläßt der Betroffene eine, insbesondere in seinem eigenen Interesse liegende Aufklärung, die ihm ohne weiteres möglich ist oder zu der er ausdrücklich oder durch entsprechende Hinweise aufgefordert wurde, so braucht auch das Gericht nicht in schwierige und kostspielige Ermittlungen einzutreten, sondern kann sich mit dem erreichten Erkenntnisstand zufrieden geben und seine Entscheidung auf diesen gründen (§ 108 Abs. 1 Satz 1).[39]

**21** Praktisch tritt diese Auffassung also nur einer Überspannung der Anforderungen an die Amtsermittlung entgegen.[40] Sie bedeutet keine sachwidrige Hinwendung zum Verhandlungsgrundsatz, sondern bezeichnet lediglich die Grenze des für die *Gewährung von Individualrechtsschutz* sinnvollerweise zu erwartenden Maßes an gerichtlicher Inquisition. Im übrigen findet diese Sicht eine Stütze in einer Reihe gesetzlicher Regelungen, so insbesondere in der speziellen, gerade auch auf die Sachverhaltsgewinnung bezogenen *Hinweispflicht des Vorsitzenden* gemäß § 86 Abs. 3 und in der Berechtigung des Gerichts, verspätetes tatsächliches Vorbringen (der Beteiligten) unberücksichtigt zu lassen (§ 87b Abs. 3; vgl. dazu oben Rdnr. 9 f.). Der Untersuchungsgrundsatz – in seiner verwaltungsprozessualen Gestalt – "ist keine prozessuale Hoffnung, das Gericht werde mit (seiner) Hilfe schon die klagebegründenden Tatsachen finden".[41]

**22** Diese Grundsätze betreffen die Entscheidungsgrundlage unmittelbar und wirken damit auch auf die *materiell-rechtliche Entscheidung* selbst ein. So kann eine Verletzung der Mitwirkungspflicht mangels tatsächlicher Verfügbarkeit des

---

[35] Vgl. Berg, Verwaltungsrechtliche Entscheidung a.a.O., S. 51 ff.; Nierhaus, a.a.O., S. 262 f., je m. w. Nachw.; H. A. Wolff, BayVBl 1997,589.
[36] Vgl. BVerwG, NJW 1964,786; vgl. auch BVerwGE 53,134 (138); BVerwG, DVBl 1984,1005.
[37] Vgl. Kropshofer, a.a.O., S. 63; Berg, Verwaltungsrechtliche Entscheidung a.a.O., S. 51 ff.; Nierhaus, a.a.O., S. 277 ff.
[38] Vgl. Berg, in: Menger-FS, S. 545; differenzierend Köhler-Rott, a.a.O., S. 214 ff.
[39] Vgl. BVerwG, DVBl 1984,1005; NVwZ 1987,404; Kopp/Schenke, § 86 Rdnr. 12; Schmitt Glaeser, Rdnr. 542.
[40] So letztlich auch Berg, in: Menger-FS, S. 546.
[41] BVerwG, Buchholz 310 § 86 VwGO Nr. 76; Redeker/v. Oertzen, § 86 Rdnr. 11.

nur dem Beteiligten zugänglichen Wissens[42] zu einer für diesen ungünstigen Entscheidung nach *Beweislastregeln* führen, aber auch rechtlich im Rahmen der *Beweiswürdigung* berücksichtigt werden;[43] bei schuldhafter Beweisvereitelung kann die entscheidungserhebliche Tatsache entsprechend § 444 ZPO sogar als erwiesen angesehen werden.[44] Folgerichtig bleibt der durch die Unvollständigkeit der tatsächlichen Entscheidungsgrundlage belasteten Partei auch prozessual die *revisionsrechtliche Verfahrensrüge* unzureichender Sachverhaltsermittlung (vgl. § 132 Abs. 2 Nr. 3) abgeschnitten, wenn sie diesbezüglich eigenen Obliegenheiten nicht nachgekommen ist.[45]

## 3. Die Beweislast

### *a) Begriff und Bedeutung*

Das Rechtsverweigerungsverbot zwingt das Gericht auch dann zu einer Entscheidung, wenn sich eine entscheidungserhebliche Tatsache – gegebenenfalls trotz Beweisaufnahme – nicht feststellen läßt. Dieses *non liquet* geht notwendigerweise zu Lasten einer der Parteien, die damit die *materielle* (objektive) *Beweislast* trägt. Folgerichtig ist diese auch für die Entscheidung verwaltungsgerichtlicher Streitigkeiten, unbeschadet des für diese geltenden Untersuchungsgrundsatzes, von Bedeutung.[46] Sie wird als Teil der Rechtsanwendung erst nach Abschluß der Sachverhaltsvermittlung im Prozeß relevant und ist damit eine Frage des materiellen Rechts.[47] Diesbezügliche Fehler sind demnach in der Revision auch nicht erst auf die speziell begründungsbedürftige Verfahrensrüge hin zu prüfen (vgl. § 137 Abs. 3 und dazu unten § 39 Rdnr. 38 ff.). Dagegen trifft die Parteien hier, anders als im Zivilprozeß, nicht die prozeßrechtlich bestimmte, *subjektive Beweis-*(führungs)*last*, wenngleich das dargestellte Verständnis der prozessualen Mitwirkungspflicht gemäß § 86 Abs. 1 (siehe vorstehend Rdnr. 19 ff.) durchaus Ansätze in diese Richtung erkennen läßt. 23

### *b) Die materielle Beweislast*

Hinsichtlich der Verteilung der Beweislast scheint zwischen einer in der Praxis dominierenden und der überwiegend in der Wissenschaft vertretenen Auffassung eine unüberbrückbare Kluft zu bestehen. Die herrschende Meinung geht auch im 24

---

[42] Vgl. BVerwGE 19,87 (94).
[43] Vgl. BVerwGE 74,222 (224 f.); Köhler-Rott, a.a.O., S. 216 ff., 222.
[44] Vgl. BVerwGE 78,367 (370); Ule, § 50 IV.
[45] Vgl. BVerwG, NVwZ 1993,268.
[46] Vgl. BVerwGE 55,288 (297); Ule, § 50 I.
[47] H. M., vgl. BVerwGE 55,288 (297); Redeker/v. Oertzen, § 108 Rdnr. 11; Nierhaus, a.a.O., S. 210 ff.; a. A. Ule, § 50 I 2.
OVG Greifswald, B 22.12.00, NVwZ 02, 104

Verwaltungsprozeß von den für die Bestimmung der Beweislast allgemein anerkannten Grundsätzen aus[48] und erlegt die Folgen der Unerweislichkeit einer Tatsache derjenigen Partei auf, die aus ihr eine für sie günstige Rechtsfolge herleitet (sogenannte Günstigkeitsregel, Normentheorie).[49] Wer ein Recht oder eine Befugnis für sich in Anspruch nimmt, trägt danach grundsätzlich die Beweislast für die *rechtsbegründenden* Tatsachen, wohingegen *rechtshindernde*, *rechtshemmende* oder *rechtsvernichtende* Tatsachen zugunsten desjenigen nachgewiesen werden müssen, der den Bestand der betroffenen Rechtsstellung leugnet oder ein Gegenrecht geltend macht. Dies gilt auch für den Fall eines *Negativbeweises*, zum Beispiel der Unterlassung einer Belehrung als Grundlage einer schadensersatzbegründenden Fürsorgepflichtverletzung; den Schwierigkeiten ist hier im Rahmen der Beweiswürdigung Rechnung zu tragen.[50]

**25** Demgegenüber lehnt das, in sich freilich völlig uneinige[51] Schrifttum, soweit nicht überhaupt schon die Übertragbarkeit dieser Grundsätze auf den Verwaltungsprozeß geleugnet wird,[52] die Normentheorie als logisch verfehlt[53] und praktisch unbrauchbar ab[54] und trifft die Entscheidung auf der Grundlage ganz unterschiedlicher Kriterien, zum Beispiel einer Folgenabwägung[55] oder nach Maßgabe der "Beweisnähe".[56]

**26** Bei Licht besehen und im Ergebnis dürfte indes die Meinungsverschiedenheit im prinzipiellen kaum das ihr zugemessene Gewicht haben. Denn die Grundregel der herrschenden Meinung beruht keineswegs auf Gesetzen der Logik, sondern auf einer wertenden Entscheidung für den *Bestandsschutz*,[57] die, anders als dem Strafprozeß, Verwaltungs- wie Zivilprozeß gleichermaßen angemessen ist. Überwiegend anerkannt ist ferner, daß sich die Voraussetzungen für die Beweisbelastung der einen oder anderen Partei nicht aus deren prozessualen Stellung, sondern vor allem aus dem zugrunde liegenden, materiellen Rechtsverhältnis ergeben.[58]

**27** Deshalb ist insbesondere bei der *Anfechtungsklage*, die auf Wiederherstellung des rechtmäßigen Zustandes durch Zurückweisung des gewissermaßen vorweg-

[48] Vgl. BVerwGE 55,288 (297); 78,367 (370); Kopp/Schenke, § 108 Rdnr. 13; Redeker/v. Oertzen, § 108 Rdnr. 12; Ule, § 50 II 3; Grunsky, a.a.O., S. 433.
[49] Vgl. BVerwGE 78,367 (370); BVerwG, DVBl 1994,1192; Kopp/Schenke, § 108 Rdnr. 13; Rosenberg/Schwab/Gottwald, § 117 II 2.
[50] BVerwG, NVwZ 1998,400.
[51] Vgl. nur die Bestandsaufnahmen z. B. bei Nierhaus, a.a.O., S. 387 ff.; Kokott, a.a.O., S. 71 ff.
[52] Vgl. Berg, Verwaltungsrechtliche Entscheidung a.a.O., S. 184 f.; Nierhaus, a.a.O., S. 407.
[53] Vgl. Leipold, Beweislastregeln und gesetzliche Vermutungen, 1966, S. 91 ff.; Berg, in: Menger-FS, S. 549.
[54] Vgl. Berg, Verwaltungsrechtliche Entscheidung a.a.O., S. 184 ff.; Nierhaus, a.a.O., S. 407 f.; Peschau, a.a.O., S. 38 ff.
[55] So Berg, Verwaltungsrechtliche Entscheidung a.a.O., S. 221 ff.
[56] So Nierhaus, a.a.O., S. 430 ff.
[57] Vgl. Rosenberg/Schwab/Gottwald, § 117 II 1; Peschau, a.a.O., S. 40 m. w. Nachw.
[58] Vgl. BVerwGE 55,288 (297); Lüke, JuS 1961,45; Kokott, a.a.O., S. 70.

genommenen Handelns der Behörde abzielt, diese für das Vorliegen der Eingriffsvoraussetzungen, nicht aber der Kläger für deren Fehlen, das heißt für das Bestehen eines Aufhebungsanspruchs, beweispflichtig.[59] Umgekehrt kann jedoch der Anfechtungskläger gegenüber einer Beseitigungsanordnung für den dieser entgegengehaltenen Bestandsschutz,[60] gegenüber einem Rückforderungsbescheid für die in seinen Verantwortungsbereich fallenden Umstände (Unterbrechung der Ausbildung)[61] beweispflichtig sein.

Damit kommt es für die Beurteilung einer Tatsachenbehauptung als rechts- 28
begründend oder -negierend nicht allein auf die Fassung der betreffenden Normen an.[62] Vielmehr sind bei der Beweislastverteilung auch der Zweck der Regelung,[63] grundlegende Gerechtigkeitsvorstellungen, insbesondere verfassungsrechtlicher Art (Rechtsstaatlichkeit; Rechtsschutzgewährung) sowie materiell-rechtliche (Grundrechts-)Positionen zu berücksichtigen;[64] danach kann es unzulässig sein, die Beweislast zum Beispiel für die Ursächlichkeit von Bewertungsfehlern für das Prüfungsergebnis auf den Prüfling[65] oder für eine politische Verfolgung auf den Asylsuchenden[66] zu überbürden. Andererseits kann aber auch die Verantwortung für die Unaufklärbarkeit einer Tatsache infolge Verletzung der prozessualen Mitwirkungspflicht durch einen Beteiligten zu dessen Lasten berücksichtigt werden.[67]

Lediglich eine Beweiserleichterung und damit keinen Aspekt der Beweislast, 29
sondern der *Beweiswürdigung*[68] begründet der sogenannte Beweis des ersten Anscheins (prima-facie-Beweis; vgl. unten § 33 Rdnr. 14 f.).

## III. Die Modalitäten der Entscheidungsfindung

### 1. Der Anspruch auf rechtliches Gehör

Das rechtliche Gehör in seinem aktuellen, über den engen Wortsinn hinaus erwei- 30
terten Verständnis ist durch Art. 103 Abs. 1 GG grundrechtlich gesichert und demgemäß in seiner Grundstruktur bereits verfassungsrechtlich festgelegt (vgl. oben § 3 Rdnr. 38 ff.). Kraft ihrer unmittelbaren Wirkung eröffnet die Garantie im Fall

[59] Vgl. BVerwGE 66,170; BVerwG, DVBl 1983,997 (1000); Geiger, BayVBl 1999,330.
[60] Vgl. BVerwG, NJW 1980,252.
[61] Vgl. BVerwGE 55,288 (297).
[62] Vgl. dazu Nierhaus, a.a.O., S. 399 ff.; vgl. auch Reinhardt, NJW 1994,93.
[63] Vgl. BVerwGE 44,265 (270); 55,288 (297).
[64] Vgl. BVerfGE 52,391 (406 f.); BVerwGE 70,143 (148 f.); 74,222 (224 f.); 78,367 (370); Berg, Verwaltungsrechtliche Entscheidung a.a.O., S. 218 ff.; Nierhaus, a.a.O., S. 34 ff.; Kokott, a.a.O., S. 64 ff.; Reinhardt, NJW 1994,96 ff.
[65] Vgl. BVerwGE 70,143 (148); ferner VGH BW, DVBl 1987,951.
[66] Vgl. BVerfGE 15,249 (253); 52,391 (406).
[67] Vgl. BVerwGE 60,140 (142).
[68] Vgl. BVerwG, NwVBl 1996,125; Nierhaus, a.a.O., S. 12; Geiger, BayVBl 1999,331.

ihrer Verletzung durch eine gerichtliche Entscheidung die Möglichkeit zu deren Korrektur auch in Abweichung vom bestehenden Prozeßrecht.[69] Inhaltlich hat die Garantie in ihren zentralen Gehalten, dem Äußerungsrecht der Beteiligten, deren Informationsansprüchen sowie der gerichtlichen Berücksichtigungspflicht, im Verwaltungsprozeß eine spezifische Ausgestaltung gefunden.

### a) Äußerungsrecht der Beteiligten

31 Mit seiner ursprünglichen Zielsetzung eines gleichmäßigen "Zugangs zum richterlichen Ohr" wird das rechtliche Gehör dadurch verwirklicht, daß die Beteiligten nicht nur berechtigt, sondern gesetzlich sogar gehalten sind, alle für die Entscheidung wesentlichen Erklärungen abzugeben (§ 86 Abs. 3), Schriftsätze einzureichen (§ 86 Abs. 4) und speziell der Beklagte (beziehungsweise entsprechend der Antragsgegner) sich zur Klage (beziehungsweise zu dem gestellten Antrag) äußern soll (§ 85 Satz 2). Die Beteiligten können ferner Beweisanträge stellen (§ 86 Abs. 2) und sich anläßlich der Sacherörterung in der mündlichen Verhandlung (§ 104 Abs. 1) sowie im Rahmen der Stellung und Begründung ihrer Anträge (§ 103 Abs. 3) Gehör verschaffen. Da auch die tatsächliche Möglichkeit hierzu nicht abgeschnitten werden darf, müssen einerseits Ladungs-, Äußerungs- und ähnliche Fristen angemessen sein, kann andererseits aus wichtigen Gründen eine Terminsverlegung[70] oder bei unverschuldeter Fristversäumung Wiedereinsetzung in den vorigen Stand (§ 60; vgl. oben § 20 Rdnr. 20 ff.) geboten sein.[71]

32 Der Effektuierung des Äußerungsrechts, insbesondere im Hinblick auf die Sicherung der Chance zu gleichmäßiger Wahrnehmung, dient das korrespondierende Verwertungsverbot für Tatsachen und Beweisergebnisse, zu denen die *Beteiligten* nicht Stellung nehmen konnten, § 108 Abs. 2. Das schließt eine Verwertung von in diesem Sinne einseitigem (z.B. infolge Nichtberücksichtigung eines nachgelassenen Schriftsatzes) Parteivorbringen aus.[72] Ferner bedürfen besondere fachliche Kenntnisse und Fähigkeiten (z. B. sprachlicher oder naturwissenschaftlicher Art[73]) sowie außerhalb der mündlichen Verhandlung (z. B. aufgrund privaten Wissens,[74] durch einen Parallelprozeß[75] oder Sachverhaltsfeststellungen im vorausgegangenen Verwaltungsverfahren[76]) gewonnene Erkenntnisse des Gerichts[77] vor ihrer Verwertung der Bekanntgabe an die Beteiligten.

---

[69] Vgl. BVerfGE 73,322 (329); BVerwG, NJW 1994,674; BGHZ 130,97.
[70] Vgl. BVerwGE 44,307 (309); 50,275 (276); BVerwG, NJW 1993,80.
[71] Vgl. BVerwG, NJW 1994,673.
[72] Vgl. BVerwGE 78,30; dazu auch BVerwG, NVwZ 1989,1154; NVwZ 1992,327.
[73] Vgl. BVerwG, Buchholz 310 § 86 I VwGO Nr. 270.
[74] Vgl. BVerwG, NVwZ 1987,47; DVBl 1999,1206.
[75] Vgl. BVerwG, NVwZ 1990,571; Buchholz 310 § 108 VwGO Nr. 111.
[76] Vgl. BVerwG, Buchholz 310 § 108 VwGO Nr. 33.
[77] Vgl. etwa VGH BW, DÖV 1995,295 m. w. Nachw.

BVerwG, B 19.7.10, NVwZ 11, 372 (Verwertungsverbot)

### b) Informationspflichten und -rechte

Nicht nur in dem eben erwähnten Zusammenhang, sondern auch sonst ist vielfach die Kenntnis von (er)klärungsbedürftigen Umständen wesentliche Voraussetzung einer sachgerechten Äußerung. Hierzu statuiert die Verwaltungsgerichtsordnung eine Vielzahl von Informationspflichten und -rechten. 33

So bedürfen die Klage und vergleichbare verfahrenseinleitende Anträge der Zustellung (§ 85 Satz 1), sonstige Schriftsätze sind den übrigen Beteiligten zu übersenden (§ 86 Abs. 4 Satz 3). Das Gericht hat die Beteiligten ferner von Anordnungen, zum Beispiel über die Ladung eines Sachverständigen zur mündlichen Verhandlung,[78] sowie Verfahrens- (§ 65 Abs. 4 Satz 1) und Sachentscheidungen (§§ 116 Abs. 1 Satz 2; 84 Abs. 1 Satz 2, 3; 122), gegebenenfalls im Wege der Zustellung (§ 56), zu benachrichtigen; vor einer gravierenden, ihre prozessuale Rechtsstellung betreffenden Verfahrensentscheidung, wie der Durchführung von Musterverfahren, sind sie zu hören (§ 93a Abs. 1 Satz 2). 34

Wichtigstes Instrument für die inhaltliche Information der Beteiligten über nach Auffassung des Gerichts erforderliche Prozeßhandlungen und -erklärungen (insbesondere sachdienliche Antragstellung, Ergänzung tatsächlicher Angaben, zielführendes prozessuales Vorgehen, z. B. Aussetzungsantrag bei Notwendigkeit behördlicher Vorklärungen[79]) ist die *gerichtliche Hinweispflicht*, § 86 Abs. 3. Ihre Anforderungen hängen von den Umständen des Einzelfalls, insbesondere auch davon ab, ob ein Beteiligter anwaltlich vertreten ist.[80] Wird sie verletzt, so liegt ein wesentlicher Verfahrensmangel vor (§ 132 Abs. 2 Nr. 3; evtl. auch § 138 Nr. 3).[81] Da die gerichtliche Hinweispflicht der Verwirklichung des materiellen Rechts dient und sich ihre Wahrnehmung damit zugleich als prozessuale Hilfestellung für eine Partei darstellt,[82] muß der Richter die Grenzen der Neutralität sorgfältig beachten, um sich nicht dem Vorwurf der Parteilichkeit (Besorgnis der Befangenheit, vgl. oben § 7 Rdnr. 42 f.) auszusetzen.[83] 35

Die Hinweispflicht wird ergänzt und in gewisser Hinsicht verdrängt[84] durch die inhaltlich im wesentlichen übereinstimmende gerichtliche Erörterungspflicht in der mündlichen Verhandlung (§ 104 Abs. 1), die sich sowohl auf die tatsächliche als auch die rechtliche Seite bezieht. Auch sie (vgl. zum rechtlichen Gehör schon oben § 3 Rdnr. 38 ff.) fordert keine umfassende rechtliche Belehrung, sondern soll den Beteiligten zur Vermeidung von *Überraschungsentscheidungen* die Möglich- 36

[78] BVerwG, DVBl 1980,593.
[79] BVerwGE 92,132 (133); BVerwG, DVBl 1984,1005; BVerfG, NVwZ 1992,259.
[80] So h. M., vgl. BVerwGE 21,217; BVerfG, NJW 1987,2003; NVwZ 1992,259.
[81] Vgl. BVerwG, NVwZ 1984,645.
[82] Vgl. BVerwG, DVBl 1984,1005.
[83] Vgl. dazu BVerwGE 21,217; BVerfGE 75,183 (189).
[84] Vgl. BVerfG, NVwZ 1992,250.

keit geben, auf nicht ohne weiteres als erheblich erkennbare rechtliche Gesichtspunkte einzugehen.[85]

**37** Eine besondere Vorkehrung des Verwaltungsprozesses, die Geltendmachung rechtlicher Betroffenheiten durch nicht am Verfahren beteiligte Dritte zu ermöglichen, ist deren Zuziehung im Wege der *Beiladung* gemäß § 65 (vgl. oben § 8 Rdnr. 16 ff.). Sie ist, soweit die Entscheidung – möglicherweise verletzend – in die Rechtsstellung des Dritten eingreift, verfassungsrechtlich geboten.[86]

**38** Neben der im wesentlichen punktuellen gerichtlichen Informationspflicht wird dem Gebot rechtlichen Gehörs besonders durch das umfassende *Informationsrecht* der Beteiligten über das Verfahren insgesamt durch *Einsicht in die Gerichtsakten* und die dem Gericht vorgelegten Akten (§ 100 Abs. 1) Rechnung getragen.[87] Dieses Recht dient nicht nur der Informationsgewinnung als Voraussetzung sachangemessener Äußerung, sondern sichert vor allem auch die Ausgewogenheit des Zugangs zum Gericht und in diesem Sinne *prozessuale Waffengleichheit*.[88] Sie wäre verletzt, wenn das Gericht insbesondere die ihm in aller Regel vorliegenden Behördenakten (vgl. § 99 Abs. 1 Satz 1 und dazu unten § 33 Rdnr. 34 ff.) und damit das von einer Seite bereitgestellte Material – bewußt oder unbewußt – berücksichtigen könnte, ohne dieses den anderen Beteiligten vorher zur Kenntnis gegeben zu haben.

**39** Hieraus resultiert die besondere Problematik der gerichtlichen Verwertung geheimhaltungsbedürftiger Vorgänge, wie sie sich allgemein bei der Vorlage entsprechender Behördenakten zeigt (vgl. § 99 Abs. 2 und dazu unten § 33 Rdnr. 36 f.).

### *c) Die gerichtliche Berücksichtigungspflicht*

**40** Ziel des verfassungsgarantierten Rechts zur Äußerung und der diesem dienenden Informationspflichten ist es letztlich, den Beteiligten eine Mitwirkung an der Entscheidungsfindung im Sinne eines Einflusses auf diese zu ermöglichen. Das Gericht hat deshalb das prozeßrechtlich zulässige,[89] insbesondere nicht präkludierte, zum Beispiel verspätete,[90] und sachrechtlich erhebliche[91] Vorbringen der Beteiligten zur Kenntnis zu nehmen und in Erwägung zu ziehen.[92] Gegen diese Berücksichtigungspflicht wird zum Beispiel dann verstoßen, wenn das Gericht einen fremdsprachlichen Sachvortrag allein unter Hinweis darauf, daß die

---

[85] Vgl. BVerwGE 36,264 (267); BVerwG, NVwZ 1991,574.
[86] Vgl. BVerfGE 60,7 (13); 65,227 (233).
[87] Vgl. BVerfGE 18,399 (405); 63,45 (60); Knemeyer, in: HdBStR, Bd. VI, § 155 Rdnr. 29.
[88] Vgl. BVerfGE 63,45 (61); BVerwG, DÖV 1988,610.
[89] Vgl. BVerfG, NVwZ 1990,651.
[90] Vgl. BVerfGE 42,243 (247).
[91] Vgl. BVerfGE 60,250 (252); 86,133 (145 f.); BVerwGE 15,24 (26).
[92] Vgl. BVerfGE 11,218 (220); 70,288 (293).

Gerichtssprache deutsch ist (§ 55 VwGO i. V. m. § 184 GVG) außer acht läßt,[93] statt sich durch Beiordnung eines Dolmetschers (vgl. § 185 GVG) oder Veranlassung der Übersetzung einer Urkunde[94] in Erfüllung seiner Sachaufklärungspflicht (§ 86 Abs. 1) Kenntnis von dem Vorbringen zu verschaffen.

Der Effektuierung dieser Pflicht dient § 108 Abs. 1 Satz 2, wonach in dem 41
Urteil die für die richterliche Überzeugung leitenden Gründe anzugeben sind. Die Begründung der Entscheidung (s. dazu noch unten § 34 Rdnr. 30 ff.) soll also nicht nur nachvollziehbar deren Übereinstimmung mit Gesetz und Recht (Art. 20 Abs. 3 GG) erkennen lassen, sondern auch dokumentieren, daß sich das Gericht mit allen wesentlichen Gesichtspunkten befaßt und insbesondere dem erheblichen Parteivorbringen auseinandergesetzt hat.[95] Das verlangt einen zeitlichen Zusammenhang zwischen Entscheidungsfindung und deren Grundlage in der mündlichen Verhandlung, der durch §§ 116 Abs. 1, 2; 117 Abs. 4 gesichert wird.[96]

Bäcker, DVBl 14,481

## 2. Der Grundsatz der Öffentlichkeit

Die Öffentlichkeit der Verhandlung[97] ist ein Kennzeichen rechtsstaatlicher 42
Gerichtsverfassung. Sie ist in Art. 6 Abs. 1 EMRK für zivilrechtliche Streitigkeiten[98] und Strafsachen vorgeschrieben, durch das Grundgesetz (anders Art. 90 bayVerf) jedoch verfassungsrechtlich nicht verbürgt.[99] Ihr Ziel ist insbesondere die demokratische Kontrolle auch der rechtsprechenden Tätigkeit, doch bringt sie andererseits, zumal unter den Bedingungen moderner Massenkommunikation,[100] auch Gefahren für die durch das Persönlichkeitsrecht (Art. 2 Abs. 1 i. V. m. Art. 1 Abs. 1 GG) geschützte Privatsphäre der Verfahrensbeteiligten und eine unbeeinflußte, neutrale Rechtsfindung mit sich.[101] Negative Auswirkungen dieser Art sind auch beim Verwaltungsprozeß, insbesondere im Fall von dessen Instrumentalisierung in politisch bedeutsamen Verfahren, nicht von der Hand zu weisen.[102] Ihnen ist in situationsabhängig differenzierter Abwägung mit dem durch Presse und

[93] Vgl. dazu Lässig, Deutsch als Gerichts- und Amtssprache, 1980, S. 100; Jacob, VBlBW 1991,205 ff.

[94] BVerwG, DÖV 1996,700.

[95] Vgl. BVerwGE 61,365 (368); BVerfG, NJW 1983,2930.

[96] Vgl. BVerwGE 39,51 (52); 50,278 (279), sowie noch unten § 34 Rdnr. 19 f.

[97] Vgl. zur Entwicklung etwa Strauch, in: FS für Mallmann, 1978, S. 348 ff.; Eb. Schmidt, Lehrkommentar zur StPO und zum GVG, Teil I, 2. Aufl. 1964, S. 230 ff.

[98] Von diesem Begriff ("civil rights") werden öffentlich-rechtliche Streitigkeiten im deutschen Rechtsverständnis erfaßt, wenn die betreffende Rechtsposition in ihrem Kern dem Privatrecht zuzuordnen ist; vgl. dazu EGMR, NJW 1979,477; NJW 1989,2181; NJW 1992,1813; NJW 1997,2809; Burgi, Verwaltungsprozeß und Europarecht, 1996, S. 3, m. w. Nachw.

[99] Vgl. BVerfGE 15,303 (307); BVerwGE 57,272.

[100] Vgl. auch BVerfGE 71,206 (216 f.); 91,125 (137) m. Anm. von Stürner, JZ 1995,297.

[101] Vgl. dazu Grunsky, a.a.O., S. 224 f.; Kissel, § 169 Rdnr. 12 ff.; BVerfGE 71,206 (216 f.); BVerfG, NJW 1996,581.

[102] Vgl. Berg, in: Menger-FS, S. 554.

Roth, NVwZ 97,656, Stürner, JZ 01,699, BVerfG, U 24.1.01, JZ 01, 704, Huber, DÖV 01,582

Rundfunk wahrgenommenen (vgl. § 169 Satz 2 GVG[103]) Informationsinteresse der Öffentlichkeit Rechnung zu tragen und gegebenenfalls mit sitzungspolizeilichen Maßnahmen (§ 55 VwGO i. V. m. § 176 GVG) zu begegnen.

43 Im Verwaltungsprozeß ist gemäß § 55 VwGO i. V. m. § 169 Satz 1 GVG für *die* (mündliche) *Verhandlung vor dem erkennenden Gericht* einschließlich der Verkündung der Urteile und Beschlüsse Öffentlichkeit vorgeschrieben. Deren Ausschluß auf Antrag nicht-behördlicher Beteiligter ist, anders als in § 52 Abs. 2 FGO, nicht vorgesehen, kann aber praktisch, im Effekt vergleichbar, durch übereinstimmenden Verzicht der Beteiligten auf mündliche Verhandlung (§ 101 Abs. 2) erreicht werden. Außerhalb der mündlichen Verhandlung oder soweit eine solche nicht stattfindet ist das Verfahren nicht öffentlich, zum Beispiel für einen Erörterungstermin oder eine Beweisaufnahme vor dem Berichterstatter oder einem beauftragten Richter (§§ 87; 96 Abs. 2).[104]

44 Da der Öffentlichkeitsgrundsatz nur nach Maßgabe seiner gesetzlichen Ausgestaltung verbindlich ist, muß auch nicht etwa mündlich verhandelt werden, um Öffentlichkeit herzustellen. Sie darf nicht verwechselt werden mit der für den Verwaltungsprozeß allerdings ursprünglich in Abwehr gegenüber der weithin geheimen Administrativjustiz besonders bedeutsamen *Parteiöffentlichkeit*. Diese gilt, schon als Konsequenz des rechtlichen Gehörs, ausnahmslos und wird durch uneingeschränkte Kenntnisnahme der Beteiligten von den Verfahrensakten und Teilnahme an allen gerichtlichen Erörterungen (außer dem Entscheidungsvorgang selbst, vgl. § 55 VwGO i. V. m. § 193 GVG) realisiert.

45 Inhaltlich bedeutet Öffentlichkeit den ungehinderten Zugang zur ordnungsgemäß (das heißt in der Regel durch Anschlag im Gerichtsgebäude) bekanntgemachten[105] Verhandlung für jedermann.[106] Beschränkungen durch tatsächliche Vorgegebenheiten (z. B. Raumgröße) sind grundsätzlich unbedenklich, ebenso auswärtige Verhandlungen (vgl. § 102 Abs. 3), zum Beispiel bei Verbindung mit einer Ortsbesichtigung.[107] Blieb oder wurde der Verhandlungsraum versehentlich verschlossen, so liegt gleichwohl kein Verstoß gegen den Öffentlichkeitsgrundsatz vor, wenn das Gericht dies nicht bemerken mußte und den Zugang nach Feststellung des Mangels alsbald ermöglicht.[108]

46 Werden Vorschriften über die Öffentlichkeit des Verfahrens verletzt (§§ 169-175 GVG), so begründet dies einen absoluten Revisionsgrund, § 138 Nr. 5.

---

[103] Vgl. dazu BVerfGE 91,125 (138); BVerfG, NJW 1996,310; NJW 1996,581; Huff, NJW 1996,57 f.

[104] Vgl. BVerwG, NVwZ-RR 1989,167; NVwZ-RR 1990,669.

[105] Vgl. Kopp/Schenke, § 55 Rdnr. 3 m. Nachw.; a. M. BVerwG, NVwZ 1985,566; NVwZ-RR 1989,168.

[106] Vgl. BVerwG, NJW 1990,1249.

[107] Vgl. dazu etwa BVerwG, NVwZ-RR 1989,168.

[108] Vgl. BVerwG, NJW 1985,448.

### 3. Die Grundsätze der Mündlichkeit und Unmittelbarkeit

Auf Grund des *Mündlichkeitsprinzips* finden die Erörterungen zwischen Gericht und Beteiligten nicht im Wege schriftlicher Kommunikation (*schriftliches Verfahren*),[109] sondern im unmittelbaren persönlichen und räumlichen Kontakt statt. Dieser konzentriert sich in der *mündlichen Verhandlung*, die grundsätzlich die gerichtliche Entscheidungsbasis darstellt, § 101 Abs. 1. Sie ist zunächst das wichtigste Instrument zur Verwirklichung des Prinzips der Öffentlichkeit, die praktisch überhaupt nur in einer mündlichen Verhandlung hergestellt werden kann.[110] Hierbei dient sie zugleich dem Rechtsschutz, da durch die Möglichkeit mündlichen Vortrags die subjektive Rechtsverfolgung erleichtert,[111] durch Entscheidung aufgrund des persönlichen Eindrucks die objektive Rechtsverwirklichung gefördert wird. Damit verwirklicht sie zugleich in einem Kernbereich den *Unmittelbarkeitsgrundsatz*, nach dem das Gericht seine Entscheidung nur aufgrund der von ihm selbst gewonnenen, nicht erst von dritter Seite vermittelten Erkenntnisse trifft.[112] Ausdruck dieses Prinzips sind ferner zum Beispiel die §§ 87 Abs. 3 Satz 2; 95 Abs. 1 Satz 1 sowie die grundsätzliche Pflicht zu "unmittelbarer" Beweisaufnahme in der mündlichen Verhandlung (§ 96 Abs. 1), wobei freilich mit der Möglichkeit einer Übertragung auf den beauftragten Richter oder ein ersuchtes Gericht eine wichtige Ausnahme besteht. 47

Auch das Mündlichkeitsprinzip genießt keinen Verfassungsrang.[113] Eine mündliche Verhandlung ist deshalb zwar grundsätzlich erforderlich (§ 101 Abs. 1), aber nicht zwingend vorgeschrieben. Sie ist generell entbehrlich, wenn die Beteiligten einvernehmlich hierauf verzichten (§ 101 Abs. 2)[114] oder die Entscheidung nicht durch Urteil ergeht (vgl. unten § 32 Rdnr. 21). 48

## Literatur

*Berg*, Die verwaltungsrechtliche Entscheidung bei ungewissem Sachverhalt, 1980.
*Ders.*, Grundsätze des verwaltungsgerichtlichen Verfahrens, in: Menger-FS, S. 537.
*Burkholz*, Der Untersuchungsgrundsatz im verwaltungsgerichtlichen Eilverfahren, 1988.
*Dolderer*, Das schriftliche Verfahren im Verwaltungsprozeß, DVBl 1999,1019.
*Dubischar*, Grundsätze der Beweislastverteilung im Zivil- und Verwaltungsprozeß, JuS 1971,385.
*Geiger*, Amtsermittlung und Beweiserhebung im Verwaltungsprozeß, BayVBl 1999,321.
*Grunsky*, Grundlagen des Verfahrensrechts, 2. Aufl. 1974.
*Köhler-Rott*, Der Untersuchungsgrundsatz im Verwaltungsprozeß und die Mitwirkungslast der Beteiligten, 1997.

---

[109] Vgl. dazu Dolderer, DVBl 1999,1019.
[110] Vgl. dazu Strauch, in: FS für Mallmann, S. 348 ff.
[111] Vgl. BVerwGE 57,272.
[112] Vgl. dazu Strauch, in: FS für Mallmann, S. 355 ff.
[113] BVerfGE 25,352 (357); 89,381 (391); BVerwGE 57,272 (273); 72,59 (61).
[114] Näher dazu Dolderer, DVBl 1999,1021 ff.

*Kokott*, Beweislastverteilung und Prognoseentscheidungen bei der Inanspruchnahme von Grund- und Menschenrechten, 1993.
*Kropshofer*, Untersuchungsgrundsatz und anwaltliche Vertretung im Verwaltungsprozeß, 1981.
*Lüke und Schröder*, Grundsätze des Verwaltungsprozesses, JuS 1961,41; 48.
*Maetzel*, Beweislast und Beweiserhebung im Verwaltungsprozeß, DÖV 1966,520.
*Marx*, Die Notwendigkeit und Tragweite der Untersuchungsmaxime in den Verwaltungsprozeßgesetzen (VwGO, SGG, FGO), 1985.
*Mühl*, Zur Struktur des Verfassungs- und Verwaltungsprozesses im Verhältnis zum Zivilprozeß, in: FS für Bruns, 1980, S. 145.
*Nierhaus*, Beweismaß und Beweislast. Untersuchungsgrundsatz und Beteiligtenmitwirkung im Verwaltungsprozeß, 1989.
*Nowak*, Richterliche Aufklärungspflicht und Befangenheit, 1991.
*Peschau*, Die Beweislast im Verwaltungsrecht, 1983.
*Strauch*, Die Öffentlichkeit und Mündlichkeit des Verwaltungsstreitverfahrens, Funktion und verfassungsrechtliche Grundlage, in: FS für Mallmann, 1978, S. 345.
*Stürner*, Verfahrensgrundsätze des Zivilprozesses und Verfassung, in: FS für F. Bauer, 1981, S. 647.
*Wolf, M.*, Gerichtsverfassungsrecht aller Verfahrenszweige, 6. Auflage, 1987.
*Wolff, H. A.*, Die Pflicht der Beteiligten im Verwaltungsprozeß zur Wahrheit und Vollständigkeit, BayVBl 1997,585.

# § 31. Die Klage

## I. Die Klageerhebung

### 1. Bedeutung

Durch Erhebung der Klage wird das Rechtsschutzbegehren gegenüber dem Gericht geltend gemacht. Sie ist als Ausdruck der Dispositionsmaxime (s. oben § 30 Rdnr. 2 ff.) unerläßliche Voraussetzung, um das verwaltungsgerichtliche Verfahren in Gang zu setzen. Im Normenkontrollverfahren (§ 47 Abs. 1) sowie in selbständigen Verfahren außerhalb des Hauptsacheverfahrens, zum Beispiel auf vorläufigen Rechtsschutz (§§ 80 Abs. 5; 123 Abs. 1; 47 Abs. 6), bedarf es statt der Klage eines *Antrags*, auf den die für jene geltenden Vorschriften, vorbehaltlich besonderer Regelung, entsprechend anzuwenden sind.[1] 1

Als prozeßbestimmende Verfahrenshandlung unterliegt die Klage in besonderer Weise dem Gebot der Rechtssicherheit. Sie ist deshalb *bedingungsfeindlich*, darf also nicht in Abhängigkeit von einem ungewissen, *außerprozessualen* Ereignis erhoben werden,[2] zum Beispiel der Gewährung von Prozeßkostenhilfe.[3] Keine echte, sondern eine bloß innerprozessuale *Rechtsbedingung* liegt dagegen vor, wenn ein Antrag innerhalb eines bereits unbedingt eröffneten Klage- (oder Rechtsmittel-)verfahrens unter der Voraussetzung einer bestimmten *Prozeßlage* gestellt wird, zum Beispiel auf Feststellung der Nichtigkeit eines Verwaltungsakts (§ 43 Abs. 1) bei Erfolglosigkeit des Aufhebungsbegehrens (§ 113 Abs. 1 Satz 1).[4] Es handelt sich dann um einen **Hilfs**(Eventual)**antrag**, der ohne weiteres zulässig ist. 2

### 2. Form

Die Klage wird durch *Einreichung eines Schriftsatzes* bei dem Verwaltungsgericht, statt dessen wahlweise auch zur *Niederschrift des Urkundsbeamten der Geschäftsstelle*, erhoben, § 81 Abs. 1; ihre Zustellung ist nicht Teil der Klageerhebung (vgl. § 253 Abs. 1 ZPO), sondern folgt dieser nach, § 85 Satz 1. Die 3

---

[1] Vgl. BayVGH, BayVBl 1992,594; Kopp/Schenke, § 81 Rdnr. 1.
[2] Vgl. BVerwGE 53,62 (63); 59,302; BVerwG, DVBl 1996,105.
[3] Vgl. BVerwGE 59,302.
[4] Vgl. Kopp/Schenke, § 43 Rdnr. 7.

Anforderungen an die Schriftform ergeben sich aus deren Funktion für die Sicherheit des Rechtsverkehrs: Sie soll gewährleisten, daß aus dem Schriftstück der Urheber und der Inhalt der Erklärung hinreichend zuverlässig zu entnehmen sind, und daß diese (und nicht nur ihr Entwurf) mit Willen ihres Urhebers an das Gericht gelangt ist.[5]

4 Dies verlangt grundsätzlich die eigenhändige Leistung der Unterschrift (und nicht nur deren Kopie oder ein Handzeichen) unter der eingereichten Klageschrift.[6] Die Rechtsprechung läßt es jedoch unter Betonung der nur dienenden Funktion der Schriftform (vgl. allgemein schon oben § 1 Rdnr. 3) genügen,[7] wenn die Authentizität (*Urheberschaft und Verkehrswille*) auf andere Weise und ohne zusätzliche Beweiserhebung sichergestellt ist,[8] zum Beispiel bei Klageerhebung durch Aufgabe eines (unterschriebenen) Telefax[9] oder Btx-Mitteilung,[10] aber auch nur durch eindeutige Hinweise aufgrund beigefügter Unterlagen oder aus dem Inhalt des Schreibens selbst.[11] Ebenso reicht die insbesondere bei Behörden anzutreffende, bloße, mit Beglaubigungsvermerk versehene Angabe des Verfassernamens aus.[12] Noch weitergehend ist seit jeher die Formgültigkeit einer fernschriftlichen oder telegrafischen Klage anerkannt, wobei es auch ausreicht, wenn der Text telefonisch aufgegeben, ebenso an das Gericht übermittelt und dort in den wesentlichen Teilen protokolliert wird.[13] Eine unmittelbare fernmündliche Klageerhebung – unter Umständen im Gegensatz zu einem dringlichen *Eilantrag* (§ 123 Abs. 1)[14] – erfüllt dagegen das Schriftformerfordernis nicht.[15]

### 3. Inhalt

5 Die Klage begründet das *Prozeßrechtsverhältnis* und muß deshalb die für dieses bestimmenden Faktoren, nämlich den **Kläger**, den **Beklagten** und den **Streitgegenstand**, angeben (vgl. § 82 Abs. 1 Satz 1). Sie müssen als *materielle Voraussetzungen* der Entscheidung eindeutig feststehen und damit spätestens bei Schluß der mündlichen Verhandlung (§ 101 Abs. 1) abschließend geklärt sein. Davon zu unterscheiden sind die – geringeren – *formellen Anforderungen*, die § 82 Abs. 1

---

[5] Vgl. GmS-OGB, BVerwGE 58,359 (365).
[6] BVerwGE 43,113; 81,32 (33).
[7] Vgl. GmS-OGB, BVerwGE 58,359 (365); BVerfGE 74,228 (234 f.); BVerwGE 81,32 (34 ff.).
[8] BVerwGE 81,32 (35); 91,334.
[9] HessVGH, DVBl 1993,566; vgl. dazu auch BVerfG, NJW 1996,2857.
[10] BVerwG, NJW 1995,2121. Die künftige Entwicklung zulässiger Formen der Klageerhebung im Zuge des technischen Fortschritts, z. B. durch Computerfax (vgl. BSG, NJW 1997,1254) oder E-Mail (vgl. dazu Ultsch, DZWIR 1997,466), bleibt abzuwarten.
[11] BVerwGE 81,32 (36).
[12] Vgl. dazu GmS-OGB, BVerwGE 58,359 (365); HessVGH, NVwZ-RR, 1993,432.
[13] So schon RGZ 139,45 (47); vgl. ferner BVerfGE 74,228 (235); BVerwGE 81,32 (34).
[14] Vgl. Kopp/Schenke, § 81 Rdnr. 10.
[15] Vgl. BVerwGE 17,166; VGH BW, DÖV 1987,404.

hinsichtlich der genannten *Mindestvoraussetzungen einer wirksamen Klageerhebung*[16] an diesen verfahrenseinleitenden Akt (Klageschrift oder gerichtliche Niederschrift) stellt.

### *a) Parteien*

Die Stellung als Prozeßpartei (Kläger/Beklagter beziehungsweise Antragsteller/ 6
Antragsgegner) wird allein durch die Klage festgelegt (vgl. oben § 8 Rdnr. 2) und muß deshalb durch diese eindeutig bestimmt sein. Steht die Person des Klägers (z. B. bei einer als solcher nicht parteifähigen Gruppe – Eigentümer-, Bauherrengemeinschaft, vgl. oben § 9 Rdnr. 11 ff.) oder des Beklagten nicht fest, so kann eine Entscheidung, die notwendig an bestimmte Personen gerichtet ist, nicht ergehen und ist die Klage unzulässig. Allerdings genügt es für die diesbezügliche, durch § 82 Abs. 1 Satz 1 zwingend vorgeschriebene Angabe in der Klageschrift, wenn die Parteien bestimmbar sind,[17] zum Beispiel aufgrund einer nachgereichten Anschrift eindeutig identifiziert[18] oder im Wege der Auslegung (z. B. die Ausgangs- statt der in Anspruch genommenen Widerspruchsbehörde[19]) ermittelt werden können. Ohnehin ist im Geltungsbereich des *Rechtsträgerprinzips* der Beklagte durch Angabe der erlassenden beziehungsweise untätig gebliebenen Behörde zureichend bezeichnet (§ 78 Abs. 1 Nr. 1 Halbs. 2).

### *b) Streitgegenstand*

Unerläßlich ist weiterhin die eindeutige Bestimmung des Gegenstandes der Klage 7
und damit auch der Entscheidung, das heißt des *Streitgegenstands* (vgl. unten § 35 Rdnr. 26 f., 33 ff.). Er wird nach dem ganz herrschenden, zweigliedrigen Verständnis durch den *Klageantrag* und den diesem *zugrunde liegenden Lebenssachverhalt* gebildet und muß sich ebenfalls bereits mit hinreichender Deutlichkeit aus der Klage entnehmen lassen, um die mit ihrer wirksamen Erhebung eintretende *Rechtshängigkeit* auszulösen[20] (vgl. § 90 Abs. 1 und dazu unten Rdnr. 20 ff.). Auch hier läßt das Gesetz die Angabe des mit dem prozessualen Streitgegenstand nicht identischen[21] *Gegenstandes des Klagebegehrens* genügen, verzichtet damit aber lediglich auf die exakte Bezeichnung des Streitgegenstandes als zwingende Voraussetzung schon einer wirksamen Klageerhebung.[22] Zur prozeßerheblichen

---

[16] Vgl. VGH BW, NJW 1997,2064 (Klägeranschrift); HessVGH, NVwZ 1991,601 (Beklagter); OVG NW, NwVBl 1991,69 (Klagebegehren).
[17] Vgl. BVerwG, DVBl 1982,1000; Kopp/Schenke, § 82 Rdnr. 2.
[18] Vgl. HessVGH, NJW 1990,138; BayVGH, BayVBl 1992,594.
[19] Vgl. BVerwG, Buchholz 310 § 82 VwGO Nr. 11.
[20] Ebenso Kopp/Schenke, § 82 Rdnr. 7.
[21] Vgl. ShOVG, NVwZ 1992,385.
[22] Vgl. auch ShOVG, NVwZ 1992,385; BayVGH, BayVBl 1992,438.

Festlegung des Streitgegenstandes *soll* deshalb gleichwohl ein bestimmter Antrag gestellt und *sollen* die zur Begründung dienenden Tatsachen, ferner die Beweismittel angegeben sowie gegebenenfalls eine angefochtene Verfügung und der Widerspruchsbescheid beigefügt werden, § 82 Abs. 1 Satz 2, 3.

### c) Ergänzung von Angaben

**8** Damit treffen den Kläger zusätzliche, über die zwingenden Wirksamkeitsvoraussetzungen gemäß § 82 Abs. 1 Satz 1 hinausgehende Obliegenheiten, deren Vernachlässigung die Wirksamkeit der Klage unberührt läßt, sich jedoch auf deren Erfolg auswirken kann.

**9** So kann ein als Grundlage der Entscheidung (§ 88) unverzichtbarer, *bestimmter Antrag* auch noch nachträglich, selbst in der Berufungsinstanz, gestellt[23] oder im Wege gerichtlicher Auslegung aus dem klägerischen Vorbringen, an dessen wörtliche Fassung das Gericht nicht gebunden ist, ermittelt werden.[24] Liegt jedoch bis zum Schluß der mündlichen Verhandlung ein Antrag in diesem Sinn nicht vor, so ist die Klage unzulässig. [25] Ebenso kann unzureichender Sachvortrag unter Berücksichtigung der Grenzen des Untersuchungsgrundsatzes (vgl. § 86 Abs. 1 und dazu näher oben § 30 Rdnr. 17 f.) zum Nachteil des Klägers ausschlagen.

**10** Soweit diese Anforderungen nicht erfüllt sind, ist der Vorsitzende oder der Berichterstatter gemäß § 82 Abs. 2 *verpflichtet,*[26] den Kläger zur Ergänzung binnen einer bestimmten Frist aufzufordern. Handelt es sich allerdings um Defizite bei der Erfüllung der gesetzlichen Mindesterfordernisse (§ 82 Abs. 1 Satz 1), so wird eine danach unwirksame Klageerhebung durch die gerichtlich verlangte Ergänzung nicht rückwirkend geheilt.[27]

## 4. Die Klagehäufung

**11** Mehrere Klagebegehren können in einem gerichtlichen Verfahren mit der Folge zusammengefaßt sein, daß über sie *gemeinsam verhandelt* und *entschieden* wird. Eine solche **objektive Klagehäufung** (Klageverbindung einer Mehrheit von Streitgegenständen) ist von der **subjektiven Klagehäufung** (Mehrheit von Klägern oder/und Beklagten; Streitgenossenschaft, s. oben § 8 Rdnr. 4 ff.) zu unterscheiden. In beiden Fällen bleibt die Eigenständigkeit der mehreren, jeweils durch Kläger, Beklagten und Streitgegenstand bestimmten Prozeßrechtsverhältnisse jedoch durch die Verbindung unberührt.

---

[23] BVerwGE 91,306.
[24] Vgl. BVerwGE 60,144 (149); BVerwG, NVwZ 1993,781.
[25] Vgl. BGH, NJW 1991,1114; Kopp/Schenke, § 82 Rdnr. 10.
[26] Vgl. BVerwGE 13,94; HessVGH, NVwZ-RR 1996,179.
[27] Ebenso Kopp/Schenke, § 82 Rdnr. 13; BVerwG, Buchholz 310 § 124 VwGO Nr. 17; großzügiger wohl BVerwG, DVBl 1982,1000.

Gemäß § 44 können mehrere *Klagebegehren in einer Klage* (im formellen Sinn des § 82 Abs. 1) verfolgt werden, wenn sie sich gegen denselben Beklagten richten, im Zusammenhang stehen und dasselbe Gericht zuständig ist. Die Begehren können *kumulativ* (selbständig nebeneinanderstehend), *eventualiter* (im Verhältnis von Haupt- und Hilfsantrag, s. oben Rdnr. 2) oder in Form einer *Stufenklage* (vgl. § 113 Abs. 4 und dazu oben § 15 Rdnr. 41 ff.)[28] erhoben werden. Keine Klagehäufung tritt ein, wenn dasselbe Klagebegehren auf mehrere Gründe gestützt wird (vgl. auch noch unten Rdnr. 34). 12

Die Entscheidung über eine verbundene Klage*erhebung* liegt beim Kläger, doch kann auch das Gericht durch Beschluß eine Verbindung oder Trennung bei ihm anhängiger Verfahren anordnen, § 93 (vgl. noch unten § 32 Rdnr. 25 ff.). Eine nachträgliche Erweiterung des Klagebegehrens stellt jedoch grundsätzlich eine Klageänderung dar (vgl. unten Rdnr. 32). Sind die gesetzlichen Voraussetzungen für die Klagehäufung nicht gegeben, so sind kumulative Klagebegehren nicht unzulässig, sondern zu trennen, § 93. 13

## 5. Die Widerklage

### *a) Bedeutung und Rechtsnatur*

Mit der Klageerhebung bestimmt der Kläger den Streitgegenstand und hierdurch zugleich den Entscheidungsgegenstand. Damit kann das Gericht allein über die Berechtigung des Klagebegehrens entscheiden (vgl. § 88 und dazu oben § 30 Rdnr. 5) und ist der Beklagte in einer reinen Verteidigungsstellung auf dessen Abwehr beschränkt. Will er seinerseits zum Angriff übergehen und über die bloße Negierung des Klaganspruchs hinaus einen ihm selbst zustehenden (prozessualen) Anspruch gegen den Kläger geltend machen, so handelt es sich um einen eigenständigen Streitgegenstand, über den – abgesehen von einer materiell-rechtlich auf den Anspruch einwirkenden Aufrechnung – nicht in dem anhängigen, sondern nur in einem eigenen Verfahren entschieden werden kann. Die hierfür erforderliche neue Klage kann jedoch bei Bestehen eines materiell-rechtlichen Zusammenhangs als *Widerklage* in dem laufenden Prozeß erhoben werden. 14

**Beispiele**: Der Klage auf Feststellung der Unwirksamkeit einer Vertragskündigung (§ 60 Abs. 1 Satz 1 VwVfG) tritt der Beklagte widerklagend mit dem Antrag entgegen, den Kläger zur Zustimmung zu einer Vertragsanpassung zu verurteilen.[29]

Auf die Klage des Landesrechnungshofs gegen den an der Universitätsklinik angestellten Arzt, Einsicht in Patientenakten zu gewähren, erhebt der nicht passiv legitimierte Beklagte Widerklage auf Feststellung, daß hierfür seine Zustimmung erforderlich sei.[30]

---

[28] Vgl. VGH BW, NVwZ 1985,351.
[29] Vgl. dazu VGH BW, VBlBW 1987,388; Lorenz, DVBl 1997,869 ff., 872.
[30] Vgl. (mit entgegengesetzter Parteikonstellation) BVerwGE 82,56.

15 Eine Widerklage ist nur im Klageverfahren, also nicht gegenüber einem Normenkontrollantrag gemäß § 47 Abs. 1,[31] aber auch nicht im Verfahren des vorläufigen Rechtsschutzes,[32] gegeben. Sie kann angesichts der Einheitlichkeit des Verfahrens auch *eventualiter*, etwa für den Fall des Erfolgs der Klage (vgl. dazu oben Rdnr. 2), erhoben werden.[33] Gleichwohl liegt eine eigenständige Klage vor, die sich insbesondere nicht auf die bereits anhängige, ausschließlich der Disposition des Klägers unterstehende Klage auswirkt und folgerichtig auch *keine Klageänderung* darstellt.[34] Ebenso ist die Widerklage unabhängig vom Schicksal der Klage, bleibt also, auch wenn deren Rechtshängigkeit, zum Beispiel durch gemeinsame Erledigungserklärung, entfällt, als selbständige Klage aufrechterhalten.[35]

### b) Prozessuale Voraussetzungen

16 Die Widerklage kann bei dem *Gericht der Klage* erhoben werden, wenn der Gegenanspruch mit dem in der Klage geltend gemachten Anspruch oder mit den gegen ihn vorgebrachten Verteidigungsmitteln *zusammenhängt*, § 89 Abs. 1 Satz 1. Dieser Zusammenhang muß rechtlicher, nicht nur wirtschaftlicher oder sonst tatsächlicher Art sein, ist also nur gegeben, wenn beide Klageansprüche beziehungsweise diese und geltend gemachte Gegenrechte auf demselben Rechtsverhältnis beruhen.[36]

17 Zum Schutz des klagenden Einzelnen und mangels Rechtsschutzbedürfnisses des kraft hoheitlicher Überordnung handelnden Rechtsträgers ist die Widerklage "bei", das heißt gegenüber *Anfechtungs- und Verpflichtungsklagen*[37] ausdrücklich ausgeschlossen, § 89 Abs. 2. Diese Zielsetzung trifft jedoch nicht zu, wenn es in Wahrheit an einem Subordinationsverhältnis fehlt. In diesem Fall kann deshalb der Hoheitsträger zum Beispiel einen Leistungsanspruch, etwa auf Einsicht in Patientenakten, auch gegenüber der Anfechtung seiner unberechtigterweise hoheitlichen Geltendmachung im Wege der Widerklage durchsetzen.[38]

---

[31] Vgl. Schmid, in: Sodan/Ziekow, § 89 Rdnr. 3.

[32] Ebenso Redeker/v. Oertzen, § 89 Rdnr. 7; HessVGH, DVBl 1992,780; a. M. Kopp/Schenke, § 89 Rdnr. 1.

[33] Vgl. BVerwGE 44,351 (360); 82,56 (58).

[34] Ebenso BVerwGE 44,351 (360); Eyermann/Rennert, § 89 Rdnr. 2; verkannt bei Kopp/Schenke, § 89 Rdnr. 1a; GemOVG Lüneburg, NJW 1984,2652 unter irriger Berufung auf Redeker/v. Oertzen (7. Aufl.), § 89 Rdnr. 4.

[35] Vgl. Redeker/v. Oertzen, § 89 Rdnr. 2.

[36] Ebenso noch Kopp, VwGO, 10. Aufl., § 89 Rdnr. 5; a. M. Redeker/v. Oertzen, § 89 Rdnr. 5; Eyermann/Rennert, § 89 Rdnr. 8; Schmid, in: Sodan/Ziekow, § 89 Rdnr. 10; anders für § 33 ZPO auch Rosenberg/Schwab/Gottwald, § 98 II 2 c.

[37] Vgl. BVerwGE 50,137.

[38] Vgl. GemOVG Lüneburg, NJW 1984,2652 und dazu BVerwGE 82,56.

### c) Zuständigkeit

Ist die Voraussetzung eines Zusammenhangs im obigen Sinn gegeben, so ist das Gericht der Klage ohne weiteres auch für die Widerklage zuständig, sofern nicht für diese der ausschließliche *Gerichtsstand der belegenen Sache* (§ 52 Nr. 1) begründet ist, § 89 Abs. 1 Satz 2. Entgegen der ganz herrschenden Meinung[39] gilt dies nicht nur für die örtliche, sondern auch die sachliche Zuständigkeit. Denn, wie aus Gehalt und systematischer Stellung dieser Bestimmung ersichtlich ist, regelt sie die Zulässigkeit der Widerklage als solcher,[40] nicht nur, wie zum Teil für § 33 ZPO angenommen,[41] hinsichtlich der örtlichen Zuständigkeit. Andernfalls müßte eine Erhebung der Widerklage in der Berufungs- oder (soweit hier überhaupt zulässig) Revisionsinstanz in aller Regel schon an der fehlenden sachlichen Zuständigkeit (vgl. §§ 45, 48) scheitern. **18**

Die Erhebung einer Widerklage ist aber nach allgemeiner Auffassung auch in der *Berufungsinstanz* grundsätzlich zulässig; allerdings bedarf es hierfür gemäß § 173 VwGO i. V. m. § 530 Abs. 1 ZPO der Einwilligung des Klägers (Widerbeklagten), der ja eine Instanz verliert, oder der gerichtlichen Zulassung als sachdienlich.[42] In der *Revisionsinstanz* ist die Widerklage nach dem Grundgedanken des § 142 Abs. 1 grundsätzlich ausgeschlossen, es sei denn, ihre Erhebung stelle sich ausnahmsweise lediglich als formgerechte Umsetzung eines im bisherigen Verfahren bereits behandelten Begehrens ohne Einführung neuen Streitstoffes dar.[43] **19**

## II. Die Rechtshängigkeit

### 1. Begriff und Bedeutung

Durch die Erhebung der Klage wird die Streitsache *rechtshängig*, § 90. **20**

Mit dem Begriff der Rechtshängigkeit wird der tatsächliche Zustand umschrieben, daß ein Verfahren über einen prozessualen Anspruch bei einem bestimmten Gericht eröffnet wurde und andauert (anhängig ist). Die Rechtshängigkeit erfaßt den Streitgegenstand und damit die Gesamtheit der, auch nur hilfsweise erhobenen Ansprüche.[44] Sie setzt eine *wirksame* (§ 82 Abs. 1 Satz 1), nicht aber eine auch im übrigen zulässige Klage voraus[45] und dauert solange an, bis das Verfahren durch

---

[39] Vgl. Kopp/Schenke, § 89 Rdnr. 6a; Redeker/v. Oertzen, § 89 Rdnr. 7; Schmid, in: Sodan/Ziekow, § 89 Rdnr. 8; HessVGH, DVBl 1992,780.
[40] Vgl. auch BVerwGE 44,351 (360).
[41] Vgl. Thomas/Putzo, § 33 Rdnr. 1.
[42] Vgl. dazu Redeker/v. Oertzen, § 89 Rdnr. 4.
[43] BVerwGE 44,351 (361).
[44] Vgl. Kopp/Schenke, § 90 Rdnr. 5; Schmid, in: Sodan/Ziekow, § 90 Rdnr. 4.
[45] Vgl. Kopp/Schenke, § 90 Rdnr. 3.

eine rechtskräftige Entscheidung über den Streitgegenstand oder eine abweichende Disposition des Klägers über diesen (vgl. oben § 30 Rdnr. 2) endet, zum Beispiel durch Vergleich, übereinstimmende Erledigungserklärung, Klagerücknahme oder Klageänderung. Endet die Rechtshängigkeit eines mittels Anfechtungsklage geltend gemachten Aufhebungsanspruchs, so wird der streitgegenständliche Verwaltungsakt bestandskräftig.[46]

### 2. Wirkungen

Mit der Rechtshängigkeit sind eine Reihe von prozessualen und materiell-rechtlichen Wirkungen verbunden.

#### *a) Ausschluß weiterer Klagen*

**21** Gemäß § 17 Abs. 1 Satz 2 GVG (früher § 90 Abs. 2 VwGO) kann die Sache während ihrer Rechtshängigkeit von keiner Partei anderweitig anhängig gemacht werden; dies gilt auch im Verhältnis zwischen verschiedenen Gerichtsbarkeiten. Es handelt sich um eine *negative*, von Amts wegen zu beachtende *Prozeßvoraussetzung*[47] (vgl. oben § 10 Rdnr. 21 f.), deren Nichteinhaltung die gleichwohl erhobene Klage unzulässig macht. Für die Sperrwirkung kommt es auf die zeitliche Priorität an.[48]

**22** Das Verbot erneuter Rechtshängigkeit beschränkt sich auf dieselbe Streitsache, setzt also die Identität der Parteien (gleich, in welcher Parteirolle) und des Streitgegenstandes voraus. Es entspricht somit der Sperre durch die Rechtskraft (vgl. unten § 35 Rdnr. 6), die nach Abschluß des Verfahrens ebenfalls dessen Duplizierung verhindert.

Die Rechtshängigkeit steht also nicht einer Amtshaftungsklage noch während der Anhängigkeit des Anfechtungsprozesses gegen den jener zugrunde liegenden Verwaltungsakt entgegen,[49] ebensowenig der Führung eines Parallelprozesses durch einen anderen Kläger (z. B. mehrfache Anfechtung einer Allgemeinverfügung) oder der Erhebung einer weiteren, den gleichen Streitfall betreffenden Klage mit abweichender Zielsetzung, zum Beispiel auf kommunalaufsichtliches Einschreiten gegen die wegen des nämlichen Verhaltens gleichzeitig verklagte Gemeinde.[50]

#### *b) Die Bedeutung nachträglicher Veränderungen*

**23** Die wichtigste Konsequenz in bezug auf das durch die Klage eingeleitete Verfahren selbst besteht darin, daß die Zulässigkeit des beschrittenen Rechtsweges sowie

---

[46] Vgl. VGH BW, VBlBW 1997,176.
[47] Vgl. Kopp/Schenke, § 90 Rdnr. 15.
[48] Vgl. HessVGH, ESVGH 29,198.
[49] Vgl. BGHZ 95,238 (242).
[50] Vgl. demgegenüber BVerwG, DÖV 1977,366; wie hier Kopp/Schenke, § 90 Rdnr. 16.

die örtliche und sachliche Zuständigkeit des Gerichts durch nachträglich eintretende Veränderungen nicht berührt werden, vgl. § 17 Abs. 1 Satz 1 GVG sowie § 83 Satz 1 VwGO (sogenannte *perpetuatio fori*).

Hierin liegt eine Abweichung von den allgemeinen Grundsätzen des *inter-* 24
*temporalen Prozeßrechts*. Danach erfaßt eine Änderung des Verfahrensrechts – vorbehaltlich einer gesetzlichen Übergangsregelung – grundsätzlich auch anhängige Rechtsstreitigkeiten.[51] Die rechtsstaatlichen Grundsätze der Rechtssicherheit und des Vertrauensschutzes können jedoch der nachträglichen gesetzlichen Entwertung einer bereits erlangten prozessualen Stellung entgegenstehen, wenn diese einer materiell-rechtlichen Position vergleichbar und deshalb in gleicher Weise schutzwürdig ist. Deshalb verbietet insbesondere der Grundsatz der *Rechtsmittelsicherheit* die Anwendung einer die Zulässigkeit des Rechtsmittels aufhebenden oder einschränkenden Gesetzesänderung auf bereits anhängige Verfahren.[52]

Nicht grundsätzlich anders sind nachträgliche Beschränkungen für die erstinstanzliche Verfah- 25
renseinleitung zu beurteilen. Deshalb konnte zum Beispiel die durch das 6. VwGO-Änderungsgesetz zum 1.1.1997 eingeführte Antragsvoraussetzung der Geltendmachung einer Rechtsverletzung statt eines bloßen Nachteils (vgl. oben § 26 Rdnr. 48) einem bereits zulässig erhobenen Normenkontrollantrag nicht entgegengehalten werden.[53]

### c) Unterbrechung der Verjährung

Materiell-rechtlich bewirkt der Eintritt der Rechtshängigkeit entsprechend § 209 26
Abs. 1 BGB eine *Unterbrechung der Verjährung*,[54] zum Beispiel von Besoldungsansprüchen eines Beamten oder von Ersatzansprüchen des Staates gegen diesen (vgl. § 46 Abs. 1 BRRG); werden Ansprüche durch Verwaltungsakt festgesetzt, so tritt allerdings bereits hierdurch eine Unterbrechung der Verjährung ein, § 53 Abs. 1 Satz 1 VwVfG. Weitergehend wird durch die Anfechtungs-, Fortsetzungsfeststellungs- oder Verpflichtungsklage gegen einen rechtswidrigen Verwaltungsakt (beziehungsweise dessen Unterlassung) die Verjährung auch eines auf diesen (diese) gestützten *Amtshaftungsanspruchs* unterbrochen.[55]

### d) Prozeßzinsen

Entsprechend § 291 BGB entsteht ferner mit Eintritt der Rechtshängigkeit ein – 27
wie der Hauptanspruch öffentlich-rechtlicher – Anspruch auf *Prozeßzinsen* in

[51] Vgl. Kissel, EGGVG, § 1 Rdnr. 4; Kopp/Schenke, § 195 Rdnr. 1; BVerfGE 87,48 (62 ff.); BayVGH, BayVBl 1997,591; W. Schenke, VerwArch 90 (1999), S. 302 ff.
[52] Vgl. BVerfGE 87,48 (63).
[53] Ebenso BVerwG, DVBl 1998,775; BayVGH (20. Senat), BayVBl 1997,375; Lotz, BayVBl 1997,265. A. M. OVG NW, DVBl 1997,675; Schenke, VerwArch 90 (1999), S. 302 ff.
[54] Vgl. Kopp/Schenke, § 90 Rdnr. 1; Redeker/v. Oertzen, § 90 Rdnr. 8.
[55] BGHZ 95,238.

Höhe von 4 % (§ 288 Abs. 1 Satz 1 BGB).[56] Dabei werden Geldforderungen gegen einen Hoheitsträger durch Erhebung nicht nur der Zahlungsklage, sondern auch einer Verpflichtungsklage (§ 42 Abs. 1) auf einen bezifferten *Leistungsbescheid* rechtshängig. Hinzu kommen muß ferner, daß das zusprechende Urteil auf eine eindeutig bestimmte Geldsumme lautet. Dagegen wird die geschuldete Leistung im Falle eines bloßen Bescheidungsurteils (§ 113 Abs. 5 Satz 2) durch die Behörde erst konstitutiv festgesetzt und ist deshalb zuvor noch nicht fällig.[57]

#### e) Verfügungsbefugnis

**28** Keine Auswirkung hat die Rechtshängigkeit dagegen schließlich auf die *materiell-rechtliche Verfügungsbefugnis* der Beteiligten hinsichtlich der streitbefangenen Sache. So kann die Behörde – unbeschadet materiell-rechtlicher Grenzen – insbesondere einen angefochtenen Verwaltungsakt von sich aus aufheben oder ändern[58] oder den begehrten Verwaltungsakt erlassen; insoweit entfällt hierdurch – anders als beim bloßen Anerkenntnis (vgl. dazu unten § 34 Rdnr. 13) – der Gegenstand der Klage, erledigt sich also die Hauptsache. Wird die streitbefangene Sache (z. B. das von der angefochtenen Beseitigungsverfügung betroffene Baugrundstück) veräußert, so hat dies auf das Prozeßrechtsverhältnis keinen Einfluß (§ 173 VwGO i. V. m. § 265 Abs. 2 Satz 1 ZPO).[59] Ein Eintritt des Rechtsnachfolgers in den Prozeß an Stelle der bisherigen Partei bedarf der Zustimmung des Gegners, § 173 VwGO i. V. m. § 265 Abs. 2 Satz 2 ZPO. Ein rechtskräftiges Urteil wirkt auch gegen den Rechtsnachfolger (§ 121 Nr. 1), dessen Beiladung zum Verfahren möglich und sinnvoll, aber nicht notwendig (§ 65 Abs. 2) ist.[60]

## III. Die Klageänderung

**29** Aus Gründen der Prozeßökonomie und der Rechtsbefriedung kann es sinnvoll erscheinen, eine anhängige, nicht erfolgversprechende *Klage zu ändern*, so daß die Rechtsbeziehungen der Beteiligten in dem bereits laufenden statt erst in einem weiteren Prozeß geklärt werden können. § 91 Abs. 1 läßt deshalb eine Klageänderung grundsätzlich zu, macht sie jedoch zum Schutz der Interessen anderer Verfahrensbeteiligter von bestimmten Voraussetzungen abhängig.

**30** Eine solche nachträgliche Disposition über die Klage steht als Folge der Parteiherrschaft (nur) dem Kläger, nicht aber dem Beklagten zu.[61] Wird der angefoch-

---

[56] BVerwGE 7,95; 58,316 (326); Redeker/v. Oertzen, § 90 Rdnr. 8.
[57] BVerwGE 99,53; vgl. auch Eyermann/Rennert, § 90 Rdnr. 15.
[58] Vgl. auch BVerwG, DVBl 1992,310.
[59] Vgl. BVerwG, NJW 1985,281; ablehnend Spannowsky, NVwZ 1992,429 f.
[60] Ebenso BVerwG, NJW 1985,281; NJW 1993,79; Kopp/Schenke, § 90 Rdnr. 2; § 121 Rdnr. 26.
[61] Gegenteilig, zumindest mißverständlich, Redeker/v. Oertzen, § 91 Rdnr. 3.

tene Verwaltungsakt durch die Behörde geändert oder ersetzt, so berührt das den Streitgegenstand nicht; eine diesbezügliche Änderung kann vielmehr lediglich der Kläger, etwa durch Erledigungserklärung oder Umstellung seiner Klage (auch) auf den neuen Verwaltungsakt, herbeiführen.[62]

## 1. Begriff und Bedeutung

Die Klage wird durch die Parteien und den Streitgegenstand bestimmt (vgl. § 82 Abs. 1 Satz 1 und dazu oben Rdnr. 5 ff.). Gleichwohl versteht man vielfach nur eine Veränderung in letzterer Hinsicht als Klageänderung im eigentlich Sinn (*objektive Klageänderung*), während die für diese geltenden Grundsätze auf den Parteiwechsel (*subjektive Klageänderung*) nur entsprechend angewendet werden. 31

### *a) Objektive Klageänderung*

Klageänderung ist nach herrschender Meinung eine Veränderung oder Erweiterung des in der Klage ursprünglich geltend gemachten *Streitgegenstandes*,[63] so zum Beispiel im Fall der Umstellung einer Anfechtungs- oder Verpflichtungsklage auf einen anderen Verwaltungsakt, etwa einen während des Verfahrens geänderten Planfeststellungsbeschluß,[64] oder die Verfolgung eines Genehmigungsantrags für ein anderes als das ursprünglich beabsichtigte Bauvorhaben,[65] aber auch die Einbeziehung von (Sozialhilfe)Leistungen für weitere Zeiträume, über die die Behörde noch nicht entschieden hat.[66] 32

Die Änderung muß sich jedoch nicht auf den Streitgegenstand insgesamt beziehen. Anknüpfend an die Kriterien, die diesen bestimmen (vgl. oben Rdnr. 7), liegt eine Klageänderung vielmehr auch dann vor, wenn (1) statt des bisherigen Antrags oder neben diesem ein neuer Antrag (*Klageantrag*) gestellt oder (2) der zur Begründung und Individualisierung des Begehrens vorgetragene Sachverhalt (*Klagegrund*) ausgewechselt wird. 33

**Beispiele zu (1)**: Nach Erhebung der Anfechtungsklage gegen einen Gebührenbescheid wird Verpflichtung der Behörde zum Erlaß der Gebühr beantragt;[67] die Verpflichtungsklage wird zunächst auf Erlaß einer Baugenehmigung, dann eines Bauvorbescheids gerichtet.[68]

---

[62] Vgl. BVerwG, DVBl 1993,734.
[63] Vgl. Redeker/v. Oertzen, § 91 Rdnr. 1; Kopp/Schenke, § 91 Rdnr. 2; Rosenberg/Schwab/Gottwald, § 101 I; BVerwGE 77,317.
[64] BVerwG, DVBl 1993,734.
[65] Vgl. BVerwG, DVBl 1980,598; BayVGH, BayVBl 1980,296.
[66] Vgl. VGH BW, VBlBW 1996,150.
[67] Vgl. BVerwGE 69,227 (238).
[68] OVG NW, UPR 1993,39.

**Beispiele zu (2)**: Der zunächst geltend gemachte Schadensersatzanspruch gegen den Dienstherrn wird später mit dem gleichen Betrag als Anspruch auf rückständige Besoldung erhoben. Das Begehren auf eine Ausnahme vom Verbot des Schächtens wird zunächst auf ein religiöses Verbot, sodann ein Gebot zum Genuß des Fleisches geschächteter Tiere (§ 4a Abs. 2 Nr. 2 TierSchG) gestützt.[69]

**34** Nicht zum Klagegrund gehört die – in der Verantwortung des Gerichts stehende – *rechtliche Begründung* des Klagebegehrens. Die Natur des prozessualen Anspruchs und damit der Streitgegenstand ändern sich nicht, gleich, ob ein Zahlungsbegehren auf Amtshaftung oder enteignungsgleichen Eingriff gestützt,[70] die Rechtswidrigkeit einer Beseitigungsverfügung daraus hergeleitet wird, daß diese einen Formfehler aufweist, das Vorhaben mit dem materiellen Baurecht übereinstimmt oder Bestandsschutz genießt.

**35** Ob eine Änderung des Klagebegehrens vorliegt, kann erst nach Ermittlung von dessen wahren Sinngehalt im Wege der Auslegung (§ 88) beurteilt werden. Bloße Klarstellungen und formelle Korrekturen der Antragsfassung stellen ebensowenig eine Klageänderung dar, wie Ergänzungen oder Berichtigungen des vorgetragenen Sachverhalts.

**36** Nicht als Klageänderung anzusehen sind gemäß § 173 VwGO i. V. m. § 264 ZPO ferner *Erweiterungen*[71] oder *Beschränkungen*[72] bloß des Klage*antrags* (Nr. 2) und der *Übergang* vom ursprünglich geforderten auf einen *anderen Gegenstand* oder das Interesse wegen *einer später eingetretenen Veränderung* (Nr. 3). Deshalb ist – sofern der Klagegrund beibehalten wird – ein Wechsel von einer Leistungs- oder Anfechtungsklage zur allgemeinen Leistungsklage,[73] zur Nichtigkeits- oder zur Fortsetzungsfeststellungsklage[74] oder umgekehrt[75] keine Klageänderung. Das gleiche gilt für die Feststellung einer Erledigung im Erledigungsstreit (vgl. unten § 36 Rdnr. 51).

### b) Subjektive Klageänderung

**37** *aa) Erscheinungsformen.* Als Klageänderung anzusehen ist auch ein Wechsel in der Person des *Klägers* oder des *Beklagten*,[76] nicht dagegen des außerhalb der Parteidisposition stehenden *Beigeladenen*. Angesichts der häufigen Unsicherheit

---

[69] Vgl. BVerwGE 99,1 (3).
[70] Vgl. BGHZ 95,238 (242).
[71] Vgl. BVerwGE 97,331 (342) zum Antrag auf eine für den geltend gemachten Zahlungsanspruch vorgreifliche Vertragsanpassung (§ 60 Abs. 1 Satz 1 VwVfG).
[72] Vgl. dazu BayVGH, BayVBl 1991,211.
[73] Vgl. BVerwG, NJW 1983,1990.
[74] Vgl. BVerwGE 89,121.
[75] Vgl. BVerwGE 59,148; 62,267; 66,75 (78).
[76] Vgl. BVerwG, NJW 1988,1228; DVBl 1993,562; BGH, NJW 1988,128; Redeker/v. Oertzen, § 91 Rdnr. 5; a. A. Rosenberg/Schwab/Gottwald, § 42 III 2.

insbesondere hinsichtlich der Person des Beklagten als Teil einer nicht immer transparenten Verwaltungsorganisation besteht im Verwaltungsprozeß ein besonderes Bedürfnis für die grundsätzliche Zulassung eines Parteiwechsels.[77] Er begegnet demzufolge meist auf der Beklagtenseite, zum Beispiel, wenn die Klage (etwa in Auftragsangelegenheiten) gegen den Staat (beziehungsweise die staatliche Behörde) statt gegen die Gemeinde gerichtet,[78] in einer beamtenrechtlichen Streitigkeit nicht das Land, sondern zunächst die nicht dienstherrenfähige Körperschaft, bei der der Beamte tätig ist (z. B. Universität), in Anspruch genommen oder ein Innenrechtsstreit zunächst gegen den Rechtsträger selbst geführt wurde[79] (vgl. dazu oben § 25 Rdnr. 20).

Auch hier liegt allerdings eine Klageänderung nicht vor, wenn lediglich eine falsche Bezeichnung berichtigt oder der in Wahrheit in Anspruch genommene Beklagte durch Auslegung ermittelt werden kann (vgl. auch oben Rdnr. 6). **38**

*bb) Rechts-, Funktionsnachfolge.* Klageänderung ist nur der gewillkürte, nicht dagegen der als Folge eines materiell-rechtlichen Wechsels der Rechtszuständigkeit *kraft Gesetzes* eintretende *Parteiwechsel.* Er vollzieht sich im jeweiligen Stadium des Verfahrens (also auch in der Revisionsinstanz)[80] automatisch und hängt damit nicht von besonderen prozessualen Voraussetzungen ab. **39**

Die prozessuale Veränderung kann ihre Grundlage in einer *Einzelrechtsnachfolge* haben, wie sie zum Beispiel mit Erreichen der Volljährigkeit eines Schülers im Prozeß seiner aus eigenem Erziehungsrecht gegen die Schule klagenden Eltern angenommen wurde.[81] Meist wird es sich jedoch um eine *Gesamtrechtsnachfolge*[82] (Erbfolge, Fusionierung, Eingemeindung[83] usw.) oder eine *Funktionsnachfolge* (Zuständigkeitsänderung infolge behördlicher Neuorganisation;[84] Wechsel der Straßenbaulast, vgl. §§ 3; 2 Abs. 4; 5 FStrG[85]) handeln, bei deren Vorliegen der neue Rechtsträger ohne weiteres in die (prozessuale) Parteistellung des (materiellrechtlichen) Rechtsvorgängers eintritt. **40**

### c) Prozessuale Bedeutung

Die Klageänderung erfolgt durch Erklärung in der für die Klageerhebung vorgesehenen Form (§ 81 Abs. 1) oder durch Geltendmachung in der mündlichen **41**

---

[77] Vgl. auch BVerwG, DVBl 1993,562.
[78] Vgl. VGH BW, DÖV 1982,750.
[79] Vgl. VGH BW, DÖV 1983,862.
[80] BVerwGE 59,221 (224).
[81] BVerwGE 19,128 (129).
[82] Vgl. auch Louis/Apry, DVBl 1986,334.
[83] Vgl. BayVGH, DÖV 1978,847.
[84] Vgl. BSGE 62,269.
[85] Vgl. BVerwGE 44,148 (150); 59,221 (224).

Verhandlung, § 173 VwGO i. V. m. § 261 Abs. 2 ZPO. Mit ihrer *Wirksamkeit* wird das neue Begehren rechtshängig und ändert sich das Prozeßrechtsverhältnis dahin, daß der laufende Prozeß mit dem veränderten Streitgegenstand beziehungsweise der (den) neuen Partei(en) fortgeführt wird.[86] Damit endet die Rechtshängigkeit des bisherigen Streitgegenstandes; die Klageänderung stellt insoweit aber weder eine Klagerücknahme dar, noch bewirkt sie eine Erledigung der Hauptsache.[87] Soweit jedoch ausscheidbare Kosten entstanden sind, ist über diese entsprechend § 155 Abs. 2 zu entscheiden. Dies gilt auch im Falle einer Ersetzung des bisherigen Beklagten. Dieser scheidet durch die *subjektive Klageänderung* aus dem Prozeß aus und kann eine Kostenentscheidung gegen den Kläger entsprechend § 155 Abs. 2 beanspruchen.[88]

**42** Wird bei Anfechtungs- oder Verpflichtungsklagen ohne Veränderung bezüglich des streitgegenständlichen Verwaltungsakts lediglich der Beklagte ausgewechselt, so bleibt diesem gegenüber die Rechtshängigkeit bestehen und damit auch die *Fristwahrung* durch die ursprüngliche Klageerhebung erhalten.[89] Dagegen sind die prozessualen Voraussetzungen hinsichtlich eines geänderten *Streitgegenstandes*, etwa die Notwendigkeit eines Vorverfahrens auch gegen den nunmehr angefochtenen Verwaltungsakt, grundsätzlich, das heißt nach Maßgabe der insoweit bestehenden Anforderungen, zu beachten.[90]

## 2. Zulässigkeit

**43** Die Klageänderung ist zulässig, wenn die übrigen Beteiligten einwilligen oder das Gericht die Änderung für sachdienlich hält, § 91 Abs. 1. Da sie notwendigerweise die Einführung neuer Tatsachen in das Verfahren mit sich bringt, ist sie in der *Revisionsinstanz* ausgeschlossen, § 142 Abs. 1 Satz 1.

### a) Einwilligung

**44** Die Einwilligung muß von allen übrigen Beteiligten, also außer dem Beklagten gegebenenfalls auch von einem Beigeladenen und dem Vertreter des öffentlichen Interesses, erteilt werden. Sie kann schrift(sätz)lich, mündlich oder konkludent erfolgen und ist als Prozeßhandlung mit Gestaltungswirkung bedingungsfeindlich und unwiderruflich. Über den auf den Beklagten beschränkten Wortlaut des § 91 Abs. 2 hinaus wird die Einwilligung in die Änderung der Klage unwiderleglich vermutet, soweit sich die Beteiligten auf diese *rügelos eingelassen* haben.

---

[86] Vgl. BVerwG, DVBl 1993,562.
[87] Vgl. Kopp/Schenke, § 91 Rdnr. 30; BayVGH, BayVBl 1991,211.
[88] Vgl. BayVGH, BayVBl 1991,211.
[89] BVerwG, DVBl 1993,562.
[90] Vgl. BVerwG, DVBl 1980,598; NVwZ 1987,412; BayVGH, BayVBl 1980,296; OVG NW, DVBl 1987,1023.

Bei einer *subjektiven Klageänderung* ist die Einwilligung der neu in den Prozeß eintretenden Partei an sich nicht erforderlich, da diese erst im Gefolge der wirksamen Klageänderung Beteiligter an dem Prozeßrechtsverhältnis wird. Gleichwohl braucht sie den erreichten Prozeßstand nicht gegen sich gelten zu lassen. Verweigert sie ihr Einverständnis, so ist der Parteiwechsel im Berufungsverfahren – vorbehaltlich gerichtlicher Zulassung (s. unten Rdnr. 47) – unzulässig, während in der ersten Instanz das bisherige Verfahren zu wiederholen ist.[91] Die Zustimmung ist entbehrlich, wenn sie mißbräuchlich verweigert wird, insbesondere, weil dem Beteiligten aus der Klageänderung offensichtlich keinerlei Nachteile erwachsen können;[92] in diesem Fall werden freilich häufig ohnehin die gesetzlichen Voraussetzungen für eine Zulassung durch das Gericht vorliegen. 45

### b) Sachdienlichkeit

Die Verweigerung der Einwilligung in die Klageänderung ist unerheblich, wenn diese nach Einschätzung des Gerichts sachdienlich ist. Hierfür ist zu fordern, daß der Streitstoff im wesentlichen derselbe bleibt und durch die Klageänderung die endgültige Beilegung des Streits gefördert, insbesondere einem sonst zu erwartenden weiteren Prozeß vorgebeugt wird.[93] Auf die *Erfolgsaussichten* der geänderten Klage kommt es dabei grundsätzlich nicht an.[94] Allerdings wird deren Unzulässigkeit häufig einer endgültigen Streitschlichtung entgegenstehen,[95] wohingegen diese im Fall der Unbegründetheit keineswegs ausgeschlossen ist. Als grundsätzlich sachdienlich wird denn auch die Umstellung einer Klage bei im wesentlichen gleichbleibendem Sachverhalt auf einen geänderten oder ersatzweise erlassenen Verwaltungsakt angesehen,[96] unabhängig davon, ob dieser rechtswidrig ist (und die Klage damit durchdringt). 46

Bei der Beurteilung einer *subjektiven Klageänderung* ist vor allem der Grundsatz des rechtlichen Gehörs zu beachten, der einer Oktroyierung des vor Prozeßeintritt der Partei erreichten Verfahrensergebnisses entgegensteht und es deshalb in der Regel nicht zuläßt, die notwendige, aber fehlende Zustimmung zu einer Klageänderung wegen deren Sachdienlichkeit als entbehrlich anzusehen. Ist eine Klageänderung damit in der Berufungsinstanz jedenfalls nur mit Zurückhaltung zuzulassen,[97] so kann doch angesichts des Amtsermittlungsgrundsatzes (vgl. oben § 30 Rdnr. 14 ff.) anderes dann gelten, wenn der Sachverhalt weitgehend feststeht 47

---

[91] Vgl. Thomas/Putzo, Vorbem. § 50 Rdnr. 22 f.; Kopp/Schenke, § 91 Rdnr. 16.
[92] Vgl. BGH, NJW 1987,1946; Kopp/Schenke, § 91 Rdnr. 16.
[93] Vgl. BVerwG, DVBl 1980,598; BayVGH, BayVBl 1980,296.
[94] Ebenso BVerwGE 57,31 (34); Kopp/Schenke, § 91 Rdnr. 19.
[95] Vgl. BayVGH, BayVBl 1980,297; OVG NW, NVwZ 1993,588 (591); VGH BW, VBlBW 1996,150; vgl. auch BVerwGE 65,45; Eyermann/Rennert, § 91 Rdnr. 31.
[96] Vgl. BVerwG, DVBl 1993,734.
[97] Vgl. Redeker/v. Oertzen, § 91 Rdnr. 8; Kopp/Schenke, § 91 Rdnr. 19 f.

und der neue Beklagte schon aufgrund seiner bisherigen Stellung (organisatorische Verbindung; Beigeladener o. ä.) am Prozeß mitwirken konnte.[98]

### 3. Prozessuale Behandlung

#### a) Entscheidungsgegenstand

48 Da das Prozeßrechtsverhältnis durch die Klageänderung entsprechend verändert wird, hat das Gericht nur noch über das neue Begehren zwischen den nunmehrigen Parteien zu entscheiden. Nicht mehr Entscheidungsgegenstand ist dagegen ein ursprünglicher (nicht aufrechterhaltener) Sachantrag, und zwar auch dann, wenn die (gleichwohl wirksame) Klageänderung unzulässig ist.[99] Deren Zulässigkeit ist also *Prozeßvoraussetzung* für das nunmehr maßgebliche Begehren.

#### b) Die gerichtliche Entscheidung

49 Voraussetzung der Entscheidung über das geänderte Begehren ist Klarheit über das Vorliegen und gegebenenfalls die Zulässigkeit einer Klageänderung.

Bejaht das Gericht das *Vorliegen* einer Klageänderung und hält es diese aufgrund der erklärten Einwilligung oder als sachdienlich für *zulässig*, so kann es im Endurteil sogleich über die *geänderte Klage* zur Sache entscheiden und erforderlichenfalls in den Gründen zur Frage der Klageänderung Stellung nehmen. Hält das Gericht dagegen die vom ihm angenommene Klageänderung *nicht für zulässig*, so weist es die geänderte Klage durch Prozeßurteil als unzulässig ab und entscheidet nur dann über den ursprünglichen Sachantrag (vgl. schon oben Rdnr. 41), wenn er neben dem geänderten Begehren selbständige Bedeutung hat oder hilfsweise aufrechterhalten wurde.[100]

50 Bei Zweifeln über das Vorliegen einer Klageänderung oder deren Zulässigkeit kann das Gericht hierüber auch durch ein prozessuales, nicht als solches anfechtbares *Zwischenurteil* (vgl. §§ 124 Abs. 1; 132 Abs. 1) gemäß § 173 VwGO i. V. m. § 303 ZPO (also nicht gemäß § 109 VwGO; vgl. dazu unten § 34 Rdnr. 6) entscheiden. Es dient der Klarstellung der prozessualen Grundlage und empfiehlt sich deshalb insbesondere im Fall einer subjektiven Klageänderung.[101]

#### c) Die rechtliche Überprüfung

51 Gemäß § 91 Abs. 3 ist die Entscheidung, daß eine Änderung der Klage nicht vorliegt oder zuzulassen sei, nicht selbständig anfechtbar. Ein Rechtsmittel kann also

---

[98] Vgl. HessVGH, NVwZ 1988,88.
[99] Ebenso Kopp/Schenke, § 91 Rdnr. 29; a. M. Redeker/v. Oertzen, § 91 Rdnr. 14.
[100] Vgl. BVerwGE 61,45 (51).
[101] Vgl. Redeker/v. Oertzen, § 91 Rdnr. 12.

im Sinn eines selbständigen Verfahrensmangels nur darauf gestützt werden, daß nicht über die tatsächlich geänderte Klage entschieden wurde, obwohl in die Änderung eingewilligt worden oder diese sachdienlich war. Das schließt jedoch eine weitergehende Prüfung im Rahmen eines zur Hauptsache eingelegten Rechtsmittels nicht aus.[102] Ergibt sich hierbei, daß das Gericht, ungeachtet einer zulässigen Klageänderung, über den ursprünglichen Antrag oder, umgekehrt, über das unzulässigerweise geänderte, neue Begehren sachlich entschieden hat, so verfehlt das Urteil den ihm vorgegebenen Streitgegenstand und liegt ein Verstoß gegen § 88 (vgl. dazu oben § 30 Rdnr. 5) vor.[103]

Die Klageänderung und deren Zulässigkeit unterliegen als *Rechtsbegriffe* 52
grundsätzlich uneingeschränkter Rechtsmittelkontrolle. Für die Beurteilung, ob die Klageänderung *sachdienlich* ist, besteht jedoch ausweislich des Gesetzeswortlauts gemäß § 91 Abs. 1 ein Beurteilungsspielraum des Gerichts ("für sachdienlich hält"). Insoweit kann revisionsgerichtlich nur geprüft werden, ob der Rechtsbegriff der Sachdienlichkeit verkannt oder in unvertretbarer Weise angewandt wurde.[104] Dagegen besteht hinsichtlich der Rechtsfolge einer Zulassung der für sachdienlich gehaltenen Klageänderung kein Ermessen.[105]

## IV. Die Klagerücknahme

### 1. Begriff und Abgrenzung

#### *a) Rücknahmeerklärung*

Aus der Dispositionsbefugnis des Klägers (vgl. oben § 30 Rdnr. 2) ergibt sich 53
auch dessen Recht zur *Zurücknahme der Klage*, § 92 Abs. 1 Satz 1; dies gilt entsprechend für die Rücknahme eines Normenkontrollantrages gemäß § 47 Abs. 1.[106] Sie erfolgt durch eine, in der Form einer Klageerhebung oder in der mündlichen Verhandlung abgegebene Erklärung[107] gegenüber dem Gericht, den Prozeß nicht mehr weiterzuführen. Als prozeßgestaltende Erklärung ist sie bedingungsfeindlich und unwiderruflich. Die bloße, etwa in einem außergerichtlichen Vergleich übernommene *Verpflichtung* des Klägers zur Klagerücknahme hat als solche keine unmittelbare prozessuale Wirkung. Einer Weiterführung der Klage kann jedoch die vom Beklagten geltend zumachende *Arglisteinrede* entgegenstehen.[108]

---

[102] Vgl. BayVGH, BayVBl 1980,296.
[103] Vgl. Kopp/Schenke, § 91 Rdnr. 24.
[104] Vgl. BVerwGE 57,31 (34); BVerwG, DVBl 1980,598 .
[105] Vgl. Kopp/Schenke, § 91 Rdnr. 18; Schmid, in: Sodan/Ziekow, § 91 Rdnr. 30.
[106] Vgl. BVerwG, NVwZ 1991,60.
[107] Vgl. OVG NW, DÖV 1990,795.
[108] Vgl. BVerwG, Buchholz 310 § 92 VwGO Nr. 6; HambOVG, NJW 1989,604.

BVerwG, B 10.4.02, NVwZ 02, 990 (bedingungsfeindl.), BVerfG, B 17.9.12, NVwZ 13, 136

54 Die prozessuale Rücknahme der Klage darf nicht verwechselt werden mit der Zurücknahme eines im zugrundeliegenden Verwaltungsverfahren gestellten Antrags, zum Beispiel auf Baugenehmigung. Sie ist nach Maßgabe des materiellen Rechts ohne weiteres möglich und führt zur Erledigung der Hauptsache für die anhängige Verpflichtungsklage.[109]

55 Auf der verwaltungsprozessualen Ebene ist die Klagerücknahme ferner zu unterscheiden insbesondere vom Klageverzicht, von der Klageänderung und der Erledigungserklärung.

56 Die Klagerücknahme beschränkt sich auf eine formale Beendigung des laufenden Prozesses. Anders als der *Klageverzicht* (vgl. näher § 34 Rdnr. 15 f.) berührt sie also den geltend gemachten, materiell-rechtlichen Klageanspruch nicht. Dieser kann deshalb jederzeit erneut erhoben werden.[110]

57 Mit der *Klageänderung* (vgl. vorstehend Rdnr. 41) stimmt die Rücknahme darin überein, daß der Kläger sein bisheriges Klagebegehren – ohne Erklärung zu dessen materiell-rechtlicher Berechtigung (so beim Verzicht) – nicht weiterverfolgt. Im Unterschied zur Klagerücknahme endet damit jedoch dort das Prozeßrechtsverhältnis nicht insgesamt, sondern wird es mit einem neuen, geänderten Streitgegenstand beziehungsweise gegen einen anderen Beklagten fortgeführt. Gleichwohl können sich aus der für beide Prozeßhandlungen kennzeichnenden prozessualen Aufgabe des ursprünglichen Begehrens nicht selten Abgrenzungsschwierigkeiten ergeben.[111]

58 Dies gilt schließlich auch für die *Erledigungserklärung* (vgl. dazu unten § 36 Rdnr. 36 ff.). Auch hier will der Kläger den Prozeß beenden, allerdings nicht, indem er diesem seine Grundlage durch Zurücknahme der Rechtsschutzbitte entzieht, sondern dadurch, daß diese nach außerprozessualer Erreichung ihres Ziels nicht mehr aufrechterhalten und allenfalls, sofern die Erledigung streitig bleibt, durch ein diesbezügliches Feststellungsbegehren ersetzt wird.

### b) Rücknahmefiktion

59 Ohne eine dahingehende Erklärung *gilt* die Klage gemäß § 92 Abs. 2 Satz 1 als zurückgenommen, wenn der Kläger das Verfahren trotz Aufforderung des Gerichts länger als drei Monate nicht betreibt.[112] Hierauf sowie auf die Kostenfolge gemäß § 155 Abs. 2 (s. dazu sogleich Rdnr. 64 f.) ist der Kläger in der Aufforderung hinzuweisen. Die Regelung wurde im Zuge der Beschleunigungsbestrebungen durch das 6. VwGO-Änderungsgesetz (vgl. oben § 2 Rdnr. 23) zum 1.1.1997 eingeführt und findet ihr Vorbild in § 81 AsylVfG, nach dem allerdings

---

[109] BVerwG, DVBl 1989,874.
[110] Vgl. Clausing, in: Schoch/Schmidt-Aßmann/Pietzner, § 92 Rdnr. 37.
[111] Vgl. BayVGH, BayVBl 1991,211; vertiefend Walther, NJW 1994,423.
[112] Vgl. dazu BayVGH, DVBl 1998,239.

bereits eine einmonatige Untätigkeit genügt. Auslegung und Anwendung haben deshalb die für diese Bestimmung (beziehungsweise deren Vorgängerregelung des § 33 AsylVfG 1982) entwickelten verfassungsrechtlichen Grenzen aus Art. 19 Abs. 4 GG zu beachten.[113]

Die Klagerücknahme tritt unter den gesetzlichen Voraussetzungen automatisch ein, ist aber gemäß § 92 Abs. 2 Satz 4 durch gesonderten, von der Entscheidung gemäß Abs. 3 zu unterscheidenden, insbesondere rechtsmittelfähigen Beschluß festzustellen, der an die Stelle der Rücknahme*erklärung* tritt.[114] **60**

## 2. Zulässigkeit

### *a) Zeitliche Grenze*

Eine Zurücknahme der Klage ist *bis zur Rechtskraft* des über diese entscheidenden *Urteils* möglich (§ 92 Abs. 1 Satz 1), also auch noch in der Berufungs- oder Revisionsinstanz;[115] sie ist in diesem Fall von einer *Rücknahme* (bloß) *des Rechtsmittels* zu unterscheiden.[116] **61**

### *b) Das Einwilligungserfordernis*

Um zu verhindern, daß sich der Kläger im fortgeschrittenen Stadium zum Nachteil anderer Verfahrensbeteiligter einer Entscheidung entzieht, ist nach Antragstellung in der mündlichen Verhandlung die *Einwilligung des Beklagten* und gegebenenfalls des *Vertreters des öffentlichen Interesses*, sofern ein solcher an der Verhandlung teilgenommen hat, erforderlich, § 92 Abs. 1 Satz 2. Der Zustimmung eines *Beigeladenen* bedarf es dagegen, anders als für die Klageänderung, nicht,[117] wie sich aus der unterschiedlichen Bedeutung der Klagerücknahme für diesen sowie aus dem Gesetzeswortlaut im Kontrast zu § 91 Abs. 1 ergibt. Die Einwilligung ist Wirksamkeitsvoraussetzung der Klagerücknahme (vgl. demgegenüber oben Rdnr. 41). Wird sie nicht erteilt, so entscheidet das Gericht über das fortbestehende Klagebegehren.[118] **62**

Hat keine mündliche Verhandlung stattgefunden (§ 101 Abs. 2), so kommt es auf den Zeitpunkt des Urteilserlasses (vgl. unten § 34 Rdnr. 19 ff.), nicht auf die Antragstellung in vorbereitenden Schriftsätzen an, die nur den Charakter einer **63**

---

[113] Vgl. dazu BVerfG, DVBl 1993,1000; Decker, BayVBl 1997,673.
[114] Vgl. Decker, BayVBl 1997,679; demgegenüber für Unanfechtbarkeit BayVGH, DVBl 1999,993.
[115] Vgl. BVerwGE 26,297 (299); OVG NW, NVwZ-RR 1991,111.
[116] Vgl. dazu BFHE 87,559 (561); Gräber, DStR 1967,176.
[117] Kopp/Schenke, § 92 Rdnr. 12.
[118] Vgl. BVerwG, DÖV 1969,508.

Ankündigung hat.[119] Die durch die Antragstellung erzeugte quasi Bindung des Klägers an den Prozeß, der durch die Klagerücknahme insgesamt seine Grundlage verliert, besteht folgerichtig auch für die *Rechtsmittelinstanzen*, in denen damit immer, das heißt unabhängig von der Stellung der Rechtsmittelanträge, eine Einwilligung erforderlich ist.[120]

### 3. Rechtsfolgen und Entscheidung

64 Die Rücknahme der Klage entzieht dem Prozeß insgesamt seine Grundlage, beendet diesen unmittelbar und beseitigt rückwirkend die Rechtshängigkeit der Streitsache. Damit geht auch ein bereits erlassenes Urteil – nachträglich – ins Leere und wird deshalb wirkungslos, § 173 VwGO i. V. m. § 269 Abs. 3 Satz 1 ZPO. Eine weitere, gesetzlich ausdrücklich angeordnete Folge ist die grundsätzliche, unter Umständen durch § 155 Abs. 5 eingeschränkte Kostenpflicht des Klägers, § 155 Abs. 2.

65 Die gesetzlichen Rechtsfolgen einer erklärten oder fingierten Klagerücknahme sind in einer das Verfahren auch formell abschließenden Entscheidung des Gerichts umzusetzen, § 92 Abs. 3. Dieses stellt das Verfahren durch Beschluß ein, erklärt etwa bereits ergangene Urteile für unwirksam und erlegt dem Kläger die Kosten auf. Der Beschluß ist als solcher an sich unanfechtbar, doch kann gegen die Kostenentscheidung nach Maßgabe des § 146 Abs. 3 Beschwerde erhoben werden.[121]

66 Besteht Streit über das Vorliegen oder die Wirksamkeit einer Klagerücknahme, so ist über diese Frage durch Urteil zu entscheiden.[122] *Verneint das Gericht* die Klagerücknahme, so kann es hierzu in den Gründen des Endurteils Stellung nehmen oder durch *Zwischenurteil* über die Wirksamkeit der *Klagerücknahme* (§ 173 VwGO i. V. m. § 303 ZPO; nicht § 109 VwGO) befinden. Hält es eine Rücknahme für *wirksam*, so trifft es eine dahingehende Feststellung.[123]

## Literatur

*App*, Rücknahme der Klage im Verwaltungsprozeß, VR 1992,431.
*Broß*, Probleme des Schriftformerfordernisses im Prozeßrecht, VerwArch 81 (1990), S. 451.
*Decker*, Die Fiktion der Klagerücknahme nach § 92 Abs. 2 VwGO n. F., BayVBl 1997,673.
*Fleischmann*, Sachliche Zuständigkeit bei Haupt- und Hilfsantrag, NJW 1993,506.
*Fliegauf*, Zur Klageänderung durch Parteiwechsel im Verwaltungsprozeß, DVBl 1963,664.

[119] Ebenso Kopp/Schenke, § 92 Rdnr. 14; Redeker/v. Oertzen, § 92 Rdnr. 7; a. A. BVerwGE 26,143 (144); Ule, § 40 II.
[120] Ebenso BVerwGE 26,143; VGH BW, NJW 1974,964; Schmid, in: Sodan/Ziekow, § 92 Rdnr. 11; Bosch/Schmidt, § 41 III; a. M. Redeker/v. Oertzen, § 92 Rdnr. 7.
[121] Vgl. Kopp/Schenke, § 92 Rdnr. 27; Bosch/Schmidt, § 41 II.
[122] Vgl. BVerwG, NVwZ 1985,280; BayVBl 1994,122.
[123] Vgl. im einzelnen Kopp/Schenke, § 92 Rdnr. 28 f.

*Hillermeier*, Klage auf Rücknahme einer verwaltungsgerichtlichen Klage, DVBl 1967,19.
*Jaekel*, Klagefrist bei Klageänderung durch Beklagtenwechsel, DÖV 1985,479.
*Louis/Abry*, Wechsel der örtlichen Zuständigkeit einer Behörde während des Widerspruchs- oder des Klageverfahrens, DVBl 1986,331.
*Müller, Paul*, Der gewillkürte Parteiwechsel im Zivilprozeß, im sozialgerichtlichen und im verwaltungsgerichtlichen Verfahren, SGb 1966,337.
*Spannowsky*, Probleme der Rechtsnachfolge im Verwaltungsverfahren und im Verwaltungsprozeß, NVwZ 1992,426.
*Walther*, Klageänderung und Klagerücknahme, 1969.
*Ders.*, Klageänderung und Klagerücknahme, NJW 1994,423.
*Willms*, Die Unterschrift bei Klageschriften im Verwaltungsprozeß, NVwZ 1987,479.

# § 32. Der Gang des Verfahrens

1 Nachdem das Verfahren durch Erhebung der Klage (beziehungsweise eines entsprechenden Antrags) eingeleitet ist, liegt seine tatsächliche Ingangsetzung und Durchführung in der Hand des Gerichts.

## I. Das vorbereitende Verfahren

### 1. Formelle Anordnungen

2 Hierzu bedarf es zunächst gewisser formeller Anordnungen. Nachdem die Klage durch die Geschäftsstelle mit einem *Aktenzeichen* entsprechend dem Fortgang im Verfahrensregister bezeichnet wurde, bestimmt der Vorsitzende einen *Berichterstatter* gemäß der internen Geschäftsverteilung (vgl. §§ 21g Abs. 1 GVG; 82 Abs. 2 Satz 1 VwGO und dazu oben § 7 Rdnr. 15). Für eine *Übertragung des Rechtsstreits* (insgesamt) auf einen Einzelrichter bedarf es jedoch einer Entscheidung der Kammer, § 6 Abs. 1. Der Vorsitzende verfügt ferner die *Zustellung* der Klage an den Beklagten und fordert diesen, gegebenenfalls unter Fristsetzung, zur *schriftlichen Stellungnahme* auf, § 85.

### 2. Inhaltliche Verfahrensförderung

3 Die Gewährung effektiven Rechtsschutzes hängt von der zeitlich wie sachlich *konzentrierten* (vgl. oben § 30 Rdnr. 8 ff.) *Vorbereitung der Entscheidungsfindung* ab. Vorsitzender und Berichterstatter haben deshalb im sogenannten *vorbereitenden Verfahren* (vgl. §§ 87, 87a) eine Reihe von gesetzlichen Verfahrenspflichten und -befugnissen. Diese sind über den engeren Wortlaut des § 87 Abs. 1 Satz 1 hinaus auch dann gegeben, wenn in dem Verfahren eine mündliche Verhandlung nicht vorgesehen ist (Beschlußverfahren, z. B. gemäß § 47 Abs. 5 oder zum vorläufigen Rechtsschutz; zur entsprechenden Anwendung der Vorschriften über das Klageverfahren vgl. oben § 31 Rdnr. 1) oder gegebenenfalls nicht durchgeführt wird (vgl. § 101 Abs. 2).[1]

---

[1] Ebenso Kopp, NJW 1991,1266; Hamann, VerwArch 83 (1992), S. 205; Redeker/v. Oertzen, § 87a Rdnr. 2; VGH BW, NVwZ 1991,593 (9. und 13. Senat); a. A. VGH BW, NVwZ 1991,275 (1. Senat).

4 Leitendes Ziel ist die Erledigung des Rechtsstreits *in einer mündlichen Verhandlung* (§ 87 Abs. 1 Satz 1), womöglich auch ohne eine solche, insbesondere durch Vergleich. Hierzu kann ein Erörterungstermin mit den Beteiligten durchgeführt werden (§ 87 Abs. 1 Satz 2 Nr. 1), der jedoch nicht mit der mündlichen Verhandlung verwechselt werden darf.[2] Unabhängig davon hat der Vorsitzende in Wahrnehmung seiner Hinweispflicht (vgl. § 86 Abs. 3 und dazu oben § 30 Rdnr. 35 f.) auf die Abgabe der erforderlichen rechtlichen *Erklärungen hinzuwirken*, kann er oder der Berichterstatter den Beteiligten eine *Ergänzung ihres Vorbringens* oder die *Vorlegung* insbesondere von *Urkunden* aufgeben (§ 87 Abs. 1 Satz 2 Nr. 2). Darüber hinaus kann durch Einholung von Auskünften, Anordnung der Vorlage von Urkunden (Nr. 3, 4) und insbesondere der Behördenakten (§ 99 Abs. 1 Satz 1) der Sachverhalt geklärt sowie durch Ladung von Zeugen und Sachverständigen zur mündlichen Verhandlung (vgl. § 87 Abs. 1 Satz 2 Nr. 6) die *Beweiserhebung vorbereitet* werden. Soweit dies sachdienlich und ohne Verletzung des *Unmittelbarkeitsgrundsatzes* (vgl. dazu oben § 30 Rdnr. 47 und unten § 33 Rdnr. 46 ff.) möglich ist, können sogar einzelne Beweise erhoben werden, § 87 Abs. 3.

### 3. Entscheidung durch Einzelrichter

5 Aus Gründen der Entlastung des Gerichts und der Straffung des Verfahrens obliegen bestimmte *Verfahrens- und Nebenentscheidungen* im *vorbereitenden Verfahren* gemäß § 87a Abs. 1, 3 dem Vorsitzenden oder statt seiner einem bestellten Berichterstatter als *Einzelrichter*. Es handelt sich vorwiegend um Entscheidungen formaler Natur, wie den *Beschluß* über die gesetzlichen Rechtsfolgen einer Klagerücknahme (§ 92 Abs. 3) oder das auf den Klageverzicht oder ein Anerkenntnis ergehende *Urteil*[3] (vgl. unten § 34 Rdnr. 13, 15). Demgemäß ist eine Einzelrichterzuständigkeit bei Erledigung des Rechtsstreits in der Hauptsache (§ 87a Abs. 1 Nr. 3) nur gegeben, wenn diese unstreitig ist.[4] Allerdings kann die Kostenentscheidung hier (§ 161 Abs. 2) wie allgemein (vgl. § 87a Abs. 1 Nr. 5), ebenso wie die Bestimmung des Streitwerts (§ 87a Abs. 1 Nr. 4), schwierige Rechtsfragen aufwerfen und zu Differenzen gegenüber der Entscheidungslinie des Kollegiums führen.[5]

6 Die Kompetenz zur Einzelrichterentscheidung wird durch § 87a *Abs. 2* erheblich erweitert. Danach *kann* der Vorsitzende beziehungsweise der Berichterstatter im Einverständnis der Beteiligten auch außerhalb des vorbereitenden Verfahrens[6]

---

[2] Vgl. BVerwG, NVwZ-RR 1990,669.
[3] Vgl. Ortloff, in: Schoch/Schmidt-Aßmann/Pietzner, § 87a Rdnr. 31.
[4] H. M., vgl. Redeker/v. Oertzen, § 87a Rdnr. 4; Eyermann/Geiger, § 87a Rdnr. 10; Stelkens, NVwZ 1991,215.
[5] Vgl. dazu Hamann, VerwArch 83 (1992), S. 210 f.
[6] Vgl. Kopp, NJW 1991,1266.

und über die abschließende Aufzählung des Abs. 1 hinausgehend, an Stelle der Kammer oder des Senats entscheiden. Im Hinblick auf die Abhängigkeit der gerichtlichen Zuständigkeit von fallbezogenen Einzelentscheidungen ist die Regelung im Lichte des Art. 101 Abs. 1 Satz 2 GG (vgl. dazu oben § 3 Rdnr. 29 ff.) nicht bedenkenfrei.[7]

## II. Die mündliche Verhandlung

### 1. Bedeutung

In Verwirklichung der Verfahrensprinzipien der Öffentlichkeit und der Unmittel- 7
barkeit (vgl. oben § 30 Rdnr. 30 ff.) schreibt § 101 Abs. 1 grundsätzlich die Durchführung einer **mündlichen Verhandlung** vor. Sie ist der entscheidende Verfahrensabschnitt, in dem der Streitgegenstand und die gerichtlichen Entscheidungsgrundlagen abschließend festgelegt werden. So kommt es auf die Antragstellung nicht in bloß vorbereitenden Schriftsätzen, sondern in der mündlichen Verhandlung an[8] (vgl. auch § 92 Abs. 1 Satz 2). In dieser ist ferner grundsätzlich die Beweisaufnahme durchzuführen (§ 96 Abs. 1 Satz 1), sie ist der prozessuale Ort für die tatsächliche und rechtliche Erörterung der Streitsache (vgl. §§ 104 Abs. 1; 108 Abs. 2), und sie markiert schließlich den Zeitpunkt des für die gerichtliche Entscheidung maßgeblichen Sach- und Rechtsstandes (vgl. unten § 34 Rdnr. 44).

### 2. Die Durchführung der mündlichen Verhandlung

#### *a) Terminbestimmung und Ladung*

Ist eine mündliche Verhandlung durchzuführen (vgl. noch unten Rdnr. 20 ff.), so 8
hat der Vorsitzende nach Abschluß der notwendigen gerichtlichen und unter Berücksichtigung der für die Beteiligten notwendigen Vorbereitung gemäß § 173 VwGO i. V. m. § 216 Abs. 2 ZPO,[9] aber auch im Hinblick auf den Rechtsschutzanspruch, unverzüglich einen *Termin zu bestimmen*.[10]

Hierzu sind die Beteiligten mit einer Frist von mindestens zwei Wochen, beim 9
Bundesverwaltungsgericht von mindestens vier Wochen, *zu laden*; in dringenden Fällen kann der Vorsitzende die Frist abkürzen, § 102 Abs. 1. Die Ladung ist

[7] Vgl. auch Kopp/Schenke, § 87a Rdnr. 8; Ortloff, in: Schoch/Schmidt-Aßmann/Pietzner, § 87a Rdnr. 39.
[8] Vgl. BVerwGE 74,1 (3).
[9] Vgl. demgegenüber VGH BW, NJW 1984,993; Kopp/Schenke, § 102 Rdnr. 1.
[10] Vgl. auch BVerfGE 55,349 (369); BVerwG, NJW 1990,1616; Ortloff, in: Schoch/Schmidt-Aßmann/Pietzner, § 102 Rdnr. 4 ff.

*zuzustellen* (§ 56) und kann unter den Voraussetzungen des § 56a (Massenverfahren) in der dort näher bestimmten Form öffentlich bekanntgemacht werden.

**10** Unterbleibt die – formgerechte – Ladung, so ist der betroffene Beteiligte in der gleichwohl durchgeführten mündlichen Verhandlung nicht nach Vorschrift des Gesetzes vertreten (§§ 132 Abs. 2 Nr. 3; 138 Nr. 4) und in seinem Recht auf Gehör verletzt.[11] Gleiches gilt, wenn ein Termin trotz rechtzeitig mitgeteilter Verhinderung eines Beteiligten (vgl. § 173 VwGO i. V. m. § 227 Abs. 1 Satz 2 Nr. 1 ZPO) ohne Not aufrechterhalten[12] beziehungsweise ungeachtet dessen erkennbarer und unverschuldeter Verspätung durchgeführt[13] oder entgegen der gerichtlichen Mitteilung seiner Absetzung abgehalten wird.[14] Die in § 227 Abs. 3 Satz 1 ZPO vorgesehene, antragsgemäße Verlegung eines in der Urlaubszeit (1. Juli bis 31. August) anberaumten Termins ist für den Verwaltungsprozeß ausdrücklich ausgeschlossen, § 102 Abs. 4.

### *b) Ablauf*

**11** Der Gang der mündlichen Verhandlung ist gesetzlich formalisiert und in den wesentlichen Schritten vorgezeichnet. Die Verantwortung für den ordnungsgemäßen und sachgerechten Ablauf obliegt dem *Vorsitzenden*, der die Verhandlung eröffnet und leitet (§ 103 Abs. 1) und die sitzungspolizeilichen Befugnisse wahrnimmt, § 55 VwGO i. V. m. § 176 GVG. Seine prozeßleitenden Verfügungen[15] sind unanfechtbar, § 146 Abs. 2.

**12** Vor Beginn der Verhandlung ist die Sache, notfalls nach Wartezeit wiederholt, *aufzurufen*, um den Beteiligten (nach der Ladung) auch einen unmittelbaren "Anstoß" zur Teilnahme zu geben und rechtliches Gehör zu gewähren.[16] Ist niemand erschienen, oder hat ein Beteiligter, zum Beispiel nach Stellung eines Befangenheitsantrags, ohne dessen Ergebnis abzuwarten, den Termin verlassen,[17] so kann die Verhandlung gleichwohl (mit dem gesetzlich vorgeschriebenen Ablauf (s. sogleich), durchgeführt (vgl. § 102 Abs. 2),[18] nach Ermessen des Gerichts aber auch vertagt werden (§ 173 VwGO i. V. m. § 227 Abs. 1 ZPO). Das Gebot rechtlichen Gehörs steht jedoch einer Durchführung der Verhandlung entgegen, wenn das Gericht nicht davon ausgehen kann, daß der Beteiligte die Ladung erhalten hat.[19]

---

[11] Vgl. BVerwGE 66,311; BVerwG, NVwZ 1985,337.
[12] Vgl. BVerwGE 81,229 (231); BVerwG, NJW 1991,2097.
[13] Vgl. BVerwG, NVwZ 1989,857.
[14] BVerwG, NJW 1991,583.
[15] Vgl. dazu OVG NW, NJW 1990,1749.
[16] Vgl. BVerfGE 42,364 (370 f.); BVerwGE 72,28 (30).
[17] Vgl. BVerwG, NJW 1990,1616.
[18] Vgl. BVerwG, NVwZ 1989,857; NJW 1995,3402.
[19] BVerwGE 77,157.

Einleitend trägt der Vorsitzende oder – so in der Regel – der Berichterstatter den wesentlichen *Akteninhalt* vor (§ 103 Abs. 2), um diesen zum Gegenstand der mündlichen Verhandlung zu machen, das Gericht zu informieren und dessen vorläufige Entscheidungsgrundlage klarzustellen sowie den Beteiligten diesbezüglich rechtliches Gehör zu gewähren. Das Unterbleiben des Vortrags ist deshalb stets ein – freilich nicht immer entscheidungserheblicher – *Verfahrensmangel* (vgl. § 137 Abs. 3 und dazu unten § 39 Rdnr. 41).[20] 13

Sodann erhalten die Beteiligten das Wort, um ihre *Anträge zu stellen* und zu *begründen*, § 103 Abs. 3. Hierfür können sie sich auf vorbereitende Schriftsätze beziehen, die jedoch die allein maßgebliche Antragstellung in der mündlichen Verhandlung weder ersetzen[21] noch präjudizieren können, so daß eine Abweichung gegenüber dem schriftsätzlich angekündigten Antrag keine Klageänderung (vgl. oben § 31 Rdnr. 31 ff.) darstellt. Erfolgt wesentlich neuer Sachvortrag, so verlangt der Grundsatz des rechtlichen Gehörs, den übrigen Beteiligten eine angemessene Frist zur Stellungnahme einzuräumen (Schriftsatzfrist), gegebenenfalls auch, die Verhandlung zu unterbrechen oder zu vertagen. 14

Der weitere Gang der Verhandlung wird durch die *tatsächliche und rechtliche Erörterung der Streitsache* mit den Beteiligten bestimmt (vgl. dazu oben § 30 Rdnr. 33 ff.). Sie wird vom Vorsitzenden geführt (§ 104 Abs. 1), der jedoch auf Verlangen jedem Mitglied des – ja insgesamt verantwortlichen – Gerichts (vgl. § 86 Abs. 1 Satz 1) gestattet, Fragen zu stellen, § 104 Abs. 2. Soweit erforderlich, ist (spätestens) in der mündlichen Verhandlung auch eine etwaige *Beweisaufnahme* (vgl. dazu unten § 33 Rdnr. 45 ff.) durchzuführen, § 96 Abs. 1. Ist das Ziel der Erörterung erreicht und sind insbesondere die Entscheidungsgrundlagen geklärt, so *erklärt* der Vorsitzende die mündliche Verhandlung *für geschlossen*; dies soll auch konkludent erfolgen können, zum Beispiel durch Verkündung eines Beschlusses über die Zustellung einer Entscheidung (§ 116 Abs. 2).[22] 15

Hat eine mündliche Verhandlung nicht stattgefunden, so entspricht deren Schließung die Hinausgabe der Entscheidung an die Beteiligten;[23] bis zu diesem Zeitpunkt ist deren Vorbringen also grundsätzlich zu berücksichtigen.[24] 16

Im Bedarfsfall kann das Gericht durch förmlichen Beschluß[25] die *mündliche Verhandlung wiedereröffnen* (§ 104 Abs. 3 Satz 2), zum Beispiel, wenn in einem nachgelassenen Schriftsatz wesentlich neues Vorbringen enthalten ist oder sich die Absetzung des bereits beratenen Urteils über die zulässige Fünfmonatsfrist hinaus verzögert hat (vgl. dazu unten § 34 Rdnr. 20). Eine Wiedereröffnung kann (und 17

[20] BVerwG, NJW 1984,251.
[21] Vgl. BVerwG, NVwZ 1991,160.
[22] Vgl. Kopp/Schenke, § 104 Rdnr. 8; Eyermann/J. Schmidt, § 116 Rdnr. 2.
[23] Vgl. BVerfGE 60,313 (318); Kopp/Schenke, § 104 Rdnr. 14.
[24] BVerwG, DVBl 1989,874.
[25] BVerwG, NJW 1984,192.

muß zur Wahrung des diesbezüglichen Rügerechts)[26] auch beantragt werden, insbesondere, um bei unverschuldeter Verspätung im Termin nachträglich das zustehende rechtliche Gehör zu erlangen.[27] Nach Ergehen eines Urteils ist die Wiedereröffnung der Verhandlung ausgeschlossen.

### *c) Niederschrift*

**18** Über die mündliche Verhandlung ist eine Niederschrift (Protokoll) zu fertigen, für die (das) die §§ 159 bis 165 ZPO entsprechend gelten, § 105 VwGO.

Die Niederschrift dient der Dokumentation aller wesentlichen Vorgänge der mündlichen Verhandlung als Grundlage für die gerichtliche Entscheidung[28] und deren revisionsgerichtliche Überprüfung. Soweit Verhandlungen (§ 87) und Beweisaufnahmen (§ 96 Abs. 2) außerhalb eines Sitzungstermins des Gerichts stattfinden, ist über sie ebenfalls ein Protokoll aufzunehmen, § 173 VwGO i. V. m. § 159 Abs. 1, 2 ZPO. Das Protokoll (§ 160 Abs. 1, 3 ZPO) enthält unter anderem die Angabe der teilnehmenden Personen und stellt insbesondere die grundlegenden prozessualen Erklärungen (Anerkenntnis, Vergleich usw.), die gestellten Anträge, Beweisergebnisse[29] sowie die gerichtlichen Entscheidungen und den Umstand ihrer Verkündung fest. Weitere Vorgänge, zum Beispiel eine Befangenheitsablehnung, können aufgenommen werden.[30]

**19** Die Einhaltung der für die mündliche Verhandlung vorgeschriebenen Förmlichkeiten kann nur durch das Protokoll, eine öffentliche Urkunde (vgl. § 415 ZPO), bewiesen werden, § 165 ZPO. Für Umstände, deren Protokollierung gesetzlich nicht vorgeschrieben ist (§ 160 Abs. 1, 3 ZPO), zum Beispiel die Gewährung rechtlichen Gehörs durch Verlesung einer amtlichen Auskunft,[31] können auch Tatbestand und unter Umständen Entscheidungsgründe (vgl. unten § 34 Rdnr. 28 ff.) herangezogen werden. Auf einen *Verfahrensmangel*, der nicht auf diese Weise nachweisbar ist, können Nichtzulassungsbeschwerde und Revision nicht gestützt werden.[32] Ist das Protokoll unrichtig (für den Tatbestand vgl. unten § 34 Rdnr. 35 ff.), so kann es von Amts wegen oder auf Antrag jederzeit berichtigt werden, § 164 ZPO; ein Berichtigungsanspruch muß jedoch rechtzeitig geltend gemacht werden (§ 173 VwGO i. V. m. § 295 Abs. 1 ZPO).[33]

---

[26] Vgl. BVerwG, NJW 1992,3185.
[27] Vgl. BVerwGE 72,28 (37); BVerwG, NVwZ 1989,857.
[28] Vgl. BVerwGE 48,369; BVerwG, NJW 1988,579.
[29] Vgl. BVerwG, NVwZ 1986,748; NJW 1988,579.
[30] Vgl. BVerwG, NJW 1990,1616.
[31] Vgl. BVerwG, NVwZ 1985,337.
[32] Vgl. Kopp/Schenke, § 105 Rdnr. 1.
[33] Vgl. BVerwG, NVwZ 1985,182; NJW 1988,579.

## 3. Entscheidung ohne mündliche Verhandlung

Eine mündliche Verhandlung ist verfassungsrechtlich nicht geboten (s. oben § 30 Rdnr. 42, 48) und auch durch § 101 Abs. 1 nur im Grundsatz vorgeschrieben. Gleichwohl wird der Anspruch auf rechtliches Gehör (Art. 103 Abs. 1 GG) durch die gesetzliche Regelung konkretisiert und damit (nur) durch einen Verstoß gegen diese seinerseits verletzt. 20

### *a) Entscheidungsform*

Generell ist eine mündliche Verhandlung nicht erforderlich für Entscheidungen, die *nicht als Urteil* (§ 101 Abs. 3), also insbesondere in der Form eines *Beschlusses*, ergehen. Auch hier bleibt es dem Gericht jedoch unbenommen, etwa in schwierigen Sachen mit entsprechendem Klärungsbedarf, zum Beispiel über Anträge auf einstweiligen Rechtsschutz (§§ 80 Abs. 5; 123 Abs. 4), mündlich zu verhandeln *(fakultative mündliche Verhandlung)*. Es entscheidet dann in der für mündliche Verhandlungen vorgesehenen Besetzung (s. oben § 6 Rdnr. 20 ff.), behält jedoch die Beschlußform bei; ein Urteil kann also nur aufgrund mündlicher Verhandlung ergehen, nicht aber umgekehrt. Für Beschlüsse des Großen Senats ist die vom früheren Recht abweichende Möglichkeit einer Entscheidung *ohne mündliche Verhandlung* (und damit auch aufgrund einer solchen) in § 11 Abs. 7 Satz 2 ausdrücklich festgelegt. 21

In manchen Fällen ermächtigt das Gesetz zur Entscheidung durch Beschluß (z. B. §§ 47 Abs. 5 Satz 1; 93a Abs. 2 Satz 1; 125 Abs. 2 Satz 2; 144 Abs. 1) und damit zum Verzicht auf mündliche Verhandlung. Die Durchführung einer solchen erscheint normlogisch ausgeschlossen beim Erlaß eines Gerichtsbescheids (§ 84 Abs. 1) und bei der Zurückweisung der Berufung gemäß § 130a. 22

### *b) Einverständnis der Beteiligten*

Ist eine mündliche Verhandlung nach dem Vorstehenden an sich erforderlich, so kann das Gericht gleichwohl ohne eine solche entscheiden, wenn die (das heißt alle) Beteiligten (§ 63) sich damit einverstanden erklären, § 101 Abs. 2.[34] Die Erklärung, die für das Gericht nicht verbindlich ist, muß ausdrücklich erfolgen und bereits vor der Entscheidung abgegeben worden sein.[35] Sie bezieht sich lediglich auf die bevorstehende Entscheidungsphase, wird also durch eine vorbereitende gerichtliche Entscheidung, wie einen Beweisbeschluß, unwirksam.[36] Als 23

[34] Näher dazu Dolderer, DVBl 1999,1919 ff.
[35] Vgl. Redeker/v. Oertzen, § 101 Rdnr. 7; Eyermann/Geiger, § 101 Rdnr. 5.
[36] Vgl. BVerwG, NVwZ 1984,645.

BVerwG, Beschl. v. 22.9.91, NJW 92, 257 (Umlaufverf.), BVerwG, U 22.1.98, JZ 99, 89 m. Anm. Ziekow

Prozeßhandlung ist der Verzicht, vorbehaltlich einer wesentlichen Änderung der Prozeßlage, unwiderruflich (vgl. § 173 VwGO i. V. m. § 128 Abs. 2 Satz 1 ZPO).

24 Obwohl das Gericht, im Unterschied zum Ausbleiben von Beteiligten (§ 102 Abs. 2), bei deren Verzicht auf mündliche Verhandlung (§ 101 Abs. 2) ohne eine solche entscheidet, bleiben die *Entscheidungsform* des Urteils und die *gesetzlichen Anforderungen* an dieses (Besetzung, Erlaß usw.) im übrigen unberührt.[37]

## III. Besondere Verfahrensentscheidungen

### 1. Verbindung und Trennung von Verfahren

#### *a) Verfahrensverbindung*

25 Zur prozeßökonomischen und zweckentsprechenden Durchführung des Verfahrens kann das Gericht mehrere bei ihm (das heißt demselben Spruchkörper[38]) anhängige Verfahren zu gemeinsamer Verhandlung und Entscheidung verbinden, aber auch wieder deren Trennung anordnen, § 93 Satz 1. Eine Verbindung ist auch allein mit dem Ziel einer gemeinsamen Verhandlung oder – nach deren Abschluß – einer gemeinsamen Entscheidung zulässig;[39] im ersteren Fall werden die nur insoweit verbundenen Verfahren durch je gesonderte Entscheidungen abgeschlossen. Keine Verbindung liegt vor, wenn mehrere Klagen, zum Beispiel in bezug auf verschiedene Abschnitte desselben Planfeststellungsbeschlusses, lediglich in einem zeitlichen und räumlichen Zusammenhang verhandelt werden.[40]

26 *Gesetzliche Voraussetzung* der Verbindung ist lediglich, daß die Verfahren den gleichen Gegenstand betreffen, das heißt im wesentlichen auf gleichartigen tatsächlichen oder rechtlichen Gründen beruhen.[41] Darüber hinaus wird eine Anhängigkeit in der gleichen Instanz und in der gleichen Prozeßart zu fordern sein;[42] an § 44 (objektive Klagehäufung) ist das Gericht jedoch nicht gebunden.

---

[37] Vgl. auch Redeker/v. Oertzen, § 101 Rdnr. 6.

[38] Gegen eine Verbindung von Verfahren bei verschiedenen Kammern oder Senaten (so Redeker/v. Oertzen, § 93 Rdnr. 1) bestehen Bedenken aus der Garantie des gesetzlichen Richters, vgl. Schmid, in: Sodan/Ziekow, § 93 Rdnr. 5.

[39] Vgl. BVerwGE 48,1 (2).

[40] VGH BW, NVwZ-RR 1996,543; vgl. aber auch BayVGH, BayVBl 1977,29.

[41] Vgl. Redeker/v. Oertzen, § 93 Rdnr. 2.

[42] Redeker/v. Oertzen, § 93 Rdnr. 1; vgl. auch BayVGH, BayVBl 1977,29; OVG Berlin, UPR 1987,279; a. M. Kopp/Schenke, § 93 Rdnr. 4.

### b) Verfahrenstrennung

Sind in einem Verfahren mehrere prozessuale Ansprüche anhängig gemacht 27
worden[43] (objektive oder subjektive Klagehäufung, §§ 44; 64; vgl. dazu oben § 31 Rdnr. 11 ff.), so kann das Gericht deren getrennte Verhandlung und Entscheidung anordnen, § 93 Satz 2. Dies gilt auch im Verhältnis von Klage und Widerklage (vgl. dazu oben § 31 Rdnr. 14 ff.), wohingegen eine Trennung von Haupt- und Hilfsantrag sowie im Fall einer notwendigen Streitgenossenschaft sachlogisch ausgeschlossen ist. Wird lediglich, insbesondere mit dem Ziel eines Zwischen- oder Teilurteils (§§ 109, 111; 110), die *abgetrennte Verhandlung* über einzelne Fragen (desselben Verfahrens), zum Beispiel die Zulässigkeit der Klage, angeordnet (durch Beschluß gemäß § 173 VwGO i. V. m. § 146 ZPO), so handelt es sich nicht um eine Trennung im hiesigen Verständnis.

### c) Entscheidung

Über die Verbindung und Trennung von Verfahren entscheidet das Gericht mit 28
dem Ziel übersichtlicher Ordnung des Prozeßstoffs[44] nach pflichtgemäßem Ermessen[45] durch Beschluß, der im Hinblick auf seine bloß formale, prozeßleitende Bedeutung keiner vorherigen Anhörung bedarf und unanfechtbar ist, § 146 Abs. 2.[46] Die Entscheidung ist in jedem Stadium des Verfahrens, auch in höherer Instanz,[47] möglich.

## 2. Aussetzung des Verfahrens

### a) Bedeutung

Hängt die Entscheidung vom Bestehen oder Nichtbestehen eines Rechtsverhältnis- 29
ses ab, das Gegenstand eines anderen, anhängigen Rechtsstreits bildet oder von einer Verwaltungsbehörde festzustellen ist, so wird hierdurch die *Entscheidungskompetenz*, auch wenn verschiedene Rechtswege betroffen sind (vgl. dazu oben § 11 Rdnr. 95 ff.), grundsätzlich nicht in Frage gestellt. Aus Gründen der Prozeßökonomie und zur Vermeidung einander widersprechender Entscheidungen kann jedoch das Verfahren ("die Verhandlung") bis zur Erledigung des anderen Verfahrens durch Beschluß **ausgesetzt** werden, § 94 Satz 1.

Anders als durch bloße Maßnahmen zur Prozeßleitung werden die Beteiligten 30
durch eine Aussetzung des Verfahrens, die dessen weiteren Fortgang hindert, in

[43] Vgl. BVerwGE 39,319 (321).
[44] BVerwG, NVwZ-RR 1998,685.
[45] Vgl. auch OVG NW, NJW 1978,720.
[46] Vgl. BayVGH, BayVBl 1973,668.
[47] Vgl. BVerwGE 48,1 (2).

BVerwG, B 10.11.00, NVwZ 01,319 (ohne Vorl. EuGH)

ihrem Recht auf unverzüglichen Rechtsschutz und damit in ihrer prozessualen Rechtsstellung unmittelbar betroffen. Sie sind deshalb vor Erlaß des Beschlusses zu hören und können gegen diesen Beschwerde erheben, § 146 Abs. 1. Wird eine beantragte Aussetzung abgelehnt, so kann deren Wirkung nur durch eine übereinstimmend beantragte Anordnung des Ruhens des Verfahrens (vgl. unten Rdnr. 43) erreicht werden.[48]

### *b) Aussetzung wegen Vorgreiflichkeit*

31 § 94 Satz 1 verlangt für eine Aussetzung die Vorgreiflichkeit der abzuwartenden Entscheidung, deren Gegenstand sich als *Vorfrage* für die zu treffende Entscheidung darstellen muß. So kann zum Beispiel der Anfechtungsprozeß gegen die behördliche Anordnung, die Sperrung eines Weges zu beseitigen, ausgesetzt werden, um die Entscheidung über dessen Öffentlichkeit in einem, gegebenenfalls auch zwischen anderen Beteiligten[49] anhängigen Verfahren abzuwarten.

32 *aa) Faktische Vorgreiflichkeit.* Hiervon zu unterscheiden ist die faktische Bedeutung von Entscheidungen in Parallelverfahren (sogenannter *Musterprozeß* in einem weiteren Sinn), in denen sich dieselben oder gleichliegende Rechtsfragen stellen. Eine Verfahrensaussetzung im Hinblick auf eine solche, rein tatsächliche Präjudizwirkung wird zwar verschiedentlich praktiziert und toleriert.[50] Sie erscheint indes mit einem subjektiv-parteibezogenen Rechtsschutz nicht vereinbar, wird von Regelungsgehalt und Sinn des § 94 Satz 1 schwerlich gedeckt[51] und ist jedenfalls seit der gesetzlichen Regelung des Musterverfahrens nur unter den für dieses geltenden, engen Voraussetzungen des § 93a (s. dazu sogleich Rdnr. 38 ff.) zulässig.

33 Eine Aussetzung ist jedoch *entsprechend § 94 Satz 1* möglich, wenn die Klärung der betreffenden Frage in dem Parallelverfahren bei Verfügbarkeit im Zeitpunkt der eigenen Entscheidung für diese *rechtlich maßgeblich* wäre, sei es, daß sie rechtliche Bindung erzeugt (Anhängigkeit vor dem Bundesverfassungsgericht – § 31 Abs. 1 BVerfGG – oder dem Europäischen Gerichtshof – Art. 234 EGV)[52] oder sich sogar, wie insbesondere bei Normenkontrollentscheidungen (vgl. §§ 31 Abs. 2 BVerfGG; 47 Abs. 5 Satz 2 VwGO), auf die Entscheidungsgrundlage

---

[48] Vgl. auch BayVGH, DÖV 1996,886.
[49] Vgl. Redeker/v. Oertzen, § 94 Rdnr. 1; unklar BayVGH, DÖV 1996,886.
[50] Vgl. BVerfGE 54,39; BayVGH, DÖV 1990,889; Kopp/Schenke, § 94 Rdnr. 4a.
[51] Ablehnend auch BayVGH, BayVBl 1992,215; VGH BW, VBlBW 1998,348; Kopp, DVBl 1980,328 f.; vgl. auch BayVGH, DÖV 1996,886.
[52] Vgl. BFH, NVwZ 1991,1120; OVG RP, DÖV 1988,523; Pescatore, BayVBl 1987,42; Kopp/Schenke, § 94 Rdnr. 4 a. Zur Aussetzung durch das Gericht selbst s. unten Rdnr. 37.

unmittelbar auswirken kann.[53] Bei Konkurrenz zwischen verwaltungsgerichtlichem und verfassungsgerichtlichem Normenkontrollverfahren ermächtigt § 47 Abs. 4 dazu, jenes auszusetzen.

*bb)* Weitergehend wird sogar eine *Aussetzungspflicht* angenommen, wenn ein nicht offensichtlich aussichtsloses Normenkontrollverfahren über die Gültigkeit der entscheidungserheblichen Rechtsvorschrift anhängig ist und keine berechtigten Interessen eines Beteiligten entgegenstehen.[54] Eine Aussetzung ist jedenfalls geboten, wenn nach Nichtigerklärung einer Norm die als Grundlage der gerichtlichen Entscheidung erforderliche Neuregelung abgewartet werden muß.[55] Ebenso liegt es, wenn die Entscheidung vom Bestand einer zur Aufrechnung gestellten rechtswegfremden Forderung abhängt (s. dazu oben § 11 Rdnr. 107 f.). 34

*cc) Fehlende Entscheidungsgrundlagen.* Grundsätzlich darf die Aussetzung allerdings nicht dazu benutzt werden, um erst Gelegenheit zur Schaffung bestimmter Entscheidungsgrundlagen oder -voraussetzungen zu geben,[56] zum Beispiel vor der Entscheidung über die Verpflichtungsklage auf eine Baugenehmigung den Erlaß eines (dieser etwa entgegenstehenden) Bebauungsplans abzuwarten.[57] 35

Demgegenüber läßt § 94 Satz 2, unter Rechtsschutzaspekten zumindest nicht unbedenklich,[58] nunmehr auf Antrag eine Aussetzung zu, um (der Behörde) die *Heilung von Verfahrens- oder Formfehlern* zu ermöglichen. Ferner ist bei einer *Untätigkeitsklage* das Verfahren bis zum Ablauf einer gerichtlich bestimmten Frist auszusetzen, wenn zureichende Gründe für das Unterlassen des Verwaltungsakts oder des Widerspruchsbescheids bestehen, § 75 Satz 3. Darüber hinaus wird aus Gründen *effektiven Rechtsschutzes* in engen Grenzen eine Aussetzung zugelassen, etwa, damit der Kläger das für eine Sachentscheidung erforderliche *Vorverfahren* (§§ 68 ff.; vgl. dazu oben § 19 Rdnr. 34) bis zur mündlichen Verhandlung nachholen[59] oder die Behörde ein *internes Kontrollverfahren* ("Überdenken" einer Prüfungsentscheidung, vgl. dazu oben § 19 Rdnr. 10) durchführen kann.[60] 36

---

[53] Vgl. OVG Bremen, NJW 1986,2335; BayVGH, BayVBl 1992,697; VGH BW, DVBl 1993,566 Nr. 24; Dageförde, VerwArch 79 (1988), S. 141; a. M. OVG NW, NwVBl 1988,270.

[54] Vgl. BFHE 166,418; 167,279; Kopp/Schenke, § 94 Rdnr. 4a.

[55] Vgl. BVerfGE 37,217 (261); 82,126 (155); 92,158 (186 f.); BVerwG, DVBl 1990,155.

[56] Vgl. BayVGH, BayVBl 1992,697; Redeker/v. Oertzen, § 94 Rdnr. 1.

[57] BVerwG, NJW 1962,1170; BayVGH, BayVBl 1984,341.

[58] Vgl. auch W. Schenke, NJW 1997,86; Bader, NVwZ 1998,674.

[59] Vgl. BVerwGE 66,342 (345); Kopp/Schenke, § 68 Rdnr. 4.

[60] BVerwGE 92,132 (139 f.); 98,324 (332).

Redeker, NVwZ 97, 625, Bader, NVwZ 98, 824

### c) Aussetzung zwecks Vorlage

37 In bestimmten Fällen ist eine Aussetzung des Verfahrens vorgeschrieben oder zugelassen, um in einer qualifizierten vorgreiflichen Rechtsfrage eine **Vorabentscheidung** einzuholen. In Betracht kommen vor allem die *konkrete Normenkontrolle* durch das Bundes- oder das betreffende Landesverfassungsgericht gemäß Art. 100 Abs. 1, 2 GG sowie eine Vorabentscheidung gemäß Art. 234 EGV (vgl. dazu oben § 11 Rdnr. 100 ff.). Auch die Einholung der Entscheidung des *Großen Senats* beim Bundesverwaltungsgericht (§ 11) oder beim Oberverwaltungsgericht (§ 12) sowie des Gemeinsamen Senats der obersten Gerichtshöfe des Bundes (vgl. § 11 RsprEinhG) setzt, auch wenn dies nicht ausdrücklich vorgesehen ist, eine Aussetzung des anhängigen Verfahrens voraus.

### d) Das Musterverfahren

38 *aa) Bedeutung.* Eine besondere Konstellation liegt der durch das 4. VwGO-Änderungsgesetz eingeführten und im 6. VwGO-Änderungsgesetz erweiterten Möglichkeit einer Verfahrensaussetzung in *Massenverfahren* gemäß § 93a zugrunde. Danach soll, im Unterschied zu § 94 Satz 1 (1.) die Entscheidungstätigkeit in einem Parallelverfahren unmittelbar nutzbar gemacht werden können, auch wenn sie (2.) nicht vorgreiflich ist, sondern aufgrund der Identität der streitgegenständlichen behördlichen Maßnahme lediglich eine faktische Gleichrichtung aufweist, und nachdem (3.) durch Auswahl eines Musterverfahrens gewissermaßen künstlich ein Verhältnis von Haupt- und Bezugsverfahren hergestellt wurde. Die gesetzliche Neuregelung entzieht einer etwaigen entsprechenden Anwendung des § 94 Satz 1 auf derartige Gestaltungen (vgl. oben Rdnr. 32) jedenfalls die Grundlage. Sie ist angesichts der faktischen Interdependenz der bei dem Gericht anhängigen Verfahren mit der Folge rechtlich abgestimmter Entscheidung verfassungsrechtlich grundsätzlich (vgl. aber auch noch unten Rdnr. 41) unbedenklich.[61]

39 *bb) Konstituierung.* Unter der Voraussetzung, daß ein und dieselbe behördliche Maßnahme, zum Beispiel eine Allgemeinverfügung (§ 35 Satz 2 VwVfG) oder eine untergesetzliche Norm des Landesrechts (§ 47 Abs. 1) Gegenstand von mehr als zwanzig (ursprünglich fünfzig) Verfahren ist, kann das Gericht ein hierfür geeignetes, ausgewähltes Verfahren (oder auch deren mehrere), das (die) sogenannte(n) *Musterverfahren*, vorab durchführen und die übrigen Verfahren aussetzen, § 93a Abs. 1 Satz 1. Eine Gleichartigkeit von Maßnahmen (z. B. bei Asyl-, numerus-clausus-Entscheidungen) genügt nicht,[62] doch muß es sich bei den

---

[61] Vgl. BVerfGE 54,39.
[62] Vgl. Stelkens, NVwZ 1991,213.

einzelnen Begehren, zum Beispiel bei Anfechtungs- und Verpflichtungsklagen in bezug auf einen Planfeststellungsbeschluß, nicht um die gleiche Klageart handeln.

Der Aussetzungsbeschluß ergeht nach Anhörung der Beteiligten und ist unanfechtbar, § 93a Abs. 1 Satz 2, 3.

*cc) Verfahrensfortgang.* Nach rechtskräftiger Entscheidung über das (die) Musterverfahren können die ausgesetzten Prozesse nach Ermessen des Gerichts in einem vereinfachten Verfahren fortgeführt und abgeschlossen werden; eine diesbezügliche Bindung, ebenso an die getroffene materiell-rechtliche Entscheidung, besteht jedoch nicht.[63] **40**

Die Entscheidung kann nach Anhörung der Beteiligten *durch Beschluß* (und damit gemäß § 101 Abs. 3 ohne mündliche Verhandlung) ergehen, wenn das Gericht einstimmig der Auffassung ist, daß die Sache gegenüber dem (den) Musterverfahren keine wesentlichen tatsächlichen oder rechtlichen Besonderheiten aufweist und der Sachverhalt geklärt ist, § 93a Abs. 2 Satz 1. Nur unter dieser Voraussetzung[64] können im Musterverfahren und damit ohne Mitwirkung der Beteiligten des nunmehrigen Verfahrens erhobene *Beweise eingeführt* werden, wobei nunmehr rechtliches Gehör gewährt werden muß. Ferner liegt eine nicht unproblematische Einschränkung des Grundsatzes *freier Beweiswürdigung* (s. unten § 33 Rdnr. 9 ff.) darin, daß das Gericht nach der seit 1.1.1997 geltenden Neuregelung weitere Beweisanträge ablehnen kann, wenn ihre Zulassung nach seiner *freien Überzeugung* nicht zum Nachweis neuer entscheidungserheblicher Tatsachen beitragen und zu einer Prozeßverzögerung führen würde. Eines eigenen Ablehnungsbeschlusses (vgl. für Antragstellung in der mündlichen Verhandlung demgegenüber § 86 Abs. 2) bedarf es nicht, § 93a Abs. 2 Satz 3, 4. **41**

Gegen den das Verfahren abschließenden Beschluß steht den Beteiligten, wenn das Gericht ohne Anwendung des § 93a Abs. 1 durch Urteil entschieden hätte, das Rechtsmittel zu, das gegen dieses gegeben wäre; hierüber sind die Beteiligten zu belehren, § 93a Abs. 2 Satz 5, 6. **42**

## 3. Sonstige Gründe eines Verfahrensstillstandes

### *a) Ruhen des Verfahrens*

Den Parteien kann daran gelegen sein, ein anhängiges Verfahren vorläufig nicht weiter zu betreiben, zum Beispiel, weil Vergleichsverhandlungen schweben,[65] eine Legalisierung des durch den angefochtenen Verwaltungsakt beanstandeten **43**

---

[63] Vgl. Kopp/Schenke, § 93a Rdnr. 10; Eyermann/Geiger, § 93a Rdnr. 20; a. A. Redeker/v. Oertzen, § 93a Rdnr. 7.

[64] Vgl. Stelkens, NVwZ 1991,213; Kopp/Schenke, § 93a Rdnr. 11.

[65] Vgl. BVerwG, NVwZ 1988,432.

Zustandes durch eine Rechtsänderung zu erwarten ist, ein Musterverfahren (im weiteren Sinn) vor der Entscheidung steht[66] oder die Klage während laufender Einigungsbemühungen überhaupt nur zur Unterbrechung einer drohenden Verjährung erhoben wurde.[67] Einem solchen übereinstimmenden Interesse an der außergerichtlichen Förderung oder Erledigung des Rechtsstreits wird auf der Grundlage der Dispositionsmaxime auch prozessual Raum gegeben. Demgemäß hat das Gericht nach § 173 VwGO i. V. m. § 251 Abs. 1 Satz 1 ZPO das Ruhen des Verfahrens anzuordnen, wenn beide Parteien dies beantragen und die Anordnung aus wichtigen Gründen als zweckmäßig erscheint.[68] Seiner Wirkung nach kommt das Ruhen des Verfahrens einer Aussetzung gleich. Eine erneute Aufnahme des Verfahrens vor Ablauf von drei Monaten seit dem Ruhens-Beschluß ist nur bei Vorliegen eines wichtigen Grundes mit Zustimmung des Gerichts möglich.

### b) Unterbrechung des Verfahrens

44 Ohne gesonderte richterliche Anordnung tritt unter bestimmten Voraussetzungen *kraft Gesetzes* eine Unterbrechung des Verfahrens ein. Maßgeblich sind die Vorschriften der §§ 239 bis 250 ZPO, die nach § 173 VwGO, vorbehaltlich Besonderheiten des Verwaltungsprozesses, unmittelbar anwendbar sind.[69] Danach führen zu einer Unterbrechung insbesondere der Tod einer – anwaltlich nicht vertretenen (§ 246 ZPO) – Partei oder eines notwendig Beigeladenen (§ 239 ZPO), die Eröffnung des Insolvenzverfahrens (§ 240 ZPO) sowie der Verlust der Prozeßfähigkeit (§ 241 ZPO), ferner in Verfahren mit Vertretungszwang (§ 67 Abs. 1 VwGO) auch der Tod des Vertreters (§ 244 ZPO). Die Unterbrechung wird grundsätzlich durch die Aufnahme des Rechtsstreits seitens des zu dessen Fortführung Berechtigten beendet, § 250 ZPO.

## Literatur

*Bader*, Die Heilung von Verfahrens- und Formfehlern im verwaltungsgerichtlichen Verfahren, NVwZ 1998,674.
*Doehring*, Die Praxis der Vorbereitung mündlicher Verhandlung durch Kollegialgerichte in verfassungsrechtlicher Sicht, NJW 1983,851.
*Frowein*, Aussetzung wegen anhängiger Normen-Kontrolle?, NJW 1962,1091.
*Gerhardt/Jacob*, Massenverfahren und Musterprozeß vor den Verwaltungsgerichten, DÖV 1982,345.
*Hamann*, Das Kollegialprinzip und der "Einzelrichter" nach der 4. Novelle zur VwGO, VerwArch 83 (1992), S. 201.

---

[66] Vgl. OVG NW, MDR 1983,872; HessVGH, NVwZ-RR 1994,300; BayVGH, DÖV 1996,886.
[67] BVerwG, NVwZ 1988,432.
[68] Vgl. Redeker/v. Oertzen, § 94 Rdnr. 14.
[69] Vgl. dazu im einzelnen Redeker/v. Oertzen, § 94 Rdnr. 7 ff; Spannowsky, NVwZ 1992,426 ff.

Schenke NVwZ 12,257 (Verfahrensverzögerung!), Zuck NVwZ 12,265

*Kopp*, Zur Entscheidung des Vorsitzenden oder des Berichterstatters nach § 87a VwGO i. d. F. des 4. VwGO-Änderungsgesetzes, NJW 1991,1264.
*Mittenzwei, I.*, Die Aussetzung des Prozesses zur Klärung von Vorfragen, 1971.
*Pescatore*, Das Vorabentscheidungsverfahren nach Art. 177 EWG-Vertrag und die Zusammenarbeit zwischen dem Gerichtshof und den nationalen Gerichten, BayVBl 1987,33; 68.
*Schmel*, Massenverfahren vor den Verwaltungsbehörden und Verwaltungsgerichten, 1982.
*Skouris*, Die schwebende Rechtssatzprüfung als Aussetzungsgrund gerichtlicher Verfahren, NJW 1975,713.

# § 33. Der Beweis

## I. Die gerichtliche Überzeugungsbildung

Grundlage der Entscheidung ist ein bestimmter *Sachverhalt*, von dem der Richter als für ihn maßgeblich auszugehen hat. Bestehen Zweifel hinsichtlich dieser tatsächlichen Entscheidungsbasis, so sind sie durch *Beweiserhebung* auszuräumen. Der Beweis ist also das *prozessuale* Mittel zur Schaffung der tatsächlichen *Entscheidungs*basis und steht damit im Schnittpunkt von Prozeßrecht und materiellem Recht. Demgegenüber bezieht sich *die Beweislast* allein auf die materiellrechtlichen Folgen der Beweislosigkeit einer entscheidungserheblichen Tatsache und bleibt deshalb hier unberücksichtigt (vgl. dazu oben § 30 Rdnr. 23 ff.). 1

### 1. Die tatsächliche Entscheidungsgrundlage

#### *a) Das Beweismaß*

Der *Sachverhalt* als bloße Konstruktion des Rechtsfalles, auf den der Richter das Gesetz anwendet, ist mit den tatsächlich gegebenen Verhältnissen nicht identisch, sondern lediglich deren Abbildung in der Vorstellung des Richters. Diese muß als Voraussetzung einer zutreffenden Entscheidung, ungeachtet der beschränkten menschlichen Erkenntnisfähigkeit, mit der objektiven Wahrheit soweit als möglich übereinstimmen. Die entscheidungserheblichen Tatsachen müssen deshalb zur *vollen richterlichen Überzeugung* feststehen (§ 108 Abs. 1 VwGO in sachlicher Übereinstimmung mit § 286 Abs. 1 ZPO), das heißt einen so hohen Grad an Wahrscheinlichkeit aufweisen, daß jeder vernünftige Zweifel an ihrem Vorliegen ausgeschlossen ist; eine bloß überwiegende Wahrscheinlichkeit genügt nicht.[1] Dabei verpflichtet der Untersuchungsgrundsatz das Gericht, sich von Amts wegen diese *für seine Entscheidung erforderliche* Überzeugung zu verschaffen und zu diesem Zweck im Fall von Zweifeln *Beweis* zu erheben, § 86 Abs. 1. 2

Abstriche von dieser Anforderung des Regelbeweismaßes einer *an Sicherheit grenzenden Wahrscheinlichkeit* sind auf der Grundlage einer abweichenden 3

---

[1] BVerwGE 55,82 (83); 71,180 (182); 83,177 (178); BGH, NJW-RR 1993,797; Walter, a.a.O., S. 259; Nierhaus, a.a.O., S. 58 ff.

gesetzlichen Regelung möglich.[2] So läßt etwa § 96 Abs. 1 Satz 1 Halbs. 2 FGO i. V. m. § 162 AO im finanzgerichtlichen Prozeß unter bestimmten Voraussetzungen eine bloße *Schätzung* der Besteuerungsgrundlagen (statt der Vergewisserung über diese) zu.[3] Eine darüber hinausgehende Minderung des Beweismaßes, etwa in besonderen Fällen einer *Beweisnot* (z. B. hinsichtlich asylrelevanter Verfolgung), ist nicht anzuerkennen;[4] derartigen Umständen ist gegebenenfalls vielmehr allein im Rahmen der Beweiswürdigung Rechnung zu tragen.[5]

### b) Die Glaubhaftmachung

4 Hauptanwendungsfall eines verminderten Beweismaßes im allgemeinen und damit auch im Verwaltungsprozeßrecht ist die Glaubhaftmachung. Sie ist eine *Beweisführung*, bei der die Vermittlung eines *geringeren Grades* im Sinne einer bloß überwiegenden oder hinreichenden *Wahrscheinlichkeit* der beweisbedürftigen Tatsache (vgl. unten Rdnr. 6 f.) genügt.[6] Dabei sind alle *präsenten Beweismittel*, insbesondere auch die Versicherung an Eides Statt, zugelassen, § 173 VwGO i. V. m. § 294 ZPO.

5 Eine (bloße) Glaubhaftmachung nimmt mit der Unsicherheit der tatsächlichen Grundlage der Entscheidung auch deren Unrichtigkeit in Kauf. Sie kommt deshalb nicht bei abschließenden Entscheidungen in der Sache, sondern nur für – meist eilbedürftige – vorläufige Maßnahmen und prozessuale Zwischen- oder Nebenentscheidungen in Betracht, so für die Geltendmachung eines Ablehnungsgrundes (§ 54 Abs. 1 VwGO i. V. m. § 44 Abs. 2, 4 ZPO), bei der Wiedereinsetzung in den vorigen Stand (§ 60 Abs. 2 Satz 2), der Gewährung vorläufigen Rechtsschutzes im Wege einer einstweiligen Anordnung (§ 123 Abs. 3 VwGO i. V. m. § 920 Abs. 2 ZPO), nach vielfach vertretener Auffassung auch gemäß § 80 Abs. 5,[7] der behördlichen Verweigerung von Auskunft oder Urkundenvorlage (§ 99 Abs. 2 Satz 1), der Berücksichtigung eines Ansatzes für die Kostenfestsetzung (§ 173 VwGO i. V. m. § 104 Abs. 2 ZPO), im Verfahren der Prozeßkostenhilfe (§ 166 Satz 1 VwGO i. V. m. § 118 Abs. 2 Satz 1 ZPO) sowie bei bestimmten Entscheidungen im Vollstreckungsverfahren (vgl. § 167 Abs. 1 Satz 1 VwGO, z. B. i. V. m. §§ 714 Abs. 2, 769 Abs. 1 Satz 2 ZPO).

---

[2] Vgl. näher Walter, a.a.O., S. 148 ff., 259; Berg, a.a.O., S. 115 ff.; Nierhaus, a.a.O., S. 71 ff.
[3] Vgl. dazu BFHE 149,121; Berg, a.a.O., S. 118 f.
[4] Vgl. BVerwGE 71,180 (181); demgegenüber Bertrams, DVBl 1987,1181 ff.
[5] Vgl. BVerwG, Buchholz 310 § 108 VwGO Nr. 182; BVerwGE 38,10.
[6] Vgl. Rosenberg/Schwab/Gottwald, § 112 II 2; Thomas/Putzo, § 294 Rdnr. 1.
[7] Vgl. OVG Berlin, DVBl 1992,286; VGH BW, ESVGH 29,11.

## 2. Der Gegenstand des Beweises

Gegenstand des Beweises sind nur **Tatsachen**, das heißt konkrete, nach Raum und Zeit bestimmte, in der Regel sinnlich wahrnehmbare Vorgänge und Zustände der realen Welt.[8] Dazu gehören auch sogenannte innere Tatsachen, wie das Vorliegen einer Glaubens- oder Gewissensentscheidung.[9] Keinem Beweis zugänglich sind demgegenüber *Werturteile*, wie Zuverlässigkeit, Bedürfnis oder das Vorliegen öffentlicher Belange,[10] ferner etwa *Prognosen* (Wahrscheinlichkeitsurteile über künftige Tatsachen, z. B. Gefahr, Eignung usw.; anders aber bezüglich der tatsächlichen Prognose*grundlagen*)[11] und rechtliche Qualifizierungen, zum Beispiel einer Schrift als jugendgefährdend.[12] 6

Tatsachen, die *offenkundig* und damit als unzweifelhaft feststehend anzusehen sind (allgemeinkundige und gerichtsbekannte Tatsachen), bedürfen keines Beweises (§ 173 VwGO i. V. m. § 291 ZPO). Sie müssen jedoch, sofern die Offenkundigkeit zweifelhaft sein kann (asylbegründende Verfolgungssituation im Heimatstaat)[13] oder nur für das Gericht besteht, zur Gewährung rechtlichen Gehörs (vgl. oben § 30 Rdnr. 30 ff.) in das Verfahren eingeführt werden.[14] Gleiches gilt grundsätzlich für die Anwendung von Denkgesetzen sowie *allgemeinen Erfahrungssätzen*, das heißt jedermann zugänglichen, empirisch gewonnenen Einsichten, die nach der allgemeinen Erfahrung unzweifelhaft und ausnahmslos gelten.[15] 7

Dagegen werden *besondere Erfahrungssätze*, die auf fachspezifischen Erkenntnissen in einem bestimmten Gebiet (Medizin, Technik, Wirtschaftswissenschaften) beruhen, in der Regel eine Beweisaufnahme (durch Sachverständigengutachten) voraussetzen.[16] Soweit sie allerdings ihren Niederschlag in Verwaltungsrichtlinien, die als antizipierte Sachverständigengutachten verstanden werden, oder normkonkretisierenden Verwaltungsvorschriften, denen eine rechtssatzähnliche Bedeutung zuerkannt wird (vgl. dazu auch unten Rdnr. 28), gefunden haben, können diese nach Maßgabe ihrer Beachtlichkeit für das Gericht unmittelbar herangezogen werden. 8

---

[8] Vgl. ähnlich Rosenberg/Schwab/Gottwald, § 113 I 1.
[9] Vgl. BVerwGE 41,53.
[10] Vgl. BVerwGE 38,336 (342 f.); 60,245; Nierhaus, a.a.O., S. 28 f.
[11] Vgl. BVerwG, BayVBl 1981,276 (279); BVerwG, NJW 1985,506; Nierhaus, a.a.O., S. 31.
[12] Vgl. BVerwG, DÖV 1987,731.
[13] Vgl. BVerfG, BayVBl 1994,143.
[14] Vgl. BVerwGE 48,205 (206); 58,146 (152); BVerwG, NVwZ 1990,571.
[15] Vgl. BVerwGE 67,83 (84); vgl. auch BGHSt 31,86.
[16] Vgl. BVerwG, Buchholz 310 § 108 VwGO Nr. 62.

### 3. Der Grundsatz der freien Beweiswürdigung

#### *a) Inhalt*

9 Für die Gewinnung der gesetzlich geforderten, vollen Überzeugung bezüglich der entscheidungserheblichen Tatsachengrundlage im konkreten Fall bedarf es einer wertenden Verarbeitung der dem Gericht objektiv vorliegenden Umstände im Wege der *Beweiswürdigung*. Diese wird vom sachlichen Recht geleitet und stellt sich *insoweit* grundsätzlich als materiell-, nicht verfahrensrechtliche Frage dar[17] (vgl. aber noch unten Rdnr. 13). Dabei hat das Gericht das *Gesamtergebnis des Verfahrens* einschließlich etwaiger vorinstanzlicher Beweisergebnisse[18] zugrunde zu legen, § 108 Abs. 1 Satz 1. Es ist also nicht auf förmlich im Wege der Beweiserhebung festgestellte Tatsachen beschränkt, sondern berücksichtigt auch sonstige, im Verlauf des Verfahrens zu Tage getretene Umstände, wie sachverständigen Parteivortrag[19] oder den (fehlenden) Nachdruck, mit dem das Verfahren (zum Beispiel zur Anerkennung als Kriegsdienstverweigerer) betrieben wird,[20] aber etwa auch ein nach dem Untersuchungsgrundsatz nicht bindendes (vgl. oben § 30 Rdnr. 15 und demgegenüber §§ 288; 138 Abs. 3 ZPO) Geständnis.[21]

10 In der Bildung seiner *Überzeugung* ist das Gericht insgesamt, also nicht nur hinsichtlich der Beweiswürdigung im engeren Sinne, *frei* (§ 108 Abs. 1 Satz 1). Es ist insbesondere – vorbehaltlich gesetzlicher Bestimmung (vgl. §§ 415-419 ZPO für Urkundenbeweis) – nicht an feste *Beweisregeln* gebunden und kann deshalb nach eigenem Ermessen *Beweisergebnisse* (z. B. Glaubwürdigkeit einer Zeugenaussage) gewichten und untereinander sowie gegenüber *anderen Umständen* (z. B. bestehende politische Verhältnisse im Heimatland des Asylklägers und Umstände seiner Flucht;[22] privat- und amtsärztliche Gutachten über Dienstunfähigkeit[23]) abwägen. Die daraus abgeleiteten *tatsächlichen Feststellungen* stehen im tatrichterlichen Ermessen und sind damit grundsätzlich, das heißt vorbehaltlich der nachfolgend zu erörternden Grenzen (vgl. Rdnr. 11 ff.), auch für eine *revisionsgerichtliche Überprüfung* bindend, § 137 Abs. 2.

---

[17] BVerwG, NVwZ-RR 1996,359; vgl. auch BVerwG, DVBl 1984,1005.
[18] BVerwG, DVBl 1992,1435.
[19] Vgl. BVerwG, NVwZ 1993,268.
[20] Vgl. BVerwGE 81,229 (235).
[21] Vgl. BVerwGE 83,177.
[22] Vgl. BVerwGE 67,195 (198); 71,175 (180).
[23] Vgl. BVerwGE 53,118 (120); OVG RP, NJW 1990,788.

### *b) Grenzen*

Ungeachtet der Freiheit richterlicher Überzeugungsbildung darf diese jedoch nicht unter Verletzung des Art. 3 Abs. 1 GG *willkürlich*[24] (in einem objektiven Sinne) sein, sondern muß sich von *sachlichen Gründen* leiten lassen, die *in dem Urteil anzugeben* sind, § 108 Abs. 1 Satz 2. Tatsachen und Beweisergebnisse sind ferner nur dann verwertbar, wenn sich die Beteiligten zu diesen äußern konnten (§ 108 Abs. 2), also zum Beispiel nicht, wenn die Entscheidung auf einen mit den vorliegenden Verwaltungsvorgängen nicht übereinstimmenden ("aktenwidrigen") Sachverhalt gestützt wurde.[25] 11

Inhaltlich ist zu fordern, daß der zugrunde gelegte Sachverhalt verfahrensfehlerfrei gewonnen, insbesondere zutreffend und vollständig ermittelt wurde[26] und auf einer rational nachvollziehbaren Würdigung der vorliegenden Umstände beruht. Die Grundsätze der freien Beweiswürdigung (§ 108 Abs. 1) und der Amtsermittlung (§ 86 Abs. 1) stehen damit in einem engen inneren Zusammenhang. Daraus leitet sich insbesondere die Unzulässigkeit einer *vorweggenommenen Beweiswürdigung* ab, das heißt die hypothetische – negative – Beurteilung des Ergebnisses einer zur vollständigen Sachaufklärung (§ 86 Abs. 1) dienlichen, gleichwohl aber nicht durchgeführten Beweisaufnahme, weil das Gericht bereits vom *Gegenteil* der unter Beweis gestellten Tatsache überzeugt sei.[27] Umgekehrt ginge eine Beweisaufnahme ins Leere und darf deshalb unterbleiben, wenn das Gericht vom *Vorliegen* der betreffenden Tatsache bereits überzeugt ist oder diese vom maßgeblichen Standpunkt des Gerichts aus (vgl. oben § 30 Rdnr. 17) nicht entscheidungserheblich ist (*Wahrunterstellung*). 12

Die Beweiswürdigung darf ferner nicht gegen Denkgesetze[28] oder allgemeine Erfahrungssätze[29] verstoßen und muß in sich widerspruchsfrei sein.[30] Dies ist insbesondere beim richterrechtlich anerkannten **Indizienbeweis** zu beachten, bei dem die entscheidungserheblichen Tatsachen (*Haupttatsachen*) nicht unmittelbar festgestellt, sondern mit Hilfe von allgemeinen Erfahrungssätzen, Denkgesetzen und logischen Operationen aus bekannten Umständen (*Indizien, Hilfstatsachen*) lediglich erschlossen werden können.[31] Hierbei auftretende Verstöße gegen Denkgesetze verletzen den Grundsatz der freien Beweiswürdigung (§ 108 Abs. 1) und können sich damit als *Verfahrensmängel* im Sinn der §§ 137 Abs. 3 Satz 1; 139 Abs. 3 Satz 4 darstellen (s. dazu unten § 39 Rdnr. 38 ff.), soweit sich die Schluß- 13

---

[24] Vgl. BVerfGE 57,39 (42).
[25] Vgl. BVerwG, NJW 1988,275.
[26] Vgl. BVerwGE 68,338; 85,155 (158); BVerwG, NVwZ 1987,217.
[27] Vgl. BVerwGE 25,88; BVerwG, NVwZ 1982,244; NVwZ 1987,404.
[28] Vgl. BVerwGE 84,271.
[29] Vgl. BVerwG, Buchholz 310 § 108 VwGO Nr. 62.
[30] Vgl. BVerwGE 85,155 (158).
[31] Vgl. BVerwGE 84,271.

folgerungen auf die indizielle Beweisführung beschränken, also hinreichend deutlich von der rechtlichen Subsumtion unterschieden werden können.[32]

### *c) Der Anscheinsbeweis*

14 Für den sogenannten Beweis des ersten Anscheins **(prima-facie-Beweis)** genügt der Nachweis eines typischen Geschehensablaufs, der nach der Lebenserfahrung regelmäßig auf einen bestimmten Verlauf hinweist, um diesen auch im konkreten Fall, vorbehaltlich etwaiger besonderer Einzelumstände, als gegeben zu erachten.[33] Anwendungsfall ist etwa der ursächliche Zusammenhang zwischen einem bestimmten Ereignis (Dienstunfall) und dem eingetretenen Schaden.[34]

15 Der Anscheinsbeweis begründet lediglich eine Beweiserleichterung und läßt damit die Beweislast unverändert (s. oben § 30 Rdnr. 29). Er ist aber seiner Intention nach auf volle richterliche Überzeugungsbildung gerichtet und bewirkt deshalb nicht eine Reduzierung des Beweismaßes,[35] sondern stellt sich als Aspekt der *Beweiswürdigung* dar.[36]

## II. Die Beweismittel

### 1. Grundsatz

16 Als Grundlage für die Bildung seiner Überzeugung stehen dem Gericht bestimmte Beweismittel zur Verfügung. Das Gesetz benennt hierfür in § 96 Abs. 1 Satz 2 ausdrücklich die klassischen Beweismittel (vgl. dazu sogleich Rdnr. 18 ff.), läßt aber die Heranziehung auch anderer Erkenntnisquellen, die zur gerichtlichen Überzeugungsbildung beitragen können, *als Beweismittel* zu, so insbesondere behördliche Akten und amtliche Auskünfte[37] (§ 99 Abs. 1 Satz 1; vgl. dazu sogleich Rdnr. 34 ff.), aber auch zum Beispiel psychologische Tests.[38]

17 Ein Beweismittel, das *rechtswidrig erlangt* wurde, darf grundsätzlich nicht verwendet oder verwertet werden, sofern nicht ein überwiegendes Interesse an der prozessualen Wahrheitsfindung besteht, dem Vorrang gegenüber dem beeinträchtigten Rechtsgut zukommt.[39] In der Regel nicht verwertbar sind danach insbesondere Beweismittel, die unter Verletzung des Persönlichkeitsrechts (Art. 2 Abs. 1

---

[32] BVerwGE 84,271 (273).
[33] BVerwG, NJW 1995,2303; BGHZ 100,214; Redeker/v. Oertzen, § 108 Rdnr. 14.
[34] Vgl. BVerwGE 20,229; vgl. ferner etwa BVerwGE 100,312.
[35] So etwa Walter, a.a.O., S. 190.
[36] Vgl. BVerwG, NwVBl 1996,125; Nierhaus, a.a.O., S. 13, vgl. auch S. 91.
[37] Vgl. BVerwGE 31,212 (216); BVerwG, NJW 1988,2491.
[38] BVerwGE 34,278 (284).
[39] Vgl. BVerwG, Buchholz 310 § 132 VwGO Nr. 244; vgl. auch für die Verfolgung von Ordnungswidrigkeiten (Verwaltungsunrecht) BayObLG, NJW 1997,3454; KG, NZV 1997,48.

i. V. m. Art. 1 Abs. 1 GG) gewonnen wurden. Einer Nutzung zulässig (z. B. gemäß § 100a StPO) gewonnener personenbezogener Daten für eine abweichende (z. B. präventiv-polizeiliche) Zwecksetzung kann der Zweckbindungsgrundsatz (vgl. § 14 Abs. 1, 2 BDSG und die entsprechenden landesrechtlichen beziehungsweise bereichsspezifischen Regelungen) entgegenstehen.[40]

## 2. Die klassischen Beweismittel

Für die Führung des Beweises stehen auch im Verwaltungsprozeß, wenn auch nicht ausschließlich, die klassischen Beweismittel zur Verfügung (§ 96 Abs. 1 Satz 2), hinsichtlich deren weithin auf eine entsprechende Anwendung der zivilprozessualen Regelungen verwiesen wird (§ 98). 18

### a) Augenscheinseinnahme

Die Einnahme eines Augenscheins, der nicht wörtlich zu verstehen ist und sich auch auf mit anderen Sinnen wahrnehmbare, tatsächliche Erscheinungen (Geräusche, Gerüche) beziehen kann, bestimmt sich nach §§ 371 bis 372a ZPO. Aufgrund ihrer Mitwirkungspflicht (§ 86 Abs. 1 Satz 1 Halbs. 2) sind die Beteiligten gehalten, einen zumutbaren[41] Augenschein zu ermöglichen, doch ist diese Pflicht als solche nicht unmittelbar durchsetzbar; eine unberechtigte Weigerung kann jedoch im Rahmen der Beweiswürdigung berücksichtigt werden. 19

### b) Zeugenbeweis

Mittels des Zeugenbeweises (§§ 373 bis 414 ZPO) werden eigene Wahrnehmungen des Zeugen über in der Vergangenheit liegende Tatsachen und Zustände (vgl. § 414 ZPO) in den Prozeß eingeführt. Zeuge kann nur ein am Prozeß *nicht beteiligter Dritter* sein. Diese Voraussetzung ist nicht gegeben bei gesetzlichen Vertretern und Mitgliedern von Vertretungsorganen eines beteiligten (insbesondere öffentlich-rechtlichen) Rechtsträgers (Minister, Behördenleiter, Gemeinderatsmitglied; vgl. dazu auch unten Rdnr. 31 f.), wohl aber bei sonstigen Bediensteten.[42] 20

Beamte bedürfen einer *Aussagegenehmigung* ihres Dienstherrn (§ 39 Abs. 2 BRRG), gegen deren Verweigerung – einen Verwaltungsakt – die hierdurch benachteiligte Partei Rechtsschutz im Verwaltungsrechtsweg suchen kann.[43] 21

Die Aussagen des Zeugen erfolgen grundsätzlich in *persönlicher Vernehmung*, die ausnahmsweise durch schriftliche Beantwortung der Beweisfrage ersetzt 22

[40] Vgl. BVerfG, NJW 1988,1075; grundsätzlich dazu BVerfGE 65,1 (45).
[41] Zu grundrechtlichen Grenzen, insbesondere aus Art. 13 GG, vgl. auch Jankowski, NJW 1997,3347 ff.
[42] Vgl. BVerwG, NJW 1988,2491.
[43] Vgl. BVerwGE 66,39.

werden kann, § 377 Abs. 3 ZPO. Keine Zeugenaussagen im beweisrechtlichen Sinn sind bloße *schriftliche Mitteilungen* sowie Aussagen vor der Verwaltungsbehörde im (vorausgegangenen) *Verwaltungsverfahren.*[44] Bekundungen von geheimbleibenden V-Leuten, die lediglich mittelbar über *Zeugen vom Hörensagen* oder mittels *schriftlich* niedergelegter Aussagen in den Prozeß eingeführt werden, sind im Fall wichtiger Geheimhaltungsgründe als sonstige Beweismittel grundsätzlich verwertbar, unterliegen aber besonderen Anforderungen an die Beweiswürdigung.[45]

### *c) Beweis durch Sachverständige*

23 Setzt die Feststellung des Sachverhalts eine besondere Sachkunde voraus, über die das Gericht nicht verfügt, so *verlangt* die Aufklärungspflicht[46] die Erhebung eines Beweises durch Sachverständige (vgl. §§ 402 bis 414 ZPO). Sachverständige können auch zur Feststellung ausländischen Rechts und Gewohnheitsrechts (§ 173 VwGO i. V. m. § 293 ZPO), nicht dagegen von national zu beachtenden Rechtsvorschriften der EU,[47] herangezogen werden.

24 Die Tätigkeit des Sachverständigen erfolgt durch Erstattung eines mündlichen oder schriftlichen, auf Anforderung mündlich zu erläuternden (§ 411 Abs. 3 ZPO) Gutachtens, ist aber gleichwohl eine personengebundene Leistung (vgl. auch § 407a Abs. 2 ZPO), die nicht durch Institutionen (z. B. Forschungseinrichtung, Klinik usw.), sondern nur durch vom Gericht selbst auszuwählende, *natürliche Personen* erbracht werden kann.[48]

25 Die durch das Gutachten festgestellten Tatsachen sind der tatrichterlichen Würdigung zugrunde zu legen, doch ist eine Verwertung unzulässig, wenn dem Gutachten methodische oder verfahrensmäßige Mängel anhaften, zum Beispiel, weil es widersprüchlich ist oder die Unparteilichkeit des Sachverständigen in Zweifel steht, oder wenn sein Ergebnis durch sonstige Umstände erschüttert wird.[49]

26 Die Feststellung der für die Erstattung des Gutachtens erforderlichen Tatsachenbasis obliegt grundsätzlich dem Gericht[50] und kann nur insoweit dem Sachverständigen überlassen bleiben, als es sich um unstreitige oder einfache Tatsachen handelt (vgl. auch § 404a Abs. 3 ZPO), deren Ermittlung mit einem Rechtseingriff nicht verbunden ist.[51] Darüber hinausgehend Anordnungen, selbst

---

[44] Vgl. BVerwG, DÖV 1994,740; VGH BW, ESVGH 43,73 Nr. 25.
[45] Vgl. Kopp/Schenke, § 98 Rdnr. 3; grundsätzlich dazu BVerfGE 57,250 (284).
[46] BVerwGE 69,70 (73); BVerwG, NJW 1992,588.
[47] Vgl. Eyermann/Geiger, § 86 Rdnr. 7.
[48] Ebenso BVerwGE 69,70 (75); Eyermann/Geiger, § 98 Rdnr. 14; a. M. Müller, a.a.O., S. 84.
[49] Vgl. im einzelnen BVerwG, DVBl 1992,1435.
[50] Vgl. BVerwGE 23,314 (316); BFH, NJW 1982,1608.
[51] Vgl. Kopp/Schenke, § 98 Rdnr. 13.

zur Schaffung tatsächlicher Voraussetzungen für das Gutachten, zu treffen, steht dem Sachverständigen nicht zu,[52] ebensowenig eine selbständige Beweiserhebung, zum Beispiel durch Zeugenbefragung oder Urkundeneinsicht.[53] Das Gericht kann den Sachverständigen jedoch – in begrenztem Umfang – zu (weiteren) Ermittlungen ermächtigen und dabei zugleich die Reichweite eines Teilnahmerechts der Parteien bestimmen (§ 404a Abs. 4 ZPO). Eine Zuziehung von Beteiligten darf aber im Hinblick auf das rechtliche Gehör (vgl. oben § 30 Rdnr. 34) jedenfalls nicht einseitig erfolgen.

Gutachten, die bereits von *der Behörde* im Zuge der Amtsermittlung (§ 24 **27**
VwVfG) in dem vorausgehenden oder einem parallelen Verwaltungsverfahren eingeholt wurden, sind angesichts der eigenständigen Untersuchungspflicht des Gerichts für dieses nicht bindend, können aber in freier Beweiswürdigung zugrunde gelegt werden, sofern sie überzeugend sind und durch das Ergebnis der Verhandlung, insbesondere substantiiertes Parteivorbringen, nicht erschüttert wurden, so daß sich dem Gericht eine weitere Beweiserhebung nicht aufdrängen mußte.[54]

Eine weitergehende Bedeutung kommt *normkonkretisierenden Verwaltungs-* **28**
*vorschriften*, die auf spezieller gesetzlicher Ermächtigung (z. B. § 48 BImSchG) beruhen, nur insoweit zu, als sie Ausdruck besonderen wissenschaftlichen Sachverstandes ("antizipiertes Sachverständigengutachten") und deshalb auch für das Gericht grundsätzlich beachtlich sind (vgl. dazu schon Rdnr. 8 sowie oben § 26 Rdnr. 24 ff.). Sie können jedoch – und müssen bei entsprechenden Anhaltspunkten – daraufhin überprüft werden, ob sie nicht die gesetzlichen Anforderungen verfehlen oder durch Erkenntnisfortschritte überholt sind.[55] *Technische Normen* außerstaatlicher Institutionen oder in der Form von Verwaltungsvorschriften, die zugleich wertende Zielsetzungen, etwa der Marktregulierung oder eines politischen Interessenausgleichs, verfolgen, können dagegen aufgrund ihres bloßen Hinweischarakters lediglich als Beurteilungshilfe dienen.[56]

Gegen eine Heranziehung von *Behördenbediensteten* als Sachverständige **29**
bestehen keine grundsätzlichen Bedenken, doch sind im Fall einer Vorbefassung die Grundsätze der *Objektivität des Sachverständigen* (vgl. §§ 406; 42 ZPO i. V. m. § 54 Abs. 2, 3 VwGO) zu beachten, die durch eine ersatzweise eingeholte amtliche Auskunft nicht unterlaufen werden dürfen.[57]

---

[52] Vgl. Kopp/Schenke, § 98 Rdnr. 13; demgegenüber zu weitgehend BayVGH, BayVBl 1982,694.
[53] Vgl. BVerwGE 23,314 (316).
[54] Vgl. BVerwGE 69,70 (73); BVerwG, NJW 1980,900; NVwZ 1993,268.
[55] Vgl. BVerwGE 55,251 (258); 72,300 (320); BVerwG, NVwZ 1988,824; NVwZ 1995,994.
[56] Vgl. BVerwGE 77,285 (291); 81,197 (204).
[57] Vgl. BVerwG, NJW 1988,2491.

### d) Vernehmung von Beteiligten

30 Anders als im Zivilprozeß ist die Vernehmung der Beteiligten im Verwaltungsprozeß, für den § 98 VwGO auf die §§ 450 bis 455 ZPO, also gerade unter Ausschluß der §§ 445 und 448 ZPO[58] verweist, nicht als bloß subsidiäres, sondern als reguläres Beweismittel vorgesehen.[59] Sie ist von der Anhörung der Beteiligten, deren *persönliches Erscheinen* gemäß § 87 Abs. 1 Satz 2 Nr. 5 oder § 95 Abs. 1 Satz 1 angeordnet wurde, zu unterscheiden,[60] erlangt aber durch eben diese Möglichkeiten nur geringe praktische Bedeutung. Denn im Hinblick auf die freie Würdigung der dabei erfolgten Einlassung für die gerichtliche Überzeugungsbildung bedarf es einer förmlichen Beweiserhebung durch Beteiligtenvernehmung nur noch dann, wenn bestimmte entscheidungserhebliche Umstände (z. B. das Vorliegen einer Gewissensentscheidung als Voraussetzung für die Kriegsdienstverweigerung)[61] beweiskräftig festgestellt werden müssen.

31 Einer Anordnung des persönlichen Erscheinens haben die Beteiligten unter Sanktionsdrohung Folge zu leisten, § 95 Abs. 1 Satz 2-4; Abs. 2. Für prozeßunfähige Beteiligte, also insbesondere auch juristische Personen, Vereinigungen und Behörden (§ 61), muß der gesetzliche Vertreter, der auch im Fall förmlicher Beweiserhebung zu vernehmen wäre (§ 455 Abs. 1 ZPO), an der Verhandlung teilnehmen.

32 Einem beteiligten öffentlich-rechtlichen Rechtsträger oder einer Behörde kann das Gericht aufgeben, einen vertretungsberechtigten und sachkundigen Bediensteten zu entsenden, § 95 Abs. 3. Dessen Ausführungen sind als Parteivortrag zu würdigen, stellen also weder eine amtliche Auskunft noch eine Beweisführung durch Zeugen- oder Beteiligtenvernehmung dar.

### e) Urkundenbeweis

33 Urkunden, das heißt durch Schriftzeichen verkörperte Gedankenaufzeichnungen,[62] haben im Verwaltungsprozeß grundsätzlich gleiche Beweiskraft wie im Zivilprozeß (§§ 415-419 ZPO);[63] vorgelegte Kopien unterliegen der freien Beweiswürdigung. Niederschriften über Zeugenaussagen und von den Beteiligten vorgelegte oder seitens des Gerichts beigezogene Sachverständigengutachten stellen Urkunden dar. Sie können jedoch eine sich aufdrängende oder gegebenenfalls

---

[58] Verfehlt deshalb VGH BW, NVwZ 1993,72.
[59] Ebenso Kretschmer, NJW 1965,383; anders die h. M., vgl. Kopp/Schenke, § 98 Rdnr. 20 f. m. w. Nachw.
[60] Vgl. Kopp/Schenke, § 98 Rdnr. 21.
[61] Vgl. BVerwGE 81,229 (231); BVerwG, NVwZ 1982,40; NVwZ-RR 1991,568.
[62] Vgl. Rosenberg/Schwab/Gottwald, § 121 I.
[63] Vgl. auch BVerwG, NJW 1994,535; ThürOVG, ThürVBl 1995,40.

beantragte, unmittelbare Beweiserhebung nicht ersetzen[64] und sind jedenfalls bezüglich ihres inhaltlichen Beweiswerts frei zu würdigen.[65] Aufgrund ihrer Mitwirkungspflicht sind die Beteiligten gehalten, in ihrem Besitz befindliche Urkunden vorzulegen (§ 86 Abs. 1, 5 VwGO; vgl. auch § 444 ZPO), jedoch – vorbehaltlich der besonderen Regelung des § 99 Abs. 1 Satz 1 VwGO – hierzu nicht verpflichtet; das gleiche gilt für Dritte (vgl. auch § 429 ZPO).

## 3. Behördliche Auskünfte und Aktenvorlage

### *a) Grundsätzliche Informationspflicht*

Aufgrund ihrer Stellung können Behörden, zumal wenn sie in einem vorausgegangenen Verwaltungsverfahren entschieden haben, in besonderer Weise zur Aufklärung des zugrunde liegenden Sachverhalts beitragen. § 99 Abs. 1 Satz 1 begründet deshalb über die allgemeine Mitwirkungspflicht von Beteiligten hinaus eine grundsätzliche und umfassende Pflicht für jede (auch nicht verfahrensbeteiligte) Behörde, auf gerichtliche Anforderung hin Urkunden oder Akten vorzulegen und Auskünfte zu erteilen.[66] Die vom Verwaltungsgericht regelmäßig beigezogenen Akten eines zugrunde liegenden Verwaltungsverfahrens haben als selbständige Erkenntnismittel erhebliche Bedeutung, stellen also keinen bloßen – zusätzlichen – Parteivortrag dar. Hieraus resultiert allerdings bei ihrer Verwertung als Beweismittel eine gewisse Problematik,[67] der im Wege differenzierter Beweiswürdigung Rechnung zu tragen ist. 34

Auskünfte und Aktenvorlage als Beweis- beziehungsweise Erkenntnismittel gemäß § 99 haben lediglich eine Hilfsfunktion zur Durchsetzung des geltend gemachten Klageanspruchs. Sie dürfen deshalb nicht mit behördlichen Informationsleistungen verwechselt werden, auf die als solche ein originärer, materiellrechtlich fundierter Anspruch besteht, wie etwa auf Auskunft über gespeicherte personenbezogene Daten (§ 19 BDSG)[68] oder hinsichtlich der bei einer Behörde vorhandenen Umweltinformationen (§ 4 UIG).[69] Da derartige Ansprüche selbst Gegenstand des Klageverfahrens sind, wird über sie in der Hauptsache (durch Urteil), inhaltlich nach Maßgabe der den Anspruch regelnden gesetzlichen Grundlage entschieden.[70] 35

---

[64] Vgl. BVerfG, BayVBl 1994,143; BVerwG, NJW 1992,1186.

[65] Vgl. Kopp/Schenke, § 98 Rdnr. 15 b.

[66] Grundsätzlich dazu Ziekow, BayVBl 1992,132.

[67] Vgl. dazu F. Czermak, DVBl 1969,612.

[68] Vgl. dazu BVerwGE 89,14; vgl. auch BVerwGE 82,45; BVerfGE 65,1 (46); Flümann, NJW 1985,1452.

[69] Vgl. dazu BVerwGE 102,282; BVerwG, DÖV 1999,778; Cosack/Tomerius, NVwZ 1993,841.

[70] Bei Geltendmachung eines Auskunftsverweigerungsrechts (vgl. z. B. §§ 7, 8 UIG) ergeben sich jedoch beim prozessualen Nachweis von dessen Bestehen vergleichbare Probleme, die teils durch entsprechende Heranziehung des § 99 VwGO (so etwa BVerwGE 66,233 (236);

### *b) Informationsverweigerung*

**36** Behördliche Auskünfte und vorgelegte Akten stehen in Konsequenz des verfassungsgarantierten rechtlichen Gehörs wie die Gerichtsakten einer unbeschränkten Kenntnisnahme durch die Beteiligten offen, § 100 Abs. 1. Gemäß § 99 Abs. 1 Satz 2 können deshalb Urkunden- und Aktenvorlage sowie Auskünfte nach *pflichtgemäßem Ermessen* verweigert werden, wenn das Bekanntwerden ihres Inhalts dem Wohl des Bundes oder eines Landes *Nachteile* bereiten würde, zum Beispiel durch Erschwerung der Aufgabenerfüllung des Verfassungsschutzes oder Gefährdung von Leib, Leben oder Freiheit von Personen.[71] Die Information kann ferner abgelehnt werden, wenn die Vorgänge *gesetzlich* oder *ihrem Wesen nach geheimgehalten* werden müssen. Dies kann vor allem zum Schutz des Persönlichkeitsrechts oder zur Wahrung von Betriebs- oder Geschäftsgeheimnissen (vgl. auch § 30 VwVfG) geboten sein. Dagegen sind Verfassungsschutzakten als solche[72] und nach inzwischen anerkannter Auffassung auch Prüfungsakten[73] nicht schon ihrem Wesen nach als geheim anzusehen.

**37** Da der gesetzlich intendierte Geheimnisschutz das rechtliche Gehör (Art. 103 Abs. 1 GG) beeinträchtigt und im Einzelfall eine Rechtsdurchsetzung unter Beschränkung des Rechtsschutzanspruchs (Art. 19 Abs. 4 GG) vereiteln kann,[74] ist an das Vorliegen der gesetzlichen Voraussetzungen ein strenger Maßstab anzulegen. Diese sind parallel zu § 96 StPO zu beurteilen[75] und durch die allgemeine Pflicht zur Amtsverschwiegenheit (§ 39 BRRG) jedenfalls nicht erfüllt.[76] Vielmehr muß die Geheimhaltung zum Schutz wichtiger Rechtsgüter erforderlich sein, die bei einer *Abwägung* gegenüber den in ihrer Durchsetzung beeinträchtigten Rechten im konkreten Fall Vorrang verdienen.[77]

### *c) Verfahren*

**38** Macht die Behörde von ihrem Recht zur Informationsverweigerung Gebrauch, so kann das Gericht deren Berechtigung ohne Preisgabe des Geheimnisschutzes nur eingeschränkt nachprüfen. Zur Verhinderung eines Mißbrauchs[78] muß die Verweigerung deshalb durch die *zuständige oberste Aufsichtsbehörde* unmittelbar gegen-

---

Scherzberg, UPR 1992, ff., 54), teils durch Entwicklung eigener Vorkehrungen (z. B. sog. in-camera-Verfahren; vgl. dazu Cosack/Tomerius, NVwZ 1993,841) gelöst werden.

[71] Vgl. BVerwG, NVwZ 1994,72.

[72] Vgl. dazu BVerwGE 75,1 (14).

[73] BVerwGE 91,262 (267); 92,132 (137); vgl. demgegenüber noch BVerwGE 19,128; BayVGH, BayVBl 1986,150. Differenzierend BayVGH, DVBl 1997,378.

[74] Vgl. dazu BVerfGE 57,250 (285).

[75] BVerwGE 75,1 (13).

[76] Vgl. BVerwGE 66,39.

[77] Vgl. dazu BVerwGE 19,179 (187); 66,39 (44).

[78] Vgl. GemOVG Lüneburg, DVBl 1966,544.

über dem Gericht[79] erklärt werden, § 99 Abs. 1 Satz 2. Hierfür soll nach der früheren Rechtsprechung, die neuerdings wieder aufgenommen wurde,[80] eine Erklärung der Behörde, das heißt des zuständigen Sachbearbeiters, genügen. Aus Gründen eines effektiven Rechtsschutzes erscheint es demgegenüber vorzugswürdig zu verlangen, daß der Behördenleiter (Minister) oder sein Stellvertreter aufgrund *persönlich gewonnener* Erkenntnis und Überzeugung die Geheimhaltungsnotwendigkeit (selbst) bestätigt,[81] dies aber zumindest jedenfalls dann, wenn die im Prozeß auftretende mit der die Erklärung abgebenden Behörde identisch ist.

Die Tatsachen, auf die das Verweigerungsrecht gestützt wird, sind *glaubhaft zu* 39 *machen* (vgl. oben Rdnr. 4 f.). Hierzu ist erforderlich und ausreichend, daß die Geheimhaltungspflichtigkeit so einleuchtend dargelegt wird, daß das Gericht diese Wertung unter Berücksichtigung rechtsstaatlicher Belange noch als triftig anerkennen kann.[82]

Über die Berechtigung zur Verweigerung von Auskünften oder einer Vorlage 40 entscheidet (nur) auf *Antrag* eines Beteiligten das Gericht der Hauptsache durch *Beschluß*, § 99 Abs. 2 Satz 1. Sind danach Akten nicht vorzulegen, so dürfen nicht gerichtsverwertbare Tatsachen nicht, geheimgehaltene Vorgänge im übrigen nur unter strengen Voraussetzungen zu Lasten des Rechtsuchenden berücksichtigt werden.[83] Eine entgegen der gerichtlichen Entscheidung verweigerte Aktenvorlage kann nicht erzwungen werden, gleichwohl aber im Rahmen freier Beweiswürdigung bis hin zur Annahme einer Beweisvereitelung[84] beachtlich sein.

Gegen den Beschluß ist selbständige Beschwerde, bei erstmaliger Befassung 41 des Oberverwaltungsgerichts (auch im Normenkontrollverfahren)[85] zum Bundesverwaltungsgericht, gegeben, §§ 99 Abs. 2 Satz 4; 152 Abs. 1.

## III. Das Beweisverfahren

### 1. Strengbeweis, Freibeweis

Die zur Gewinnung richterlicher Überzeugung erforderliche Beweiserhebung 42 erfolgt in einem gesetzlich vorgeschriebenen Verfahren unter Verwendung bestimmter, zugelassener Beweismittel (sogenannter **Strengbeweis**).[86] In bestimmten

[79] Vgl. HessVGH, NVwZ-RR 1997,135.
[80] Vgl. BVerwG, DVBl 1996,814, im Anschluß an BVerwGE 19,179 (183 f.); ebenso Kopp/Schenke, § 99 Rdnr. 12.
[81] Vgl. BVerwGE 49,44 (50); ebenso für den Parallelfall der Aussagegenehmigung BVerwGE 46,303 (308); vgl. auch BVerwGE 75,1 (11), aber auch Kopp/Schenke, § 99 Rdnr. 13.
[82] BVerwGE 66,39 (44); 75,1 (9); BVerwG, NVwZ 1994,72.
[83] BVerwGE 49,44 (45); BVerwG, NVwZ 1994,72; DVBl 1996,814.
[84] Vgl. Eyermann/Geiger, § 99 Rdnr. 22.
[85] Vgl. BVerwGE 66,233.
[86] Vgl. BVerwG, DVBl 1987,1267.

Fällen, so insbesondere für die Klärung von Prozeß- beziehungsweise Sachentscheidungsvoraussetzungen,[87] soll jedoch eine Überzeugungsbildung ohne derartige Bindungen im Wege des sogenannten **Freibeweises** zugelassen sein. Allerdings erscheint der Wert dieser Differenzierung gering, da die richterliche Überzeugung die tatsächliche Grundlage der Entscheidung insgesamt erfassen muß und zumal im Verwaltungsprozeß eine Festlegung auf bestimmte Beweismittel ohnehin nicht besteht (§ 96 Abs. 1 Satz 2).[88] Die Anforderungen an die gerichtliche Überzeugungsbildung (Beweismaß) werden aber ohnehin nicht reduziert: Auch der Freibeweis hat die Erbringung des vollen Nachweises aller beweiserheblichen Tatsachen zum Ziel.[89]

### 2. Beweisanträge

43 Der Grundsatz der Amtsermittlung verpflichtet das Gericht zu einer von seinem Rechtsstandpunkt aus erforderlichen Beweiserhebung, die von den Beweisanträgen der Beteiligten nicht abhängt und ohne Bindung an diese erfolgt, § 86 Abs. 1 Satz 2. Kraft ihres Beteiligungsrechts und ihrer Mitwirkungspflicht (vgl. oben § 30 Rdnr. 19 ff.) sind die Beteiligten jedoch berechtigt und zur revisionsrechtlichen Wahrung der Aufklärungsrüge sogar gehalten, Beweisanträge zu stellen.

44 Wird ein formeller, das heißt durch Benennung eines bestimmten Beweismittels für bestimmte Tatsachen gekennzeichneter Beweisantrag *in der mündlichen Verhandlung* gestellt, so kann er grundsätzlich nur durch begründeten Gerichtsbeschluß abgelehnt werden, § 86 Abs. 2; für unsubstantiierte und Ausforschungs-Beweisanträge wird dagegen eine Bescheidungspflicht verneint.[90] *Materiell* kann die Ablehnung nur auf die Ungeeignetheit oder Unerreichbarkeit des Beweismittels oder darauf gestützt werden, daß die unter Beweis gestellte Tatsache nicht entscheidungserheblich ("Wahrunterstellung"[91]) oder bereits erwiesen sei.[92] Sieht das Gericht von der Beweiserhebung ab, weil es bereits vom Gegenteil der zu beweisenden Tatsache überzeugt ist (ohne daß aber unumstößliche Gewißheit vorliegt), so ist darin eine unzulässige Vorwegnahme der Beweiswürdigung zu sehen (vgl. oben Rdnr. 12).

### 3. Die Beweisaufnahme

45 Die Beweisaufnahme erfolgt grundsätzlich in der mündlichen Verhandlung (§ 96 Abs. 1 Satz 1) und ist wesentlich von den Prinzipien der *Unmittelbarkeit* und der

---

[87] Vgl. BVerwGE 48,201; BVerwG, NVwZ 1994,482; BGH, NJW 1997,3319.
[88] Vgl. auch BVerwG, NJW 1986,3221.
[89] BGH, NJW 1997,3319; Kopp/Schenke, Vorbem. § 40 Rdnr. 16 mit Fn. 11.
[90] Vgl. BVerwG, DÖV 1978,338; Buchholz 312 EntlG Nr. 30.
[91] Vgl. VGH BW, VBlBW 1998,101.
[92] Vgl. im einzelnen Jacob, VBlBW 1997,45 ff.

*Parteiöffentlichkeit* geprägt. Sie wird durch **Beweisbeschluß** angeordnet, soweit sie eines besonderen Verfahrens bedarf (§ 98 VwGO i. V. m. § 358 ZPO), also insbesondere nicht in der mündlichen Verhandlung mittels hier verfügbarer Beweismittel, sondern in einem eigenen Termin durchgeführt wird.

### a) Das Unmittelbarkeitsprinzip

Das Unmittelbarkeitsprinzip verlangt, daß sich das Gericht seine tatsächliche Überzeugung aufgrund des *unmittelbaren und persönlichen Eindrucks* seiner über die Sache entscheidenden Mitglieder hinsichtlich der maßgeblichen Erkenntnisquellen verschafft.[93] Es hat zwei Komponenten. 46

In erster Linie steht es einer *personellen Mediatisierung* des entscheidenden Richters bei der Gewinnung der Entscheidungsgrundlagen entgegen. Die Beweisaufnahme findet deshalb vor dem erkennenden Gericht und in dieser personellen Besetzung statt.[94] Das Gesetz läßt jedoch unter engen Voraussetzungen die Erhebung *einzelner Beweise* durch Vorsitzenden oder Berichterstatter zu (§ 87 Abs. 3) und ermächtigt das Gericht, in geeigneten Fällen Beweis durch einen *beauftragten Richter* oder ein *ersuchtes Gericht* zu erheben (§ 96 Abs. 2). 47

Demgegenüber wird ein Grundsatz *materieller Unmittelbarkeit* der Beweisaufnahme nicht uneingeschränkt anerkannt.[95] Mittelbare Erkenntnisquellen (Vernehmungsniederschrift; Fotografien der Örtlichkeit) sind nicht grundsätzlich ausgeschlossen, sondern nur dann unzureichend, wenn die Benutzung des unmittelbaren Beweismittels (z. B. die Vernehmung eines Zeugen, dessen Aussage verwaltungsaktenkundig ist; Ortsbesichtigung) von einem Beteiligten beauftragt wurde oder sich dem Gericht aufdrängte.[96] 48

### b) Parteiöffentlichkeit

Die Beteiligten sind berechtigt, der Beweisaufnahme beizuwohnen und müssen deshalb von allen Beweisterminen benachrichtigt werden, § 97 Satz 1.[97] Damit ist das rechtliche Gehör auch bei einer außerhalb der mündlichen Verhandlung und damit nicht öffentlich stattfindenden Beweisaufnahme (vgl. oben § 30 Rdnr. 43) gewahrt. Weitergehend als nach §§ 397, 402, 451 ZPO können die Beteiligten an Zeugen und Sachverständige, aber auch an als solche vernommene Beteiligte, sachdienliche Fragen stellen, § 97 Satz 2, 3 VwGO. 49

---

[93] Vgl. BVerwG, BayVBl 1988,219.
[94] Vgl. BVerwG, NJW 1994,1975.
[95] Vgl. VGH BW, VBlBW 1993,10; anders Eyermann/Geiger, § 96 Rdnr. 4.
[96] Vgl. BVerwG, NJW 1992,1186.
[97] Vgl. BVerwGE 25,88.

# Literatur

*Berg*, Die verwaltungsrechtliche Entscheidung bei ungewissem Sachverhalt, 1980.
*Bertrams*, Die Rechtsprechung des Bundesverwaltungsgerichts zu den Beweisgrundsätzen und Wahrscheinlichkeitsmaßstäben im Asylverfahren vor dem Hintergrund der allgemeinen Asylproblematik, DVBl 1987,1181.
*Cosack/Tomerius*, Betrieblicher Geheimnisschutz und Interesse des Bürgers an Umweltinformationen bei der Aktenvorlage im Verwaltungsprozeß, NVwZ 1993,841.
*Czermak, F.*, Die Behördenakten im Verwaltungsprozeß, DVBl 1969,612.
*Dubach*, Das Recht auf Akteneinsicht, 1990.
*Flümann*, Die Vorlage von Akten nach § 99 VwGO im Rahmen von Auskunftsverlangen aus Kriminalakten, NJW 1985,1452.
*Ganter*, Der ersuchte Richter in der Verwaltungsgerichtsbarkeit, NVwZ 1985, 173.
*Geiger*, Amtsermittlung und Beweiserhebung im Verwaltungsprozeß, BayVBl 1999,321.
*Geppert*, Zeugenbeweis, Jura 1991,132.
*Ders.*, Der Zeuge vom Hörensagen, Jura 1991,538.
*Gusy*, Antizipierte Sachverständigengutachten im Verwaltungs- und Verwaltungsgerichtsverfahren, NuR 1987,156.
*Haueisen*, Der Freibeweis in der Sozialgerichtsbarkeit, NJW 1969,1049.
*Jacob*, Über Beweisanträge, VBlBW 1997,41.
*Jessnitzer (Begr.)/Frieling*, Der gerichtliche Sachverständige, 10. Aufl. 1992.
*Kretschmer*, Die Beteiligtenvernehmung nach der VwGO als Hauptbeweismittel, NJW 1965,383.
*Müller, Klaus*, Der Sachverständige im gerichtlichen Verfahren, 3. Aufl. 1988.
*Nierhaus*, Beweismaß und Beweislast, 1989.
*Schnapp*, Parteiöffentlichkeit bei Tatsachenfeststellungen durch den Sachverständigen?, in: Menger-FS, S. 557.
*Schulte*, (In)Kompetenzen des Verwaltungsrichters bei der örtlichen Augenscheinseinnahme, NJW 1988,1006.
*Sendler*, Richter und Sachverständige, NJW 1986,2907.
*Skouris*, Grundfragen des Sachverständigenbeweises im Verwaltungsverfahren und im Verwaltungsprozeß, AöR 107 (1982), S. 215.
*Walter*, Freie Beweiswürdigung, 1979.
*Werner*, Verwertung rechtswidrig erlangter Beweismittel, NJW 1988,993.
*Weth*, Der Grundsatz der Unmittelbarkeit der Beweisaufnahme, JuS 1991,34.
*Ziekow*, Die Pflicht der Behörden zur Gewährung von Informationen an die Verwaltungsgerichte, BayVBl 1992,132.

# Teil 7. Die Beendigung des Verfahrens

## § 34. Die Beendigung durch Urteil

### I. Arten von Urteilen

Über die Klage wird grundsätzlich durch Urteil entschieden, § 107. Je nach dem Gegenstand, der inhaltlichen Reichweite, dem Bezug auf ein bestimmtes Parteiverhalten oder dem Inhalt können mehrere Arten von Urteilen unterschieden werden. **1**

#### 1. Sachurteile, Prozeßurteile

Wird über den Streitgegenstand selbst inhaltlich entschieden, so ergeht ein *Sachurteil*. Demgegenüber beschränkt sich das *Prozeßurteil* auf eine negative Entscheidung über die Sachurteilsvoraussetzungen, sagt also über die materiell-rechtliche Berechtigung des Klagebegehrens nichts aus. Es erwächst demzufolge in dieser Hinsicht auch nicht in (materielle) Rechtskraft, § 121 (vgl. unten § 35 Rdnr. 16). **2**

Prozeß- und Sachurteil stehen in einem strengen Alternativverhältnis, schließen sich also in ein und derselben Sache gegenseitig aus. Bei Unzulässigkeit der Klage kann nur (und wird in der Praxis nicht selten) *hilfsweise* (eventualiter) zu deren Begründetheit Stellung genommen werden (vgl. oben § 10 Rdnr. 8). **3**

#### 2. Inhaltliche Reichweite

##### *a) Endurteile, Teilurteile*

In der Regel schließt das Urteil den Rechtsstreit für die jeweilige Instanz insgesamt ab und stellt sich dann als (Voll)*Endurteil* dar, das in der Praxis schlichtweg **4** als "Urteil" ergeht. Ist lediglich ein (abtrennbarer) Teil des Streitgegenstandes zur Entscheidung reif, so kann hierüber gesondert durch ein (insoweit) abschließendes *Teil*(end)*urteil* entschieden werden (§ 110 VwGO; vgl. auch § 301 ZPO), zum Beispiel über einen von mehreren Ansprüchen, nicht dagegen über einzelne Rechtsgrundlagen desselben Anspruchs,[1] etwa Amtshaftung und Aufopferung. Über den verbleibenden Anspruch wird sodann durch *Schlußurteil* entschieden.

5 Wird eine abschließende Entscheidung getroffen, ohne das Klagebegehren zu erschöpfen, so liegt kein Teilurteil (allenfalls ein sogenanntes unechtes Teilurteil) vor; es handelt sich vielmehr um ein wegen Verletzung des § 88 *unrichtiges* Urteil, wenn über das rechtsirrig zu eng verstandene Klagebegehren vollumfänglich entschieden wurde[2] oder das Urteil einen Teil des Streitgegenstandes bewußt unbeschieden gelassen hat.[3] Blieb dagegen ein Antrag unentschieden, weil er *übersehen* wurde, so ist das Urteil *unvollständig* und gegebenenfalls gemäß § 120 zu ergänzen (vgl. unten Rdnr. 39 ff.).

### b) Zwischenurteile

6 Über bestimmte Fragenkomplexe, die für den Fortgang des Verfahrens erheblich sind oder von deren Beurteilung die Entscheidung des Streitfalls im übrigen abhängt, kann nach Ermessen des Gerichts vorab durch Zwischenurteil entschieden werden, § 173 VwGO i. V. m. § 303 ZPO. Es hat immer Feststellungscharakter, ist, vorbehaltlich besonderer Regelung, nur mit der Endentscheidung anfechtbar und erzeugt dann Bindungswirkung nur für das erkennende Gericht.[4]

Die beiden wichtigsten Anwendungsfälle sind in den §§ 109 und 111 gesetzlich besonders geregelt.

7 *aa)* Über die *Zulässigkeit der Klage* (und darüber hinaus auch von Berufung und Revision)[5] kann gemäß § 109 vorab entschieden werden, und zwar nicht nur insgesamt, sondern auch hinsichtlich einzelner Prozeßvoraussetzungen,[6] zum Beispiel der sachlichen Zuständigkeit (§§ 45, 48)[7] oder der Klagebefugnis (§ 42 Abs. 2).[8] Über die Eröffnung des Verwaltungsrechtswegs ist jedoch im Verfahren gemäß § 17a Abs. 2 und 3 GVG zu befinden (vgl. oben § 11 Rdnr. 109 ff.).

---

[1] Vgl. Redeker/v. Oertzen, § 110 Rdnr. 1; Clausing, in: Schoch/Schmidt-Aßmann/Pietzner, § 110 Rdnr. 4.

[2] BVerwG, NVwZ 1993,62; ebenso VGH BW, NVwZ 1993,804.

[3] So jetzt eindeutig BVerwGE 95,269; BVerwG, NVwZ 1994,1116; unklar noch BVerwG, DVBl 1992,843; BayVBl 1992,667; vgl. dazu auch Uerpmann, NVwZ 1993,743; a. M. Redeker/v. Oertzen, § 110 Rdnr. 2.

[4] Vgl. BVerwG, NJW 1997,2897.

[5] Vgl. BVerwGE 65,27 (29).

[6] BVerwGE 14,273; BVerwG, NVwZ 1988,913.

[7] BVerwG, NVwZ 1988,913; BayVGH, BayVBl 1988,270.

[8] BVerwGE 60,123 (125); VGH BW, DVBl 1994,348.

Da gegen dieses Zwischenurteil die ordentlichen Rechtsmittel (Berufung, Revision) gegeben sind (vgl. § 124 Abs. 1),[9] können aufwendige weitere Gerichtstätigkeiten zur Begründetheitsprüfung, insbesondere eine Beweisaufnahme, unterbleiben, auf die es bei abweichender Beurteilung der Zulässigkeit durch das Rechtsmittelgericht nicht ankommt. Daraus folgt auch die Beschränkung des Zwischenurteils auf eine positive Entscheidung; wird die Zulässigkeit verneint, so ist die Klage insgesamt unmittelbar abzuweisen.[10] **8**

*bb) Grund des Anspruchs.* Aus vergleichbaren Gründen der *Prozeßökonomie* ermöglicht ferner § 111 Satz 1 ein ebenfalls selbständig anfechtbares (§ 124 Abs. 1)[11] Zwischenurteil über den Grund eines Leistungsanspruchs (*Grundurteil*), wenn dieser nach Grund und Betrag streitig ist (vgl. auch § 304 Abs. 1 ZPO). Dabei muß es sich um eine Zahlungsklage (Allgemeine Leistungsklage, vgl. oben § 23) handeln,[12] wohingegen ein Grundurteil weder bei Anfechtungs-[13] noch bei Verpflichtungsklagen,[14] die in bezug auf einen (Geld-)Leistungsverwaltungsakt erhoben wurden, zulässig ist. Denn sie richten sich, abgesehen von dem entgegenstehenden Gesetzeswortlaut, unmittelbar nur auf den angefochtenen oder begehrten Verwaltungsakt, nicht aber auf die durch diesen festgesetzte Leistung (z. B. einen Erschließungs- oder Wegebaubeitrag; eine Wohngeldbewilligung), über die deshalb ohne Veränderung des Streitgegenstandes – auch durch Grundurteil – nicht entschieden werden kann. Der richterliche Durchgriff auf die Leistung selbst kann vielmehr nur durch die abweichende Festsetzung der Betragshöhe (§ 113 Abs. 2) erfolgen. Im übrigen wird der praktische Effekt eines Grundurteils bei der Verpflichtungsklage weithin durch ein Bescheidungsurteil erreicht.[15] **9**

### c) Vorbehaltsurteile

Wird gegenüber einem streitgegenständlichen Zahlungsanspruch die Aufrechnung mit einer Gegenforderung erklärt und ist nur jener (im Sinne der Stattgabe) entscheidungsreif, so kann vorweg allein über die Klage unter dem Vorbehalt der Entscheidung über die Aufrechnung entschieden werden, § 173 VwGO i. V. m. § 302 ZPO.[16] Dies trifft auch unter der Geltung des § 17 Abs. 2 GVG grundsätz- **10**

---

[9] Vgl. BVerwGE 60,123 (125).
[10] Vgl. BVerwGE 60,123 (125).
[11] Vgl. BVerwGE 96,227.
[12] BVerwGE 24,253 (257, 260); BVerwGE 96,227.
[13] Ebenso HambOVG, NVwZ 1990,682.
[14] BVerwGE 96,227. Anders demgegenüber die h. M., vgl. etwa BayVGH, BayVBl 1976,691 (LS); OVG Berlin, NVwZ 1993,499; Redeker/v. Oertzen, § 111 Rdnr. 1.
[15] Vgl. BVerwGE 96,227.
[16] Vgl. BVerwGE 77,19 (28).

lich für nicht liquide, rechtswegfremde Gegenforderungen zu (vgl. oben § 11 Rdnr. 108).[17]

### 3. Anknüpfung an Parteiverhalten

11 Im Prozeß stehen sich die mit dem Klagebegehren erhobene Rechtsbehauptung des Klägers und deren Negation durch den Beklagten kontradiktorisch gegenüber. Stellt in dieser Situation das Urteil eine echte Streitentscheidung dar, so liegt nur in einem formalen Sinn eine streitmäßige Entscheidung vor, wenn Beklagter oder Kläger der gegnerischen Behauptung nicht wirklich inhaltlich entgegentreten. Solches prozessuales Verhalten ist nach Maßgabe der geltenden Verfahrensprinzipien von unterschiedlicher Bedeutung.

#### *a) Versäumnisurteile*

12 Für den Erlaß eines Versäumnisurteils ist im Verwaltungsprozeß kein Raum. Denn, anders als im Zivilprozeß (§§ 330 f. ZPO), ermöglicht § 102 Abs. 2 VwGO beim Ausbleiben von Beteiligten eine Verhandlung ohne diese. Speziell einem Versäumnisurteil gegen den Beklagten, das auf der gesetzlichen Annahme beruht, daß das klägerische Tatsachenvorbringen zugestanden werde (§ 331 Abs. 1 ZPO), steht der Untersuchungsgrundsatz (§ 86 Abs. 1) entgegen (vgl. dazu oben § 30 Rdnr. 11 ff.).

#### *b) Anerkenntnisurteile*

13 Wie im Zivilprozeß kann der Beklagte auch im Verwaltungsprozeß den Klageanspruch ganz oder zum Teil anerkennen und den Kläger hierdurch (insoweit) "klaglos stellen", sofern der Streitgegenstand materiell-rechtlich der Verfügungsbefugnis der Parteien unterliegt.[18] Durch das *Anerkenntnis* akzeptiert der Beklagte in Wahrnehmung seiner Dispositionsfreiheit den gegen ihn erhobenen Anspruch als solchen (also nicht bloß die diesen begründenden Tatsachen) und beseitigt die einen zu entscheidenden "Streit" konstituierende Meinungsverschiedenheit, ohne jedoch, solange der Anspruch noch nicht erfüllt ist, die Erledigung des Rechtsstreits herbeizuführen.[19] Der Beklagte ist deshalb aufgrund jener prozessualen Erklärung, das heißt ohne sachliche Rechtsprüfung durch das Gericht, gemäß dem Anerkenntnis zu verurteilen, § 173 VwGO i. V. m. § 307 Abs. 1 ZPO. Als Ausdruck des Verfügungsgrundsatzes (vgl. oben § 30 Rdnr. 2) ist, wie auch §§ 87a

---

[17] Vgl. BVerwG, NJW 1993,2255; Pietzner, VerwArch 74 (1983), S. 72ff.
[18] Vgl. Guttenberg, VBlBW 1992,247; Rosenberg/Schwab/Gottwald, § 133 IV 3 b.
[19] Vgl. BVerwGE 62,18 (19).

Abs. 1 Nr. 2 und 156 entnommen werden kann, ein *Anerkenntnisurteil* auch im Verwaltungsprozeß zulässig;[20] es kann ohne mündliche Verhandlung ergehen.[21]

Obwohl der Kläger obsiegt, sind ihm die *Prozeßkosten* aufzuerlegen, wenn der Beklagte keine Veranlassung zur Erhebung der Klage gegeben hat und den Anspruch sofort anerkennt, § 156. 14

### c) Verzichtsurteile

Umgekehrt kann der Kläger, was freilich selten vorkommt, etwa unter dem Eindruck einer mündlichen Verhandlung auf den erhobenen Anspruch verzichten, diesen also selbst schon als unbegründet erklären.[22] Der Verzicht ist reine Prozeßhandlung, durch die nicht der materiell-rechtliche Anspruch als solcher untergeht, sondern lediglich die gegen den Beklagten gerichtete Rechtsbehauptung endgültig zurückgenommen wird. Sie führt, reziprok zum Anerkenntnis, nicht zur Beendigung des Verfahrens, solange nicht die Klage zurückgenommen wird; vielmehr erweist sich die Klage allein aufgrund des Verzichts, also wiederum ohne gerichtliche Sachprüfung, als unbegründet. Als Ausprägung der Dispositionsmaxime sind der Verzicht und das auf diesen ergehende Verzichtsurteil gemäß § 173 VwGO i. V. m. § 306 ZPO auch im Verwaltungsprozeß zulässig, soweit der Kläger hinsichtlich des Streitgegenstandes verfügungsbefugt ist.[23] 15

Von der *Klagerücknahme* unterscheidet sich der Klageverzicht dadurch, daß dieser die Rechtsbehauptung aufgibt, also zur Klagabweisung durch Sachurteil führt, jene dagegen lediglich das Prozeßrechtsverhältnis beendet und deshalb einer erneuten Klageerhebung (in den Grenzen des Rechtsmißbrauchs) nicht entgegensteht. Außerdem bedarf die Klagerücknahme, anders als der Verzicht, unter Umständen der Zustimmung sonstiger Prozeßbeteiligter (vgl. § 92 Abs. 1 Satz 2). 16

## 4. Regelungsgehalt

Nach dem Regelungsgehalt unterscheidet man schließlich, entsprechend den jeweiligen Klagebegehren (vgl. oben § 14 Rdnr. 1 ff.), *Leistungsurteile*, die den Beklagten zu einem bestimmten Verhalten verpflichten, *Gestaltungsurteile*, die unmittelbar auf die bestehende Rechtslage einwirken, und *Feststellungsurteile*, die sich auf eine bloße Wiedergabe und Bekräftigung der bestehenden Rechtslage oder sonstiger, rechtserheblicher Umstände beschränken. 17

---

[20] BVerwG, DÖV 1997,376; HambOVG, NJW 1977,214; VGH BW, NJW 1991,859; Kopp/Schenke, § 107 Rdnr. 5; Guttenberg, VBlBW 1992,244 ff.; ablehnend für Anfechtungsklagen noch BVerwGE 62,18 (19).

[21] VGH BW, NJW 1991,859.

[22] Vgl. dazu Rosenberg/Schwab/Gottwald, § 133 V.

[23] Vgl. Kopp/Schenke, § 107 Rdnr. 5; Guttenberg, VBlBW 1992,244 ff.

## II. Erlaß, Form und Inhalt des Urteils

18 Im Hinblick auf seine zentrale Bedeutung als praktische Grundlage für die Rechtsbeziehungen der Beteiligten und als das Verfahren abschließender Akt wird das Urteil ins einzelne gehend geregelt. Mit seinem *Erlaß* tritt es in die Rechtswirklichkeit und entfaltet seine materiellen und formellen Wirkungen. Dieser Zeitpunkt ist deshalb auf dem Urteil zu vermerken, § 117 Abs. 6.

### 1. Erlaß des Urteils

#### *a) Erlaß durch Verkündung*

19 Das Urteil wird grundsätzlich durch Verkündung erlassen;[24] im Anwendungsbereich von Art. 6 Abs. 1 EMRK ("zivilrechtliche Ansprüche und Verpflichtungen") ist eine Verkündung geboten.[25] Diese erfolgt, sofern eine mündliche Verhandlung stattgefunden hat, in der Regel in dem Termin, in dem diese geschlossen wird. Ausnahmsweise kann hierfür ein gesonderter Termin anberaumt werden, der sofort festgelegt und nicht über zwei Wochen hinaus angesetzt werden *soll*. Eine Überschreitung der Zweiwochenfrist, die in der Praxis kaum vorkommt, ist grundsätzlich bedeutungslos. Das (verkündete) Urteil ist den Beteiligten zuzustellen, § 116 Abs. 1 Satz 2.

20 War das Urteil bei der Verkündung noch nicht vollständig abgefaßt, das heißt auch von allen mitwirkenden Richtern unterschrieben,[26] so *muß* es gemäß § 117 Abs. 4 binnen zwei Wochen grundsätzlich vollständig abgefaßt, ausnahmsweise wenigstens mit der Entscheidungsformel der Geschäftsstelle übergeben werden. In diesem letzteren Fall sind die fehlenden Bestandteile (Tatbestand, Entscheidungsgründe, Rechtsmittelbelehrung) "*alsbald*" nachträglich niederzulegen und gesondert zu unterschreiben. Obwohl hierfür eine strikte Frist nicht besteht, handelt es sich um eine bindende Verfahrensvorschrift, die mit der zeitlichen Verbindung den sachlichen Zusammenhang zwischen verkündetem und schriftlich niedergelegtem Urteil gewährleisten soll.[27] Eine um mehr als fünf Monate verzögerte Absetzung des vollständigen Urteils hebt diesen Zusammenhang auf und läßt das Urteil als nicht mit Gründen versehen (§ 138 Nr. 6) erscheinen.[28]

---

[24] Vgl. Ule, § 55 II; Kopp/Schenke, § 116 Rdnr. 9; Clausing, in: Schoch/Schmidt-Aßmann/Pietzner, § 116 Rdnr. 7; demgegenüber BVerwGE 75,337 (341).
[25] Vgl. Tomuschat, in: FS für Redeker, 1993, S. 285; Lippold, NVwZ 1996,137.
[26] BVerwG, DVBl 1996,106.
[27] Vgl. BVerwGE 85,273.
[28] GmS-OGB, BVerwGE 92,367 nach Vorlage durch BVerwG (GS), DVBl 1992,1227, bestätigt durch BVerfG, NJW 1996,3203; vgl. ferner BVerwG, DVBl 1991,883; DVBl 1996,106.

Ziekow, NVwZ 10, 793

### b) Erlaß durch Zustellung

Statt durch Verkündung kann das Urteil nach freiem Ermessen des Gerichts durch Zustellung erlassen werden.[29] In diesem Fall *ist* das Urteil, das heißt die von allen mitwirkenden Richtern unterschriebene Urteilsformel,[30] die naturgemäß zuvor *beschlossen* worden sein muß, binnen zwei Wochen nach der mündlichen Verhandlung der Geschäftsstelle *zu übergeben*. Die Lage ist hier ähnlich wie bei der Verkündung eines noch nicht vollständig abgefaßten Urteils.[31] Auch *diese* Zweiwochenfrist ist durch bindende Verfahrensbestimmung festgelegt, deren Überschreitung grundsätzlich ursächlich für das Urteil ist und dessen Fehlerhaftigkeit begründet, da infolge des zeitlichen Abstandes (auch vor Ablauf von fünf Monaten) nicht mehr sichergestellt ist, daß das Urteil auf der mündlichen Verhandlung beruht.[32] 21

Hat keine mündliche Verhandlung stattgefunden (§ 101 Abs. 2), so wird die Verkündung ohne weiteres durch die Zustellung des (vollständigen und unterschriebenen) Urteils ersetzt, § 116 Abs. 3. Zeitliche Bindungen ergeben sich dann nur aus verfassungsrechtlichen Vorgaben eines effektiven Rechtsschutzes (vgl. oben § 3 Rdnr. 1 ff.). 22

### c) Veröffentlichung von Urteilen

Obwohl Urteile und andere Gerichtsentscheidungen unmittelbar nur die Beteiligten betreffen, kann an bestimmten Entscheidungen, je nach deren politischen, wirtschaftlichen, fachwissenschaftlichen oder ähnlichen Bedeutung, ein spezielles Interesse der Allgemeinheit bestehen. Solchen legitimen Informationsbedürfnissen, die über den grundsätzlichen Öffentlichkeitsbezug demokratisch eingebundener Rechtsprechungstätigkeit (vgl. §§ 169 ff., 173 GVG)[33] hinausgehen, hat der Staat durch eine angemessene Veröffentlichung Rechnung zu tragen.[34] Hinsichtlich der Form (Pressemitteilungen des Gerichts; eigene Veröffentlichung durch Gericht oder Richter; Überlassung zur Veröffentlichung usw.) besteht ein weites Ermessen, bei dessen Ausübung insbesondere die Rechte der Prozeßbeteiligten[35] sowie die presserechtliche Neutralitätspflicht zu beachten sind, die eine Differenzierung zwischen Publikationsorganen grundsätzlich nicht zuläßt.[36] 23

---

[29] BVerwGE 75,337 (340).
[30] BVerwGE 39,51; 75,337 (339); für vollständiges Urteil dagegen Ule, § 55 II.
[31] Ebenso BVerwG, BayVBl 1994,415.
[32] BVerwGE 106,366.
[33] Vgl. dazu BVerfGE 91,125 (138) m. Anm. von Stürner, JZ 1995,297.
[34] Vgl. BVerwGE 104,105; BVerwG, NJW 1993,675; OVG Bremen, NJW 1989,926; OVG Berlin, NJW 1993,676; Kopp/Schenke, § 117 Rdnr. 29.
[35] Vgl. dazu allgemein auch BVerfGE 71,206 (216 f.).
[36] BVerwGE 104,105, gegenüber BVerwG, NJW 1993,675; allgemein BVerfGE 80,124 (134).

## 2. Form und Inhalt des Urteils

### *a) Form des Urteils*

24 Das Urteil wird (nur) von den Richtern und ehrenamtlichen Richtern (§§ 19 ff.) gefällt, die an der zugrunde liegenden Verhandlung teilgenommen haben (erkennendes Gericht), § 112. Es ergeht "*Im Namen des Volkes*", ist schriftlich abzufassen, zu begründen (§ 108 Abs. 1 Satz 2) und von den mitwirkenden Richtern mit Ausnahme der ehrenamtlichen Richter zu unterzeichnen (§ 117 Abs. 1). Ist ein Richter verhindert, das – unter seiner Mitwirkung gefällte – Urteil zu unterzeichnen, so wird dies vom Vorsitzenden vermerkt, § 117 Abs. 1 Satz 3.[37] Erst durch die Unterzeichnung wird das zuvor lediglich im Entwurf bestehende Urteil als Rechtsakt existent und kann es als solches wirksam zugestellt werden.[38] Die Unterschriften sind jedoch nicht Bestandteil des Urteils.

### *b) Urteilsbestandteile*

Die formellen Bestandteile des Urteils sind in § 117 Abs. 2 im einzelnen aufgelistet.

25 *aa)* Das *Rubrum* (§ 117 Abs. 1 Nr. 1, 2) weist außer der Bezeichnung des Gerichts und der Angabe des Spruchkörpers mit den mitwirkenden Richtern (Nr. 2) die Beteiligten im engeren Sinn nebst ihren gesetzlichen Vertretern und Bevollmächtigten aus (Nr. 1), nämlich Kläger und Beklagten (beziehungsweise Antragsteller und Antragsgegner) sowie gegebenenfalls Beigeladene(n) und Vertreter des öffentlichen Interesses. Sie sind mit ihren identitätsbestimmenden Merkmalen (Name, Beruf usw.) und nach ihrer Stellung im Verfahren eindeutig zu bezeichnen, um die persönliche Reichweite des Urteils und seiner Rechtskraftwirkung festzulegen.

26 *bb)* Die *Urteilsformel* (Tenor, Entscheidungssatz; § 117 Abs. 1 Nr. 3) enthält die maßgebliche Entscheidung über das Rechtsschutzbegehren und ist damit der eigentliche Kern des Urteils. Nach ihr bestimmt sich dessen sachliche Reichweite und Bindungswirkung (§ 121; vgl. unten § 35).

27 In die Urteilsformel werden auch Nebenentscheidungen über *Kosten* (§ 161 Abs. 1; vgl. unten § 42), *vorläufige Vollstreckbarkeit* (§ 167 Abs. 1 Satz 1 VwGO i. V. m. § 708 f. ZPO; vgl. unten § 43) und gegebenenfalls die Zulassung eines Rechtsmittels (vgl. §§ 124 Abs. 1; 132 Abs. 1) aufgenommen. Dagegen wird der *Streitwert* durch getrennten Beschluß festgesetzt (§ 25 Abs. 2 GKG).

---

[37] Vgl. dazu BVerwGE 75,337; BVerwG, DVBl 1996,106.
[38] BVerwGE 91,242.

*cc)* Der *Tatbestand* (§ 117 Abs. 2 Nr. 4; Abs. 3) enthält die wesentliche Darstellung des festgestellten Sachverhalts, des tatsächlichen und rechtlichen Streitstandes sowie die gestellten Anträge. Er konstituiert den "Rechtsfall", legt Streit- und Entscheidungsgegenstand fest und bildet die Grundlage für die Rechtsanwendung des Gerichts. Widersprüchliche Feststellungen zu entscheidungserheblichen Umständen verstoßen gegen den Überzeugungsgrundsatz (§ 108 Abs. 1; vgl. dazu oben § 33 Rdnr. 1 ff.) und führen in der Regel zur Aufhebung des Urteils.[39] 28

Gemäß § 173 VwGO i. V. m. § 314 ZPO erbringt der Tatbestand Beweis für das mündliche Parteivorbringen, der nur durch das Sitzungsprotokoll entkräftet werden kann. Darüber hinaus stellt er eine öffentliche Urkunde im Sinn der §§ 98 VwGO, 418 Abs. 1 ZPO dar.[40] Die Sachverhaltsfeststellungen der (letzten) Tatsacheninstanz sind auch, sofern sie nicht mit Verfahrensrügen angegriffen werden, für die revisionsgerichtliche Prüfung maßgebend (§ 137 Abs. 2). 29

*dd)* In den *Entscheidungsgründen* (§ 117 Abs. 2 Nr. 5) werden die Erwägungen angegeben, die für die richterliche Überzeugungsbildung leitend gewesen sind (§ 108 Abs. 1 Satz 2); hierzu gehört neben der richterlichen Subsumtion auch die Beweiswürdigung.[41] Damit wird dem rechtsstaatlichen Begründungserfordernis Rechnung getragen.[42] Es dient dazu, die Beteiligten als Subjekte des Verfahrens in Erfüllung ihres Anspruchs auf rechtliches Gehör (vgl. oben § 3 Rdnr. 38 ff.; § 30 Rdnr. 30 ff.) über die rechtliche Herleitung der Entscheidung zu informieren und zur sachgerechten Wahrnehmung ihrer Rechte in Stand zu setzen. Zugleich soll die Einhaltung der Rechtsbindung des Richters (Art. 20 Abs. 3 GG) sichergestellt und der kontrollierende Nachvollzug durch die höhere Instanz ermöglicht werden.[43] 30

Auch wenn dieser letztere Gesichtspunkt für letztinstanzliche gerichtliche Entscheidungen weithin nicht erheblich sein mag, ist doch insgesamt auch für diese eine Begründung grundsätzlich unerläßlich.[44] Demgemäß sind die Entscheidungsgründe grundsätzlich ausnahmslos vorgeschrieben; ihr Fehlen, dem grobe Formfehler gleichstehen,[45] begründet einen *absoluten Revisionsgrund* (§ 138 Nr. 6). 31

Hierzu steht nicht im Widerspruch, wenn im Interesse der Verfahrensvereinfachung und -beschleunigung die Anforderungen an die Darstellung der Entschei- 32

[39] Vgl. BVerwGE 85,155 (157).
[40] Vgl. dazu BVerwG, NVwZ 1985,337.
[41] Vgl. Kopp/Schenke, § 117 Rdnr. 14; Eyermann/J. Schmidt, § 117 Rdnr. 11.
[42] Vgl. dazu Lücke, Begründungszwang und Verfassung, 1987; Müller-Ibold, Die Begründungspflicht im europäischen Gemeinschaftsrecht und im deutschen Recht, 1990; EGMR, NJW 1999,2429; BVerfGE 71,122 (135); 90,287 (289 f.); Kopp/Schenke, § 108 Rdnr. 30 ff.
[43] Vgl. BVerfGE 50,287 (289); 71,122 (135); 81,97 (106); BVerfG, NVwZ 1993,975.
[44] Ebenso im praktischen Ergebnis entgegen dem abstrakten Leitsatz wohl auch BVerfG, NVwZ 1993,975; vgl. auch BVerfG, NJW 1998,3484; EGMR, NJW 1999,2429.
[45] BVerwG, NVwZ-RR 1989,334; NJW 1998,3290.

dungsgründe reduziert werden.[46] Diese ist entbehrlich, *soweit* das Gericht der Begründung vorausgehender Verwaltungsentscheidungen ausdrücklich folgt (§ 117 Abs. 5) oder eine Berufung aus den Gründen der angefochtenen Entscheidung zurückweist (§ 130b).[47]

**33** *ee)* Das Urteil muß schließlich eine *Rechtsmittelbelehrung* enthalten (§ 117 Abs. 1 Nr. 6). Sie unterliegt den allgemeinen Anforderungen gemäß § 58 (vgl. dazu oben § 20 Rdnr. 13 ff.), aus dem sich auch die Folgen einer fehlenden oder unrichtigen Belehrung ergeben. Deren Inhalt im einzelnen bemißt sich nach der Art des in Rede stehenden Urteils.

## 3. Nachträgliche Änderungen des Urteils

**34** Mit Erlaß des Urteils ist dieses der Disposition des Gerichts entzogen und kann, soweit es nicht überhaupt rechtskräftig ist, nur noch im Rechtsmittelverfahren geändert werden. Demgegenüber werden in den §§ 118 bis 120 Korrekturen seitens des erlassenden Gerichts zugelassen, die bloß formalen Charakter haben, also die positiv getroffene gerichtliche Entscheidung als solche nicht in Frage stellen.

### *a) Urteilsberichtigung*

**35** *aa)* Das Gericht hat Schreibfehler, Rechenfehler und ähnliche *offenbare Unrichtigkeiten im Urteil* jederzeit, also auch noch nach Einlegung eines Rechtsmittels oder Eintritt der Rechtskraft, von Amts wegen zu berichtigen, § 118 Abs. 1. Es ist hierzu befugt, wenn die Formulierung des Urteils, gleich in welchem seiner Bestandteile, die Aussage des Gerichts unzutreffend wiedergibt und dies aus dem Zusammenhang des Urteils oder seiner Verkündung ohne weiteres erkennbar ("offenbar") ist.[48] Unter dieser Voraussetzung kann mit gebotener Zurückhaltung auch der Entscheidungssatz berichtigt werden, so zum Beispiel, wenn dem obsiegenden Kläger entgegen § 154 Abs. 1 und den Ausführungen in den Entscheidungsgründen die Kosten auferlegt wurden. Fehler der Entscheidung selbst können hierdurch jedoch nicht korrigiert werden.[49]

**36** *bb)* Enthält das Urteil *andere Unrichtigkeiten* oder Unklarheiten *tatsächlicher Art* – nicht notwendig, aber in der Regel im Tatbestand[50] –, so kann deren Berichti-

---

[46] Vgl. in diesem Zusammenhang etwa Redeker, DVBl 1977,132; Sendler, DVBl 1982,923; Schneider, MDR 1981,462.
[47] Vgl. BVerwG, NVwZ-RR 1989,334.
[48] Vgl. BVerwGE 30,146.
[49] Vgl. dazu Redeker/v. Oertzen, § 118 Rdnr. 2; Clausing, in: Schoch/Schmidt-Aßmann/Pietzner, § 118 Rdnr. 4.
[50] Vgl. BVerwG, NVwZ 1985,337.

gung binnen zwei Wochen nach Zustellung des Urteils beantragt werden, § 119 Abs. 1. Dies ist insbesondere im Hinblick auf die Beweiswirkung des Tatbestandes und die Bedeutung der Tatsachenfeststellungen als Entscheidungsgrundlage für die revisionsgerichtliche Prüfung (s. oben Rdnr. 28 f.) von Bedeutung.

*cc) Verfahren.* Das Gericht entscheidet über die Berichtigung beziehungsweise den hierauf gerichteten Antrag durch Beschluß (§§ 118 Abs. 2; 119 Abs. 2 Satz 1); eine mündliche Verhandlung ist freigestellt, doch sind die Beteiligten in jedem Fall zu hören. Die Entscheidung über den Antrag auf Tatbestandsberichtigung erfolgt in der ursprünglichen Besetzung des Gerichts (§ 119 Abs. 2 Satz 3, 4); zu einer Berichtigung von Amts wegen nach § 118 ist auch das Rechtsmittelgericht befugt.[51] Durch den Berichtigungsbeschluß tritt das neugefaßte Urteil rückwirkend an die Stelle des alten[52] und unterliegt seinerseits dem hiergegen gegebenen Rechtsmittel.[53] Er ist deshalb auf dem Urteil und den Ausfertigungen zu vermerken (§§ 118 Abs. 2 Satz 2; 119 Abs. 2 Satz 5).[54] **37**

Wurde der Beschluß von Amts wegen durch das Verwaltungsgericht erlassen (§ 118), so ist gegen ihn die *Beschwerde* gegeben (§ 146 Abs. 1); im übrigen ist er als solcher unanfechtbar (§§ 119 Abs. 2 Satz 2; 146 Abs. 1; 152 Abs. 1). Eine Beschwerdemöglichkeit ist jedoch bei schweren Verfahrensmängeln des Verwaltungsgerichts zu bejahen.[55] **38**

### b) Urteilsergänzung

*aa) Voraussetzungen.* Eine inhaltliche *Ergänzung* der in dem Urteil niedergelegten durch eine nachträglich getroffene Entscheidung sieht § 120 vor, wenn ein ausweislich des Tatbestandes von einem Beteiligten (z. B. hilfsweise) gestellter Antrag oder die Kostenfolge bei der Entscheidung ganz oder zum Teil übergangen wurde. Auch hier darf die getroffene Entscheidung nicht materiell korrigiert, sondern nur um den fehlenden Teil ergänzt werden. Dieser muß sich als *unbeabsichtigte Lücke* der Entscheidung darstellen und kann nur formal aus dem Zurückbleiben der Urteilsformel[56] hinter dem durch die Anträge festgelegten Entscheidungsgegenstand (§ 88) bestimmt werden. Bei Fehlen der von Amts wegen zu entscheidenden Kostenfolge muß den Gründen entnommen werden, ob das Gericht jene **39**

[51] BVerwGE 30,146.
[52] Redeker/v. Oertzen, § 118 Rdnr. 6; Eyermann/Rennert, § 119 Rdnr. 1,7.
[53] Vgl. BVerwG, NJW 1965,2316; DVBl 1992,775.
[54] Vgl. dazu BVerwG, NJW 1975,1795.
[55] Vgl. BVerwG, NJW 1965,2316; Kopp/Schenke, § 119 Rdnr. 6; Redeker/v. Oertzen, § 119 Rdnr. 7; allgemein dazu auch unten § 37 Rdnr. 10 ff.
[56] Vgl. BAG, NJW 1959,1942.

übersehen hat oder nicht treffen, zum Beispiel eine Erstattung der Kosten des Beigeladenen (§ 162 Abs. 3) nicht anordnen *wollte*.[57]

40 Hat das Gericht über einen Sachantrag rechtsirrig, aber bewußt nicht entschieden, so liegt weder ein unvollständiges (§ 120), noch ein Teilurteil (§ 110), sondern ein unrichtiges Urteil vor[58] (vgl. oben Rdnr. 5). Wurde dagegen eine beratene und beschlossene Entscheidung nicht in das Urteil aufgenommen, so ist dieses bei Offensichtlichkeit des Fehlers im Wege der Berichtigung (§ 118) zu ergänzen.

41 *bb) Verfahren.* Die Ergänzung des Urteils kann nur *auf Antrag* eines Beteiligten erfolgen, der binnen zwei Wochen nach Zustellung des Urteils gestellt werden muß. Nach Ablauf der Frist endet – vorbehaltlich einer Wiedereinsetzung in den vorigen Stand (§ 60; vgl. dazu oben § 20 Rdnr. 20 ff.)[59] – die Rechtshängigkeit des übergangenen Begehrens;[60] dieses kann danach erneut klageweise geltend gemacht werden.

42 Über den Antrag ist durch Urteil *(Ergänzungsurteil)*, grundsätzlich nach mündlicher Verhandlung (§ 101 Abs. 1), zu entscheiden; die Ergänzung zu Nebenentscheidungen wird zum Teil durch Beschluß zugelassen.[61] Die Entscheidung obliegt dem zuvor mit der Sache befaßten Gericht (nicht notwendig in derselben Besetzung), dessen Zuständigkeit durch eine etwaige Veränderung der diese begründenden Umstände unberührt bleibt (§ 83 Satz 1 VwGO i. V. m. § 17 Abs. 1 Satz 1 GVG). Gegen das Urteil sind die gesetzlich allgemein eröffneten Rechtsmittel gegeben.

43 Wird gegen das ursprüngliche, unvollständige Urteil Rechtsmittel eingelegt, so kann das Rechtsmittelgericht nicht über den noch nicht entschiedenen Teil des Klagebegehrens befinden, da dieser noch in der Vorinstanz anhängig ist. Der verbliebene *Prozeßrest* kann nur *"heraufgeholt"* werden, wenn das Vordergericht in einer abschließenden Entscheidung das Klagebegehren verfahrensfehlerhaft nicht erschöpft hat (s. oben Rdnr. 5).[62]

---

[57] Vgl. BayVGH, BayVBl 1973,249; vgl. auch BayVGH, BayVBl 1989,471.
[58] Vgl. BVerwG, NVwZ 1993,62; BVerwGE 95,269; VGH BW, NVwZ 1993,804.
[59] BVerwG, NVwZ-RR 1989,519.
[60] Vgl. BVerwGE 81,12 (14); 95,269.
[61] Vgl. Kopp/Schenke, § 120 Rdnr. 5.
[62] Vgl. dazu VGH BW, DVBl 1989,884, wo allerdings eine Urteilsergänzung (§ 120) in Betracht gekommen wäre; vgl. auch Hamann, DVBl 1991,131; vgl. dazu ferner VGH BW, NVwZ 1993,804; Jörg Schmidt, VBlBW 1983,131.

## III. Die Entscheidungsgrundlage

### 1. Problemstellung

Das Gericht entscheidet über das Klagebegehren nach seiner aus dem Gesamtergebnis des Verfahrens gewonnenen Überzeugung (§ 108 Abs. 1 Satz 1) und in Anwendung des aktuell geltenden Rechts (Art. 20 Abs. 3 GG), das heißt aber immer nach der bei Urteilserlaß bestehenden Sach- und Rechtslage;[63] das Revisionsgericht hat allerdings gemäß § 137 Abs. 2 die von dem angefochtenen Urteil festgestellten Tatsachen zugrundezulegen (vgl. unten § 39 Rdnr. 54 f.). 44

So ist die Zulässigkeit der Klage oder eines Rechtsmittels unstreitig nach dem im Zeitpunkt der Entscheidung hierüber geltenden Recht zu beurteilen;[64] auf den gleichen Zeitpunkt kommt es aber auch für die materiell-rechtliche Prüfung[65] an, ob ein Anspruch auf die beantragte Aufhebung eines Verwaltungsakts (Anfechtungsklage), die erstrebte Leistung (Leistungs-, insbesondere Verpflichtungsklage) oder aber auch die begehrte gerichtliche Feststellung eines Rechtsverhältnisses (Feststellungsklage) besteht. Ist dies eine notwendige Konsequenz des gerichtlichen Rechtsschutzauftrags, so ist es eine andere, hiervon zu unterscheidende Frage, auf welchen Zeitpunkt die gerichtliche Prüfung nach dem für diese maßgeblichen – formellen und materiellen – Recht zu beziehen ist. Dieses kann, insbesondere, wenn sich die tatsächlichen oder rechtlichen Verhältnisse im Laufe der Zeit geändert haben, auf einen früheren Beurteilungszeitpunkt verweisen. 45

**Beispiele**: (1) Nach Ablehnung eines Bauantrags wird der diesem entgegenstehende Bebauungsplan zugunsten des Bauherrn geändert. Ist dessen Verpflichtungsklage nunmehr erfolgreich? 46

(2) Wie ist die Anfechtungsklage des Nachbarn gegen eine Baugenehmigung zu beurteilen, wenn diese zwar ursprünglich rechtswidrig (rechtmäßig) war, infolge einer zwischenzeitlichen Rechtsänderung nunmehr aber mit nachbarschützenden Vorschriften übereinstimmt (nicht mehr vereinbar ist)?

(3) Im Laufe des Anfechtungsprozesses gegen eine Gewerbeuntersagung gemäß § 35 Abs. 1 GewO sind die Gründe, aus denen sich im Zeitpunkt der behördlichen Entscheidung die Unzuverlässigkeit des Klägers ergab, weggefallen. Hat die Klage Erfolg?

(4) In der Folge einer Vielzahl von Verkehrsverstößen wurde dem Kläger die Fahrerlaubnis entzogen. Hat die Anfechtungsklage Erfolg, wenn aufgrund des seitherigen Wohlverhaltens hinreichende Gründe für eine Entziehung im Zeitpunkt der gerichtlichen Entscheidung nicht mehr vorliegen?

---

[63] Vgl. BVerwG, DÖV 1983,471; BVerwGE 80,178 (180); W. Schenke, NVwZ 1986,523.
[64] Vgl. Kopp/Schenke, Vorbem. § 40 Rdnr. 11.
[65] BVerwG, NVwZ 1990,654 (655).

(5) Nach Erhebung der Anfechtungsklage gegen den auf einer fehlerhaften Satzung beruhenden Beitrags-(Gebühren-)Bescheid erläßt die Gemeinde eine inhaltlich gleichlautende, rechtsgültige Satzung. Kann der Kläger trotzdem die Aufhebung des an ihn ergangenen Bescheids verlangen?

(6) Die Gemeinde kündigt einen öffentlich-rechtlichen Vertrag gemäß § 60 Abs. 1 Satz 1 VwVfG, weil zwischen den auf dessen Grundlage laufend zu erbringenden Leistungen ein unzumutbares Mißverhältnis entstanden sei. Nach Auffassung des Gerichts war ein solches zum Zeitpunkt der Kündigung nicht gegeben, sondern ist erst im weiteren Verlauf der Entwicklung entstanden. Hat die gegen die Kündigung gerichtete Feststellungsklage Erfolg?

(7) Bei der Berechnung des Erschließungsbeitrags wurden die maßgeblichen Grundlagen für die Feststellung des Erschließungsaufwands fehlerhaft ermittelt. Ist der Beitragsbescheid als rechtswidrig aufzuheben, auch wenn er sich bei einer von der Behörde nachgeschobenen oder durch das Gericht vorgenommenen, korrekten Berechnung als zutreffend erweist?

## 2. Der maßgebliche Beurteilungszeitpunkt

**47** In derartigen Fällen (Beispiele 1-6, in gewisser Weise auch Beispiel 7) stellt sich die Frage nach dem maßgeblichen Zeitpunkt für die richterliche Beurteilung des Streitfalls.

### *a) Die Relevanz nachträglicher Änderungen*

**48** Diese Frage ist allgemeiner Natur, spielt aber gleichwohl im Zivil*prozeß* ersichtlich keine Rolle, sondern begegnet hier nur im Zusammenhang der materiell-rechtlichen Rechtsanwendung.[66] Demgegenüber erscheint sie im Verwaltungsprozeß als grundsätzliches Problem; dies ist eine Folge von dessen spezifischer Rechtsschutz- und Kontrollfunktion,[67] die sich vor allem in der besonderen Ausformung verwaltungsakt-bezogener Klagen äußert.

**49** Für diese hat sich die im Grundsatz nach wie vor festgehaltene Formel herausgebildet, daß es für Anfechtungsklagen auf den Zeitpunkt der letzten Verwaltungsentscheidung, für Leistungs- und damit auch Verpflichtungsklagen dagegen auf den Zeitpunkt der letzten mündlichen Verhandlung ankommt.[68] Diese Regel darf freilich nicht als allgemeiner prozessualer Grundsatz verstanden[69] und undifferenziert gehandhabt werden. Sie ist vielmehr das bloße, typischerweise zutreffende Ergebnis des Zusammenwirkens prozessualer und materiell-rechtlicher Entscheidungsvorgaben, die in jedem Einzelfall geprüft werden müssen.

**50** Maßgeblich ist danach allein der vom klägerischen Antrag bestimmte Inhalt des Urteils, das heißt, es ist auf die Sach- und Rechtslage abzustellen, "auf die es nach

---

[66] Vgl. Rosenberg/Schwab/Gottwald, § 133 III.

[67] Vgl. dazu etwa BVerwG, NJW 1986,1186; Schenke, NVwZ 1986,523; Mager, a.a.O., S. 34 ff.

[68] Vgl. etwa BVerwGE 1,291 (294); 74,115 (118); Bosch/Schmidt, § 39 II 1; Hufen, § 24 Rdnr. 7; Kopp/Schenke, § 113 Rdnr. 217 ff.; Eyermann/J. Schmidt, § 113 Rdnr. 45.

[69] So etwa noch Ule, § 57 I, II 1; vgl. auch Hufen, § 24 Rdnr. 7.

dem Streitgegenstand und dem darauf anzuwendenden materiellen Recht ankommt".[70] So ist zum Beispiel die *Asylberechtigung*, die eine gegenwärtige Verfolgungsbetroffenheit voraussetzt, nach dem tatrichterlichen Erkenntnisstand zu beurteilen, und zwar auch dann, wenn jene nicht mittels Verpflichtungsklage erstrebt, sondern ihre Zuerkennung durch den Bundesbeauftragten für Asylangelegenheiten angefochten wird (§ 6 Abs. 2 Satz 3 AsylVfG).[71]

*Prozessualer Ausgangspunkt* ist damit in der Tat das je nach Klageart unter- 51
schiedliche und durch das Klagebegehren (§ 88) gegebenenfalls modifizierte *Entscheidungsprogramm* ("worüber wird entschieden?"). In diesem vorgegebenen Rahmen wird jedoch der *Inhalt der Entscheidung* ("wie wird entschieden?") durch das *materielle Recht*, das auch das Verwaltungsverfahrensrecht einschließt,[72] bestimmt. Dieses legt die rechtlichen Voraussetzungen für den Erfolg der Klage und damit auch den Zeitpunkt fest, in dem jene gegeben sein müssen.[73] Soweit danach eine Änderung der Verhältnisse für die Entscheidung erheblich ist, kann sich eine Klage, die sich bei ihrer Erhebung als begründet darstellte, später als unbegründet erweisen. Einer solchen außerprozessualen Änderung der Situation kann der Kläger prozessual durch Erledigungserklärung (vgl. unten § 36 Rdnr. 36 ff.) Rechnung tragen und dadurch den Prozeßverlust unter Kostenbelastung vermeiden (§ 161 Abs. 2).[74]

### b) Anfechtungsklage

*aa) Grundkonstellation.* Bei der Anfechtungsklage ist über den Anspruch auf Auf- 52
hebung des betreffenden, konkreten Verwaltungsakts zu entscheiden, der gemäß § 113 Abs. 1 Satz 1 (prozessual) davon abhängt, daß dieser rechtswidrig ist und den Kläger (beziehungsweise im Fall einer von § 42 Abs. 2 abweichenden Regelung: auch wenn er diesen nicht) in seinen Rechten verletzt.[75] Diese positive oder negative rechtliche Beurteilung des Verwaltungsakts bezieht sich auf dessen Erlaß und wird durch spätere Ereignisse als solche in der Regel materiell-rechtlich nicht berührt.[76] Ein Aufhebungsanspruch zur Abwehr der Störung (vgl. oben § 15 Rdnr. 1, 25) besteht deshalb grundsätzlich nur dann, wenn der Verwaltungsakt aufgrund der Sach- und Rechtslage im Zeitpunkt der Behördenentscheidung nicht ergehen durfte, also rechtswidrig war.

Dabei kommt es im Fall der Durchführung eines Vorverfahrens auf den Zeit- 53
punkt des Widerspruchsbescheids an, da dieser die auch für die gerichtliche Kon-

[70] BVerwGE 65,313 (315); 82,260 (261); BVerwG, NVwZ 1990,653; Mager, a.a.O., S. 61.
[71] BVerwG, NVwZ 1990,654.
[72] BVerwGE 66,178 (182).
[73] BVerwGE 51,15 (24); 78,243 (244 f.); BVerwG, NVwZ 1990,654; NVwZ 1991,360.
[74] Vgl. BVerwGE 50,2 (10); BVerwG, NVwZ 1991,360.
[75] Vgl. BVerwGE 78,243 (244); BVerwG, NVwZ 1990,654.
[76] Vgl. Schenke, NVwZ 1986,527 f.

Heilbronner, JZ 08, 514, BVerwG, U 13.12.07, JZ 08, 729 m. Anm. Schenke, [illegible], DVBl 14, 958 (letzte Behördenentscheidung, BVerwG, U 7.11.12), BVerwG U 27.3.14, DVBl 14, 983 m. Anm. [illegible] (BFB-Erlass [illegible] NVwZ 14, 1022 m. Anm. [illegible], VGH U 26.3.14, DVBl 14, 1078 ([illegible], Zeitpunkt der Entscheidung der Aufhebung [illegible])

trolle maßgebliche Gestalt des Verwaltungsakts festlegt (§ 79 Abs. 1 Nr. 1). Solange über einen Widerspruch nicht entschieden wurde, ist der jeweilige Zeitpunkt der Beurteilung, letztlich also der gerichtlichen Entscheidung, zugrunde zu legen.[77]

54 Ein abweichender Beurteilungszeitpunkt kann sich jedoch aus dem materiellen Recht ergeben. Dies wird, abgesehen von den Besonderheiten einzelner Rechtsgebiete (s. unten Rdnr. 66 ff.), für Dauerverwaltungsakte und noch nicht vollzogene Verwaltungsakte angenommen. Ohne weiteres beachtlich sind auch *rückwirkende Rechtsänderungen*, da diese, soweit sie rechtsstaatlich zulässig sind,[78] das Bestehen der geänderten Rechtslage schon bei Erlaß des Verwaltungsakts in der Vergangenheit fingieren.

55 *bb)* Grundsätzlich anerkannt ist die Beachtlichkeit nachträglicher Veränderungen bei Verwaltungsakten mit Dauerwirkung (*Dauerverwaltungsakten*). Sie erschöpfen sich nicht in einem einmaligen Ge- oder Verbot oder einer einmaligen Gestaltung der Rechtslage, sondern begründen oder verändern ein auf (eine zumindest gewisse) Dauer angelegtes Rechtsverhältnis, in dem sich der Verwaltungsakt ständig neu aktualisiert.[79] Maßgeblich ist deshalb nicht allein der Zeitpunkt ihres erstmaligen, sondern ihres jeweiligen Wirksamwerdens und damit die tatsächliche und rechtliche Lage bis zum beziehungsweise im Zeitpunkt der gerichtlichen Entscheidung.[80] Dies gilt allerdings nicht für verfahrensrechtliche Anforderungen, die nur im Zeitpunkt des Erlasses vorliegen müssen.[81]

56 Der Begriff des Dauerverwaltungsakts ist freilich überaus undeutlich und hat deshalb nur begrenzten Erkenntniswert.[82] Er umfaßt jedenfalls Regelungen, die sich schon formal als andauernde, weil ständig wiederholte Anordnungen deuten lassen (Verkehrszeichen;[83] Verpflichtung zu wiederkehrenden Tätigkeiten[84] oder Leistungen[85]), ferner Verwaltungsakte, die einen ständig anhaltenden Rechtseingriff mit sich bringen, wie die Anordnung erkennungsdienstlicher Maßnahmen, die letztlich auf Speicherung und Nutzung der erhobenen Daten gerichtet ist.[86]

---

77 Vgl. HambOVG, DÖV 1997,386.
78 Vgl. BVerfGE 37,363 (397); 45,142 (173); 72,200 (241 f.).
79 Vgl. BVerwGE 59,148 (160); BVerwG, DVBl 1993,781; Erichsen, in: Erichsen, § 15 Rdnr. 2; Mager, a.a.O., S. 80; Klein, NVwZ 1990,634.
80 Allgemeine Auffassung, vgl. BVerwGE 92,32 (35); BVerwG, NVwZ 1991,372; Hufen, § 24 Rdnr. 9; Schenke, NVwZ 1986,522; Spannowsky, in: Sodan/Ziekow, § 113 Rdnr. 73; a. M. Ule, § 57 II 2.
81 Vgl. Maurer, § 10 Rdnr. 3.
82 Zurückhaltend auch Schenke, NVwZ 1986,530 f.; Scherzberg, BayVBl 1992,429.
83 BVerwGE 92,32.
84 BVerwG, NJW 1989, 1624; OVG NW, DÖV 1995,874 (für Fahrtenbuchauflage, § 31a StVZO); a. M. Kleinlein, VerwArch 81 (1990), S. 171.
85 BVerwG, DVBl 1993,781.
86 BVerwGE 66,192 (199); 66,202 (203); Kleinlein, VerwArch 81 (1990), S. 178.

57 Dagegen dürfte die bloß andauernde Wirkung einer abschließend getroffenen Entscheidung für die Annahme eines Dauerverwaltungsakts in diesem Sinn nicht ausreichen.[87] Ändern sich die Verhältnisse zuungunsten oder zugunsten des Klägers, so mag für die Behörde die Befugnis zum Erlaß eines (nunmehr) rechtmäßigen Verwaltungsakts beziehungsweise nach Entfallen seiner gesetzlichen Voraussetzungen eine Pflicht zur Korrektur der ursprünglich getroffenen, rechtmäßigen Regelung entstehen (vgl. §§ 49, 51 VwVfG).[88] Deren rechtswidrige Aufrechterhaltung stellt jedoch materiell-rechtlich nicht generell, sondern allenfalls für besondere Sachgestaltungen (s. unten Rdnr. 66 ff.) einen rechtswidrigen Eingriff mit der Folge eines Anspruchs auf Kassation durch das Gericht dar.

58 Keine Dauerverwaltungsakte und folglich in der Regel nach dem Zeitpunkt ihres Erlasses zu beurteilen sind deshalb die Verpflichtung zum Anschluß an eine öffentliche Einrichtung,[89] eine baurechtliche Beseitigungsanordnung[90] oder die Entziehung der Fahrerlaubnis.[91] Auch die Rechtmäßigkeit einer Ausweisung wird durch nachträgliche Umstände (z. B. Heirat eines deutschen Partners) nicht berührt,[92] sofern diese nicht ein ermessensunabhängiges Aufenthaltsrecht, zum Beispiel im Gefolge einer Feststellung der deutschen Staatsangehörigkeit[93] begründen.

59 Auch für die Anfechtungsklage gegen eine *Gewerbeuntersagung* (§ 35 Abs. 1 GewO) kommt es nach inzwischen gefestigter Rechtsprechung auf den Zeitpunkt der letzten Behördenentscheidung an.[94] Die gleichwohl aufrechterhaltene Qualifizierung als Dauerverwaltungsakt ist hiermit freilich kaum vereinbar,[95] wenn man davon ausgeht, daß die in § 35 Abs. 6 GewO bei Entfallen der Unzuverlässigkeit nunmehr gesetzlich vorgesehene Wiedergestattung der Gewerbeausübung kein hinreichender Grund für die abweichende Bestimmung des Beurteilungszeitpunkts ist.[96] Folgerichtig wird dessen Verlagerung auf die gerichtliche Entscheidung auch

---

[87] Ebenso Kleinlein, VerwArch 81 (1990), S. 172; undifferenziert, im einzelnen aber uneinheitlich dagegen die h. M., vgl. etwa Hufen, § 24 Rdnr. 9; Klein, NVwZ 1990,634, sowie die folgenden Nachweise.

[88] Vgl. Maurer, § 10 Rdnr. 3; Kopp/Schenke, § 113 Rdnr. 45; Kleinlein, VerwArch 81 (1990), S. 163.

[89] Vgl. auch BVerwG, NVwZ 1990,653; a. M. OVG NW, NVwZ 1993,1017; Hufen, § 24 Rdnr. 9.

[90] Vgl. BVerwG, NVwZ 1993,476; Kopp/Schenke, § 113 Rdnr. 45.

[91] BVerwGE 51,359 (361); BVerwG, NVwZ 1990,654.

[92] So nunmehr BVerwGE 60,133 (139).

[93] Vgl. HessVGH, DÖV 1997,381.

[94] So seit BVerwGE 65,1 (2 ff.) etwa BVerwG, NVwZ 1991,372; demgegenüber noch BVerwGE 28,202 (204 f.) sowie ein Teil der instanzgerichtlichen Rechtsprechung, vgl. GemOVG Lüneburg, NVwZ 1983,687; VGH BW, GewArch 1986,58; vgl. auch für den Fall nachträglich eintretender Unzuverlässigkeit NdsOVG, NVwZ 1995,185.

[95] Ablehnend auch Kleinlein, VerwArch 81 (1990), S. 173 f.; Mager, a.a.O., S. 108 f.; sowie vor allem Ule, § 57 II.

[96] Ebenso Redeker/v. Oertzen, § 108 Rdnr. 19; Hufen, § 24 Rdnr. 11; Schenke, NVwZ 1986,531; Klein, NVwZ 1990,634 f. Anders jedoch das BVerwG, vgl. etwa NVwZ 1991,372.

Mager, NVwZ 96, 134, BVerwG, U 22.1.98, DVBl 99, 43 (Untersagg. Autoschalter Apotheke)

nicht durch die Schutzwirkung des Art. 12 Abs. 1 GG gefordert.[97] Dem entspricht auch die Handhabung bei der unter grundrechtlichem Aspekt vergleichbaren Entziehung von Berufserlaubnissen, die ebenfalls keinen Dauercharakter aufweist und deshalb ohne weiteres nach dem Zeitpunkt der Behördenentscheidung beurteilt wird (vgl. unten Rdnr. 73).

**60** *cc)* Bei der Beurteilung *noch nicht vollzogener Verwaltungsakte* soll es nach herrschender Meinung zugunsten des einzelnen ebenfalls auf den Zeitpunkt der gerichtlichen Entscheidung ankommen,[98] so zum Beispiel bei einer baurechtlichen Beseitigungsverfügung, deren Objekt später materielle Legalität erlangt. Dies wird mit der Billigkeitserwägung begründet, daß es sinnwidrig wäre, den Abriß einer baulichen Anlage zu bestätigen, deren Wiedererrichtung sogleich gestattet werden müßte.[99] In Wahrheit ist das Vollziehungsmerkmal irrelevant.[100] Vielmehr ist auch hier allein die materiell-rechtliche Lage maßgeblich. Ist danach die (z. B. Beseitigungs-)Verfügung infolge veränderter Umstände *rechtswidrig geworden* (vgl. noch unten Rdnr. 70), so ist sie schon deswegen aufzuheben. Haben diese dagegen keinen Einfluß auf die Rechtmäßigkeit des Verwaltungsakts, so führen sie nicht zu dessen gerichtlicher Aufhebung, sondern können lediglich seiner Vollstreckung entgegenstehen.

### *c) Verpflichtungsklage*

**61** *aa) Grundkonstellation.* Der Erfolg einer *Verpflichtungs-* wie allgemein einer *Leistungsklage* hängt davon ab, ob dem Kläger der geltend gemachte Anspruch zusteht. Dies ist für den Zeitpunkt zu beurteilen, für den die Leistung begehrt wird, in der Regel also nach dem Stand bei Schluß der mündlichen Verhandlung.[101] Die Klage auf eine bestimmte Amtshandlung (beziehungsweise die ermessensfehlerfreie Entscheidung hierüber) bleibt also erfolglos, wenn diese zwar von der Behörde rechtswidrig abgelehnt oder unterlassen wurde, nunmehr aber nicht mehr beansprucht werden kann, etwa, weil der Bebauungsplan zum Nachteil des Bauherrn geändert wurde,[102] die Erteilung einer Berufszulassung verschärften Anforderungen unterliegt[103] oder aber auch zwischenzeitlich eingetretene, tatsächliche Umstände, zum Beispiel der Wegfall einer ursprünglich bestehenden Fahrtauglichkeit als Voraussetzung für die Fahrerlaubnis, der Leistungsgewährung ent-

---

[97] Vgl. BVerfG, NVwZ 1995,1096.
[98] Vgl. allgemein BVerwGE 58,148; Kopp/Schenke, § 113 Rdnr. 45; Redeker/v. Oertzen, § 108 Rdnr. 18.
[99] Vgl. BVerwG, NJW 1986,1186; Bosch/Schmidt, § 39 III 2 a; Hufen, § 24 Rdnr. 10.
[100] Ebenso Kleinlein, VerwArch 81 (1990), S. 175 ff.; Schenke, NVwZ 1986,531.
[101] Vgl. BVerwGE 29,304 f.; 51,15 (24); 82,260.
[102] Vgl. BVerwGE 92,66.
[103] Vgl. BVerwGE 29,304 f.; a. A. BVerwG, Buchholz 350 § 25 BRAO Nr. 1.

gegenstehen. Umgekehrt wird die Leistung zugesprochen, wenn deren sachlichen und tatsächlichen Voraussetzungen erst nach der behördlichen Ablehnung oder Unterlassung des Verwaltungsakts eingetreten sind. Andererseits ist jedoch wiederum auf die Lage im Zeitpunkt der Behördenentscheidung abzustellen, wenn das materielle Recht den Leistungsanspruch, zum Beispiel bei der zeitabschnittsweisen Gewährung von Sozialhilfe, hierauf bezieht.[104]

*bb)* Entscheidend sind jedoch auch hier die *Maßgaben des materiellen Rechts*, insbesondere dessen zeitlicher Geltungsanspruch. Nimmt dieses, zum Beispiel durch entsprechende Übergangsregelungen, anhängige Verfahren von einer Rechtsänderung aus, so bleibt für geltend gemachte Ansprüche die bisherige Rechtslage maßgebend.[105] Daß die Erlaubnis oder sonstige Gewährung hätte erteilt werden müssen, genügt dagegen für sich, das heißt ohne entsprechende, intertemporale Regelung, in keinem Fall (vgl. noch unten Rdnr. 72).[106] **62**

### *d) Feststellungsklagen*

Keine besonderen Probleme wirft die Bestimmung des maßgeblichen Beurteilungszeitpunkts bei den Feststellungsklagen auf.

*aa)* Bei *Feststellungsklagen in bezug auf ein Rechtsverhältnis* ist zu entscheiden, ob die begehrte Feststellung für den vom Kläger benannten Zeitpunkt getroffen werden kann. Hierfür kommt die Lage bei Erlaß der gerichtlichen Entscheidung, aber auch ein späterer oder früherer Zeitpunkt in Betracht, je nachdem, ob die Feststellung eines künftigen oder in der Vergangenheit abgeschlossenen Rechtsverhältnisses begehrt wird (vgl. dazu oben § 22 Rdnr. 11). Wird zum Beispiel Klage auf Feststellung erhoben, daß die Kündigung eines öffentlich-rechtlichen Vertrages unwirksam ist und dieser fortbesteht,[107] so ist maßgeblicher Beurteilungszeitpunkt für die Beendigung des Vertrages durch die Kündigung deren Erklärung, für sein Fortbestehen im übrigen dagegen der Erlaß des gerichtlichen Urteils. **63**

*bb)* Auch bei *verwaltungsakt-bezogenen Feststellungsklagen* ist der maßgebliche Beurteilungszeitpunkt nach den allgemeinen Grundsätzen zu bestimmen. Danach ist für die *Feststellung der Nichtigkeit eines Verwaltungsakts* (§ 43 Abs. 1) der Zeitpunkt der behördlichen Entscheidung maßgeblich,[108] an die jene Rechtsfolge **64**

---

[104] Vgl. BVerwGE 38,299; BVerwG, DVBl 1996,304; VGH BW, VBlBW 1996,150.
[105] Vgl. BVerwGE 51,15 (25).
[106] Vgl. BVerwGE 29,304; 72,195; Kopp/Schenke, § 113 Rdnr. 227.
[107] Vgl. VGH BW, VBlBW 1987,388.
[108] Ebenso Hufen, § 24 Rdnr. 18.

gemäß § 44 VwVfG grundsätzlich anknüpft. Nachträglich eintretende Umstände können aber eine Nichtigkeit weder herbeiführen noch heilen.

**65** Dagegen bezieht sich das Entscheidungsprogramm der *Fortsetzungsfeststellungsklage* (§ 113 Abs. 1 Satz 4) nicht notwendig auf die Rechtswidrigkeit des Verwaltungsakts im Zeitpunkt seines Erlasses, sondern ist auch für einen späteren Zeitpunkt bis zu seiner Erledigung offen; auch hier kommt es also wieder auf das materielle Recht an. So kann zum Beispiel die nach Eintritt neuer Umstände aufrechterhaltene Ablehnung einer Taxikonzession rechtswidrig werden und dies bei nachfolgender Erledigung durch (verzögerte) Erteilung auch festgestellt werden.[109]

### e) Sachgebietsspezifische Ausprägungen

**66** Aus der Abhängigkeit des maßgeblichen Beurteilungszeitpunkts vom materiellen Recht ergeben sich in einzelnen Rechtsgebieten typische Besonderheiten.[110]

**67** *aa) Baurecht.* Die bauliche Grundstücksnutzung ist nach Maßgabe gesetzlicher Ausgestaltung eigentumsrechtlich geschützt, formell jedoch grundsätzlich von vorheriger Gestattung (sogenannte Kontrollerlaubnis) abhängig. Auf dieser Grundlage sind folgende Konstellationen zu unterscheiden:

**68** *(1)* Die *Verpflichtungsklage des Bauherrn* auf Erteilung der Baugenehmigung ist nach der Rechtslage im Zeitpunkt der gerichtlichen Entscheidung, selbst im Revisionsverfahren,[111] zu beurteilen.[112] Sie ist deshalb auch dann abzuweisen, wenn die Baugenehmigung zwar rechtswidrig versagt wurde, der Anspruch auf diese aber infolge der Rechtsänderung (z. B. eines Bebauungsplans) entfallen ist.

**69** *(2)* Bei der *Nachbarklage* gegen eine Baugenehmigung ist zu differenzieren:

- War die Genehmigung rechtmäßig, so wird sie durch eine Änderung des Baurechts, der grundsätzlich keine Rückwirkung zukommt, nicht tangiert. Die Anfechtungsklage bleibt also erfolglos, und zwar auch dann, wenn die Änderung bereits vor Erlaß des Widerspruchsbescheids erfolgte (Zeitpunkt der ersten Behördenentscheidung).[113]
- War die Genehmigung rechtswidrig, so stimmt das Vorhaben infolge der Rechtsänderung zugunsten des Bauherrn nunmehr mit dem materiellen Baurecht überein; die Baugenehmigung verletzt den klagenden Nachbarn damit

---

[109] Vgl. dazu auch BVerwGE 89,354 m. krit. Anm. von Redeker, DVBl 1992,1225 und Kopp, JZ 1992,1078.

[110] Vgl. dazu Kleinlein, VerwArch 81 (1990), S. 169 ff.; Sieger, a.a.O., S. 26 ff.; 42 ff.

[111] Vgl. BVerwG, NVwZ-RR 1993,65.

[112] Vgl. BVerwGE 61,128 (134); 92,66.

[113] BVerwG, DVBl 1978,614.

nicht (mehr) in seinen Rechten und kann folglich nicht aufgehoben werden (Zeitpunkt der Gerichtsentscheidung).[114]

*(3)* Bei Klagen in bezug auf die *Beseitigung baulicher Anlagen* ist deren Bestandsschutz zu beachten, wenn sie zu irgendeiner Zeit formell oder materiell rechtmäßig (legal) waren.[115] Klagt der Eigentümer gegen eine Abbruchverfügung, so ist diese aufzuheben, wenn sie ursprünglich (nicht bloß formell) rechtswidrig war (Zeitpunkt der ersten Behördenentscheidung) oder später dadurch rechtswidrig wurde, daß die Anlage durch eine Änderung des Baurechts nunmehr mit diesem übereinstimmt (Zeitpunkt der Gerichtsentscheidung). **70**

*bb)* Tätigkeiten *im Berufs- und Gewerberecht* beruhen ebenfalls auf grundrechtlicher Basis (Art. 12 Abs. 1 GG), erfreuen sich jedoch keines der Eigentumsgarantie vergleichbaren Bestandsschutzes.[116] **71**

*(1)* Soweit sie einer *behördlichen Zulassung* bedürfen, bestimmt sich deren Zuerkennung und damit der Erfolg einer *Verpflichtungsklage* in Übereinstimmung mit allgemeinen Grundsätzen nach der Lage im Zeitpunkt der gerichtlichen Entscheidung.[117] Ist danach infolge einer Rechtsänderung ein ursprünglich bestehender Anspruch nicht mehr gegeben, so kann die Zulassung nur dann gleichwohl verlangt werden, wenn das neue Recht auf bereits anhängige Verfahren (was grundsätzlich zumindest die Antragstellung unter der Geltung des alten Rechts voraussetzt) nicht anwendbar ist.[118] Dagegen ist eine generelle Ausnahme im Sinne eines fortbestehenden Zulassungsanspruchs, wie sie im Anschluß an eine frühe Entscheidung des Bundesverwaltungsgerichts[119] unter dem Gesichtspunkt der Schadensersatzleistung durch Naturalrestitution bei schuldhaft amtspflichtwidriger Ablehnung der Genehmigung vertreten wird,[120] nicht anzuerkennen.[121] **72**

*(2)* Die *Entziehung einer Erlaubnis* oder ähnlichen Zulassung beruflicher Tätigkeit erschöpft sich in der einmaligen Wirkung, die Gestattung zum Erlöschen zu bringen, ist also kein Dauerverwaltungsakt. Ihre Berechtigung und damit der Erfolg **73**

[114] Vgl. BVerwGE 22,129 (133); BayVGH, BayVBl 1992,211.
[115] Vgl. Bosch/Schmidt, § 39 III 2 a.
[116] BVerwGE 65,313 (315).
[117] Vgl. BVerwG, DVBl 1986,565; Kopp/Schenke, § 113 Rdnr. 227.
[118] Vgl. BVerwG, DVBl 1961,447; DVBl 1986,565; vgl. dazu auch BVerwGE 51,15 (24); 65,313.
[119] BVerwGE 1,291 (295).
[120] Vgl. Bosch/Schmidt, § 39 III 1.
[121] Vgl. BVerwGE 29,304; Kopp/Schenke, § 113 Rdnr. 227.

der Anfechtungsklage sind nach dem Zeitpunkt der letzten Verwaltungsentscheidung zu beurteilen.[122]

74 *(3)* Anfechtungsklagen gegen *Verbote* oder sonstige Beschränkungen einer *zulassungsfreien Berufstätigkeit* sind grundsätzlich nach dem Zeitpunkt der letzten Verwaltungsentscheidung zu beurteilen. Dies ist für § 35 Abs. 1 GewO, den Hauptanwendungsfall dieser Konstellation, inzwischen zumindest in der Rechtsprechung anerkannt (vgl. oben Rdnr. 59).

75 Dazu steht nicht in Widerspruch,[123] daß für die Beurteilung einer Maßnahme gemäß § 15 Abs. 2 GewO, durch die die Fortsetzung des ungenehmigten Betriebs eines zulassungspflichtigen Gewerbes verhindert wird, auf den Zeitpunkt der Gerichtsentscheidung abgestellt wird;[124] denn hierbei handelt es sich nicht um eine konstitutive Entscheidung mit materiellem Verbotscharakter, sondern um eine bloß akzessorische Vollzugsmaßnahme zur Effektuierung des gesetzlichen Zulassungserfordernisses, die mit dessen Erfüllung obsolet wird. Gleiches hätte konsequenterweise für Maßnahmen nach § 20 Abs. 2 Satz 1 BImSchG zu gelten.[125]

76 *(4) Berufsrechtliche Konkurrenten-* oder *sonstige Drittklagen* sind wiederum differenziert zu behandeln.

- Die Rechtmäßigkeit einer einmal erteilten Genehmigung wird durch eine spätere Sach- oder Rechtsänderung als solche grundsätzlich nicht berührt. Diese kann deshalb auch bei der Beurteilung eines von einem Dritten eingelegten Rechtsbehelfs (Widerspruch, Klage) nicht berücksichtigt werden (Zeitpunkt der ersten Behördenentscheidung). Soweit eine Neuregelung, wie häufig, auf laufende Verfahren anzuwenden ist, kommt es jedoch auf den nach dem anzuwendenden materiellen Recht maßgeblichen Verfahrensbegriff an, der auch das Widerspruchs- und sogar das gerichtliche Verfahren umfassen kann.[126]
- Umgekehrt entfällt die Rechtsverletzung und mit dieser ein zunächst bestehender Aufhebungsanspruch des Dritten, wenn die spätere Änderung die ursprünglich rechtswidrige Genehmigung in Einklang mit der Rechtsordnung brachte (Zeitpunkt der Gerichtsentscheidung).

77 *cc) Abgabenrecht.* Abgabenbescheide sind grundsätzlich nach den Verhältnissen bei der letzten Behördenentscheidung zu beurteilen. Fehlen in diesem Zeitpunkt tatsächliche oder rechtliche Voraussetzungen, so kann deren nachträgliche Schaf-

---

[122] Vgl. BVerwGE 42,68; VGH BW, GewArch 1975,96.
[123] So aber Redeker/v. Oertzen, § 108 Rdnr. 19.
[124] Vgl. BVerwG, GewArch 1982,200; GewArch 1983,136.
[125] Vgl. demgegenüber Jarass, Komm. zum BImSchG, 4. Aufl. 1999, § 20 Rdnr. 37 m. Nachw.
[126] Vgl. BVerwGE 65, 313.

fung nach der – nicht unbestrittenen – Rechtsprechung[127] jedoch zur Heilung eines rechtswidrigen *Beitragsbescheids* führen. Denn da beziehungsweise soweit, wie insbesondere für *Erschließungsbeiträge*,[128] bereits kraft Gesetzes eine gleichsam latente Leistungspflicht besteht, entsteht diese aktuell mit Erfüllung der gesetzlichen Voraussetzungen und wird in diesem Zeitpunkt durch den Beitragsbescheid[129] – ungeachtet seines ursprünglich rechtswidrigen Erlasses – nunmehr zutreffend konkretisiert. Folgerichtig entfällt kraft materiellen Rechts der jenem gegenüber zunächst bestehende Aufhebungsanspruch[130] nicht nur mit Schaffung der erforderlichen Rechtsgrundlage durch Erlaß einer gültigen Satzung,[131] sondern auch mit der Erfüllung sonstiger, zunächst fehlender Voraussetzung der Beitragserhebung (Bebauungsplan, § 125 Abs. 1 BauGB;[132] tatsächliche oder rechtliche Herstellung der Erschließungsanlage[133]).

Für die Erhebung von *Gebühren*[134] und *Steuern* verbleibt es dagegen bei der 78
Unbeachtlichkeit nachträglich eintretender Umstände. Die Ersetzung einer nichtigen durch eine gültige (nicht rückwirkende, s. oben Rdnr. 54) Gebührensatzung läßt den auf jener beruhenden Gebührenbescheid nicht rechtmäßig werden, wie es auch umgekehrt der Anfechtungsklage gegen einen (z. B. Abwasser-)Gebührenbescheid nicht zum Erfolg verhilft, daß die diesem zugrunde liegende Satzung nachträglich im Sinne des Klägers geändert wurde.

## 3. Das Nachschieben von Gründen

### *a) Problemstellung*

Die Bestimmung der gerichtlichen Entscheidungsgrundlage ist, unter einem ande- 79
ren Aspekt, auch mit der Frage angesprochen, ob und inwieweit die erlassende Behörde den angefochtenen Verwaltungsakt mit Beachtlichkeit für das Gericht auf weitere oder andere als die ursprünglich geltend gemachten Gründe stützen, diese "*nachschieben*" kann (vgl. oben Rdnr. 46, Beispiel 7). Im Unterschied zu der vorher behandelten Fragestellung[135] geht es hierbei um die gerichtliche Berücksichtigung von tatsächlichen oder rechtlichen Umständen, die, obschon sie im

Schenke, JZ 10, 992 (1000)

[127] Kritisch etwa Kleinlein, VerwArch 81 (1990), S. 187; Scherzberg, BayVBl 1992,428 f.; Kopp/Schenke, § 113 Rdnr. 50.
[128] Vgl. dazu BVerwGE 64,218; 64,356; BVerwG, NVwZ 1991,360.
[129] Für sonstige Beiträge vgl. BVerwG, NVwZ 1991,360.
[130] Dieser hat nur unselbständige, prozessuale Hilfsfunktion und unterfällt deshalb, entgegen Scherzberg, BayVBl 1992,429, nicht dem Gesetzesvorbehalt.
[131] BVerwGE 64,218 (223); BVerwG, NVwZ 1991,360.
[132] BVerwG, DVBl 1969,275.
[133] BVerwGE 56,238 (Widmung).
[134] Vgl. Bosch/Schmidt, § 39 III 4.
[135] Zu deren engem Zusammenhang mit der hiesigen Problematik vgl. W. Schenke, NVwZ 1988,3.

BVerwG, U 20. 6. 13, DÖV 14, 75 (Einmessen Untersagung Sportwette)

Zeitpunkt der behördlichen Entscheidung vorlagen, dieser nicht erkennbar zugrunde gelegt wurden. Ein solches Nachschieben von Gründen wird von manchen, teils aus prinzipiellen Erwägungen einer auf den erlassenen Verwaltungsakt beschränkten gerichtlichen Kontrollkompetenz, teils aus Gründen der Rechtsschutzeffektivität, grundsätzlich abgelehnt.[136]

80 Auf der Grundlage des gerichtlichen Entscheidungsauftrags und der Bedeutung der Begründung eines Verwaltungsakts ergibt sich demgegenüber eine differenzierte Beurteilung. Dabei ist davon auszugehen, daß das Gericht gemäß § 113 Abs. 1 Satz 1 eigenständig, also unabhängig von den ihm vorgetragenen tatsächlichen und rechtlichen Erwägungen der Behörde darüber zu befinden hat, ob der Verwaltungsakt, das heißt die durch diesen getroffene Entscheidung, im geltenden Recht eine Grundlage findet.[137] Im Bereich dieser eigenständigen gerichtlichen Beurteilungskompetenz kommt es also in Wahrheit auf eine zusätzliche behördliche Begründung gar nicht an und wird diese damit auch in einem eigentlichen, konstitutiven Sinn *nicht "nachgeschoben"*. Im übrigen ist auf die Bedeutung der Begründung für den Verwaltungsakt abzustellen.

### b) Begründungsmängel

81 Entgegen einer früheren, inzwischen überholten Rechtsprechung[138] ist die Begründung eines Verwaltungsakts rechtsstaatlich grundsätzlich erforderlich.[139] Sie soll die Übereinstimmung der Entscheidung mit den rechtlichen Anforderungen sicherstellen und den einzelnen instand setzen, seine Rechte sachgemäß zu verteidigen.[140] Das Begründungserfordernis erlangt deshalb insbesondere bei Entscheidungen, die, wie etwa Prüfungsentscheidungen, nur einer beschränkten gerichtlichen Kontrolle unterliegen,[141] erhöhte Bedeutung. Darüber hinaus dient die Begründung häufig aber auch der inhaltlichen Bestimmung der in dem Verwaltungsakt getroffenen Entscheidung, wenn nämlich deren Regelungsgehalt sich nicht allein aus dem Entscheidungssatz, sondern, ähnlich wie bei gerichtlichen Urteilen (vgl. dazu unten § 35 Rdnr. 19), erst im Zusammenhang mit dessen Begründung erschließt. Entscheidungsausspruch (Tenor) und -begründung bilden dann im Verwaltungsakt eine Einheit.[142]

---

[136] Vgl. Kopp/Schenke, § 113 Rdnr. 64; Schenke, NVwZ 1988,1 ff.

[137] Vgl. BVerwGE 64,356; 71,363; 80,96; 91,92 (98 f.); Eyermann/J. Schmidt, § 113 Rdnr. 22 m. w. Nachw.

[138] Vgl. noch BVerwGE 1,12 (13); 1,311 (313).

[139] Lücke, a.a.O.; Müller-Ibold, Begründungspflicht; Dolzer, DÖV 1985,9; Kopp, VwVfG, § 39 Rdnr. 3 m. w. Nachw.

[140] BVerfGE 6,32 (44); 49,24 (66).

[141] Vgl. dazu BVerfGE 84,34 (46 f.); 99,185.

[142] Vgl. Schenke, NVwZ 1988,7; vgl. auch Lücke, a.a.O., S. 91; R. Schenke, VerwArch 90 (1999), S. 250.

*aa) Fehlt* dem Verwaltungsakt im Zeitpunkt der Klageerhebung eine *Begründung* überhaupt oder der Sache nach,[143] ohne daß eine Ausnahme gemäß § 39 Abs. 2 VwVfG vorliegt, so war bis zum Inkrafttreten des Art. 1 GenBeschlG vom 12.9.1996 (BGBl. I S. 1354) eine *Nachholung* ausgeschlossen und jener ohne die Möglichkeit einer Heilung (§ 45 Abs. 2 VwVfG a. F.) fehlerhaft; nunmehr läßt § 45 Abs. 2 VwVfG eine Nachholung bis zum Abschluß eines verwaltungsgerichtlichen Verfahrens (das heißt der letzten mündlichen Verhandlung in der Tatsacheninstanz) zu. Unterbleibt die Begründung, so ist der Verwaltungsakt gleichwohl nicht aufzuheben, wenn keine andere Entscheidung in der Sache getroffen worden wäre (§ 46 VwVfG). 82

*bb)* Demgegenüber führt eine *fehlerhafte Begründung* des Verwaltungsakts nicht notwendig,[144] sondern nur dann zu dessen Rechtswidrigkeit, wenn der Fehler der Begründung den Entscheidungsvorgang als fehlerhaft erweist (insbesondere bei Ermessensfehlern) oder der Verwaltungsakt in der durch die Begründung festgelegten Identität mit der Rechtsordnung nicht vereinbar ist. Dagegen ist der Verwaltungsakt rechtmäßig, wenn der von ihm getroffene Regelungsausspruch, ohne daß an diesem etwas Wesentliches geändert zu werden bräuchte, auch von anderen Rechtsgründen getragen wird.[145] 83

Wird der Verwaltungsakt danach nicht schon durch die Fehlerhaftigkeit der Begründung als solcher erfaßt, so ist deren Ergänzung oder Korrektur in tatsächlicher oder rechtlicher Hinsicht, auch noch während des gerichtlichen Verfahrens, grundsätzlich zulässig. Ihre Grenze wird erst erreicht, wenn die *Identität* (das "Wesen") des streitgegenständlichen Verwaltungsakts, das heißt dessen Regelungsausspruch, in Frage gestellt oder der Rechtsschutz unangemessen beeinträchtigt würde.[146] Angesichts der prozessualen Reaktionsmöglichkeiten des Klägers auf die behördliche Korrektur der Begründung werden dieser Rechtsschutzgründe selten entgegenstehen. Eine Identitätsveränderung bewirkt dagegen eine Auswechslung des Streitgegenstandes, auf die sich der Kläger nicht einzulassen braucht, die im Lichte der Dispositionsmaxime aber auch nicht ausgeschlossen ist; in einem strikten Sinn ist ein Nachschieben neuer Gründe also nie unzulässig. 84

**Beispiele**: Übereinstimmende Behördenzuständigkeit vorausgesetzt, kann für eine irrig auf Baurecht gestützte Beseitigungsanordnung nachträglich die zutreffende Rechtsgrundlage dem Abfallrecht entnommen,[147] der Widerruf einer gaststättenrechtlichen Erlaubnis wegen Unzuverlässigkeit (§ 15 Abs. 2 i. V. m. § 4 Abs. 1 Nr. 1 GastG) nachträglich auch auf andere, diese begründende Umstände (Trunksucht statt Förderung des Glücksspiels) gestützt oder ein unbe- 85

---

[143] Vgl. GemOVG Lüneburg, NJW 1984,1138.
[144] So aber Schenke, NVwZ 1988,1 ff.; Kopp/Schenke, § 113 Rdnr. 78.
[145] BVerwGE 80,96.
[146] BVerwGE 64,356 (358); 71,363 (368); 75,119; BVerwG, NVwZ 1993,976.
[147] Vgl. VGH BW, NVwZ 1995,397.

rechtigter Erschließungs- als Straßenbaubeitragsbescheid (oder umgekehrt) aufrechterhalten werden.[148] Dagegen läge eine Wesensänderung vor, wenn ein Abgabenbescheid auf eine andere Abgabenart (Gebühr statt Beitrag) oder einen anderen Gegenstand (Erschließungsbeitragsbescheid mit Bezug auf anderes Grundstück oder eine andere Erschließungsanlage) bezogen werden sollte.[149]

**86** Bei Ermessens- und ähnlichen (insbesondere Prüfungs-[150])Entscheidungen führt die Geltendmachung weiterer oder anderer Erwägungen seitens der Behörde in der Regel zur Ersetzung der ursprünglich getroffenen durch eine neue, wenn auch inhaltlich übereinstimmende Regelung. Dies ist, wie nunmehr auch § 114 Satz 2 verdeutlicht, nicht zu beanstanden, sondern bewirkt, daß der geltend gemachte Anspruch auf Erlaß einer ermessensfehlerfreien Entscheidung damit erfüllt ist.[151]

**87** Führt das Nachschieben der Begründung zu einer Veränderung der von der Behörde getroffenen Regelung, so kann der Kläger sich nunmehr mit jener zufriedengeben und den Rechtsstreit unter Vermeidung der Kostenlast für erledigt erklären. Im Fall der Fortführung des Rechtsstreits wird der neue Verwaltungsakt im Wege zulässiger, weil sachdienlicher *Klageänderung*,[152] in der Regel ohne (die Notwendigkeit, ein) neuerliches Vorverfahren (durchzuführen), in das anhängige Verfahren einbezogen.[153]

## Literatur

*Bähr*, Die maßgebliche Sach- und Rechtslage für die gerichtliche Beurteilung von Verwaltungsakten, 1967.

*Braun*, Verletzung des Rechts auf Gehör und Urteilskorrektur im Zivilprozeß, NJW 1981,425.

*Braun/Schneider*, Nochmals: Verletzung des Rechts auf Gehör und Urteilskorrektur im Zivilprozeß, NJW 1981,1196.

*Dolderer*, Die neu eingeführte "Ergänzung von Ermessenserwägungen" im Verwaltungsprozeß, DÖV 1999,104.

*Guttenberg*, Zur Problematik von Anerkenntnis- und Verzichtsurteilen im Verwaltungsprozeß, VBlBW 1992,244.

*Horn*, Das Nachschieben von Gründen und die Rechtmäßigkeit von Verwaltungsakten, DVerw 25 (1992), S. 203.

*Klein, K.H.*, Zum maßgebenden Zeitpunkt für die Sach- und Rechtslage im Verwaltungsprozeß, NVwZ 1990,633.

*Kleinlein*, Der maßgebliche Zeitpunkt für die Beurteilung der Rechtmäßigkeit von Verwaltungsakten, VerwArch 81 (1990), S. 149.

*Knapp*, Die Tatbestandsberichtigung nach § 108 FGO – eine rechtsstaatlich vertretbare Gesetzesbestimmung?, BB 1983,190.

*Kopp*, Der für die Beurteilung der Sach- und Rechtslage maßgebliche Zeitpunkt bei verwaltungsgerichtlichen Anfechtungs- und Verpflichtungsklagen, in: Menger-FS, S. 693.

[148] BVerwGE 67,216 (221); 80,96; BVerwG, DVBl 1989,420.
[149] Vgl. BVerwGE 64,356 (358).
[150] BVerwGE 91,262.
[151] BVerwGE 85,163; 91,262.
[152] Vgl. Kopp, VwVfG, § 40 Rdnr. 20; § 45 Rdnr. 22.
[153] Vgl. BVerwGE 85,163 (166); 91,262; anders Schenke, VerwArch 90 (1999) S. 262 f.

*Lippold*, Grenzen der Zulässigkeit der Zustellung statt Verkündung von Urteilen – § 116 II VwGO und Art. 6 I EMRK, NVwZ 1996,137.

*Lücke*, Begründungszwang und Verfassung, 1987.

*Mager*, Der maßgebliche Zeitpunkt für die Beurteilung der Rechtswidrigkeit von Verwaltungsakten, 1994.

*Rössler*, Teilurteile und Zwischenurteile im finanzgerichtlichen Verfahren, BB 1984,204.

*Rupp, J.-J.*, Das Nachschieben von Gründen im verwaltungsgerichtlichen Verfahren, 1987.

*Saenger*, Verwaltungsgerichtliche Entscheidungen, Rechtsmittel und Rechtsbehelfe, JuS 1992,779.

*Schenke, R.*, Das Nachschieben von Gründen nach dem 6. VwGO-Änderungsgesetz, VerwArch 90 (1999), S. 232.

*Schenke, W.*, Die Bedeutung einer nach Abschluß des Verwaltungsverfahrens eintretenden Veränderung der Rechts- oder Sachlage für die Anfechtung eines Verwaltungsakts, NVwZ 1986,522.

*Ders.*, Das Nachschieben von Gründen im Rahmen der Anfechtungsklage, NVwZ 1988,1.

*Scherzberg*, Nachschieben einer kommunalen Abgabensatzung im Anfechtungsprozeß?, BayVBl 1992,426.

*Schumann, C.-D.*, Zur Beweiskraft des Tatbestandes im Rechtsmittelverfahren, NJW 1993,2786.

*Sieger*, Die maßgebende Sach- und Rechtslage für die Beurteilung der Rechtswidrigkeit eines Verwaltungsakts im verwaltungsgerichtlichen Anfechtungsprozeß, 1995.

*Uerpmann*, Teilurteil, ergänzungsbedürftiges Urteil und fehlerhaftes Urteil im Asylrechtsstreit, NVwZ 1993,743.

# § 35. Die Rechtskraft

## I. Begriff und Abgrenzung

Gemäß § 121 binden rechtskräftige Urteile, soweit über den Streitgegenstand entschieden worden ist, die Beteiligten und ihre Rechtsnachfolger sowie Personen, die nicht gemäß § 65 Abs. 3 Satz 1 ihre Beiladung beantragt haben.

### 1. Formelle, materielle Rechtskraft

1 Voraussetzung der von § 121 statuierten Bindungswirkung ist die in der Verwaltungsgerichtsordnung nicht näher geregelte *formelle Rechtskraft* der Entscheidung. Sie tritt ein, sobald diese unanfechtbar, das heißt mit (ordentlichen) Rechtsmitteln[1] nicht mehr angreifbar ist, § 173 VwGO i. V. m. § 705 ZPO. In formelle Rechtskraft können damit nicht nur Urteile, sondern auch Beschlüsse und sonstige gerichtliche Entscheidungen erwachsen, soweit diese nicht oder nur unter Einhaltung einer bestimmten Frist angefochten werden können. Hierunter fallen außer letztinstanzlichen Entscheidungen etwa Gerichtsbescheide (§ 84 Abs. 2), ferner Beschlüsse, zum Beispiel betreffend Beiladung (§ 65 Abs. 3, 4), behördliche Aktenvorlage (§ 99 Abs. 2 i. V. m. § 146) oder den Erlaß einer einstweiligen Anordnung (§ 123).[2] Anders steht es mit Beschlüssen gemäß § 80 Abs. 5, da diese jederzeit geändert oder aufgehoben werden können (§ 80 Abs. 7).

2 Demgegenüber betrifft die *materielle Rechtskraft* die inhaltliche Bindung an die (formell rechtskräftige) Entscheidung. Ihre Wirkungsweise und Reichweite werden in § 121 geregelt, und allein sie ist Gegenstand der folgenden Ausführungen.

### 2. Verwandte Erscheinungen

3 Rechtskraft kommt nur gerichtlichen Entscheidungen zu. Sie ist deshalb zu unterscheiden von der (bloßen) *Bestandskraft* von Verwaltungsakten, die lediglich deren (formelle) Anfechtbarkeit ausschließt, ohne der Behörde die nur allgemein eröffnete, begrenzte Verfügungsbefugnis über ihre Entscheidung (§§ 48 ff. VwVfG) zu entziehen.

---

[1] Zu diesen gehört nicht die Verfassungsbeschwerde; vgl. BVerfG, NJW 1996,1736.

[2] Vgl. Redeker/v. Oertzen, § 123 Rdnr. 25 f.

BVerfG, U 8.2.01, DVBl 01, 463 (468), BVerwG, U 31.1.02, NVwZ 02, 833, BVerwG, B 24.10.06, NVwZ 07, 104, EuGH, U 18.7.07, JZ 08, 141 m. Anm. Harahth / Hensel (Durchbrechung kraft Gemeinschaftsrecht!), BVerwG, U 7.8.08, NVwZ 09, 120, BVerwG, U 28.1.10, NVwZ 10, 770, [illegible], NVwZ 13, 471

4 Mit der Rechtskraft nicht zu verwechseln ist ferner die *Tatbestandswirkung* gerichtlicher oder behördlicher Entscheidungen,[3] aufgrund deren diese, unbeschadet der rechtlichen Beurteilung, in ihrer Existenz zu beachten sind. So begründet zum Beispiel die (selbst rechtswidrige) Widmung als solche die für die öffentliche Sache kennzeichnende, öffentlich-rechtliche Bindung ("Verstrickung"), die unter Umständen einem privatrechtlichen Herausgabeanspruch entgegenstehen kann.[4] Umgekehrt bildet die Bestandskraft eines Verwaltungsaktes kein Hindernis für dessen Prüfung auf seine Rechtswidrigkeit, etwa im Rahmen eines Anfechtungsprozesses.[5]

5 *Feststellungswirkung* schließlich kann ausnahmsweise Tatsachenfeststellungen oder der inzidenten Beurteilung vorgreiflicher Fragen, die einer Entscheidung zugrunde gelegt wurden, zukommen, soweit gesetzlich vorgesehen ist, daß nachfolgende Entscheidungen an jene Entscheidungs*elemente* gebunden sind. Einer derartigen Bindung unterliegt etwa die gewerberechtliche Untersagung (vgl. § 35 Abs. 3 Satz 1 GewO)[6] oder die behördliche Entziehung der Fahrerlaubnis (§ 4 Abs. 3 StVG)[7] in bezug auf ein jeweils denselben Sachverhalt betreffendes Strafurteil.

### 3. Die Bedeutung der materiellen Rechtskraft

6 Die Rechtskraft im materiellen Sinn erzeugt eine Bindung an das unanfechtbare Urteil unabhängig von dessen materiell-rechtlicher Richtigkeit und nimmt damit in Kauf, daß auch eine unrichtige Entscheidung maßgeblich bleibt.[8] Sie soll verhindern, daß zwischen denselben Parteien über denselben Gegenstand mehrfach Prozesse mit der Gefahr widersprechender Entscheidungen geführt werden, und dadurch sicherstellen, daß gerichtliche Entscheidungen eine verläßliche Grundlage für das künftige Verhalten der Beteiligten bieten. Als Institution zum rechtsstaatlichen Schutz des Rechtsfriedens und des Vertrauens in die Rechtsbeständigkeit erweist sich die Rechtskraft damit als verfassungsgeboten.[9]

Diese Zielsetzung ist für die Bestimmung von Wirkungsweise, Gegenstand und Reichweite der Rechtskraft von Bedeutung.

---

[3] Vgl. dazu Knöpfle, BayVBl 1982,225; Bettermann, in: FS für F. Baur, S. 273 ff.
[4] Vgl. BGH, NJW 1967,2309; BVerwG, NJW 1980,2538; vgl. auch BVerwG, NJW 1994,144.
[5] Vgl. BGHZ 48,239; 113,17 (21) m. Anm. von Nierhaus, JZ 1992,209.
[6] Vgl. BVerwG, GewArch 1982,298.
[7] Vgl. BVerwG, NJW 1989,1622.
[8] Vgl. BVerwGE 91,256 (259).
[9] Vgl. BVerfGE 47,146 (161); 60,253 (268 f.); BVerwGE 82,272; 91,256; BGHZ 93,287; Detterbeck, Streitgegenstand a.a.O., S. 89 ff.
BVerwG, Urt. v. 8.12.92, DVBl 93, 258; BVerwG, U. 31.1.02, DVBl 02, 1219

## II. Die Wirkung der materiellen Rechtskraft

Nach heute weithin anerkannter Auffassung hat die Rechtskraft lediglich *prozessuale Bedeutung*: Das Urteil schafft nicht bestätigend oder korrigierend eine eigenständige, materiell-rechtliche Grundlage für die Rechtsbeziehungen zwischen den Parteien (materiell-rechtliche Rechtskrafttheorie), sondern stellt als Ergebnis des Prozesses die bereits vorher bestehende Rechtslage verbindlich fest (prozessuale Rechtskrafttheorie).[10] Allein dieses Verständnis entspricht auch dem Auftrag des (insbesondere) Verwaltungsprozesses zum Schutz materieller, dem Prozeß vorausliegender subjektiver Rechte. 7

### 1. Bindung der Beteiligten

Hieraus resultiert zunächst, wie § 121 ausdrücklich festlegt, eine Bindung der Beteiligten, die sich in ihrem Verhältnis zueinander inhaltlich an dem Urteil zu orientieren haben. Das bedeutet jedoch nicht umgekehrt, daß eine Partei auch gezwungen wäre, von einem ihr günstigen Urteil Gebrauch zu machen; denn die Rechtskraft wirkt nur für, nicht gegen den Begünstigten.[11] Es bleibt vielmehr insbesondere der obsiegenden Behörde *prozessual* unbenommen, von der Durchsetzung ihres gerichtlich bestätigten Verwaltungsakts abzusehen oder die ihr gegenüber begehrte Leistung auch nach Klagabweisung doch zu erbringen. Inwieweit sie hierzu *befugt* ist, ist jedoch allein eine Frage des materiellen Rechts. 8

### 2. Bindung des Gerichts

Über den Wortlaut des § 121 hinaus bewirkt die Rechtskraft aber auch eine Bindung des Gerichts.[12] 9

#### *a) Identität des Streitgegenstandes*

Sind die Streitgegenstände des laufenden und des vorausgegangenen Verfahrens identisch, so steht die Rechtskraft in den Grenzen ihrer Reichweite (s. unten Rdnr. 21 ff.) als *negative Prozeßvoraussetzung* (vgl. oben § 10 Rdnr. 21 f.) einem neuen Gerichtsverfahren entgegen und verhindert deshalb nicht nur eine weitere, selbst übereinstimmende *Entscheidung* über denselben Streitgegenstand,[13] sondern 10

---

[10] Vgl. Detterbeck, Streitgegenstand a.a.O., S. 27; Kopp/Schenke, § 121 Rdnr. 2; Clausing, in: Schoch/Schmidt-Aßmann/Pietzner, § 121 Rdnr. 20; Rosenberg/Schwab/Gottwald, § 151 II.

[11] Vgl. BVerwGE 91,256 (261).

[12] Vgl. BVerwG, NVwZ 1993,781; NJW 1996,737; Eyermann/Rennert, § 121 Rdnr. 8; Rosenberg/Schwab/Gottwald, § 151 II 3; III 1.

[13] So die h. M., vgl. Kopp/Schenke, § 121 Rdnr. 9; Clausing, in: Schoch/Schmidt-Aßmann/Pietzner, § 121 Rdnr. 21; Baumbach/Lauterbach, Einf. §§ 322-327 Rdnr. 11; BVerwGE 96,24;
BVerwG, Urt. v. 8.12.92, DVBl 93, 258 = JZ 93, 572 m. Anm. Maurer (kritisch), EuGH, U 16.3.06, JZ 06, 904 m. Anm. Ruffert, BVerwG, U 2.8.08 DVBl 08, 1247, BVerwG U 22.10.09, DVBl 10, 254

macht auch eine hierauf gerichtete *Klage unzulässig*. Unter diesem Aspekt dient die Rechtskraft zugleich der Entlastung der Gerichte und dem Schutz vor einem Ansehensverlust durch widerstreitende Entscheidungen.

### b) Vorgreiflichkeit der Entscheidung

11 Sind die Streitgegenstände verschieden, so ist das Gericht in der Beurteilung der für seine Entscheidung vorgreiflichen Rechtsfragen durch die Rechtskraft und in deren Grenzen an die Entscheidungen eines Vorprozesses gebunden.[14]

12 So steht die materielle Baurechtswidrigkeit einer Anlage auch im Anfechtungsprozeß gegen eine Beseitigungsverfügung fest, wenn jene ohne Genehmigung errichtet wurde, nachdem eine Verpflichtungsklage auf deren Erteilung durch rechtskräftiges Sachurteil abgewiesen worden war.[15] Gleichermaßen ist die rechtskräftige Beurteilung eines Verwaltungsakts als rechtswidrig in einem Folgeprozeß zu beachten, in dem über die Anfechtungsklage gegen den erneut, inhaltlich gleichlautend erlassenen Verwaltungsakt zu entscheiden ist; da es sich um zwei Verwaltungsakte handelt, ist eine Identität des Streitgegenstandes nicht gegeben.[16]

13 Diese Rechtskraftbindung ist auch für die *Gerichte anderer Rechtswege* maßgeblich.[17] So steht zum Beispiel die durch das Verwaltungsgericht rechtskräftig festgestellte Rechtswidrigkeit eines Verwaltungsakts auch in dem deswegen geführten Amtshaftungsprozeß fest.[18]

14 Demgegenüber sind die Beteiligten an einem Straf- oder Ordnungswidrigkeitsverfahren mit denjenigen eines vorausgehenden Verwaltungsprozesses – zumindest formal[19] – nicht identisch. Damit fehlt es schon an dieser – für Beteiligte wie Gericht gleichermaßen relevanten – subjektiven Voraussetzung einer Rechtskraftbindung.[20] Auf die, auch öffentlich-rechtliche Fragen umfassende[21] strafgerichtliche Entscheidungskompetenz gemäß § 262 Abs. 1 StPO, die allgemein auch auf

---

BVerwG, NJW 1996,737; BGH, NJW 1993,333; offen aber etwa BVerwGE 82,272. Für Verbot lediglich abweichender Entscheidung dagegen mit verfehlter Begründung Redeker/v. Oertzen, § 121 Rdnr. 5; Detterbeck, Streitgegenstand a.a.O., S. 106.

[14] Vgl. BVerwGE 25,7 (10); 96,24 (26); BGH, NJW 1993,3204.

[15] Vgl. BVerwGE 48,271 (275 f.); BVerwG, Buchholz 406.11 § 33 BBauG Nr. 4; Dürr, Baurecht, 9. Aufl. 1998, Rdnr. 243.

[16] Vgl. BVerwGE 91,256 (257), sowie unten Rdnr. 34.

[17] BGHZ 77,338 (341); BGH, NVwZ 1995,412; JZ 1996,423 m. Anm. von Braun. Zur allgemeinen Problematik vgl. Bötticher, in: FS zum 100jährigen Bestehen des DJT, 1960, S. 511 ff.; Brox, ZZP 73 (1960), S. 46 ff.; Broß, VerwArch 78 (1987), S. 91 ff. m. w. Nachw.

[18] Ständige Rechtsprechung seit BGHZ 9,329 (332); vgl. BGHZ 113,17; BGH, NVwZ 1985,682. Vgl. auch BVerwG, DÖV 1991,330.

[19] Vgl. jedoch zur Beteiligung der Verwaltungsbehörde auch im gerichtlichen Verfahren zur Verfolgung von Ordnungswidrigkeiten (§§ 62 Abs. 2; 76 OWiG) Senge, Karlsruher Komm. zum OWiG, 1989, § 76 Rdnr. 1-3 ("Hilfsorgan des Gerichts").

[20] Vgl. Gollwitzer, in: Löwe/Rosenberg, StPO, 24. Aufl. 1987, § 262 Rdnr. 13; Gottwald, in: Münchener Komm. zur ZPO, Bd. 1, 1992, § 322 Rdnr. 63; vgl. auch BVerwGE 31,177.

[21] Vgl. Kleinknecht/Meyer-Goßner, StPO, 44. Aufl. 1999, § 262 Rdnr. 5.

fachgerichtlich bereits rechtskräftig entschiedene Vorfragen erstreckt wird,[22] kommt es danach nicht an. Allerdings darf (auch) durch eine strafgerichtliche Entscheidung die materielle Rechtskraft eines bestehenden Urteils nicht beeinträchtigt werden.[23] Deshalb ist die rechtskräftige verwaltungsgerichtliche Feststellung, daß die gesetzlichen Voraussetzungen für die Genehmigungspflicht einer bestimmten Tätigkeit nicht erfüllt sind (vgl. z. B. § 1 HwO), bei deren Verfolgung als Ordnungswidrigkeit (§ 117 Abs.1 Nr. 1 HwO) durch Verwaltungsbehörde und Strafgericht nicht nur bei der Schuldfrage zu beachten.[24]

Hiervon zu unterscheiden ist die häufig bestehende Bindung des Strafrechts an materiell-rechtliche Vorgaben insbesondere des Verwaltungsrechts (sogenannte Verwaltungsakzessorietät),[25] die jedoch nicht mit einer entsprechenden prozessualen Bindung einhergeht. So kann zum Beispiel eine Strafbarkeit nach § 326 Abs. 1 StGB mangels Vorliegens von Abfall auch dann verneint werden, wenn diese Eigenschaft verwaltungsgerichtlich festgestellt wurde.[26] 15

## III. Der Gegenstand der materiellen Rechtskraft

### 1. Rechtskraftfähige Entscheidungen

Nach § 121 kommt die in der Rechtskraft liegende Bindung *Urteilen* zu, die endgültig und vorbehaltlos über den erhobenen prozessualen Anspruch entscheiden, also auch Prozeßurteilen.[27] Ungeachtet dieser Beschränkung sind auch sonstige gerichtliche Entscheidungen, je nach ihrem Regelungsgehalt, einer materiellen Rechtskraft zugänglich.[28] Auch hier ist jedoch Voraussetzung, daß sie in formelle Rechtskraft erwachsen können,[29] wie etwa der Gerichtsbescheid (§§ 84 Abs.1 Satz 3, Abs. 3; 121) oder der Beschluß einer einstweiligen Anordnung (§ 123 Abs. 4). Keine Frage der Rechtskraft, sondern der rechtsstaatlichen Pflicht zur Beachtung gerichtlicher Entscheidungen ist dagegen die Bindung der Behörde an Beschlüsse gemäß § 80 Abs. 5 Satz 1 (s. oben Rdnr. 1).[30] 16

[22] Vgl. BGHSt 5,106 (109); Gollwitzer, in: Löwe/Rosenberg, StPO, § 262 Rdnr. 13; Rosenberg/Schwab/Gottwald, § 10 II 2 a; Kleinknecht/Meyer-Goßner, StPO, § 262 Rdnr. 3 f. Grundsätzlich anders demgegenüber Knöpfle, BayVBl 1982,228 f.
[23] Vgl. Rosenberg/Schwab/Gottwald, § 10 II 2 a m. w. Nachw.
[24] Vgl. dazu (im Zusammenhang mit der "Damokles-Rechtsprechung"; vgl. oben § 22 Rdnr. 9 f.) auch BVerwGE 31,177; 77,207 (212 ff.).
[25] Vgl. hierzu nur Schröder, VVDStRL 50 (1991), S. 196 ff.; näher oben § 11 Rdnr. 96 f.
[26] Vgl. entsprechend BGHZ 5,106 für Zivilurteil.
[27] Vgl. Rosenberg/Schwab/Gottwald, § 152 II; Kopp/Schenke, § 121 Rdnr. 19.
[28] Vgl. BVerwGE 68,306 (308).
[29] Vgl. Rosenberg/Schwab/ Gottwald, § 152 I.
[30] A. M. OVG Berlin, NVwZ 1990,681; Kopp/Schenke, § 121 Rdnr. 4.

## 2. Der Inhalt der Entscheidung

17 In Rechtskraft erwächst der Inhalt der Entscheidung.

### *a) Entscheidungsformel*

18 Er wird durch den Gegenstand der Entscheidung, der mit dem Streitgegenstand übereinstimmt (vgl. unten Rdnr. 26), bestimmt und besteht in der Feststellung der Rechtsfolge als Ergebnis der Subsumtion des Sachverhalts unter das Gesetz.[31] Diese Schlußfolgerung ergibt sich in erster Linie aus der *Entscheidungsformel*, dem *Tenor* (§ 117 Abs. 2 Nr. 3). Dagegen entfalten Tatbestand und Entscheidungsgründe, die sogenannten *Urteilselemente*, keine *selbständige* Rechtskraftwirkung. Diese erstreckt sich also nicht auf die Feststellung der Tatsachen sowie einzelner Tatbestandsmerkmale, die der Entscheidung zugrunde liegenden vorgreiflichen Rechtsverhältnisse und sonstigen Vorfragen sowie, selbst für die Entscheidung tragende Schlußfolgerungen.[32]

### *b) Entscheidungsgrundlage*

19 Lassen sich aus dem Tenor Inhalt und Reichweite der Entscheidung nicht abschließend entnehmen, so bedarf es eines Rückgriffs auf deren Grundlage. Die *Entscheidungsgründe*, gegebenenfalls auch der Tatbestand und sogar der Parteivortrag, sind deshalb ergänzend beziehungsweise auslegend heranzuziehen, *soweit* sie den Streitgegenstand bestimmen.[33] Dies ist anerkannt für *klagabweisende Urteile*, bei denen überhaupt allein die Entscheidungsgründe Aufschluß darüber geben können, ob es sich um ein Sach- oder Prozeßurteil handelt und über welchen Streitgegenstand entschieden wurde.[34] Ähnlich kann aber auch bei *stattgebenden Urteilen* zur vollständigen Erfassung ihres Entscheidungsinhalts eine Einbeziehung der Urteilsgrundlagen notwendig sein, dies zumal bei Urteilen, deren Entscheidungssatz, wie beim Bescheidungsurteil (§ 113 Abs. 5 Satz 2), ausdrücklich auf dessen Begründung ("Beachtung der Rechtsauffassung des Gerichts") Bezug nimmt.[35]

20 In derartigen Fällen erwachsen also auch die den Subsumtionsschluß *tragenden Entscheidungsgründe* in Rechtskraft, dies freilich nicht isoliert, sondern immer nur zusammen mit dem den Streitgegenstand betreffenden Entscheidungssatz. Deshalb steht die Rechtskraft eines Urteils über die Erteilung einer Baugenehmi-

---

[31] BVerwGE 96,24; BGH, NJW 1995,967; Rosenberg/Schwab/Gottwald, § 153 II.
[32] BVerwGE 96,24; BGHZ 123,137.
[33] Vgl. BVerwG, NJW 1996,737; BGH, NJW 1985,2022; NJW 1995,967; Baumbach/Lauterbach, § 322 Rdnr. 9 m. w. Nachw.
[34] Vgl. Kopp/Schenke, § 121 Rdnr. 18; Eyermann/Rennert, § 121 Rdnr. 22.
[35] Vgl. BVerwG, NJW 1996,737, sowie im einzelnen unten Rdnr. 40.

gung, das auf die Gültigkeit eines Bebauungsplanes gestützt ist, einem Normenkontrollantrag gegen diesen nicht entgegen.[36]

## IV. Inhalt und Reichweite der materiellen Rechtskraft

Die für die Rechtskraft kennzeichnende Bindungswirkung hat eine subjektive, eine objektive sowie eine zeitliche Komponente (sogenannte Grenzen der Rechtskraft) und steht, insbesondere im Hinblick auf beteiligte Verwaltungsträger, in einem Spannungsverhältnis zu den Gestaltungsmöglichkeiten des materiellen Rechts. **21**

### 1. Subjektive Reichweite

Die Rechtskraft erzeugt eine Bindung für die Beteiligten des Rechtsstreits, also Kläger, Beklagten und gegebenenfalls Beigeladenen sowie deren Rechtsnachfolger; das sind diejenigen, die nach Rechtshängigkeit in die streitgegenständliche Rechtsstellung eingetreten sind.[37] Personen, deren Beiladung möglich oder notwendig war, aber nicht tatsächlich erfolgt ist, werden nicht erfaßt, es sei denn, sie hätten diese entgegen § 65 Abs. 3 nicht beantragt. **22**

Auf die jeweiligen Parteirollen in den beiden Verfahren kommt es nicht an.[38] Deshalb kann zum Beispiel der Beklagte nach rechtskräftiger Feststellung der Unwirksamkeit eines (öffentlich-rechtlichen) Vertrages nicht seinerseits Ansprüche aus diesem einklagen; ist dem (notwendig) beigeladenen Bauherrn nach einer erfolgreichen Nachbarklage gegen seine Baugenehmigung nunmehr als Kläger gegen die Beseitigungsanordnung die Berufung darauf verwehrt, daß das Vorhaben Nachbarrechte nicht verletze. **23**

Nimmt ein *Verwaltungsträger*, sei es auch durch eine selbst beteiligungsfähige Behörde (§ 61 Nr. 3), am Verfahren teil (vgl. oben § 9 Rdnr. 18 ff.), so wird er mit seinen sämtlichen organisatorischen Untergliederungen von der Rechtskraft erfaßt. Darüber hinaus werden aufgrund eines materiellen Verständnisses des Organisationszusammenhangs auch andere Rechtsträger und deren Behörden insoweit gebunden, als sie untereinander in einem funktionalen Zusammenhang stehen, wie Ausgangs- und Widerspruchsbehörde[39] oder Selbstverwaltungskörperschaft und staatliches Aufsichtsorgan, und zwar unabhängig von der Betroffenheit eigener oder übertragener Angelegenheiten.[40] **24**

---

[36] Vgl. BVerwG, NVwZ 1992,662.
[37] Vgl. Redeker/v. Oertzen, § 121 Rdnr. 6; Clausing, in: Schoch/Schmidt-Aßmann/Pietzner, § 121 Rdnr. 102.
[38] Vgl. BGHZ 123,137.
[39] Vgl. BGH, DÖV 1962,791.
[40] Vgl. dazu Kopp/Schenke, § 121 Rdnr. 24.

25 Ähnlich wirkt die im Rechtsstreit mit einem Land ergangene rechtskräftige Entscheidung über die Staatsangehörigkeit auch für und gegen den Bund.[41] Zu weit geht es dagegen, eine allgemeine Verbindlichkeit gerichtlicher Entscheidungen für Gerichte und Behörden anzunehmen; eine solche ist speziell in § 31 Abs. 1 BVerfGG angeordnet, läßt sich aber allgemein auch nicht aus Art. 35 Abs. 1 GG ableiten.[42]

## 2. Objektive Reichweite

26 Inhaltlich bezieht sich die Rechtskraft auf den *Entscheidungsgegenstand*. Er ist mit dem *Streitgegenstand* identisch[43] und wird durch das Klagebegehren bestimmt und begrenzt (§ 88).[44] Dessen Bedeutung ergibt sich nicht allein aus der Antragsformulierung, sondern kann nur aus dem gesamten Parteivortrag entnommen werden.[45] Es ist je nach Art der Klage auf unterschiedliche Ziele gerichtet und muß deshalb differenziert beurteilt werden (s. unten Rdnr. 33 ff.).

27 Der Streitgegenstand wird durch Klageanspruch und Klagegrund konkretisiert, ergibt sich also aus dem *Klageantrag* (auf dessen wörtliche Formulierung es gemäß § 88 freilich nicht entscheidend ankommt) und dem diesem zugrunde liegenden *Lebenssachverhalt* (sogenannter zweigliedriger Streitgegenstand).[46] Auf diesen Gesamtkomplex bezieht sich die gerichtliche Entscheidung und demzufolge auch deren Rechtskraft, so daß diese auch dann nicht geschmälert wird, wenn der Sachverhalt nicht voll erfaßt (Präklusion von Tatsachen)[47] oder nicht in jeder Beziehung (z. B. hinsichtlich aller Gültigkeitsvoraussetzungen für eine Vertragskündigung nach § 60 VwVfG) rechtlich gewürdigt wurde.[48]

28 So kann zum Beispiel ein Entschädigungsanspruch wegen naturschutzrechtlicher Nutzungsbeschränkung, der nur unter dem Gesichtspunkt ausgleichspflichtiger Inhaltsbestimmung (Art. 14 Abs. 1 Satz 2 GG) geprüft und rechtskräftig verneint wurde, nicht erneut anhängig gemacht werden, nunmehr gestützt auf enteignungsgleichen Eingriff, dessen Vorliegen vom Gericht bereits im ersten Verfahren zu prüfen war (§ 17 Abs. 2 GVG).[49]

---

[41] BVerwG, NVwZ 1993,781.
[42] So aber Kopp/Schenke, § 121 Rdnr. 24. Zur Bindung an zivilgerichtliche Urteile vgl. Bettermann, in: FS für F. Baur, S. 273 ff.
[43] Vgl. Rosenberg/Schwab/Gottwald, § 153 I 1.
[44] Vgl. BVerwG, NVwZ 1993,781; BGH, NJW 1991,1684 (zu § 308 Abs. 1 ZPO); Kopp/Schenke, § 88 Rdnr. 1.
[45] Vgl. BVerwG, NVwZ 1993,781.
[46] Ganz h. M., vgl. BVerwGE 52,247 (249); 70,110 (112); BGHZ 123,137 (140); BGH, NJW 1995,967; Kopp/Schenke, § 90 Rdnr. 12; Rosenberg/Schwab/Gottwald, § 95 III 2; letztlich auch Detterbeck, Streitgegenstand a. a. O., S. 46 ff.
[47] Vgl. BGHZ 123,137; BGH, NJW 1988,2301; NJW 1995,967.
[48] BGH, NJW 1995,1757. Vgl. insgesamt BVerwG, NJW 1996,737.
[49] Vgl. BGHZ 128,204.

### 3. Zeitliche Reichweite

Die Rechtskraftwirkung ist zeitlich nicht begrenzt.[50] Allerdings ist die Entscheidung auf den Zeitpunkt der letzten mündlichen Verhandlung bezogen (vgl. oben § 34 Rdnr. 44 f.), und hieran knüpft auch die Wirkung der Rechtskraft an. Diese steht deshalb unter dem Vorbehalt *unveränderter Entscheidungslage* und kann deshalb einem Begehren nicht entgegengehalten werden, das sich auf eine gegenüber der Vorentscheidung veränderte Sach- oder Rechtslage stützt.[51] Umgekehrt kann diese einen rechtskräftig zuerkannten Leistungsanspruch in Frage stellen.[52] Bloße Wandlungen der – selbst höchstrichterlich bekräftigten – Rechtsauffassungen begründen jedoch, ähnlich wie bei § 51 Abs. 1 Nr. 1 VwVfG,[53] keine Rechtsänderung in diesem Sinn.[54] **29**

### 4. Rechtskraft und materielles Recht

**30** Als prozessuales Institut läßt die Rechtskraft die materiell-rechtliche Lage unberührt und wird umgekehrt auch ihrerseits von dieser – abgesehen vom Extremfall sittenwidriger Erlangung des Urteils[55] – grundsätzlich nicht beeinflußt. Sie ist deshalb insbesondere für eine nach dem materiellen Recht zu beurteilende Dispositionsmöglichkeit der Behörde irrelevant. Diese kann aus Gründen der Rechtsstaatlichkeit und der Gleichbehandlung zwar durchaus gehalten sein, das ihr günstige Urteil auch zu realisieren.[56] Umgekehrt ist die Behörde jedoch auch nach rechtskräftiger Bestätigung oder Ablehnung eines Verwaltungsakts grundsätzlich befugt, diesen aufzuheben beziehungsweise trotzdem zu erlassen; unter den Voraussetzungen des § 51 VwVfG kann sie zu einer Neuentscheidung sogar verpflichtet sein.[57]

**31** Hierin liegt allerdings keine "*Durchbrechung der Rechtskraft*",[58] die nur zugunsten nicht aber zu Lasten des Bürgers zulässig sei. Denn dieser beruft sich mit dem Anspruch auf Wiederaufgreifen des Verwaltungsverfahrens nicht auf die – rechtskräftig verneinte – Rechtswidrigkeit des Verwaltungsakts, sondern auf eine durch § 51 Abs. 1 VwVfG zur Tatbestandsvoraussetzung erhobene, neue Beurteilungs-

---

[50] BVerwGE 91,256 (259).

[51] Vgl. BVerwGE 14,359 (362); 91,256 (258); BGHZ 94,29 (33).

[52] BVerwG, DVBl 1985,392; NVwZ-RR 1993,447.

[53] Vgl. BVerwG, NVwZ 1995,1097; Kopp, VwVfG, § 51 Rdnr. 19 m. zahlr. Nachw.; vgl. aber auch für die verfassungsgerichtliche Rechtsprechung BVerfG, NVwZ 1991,258.

[54] BVerwGE 91,256 (259, 261).

[55] Vgl. VGH BW, NVwZ 1993,72; Kopp/Schenke, § 121 Rdnr. 30 im Anschluß an die zivilgerichtliche Rechtsprechung, vgl. BGH, NJW-RR 1987,831.

[56] Vgl. dazu Maurer, JZ 1993,574 f.

[57] Vgl. BVerwGE 70,110 (111 f.); 82,272 (273); 91,256 (261).

[58] So zutreffend Kopp/Kopp, NVwZ 1994,5; anders die h. M., vgl. etwa BVerwGE 82,272 (274); Maurer, JZ 1993,574; Detterbeck, Streitgegenstand a.a.O., S. 195 ff., 201.

EuGH, U. 18.7.07, JZ 08, 141 m. Anm. Haratsch/Hensel (Durchbrechung)

lage. Der Streit hierüber betrifft aber einen anderen, durch die Vorentscheidung nicht präjudizierten Gegenstand. Dies gilt auch für ein eigeninitiatives Tätigwerden der Behörde, die auf der Grundlage der §§ 48, 49 VwVfG nicht gehindert ist, einen Sachverhalt erneut und abweichend zu regeln. Zu beachten sind freilich rechtskräftige Entscheidungen über vorgreifliche Fragen (s. oben Rdnr. 11 ff.). Das schließt es aus, die Rechtskraft durch unvermittelte Anwendung materiellen Rechts zu überspielen und zum Beispiel einen rechtskräftig als rechtswidrig aufgehobenen Verwaltungsakt unter Berufung auf das Gesetzmäßigkeitsprinzip und ein diffuses Effektivitätsgebot erneut zu erlassen (vgl. oben Rdnr. 12).

32 Auch wo die Aufrechterhaltung der rechtskräftigen Entscheidung "schlechthin unerträglich" wäre,[59] ist gegenläufigen Erfordernissen des Gemeinwohls nur mittels des materiell-rechtlich bereitgestellten, administrativen Instrumentariums Rechnung zu tragen. Danach kann der Zugriff auch auf eine rechtskräftig verfestigte und deshalb bestandsgeschützte Rechtsposition zulässig, jedoch von der Entschädigung für enttäuschtes Vertrauen (vgl. § 49 Abs. 6 VwVfG) abhängig sein.[60]

## V. Die Rechtskraft bei einzelnen Klagearten

33 Streit- und damit übereinstimmender Entscheidungsgegenstand (§ 88) werden durch das verfolgte Klagebegehren, das heißt den geltend gemachten prozessualen Anspruch, bestimmt. Dieser ist je nach Klageart unterschiedlich und führt deshalb auch zu einer differenzierten Beurteilung der Rechtskraftwirkung eines Sachurteils.[61]

### 1. Anfechtungsklage

34 Die Anfechtungsklage ist auf die richterliche Aufhebungsentscheidung gerichtet, mit der auf verfassungsrechtlicher Grundlage (Art. 20 Abs. 3 i. V. m. Art. 19 Abs. 4 GG) ein entsprechender materiell-rechtlicher Gestaltungsanspruch verwirklicht wird. Streitgegenstand ist eben dieser Anspruch auf Aufhebung des betreffenden konkreten Verwaltungsakts,[62] nicht dagegen der Verwaltungsakt als solcher oder seine Rechtswidrigkeit,[63] aber auch nicht die Rechtsbehauptung, daß der angegriffene Verwaltungsakt rechtswidrig sei und dadurch den Kläger in

---

[59] Vgl. BVerwGE 28,122 (127); 91,256 (260); Kopp/Schenke, § 121 Rdnr. 30; vgl. auch BGHZ 26,396.

[60] Vgl. Maurer, JZ 1993,575; Kopp/Kopp, NVwZ 1994,5.

[61] Vgl. dazu sowie zum Folgenden Detterbeck, Streitgegenstand a.a.O., S. 63, 67, 153 ff.

[62] Ebenso Bettermann, DVBl 1953,163; 202; Detterbeck, Streitgegenstand a.a.O., S. 156; Grunsky, Grundlagen des Verfahrensrechts, 2. Aufl. 1974, § 5 IV; differenzierend Kopp/Schenke, § 90 Rdnr. 8; aber auch BVerwGE 85,368 (376).

[63] Vgl. Hufen, § 10 Rdnr. 8.

seinen Rechten verletze, § 113 Abs. 1 Satz 1.[64] Vielmehr umschreibt diese Behauptung lediglich die notwendigen Voraussetzungen des Aufhebungsanspruchs, über die damit freilich zwangsläufig zusammen mit diesem entschieden wird und hinsichtlich deren Bestehens oder Nichtbestehens das Urteils deshalb ebenfalls Rechtskraft entfaltet. So wird mit der Aufhebung eines Verwaltungsaktes zugleich dessen Rechtswidrigkeit rechtskräftig festgestellt, so daß die Behörde diesen, obwohl es sich um verschiedene Streitgegenstände handelt, vorbehaltlich weiterer, außerhalb der Rechtskraft liegender Erwägungen (vgl. dazu oben Rdnr. 30 ff.), nicht unverändert wiederholen darf.[65]

Dies gilt im Prinzip auch für die *Fortsetzungsfeststellungsklage*. Bei ihr verengt 35
sich infolge der Erledigung des Verwaltungsakts das Aufhebungs-(beziehungsweise bei der Verpflichtungsklage: das Leistungs-)begehren auf das in diesem enthaltene Feststellungsbegehren, daß der Verwaltungsakt (beziehungsweise seine Ablehnung oder Unterlassung) rechtswidrig *gewesen ist*[66] (vgl. oben § 22 Rdnr. 43), und eben hierüber wird mit Rechtskraft entschieden.

Diese bezieht sich beim *stattgebenden Urteil* jedoch nur auf die beanstandeten 36
Gründe, hindert die Behörde also nicht, unter Behebung des Mangels (z. B. eines Verfahrens- oder Ermessensfehlers) einen inhaltlich gleichlautenden Verwaltungsakt neu zu erlassen. Wird die Klage *abgewiesen*, so steht rechtskräftig nicht die Rechtmäßigkeit des Verwaltungsakts, sondern nur fest, daß dieser Rechte des Klägers nicht verletzt.

## 2. Leistungsklagen

### *a) Allgemeines Leistungsurteil*

Streitgegenstand der Leistungsklage ist allgemein der Anspruch des Klägers auf 37
(Verurteilung zur) Erbringung der begehrten Leistung. Demgemäß steht mit dem Urteil fest, daß der geltend gemachte Anspruch aufgrund des maßgeblichen Sachverhalts besteht beziehungsweise – im Fall der Abweisung – nicht aus diesem hergeleitet werden kann.[67]

---

[64] So aber die h. M., vgl. BVerwGE 29,210 (211 f.); 40,101 (104); 91,256 (257); Eyermann/Rennert, § 121 Rdnr. 10 ff.; Ule, § 35 II 3; Hufen, § 11 Rdnr. 9; wie hier dagegen BVerwGE 85,368 (376).

[65] BVerwGE 91,256 m. Anm. von Maurer, JZ 1993,574; vgl. dazu ferner Kopp/Kopp, NVwZ 1994,4; Detterbeck, NVwZ 1994,35.

[66] Vgl. BVerwGE 89,354; BVerwG, NVwZ 1991,160; DVBl 1998,1126.

[67] Vgl. BGHZ 93,287.

#### *b) Verpflichtungsurteil*

38 Vergleichbar ist Streitgegenstand der Verpflichtungsklage der geltend gemachte Anspruch auf Erlaß des betreffenden, begehrten Verwaltungsakts,[68] gleich, ob dieser eine gebundene oder eine Ermessensentscheidung darstellt, da es sich insoweit lediglich um unterschiedlich weitgehende Anspruchsgrundlagen für ein und dasselbe Begehren handelt.[69] Entsprechend der unterschiedlichen Reichweite der gerichtlichen Entscheidung auf eine Verpflichtungsklage (vgl. § 113 Abs. 5 Satz 1) ist auch der Umfang der jener zukommenden Rechtskraft verschieden.

39 Ein Verpflichtungsurteil stellt rechtskräftig den klägerischen Anspruch auf Erlaß des begehrten Verwaltungsakts – und entsprechend die behördliche Verpflichtung hierzu – fest. Wie bei der Anfechtungsklage (vgl. oben Rdnr. 34) erwächst in Rechtskraft aber auch die hierfür tragende Begründung, daß der Nichterlaß des Verwaltungsakts objektiv rechtswidrig und subjektiv rechtsverletzend war.[70] Dagegen verneint ein in der Sache *abweisendes Urteil* lediglich jenen Anspruch, nicht jedoch zugleich die Rechtmäßigkeit des verlangten Verwaltungsakts.[71]

#### *c) Bescheidungsurteil*

40 Die Rechtskraft eines Bescheidungsurteils erfaßt auch die in diesem verbindlich zum Ausdruck gekommene *Rechtsauffassung des Gerichts*, zu deren Beachtung die Behörde beim Erlaß des neuen Verwaltungsakts verpflichtet ist (§ 113 Abs. 5 Satz 2).[72] Folgerichtig kann der Kläger auch durch ein stattgebendes Urteil beschwert sein, wenn die diesem zugrunde liegende und seine eigene Rechtsauffassung voneinander abweichen.

### 3. Feststellungsklage

41 Streitgegenstand der Feststellungsklage (§ 43 Abs. 1) ist die durch den Kläger verlangte Feststellung des Gerichts, daß das betreffende *Rechtsverhältnis* besteht oder nicht besteht beziehungsweise der betreffende *Verwaltungsakt nichtig* ist. Das stattgebende Urteil stellt diese begehrte Rechtsfolge fest, verneint aber zugleich auch deren "kontradiktorisches Gegenteil", so daß einem in Umkehrung des Streits hierauf gerichteten Begehren die Rechtskraft des Urteils im Vorprozeß ent-

---

[68] Vgl. Detterbeck, Streitgegenstand a.a.O., S. 206.
[69] Vgl. BVerwG, DVBl 1995,925; vgl. auch schon BVerwG, NVwZ 1992,165
[70] Vgl. BVerwGE 89,354 m. krit. Anm. von Redeker, DVBl 1992,1225.
[71] Vgl. BVerwGE 84,11.
[72] Vgl. BVerwG, DVBl 1995,925; NJW 1996,737.

gegensteht.[73] Wird eine negative Feststellungsklage abgewiesen, so wird hierdurch das Bestehen des betreffenden Rechtsverhältnisses rechtskräftig bejaht.[74] Für die Fortsetzungsfeststellungsklage ist auf die obigen Ausführungen (Rdnr. 35) zu verweisen.

### 4. Normenkontrollantrag

Entsprechend ihrem zumindest zugleich subjektiven Charakter erwachsen auch **42**
Entscheidungen in Verfahren zur verwaltungsgerichtlichen Normenkontrolle in materielle Rechtskraft.[75] Diese ist von der *Allgemeinverbindlichkeit* der Nichtigerklärung der Norm gemäß § 47 Abs. 6 Satz 2 zu unterscheiden, die keine über deren Annullierung hinausreichende Wirkung entfaltet.[76] Demgegenüber erfaßt die auf die Beteiligten beschränkte Rechtskraft in den Grenzen der gerichtlichen Normenkontrollkompetenz (vgl. oben § 26 Rdnr. 33 ff.) die Entscheidung über die *Gültigkeit der geprüften Rechtsvorschrift.* Sie steht, wenn diese verneint wird, einem Neuerlaß ohne Änderung der Verhältnisse, insbesondere auch unter Wiederholung des gerügten formellen oder materiellen Mangels, entgegen.[77] Andererseits steht mit Abweisung des Antrags als unbegründet insoweit zwischen den Beteiligten zugleich die Gültigkeit der Norm (nach dem anzuwendenden Prüfungsmaßstab) fest, zum Beispiel eines Bebauungsplans in einem anschließenden Entschädigungs- oder Baugenehmigungsverfahren.[78]

## Literatur

*Barbey*, Bemerkungen zum Streitgegenstand im Verwaltungsprozeß, in: Menger-FS, S. 177.
*Bettermann*, Über die Bindung der Verwaltung an zivilgerichtliche Urteile, in: FS für Baur, 1981, S. 273.
*Ders.*, Wesen und Streitgegenstand der verwaltungsgerichtlichen Anfechtungsklage, DVBl 1953,163; 202.
*Bötticher*, Die Bindung der Gerichte an Entscheidungen anderer Gerichte, in: FS zum 100jährigen Bestehen des Deutschen Juristentages, 1960, S. 511.
*Broß*, Zur Bindung der Zivilgerichte an Verwaltungsentscheidungen, VerwArch 78 (1987), S. 91.
*Brox*, Die Bindung des Richters an Entscheidungen anderer Gerichte, ZZP 73 (1960), S. 46.
*Detterbeck*, Streitgegenstand und Entscheidungswirkungen im Öffentlichen Recht, 1995.

---

[73] Vgl. BGHZ 123,137; BGH, NJW 1995,1757; BVerwGE 68,306 (310); BVerwG, NVwZ 1993,781.
[74] Vgl. BVerwGE 16,36; 25,7 (9); 68,310; BVerwG, NVwZ 1993,782.
[75] Vgl. BVerwGE 68,306 (307); 92,266 (270 f.); BGHZ 77,338 (341); BGH, NVwZ 1995,412; a. A. noch BVerwGE 65,131 (136 f.).
[76] BVerwG, DVBl 1993,1096.
[77] Vgl. BVerwGE 68,306 (307); 92,266 (270 f.); vgl. demgegenüber für den parlamentarischen Gesetzgeber aber BVerfGE 77,84 (103 f.).
[78] Vgl. BGHZ 77,338 (341); BGH, NVwZ 1995,412; BVerwGE 68,306 (310).

*Ders.*, Normwiederholungsverbote aufgrund normverwerfender Entscheidungen des Bundesverfassungsgerichts?, AöR 116 (1991), S. 391.
*Ders.*, Das Verwaltungsakt-Wiederholungsverbot, NVwZ 1994,35.
*Geiger*, Zur Frage der Bindung der Zivilgerichte an verwaltungsgerichtliche Urteile, in: Staatsbürger und Staatsgewalt, Jubiläumsschrift zum hundertjährigen Bestehen der deutschen Verwaltungsgerichtsbarkeit, 1963, S. 183.
*Habscheid*, Der Streitgegenstand im Zivilprozeß, 1956.
*Haueisen*, Die Bedeutung der Rechtskraft verwaltungsgerichtlicher Urteile, NJW 1960,313.
*Knöpfle*, "Tatbestands-" und "Feststellungswirkung" als Grundlage der Verbindlichkeit von gerichtlichen Entscheidungen und Verwaltungsakten, BayVBl 1982,225.
*Koussoulis*, Beiträge zur modernen Rechtskraftlehre, 1986.
*Kopp/Kopp*, Grenzen der Rechtskraftwirkung von Urteilen aufgrund von Anfechtungsklagen, NVwZ 1994,1.
*Marotzke*, Urteilswirkungen gegen Dritte und rechtliches Gehör, ZZP 100 (1987), S. 164.
*Nicklisch*, Die Bindung der Gerichte an gestaltende Gerichtsentscheidungen und Verwaltungsakte, 1965.
*Schack*, Drittwirkung der Rechtskraft?, NJW 1988,865.

# § 36. Verfahrensbeendigung ohne Urteil

Neben dem Urteil als Normalform des Abschlusses eines Hauptsacheverfahrens bestehen weitere Möglichkeiten für dessen Beendigung. Gesetzliche Alternativen einer *gerichtlichen Entscheidung* sind der *Gerichtsbescheid* (im folgenden Rdnr. 3 ff.) sowie für Normenkontrollverfahren der *Beschluß* (s. dazu oben § 26 Rdnr. 68). Ferner ist die Form des *Beschlusses* auch in bestimmten Konstellationen zugelassen, in denen aufgrund eindeutiger, durch einstimmiges Richtervotum belegter Sach- und Rechtslage eine Entscheidung ohne mündliche Verhandlung angebracht erscheint. So kann nach abschließender Klärung durch rechtskräftiges Urteil in einem *Musterverfahren* über die ausgesetzten Parallelverfahren durch Beschluß entschieden werden (§ 93a Abs. 2 Satz 1; näher dazu oben § 32 Rdnr. 40 ff.); eine vergleichbare Möglichkeit besteht für gewisse Entscheidungen über das *Rechtsmittel* der Berufung (§§ 125 Abs. 1 Satz 1; 130a Satz 1; vgl. näher unten § 38 Rdnr. 45 ff.) oder der Revision (§ 144 Abs. 1; vgl. näher unten § 39 Rdnr. 63). 1

Daneben können aber auch *die Parteien* das Verfahren beenden, indem sie entweder diesem, soweit erforderlich einvernehmlich, durch *Klagerücknahme* (s. dazu oben § 31 Rdnr. 53 ff.) oder *Erledigungserklärung* (im folgenden Rdnr. 36 ff.) die Grundlage entziehen oder die gerichtliche Entscheidung durch eigenverantwortliche, inhaltliche Regelung im Wege eines *Prozeßvergleichs* (im folgenden Rdnr. 17 ff.) entbehrlich machen. 2

## I. Der Gerichtsbescheid

### 1. Bedeutung und Reichweite

Aus Gründen der Verfahrensvereinfachung und -beschleunigung kann das Gericht gemäß § 84 Abs. 1 Satz 1 über eine Klage, statt durch Urteil, im Wege des Gerichtsbescheids entscheiden. Dieser wurde durch das 4. VwGO-ÄnderungsG mit gewissen Modifikationen aus dem bis zum 31.12.1990 befristeten § 1 EntlastungsG (vgl. dazu oben § 2 Rdnr. 21) in die Verwaltungsgerichtsordnung übernommen und ersetzte hier den auf die Abweisung einer unzulässigen oder offensichtlich unbegründeten Klage beschränkten *Vorbescheid*. Ungeachtet der Abweichungen gegenüber einer Entscheidung durch Urteil hinsichtlich der (geringeren) 3

Verfahrensanforderungen (Art. 19 Abs. 4; 103 Abs. 1 GG) und der Besetzung der Richterbank (Art. 101 Abs. 1 Satz 2 GG; s. unten Rdnr. 7) bestehen gegen die Regelung keine grundsätzlichen verfassungsrechtlichen Bedenken.[1] Ebensowenig ist angesichts der prozessualen Ausgestaltung des Gesamtverfahrens[2] (vgl. noch unten Rdnr. 10 ff.) der Öffentlichkeitsgrundsatz gemäß Art. 6 Abs. 1 EMRK, soweit er in verwaltungsrechtlichen Streitigkeiten anwendbar ist (vgl. dazu oben § 30 Rdnr. 42 ff.), verletzt.[3]

4 Der Erlaß eines Gerichtsbescheids kommt für alle *erstinstanzlichen Entscheidungen über Klagen* in Betracht, also auch durch Oberverwaltungsgericht und Bundesverwaltungsgericht[4] (vgl. §§ 48; 50), bei denen allerdings die sachlichen Voraussetzungen (vgl. unten Rdnr. 5 f.) nur ausnahmsweise gegeben sein werden.[5] Er scheidet bei Anträgen im Normenkontrollverfahren (§ 47 Abs. 1) oder auf vorläufigen Rechtsschutz (§§ 80 Abs. 5, 80a Abs. 3; 123 Abs. 1) ebenso aus wie im Berufungs- (vgl. § 125 Abs. 1 Satz 2) und im Revisionsverfahren (§ 141 Satz 1); für jenes trifft jedoch § 130a eine im Ergebnis vergleichbare Regelung. Auch der gemäß § 6 Abs. 1 bestellte Einzelrichter *kann* – zumal angesichts der Übereinstimmung von Bestellungs- und diesbezüglichen Entscheidungsvoraussetzungen – durch Gerichtsbescheid entscheiden.

## 2. Voraussetzungen

5 In wörtlicher und sachlicher Übereinstimmung mit § 6 Abs. 1 Satz 1 Nr.1[6] (s. dazu oben § 7 Rdnr. 23 ff.) setzt die Entscheidung durch Gerichtsbescheid gemäß § 84 Abs. 1 Satz 1 voraus, daß die Sache *keine besonderen Schwierigkeiten* tatsächlicher oder rechtlicher Art aufweist[7] (vgl. auch § 348 Abs. 1 Nr.1 ZPO), das heißt voraussichtlich keine, das normale Maß nicht unerheblich übersteigenden Anforderungen an die Entscheidungstätigkeit stellen wird. Hieran fehlt es unter Berücksichtigung der besonderen Zwecksetzung jener Entscheidungsform jedenfalls, wenn höchstrichterlich noch nicht geklärte, streitige Rechtsfragen zu entscheiden sind oder, auch wenn dies in § 84 Abs. 1 Satz 1 (anders als in § 6 Abs. 1 Satz 1 Nr. 2) nicht ausdrücklich erwähnt ist, die Rechtssache grundsätzliche Bedeutung

---

[1] Vgl. BVerwGE 72,59.
[2] Vgl. EGMR, NJW 1992,1813.
[3] Vgl. BVerwGE 72,59 (61); BVerwG, Buchholz 310 § 84 VwGO Nr. 3; vgl. auch BVerwG, DVBl 1996,105; demgegenüber Kopp, NJW 1991,522; Kopp/Schenke, § 84 Rdnr. 2; Roth, NVwZ 1997,657.
[4] Vgl. BVerwG, JZ 1997,263; DVBl 1998,230.
[5] Vgl. auch Redeker/v. Oertzen, § 84 Rdnr. 15.
[6] Ebenso Redeker/v. Oertzen, § 84 Rdnr. 5a; Eyermann/Geiger, § 84 Rdnr. 7; Schnellenbach, DVBl 1993,234.
[7] Vgl. dazu NdsOVG, NVwZ-RR 1996,719; OVG NW, NVwZ-RR 1997,760.

hat.[8] Ebenso wird die fehlende, rechtlich nunmehr auch entbehrliche (vgl. demgegenüber § 1 Abs. 1 EntlastungsG) Einstimmigkeit in der Beurteilung jener Voraussetzungen ein Indiz für das Bestehen von Schwierigkeiten darstellen.[9] Das Vorliegen dieser Voraussetzungen unterliegt bis zur Grenze sachfremder Erwägungen oder grober Fehleinschätzung der richterlichen Beurteilungsfreiheit.[10]

Erforderlich ist ferner, daß der *Sachverhalt geklärt* ist;[11] dies kann auch auf- 6
grund einer bereits erfolgten Beweisaufnahme der Fall sein, deren Durchführung damit, anders als nach § 1 Abs. 2 EntlastungsG, einem nachfolgenden Gerichtsbescheid nicht entgegensteht. Inhaltlich ist für das Vorliegen der erforderlichen tatsächlichen Klarheit der Maßstab gerichtlicher Überzeugungsbildung gemäß § 108 Abs. 1 Satz 2 (s. oben § 30 Rdnr. 17 f.) maßgeblich.

### 3. Verfahren

#### *a) Besetzung*

Der Gerichtsbescheid ergeht *ohne mündliche Verhandlung*, wird aber umgekehrt – 7
wiederum anders, als nach § 1 EntlastungsG – nicht dadurch ausgeschlossen, daß eine solche bereits stattgefunden hat. Eine Mitwirkung der ehrenamtlichen Richter ist bundesgesetzlich nicht vorgesehen (§ 5 Abs. 3 Satz 2). Für die Besetzung beim Oberverwaltungsgericht kommt es auf die jeweiligen landesrechtlichen Regelungen in Verbindung mit § 9 Abs. 3 VwGO an, wobei der Gerichtsbescheid nicht einem Beschluß gleichgesetzt werden kann und deshalb mangels spezifischer Regelung – so gegebenenfalls auch beim Bundesverwaltungsgericht (vgl. § 10) – in der für Urteile vorgeschriebenen Besetzung zu erlassen ist.[12]

#### *b) Anhörung*

Vor Erlaß des Gerichtsbescheids sind *die Beteiligten zu hören* (§ 84 Abs. 1 8
Satz 2), und zwar sowohl zu der vom Gericht beabsichtigten Verfahrensweise als auch in der Sache selbst. Da hierdurch die Erörterung der Streitsache gemäß § 104 Abs. 1 ersetzt wird, ist eine *konkrete und fallbezogene Anhörung* unter gerichtlicher Information auch über die Gründe des prozessualen Vorgehens (und damit notwendigerweise zugleich über die diesem zugrunde liegende Rechtsansicht in

---

[8] Ebenso OVG NW, NVwZ-RR 1997,760; Kopp/Schenke, § 84 Rdnr. 8; Schnellenbach, DÖV 1981,320; z. T. großzügiger Redeker/v. Oertzen, § 84 Rdnr. 4.
[9] Vgl. auch Weigert, BayVBl 1978,393.
[10] Vgl. BVerwGE 84,220 (223).
[11] Vgl. dazu NdsOVG, NVwZ-RR 1996,719.
[12] Ebenso Redeker/v. Oertzen, § 84 Rdnr. 3; Clausing, in: Schoch/Schmidt-Aßmann/Pietzner, § 84 Rdnr. 9.

der Sache selbst) erforderlich.[13] Eine wesentliche Änderung der Prozeßlage, insbesondere auch durch neues Parteivorbringen oder die Stellung von Beweisanträgen, kann eine erneute Anhörung erforderlich machen.[14]

### c) Erlaß

9 Der Gerichtsbescheid entspricht in Form und Inhalt einem *Urteil*, wird also entsprechend wie ein solches erlassen (§ 84 Abs. 1 Satz 3) und erzeugt dieselben Wirkungen (§ 84 Abs. 3); insbesondere erwächst er auch in Rechtskraft (§ 121) und ist Vollstreckungstitel (§ 168 Abs. 1 Satz 1 Nr. 1). Mit seinem Erlaß wird, ohne daß es diesbezüglich eines eigenen Beschlusses bedürfte, zugleich das Vorliegen seiner Voraussetzungen bejaht, zu denen deshalb in den Gründen des Gerichtsbescheids Stellung zu nehmen ist.

## 4. Rechtsbehelfe

10 Der Gerichtsbescheid steht auch hinsichtlich der zulässigen Rechtsmittel einem Urteil gleich; ergänzend tritt jedoch der Antrag auf mündliche Verhandlung hinzu. Die diesbezügliche gesetzliche Regelung des durch das 6. VwGO-ÄnderungsG neugefaßten § 84 Abs. 2 erscheint auf den ersten Blick unübersichtlich. Sie ist erkennbar von dem Bestreben getragen, dem Rechtsschutzsuchenden jedenfalls eine Tatsacheninstanz mit – im Anwendungsbereich des Art. 6 Abs. 1 EMRK von diesem vorgeschriebener – mündlicher Verhandlung zu gewährleisten.[15] Allerdings garantiert Art. 6 Abs. 1 EMRK nur die *Möglichkeit einer mündlichen Verhandlung* und ist deshalb nicht verletzt, wenn der Betroffene von dieser Option zugunsten einer anderen Verfahrensweise nicht Gebrauch macht. Deshalb kann über eine Berufung auch dann gemäß § 125 Abs. 2 (und nunmehr auch § 130a) entschieden werden, wenn sie sich gegen einen Gerichtsbescheid richtet.[16]

### a) Systematik

11 Damit ergeben sich für die Beteiligten folgende Optionen, für deren Wahrnehmung eine *Frist* von einem Monat nach Zustellung des Gerichtsbescheids besteht.

12 *(1)* Ist ein Rechtsmittel gegeben, so ist dieses einzulegen. Hierfür kommt allein die *Revision* in Betracht, sofern sie in dem Gerichtsbescheid zugelassen worden ist (§ 84 Abs. 2 Nr. 2), dessen gesetzliche Voraussetzungen dann allerdings ohnehin kaum vorliegen dürften (vgl. § 132 Abs. 2). Soweit im Anwendungsbereich des

---

[13] Vgl. BVerwG, NJW 1982,1011; Redeker/v. Oertzen, § 84 Rdnr. 8.
[14] Vgl. BVerwG, DVBl 1983,1014; DVBl 1991,156.
[15] Dazu Kopp, NJW 1991,522 f.; vgl. auch schon BVerwG, DVBl 1983,1014.
[16] BVerwG, DVBl 1996,105; HessVGH, NVwZ-RR 1996,543.

Art. 6 Abs. 1 EMRK eine mündliche Verhandlung notwendig sein sollte, wird ein hierauf gerichteter Antrag entsprechend § 84 Abs. 2 Nr. 4 als statthaft angesehen.

*(2)* Kann die *Zulassung der Berufung* durch einen entsprechenden Antrag (§§ 124, 13
124a) oder der *Revision* durch *Nichtzulassungsbeschwerde* (§ 133) an das Rechtsmittelgericht erstrebt werden, so ist dieser Rechtsbehelf zu ergreifen oder – alternativ – *Antrag auf mündliche Verhandlung* zu stellen (§ 84 Abs. 2 Nr. 1, 3). Wird – seitens verschiedener Beteiligter, nicht etwa des Antragstellers beziehungsweise Beschwerdeführers[17] – von beiden Rechtsbehelfen Gebrauch gemacht, so findet einheitlich nur die mündliche Verhandlung statt.

*(3)* Sofern ein Rechtsmittel nicht gegeben ist, kann nur *mündliche Verhandlung* 14
beantragt werden (§ 84 Abs. 2 Nr. 4). Der Antrag bewirkt die Fortsetzung des Verfahrens in derselben Instanz und ist kein Rechtsmittel.

Soweit ein *Rechtsmittelverfahren* stattfindet, richtet sich dieses nach den allge- 15
meinen Vorschriften.

### *b) Der Antrag auf mündliche Verhandlung*

Wird rechtzeitig mündliche Verhandlung beantragt, so gilt der Gerichtsbescheid 16
als nicht ergangen (§ 84 Abs. 3 Halbs. 2) und ist nunmehr in jedem Fall, also auch bei unzulässigem, etwa verspätetem Antrag,[18] durch *Urteil* (§ 107), unter den Voraussetzungen des § 101 Abs. 2 auch ohne mündliche Verhandlung,[19] zu entscheiden. In dem Urteil kann das Gericht von einer weiteren Darstellung des Tatbestandes und der Entscheidungsgründe absehen, soweit es der Begründung des Gerichtsbescheids folgt und dies in seiner Entscheidung feststellt, § 84 Abs. 4.

## II. Der Prozeßvergleich

Als Ausdruck des *Verfügungsgrundsatzes* (vgl. oben § 30 Rdnr. 2) können die Be- 17
teiligten den Rechtsstreit selbst beilegen und damit eine gerichtliche Entscheidung entbehrlich machen, indem sie einen *gerichtlichen Vergleich* (*Prozeßvergleich*) abschließen, § 106.

---

[17] Vgl. Redeker/v. Oertzen, § 84 Rdnr. 14.
[18] Vgl. BayVGH, DÖV 1981,639.
[19] Vgl. Kopp/Schenke, § 84 Rdnr. 38; Clausing, in: Schoch/Schmidt-Aßmann/ Pietzner, § 84 Rdnr. 39.

## 1. Grundlagen

### a) Begriff und Abgrenzung

18 Der Prozeßvergleich ist entsprechend § 779 BGB (vgl. § 55 VwVfG) ein Vertrag, durch den die Beteiligten den zwischen ihnen anhängigen Rechtsstreit im Wege gegenseitigen Nachgebens[20] ganz oder zum Teil beenden.[21]

19 Er wirkt in diesem Sinn unmittelbar auf das Verfahren ein und ist hierin vom *außergerichtlichen Vergleich* (§ 55 VwVfG) zu unterscheiden, der als allein materielles Rechtsgeschäft abgeschlossen wird und prozessuale Relevanz erst durch entsprechende *Prozeßerklärungen* (Klagerücknahme; Erledigungserklärung) erlangt.[22] Werden diese vereinbarungswidrig nicht abgegeben, so steht der aufrechterhaltenen Klage die – vom Beklagten geltend zu machende – Einrede der unzulässigen Rechtsausübung entgegen;[23] im übrigen ist die Existenz des Vergleichs als für die materiell-rechtliche Würdigung bedeutsamer Umstand bei der Entscheidung zu berücksichtigen.

20 Einer vergleichsweisen Beilegung sind *alle Streitverfahren*, auch in höherer Instanz, zugänglich, so neben Klageverfahren insbesondere Verfahren zum einstweiligen Rechtsschutz (§§ 80 Abs. 5, 80a Abs. 3; 123).[24] Auch das durch § 47 formal kontradiktorisch ausgestaltete Normenkontrollverfahren kann, obwohl es sich – auch nach stärkerer Konturierung des Rechtsschutzziels – funktional um ein Verfahren zur objektiven Rechtskontrolle handelt (vgl. oben § 26 Rdnr. 7), durch Vergleich beendet werden;[25] hierbei sind allerdings die Grenzen der Verfügungsbefugnis zu beachten, die insbesondere nicht die Gültigkeit der angegriffenen Norm erfaßt.

### b) Rechtsnatur

21 *aa)* Der gerichtliche Vergleich weist nach ganz herrschender Meinung eine **Doppelnatur** auf: Er ist einerseits eine das gerichtliche Verfahren beendende und damit auf dieses unmittelbar einwirkende *Prozeßhandlung*, andererseits eine inhaltliche Regelung der Rechtsbeziehungen zwischen den Parteien und insofern ein *materiell-rechtliches Rechtsgeschäft*.[26]

---

[20] Vgl. demgegenüber Baumbach/Lauterbach, Anhang § 307 Rdnr. 3.
[21] Vgl. BayVGH, BayVBl 1987,308.
[22] Vgl. BVerwG, DVBl 1976,217; NJW 1994,2306.
[23] Vgl. BVerwG, NJW 1994,2306; OVG NW, DÖV 1974,825; allgemein BGH, NJW 1984,805.
[24] Vgl. BayVGH, BayVBl 1980,565; Kopp/Schenke, § 106 Rdnr. 2.
[25] So Kopp/Schenke, § 106 Rdnr. 2; Eyermann/Geiger, § 106 Rdnr. 3.
[26] Vgl. BVerwGE 14,103 (104); BVerwG, NJW 1994,2306; Redeker/v. Oertzen, § 106 Rdnr. 2; Rosenberg/Schwab/Gottwald, § 131 III 1 c.

BVerwG, B 27.10.93, DVBl 94, 211

Abweichende Auffassungen[27] haben sich demgegenüber zu Recht nicht durchsetzen können. Weder ist der Prozeßvergleich eine reine Prozeßhandlung ohne unmittelbare, materiell-rechtliche Bedeutung,[28] noch stellt er sich als ausschließlich materiell-rechtlicher Vertrag dar, dessen prozessuale Wirkung (Beendigung des Rechtsstreits) nicht Inhalt, sondern lediglich Folge des Rechtsgeschäfts ist. Ebensowenig setzt er sich aus zwei rechtlich zu trennenden Rechtsgeschäften (sogenannter Doppeltatbestand), nämlich einem außergerichtlichen Vergleichsvertrag und einer damit übereinstimmenden Prozeßerklärung, zusammen.[29] 22

*bb)* Als *Konsequenz* aus der Doppelnatur muß der gerichtliche Vergleich den Anforderungen sowohl des materiellen als auch des Prozeßrechts genügen (s. näher unten Rdnr. 25 ff.). Das bedeutet jedoch nicht, daß deren Nichtbeachtung in jedem Fall zur Ungültigkeit des Vergleichs insgesamt führen muß; es ist vielmehr zu differenzieren. 23

*Materiell-rechtliche Fehler* machen den Vergleich unwirksam, da die bloße Verfahrensbeendigung als solche ohne wirksame, materiell-rechtliche Gestaltung der Rechtsbeziehungen des inhaltlichen Substrats entbehren würde, die gerichtliche Entscheidung also nicht ersetzen könnte. Demgegenüber stehen bloß *prozessuale Mängel* nur einer Wirkung des Vergleichs auf das Prozeßrechtsverhältnis gegenüber, ziehen aber nicht notwendig seine Unwirksamkeit auch als materiellrechtlicher Vertrag nach sich. Insoweit ist vielmehr auf den Willen der Parteien, also zum Beispiel darauf abzustellen, ob es ihnen gerade auch auf die prozessualen Wirkungen des Vergleichs (Vollstreckungstitel; Verfahrensbeendigung) ankam.[30] 24

## 2. Abschluß des Vergleichs

### a) Voraussetzungen

*aa)* In *prozessualer* Hinsicht setzt der Prozeßvergleich ein anhängiges, also auch nicht bereits anderweit (insbesondere durch Klagerücknahme oder rechtskräftiges Urteil) abgeschlossenes Verfahren voraus. Dagegen müssen die prozessualen *Voraussetzungen einer Sachentscheidung* (vgl. oben § 10 Rdnr. 2 ff.), die ja gerade nicht begehrt wird, mit Ausnahme der für den Abschluß des Vergleichs unerläßlichen prozessualen Handlungsfähigkeit (Beteiligten-, Prozeßfähigkeit) nicht vorliegen; Rechtswegeröffnung, Gerichtszuständigkeit und Zulässigkeit der Klage im übrigen sind also nicht zu prüfen.[31] Dies gilt auch für den gerichtlich initiierten Vergleich gemäß § 106 Satz 2.[32] 25

[27] Vgl. dazu Rosenberg/Schwab/Gottwald, § 131 III 1.
[28] So Baumbach/Lauterbach, Anhang § 307 Rdnr. 3.
[29] So Tempel, in: FS für Schiedermair, S. 522.
[30] Vgl. BVerwG, NJW 1994,2306.
[31] Vgl. Redeker/v. Oertzen, § 106 Rdnr. 5.
[32] Vgl. auch Hufen, § 37 Rdnr. 26.

26 *bb) Materiell-rechtlich* sind die Vertragsanforderungen der §§ 54 ff. VwVfG zu beachten, deren Nichteinhaltung jedoch nur unter den Voraussetzungen des § 59 VwVfG zur Ungültigkeit des Vergleichs führt. Insoweit können inhaltliche Gesetzesabweichungen infolge des gegenseitigen Nachgebens (§ 55 VwVfG) zu tolerieren sein, auch wenn sie einer gerichtlichen Entscheidung nicht zugänglich wären.[33] Besondere Bedeutung kommt dabei der Einhaltung der behördlichen Zuständigkeiten für den Vertragsschluß sowie der Beteiligung – materiell-rechtlich, das heißt unabhängig von einer prozessualen Beteiligtenstellung (s. dazu sogleich Rdnr. 28) – mitwirkungsberechtigter Dritter und Behörden gemäß § 58 VwVfG[34] zu.

27 Die Vertragschließenden müssen ferner gemäß § 106 Satz 1 über den *Gegenstand des Vergleiches* – nicht wie früher: der Klage – *verfügen können*. Dies ermöglicht eine Erstreckung des Vergleichs über den rechtshängigen Streitgegenstand hinaus[35] und erlaubt, da weitere prozessuale Bindungen nicht bestehen, die Einbeziehung auch rechtswegfremder Gegenstände, zum Beispiel privatrechtlicher Ansprüche[36] oder einer Grundstücksveräußerung.[37]

### b) Beteiligte

28 Der gerichtliche Vergleich ist auf die Beendigung des Prozeßrechtsverhältnisses gerichtet und kann deshalb von Kläger und Beklagtem als den über dieses verfügungsbefugten *Prozeßparteien* wirksam abgeschlossen werden. Eine Mitwirkung sonstiger Beteiligter (Beigeladener, Vertreter des öffentlichen Interesses) ist möglich, aber nicht erforderlich;[38] unterbleibt sie, so werden diese von der materiell-rechtlichen Vereinbarung nicht erfaßt. Hieraus kann allerdings die Unwirksamkeit des Vergleichs insgesamt (vgl. oben Rdnr. 24) folgen, wenn die Mitwirkung sachrechtlich – also ganz unabhängig von einer, vielleicht sogar notwendigen (§ 65 Abs. 2) Beteiligtenstellung – erforderlich war.[39]

### c) Form

29 Der Abschluß des Vergleichs ist in zwei Formen möglich.

---

[33] Vgl. BVerwG, NJW 1990,2700 (2702); Meyer-Hesemann, DVBl 1980,869 ff.; demgegenüber etwa noch H. Wilke, SGb 1964,351 f.

[34] Vgl. dazu BVerwG, NJW 1988,662; OVG NW, NVwZ 1988,370.

[35] Vgl. BayVGH, BayVBl 1980,565; Kopp/Schenke, § 106 Rdnr. 5, 9.

[36] Vgl. BayVGH, BayVBl 1987,308; vgl. auch Kluth, BauR 1990,680.

[37] BVerwG, NJW 1995,2179.

[38] Vgl. Kopp/Schenke, § 106 Rdnr. 10; a. M. für notwendig Beigeladenen Redeker/v. Oertzen, § 106 Rdnr. 6; Ortloff, in: Schoch/Schmidt-Aßmann/Pietzner, § 106 Rdnr. 52; GemOVG Lüneburg, NVwZ 1987,234.

[39] Vgl. BVerwG, NJW 1988,662. Zur Beteiligung Dritter am Vergleich auch Kluth, BauR 1990,683.

Gemäß § 106 Satz 1 muß dieser durch die Vertragsbeteiligten *zur Niederschrift* des Gerichts oder des beauftragten (vgl. §§ 87 Abs. 1 Satz 2 Nr. 1; 96 Abs. 2) oder ersuchten Richters erklärt und *protokolliert* (§ 105 VwGO i. V. m. § 160 Abs. 3 Nr. 1 ZPO) werden. Diese Form ersetzt die notarielle Beurkundung (§ 127a BGB) und genügt auch den Anforderungen der §§ 925 Abs. 1 Satz 3; 925a BGB an eine Auflassung.[40] Dagegen ist diese Wirkung mangels vergleichbarer Gewähr für die Warn- und Sicherungsfunktion der notariellen Beurkundung mit der weiteren, durch das 4. VwGO-ÄnderungsG eingeführten Form des gerichtlichen Vergleichs gemäß § 106 Satz 2 nicht verbunden,[41] bei der die Beteiligten einen durch Beschluß ergangenen, *gerichtlichen Vergleichsvorschlag* schriftlich gegenüber dem Gericht *annehmen*.

### *d) Wirkungen*

Der Abschluß eines gerichtlichen Vergleichs *beendet das Verfahren* unmittelbar 30
und, anders als bei der Klagerücknahme (vgl. § 92 Abs. 3 Satz 1) ohne weitere, hierauf gerichtete Entscheidung. Soweit der Rechtsstreit erledigt wird, endet die *Rechtshängigkeit* der Streitsache. Etwa bereits ergangene *Urteile* werden nach richtiger Auffassung als solche unwirksam,[42] also nicht nur nach Maßgabe der getroffenen Vereinbarung modifiziert, die damit insgesamt an die Stelle einer verfahrensabschließenden gerichtlichen Entscheidung tritt. Soweit eine Regelung der *Kosten* nicht getroffen wurde, sieht § 160 Kostenaufhebung vor.

Inhaltlich regelt der Vergleich, ähnlich einem Sachurteil und wie dieses *Voll-* 31
*streckungstitel* (§ 168 Abs. 1 Nr. 3), die materiellen Rechtsbeziehungen zwischen den Vertragsparteien und bildet für sie künftig die maßgebliche Rechtsbasis.[43] *Rechtskraft*, insbesondere mit Wirkung für Rechtsnachfolger (§ 121 Nr. 1), kommt ihm dagegen nicht zu.[44]

## 3. Wirksamkeit des Vergleichs

### *a) Widerruf*

Obwohl Prozeßhandlung, kann der Vergleich im Hinblick auf seine Doppelnatur 32
nach allgemeiner Auffassung unter Rücktrittsvorbehalt, aber auch auflösend oder aufschiebend bedingt, abgeschlossen werden. Eine solche Gestaltung im Sinn einer aufschiebenden Bedingung ist im Zweifel auch bei dem häufig vereinbarten

---

[40] BVerwG, NJW 1995,2179.
[41] Ebenso Stelkens, NVwZ 1991,216; Lüke, NJW 1994,235.
[42] H. M., vgl. Kopp/Schenke, § 106 Rdnr. 1; Thomas/Putzo, § 794 Rdnr. 28. Vgl. demgegenüber OLG Hamm, NJW 1988,1988, und dazu Kniffka, JuS 1990,970 f.
[43] Vgl. BVerwG, NJW 1990,2700; BayVGH, BayVBl 1987,308.
[44] Vgl. NdsOVG, NJW 1994,3309.

*Widerrufsvorbehalt* anzunehmen.[45] Ein mit dieser Bestimmung geschlossener Vergleich läßt das Prozeßrechtsverhältnis zunächst unberührt und beendet dieses erst mit Eintritt der Bedingung durch Nichtausübung des Widerrufs.

33 Aufgrund dieser prozessualen Bedeutung ist der Widerruf des Vergleichs, unabhängig von der Art seines Abschlusses gemäß § 106 Satz 1 oder 2, grundsätzlich *gegenüber dem Gericht* in der Form des § 81 zu erklären; den Parteien wird aber eine abweichende Vereinbarung zugestanden.[46] Die rechtzeitige und der Vereinbarung entsprechende *Ausübung des Widerrufs* führt zur Unwirksamkeit des Vergleichs. Das Verfahren bleibt damit weiterhin anhängig und ist nach Maßgabe der nunmehrigen Prozeßlage, gegebenenfalls durch Anberaumung einer bisher unterbliebenen oder weiteren mündlichen Verhandlung (vgl. § 101 Abs. 1, 2), fortzusetzen oder aber auch ohne eine solche abzuschließen.[47]

### b) Verfahrensfragen

34 Besteht Streit über die *Wirksamkeit des Vergleichs* beziehungsweise dessen Widerrufs, so ist zunächst das Verfahren zur Klärung dieser Frage fortzusetzen und sodann bei Unwirksamkeit des Vergleichs zur Sache zu entscheiden, andernfalls durch *Urteil* die Beendigung des Verfahrens festzustellen.[48]

35 Keinen Einfluß auf die prozessuale Wirkung des Vergleichs haben sonstige, insbesondere nachträglich eingetretene Umstände, in deren Gefolge, so vor allem bei Fehlen oder Wegfall der Geschäftsgrundlage (§ 60 Abs. 1 Satz 1 VwVfG), der Vergleich inhaltlich verändert wird (Anpassungsverlangen) oder entfällt (Kündigung, Rücktritt). Folgerichtig ist über eine hieraus entstehende Streitigkeit in einem neuen Verfahren zu entscheiden.[49] Gleiches gilt, wenn über den Inhalt eines Vergleich gestritten wird.[50]

## III. Die Erledigung der Hauptsache

### 1. Begriff und Bedeutung

36 Nicht selten kommt es vor, daß dem Klagebegehren durch ein außerprozessuales Ereignis nach Klageerhebung die Grundlage entzogen und die Klage deshalb für

---

[45] BVerwGE 92,29 (31); BGHZ 88,364 (367); Bökelmann, in: FS für F. Weber, 1975, S. 104; a. M. Redeker/v. Oertzen, § 106 Rdnr. 7.

[46] BVerwGE 92,29 (30); NdsOVG, NJW 1992,3253; a. M. Redeker/v. Oertzen, § 106 Rdnr. 7, sowie vor Einfügung des § 106 Satz 2 BVerwGE 10,110 (111).

[47] Vgl. dazu auch Dawin, NVwZ 1983,143; Kopp/Schenke, § 106 Rdnr. 17.

[48] Vgl. BVerwGE 14,103 (104); 28,332 (334); 57,311 (312).

[49] BVerwG, NJW 1994,2306; VGH BW, VBlBW 1997,301; BGH, NJW 1986,1348; vgl. auch BGH, NJW 1995,1891.

[50] Kopp/Schenke, § 106 Rdnr. 19; vgl. auch BVerwG, NJW 1990,2700.

den Kläger gegenstandslos wird. Erbringt die Behörde die eingeklagte Leistung (Geldzahlung, Erlaß der Baugenehmigung) oder hebt sie den angefochtenen Verwaltungsakt auf (vgl. § 113 Abs. 1 Satz 4), veräußert der von der Planfeststellung betroffene Eigentümer sein Grundstück an den Planungsträger oder fällt ein Anspruch durch eine Rechtsänderung weg (z. B. bei Nachschieben einer rechtmäßigen Satzung im Abgabenprozeß),[51] so besteht für den Kläger keine Veranlassung, sein Begehren weiter zu verfolgen: Die Hauptsache hat sich erledigt.[52] Maßgebend für diese Beurteilung ist der Zeitpunkt der letzten mündlichen Verhandlung.[53] Eines der vielen denkbaren Ereignisse, die eine Erledigung herbeiführen, hat der Gesetzgeber selbst angesprochen, nämlich den Erlaß eines positiven Bescheids nach Erhebung einer Untätigkeitsklage in § 75 Satz 4.[54]

Die Erledigung der Hauptsache macht nur das Klagebegehren hinfällig, tangiert 37
aber als solche den Prozeß selbst in keiner Weise, läßt also insbesondere auch nicht die Rechtshängigkeit entfallen.[55] Auswirkungen auf jenen ergeben sich vielmehr erst dann, wenn der Kläger (in Übereinstimmung mit dem Beklagten oder ohne eine solche) die Erledigung zum Anlaß prozessualer Erklärungen nimmt und dadurch in das Verfahren einführt, das heißt die Hauptsache als erledigt *erklärt*. Diese Prozeßhandlung der *Erledigungserklärung* ist deshalb streng von der auf dem außerprozessualen Ereignis beruhenden, tatsächlichen *Erledigung der Hauptsache* zu unterscheiden.

Einen besonderen Fall regelt § 113 Abs. 1 Satz 4 mit der *Erledigung* eines 38
streitgegenständlichen *Verwaltungsakts* (s. dazu auch oben § 22 Rdnr. 42 ff.). Sie ist mit der Erledigung der Hauptsache nicht identisch,[56] sondern stellt genaugenommen das außerprozessuale Ereignis dar, das erst seinerseits (zwar in der Regel, aber nicht notwendigerweise vollumfänglich) zur Erledigung der (prozessualen) Hauptsache führt.

Ausdruck hiervon ist die durch § 113 Abs. 1 Satz 4 eröffnete Wahlmöglichkeit, 39
bei Erledigung des Verwaltungsakts die Erledigung auch der Hauptsache zu erklären oder, bei Bestehen eines berechtigten Interesses, die Feststellung der Rechtswidrigkeit des Verwaltungsakts zu beantragen. Unter diesem Aspekt führt die

---

[51] Vgl. dazu BVerwGE 50,2 (10); Gern, ZKF 1987,58. Gleichgültig ist, ob sich der Kläger auf die Existenz bzw. die Fehlerhaftigkeit des alten Rechts berufen hatte (GemOVG Lüneburg, NVwZ-RR 1989,447). Zu Beispielen und Fallgruppen vgl. Burgi, DVBl 1991,194 f.

[52] Vgl. zum Begriff BVerwGE 20,146 (149); 61,128 (134); Bosch/Schmidt, § 43 I. Die zivilprozessuale Rechtsprechung nimmt darüber hinaus das Erfordernis der Zulässigkeit und Begründetheit des ursprünglichen Klageantrags in den Begriff der Erledigung auf, vgl. BGHZ 79,275 (276); BGH, NJW 1986,588; Baumbach/Lauterbach, § 91a Rdnr. 24.

[53] BVerwG, DVBl 1999,983.

[54] Vgl. dazu Weides/Bertrams, NVwZ 1988,675 f.

[55] Vgl. BVerwGE 30,27; Maetzel, DÖV 1971,613; Pietzner, VerwArch 75 (1984), S. 79 ff.

[56] Vgl. Burgi, DVBl 1991,194; Schenke, a.a.O., S. 24. Umgekehrt kann Erledigung der Hauptsache eintreten, obwohl der Verwaltungsakt uneingeschränkt wirksam bleibt, z. B. bei dessen Heilung durch rückwirkenden Satzungserlaß; vgl. BVerwG, NVwZ 1989,979.

Labrenz, NVwZ 10, 22

Erledigung des *Verwaltungsakts* nur zur *Teil*erledigung der *Hauptsache*, nämlich hinsichtlich des Aufhebungsantrags. Eben deshalb bedeutet auch die Zulassung einer (unechten Fortsetzungs-)Feststellungsklage gegen den schon vor Klageerhebung erledigten Verwaltungsakt (vgl. oben § 22 Rdnr. 54 ff.) keine Modifikation des eingangs zugrunde gelegten Erledigungsbegriffs. Insoweit geht es im folgenden darum, was geschieht, wenn der Kläger von der ihm durch § 113 Abs. 1 Satz 4 eingeräumten Möglichkeit *nicht* Gebrauch macht oder machen kann.

**40** Einer Erledigung sind auch andere als Klageverfahren zugänglich, so Rechtsmittelverfahren[57] und insbesondere Verfahren des *vorläufigen Rechtsschutzes* gemäß § 123[58] und §§ 80 Abs. 5; 80a Abs. 3,[59] wobei sich die praktische Bedeutung vor allem bei funktionaler Ersetzung des Normalrechtsschutzes (vgl. dazu § 27 Rdnr. 4) zeigt.[60] Ebenso kann sich der Antrag auf *Normenkontrolle* (§ 47 Abs. 1), ungeachtet deren auf die objektive Klärung der Gültigkeit einer Norm gerichteten Zielsetzung (vgl. oben § 26 Rdnr. 7), erledigen,[61] zum Beispiel durch Außerkrafttreten der angegriffenen Vorschrift.[62]

## 2. Fallgruppen

Aus dem Verhältnis der Erledigungserklärung(en) zur Erledigung ergeben sich im Verfahren des ersten Rechtszuges folgende Fallgruppen:

### *a) Sachantrag des Klägers*

**41** Reagiert der Kläger nicht oder verfolgt er seinen bisherigen Sachantrag weiter, obwohl Erledigung eingetreten ist und deshalb ein Rechtsschutzbedürfnis nicht mehr besteht, so ist die Klage als unzulässig abzuweisen.[63]

### *b) Übereinstimmende Erledigungserklärung*

**42** Erklären beide (Haupt)Parteien (vgl. oben § 8 Rdnr. 2 ff.) übereinstimmend die Hauptsache als erledigt, so wird der Prozeß kraft der Dispositionsmaxime beendet, ohne daß es darauf ankommt, ob wirklich ein erledigendes Ereignis eingetreten ist oder die Klage ursprünglich zulässig und begründet war. Etwa bereits ergangene Entscheidungen werden unwirksam. Die Erledigungserklärungen können erfolgen, solange das Verfahren anhängig ist. Der Widerruf durch eine Seite ist möglich bis

[57] Vgl. BVerwG, NVwZ-RR 1994,547.
[58] Vgl. dazu Redeker/v. Oertzen, § 123 Rdnr. 29a.
[59] Vgl. VGH BW, NVwZ 1991,593.
[60] Vgl. z. B. OVG Saarl, NJW 1978,121.
[61] Vgl. BVerwG, NVwZ-RR 1991,53; OVG Berlin, DÖV 1986,1067.
[62] Vgl. VGH BW, DÖV 1989,360.
[63] Vgl. BVerwGE 1,178; Pietzner, VerwArch 75 (1984), S. 85 f.; W. Schenke, in: Menger-FS, S. 464 ff.

zu dem Zeitpunkt, in dem die andere Seite ihrerseits für erledigt erklärt beziehungsweise der Erledigungserklärung zustimmt.[64] Ungeachtet des Bestehens praktischer Bedürfnisse ist eine hilfsweise abgegebene Erledigungserklärung nicht möglich, da der auf den Hilfsantrag hin ergehende Beschluß die Rechtshängigkeit entfallen ließe und so dem klagabweisenden Ausspruch über den Hauptantrag die Grundlage entziehen würde.[65]

Das (zuständige)[66] Gericht hat die Erledigung des Rechtsstreits und die Unwirksamkeit bereits ergangener Entscheidungen (deklaratorisch) entsprechend § 92 Abs. 2 Satz 4 in dem Beschluß auszusprechen, in dem das Verfahren eingestellt[67] beziehungsweise die Erledigung der Hauptsache festgestellt und gemäß § 161 Abs. 2 über die Kosten (s. unten Rdnr. 57 f. sowie noch § 42) entschieden wird. Betrifft die übereinstimmende Erledigungserklärung nur einen Teil des Streitgegenstandes, so wird nur diesbezüglich das Verfahren eingestellt. Dies kann isoliert durch Beschluß oder erst in dem zur Hauptsache im übrigen ergehenden Urteil geschehen, in dem wegen des Grundsatzes der Einheit der Kostenentscheidung (vgl. unten § 42 Rdnr. 9) stets auch über die Kosten des erledigten Teils zu entscheiden ist.[68] Möglich ist auch eine Erledigungserklärung nur für das Rechtsmittel(Revisions-)verfahren,[69] wobei das bisherige Verfahren samt bereits ergangener Entscheidungen unberührt bleibt. 43

### c) Einseitige Erledigungserklärung

Probleme entstehen, wenn nur der Kläger die Hauptsache als erledigt erklärt, der Beklagte sich dem jedoch nicht anschließt oder widerspricht und deshalb seinen Abweisungsantrag aufrechterhält. Der umgekehrte Fall einseitiger Erledigungserklärung durch den Beklagten ist *prozessual* irrelevant. Denn die Erledigung betrifft nur das Klagebegehren, über das allein der Kläger dispositionsbefugt ist. Die Erklärung des Beklagten kann lediglich Anlaß zu der (von Amts wegen anzustellenden) Prüfung geben, ob tatsächlich eine Erledigung (mit der Folge gemäß oben Rdnr. 41) eingetreten ist. 44

*aa) Qualifizierung.* Mit der Erledigungserklärung ist (meist implizit) der Antrag des Klägers an das Gericht verbunden, den Prozeß ohne Entscheidung über die Hauptsache abzuschließen.[70] Mit Blick auf den ursprünglichen Sachantrag 45

---

[64] Vgl. BVerwG, DVBl 1992,777.
[65] Ebenso BVerwG, DVBl 1961,40; GemOVG Lüneburg, NJW 1983,902; Bosch/Schmidt, § 44 II; a. A. Kopp/Schenke, § 161 Rdnr. 29 m. w. Nachw.
[66] Vgl. Schmitt Glaeser, Rdnr. 515.
[67] So BVerwGE 81,356 (362); BayVGH, BayVBl 1976,572.
[68] Vgl. BVerwG, NJW 1963,923.
[69] Vgl. BVerwG, DÖV 1994,1011.
[70] Vgl. BVerwGE 34,159; 82,41 (43).
BVerwG, U 12.4.01, NVwZ 01, 1286, Dietrich, DVBl 02, 745, Meurer, NVwZ 03, 797

kommen verschiedene Möglichkeiten zur dogmatischen Einordnung der Erledigungserklärung in Betracht:[71]

46 Einer Qualifizierung als *Klagerücknahme* steht die Intention des Klägers entgegen, der seine Klage nicht infolge eines (subjektiven) Sinneswandels zurückzieht, sondern wegen der Erledigung aufgrund von außen herangetragener (objektiver) Umstände als nunmehr *gegenstandslos geworden* erklärt.[72] Soll durch eine Erledigungserklärung mangels erledigenden Ereignisses in Wahrheit eine Rücknahmesituation aufgefangen werden, so ist eine Umdeutung in die "verschleierte" Klagerücknahme (§ 92) und Behandlung als solche[73] gleichwohl nicht zulässig;[74] die zugrunde liegende Frage ist vielmehr gerade Gegenstand des Erledigungsstreits (vgl. sogleich Rdnr. 48 ff.).

47 Aus dem genannten Grund der klägerischen Antragsrichtung scheidet auch ein Verständnis als *Klageverzicht* aus. Es handelt sich vielmehr um eine Prozeßerklärung eigener Art (sui generis),[75] mit der der ursprüngliche Sachantrag durch den Antrag auf Feststellung ersetzt wird, daß die Hauptsache erledigt sei. Seiner Bedeutung für das Prozeßrechtsverhältnis nach liegt hierin eine *Klageänderung*.[76]

48 *bb) Der Erledigungsstreit.* Diese Klageänderung hebt freilich die innere Verbindung zwischen der ursprünglichen und der geänderten Klage nicht völlig auf und legt deshalb eine besondere prozessuale Behandlung nahe. Hieraus resultiert die Problematik des *Erledigungsstreits*.[77]

49 Mit der Erledigungserklärung nimmt der Kläger von seinem ursprünglichen Sachantrag Abstand und ersetzt diesen durch den (Erledigungs)Feststellungsantrag; hierfür besteht prozeßrechtlich keine zeitliche Grenze.[78] Gegenstand des Streits zwischen den Parteien und damit auch der gerichtlichen Entscheidung ist allein die Frage der Erledigung der Hauptsache. Nur dieses geänderte Begehren ist für die Beurteilung der Klage maßgeblich, so daß es auf die Zulässigkeit und Begründetheit des ursprünglichen (Sach)Antrags (hier wie auch sonst, vgl. oben § 31 Rdnr. 41, 48) – entgegen der zivilgerichtlichen Rechtsprechung[79] – nicht (unmit-

---

[71] Vgl. Rosenberg/Schwab/Gottwald, § 132 III; Manssen, NVwZ 1990,1019 m. w. Nachw.; vgl. auch die Aufzählung ohne eigene Stellungnahme bei BGH, NJW 1982,767.

[72] Vgl. dazu und zur Abgrenzung BVerwGE 73,312 (313); BayVGH, BayVBl 1986,87; Pietzner, VerwArch 77 (1986), S. 312 f.

[73] So h. M., vgl. Göppinger, a.a.O., S. 59 f.; Schmitt Glaeser, Rdnr. 517; Kopp/Schenke, § 161 Rdnr. 9 f.

[74] Ebenso BVerwG, NVwZ 1989,860; BayVGH, BayVBl 1986,87; Pietzner, VerwArch 77 (1986), S. 313 f.

[75] Ebenso Rosenberg/Schwab/Gottwald, § 132 III 3; Maetzel, DÖV 1971,615; Weigert, BayVBl 1974,641; Schenke, a.a.O., S. 247 f.

[76] Ebenso BVerwGE 87,62 (65); BVerwG, NVwZ 1989,860; Maetzel, DÖV 1971,615 f.; J. Schmidt, DÖV 1984,624.

[77] Grundlegend dazu Schenke, a.a.O.

[78] BVerwG, NVwZ 1993,979.

[79] BGHZ 79,275 (276); BGH, NJW 1986,588.

OVerwG, U 22.1.98, 72 [illegible], 89 m. Anm, Ziekow

telbar) ankommt.[80] Das Augenmerk ist vielmehr auf die Zulässigkeit des neuen Sachantrags zu richten.

Die Argumentation, daß ein Begehren, das mangels Zulässigkeit oder Begründetheit ohnehin erfolglos bleiben müsse, sich nicht erledigen könne,[81] bleibt formal und übersieht, daß Gegenstand des Prozesses nicht die tatsächlichen Umstände und die diese verändernden Ereignisse sind, sondern das vom Kläger im Prozeß verfolgte Klage*begehren*. Dieses besteht unabhängig von seinen prozessualen Erfolgsaussichten, und es wird auch ohne Rücksicht auf diese durch erledigende äußere Umstände hinfällig. Die Diskrepanz zwischen der Rechtsprechung des Bundesgerichtshofs und des Bundesverwaltungsgerichts scheint also weniger auf Besonderheiten des dem Verwaltungsprozeß zugrunde liegenden Rechtsverhältnisses (Staat vs. Bürger)[82] als auf einer grundsätzlich unterschiedlichen prozessualen Einschätzung der Erledigungserklärung zu beruhen. 50

Nach der Rechtsprechung des Bundesverwaltungsgerichts gelten für diese Klageänderung die Beschränkungen der §§ 91 und 142 nicht;[83] in der Tat bedarf gemäß § 173 Satz 1 VwGO i. V. m. § 264 Nr. 3 ZPO die Umstellung des Klageantrags wegen nachträglich eingetretener Änderungen weder der Zustimmung des Beklagten noch der gerichtlichen Zulassung als sachdienlich.[84] 51

Prozessual nicht berücksichtigt werden kann dagegen ein etwaiges, nach Maßgabe des § 113 Abs. 1 Satz 4 ermitteltes Interesse des Beklagten daran, daß eine ursprünglich unzulässige oder unbegründete Klage aus diesem Grunde, das heißt ohne Prüfung der Erledigung, abgewiesen werde,[85] zum Beispiel, um auch für künftige Fälle zu klären, ob dem Kläger eine Klagebefugnis in bezug auf eine angegriffene Verwaltungsentscheidung zukommt.[86] Eine Analogie zu § 113 Abs. 1 Satz 4 scheitert an dessen individual-rechtlich bestimmten Schutzcharakter;[87] der prozessualen Behandlung des Klageantrags nach Maßgabe der Interessen des Beklagten steht die Bestimmung des Streitgegenstandes durch den Kläger (Antragsgrundsatz, § 88) entgegen.[88] 52

---

[80] Ebenso BVerwG (1. und 4. Senat), BVerwGE 20,146; 73,312 (313); 87,62 (65 f.); BAG, DB 1990,2378; Pietzner, VerwArch 77 (1986), S. 314 ff.; Burgi, DVBl 1991,197 f.; Schenke, a.a.O., S. 250 f. Demgegenüber für Prüfung der Zulässigkeit BVerwG (3. und 9. Senat), BVerwGE 82,41 (43); Buchholz 451.54 MStG Nr. 11; J. Schmidt, DÖV 1984,622 ff. Für Prüfung sogar der Begründetheit Schmitt Glaeser, Rdnr. 517.

[81] So BGH, NJW 1968,991.

[82] So Pietzner, VerwArch 77 (1986), S. 306 ff.

[83] Vgl. BVerwGE 20,146; 34,159 (160); 82,41; ebenso Pietzner, VerwArch 77 (1986), S. 310; Burgi, DVBl 1991,197 f.

[84] Vgl. VGH BW, NVwZ-RR 1989,443; Pietzner, VerwArch 77 (1986), S. 310 m. w. Nachw.

[85] So BVerwGE 20,146; 31,318; 82,41 (45); BVerwG, NVwZ 1989,860; Manssen, NVwZ 1990,1021 f.; Bosch/Schmidt, § 46 II 1 b.

[86] Vgl. BVerwGE 87,62 (67 f.).

[87] Vgl. Burgi, DVBl 1991,200.

[88] So auch Pietzner, VerwArch 77 (1986), S. 321; Manssen, NVwZ 1990,1022.

53 Unbehelflich ist es schließlich auch, in derartigen Fällen die Klageänderung nicht zuzulassen und den Kläger an seinem ursprünglichen Sachantrag festzuhalten,[89] da dieser bei vorliegender Erledigung als unzulässig abzuweisen wäre, ohne daß Gelegenheit zur Prüfung der übrigen Zulässigkeitsmerkmale beziehungsweise der Begründetheit bestünde. In bezug auf die Kostentragung ergeben sich daraus für den Beklagten keine Nachteile, wenn man (wie bei Rdnr. 59 f. vorgeschlagen) die Kostenentscheidung an § 161 Abs. 2 orientiert.

54 *cc) Entscheidung*. Über den geänderten Antrag auf Feststellung der Erledigung ist in jedem Fall durch Urteil zu entscheiden. Dabei ist insbesondere das Feststellungsinteresse zu prüfen.[90] Ist der Antrag danach zulässig und kommt das Gericht zum Ergebnis, daß die Hauptsache erledigt ist, so trifft es eine entsprechende Feststellung, andernfalls wird die Klage abgewiesen. Dies gilt folgerichtig auch, wenn die ursprüngliche Klage zulässig und begründet gewesen wäre, da diese ja nicht mehr zur Entscheidung steht.

55 Der Kläger wird sich deshalb hiergegen vernünftigerweise durch *hilfsweise* Aufrechterhaltung seines Sachantrags schützen.[91] Dieser bleibt allerdings bis zur rechtskräftigen Entscheidung rechtshängig und kann deshalb im Bedarfsfall wieder aufgenommen werden, ohne daß dem die Bestandskraft eines angefochtenen Verwaltungsakts oder die Restriktionen einer Klageänderung (§§ 91; 142 Abs. 1 Satz 1) entgegengehalten werden könnten.[92]

### 3. Kosten

56 Entscheidende Bedeutung kommt in diesem Zusammenhang der Kostenbelastung zu, wird in dieser doch vielfach die eigentliche Motivation für den Übergang von einem (nicht – mehr – erfolgversprechenden) Sach- zum Erledigungsantrag gesehen.

#### *a) Übereinstimmende Erledigungserklärung*

57 Im Falle übereinstimmender Erledigungserklärung entfällt eine Entscheidung in der Hauptsache und ist nur noch über die Kosten zu entscheiden. Über sie befindet das Gericht durch Beschluß nach billigem Ermessen, wobei der bisherige Sach- und Streitstand, das heißt nach Maßgabe der Kostengrundsätze der §§ 154 f., zu berücksichtigen ist, § 161 Abs. 2.[93] Obwohl diese Vorschrift als Ausdruck der

[89] Dafür Köppl, BayVBl 1979,461; Manssen, NVwZ 1990,1022.
[90] Vgl. hierzu Burgi, DVBl 1991,198 f., mit dem Versuch einer an der Verantwortlichkeit für das erledigende Ereignis orientierten Interessenbewertung.
[91] Vgl. BVerwGE 73,312 (314); BVerwG, NVwZ-RR 1988,56; Kopp/Schenke, § 161 Rdnr. 29.
[92] BVerwG, DVBl 1999,404.
[93] Vgl. BVerwG, NVwZ 1981,872; BayVGH, BayVBl 1984,122; Bosch/Schmidt, § 44 V 1.

Prozeßökonomie verstanden wird – aus Anlaß der bloßen Kostenentscheidung soll nicht eine volle Prüfung des ohnehin nicht mehr zu entscheidenden Klagebegehrens stattfinden[94] –, bildet der bisherige *Sach- und Streitstand* den Ausgangspunkt der Entscheidung. Er muß deshalb abschließend geklärt werden; entbehrlich sind nur zusätzliche oder besonders aufwendige Sach- und Rechtsprüfungen, insbesondere Beweiserhebungen.[95]

Erst auf dieser Grundlage kann das gerichtliche Ermessen ausgeübt werden, so **58** etwa, wenn der Ausgang des Rechtsstreits völlig offen war (dann in der Regel gleichmäßige Kostenaufteilung[96]) oder die Anwendung der allgemeinen Kostenregeln im Hinblick auf die Herbeiführung des erledigenden Ereignisses durch die eine oder andere Partei (kann, wenn auch nicht als Regel, zu deren Lasten gehen)[97] unbillig wäre. Im Falle des § 75 Satz 4 (positiver Bescheid nach Erhebung einer Untätigkeitsklage) fallen die Kosten dem Beklagten zur Last, wenn mit dem Erlaß des Bescheids vor Klageerhebung zu rechnen war (vgl. § 161 Abs. 3).[98] Gemäß § 158 Abs. 2 ist die Kostenentscheidung nach übereinstimmender Erledigungserklärung unanfechtbar.[99]

### *b) Der Erledigungsstreit*

Wird über das Vorliegen der Erledigung streitig entschieden, so regelt das Urteil **59** (s. oben Rdnr. 54) auch die Kostenpflicht. Diese bestimmt sich gemäß der Grundregel des § 154 Abs. 1 inhaltlich danach, ob die geltend gemachte (Kläger) und in Abrede gestellte (Beklagter) Erledigung tatsächlich eingetreten ist;[100] der Beklagte trägt also auch dann die gesamten Kosten des Verfahrens, wenn er ohne das erledigende Ereignis in der Hauptsache obsiegt hätte.

Dies wird als unbefriedigend empfunden, weil hierbei die Kostenlast, anders als **60** im Fall übereinstimmender Erledigungserklärung, nach dem Ausgang eines Zwischenstreits über einen von seinem materiellen Gewicht her nebensächlichen Punkt bestimmt wird. In der Tat liegt eine entsprechende Anwendung des § 161 Abs. 2[101] näher. Denn auf der Grundlage eines positiven gerichtlichen Erkenntnisses steht fest, daß der Rechtsstreit "in der Hauptsache erledigt *ist*" und damit die materiellen Voraussetzungen für eine Kostenentscheidung nach Maßgabe der

---

[94] Vgl. Günther, DVBl 1988,612 ff.
[95] Vgl. BVerwGE 46,215 (218); BayVGH, BayVBl 1983,246.
[96] Vgl. dazu Kopp/Schenke, § 161 Rdnr. 17.
[97] Vgl. BVerwG, NVwZ 1992,787; BayVGH, BayVBl 1979,246; Günther, DVBl 1988,615 f.; Bosch/Schmidt, § 44 V 3.
[98] Vgl. dazu im einzelnen Günther, DVBl 1988,619 f.
[99] Dazu HessVGH, NVwZ-RR 1992,222.
[100] So die h. M., vgl. BVerwGE 82,41 (44); BayVGH, BayVBl 1988,48; Eyermann/J. Schmidt, § 113 Rdnr. 117.
[101] So auch Kopp/Schenke, § 161 Rdnr. 31; Redeker/v. Oertzen, § 161 Rdnr. 4; F. Czermak, BayVBl 1983,13 f.

sachlichen Erfolgsaussichten des erledigten Rechtsstreits gegeben sind. Für diese Lösung spricht auch der gesetzliche Verweis auf § 113 Abs. 1 Satz 4, für dessen Anwendung es ebenfalls nur darauf ankommt, daß die Hauptsache erledigt ist.

**61** Die durch den *Erledigungsstreit als solchen*, insbesondere die Notwendigkeit eines Urteils, veranlaßten Mehrkosten werden jedenfalls gemäß § 155 Abs. 1, 5 der in *diesem* Streit unterlegenen Partei überbürdet;[102] in der Regel ist dies der Beklagte, der der Erledigungserklärung unberechtigt widersprochen hat, wohingegen den Kläger ohnehin die Kosten seiner erfolglosen (und durch Urteil abzuweisenden) Klage treffen.

## Literatur

*Burgi*, Die Erledigung des Rechtsstreits in der Hauptsache als Problem der verwaltungsprozessualen Dogmatik, DVBl 1991,193.
*Dawin*, Verfahren beim Widerruf eines Prozeßvergleichs, NVwZ 1983,143.
*De Clerck*, Zur Kostenentscheidung nach erledigter Untätigkeitsklage, NJW 1972,2259.
*Feser/Kirchmaier*, Die Erledigung des Rechtsstreits in der Hauptsache im Verwaltungsprozeß, Versuch einer systematischen Strukturierung, BayVBl 1995,641.
*Gern*, Erledigung der Hauptsache im Kommunalabgabenprozeß, ZKF 1987,58,
*Göppinger*, Die Erledigung des Rechtsstreits in der Hauptsache, 1958.
*Gottwald u.a. (Hrsg.)*, Der Prozeßvergleich, 1983.
*Grahe*, Der Gerichtsbescheid – eine unbedenkliche Regelung?, NJW 1978,1789.
*Günther*, Kostenentscheidung nach beiderseitiger Erledigungserklärung, DVBl 1988,612.
*Kluth*, Der Vergleich im Baunachbarrechtsstreit, BauR 1990,678.
*Kniesch*, Zum Vergleich im Verwaltungsprozeß, in: Staatsbürger und Staatsgewalt, Jubiläumsschrift zum hundertjährigen Bestehen der deutschen Verwaltungsgerichtsbarkeit, Band II, 1963, S. 497.
*Köppl*, Hauptsacheerledigung nach Bekanntwerden neuer Tatsachen?, BayVBl 1979,460.
*Löwer, K.*, Der verwaltungsgerichtliche Prozeßvergleich als materielles Rechtsgeschäft, VerwArch 56 (1965), S. 142; 236.
*Lüke*, Neues zum Prozeßvergleich?, NJW 1994,233.
*Maetzel*, Zum Erledigungsstreit im Verwaltungsprozeß, DÖV 1971,613.
*Meyer-Hesemann*, Die Zulässigkeit gesetzesinkongruenter verwaltungsrechtlicher Vergleichsverträge und Prozeßvergleiche, DVBl 1980,869.
*Manssen*, Die einseitige Erledigungserklärung im Verwaltungsprozeß, NVwZ 1990,1018.
*Pecher*, Zur Geltendmachung der Unwirksamkeit eines Prozeßvergleichs, ZZP 97 (1984), S. 139.
*Pietzner*, Zur übereinstimmenden Erledigungserklärung im Verwaltungsprozeß, VerwArch 75 (1984), S. 79.
*Ders.*, Zur einseitigen Erledigungserklärung im Verwaltungsprozeß, VerwArch 77 (1986), S. 299.
*Roth, W.*, Zur Unvereinbarkeit des Gerichtsbescheides (§ 84 VwGO) mit Art. 6 I EMRK, NVwZ 1997,656.
*Schenke, R.*, Der Erledigungsrechtsstreit im Verwaltungsprozeß, 1996.
*Schmidt, J.*, Immer noch Streit um den "Erledigungsstreit", DÖV 1984,622.
*Schnellenbach*, Der Gerichtsbescheid nach dem Entlastungsgesetz, DÖV 1981,317.
*Schröder, J.*, Der Prozeßvergleich in den verwaltungsgerichtlichen Verfahrensarten, 1971.

[102] Vgl. Weigert, BayVBl 1974,642; Kopp/Schenke, § 161 Rdnr. 17.

*Tempel*, Der Prozeßvergleich und die Bedeutung seiner Rechtsnatur für den Abschluß und seine Wirkungen, in: FS für Gerhard Schiedermair, 1976, S. 522.

*Weides/Bertrams*, Die nachträgliche Kostenentscheidung im Verfahren der Untätigkeitsklage, NVwZ 1988,673.

*Weigert*, Kann der Kläger einseitig lediglich eine begründete Klage in der Hauptsache für erledigt erklären?, BayVBl 1974,640.

*Ders.*, Der Gerichtsbescheid, BayVBl 1978,392.

# Teil 8. Rechtsmittel und Wiederaufnahme des Verfahrens

## § 37. Die Rechtsmittel im allgemeinen

### I. Grundsätzliche Bedeutung

#### 1. Zielsetzung

Die gerichtliche Entscheidung erfüllt ihren Rechtsschutzauftrag nur, wenn sie – 1
nach dem Maßstab des Rechts – *richtig* ist. Das Prozeßrecht trifft deshalb Vorsorge für den Fall einer *Rechtsverletzung* (vgl. § 137 Abs. 1) auch durch den Richter selbst und sieht zu diesem Zweck institutionalisierte Möglichkeiten zur Überprüfung einer betroffenen Entscheidung vor, sei es im Sinne einer *Selbstkorrektur* durch das Ausgangsgericht oder im Wege einer *Kontrollentscheidung* durch die höhere Instanz. Eine solche grundsätzliche Kontrollunterworfenheit auch gerichtlicher Entscheidungen ist – ungeachtet differenzierender Ausgestaltung in einzelnen Bereichen – ein fundamentales rechtsstaatliches, letztlich auch durch Art. 95 Abs. 1 GG bestätigtes Anliegen[1] und ergibt sich, soweit eine Verletzung subjektiver (öffentlicher) Rechte geltend gemacht wird, auch aus Art. 19 Abs. 4 GG.[2]

Demgegenüber sieht das Bundesverfassungsgericht einen *Instanzenzug* weder 2
durch die Rechtsweggarantie (Art. 19 Abs. 4 GG) noch durch das Recht auf rechtliches Gehör (Art. 103 Abs. 1 GG) gewährleistet.[3] Immerhin erkennt es aber an, daß beide Gewährleistungen sowie der Grundsatz rechtsstaatlichen Verfahrens

---

[1] Vgl. dazu etwa Bettermann, AöR 96 (1971), S. 552 f.; vgl. auch BVerfGE 92,365 (410).

[2] Eingehend dazu Voßkuhle, a.a.O., S. 146 ff., 255 ff., 298 ff.; vgl. auch schon Lorenz, S. 241 ff.

[3] BVerfGE 4,74 (94); 42,243 (248); 74,228 (233); 87,48 (61); 92,365 (410); vgl. auch W. Schenke, in: BGG, Stand 1982, Art. 19 Abs. 4 Rdnr. 275 ff.; Jarass, in: Jarass/Pieroth, Art. 19 Rdnr. 32; Degenhart, in: Sachs, Art. 103 Rdnr. 4.

(Art. 20 Abs. 3 GG gegebenenfalls i. V. m. Art. 2 Abs. 1 bzw. 3 Abs. 1 GG) verbieten, den prozeßrechtlich vorgesehenen Zugang zur nächsten Instanz in unzumutbarer, sachlich nicht gerechtfertigter Weise zu erschweren[4] und sogar, im Gegenteil, deren Eröffnung im Wege modifizierender Auslegung des Prozeßrechts verlangen können.[5] Ähnlich kann in Fällen einer drohenden, nachhaltigen Grundrechtsverletzung (so bei Freiheitsentziehungen, Art. 2 Abs. 2 Satz 2 GG) auf ein mehrstufiges gerichtliches Verfahren nur unter der Voraussetzung intensiverer erstgerichtlicher Kontrolle verzichtet werden.[6]

## 2. Begriff und Arten

3 Mit der Einlegung eines Rechtsmittels erstrebt der Rechtsuchende die Fortführung des Verfahrens zur Überprüfung der getroffenen Entscheidung durch das übergeordnete Gericht und ihre Abänderung zu seinen Gunsten.[7] Rechtsmittel sind danach prozessuale *Rechtsbehelfe*, die als wesentliche Merkmale durch **Suspensiveffekt** und **Devolutiveffekt** gekennzeichnet sind.

4 Der *Suspensiveffekt*, der mit der aufschiebenden Wirkung gemäß § 80 Abs. 1 (vgl. dazu oben § 28 Rdnr. 1 ff.) nicht zu verwechseln ist, besteht darin, daß der Eintritt der Rechtskraft *gehemmt* wird; die angefochtene Entscheidung wird also vorläufig nicht verbindlich und kann insbesondere – sofern sie nicht für vorläufig vollstreckbar erklärt wurde – nicht vollstreckt werden (vgl. unten § 43 Rdnr. 5, 9 f.). Für die Beschwerde gilt dies allerdings nur eingeschränkt, § 149.

5 Vermöge des *Devolutiveffekts* wird das Verfahren unmittelbar bei dem zur Entscheidung über das Rechtsmittel funktionell zuständigen Gericht der höheren Instanz anhängig, auf dieses "abgewälzt". Die bei der Beschwerde (vgl. unten § 40 Rdnr. 19 f.) vorgeschaltete Möglichkeit einer Abhilfeentscheidung durch den Erstrichter macht lediglich dessen negative Entscheidung zur Voraussetzung des Übergangs auf das Instanzgericht und steht deshalb einer Einordnung als Rechtsmittel nicht entgegen.

6 Der Verwaltungsprozeß nach der Verwaltungsgerichtsordnung kennt die Rechtsmittel der Berufung (s. unten § 38), der Revision (s. unten § 39) und der Beschwerde (s. unten § 40). Berufung und Revision sind nur gegen Urteile und diesen gleichstehende Entscheidungen (Gerichtsbescheide, § 84 Abs. 2; Beschlüsse gemäß §§ 47 Abs. 5 Satz 1; 93a Abs. 2 Satz 5; 125 Abs. 2 Satz 4; 130a Satz 2) gegeben, während gegen andere Entscheidungen die Beschwerde stattfindet (§ 146 Abs. 1). Berufung und Revision unterscheiden sich insbesondere dadurch, daß jene eine zweite Tatsacheninstanz eröffnet (vgl. § 128), während

---

[4] BVerfGE 49,329 (341); 65,76 (90); 78,7 (18).
[5] Vgl. BVerfGE 60,96 (98 f.); BVerfG, NJW 1997,1301; vgl. näher unten Rdnr. 10 ff.
[6] BVerfGE 83,24 (31).
[7] Vgl. Thomas/Putzo, Vorbem. § 511 Rdnr. 1.

diese zu einer reinen Rechtskontrolle auf der Tatsachengrundlage der Vorentscheidung führt.

## 3. Sonstige Rechtsbehelfe

### *a) Förmliche Rechtsbehelfe*

Von den *Rechtsmitteln* im eigentlichen Sinn sind die (sonstigen) *Rechtsbehelfe* zu unterscheiden (vgl. auch § 58 Abs. 1). Sie werden umfassend als Gesamtheit der von der Rechtsordnung zur subjektiven Rechtsverwirklichung bereitgestellten Mittel verstanden. In einem weiteren Sinn zählen hierzu auch die in der Verwaltungsgerichtsordnung geregelten Rechtsschutzmöglichkeiten gegen Verwaltungsentscheidungen, so der Widerspruch (§ 68) und die (Anfechtungs- beziehungsweise Verpflichtungs-)Klage sowie Anträge zum vorläufigen Rechtsschutz gemäß §§ 80 Abs. 4; 80a Abs. 1, 2. Rechtsbehelfe außerhalb der Verwaltungsgerichtsordnung sind die Verfassungsbeschwerde (Art. 93 Abs. 1 Nr. 4a GG; §§ 90 ff. BVerfGG) und die Individualbeschwerde gemäß Art. 34 EMRK. 7

Im Kontrast zu den Rechtsmitteln im engeren Sinn stehen demgegenüber die Rechtsbehelfe in bezug auf *gerichtliches Entscheidungsverhalten.* 8

Es sind dies der Antrag auf mündliche Verhandlung gegen einen Gerichtsbescheid (§ 84 Abs. 2 Nr. 4), auf Zulassung der Berufung (§ 124a), auf Urteilsberichtigung und -ergänzung (§§ 119, 120), auf Entscheidung des Gerichts gegen Entscheidungen des beauftragten oder ersuchten Richters oder des Urkundsbeamten (Erinnerung; § 151) sowie die Anfechtung der Kostenfestsetzung (§ 165), ferner aber auch Anträge im Verfahren des vorläufigen Rechtsschutzes gemäß §§ 80 Abs. 5, 7; 80a Abs. 3 und auf Wiedereinsetzung in den vorigen Stand (§ 60 Abs. 1).

In all diesen Fällen handelt es sich um *förmliche Rechtsbehelfe*, die schriftlich oder zur Niederschrift und in der Regel binnen bestimmter Frist zu erheben sind; formlose Rechtsbehelfe sind der Verwaltungsgerichtsordnung dagegen fremd. 9

### *b) Außergesetzliche Rechtsbehelfe*

Gleichwohl hat die Rechtsprechung, zum Teil auf Anstoß des Bundesverfassungsgerichts,[8] in rechtsschöpferischer Ergänzung des Prozeßrechts für besondere Ausnahmesituationen Möglichkeiten zur Überprüfung auch unanfechtbarer gerichtlicher Entscheidungen entwickelt. 10

*aa)* So sollen richterliche *Grundrechtsverletzungen* möglichst bereits unmittelbar auf der Ebene des fachgerichtlichen Verfahrens, statt erst auf dem "Umweg" über eine aufhebende Entscheidung des Bundesverfassungsgerichts nach Verfassungs- 11

---

[8] Vgl. BVerfGE 49,252 (258); 63,77 (79); 73,322 (329).

beschwerde (§ 95 Abs. 2 BVerfGG), behoben werden.[9] Dies ist im Hinblick auf die Bindung an das, zumal unter dem Prinzip der *Formstrenge* stehende Prozeßrecht[10] (s. auch oben § 1 Rdnr. 1) allerdings nur in engen Grenzen möglich. Eine Überprüfung bestandskräftiger, unanfechtbarer Entscheidungen wird deshalb nur bei *schweren und offenkundigen Verstößen* gegen die Verfahrensgrundrechte der *Art. 101 Abs. 1 Satz 2* und *103 Abs. 1 GG* zugelassen.[11]

**12** *Rechtsmittel* sind jedoch nur insoweit statthaft, als sie der Art nach grundsätzlich gegeben sind,[12] zum Beispiel eine Beschwerde trotz Unterschreitung der Erwachsenheitssumme[13] (vgl. § 146 Abs. 3). Darüber hinaus wird allerdings die grundsätzliche Möglichkeit einer Korrektur im Wege *gerichtlicher Selbstkontrolle*, jedenfalls auf **Gegenvorstellung** hin, anerkannt;[14] diese erweist sich damit zugleich als subsidiaritäts-begründendes, also vor Erhebung der Verfassungsbeschwerde zu ergreifendes Rechtsmittel im Sinne des § 90 Abs. 2 Satz 1 BVerfGG.[15]

**13** Dabei läge es in der Logik jener Argumentation, die genannten außergesetzlichen Rechtsbehelfe nicht auf die Verfahrensgrundrechte zu beschränken, sondern angesichts der verfahrensmäßigen Bedeutung auch materiell-rechtlicher Grundrechte (vgl. oben § 3 Rdnr. 2 ff.) auf diese zu erweitern.[16] Freilich werden diesbezügliche Verstöße kaum einmal offensichtlich sein und damit ohne praktische Relevanz bleiben.

**14** *bb)* Weitergehend wird in Fällen *schwerer Gesetzesverstöße*, in denen eine Entscheidung "greifbar gesetzwidrig" ist, weil sie mit der *Rechtsordnung offensichtlich schlechthin unvereinbar* ist, anerkannt, daß die Beschwerde als **außerordentliches Rechtsmittel** gegeben sein kann, selbst wenn ein solches gesetzlich nicht vorgesehen oder sogar ausdrücklich ausgeschlossen ist.[17] Auch eine solche Konstellation gehört, genau besehen, in den vorliegenden Zusammenhang. Denn der einer derartigen, in einem objektiven Sinn *willkürlichen* Entscheidung anhaftende Verstoß gegen Art. 3 Abs. 1 i. V. m. Art. 20 Abs. 3 GG würde prinzipiell den Weg

[9] Vgl. BVerfGE 73,322 (326); BGHZ 130,97; BVerwG, NJW 1994,674.
[10] Grundsätzlich kritisch etwa Braun, in: Münchener Komm. zur ZPO, Bd. 2, 1992, Vorbem. § 567 Rdnr. 8.
[11] Vgl. BVerfGE 73,322 (329); BVerwG, NJW 1995,2053.
[12] Vgl. BVerfGE 60,96 (98 f.); BGHZ 130,97 (99) m. Anm. von H. Roth, JZ 1996,375; BGH, NJW 1995,403.
[13] Vgl. BVerfG, NJW 1997,1301.
[14] Vgl. BVerfGE 73,322 (329); BGHZ 71,69; 130,97; BVerwG, NJW 1994,674; vgl. auch BVerwG, NJW 1995,2053; Meyer-Ladewig, in: Schoch/Schmidt-Aßmann/Pietzner, Vorbem. § 124 Rdnr. 14, unter Ausschluß von Urteilen, aber auch SächsVerfGH, NJW 1998,3114.
[15] Ebenso H. Roth, JZ 1996,375; vgl. auch BVerfGE 73,322 (329); BVerfG, NJW 1997,1301.
[16] Vgl. dazu auch Meyer-Ladewig, in: Schoch/Schmidt-Aßmann/Pietzner, Vorbem. § 124 Rdnr. 18.
[17] Vgl. BGHZ 130,97; BGH, NJW 1990,838 (840); BGHZ 121,397 mit Bespr. von Kempter, NJW 1993,2158, und Chlosta, NJW 1993,2160; Kopp/Schenke, Vorbem. § 124 Rdnr. 8a; enger BGH, NJW 1989,2758.

Guckelberger, NVwZ 05, 11, Schenke, NVwZ 05, 729 (§ 152 a)

der Verfassungsbeschwerde eröffnen,[18] der jedoch gegenüber der Remedur im fachgerichtlichen (Rechtsmittel-)Verfahren wiederum subsidiär ist.

### 4. Zulässigkeit und Begründetheit

#### *a) Bedeutung im Rechtsmittelverfahren*

Wie bei jedem Rechtsschutzbegehren hängt auch der Erfolg eines Rechtsmittels davon ab, daß dieses *zulässig und begründet* ist. Auch hier bedeutet Zulässigkeit das Vorliegen der prozessualen Voraussetzungen für eine Sachentscheidung des Rechtsmittelgerichts. Diese betrifft jedoch unmittelbar nicht die Streitsache selbst, sondern die hierüber gefällte Entscheidung der Vorinstanz, deren allgemeinen Sachentscheidungsvoraussetzungen deshalb nicht zur Zulässigkeit, sondern zur Begründetheit des Rechtsmittels gehören.[19] Ist zum Beispiel die Klage(Prozeßführungs-)befugnis für eine Verpflichtungsklage entgegen der Annahme der Vorinstanz nicht gegeben, so ist das Rechtsmittel (z. B. der Berufung) deshalb nicht etwa unzulässig, sondern führt aufgrund der Begründetheitsprüfung im Gegenteil gerade zur Korrektur der insoweit unrichtigen Vorentscheidung (dahin, daß die Klage als unzulässig abgewiesen wird). 15

#### *b) Der Prüfungsaufbau*

Daraus ergibt sich ein dreistufiger Prüfungsweg.[20] Er beginnt mit der 16

1. *Zulässigkeit des Rechtsmittels*, ihrerseits gegliedert in die
   aa) Statthaftigkeit (s. unten Rdnr. 20 ff.) und die
   bb) Zulässigkeit im engeren Sinn, nämlich
   - persönliche Prozeßhandlungsvoraussetzungen in bezug auf das Rechtsmittel (Beteiligten-, Prozeß-, Postulationsfähigkeit);
   - gegebenenfalls Zulassung des Rechtsmittels;
   - Beschwer (s. unten Rdnr. 26 ff.);
   - gegebenenfalls Beschwerdewert (Erwachsenheitssumme);
   - Form und Frist;
   - gegebenenfalls Rechtsmittelbegründung.

Ist das Rechtsmittel zulässig, so wird hierdurch auf der nächsten Stufe die sachliche Überprüfung der angefochtenen Entscheidung, das heißt der **Begründetheit**

---

[18] Vgl. BVerfGE 62,189 (192); BVerfG, NJW 1994,2279.
[19] BVerwGE 66,266 (268); vgl. auch BVerwGE 71,73 (74).
[20] Vgl. auch Rosenberg/Schwab/Gottwald, § 136 I; Thomas/Putzo, Vorbem. § 511 Rdnr. 11 ff.; Kopp/Schenke, Vorbem. § 124 Rdnr. 27 ff.

**des Rechtsmittels**, eröffnet.[21] Diese ist mit Blick auf die Gesetzmäßigkeit der Vorentscheidung zu untersuchen, nämlich in bezug auf die

2. *Sachentscheidungsvoraussetzungen* sowie *Ordnungsmäßigkeit des Verfahrens* in der vorhergehenden Instanz und
3. *Materiell-rechtliche Richtigkeit* jener Vorentscheidung.

**17** Das Rechtsmittel ist *begründet*, wenn die angefochtene Entscheidung fehlerhaft ist und auf diesem Rechtsverstoß beruht. Es ist *unbegründet*, wenn die Entscheidung sich im Ergebnis, das heißt in ihrem Entscheidungssatz, sei es auch aus anderen rechtlichen Erwägungen, als richtig erweist (so ausdrücklich für die Revision § 144 Abs. 4).

**18** Obwohl die vorstehende Prüfungsreihenfolge von Zulässigkeit und Begründetheit des Rechtsmittels (dagegen nicht der Klage im Rahmen der Rechtsmittelprüfung) logisch vorgegeben ist, läßt die Praxis die Zulässigkeit nicht selten dahingestellt, wenn das Rechtsmittel jedenfalls unbegründet ist. Hierfür können außer der Entscheidungsökonomie Gründe der Rechtsbefriedung sprechen.[22] Gleichwohl sollte dem bei der Anfertigung von Gutachten und Prüfungsarbeiten nicht gefolgt werden.

## II. Allgemeine Zulässigkeitsvoraussetzungen

**19** Die Zulässigkeit eines Rechtsmittels hängt von den für dieses bestehenden, spezifischen Verfahrensvoraussetzungen ab. Sie sind im jeweiligen Zusammenhang darzustellen, werden aber, soweit sie übergreifenden Charakter haben, im folgenden vorweg erörtert. Die danach erheblichen Umstände sind *von Amts wegen*[23] im Wege des *Freibeweises* (vgl. oben § 33 Rdnr. 42) festzustellen. Die *Beweislast* (vgl. oben § 30 Rdnr. 23 ff.) trägt der Rechtsmittelführer.[24]

### 1. Statthaftigkeit

**20** Als erste Voraussetzung für die Überprüfung einer gerichtlichen Entscheidung durch die höhere Instanz muß das eingelegte Rechtsmittel **an sich statthaft** sein, das heißt gegen eine Entscheidung der vorliegenden Art (a) als solches überhaupt gegeben (b) und durch einen hierzu Berechtigten (c) erhoben worden sein. Damit ist zugleich die *funktionelle Zuständigkeit* des zur Entscheidung berufenen Gerichts festgelegt, die folglich nicht mehr eigens geprüft wird.

---

[21] Vgl. auch BVerwGE 71,73 (74).
[22] Vgl. dazu Sendler, DVBl 1982,929; ablehnend Rosenberg/Schwab/Gottwald, § 136 I.
[23] Vgl. BVerwGE 71,73 (74).
[24] Vgl. BVerwG, Buchholz 310 § 60 VwGO Nr. 119 und Nr. 124.

### a) Art der Entscheidung

Das statthafte Rechtsmittel wird durch die Art der Ausgangsentscheidung bestimmt (vgl. oben Rdnr. 6). Ist die Entscheidung in einer anderen als der für sie gesetzlich zugelassenen Form ergangen oder bestehen hierüber Zweifel (sogenannte **inkorrekte Entscheidung**), so gilt der Grundsatz der *Meistbegünstigung*.[25] Danach kann nicht nur das der tatsächlich verwendeten, unrichtigen Entscheidungsform entsprechende (subjektive Auffassung), sondern wahlweise auch das Rechtsmittel eingelegt werden, das gegen die in der richtigen, gesetzlichen Form getroffene Entscheidung gegeben wäre (objektive Auffassung). So ist zum Beispiel gegen eine durch Gerichtsbescheid statt durch Beschluß erfolgte Rechtswegverweisung (vgl. § 17a Abs. 2 GVG) sowohl der Antrag auf Zulassung der Berufung oder auf mündliche Verhandlung (§ 84 Abs. 2 Nr. 1 VwGO) als auch die Beschwerde (§ 17a Abs. 4 Satz 3 GVG i. V. m. § 146 Abs. 1 VwGO) gegeben.[26] Durch die unrichtige Form wird jedoch keine weitergehende sachliche Nachprüfungskompetenz eröffnet, als sie auch gegenüber einer objektiv richtigen Entscheidung gegeben wäre.[27] 21

Wurde ein Rechtsmittel fälschlich von einer Zulassung abhängig gemacht, so wird hierdurch die gesetzliche Rechtsmittelberechtigung nicht eingeschränkt; es kann also sowohl das Rechtsmittel selbst[28] als auch die Beschwerde gegen seine Nichtzulassung erhoben werden.[29] Umgekehrt wird das im Einklang mit einer unrichtigen Belehrung (z. B. "Beschwerde" statt "Antrag auf (deren) Zulassung") oder sogar gerichtlichen Zulassung objektiv unzutreffend eingelegte Rechtsmittel nicht hierdurch statthaft[30] (vgl. dazu aber sogleich). 22

### b) Art des Rechtsmittels

Ob das richtige Rechtsmittel eingelegt wurde, kann nicht allein aus dessen formaler *Bezeichnung* beurteilt werden, sondern ergibt sich aus der erkennbar verfolgten Zielsetzung des Begehrens, soweit diese durch *Auslegung* anhand der Rechtsmittelschrift und gegebenenfalls weiterer Umstände eindeutig feststellbar ist.[31] Deshalb ist es unschädlich, wenn etwa die gegen ein Urteil eingelegte Berufung als Beschwerde oder Einspruch bezeichnet wird. Dagegen steht bei sachlicher Verschiedenheit der jeweils in Frage kommenden Rechtsmittel der rechtsstaatliche 23

---

[25] Vgl. BVerwGE 71,213 (215); 89,27 (29); BGHZ 40,265 (267); Redeker/v. Oertzen, § 124 Rdnr. 5; Baumbach/Lauterbach, Grundz. vor § 511 Rdnr. 28.
[26] Vgl. OVG RP, DVBl 1992,113.
[27] Vgl. BGHZ 72,182; BVerwG, NJW 1986,1125.
[28] BVerwGE 89,27.
[29] OVG NW, NVwZ-RR 1990,223; VGH BW, NVwZ-RR 1991,278.
[30] Vgl. BVerwGE 71,73 (76); BVerwG, NJW 1986,1125.
[31] Vgl. dazu BVerwG, NJW 1991,508 (für Klage); NVwZ-RR 1995,58; DVBl 1996,105.

Grundsatz der *Rechtsmittelklarheit*[32] einer **Umdeutung** in der Regel entgegen. Danach ist eine fälschlich eingelegte Berufung oder Beschwerde nicht als Antrag auf deren Zulassung (vgl. §§ 124a Abs. 1; 146 Abs. 5) statthaft;[33] ebenso scheidet die Umdeutung eines (nach früherem Recht unzulässigen) Antrags auf mündliche Verhandlung gegen einen Gerichtsbescheid in eine Berufung aus.[34]

### *c) Rechtsmittelberechtigter*

24 Zur Einlegung des Rechtsmittels berechtigt sind bei *Berufung* (§ 124 Abs. 1) und *Revision* (§ 132 Abs. 1) die *Beteiligten* im formellen Sinn des § 63, also nicht bloß materiell *Betroffene*. Deren Rechtsmittelberechtigung hängt hier davon ab, daß sie, insbesondere durch eine bis zur Rechtskraft des Urteils mögliche *Beiladung* (§ 65; vgl. oben § 8 Rdnr. 19 f.), in das Verfahren einbezogen wurden.[35] Demgegenüber steht die *Beschwerde* außer den Beteiligten auch dem sonst von der Entscheidung *Betroffenen* zu (§ 146 Abs. 1).

25 Die Rechtsmittelberechtigung des *Vertreters des öffentlichen Interesses* ergibt sich, sofern er nicht schon Beteiligter des Vorprozesses war (§ 63 Nr. 4), aus seiner Beteiligungsbefugnis (§ 36 Abs. 1), die auch durch selbständige (vgl. dazu unten Rdnr. 40 f.) Einlegung eines Rechtsmittels erstmals wahrgenommen werden kann.[36] Demgegenüber ist das Beteiligungsrecht des Oberbundesanwalts auf das Verfahren vor dem Bundesverwaltungsgericht beschränkt (§ 35) und umfaßt deshalb, da dieses durch eine von anderer Seite statthaft eingelegte Revision erst eröffnet wird, nicht die diesbezügliche Rechtsmittelberechtigung.[37]

## 2. Die Beschwer

26 Als besondere Ausprägung des allgemeinen Rechtsschutzbedürfnisses (vgl. oben § 13 Rdnr. 1 ff.) setzt die Zulässigkeit eines Rechtsmittels voraus, daß die angefochtene Entscheidung den Rechtsmittelführer *beschwert*. Daraus folgt zugleich, daß dieses Erfordernis für den Vertreter des öffentlichen Interesses und andere Amtsträger, deren Beteiligtenstellung nicht auf einer Betroffenheit in eigenen Rechten (vgl. § 42 Abs. 2) oder rechtlichen Interessen (vgl. § 65 Abs. 1) beruht, nicht zutrifft.[38]

---

[32] Vgl. dazu BVerfGE 49,148 (164); 87,48 (65).
[33] HambOVG, NVwZ 1997,690; OVG MV, DÖV 1998,82; vgl. auch BSG, NVwZ 1997,832; s. noch unten § 38 Rdnr. 17.
[34] BVerwG, DVBl 1996,105.
[35] BVerwGE 38,290 (296); BVerwG, NVwZ 1991,871.
[36] Vgl. BVerwGE 67,64 (65); 90,337 (338).
[37] BVerwGE 25,170 (174); ferner BVerwGE 96,258 für Anschlußrevision.
[38] Vgl. BVerwGE 67,64 (66); 75,337 (339); BayVGH, BayVBl 1980,296.

### *a) Formelle Beschwer*

Für die Parteien im engeren Sinn, Kläger[39] und Beklagten, kommt es grundsätzlich allein auf eine *formelle Beschwer* an.[40] Diese besteht in dem Unterschied, um den die angefochtene Entscheidung hinter dem Sachantrag des Rechtsmittelführers zurückgeblieben ist; sie kann also nicht daraus begründet werden, daß der Kläger seine uneingeschränkt erfolgreiche Klage im Rechtsmittelverfahren erweitern will.[41] Anders ist es nur (und genügt also eine materielle Beschwer, s. sogleich unten Rdnr. 31 ff.), wenn während des Laufs der Rechtsmittelfrist eine Änderung der Sach- oder Rechtslage, die zu einer günstigeren Entscheidung geführt hätte, eingetreten ist.[42] 27

Eine Beschwer des *Klägers* liegt immer vor, wenn er weniger zugesprochen erhält, als er beantragt hat, also auch, wenn er nur mit dem *Hilfsantrag* durchdringt,[43] statt des beantragten Verpflichtungsurteils nur ein *Bescheidungsurteil* (vgl. dazu oben § 16 Rdnr. 34 ff.) erreicht oder die Anfechtungsklage nur zu einer aufklärungsbedingten Aufhebung des Verwaltungsakts gemäß § 113 Abs. 3 Satz 1 führt (vgl. dazu oben § 15 Rdnr. 31 ff.).[44] 28

Der *Beklagte*, der der Klage entgegengetreten ist, wird, auch wenn er nicht formell deren Abweisung beantragt hat,[45] jedenfalls durch seine *Verurteilung* beschwert, ferner aber – im Hinblick auf die engere Rechtskraftwirkung (vgl. oben § 35 Rdnr. 17 ff.) – auch dann, wenn die Klage (bloß) durch Prozeß- statt durch Sachurteil, das heißt als unzulässig statt als unbegründet (nicht aber im umgekehrten Fall), abgewiesen wurde;[46] anderes gilt, wenn auch mit jener Entscheidung, zum Beispiel bei fehlender Klagebefugnis (§ 42 Abs. 2), die materielle Rechtsstellung abschließend geklärt wurde. 29

Grundsätzlich keine Beschwer ergibt sich aus einer von der Rechtsauffassung der Partei abweichenden *Entscheidungsbegründung*,[47] sofern diese sich nicht ausnahmsweise, wie etwa beim Bescheidungsurteil (vgl. § 113 Abs. 5 Satz 2), als verbindliche Grundlage weiterer Entscheidungen beeinträchtigend auswirkt.[48] Auch eine Beschwer allein durch die *Kostenentscheidung*[49] ist grundsätzlich nicht 30

---

[39] Auf diesen beschränkt Eyermann/Happ, § 124 Rdnr. 38; Thomas/Putzo, Vorbem. § 511 Rdnr. 18.

[40] Vgl. Kopp/Schenke, Vorbem. § 124 Rdnr. 40 m. w. Nachw.; Rosenberg/Schwab/Gottwald, § 136 II 3 a.

[41] Vgl. BGH, NJW 1988,827.

[42] Vgl. Kopp/Schenke, Vorbem. § 124 Rdnr. 42 m. w. Nachw.

[43] Vgl. BVerwGE 29,261 (264); BVerwG, DVBl 1980,597.

[44] Vgl. Demmel, Das Verfahren nach § 113 III VwGO, 1997, S. 95 ff.

[45] Vgl. BVerwGE 96,258 (261).

[46] Vgl. BVerwGE 29,210 (211); BVerwG, DÖV 1977,784; Eyermann/Happ, § 124 Rdnr. 39.

[47] Vgl. BVerwGE 4,16 (18); 17,352 (353); 60,123 (125).

[48] BVerwG, DVBl 1982,447; vgl. auch BVerwGE 60,123.

[49] Vgl. auch BayVGH, NVwZ-RR 1990,56.

ausreichend (§ 158). Beschränkt sich das Gericht darauf, die Sache zurückzuverweisen (§ 130 Abs. 1; ähnlich auch im Verhältnis zur Verwaltung im Fall des § 113 Abs. 3 Satz 1), so werden alle Beteiligten durch den Aufschub einer abschließenden Entscheidung formell beschwert.[50]

### b) Materielle Beschwer

31 Anders als der Beklagte ist der *Beigeladene* als Dritter an dem zwischen den Parteien bestehenden Prozeßrechtsverhältnis beteiligt und auch zur Stellung eines Antrags nicht verpflichtet; ein formeller Vergleich zwischen diesem und der Entscheidung scheidet häufig aus. Insoweit ist deshalb allein auf das Bestehen einer *materiellen Beschwer* abzustellen.[51] Hierfür ist erforderlich, daß der Rechtsmittelführer durch die Entscheidung in seinen *rechtlichen Interessen* (nicht etwa bloßen Verwaltungsinteressen)[52] *nachteilig* berührt wird.[53] Dagegen reicht die allein formale Bindungswirkung eines Urteils (§ 121), wie sie für einen zu Unrecht Beigeladenen besteht, nicht aus, da dessen Interessen (§ 65 Abs. 1) hierdurch in keinem Fall betroffen sein können.[54]

32 Ob eine Beschwer gegeben ist, kann nur nach den Umständen des jeweiligen Einzelfalles beurteilt werden. Beschwert ist etwa der Bauherr, dessen Baugenehmigung auf Nachbarklage hin aufgehoben[55] oder die Gemeinde, deren Bebauungsplan unter Verpflichtung der Baubehörde zur Erteilung einer Baugenehmigung inzident verworfen wurde;[56] ebenso im Prozeß zwischen zwei Gemeinden um die Wirksamkeit der Kündigung eines Verwaltungsvertrags der an diesem beteiligte und deshalb beigeladene Private.[57] Spiegelt sich in der Rechtsmitteleinlegung des Beigeladenen jedoch eine *Anfechtungskonstellation* wider, so zum Beispiel in der Berufung des Nachbarn gegen das zur Erteilung der Baugenehmigung verpflichtende Urteil, so kann das Rechtsmittel nur Erfolg haben, wenn mit dem Urteil eine subjektive Rechtsverletzung des Beigeladenen einhergeht.[58]

33 Eine materielle Beschwer ist schließlich auch Voraussetzung für das Rechtsmittel der *Beschwerde* durch nicht am Verfahren beteiligte *Dritte* (§ 146 Abs. 1;

---

[50] Vgl. BVerwGE 54,116 (120).
[51] Vgl. Kopp/Schenke, Vorbem. § 124 Rdnr. 46; BVerwGE 98,210.
[52] Vgl. OVG NW, DVBl 1998,240.
[53] Vgl. BVerwGE 69,256 (258); 87,324 (327); BVerwG, DVBl 1992,301.
[54] Vgl. BVerwGE 31,233 (234); 64,67 (69).
[55] Vgl. BVerwGE 52,237 (240).
[56] Vgl. BVerwGE 92,66.
[57] VGH BW, VBlBW 1987,388.
[58] BVerwGE 47,19; 84,257; vgl. auch BVerwG, DVBl 1992,301 (Rechtsmittel der Handwerkskammer, § 16 Abs. 3 HwO).

s. oben Rdnr. 24), die zum Beispiel erfolglos ihre Beiladung beantragt haben[59] oder sich gegen ihre Zurückweisung als Prozeßbevollmächtigte wenden.[60]

## 3. Anschlußrechtsmittel

### *a) Begriff und Bedeutung*

Das Rechtsmittel zielt auf Änderung der angefochtenen Entscheidung zugunsten 34
des Rechtsmittelführers und damit notwendigerweise zu Lasten des Rechtsmittelgegners ab. Dieser sowie sonstige Beteiligte können jenem Begehren entgegentreten, indem sie die Entscheidung, durch die sie sich nicht beschwert oder begünstigt sehen, *verteidigen* und die Abweisung des Rechtsmittels beantragen. Damit können sie jedoch eine Abänderung des Urteils auch zu ihren Gunsten nicht erreichen.

Um den "an sich friedfertigen" Rechtsmittelgegner nicht deshalb zu einer vor- 35
sorglichen Rechtsmitteleinlegung zu veranlassen und gleichzeitig den Rechtsmittelführer durch das Risiko einer Verschlechterung vor einer leichtfertigen Anfechtung der Entscheidung zu warnen,[61] ist ihm auch die Möglichkeit der **Anschließung** an das Rechtsmittel – Berufung (§ 127), Revision (§ 141) oder Beschwerde[62] – eröffnet. Mit ihr wird eigeninitiativ der gegenläufige Antrag erhoben, die bereits von dem anderen Beteiligten angefochtene Entscheidung zu seinen eigenen Gunsten abzuändern;[63] Inhalt eines *Anschlußrechtsmittels* kann also nicht die bloße Verteidigung des Urteils, aber auch nicht die Unterstützung des Rechtsmittels mit einem übereinstimmenden Abänderungsantrag sein.[64] Dies gilt wiederum nicht für Vertreter öffentlicher Interessen (vgl. dazu oben Rdnr. 26).[65]

Ist das Rechtsmittel – wie meist – erst aufgrund einer *Zulassung* eröffnet, so 36
bestimmt deren sachliche Beschränkung auf einen abtrennbaren Teil des Klagegegenstandes (vgl. dazu auch unten § 39 Rdnr. 17) auch die Reichweite möglicher Anschließung;[66] diese ist aber nicht durch die mit dem Hauptrechtsmittel verfolgte Zielsetzung festgelegt.[67]

[59] Vgl. VGH BW, NJW 1977,1308; NVwZ 1986,141.
[60] Vgl. BVerwGE 42,318 (320); 44,124 (126).
[61] Vgl. BVerwGE 100,104 (107).
[62] Vgl. OVG NW, NJW 1959,1796; BayVGH, BayVBl 1974,595.
[63] Vgl. BVerwG, NVwZ-RR 1990,379; NVwZ-RR 1995,58; grundsätzlich dazu Klamaris, a.a.O., S. 59 ff.
[64] BVerwG, NVwZ-RR 1990,379.
[65] BVerwGE 9,143 (144).
[66] Vgl. BVerwG, NVwZ-RR 1997,253.
[67] Vgl. BVerwGE 100,104 (107 f.).

37 Kein Anschlußrechtsmittel, gleichwohl mit diesem strukturell vergleichbar, ist die in der Rechtsprechung entwickelte **Gegenrüge**.[68] Mit ihrer Hilfe soll es dem Rechtsmittelgegner im *Revisionsverfahren* ermöglicht werden, eine verfahrensfehlerhafte, für das Bundesverwaltungsgericht aber bindende (§ 137 Abs. 2 und dazu unten § 39 Rdnr. 54 f.) Tatsachenfeststellung der Vorinstanz zu rügen, aus deren abweichender revisionsrechtlicher Würdigung Rechtsnachteile zu befürchten sind. Erweist sich der Einwand als begründet, so verweist das Revisionsgericht die Sache zurück.[69]

### b) Verfahren

38 Das Anschlußrechtsmittel wird bei dem Rechtsmittelgericht schriftlich oder, weitergehend als § 522a ZPO, in der mündlichen Verhandlung zu Protokoll erhoben.[70] Nach herrschender Meinung ist die Anschließung ein bloßes Angriffsmittel im bereits laufenden Rechtsmittelverfahren.[71] Ihre Zulässigkeit hängt deshalb lediglich von der Einhaltung der für sie jeweils bestehenden Formvorschriften sowie den Prozeßhandlungsvoraussetzungen, nicht aber von sonstigen Zulässigkeitsvoraussetzungen, insbesondere einer Beschwer,[72] ab. Sie eröffnet die gerichtliche Möglichkeit, die Entscheidung ohne Bindung an den Antrag des Rechtsmittelführers (§ 129) auch zu dessen Ungunsten zu ändern (reformatio in peius; s. sogleich Rdnr. 44) und gewinnt vor allem Bedeutung, wenn das eigene Rechtsmittel, selbständig erhoben, nicht (mehr) zulässig wäre.

39 Eine Anschließung kann also (bis zum Ende der mündlichen Verhandlung) erfolgen, auch wenn die Frist für die Einlegung des Rechtsmittels bereits abgelaufen ist, auf dieses verzichtet wurde (§ 127) oder es an einer Beschwer fehlt. Es handelt sich dann um eine **unselbständige Anschließung**, die von dem Hauptrechtsmittel abhängt und ohne weiteres unwirksam wird, wenn dieses zurückgenommen oder als unzulässig verworfen wird (§ 127 Satz 2)[73] oder auf sonstige Weise entfällt.

### c) Selbständige Anschließung

40 Eigenständige Bedeutung kommt dem Anschlußrechtsmittel dagegen zu, wenn es unter Einhaltung der Zulässigkeitsvoraussetzung im übrigen eingelegt wurde (**selbständige Anschließung**). Es ist dann ungeachtet des Schicksals des Bezugsrechtsmittels unter formalen Aspekten, insbesondere unabhängig von der Notwendigkeit einer Zulassung des Rechtsmittels (vgl. §§ 124a; 132 Abs. 1; 146 Abs. 4),

---

[68] Vgl. GmS-OGB, NJW 1976,1682; BVerwGE 32,228; 82,24 (25).
[69] Vgl. näher Rudisile, DVBl 1988,1135.
[70] Vgl. Redeker/v. Oertzen, § 127 Rdnr. 3.
[71] Vgl. BGHZ 4,229 (232); Redeker/v. Oertzen, § 127 Rdnr. 2; Kopp/Schenke, Vorbem. § 124 Rdnr. 3; a. M. etwa Rosenberg/Schwab/Gottwald, § 138 I 3; Klamaris, a.a.O., S. 143 ff.
[72] Vgl. Kopp/Schenke, Vorbem. § 124 Rdnr. 53 m. w. Nachw.
[73] Vgl. BVerwGE 26,297 (299).

zulässig und führt zur Überprüfung der Vorentscheidung. Die sonstigen Voraussetzungen für das Rechtsmittel, insbesondere eine Beschwer des Rechtsmittelführers, müssen jedoch gegeben sein.[74]

Die selbständige *Anschlußberufung* ist nicht entgegen dem Wortlaut des § 127 dadurch hinfällig geworden, daß nunmehr das erfolgreiche Zulassungs- als Berufungsverfahren fortgeführt wird (vgl. § 124a Abs. 2 Satz 4; nicht anders § 146 Abs. 6 Satz 2 für die Beschwerde; § 139 Abs. 2 Satz 1 für die Revision) und damit die in § 127 in Bezug genommene Berufungseinlegung unter Fristwahrung entbehrlich ist.[75] Denn die Zulassung des Rechtsmittels wirkt außer für den Antragsteller (Berufung; Beschwerde) beziehungsweise Beschwerdeführer (Revision) auch zugunsten der übrigen Beteiligten (vgl. unten § 38 Rdnr. 23; § 39 Rdnr. 17). Diesen steht deshalb das Rechtsmittel zu, das sie allerdings bei der Berufung nur in der – gesetzlich zugelassenen – Form der Anschließung wahrnehmen können. Diese muß, wenn sie als selbständige wirksam werden soll, innerhalb der Begründungsfrist (§§ 124a Abs. 3; 139 Abs. 3) erklärt und als Rechtsmittel begründet werden.[76] **41**

## III. Die Entscheidung

### 1. Verfahren und Form

Für die Durchführung des Rechtsmittelverfahrens wird, soweit sich aus der Besonderheit des Rechtsmittels nichts anderes ergibt, grundsätzlich auf das erstinstanzliche Verfahren verwiesen (vgl. §§ 125 Abs. 1 Satz 1; 141; 150 i. V. m. § 122). Auch über Berufung und Revision ist grundsätzlich aufgrund *mündlicher Verhandlung* durch *Urteil* zu entscheiden, doch ist bei unzulässigen, in der Berufungsinstanz auch bei eindeutig unbegründeten oder begründeten Rechtsmitteln, der Erlaß eines Beschlusses möglich (§§ 125 Abs. 2 Satz 1, 2; 130a Satz 1) beziehungsweise vorgesehen (§ 144 Abs. 1). Über Beschwerden wird immer durch Beschluß entschieden (§ 150). **42**

Sind mehrere Rechtsmittel eingelegt, so ist über jedes von ihnen zu entscheiden. **43**

### 2. Reichweite

Die Reichweite instanzgerichtlicher Prüfung der Vorentscheidung variiert je nach Rechtsmittel. Allgemein ist sie jedoch durch den gestellten Abänderungsantrag beschränkt (§§ 129; 141 Satz 1). Hierdurch ist das Gericht nicht nur gehindert, **44**

---

[74] Vgl. BVerwGE 65,27 (33).
[75] Ebenso Redeker/v. Oertzen, § 127 Rdnr. 5; gegenteilig Eyermann/Happ, § 127 Rdnr. 4.
[76] Ebenso Redeker/v. Oertzen, § 127 Rdnr. 5; vgl. auch Eyermann/P. Schmidt, § 139 Rdnr. 12.

dem Rechtsmittelführer *mehr zuzusprechen* (vgl. auch § 88), als er beantragt hat (zum Beispiel bei einem, gegenüber der Klage beschränkten Rechtsmittelantrag nach dem ursprünglichen Klageantrag zu entscheiden),[77] sondern – anders als die Widerspruchsbehörde (vgl. oben § 19 Rdnr. 60) – insbesondere auch daran, die Vorentscheidung *zu dessen Ungunsten* abzuändern (**Verbot der reformatio in peius**). Freilich gilt dies nur für den *jeweiligen* Rechtsmittelführer; eine Verschlechterung der durch die angefochtene Entscheidung erreichten Position ist deshalb auf das selbständig oder anschlußweise eingelegte Rechtsmittel des Gegners oder eines anderen Beteiligten hin ohne weiteres möglich.[78]

### 3. Inhalt

**45** Ist das Rechtsmittel *unzulässig*, so wird es "*verworfen*" (vgl. §§ 125 Abs. 2 Satz 1; 144 Abs. 1). Ein *unbegründetes* Rechtsmittel wird "*zurückgewiesen*" (vgl. § 144 Abs. 2). Dagegen wird dem Rechtsmittel stattgegeben, wenn es zulässig ist und sich die angegriffene Entscheidung in verfahrensrechtlicher oder materiell-rechtlicher Hinsicht als fehlerhaft erweist, ohne daß im Ergebnis gleich zu entscheiden gewesen wäre (vgl. oben Rdnr. 17). In diesem Fall kann das Rechtsmittelgericht entweder die Vorentscheidung "*aufheben*" und "*die Sache zurückverweisen*" (vgl. §§ 130 Abs. 1; 144 Abs. 3 Satz 1 Nr. 2) oder, unter *Änderung* (§ 129) beziehungsweise *Aufhebung* (§ 144 Abs. 3) der angefochtenen Entscheidung, *in der Sache selbst entscheiden* (§ 144 Abs. 3 Satz 1 Nr. 1). Hat das Rechtsmittel nur teilweise Erfolg, so muß es im übrigen abgewiesen werden.

## Literatur

*Jessen*, Die Gestaltung des Rechtsmittelzuges im Entwurf einer Verwaltungsprozeßordnung, NVwZ 1982,410.
*Klamaris*, Das Rechtsmittel der Anschlußberufung, 1975.
*Rudisile*, Die Gegenrüge im Revisionsrecht, DVBl 1988,1135.
*Saenger*, Verwaltungsgerichtliche Entscheidungen, Rechtsmittel und Rechtsbehelfe, JuS 1992,779.
*Sendler*, Zum Instanzenzug in der Verwaltungsgerichtsbarkeit, DVBl 1982,157.
*Voßkuhle*, Rechtsschutz gegen den Richter, 1993.
*Weitzel*, Grundzüge des Rechts der Rechtsmittel, JuS 1992,625.

[77] Vgl. BVerwG, NVwZ 1996,175.
[78] Vgl. BVerwGE 51,310 (313); OVG Berlin, NVwZ 1990,681.

# § 38. Die Berufung

Die Berufung zielt auf die gerichtliche Überprüfung der erstinstanzlichen Ent- 1
scheidung (vgl. sogleich Rdnr. 3) durch eine weitere *Tatsacheninstanz* ab. Diese ist jedenfalls, anders als die Existenz eines Instanzenzugs (vgl. dazu oben § 37 Rdnr. 1 f.), verfassungsrechtlich nicht garantiert. Ihre prozessuale Notwendigkeit ist nicht unstreitig,[1] insgesamt aber, ungeachtet eines rechtspraktisch verschiedentlich beobachteten Rückzugs der Berufungsgerichte auf eine bloße Rechtsprüfung,[2] aus Gründen effektiver Rechtsverwirklichung durch die Möglichkeit obergerichtlicher Kontrolle zu bejahen; in der Einführung einer allgemeinen Zulassungsberufung durch das 6. VwGO-ÄnderungsG (s. unten Rdnr. 5 ff.) kommt allerdings eine grundsätzlich negative Einschätzung des Gesetzgebers zum Ausdruck.[3]

## I. Die Zulässigkeit der Berufung

Für die Zulässigkeit der Berufung sind außer den allgemeinen Anforderungen hin- 2
sichtlich der persönlichen Sachentscheidungsvoraussetzungen und des Vorliegens einer Beschwer (s. oben § 37 Rdnr. 16, 26 ff.) die folgenden besonderen Voraussetzungen zu prüfen:

- Statthaftigkeit, § 124 Abs. 1 (s. unten Rdnr. 3 f.);
- Zulassung der Berufung, §§ 124, 124a Abs. 1, 2 (s. unten Rdnr. 5 ff.);
- form- und fristgerechte Berufungsbegründung, § 124a Abs. 3 (s. unten Rdnr. 24 ff.).

### 1. Statthaftigkeit

Das Rechtsmittel der Berufung steht gemäß § 124 Abs. 1 den *Beteiligten* (§ 63; 3
s. oben § 37 Rdnr. 24 f.) gegen *Endurteile* einschließlich der Teilurteile nach § 110 sowie gegen *Zwischenurteile* nach den *§§ 109 und 111* (vgl. dazu oben § 34 Rdnr. 6 ff.) zu. Gegen rein prozessuale, unselbständige Zwischenurteile gemäß

[1] Vgl. dazu Kopp, GA/54. DJT, 1982, S. B. 44 ff.; Ule, DVBl 1983,440.
[2] Vgl. Ule, DVBl 1983,445.
[3] Vgl. Amtl. Begr. zu Art. 1 Nr. 15 (§ 124 VwGO) Entw./6. VwGO-ÄnderungsG, BT-Drucks. 13/3993, S. 13.

§ 173 VwGO i. V. m. § 303 ZPO unmittelbar ist ein Rechtsmittel nicht eröffnet; sie sind nur zusammen mit der Sachentscheidung und in deren Rahmen anfechtbar. Berufung ist auch gegen einen *Gerichtsbescheid* möglich, § 84 Abs. 2 Nr. 1.

4 Zur Entscheidung über die Berufung ist das Oberverwaltungsgericht *funktional zuständig*, § 46 Nr. 1. Die Berufung kann durch Bundesgesetz ausgeschlossen sein (vgl. z. B. § 34 Satz 1 WPflG); in diesem Fall ist gegen das Urteil die Revision unter den für diese im übrigen bestehenden Voraussetzungen gegeben, § 135.

## 2. Die Berufungszulassung

5 Gemäß § 124 Abs. 1 ist die Berufung nur gegeben, wenn sie durch das als Berufungsgericht zuständige Oberverwaltungsgericht zugelassen wird. Anders als bei der Revisionszulassung (vgl. § 132 Abs. 1), trifft also das Erstgericht keine diesbezügliche Entscheidung.

### *a) Allgemeine Problematik*

6 Die **Zulassungsberufung** wurde in Anlehnung an § 78 Abs. 3 AsylVfG und nach einem "Probelauf" des Rechtsmittelbeschränkungsgesetzes in den neuen Bundesländern[4] durch das 6. VwGO-ÄnderungsG umfassend eingeführt.[5] Sie machte diese sowie weitere bundesgesetzliche Spezialregelungen[6] vergleichbaren Inhalts ebenso obsolet wie die als Grundlage dahingehender befristeter Sonderregelungen von Anfang an bestehende Ermächtigung des § 131. Selbständige Bedeutung hat daneben nach wie vor die differenzierte Sonderregelung des § 78 AsylVfG.[7]

7 Die grundsätzliche Abhängigkeit der Berufung von einer Zulassung ist verfassungsrechtlich nicht zu beanstanden,[8] begegnet aber gleichwohl rechtspolitischen Bedenken.[9] Abgesehen von der allgemeinen Reduzierung des Standards der Rechtmäßigkeitsgewähr führt sie, je nach der Zulassungspraxis der Berufungsgerichte, zu einer teilweisen Verlagerung der judikativen Verantwortung für den objektiven Rechtsbestand auf die erste Instanz. Diese ist jedoch den hieraus resultierenden, erhöhten Anforderungen an die Rechtsrichtigkeit ihrer Entscheidungen, gerade auch in tatsächlicher Hinsicht, ohne zusätzliche institutionelle und organisatorische Vorkehrungen kaum gewachsen. Ganz im Gegenteil führt die Kombination mit der als solcher ebenfalls nicht unproblematischen (vgl. oben § 7 Rdnr. 11 f.) und in der Praxis vielfach genutzten

---

[4] Art. 13 InvWohnBauLG vom 22.4.1993, BGBl I S. 466. Vgl. dazu unter hiesigem Aspekt Stelkens, NVwZ 1995,331; B. Münch, Sondervorschriften für die neuen Bundesländer im Bereich von Umwelt- und Planungsrecht, jur. Diss. Konstanz, 1998.
[5] Zusammenfassend Seibert, NVwZ 1999,113.
[6] Vgl. Kopp/Schenke, § 131 Rdnr. 5.
[7] VGH BW, VBlBW 1997,299.
[8] Ebenso W. Schenke, NJW 1997,91; Bader, DÖV 1997,445; vgl. aber auch (für den Zivilprozeß) Bethge, NJW 1991,2395.
[9] Vgl. Kopp, GA/54. DJT, S. B 46 f.; Schenke, NJW 1997,92; Berkemann, DVBl 1998,452.

Möglichkeit zur Übertragung des Rechtsstreits auf den Einzelrichter (§ 6 Abs. 1) zu nicht unerheblicher Gefährdung der Rechtseinheit.

### b) Die Zulassungsgründe

Die Zulassung der Berufung kann nur aus den in § 124 Abs. 2 abschließend bestimmten Gründen erfolgen, muß bei deren Vorliegen aber auch ausgesprochen werden. Sie übernehmen in Nr. 3 bis 5 die Zulassungsvoraussetzungen für die Revision (§ 132 Abs. 2) und lehnen sich in Nr. 1 an § 80 Abs. 4 Satz 3, in Nr. 2 an die §§ 6 Abs. 1 Satz 1 Nr. 1; 84 Abs. 1 Satz 1 an. Sie sind inhaltlich nicht scharf abgegrenzt und können sich deshalb vielfach überschneiden. 8

*aa)* Für das Vorliegen *ernstlicher Zweifel an der Richtigkeit des Urteils* (Nr. 1) kann angesichts des grundlegenden systematischen und funktionalen Unterschieds zwischen gerichtlicher Sachprüfung eines Urteils und verwaltungsbehördlicher Kontrolle hinsichtlich der vorläufigen Realisierung einer Verwaltungsentscheidung nicht unbesehen auf das Verständnis des § 80 Abs. 4 Satz 3 zurückgegriffen werden.[10] Denn bei diesem läßt die zugrunde liegende, verfassungsgestützte gesetzliche Wertung für vorläufigen Rechtsschutz ein Vollzugsinteresse schon entfallen, wenn die *Rechtmäßigkeit des Verwaltungsakts* nicht gesichert, also nicht wahrscheinlicher ist als seine Rechtswidrigkeit (vgl. dazu oben § 28 Rdnr. 41). Demgegenüber darf der Gesetzgeber grundsätzlich von der *Richtigkeit eines Urteils* ausgehen – und sich eben deshalb schon mit dem durch dieses vermittelten Rechtsschutz begnügen. Eine Überprüfung ist deshalb nur veranlaßt, wenn die Notwendigkeit einer Korrektur klar hervortritt, weil erhebliche und deutlich überwiegende Gründe die Unrichtigkeit der Entscheidung als wahrscheinlich ergeben.[11] 9

Damit ist für die Zulassungsentscheidung keine abschließende Klärung hinsichtlich der Richtigkeit des angefochtenen Urteils,[12] sondern nur eine summarische Prüfung verlangt,[13] wie sie in der Tat vergleichbar beim vorläufigen Rechtsschutz begegnet. Das Gericht bestimmt jedoch die Intensität dieser Prüfung selbst und hat es damit in der Hand, die "ernstlichen" zu "einfachen" Zweifeln zu ent- 10

---

[10] So aber Amtl. Begr., BT-Drucks. 13/3993, S. 13, und im Anschluß daran VGH BW, VBlBW 1997,219; DÖV 1997,965; Schmieszek, NVwZ 1996,1153; demgegenüber Schenke, NJW 1997,91; Eyermann/Happ, § 124 Rdnr. 20, sowie eingehend W. Roth, VerwArch 88 (1997), S. 416 ff. Vgl. auch – zu § 36 Abs. 4 Satz 1 AsylVfG – BVerfGE 94,166 (194).

[11] So im Anschluß an BVerfGE 94,166 (194) etwa VGH BW, NVwZ 1998,305 (12. Senat); Seibert, DVBl 1997,933 mit Nachweis der uneinheitlichen Rechtsprechung; geringere Anforderungen bei VGH BW, VBlBW 1997,420 (4. Senat); W. Roth, VerwArch 88 (1997), S. 432.

[12] Sie bestimmt sich nach dem Entscheidungssatz, kann also auch aus anderen als den für das VG maßgeblichen Gründen bejaht werden; ebenso NdsOVG, NVwZ 1997,1225; HambOVG, NVwZ 1997,1231; VGH BW (8. Senat), VBlBW 1997,380; Bader, NJW 1998,413; a. M. etwa VGH BW (9. Senat), NVwZ 1998,196.

[13] Deutlich z. B. VGH BW, DÖV 1997,965; HessVGH, NVwZ 1998,195.

VGH, B 22.4.97, NVwZ 97,1230, Günther, NVwZ 98,472, nm DVBl 98,678, BVerwG-K, B 23.6.00, NVwZ 00,1163, BVerfG, B 3.3.04, DVBl 04,822, BVerfGK, B 24.1.07, NVwZ 07,805, BVerfGK B 20.12.10, NVwZ 11,547, NdsOVG, B 31.1.13, DVBl 13,454

schärfen oder – in der einen oder anderen Richtung – auszuräumen (vgl. dazu auch sogleich Rdnr. 12 f.). Dabei ist für die Beurteilung auf den Zeitpunkt der Entscheidung des Berufungsgerichts abzustellen[14] und damit auch neues tatsächliches Vorbringen zu berücksichtigen;[15] denn Erkenntnisziel der Berufungsentscheidung und damit auch des eine solche ermöglichenden Zulassungsverfahrens ist nicht, ob das *Gericht* (subjektiv) zutreffend entschieden *hat*, sondern, ob der *Rechtsstreit* nach Maßgabe des anzuwendenden materiellen Rechts (vgl. dazu näher oben § 34 Rdnr. 47 ff.) objektiv richtig entschieden *ist*.

11 *bb) Besondere tatsächliche oder rechtliche Schwierigkeiten* der Rechtssache (Nr. 2) werden zum Teil in Anlehnung an § 6 Abs. 1 Satz 1 Nr. 1 dann angenommen, wenn sich die Rechtssache in der genannten Hinsicht signifikant vom Spektrum der zu entscheidenden Streitfälle unterscheidet.[16] Indes ist auch hier eine funktionsbezogene Begriffsbestimmung anstelle eines einfachen Rückgriffs auf § 6 Abs. 1 Satz 1 Nr. 1 (vgl. dazu oben § 7 Rdnr. 22) oder § 84 Abs. 1 Satz 1 (vgl. dazu oben § 36 Rdnr. 5) erforderlich.[17] Erst recht kommt der (Nicht-)Übertragung auf den Einzelrichter keine Bedeutung für die Berufungszulassung zu.[18]

12 Ausgehend von der Zielsetzung, die Berufung bei hinreichendem Anlaß einer Kontrolle zu eröffnen, besteht zwischen den Zulassungsgründen gemäß Nr. 1 und 2 ein enger systematischer Zusammenhang.[19] Hierbei kommt es entscheidend auf die "eventuelle" Korrekturbedürftigkeit der angefochtenen Entscheidung an.[20] Ist diese aus der Sicht des Berufungsgerichts richtig, so rechtfertigen etwaige Schwierigkeiten auf dem Weg zu dieser Beurteilung nicht die Zulassung der Berufung.[21] Diese ist andererseits zuzulassen, wenn die berufungsgerichtliche *Prognose*[22] eine überwiegend wahrscheinliche Unrichtigkeit des Urteils ergibt (Nr. 1). Da diese Einschätzung nicht objektiv feststeht, sondern von der Intensität der durchgeführten Sachprüfung abhängt, erweist sich die besondere Schwierigkeit der Rechtssache darin, daß jene kein eindeutiges Ergebnis erbringt.[23]

13 Damit erscheint der Tatbestand der Nr. 2, mit der Zielsetzung des Gesetzgebers durchaus übereinstimmend, im Ergebnis nur als *Ermächtigung* an das Oberver-

---

[14] Ebenso OVG RP, NVwZ 1998,302; Seibert, DVBl 1997,937; a M. VGH BW, NVwZ 1998, 199; Eyermann/Happ, § 124 Rdnr. 21.

[15] Ebenso BayVGH, BayVBl 1998,154; a. M. OVG NW, BayVBl 1998,157; Berkemann, DVBl 1998,455 ff.

[16] Vgl. VGH BW, NVwZ 1997,1230.

[17] Ebenso Seibert, DVBl 1997,935; a. M. Bader, DÖV 1997,448.

[18] Vgl. NdsOVG, NVwZ 1997,1225.

[19] HambOVG, NVwZ 1997,689; Happ, BayVBl 1999,580; vgl. auch zur Entstehungsgeschichte Bader, DÖV 1997,443.

[20] Vgl. auch Eyermann/Happ, § 124 Rdnr. 23; Seibert, DVBl 1997,935 f.

[21] Vgl. VGH BW, VBlBW 1997,219.

[22] Vgl. VGH BW, NVwZ 1997,1230; a. M. Berkemann, DVBl 1998,456.

[23] Seibert, DVBl 1997,936; wohl auch Eyermann/Happ, § 124 Rdnr. 23.

waltungsgericht,[24] über Nr. 1 hinaus eine Berufung zuzulassen, deren Erfolgsaussichten mit Hilfe des angelegten Maßstabs nicht beurteilt werden können. Aus der Sicht des Antragstellers kann das Zulassungsbegehren also nicht eigenständig auf die Schwierigkeit der Rechtssache als solche, sondern nur auf deren unrichtige Entscheidung gestützt werden mit dem Ziel, diesbezüglich ernstliche (Nr. 1) oder zumindest nicht behebbare (Nr. 2) Zweifel des Gerichts hervorzurufen.

*cc)* Der Zulassungsgrund der *grundsätzlichen Bedeutung der Rechtssache* (Nr. 3) **14**
ist aus dem früheren, mit § 78 Abs. 3 Nr. 1 AsylVfG übereinstimmenden § 131 Abs. 2 Nr. 1 VwGO übernommen worden. Vorbild ist die Regelung des § 132 Abs. 2 Nr. 1 über die Revisionszulassung, deren Verständnis demgemäß auch hier leitend ist (vgl. dazu unten § 39 Rdnr. 7 f.). Im Einklang mit der weitergehenden Entscheidungskompetenz des Berufungsgerichts, die auch die Tatsachenbasis umfaßt (vgl. § 128 und dazu unten Rdnr. 32), ist jedoch ein allgemeines, den Einzelfall überschreitendes Interesse in bezug auf die Klärung nicht nur von *Rechts-*, sondern auch von *Tatsachenfragen* beachtlich.[25] Ein solcher übergreifender Klärungsbedarf kann sich beispielsweise hinsichtlich der Gesundheitsgefahren aus einer Seuche (BSE) oder neuer Techniken (Elektrosmog) ergeben.

*dd)* Eine vergleichbare Entsprechung besteht für die Geltendmachung einer *Divergenz* (Nr. 4). **15**
Sie führt zu einer Zulassung der Berufung, wenn das angegriffene Urteil in maßgeblicher Weise von einer Entscheidung des für das Berufungsverfahren zuständigen Oberverwaltungsgerichts oder eines anderen der in § 124 Abs. 2 Nr. 4 genannten Gerichte abweicht und auf dieser Abweichung beruht. Diese kann sich auch hier in der grundsätzlichen Unterschiedlichkeit bei der Beurteilung von Tatsachenfragen äußern.[26] Die Abweichung nur gegenüber einem anderen Oberverwaltungsgericht begründet keine maßgebliche Divergenz, kann aber ernstliche Zweifel im Sinn der Nr. 1 hervorrufen und dürfte in der Regel jedenfalls die besondere Schwierigkeit,[27] wohl auch den Grundsatzcharakter der Rechtssache, dokumentieren.

*ee)* Wird der Zulassungsantrag auf *Verfahrensrügen* gestützt (Nr. 5), so muß die **16**
Entscheidung – wiederum wie bei der Revisionszulassung (§ 132 Abs. 2 Nr. 3) – auf dem geltend gemachten und tatsächlich vorliegenden Verfahrensmangel beruhen können. Dieser muß ferner der Beurteilung des Berufungsgerichts unterliegen

---

[24] Vgl. HambOVG, NVwZ 1997,689; zu beachtlichen verfassungsrechtlichen Bedenken vgl. Bader, DÖV 1997,446 f.; dens., NJW 1998,412 f.

[25] Vgl. BVerwGE 70,24 (26); VGH BW, NVwZ 1997,405; eingehend W. Roth, DÖV 1998, 191 ff. m. Nachw. zum Streitstand in Fn. 8.

[26] BVerwGE 70,24 (27); W. Roth, DÖV 1998,197.

[27] Vgl. auch Eyermann/Happ, § 124 Rdnr. 29.

– ein an sich überflüssiger Hinweis darauf, daß Verfahrensfehler, deren Überprüfung im Rechtsmittelverfahren gesetzlich von vornherein (vgl. § 6 Abs. 4 Satz 2 VwGO; § 17a Abs. 5 GVG, gegebenenfalls i. V. m. § 83 VwGO) oder infolge Präklusion (vgl. § 87b Abs. 3; § 173 VwGO i. V. m. § 295 Abs. 1 ZPO) ausgeschlossen ist, schon nicht zur Zulassung des Rechtsmittels führen können.[28]

### c) Das Zulassungsverfahren

17 *aa)* Der *Antrag auf Zulassung* der Berufung ist innerhalb eines Monats nach Zustellung des Urteils durch einen postulationsfähigen Vertreter (§ 67 Abs. 1 Satz 2) und deshalb schriftlich[29] nur beim Verwaltungsgericht[30] (anders als gemäß § 147 Abs. 2) zu stellen, § 124a Abs. 1 Satz 1, 2. Er muß das angefochtene Urteil bezeichnen und innerhalb derselben Frist die Gründe, aus denen die Berufung zuzulassen ist, darlegen, § 124a Abs. 1 Satz 3, 4. Die *Umdeutung* einer unzulässigen Berufung in einen Zulassungsantrag ist grundsätzlich ausgeschlossen.[31]

18 Diese *Darlegungslast* verlangt zunächst, daß der geltend gemachte Zulassungsgrund, wenn nicht ausdrücklich benannt,[32] so doch dadurch hinreichend bezeichnet wird, daß sich das Vorbringen des Antragstellers jenem eindeutig zuordnen läßt;[33] fehlt es hieran, so ist eine Berücksichtigung (z. B. einer bestehenden Divergenz statt des irrig geltend gemachten Verfahrensfehlers) grundsätzlich ausgeschlossen.[34]

19 Inhaltlich sind die Anforderungen entsprechend dem unterschiedlichen Gehalt der einzelnen Zulassungsgründe differenziert. So wird dem Darlegungsgebot gemäß § 124 Abs. 2 Nr. 1 nicht schon durch die pauschale Behauptung einer Unrichtigkeit der Entscheidung, sondern erst dadurch genügt, daß sich der Antrag mit dem Urteil und dessen Begründung auseinandersetzt und im einzelnen darlegt, inwiefern diese ernstlichen Zweifeln begegnen,[35] das heißt aus der Sicht des Antragstellers praktisch: unrichtig (im dargelegten Sinn, vgl. oben Rdnr. 9 f.) sind. Damit ist nach den obigen Ausführungen (Rdnr. 12 f.) zugleich der Zulassungsgrund gemäß Nr. 2 geltend gemacht, da nicht die bloß relative und deshalb ohnehin nicht schlüssig darzulegende *Schwierigkeit* als solche, sondern allein die aus dieser folgende Unsicherheit bezüglich der *Unrichtigkeit des Urteils* maßgeblich sein kann.[36]

---

[28] Vgl. Eyermann/Happ, § 124 Rdnr. 30.
[29] Vgl. BVerwGE 98,126 (128); BVerwG, NVwZ 1998,170.
[30] ThürOVG, DÖV 1997,964; OVG NW, NVwZ 1997,1235.
[31] BVerwG, NVwZ 1999,641; demgegenüber aber für Auslegung BVerwG, DVBl 1999,405.
[32] So OVG NW, NVwZ 1997,1232.
[33] VGH BW, DÖV 1997,965; HambOVG, NVwZ 1997,689; näher Seibert, DVBl 1997,938.
[34] Vgl. OVG NW, NVwZ 1997,1224.
[35] Vgl. VGH BW, NVwZ 1997,1230; OVG NW, NVwZ 1997,1224.
[36] Vgl. auch HambOVG, NVwZ 1997,689; Seibert, DVBl 1997,938 f.

Ein ähnliches Entsprechungsverhältnis mit vergleichbar verminderten Anforderungen an die *Darlegungslast* gilt zwischen Divergenz- und diese umfassender Grundsatzrüge.[37] Im übrigen stimmen die Zulassungsgründe der Grundsätzlichkeit einer Divergenz und des Vorliegens von Verfahrensmängeln (§ 124 Abs. 2 Nr. 3-5) mit denjenigen für eine revisionsrechtliche Zulassung überein;[38] hierauf wird verwiesen (s. unten § 39 Rdnr. 9 ff.). **20**

Der Antrag hemmt die Rechtskraft des Urteils (§ 124a Abs. 1 Satz 5; Suspensiveffekt), hat aber keinen Devolutiveffekt. Die Rechtssache bleibt also bis zur Zulassung der Berufung (s. sogleich Rdnr. 22 f.) beim Verwaltungsgericht anhängig, das während dieser Zeit noch für Entscheidungen, etwa im Fall der Klagerücknahme (§ 92 Abs. 3) oder bei übereinstimmender Erledigungserklärung (§ 161 Abs. 2), zuständig ist. **21**

*bb)* Die *Entscheidung* über den Antrag erfolgt durch **Beschluß**, der zu begründen ist (§ 122 Abs. 2 Satz 1), es sei denn, daß dem Antrag stattgegeben oder dieser einstimmig abgelehnt wird (§ 124a Abs. 2 Satz 1, 2); der Beschluß ist unanfechtbar (§ 152 Abs. 1). **22**

Mit *Ablehnung* des Antrags im Zeitpunkt der gerichtlichen Herausgabe zur Post[39] wird das Urteil rechtskräftig. Im Fall der *Stattgabe* wird das Antrags- als Berufungsverfahren fortgesetzt, ohne daß es der (zusätzlichen) Einlegung einer Berufung bedarf, § 124a Abs. 2 Satz 3, 4. Die Zulassung wirkt für alle Beteiligten und ermöglicht damit auch eine (selbständige oder unselbständige) Anschlußberufung (§ 127; s. oben § 37 Rdnr. 34 ff.) ohne eigene Zulassung. **23**

### 3. Die Berufungsbegründung

Durch den stattgebenden Beschluß, der mit seiner Zustellung (§ 56 Abs. 1) wirksam wird, erlangt der Zulassungsantrag die Wirkung einer Berufung. Deren *Einlegung* ist deshalb nicht mehr erforderlich (§ 124a Abs. 2 Satz 4 Halbs. 2), wenngleich unschädlich; zusätzlich bedarf es jedoch einer **Berufungsbegründung**.[40] Diese ist binnen *Monatsfrist* seit Zustellung des Zulassungsbeschlusses beim Oberverwaltungsgericht, bei dem das Verfahren ja nunmehr anhängig ist, einzureichen, § 124a Abs. 3 Satz 1-3; auf Antrag kann die Frist verlängert werden. **24**

Für die Berufungsbegründung sind ein bestimmter Berufungsantrag sowie die im einzelnen anzugebenden Berufungsgründe zwingend – auch mit Wirkung für das Asylverfahren – vorgeschrieben (§ 124a Abs. 3 Satz 4, 5); das angefochtene Urteil war bereits in dem Zulassungsantrag anzugeben (§ 124a Abs. 1 Satz 3). Ist **25**

---

[37] Vgl. Seibert, DVBl 1997,938.
[38] Vgl. OVG NW, NVwZ 1998,306.
[39] BVerwGE 95,64 (67).
[40] OVG NW, DVBl 1999,997.

ein Berufungsantrag nebst der erforderlichen Begründung bereits im Zulassungsverfahren gestellt worden, so ist gleichwohl eine eigene Berufungsbegründung erforderlich, die jedoch inhaltlich auf den bereits erfolgten Vortrag Bezug nehmen kann.[41]

26 Mit dem *Berufungsantrag* wird die Aufhebung oder Änderung des Urteils (Rechtsmittelantrag) sowie eine günstigere Sachentscheidung (Sachantrag) erstrebt;[42] er kann sich also nicht in einem bloßen Antrag auf Zurückverweisung erschöpfen.[43] Zur Angabe der *Berufungsgründe* reicht die Bezeichnung der das Begehren stützenden Tatsachen und Beweismittel (so noch § 124 Abs. 3 Satz 2 a. F.) nicht mehr aus, sondern müssen die inhaltlich gegen die Entscheidung sprechenden Sach- und Rechtsgründe geltend gemacht werden. Das erfordert eine Prüfung und rechtliche Durchdringung des Streitstoffs sowie eine Auseinandersetzung mit den Entscheidungsgründen des angefochtenen Urteils mit Bezug auf die Berufungsanträge.[44]

27 Wird diesen Anforderungen entsprochen, so kommt es für die weitere Prüfung auf die objektive Richtigkeit und Vollständigkeit des Vorbringens nicht an; vielmehr ist auf die insoweit zulässige Berufung hin die vollumfängliche Sachprüfung durch das Berufungsgericht (§ 128) ohne Beschränkung auf die geltend gemachten Berufungsgründe eröffnet.[45]

## II. Das Berufungsverfahren

### 1. Allgemeine Grundsätze

28 Für das Berufungsverfahren gelten grundsätzlich die Vorschriften des Teils II entsprechend (§ 125 Abs. 1), so insbesondere die Allgemeinen Verfahrensvorschriften (§§ 54 ff.) sowie die Regelungen über das Verfahren im ersten Rechtszug (§§ 81 ff.). Damit gibt es auch im Berufungsrechtszug ein *vorbereitendes Verfahren* (§§ 87 ff.),[46] kann die Klage *zurückgenommen* (§ 92) und, wenn auch unter

---

[41] So jetzt BVerwG, NVwZ 1998,1311, unter Aufgabe seiner Auffassung DVBl 1997,1325. Vgl. dazu aber auch noch BVerwG, NJW 1997,1250; DVBl 1997,907 (für § 78 Abs. 5 Satz 3 AsylVfG).
[42] Vgl. Eyermann/Happ, § 124a Rdnr. 24.
[43] Vgl. NdsOVG, NVwZ 1993,1017.
[44] Vgl. Eyermann/Happ, § 124a Rdnr. 23 im Anschluß an BVerwGE 80,321 (322 f.) für Revision.
[45] Vgl. BGH, NJW 1994,1656; Eyermann/Happ, § 124a Rdnr. 23.
[46] Vgl. BVerwG, BayVBl 1994,122; HessVGH, NVwZ 1991,594.

modifizierten Voraussetzungen (vgl. dazu oben § 31 Rdnr. 43 ff.), *geändert* werden (§ 91); ferner sind *Widerklage* (§§ 89; 173 VwGO i. V. m. § 530 Abs. 1 ZPO) und *Erledigungserklärung* bezüglich der Hauptsache[47] (§ 161 Abs. 2), die von der Erledigung des Rechtsmittels (vgl. dazu oben § 36 Rdnr. 37) zu unterscheiden ist, möglich. Im Einverständnis der Beteiligten kann das Urteil *ohne mündliche Verhandlung* ergehen, § 125 Abs. 1 Satz 1 i. V. m. § 101 Abs. 2. Der *Gerichtsbescheid* ist dagegen ausgeschlossen, § 125 Abs. 1 Satz 2.

Klageänderung und Widerklage entfalten sich im Rahmen des einmal eröffneten Berufungsverfahrens und scheitern deshalb nicht daran, daß insoweit eine Zulassung nicht erfolgt ist. Auch eine *Anschließung* anderer Beteiligter an die Berufung erfolgt zulassungsfrei nach Maßgabe des § 127 (vgl. dazu allgemein oben § 37 Rdnr. 34 ff.). 29

## 2. Die Berufungszurücknahme

Ähnlich wie die Klage kann auch die Berufung zurückgenommen werden, § 126. 30
Die Zurücknahme erfolgt durch grundsätzlich unwiderrufliche und unanfechtbare Prozeßerklärung[48] und setzt nach Stellung der Anträge in der mündlichen Verhandlung die Einwilligung des *Berufungs*beklagten[49] und des etwa beteiligten Vertreters des öffentlichen Interesses voraus, § 126 Abs. 1 Satz 2. Vergleichbar der Regelung des § 92 Abs. 2 (vgl. dazu oben § 31 Rdnr. 59 f.) *gilt* die Berufung als zurückgenommen, wenn der Berufungskläger das Verfahren trotz Aufforderung des Gerichts länger als drei Monate nicht betreibt[50]; auch in diesem Fall ist nach Antragstellung die Einwilligung des Berufungsbeklagten und gegebenenfalls des Vertreters des öffentlichen Interesses erforderlich. Die fingierte Rücknahme ist durch Beschluß festzustellen, § 126 Abs. 2 Satz 4.

Die Zurücknahme der Berufung beendet das Berufungsverfahren und führt zum 31
Verlust des eingelegten Rechtsmittels (§ 126 Abs. 3 Satz 1), steht jedoch einer Anschließung an die anhängige Berufung eines anderen Beteiligten nicht entgegen. Die Kosten fallen insgesamt dem Berufungskläger zur Last, § 155 Abs. 2.[51] Hierüber ist durch Beschluß zu entscheiden (§ 126 Abs. 3 Satz 2), in dem, entsprechend dem Verfahren bei der Klagerücknahme (§ 92 Abs. 3), zugleich das Berufungsverfahren eingestellt und ein etwa bereits ergangenes (Berufungs-)Urteil für wirkungslos erklärt wird. Ein Streit über Vorliegen oder Wirksamkeit der Berufungszurücknahme ist grundsätzlich durch Urteil zu entscheiden.[52]

---

[47] BVerwG, BayVBl 1994,122.
[48] Vgl. BVerwG, NVwZ 1997,1210, auch zu den seltenen Ausnahmen.
[49] Vgl. BVerwG, DÖV 1994,1011.
[50] Vgl. HessVGH, NVwZ-RR 1998,688.
[51] Vgl. dazu auch BayVGH, BayVBl 1994,60.
[52] BVerwG, NJW 1997,2897; übereinstimmend NVwZ 1997,1210; vgl. auch BVerwG, BayVBl 1994,122; a. M. (Beschluß) Eyermann/Happ, § 126 Rdnr. 6.

## III. Die Berufungsentscheidung

### 1. Der Prüfungsumfang

#### a) Grundsätzliche Reichweite

32 Durch die zulässige Berufung wird eine weitere Instanz zur vollumfänglichen Prüfung des Streitfalls in tatsächlicher und rechtlicher Hinsicht ohne Bindung an den gesetzlichen Grund, aus dem die Zulassung gewährt wurde,[53] also im gleichen Umfang wie durch das Verwaltungsgericht, eröffnet, § 128 Satz 1; das Berufungsgericht ist also nicht auf eine Überprüfung des angefochtenen Urteils beschränkt. Es hat insbesondere den Sachverhalt von Amts wegen zu erforschen (§ 125 Abs. 1 Satz 1 i. V. m. § 86 Abs. 1) und grundsätzlich auch neues Tatsachenvorbringen zu berücksichtigen (§ 128 Satz 2; vgl. aber auch § 128a und dazu sogleich).

33 Allerdings kann das Berufungsgericht nach seinem Ermessen auf die Sachverhaltsermittlung des Verwaltungsgerichts zurückgreifen (§ 103 Abs. 2) und braucht insbesondere eine Beweisaufnahme nur zu wiederholen (z. B. hinsichtlich einer Zeugen- oder Sachverständigenvernehmung; der Einnahme eines Augenscheins)[54] oder neu durchzuführen, wenn es insoweit – nach dem Maßstab der Entscheidungsrelevanz – Zweifel hegt. Auch sonst stehen Berufungs- und erstinstanzliches Verfahren in einem inneren Zusammenhang, der sich insbesondere darin äußert, daß durch die Berufungsanträge (§ 129) und die daraufhin ergehende Entscheidung ein Bezug auf das verwaltungsgerichtliche Urteil hergestellt wird (§§ 130, 130b) und bestimmte Umstände aus dem vorangehenden Verfahren auch in der Berufungsinstanz relevant sein können (§ 128a; s. dazu sogleich Rdnr. 36).

34 Gesetzlich ausgeschlossen ist eine Überprüfung der Rechtswegfrage (§ 17a Abs. 5 GVG) sowie der örtlichen und sachlichen Zuständigkeit des Verwaltungsgerichts (§ 83 VwGO i. V. m. § 17a Abs. 5 GVG).

#### b) Grenzen der Prüfung

35 *aa)* Im Einklang mit der Dispositionsmaxime ist die berufungsgerichtliche Rechtsprüfung durch die *Berufungsanträge*, das heißt die in der mündlichen Verhandlung (§ 103 Abs. 3) beziehungsweise dem dieser entsprechenden Zeitpunkt gestellten Anträge, begrenzt (§ 128 Satz 1); nur in deren Rahmen ist auch eine Änderung des Urteils – zugunsten wie zuungunsten des Berufungsklägers – eröffnet (§ 129). Ob diese Grenze eingehalten ist, beurteilt sich auch hier nach dem Entscheidungssatz; so kann die Zurückweisung der Berufung auch auf von der

---

[53] BVerwG, DVBl 1997,907.

[54] Vgl. dazu Eyermann/Happ, § 128 Rdnr. 3; vgl. auch Pantle, NJW 1987,3160.

Vorentscheidung abweichende Gründe gestützt werden, selbst wenn der Berufungskläger hierdurch, zum Beispiel wegen der unterschiedlichen Bedeutung für die materielle Rechtskraft, benachteiligt wird.[55]

*bb) Präklusion.* Für die maßgebliche Entscheidungsgrundlage bleiben neue Erklärungen und Beweismittel grundsätzlich unberücksichtigt, die im ersten Rechtszug entgegen einer ordnungsgemäßen Fristsetzung aufgrund des § 87b Abs. 1 und 2 nicht vorgebracht wurden; anderes gilt nur, wenn (1) die Zulassung nicht zu einer Verzögerung führen würde, (2) die Verspätung des Vorbringens, erforderlichenfalls unter Glaubhaftmachung, genügend entschuldigt wird *oder* (3) die gerichtliche Sachverhaltsermittlung auch ohne Mitwirkung des Beteiligten mit geringem Aufwand möglich ist (§ 128a Abs. 1). Wurden Erklärungen und Beweismittel durch das Verwaltungsgericht gemäß § 87b Abs. 3 *zu Recht* zurückgewiesen, so muß es bei dieser Präklusion verbleiben, § 128a Abs. 2. **36**

Die Regelung ist auf dem Hintergrund des durch eine, die Beteiligten treffende Mitwirkungslast gemilderten Untersuchungsgrundsatzes (vgl. oben § 30 Rdnr. 19 ff.) zu sehen. Dem Gericht auf andere Weise bekannt gewordene *Tatsachen* sind deshalb ohne weiteres zu berücksichtigen, da sich die Präklusion nicht auf diese, sondern nur auf ihre *Geltendmachung* durch die Beteiligten bezieht. **37**

## 2. Abweisung

### a) Unzulässigkeit

Ist die Berufung unzulässig, so ist sie zu **verwerfen**, § 125 Abs. 2 Satz 1. Die Entscheidung kann durch End- oder Zwischenurteil,[56] aber auch durch Beschluß ergehen, § 125 Abs. 2 Satz 2 (vgl. näher unten Rdnr. 45 ff.); in diesem Fall wird in der Regel ohne mündliche Verhandlung entschieden (vgl. § 101 Abs. 3). **38**

### b) Unbegründetheit

Ergibt die Sachprüfung auf die zulässige Berufung hin, daß das Urteil des Verwaltungsgerichts, wenn auch aus anderen Gründen und damit nur im Ergebnis richtig ist (vgl. dazu oben § 37 Rdnr. 17), so erweist sich die Berufung als unbegründet und ist diese **zurückzuweisen**. **39**

---

[55] Vgl. Eyermann/Happ, § 129 Rdnr. 3; Kopp/Schenke, § 129 Rdnr. 2, je m. w. Nachw.
[56] BVerwGE 65,27 (29).

## 3. Stattgabe

### a) Änderung des Urteils

40 Ist das Urteil unrichtig, so kann das Berufungsgericht dieses **ändern** und in der Sache selbst entscheiden, § 129. Dabei sind die durch die Antragstellung gezogenen Grenzen zu beachten, die einer Veränderung zu Lasten (reformatio in peius) des Berufungsführers auf dessen Rechtsmittel hin, aber auch einer Zuerkennung nicht beantragter günstiger Rechtsfolgen, entgegenstehen (vgl. schon oben § 37 Rdnr. 44).

### b) Zurückverweisung

41 *aa)* Unter den in § 130 Abs. 1 abschließend aufgezählten *Voraussetzungen* kann das Gericht statt einer eigenen Sachentscheidung das **Urteil aufheben** und die Sache an das Verwaltungsgericht **zurückverweisen**, wenn dieses

- noch nicht in der Sache selbst entschieden hat (Nr. 1),
- das Verfahren an einem wesentlichen, das heißt entscheidungserheblichen Mangel leidet (Nr. 2) oder
- neue entscheidungswesentliche Tatsachen oder Beweismittel bekannt werden (Nr. 3).

Dieses Vorgehen, das nicht formell beantragt (s. schon oben Rdnr. 26), sondern nur angeregt werden kann,[57] wird gewählt, wenn das Verwaltungsgericht nach dem nunmehr maßgebenden Verfahrens- und Sachstand noch keine inhaltliche Entscheidung getroffen hat, so daß den Beteiligten durch eine Sachentscheidung des Berufungsgerichts eine Instanz verloren ginge.[58] Entsprechend ist eine Zurückverweisung auch möglich, wenn das Verwaltungsgericht von seinem, aus Sicht des Berufungsgerichts verfehlten Ansatz aus die "Weichen" falsch gestellt und deshalb die eigentlich entscheidungserheblichen Fragen nicht behandelt, also den Streitfall in Wahrheit noch gar nicht entschieden hat (Nr. 1).[59] Liegen die Voraussetzungen des § 130 Abs. 1 nicht vor, so ist eine Zurückverweisung verfahrensfehlerhaft.[60]

42 Umgekehrt kann das Berufungsgericht, auch wenn diese rechtliche Möglichkeit besteht, gleichwohl nach Ermessen selbst in der Sache entscheiden;[61] in diesem

---

[57] Vgl. NdsOVG, NVwZ 1993,1017.
[58] Vgl. NdsOVG, NVwZ-RR 1996,719; OVG NW, NVwZ-RR 1997,760.
[59] Vgl. BVerwG, DVBl 1982,546; Eyermann/Happ, § 130 Rdnr. 4; abweichend etwa Thomas/Putzo, § 538 Rdnr. 10; wohl auch Kopp/Schenke, § 130 Rdnr. 5.
[60] Vgl. auch BGH, NJW 1993,2318; NJW 1997,1710.
[61] BVerwG, NVwZ-RR 1988,125.

Sinn sollte auch regelmäßig verfahren werden.[62] Hierfür spricht außer der gesetzlichen Ausrichtung der Berufungsinstanz auf eine grundsätzlich abschließende Sachentscheidung (§ 128) vor allem der Gesichtspunkt beschleunigter Rechtsschutzgewährung durch das Berufungsgericht;[63] aufgrund dessen umfassender Prüfungs- und Entscheidungskompetenz sind prozessuale Nachteile infolge der Instanzverkürzung nur ausnahmsweise zu besorgen. Ist die Sache *entscheidungsreif*, so kommt eine Zurückverweisung jedenfalls nicht in Betracht.[64]

*bb) Weiteres Verfahren.* Durch die Zurückverweisung und in deren Umfang wird die Sache erneut in der ersten Instanz anhängig.[65] Das Verwaltungsgericht wiederholt das Verfahren, soweit es durch das Berufungsurteil aufgehoben wurde,[66] und ist bei der Entscheidung an die rechtliche Beurteilung des Berufungsgerichts gebunden (§ 130 Abs. 2). Diese Bindung des Erstgerichts, wie auch des etwa erneut mit der Rechtssache befaßten Rechtsmittelgerichts (sogenannte *Rückbindung*), entspricht derjenigen bei einer revisionsgerichtlichen Zurückverweisung (vgl. unten § 39 Rdnr. 70 ff.). **43**

## 4. Entscheidungsformen

Über die Berufung wird, in der Regel aufgrund mündlicher Verhandlung (§ 125 Abs. 1 Satz 1 i. V. m. § 101 Abs. 1, 2), grundsätzlich durch Urteil entschieden (§ 125 Abs. 1 i. V. m. § 107). In bestimmten Fällen ist die Beschlußform zugelassen; der Gerichtsbescheid ist ausgeschlossen (§ 125 Abs. 1 Satz 2). **44**

### a) Beschluß

Durch Beschluß kann über die Berufung, außer im Fall ihrer *Verwerfung* als unzulässig (§ 125 Abs. 2 Satz 1, 2), bei Vorliegen einer *eindeutigen Rechtslage* entschieden werden. Diese ist formal dadurch gekennzeichnet, daß das Gericht die Berufung einstimmig für begründet oder unbegründet und eine mündliche Verhandlung nicht für erforderlich hält, § 130a Satz 1. Dagegen kommt es auf tatsächliche oder rechtliche Schwierigkeiten der Entscheidungsfindung nicht an.[67] **45**

Vor der Entscheidung sind die Beteiligten zu *hören* (§ 125 Abs. 2 Satz 3); zur Effektuierung ihres Anhörungsrechts ist dabei auf die Gründe für dieses Vorgehen auch unter materiell-rechtlichem Aspekt hinzuweisen.[68] Für die Begründung der **46**

---

[62] Vgl. Eyermann/Happ, § 130 Rdnr. 7; Kopp/Schenke, § 130 Rdnr. 3.
[63] Vgl. dazu auch BVerwG, NVwZ-RR 1988,125; Buchholz 442 § 15b StVZO Nr. 21.
[64] Eyermann/Happ, § 130 Rdnr. 7; vgl. auch BGH, NJW 1993,2318.
[65] BVerwGE 54,116 (120).
[66] Vgl. dazu näher Eyermann/Happ, § 130 Rdnr. 9.
[67] BVerwG, NVwZ 1996,1102.
[68] Vgl. dazu BVerwG, NVwZ-RR 1994,362.

Entscheidung gelten die Erleichterungen des § 130b (vgl. sogleich Rdnr. 48) entsprechend.[69] Gegen den Beschluß ist das bei Entscheidungen in der substituierten Urteilsform an sich zulässige Rechtsmittel gegeben (§§ 125 Abs. 2 Satz 4; 130a Satz 2), nämlich die schon in jenem oder durch das Bundesverwaltungsgericht auf Beschwerde (§ 133 Abs. 1) zugelassene Revision (§ 132 Abs. 1); hierüber sind die Beteiligten zu belehren (§§ 125 Abs. 2 Satz 5; 130a Satz 2).

**47** Die mit dem Verzicht auf mündliche Verhandlung bestehende Einflußmöglichkeit auf die Senatsbesetzung (vgl. z. B. § 4 Abs. 3 Satz 2 bbgVwGG i. V. m. § 9 Abs. 3 Satz 1 VwGO) ist verfassungsrechtlich (Art. 101 Abs. 1 Satz 2 GG) unbedenklich.[70] Der Entscheidung ohne mündliche Verhandlung stehen – eine fehlerfreie Verfahrensweise vorausgesetzt[71] – auch das Recht auf rechtliches Gehör (Art. 103 Abs. 1 GG) und grundsätzlich auch das Öffentlichkeitsprinzip gemäß Art. 6 Abs. 1 EMRK (vgl. dazu oben § 30 Rdnr. 42 ff.) nicht entgegen.[72] Dieses Verfahren ist deshalb im Hinblick auf die gesetzliche Ausgestaltung (§ 84 Abs. 2) auch bei vorausgegangenem Gerichtsbescheid (§ 84 Abs. 1 Satz 1)[73] oder Verzicht auf mündliche Verhandlung (§ 101 Abs. 2)[74] möglich, sofern jedem Beteiligten wenigstens die Option einer mündlichen Verhandlung offenstand und in der Berufung allein über Rechtsfragen zu entscheiden ist.[75]

### *b) Urteil*

**48** In den übrigen Fällen wird durch Urteil entschieden. Für dessen Form und Inhalt gelten die allgemeinen Vorschriften des § 117 Abs. 1-5 (s. dazu oben § 34 Rdnr. 24 ff.). Das Gericht kann jedoch gemäß § 130b Satz 1, der den früheren § 6 EntlastungsG fortführt und erweitert, auf den *Tatbestand* des verwaltungsgerichtlichen Urteils Bezug nehmen, wenn es sich die in diesem getroffenen Feststellungen in vollem Umfang zu eigen macht; dies entbindet aber nicht von der eigenen Überzeugungsbildung (§ 108 Abs. 1 Satz 1) nach dem Untersuchungsgrundsatz. Ferner kann es von einer weiteren Darstellung der *Entscheidungsgründe* absehen, *soweit* die Berufung aus den – auch nur teilweise übernommenen – Gründen der angefochtenen Entscheidung[76] als unbegründet abgewiesen wird. Diese werden insoweit Bestandteil der Berufungsentscheidung;[77] zur Gewährung rechtlichen

---

[69] Vgl. Eyermann/Happ, § 130a Rdnr. 15.
[70] BVerwGE 72,59 (61).
[71] BVerwG, NJW 1998,2377.
[72] Vgl. auch BVerwG, DVBl 1999,987.
[73] Vgl. BVerwG, NVwZ 1992,890; DVBl 1996,105.
[74] BVerwG, DVBl 1999,404.
[75] Vgl. auch EGMR, NJW 1992,1813; Eyermann/Happ, § 130a Rdnr. 3, 5.
[76] Vgl. BVerwG, BayVBl 1992,538.
[77] BVerwG, NVwZ-RR 1989,334.

Gehörs (s. oben § 30 Rdnr. 40 f.) hat diese sich aber ergänzend zumindest mit dem Berufungsvorbringen auseinanderzusetzen.

## Literatur

*Bader*, Das sechste Gesetz zur Änderung der Verwaltungsgerichtsordnung, DÖV 1997,442.

*Ders.*, Zulassungsberufung und Zulassungsbeschwerde nach der 6. VwGO-Novelle, NJW 1998,409.

*Berkemann*, Verwaltungsprozeßrecht auf "neuen Wegen"?, DVBl 1998,446 (451 ff.).

*Bethge*, Die verfassungsrechtliche Problematik einer Zulassungsberufung im Zivilprozeß, NJW 1991,2391.

*Happ*, Die Darlegung ernstlicher Zweifel an der Richtigkeit des Urteils, BayVBl 1999,577.

*May*, Die Zulassung der Berufung, SGb 1993,249.

*Rennert*, Die maßgebliche Perspektive bei der Zulassung von Berufung und Beschwerde im Verwaltungsprozeß, NVwZ 1998,665.

*Roth, W.*, Der Berufungszulassungsgrund der "ernstlichen Zweifel" im verwaltungsgerichtlichen Verfahren, VerwArch 88 (1997), S. 416.

*Ders.*, Tatsachenfragen als Zulassungsgrund bei Grundsatz- und Divergenzberufung, DÖV 1998,191.

*Seibert*, Die Zulassung der Berufung, DVBl 1997,932.

*Ders.*, Das Verfahren auf Zulassung der Berufung – Erfahrungen mit der 6. VwGO-Novelle, NVwZ 1999,113.

*Ule*, Die zweite Tatsacheninstanz in der Verwaltungsgerichtsbarkeit im Licht der Rechtstatsachenforschung, DVBl 1983,440.

Vgl. ferner die Angaben zu § 37.

# § 39. Die Revision

## I. Die Zulässigkeit der Revision

### 1. Zielsetzung

Mit der *Revision*, die im prozeßrechtlichen Sinn nicht die gerichtliche Kontrolle selbst, sondern das zu dieser führende *Rechtsmittel* bezeichnet, wird die ausschließlich rechtliche Überprüfung der angefochtenen Entscheidung auf der von dieser zugrunde gelegten Tatsachenbasis angestrebt. Im Rahmen des die Rechtsprechung insgesamt prägenden Rechtsschutzauftrags dient sie neben dem Parteiinteresse an *gerechter Einzelfallentscheidung* vor allem dem Allgemeininteresse an der *Rechtsfortbildung* und der Wahrung der *Rechtseinheit*.[1] Diese Aufgabe kann, bezogen auf das im Bundesgebiet einheitlich geltende ("revisible") Recht, nur durch oberste Bundesgerichtshöfe erfüllt werden, durch deren Etablierung in Art. 95 Abs. 1 GG auch die Revisionsinstanz – anders als eine zweite Tatsacheninstanz (s. oben § 38 Rdnr. 1) – institutionell verfassungsrechtlich vorgegeben ist. 1

Dies bedeutet freilich weder, daß jene obersten Gerichte nicht auch als Eingangsgericht fungieren könnten (vgl. § 50), noch, daß die Revisionsinstanz in jedem Streitfall eröffnet sein müßte. Vielmehr ist eine an den objektiven Zielen der Revision orientierte und durch die Beschleunigung auch dem subjektiven Rechtsschutz dienende Zugangsbeschränkung, insbesondere durch eine Zulassungsnotwendigkeit, verfassungsgemäß, sofern diese nicht als Mittel zu rechtsstaatswidrig unkalkulierbarer, individueller Zugangssteuerung ausgestaltet ist.[2] Art. 19 Abs. 4 GG fordert im hiesigen Verständnis (s. oben § 37 Rdnr. 1 f.) lediglich eine richterliche Verfahrenskontrolle, die vom geltenden Verwaltungsprozeßrecht auch bereitgestellt wird. 2

Die *Zulässigkeitsvoraussetzungen* der Revision stimmen strukturell mit denjenigen der Berufung überein, verlangen also *allgemein* das Vorliegen der persönlichen Sachentscheidungsvoraussetzungen, insbesondere der prozessualen Handlungs(Postulations)fähigkeit (§ 67 Abs. 1), und einer Beschwer (vgl. oben § 37 Rdnr. 16, 26 ff.). Im *besonderen* müssen ferner gegeben sein 3

---

[1] Vgl. BVerfGE 49,148 (159 f.); 54,277 (294); Grave, VerwArch 64 (1973), S. 52 f.

[2] BVerfGE 49,148 (164 f.); 54,277 (295).

- die Statthaftigkeit, § 132 (s. unten Rdnr. 4), insbesondere
- die Zulassung der Revision, § 132 Abs. 1, 2 (s. unten Rdnr. 5 ff.);
- form- und fristgerechte Revisionseinlegung, § 139 Abs. 1, 2 (s. unten Rdnr. 35 f.);
- form- und fristgerechte Revisionsbegründung, § 139 Abs. 3 (s. unten Rdnr. 37 ff.).

## 2. Statthaftigkeit

4 Das Rechtsmittel der Revision steht den *Beteiligten* gegen das im vorausgehenden Verfahren erlassene *Urteil* in drei Fällen zu:

1. Sie kann eingelegt werden gegen das *Urteil* (auch Teil- oder Zwischenurteil, §§ 109, 111; 110) des *Oberverwaltungsgerichts*, gleich, ob dieses in erster oder zweiter Instanz entschieden hat, ferner gegen Normenkontrollbeschlüsse gemäß § 47 Abs. 5 und gegebenenfalls Gerichtsbescheide (§ 84 Abs. 2 Nr. 2).
2. Des weiteren ist die Revision unter Übergehung der Berufungsinstanz gegen das *Urteil eines Verwaltungsgerichts* gegeben (**Sprungrevision**), wenn Kläger und Beklagter schriftlich zustimmen (§ 134; s. noch unten Rdnr. 30 ff.).
3. Durch Revision kann schließlich das *Urteil eines Verwaltungsgerichts* angefochten werden, gegen das die Berufung durch Bundesgesetz ausgeschlossen ist (**Ersatzrevision**, § 135).

## 3. Die Revisionszulassung

5 Die Revision bedarf, nachdem die bei gravierenden Verfahrensfehlern bis zum Inkrafttreten des 4. VwGO-ÄnderungsG (1.1.1991) bestehende *zulassungsfreie Revision* (vgl. § 133 a. F.) abgeschafft wurde, ausnahmslos einer *Zulassung* (§§ 132 Abs. 1; 134 Abs. 1 Satz 1; 135 Satz 2).

### *a) Die Zulassungsgründe*

6 Die Revision ist nur zuzulassen, wenn einer der in § 132 Abs. 2 genannten Gründe (vgl. ferner § 127 Nr. 1 BRRG) vorliegt; unter diesen Voraussetzungen muß die Zulassung auch erfolgen.

7 *aa)* Die *Grundsatzrevision* (Nr. 1) dient der objektiven Zielsetzung der Revision. Eine *grundsätzliche Bedeutung der Rechtssache* ist anzunehmen, wenn die höchstrichterliche Klärung einer für ihre Beurteilung maßgeblichen *Rechtsfrage* im allgemeinen, über den Einzelfall hinausreichenden Interesse an der *Einheitlichkeit*

BVerwG, B 26.2.02, NVwZ 02, 1235, BVerwG, B 2.2.11, NVwZ 11, 507, BVerwG, B 28.8.12, DVBl 12, 1437 m. Anm. Lask

oder *Fortbildung* des Rechts geboten erscheint.[3] Diese Frage muß *klärungsfähig* und *klärungsbedürftig* sein. Sie muß sich in dem angestrebten Revisionsverfahren überhaupt (als *entscheidungserheblich*) stellen, wofür es auf den rechtlichen Ausgangspunkt des angefochtenen Urteils ankommt,[4] und sie muß von der Entscheidungskompetenz des Bundesverwaltungsgerichts erfaßt sein, also *revisibles Recht* betreffen. Ferner darf eine höchstrichterliche Klärung – sei es auch erst nach Erlaß des Urteils – nicht bereits erfolgt oder deshalb entbehrlich sein, weil die Antwort unmittelbar dem Gesetz entnommen werden kann.[5]

Die *Abweichung* von höchstrichterlicher Rechtsprechung (insbesondere außerhalb des Anwendungsbereichs der Nr. 2) kann ein Indiz für die grundsätzliche Bedeutung, aber auch Ausdruck einer schlichten Fehlbeurteilung der betreffenden Rechtsfrage sein.[6] Zur Sicherung der gemeinschaftsrechtlichen Vorlagepflicht ist jedoch eine Zulassung wegen grundsätzlicher Bedeutung veranlaßt,[7] wenn das Urteil von der Rechtsprechung des EuGH abweicht oder im Revisionsverfahren wegen einer zweifelhaften Frage eine Vorlage an den EuGH (Art. 234 Abs. 3 EGV) in Betracht kommt.[8] **8**

*bb)* Die *Divergenzrevision* (Nr. 2) ist zuzulassen, wenn das Urteil von einer Entscheidung des Bundesverwaltungsgerichts, des Gemeinsamen Senats der obersten Gerichtshöfe des Bundes oder des Bundesverfassungsgerichts abweicht *und* auf dieser Abweichung beruht. Damit soll die Einheitlichkeit der Rechtsprechung gesichert, aber auch die Möglichkeit zu deren Fortentwicklung eröffnet werden; insofern können sich Divergenz- und Grundsatzrevision überschneiden, ist jene aber gleichwohl nicht bloß ein Unterfall von dieser.[9] Abweichungen von Entscheidungen anderer *oberster Bundesgerichtshöfe* oder des *EuGH* werden nicht erfaßt. **9**

In Ergänzung zu § 132 Abs. 2 Nr. 2 VwGO ist gemäß § 127 Nr. 1 BRRG beim Urteil über eine Klage aus dem Beamtenverhältnis eine entscheidungserhebliche Abweichung auch von der Entscheidung eines *anderen Oberverwaltungsgerichts* beachtlich, sofern nicht das Bundesverwaltungsgericht zwischenzeitlich die Rechtsfrage entschieden hat.[10] **10**

Eine **Abweichung** liegt vor, wenn das Urteil auf einem abstrakten Rechtssatz beruht, der einem in der Rechtsprechung des Bezugsgerichts aufgestellten und **11**

---

[3] Vgl. BVerwGE 13,90 (91 f.).
[4] Vgl. BVerwG, Buchholz 310 § 75 VwGO Nr. 11.
[5] Vgl. BVerwG, NVwZ 1993,476.
[6] Vgl. BVerwGE 85,295.
[7] Vgl. Burgi, Verwaltungsprozeß und Europarecht, 1996, S. 73; Petzold, NJW 1998,124.
[8] Vgl. BVerwG, NJW 1988,664; NVwZ 1997,178.
[9] So aber BVerwGE 70,24 (27); BVerwG, NVwZ 1996,1010; wie hier Kopp/Schenke, § 132 Rdnr. 14.
[10] Vgl. dazu BVerwG, BayVBl 1997,573.

dessen Entscheidung tragenden, ebensolchen Rechtssatz in Anwendung derselben Rechtsvorschrift, sei es ausdrücklich oder implizit, widerspricht.[11] Stützt sich das Urteil auf weitere, selbständig tragende Gründe (*Mehrfachbegründung*), so beruht es nicht auf der Abweichung. Im übrigen muß diese unter dem Gesichtspunkt der Einheit der Rechtsordnung im *Zeitpunkt der Zulassung* bestehen. Die Zulassung ist deshalb auch geboten, wenn erst nach Erlaß des Urteils eine Divergenz entstanden ist,[12] umgekehrt ausgeschlossen, wenn diese, etwa durch eine zwischenzeitliche Änderung der Rechtsprechung, deren verfassungs- oder europarechtlicher Vorgaben oder der betreffenden Rechtsvorschrift,[13] überholt ist.[14]

**12** *cc)* Unter dem Aspekt der *Verfahrensrevision* (Nr. 3) wird im Hinblick auf deren gesetzlichen Voraussetzungen eine Zulassung in der Regel nicht durch das Urteil, sondern nur auf Beschwerde in Betracht kommen; für eine *Sprungrevision* ist sie ausgeschlossen, § 134 Abs. 2 Satz 1. Dieser Zulassungsgrund sichert die Ordnungsmäßigkeit des Verfahrens und dient damit vorrangig dem Individualschutz gegenüber fehlerhaftem richterlichem *Prozeßverhalten*. Voraussetzung ist, daß ein **Verfahrensmangel**, auf dem das Urteil *beruhen kann*, geltend gemacht wird und *tatsächlich vorliegt*. Maßgeblich ist damit die Unterscheidung von materiellem Recht und Verfahrensrecht.

**13** Ein *Verfahrensmangel* liegt vor, wenn (revisible) Rechtsnormen verletzt wurden, die den äußeren Verfahrensablauf auf dem Weg zur Entscheidung sowie deren Erlaß regeln. Dazu gehören außer den zum Teil verfahrensgrundrechtlich (Art. 101 Abs. 1 Satz 2; 103 Abs. 1 GG) abgesicherten Vorschriften eindeutig prozeßrechtlichen Charakters (Besetzung des Gerichts; mündliche Verhandlung; Urteilsgründe) auch die Regelungen über die Sachurteilsvoraussetzungen[15] oder die (notwendige) Beiladung (§ 65 Abs. 2), ferner aber auch etwa die Grundsätze der Amtsermittlung (§ 86 Abs. 1) und der freien Beweiswürdigung (§ 108 Abs. 1 Satz 1).[16]

**14** Demgegenüber betrifft das *materielle Recht* die inhaltliche Richtigkeit der Entscheidung; hierzu zählen zum Beispiel Fragen des Verwaltungsverfahrens,[17] die Bestimmung des maßgeblichen Entscheidungszeitpunkts (vgl. oben § 34 Rdnr. 48 ff.), die Verteilung der (materiellen) Beweislast (vgl. oben § 30 Rdnr. 23) sowie die Beweiswürdigung selbst einschließlich der Anwendung von Denkgesetzen und allgemeinen Erfahrungssätzen (vgl. oben § 33 Rdnr. 9 ff.), dies letztere

---

[11] Vgl. zusammenfassend BVerwG, NJW 1997,3328.
[12] Vgl. auch HessVGH, NVwZ 1998,303.
[13] Vgl. BVerwG, NVwZ 1996,1010.
[14] Vgl. dazu Kopp/Schenke, § 132 Rdnr. 18.
[15] BVerwG, DVBl 1993,562.
[16] Vgl. BVerwG, NVwZ 1997,389; NJW 1997,3328.
[17] Vgl. BVerwGE 66,178 (182).

BVerwG, B 1.4.97, NVwZ 97,890

allerdings nur, soweit hiervon nicht der Weg zur Tatsachenfeststellung negativ betroffen ist.[18]

### *b) Die Zulassungsentscheidung*

*aa)* Die Zulassung der Revision kann in verschiedenen *Formen* erfolgen, nämlich **15**

1. in dem der Revision unterliegenden *Urteil* (beziehungsweise Normenkontrollbeschluß) des Oberverwaltungsgerichts oder Verwaltungsgerichts. Die Zulassung erfolgt von Amts wegen, wird im Tenor oder – nach herrschender Meinung – auch in den Gründen des Urteils ausgesprochen[19] und kann nicht durch eine, jene voraussetzende Rechtsmittelbelehrung ersetzt werden.[20]
2. durch *Abhilfebeschluß* des Oberverwaltungsgerichts/Verwaltungsgerichtshofs oder, im Fall der Ersatzrevision, des Verwaltungsgerichts auf Nichtzulassungsbeschwerde;
3. durch *Beschluß des Bundesverwaltungsgerichts* auf Nichtzulassungsbeschwerde;
4. durch *Beschluß des Verwaltungsgerichts* auf den Antrag, die Sprungrevision zuzulassen.

Wird über die Zulassung in einem selbständigen Verfahren entschieden, so ist dieses von dem auf eine Sachentscheidung ausgerichteten Revisionsverfahren zu unterscheiden; nicht selten bleibt die Revision trotz ihrer Zulassung durch das Bundesverwaltungsgericht erfolglos.[21] Gleichwohl zielt auch das Zulassungsbegehren materiell auf eine Aufhebung der Sachentscheidung ab und weist deshalb einen engen inneren Zusammenhang mit der Revision auf (s. noch unten Rdnr. 26). **16**

*bb) Wirkung.* Die positive Entscheidung über die Zulassung wirkt *konstitutiv*, heilt aber rückwirkend eine bereits ohne diese und damit unstatthaft eingelegte Revision.[22] Die Zulassung ist für das Bundesverwaltungsgericht bindend (§§ 132 Abs. 3; 134 Abs. 2 Satz 2), auch wenn ihre gesetzlichen Voraussetzungen nicht vorlagen.[23] Die Revision kann unter Beschränkung auf einen abtrennbaren Teil des *Klagegegenstandes* (nicht dagegen auf einen von mehreren Klagegründen) zugelassen werden;[24] sie – ebenso gegebenenfalls eine Anschließung (vgl. dazu oben § 37 Rdnr. 34 ff.) – ist dann nur in diesem Umfang statthaft. Im übrigen eröffnet **17**

---

[18] Vgl. BVerwGE 84,271.
[19] Vgl. Redeker/v. Oertzen, § 132 Rdnr. 24; Eyermann/P. Schmidt, § 132 Rdnr. 20.
[20] BVerwGE 71,73 (76).
[21] Vgl. z. B. BVerwGE 102,316.
[22] BVerwG, NVwZ 1985,428.
[23] Vgl. BVerwGE 70,24 (28); 102,95 (99).
[24] Vgl. BVerwG, NVwZ-RR 1997,253; Eyermann/P. Schmidt, § 132 Rdnr. 21.

die Zulassung das Rechtsmittel umfassend, das heißt für alle Beteiligten[25] sowie nicht nur beschränkt auf die Zulassungsgründe.

### 4. Die Nichtzulassungsbeschwerde

18 Gegen die Nichtzulassung der Revision – gleich, ob diese ausdrücklich abgelehnt oder eine positive Entscheidung hierüber unterlassen wurde – ist die Beschwerde gegeben, § 133 Abs. 1. Sie richtet sich zwar nicht formell unmittelbar gegen die Entscheidung in der Hauptsache, ist aber mit dieser so eng verknüpft, daß sie sich in bezug auf die einheitlich verstandene Entscheidung als **Rechtsmittel** darstellt.[26] Denn ihr kommt Suspensiveffekt (§ 133 Abs. 4) und, wenn auch formal nur hinsichtlich der Zulassungsentscheidung, ein durch die Nichtabhilfe bedingter Devolutiveffekt zu (s. oben § 37 Rdnr. 5), vermöge dessen das Bundesverwaltungsgericht bei begründeter Verfahrensrüge das Urteil schon im Zulassungsverfahren aufheben kann, § 133 Abs. 6. Folgerichtig ist die – erfolglose – Einlegung der Zulassungsbeschwerde auch Voraussetzung für die Erschöpfung des Rechtswegs vor Erhebung einer Verfassungsbeschwerde (§ 90 Abs. 2 Satz 1 BVerfGG).[27]

#### *a) Die Beschwerdeeinlegung*

19 Die Nichtzulassungsbeschwerde ist gemäß § 133 Abs. 2 innerhalb *eines Monats* nach Zustellung des vollständigen Urteils (§§ 117 Abs. 2; 116 Abs. 1 Satz 2) bei dem Gericht einzulegen, gegen dessen Urteil Revision eingelegt werden soll (*iudex a quo*). Dabei muß das angefochtene Urteil eindeutig (Angabe von Gericht, Beteiligten, Aktenzeichen und Datum) *bezeichnet* werden. Eine fristwahrende Einlegung beim Bundesverwaltungsgericht ist, anders als bei der Revision (§ 139 Abs. 1 Satz 2), nicht möglich. *Beschwerdeberechtigt* sind – in Übereinstimmung mit der Revisionsberechtigung – die Beteiligten.

#### *b) Die Beschwerdebegründung*

Die Nichtzulassungsbeschwerde unterliegt gesetzlich einem eigenen Begründungserfordernis, § 133 Abs. 3.

20 *aa) Formelle Anforderungen.* Die Beschwerde ist innerhalb von *zwei Monaten* nach der Zustellung des vollständigen Urteils, also unabhängig vom Zeitpunkt

---

[25] Vgl. Eyermann/P. Schmidt, § 132 Rdnr. 21; einschränkend BVerwGE 65,27 (31).

[26] A. M. Eyermann/P. Schmidt, § 133 Rdnr. 1; vgl. auch BVerwG, NJW 1990,1313; demgegenüber wohl Redeker/v. Oertzen, § 133 Rdnr. 1.

[27] BVerfGE 16,1 (2 ff.); 51,386 (395 ff.).

ihrer Einlegung[28] und ohne Möglichkeit einer Fristverlängerung,[29] zu begründen. Die Begründung ist ebenfalls beim *iudex a quo* einzureichen und muß insbesondere dem Vertretungserfordernis genügen (§ 67 Abs. 1; s. dazu oben § 9 Rdnr. 40 ff.).

*bb)* Die *inhaltlichen Anforderungen* an die Begründung (§ 133 Abs. 3 Satz 3) sind in der Rechtsprechung des Bundesverwaltungsgerichts im einzelnen ausgeformt und durch zusätzliche, übergreifende Erfordernisse ergänzt worden.[30] So muß das Vorbringen in einer geschlossenen, eigenständigen Darstellung bestehen, ein Mindestmaß an Klarheit, Verständlichkeit und Überschaubarkeit aufweisen[31] und erkennbar auf einer eigenständigen Sichtung und Durchdringung des Prozeßstoffs seitens des Prozeßvertreters, der die Beschwerde unterzeichnet hat, beruhen.[32] Ist das Urteil auf mehrere, dieses je selbständig tragende Begründungen gestützt (anders bei Alternativbegründung), so muß in bezug auf jede von ihnen eine zur Zulassung führende Rüge zulässig erhoben worden sein.[33] Im einzelnen orientiert sich das Begründungserfordernis an dem jeweils geltend gemachten Zulassungsgrund (s. oben Rdnr. 6 ff.). 21

*(1)* Eine *Darlegung der grundsätzlichen Bedeutung* der Rechtssache setzt die "Formulierung einer bestimmten, höchstrichterlich noch ungeklärten und für die Revisionsentscheidung erheblichen Rechtsfrage des revisiblen Rechts und außerdem die Angabe voraus, worin die allgemeine, über den Einzelfall hinausgehende Bedeutung bestehen soll".[34] 22

*(2)* Für die *Geltendmachung einer Divergenz* im Sinn des § 132 Abs. 2 Nr. 2 reicht nach dem Gesetz an sich die eindeutige *Bezeichnung* der konkreten Entscheidung, von der das Urteil abweicht, aus.[35] Die Rechtsprechung verlangt jedoch weitergehend die Benennung eines inhaltlich bestimmten, die angefochtene Entscheidung tragenden[36] *abstrakten Rechtssatzes*, mit dem die Vorinstanz einem ebensolchen, in der Rechtsprechung des maßstabgebenden Gerichts aufgestellten, dessen Entscheidung tragenden Rechtssatz in Anwendung *derselben Rechtsvor-* 23

---

[28] Vgl. BVerwG, NJW 1992,2780.
[29] BVerwG, NJW 1990,1313.
[30] Zusammenfassend BVerwG, NJW 1997,3328.
[31] BVerwG, NJW 1996,1554 zu ungegliederter Begründung von 678 Seiten.
[32] BVerwG, NJW 1997,1865.
[33] BVerwG, NJW 1997,3328; demgegenüber sieht Eyermann/P. Schmidt, § 133 Rdnr. 21, hierin eine Frage der Begründetheit; vgl. auch schon oben Rdnr. 11.
[34] BVerwG, NJW 1990,3102; NJW 1994,144.
[35] Vgl. dazu Eyermann/P. Schmidt, § 133 Rdnr. 12.
[36] Vgl. BVerwGE 99,351 (353).

*schrift* widersprochen hat. Die Aufzeigung einer bloß fehlerhaften oder unterbliebenen Anwendung eines derartigen Rechtssatzes genügt nicht.[37]

24 *(3)* Auch ein *Verfahrensmangel* ist im Sinne des Gesetzes nicht schon allein durch die Benennung der verletzten Norm hinreichend *bezeichnet*. Er muß vielmehr sowohl in den Tatsachen, die den behaupteten Verstoß begründen, als auch in deren rechtlicher Würdigung substantiiert dargetan werden;[38] außerdem ist, sofern es sich nicht um einen absoluten Revisionsgrund handelt[39] (§ 138; vgl. unten Rdnr. 56 ff.), auch die Entscheidungserheblichkeit des Mangels zu begründen.[40]

25 So darf sich insbesondere die *Aufklärungsrüge* (§ 86 Abs. 1) nicht mit einer pauschalen Behauptung weiteren Aufklärungsbedarfs begnügen; darzulegen sind vielmehr die Umstände, die vom Rechtsstandpunkt des entscheidenden Gerichts aus aufzuklären gewesen wären, die hierfür zur Verfügung stehenden Erkenntnismittel und die bei deren Benutzung festzustellenden Tatsachen, ferner deren Relevanz für die zu treffende Entscheidung sowie schließlich – prozessual –, daß weitere Ermittlungen vom Beschwerdeführer beantragt worden waren oder sich aufdrängten.[41] Die Rüge einer Verletzung des *rechtlichen Gehörs* verlangt neben der Schilderung des tatsächlichen Geschehensablaufs die Angabe der Umstände, die bei gebührender Anhörung vorgetragen worden wären, sowie ihrer Entscheidungsrelevanz.[42]

### *c) Die Beschwerdeentscheidung*

26 Die – zulässige – Beschwerde ist begründet, wenn die Zulassungsvoraussetzungen gemäß § 132 Abs. 2 vorliegen. Die Revision kann jedoch – wie die Berufung – nur hinsichtlich eines form- und fristgerecht geltend gemachten Zulassungsgrundes zugelassen werden. Selbst in diesem Fall wird aber eine begründete *Beschwerde* in entsprechender Anwendung des § 144 Abs. 4 (s. dazu unten Rdnr. 65 f.) zurückgewiesen, wenn die *Revision* erkennbar erfolglos bleiben muß[43] – Ausdruck der Rechtsschutzfunktion des Rechtsmittels. Die Beschränkung auf einen abtrennbaren Teil des Streitgegenstandes ist auch hier möglich (vgl. oben Rdnr. 17).

27 *aa) Abhilfeentscheidung.* Erachtet das Ausgangsgericht die Beschwerde für zulässig und begründet, so hilft es ihr durch *Beschluß* ab. Dieser ergänzt der Sache nach das Urteil und muß deshalb in der für dieses vorgeschriebenen Besetzung erge-

---

[37] BVerwG, NJW 1997,3328; NVwZ 1997,389.
[38] Vgl. BVerwG, NJW 1997,3328.
[39] Vgl. BVerwG, DVBl 1996,106.
[40] BVerwG, DVBl 1993,49.
[41] Vgl. BVerwG, DVBl 1993,49.
[42] Vgl. BVerwG, NVwZ 1991,575; NJW 1992,852.
[43] Vgl. BVerwGE 54,99; BVerwG, DVBl 1993,49; dazu Sendler, DVBl 1992,240 ff.

hen.[44] Das Verfahren wird dann als Revisionsverfahren fortgesetzt, ohne daß es der Einlegung einer Revision bedarf, § 139 Abs. 2.

*bb)* Wird der Beschwerde nicht abgeholfen, so *entscheidet das Bundesverwaltungsgericht* durch Beschluß, § 133 Abs. 5. Dieser soll kurz begründet werden, außer, wenn eine Begründung nichts zur Klärung der Zulassungsvoraussetzungen für eine Revision beitragen würde (§ 133 Abs. 5 Satz 2). In der Praxis entscheidet der – zurückweisende – Beschluß nicht selten der Sache nach selbst über die Richtigkeit des Urteils (§ 144 Abs. 4) oder führt eine Klärung der grundsätzlich bedeutsamen Rechtsfrage herbei und übernimmt dadurch Funktionen der Revisionsentscheidung ("Kleine" Revisionsurteile).[45] 28

Inhaltlich bestehen folgende Möglichkeiten: 29

1. Ist die Beschwerde *unzulässig*, so wird sie verworfen; ist sie zulässig, aber *unbegründet*, so wird sie zurückgewiesen. Mit der Ablehnung der Beschwerde wird das Urteil rechtskräftig, § 133 Abs. 5 Satz 3.
2. Auf eine *zulässige und begründete* Beschwerde hin läßt das Bundesverwaltungsgericht die Revision zu. Das Verfahren wird dann wiederum als Revisionsverfahren fortgeführt, § 139 Abs. 2.
3. Liegt ein die Zulassung begründender *Verfahrensmangel* (§ 132 Abs. 2 Nr. 3) vor, so kann das Bundesverwaltungsgericht bereits im vorgeschalteten Beschwerdeverfahren das angefochtene Urteil aufheben und den Rechtsstreit zur anderweitigen Verhandlung und Entscheidung zurückverweisen, § 133 Abs. 6. Ausgangs- und Revisionsgericht sind dann in gleicher Weise an die zugrunde liegende Rechtsauffassung *gebunden* wie bei einem Revisionsurteil (vgl. unten Rdnr. 70 ff.).

## 5. Die Sprungrevision

### *a) Voraussetzungen*

Die Revision gegen ein Urteil und diesem gleichgestellte Entscheidungen (vgl. §§ 84 Abs. 1 Satz 3; 93a Abs. 2 Satz 5) des Verwaltungsgerichts unter *Übergehung der Berufungsinstanz* bietet sich an, wenn der Sachverhalt auch aus Sicht der Beteiligten geklärt ist und nur noch Rechtsfragen strittig sind.[46] Sie dient insofern dem (beschleunigten) Rechtsschutz, führt aber auch zum Verlust der zweiten Tatsacheninstanz und ist deshalb nur mit schriftlicher *Zustimmung* des Klägers und 30

[44] Ebenso Redeker/v. Oertzen, § 133 Rdnr. 12; a. A. Eyermann/P. Schmidt, § 133 Rdnr. 16.
[45] Vgl. kritisch Redeker, in: FS für Gelzer, S. 333 ff.; dazu auch Sendler, DVBl 1992,240.
[46] Vgl. z. B. BVerwGE 98,18 (Kostentragung für Personalausweise).

des Beklagten, nicht sonstiger Beteiligter,[47] statthaft, § 134 Abs. 1 Satz 1. Im *Asylverfahren* ist die Sprungrevision ausgeschlossen, § 78 Abs. 2 Satz 2 AsylVfG.

### b) Die Zulassung

31 Die Sprungrevision bedarf der *Zulassung* seitens des Verwaltungsgerichts, die im Urteil oder auf Antrag durch Beschluß ausgesprochen wird und nur unter den Voraussetzungen des § 132 Abs. 2 Nr. 1 und 2, also nicht wegen eines Verfahrensmangels, erfolgen darf, § 134 Abs. 2 Satz 1. Die Zulassung eröffnet das Rechtsmittel der Revision neben dem Weg einer (ihrerseits zulassungspflichtigen) Berufung, über die beide zu belehren ist,[48] die jedoch nicht nebeneinander wahrgenommen werden können. Ist die Revision zugelassen, so gelten deren Einlegung und die Zustimmung als Verzicht auf die Berufung, § 134 Abs. 5.[49]

32 Der *Antrag auf Zulassung* der Sprungrevision ist innerhalb eines Monats nach Zustellung des vollständigen Urteils schriftlich zu stellen, § 134 Abs. 1 Satz 2; die *Zustimmungserklärung des Gegners* ist beizufügen, kann aber auch bereits vor dem Urteil abgegeben[50] und noch innerhalb der Antragsfrist nachgereicht werden. Wird der Antrag *durch Beschluß abgelehnt*, so verbleibt es – unanfechtbar (§ 134 Abs. 2 Satz 3) – beim regulären Rechtsmittel der *Berufung*. Ihre Zulassung kann nunmehr innerhalb der Monatsfrist des § 124a Abs. 1 Satz 1 beantragt werden, die unter der Voraussetzung eines ordnungsgemäßen (Revisions-)Zulassungsantrags mit der Zustellung von dessen Ablehnung erneut zu laufen beginnt, § 134 Abs. 3 Satz 1.

### c) Das Revisionsverfahren

33 Für die *Einlegung und Begründung* der Revision gelten grundsätzlich die allgemeinen Vorschriften (s. unten Rdnr. 34 ff.). Die Revisions- und die Revisionsbegründungsfrist beginnen mit Zustellung des Zulassungsbeschlusses (§§ 134 Abs. 3 Satz 2; 139 Abs. 3 Satz 1). Das Rechtsmittel kann jedoch nicht auf Verfahrensmängel gestützt werden, § 134 Abs. 4. Lautet die Revisionsentscheidung auf *Zurückverweisung*, so kann diese auch an das Oberverwaltungsgericht erfolgen, das für die Berufung zuständig gewesen wäre; für dieses Gericht gelten die gleichen Grundsätze wie bei einer Anhängigkeit aufgrund ordnungsgemäßer Berufung, § 144 Abs. 5 Satz 2.

---

[47] Vgl. GmS-OGB, BVerwGE 50,369 (372); BVerwG, DVBl 1990,873.
[48] BVerwGE 91,140 (142).
[49] Vgl. dazu BVerwGE 65,27 (30).
[50] BVerwGE 92,220 (221).

## 6. Die Einlegung und Begründung der Revision

Die an sich statthafte Revision muß form- und fristgerecht eingelegt und begründet worden sein, § 143 Satz 1. 34

### a) Die Revisionseinlegung

Die Revision ist *schriftlich* binnen eines Monats bei dem Gericht einzulegen, dessen Urteil angefochten wird (*iudex a quo*). Die *Frist* beginnt mit der Zustellung des vollständigen Urteils oder des Beschlusses über die Zulassung der Sprungrevision. Sie wird auch durch die fristgerechte Einlegung der Revision beim Bundesverwaltungsgericht (*iudex ad quem*) gewahrt, § 139 Abs. 1 Satz 1, 2. Die Revision muß das angefochtene Urteil eindeutig *bezeichnen*, § 139 Abs. 1 Satz 3. 35

Erfolgt die Zulassung im Beschwerdeverfahren, so wird dieses grundsätzlich als Revisionsverfahren fortgesetzt, § 139 Abs. 2 (vgl. dazu oben Rdnr. 27). Die Zulassung ist auch für andere Verfahrensbeteiligte zur selbständigen oder anschlußweisen Einlegung der Revision wirksam (vgl. oben Rdnr. 17). Die Revisionsfrist, die insoweit nicht ausdrücklich bestimmt ist, fällt mit der Begründungsfrist gemäß § 139 Abs. 3 Satz 1 zusammen.[51] 36

### b) Das Begründungserfordernis

Gemäß § 139 Abs. 3 muß die Revision begründet werden. Die Begründung ist innerhalb von zwei Monaten nach Zustellung des vollständigen Urteils oder des Beschlusses über die Zulassung der Sprungrevision beim Bundesverwaltungsgericht einzureichen. Wird eine erfolgreiche *Nichtzulassungsbeschwerde* als Revision fortgeführt, so beträgt die Frist einen Monat nach Zustellung des Zulassungsbeschlusses. Sie läuft unabhängig von der Revisionsfrist und damit insbesondere auch von einer gegen deren Versäumung gewährten Wiedereinsetzung.[52] Auf einen vor ihrem Ablauf gestellten – schriftlichen – Antrag kann sie (dann auch noch nachträglich) vom Vorsitzenden verlängert werden, § 139 Abs. 3 Satz 3. 37

### c) Inhaltliche Anforderungen

Die inhaltlichen Anforderungen an die Revisionsbegründung ergeben sich aus § 139 Abs. 3 Satz 4. Ungeachtet der unterschiedlichen Zielrichtung von Revision und Nichtzulassungsbeschwerde kann Vorbringen in einem vorausgegangenen Nichtzulassungsverfahren grundsätzlich auch in dem dieses fortsetzenden Revi- 38

[51] Vgl. Eyermann/P. Schmidt, § 139 Rdnr. 12.
[52] Vgl. BVerwG, NJW 1992,2780.

sionsverfahren verwertet werden, soweit es sich auch hierfür als sachdienlich und erheblich darstellt.[53]

39 *aa)* Die Begründung muß einen bestimmten *Sachantrag* enthalten, für den es genügt, wenn das Revisionsziel erkennbar ist. Maßgeblich ist die Gestalt des Antrags am Ende der Begründungsfrist.[54]

40 *bb)* Erforderlich ist ferner die *Angabe der verletzten Rechtsnorm*, das heißt einer bestimmten Rechtsvorschrift geschriebenen oder ungeschriebenen Rechts, die eindeutig, wenn auch nicht notwendig mit ihrer Paragraphenbezeichnung, benannt sein muß.[55] Dabei ist unter erkennbarer Sichtung, Prüfung und Durchdringung des Prozeßstoffs in Auseinandersetzung mit dem angefochtenen Urteil darzulegen, warum dieses aus Sicht des Revisionsklägers[56] revisibles Recht verletzt.[57]

41 *cc)* Werden *Verfahrensmängel* gerügt, so müssen zusätzlich zur verletzten Rechtsnorm (vorstehend Rdnr. 40) die *Tatsachen* angegeben werden, aus denen sich, wiederum aus der nachvollziehbaren Sicht des Revisionsklägers,[58] die Rechtsverletzung ergibt. Die Anforderungen[59] sind hier parallel denjenigen an eine Nichtzulassungsbeschwerde (§ 132 Abs. 2 Nr. 3); hierauf wird verwiesen (vgl. oben Rdnr. 21 ff.).

## II. Das Revisionsverfahren

### 1. Allgemeine Grundsätze

42 Für das Revisionsverfahren gelten grundsätzlich die Vorschriften über das *Berufungsverfahren* entsprechend, § 141 Satz 1. Damit wird über § 125 Abs. 1 Satz 1 insbesondere auch auf das Verfahren des ersten Rechtszuges sowie die übrigen Bestimmungen des Teils II (allgemeine Verfahrensvorschriften, gerichtliche Entscheidungen, mündliche Verhandlung, vorläufiger Rechtsschutz usw.) verwiesen (vgl. oben § 38 Rdnr. 28). Die Entscheidungsbefugnis des Einzelrichters im *vorbereitenden Verfahren* gemäß § 87a besteht nicht; die für Berufungsentscheidungen vorgesehenen Erleichterungen der §§ 130a und 130b sind ausgeschlossen, § 141 Satz 2.

---

[53] Vgl. auch BVerwGE 80,321 (323); BVerwG, NJW 1997,1250; Eyermann/P. Schmidt, § 139 Rdnr. 21 f.
[54] BVerwG, NJW 1992,703.
[55] Vgl. BVerwG, NJW 1980,2268.
[56] Vgl. BVerwGE 102,95 (99).
[57] Vgl. BVerwGE 80,321 (322 f.).
[58] Vgl. BVerwG, DVBl 1981,493; DVBl 1993,955.
[59] Vgl. etwa BVerwG, DVBl 1993,955.

Eine *Anschlußrevision* ist – ohne gesonderte Zulassung[60] – entsprechend § 127 möglich (vgl. allgemein oben § 37 Rdnr. 34 ff.). Die *Revisionszurücknahme* ist in § 140 besonders, aber im wesentlichen übereinstimmend mit der Berufungszurücknahme (vgl. oben § 38 Rdnr. 30 f.) geregelt; abweichend von § 126 Abs. 2 ist lediglich eine Rücknahmefiktion nicht vorgesehen. 43

## 2. Besondere Verfahrenshandlungen

Bestimmte Verfahrenshandlungen sind mit der Natur des Revisionsverfahrens nicht vereinbar und deshalb ausgeschlossen, § 142 Abs. 1. 44

### *a) Beiladungen*

In der Revisionsinstanz sind Beiladungen grundsätzlich ausgeschlossen, § 142 Abs. 1 Satz 1. Aus Gründen der Prozeßökonomie wird jedoch eine *notwendige Beiladung* (§ 65 Abs. 2) zugelassen, um in Fällen, in denen ohne weitere Tatsachenfeststellungen entschieden werden kann, die Aufhebung des – verfahrensfehlerhaften – Urteils unter Zurückverweisung zu vermeiden. Diese muß gleichwohl erfolgen, wenn der erst im Revisionsverfahren Beigeladene daran ein berechtigtes Interesse hat (§ 144 Abs. 3 Satz 2), insbesondere, weil er den Tatsachenfeststellungen und deren Würdigung in der Vorinstanz entgegentritt. Diesbezügliche und sonstige Verfahrensmängel kann er nur innerhalb von zwei Monaten nach Zustellung des Beiladungsbeschlusses rügen, § 142 Abs. 2. 45

### *b) Sonstige*

Unzulässig sind ferner *Klageänderungen*, § 142 Abs. 1 Satz 1. Hierunter fallen jedoch nicht und sind deshalb auch in der Revisionsinstanz zulässig bloße Umstellungen oder Ergänzungen des Klageantrags, wie sie mit dem Übergang zur (Fortsetzungs)Feststellungsklage[61] oder einer (einseitig gebliebenen) Erledigungserklärung[62] verbunden sind. Grundsätzlich ausgeschlossen ist ferner die *Widerklage*.[63] 46

---

[60] Vgl. BVerwGE 65,27 (31).
[61] Vgl. Redeker/v. Oertzen, § 142 Rdnr. 2; Kopp/Schenke, § 142 Rdnr. 2.
[62] BVerwGE 34,159 (160); 82,41 (42).
[63] Eyermann/Rennert, § 89 Rdnr. 11; a. M. unter engen Voraussetzungen BVerwGE 44,351 (360).

## III. Die Begründetheit der Revision

### 1. Die grundsätzliche Prüfungskompetenz

47 Die revisionsgerichtliche Prüfung des Streitfalls besteht grundsätzlich in einer reinen Rechtskontrolle auf der Grundlage des in dem angefochtenen Urteil festgestellten Sachverhalts. Das **Prüfungsprogramm** ergibt sich aus § 137 Abs. 1 und 3; die Gründe, auf die die Revision (nur) "gestützt" werden kann, bestimmen den Inhalt der gerichtlichen Prüfung ("Revision"), also nicht die Zulässigkeit, sondern die Begründetheit des Rechtsmittels.[64]

48 Für die *Reichweite* der revisionsgerichtlichen Prüfungs- und Entscheidungskompetenz gilt zunächst die allgemeine Bindung an die gestellten *(Revisions-)Anträge*, über die nicht hinausgegangen und von denen nicht inhaltlich abgewichen werden darf (§ 141 Satz 1 i. V. m. §§ 128, 129). Soweit die Revision zugelassen ist (vgl. dazu oben Rdnr. 17, 26), eröffnet sie eine umfassende rechtliche Prüfung des angefochtenen Urteils ohne Beschränkung auf die *Gründe für die Zulassung*[65] und, außer bei der reinen Verfahrensrevision, ohne Bindung an die geltend gemachten *Revisionsgründe*, § 137 Abs. 3. Eine Überprüfung des *Rechtswegs* sowie der *erstinstanzlichen Zuständigkeit* ist auch hier ausgeschlossen (§§ 17a Abs. 5 GVG; 83 VwGO).

### 2. Inhalt und Reichweite der Prüfung

#### *a) Die Revisionsgründe*

49 Die Revision(sentscheidung) kann nur darauf gestützt werden, daß das angefochtene Urteil auf der *Verletzung von revisiblem Recht*[66] *beruht*, § 137 Abs. 1.

50 *aa) Gesetzesverletzung.* Revisibles Recht in diesem Sinn ist zunächst das gesamte materielle und formelle *Bundesrecht*, § 137 Abs. 1 Nr. 1. Hierzu gehört auch *Europäisches Gemeinschaftsrecht*,[67] soweit es unmittelbar auf Bundesrecht einwirkt oder bei dessen Anwendung zu beachten ist.

51 Grundsätzlich nicht revisibel ist die Verletzung von *Landesrecht*, auch wenn dieses, etwa auf der Grundlage eines Musterentwurfs (z. B. Landesbauordnung) oder eines Staatsvertrags, landesübergreifend einheitlich gilt[68] oder Bundesrecht

[64] Vgl. BVerwG, NVwZ 1997,591.
[65] BVerwGE 14,342 (344).
[66] Vgl. dazu Bertrams, DÖV 1992,97.
[67] Vgl. BVerwGE 35,277; BVerfGE 82,159 (196); BVerfG, NVwZ 1997,178.
[68] BVerwGE 99,351 (353 f.); Bertrams, DÖV 1992,101.

(z. B. § 42 Abs. 2) ergänzt.[69] Eine Ausnahme besteht im Fall von Klagen aus dem *Beamtenverhältnis* (§ 127 Nr. 2 BRRG) sowie für Vorschriften eines *Landesverwaltungsverfahrensgesetzes*, die ihrem Wortlaut nach mit dem Bundesverwaltungsverfahrensgesetz übereinstimmen (§ 137 Abs. 1 Nr. 2); hiervon werden auch in Bezug genommene Vorschriften des bürgerlichen Rechts (§§ 59 Abs. 1; 62 Satz 2 VwVfG) erfaßt.[70] Ferner kann dem Bundesverwaltungsgericht durch Landesgesetz die Entscheidung landesrechtlich bestimmter Streitigkeiten zugewiesen werden, Art. 99 GG.[71]

Von der Prüfung einer Verletzung von Landesrecht ist dessen selbständige Auslegung und Anwendung durch das Bundesverwaltungsgericht zu unterscheiden. 52 Sie ist nicht grundsätzlich ausgeschlossen,[72] doch ist das Revisionsgericht, ähnlich wie an Tatsachenfeststellungen, an die Entscheidung der Vorinstanz über Landesrecht (z. B. über dessen nachbarschützende Bedeutung)[73] gebunden, § 173 VwGO i. V. m. § 562 ZPO. Soweit dieses allerdings gegen Bundesrecht verstößt, sei es durch dessen unmittelbare Verletzung (z. B. des Rechtsstaatsprinzips; von Bundesgrundrechten),[74] sei es durch das Fehlverständnis einer für die Anwendung des Landesrechts erheblichen bundesrechtlichen Norm,[75] ist sie revisionsrechtlich uneingeschränkt überprüfbar.

*bb)* Erforderlich ist weiterhin die *Kausalität der Rechtsverletzung* für die Ent- 53
scheidung. Sie ist gegeben, wenn diese ohne den Fehler anders ausgefallen wäre beziehungsweise, bei einem Verfahrensmangel, hätte ausfallen können. Sie fehlt, wenn bei einer Mehrzahl von tragenden Begründungen wenigstens eine nicht zu beanstanden ist (vgl. schon oben Rdnr. 21).

### b) Tatsachenfeststellungen

Der durch das angefochtene Urteil festgestellte Sachverhalt ist für das Bundes- 54
verwaltungsgericht bindend, soweit die getroffenen Feststellungen nicht ihrerseits mit dem Urteil wegen eines Rechtsfehlers (Verfahrensmangels) aufgehoben werden, § 137 Abs. 2.

Gleichwohl kann auch das Revisionsgericht eigene tatsächliche Feststellungen 55
treffen. Dies ist anerkannt für die Auslegung prozessualer Erklärungen (z. B. einer Klageschrift)[76] sowie hinsichtlich der Sachurteilsvoraussetzungen, deren Vorliegen

[69] BVerwGE 78,347 (351).
[70] BVerwG, NJW 1995,2303.
[71] Vgl. z. B. Art. 97 bayVwVfG; § 5 blnAGVwGO.
[72] Vgl. dazu BVerwGE 97,79 (82); BVerwG, NJW 1990,2768; BGH, NJW 1996,3151.
[73] Vgl. z. B. BVerwGE 94,151 (153); BVerwG, NJW 1997,1865.
[74] BVerwGE 78,347 (351); 96,350 (355).
[75] Vgl. BVerwGE 90,337 (342); 94,151 (154); vgl. auch BVerwG, NVwZ 1993,977.
[76] BVerwGE 84,157; BVerwG, NJW 1991,508.

von Amts wegen zu prüfen ist.[77] Darüber hinaus können jedoch unter bestimmten Voraussetzungen nachträglich eingetretene Tatsachen, sofern sie überhaupt materiell-rechtlich von Bedeutung sind (vgl. oben § 34 Rdnr. 44 ff.), aus überwiegenden Gründen der Prozeßökonomie berücksichtigt werden, so insbesondere, wenn sie völlig unstreitig oder offenkundig sind, dadurch die endgültige Streiterledigung gefördert und schutzwürdige Beteiligteninteressen nicht berührt werden.[78]

### *c) Die absoluten Revisionsgründe*

56 *aa) Bedeutung.* Urteile, die unter einem der in § 138 Nr. 1-6 abschließend aufgezählten, gravierenden Verfahrensfehler zustande gekommen sind (**absolute Revisionsgründe**), sollen unabhängig davon, ob sich der Mangel in der Entscheidung ausgewirkt hat, keinen Bestand haben. § 138 begründet deshalb in diesen Fällen die *unwiderlegliche Vermutung*, daß die Entscheidung *auf der Verletzung von Bundesrecht beruht.* Diese Wirkung entbindet jedoch nicht von der – vorausliegenden – Notwendigkeit einer Revisionszulassung gemäß § 132 Abs. 2 Nr. 3 sowie einer ordnungsgemäßen Geltendmachung des Verfahrensmangels[79] (§ 137 Abs. 3 Satz 1), etwa bei einer Verletzung des rechtlichen Gehörs (§ 138 Nr. 3) von der Darlegung von Inhalt und Erheblichkeit des hierdurch verhinderten Vortrags.[80] Wie jeder andere Revisionsgrund muß schließlich auch der absolute Revisionsgrund zur Überzeugung des Gerichts feststehen.

57 Das Vorliegen eines absoluten Revisionsgrundes nötigt grundsätzlich zur Aufhebung und Zurückverweisung (§ 144 Abs. 3 Satz 1 Nr. 2).[81] Nur in Fällen der Verletzung des rechtlichen Gehörs kann jedoch eine eigene, materiell-rechtliche Beurteilung durch das Revisionsgericht erfolgen und die Revision nach Maßgabe des § 144 Abs. 4 zurückgewiesen werden (vgl. unten Rdnr. 65 f.), wenn die gerichtliche Anhörung nicht völlig ausgeschlossen war, sondern nur fehlerhaft gewährt wurde.[82]

58 *bb)* Hinsichtlich des *Inhalts* werden im wesentlichen Verstöße gegen die spezifischen Verfahrensgrundrechte beziehungsweise deren prozessuale Konkretisierungen sanktioniert.[83]

---

[77] Vgl. BVerwGE 71,73 (74 f.); 78,347 (351); BVerwG, NJW 1997,2897; BSG, NVwZ 1997,832.

[78] Vgl. BVerwGE 91,104 (106 ff.); 91,150 (153); BVerwG, NVwZ 1993,781; im einzelnen Eyermann/P. Schmidt, § 137 Rdnr. 26 ff.

[79] BVerwGE 85,54; vgl. dazu Eyermann/P. Schmidt, § 138 Rdnr. 6 ff.

[80] Vgl. BVerwG, NVwZ 1991,574; Kopp/Schenke, § 142 Rdnr. 2.

[81] Vgl. BVerwGE 62,6 (10); 102,7; BVerwG, NVwZ 1994,1095.

[82] BVerwG, NVwZ 1994,1095.

[83] Vgl. im einzelnen Eyermann/P. Schmidt, § 138 Rdnr. 9 ff.; Kopp/Schenke, § 138 Rdnr. 4 ff.

BVerwG, B. 6.5.14, NVwZ 14, 1100 (keine Abweichung bei Aufgabe der einzeln gebliebenen Entscheidung)

So werden Verletzungen des Grundrechts auf **rechtliches Gehör** (Art. 103 Abs. 1 GG; vgl. oben § 3 Rdnr. 38 ff.; § 30 Rdnr. 30 ff.), außer in den speziellen Formen der *nicht gesetzmäßigen Vertretung* eines Beteiligten (§ 138 Nr. 4)[84] sowie des *Fehlens der Gründe* bei einer Entscheidung (§ 138 Nr. 6; vgl. oben § 30 Rdnr. 41; § 34 Rdnr. 20), auch ganz allgemein erfaßt (§ 138 Nr. 3), so zum Beispiel bei Verstößen gegen § 101 Abs. 1 (mündliche Verhandlung)[85] oder im Fall eines "Überraschungsurteils".[86] 59

Umgekehrt ist die Garantie des **gesetzlichen Richters** (Art. 101 Abs. 1 Satz 2 GG) nicht ausdrücklich als solche genannt, gleichwohl der Sache nach über den absoluten Revisionsgrund der *nicht vorschriftsmäßigen Besetzung* des Gerichts (§ 138 Nr. 1) verfahrensrechtlich umfassend geschützt[87] (vgl. dazu oben § 3 Rdnr. 29 ff.; § 7 Rdnr. 2 ff., 36 f.). Insofern stellt sich die Mitwirkung eines *ausgeschlossenen* oder erfolgreich *abgelehnten Richters* gemäß § 138 Nr. 2 (vgl. dazu oben § 7 Rdnr. 38 ff., 42 ff.) nur als Unterfall zu Nr. 1 dar. 60

Der Grundsatz der **Öffentlichkeit** (§ 138 Nr. 5) schließlich ist zwar nicht verfassungsgarantiert, gehört aber nach der gerichtsverfassungsrechtlichen Tradition und aufgrund seiner konventionsrechtlichen Verbürgung (Art. 6 Abs. 1 EMRK) zu den grundlegenden Verfahrensprinzipien (vgl. oben § 30 Rdnr. 42 ff.). 61

## IV. Die Revisionsentscheidung

Die formalen Entscheidungsmöglichkeiten auf die Revision stimmen nur zum Teil mit denjenigen bei der Berufung überein. Der Gerichtsbescheid ist ausgeschlossen, §§ 141 Satz 1; 125 Abs. 1 Satz 2. 62

### 1. Abweisung

#### *a) Unzulässige, unbegründete Revision*

Ist die Revision unzulässig, so *verwirft* sie das Bundesverwaltungsgericht (auch nach mündlicher Verhandlung) durch Beschluß, § 144 Abs. 1. Im Fall ihrer Unbegründetheit wird die Revision (anders als nach § 130a) stets durch Urteil (vgl. § 141 Satz 2) *zurückgewiesen*, § 144 Abs. 2. 63

Soweit Rügen von *Verfahrensmängeln* nicht für durchgreifend erachtet werden, bedarf das Urteil keiner Begründung, außer, wenn es sich um absolute Revisionsgründe (§ 138) oder, im Fall einer reinen Verfahrensrevision, um Rügen handelt, auf denen die Revisionszulassung beruht, § 144 Abs. 7. Der Ausschluß *jeglicher* 64

---

[84] Vgl. dazu BVerwG, NJW 1991,583; BVerwG, NVwZ-RR 1989,519.
[85] BVerwGE 62,6 (10).
[86] BVerwG, NJW 1994,2371.
[87] Vgl. BVerwGE 102,7; BVerwG, NJW 1991,1370.

Begründung erscheint im Hinblick auf deren rechtsstaatliche Funktion (vgl. oben § 34 Rdnr. 30 f.) nicht unbedenklich.[88]

### *b) Begründete Revision*

**65** Beruht das Urteil auf einer Verletzung maßgeblichen Rechts und ist die Revision folglich an sich begründet, so ist diese gleichwohl zurückzuweisen, wenn sich die Entscheidung *aus anderen Gründen* als richtig erweist, § 144 Abs. 4.

**66** Diese Entscheidungsmodalität kann gegenüber Verfahrensmängeln wie materiell-rechtlichen Fehlern Platz greifen, verlangt aber jedenfalls eine abschließende materiell-rechtliche Prüfung und setzt deshalb voraus, daß diese dem Bundesverwaltungsgericht auf der gegebenen tatsächlichen Grundlage möglich ist. Hieran fehlt es in der Regel insbesondere bei absoluten Revisionsgründen (vgl. oben Rdnr. 57), ferner etwa, wenn es nach berechtigter Aufklärungsrüge oder von einem gegenüber der Vorinstanz abweichenden Rechtsstandpunkt des Bundesverwaltungsgerichts aus weiterer tatsächlicher Aufklärung und Würdigung bedarf.[89] Trifft dies nicht zu, so kann die Entscheidung auch auf **irrevisibles Recht** gestützt werden,[90] wenngleich die Entscheidung landesrechtlicher Streitfragen praktisch den hierfür kompetenten Landesgerichten überlassen bleibt.[91]

## 2. Stattgabe

Ist die Revision begründet, so steht dem Bundesverwaltungsgericht folgende Entscheidungsalternative offen, § 144 Abs. 3 Satz 1.

### *a) Sachentscheidung*

**67** Es kann in der Sache selbst entscheiden, § 144 Abs. 3 Satz 1 Nr. 1. Das setzt voraus, daß der Sachverhalt im Sinn der maßgeblichen Rechtsauffassung des Bundesverwaltungsgerichts abschließend geklärt ist. Da in diesem Fall der Rechtsstreit zugleich *entscheidungsreif* ist, *verlangt* der Rechtsschutzauftrag hier auch eine abschließende Entscheidung (vgl. § 173 VwGO i. V. m. § 565 Abs. 3 Nr. 1 ZPO). Hängt die Sachentscheidung von der Vorabentscheidung eines anderen Gerichts ab, so holt das Bundesverwaltungsgericht zunächst diese, etwa gemäß Art. 100 Abs. 1 GG beim Bundesverfassungsgericht[92] oder gemäß Art. 234 Abs. 3 EGV

---

[88] Ebenso Kopp/Schenke, § 144 Rdnr. 17; a. M. Eyermann/P. Schmidt, § 144 Rdnr. 18.
[89] Vgl. BVerwG, NVwZ 1986,374; auch NVwZ 1996,378; Kopp/Schenke, § 144 Rdnr. 5.
[90] Vgl. BVerwG, NJW 1992,2908 m. w. Nachw.; Eyermann/P. Schmidt, § 144 Rdnr. 6.
[91] Vgl. auch BVerwGE 100,160 (171); Eyermann/P. Schmidt, § 137 Rdnr. 6.
[92] Vgl. BVerwG, DVBl 1992,844.

beim EuGH,[93] ein und befindet sodann auf der so geschaffenen Entscheidungsgrundlage je nach Vorliegen der Entscheidungsreife über die Revision.

### b) Zurückverweisung

In den sonstigen Fällen hebt das Bundesverwaltungsgericht das angefochtene Urteil, gegebenenfalls einschließlich der zugrunde liegenden Feststellungen, auf und verweist die Sache zur anderweitigen Verhandlung und Entscheidung zurück, § 144 Abs. 3 Satz 1 Nr. 2. Anlaß hierzu besteht bei Verfahrensmängeln, wenn sich nicht die Entscheidung aus anderen Gründen als richtig erweist (§ 144 Abs. 4), sowie zum Schutz des erst in der Revisionsinstanz (notwendig) *Beigeladenen*, wenn dieser im Hinblick auf den Verlust der Tatsacheninstanz ein berechtigtes Interesse an der Zurückverweisung hat, § 144 Abs. 3 Satz 2. **68**

Das Bundesverwaltungsgericht verweist an das vorentscheidende Gericht zurück, kann jedoch im Fall der *Sprungrevision* (vgl. oben Rdnr. 30 ff.) auch an das Oberverwaltungsgericht zurückverweisen, das für die Berufung zuständig gewesen wäre. Das Verfahren wird bei dem in dem Revisionsurteil bezeichneten Gericht *anhängig*, das nunmehr erneut und ohne Bindung an seine bisherige Auffassung entscheidet. **69**

Bei der erneuten Entscheidung ist die rechtliche Beurteilung des Revisionsgerichts verbindlich, soweit sie für dessen Entscheidung tragend[94] oder vorgreiflich ist (§ 144 Abs. 6); eine Präjudizwirkung für künftige, selbst gleichgelagerte Fälle tritt jedoch nicht ein.[95] Im Fall einer Aufhebung wegen materiell-rechtlicher Fehler oder eines Verfahrensmangels ist also vom Vorliegen der Prozeßvoraussetzungen auszugehen.[96] **70**

Soweit dem Gericht infolge der Bindungswirkung die Kompetenz zu eigenständiger Sachentscheidung entzogen ist, kommt auch eine Vorlage an das Bundesverfassungsgericht zur konkreten Normenkontrolle gemäß Art. 100 Abs. 1 GG nicht in Betracht.[97] Demgegenüber steht die verwaltungsprozessuale Bindung des Untergerichts einer (fakultativen) Vorlage gemäß Art. 234 Abs. 2 EGV an den EuGH nicht entgegen,[98] da diese Vorlageberechtigung durch das vorrangige Gemeinschaftsrecht begründet wird, dem gegenüber nationales Prozeßrecht zurückzutreten hat. **71**

Die *Bindung* entfällt bei zwischenzeitlicher Änderung der Sach- oder Rechtslage oder der der Aufhebung zugrunde liegenden Rechtsprechung des Bundesver- **72**

---

[93] Vgl. BVerwG, NVwZ 1997,178.
[94] Vgl. BVerwGE 42,243 (247); 102,7 (11).
[95] BVerwG, DÖV 1982,162.
[96] Vgl. BVerwGE 42,243 (247); BVerwG, DVBl 1998,232.
[97] Vgl. BVerfGE 2,406 (411); 65,132 (140).
[98] Vgl. EuGH, NJW 1974,440; Slg. 1991, I 3277 (3313); Burgi, Verwaltungsprozeß und Europarecht, S. 72; vgl. auch BFHE 180,231 (235 f.).

waltungsgerichts, des Bundesverfassungsgerichts, des Gemeinsamen Senats der obersten Gerichtshöfe oder des EuGH,[99] ferner aber auch dann, wenn durch diese eine entscheidungserhebliche Rechtsfrage in abweichendem Sinn geklärt wird.[100] Gelangt die Rechtssache erneut an das Revisionsgericht, so ist dieses aus Gründen der Rechtssicherheit in gleicher Weise, also auch vorbehaltlich der genannten Ausnahmesituationen, an seine eigene Rechtsansicht gebunden (sogenannte *Rückbindung*);[101] eine Änderung seiner eigenen Rechtsprechung gerade in dem (wiederum) zur Entscheidung anstehenden Fall ist also ausgeschlossen.[102]

## Literatur

*Bertrams*, Das vor dem Bundesverwaltungsgericht revisible Recht, DÖV 1992,97.
*Gottwald*, Die Revisionsinstanz als Tatsacheninstanz, 1975.
*Grave*, Bietet das verwaltungsgerichtliche Revisionsverfahren ausreichende Rechtsgarantien?, VerwArch 64 (1973), S. 51.
*Kirchhof, P.*, Revisibles Verwaltungsrecht, in: Menger-FS, S. 813.
*Kummer*, Die Nichtzulassungsbeschwerde. Das Beschwerdeverfahren nach der FGO, der VwGO und dem SGG, 1990.
*Ders.*, Die Rüge von Verfahrensfehlern nach dem Sozialgerichtsgesetz, NJW 1989,1569.
*Lässig*, Die fehlerhafte Rechtsmittelzulassung und ihre Verbindlichkeit für das Rechtsmittelgericht, 1976.
*May*, Die Revision in den zivil- und verwaltungsgerichtlichen Verfahren, 2. Aufl. 1997.
*Meyer-Ladewig*, Die Revisionszulassung, Rechtssicherheit und Vertrauensschutz, in: FG aus Anlaß des 25-jährigen Bestehens des Bundesverwaltungsgerichts, 1978, S. 417.
*Prütting*, Die Zulassung der Revision, 1977.
*Redeker*, Revisionsurteile im Gewand von Zulassungsbeschlüssen – Zum schleichenden Bedeutungswandel der Entscheidungen des Bundesverwaltungsgerichts über Zulassungsbeschwerden, in: FS für Gelzer, 1991, S. 333.
*Rudisile*, Die Gegenrüge im Revisionsrecht, DVBl 1988,1135.
*Schaeffer*, Zur Sprungrevision im Verwaltungsprozeß, NVwZ 1982,21.
*Schwinge*, Grundlagen des Revisionsrechts, 2. Aufl. 1960.
*Sendler*, "Kleine" Revisionsurteile?, DVBl 1992,240.
*Weyreuther*, Revisionszulassung und Nichtzulassungsbeschwerde in der Rechtsprechung der obersten Bundesgerichte, 1971.

Vgl. ferner die Angaben zu § 37.

[99] Vgl. BVerwGE 87,154 (164).
[100] Vgl. BVerwGE 89,320 (327).
[101] Vgl. BVerwGE 54,116 (119); 89,320 (327); BGH, NJW 1992,2831; vgl. aber auch BFH, NJW 1995,216.
[102] Vgl. GmS-OGB, BVerwGE 41,363 (367 f.); BVerwGE 54,116 (123).

# § 40. Die Beschwerde

## I. Die Zulässigkeit der Beschwerde

### 1. Bedeutung

1 Die Beschwerde richtet sich gegen Entscheidungen, die nicht in der Hauptsache selbst ergehen. Als *Rechtsmittel* (vgl. oben § 37 Rdnr. 3 ff.) entfaltet sie – vorbehaltlich der Möglichkeit einer Abhilfe – *Devolutiveffekt* und *Suspensiveffekt*. Dieser beschränkt sich allerdings auf die Hemmung der Rechtskraft, während aufschiebende Wirkung im Sinn einer vorläufigen Verhinderung der materiell-rechtlichen Wirksamkeit beziehungsweise Vollstreckbarkeit der Entscheidung nur gegenüber der Festsetzung eines Ordnungs- oder Zwangsmittels eintritt; ergänzend sind die Sondervorschriften der §§ 178, 181 Abs. 2 GVG (Ungebühr) zu beachten, § 149 Abs. 2. Im übrigen kann die Vollziehung der Entscheidung durch das Ausgangsgericht oder, nach Anhängigkeit beim Beschwerdegericht, durch dieses (§ 173 VwGO i. V. m. § 572 Abs. 3 Halbs. 2 ZPO) einstweilen ausgesetzt werden (§ 149 Abs. 1 Satz 2);[1] im Fall einer Zulassungsbeschwerde (z. B. bei vorläufigen Maßnahmen gemäß § 80a Abs. 3) ist allerdings nur das Beschwerdegericht zuständig.[2]

### 2. Statthaftigkeit

#### *a) Beschwerdegegenstand*

2 *aa)* Gegen *Entscheidungen des* Verwaltungsgerichts (Kammer oder Einzelrichter), des Vorsitzenden oder des Berichterstatters ist grundsätzlich die Beschwerde zum Oberverwaltungsgericht gegeben, sofern es sich nicht um Urteile, Gerichtsbescheide oder diesen gleichgestellte Entscheidungen in der Hauptsache (Beschlüsse gemäß § 93a Abs. 2 Satz 1, 5) handelt.

3 Von der Anfechtbarkeit ausgenommen sind gemäß § 146 Abs. 2 *prozeßleitende Verfügungen*, das heißt richterliche Entscheidungen, die lediglich die im richterlichen Ermessen liegende Gestaltung des *äußeren Verfahrensfortgangs* betreffen

---

[1] Vgl. BayVGH, NJW 1993,3090; HessVGH, NVwZ 1990,976.

[2] Vgl. HambOVG, NVwZ 1997,691; z. T. abweichend Eyermann/Happ, § 149 Rdnr. 3.

Berkemann, DVBl 98, 446, Ziekow DÖV 98, 941 (Beschleunigungsbeschwerde), Guckelberger, DÖV 11, 937, Schmidt, NVwZ 07, 423 (ao Beschwerde), Guckelberger, DÖV 12, 289 (Verzögerungsrüge)

und ihrem sachlichen Gehalt nach etwa den im folgenden genannten Aufklärungsanordnungen, Vertagungen, Fristbestimmungen und der Verfahrensverbindung oder -trennung vergleichbar sind,[3] etwa die Aufforderung zur Ergänzung des Parteivorbringens (§§ 82 Abs. 2 Satz 2; 86 Abs. 4 Satz 2), eine Betreibensaufforderung (§ 92 Abs. 2 Satz 1)[4] oder die Anordnung persönlichen Erscheinens (§ 95 Abs. 1 Satz 1).[5] Dagegen sind Sanktionen beim Ausbleiben beschwerdefähig, ebenso zum Beispiel die Aussetzung des Verfahrens oder die Anordnung einer Prozeßvertretung gemäß § 67 Abs. 2 Satz 2 (anders dagegen im Fall des § 67a Abs. 1 Satz 4).

4 Unanfechtbar sind darüber hinaus bestimmte Entscheidungen bloß vorbereitenden Charakters, so Beweisbeschlüsse und die Ablehnung von Beweisanträgen sowie neuerdings Beschlüsse über die Ablehnung von Gerichtspersonen. Ihre Rechtswidrigkeit kann im Rahmen eines Rechtsmittels gegen die Hauptsacheentscheidung geltend gemacht werden, soweit sie einen Verfahrensfehler in bezug auf diese begründet.[6]

5 Abgesehen von vereinzelten spezialgesetzlichen Regelungen (z. B. § 34 Satz 1 WehrpflG) ist die Beschwerde ferner gesetzlich ausdrücklich ausgeschlossen insbesondere gegen eine Beiladung (§ 65 Abs. 4 Satz 3; anders bei deren Ablehnung[7]), die Wiedereinsetzung in den vorigen Stand (§ 60 Abs. 5), die Verfahrenseinstellung nach Klagerücknahme (§ 92 Abs. 3 Satz 2), den Beschluß zur Durchführung eines Musterverfahrens (§ 93a Abs. 1 Satz 3), den Beschluß über eine Tatbestandsberichtigung (§ 119 Abs. 2 Satz 2) und die Ablehnung der Zulassung der Sprungrevision (§ 134 Abs. 2 Satz 3). Eine Vorlageentscheidung unter Aussetzung des Verfahrens gemäß Art. 100 Abs. 1 GG[8] oder gemäß Art. 234 Abs. 1, 2 EGV[9] ist ihrer Natur nach unanfechtbar.

6 *bb) Entscheidungen des Oberverwaltungsgerichts* sind demgegenüber grundsätzlich nicht mit der Beschwerde anfechtbar, § 152 Abs. 1. Das Rechtsmittel ist jedoch gegeben gegen *Erst*entscheidungen über die behördliche Auskunfts- oder Vorlagepflicht (§ 99 Abs. 2),[10] gegen die Nichtzulassung der Revision (§ 133 Abs. 1) sowie gegen Beschlüsse über die Zulässigkeit des Rechtsweges (§ 17a Abs. 4 Satz 4 GVG); in diesem Fall ist jedoch eine Zulassung durch das Oberver-

---

[3] Vgl. Redeker/v. Oertzen, § 146 Rdnr. 7; Kopp/Schenke, § 146 Rdnr. 8.
[4] Vgl. BVerwGE 71,213 (216); NdsOVG, NVwZ 1998,529.
[5] Vgl. GemOVG Lüneburg, NVwZ-RR 1989,591.
[6] Vgl. Eyermann/Happ, § 146 Rdnr. 5.
[7] Vgl. VGH BW, NVwZ 1986,141.
[8] Vgl. GemOVG Lüneburg, OVGE 6,371; BayVGH, NVwZ-RR 1992,334; Eyermann/Happ, § 146 Rdnr. 8.
[9] Vgl. BFHE 132,217; VGH BW, NJW 1986,3042.
[10] Vgl. BVerwGE 66,233.

waltungsgericht erforderlich.[11] Eine *weitere Beschwerde* ist, außer bei Rechtswegentscheidungen, nicht statthaft.

Gegen Hauptsacheentscheidungen in Beschlußform (vgl. §§ 93a Abs. 2 Satz 1; 7
125 Abs. 2 Satz 2; 130a Satz 1) ist das bei Entscheidung durch Urteil an sich gegebene Rechtsmittel eröffnet.

#### b) Beschwerdeberechtigung

Beschwerdeberechtigt sind die Beteiligten sowie die sonst von der Entscheidung 8
Betroffenen (§ 146 Abs. 1). Für diese muß also eine *materielle Beschwer* gegeben sein (vgl. oben § 37 Rdnr. 31 ff.), zum Beispiel bei der Beschwerde des Prozeßbevollmächtigten gegen seine Zurückweisung[12] oder der Verhängung von Ordnungsgeld gegenüber Zeugen und Sachverständigen.

### 3. Die Zulässigkeit im übrigen

Ist die Beschwerde statthaft, so müssen außer den allgemeinen persönlichen Sach- 9
entscheidungsvoraussetzungen (Beteiligten-, Prozeß-, unter Umständen Postulationsfähigkeit) und dem Vorliegen einer Beschwer sowie den besonderen Anforderungen im Fall der Zulassungsbedürftigkeit (s. unten Rdnr. 12 ff.) folgende Voraussetzungen erfüllt sein:

#### a) Form und Frist

Die Beschwerde ist bei dem Gericht, dessen Entscheidung angefochten wird 10
(*iudex a quo*) *schriftlich* oder, außer bei der Zulassungsbeschwerde (vgl. § 67 Abs. 1 Satz 2 und dazu oben § 9 Rdnr. 42), zur Niederschrift des Urkundsbeamten einzulegen, § 147 Abs. 1; insoweit ist eine Vertretung gemäß § 67 Abs. 1 Satz 1 nicht erforderlich.[13] Die *Beschwerdefrist* beträgt zwei Wochen nach Bekanntgabe der Entscheidung und wird auch durch fristgerechte Erhebung beim Beschwerdegericht gewahrt, § 147 Abs. 1 Satz 1; Abs. 2. Ein *Antrag* und eine *Begründung* sind gesetzlich nicht vorgeschrieben, doch setzt eine Entscheidung über die Beschwerde eine hinreichend klare Bezeichnung des mit dieser verfolgten Begehrens voraus.[14]

---

[11] Vgl. BVerwG, NVwZ 1994,782.
[12] BayVGH, BayVBl 1981,346.
[13] Vgl. VGH BW, DÖV 1998,255.
[14] Vgl. VGH BW, NVwZ-RR 1995,126.

### b) Erwachsenheitssumme

11 In Streitigkeiten über Kosten, Gebühren und Auslagen ist die Beschwerde, abgesehen von einer gesetzlich vorgesehenen (Revisions-)Nichtzulassungsbeschwerde, nur gegeben, wenn der Wert des Beschwerdegegenstandes 400,-- DM übersteigt, § 146 Abs. 3.

## 4. Die zulassungsbedürftige Beschwerde

### a) Anwendungsbereich

12 Aus Gründen der Harmonisierung zwischen den im Hauptsache- und im Nebenverfahren zur Verfügung stehenden Rechtsbehelfen hat das 6. VwGO-ÄnderungsG parallel zur Einführung der Zulassungsberufung auch die Beschwerde von einer Zulassung abhängig gemacht, sofern sie sich gegen Beschlüsse über die Vollziehbarkeit von Verwaltungsakten (§§ 80 Abs. 5, 7; 80a Abs. 3),[15] über einstweilige Anordnungen (§ 123 Abs. 1) oder im Verfahren der Prozeßkostenhilfe richtet (§ 146 Abs. 4); dem Gleichklang der Rechtsmittel entspricht die gesetzliche Beschränkung der Zulassungsbeschwerde auf die *Beteiligten*.[16] In bezug auf den *vorläufigen Rechtsschutz* erscheint diese zusätzliche Hürde mit der Folge der potentiellen Unanfechtbarkeit einer auf bloß überschlägiger Rechtsprüfung beruhenden, faktisch aber häufig abschließenden Entscheidung allerdings rechtspolitisch (Eilbedürftigkeit) wie verfassungsrechtlich (effektiver Rechtsschutz) als problematisch.[17]

### b) Die Zulassungsgründe

13 Die Zulassung erfolgt durch das Beschwerdegericht (Oberverwaltungsgericht) in entsprechender Anwendung des § 124 Abs. 2, also insbesondere als gebundene Entscheidung bei Vorliegen eines der dort genannten Gründe (vgl. oben § 38 Rdnr. 8 ff.). Diese werden hier wie dort grundsätzlich übereinstimmend verstanden,[18] können aber angesichts der Unterschiede zwischen Entscheidungen in der Hauptsache und (insbesondere) im Verfahren des vorläufigen Rechtsschutzes sowie den jeweils hierauf bezogenen Rechtsbehelfen nicht unbesehen gleich-

---

[15] Vgl. zu diesem, den Gesetzeswortlaut erweiternden Verständnis Eyermann/Happ, § 146 Rdnr. 15.

[16] Vgl. auch Gräber/Ruban, Komm. zur FGO, 4. Aufl. 1997, § 128 Rdnr. 11.

[17] Vgl. zur Kritik etwa Redeker, NVwZ 1996,525 f.; W. Schenke, NJW 1997,92; Bader, DÖV 1997,449.

[18] Vgl. OVG NW, NVwZ 1997,1224; VGH BW, NVwZ 1989,305; Eyermann/Happ, § 146 Rdnr. 15.

gesetzt werden.[19] Vielmehr kommt es für das Vorliegen eines Zulassungsgrundes auf dessen spezifische Relevanz gerade in dem betreffenden Verfahren an.

So kann eine *grundsätzliche Bedeutung* (§ 124 Abs. 2 Nr. 3) nur durch die gerade in dem Verfahren des vorläufigen Rechtsschutzes[20] beziehungsweise der Prozeßkostenhilfe[21] auftretenden Fragen, nicht aber im Hinblick auf eine zugrunde liegende Sachbeurteilung begründet werden. Gleiches gilt für eine etwaige *Divergenz* (§ 124 Abs. 2 Nr. 4).[22] Demgegenüber wird die Entscheidung insbesondere über die Gewährung vorläufigen Rechtsschutzes, ungeachtet deren bloß vorläufigen Charakters, auch – und in den nicht seltenen Fällen einer abschließenden Rechtsschutzfunktion sogar maßgeblich – durch die zugrunde liegende, materiellrechtliche Rechtslage bestimmt (vgl. oben § 27 Rdnr. 7). Diese ist deshalb mit einzubeziehen bei der Beurteilung, ob *ernstliche Zweifel an der Richtigkeit* der Entscheidung bestehen (§ 124 Abs. 2 Nr. 1) oder – damit in Wechselbeziehung stehend (vgl. oben § 38 Rdnr. 12) – die Rechtssache *besondere tatsächliche oder rechtliche Schwierigkeiten* aufweist (§ 124 Abs. 2 Nr. 2).[23] Entsprechendes gilt bei der Erhebung von *Verfahrensrügen* (§ 124 Abs. 2 Nr. 5).[24] 14

### *c) Das Zulassungsverfahren*

*aa)* Der *Antrag auf Zulassung* der Beschwerde (§ 146 Abs. 5 Satz 1) ist innerhalb von zwei Wochen nach Bekanntgabe der vollständigen Entscheidung[25] schriftlich (nur) bei dem vorentscheidenden Verwaltungsgericht[26] zu stellen; angesichts des bestehenden Vertretungszwangs (§ 67 Abs. 1 Satz 1, 2) ist eine Erhebung zur Niederschrift ausgeschlossen. Dies gilt jedoch – ebenso wie für beim Oberverwaltungsgericht gestellte Erstanträge (vgl. § 166 VwGO i. V. m. § 117 Abs. 1 Satz 1 ZPO)[27] – nicht für Zulassungsanträge gegen Entscheidungen in Prozeßkostenhilfe-Sachen.[28] 15

In dem Antrag muß der angegriffene Beschluß bezeichnet werden und sind auch bereits die geltend gemachten Zulassungsgründe darzulegen, § 146 Abs. 5 Satz 2, 3. An diese Darlegung werden von der Rechtsprechung, ungeachtet der gegenüber Berufungs- und Revisionszulassung (vgl. §§ 124a Abs. 1 Satz 1; 133 16

[19] Vgl. auch Mampel, DVBl 1997,1155; Bader, NJW 1998,414.
[20] Vgl. VGH BW, NVwZ 1998,305; OVG NW, NVwZ 1998,306; SächsOVG, NVwZ 1998,308.
[21] Vgl. HambOVG, NVwZ 1997,690.
[22] Vgl. Bader, DÖV 1997,449.
[23] Ebenso Mampel, NVwZ 1998,261; wohl auch VGH BW, VBlBW 1997,219; NVwZ 1998,305; dezidiert a. M. OVG NW, NVwZ 1997,1004; NVwZ 1998,306.
[24] Vgl. auch Bader, NJW 1998,414.
[25] Vgl. dazu W. Roth, NJW 1997,1966, gegen HambOVG, NJW 1996,1225.
[26] Vgl. dazu ThürOVG, DÖV 1997,964.
[27] Vgl. dazu etwa NdsOVG, DÖV 1998,346.
[28] Ebenso Eyermann/Happ, § 146 Rdnr. 19; VGH BW, VBlBW 1998,344; demgegenüber VGH BW, NVwZ 1997,693; vgl. dazu noch unten § 42 Rdnr. 49.

Abs. 2 Satz 1) auf zwei Wochen verkürzten Frist, vergleichbar strenge Anforderungen gestellt wie dort.[29] Im Lichte des Verfassungsgebots effektiven Rechtsschutzes kann indes, dem summarischen Charakter der angegriffenen Entscheidung entsprechend, nicht mehr verlangt werden, als die Benennung des Zulassungsgrundes und die plausible Darlegung seines Vorliegens.[30]

17 *bb) Entscheidung*. Über den Zulassungsantrag entscheidet das Oberverwaltungsgericht durch *Beschluß* endgültig. Das Verwaltungsgericht hat diesbezüglich keine Kompetenz und kann auch nicht der Beschwerde abhelfen, § 146 Abs. 6 Satz 2 Halbs. 2; die Entscheidungsbefugnis gemäß § 80 Abs. 7 Satz 1 bleibt hiervon jedoch unberührt. Der Beschluß bedarf keiner (weiteren) *Begründung* (§ 122 Abs. 2 Satz 1), wenn die Beschwerde zugelassen oder der Antrag einstimmig abgelehnt wird, § 146 Abs. 6 Satz 2 i. V. m. § 124a Abs. 2 Satz 2.

18 Wird dem Antrag *stattgegeben*, so wird das Antrags- als Beschwerdeverfahren fortgesetzt, ohne daß es der Einlegung einer Beschwerde bedarf. Ungeachtet der strikten *formalen Trennung* von Antrags- und Rechtsmittelverfahren mit unterschiedlichen Voraussetzungen und Zielen wird damit der zwischen beiden bestehende *funktionale Zusammenhang* (vgl. auch schon oben § 39 Rdnr. 18) deutlich, vermöge dessen Erklärungen in jenem auch für dieses Verfahren beachtlich sein können.[31] Ebenso kann aus Gründen effektiven Rechtsschutzes bei besonderer Eilbedürftigkeit bereits auf einen begründeten *Zulassungs*antrag hin eine stattgebende *Beschwerde*entscheidung getroffen werden.[32]

## II. Verfahren und Entscheidung

### 1. Abhilfemöglichkeit

19 Soweit das Gericht (Kammer beziehungsweise Einzelrichter, Vorsitzender oder Berichterstatter) die Beschwerde für begründet hält, hat es ihr, außer im Fall einer Zulassungsbeschwerde, abzuhelfen, § 148 Abs. 1; hierüber wird, gegebenenfalls nach Anhörung des Gegners, durch Beschluß entschieden.

20 Diese Abhilfemöglichkeit ist dem Beschwerdeverfahren zur Entlastung des Oberverwaltungsgerichts vorgeschaltet, vermittelt aber keine zusätzliche Entscheidungskompetenz. Insbesondere besteht keine Abänderungsbefugnis von Amts wegen und kann deshalb – nicht anders als seitens des Beschwerdegerichts – nur

---

[29] Vgl. HambOVG, NVwZ 1997,689; OVG NW, NVwZ 1997,1224.
[30] So Mampel, NVwZ 1998,262; vgl. auch Eyermann/Happ, § 146 Rdnr. 18.
[31] Vgl. auch Meyer-Ladewig, in: Schoch/Schmidt-Aßmann/Pietzner, § 146 Rdnr. 13r.
[32] Vgl. VGH BW, NVwZ 1997,405; NdsOVG, NVwZ 1997,1225.

auf eine zulässige Beschwerde hin[33] und nur im Rahmen des erhobenen Abänderungsbegehrens ("Abhilfe"; vgl. § 150 i. V. m. §§ 122 Abs. 1; 88)[34] entschieden werden. Auf der anderen Seite ist das Beschwerdegericht, bei dem die Beschwerde ebenfalls fristwahrend eingelegt werden kann, nicht gehindert, bei besonderer Eilbedürftigkeit ohne vorherige Befassung des Verwaltungsgerichts unmittelbar über das Rechtsmittel zu entscheiden.[35]

## 2. Verfahren

Hilft das Verwaltungsgericht der Beschwerde nicht ab, so legt es diese unverzüglich dem Beschwerdegericht vor. Hiervon sollen die Beteiligten in Kenntnis gesetzt werden, § 148 Abs. 1 Halbs. 2; Abs. 2. Für das Beschwerdeverfahren gelten weithin die allgemeinen Verfahrensvorschriften entsprechend[36] (vgl. auch § 150 i. V. m. § 122). So kommt etwa unter den Voraussetzungen des § 65 eine Beiladung in Betracht, ist eine mündliche Verhandlung möglich, aber nicht geboten (§ 101 Abs. 3) und ist eine Anschlußbeschwerde entsprechend § 127 statthaft (vgl. oben § 37 Rdnr. 35). **21**

## 3. Entscheidung

Über die Beschwerde wird aufgrund eigenständiger Sach- und Rechtsprüfung durch begründeten (§ 122 Abs. 2 Satz 1) *Beschluß* entschieden, § 150. Dabei sind auch neue Tatsachen und Beweismittel zu berücksichtigen, § 173 VwGO i. V. m. § 570 ZPO. Der Entscheidungsrahmen wird durch die gestellten Anträge (vgl. aber oben Rdnr. 10) vorgegeben (Verbot der reformatio in peius; vgl. dazu oben § 37 Rdnr. 44). Erweist sich die Beschwerde als zulässig und begründet, so wird das Beschwerdegericht unter *Aufhebung der Vorentscheidung* in der Regel eine eigene *Sachentscheidung* treffen. Es kann jedoch auch, zum Beispiel bei Erlaß einer einstweiligen Anordnung,[37] die erforderliche Anordnung der Vorinstanz übertragen (§ 173 VwGO i. V. m. § 575 ZPO) oder die Sache entsprechend § 130 Abs. 1 an diese zurückverweisen. **22**

---

[33] Demgegenüber soll es nach h. M. nur auf die Statthaftigkeit der Beschwerde ankommen, vgl. Eyermann/Happ, § 148 Rdnr. 4.
[34] Vgl. ThürOVG, ThürVBl 1994,215.
[35] VGH BW, NVwZ-RR 1991,166.
[36] Vgl. Eyermann/Happ, § 146 Rdnr. 2.
[37] Vgl. HessVGH, NVwZ 1987,525; Meyer-Ladewig, in: Schoch/Schmidt-Aßmann/Pietzner, § 150 Rdnr. 5.

## III. Die Erinnerung

23 An die Stelle der Beschwerde tritt bei Entscheidungen des beauftragten oder ersuchten Richters (§ 96 Abs. 2) oder des Urkundsbeamten, zum Beispiel über eine Kostenfestsetzung (§§ 164; 165 Satz 2) oder einen Kostenansatz (§ 5 GKG),[38] der Antrag auf Entscheidung des Gerichts, § 151 Satz 1 (*Erinnerung*). Der Rechtsbehelf führt zu einer Überprüfung durch dasselbe Gericht und ist deshalb gegen Entscheidungen aller Instanzen gegeben (vgl. auch § 152 Abs. 2).

24 Für die Erinnerung gelten die Vorschriften der §§ 147 bis 149 über die Beschwerde, insbesondere hinsichtlich Form und Frist der Erhebung, Abhilfemöglichkeit und aufschiebende Wirkung, entsprechend, § 151 Satz 2, 3. Die Entscheidung ergeht durch Beschluß, der seinerseits der Beschwerde nach den allgemeinen Vorschriften, also insbesondere beschränkt auf verwaltungsgerichtliche Entscheidungen, unterliegt.

## Literatur

*Bader*, Zulassungsberufung und Zulassungsbeschwerde nach der 6. VwGO-Novelle, NJW 1998,409.

*Ebert*, Zum Ausschluß von Beschwerden gegen "andere Entscheidungen des Verwaltungsgerichts", ThürVBl 1994,273.

*Johlen*, Erfahrungen mit der Beschwerdezulassung nach §§ 146 Abs. 4, 124 Abs. 2 VwGO, NwVBl 1999,41.

*Mampel*, Vorläufiger Rechtsschutz gegen Verwaltungsakte mit Doppelwirkung nach dem 6. VwGO-ÄndG, DVBl 1997,1155.

*Ders.*, Beschwerde-Zulassung nach dem 6. VwGO-Änderungsgesetz oder: Die Macht der Gewohnheit, NVwZ 1998,261.

*Rennert*, Die maßgebliche Perspektive bei der Zulassung von Berufung und Beschwerde im Verwaltungsprozeß, NVwZ 1998,665.

Vgl. ferner die Angaben zu § 37.

[38] Vgl. BVerwG, NJW 1995,2179.

# § 41. Die Wiederaufnahme des Verfahrens

## I. Grundsätzliche Bedeutung

1 Mit rechtskräftigem Abschluß eines gerichtlichen Verfahrens ist das in diesem ergangene Urteil formell unanfechtbar und materiell für die Beteiligten verbindlich (Rechtskraft; s. oben § 35 Rdnr. 1 f.). Diese rechtliche Maßgeblichkeit der Entscheidung besteht unabhängig von der Rechtmäßigkeit ihres Zustandekommens und ihrer inhaltlichen Richtigkeit. Indes können der Entscheidung so gravierende Fehler anhaften, daß sie nicht mehr als Ergebnis eines rechtsstaatlichen Verfahrens zur Rechtsverwirklichung erscheint. In dieser typischen Konfliktsituation zwischen den rechtsstaatlichen Prinzipien der Rechtssicherheit und der materiellen Gerechtigkeit[1] gibt die Verwaltungsgerichtsordnung (§ 153 Abs. 1) dieser den Vorzug, indem sie die *Wiederaufnahme des rechtskräftig abgeschlossenen Verfahrens* nach den Vorschriften des Vierten Buches der Zivilprozeßordnung zuläßt. Die Wiederaufnahme führt zu einer *Durchbrechung der Rechtskraft* und ist deshalb nur in den eng begrenzten, gesetzlichen Fällen zulässig. Die schlichte Unrichtigkeit der Entscheidung ist dagegen hierfür nicht ausreichend.[2]

## II. Anwendungsbereich

### 1. Arten

Je nach dem geltend gemachten Grund für die Wiederaufnahme sind *Nichtigkeitsklage* und *Restitutionsklage* zu unterscheiden (§ 153 Abs. 1 VwGO i. V. m. § 578 Abs. 1 ZPO).

#### *a) Die Nichtigkeitsklage*

2 Die Nichtigkeitsklage ist gegeben, wenn das *Verfahren* an schwerwiegenden Rechtsverstößen leidet, die die Funktion des Prozesses als institutioneller Garant für die Richtigkeit der Entscheidung und damit deren *prozedurale Legitimation* als

---

[1] Vgl. BVerfGE 22,322 (329).
[2] Vgl. Eyermann/Rennert, § 153 Rdnr. 13.

Voraussetzung ihrer inneren Gültigkeit in Frage stellen. Auf eine (mögliche) Kausalität des Mangels für den Inhalt der Entscheidung kommt es deshalb, anders als weithin bei der Restitutionsklage (s. unten Rdnr. 5 ff.), nicht an.

3 Die *Nichtigkeitsgründe* sind in § 579 Abs. 1 ZPO aufgezählt. Sie betreffen in den Nummern 1 bis 3 eine *fehlerhafte Besetzung der Richterbank* und damit gravierende Verstöße gegen das Grundrecht auf den *gesetzlichen Richter* (Art. 101 Abs. 1 Satz 2 GG). Hierzu gehören zum Beispiel die Mitwirkung nicht ordnungsgemäß bestellter Richter oder die Mißachtung der Kompetenzgrenzen zwischen Einzelrichter und Kollegialgericht (vgl. oben § 7 Rdnr. 2 ff.), aber auch die Verletzung der wesentlichen Vorschriften über die Geschäftsverteilung (vgl. oben § 6 Rdnr. 39 ff.).[3]

4 Der Mangel *nicht gesetzmäßiger Vertretung* einer Partei (§ 153 Abs. 1 VwGO i. V. m. § 579 Abs. 1 Nr. 4 ZPO) liegt bei unerkannter Prozeßunfähigkeit,[4] ferner in sonstigen Fällen vor, in denen ein *Verfahrensbeteiligter* (§ 63), etwa wegen Unmöglichkeit der Teilnahme an der mündlichen Verhandlung[5] oder mangels Information von dem Prozeß überhaupt, nicht an diesem teilnehmen konnte.[6] Eine Ausdehnung dieses Nichtigkeitsgrundes auf die Verletzung des *rechtlichen Gehörs* schlechthin (Art. 103 Abs. 1 GG; vgl. dazu oben § 3 Rdnr. 38 ff.)[7] ist nicht zu befürworten, sofern es sich nicht um schwerwiegende, den übrigen Nichtigkeitsgründen gleichkommende Verstöße handelt.[8]

### b) Die Restitutionsklage

5 Die Restitutionsklage erstrebt die Beseitigung eines Urteils, dessen sachliche Grundlagen offensichtlich und in einer für das allgemeine Rechtsempfinden unerträglichen Weise erschüttert sind.[9] Die Entscheidung muß deshalb auf dem Mangel beruhen; in den Fällen des § 580 Abs. 1 Nr. 5 und 7a ist dies ohne weiteres gegeben.

6 Nach der gesetzlichen Regelung in § 153 VwGO i. V. m. § 580 Abs. 1 Nr. 1-5 ZPO wird die Entscheidung zunächst dann in Frage gestellt, wenn deren tatsächliche Grundlage durch eine *strafbare Handlung* (§ 581 Abs. 1 ZPO) verfälscht wurde (falscher Parteieid; Urkundenfälschung; Falschaussage; Prozeßbetrug oder sonstige strafbare Urteilserschleichung; Verletzung richterlicher Amtspflichten).

---

[3] Vgl. BGH, NJW 1995,332.
[4] BVerwGE 48,201 (204).
[5] HessVGH, NJW 1986,209.
[6] Vgl. BVerwG, BayVBl 1998,122; Rosenberg/Schwab/Gottwald, § 160 I 1 b.
[7] Vgl. dazu Eyermann/Rennert, § 153 Rdnr. 8; Meyer-Ladewig, in: Schoch/Schmidt-Aßmann/Pietzner, § 153 Rdnr. 9; Braun, NJW 1981,428; NJW 1983,1403; NJW 1984,348.
[8] Ebenso Eyermann/Rennert, § 153 Rdnr. 8; Rosenberg/Schwab/Gottwald, § 160 I 1 b; Seetzen, NJW 1982,2340; weitergehend Kopp/Schenke, § 153 Rdnr. 8a m. w. Nachw.
[9] BGHZ 103,121 (125); Eyermann/Rennert, § 153 Rdnr. 9.

Gleiches gilt gemäß § 580 Abs. 1 Nr. 6 ZPO, wenn ein *vorausgehendes* zivil- oder verwaltungsgerichtliches *Urteil*, auf welches das Urteil gegründet ist,[10] durch ein anderes Urteil rechtskräftig aufgehoben wurde; die Vorschrift ist auf den rückwirkenden Wegfall eines präjudiziellen Verwaltungsakts entsprechend anzuwenden.[11] Die Entscheidungsbasis wird schließlich auch dann in Frage gestellt, wenn ein früher *rechtskräftig gewordenes Urteil* in derselben Sache, das damit der neuen Entscheidung als negative Sachurteilsvoraussetzung entgegenstand (§ 121; vgl. dazu oben § 35 Rdnr. 10), bekannt wird (§ 580 Abs. 1 Nr. 7a ZPO).

Praktisch am wichtigsten ist der Fall, daß die Partei eine Urkunde[12] auffindet 7
oder zu benutzen in den Stand gesetzt wird, die zu einer für sie günstigeren Entscheidung geführt hätte (§ 580 Abs. 1 Nr. 7b ZPO). Voraussetzung schon für die Zulässigkeit des Wiederaufnahmeantrags ist hier also, daß dieser auch in der Sache Erfolg hat.[13] Die Urkunde muß zum maßgeblichen Entscheidungszeitpunkt (grundsätzlich letzte mündliche Verhandlung)[14] bereits vorhanden,[15] darf aber noch nicht verfügbar gewesen sein, sich also zum Beispiel nicht unbemerkt in den dem Gericht vorliegenden Akten befunden haben.[16] Auch im übrigen ist der Restitutionsgrund eng zu verstehen, kann also nicht (wie in § 51 Abs. 1 Nr. 2 VwVfG vorgesehen) auf sonstige Beweismittel (Augenschein, Zeugenaussagen) erstreckt werden. Ebensowenig trifft er für neue Gutachten aufgrund wissenschaftlichen Erkenntnisfortschritts[17] und neue höchstrichterliche Entscheidungen zu der streitgegenständlichen Rechtsfrage zu,[18] selbst wenn jene, wie beim Bundesverfassungsgericht (§ 31 Abs. 1 BVerfGG), beim Europäischen Gerichtshof für Menschenrechte (Art. 46 Abs. 1 EMRK)[19] und beim Europäischen Gerichtshof (Art. 10 EUV),[20] *pro futuro* verbindlich sind; eine Ausnahme gilt insoweit lediglich für Strafurteile auf der Grundlage für verfassungswidrig erklärter Normen (§ 79 Abs. 1, 2 BVerfGG).[21]

---

[10] Vgl. BayVGH, DVBl 1993,55; BGHZ 103,121 (125).
[11] Vgl. BVerwGE 95,86 (91); Eyermann/Rennert, § 153 Rdnr. 11; vgl. auch BAG, NJW 1985,1485.
[12] Vgl. dazu VGH BW, NVwZ 1995,1006.
[13] Eyermann/Rennert, § 153 Rdnr. 9; BVerwG, DVBl 1982,998 zu § 51 Abs. 1 Nr. 2 VwVfG.
[14] Vgl. Thomas/Putzo, § 580 Rdnr. 20.
[15] BVerwG, NJW 1990,925 (insoweit in BVerwGE 84,31 nicht abgedruckt); BVerwGE 95,86 (91).
[16] VGH BW, NJW 1991,1845.
[17] Vgl. auch BVerwGE 95,86 (91).
[18] Vgl. VGH BW, DVBl 1993,55.
[19] Vgl. BVerfG, NJW 1986,1425.
[20] Vgl. BFH, DVBl 1978,501.
[21] Vgl. BayVGH, DVBl 1993,55.

## 2. Rechtscharakter

### a) Zielsetzung

8 Die Wiederaufnahme des Verfahrens soll in erster Linie das Vertrauen in die Rechtsprechung wahren, dient aber in gleicher Weise dem individuellen Rechtsschutz.[22] Sie zielt auf die Aufhebung des Urteils selbst und Fortführung des ursprünglichen Verfahrens. Es handelt sich damit um eine *prozessuale Gestaltungsklage*. Ihr Anwendungsbereich ist ausschließlich das *verwaltungsgerichtliche* Verfahren, nicht das Verwaltungsverfahren. Für dieses sieht § 51 VwVfG eine an § 580 ZPO orientierte, jedoch weitergehende Regelung mit norminternen Überschneidungen vor. Beide Verfahren stehen selbständig nebeneinander, so daß insbesondere die Rechtskraft eines (klagabweisenden) Urteils dem Wiederaufgreifen des Verwaltungsverfahrens nicht entgegensteht.[23]

### b) Außerordentlicher Rechtsbehelf

9 Gegenstand der Klage sind *rechtskräftige Endurteile* und diesen gleichstehende Entscheidungen (vgl. §§ 84 Abs. 3 Halbs. 1; 93a Abs. 2; 130a) und unter gewissen Voraussetzungen auch rechtskräftige Beschlüsse.[24]

10 Die Klage hat nicht die Bedeutung eines Rechtsmittels (s. dazu oben § 37 Rdnr. 3 ff.). Sie bringt das Verfahren weder in die höhere Instanz (Devolutiveffekt; s. noch unten Rdnr. 14), noch stellt sie die – bestehende – Rechtskraft in Frage (Suspensiveffekt). Es handelt sich vielmehr um einen außerordentlichen Rechtsbehelf, von dem auch nicht zur Erschöpfung des Rechtswegs als Voraussetzung der Verfassungsbeschwerde (§ 90 Abs. 2 Satz 1 BVerfGG) Gebrauch gemacht werden muß.[25]

11 Umgekehrt ist der außerordentliche Rechtsbehelf grundsätzlich subsidiär, wird also in der Regel durch die Möglichkeit der Verhinderung (rechtzeitige Rüge) oder Korrektur des Fehlers (Rechtsmittel im vorausgegangenen Verfahren) ausgeschlossen, § 153 Abs. 1 VwGO i. V. m. §§ 579 Abs. 2; 582 ZPO.

---

[22] Vgl. auch Baumbach/Lauterbach, Grdz. vor § 578 Rdnr. 1 f.; stärker objektiv-rechtlich orientiert Eyermann/Rennert, § 153 Rdnr. 1, unter Berufung auf BGHZ 46,300 (302).

[23] Vgl. BVerwGE 70,110 (111 f.); 82,272 (274); 95,86 (92); Redeker/v. Oertzen, § 153 Rdnr. 1.

[24] Vgl. Eyermann/Rennert, § 153 Rdnr. 6.

[25] Vgl. BVerfGE 22,42 (47).

# III. Verfahren

## 1. Verfahrenseinleitung

Das Verfahren wird durch eine *Klage* eingeleitet, zu deren Erhebung der Beteiligte des Vorprozesses befugt ist, der durch das Urteil und, bei der Restitutionsklage, den diesem anhaftenden Mangel beschwert ist.[26] Klagebefugt sind ferner der Vertreter des öffentlichen Interesses sowie bei erstinstanzlichen Verfahren vor dem Bundesverwaltungsgericht auch der Oberbundesanwalt (§ 153 Abs. 2). **12**

Die Klage ist binnen eines Monats seit Kenntnis von dem Anfechtungsgrund zu erheben. Nach Ablauf von fünf Jahren seit Rechtskraft des Urteils ist eine Klage ausgeschlossen (§ 153 Abs. 1 VwGO i. V. m. § 586 Abs. 1, 2 ZPO).[27] **13**

*Zuständig* ist grundsätzlich das Gericht, dessen Urteil angefochten wird, in der Regel das Gericht erster Instanz des Vorprozesses. Haben Berufungs- oder Revisionsgericht entschieden, so können, je nach Art des geltend gemachten Mangels, auch diese zuständig sein, § 153 Abs. 1 VwGO i. V. m. § 584 Abs. 1 ZPO.[28] **14**

## 2. Entscheidung

Das Wiederaufnahmeverfahren ist in *drei Abschnitten* abzuwickeln. Die Prüfung eines späteren Abschnitts setzt (jeweils) ein positives Ergebnis der Prüfung auf der vorhergehenden Stufe voraus.[29] **15**

### *a) Zulässigkeit der Wiederaufnahmeklage*

Wird ein Wiederaufnahmeantrag form- und fristgerecht und auch sonst statthaft geltend gemacht, so ist die Klage *zulässig*.[30] Bei Unzulässigkeit ist die Klage schon in diesem Stadium zu *verwerfen* (§ 153 Abs. 1 VwGO i. V. m. § 590 ZPO). **16**

### *b) Begründetheit der Wiederaufnahmeklage*

Die Klage ist weiterhin *begründet*, wenn der geltend gemachte Grund tatsächlich vorliegt und, soweit erforderlich, kausal war. Ist die Wiederaufnahmeklage unbegründet, so wird sie abgewiesen. Ist sie dagegen zulässig und begründet, so wird **17**

---

[26] Vgl. Eyermann/Rennert, § 153 Rdnr. 14; Thomas/Putzo, Vorbem. § 578 Rdnr. 7.
[27] Vgl. dazu BVerwGE 95,64 (67); kritisch Jauernig, NVwZ 1996,31 ff.
[28] Vgl. im einzelnen VGH BW, NVwZ 1995,1006; Thomas/Putzo, § 584 Rdnr. 2 ff.; Rosenberg/Schwab/Gottwald, § 161 I 1.
[29] Vgl. Rosenberg/Schwab/Gottwald, § 161 IV; BVerwG, NVwZ 1987,218; vgl. im einzelnen Redeker/v. Oertzen, § 153 Rdnr. 7 ff.
[30] Vgl. dazu BayVGH, DVBl 1993,55; VGH BW, NJW 1997,145.

das angefochtene Urteil aufgehoben (**iudicium rescindens**); dies kann durch Zwischenurteil, aber auch in den Gründen des Endurteils geschehen.

### *c) Die neue Entscheidung*

18 Damit ist das Verfahren in das Stadium vor Erlaß des Urteils zurückversetzt. Die Sache ist nunmehr wiederum rechtshängig, über sie ist erneut zu verhandeln und zu entscheiden, § 153 Abs. 1 VwGO i. V. m. § 590 ZPO (**iudicim rescissorium**). Diese Entscheidung kann von dem ursprünglichen Urteil abweichen, aber auch mit diesem übereinstimmen, und zwar selbst im Fall des § 580 Abs. 1 Nr. 7b ZPO (entscheidungserhebliche neue Urkunde), weil sich die Ergebnisrichtigkeit der früheren Entscheidung aus zusätzlich im Prozeß berücksichtigten Umständen ergeben kann. In diesem Fall kann das frühere Urteil aufrechterhalten oder aber aufgehoben und erneut erlassen werden.[31]

19 Über die *Kosten* ist einheitlich für das gesamte Verfahren zu entscheiden; die ausscheidbaren Kosten des Wiederaufnahmeverfahrens können der Staatskasse auferlegt werden (§ 154 Abs. 4). Bleibt die Klage erfolglos, so treffen die Kosten den Kläger (§ 154 Abs. 1; vgl. dazu unten § 42 Rdnr. 27 ff.).

20 *Rechtsmittel* gegen die Entscheidung sind nach allgemeinen Grundsätzen gegeben.

## Literatur

*Braun*, Anhörungsrüge oder Wiederaufnahmeklage?, NJW 1983,1403; 1984,348.
*Ders.*, Rechtskraft und Restitution, 2. Teil. Die Grundlagen des geltenden Restitutionsrechts, 1985.
*Gilles*, Zur Systematik des Wiederaufnahmeverfahrens, ZZP 78 (1965), S. 466; 80 (1967), S. 391.
*Jauernig*, Kein Rechtsschutzinteresse für erneute Nichtigkeitsklage?, NVwZ 1996,31.
*Seetzen*, Anhörungsrüge oder Wiederaufnahmeklage?, NJW 1984,347.

[31] So Thomas/Putzo, § 590 Rdnr. 5; wohl auch Redeker/v. Oertzen, § 153 Rdnr. 11.

# Teil 9. Kosten und Vollstreckung

## § 42. Kosten

### I. Die Kostenbelastung

#### 1. Grundsätzliche Bedeutung

Die Kostenbelastung, die mit der Betreibung eines gerichtlichen Verfahrens sowohl für den Staat als Gerichtsträger als auch die Beteiligten verbunden ist, kann in unterschiedlicher Weise verteilt werden. So kann einerseits die *Gerichtstätigkeit* als Leistung rechtsstaatlicher Daseinsvorsorge unentgeltlich vorgehalten[1] oder nur gegen Entrichtung von Gebühren seitens der Rechtsschutzsuchenden erbracht werden. Andererseits besteht hinsichtlich der *Aufwendungen der Beteiligten* die Möglichkeit, sie bei diesen, unabhängig von ihrem prozessualen Erfolg, jeweils zu belassen[2] oder, wie in Großbritannien, eine Überbürdung auf den unterliegenden Gegner vorzusehen. 1

Diese letztere Gestaltung, verbunden mit einer Kostenpflicht der Rechtsschutzgewährung, liegt auch dem deutschen Kostenrecht zugrunde. Die damit verbundene beschränkende Ausgestaltung des Zugangs zum gerichtlichen Rechtsschutz (vgl. dazu oben § 3 Rdnr. 23) ist durch hinreichende Gründe des Gemeinwohls legitimiert und führt, verfassungskonform gehandhabt, grundsätzlich nicht zu 2

---

[1] So etwa in Frankreich (vgl. W. Fischer, Die Beschleunigungsmechanismen des französischen Zivilprozesses, 1990, S. 21) und Großbritannien (Graf v. Bernstorff, Einführung in das englische Recht, 1996, S. 128). In den USA sind die Gerichtskosten zur Zugangserleichterung traditionell niedrig (vgl. Schack, Einführung in das US-amerikanische Zivilprozeßrecht, 2. Aufl. 1995, S. 7.

[2] So etwa grundsätzlich in den USA (vgl. Schack, Einführung, S. 9 f.) und zum Teil auch in Frankreich.

unverhältnismäßigen Erschwerungen.[3] So ist es dem Staat nicht verwehrt, für die Tätigkeit der Gerichte Gebühren zu erheben, die in Abwägung zwischen Kostendeckung und Rechtsschutzgewährung zu bemessen sind.[4] Ebenso ist es, wenn auch nicht verfassungsrechtlich gefordert,[5] so doch jedenfalls unbedenklich, ja sachgerecht, der im Prozeß unterliegenden Partei die entstandenen Kosten zu überbürden.[6]

## 2. Die gerichtliche Entscheidung

3 Demgemäß verpflichtet § 161 Abs. 1 das Gericht, zusammen mit der abschließenden Entscheidung (Urteil oder Beschluß) *von Amts wegen*[7] über die Kosten zu entscheiden; die Kostenentscheidung ist Teil der Entscheidungsformel (vgl. oben § 34 Rdnr. 27). Dies gilt für jedes selbständige Verfahren, also nicht nur das in der Regel durch Urteil, gegebenenfalls einen diesem gleichgestellten Gerichtsbescheid (vgl. § 84 Abs. 1 Satz 3; Abs. 3) beendete Hauptsacheverfahren, sondern auch für andere in sich abgeschlossene Verfahren, insbesondere zum vorläufigen Rechtsschutz.

4 Nicht in diesem Sinn selbständig sind *Zwischenstreitigkeiten*, zum Beispiel über eine Richterablehnung (§ 54 VwGO i. V. m. §§ 45 f. ZPO), die Zulässigkeit des Rechtswegs (§ 173 VwGO i. V. m. §§ 17a Abs. 2, 3; 17b Abs. 2 Satz 1 GVG) oder der Klage insgesamt (§ 109). Teilurteile,[8] Zwischenurteile[9] und Verweisungsbeschlüsse[10] enthalten deshalb keinen (inhaltlichen) Kostenausspruch, sondern behalten diesen der Endentscheidung vor.

5 Das gleiche gilt für zurückverweisende *Rechtsmittelentscheidungen*. Endet das Rechtsmittelverfahren dagegen mit einer Hauptsacheentscheidung, so befindet diese zugleich über die Kosten, und zwar des gesamten bisherigen Verfahrens, wenn die Vorentscheidung aufgehoben, nur des Rechtsmittelverfahrens, wenn jene (und damit auch deren Kostenentscheidung) bestätigt wird.

6 Soweit das Verfahren anders als durch eine gerichtliche Entscheidung endet, ist über die Kosten *selbständig* durch Beschluß zu entscheiden, so bei der *Klagerücknahme* (§ 92 Abs. 3 Satz 1 i. V. m. § 155 Abs. 2) und der *Erledigung der Hauptsache* (§ 161 Abs. 2).

---

[3] Vgl. dazu BVerfGE 85,337 (346 f.); Scholz, in: GS für Grabitz, S. 734 ff.

[4] BVerfGE 10,264 (268); 80,103 (106); 85,337 (346); Schmidt-Aßmann, in: Maunz/Dürig, Stand 1985, Art. 19 Abs. IV Rdnr. 242.

[5] BVerfGE 74,78 (91).

[6] Vgl. auch BVerfGE 27,175 (178); 74,78 (91).

[7] Vgl. BVerwGE 14,171 (174).

[8] Vgl. BVerwGE 36,16 (21).

[9] BayVGH, BayVBl 1988,270.

[10] Vgl. VGH BW, NVwZ-RR 1992,165.

Von der *Grundentscheidung* über die Kostenverteilung ist die auf deren Grundlage ergehende *Festsetzung* der zu erstattenden Kosten zu unterscheiden (s. dazu unten Rdnr. 36 ff.). 7

## 3. Bedeutung und Reichweite

### *a) Die Kostenlast*

Die Kostenentscheidung betrifft keine Leistungspflichten im Außenverhältnis, insbesondere zur Zahlung von Gerichtskosten oder Rechtsanwaltsgebühren (s. dazu unten Rdnr. 12, 15). Sie legt vielmehr fest, wen im Verhältnis der *Beteiligten zueinander* die durch das gerichtliche Verfahren entstandenen Kosten letztlich treffen.[11] Die hieraus folgenden *Erstattungs-* beziehungsweise *Ausgleichsansprüche*[12] finden ihre Grundlage ausschließlich in dem Prozeßrechtsverhältnis. Außerhalb desselben im materiellen Recht wurzelnde Ansprüche sind nicht Gegenstand der Kostenentscheidung, bleiben von dieser unberührt und müssen in einem eigenen Verfahren geltend gemacht werden, zum Beispiel vertragliche Ansprüche auf Kostenfreistellung[13] oder ein (behaupteter) Anspruch auf Übernahme der Kosten aus einem (kommunalverfassungsrechtlichen) Innenrechtsstreit (vgl. oben § 25) durch den Rechtsträger (Gemeinde).[14] 8

### *b) Entscheidungsumfang*

Nach dem Prinzip der *einheitlichen Kostenentscheidung*[15] umfaßt diese sämtliche (erstattungsfähige, s. unten Rdnr. 11 ff.) Kosten des gesamten, als Einheit abgeschlossenen Verfahrens einschließlich etwaiger Zwischen- und Teilentscheidungen sowie (vorausgehender) Instanzentscheidungen. Hierunter fallen nicht Vorlagen an das Bundesverfassungsgericht gemäß Art. 100 Abs. 1 GG (vgl. § 34a Abs. 3 BVerfGG),[16] wohl aber an den EuGH gemäß Art. 234 EGV.[17] Ausnahmsweise ist über bestimmte, ausscheidbare Kosten (vgl. unten Rdnr. 27 ff.) unabhängig von der Kostenentscheidung im übrigen zu befinden (*Kostentrennung*). 9

---

[11] Kopp/Schenke, Vorbem. § 154 Rdnr. 1

[12] Vgl. Eyermann/Rennert, § 154 Rdnr. 1.

[13] Vgl. allgemein Eyermann/Rennert, Vorbem. § 154 Rdnr. 1 sowie Becker-Eberhard, Grundlagen der Kostenerstattung bei der Verfolgung zivilrechtlicher Ansprüche, 1985, S. 11 ff., 50 f., 52.

[14] Vgl. OVG Saarl, NVwZ 1982,140; VGH BW, NVwZ 1985,284; OVG NW, DVBl 1992,444.

[15] Vgl. BVerwG, NJW 1963,923; Bosch/Schmidt, § 44 IV.

[16] BVerfGE 53,332 (334).

[17] Vgl. Art. 104 § 5 Abs. 1 VerfO-EuGH und dazu EuGH, Slg. 1964,1251 (1276) – Costa/Enel.

### 4. Anfechtbarkeit

10 Die Kostenentscheidung unterliegt nur zusammen mit der Hauptentscheidung dem gegen diese gegebenen Rechtsmittel. Dagegen ist eine isolierte Anfechtung mit ordentlichen Rechtsbehelfen[18] ausgeschlossen, § 158 Abs. 1.[19] Ist eine Entscheidung in der Hauptsache nicht ergangen, so ist die Kostenentscheidung unanfechtbar, § 158 Abs. 2.

## II. Die erstattungsfähigen Kosten

Gemäß § 162 Abs. 1 sind Kosten die Gerichtskosten und die zur zweckentsprechenden Rechtsverfolgung oder Rechtsverteidigung notwendigen Aufwendungen der Beteiligten einschließlich der Kosten des Vorverfahrens.

### 1. Gerichtskosten

#### *a) Arten*

11 Gerichtskosten sind Gebühren und Auslagen (§ 162 Abs. 1). Die *Gebühren* gelten die Tätigkeit des Gerichts als solche grundsätzlich insgesamt ab. Ihre Höhe bestimmt sich nach dem *Streitwert* (§ 11 Abs. 2 GKG; vgl. unten Rdnr. 39 ff.). *Auslagen* können daneben nur aufgrund besonderer Bestimmung erhoben werden (vgl. § 11 Abs. 1 GKG, Anl. 1 Teil 9), so zum Beispiel für die Entschädigung von Zeugen und Sachverständigen (vgl. § 98 VwGO i. V. m. §§ 401, 413 ZPO und § 11 Abs. 1 GKG).

#### *b) Rechtsgrundlage*

12 Gemäß § 1 Abs. 1 lit. b GKG werden für verwaltungsgerichtliche Verfahren nach der Verwaltungsgerichtsordnung Gerichtskosten erhoben. Sie werden durch Kostenrechnung geltend gemacht (§ 4 GKG). Durch unrichtige Sachbehandlung entstandene Kosten bleiben außer Ansatz, § 8 GKG. Kostenschuldner ist primär, wer das Verfahren der Instanz beantragt hat (§ 49 Satz 1 GKG), ferner derjenige, dem die Kosten gerichtlich auferlegt wurden (§ 54 Satz 1 GKG). Da im Verwaltungsprozeß eine Kostenvorauszahlung nicht (mehr) vorgesehen ist (vgl. § 3 GKG),[20] entspricht die tatsächliche Belastung bereits der Kostenentscheidung und entfällt damit in der Regel insoweit eine Erstattung zwischen den Beteiligten.

---

[18] Vgl. aber BVerfGE 74,78 (79); BGHZ 121,397; allgemein oben § 37 Rdnr. 14.
[19] Vgl. BayVGH, NVwZ-RR 1990,56 zu einem Umgehungsversuch.
[20] Vgl. demgegenüber früher § 189 i. V. m. landesrechtlichen Vorschriften und dazu Kopp/Schenke, § 189 Rdnr. 4.

Bundes- oder landesrechtliche Vorschriften über eine *sachliche Gerichtskostenfreiheit*, so etwa auf den sozialrechtlichen Gebieten gemäß § 188 (vgl. dazu auch oben § 6 Rdnr. 31) oder in Streitigkeiten nach dem Asylverfahrensgesetz (§ 83b Abs. 1 AsylVfG) sind gemäß § 2 Abs. 3 Satz 2 GKG im verwaltungsgerichtlichen Verfahren anwendbar und gelten auch zugunsten der öffentlichen Hand.[21] Vorschriften über *persönliche Kostenfreiheit* bleiben dagegen außer Betracht (§ 2 Abs. 3 Satz 1 GKG). Eine Kostenbefreiung der öffentlich-rechtlichen Religionsgemeinschaften (Art. 140 GG i. V. m. Art. 137 Abs. 5 WeimRV), wie sie vergleichbar zum Teil das Landesrecht auf verschiedenen Gebieten enthält,[22] ist in § 2 GKG, verfassungsrechtlich unbedenklich, nicht vorgesehen.[23] 13

## 2. Aufwendungen der Beteiligten

### a) Allgemeines

Kosten sind ferner die *notwendigen, tatsächlichen* Aufwendungen der Beteiligten, § 162 Abs. 1. Es gilt der Grundsatz der *Kostenminimierung*,[24] wobei es darauf ankommt, was eine verständige Partei in der betreffenden Lage vernünftigerweise für erforderlich halten durfte.[25] Erstattungsfähig sind danach in der Regel zum Beispiel Reisekosten für Verhandlungs- und Beweistermine, Kopier- und Portokosten, nicht dagegen die Aufwendungen für Privatgutachten.[26] 14

### b) Prozeßvertretung

Der Aufwand für einen professionellen *Prozeßvertreter*[27] (Rechtsanwalt, Rechtsbeistand, in Steuersachen Steuerberater) ist grundsätzlich immer notwendig, seine *gesetzlichen* Gebühren und Auslagen sind deshalb stets erstattungsfähig, § 162 Abs. 2 Satz 1; anderes kann unter Umständen für die Vertretung von Behörden (vgl. dazu § 67 Abs. 1 Satz 3) gelten.[28] Rechtsgrund für die Leistungspflicht der Partei ist das mit dem Prozeßvertreter bestehende Dienstleistungsverhältnis (Dienstvertrag). Die Kosten des Rechtsanwalts bemessen sich nach §§ 1 Abs. 1, 114 i. V. m. §§ 31 ff. BRAGO und können, wiewohl privatrechtlicher Natur, im 15

---

[21] Vgl. BVerwGE 47,238; 51,211 (215).
[22] Vgl. dazu allgemein Hammer, in: HdBStKirchR, Bd. I, 2. Aufl. 1994, S. 1086 ff.
[23] Vgl. dazu BVerfGE 19,1 (15); BVerwG, NVwZ 1996,786; NVwZ 1996,787; H. Weber, JuS 1997,113; demgegenüber unter Verweis auf die Freistellung gemäß dem früheren § 163 Abs. 2 differenzierend Hammer, in: HdBStKirchR, Bd. I, S. 1089 f.
[24] Vgl. VGH BW, VBlBW 1984,376; BayVGH, BayVBl 1992,561.
[25] Vgl. BVerwGE 17,245; BVerwG, NVwZ 1983,346; im einzelnen Kopp/Schenke, § 142 Rdnr. 3; Eyermann/J. Schmidt, § 162 Rdnr. 4 f.
[26] Vgl. BVerfG, NJW 1993,2793; BayVerfGH, NJW 1993,2794; VGH BW, NVwZ-RR 1992,53.
[27] Vgl. auch BayVGH, NJW 1992,853.
[28] Vgl. NdsOVG, NJW 1998,1330; im einzelnen Eyermann/J. Schmidt, § 162 Rdnr. 8.

Bedarfsfall durch das Gericht festgesetzt werden (§ 19 BRAGO). Die gesetzlichen Gebühren stehen auch dem sich selbst vertretenden Rechtsanwalt (§ 173 VwGO i. V. m. § 78 Abs. 4 ZPO) zu.[29]

### c) Kosten des Vorverfahrens

16 Zu den notwendigen Aufwendungen der Beteiligten gehören auch die Kosten eines Vorverfahrens, sofern dieses in ein Hauptsacheverfahren gemündet hat.[30] Für sie gilt hinsichtlich Umfang und Notwendigkeit grundsätzlich das gleiche wie für die Prozeßkosten.[31]

17 Die Kosten eines als *Bevollmächtigter* tätig gewordenen *Rechtsvertreters* sind jedoch nur erstattungsfähig, wenn das Gericht die Zuziehung für notwendig erklärt, § 162 Abs. 2 Satz 2. Als Entscheidung über die Erstattungsfähigkeit bestimmter Parteiaufwendungen handelt es sich, auch wenn sie im Tenor des Urteils getroffen wird, nicht um eine Kosten- sondern eine selbständige Nebenentscheidung, die der Sache nach einer Kostenfestsetzung gleichkommt.[32] Sie braucht nicht von Amts wegen zu erfolgen und unterliegt wie diese grundsätzlich der Beschwerde (vgl. unten Rdnr. 38).[33]

18 Inhaltlich kommt es für die Notwendigkeit einer Zuziehung auf die Sicht eines verständigen Widerspruchsführers an.[34] Da der Bürger seine Rechte in der Regel nicht ohne rechtskundigen Beistand wahrnehmen kann, muß ihm ein solcher grundsätzlich und nicht nur in besonders schwierigen Verfahren zugestanden werden.[35]

19 Außerhalb des Regelungsbereichs des Verwaltungsprozeßrechts[36] bleiben die Kosten eines *"isolierten" Vorverfahrens* ohne nachfolgendes Hauptsacheverfahren. Ihre Erstattungsfähigkeit bestimmt sich nach den Verwaltungsverfahrensgesetzen (vgl. § 80 VwVfG und dazu oben § 19 Rdnr. 62).

## III. Grundsätze der Kostentragung

### 1. Erfolgsprinzip

Als Grundsatz gilt, daß der unterliegende Teil die Kosten des Verfahrens trägt, § 154 Abs. 1.

---

[29] Vgl. BVerwG, DVBl 1981,680.
[30] Vgl. BVerwG (GS), E 22,281; VGH BW, NVwZ-RR 1992,54; OVG RP, DVBl 1989,892.
[31] Vgl. Eyermann/J. Schmidt, § 162 Rdnr. 12.
[32] Vgl. BVerwGE 27,39; BayVGH, BayVBl 1977,411.
[33] BVerwGE 27,39; Eyermann/J. Schmidt, § 162 Rdnr. 15.
[34] BVerwGE 17,245; OVG Bremen, NVwZ 1989,75; OVG RP, NVwZ 1988,842.
[35] Vgl. Eyermann/J. Schmidt, § 162 Rdnr. 13 m. w. Nachw.
[36] Vgl. dazu auch BVerfGE 27,175 (178); 35,283 (292 f.).

### a) Erfolg des Begehrens

Maßgebliches Kriterium ist also der Erfolg oder Mißerfolg des Begehrens. Kostenpflichtig ist danach der nach Klageantrag (Antrag) *verurteilte Beklagte* (bzw. Antragsgegner) oder der – gleich, ob aus materiellen oder prozessualen Gründen (z. B. mangels Prozeßfähigkeit)[37] – *abgewiesene Kläger* (Antragsteller). Obsiegen und Unterliegen bestimmen sich nach dem endgültigen Prozeßerfolg. 20

Wird ein *Rechtsmittel* erfolglos eingelegt, so bleibt die vorinstanzliche Kostenentscheidung bestehen und muß über die Rechtsmittelkosten gesondert entschieden werden; diese fallen gemäß § 154 Abs. 2 dem Rechtsmittelführer zur Last. 21

### b) Teilweises Unterliegen

Bei teilweisem Obsiegen beziehungsweise Unterliegen hat das Gericht nach seinem Ermessen die Kosten entweder gegeneinander aufzuheben oder entsprechend dem jeweiligen Erfolg in der Hauptsache verhältnismäßig zu teilen, § 155 Abs. 1 Satz 1. Die *Kostenteilung* erfolgt in der Regel durch Festsetzung von Quoten (Kostentragung zur Hälfte, zu einem Drittel usw.) und muß sich nach dem Grundsatz der Kosteneinheit, vorbehaltlich gesetzlich geregelter Ausnahmen (s. sogleich Rdnr. 27 ff.), auf das Verfahren insgesamt beziehen. Bei *Kostenaufhebung* trägt jeder Beteiligte seine eigenen Kosten und die Hälfte der Gerichtskosten, §§ 155 Abs. 1 Satz 1; 160 Satz 2.[38] Sie erweist sich damit für den in der Regel einseitig mit Anwaltskosten belasteten Bürger meist als ungünstiger als eine dem gleichgewichtigen Verfahrenserfolg entsprechende (vgl. die Regelung für den Vergleich, § 160), hälftige Quotelung. 22

Ob der Kläger voll oder nur teilweise obsiegt (und entsprechend der Beklagte unterliegt, ist der Entscheidungsformel zu entnehmen (vgl. oben § 34 Rdnr. 13, 26); das Ausmaß bestimmt sich nach dem Verhältnis zum gesamten Streitwert. So stellt es auch ein teilweises Unterliegen dar, wenn der trotz richterlichen Hinweises (§ 86 Abs. 3) gestellte Verpflichtungsantrag nur zu einem Bescheidungsurteil führt[39] und im übrigen abgewiesen wird (vgl. §§ 42 Abs. 1; 113 Abs. 5 und dazu oben § 16 Rdnr. 34 ff.). Einem Beteiligten können jedoch die gesamten Kosten auferlegt werden, wenn der andere nur zu einem geringen Teil unterlegen ist (§ 155 Abs. 1 Satz 3). 23

---

[37] Vgl. BGH, NJW 1993,1865.
[38] Vgl. BVerwGE 57,311 (314).
[39] Vgl. BVerwGE 37,57 (61); näher dazu Kopp/Schenke, § 155 Rdnr. 2.

### *c) Erledigung*

24 Den vorgenannten Grundsätzen folgt auch die Kostenentscheidung bei Erledigung der Hauptsache. Sie wird auf der Grundlage des *bisherigen Sach- und Streitstandes* nach *billigem Ermessen* getroffen. Unter Orientierung am Erfolgsgrundsatz trifft die Kostenpflicht also, vorbehaltlich zusätzlicher Ermessenserwägungen, grundsätzlich die Partei, die im Rechtsstreit voraussichtlich unterlegen wäre (vgl. näher oben § 36 Rdnr. 56 ff.).

### *d) Vergleich*

25 Der Prozeßvergleich ersetzt die Sachentscheidung (vgl. auch §§ 106; 168 Abs. 1 Nr. 3) und macht damit auch eine Kostenentscheidung seitens des Gerichts entbehrlich. Diese wird vorrangig im Vergleich selbst getroffen. Mangels einer derartigen Vereinbarung tritt ohne weiteres die gesetzlich vorgesehene Kostenaufhebung (s. oben Rdnr. 22) ein, § 160. Sie ist auch gegenüber den allgemeinen gesetzlichen Regelungen (§§ 154; 155; 161 Abs. 2) maßgeblich.[40]

26 Die Kostenentscheidung bei einer Verfahrensbeendigung im Gefolge eines *außergerichtlichen Vergleichs* hat den Parteiwillen soweit als möglich zu berücksichtigen und orientiert sich subsidiär an § 160.[41]

## 2. Veranlassungsprinzip

27 Abweichend von der grundsätzlichen Kostenzurechnung nach dem Erfolgsprinzip begründet das Gesetz in bestimmten Fällen eine Kostenpflicht in Anknüpfung an die *Veranlassung* der Verfahrenskosten insgesamt oder bestimmter ausscheidbarer Mehrkosten. Es handelt sich durchweg um Sonderregelungen, die den allgemeinen Bestimmungen über die Kostenpflicht vorgehen.

28 Unabhängig vom Verfahrensausgang in der Hauptsache treffen die Mehrkosten einer *Verweisung* stets den Kläger (§ 83 Satz 1 und 173 VwGO, jeweils i. V. m. § 17b Abs. 2 Satz 2 GVG), einer *Wiedereinsetzung* in den vorigen Stand (vgl. oben § 20 Rdnr. 20 ff.) den Antragsteller (§ 155 Abs. 3). Im Falle der *Erledigung einer Untätigkeitsklage* nach verspäteter Entscheidung der Behörde (vgl. § 75 und dazu oben § 19 Rdnr. 23 ff., 30) trägt grundsätzlich diese die Kosten.

29 Die gesamten Verfahrenskosten hat schließlich zu tragen, wer einen Antrag, eine Klage, ein Rechtsmittel oder einen anderen Rechtsbehelf *zurücknimmt*, § 155 Abs. 2.[42] Dazu gehören auch die Kosten eines unselbständigen *Anschlußrechts-*

---

[40] Vgl. Eyermann/Geiger, § 160 Rdnr. 5.
[41] Vgl. im einzelnen Eyermann/Geiger, § 160 Rdnr. 7 ff.
[42] Vgl. Eyermann/Rennert, § 155 Rdnr. 6 ff., mit dem Verständnis als (unterstelltes) Unterliegen.

*mittels*,[43] das durch die Zurücknahme hinfällig wird; seine Abhängigkeit vom Bestand des Hauptrechtsmittels begründet freilich aus der Sicht des Veranlassungsprinzips für den Rechtsmittelführer keinen Unterschied.

In jedem Fall können Mehrkosten, die durch das *Verschulden* eines Beteiligten 30 entstanden sind, diesem nach zurückhaltend auszuübendem Ermessen[44] auferlegt werden, zum Beispiel bei verspätetem Vorbringen (vgl. auch § 87b). Insbesondere auf seiten der Behörde kommt hierfür auch ein vorprozessuales Verhalten in Betracht, zum Beispiel eine unzutreffende prozeßauslösende Begründung des Verwaltungsakts[45] oder eine unrichtige Rechtsbehelfsbelehrung.[46]

Eine gewissermaßen negative Spielart des Veranlassungsprinzips bedeutet 31 schließlich die Überbürdung der Verfahrenskosten auf den obsiegenden Kläger oder entsprechend zu behandelnden Antragsteller, wenn der Gegner keine Veranlassung zur Anrufung des Gerichts gegeben hat und den prozessualen Anspruch sofort *anerkennt*, § 156 (Anerkenntnisurteil, vgl. oben § 34 Rdnr. 13 f.). Die Vorschrift soll auf den sofortigen *Klageverzicht* (vgl. dazu oben § 34 Rdnr. 15 f.) entsprechend anzuwenden sein.[47]

Die Kosten eines erfolgreichen *Wiederaufnahmeverfahrens* können, gleich, wie 32 in der Sache letztlich entschieden wird (vgl. oben § 41 Rdnr. 15 ff.) und vorbehaltlich des Verschuldensgrundsatzes, aus Sachgründen im Sinne des Veranlassungsprinzips der Staatskasse auferlegt werden (§ 154 Abs. 4).

### 3. Die Stellung des Beigeladenen

Obwohl formell Beteiligter des Verwaltungsprozesses (vgl. §§ 63 Nr. 3; 65), 33 nimmt der Beigeladene an diesem nur als Dritter teil und wird deshalb von dem die Kostenlast grundsätzlich steuernden Erfolgsprinzip nur erfaßt, soweit er sich am Prozeßgeschehen aktiv beteiligt hat. Eine *Kostenpflicht* entsteht für den – unterliegenden – Beigeladenen nur, aber auch immer dann, wenn er Sachanträge gestellt oder Rechtsmittel eingelegt hat, § 154 Abs. 3. Eine *Erstattung* der außergerichtlichen Kosten des Beigeladenen setzt voraus, daß sie vom Gericht aus Billigkeit der unterliegenden Partei oder der Staatskasse ausdrücklich auferlegt wurden, § 162 Abs. 3. Diese letztere Möglichkeit wird nur selten, zum Beispiel bei einer zu Unrecht erfolgten Beiladung,[48] in Betracht kommen.

---

[43] BVerwGE 72,165 (169); BayVGH, BayVBl 1994,60; vgl. dazu auch H.-U. Maurer, NJW 1991,72.
[44] Vgl. Eyermann/Rennert, § 155 Rdnr. 10.
[45] BVerwGE 60,245 (252).
[46] Vgl. BVerwG, NVwZ-RR 1989,391.
[47] Vgl. Kopp/Schenke, § 156 Rdnr. 1 m. Nachw.
[48] Vgl. BayVGH, VGHE n. F. 27,23; BayVBl 1985,277; HessVGH, NJW 1979,178.

34 Im übrigen entspricht es in der Regel der Billigkeit, dem Unterliegenden die Kosten des Beigeladenen zu überbürden, wenn dieser – prozessual veranlaßt[49] – selbständig Anträge gestellt und sich dadurch wegen § 154 Abs. 3 einem Kostenrisiko ausgesetzt hat[50] oder aufgrund der sachlichen Beteiligung, zum Beispiel als Bauherr im Nachbarrechtsstreit, zwangsläufig (vgl. § 65 Abs. 2) in den Prozeß einbezogen wurde.[51] Die Entscheidung betrifft die Grundlage der Erstattung, ist deshalb Teil der von Amts wegen zu treffenden Kostenentscheidung und als solche unanfechtbar.[52]

### 4. Mehrheit von Kostenpflichtigen

35 Besteht der kostenpflichtige Teil aus mehreren Personen (Streitgenossen, Haupt- und Nebenbeteiligten)[53], die aus dem gleichen Grund (z. B. § 155 Abs. 3) oder in gleichem Ausmaß (§ 155 Abs. 1) haften und deshalb als Einheit erscheinen,[54] so trifft sie die Erstattungspflicht grundsätzlich *nach gleichen Kopfteilen*, § 159 VwGO i. V. m. § 100 Abs. 1 ZPO. Bei erheblich unterschiedlicher Beteiligung kann das Gericht abweichende Anteile festlegen, § 100 Abs. 2, 3 ZPO. *Gesamtschuldnerische Haftung* tritt ein bei Verurteilung in der Sache als Gesamtschuldner (§ 100 Abs. 4 ZPO), ferner nach Ermessen des Gerichts bei Notwendigkeit einheitlicher Entscheidung, § 159 Satz 2.

## IV. Die Kostenfestsetzung

### 1. Bedeutung

36 Auf der Basis der vom Gericht mit der Sachentscheidung getroffenen *Kostengrundentscheidung* erfolgt die *Kostenfestsetzung* als ziffernmäßige Bestimmung der einzelnen, zwischen den Beteiligten zu leistenden Erstattungsbeträge, § 164. Die Kosten werden in den einzelnen Posten und auf *Antrag* eines Beteiligten festgesetzt, wenn Streit über die Höhe des Erstattungsanspruchs besteht oder dieser nicht freiwillig erfüllt wird. Die Kostenfestsetzung ist *vollstreckbarer Titel*, § 168 Abs. 1 Nr. 4.

---

[49] BVerwG, NJW 1995,2867.
[50] Ständige Rechtsprechung, vgl. Redeker/v. Oertzen, § 162 Rdnr. 15.
[51] Vgl. VGH BW, VBlBW 1996,437.
[52] Vgl. Kopp/Schenke, § 162 Rdnr. 21 f.
[53] Zur Stellung des Beigeladenen vgl. Fahl, NVwZ 1996,1189.
[54] Vgl. näher Eyermann/Rennert, § 159 Rdnr. 5 ff.

### 2. Verfahren

*Zuständig* ist der *Urkundsbeamte* des Gerichts des ersten Rechtszuges, § 164 (vgl. § 13 und dazu oben § 6 Rdnr. 57 f.); für das Verfahren gelten die §§ 103-107 ZPO entsprechend (§ 173 Satz 1). Der *Kostenfestsetzungsbeschluß* kann innerhalb von zwei Wochen nach Bekanntmachung durch Antrag auf gerichtliche Entscheidung (*Erinnerung*) angefochten werden, §§ 165, 151. 37

Gegen den gerichtlichen Beschluß ist im Fall einer erstinstanzlichen Zuständigkeit des Verwaltungsgerichts die *Beschwerde* gegeben (§ 146 Abs. 1). Voraussetzung ist, daß der Wert des Beschwerdegegenstandes, das heißt die Differenz zwischen beantragter und festgesetzter Erstattung, den Betrag von DM 400 übersteigt, § 146 Abs. 3 (vgl. dazu oben § 40). 38

## V. Der Streitwert

### 1. Allgemeines

#### *a) Begriff und Bedeutung*

Streitwert ist der Wert des Streitgegenstandes, § 11 Abs. 2 Satz 1 GKG. Er ist grundsätzlich maßgeblich für die *Gerichtsgebühren* und, soweit er gerichtlich festgesetzt wurde (§ 25 Abs. 2 GKG), auch für die *Gebühren des Rechtsanwalts*, §§ 8 Abs. 1, 9 Abs. 1 BRAGO (*Gebührenstreitwert, Gegenstandswert*).[55] Seine Bemessung bestimmt das Kostenrisiko und muß deshalb die Anforderungen effektiven Rechtsschutzes (vgl. oben § 3 Rdnr. 20 ff.) beachten.[56] Hiervon zu unterscheiden ist der *Rechtsmittelstreitwert*, der für die Statthaftigkeit eines Rechtsmittels erreicht werden muß (Erwachsenheitssumme), so für die Kostenbeschwerde ein Betrag von DM 400 (§ 146 Abs. 3). 39

#### *b) Bestimmung*

Der vorliegend allein interessierende *kostenrechtliche Streitwert* in der Verwaltungsgerichtsbarkeit bestimmt sich grundsätzlich nach § 13 GKG. Danach kommt es entscheidend auf das Interesse des Klägers oder eines sonstigen Antragstellers im Verfahren der ersten Instanz (§ 11 Abs. 6 GKG) an. Hierfür können drei Ansatzpunkte bestehen.[57] 40

---

[55] Vgl. Zimmer/Schmidt, a.a.O., Rdnr. 2.
[56] Vgl. BVerfGE 85,337 (346); BVerfG, DVBl 1994,41 (43).
[57] Vgl. dazu auch Geiger, BayVBl 1997,106; Lappe, NJW 1996,1187.

41 1. Betrifft sein Antrag eine *bezifferte Geldleistung* oder einen hierauf gerichteten Verwaltungsakt, so ist in jedem Fall deren Höhe maßgebend, § 13 Abs. 2 GKG.
2. In den sonstigen, häufigeren Fällen bestimmt sich der Streitwert nach der sich aus dem Antrag des Klägers für ihn ergebenden *Bedeutung der Sache*. Danach können auch nicht vermögensrechtliche Streitigkeiten, die von vermögensrechtlichen nicht unterschieden werden, mit einem bestimmten Betrag bewertet werden. Innerhalb dieser Vorgaben ist der Streitwert vom Gericht nach Ermessen zu bestimmen, § 13 Abs. 1 Satz 1 GKG. Angesichts der damit zwangsläufig verbundenen Unsicherheiten und erheblichen Divergenzen in der judikativen Beurteilung wurde von einer Arbeitsgruppe aus Verwaltungsrichtern ein *Streitwertkatalog* entwickelt,[58] dessen typisierenden Festlegungen als Empfehlungen ohne Normcharakter[59] einen Richtwert darstellen, von der Einzelfallwertung jedoch nicht entbinden können.[60]
3. Erst, wenn der gegebene Sach- und Streitstand keine genügenden Anhaltspunkte bietet, ist ein *Auffangstreitwert* von DM 8000 anzunehmen, § 13 Abs. 1 Satz 2 GKG.

### 2. Verfahren

42 Da der Streitwert in der Verwaltungsgerichtsbarkeit weder für die Gerichtszuständigkeit noch in der Regel für die Zulässigkeit eines Rechtsmittels erheblich ist (§ 24 GKG), wird er bei Beendigung des Verfahrens (§ 25 Abs. 2 Satz 1 GKG), meist gleichzeitig mit dem die Instanz abschließenden Urteils oder einer Entscheidung gleicher Wirkung, durch eigenständigen *Beschluß* festgesetzt.

43 Gegen den Streitwertbeschluß ist die *Beschwerde* gegeben (§ 25 Abs. 3 GKG), für die ein Vertretungszwang nicht besteht, § 25 Abs. 3 i. V. m. § 5 Abs. 5 GKG.[61] Daneben ist das Gericht befugt, die Festsetzung innerhalb von sechs Monaten nach Rechtskraft der Hauptsacheentscheidung von Amts wegen zu ändern, § 25 Abs. 2 Satz 2, 3 GKG.

## VI. Prozeßkostenhilfe

Für die Prozeßkostenhilfe (PKH), das früher sogenannte Armenrecht, verweist § 166 pauschal auf die Vorschriften der Zivilprozeßordnung (§§ 114-127a ZPO).

[58] Stand Januar 1996, vgl. NVwZ 1996,563 = DVBl 1996,605. Dazu Sendler, NVwZ 1989,1041; Bräutigam, NVwZ 1989,1022; Schinkel, NVwZ 1991,1156; Kopp/Schenke, § 189 Rdnr. 6.
[59] BVerfG, DVBl 1994,41 (43); VGH BW, NVwZ 1991,597; BayVGH, NVwZ-RR 1996,543.
[60] Vgl. BVerwG, BayVBl 1994,727 (730); BayVGH, BayVBl 1994,508.
[61] Vgl. SächsOVG, NVwZ 1997,694; Bader, VBlBW 1997,404 f.

## 1. Grundsätzliche Bedeutung

Die für die Betreibung eines gerichtlichen Verfahrens entstehenden gerichtlichen 44
und außergerichtlichen Kosten bilden eine grundsätzlich nicht zu beanstandende verfahrensrechtliche Erschwerung des Zugangs zum verfassungsgarantierten Rechtsschutz (vgl. oben Rdnr. 2). Sie stellt jedoch dessen Effektivität in Frage, wo sie sich im Hinblick auf die finanzielle Lage eines Betroffenen als unüberwindliches Hindernis für die Erlangung gerichtlichen Schutzes auswirkt (vgl. oben § 3 Rdnr. 23). Art. 3 Abs. 1 GG in Verbindung mit der rechts- und sozialstaatlichen Gewährleistung von Rechtsschutz (Art. 20 Abs. 3 GG) insbesondere gegen Akte der öffentlichen Gewalt (Art. 19 Abs. 4 GG) verlangt deshalb Vorkehrungen, um auch Unbemittelten einen weitgehend gleichen Zugang zum Gericht zu ermöglichen.[62]

Dem dient das Institut der Prozeßkostenhilfe, durch das jedoch keine volle 45
Gleichstellung zwischen Unbemitteltem und Bemitteltem erreicht, sondern jener nur einem Prozeßführenden angeglichen werden muß, der Erfolgsaussichten und Kostenrisiko vernünftig abwägt.[63] Ist deren Berücksichtigung als Voraussetzung der Prozeßkostenhilfe damit verfassungsrechtlich nicht zu beanstanden, so steht doch andererseits Art. 19 Abs. 4 GG einer Vorverlagerung des Rechtsschutzes in jenes bloß *summarische Verfahren*, das die garantierte erschöpfende Prüfung des Rechtsschutzbegehrens nicht erbringen kann, entgegen.[64] Ebensowenig darf aber die Entscheidung über den PKH-Antrag bis nach der Hauptsacheentscheidung verzögert und damit faktisch von deren Ergebnis abhängig gemacht werden.[65] Für eine *hinreichende Erfolgsaussicht* im Sinn des § 114 ZPO genügt also bereits eine gewisse, nicht bloß entfernte Wahrscheinlichkeit, die allein schon bei Entscheidungserheblichkeit schwieriger Rechtsfragen besteht;[66] letztlich ist also auf das *Fehlen einer Erfolgsaussicht* abzustellen.[67] Daß die Aussichten auf Erfolg und Mißerfolg sich (wenigstens) die Waage halten,[68] wird man danach nicht verlangen können.

---

[62] Vgl. schon BVerfGE 9,124 (130 ff.); 35,348 (354 f.); ferner BVerfGE 81,347 (356); BVerfG, NJW 1992,889; NJW 1997,2103; Lorenz, S. 255 f.; eingehend zuletzt Scholz, in: GS für Grabitz, S. 725.

[63] BVerfGE 9,124 (130); 22,83 (86); 63,380 (394 f.); 81,347 (357). Vgl. ferner Bettermann, AöR 96 (1971), S. 554 f.; Schmidt-Aßmann, in: Maunz/Dürig, Stand 1985, Art. 19 Abs. IV Rdnr. 242.

[64] BVerfGE 81,347 (357); BVerfG, NJW 1992,889.

[65] VGH BW, VBlBW 1998,344.

[66] Vgl. BVerfGE 81,347 (358); BVerfG, NJW 1992,889; Thomas/Putzo, § 114 Rdnr. 5; Redeker/v. Oertzen, § 166 Rdnr. 3.

[67] Vgl. Lorenz, S. 256; in ähnliche Richtung VGH BW, NVwZ 1998,1098; NVwZ-RR 1999,150; HessVGH, NVwZ-RR 1998,599.

[68] So VGH BW, VBlBW 1989,96.

BVerfGK, B 10.8.01, DVBl 01, 1748, Linke, NVwZ 03, 421, BVerfG, B 28.1.13, DVBl 13, 581 (Wartelisten Organ)

46 Vom Gedanken prozessualer Gleichheit werden auch die bereitzustellenden Handlungsmittel bestimmt. Die früher vor allem unter dem Aspekt des rechtlichen Gehörs (Art. 103 Abs. 1 GG) behandelte[69] Erforderlichkeit der *Beiordnung eines Rechtsanwalts* (§ 121 Abs. 2 ZPO) kann deshalb nicht allein durch Verweis auf den verwaltungsprozessualen Amtsermittlungsgrundsatz (vgl. § 86 Abs. 3 und dazu oben § 30 Rdnr. 14 ff.) abgelehnt werden;[70] die besondere Sach- und Rechtskunde der Behörde wird im Gegenteil eine derartige Unterstützung des rechtsunkundigen Bürgers, außer vielleicht in ganz einfachen Verfahren, eher nahelegen.[71]

### 2. Ausgestaltung

47 Die Bewilligung von Prozeßkostenhilfe setzt gemäß § 166 VwGO i. V. m. § 114 ZPO voraus, daß (1) die Partei nach ihren persönlichen und wirtschaftlichen Verhältnissen die Kosten der Prozeßführung nicht (voll) aufbringen kann (Bedürftigkeit, § 115 ZPO), (2) die Rechtsverfolgung oder -verteidigung hinreichende Erfolgsaussicht hat (s. oben Rdnr. 45) und (3) nicht mutwillig erscheint, was im wesentlichen mit dem Fehlen eines Rechtsschutzbedürfnisses (vgl. dazu oben § 13) gleichgesetzt werden kann.[72] Die Bewilligung erfolgt für jeden Rechtszug besonders, § 119 Abs. 1 ZPO. Sie hat die einstweilige Freistellung von Gerichtskosten und Vergütungsansprüchen eines beigeordneten Rechtsanwalts zur Folge (§ 122 Abs. 1 ZPO), berührt jedoch etwaige Erstattungsansprüche der obsiegenden Gegenpartei nicht, § 123 ZPO. Das Kostenrisiko wird dem Bürger also allenfalls zum Teil abgenommen.[73]

### 3. Verfahren

48 Prozeßkostenhilfe setzt einen *Antrag* mit belegten und gegebenenfalls glaubhaft zu machenden (§ 118 Abs. 2 ZPO) Angaben über das Streitverhältnis sowie die persönlichen und wirtschaftlichen Verhältnisse voraus (§§ 117 f. ZPO). Hierüber wird nach Anhörung des Gegners *ohne mündliche Verhandlung* durch *Beschluß* entschieden (§§ 118 Abs. 1; 127 Abs. 1 ZPO); zuständig ist das Gericht des ersten Rechtszuges beziehungsweise das Prozeßgericht. Es besteht (auch vor Oberverwaltungsgericht und Bundesverwaltungsgericht) kein Anwaltszwang (§ 173 VwGO i. V. m. § 78 Abs. 3 und 117 Abs. 1 Satz 1 ZPO). Kosten werden nicht erhoben und nicht erstattet (§ 118 Abs. 1 Satz 4 ZPO).[74] Versäumt der Antragstel-

---

[69] Vgl. BVerfGE 9,124 (130); BVerwGE 51,277 (278 f.).
[70] BVerfG, NJW 1997,2103.
[71] Vgl. auch BVerfGE 81,347 (359).
[72] Ebenso Eyermann/P. Schmidt, § 166 Rdnr. 27; vgl. z. B. OVG Bremen, NVwZ 1988,843.
[73] Vgl. auch App, VR 1993,83. Einschränkend für die Erstattung von Gerichtskosten durch den mittellosen Beklagten BVerfG, NJW 1999,3186, und dazu Lappe, NJW 1999,3173.
[74] Vgl. Eyermann/P. Schmidt, § 166 Rdnr. 42.

ler mit Rücksicht auf seinen noch nicht entschiedenen PKH-Antrag eine Klage- oder Rechtsmittelfrist, so ist ihm grundsätzlich *Wiedereinsetzung* zu gewähren (§ 60; vgl. dazu oben § 20 Rdnr. 20 ff.), wenn die Prozeßkostenhilfe ordnungsgemäß beantragt wurde und vernünftigerweise nicht mit einer Ablehnung zu rechnen war.[75]

Gegen die *Ablehnung* durch das Verwaltungsgericht findet *Beschwerde* statt (§ 127 Abs. 2 Satz 2 ZPO), die der Zulassung durch das Oberverwaltungsgericht entsprechend § 124 Abs. 2 bedarf, § 146 Abs. 4. Für den *Zulassungsantrag* besteht, ungeachtet des Wortlauts von § 67 Abs. 1 Satz 2, aus Gründen des effektiven, sozial gerechten Rechtsschutzes, wie er auch in § 569 Abs. 2 Satz 2 i. V. m. § 78 Abs. 3 ZPO zum Ausdruck kommt, *kein Vertretungszwang*.[76] Auch bei der Entscheidung über die Zulassung ist der besonderen Natur des PKH-Verfahrens Rechnung zu tragen. So darf insbesondere der Zulassungsgrund der *ernsthaften Richtigkeitszweifel* (§ 124 Abs. 2 Nr. 1) auch in der Rechtsmittelinstanz nicht zu einer, dem summarischen Verfahren unangemessenen, intensiven Sachprüfung führen und muß deshalb – wiederum negativ – gefragt werden, ob ernstliche Zweifel an der Richtigkeit der Versagung von Prozeßkostenhilfe ausgeschlossen werden können.[77] **49**

Die *Bewilligung* der Prozeßkostenhilfe kann nur durch die Staatskasse aus den in § 127 Abs. 3 ZPO spezifizierten fiskalischen Gründen angefochten werden. **50**

## Literatur

*App*, Die Prozeßkostenhilfe im Verwaltungsprozeß, VR 1993,83.
*Lappe*, Justizkostenrecht, 2. Aufl. 1995.
*Madert/Tacke*, Anwaltsgebühren in Verwaltungs-, Steuer- und Sozialsachen, 1991.
*Scholz*, Justizgewährleistung und wirtschaftliche Leistungsfähigkeit, in: GS für Grabitz, 1995, S. 725.
*Zimmer/Schmidt*, Der Streitwert im Verwaltungs- und Finanzprozeß, 1991.

[75] BGH, NJW 1997,1078; VGH BW, VBlBW 1997,381.
[76] Ebenso VGH BW, VBlBW 1998,344, im Gefolge von Bader, NVwZ 1998,447; vgl. auch schon dens., VBlBW 1997,404; a. M. VGH BW, NVwZ 1997,693.
[77] Vgl. auch HambOVG, NVwZ 1997,690.

# § 43. Die Vollstreckung

## I. Grundlagen

### 1. Grundsätzliche Problematik

1 Die Vollstreckung dient der realen Durchsetzung der einem Beteiligten durch das Gericht auferlegten Verhaltenspflichten (Tun, Dulden, Unterlassen) und stellt sich damit als die unmittelbarste Erscheinungsform der Rechtsschutzpflicht des Staates als Korrelat seines Gewaltmonopols (vgl. oben § 3 Rdnr. 1) dar. Im Unterschied zum Zivilprozeß hat sie allerdings im verwaltungsgerichtlichen Verfahren nur eine vergleichsweise geringe Bedeutung. Denn in der für dieses typischen, subordinationsrechtlichen Parteienkonstellation ist Beklagter in der Regel die öffentliche Hand, von der im Rechtsstaat eine freiwillige Befolgung titulierter Rechtspflichten erwartet werden darf; umgekehrt trifft den unterliegenden Kläger lediglich eine Kostenpflicht. Gleichwohl stellt der Gesetzgeber die erforderlichenfalls zwangsweise Verwirklichung auch verwaltungsgerichtlicher Entscheidungen sicher[1] und trifft damit in der Konsequenz schon der Einrichtung eines Verwaltungsrechtsschutzes Vorsorge auch für die Möglichkeit behördlicher Ignorierung gerichtlicher Entscheidungen.[2] Zugleich wird jedoch auch einem praktischen Bedürfnis für den inzwischen zunehmend bedeutsamen Bereich koordinationsrechtlicher Streitigkeiten, so vor allem aufgrund öffentlich-rechtlicher Verträge (§ 54 VwVfG), Rechnung getragen.

### 2. Vollstreckungsvoraussetzungen

2 Die Vollstreckung ist in der Verwaltungsgerichtsordnung nicht umfassend, sondern nur in bestimmten Einzelaspekten geregelt.[3] Im übrigen ist das Achte Buch der Zivilprozeßordnung entsprechend anzuwenden (§ 167 Abs. 1 Satz 1), dies jedoch wiederum unter Berücksichtigung der Besonderheiten des verwaltungsprozessualen Rechtsverhältnisses.[4]

---

[1] Vgl. dazu Pietzner, in: Schoch/Schmidt-Aßmann/Pietzner, Vorbem. § 167 Rdnr. 8 f.
[2] Vgl. z. B. VG Frankfurt/M., NVwZ 1998,545; Jülich, DVBl 1968,848.
[3] Vgl. Eyermann/P. Schmidt, § 167 Rdnr. 3.
[4] Vgl. BVerwGE 16,254; HessVGH, NVwZ 1990,275.

### a) Allgemeine Voraussetzungen

3 Wie im Zivilprozeß, sind allgemeine Vollstreckungsvoraussetzungen[5] das Vorliegen eines *Vollstreckungstitels* (§ 168 Abs. 1; s. sogleich Rdnr. 5 ff.), die Erteilung einer *Vollstreckungsklausel* für diesen (§ 167 Abs. 1 Satz 1 VwGO i. V. m. § 724 ZPO; sogenannte vollstreckbare Ausfertigung) sowie die Zustellung (§ 167 Abs. 1 Satz 1 VwGO i. V. m. §§ 750; 795 ZPO).

4 Für eine Vollstreckung zugunsten der öffentlichen Hand (§ 169) sowie wegen einer Geldforderung gegen diese (§ 170 Abs. 1-3) bedarf es keiner Vollstreckungsklausel (§ 171). Die *Zustellung* gerichtlicher Entscheidungen erfolgt von Amts wegen (§§ 56 Abs. 1, 2; 116 Abs. 1 Satz 2). Statt des vollständigen Urteils kann eine den Beteiligten auf Antrag erteilte Ausfertigung ohne Tatbestand und Entscheidungsgründe zugestellt werden (§ 168 Abs. 2).

### b) Vollstreckungstitel

Die Vollstreckungstitel, die Grundlage einer Vollstreckung sein können, sind in § 168 Abs. 1 aufgelistet.

5 *aa) Arten.* Es sind dies in erster Linie rechtskräftige, das heißt unanfechtbare (§ 705 ZPO; vgl. oben § 35 Rdnr. 1), und für vorläufig vollstreckbar erklärte (s. unten Rdnr. 9 f.) *gerichtliche Entscheidungen* (Nr. 1). Darunter fallen Urteile, diesen gleichstehende Gerichtsbescheide (§ 84) und Beschlüsse (§ 130a) sowie sonstige Beschlüsse mit vollstreckungsfähigem Inhalt, insbesondere gemäß §§ 80 Abs. 5; 80a Abs. 3.[6] *Einstweilige Anordnungen* (§ 123 Abs. 4) sowie *Kostenfestsetzungsbeschlüsse* (§ 164) sind als Vollstreckungstitel gesondert genannt (§ 168 Abs. 1 Nr. 2, 4). Die Vollstreckung findet ferner statt aus für vollstreckbar erklärten *Schiedssprüchen* öffentlich-rechtlicher Schiedsgerichte (§ 168 Abs. 1 Nr. 5; vgl. auch 187 Abs. 1).

6 Vollstreckungstitel sind schließlich auch *gerichtliche Vergleiche* (§§ 168 Abs. 1 Nr. 3; 106), unabhängig von der Rechtsnatur ihres Gegenstandes, also auch dann, wenn dieser zum Beispiel bürgerlich-rechtlichen Charakter hat und deshalb nicht der Verwaltungsgerichtsbarkeit unterfällt.[7] *Außergerichtliche Vergleiche* (vgl. oben § 36 Rdnr. 19) werden hiervon nicht erfaßt, doch sind bei Unterwerfung unter die sofortige Vollstreckung (§ 61 Abs. 1 Satz 1; Abs. 2 Satz 2, 3 VwVfG) die Schutzvorschriften der §§ 170 Abs. 1 bis 3; 172 zugunsten der öffentlichen Hand zu beachten (s. auch unten Rdnr. 17 ff.).

---

[5] Vgl. VGH BW, NVwZ-RR 1993,520; Thomas/Putzo, Vorbem. vor § 704 Rdnr. 13.

[6] Redeker/v. Oertzen, § 80 Rdnr. 63; vgl. dazu differenzierend Kuhla/Hüttenbrink, Abschn. I Rdnr. 45 ff.

[7] H. M., vgl. Eyermann/P. Schmidt, § 168 Rdnr. 1; Kuhla/Hüttenbrink, Abschn. I Rdnr. 6.

Die Vollstreckung von *Verwaltungsakten* richtet sich stets, also auch dann nach den Vorschriften der Verwaltungsvollstreckungsgesetze, wenn sie nach Abweisung einer Anfechtungsklage erfolgt.[8] 7

*bb) Sachliche Anforderungen* ergeben sich aus dem Ziel der tatsächlichen Verwirklichung der in dem Titel ausgesprochenen Sollensanordnung. Der Titel muß deshalb einen *vollstreckungsfähigen Inhalt* haben, also über eine unmittelbare Rechtsgestaltung (§ 113 Abs. 1 Satz 1), bloße Feststellung (§ 43 Abs. 1) oder Abweisung des Begehrens (Klage, Rechtsmittel) hinaus ein Verhaltensgebot (Verurteilung; vgl. auch oben § 14 Rdnr. 2) enthalten. Ferner müssen in dem Titel Verpflichteter und Berechtigter (vgl. auch § 750 Abs. 1 Satz 1 ZPO) sowie der Inhalt der Leistungspflicht eindeutig *bestimmt* sein.[9] Hieran fehlt es zum Beispiel bei der Verpflichtung zu einer erst von einem Dritten zu bestimmenden Leistung.[10] 8

### 3. Die vorläufige Vollstreckbarkeit

*Urteile* sind gemäß § 167 Abs. 1 Satz 1 VwGO i. V. m. §§ 708 f. ZPO von Amts wegen für vorläufig vollstreckbar zu erklären; darauf, ob sie einen (insgesamt) vollstreckungsfähigen Inhalt haben (s. oben Rdnr. 8), kommt es nicht an. Der Ausspruch erfolgt je nach Entscheidungsart, Gericht sowie Anspruchsinhalt und -umfang ohne (§ 708 ZPO) oder gegen Sicherheitsleistung (§ 709 ZPO) und gegebenenfalls unter dem Vorbehalt der Sicherheitsleistung durch den Schuldner zur Abwendung der Vollstreckung (§ 711 ZPO).[11] Auf *Beschlüsse*, die einem Urteil gleichstehen (§ 130a), sind die für dieses geltenden Vorschriften anwendbar. Im übrigen sind sie nach Maßgabe des § 149 ohne dahingehende Erklärung vorläufig vollstreckbar.[12] 9

Eine Sonderregelung gilt für Urteile auf *Anfechtungs- und Verpflichtungsklagen*. Sie können gemäß § 167 Abs. 2 nur wegen der Kosten, *müssen* nach den allgemeinen Grundsätzen der §§ 708 f. ZPO insoweit aber auch für vorläufig vollstreckbar erklärt werden; ein Ermessen hinsichtlich der Anordnung überhaupt besteht also nicht.[13] Da auf Anfechtungsklage kein Urteil mit vollstreckbarem Inhalt ergehen kann, hat die Regelung konstitutive Bedeutung nur für Verpflichtungs- 10

[8] Vgl. Redeker/v. Oertzen, § 169 Rdnr. 1.
[9] Vgl. VGH BW, VBlBW 1998,305.
[10] Vgl. den Fall BVerfG, NJW 1997,2167.
[11] Vgl. zu den Einzelheiten Pietzner, in: Schoch/Schmidt-Aßmann/Pietzner, § 167 Rdnr. 139 ff.; Eyermann/P. Schmidt, § 168 Rdnr. 7 ff.
[12] Vgl. Eyermann/P. Schmidt, § 168 Rdnr. 12.
[13] H. M., vgl. BVerwGE 16,254; Kopp/Schenke, § 167 Rdnr. 9; Pietzner, in: Schoch/Schmidt-Aßmann/Pietzner, § 167 Rdnr. 138; a. M. OVG NW, OVGE 19,202; vgl. auch VGH BW, NVwZ-RR 1994,472 (offengelassen).

beziehungsweise Bescheidungsurteile. Für sonstige Verpflichtungen, auch zu hoheitlichem Handeln, bleibt es dagegen bei den allgemeinen Bestimmungen.[14]

## II. Die Durchführung der Vollstreckung

11 *Vollstreckungsgericht* ist das Gericht des ersten Rechtszuges, § 167 Abs. 1 Satz 2. Hinsichtlich des *Verfahrens* unterscheidet die Verwaltungsgerichtsordnung danach, ob die Vollstreckung zugunsten der öffentlichen Hand oder gegen diese erfolgt. Die Regelung ist jedoch in beiderlei Hinsicht lückenhaft und bedarf insoweit der Ergänzung durch entsprechende Anwendung des zivilprozessualen Vollstreckungsrechts. Für die Vollstreckung *zwischen Privaten*, so insbesondere im Fall einer Beiladung oder bei Beteiligung an einem vergleichsweise geregelten öffentlich-rechtlichen Vertrag, gelten mangels besonderer Regelungen nur die Vorschriften der Zivilprozeßordnung.[15]

### 1. Vollstreckung zugunsten öffentlich-rechtlicher Rechtsträger

12 Die Vollstreckung zugunsten des Bundes, eines Landes oder eines sonstigen öffentlich-rechtlichen Rechtsträgers richtet sich nach dem (Bundes-)Verwaltungsvollstreckungsgesetz, das zur Regelung des gerichtlichen Verfahrens (Art. 74 Abs. 1 Nr. 1 GG) in Bezug genommen und umfassend für anwendbar erklärt wird. Einer Klausel bedarf es nicht (§ 171). Vollstreckungs- (§ 4 VwVG) beziehungsweise Vollzugsbehörde (§ 7 VwVG) ist der Vorsitzende des Gerichts des ersten Rechtszuges;[16] er ist insoweit zugleich Vollstreckungsgericht im Sinn des § 167 Abs. 1 Satz 2.[17]

13 Wegen *Geldforderungen* wird gemäß §§ 1 ff. VwVG vollstreckt. Eine Vollstreckungsanordnung der Gläubigerbehörde nach § 3 VwVG erscheint entbehrlich, wäre aber jedenfalls in dem Vollstreckungsantrag der Behörde an den Gerichtsvorsitzenden zu sehen.[18] Zur *Erzwingung von Handlungen, Duldungen oder Unterlassungen* stehen die in § 9 VwVG zugelassenen Zwangsmittel (Ersatzvornahme, Zwangsgeld, unmittelbarer Zwang) unter Beachtung der rechtsstaatlichen Bindungen gemäß §§ 13 ff. VwVG zur Verfügung.[19]

---

[14] Vgl. HessVGH, NVwZ 1990,272; Kopp/Schenke, § 167 Rdnr. 11; a. M. HessVGH, ESVGH 11,151; VGH BW, DVBl 1999,992 m. w. Nachw.
[15] Ebenso Eyermann/P. Schmidt, § 167 Rdnr. 8.
[16] Vgl. ThürOVG, NVwZ-RR 1995,480.
[17] Vgl. Eyermann/P. Schmidt, § 169 Rdnr. 3, 8.
[18] Vgl. BayVGH, NVwZ 1985,352; Renck-Laufke, BayVBl 1991,44; ThürOVG, NVwZ-RR 1995,480.
[19] Vgl. im einzelnen Eyermann/P. Schmidt, § 169 Rdnr. 12 ff.

## 2. Vollstreckung gegen öffentlich-rechtliche Rechtsträger

Die Vollstreckung gegen öffentlich-rechtliche Rechtsträger erfolgt gemäß §§ 170 Abs. 1 Satz 1; 172 Satz 1 auf Antrag des Berechtigten (vgl. auch 754 ZPO), liegt aber beim Gericht des ersten Rechtszuges. Wesentliches Kriterium für die Ausgestaltung im einzelnen ist der Schutz der behördlichen Verwaltungstätigkeit; die einschränkenden Bestimmungen gelten deshalb nicht für öffentlich-rechtliche Kreditinstitute, § 170 Abs. 4. 14

### *a) Vollstreckung wegen Geldforderungen*

Soll wegen einer Geldforderung vollstreckt werden, so ersucht das Gericht des ersten Rechtszuges die zuständige Stelle, zum Beispiel den Gerichtsvollzieher, um die Vornahme der von ihm bestimmten Vollstreckungsmaßnahmen (§ 170 Abs. 1 Satz 2, 3). Einer Vollstreckungsklausel bedarf es nicht (§ 171). Außer beim Vollzug einstweiliger Anordnungen (§ 170 Abs. 5) ist der Vollstreckungsschuldner vor Erlaß der Vollstreckungsverfügung von der beabsichtigten Vollstreckung zu benachrichtigen mit der Aufforderung, diese binnen einer bestimmten Frist von höchstens einem Monat abzuwenden (§ 170 Abs. 2). Eine Vollstreckung ist unzulässig in Sachen, die für die Erfüllung öffentlicher Aufgaben unentbehrlich sind oder deren Veräußerung öffentliche Interessen entgegenstehen. 15

Das maßgebliche Vollstreckungsrecht, an das § 170 modifizierend anknüpft, ergibt sich aus der Verweisung in § 167 Abs. 1 Satz 1. Danach ist für die Vollstreckung *auf Betreiben Privater* ergänzend das Achte Buch der Zivilprozeßordnung heranzuziehen. Das gleiche gilt, wenn *die öffentliche Hand* ihrerseits Vollstreckungsgläubiger ist (z. B. titulierte Ansprüche eines Landkreises oder einer Universität gegen eine Gemeinde aus einem öffentlich-rechtlichen Vertrag). Im Hinblick auf seine Schutzfunktion verdrängt § 170 die Regelung des § 169 insgesamt und damit auch die in diesem vorgesehene Anwendung des Verwaltungsvollstreckungsgesetzes.[20] 16

### *b) Vollstreckung in sonstigen Fällen*

*aa) Rechtliche Grundlagen* für die Vollstreckung sonstiger Leistungsansprüche finden sich nur zum Teil in § 172, nämlich beschränkt auf die behördliche Verpflichtung zur Folgenbeseitigung aufgrund des § 113 Abs. 1 Satz 2 (s. oben § 15 Rdnr. 35 ff.) und zum Erlaß eines Verwaltungsakts beziehungsweise zur Neubescheidung gemäß § 113 Abs. 5 (s. oben § 16 Rdnr. 31 ff.) sowie (jegliche) 17

[20] Sehr str., vgl. einerseits (wie hier) Kopp/Schenke, § 169 Rdnr. 1; Pietzner, in: Schoch/Schmidt-Aßmann/Pietzner, § 170 Rdnr. 7; andererseits Eyermann/P. Schmidt, § 170 Rdnr. 6; Redeker/v. Oertzen, § 170 Rdnr. 2.

Verpflichtungen aus einstweiligen Anordnungen (§ 123 Abs. 1). Angesichts dieser klar abgegrenzten Regelung und nicht zuletzt unter Berücksichtigung ihres den Bürger belastenden Ausnahmecharakters erscheint eine Ausdehnung auf sonstige Fälle titulierter Leistungsansprüche (z. B. durch allgemeine Leistungsklage erstrittene Verpflichtung zur Auskunft; zur Unterlassung bestimmter Handlungen;[21] zur Abgabe einer Willenserklärung) nicht angezeigt.[22]

18 Die Vollstreckung ist freilich auch nicht etwa umgekehrt ausgeschlossen,[23] sondern erfolgt in diesen Fällen nach § 167 Abs. 1 Satz 1 VwGO i. V. m. §§ 887 ff. ZPO. Für die Vollstreckung aus *Prozeßvergleichen* ist jedoch im Hinblick auf die parallele Lage beim außergerichtlichen Vergleich mit Unterwerfungsklausel (§ 61 Abs. 2 Satz 3 VwVfG) § 172 entsprechend anzuwenden.[24]

19 *bb)* Im *Verfahren gemäß § 172* hat das Gericht des ersten Rechtszuges *auf Antrag* durch Beschluß ein Zwangsgeld bis zu DM 2.000,-- unter Fristsetzung anzudrohen und nach fruchtlosem Fristablauf festzusetzen. Die Vollstreckung erfolgt von Amts wegen. Das Zwangsmittel kann wiederholt angewendet werden, § 172 Satz 2. Die Maßnahme richtet sich gegen den in dem Titel bezeichneten Schuldner, also grundsätzlich den Rechtsträger, und nur dann gegen die Behörde, wenn diese im Verwaltungsprozeß beteiligtenfähig ist (vgl. § 61 Nr. 3).

## III. Rechtsbehelfe

20 Mit der Verweisung des § 167 Abs. 1 Satz 1 sind die im Achten Buch der Zivilprozeßordnung vorgesehenen Rechtsbehelfe auch im Verwaltungsprozeß grundsätzlich statthaft.

### 1. Rechtsbehelfe gegen Vollstreckungsmaßnahmen

Gegen Maßnahmen in der Vollstreckung sind insbesondere die Erinnerung und die Beschwerde gegeben.

---

[21] Vgl. VGH BW, NVwZ-RR 1993,520.

[22] Ebenso Eyermann/P. Schmidt, § 172 Rdnr. 9; Redeker/v. Oertzen, § 172 Rdnr. 3; Würtenberger, Rdnr. 760; a. M. Pietzner, in: Schoch/Schmidt-Aßmann/Pietzner, § 172 Rdnr. 12; OVG NW, NVwZ 1998,534; Correll, NVwZ 1998,469.

[23] H. M., vgl. Redeker/v. Oertzen, § 172 Rdnr. 3; OVG NW, NVwZ 1992,897; VGH BW, VBlBW 1998,305; anders noch OVG NW, DÖV 1976,1740.

[24] Eyermann/P. Schmidt, § 172 Rdnr. 7; Redeker/v. Oertzen, § 172 Rdnr. 3; OVG NW, NVwZ 1998,534; a. M. Kuhla/Hüttenbrink, Abschn. I Rdnr. 40 ff.; offengelassen von VGH BW, VBlBW 1998,305 m. w. Nachw.

### a) Die Erinnerung

Die Erinnerung richtet sich gemäß § 167 Abs. 1 Satz 1 VwGO i. V. m. § 766 ZPO 21
gegen die Art und Weise der Zwangsvollstreckung. Da sich der Rechtsbehelf nicht auf § 151 stützt, ist eine Frist nicht einzuhalten. Gegenstand können Maßnahmen der Vollstreckungsorgane, also nicht nur des Gerichtsvollziehers, sondern – ausnahmsweise – auch des Vollstreckungsgerichts selbst sein, sofern dieses keine *Entscheidung* getroffen hat. Dies wird danach differenziert, ob vor dem gerichtlichen Tätigwerden das für ein solches kennzeichnende rechtliche Gehör gewährt wurde (dann gerichtliche Entscheidung) oder nicht (dann reine Vollstreckungshandlung).[25]

### b) Die Beschwerde

Demgegenüber ist die Beschwerde gegen Entscheidungen (Beschlüsse) des Voll- 22
streckungsgerichts gegeben, die ohne mündliche Verhandlung ergehen können, § 167 Abs. 1 Satz 1 VwGO i. V. m. § 793 Abs. 1 ZPO. Beispiele sind die Androhung eines Zwangsgeldes und dessen Festsetzung nach § 172 Satz 1[26] oder die Androhung eines Ordnungsgeldes gemäß § 167 Abs. 1 Satz 1 VwGO i. V. m. § 890 Abs. 2 ZPO zur Vollstreckung einer Unterlassungsverpflichtung.[27] Eine (weitere) Beschwerde gegen Rechtsmittel- oder Erstentscheidungen des Oberverwaltungsgerichts (§ 793 Abs. 2 ZPO) ist ausgeschlossen, § 152 Abs. 1.

## 2. Die Vollstreckungsgegenklage

Im Unterschied zu den Rechtsbehelfen des Vollstreckungsverfahrens sind Ein- 23
wendungen gegen die Vollstreckung, die den titulierten, materiell-rechtlichen Anspruch selbst betreffen, durch *Vollstreckungsgegenklage* beim Prozeßgericht des ersten Rechtszuges geltend zu machen (§ 767 ZPO). Es handelt sich um eine prozessuale Gestaltungsklage, die gemäß § 167 Abs. 1 Satz 1 auch im Verwaltungsprozeß grundsätzlich zulässig ist.[28] Mit ihr können nachträglich entstandene Einwendungen gegen den – auch durch einen Prozeßvergleich begründeten[29] – Anspruch geltend gemacht werden, zum Beispiel dessen Erlöschen durch Erfüllung oder Aufrechnung,[30] oder sein Entfallen durch Änderung der Rechtslage.[31]

[25] Vgl. HessVGH, DVBl 1997,1335; Pietzner, in: Schoch/Schmidt-Aßmann/Pietzner, § 167 Rdnr. 14 m. w. Nachw.
[26] Vgl. VGH BW, VBlBW 1998,305.
[27] VGH BW, NVwZ-RR 1993,520; NVwZ-RR 1995,619.
[28] BVerwGE 70,227; 80,178.
[29] Vgl. BVerwG, NJW 1992,191; VGH BW, VBlBW 1998,305.
[30] Vgl. HessVGH, NJW 1995,1107.
[31] Vgl. BVerwGE 80,178; VGH BW, NVwZ-RR 1993,447.

24 Die Klage ist gegen die Vollstreckung gerichtet, die jedoch nicht bereits durch Erhebung der Klage in Frage gestellt, sondern erst durch eine positive, vollstreckbare Entscheidung über diese unzulässig wird.[32] Zum *vorläufigen Rechtsschutz* kann das Prozeßgericht, notfalls auch das Vollstreckungsgericht, eine einstweilige Anordnung treffen (§ 167 Abs. 1 Satz 1 VwGO i. V. m. § 769 ZPO);[33] für eine systemwidrige Berücksichtigung derartiger materiell-rechtlicher Einwendungen im Vollstreckungsverfahren unter dem Aspekt des (fehlenden) Rechtsschutzbedürfnisses für den Vollstreckungsantrag[34] besteht deshalb kaum Anlaß.

25 Für die *Vollstreckung von Verwaltungsakten* ist auch hier (vgl. schon oben Rdnr. 7) allein das Verwaltungsvollstreckungsrecht und das hieran anknüpfende Prozeßrecht maßgeblich. Einwendungen gegen die Vollstreckung bestandskräftiger Verwaltungsakte sind deshalb nicht im Wege der Vollstreckungsgegenklage, sondern durch Klagen nach § 42 oder § 43, gegebenenfalls auch eine Unterlassungsklage, geltend zu machen.[35]

### 3. Die Drittwiderspruchsklage

26 Grundsätzlich zulässig ist auch die *Drittwiderspruchsklage*, § 167 Abs. 1 Satz 1 VwGO i. V. m. § 771 ZPO. Sie ist in völliger Parallele zur zivilprozessualen Lage gegeben, wenn ein Dritter an dem Gegenstand der Zwangsvollstreckung ein die Veräußerung hinderndes Recht behauptet.[36] Sie wirft im Verwaltungsprozeß keine besonderen Probleme auf und hat in der hierfür einschlägigen Judikatur, soweit ersichtlich, bisher kaum eine Rolle gespielt.

## Literatur

*Bank*, Zwangsvollstreckung gegen Behörden, 1982.
*Miedtank*, Die Zwangsvollstreckung gegen Bund, Länder, Gemeinden und andere juristische Personen des öffentlichen Rechts, 1964.
*Wettlaufer*, Die Vollstreckung aus verwaltungs-, sozial- und finanzgerichtlichen Titeln zugunsten der öffentlichen Hand, 1989.

---

[32] VGH BW, NVwZ-RR 1993,447.
[33] Vgl. Eyermann/P. Schmidt, § 167 Rdnr. 19.
[34] So VGH BW, VBlBW 1998,105.
[35] Vgl. HessVGH, NVwZ-RR 1989,507; VGH BW, NVwZ 1993,72; eingehend dazu W. Schenke/ Baumeister, NVwZ 1993,1 ff.
[36] Vgl. Thomas/Putzo, § 771 Rdnr. 14; Redeker/v. Oertzen, § 167 Rdnr. 5.

# Anhang

## Geschäftsverteilungsplan des Bundesverwaltungsgerichts für das Geschäftsjahr 1999

### I. Revisionssenate

#### *a) Geschäftsverteilung*

Es sind zugewiesen

**dem 1. R-Senat** die Sachen aus den Gebieten

1. des Wirtschaftsverwaltungsrechts, soweit nicht einem anderen Senat zugewiesen,
2. des Rechts der freien Berufe und des Kammerrechts,
3. des Vereins- und Versammlungsrechts,
4. des Staatsangehörigkeitsrechts,
5. des Ausländerrechts, soweit nicht dem 9. R-Senat zugewiesen,
6. des Polizei- und Ordnungsrechts mit Ausnahme der mit den Rechtsgebieten anderer Senate zusammenhängenden ordnungsrechtlichen Streitigkeiten,
7. des Waffenrechts,
8. des Heimrechts, soweit nicht dem 4. R-Senat zugewiesen,
9. des Währungs- und Umstellungsrechts,
10. des Gesetzes zur Verbesserung der betrieblichen Altersversorgung;
11. des Lebensmittelrechts und des Rechts der Ernährungswirtschaft,
12. des Jagd- und Fischereirechts

**dem 2. R-Senat** die Sachen aus den Gebieten

1. des Rechts des öffentlichen Dienstes einschließlich des Dienstrechts der Soldaten sowie des Rechts der Wehrpflichtigen und der Zivildienstpflichtigen, soweit nicht dem 6. oder 10. R-Senat zugewiesen,
2. des Wiedergutmachungsrechts;

**dem 3. R-Senat** die Sachen aus den Gebieten

1. des Lastenausgleichsrechts einschließlich der Schadenfeststellungen,
2. des Entschädigungs- und Ausgleichsleistungsrechts mit Ausnahme des Rechts der Vertriebenenzuwendung (5. R-Senat Nr. 9) und der Klagen auf Feststellung der Entschädigungs-

berechtigung (7. R-Senat Nr. 3 und 8. R-Senat Nr. 4),
3. des Besatzungsschädenrechts,
4. des Währungsausgleichs- und Altsparerrechts,
5. des Flüchtlingshilfegesetzes,
6. des Reparationsschädengesetzes,
7. des Allgemeinen Kriegsfolgengesetzes,
8. des Sachleistungsrechts,
9. des Gesundheitsverwaltungsrechts einschließlich des Rechts der Heil- und Heilhilfsberufe und des Krankenhausfinanzierungsrechts (einschließlich Festsetzung von Pflegesätzen und der Aufbringung von Finanzierungsmitteln) sowie des Seuchenrechts,
10. des Rechts der Land- und Forstwirtschaft einschließlich Förderungsmaßnahmen sowie des Tierzucht- und Tierseuchenrechts,
11. des Tierschutz- und Pflanzenschutzrechts, soweit nicht das Schwergewicht bei Materien liegt, die einem anderen Senat zugewiesen sind,
12. des Rechts des Außenhandels und des Interzonenhandels,
13. des Rechts der Förderungsmaßnahmen zugunsten der gewerblichen Wirtschaft sowie der Gasölbetriebsbeihilfe,
14. des Rechts zur Bereinigung von SED-Unrecht,
15. des Treuhandgesetzes, des Kommunalvermögensgesetzes und des Vermögenszuordnungsgesetzes,
16. des Rechts der Verkehrswirtschaft und des Verkehrsrechts, ferner des Betriebs von Wasserstraßen sowie der Streitigkeiten über Straßen-Sondernutzungen aus dem Bereich des Straßen- und Wegerechts,
17. Sachen, die nicht einem anderen Senat zugewiesen sind;

**dem 4. R-Senat** die Sachen aus den Gebieten
1. des Bau- und Bodenrechts einschließlich des Garagenrechts, ferner der Gewerbeordnung und der Heimmindestbauverordnung, soweit das Schwergewicht auf der Anwendung baurechtlicher Vorschriften liegt,
2. des Straßen- und Wegerechts mit Ausnahme von Streitigkeiten über Sondernutzungen,
3. des Rechts der Landbeschaffung für Aufgaben der Verteidigung,
4. des Kleingartenrechts,
5. des Bergrechts,
6. des Ordnungsrechts, soweit es mit den vorstehenden Rechtsgebieten zusammenhängt;

**dem 5. R-Senat** die Sachen aus den Gebieten
1. des Fürsorgerechts einschließlich des Asylbewerberleistungsrechts und der Tbc-Hilfe für den öffentlichen Dienst,
2. der Kriegsopferfürsorge,
3. des Schwerbehindertenrechts,
4. des Mutterschutzrechts,

5. des Jugendhilfe- und Jugendschutzrechts, ausgenommen das Gesetz über die Verbreitung jugendgefährdender Schriften (6. R-Senat Nr. 7),
6. der Ausbildungs-, Graduierten- und Berufsbildungsförderung,
7. des Rechts der Förderung des Wohnungsbaues, des sonstigen Wohnungsrechts einschließlich des Wohngeldrechts sowie des Mietpreisrechts,
8. des Heimkehrer- und Kriegsgefangenenentschädigungsrechts,
9. des Rechts der Vertriebenen einschließlich des Rechts der Vertriebenenzuwendung, der Sowjetzonenflüchtlinge und der politischen Häftlinge, soweit nicht dem 3. R-Senat zugewiesen;

**dem 6. R-Senat** die Sachen aus den Gebieten

1. des Wehrpflichtrechts und des Zivildienstrechts, soweit es um die Heranziehung zum und die Entlassung aus dem Dienstverhältnis geht, einschließlich des Rechts der Unterhaltssicherung und des Arbeitsplatzschutzes,
2. des Rechts der Kriegsdienstverweigerung,
3. des Personalvertretungsrechts und des Richtervertretungsrechts,
4. des Schul- und Hochschulrechts,
5. des Prüfungsrechts, abgesehen von Laufbahnprüfungen für Beamte, aber einschließlich der ersten und zweiten jur. Staatsprüfung,
6. des Namensrechts,
7. des Gesetzes über die Verbreitung jugendgefährdender Schriften,
8. des Rundfunkrechts einschließlich des Rechts der Rundfunkanstalten, des Filmrechts einschließlich des Filmförderungsrechts und des Presserechts,
9. des Denkmalschutzrechts,
10. des Rechts der Wasser- und Bodenverbände, soweit nicht der 8. R-Senat zuständig ist,
11. des Naturschutzrechts und des Landschaftsschutzrechts,
12. des Postrechts;

**dem 7. R-Senat** die Sachen aus den Gebieten

1. des Umweltschutzrechts, soweit nicht dem 3., 4. 6. oder 11. R-Senat zugewiesen, insbesondere des Abfallrechts, des Chemikalienrechts, des Gentechnikrechts, des Immissionsschutzrechts und des Bodenschutzrechts,
2. des Wahlrechts und des Rechts der politischen Parteien,
3. des Rechts zur Regelung von Vermögensfragen (einschließlich der Rückenteignungssachen aus dem Beitrittsgebiet, die an einen vor dem Beitritt erfolgten Eigentumsverlust anknüpfen und der Klagen auf Feststellung der Entschädigungsberechtigung), insbesondere nach dem Vermögensgesetz und der Anmeldeverordnung – aus den Ländern Mecklenburg-Vorpommern und Sachsen – aus den Ländern Berlin und Brandenburg, soweit die Sachen bis zum 31. Dezember 1997 eingegangen sind,
4. des Staatskirchenrechts,
5. des Ordnungsrechts, soweit es mit den vorstehenden Rechtsgebieten zusammenhängt;

**dem 8. R-Senat** die Sachen aus den Gebieten

1. des Kommunalrechts, soweit nicht das Schwergewicht bei Materien liegt, die einem anderen Senat zugewiesen sind,
2. des Rechts zur Regelung von Vermögensfragen (einschließlich der Rückenteignungssachen aus dem Beitrittsgebiet, die an einen vor dem Beitritt erfolgten Eigentumsverlust anknüpfen und der Klagen auf Feststellung der Entschädigungsberechtigung), insbesondere nach dem Vermögensgesetz und der Anmeldeverordnung – aus den Ländern Berlin und Brandenburg –, soweit die Sachen nach dem 31. Dezember 1997 eingegangen sind, – aus den Ländern Sachsen-Anhalt und Thüringen –, soweit die Sachen nach dem 31. Juli 1998 eingegangen sind, ferner nach dem Investitions- und Investitionsvorranggesetz sowie nach der Grundstücksverkehrsordnung, soweit die Sachen nach dem 31. Dezember 1997 eingegangen sind;

**dem 9. R-Senat** die Sachen aus den Gebieten

1. des Asyl- und des Asylverfahrensrechts einschließlich der abschiebungsrechtlichen Entscheidungen des Bundesamtes für die Anerkennung ausländischer Flüchtlinge;

**dem 10. R-Senat** die Sachen aus den Gebieten

1. des Reisekosten-, Umzugskosten- und Trennungsgeldrechts;

**dem 11. R-Senat** die Sachen aus den Gebieten

1. des Flurbereinigungsrechts und des Rechts des ländlichen Grundstücksverkehrs,
2. des Atomrechts,
3. des Rechts der Anlegung von Schienenwegen,
4. des Rechts des Baues von Wasserstraßen,
5. des Rechts der Anlegung und des Betriebes von Flugplätzen (§§ 6 ff. des Luftverkehrsgesetzes),
6. des Wasser- und Deichrechts
7. des Erschließungs-, des Erschließungsbeitrags-, des Baugebühren-, des Baufolgeabgabenrechts sowie des Rechts der Abwasserabgaben nach dem Abwasserabgabengesetz und nach wasserverbandsrechtlichen Vorschriften,
8. des sonstigen Abgabenrechts, soweit nicht ein Sachzusammenhang mit einem Rechtsgebiet besteht, das einem anderen Senat zugewiesen ist, mit Ausnahme der Sachen BVerwG 8 C 12.98 und BVerwG 13.98, in denen bereits Termin anberaumt ist.

## b) Schlußbestimmungen

1. Gelangt eine Revisionssache erneut an das Bundesverwaltungsgericht, so entscheidet der jetzt sachlich zuständige Senat. Das gilt auch für Beschwerden und Wiederaufnahmeverfahren.
2. Für Streitsachen aus den Gebieten des Prozeß- und Vollstreckungsrechts ist der Senat zuständig, der nach dem Geschäftsverteilungsplan für die Entscheidung über das zugrundeliegende sachliche Rechtsgebiet zuständig ist.

3. Für die im Gesetz über das Bundesverfassungsgericht vorgesehene Äußerung ist der Senat zuständig, der nach der Geschäftsverteilung im Fall einer Revisionseinlegung zur Entscheidung über die Sache zuständig wäre.
4. Kommen für den in der Revisionsinstanz noch streitigen Teil eines Rechtsstreites entscheidend auch Fragen aus einem Rechtsgebiet in Betracht, für das nicht der Senat, bei dem die Sache anhängig ist und vor den sie nach dem Geschäftsverteilungsplan gehört, sondern ein anderer Senat zuständig ist, so kann, wenn dies aus besonderen Gründen zweckmäßig erscheint, die Sache an diesen Senat mit dessen Zustimmung abgegeben werden.

## II. Disziplinarsenate

Es sind zugewiesen

**dem 1. D-Senat**
alle Beamtendisziplinarsachen mit Ausnahme der Wiederaufnahmeverfahren insoweit, als er in den früheren Verfahren eine Entscheidung – gleich welcher Art – getroffen hat,

**dem 2. D-Senat**
die Wiederaufnahmesachen insoweit, als der 1. D-Senat in den früheren Verfahren eine Entscheidung – gleich welcher Art – getroffen hat.

## III. Wehrdienstsenate

1. Es sind zugewiesen
   **dem 1. WD-Senat** die Verfahren nach der Wehrbeschwerdeordnung,
   **dem 2. WD-Senat** die Verfahren nach der Wehrdisziplinarordnung.

2. In Wiederaufnahmeverfahren entscheidet
   der 1. WD-Senat, wenn der 2. WD-Senat,
   der 2. WD-Senat, wenn der 1. WD-Senat
   in dem früheren Verfahren eine Entscheidung – gleich welcher Art – getroffen hat.

Entscheidungen aus der Zeit vor Errichtung des 2. WD-Senats gelten als Entscheidungen des 1. WD-Senats.

## IV. Großer Senat (nachrichtlich)

Die Zuständigkeit des Großen Senats ergibt sich aus § 11 VwGO.

*Stand 01/08/99 – Quelle: Pressestelle Bundesverwaltungsgericht.*

# Sachverzeichnis

Die Zahl vor dem Schrägstrich bezeichnet den Paragraphen, die Zahl dahinter die Randnummer.

Verweigerung Aktenvorlage
§ 33, 36